学ぶ人は、
変えて
ゆく人だ。

目の前にある問題はもちろん、
人生の問いや、
社会の課題を自ら見つけ、
挑み続けるために、人は学ぶ。
「学び」で、
少しずつ世界は変えてゆける。
いつでも、どこでも、誰でも、
学ぶことができる世の中へ。

旺文社

全国高校入試問題正解 2025年受験用

国語

旺文社

本書の刊行にあたって

全国の入学試験問題を掲載した「全国高校入試問題正解」が誕生して，すでに74年が経ちます。ここでは，改めてこの本を刊行する３つの意義を確認しようと思います。

①事実をありのままに伝える「報道性」

その年に出た入学試験問題がどんなもので，解答が何であるのかという事実を正確に伝える。この本は，無駄な加工を施さずにありのままを皆さんにお伝えする「ドキュメンタリー」の性質を持っています。また，客観資料に基づいた傾向分析と次年度への対策が付加価値として付されています。

②いちはやく報道する「速報性」

報道には事実を伝えるという側面のほかに，スピードも重要な要素になります。その意味でこの「入試正解」も，可能な限り迅速に皆さんにお届けできるよう最大限の努力をしています。入学試験が行われてすぐ問題を目にできるということは，来年の準備をいち早く行えるという利点があります。

③毎年の報道の積み重ねによる「資料性」

冒頭でも触れたように，この本には長い歴史があります。この時間の積み重ねと範囲の広さは，この本の資料としての価値を高めています。過去の問題との比較，また多様な問題同士の比較により，目指す高校の入学試験の特徴が明確に浮かび上がってきます。

以上の意義を鑑み，これからも私たちがこの「全国高校入試問題正解」を刊行し続けることが，微力ながら皆さんのお役にたてると信じています。どうぞこの本を有効に活用し，最大の効果を得られることを期待しています。

最後に，刊行にあたり入学試験問題や貴重な資料をご提供くださった各都道府県教育委員会・教育庁ならびに国立・私立高校，高等専門学校の関係諸先生方，また解答・校閲にあたられた諸先生方に，心より御礼申し上げます。

2024年6月　　　　旺 文 社

CONTENTS

2024／国語

公立高校

国立高校

私立高校

高等専門学校

この本の特長と効果的な使い方

しくみと特長

◆公立・国立・私立高校の問題を掲載

都道府県の公立高校（一部の独自入試問題を含む），国立大学附属高校，国立高専・都立高専，私立高校の国語の入試問題を，上記の順で配列してあります。

◆「解答」には「解き方」「別解」も収録

問題は各都道府県・各校ごとに掲げ，巻末に各都道府県・各校ごとに「解答」と「解き方」を収めました。難しい問題には，特にくわしい「解き方」をそえ，さらに別解がある場合は［または］と示しました。

◆「時間」・「満点」・「実施日」を問題の最初に明示

2024年入試を知るうえで，参考になる大切なデータです。満点を公表しない高校の場合は「非公表」としてありますが，全体の何％ぐらいが解けるか，と考えて活用してください。

また，各都道府県・各校の最近の「出題傾向と対策」を問題のはじめに入れました。志望校の出題傾向の分析に便利です。

◆各問題に，問題内容や出題傾向を表示

それぞれの問題のはじめに，学習のめやすとなるように問題内容を明示し，さらに次のような表記もしました。

よく出る ………よく出題される重要な問題

新傾向 ………新しいタイプの問題

思考力 ………思考力を問う問題

基本 ………基本的な問題

難 ………特に難しい問題

◆出題傾向を分析し，効率のよい受験対策を指導

巻末の解説記事に「**2024年入試の出題傾向と2025年の予想・対策**」および公立・国立・私立高校別の「**2024年の出題内容一覧**」など，関係資料を豊富に収めました。これを参考に，志望校の出題傾向にターゲットをしぼった効果的な学習計画を立てることができます。

◇なお，編集上の都合により，写真や図版を差し替えた問題や一部掲載していない問題があります。あらかじめご了承ください。

効果的な使い方

■志望校選択のために

一口に高校といっても，公立のほかに国立，私立があり，さらに普通科・理数科・英語科など，いろいろな課程があります。

志望校の選択には，自分の実力や適性，将来の希望などもからんできます。入試問題の手ごたえや最近の出題傾向なども参考に，先生や保護者ともよく相談して，なるべく早めに志望校を決めるようにしてください。

■出題の傾向を活用して

志望校が決定したら，「**2024年の出題内容一覧**」などを参考にしながら，どこに照準を定めたらよいか判断します。高校によっては入試問題にもクセがあるものです。そのクセを知って受験対策を組み立てるのも効果的です。

やたらに勉強時間ばかり長くとっても，効果はありません。年間を通じて，ムリ・ムダ・ムラのない学習を心がけたいものです。

■解答は入試本番のつもりで

まず，志望校の問題にあたってみます。問題を解くときは示された時間内で，本番のつもりで解答しましょう。必ず自分の力で解き，「解答」「解き方」で自己採点し，まちがえたところは速やかに解決するようにしてください。

■よく出る問題を重点的に

本文中に よく出る および 基本 と表示された問題は，自分の納得のいくまで徹底的に学習しておくことが必要です。

■さらに効果的な使い方

志望校の問題が済んだら，他校の問題も解いてみましょう。苦手分野を集中的に学習したり，「模擬テスト」として実戦演習のつもりで活用するのも効果的です。

［編集協力］株式会社 瑪瑠企画　［表紙デザイン］土屋真郁（丸屋）

2024年入試の出題傾向と2025年の予想・対策

国語

国語は現代文・古文ともに読解が中心で、内容的にはかなり難しい設問が出るので、日頃から着実な読解力を身につけるようにしておこう。基本的な国語知識もマスターしておこう。

2024年入試の出題傾向

2023年と内容・形式ともに大きな変化はないが、話し合い・発表・報告文など、実際の生活のなかで必要とされる知識や表現方法に関する問題、図表の読み取りを基本とした条件作文が増える傾向は続いている。さらに、読解問題に話し合いの要素を加えた出題の増加も続いている。公立校では、長文の読解問題を中心として、基本的な内容を多角的に問う総合問題が頻出。国・私立校は長文読解が中心で、内容的にも難解な設問が目立つ。記述式は、それほど増加してはいないが、県・校によって多く出題するところもあるので時間配分に注意したい。

古文・漢文の出題は現代文の中に含まれるケースもある。仮名遣いや返り点など、基礎知識のとりこぼしがないように注意したい。

韻文については、単独出題はそれほど多くはないが、古文・漢文同様、他の文種に含まれて出題される場合がある。作文では、図表やポスターなどを見ての感想・意見や、学校生活や社会問題に関しての意見を書かせるなど、条件作文がさらに多様化している。

2025年入試の予想・対策

思考力を問う出題の増加傾向が続くと思われる。また、知識問題や作文問題が多様化していることにも注意。知識問題については、慣用句やことわざ、論説文で頻出のキーワードや外来語など、知らなかった言葉はノートにまとめて、こまめに復習する習慣を身につけたい。漢字の読み書きは必出。漢字・熟語や文法の基礎知識もまとめて整理しておくとよい。

作文問題は思考力を問うことも含めさまざまな形で出題され、いろいろな条件が課されるので、条件に合った正しい文章が書けるように訓練しておきたい。また、日ごろから社会問題に関心を持ち、自分の意見を論理的な文章にまとめる練習をしておきたい。書いた作文は、できれば添削を受けること。慣れてきたらスピードも意識して取り組むように練習を重ねる。

論理的文章では、文章構成から論旨をすばやく把握できる力をつけておきたい。また、文学的文章では登場人物の心情の把握が中心となる。

2024 年の出題内容一覧

国語		文の種類								内容の分類			
		散文				韻文			古文・漢詩文	読解			
		論説文・説明文	随筆文・紀行文	小説文・伝記文	その他	詩	短歌・和歌	俳句・川柳		内容吟味	文脈把握	段落吟味	要旨・主題
1	北海道			▲					▲	▲	▲		
2	青森県	▲		▲					▲	▲	▲		
3	岩手県	▲		▲			▲		▲	▲	▲		
4	宮城県	▲		▲					▲	▲	▲		
5	秋田県	▲		▲					▲	▲	▲	▲	
6	山形県	▲		▲					▲	▲	▲	▲	
7	福島県	▲		▲			▲		▲	▲	▲	▲	
8	茨城県	▲		▲					▲	▲	▲		
9	栃木県	▲		▲					▲	▲	▲		▲
10	群馬県	▲		▲					▲	▲	▲		▲
11	埼玉県	▲		▲					▲	▲			
12	千葉県	▲		▲					▲	▲	▲		
13	東京都	▲		▲	▲					▲	▲	▲	
	東京都立西高	▲		▲					▲	▲			
	東京都立立川高	▲		▲					▲	▲	▲		
	東京都立八王子東高	▲		▲				▲		▲			
	東京都立国立高	▲		▲						▲	▲		▲
	東京都立新宿高	▲		▲			▲			▲		▲	
14	神奈川県	▲		▲					▲	▲	▲		▲
15	新潟県	▲							▲	▲	▲		
16	富山県	▲		▲					▲	▲	▲	▲	
17	石川県	▲		▲					▲	▲	▲	▲	▲
18	福井県	▲		▲					▲	▲	▲		
19	山梨県	▲		▲					▲	▲	▲		
20	長野県	▲		▲					▲	▲	▲	▲	
21	岐阜県	▲		▲					▲	▲	▲		
22	静岡県	▲		▲					▲	▲	▲		▲
23	愛知県	▲		▲					▲	▲	▲		▲
24	三重県	▲		▲					▲	▲	▲	▲	
25	滋賀県	▲								▲	▲		
26	京都府	▲							▲	▲	▲	▲	
27	大阪府	▲							▲	▲	▲		
28	兵庫県	▲		▲	▲				▲	▲	▲		
29	奈良県	▲	▲						▲	▲		▲	
30	和歌山県	▲	▲							▲	▲		
31	鳥取県	▲		▲					▲	▲	▲		
32	島根県	▲		▲					▲	▲			▲
33	岡山県	▲		▲					▲	▲	▲		
34	広島県	▲		▲					▲	▲	▲		
35	山口県	▲		▲					▲	▲	▲	▲	
36	徳島県	▲		▲					▲	▲	▲		
37	香川県	▲		▲					▲	▲	▲	▲	
38	愛媛県	▲		▲					▲	▲	▲		
39	高知県	▲							▲	▲	▲		
40	福岡県	▲		▲					▲	▲	▲		
41	佐賀県	▲		▲					▲	▲	▲		▲

国語		内容の分類											
		読解		漢字・語句					文法				
		鑑賞	表現技法	漢字の読み書き	漢字知識	熟語	語句の意味	慣用句・ことわざ	品詞識別	意味用法の識別	文・文節	活用	その他
1	北海道		▲	▲		▲	▲						
2	青森県			▲	▲				▲				
3	岩手県	▲		▲				▲	▲				
4	宮城県			▲	▲	▲							
5	秋田県			▲				▲	▲			▲	
6	山形県		▲	▲		▲						▲	
7	福島県	▲		▲	▲					▲			
8	茨城県			▲	▲		▲						
9	栃木県			▲		▲	▲		▲				
10	群馬県		▲	▲			▲						
11	埼玉県			▲		▲				▲			
12	千葉県			▲					▲				
13	東京都			▲						▲			
	東京都立西高			▲									
	東京都立立川高			▲						▲			▲
	東京都立八王子東高	▲	▲	▲			▲						
	東京都立国立高			▲									
	東京都立新宿高			▲			▲						
14	神奈川県	▲		▲		▲				▲			
15	新潟県			▲		▲		▲		▲	▲		
16	富山県			▲		▲	▲				▲		
17	石川県			▲	▲	▲					▲		
18	福井県			▲	▲								
19	山梨県			▲			▲						
20	長野県			▲		▲		▲	▲				
21	岐阜県			▲		▲	▲		▲	▲			
22	静岡県			▲		▲			▲		▲		
23	愛知県					▲	▲						
24	三重県			▲					▲		▲	▲	
25	滋賀県			▲		▲			▲				
26	京都府			▲	▲		▲				▲	▲	
27	大阪府			▲	▲	▲			▲			▲	
28	兵庫県			▲			▲		▲		▲		
29	奈良県			▲	▲		▲			▲			
30	和歌山県			▲	▲								
31	鳥取県		▲	▲	▲	▲	▲				▲		
32	島根県		▲	▲	▲				▲				
33	岡山県		▲	▲					▲				
34	広島県			▲									
35	山口県			▲	▲	▲	▲		▲				
36	徳島県			▲	▲		▲				▲		
37	香川県			▲			▲		▲	▲			
38	愛媛県			▲		▲		▲	▲				
39	高知県			▲	▲				▲	▲			
40	福岡県			▲	▲	▲			▲		▲		
41	佐賀県			▲					▲				

国語		内容の分類												
		作文			国語知識					古文・漢文問題				
		課題作文	条件作文	短文作成・表現力	文学史	韻文知識	敬語	聞く話す	国語知識	内容吟味	口語訳・動作主	文法	仮名遣い	古典知識
1	北海道		▲			▲			▲	▲	▲			
2	青森県		▲				▲	▲		▲	▲	▲	▲	
3	岩手県		▲			▲				▲			▲	
4	宮城県		▲							▲			▲	▲
5	秋田県	▲						▲		▲			▲	
6	山形県		▲							▲	▲		▲	
7	福島県		▲							▲			▲	
8	茨城県						▲		▲	▲			▲	▲
9	栃木県		▲							▲			▲	
10	群馬県		▲							▲	▲		▲	▲
11	埼玉県		▲					▲		▲			▲	
12	千葉県		▲					▲		▲	▲		▲	▲
13	東京都	▲								▲				
	東京都立西高	▲									▲			
	東京都立立川高													
	東京都立八王子東高	▲												
	東京都立国立高	▲												
	東京都立新宿高		▲										▲	
14	神奈川県			▲				▲		▲	▲			
15	新潟県									▲	▲		▲	
16	富山県		▲							▲			▲	
17	石川県		▲							▲	▲		▲	
18	福井県		▲							▲				▲
19	山梨県	▲		▲			▲			▲			▲	▲
20	長野県		▲							▲	▲		▲	
21	岐阜県		▲				▲			▲	▲		▲	
22	静岡県		▲				▲			▲	▲		▲	
23	愛知県									▲				
24	三重県		▲				▲			▲			▲	▲
25	滋賀県		▲			▲				▲			▲	
26	京都府								▲	▲			▲	▲
27	大阪府		▲							▲	▲		▲	▲
28	兵庫県					▲				▲	▲			▲
29	奈良県		▲							▲	▲		▲	
30	和歌山県		▲				▲							▲
31	鳥取県		▲				▲			▲	▲	▲	▲	▲
32	島根県		▲							▲			▲	
33	岡山県		▲											
34	広島県									▲			▲	▲
35	山口県		▲							▲			▲	▲
36	徳島県		▲							▲			▲	▲
37	香川県		▲							▲	▲		▲	▲
38	愛媛県		▲							▲			▲	
39	高知県		▲							▲			▲	
40	福岡県		▲							▲			▲	▲
41	佐賀県		▲							▲			▲	

国語		文の種類								内容の分類			
		散文				韻文			古文・漢詩文	読解			
		論説文・説明文	随筆文・紀行文	小説文・伝記文	その他	詩	短歌・和歌	俳句・川柳		内容吟味	文脈把握	段落吟味	要旨・主題
42	長崎県	▲		▲					▲	▲	▲		
43	熊本県	▲		▲					▲	▲	▲		
44	大分県	▲		▲					▲	▲	▲		
45	宮崎県	▲		▲					▲	▲	▲		
46	鹿児島県	▲		▲					▲	▲	▲		
47	沖縄県	▲		▲	▲				▲	▲	▲		
48	東京学芸大附高	▲		▲					▲	▲	▲		
49	お茶の水女子大附高	▲		▲					▲	▲	▲		▲
50	筑波大附高	▲		▲						▲			
51	東京工業大附科技高	▲		▲					▲	▲	▲		
52	大阪教育大附高（池田）	▲		▲					▲	▲	▲		
53	大阪教育大附高（平野）	▲		▲					▲	▲	▲		
54	広島大附高	▲		▲					▲	▲	▲		
55	愛光高	▲		▲					▲	▲			▲
56	市川高	▲		▲					▲	▲	▲		
57	大阪星光学院高	▲		▲						▲	▲		
58	開成高	▲		▲					▲	▲			
59	関西学院高等部	▲							▲	▲	▲		▲
60	共立女子第二高	▲		▲					▲	▲	▲		
61	久留米大附設高	▲		▲					▲	▲	▲		
62	慶應義塾高	▲								▲	▲		
63	慶應義塾志木高	▲		▲					▲	▲	▲		▲
64	慶應義塾女子高	▲							▲	▲	▲		
65	國學院高	▲		▲					▲	▲	▲		
66	渋谷教育学園幕張高	▲		▲					▲	▲			
67	十文字高	▲							▲	▲	▲		
68	城北埼玉高	▲		▲						▲	▲		▲
69	昭和学院秀英高	▲		▲					▲	▲	▲		
70	巣鴨高	▲		▲					▲	▲	▲		
71	高田高	▲		▲					▲	▲	▲		
72	拓殖大第一高	▲							▲	▲	▲		▲
73	多摩大目黒高	▲		▲					▲	▲	▲	▲	
74	中央大杉並高	▲							▲	▲			▲
75	東海高	▲		▲						▲	▲		
76	同志社高	▲		▲						▲	▲	▲	
77	桐朋高		▲	▲						▲	▲		
78	灘高	▲	▲						▲	▲			
79	西大和学園高	▲		▲					▲	▲	▲		
80	法政大国際高	▲		▲						▲	▲		
81	明治大付中野高	▲								▲	▲		▲
82	明治大付明治高	▲								▲	▲		
83	洛南高	▲		▲					▲	▲	▲		
84	ラ・サール高	▲		▲					▲	▲			▲
85	立教新座高	▲		▲						▲	▲		
86	早実高等部	▲		▲					▲	▲	▲		
87	国立工業高専・商船高専・高専	▲		▲	▲					▲	▲		
88	東京都立産業技術高専	▲		▲						▲		▲	

国語		内容の分類											
		読解		漢字・語句					文法				
		鑑賞	表現技法	漢字の読み書き	漢字知識	熟語	語句の意味	慣用句・ことわざ	品詞識別	意味用法の識別	文・文節	活用	その他
42	長崎県			▲			▲				▲		
43	熊本県		▲	▲	▲		▲		▲		▲		
44	大分県			▲	▲			▲	▲				
45	宮崎県		▲	▲	▲	▲	▲						
46	鹿児島県			▲	▲								
47	沖縄県			▲	▲		▲						
48	東京学芸大附高			▲			▲						
49	お茶の水女子大附高			▲			▲						
50	筑波大附高			▲			▲						
51	東京工業大附科技高		▲	▲			▲		▲				
52	大阪教育大附高（池田）			▲			▲	▲					
53	大阪教育大附高（平野）			▲			▲		▲				
54	広島大附高			▲	▲	▲	▲						
55	愛光高			▲			▲						
56	市川高	▲		▲			▲						
57	大阪星光学院高		▲	▲			▲						
58	開成高			▲									
59	関西学院高等部			▲									
60	共立女子第二高			▲									
61	久留米大附設高			▲	▲		▲						
62	慶應義塾高			▲									
63	慶應義塾志木高			▲		▲							
64	慶應義塾女子高			▲			▲	▲	▲				
65	國學院高			▲		▲	▲	▲					
66	渋谷教育学園幕張高			▲		▲	▲						
67	十文字高			▲			▲	▲					
68	城北埼玉高			▲		▲			▲			▲	
69	昭和学院秀英高			▲									
70	巣鴨高			▲									
71	高田高					▲	▲						
72	拓殖大第一高			▲	▲	▲							
73	多摩大目黒高			▲			▲		▲				▲
74	中央大杉並高			▲									
75	東海高	▲	▲	▲		▲	▲	▲					
76	同志社高			▲									▲
77	桐朋高			▲			▲						
78	灘高			▲									
79	西大和学園高			▲			▲						
80	法政大国際高			▲			▲	▲					
81	明治大付中野高			▲			▲	▲	▲				
82	明治大付明治高			▲			▲						
83	洛南高			▲			▲	▲					
84	ラ・サール高			▲	▲				▲		▲		
85	立教新座高			▲				▲					
86	早実高等部			▲									
87	国立工業高専・商船高専・高専			▲			▲		▲				
88	東京都立産業技術高専			▲	▲	▲	▲	▲	▲				▲

国語	内容の分類												
	作文			国語知識					古文・漢文問題				
	課題作文	条件作文	短文作成・表現力	文学史	韻文知識	敬語	聞く話す	国語知識	内容吟味	口語訳・動作主	文法	仮名遣い	古典知識
42 長崎県									▲	▲		▲	
43 熊本県		▲							▲	▲		▲	
44 大分県		▲							▲				▲
45 宮崎県		▲				▲			▲			▲	▲
46 鹿児島県		▲							▲			▲	
47 沖縄県		▲							▲	▲		▲	
48 東京学芸大附高									▲	▲			
49 お茶の水女子大附高									▲	▲			
50 筑波大附高													
51 東京工業大附科技高													▲
52 大阪教育大附高（池田）		▲							▲	▲		▲	▲
53 大阪教育大附高（平野）	▲								▲	▲			▲
54 広島大附高									▲	▲			
55 愛光高									▲	▲			
56 市川高									▲	▲			
57 大阪星光学院高													
58 開成高									▲	▲			▲
59 関西学院高等部									▲	▲			
60 共立女子第二高									▲	▲		▲	▲
61 久留米大附設高									▲	▲	▲		
62 慶應義塾高								▲					
63 慶應義塾志木高			▲	▲					▲	▲			
64 慶應義塾女子高				▲						▲			
65 國學院高									▲	▲		▲	▲
66 渋谷教育学園幕張高				▲					▲				▲
67 十文字高									▲	▲			▲
68 城北埼玉高						▲							
69 昭和学院秀英高									▲	▲		▲	▲
70 巣鴨高									▲	▲	▲	▲	▲
71 高田高									▲	▲			▲
72 拓殖大第一高									▲	▲		▲	▲
73 多摩大目黒高				▲					▲	▲		▲	
74 中央大杉並高									▲				
75 東海高													
76 同志社高													
77 桐朋高													
78 灘高									▲	▲			
79 西大和学園高									▲	▲	▲	▲	
80 法政大国際高													
81 明治大付中野高													
82 明治大付明治高													
83 洛南高									▲	▲			
84 ラ・サール高									▲	▲			▲
85 立教新座高													
86 早実高等部									▲	▲			▲
87 国立工業高専・商船高専・高専													
88 東京都立産業技術高専													

最近3か年の入試の出題内容分析

国語

ここでは、本書の掲載校を中心に約100校を対象として2024年を含めた３年間の問題文の種類と出題内容の分析を行った。入試対策としては、もちろん全体について網羅しておくことは必要であるが、自分の受験する県・学校の傾向を把握しておくことが大切である。

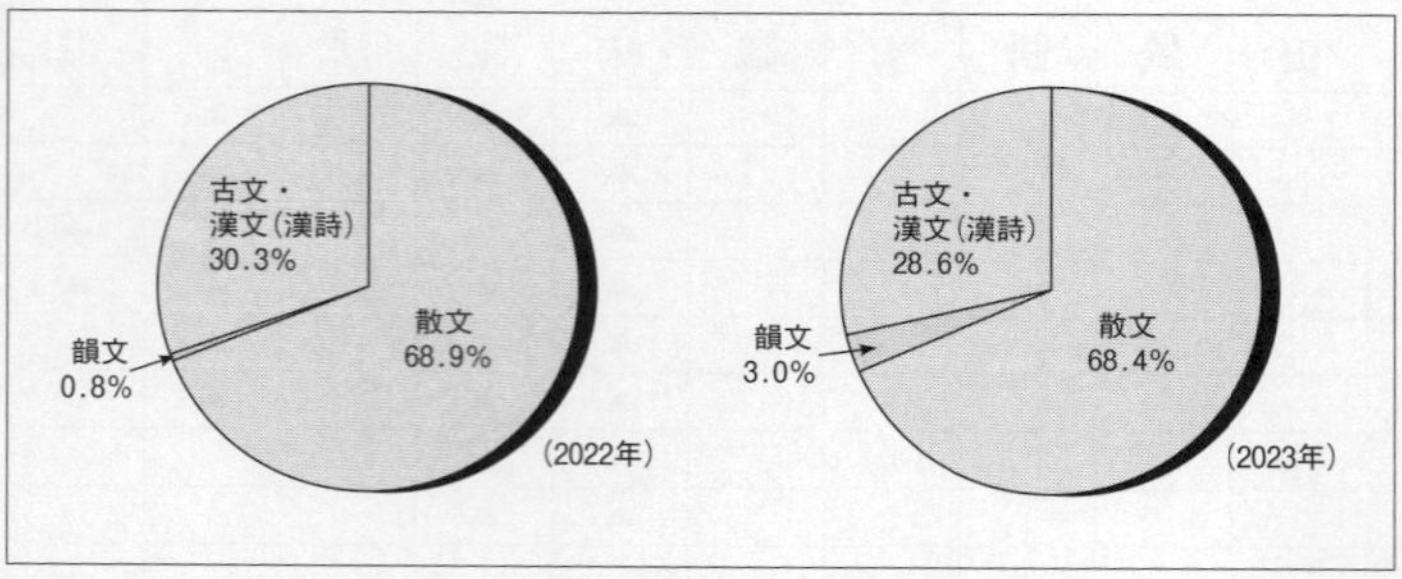

《文の種類》

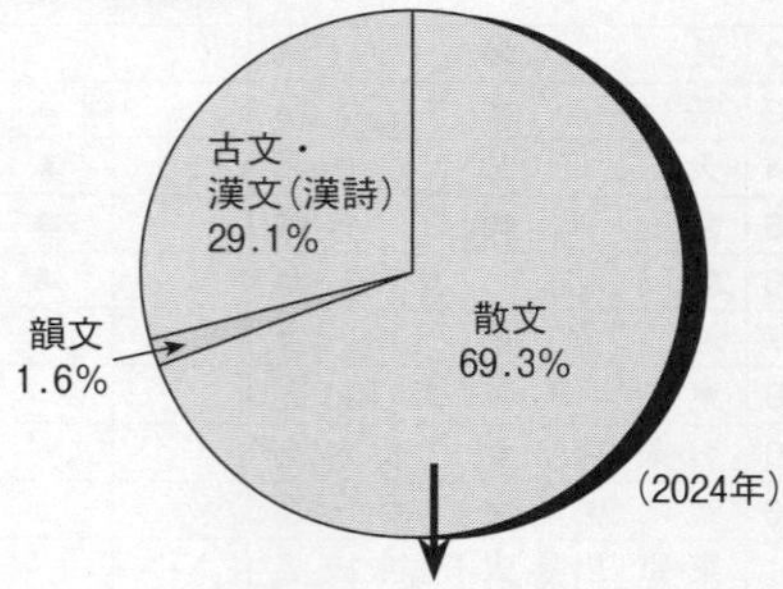

論説文・説明文	35.8%
小説文・伝記文	30.3%
随筆文・紀行文	1.6%
その他	1.6%

《各出題内容における割合》(2024年)

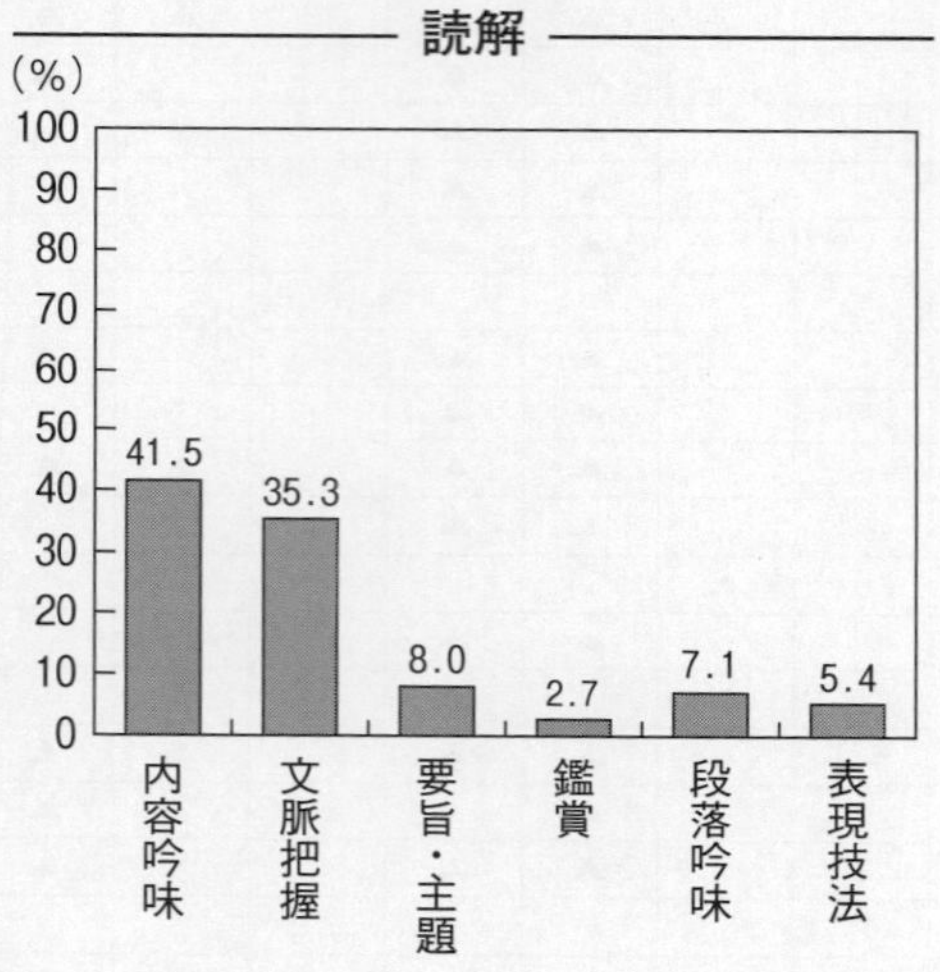

《内容の分類》

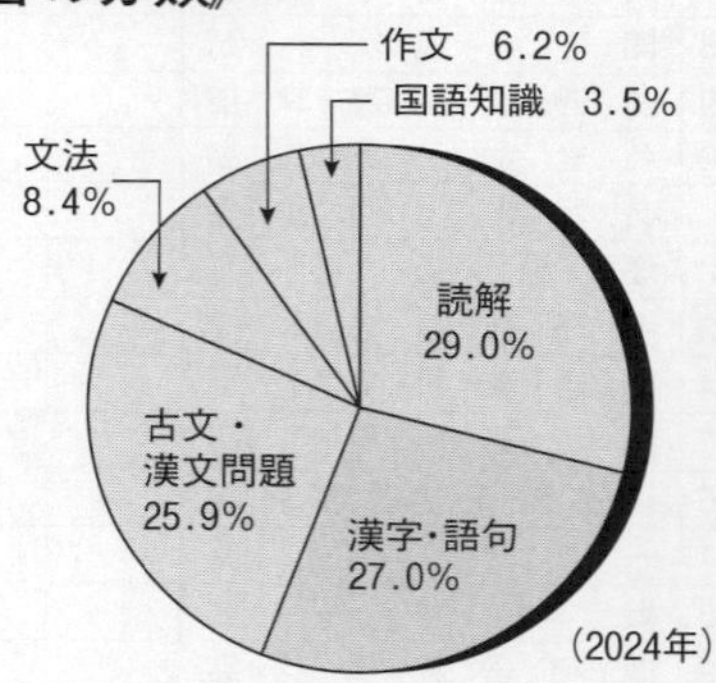

〈最近3か年の出題傾向〉

◎出題される文の種類について

論説文・小説文が中心であることに変わりはない。韻文の単独出題は多くはないが、古文・漢文と同様に他文種に含まれて出題されることがあるので注意したい。一般的には、論説文を中心とした説明的文章と、小説文を中心とした文学的文章をバランスよく出題する傾向が強いが、学校によってはどちらかに力点を置くこともあるので、志望校の傾向は調べておくこと。古文では、特に公立の場合傍訳が多く、極端な難問になることは少ない。漢文・漢詩も基礎の勉強を忘れないようにしたい。

◎設問内容について

〈読解〉国語問題の中心であり、圧倒的に多い分野である。この数年、会話文を配し、読解内容を問うものや図表の読み取りをからめる複合問題がますます増えている。特に資料などを的確に把握するような情報処理能力を求める問題が今年も目立ったが、問い方の変化に左右されない読解力を身につけておくことが大切。内容吟味は、「この部分はどんな意味か」「人物の心情は?」といった設問で、いちばん多く出題されている。文脈把握は、穴埋めと指示内容が主力である。要旨・主題はいわば文章の眼目であり、しっかり把握することが他の読解問題を解くうえでも必要となる。比喩(直喩・隠喩・擬人法)や体言止め・倒置法などの表現技法も理解しておきたい。また、古文・漢文や韻文との融合問題にも慣れておきたい。

〈漢字・語句〉漢字の読み書きは、読解問題同様どこでも出題している。点の取りやすい分野であるだけにミスは避けたい。漢字と熟語の学習は知識を関連づけながら進めたい。漢字の意味を知ることは、熟語構成の基本知識としても重要。ことわざ・慣用句や和語・漢語などの語句知識にも目を通しておきたい。また、書写では行書と楷書の主な違いや特徴を整理しておきたい。

〈文法〉出題率は高くないが、対策をしておかないと点になりにくい分野である。品詞識別が主ではあるものの、単語区分・文節区分・文の成分・用言の活

作文

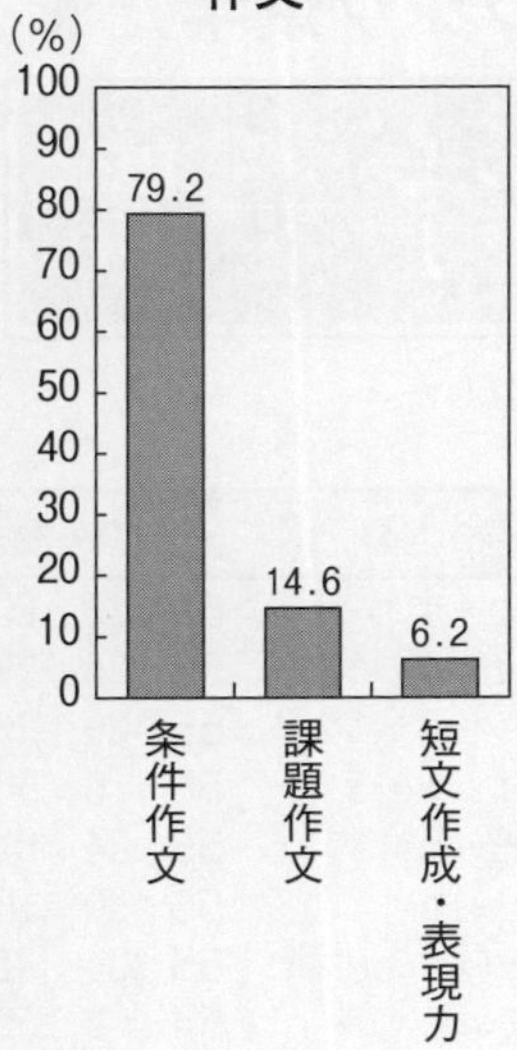

文法

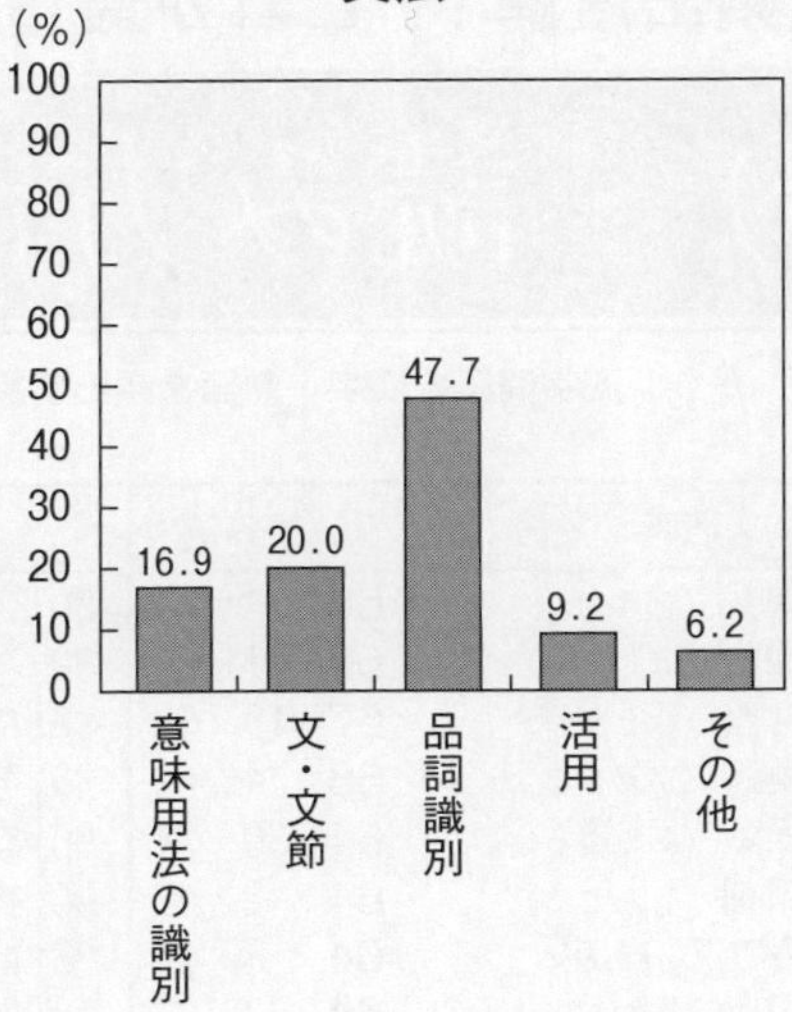

漢字・語句

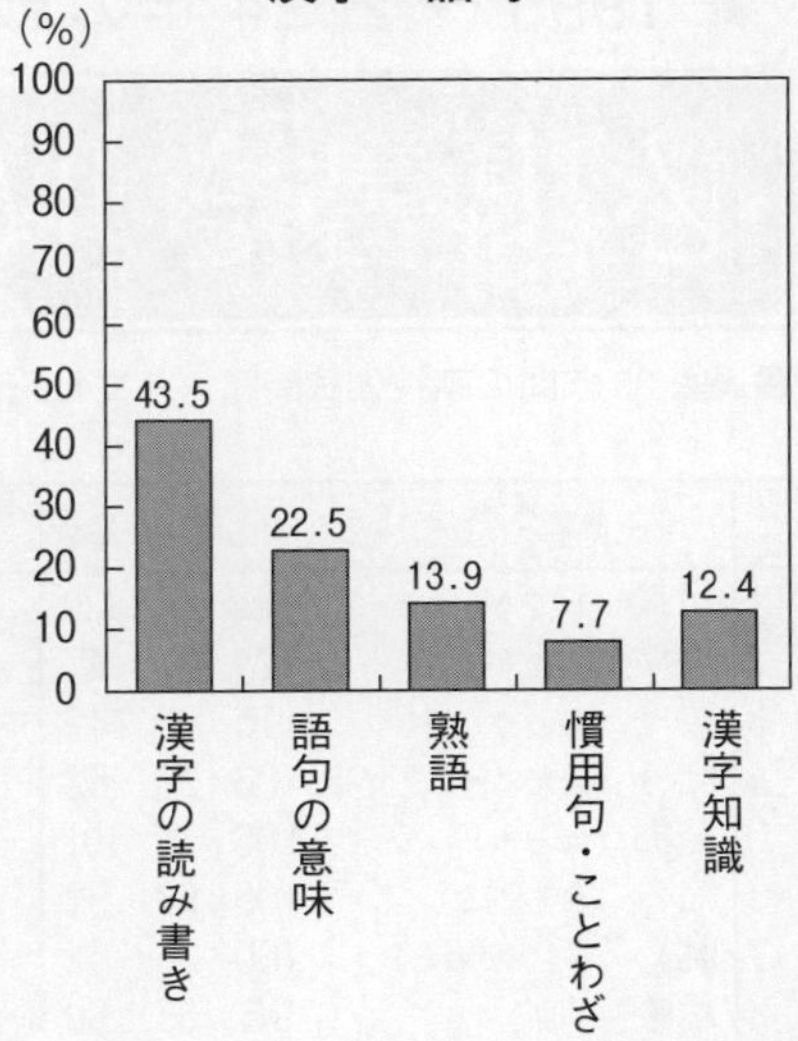

古文・漢文問題

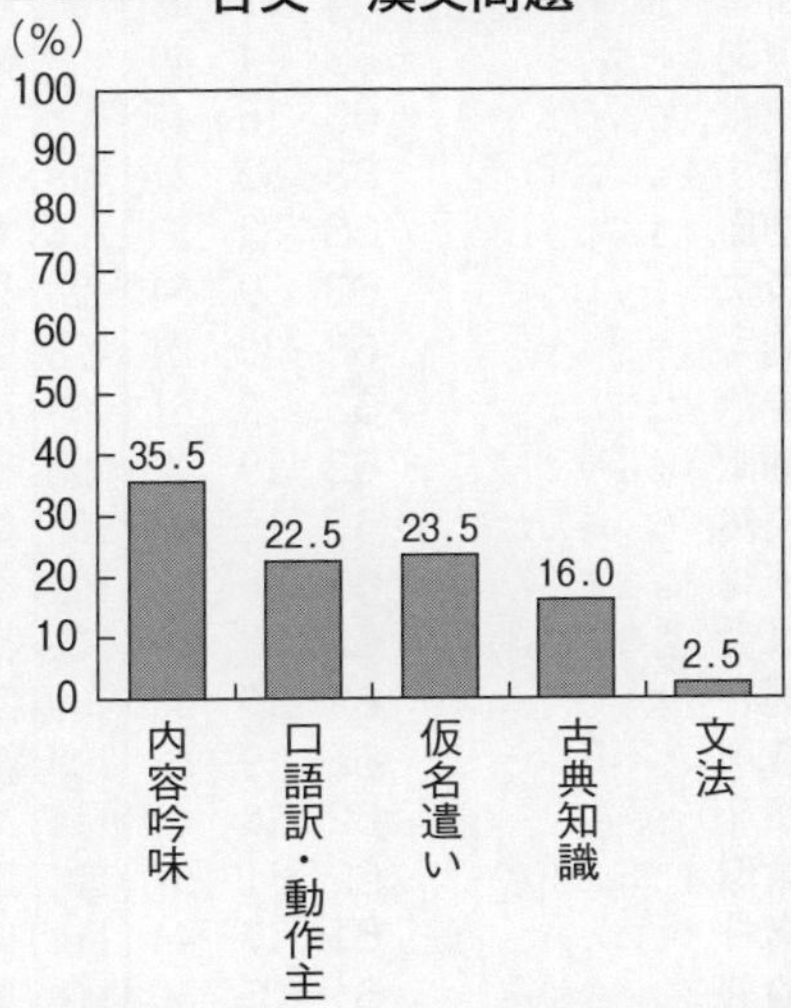

国語知識

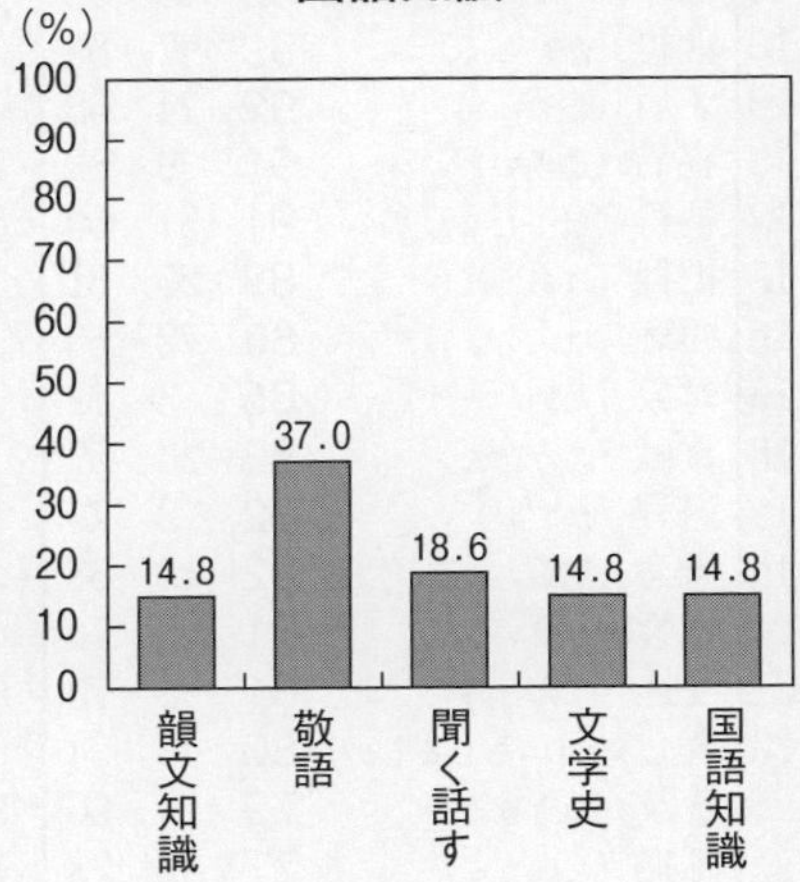

用なども確認しておく。品詞識別では、「…に」の形になる形容動詞の連用形に注意したい。また、形容詞の「ない」と助動詞の「ない」の識別はできるようにしておく。「品詞分類表」をきちんと頭に入れておきたい。意味用法の識別では、「の」「に」「れる・られる」など特に注意したい。

〈作文〉条件作文が中心。課題作文は少なく、短文作成はほぼ出題されなくなっている。作文は、ほとんどの公立で出題されている。意見文や案内文やスピーチ原稿、ポスターについての感想などの条件作文の出題が多くなり、内容も多様化している。意見文では、調査結果や各種グラフなどについて意見を書かせるもの、ある意見に対して賛否をはっきりさせ、その理由を書かせるものなどがある。日頃から身の回りの問題や時事問題などに関心を持つように努めたい。また、自分の体験や見聞などにもとづく具体例を挙げる、二段落で書く、などいろいろな条件がつくので、見落とさないように注意すること。さらに、「書きだしや段落のはじめは一字下げる」などの原稿用紙の使い方も確認しておこう。

〈国語知識〉敬語問題が増えていることに注意したい。尊敬語・謙譲語・丁寧語の区別、特に尊敬語の「お（ご）〜になる」「いらっしゃる」「ご覧になる」、謙譲語の「お（ご）〜する」「参る」「伺う」「拝見する」などに注意する。「聞く話す」は話し合いでの発言の適否や場面に応じて求められる話し方の特徴など、基礎知識は確認しておきたい。韻文知識は表現技法や季語など、基本的なもの、誤りやすいものはチェックしておく。漢詩の形式も確認しておきたい。文学史は、公立では古典に集中している。各時代の主な作品の著者・ジャンルを覚えておく。

〈古文・漢文問題〉内容吟味・口語訳・動作主・仮名遣いが多い。古文は主語の省略が多いので、つねに動作主は誰か考えて読むことが必要。係り結びの法則は正確に理解しておくこと。仮名遣いは、語頭・助詞以外の「はひふへほ」は「わいうえお」に直す、という基礎も頻出。漢文・漢詩では、「レ点」「一・二点」の使い方など、訓読の基本を押さえておこう。

★1995～2024年の出題頻出度順!! これが最重要ランク漢字だ★

必出書き取り・読み方漢字一覧

●過去30年間の高校入試問題（旺文社入手分）から、漢字問題の漢字・熟語を頻出度順に掲載した。

順位	漢字・熟語	計	読み	書き
1	指摘（してき）	126	6	120
2	促す（うながす）	124	77	47
3	覆う（おおう）	115	68	47
4	漂う（ただよう）	108	56	52
5	発揮（はっき）	106	5	101
6	陥る（おちいる）	105	53	52
7	眺める（ながめる）	100	36	64
8	示唆（しさ）	95	65	30
9	維持（いじ）	94	14	80
10	穏やか（おだやか）	92	46	46
10	獲得（かくとく）	92	7	85
10	矛盾（むじゅん）	92	24	68
13	容易（ようい）	91	9	82
13	納得（なっとく）	91	31	60
15	把握（はあく）	88	27	61
16	顕著（けんちょ）	85	32	53
16	対象（たいしょう）	85	3	82
18	貢献（こうけん）	83	26	57
19	過程（かてい）	82	3	79
19	概念（がいねん）	82	14	68
21	犠牲（ぎせい）	81	5	76
21	浸透（しんとう）	81	8	73
23	著しい（いちじるしい）	80	46	34
24	普及（ふきゅう）	79	13	66
25	証拠（しょうこ）	77	4	73
25	錯覚（さっかく）	77	16	61
25	余裕（よゆう）	77	10	67
28	紹介（しょうかい）	76	4	72
28	募る（つのる）	76	47	29
30	抵抗（ていこう）	75	4	71
30	微妙（びみょう）	75	8	67
32	鮮やか（あざやか）	73	38	35
32	潜む（ひそむ）	73	45	28
32	頻繁（ひんぱん）	73	46	27
35	掲載（けいさい）	72	19	53
35	歓迎（かんげい）	72	4	68
35	遂行（すいこう）	72	38	34
35	複雑（ふくざつ）	72	1	71
39	気配（けはい）	71	39	32
39	遮る（さえぎる）	71	52	19
41	遂げる（とげる）	70	28	42
41	駆使（くし）	70	17	53
43	克服（こくふく）	69	20	49
43	収穫（しゅうかく）	69	7	62
43	徹底（てってい）	69	4	65
46	偶然（ぐうぜん）	68	4	64
46	保証（ほしょう）	68	1	67
48	営む（いとなむ）	67	15	52
49	喚起（かんき）	66	4	62
50	操る（あやつる）	64	30	34
50	深刻（しんこく）	64	1	63
50	浴びる（あびる）	64	8	56
50	担う（になう）	64	33	31
50	赴く（おもむく）	64	44	20
50	丁寧（ていねい）	64	21	43
56	遭遇（そうぐう）	63	14	49
56	慎重（しんちょう）	63	16	47
56	催す（もよおす）	63	32	31
56	均衡（きんこう）	63	33	30
56	喪失（そうしつ）	63	9	54
56	施す（ほどこす）	63	39	24
56	排除（はいじょ）	63	2	61
56	翻訳（ほんやく）	63	19	44
56	漠然（ばくぜん）	63	15	48
65	極端（きょくたん）	62	6	56
65	享受（きょうじゅ）	62	23	39
65	刻む（きざむ）	62	16	46
65	栽培（さいばい）	62	9	53
65	額（ひたい）	62	18	44
65	循環（じゅんかん）	62	11	51
71	素朴（そぼく）	61	17	44
71	輪郭（りんかく）	61	21	40
71	蓄積（ちくせき）	61	7	54
71	雰囲気（ふんいき）	61	36	25
75	諭す（さとす）	60	49	11
75	臨む（のぞむ）	60	19	41
77	我慢（がまん）	59	9	50
77	緩和（かんわ）	59	29	30
77	象徴（しょうちょう）	59	5	54
77	保障（ほしょう）	59	1	58
81	瞬間（しゅんかん）	58	4	54
81	廃れる（すたれる）	58	42	16
83	厳か（おごそか）	57	43	14
83	唱える（となえる）	57	13	44
83	対照（たいしょう）	57	1	56
83	境内（けいだい）	57	49	8
83	委ねる（ゆだねる）	57	28	29
83	伴う（ともなう）	57	29	28
89	端的（たんてき）	56	7	49
90	凝る（こる）	55	31	24
90	体裁（ていさい）	55	35	20
90	巧み（たくみ）	55	26	29
90	培う（つちかう）	55	29	26
90	分析（ぶんせき）	55	5	50
90	怠惰（たいだ）	55	24	31
90	挑む（いどむ）	55	39	16
90	妨げる（さまたげる）	55	24	31
98	関心（かんしん）	54	2	52
98	妥協（だきょう）	54	8	46
98	詳細（しょうさい）	54	16	38
98	慌てる（あわてる）	54	29	25
98	真剣（しんけん）	54	2	52
98	特徴（とくちょう）	54	4	50
98	怠る（おこたる）	54	29	25
98	秩序（ちつじょ）	54	8	46
98	脳裏（のうり）	54	17	37
98	滞る（とどこおる）	54	32	22
98	膨大（ぼうだい）	54	17	37
109	掲げる（かかげる）	53	33	20
109	機嫌（きげん）	53	6	47
109	機会（きかい）	53	1	52
109	乏しい（とぼしい）	53	33	20
109	編む（あむ）	53	10	43
114	柔和（にゅうわ）	52	46	6
114	衝動（しょうどう）	52	10	42
114	仰ぐ（あおぐ）	52	25	27
114	純粋（じゅんすい）	52	7	45
114	操作（そうさ）	52	5	47
114	不朽（ふきゅう）	52	23	29
114	朗らか（ほがらか）	52	17	35
114	紛れる（まぎれる）	52	28	24
122	興奮（こうふん）	51	6	45
122	預ける（あずける）	51	4	47
124	凝視（ぎょうし）	50	29	21
124	顧みる（かえりみる）	50	38	12
124	浸る（ひたる）	50	27	23
124	吟味（ぎんみ）	50	24	26
124	支障（ししょう）	50	1	49
124	繕う（つくろう）	50	37	13
124	強いる（しいる）	50	34	16
124	招く（まねく）	50	3	47
124	風潮（ふうちょう）	50	5	45
124	赴任（ふにん）	50	21	29
134	携わる（たずさわる）	49	35	14
134	鑑賞（かんしょう）	49	4	45

順位	漢字・熟語	計	読み	書き
134	過剰（かじょう）	49	9	40
134	険しい（けわしい）	49	18	31
134	弾む（はずむ）	49	38	11
139	前提（ぜんてい）	48	1	47
139	環境（かんきょう）	48	3	45
139	希薄（きはく）	48	9	39
139	継承（けいしょう）	48	10	38
139	拒む（こばむ）	48	27	21
139	簡単（かんたん）	48	1	47
139	圧倒（あっとう）	48	2	46
139	奇妙（きみょう）	48	7	41
139	崩壊（ほうかい）	48	8	40
139	要請（ようせい）	48	4	44
149	厳密（げんみつ）	47	4	43
149	勧誘（かんゆう）	47	6	41
149	緊張（きんちょう）	47	4	43
149	隔てる（へだてる）	47	28	19
149	円滑（えんかつ）	47	16	31
149	避ける（さける）	47	7	40
149	厄介（やっかい）	47	27	20
156	恩恵（おんけい）	46	15	31
156	傾向（けいこう）	46	3	43
156	依然（いぜん）	46	2	44
156	依頼（いらい）	46	4	42
156	綿密（めんみつ）	46	3	43
156	鍛える（きたえる）	46	15	31
156	風情（ふぜい）	46	28	18
156	費やす（ついやす）	46	20	26
156	展開（てんかい）	46	1	45
165	衝撃（しょうげき）	45	7	38
165	辛抱（しんぼう）	45	14	31
165	成就（じょうじゅ）	45	30	15
165	滑らか（なめらか）	45	25	20
165	洗練（せんれん）	45	1	44
165	既成（きせい）	45	12	33
165	基礎（きそ）	45	1	44
172	口調（くちょう）	44	22	22
172	散策（さんさく）	44	5	39
172	基盤（きばん）	44	5	39
172	謙虚（けんきょ）	44	7	37
172	清潔（せいけつ）	44	1	43
172	繊細（せんさい）	44	11	33
172	拡張（かくちょう）	44	5	39
172	到達（とうたつ）	44	4	40
172	妨害（ぼうがい）	44	1	43
172	滞在（たいざい）	44	5	39
172	冒険（ぼうけん）	44	1	43
183	閲覧（えつらん）	43	30	13
183	携える（たずさえる）	43	30	13
183	生涯（しょうがい）	43	3	40
183	意図（いと）	43	10	33
183	拾う（ひろう）	43	2	41
183	傑作（けっさく）	43	13	30

順位	漢字・熟語	計	読み	書き
183	脅威（きょうい）	43	6	37
183	耕す（たがやす）	43	5	38
183	衝突（しょうとつ）	43	5	38
183	戒める（いましめる）	43	29	14
183	後悔（こうかい）	43	3	40
183	平穏（へいおん）	43	13	30
183	反映（はんえい）	43	1	42
196	刺激（しげき）	42	9	33
196	根拠（こんきょ）	42	7	35
196	支える（ささえる）	42	10	32
196	歓声（かんせい）	42	4	38
196	握る（にぎる）	42	12	30
196	自慢（じまん）	42	2	40
196	静寂（せいじゃく）	42	20	22
196	干渉（かんしょう）	42	6	36
196	被る（こうむる）	42	26	16
196	愉快（ゆかい）	42	9	33
196	率直（そっちょく）	42	18	24
196	抑揚（よくよう）	42	23	19
196	繁栄（はんえい）	42	4	38
209	措置（そち）	41	17	24
209	創造（そうぞう）	41	1	40
209	契機（けいき）	41	6	35
209	支度（したく）	41	28	13
209	規模（きぼ）	41	2	39
209	由来（ゆらい）	41	9	32
209	普遍（ふへん）	41	4	37
209	築く（きずく）	41	3	38
217	誇張（こちょう）	40	8	32
217	憩い（いこい）	40	27	13
217	感慨（かんがい）	40	10	30
217	勧める（すすめる）	40	16	24
217	会釈（えしゃく）	40	23	17
217	占める（しめる）	40	14	26
217	貴重（きちょう）	40	3	37
217	伐採（ばっさい）	40	16	24
217	単純（たんじゅん）	40	3	37
217	披露（ひろう）	40	24	16
227	習慣（しゅうかん）	39	1	38
227	抗議（こうぎ）	39	2	37
227	凝縮（ぎょうしゅく）	39	15	24
227	印象（いんしょう）	39	2	37
227	岐路（きろ）	39	17	22
227	操縦（そうじゅう）	39	1	38
227	制御（せいぎょ）	39	20	19
227	該当（がいとう）	39	10	29
227	匹敵（ひってき）	39	9	30
227	負担（ふたん）	39	1	38
227	放棄（ほうき）	39	6	33
227	訪れる（おとずれる）	39	7	32
227	抑える（おさえる）	39	25	14
227	便宜（べんぎ）	39	23	16
241	賢明（けんめい）	38	2	36

順位	漢字・熟語	計	読み	書き
241	寛容（かんよう）	38	2	36
241	隅（すみ）	38	23	15
241	緩やか（ゆるやか）	38	25	13
241	効率（こうりつ）	38	5	33
241	為替（かわせ）	38	36	2
241	衰える（おとろえる）	38	11	27
241	克明（こくめい）	38	14	24
241	安易（あんい）	38	10	28
241	慰める（なぐさめる）	38	20	18
241	凝らす（こらす）	38	24	14
241	覚悟（かくご）	38	2	36
241	破壊（はかい）	38	3	35
241	届く（とどく）	38	3	35
241	偏る（かたよる）	38	25	13
241	非難（ひなん）	38	1	37
241	名残（なごり）	38	31	7
241	唯一（ゆいいつ）	38	20	18
241	大胆（だいたん）	38	3	35
260	浸す（ひたす）	37	21	16
260	困惑（こんわく）	37	12	25
260	帰省（きせい）	37	11	26
260	倹約（けんやく）	37	2	35
260	供給（きょうきゅう）	37	4	33
260	含蓄（がんちく）	37	19	18
260	媒介（ばいかい）	37	8	29
260	突如（とつじょ）	37	8	29
260	派遣（はけん）	37	7	30
260	透明（とうめい）	37	5	32
270	折衷（せっちゅう）	36	29	7
270	企てる（くわだてる）	36	22	14
270	還元（かんげん）	36	1	35
270	奨励（しょうれい）	36	13	23
270	澄む（すむ）	36	14	22
270	徐行（じょこう）	36	1	35
270	貫く（つらぬく）	36	19	17
270	収拾（しゅうしゅう）	36	9	27
270	稼ぐ（かせぐ）	36	20	16
270	試行錯誤（しこうさくご）	36	4	32
270	冒頭（ぼうとう）	36	5	31
270	備える（そなえる）	36	10	26
270	範囲（はんい）	36	5	31
270	拍子（ひょうし）	36	18	18
270	比較（ひかく）	36	5	31
270	導く（みちびく）	36	10	26
270	陶酔（とうすい）	36	17	19
287	警戒（けいかい）	35	1	34
287	催促（さいそく）	35	7	28
287	警鐘（けいしょう）	35	15	20
287	雑踏（ざっとう）	35	12	23
287	軌跡（きせき）	35	12	23
287	省く（はぶく）	35	11	24
287	柔軟（じゅうなん）	35	4	31
287	尋ねる（たずねる）	35	13	22

★３年分の公立高校入試・作文のテーマがわかる★

過去3か年作文出題内容一覧

県名	2024年	2023年	2022年
北海道	葛飾北斎「怒涛図」について、福岡伸一「芸術と科学のあいだに」を引用しながら、自分の感じたことや考えたことを書く。(60～80字)	藤田正勝「哲学のヒント」を読み、筆者が述べる「こと」と「もの」の関係を自分の経験を例にして説明する。	・「世説新語」を読み、登場人物のどちらが優れているか、自分の考えを二文で書く。・図書委員会への要望を読み、自分の考える要望への回答案を書く。(105字程度)
青森	日本語の会話についての外国語指導助手と生徒のやりとりを読み、第一段落では気づいたことを、第二段落では自分の意見を書く。(150～200字)	「いいです。」の言葉の意味、使い方についての資料、生徒のやりとりを読み、第一段落で資料で気づいたことを、第二段落で自分の意見を書く。(150～200字)	「国語が乱れていると思うか」のアンケート結果の棒グラフ資料を見て、第一段落で資料をもとにした自分の意見を、第二段落で意見の理由を書く。(150～200字)
岩手	職業や将来についてのレポートの一部と資料を読み、第一段落では自分が職業で重視したいことを資料から選び理由を書き、第二段落では将来を考えるうえで取り組みたいことと目的を書く。(92～150字)	外国人との交流に関する話し合い、資料を見て、第一段落で自分がどう外国人と意思疎通を図りたいか理由を書き、第二段落でそれだけでは不十分な点を挙げ、配慮したいことを書く。(92～150字)	和食文化に関する話し合い、資料（棒グラフ、表ほか）を見て、第一段落で自分が食事で重視したいことを挙げ、第二段落で和食文化の良さを受け継ぐための自分の取り組み等を書く。(92～150字)
宮城	「毎日の生活に必要な情報を何から得ているか」という質問の答えをまとめたグラフから読み取ったことと、それに対する考えを説明する。(160～200字)	読書の魅力を伝えるキャッチコピーで「読書はあなたを□に連れて行く」の空欄にふさわしいと考える言葉とその理由を書く。(160～200字)	ある俳句を完成させるために提示された指示語を一つ選び、それを用いることで、どのような情景や心情を表現できると自分は考えたかを書く。(160～200字)
秋田	「言葉の使い方に対する意識調査」の項目から、自分が意識したいことを選び、自分の考えを書く。(200～250字)	自分が今まで影響を受けた人物やものごとについて、その影響で自分がどう変化したかを交えて書く（200～250字）	ある国語辞典の第一版と第八版で「聖地」「リサイクル」について記載された表を見て、気付いたことを書く（200～250字）
山形	「社会で働くにあたり必要だと思う力」と「現在持っていると思う力」に関するグラフ結果をもとに、「これから自分が伸ばしたい力」についての考えを二段落構成で書く。(200～240字)	小学生、中学生が作成した学びの経験で得たことの標語を読み、標語で読み取れること、自分の考えを体験を含め「学んだことをどのように生かすか」の題で二段落構成で書く。(200～240字)	「これからの時代に必要だと思う言葉の知識や能力は何か」の質問についてのグラフ結果をもとに、「これから自分に必要な言葉の知識や能力」という題で二段落構成で考えを書く。(200～240字)
福島	生徒会での話し合いとメモを読み、第一段落では「ボランティア活動の内容をどのような方法で案内するとよいか」についての考えや意見を、第二段落ではその理由を具体的に書く。(150～200字)	ユニバーサルデザインに関する二つの資料を見て、第一段落で資料で気づいたことを、第二段落で「ユニバーサルデザインを推進すること」についての自分の考え、意見を書く（150～200字）	「外国人とどのように意思の疎通を図っているか」についての調査結果（棒グラフ）を見て、「外国人のコミュニケーションの取り方」について自分の意見を二段落構成で書く。(150～200字)
栃木	自然を守ることを啓発する二種類のポスターから、地域に掲示したいと思うほうを選び、選んだ理由を明確に説明する。(200～240字)	小学六年生への中学校の学校紹介の実施方法について、二人の生徒の意見を読み、どちらがよいか、選んだ理由を明確にして自分の考えを書く。(200～240字)	言葉についての資料を読んで、第一段落で資料を見て気づいたことを、第二段落で「言葉」の使用について心がけたいことを書く。(240～300字)
群馬	「海外に伝えたい日本の魅力」についての会話文と資料を読み、自分が魅力を発表したいジャンルについて、経験等を踏まえながら書く。(140～180字)	辞書と言葉の意味についての会話文と資料を読み、辞書によって記載内容が異なっていることをどう考えるか、自分の考えを書く。(140～180字)	中学校内の読書活動推進についての話し合い文を読み、読書することの良いところを提示されたA～Cから選び、自分の考えを書く。(140～180字)
埼玉	「持続可能な開発目標（SDGs）の推進」に関するグラフを見て、第一段落で資料から読み取ったことを、第二段落で体験や見聞を踏まえて自分の考えを書く。(152～195字)	インターネットの利用についての調査結果（棒グラフ）を見て、「インターネットの適切な利用」について、第一段落で資料から読み取ったことを、第二段落で自分の考えを書く。(152～195字)	「国語に関する世論調査」のグラフを見て、「コミュニケーションで気をつけること」について、第一段落で資料から読み取った内容を、第二段落で自分の考えを体験を踏まえて書く。(152～195字)

県名	2024年	2023年	2022年
千葉	・「知識」と「知恵」という言葉の意味を読み、第一段落で「知恵」とはどのようなものかを、第二段落で「知恵」に対する自分の考えを具体例とともに書く。(～200字) ・谷川嘉浩「人は本当に対話したいのか、どうすれば対話したいと思うのか」、山竹伸二「共感の正体」を読み、「情緒的な共感をうまく働かせるため」の「知的な理解」の仕方を具体的に説明する。(150～200字)	「日本と諸外国との文化交流を進めることの意義」についての世論調査結果の資料（表）を見て、第一段落で資料から読み取ったことを、第二段落で自分ならどのような交流を行いたいかを理由とともに書く。(～200字)	「『大人』とはどういう人のことを指すのか」についての二人の生徒の会話を読んで、第一段落で二人の考え方を整理し、第二段落で自分の意見を理由とともに書く。(～200字)
東京	**東京都**：長谷川眞理子「進化的人間考」を読み、「互いの思いを一致させること」というテーマで意見を発表することになったときに自分の話す言葉を、具体的な体験や見聞も含めて書く。(～200字) **西高**：松村圭一郎「旋回する人類学」を読み、現代において「他者理解」を実現するためにはどのようなことが必要か、自分の考えを題名もつけて書く。(～200字) **八王子東高**：多木浩二「生きられた家」を読み、日本と西洋の文化の差異について、それぞれの特徴と差異が生まれた理由として考えられることを、本文以外の具体例を挙げて書く。(～240字) **国立高**：河野哲也「人は語り続けるとき、考えていない」を読み、「唯一重要であるのは、新しさである。」という筆者の主張の意図を踏まえて、これまで自分が体験した「新しさ」の例を書く。(～200字) **新宿高**：池上俊一「歴史学の作法」を読み、「進歩」についての自分の考えを、具体例を根拠として、経験や見聞を含め、「パースペクティブ」という言葉を用いて書く。(～200字)	**東京都**：信原幸弘「情報とウェルビーイング」を読み、「これからの情報社会をよりよく生きる」というテーマで意見を発表することになったときに話す言葉を、具体的な体験や見聞も含めて書く。(～200字) **日比谷高**：若林幹夫「地図の想像力」を読み、世界規模で共通化に向かって変化しつつあるものが多い中、他との違いや個別性を保っているものの具体例を挙げ、そのよさや問題点を二段落構成で書く。(～250字) **八王子東高**：養老孟司「考えるヒト」を読み、筆者の述べる現代社会が「ああすれば、こうなる」という原理のみで運営されている問題点について、自分はどのように社会で生きるべきか、具体例を挙げて考えを書く。(～240字) **国立高**：外山滋比古「日本語の論理」を読み、日本では古くから表現の余韻などが重視され、理屈が明確なものは軽んじられた、という筆者の考えについて自分はどう考えるか、日常生活で他者に考えを伝えるとき自分は何を気をつけているかを踏まえて書く。(～200字) **墨田川高**：大森荘蔵「思考と論理」を読み、「言葉の働き」のテーマで意見を発表するとき、自分の話す言葉を体験や見聞を含めて書く。(～200字)	**東京都**：大須賀節雄「思考を科学する」を読み、「コンピュータ化できない人間の考え方」というテーマで自分の意見を発表することになったときの自分の話す言葉を、具体的な体験や見聞も含めて書く。(～200字) **青山高**：加藤尚武「環境倫理学のすすめ」、岩佐茂「環境保護の思想」と二作を読んだ生徒の話し合い文を読み、現代に生きるわたしたちが未来に果たすべき責任について、自分の考えを書く。(～200字) **西高**：佐倉統「科学とはなにか」を読み、筆者の述べる「知識をもっていることと、それらの知識を適切に遣うこととは、まったく別の能力である。」について、自分の考えを題名もつけて書く。(～200字) **八王子東高**：バトラー後藤裕子「デジタルで変わる子どもたち」を読み、複数の発音を持つ漢字の習得にはどのような学習方法が有効だと考えるか、本文の内容を踏まえて自分の考えを書く。(～240字) **国立高**：品川哲彦「倫理学入門」を読み、人との関わりのなかで私たちはどうあるべきだと考えるか、本文を踏まえて具体的な事例を挙げながら自分の考えを書く。(～200字)
富山	自分の好きなものを題材に、第一段落ではその魅力が具体的に伝わるように表現を工夫して書き、第二段落では第一段落で表現を工夫した点について、その表現を用いた理由も含めて説明する。(180～220字)	日本語にも置き換えられる三つのカタカナ語から一つ選び、第一段落では自分が選んだカタカナ語・日本語の印象、共通点と違いを、第二段落ではどちらかを使う具体的な場面を理由も含めて書く。(180～220字)	「実現したら使いたいと思う情報通信機器」についてのグラフ資料のなかから自分が使いたいものを一つ選び、第一段落で選んだ機器に関わる現在の社会状況を、第二段落でそれを使うとどんな社会になるか考えを書く。(180～220字)
石川	「国語に関する世論調査」の結果の一部を表したグラフを見て、分からない言葉の意味や使い方などを調べるときに自分が選びたい方法について、具体例を含めて理由を書く。(200字程度)	外来語とその言い換え語の資料から外来語を一つ以上取り上げ、それに関連した自分の体験や見聞などを含めて、日常の中で外来語を使うとき何を心がけているか、自分の考えと理由を書く。(200字程度)	「みんながあいさつできる学校にする」という生徒会目標の２案のメモ読み、自分ならどちらを選ぶか、２案を比較して選んだ理由を「～だ。～である。」調で書く。(200字程度)

県名	2024年	2023年	2022年
福井	「理想とする未来の社会」の二つの例から一つを選び、第一段落では参考資料A・B・Cから一つを選んでそこから分かることを、第二段落では「理想とする未来の社会」の実現のために大切だと考えることを書く。(200 ～ 240 字)	読書に関する資料A（棒グラフ）・B（読書推進例４点）を見て、第一段落ではAから読み取れることを、第二段落では読書推進のための効果的な工夫をBから選び、自分の考えを書く。(200 ～ 240 字)	未来の社会で生きていくために自分が大切だと考えることを、二つの資料で提示された３項目のなかから一つ選び、選んだ理由を自分の体験や見聞したことを踏まえて書く。(200 ～ 240 字)
山梨	万城目学「十二月の都大路上下ル」を読み、自分の役目や役割を意識して取り組んだことや、そこから考えたことについて具体的に書く。(～ 240 字)	小川仁志「公共性主義とは何か」を読み、人との関わりの中で何を大切にしたいか、これまでの具体的な経験を踏まえて自分の考えを書く。(～ 240 字)	朝倉宏景「あめつちのうた」を読み、自分が上級生などの年長者から声をかけられたり教えられたことのなかで印象に残っていることを書く。(～ 240 字)
長野	信原幸弘「『覚える』と『わかる』 知の仕組みとその可能性」を読み、物事の理解に関する筆者の主張について、本文と異なる身近な例を用いて説明する。(70 ～ 90 字)	太刀川英輔「進化思考」を読み、筆者が述べる「機能としての価値」「感性的な価値」について自転車、手袋、絵本から一つを明示し、「機能としての価値」「感性的な価値」の言葉を用いて説明する。(70 ～ 90 字)	藤田正勝「はじめての哲学」を読み、「言葉の限界と可能性」について筆者の説明を踏まえて、食べ物や飲み物以外の例を用いて具体的に書く。(80 ～ 100 字)
岐阜	リサイクルを呼びかけるチラシの候補二つのうちどちらを配布するのがよいと思うか、第一段落では自分の考えを、第二段落ではその候補を選んだ理由を書く。(102 ～ 180 字)	情報機器が普及し、インターネットが発達する社会において、何を大切にしたいか、第一段落では自分の大切にしたいことを、第二段落ではその理由を書く。(102 ～ 180 字)	中学校で積極的な掃除の取り組みを呼びかける二つの標語のうち、どちらがいいか、第一段落では自分の考えを、第二段落では標語を選んだ理由を書く。(102 ～ 180 字)
静岡	「□ 新たな友と 歩く道」という俳句の空欄にふさわしいと考える春の季語を二つの候補から選び、それを選んだ理由が分かるように自分の考えを書く。(150 ～ 180 字)	「国語（日本語）について関心があること」についての世論調査結果（棒グラフ）を見て、どのようなことを考えるか、自分の体験など身近な事柄と関連付けて書く。(150 ～ 180 字)	マイクロプラスチックによる環境への影響をまとめた図を読み、図とともに掲示するポスター２案のどちらがいいか、選んだ理由を含めて考えを書く。(150 ～ 180 字)
三重	ボランティア部が昨年度に行った老人クラブとの交流会に関する資料および部員の会話の一部を踏まえ、老人クラブの皆さんに楽しんでもらうための工夫について、具体的な交流会の項目を一つ取り上げて書く。(160 ～ 200 字)	読書の良いところは何だと考えるか、自分の考える読書の良さを一つ挙げて、その理由を明確にして的確に伝わるように書く。(160 ～ 200 字)	13 ～ 29 歳対象に調査された「具体的に何を通じて社会のために役立ちたいと考えていますか」のグラフ結果を見て、自分はどのように社会のために役立ちたいか、具体的に的確に伝わるように書く。(160 ～ 200 字)
滋賀	神野紗希「俳句部、はじめました さくら咲く一度っきりの今を詠む」とそれに関する話し合いの一部を読み、ある言葉を知ったことでものごとの見方や考え方が変わった経験について、具体例を挙げて書く。(100 ～ 140 字)	今野真二「大人になって困らない語彙力の鍛えかた」を読み、ことばには「他の人とコミュニケーションをはかる」以外にどんな働きがあるか、具体例を挙げて考えを書く。(100 ～ 140 字)	栗木京子「短歌をつくろう」を読み、語いを豊かにするためにどのような方法が有効か、自分の考えとその理由を具体的に書く。(100 ～ 140 字)
大阪	**A問題**：新しいことに挑戦するときに大切にしたいことを、具体例や体験を挙げて説明する。(～ 180 字) **B問題**：合意の形成に向けての話し合いを行う際に、自分が心がけたいことを示したうえで、なぜそう考えたのかを説明する。(～ 260 字) **C問題**：二つの資料（読書や本に関する、作家の短い言葉）を読み、資料の少なくとも一つについてふれながら、読書とはどのようなものかということについての自分の考えを書く。(～ 300 字)	**A問題**：自分が考える読書の魅力は何か、具体例や体験を挙げて自分の考えを書く。(～ 180 字) **B問題**：16 歳を対象にした「国語は乱れていると思うか」の調査結果の資料（円グラフ他）を見て、資料の内容に触れながら自分の考えを書く。(～ 260 字) **C問題**：16 歳を対象にした「あなたにとって『美しい日本語』とはどのような言葉か」の調査結果の資料（棒グラフ）を見て、資料から分かることに触れながら「美しさを感じる言葉」は何か、自分の考えを書く（～ 300 字）	**A問題**：自分が季節を感じるのはどのようなときか、自分の体験を挙げて具体的に書く。(～ 180 字) **B問題**：海外在住の外国人を対象にした「日本の文化財や伝統的な文化のうち、関心のあるものは何か」の調査結果（棒グラフ）を見て、外国の人たちにどのような日本の文化財や伝統文化を伝えたいか、グラフから読み取れる内容にふれながら自分の考えを書く。(～ 260 字) **C問題**：16 歳を対象にした「これからの時代に必要だと思う言葉に関わる知識や能力等は何か」の調査結果（棒グラフ）を見て、グラフから分かることを踏まえて自分の考えを書く（～ 300 字）

県名	2024年	2023年	2022年
奈良	友達にすすめたい場所について、第一段落で場所を具体的に書き、第二段落でその理由を書く。(100 ～ 150 字)	読書の意義について、第一段落で自分の考える読書の意義を、第二段落でその理由を書く。(100 ～ 150 字)	人の話を聞くうえで大切だと思うことについて、第一段落で大切だと思うことを具体的に書き、第二段落でその理由を書く。(100 ～ 150 字)
和歌山	一枚の写真を見て、第一段落ではその写真を見たことがない人にも分かるように写真の情景を書き、第二段落では写真を見て自分が感じたことや考えたことを理由とともに書く。(142 ～ 200 字)	「読書は『　』」のキャッチコピーの『　』に入る漢字を「海」「知」「旅」「友」「光」の中から一つ選び、その理由を読書の意識調査結果のグラフから読み取った情報を用いて書く。(142 ～ 200 字)	環境問題のためにつくられた、海の豊かさを守る二枚のポスターからどちらが掲示にふさわしいかを選び、二枚を比較・分析した内容と選んだ理由を書く。(142 ～ 200 字)
鳥取	自分の生活において「芸術」とはどのようなものか、第一段落では自分の考えを、第二段落ではその根拠となる自分の体験を書く。(142 ～ 200 字)	「地域の活性化」につながることとして、将来自分がしてみたいことを一つ取り上げて自分の体験を踏まえて二段落構成で書く。(142 ～ 200 字)	これまで自分が経験したり取り組んできた「活動」について、第一段落で具体的に述べ、第二段落でその「活動」を通して自分自身にどのような学びや成長があったかを書く。(142 ～ 200 字)
島根	季節を表す言葉についての話し合いと、言葉の意味をまとめた表を読み、言葉を一つ選んで、どのようなときに使いたいかを、意味と関連付け、自身の経験を根拠として説明する。(150 ～ 180 字)	地域の人との交流について、地域の誰と何をするのがよいか、具体的に述べ、それが地域の人々にどのような効果をもたらすか、自分の経験や見聞を根拠にして書く。(150 ～ 180 字)	新聞、SNS コメント、本、ネットをそれぞれ情報源とした 4 人の生徒の発言から一人を選び、発言の問題点を指摘し、自分ならどうするか、自分の経験や知識を根拠に具体的に書く。(150 ～ 180 字)
岡山	中学生の会話文と、日本の食品ロスについての資料を読み、「消費者として食品ロスを解決するための提案」について、一文めには着目した発生場所を、二文めには発生要因を解消するための具体的な行動を書く。(80 ～ 100 字)	図書委員の生徒と先生の会話文と著作権法についての資料を読み、「図書室が無償で本を貸し出すこ」とについて、著作者または利用者のメリットと、著作権法の目的達成にどうつながるか二文で書く。(80 ～ 100 字)	「文字で情報を伝えるときに気を付けること」について、自分はどのように気を付けるか、「ことばの誤解が起こる原因」についての資料も踏まえて書く。(80 ～ 100 字)
広島		古文「毎月抄」を読み、「主」によって「善悪をわかつ」ということについて、歌以外の例を日常生活の中から一つ挙げて自分の考えを二段落構成で書く。(～ 200 字)	「絵本の読み聞かせ」についてのノート、資料、話し合い文を読み、「(読み合わせに使う絵本は) 図鑑のような絵本がいい」という意見に合意を形成できるような発言を書く。(～ 250 字)
山口	「学ぶことは、まるで［　　　］のようだ。」の空欄にふさわしいと思う言葉と、その理由を書く。(142 ～ 240 字)	体育祭のスローガンの案A、案Bのどちらがよいか、一つ選びその理由を書く。(142 ～ 240 字)	夏目漱石とサン＝テグジュペリの言葉を読み、第一段落で二つの言葉から感じ取ったことをまとめ、第二段落で「あなたの未来」についての考えを書く。(142 ～ 240 字)
徳島	「論語」の言葉とその現代語訳をまとめた三つの資料から一つを選び、第一段落で選んだ言葉に関する自分の体験や見聞を、第二段落でどのように生活に生かしていきたいかを書く。(182 ～ 260 字)	「やばい」という言葉の使い方についての調査資料（折れ線グラフ）と話し合い文を読み、第一段落で資料から読み取ったことを、第二段落で何を意識して言葉使うか自分の考えを書く。(182 ～ 260 字)	ふるさとのアピール動画に関する話し合いを読み、第一段落でアピールしたいことや理由などを、第二段落で動画の完成イメージを書く。(182 ～ 260 字)
香川	生徒全員が楽しかったと思える運動会にするための視点A～Dについて、第一段落では着目した視点とその理由を、第二段落では自分の提案を、根拠を示して具体的に書く。(150 ～ 250 字)	「これからの社会で私たちに求められる力」の議論の発言を読み、これを踏まえて自分の意見を体験や具体例を示して書く。(150 ～ 250 字)	「成長するために大切なこと」の議論の発言を読み、これを踏まえて自分の意見を体験や具体例を示して書く。(150 ～ 250 字)
愛媛	言語コミュニケーションについての資料と話し合いの一部を読んで、言語コミュニケーションにおいて何が大切だと考えるか、話し合いで示された意見や自分の体験を交えて書く。(300 ～ 400 字)	18 ～ 19 歳を対象にした「大切にしたい時間」の回答結果の資料（棒グラフ）を見て、大切にしたい時間についての自分の考えを、資料を見て気づいたことや自分の体験を交えて書く。(300 ～ 400 字)	「高校生が考える創造力」のグラフ資料を見て、創造力とはどのような力であると考えるか、自分考えとその理由を、資料を見て気づいたことや自分の体験を交えて書く。(300 ～ 400 字)

県名	2024年	2023年	2022年
高知	「人間を究める」から廣野由美子の文章を読み、生きるための力が文学によってどのように養われると筆者が述べているかを説明し、それに対する自分の考えを書く。(100 ～ 120 字)	丸山俊一「14 歳からの個人主義」を読み、筆者の述べる「『人真似』をしてもだめだということ」について、筆者の考えを説明し、それに対する自分の考えを書く。(100 ～ 120 字)	港千尋「芸術回帰論　イメージは世界をつなぐ」を読み、著者が「現在の地球」の状況をどのように捉えているかを説明し、それに対する自分の考えを経験を踏まえて書く。(80 ～ 100 字)
福岡	読書に関する調査結果の資料（帯グラフ）をもとに、第一段落では資料を組み合わせて分かることと自分の考えを、第二段落では読書量を増やす取り組みとして自分が考えた案を、知識や経験と結び付けて書く。(182 ～ 240 字)	言葉や言葉の使い方に関する調査結果の二つの資料（棒グラフ他）をもとに、第一段落では資料の項目を比較して分かることと自分の考えを、第二段落では自分の言葉の使い方について大切に思うことを知識や経験と結び付けて書く。(182 ～ 240 字)	「狂言体験教室」の二つのポスターを見て、第一段落で二つのうちどちらを選ぶかを、第二段落で選んだ案のさらに工夫できることを考えて書く。(182 ～ 240 字)
佐賀	ボランティア活動についての放送原稿とアンケート結果、前回参加した人の感想の一部を読み、提示された二つの活動のうちどちらが良いと思うか、自分の考えと理由を書く。(100 ～ 120 字)	学校生活の運動習慣についての体育委員会のプレゼンテーション原稿を読み、提示された二案のうちどちらが良いと思うか、自分の考えと理由を書く。(101 ～ 120 字)	町外の人に向けた広報紙について、見出しの二案のうちどちらが良いと思うか、自分の考えと理由を書く。(101 ～ 120 字)
熊本	インターネットを使うことで、学びが広がったり、深まったりした体験について、インターネットのどのような点が学びにつながったのかにふれながら書く。(127 ～ 175 字)	西研「しあわせの哲学」を読み、「対話」によって得られるものについて、自分の考えを体験や見聞を交えて書く。(127 ～ 175 字)	池内了「なぜ科学を学ぶのか」を読み、本文の内容を踏まえて「知ることが自分の力になった経験」について、どんなことを知りどんな力になったのかを書く。(127 ～ 175 字)
大分	「やさしい日本語」に関するリーフレットを読み、文化祭の入場チケットの文章を「やさしい日本語」に書き換えたうえで、どのように分かりやすくなったのかを説明する。(80 ～ 120 字)	図書委員が実施するビブリオバトルへ参加してもらうためのポスター２案と読み手の設定文を読み、読み手の特徴とつながるポスターを一つ選び、その効果を書く。(80 ～ 120 字)	郷土料理を通して地域の魅力を発信することについてどう考えるか、賛成か反対かの立場を明確にしたうえで、具体的な経験や見聞を踏まえ自分の考えを「だ・である」調で書く。(100 ～ 120 字)
宮崎	言葉に関する資料（帯グラフ他）と生徒の会話文を読み、「流行語や言葉の使い方の移り変わりが早すぎる」という課題について資料から読み取れること、それに対する自分の体験や具体例、気をつけたいことを書く。(90 ～ 120 字)	書き言葉と話し言葉の使い方に関する調査結果の資料（帯グラフ）と、先生と生徒の会話文を読み、書き言葉と話し言葉の使い方に対する自分の考えを二段落構成で書く。(90 ～ 120 字)	お楽しみ会に関する話し合いの内容と佐々木康裕「感性思考」の内容を踏まえて「しりとり」の新しいルールを考え、従来のルールとあわせて具体的に説明する。(～ 90 字)
鹿児島	鹿児島県在住の外国人に行ったインタビューの一部とそのあとのグループでの話し合いの様子、話し合いの際に参考にした資料１・２を踏まえて、在留外国人が抱える課題に対して私たちにできることを考えて書く。(102 ～ 160 字)	鹿児島県で開催される「総文祭」について、提示された３つの資料から２つを選び参考にし、生徒会新聞用紹介記事を見出しとともに作成する。(102 ～ 160 字)	「自然や文化など先人が残してくれたものを引き継ぐために私たちはなにをするべきか」に関する会話を読み、第一段落で未来に残したいものとそのための課題、第二段落で解決に向けて取り組みたいことを具体的に書く。(102 ～ 160 字)
沖縄	・瀧本哲史「ミライの授業」を読み、おこづかいに関する資料①・②を使って、おこづかいの金額を上げてほしいという説得力のある文章になるように空欄を補充する。(35 ～ 50 字) ・齋藤孝「孤独のチカラ」からの文を読み、「一人でいる時間」と「他者と過ごす時間」のどちらが自分自身を成長させると考えるか、理由も含めて意見を書く。(150 ～ 180 字)	生徒会長選挙に向けて、二人の候補が考えたキャッチコピーＡ、Ｂを見て、第一段落で各キャッチコピーの意図について読み取れることを、注目した語句を示して書き、第二段落でどちらのキャッチコピーが良いか、選んだ理由を具体的に書く。(150 ～ 180 字)	・作成したハザードマップについて、地域の高齢者と外国人観光客を対象に行ったアンケートの二つの資料（グラフ）を見て、資料を関連させて指摘できることを書く。(60 ～ 80 字) ・内閣府によるユニバーサルデザインの考え方を踏まえ、ハザードマップ以外でユニバーサルデザインが①必要だと思う場面、②理由、③具体的な事例や手立ての三点を書く。(140 ～ 160 字)

公立高等学校

北海道

時間 55分　満点 100点　解答 P2　3月5日実施

出題傾向と対策

●韻文知識等と会話文からなる問題、現代文、古典文、資料の読み取りの大問四題構成。現代文は論説文もしくは小説文からの出題、古典は古文もしくは漢文からの出題である。文章・設問ともに標準レベルだが、知識の確認と思考力を幅広く問う工夫された設問が特徴的である。

●学校の授業をきちんと受け、過去問をしっかりと解くことが最重要。基礎的な学力が非常に重視されていることを理解して対策を行う。また資料読み取りのような新傾向の問題も数をこなし、作文の経験も積んでおきたい。

注意　問いのうち、字数が指示されているものについては、句読点や符号も字数に含めて答えなさい。

一 漢字の読み書き・韻文知識・表現技法・文脈把握・内容吟味

次の問いに答えなさい。（計25点）

問一、基本 (1)、(2)の――線部の読みを書きなさい。（各2点）

(1)チームの勝利に貢献する。

(2)母は諭すように言った。

問二、基本 (1)、(2)の――線部を漢字で書きなさい。（各2点）

(1)歴史上の人物にそんけいの念を抱く。

(2)兄は地元の会社にしゅうしょくした。

問三、次の俳句を読んで、(1)、(2)に答えなさい。

てらてらと石に日の照枯野（てるかれの）かな　与謝　蕪村

(1)この句で表現されている季節と同じ季節を詠（よ）んだ俳句はどれですか。最も適当なものを、ア～エから選びなさい。（3点）

ア、大蛍ゆらりゆらりと通りけり
イ、学問のさびしさに堪へ炭をつぐ
ウ、行水の捨てどころなし虫の声
エ、花の雲鐘は上野か浅草か

(2)――線部の表現の技法をⅠ群のア～エから選び、その表現の技法を使っているものをⅡ群のカ～ケから一つ選びなさい。（完答で4点）

［Ⅰ群］
ア、擬人法　イ、擬態語
ウ、擬声語　エ、直喩

［Ⅱ群］
カ、ダイヤモンドのように輝く。
キ、小鳥が美しい声で歌っている。
ク、木の葉がかさこそと鳴る。
ケ、一日中ごろごろして過ごす。

問四、次は、中学生の加藤さん、宮本さん、上田さんの会話です。これを読んで、(1)～(3)に答えなさい。

加藤さん　上田さんの体験学習のまとめ新聞、とても読みやすかったよ。
宮本さん　私もそう思った。文章は分かりやすいし、字もきれいだよね。
加藤さん　今度の生徒会選挙に立候補したらいいんじゃない？　書記とか、いいと思うけれど。
上田さん　そうかな。役不足じゃないかな。
加藤さん　え？　会長にする？
上田さん　いやいや。そもそも生徒会役員なんて、私には無理だと思う。
宮本さん　そんなことないよ。上田さん、体験学習のときもグループをまとめてくれていたし……上田さんにとっては、書記だと役不足かもしれないね。会長が合っていると思う。
上田さん　私には役不足なのに書記より会長？
宮本さん　そうだよ。会長がぴったり！
加藤さん　ちょっと待って。二人の会話、かみ合っていないよ。宮本さんは、「役不足」という言葉を「本人の能力に対して役目が［①］」という本来の意味で使っているけれど、上田さんは「本人の能力に対して役目が［②］」という意味で使っているんじゃない？
上田さん　役不足って、そういう意味だったんだ。私に生徒会役員なんてできるのか、心配で……。

宮本さん　上田さん、生徒会の役員になることが不安だったんだね。私は上田さんが、話し合いの人数に関わらず、そこに参加しているみんなの意見のよいところを上手にまとめてくれるから、上田さんがリーダーだと安心するんだ。

加藤さん　そうだね。しっかり意見を聞いた上で、みんなが納得するようにまとめることは、なかなかできることではないよね。
上田さん　二人がそんなに勧めてくれるなら、会長立候補、ちょっと考えてみようかな。

(1)会話の内容を踏まえ、［①］、［②］に当てはまる表現をそれぞれ書きなさい。（完答で4点）

(2)――線「二人の会話、かみ合っていないよ」とありますが、上田さんの意図を正しく伝えるためには、上田

さんは══線部でどのような言葉を使うとよいですか。次の□に当てはまる漢字一字を書きなさい。（3点）

□不足

(3) 会話の□で囲んだ宮本さんの発言について説明したものとして最も適当なものを、ア〜エから選びなさい。（3点）

ア、相手の考えに同意しながら、課題の解決策を検討するように呼びかけている。
イ、相手の考えに反対しながら、自分の考えとの違いについて説明している。
ウ、相手の気持ちを受容しながら、自分の考えを具体的な理由を示して伝えている。
エ、相手の気持ちを確認しながら、目の前にある問題点について的確に指摘している。

三 （小説文）漢字の読み書き・語句の意味・国語知識・文脈把握・内容吟味

次の文章を読んで、問いに答えなさい。（計40点）

これは、江戸時代に本屋を営む「私」が、医者である佐野淇一（先生）のところへ、同じく医者の西島晴順が無断で持ち出した口訣集を、西島から頼まれて返しに行ったときの話です。

「実は、この前、先生がお話しくださった西島晴順のことで、[1]折り入ってお伝えしたいことがございまして」

「ほお」

先生は覚えてくれていて、「じゃあ……」と言った。

「そこの川縁にでも座って話しましょうか」

時候は九月も末だけれど、その日はよく晴れ渡って風もなく、おまけに[2]午が間もなくとあって、野に咲く花こそ秋の花だったものの、春とまちがうほどに暖かだった。川は子供の水遊びには頃合いの四間ばかりの幅で、流れも緩く、川縁に腰を着けると[1]快くて眠気を誘われそうだ。

私は柔らかな陽と川の流れと野の匂いに助けられて、西島晴順から聞いた話を語り出した。心がけたのは、話になにも足さず、なにも引かないことだった。とにかく、いま、傍らに西島晴順が居て耳を傾けていたとしても、なんら[2]臆することがないように語り通した。そうして最後に、脇に置いた風呂敷包みから五冊の口訣集を取り出した。

私が話しているあいだ、先生は一つとして問いを挟まなかった。ひたすら、耳に気を集めつづけていた。そして、私が語り終えると、「たいへん、ご苦労をおかけしました」と言ってから、言葉を足した。

「さぞ、お疲れになったでしょう。それだけ正しく伝えようとしつづけるには、並大抵ではない根気が要ります。あなたは西島晴順のために、たいへん素晴らしい務めを果たされました」

伝え終えた途端、どっと疲れが押し寄せたのは事実だった。先生の労いで、その甲斐はあったのかと期待したのだが、しかし、先生は五冊の口訣集を目にすると言った。

「せっかく遠いところを持ってきていただいたのに申し訳ありませんが、これは持ち帰ってください」

[3]引きかけた疲れが、またじわっと広がった。

「やはり、受け取っていただけませんか」

西島晴順がしきりに気にかけていた「汚点」という言葉が思い出された。

「いや、そういうことではありません」

流れに目を預けたまま、先生は言った。

「それは、西島晴順が持っていたほうが、世の中の役に立つからです」

「世の中の役に立つ……」

「称東堂では、門人たちにいくらでも口訣集を写していいと言っています。ですから、諳んじようとしているのでしょう、写経のように、何回も写す者も少なくありません。ですから、称東堂には口訣集が溢れ返っています。いくらでもあるのです」

そう、なのか。門外不出の、秘伝ではないのか。

「西島晴順には可哀想なことをしました。言って持って帰れば、なんの問題もなかったのに、盗んだと思わせ、返さねばならぬのに返さないと思わせてしまった。その間、己れをずっと傷めつづけたことでしょう。己れで己れを罰しつづけたことでしょう。この口訣集を西島晴順に戻すのは、もう、このことで自分を貶める必要はないという徴です。佐野淇一がそう言っていたと、よおく伝えてください」

[4]私は唖然としていた。世の中に、こんな人物が存在しているのが信じられなくて、穴の開くほど先生の横顔を見つめた。そして、俗人丸出しの、問いを投げかけた。

「しかし、先生」

こういうことは、丸ごとわかるか、まるでわからないかだ。半端はいけない。わかったような気でいてはならない。

「口訣というのは秘伝ではないのですか。先生なら、淇平先生にしか伝えないものではないのですか」

「そんなことは、ぜんぜんありませんよ！」

先生には珍しく、話にもならないという調子で言った。

「いましがた話したように、称東堂の門人はいくらでも口訣集を写していいのです。修行を終えたら、それを持ち帰って構わないし、持ち帰ったら、仲間の医者に見せて回るのも自由です。縛りはなんにもない。秘伝なんて、とんでもありません」

私はさらに驚く。

「なんで、それほどに守らないのでしょう。苦心を重ねて辿り着いた成果でしょう。真似されないように、盗まれないように、堅固な壁を張り巡らせるのが常道ではないでしょうか」

「それをしたら医は進歩しません。患者は救われません」

きっぱりと、先生は言った。

「医は一人では前へ進めません。みんなが技を高めて、全体の水準が上がって、初めて、その先へ踏み出す者が出るのです。そのためには、みんなが最新の成果を明らかにして、みんなで試して、互いに認め合い、互いに叩き合わなければなりません。それを繰り返しているうちに、気がつくと、みんなで、遥か彼方に見えた高みに居て、ふと、上を見上げると、もう何人かは、それよりさらに高いところに居ることになるのです。一人で成果を抱え込むのではなく、俺はここまで来た、いや、俺はそこよりもっと先に居ると、みんなで自慢し合わなければ駄目なのです」

目から鱗、なんてものではない。もの凄い。この国のありのままとは、あまりにかけ離れているけれど、そうなるといい。

「残念ながら、この国では、一子相伝とか、なんとか伝授とか、なになにの奥義（おうぎ）とか、そういう仕組みが根を下ろしています。しかし、それは参加を制限し、競い合いを排除することによって進歩を止め、限られた者たちで過去の利益を分け合うということなのです。それでも、稽古事くらいならば害は限られるかもしれませんが、医はそうはいかぬのです。生きるか死ぬかであり、生かすか殺すかなのです。進歩しないわけにはいかんのです。西島晴順にも言ってください。そんなことよりも、医の進歩に力を振り向けろ、と言ってください」

「ならば、先生」

私は先生の話を聴きながら、ずっと胸底で温めていた企てを言うことにした。

「先生のお話からすると、この口訣集を私が本にして、広めてもいいことになりますね」

「もちろんです！」

即座に、先生は答えた。

「5願ったりです」

（青山文平「本売る日々」による）

（注）口訣集——ここでは、口で言い伝えられた医術を集めたもの。
称東堂——佐野淇一が医術を教えているところ。
淇平——佐野淇一の息子。

問一、**よく出る** ——線1、2の読みを書きなさい。（各2点）

問二、——線1「折り入って」とありますが、ここでの意味として最も適当なものを、ア～エから選びなさい。（4点）

ア、できることなら　イ、ぜひとも
ウ、こっそりと　エ、時間をかけて

問三、——線2「午」について、干支（えと）では「うま」と読みますが、ここでは時間帯を表す読み方として、どのように読むとよいですか。次の資料を参考にして、平仮名二字で書きなさい。（3点）

問四、——線3「引きかけた疲れが、またじわっと広がった」とありますが、「私」がこのように感じたことについて、次のようにまとめるとき、［①］、［②］に当てはまる表現を、それぞれ十五字程度で書きなさい。（各4点）

> 西島晴順から聞いた話を先生に［①］緊張による疲れが、先生のねぎらいにより一度引きかけたが、先生に［②］と分かったことで、再び疲れが広がった。

問五、——線4「私は唖然としていた」とありますが、その理由として最も適当なものを、ア～エから選びなさい。（5点）

ア、口訣集は、他の一門に知られてはいけない秘伝であり、直ちに返す必要があると思っていたのに、持ち出した本人が直接返すのでなければ受け取らないと言われたから。

イ、口訣集は、研究の成果が詰まったものであり、誰でも手に入れたくなるものであると思っていたのに、門人たちは持ち帰ろうとせずに、ひたすら書き写していると言われたから。

ウ、口訣集は、門人たちが医術を修得するまでは、他の医者に伝えてはいけないと思っていたのに、持ち出したことを責めるどころか、先生自身にも非があると言われたから。

エ、口訣集は、自分の息子にしか伝承しないほど大切に守るべきものだと思っていたのに、勝手に持ち出したことをとがめるどころか、返さなくてもよいと言われたから。

問六、——線5「願ったりです」とありますが、先生がこのように言ったのは、「私」が口訣集を本にして広めることが、先生のどのような願いを実現することにつながるからですか。先生が、医術とはどのようなものであると考えているかに触れ、七十五字程度で書きなさい。（8点）

問七、……線「この口訣集を私が本にして、広めてもいいことになりますね」とありますが、このせりふに興味を持った中学生の本間さんと黒田さんが、江戸時代の本について調べました。次は、二人がそれぞれ調べたことを報告し合っている会話の一部です。これを参考に、本に関して、現代と共通するところと、異なるところを、身近な例を用いてそれぞれ書きなさい。（8点）

本間さん　江戸時代には、本がどのように出版されているのか調べたら、手で書き写された「写本」と、印刷された「版本」があることが分かったよ。

黒田さん　印刷はどうしていたの？

本間さん　全部手作業だよ。一度に大量に印刷できないから本は貴重だったんだって。それに高価だから、庶民は本を買うのではなくて、お金を払って貸本屋から借りて読んでいたんだって。

黒田さん　そうなんだ。私が読んだ本には、江戸時代初期の学者である貝原益軒（えきけん）という人が、「書物を読むには、まず手を洗い、心を慎み、姿勢を正しくし、机のほこりを払い、書物を正しく机の上に置き、ひざまずいて読め。」と説いている文章があったよ。

本間さん　ずいぶん厳格だったんだね。

黒田さん　でもね、庶民が詠（よ）んでいるこんな句も見つけたよ。

本間さん　おもしろいね。

　　読みながらつれづれ草や肘枕
　　　幾度も源氏はあかぬ（飽きることのない）書物にて

三 （漢文）内容吟味・口語訳・熟語

次の文章を読んで、問いに答えなさい。（計15点）

伯牙善く琴を鼓き、鍾子期善く聴く。伯牙琴を鼓き、志、高山に在り（高い山を心に思い浮かべる）。①子期曰く、「善きかな、峩峩乎として（高くそびえ）泰山のごとし。」と。②志、流水に在り（流れる水を心に思い浮かべる）。子期曰く、「善きかな、洋洋兮として（広々として）江河のごとし。」と。③伯牙念ずる所、子期必ず之を得たり。呂氏春秋に曰く、④鍾子期死し、伯牙琴を破り絃を絶ち、終身復た琴を鼓かず。以為えらく（思ったことには）為に鼓くに足る（価値がある）者無し、と。

（「蒙求」による）

（注）泰山――中国の高い山の名前。
　　江河――中国の大きな川の名前。
　　呂氏春秋――中国の古い書物の名前。

問一、この文章に次の語句を補うとしたら、どこに入れるのが最も適当ですか。①～④から選びなさい。（4点）

伯牙琴を鼓き、

問二、――線「伯牙念ずる所、子期必ず之を得たり」とありますが、これは、どのようなことを述べていますか。最も適当なものを、ア～エから選びなさい。（4点）

ア、伯牙が心の中で我慢していることに、鍾子期はいつも感心したということ。
イ、伯牙が心の中で祈ったことを、鍾子期はいつも実現させたということ。
ウ、伯牙が心の中で希望したものを、鍾子期はいつも手に入れたということ。
エ、伯牙が心の中で想像したことを、鍾子期はいつも悟ったということ。

問三、よく出る 次は、ある生徒が、この文章のできごとから生まれた故事成語についてまとめたものです。これを読んで、(1)、(2)に答えなさい。

「断琴の交わり」…とても親密な友情・交際のこと。
⇨ それほどまでに鍾子期のことを大切な存在として認めていた。
伯牙は、［　　　］。

(1) 「断琴の交わり」の「断琴」と熟語の構成が同じものを、ア～オから一つ選びなさい。（3点）

ア、植樹　イ、呼応　ウ、安穏
エ、予知　オ、官製

(2) 「断琴の交わり」が、とても親密な友情・交際を表すことになった由来について、［　　］に当てはまる表現を、二十字程度で書きなさい。（4点）

四 内容吟味・文脈把握・条件作文

次は、K中学校の美術部の安田さんが、学校祭で企画展をするために作成した【チラシ】と参考にした【ウェブページ】の一つです。これらを読んで、問いに答えなさい。（計20点）

【チラシ】（表）

2023K中祭
美術部企画展
アート×渦

【チラシ】（裏）

セカイハ渦デアフレテイル
（企画担当：美術部３年　安田）

［　　　　　　　　　　］

そこで、この企画展では「渦」の芸術作品を集めました。芸術家は、「渦」に何を見て、「渦」で何を表現したのでしょうか。アートから、人間と「渦」との関わりを想像してみませんか。

イサム・ノグチ（1904 ― 1988）
「ブラック・スライド・マントラ」

［　　　　　　　　　　］

（参考　https://moerenumapark.jp）

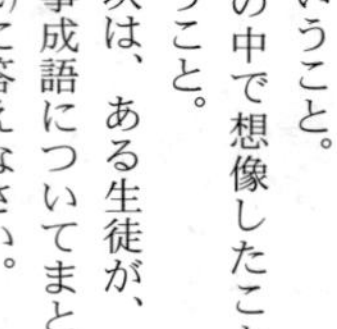
（公財）札幌市公園緑化協会

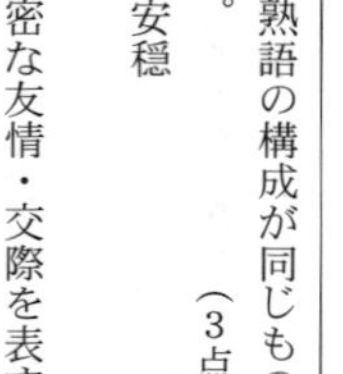
一般財団法人　北斎館

葛飾北斎（1760 ― 1849）
「怒涛図」

長野県にある北斎館に所蔵されている。「怒涛図」は二点で一つの作品であり、左はそのうちの一点である。
（参考　https://hokusai-kan.com）

【ウェブページ】

滑り台でもあるこの彫刻は、《ブラック・スライド・マントラ》と名づけられています。フロリダ州マイアミ市に設置されている《スライド・マントラ》（高さ 2.8m、重量 60t、白大理石）シリーズのひとつです。インドの遺跡ジャンタル・マンタルの天体観測所に影響を受けて制作されたと言われています。札幌市を視察している際に、大通公園に強い関心を持ったノグチが、子どもたちの遊び場をより楽しいものにすることを考え、雪の白と対照的な黒御影石を素材に選び、ひとまわり大きなスケール（高さ 3.6m、重量 80t）として、この空間に置くことを決定しました。

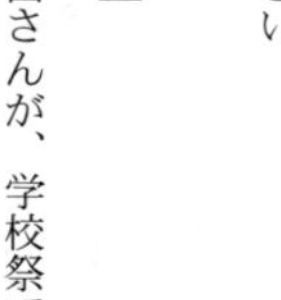

（モエレ沼公園ウェブページ「イサム・ノグチ」より作成）

問一、【チラシ】（表）の表現の工夫について説明したものとして最も適当なものを、ア～エから選びなさい。（3点）

ア、好奇心を高めるために、文字の配置によって企画内容を説明する工夫。
イ、企画内容を想像させるために、展示作品の一部を画像で見せる工夫。
ウ、関心を持たせるために、最小限の言葉で展示テーマを示す工夫。
エ、興味を持たせるために、展示作品の作者紹介を載せる工夫。

問二、安田さんは、【チラシ】（裏）に、「セカイハ渦デアフレテイル」というタイトルで、企画展の紹介文を書きました。□に当てはまるように、ア～ウの文を適当な順に並べなさい。（4点）

ア、人間が創り出すものにも、「渦」はあふれています。
イ、自然界には、多くの形や構造、動きが存在します。
ウ、そのなかでも巻き貝や水流に見られるような「渦」に注目しました。

問三、【チラシ】（裏）の□に当てはまる文章を、【ウェブページ】の情報をもとに、「この彫刻は、…」に続けて、三十五字程度で書きなさい。その際、作品の素材、鑑賞以外の用途、設置場所に触れて書くこと。（5点）

問四、思考力　新傾向　次の資料は「怒涛図」について書かれた文章です。資料を参考にして、【チラシ】（裏）の「怒涛図」について、あなたが感じたことや考えたことを、次の条件1、2にしたがって書きなさい。（8点）

条件1　A　資料から自分の着目したところを抜き出すこと。
条件2　B　抜き出したところを踏まえ、あなたが「怒涛図」を見て感じたことや考えたことを六十字以上、八十字以内で書くこと。

資料

絵の前にじっと佇(たたず)むと、見えてくるものがある。らせん状に逆巻く水流がそのエネルギーを失うことなく、次のらせんに手渡され、連綿と引き継がれていくこと。北斎は知っていた。これこそが生命の本質であり、生きることの実相なのだと。渦は左右心房の特殊な形状から生まれる。発生した血流の渦はそのらせんのエネルギーを保ったまま、どんどん進む。らせんの切っ先はあらゆる分岐路、いかなる隘路(あいろ)にでも次々に飛び込んでいく。かくして私たちの身体は潤され、生かされている。

（福岡伸一「芸術と科学のあいだ」による）

（注）実相――実際の有様。
心房――心臓の上半部にあって血を送り出すところ。
隘路――進むのに難しい場所。

青森県

時間 50分　満点 100点　解答 P2　3月5日実施

出題傾向と対策

●放送による検査（省略）、漢字の読み書き、漢文・古文、小説文、論説文、条件作文の大問六題構成。問題数が多く、記述問題もあるので、時間配分に留意したい。読解力だけでなく、書く力や聞き取り能力など、国語に関する幅広い力が求められる。

●漢字や文法の基本をきちんと押さえておくこと。記述問題は、本文中から必要な語句を見つけて文章をまとめる力が必要。条件作文は、資料から必要な内容を読み取り、それに対する自分の意見を述べる練習をしておくとよい。

一　（省略）放送による検査　（計16点）

二　漢字の読み書き・漢字知識

次の(1)、(2)に答えなさい。（計12点）

(1)　基本　次のア～オの――の漢字の読みがなを書きなさい。また、カ～コの――のカタカナの部分を楷書(かいしょ)で漢字に書き改めなさい。（各1点）

ア、寸暇を惜しんで勉強する。
イ、美しい峡谷に感動する。
ウ、収入と支出の均衡を保つ。
エ、頂上から遠くを眺める。
オ、私は白い花が殊に好きだ。
カ、クラブに会員としてトウロクする。
キ、ハソンした部品を修理する。
ク、自転車で本州をジュウダンした。
ケ、スジミチを立てて説明する。
コ、午前中に用事をスます。

(2) 次の行書で書いた漢字と同じ部首であるものを、あとの1～4の中から一つ選び、その番号を書きなさい。(2点)

枢

1、初　2、祖　3、狩　4、核

三 (漢文・古文)文法・動作主・内容吟味・仮名遣い　よく出る　基本

次の(1)、(2)に答えなさい。　(計14点)

(1) 次の文章を読んで、あとのア～ウに答えなさい。

【漢文】

梁(注1)丘拠謂ヒテ二晏(注2)子ニ一曰ハク、「吾至ルマデレ死ニ不レ及バ二夫(注3)子ニ一矣。」晏子曰ハク、「嬰(注4)聞クレ之ヲ、為ス者ハ常ニ成リ、行ク者ハ常ニ至ルト。嬰非ザレ有ルニレ異ナルコト二於人ニ一也。常ニ為シテ而不レ置カ、常ニ行キテ而不ル レ休マ者ナリ。故ニ難キレ及ビ也ト。」

――『説苑（ぜいえん）』より――

【書き下し文】

梁丘拠（りょうきゅうきょ）晏子（あんし）に謂（い）ひて（言った）曰（い）はく、「吾（われ）死に至るまで夫子（ふうし）に及ばず。」と。晏子曰はく、「嬰之（えいこれ）を聞く、為（な）す者は常に成り、行く者は常に至ると。（このように聞いた、行動する人物は必ず成功し、進む人物は必ず到達する、と。）嬰人に異なること有るに非（あら）ざるなり。（あるのではない）常に為して置かず、（放置せず）常に行きて休まざる者なり。故（ゆゑ）に及び難（がた）きなり。（人は私にはなかなか及ぶことができないのだ）」と。

(注1) 梁丘拠……中国の春秋時代の人。
(注2) 晏子……中国の春秋時代の人。
(注3) 夫子……ここでは、晏子のことを敬って呼んでいる。
(注4) 嬰……晏子の名。ここでは、晏子が自分のことをさして言っている。

ア、謂ヒテ二晏子ニ一曰ハク に、【書き下し文】を参考にして、返り点をつけなさい。(2点)

イ、及ばず の主語として最も適切なものを、次の1～4の中から一つ選び、その番号を書きなさい。(4点)

1、梁丘拠　2、晏子　3、為す者　4、行く者

ウ、ある生徒が、本文の内容について次のようにまとめました。[　　]に入る適切な内容を、十字以内で書きなさい。(4点)

> 晏子は、自分は[　　]人物であるから、人は自分にはなかなか及ぶことができない、と考えている。

(2) 次の文章を読んで、あとのア、イに答えなさい。

夏は夜。月のころはさらなり、闇もなほ、蛍の多く飛びちがひたる。また、ただ一つ二つなど、ほのかにうち光りて行くもをかし。雨など降るもをかし。

――『枕草子』より――

ア、飛びちがひたる とありますが、すべてひらがなで現代かなづかいに書き改めなさい。(2点)

イ、夜 とありますが、この語について述べたものとして最も適切なものを、次の1～4の中から一つ選び、その番号を書きなさい。(2点)

1、月がよく出る季節はよいが他の季節はよくない。
2、暗い闇夜に蛍が数多く飛んでいるのはよい。
3、空に星が一つ二つかすかに光っているのはよい。
4、蛍が飛び始める時期に雨などが降るのはよくない。

四 (小説文)敬語・内容吟味・文脈把握

次の文章を読んで、あとの(1)～(5)に答えなさい。(計22点)

> 合唱クラブに所属している小学六年生の真子（まこ）は、同じ学校の柚原朔（ゆはらはじめ）と知り合う。朔は美しい声の持ち主だが学校の合唱クラブには所属せず、商店街の有志で活動している「半地下合唱団」で歌っていた。朔に誘われて真子も半地下合唱団に加わり、練習のあとで朔に話しかけた。

「やっぱり、[A]もったいないなって思っちゃう」

歌い終えた朔くんに、真っ先にそう伝えた。

「もったいない？」

「朔くんが合唱クラブにいてくれたらってことじゃなくて、朔くんがこんなにきれいなボーイ・ソプラノを持ってるのに、それを知らない人がいっぱいいるのが、もったいないって思って」

「でもさ、俺のソプラノ、もうすぐ消えるんだよ」

わたしの目を見すえたまま、朔くんはつぶやく。

「声変わりがきたら消えるの。小四の秋ぐらいからいきなり背がのび始めたし、いつ声変わりがきてもおかしくないんじゃないかな」

男子の声変わりが始まるのって、小学校高学年から中学生にかけてだっけ？　朔くんは背が高いし、まわりの子より早く声変わりするかもしれない。

そうなったらきっと、このボーイ・ソプラノは出せなくなる。

――それに。

「俺は自分の歌声が好きだ。だから、馬鹿にされたらムカつくから学校では歌わない。嫌な思いをしてまで歌いたくないから、合唱クラブにも入らない。真子ちゃんがどう思おうと、ここで楽しく歌えれば、それでいい」

ぽつりとこぼした朔くんが、のどにそっと手をやる。どこまでも広がる、澄んだソプラノを響かせる自分ののどを、優しくなでた。

「声変わりがきたらなくなるのに、むなしいじゃん。大勢の前で自慢げに歌って『きみの声は素晴らしいね』っていろんな人にほめてもらっても、コンクールで金賞をもらっても、すぐに消えちゃうのにさ。そうなったらきっと、みんな『[B]もったいない』って言うんだ」

「ちがうよ。わたし、そういうつもりで言ったんじゃ……」

「わかってるよ」

鍵盤をもう一度布でふいて、朔くんはピアノの蓋を閉める。

「自分が一番、声が消えるのを『もったいない』って思ってるんだって、わかってる」

朔くんのことは、はじめて会ったときから大人っぽい雰囲気の子だなと思っていた。わたしが「ラベンダー色の似合うお姉さん」に憧れたように、朔くんも大人っぽい自分になりたくてそうなったんだと、ぼんやり思いこんでいた。

でも、Ⓐそうじゃなくて。

大事なものがいつか消えてしまう未来をずっとずっと見つめていたから、ほかの子より一歩前を歩いているような大人びた雰囲気を、いつの間にか身にまとってしまったのかもしれない。

「魚住のおっちゃんが『夏祭りで歌おう！』って言ったのに反対しなかったのも、消える前に誰かに聴いてほしいなって思ったのかも。どうせ声変わりがきたら消えるんだから〜って軽く話してたくせに、いつの間にか、放したくなくなっちゃったんだよな」

「だから、牛乳飲むのやめたの？」

(注1)優里の家に行ったとき、朔くんは牛乳を飲まなかった。半年前に飲むのをやめたって。

「あんまり意味なかったけどね。(注2)朔ちゃん、カルシウムを摂らなくても発育いいみたいだから。成長期には勝てなかったね」

あはは っと笑った朔くんが時計を確認し、「もう帰らないと。父さんと母さんに怒られる」と立ち上がった。わたしも、テーブル席におきっぱなしだったランドセルと傘を取りに行く。

「それじゃあ、次の練習でね」

(注3)バーの明かりを消し、出入り口にカギをかけた朔くんが、わたしに手を振って、帰っていく。

外はすっかり夜だったけれど、雨は降ってなかった。雨上がり独特の蒸し暑さと、ねっとりとした水たまりの香りが、あたりにただよっている。

朔くんの家は、路地の先。わたしの家は、商店街のメインストリートを抜けた先。ここで別れるのは、ごく自然のことだ。

朔くんの背中が、小さくなっていく。外灯のオレンジ色に照らされたブルーのランドセルは、鮮やかな夕焼け空みたいだった。

「朔くん！」

叫ぶと、朔くんは足を止めて、わたしを見た。次に何を言えばいいのかわからなくて、Ⓘ悪あがきをするように、わたしは朔くんのもとに走った。

水たまりに思い切り足をつっこんでしまって、ふくらはぎのあたりで冷たい水が弾けた。

でも、その冷たさで、目が覚めた気がする。

「いっぱい聴いてもらおうよ、夏祭りで」

朔くんに向かって身を乗り出し、喉を大きく広げて言った。

「どうせ消えちゃう声だから大勢の人に聴かせたくないって気持ちと、消える前にみんなに聴いてほしいって気持ち、正反対だけど、裏と表でちゃんとつながってるんだと思うよ。だから、どっちも持ってていいんだよ」

今日、保健室で(注4)南先生に言われたこと。さっき(注5)亜矢さんに言われたこと。内容はちがうけれど、それぞれの話の欠片が集まって、わたしの中で言葉になる。

ああ、そっか。自分の言葉って、こうやって増えていくんだ。友だちを増やすみたいに、出会った言葉の数だけ、わたしの言葉が増えていく。

「だから、夏祭りでいろんな人に朔くんの歌を聴いてもらおうよ。朔くんの寂しさを、いろんな人と共有すればいいんだよ。声変わりがきちゃっても、朔くんのソプラノがきれいだった事実は消えないんだから、みんなに覚えていてもらえばいい」

わたしだけじゃなくて、半地下合唱団のメンバーだけじゃなくて、夏祭りに来た大勢の人に。「もったいない」と思われるかもしれないけど、その裏には「柚原朔のボーイ・ソプラノは素晴らしかった」という事実が、まちがいなく、あるのだから。

「『Ⓒもったいない』って言葉は、残念って気持ちもあるけど、なくなっちゃったものを愛しいなって思う気持ちの方が、大きいと思うんだ」

——額賀澪『ラベンダーとソプラノ』より——

(注1) 優里……合唱クラブでの真子の後輩で、朔の幼なじみ。
(注2) 朔ちゃん……ここでは、朔が自分のことをさして言っている。
(注3) バー……朔の父が経営する酒場。昼間は半地下合唱団の練習場となっている。
(注4) 南先生に言われたこと……養護教諭の「南先生」に、人の考え方について「一つの考え方がどこでも正しいなんてこと、滅多にない」と言われた。
(注5) 亜矢さんに言われたこと……「半地下合唱団」のメンバーの一人である「亜矢さん」に、「世の中、いろんな人がいるし、いていいんだ」と言われた。

(1) 言う の尊敬語を書きなさい。（4点）

(2) Ⓐそうじゃなくて とありますが、ある生徒が、このときの「真子」の思いについて次のようにまとめました。[　] に入る最も適切な語句を、本文中から十六字でそのまま抜き出して書きなさい。（4点）

> 朔の大人っぽい雰囲気は、自分から望んだものではなく[　]ものかもしれないと真子は思った。

(3) Ⓘ悪あがきをするように とありますが、ある生徒が、この表現について次のようにまとめました。[　] に入る適切な内容を、三十字以内で書きなさい。（4点）

> 「悪あがき」とは、「どうにもならない状況なのに、あせってむだな試みをすること」である。ここでは、真子が[　]ことについて表現している。

(4) 「朔」について述べたものとして最も適切なものを、次の1〜4の中から一つ選び、その番号を書きなさい。（4点）

1、「朔」が自分ののどを優しくなでたのは、病弱な体の状態を自覚し大切にしようと思っているからである。
2、「朔」がピアノの鍵盤をもう一度布でふいたのは、うまく歌うために何度でもやり遂げようとするからである。
3、「朔」が「成長期には勝てなかったね」と笑ったのは、「真子」との会話が深刻になりすぎないようにしているからである。
4、「朔」が「朔くん！」と呼ばれて足を止めたのは、相手の正面に立って礼儀正しく対応しようとするからである。

(5) ある学級で、Aもったいない、Bもったいない、Cもったいない」について話し合いをしました。次は、川村さんのグループで話し合っている様子です。[　　]に入る適切な内容を、三十五字以内で書きなさい。（6点）

川村　真子の「Aもったいない」は「朔くんのソプラノを知らない人がいる」ということについての言葉だね。
沢井　それに対して「Bもったいない」は「声が消えて残念だ」という気持ちだと言えるよ。真子もそれがわかっているね。
成田　真子は[　　]と気づいたから、「Cもったいない」について「残念って気持ち」と「愛しいと思う気持ち」の両方をあげているんだね。
川村　さらに、「朔くんのソプラノがきれいだった事実は消えないから覚えていてもらえばいい」と言っているね。
沢井　「愛しいと思う気持ち」の方が大きいと伝えることで、朔を励ましているんだね。

五（論説文）品詞識別・文脈把握・内容吟味

次の文章を読んで、あとの(1)～(6)に答えなさい。（計26点）

「百聞は一見にしかず」ということわざは、視覚にくらべて聴覚は認識の手段として精度がはるかに[　　]という意味ですが、そもそも視覚はそれほど精確な認識手段でしょうか。存在の認識にかぎって考えましょう。

「見えるものは信じるが、見えないものは信じない」という主張はよく耳にします。でも、それを存在についての主張と解釈すると、かなり極端な結論がでてしまいます。たとえば、ウイルスは目に見えないので存在しないのならば、一昨日までインフルエンザでみじめな思いをしていたのはウイルスのせいだという説明ができなくなります。

これに対して「肉眼では見えないが、顕微鏡で見える」という反論があるかもしれません。つまり「肉眼で見えるか顕微鏡で見えれば存在するが、そうでなければ存在しない」という立場からの反論です。でも、ウサギ座の超新星SN2002bj（注1）は肉眼でも顕微鏡でも見えません。だからといって存在しないと言えば、天文学者から異論がでるのは必至です。

「肉眼で見えるか顕微鏡で見えるか望遠鏡で見えれば存在するが、そうでなければ存在しない」と修正しても、三種類の視覚モードだけに特定しているので、さらなる反例をまねく可能性をおおきくのこしていると言わざるをえません。

では、「肉眼で見えるか、なんらかの科学機器を使って見えれば存在するが、そうでなければ存在しない」とすれば、信憑（しんぴょう）性のたかい一般化になるでしょうか。いや、それでもまだ、その一般化の後半部分「肉眼で見えず科学機器を使っても見えないならば、存在しない」という主張は、視覚を過大評価しているという批判からのがれられないでしょう。たとえ科学機器によって補強されたとしても、視覚による知覚可能性は、存在の必要条件としては強すぎるからです。

たとえば、コンパス（注2）の針が南北方向を向くのはなぜかの説明には、地球の磁場に言及する必要がありますが、磁場は肉眼で見えないし、顕微鏡や望遠鏡やその他の科学機器を使っても見えません。

もし「時間は、肉眼でも科学機器を使っても見えないので、存在しない」と主張するひとがいたとすれば、そのひとの主張は、見えないという理由で地球の磁場の存在を否定するひとの主張とおなじくらい受けいれがたいでしょう。

とはいえ、磁場と時間の類比は完璧ではないかもしれません。磁場はある意味で（あ）「可視化」できるのに対して、時間の同様な「可視化」は不可能だと思われるからです。北極圏や南極圏でオーロラを見て地球の磁場が「見える」と言えたり、うすいプラスチック板の上にまかれた砂が作る模様を見て、板の下におかれた磁石の磁場が「見える」と言えたりするでしょうが、それにくらべて時間については、地球の磁場に反応する太陽風（注3）プラズマや、磁石の磁場に反応するプラスチック板上の砂に相当するものが見つかりません。

それでも、「時間は存在しない」と心から信じるひとはきわめて少数派にちがいありません。なぜわたしたちは、いかなる意味でも目に見えず可視化できない時間の存在を否定しないのでしょうか。それに答えるために、まず、知覚による検証のみが、ものの存在を信じる理由ではない、ということに気づくことからはじめましょう。

ブラックホールはその性質上、知覚できません。宇宙物理学では「直接観測できない」と言ったほうがより正確でしょう。では、なぜ、わたしたちは、宇宙空間の特定の場所にブラックホールが存在すると結論できるのでしょうか。それは、そのブラックホールがそこに存在することを仮定すれば、周辺の宇宙空間内に生起する直接観測できる現象に、最良の説明をあたえられるからです。

一般に、説明を要する現象があって、特定の仮説をたてればその現象を説明でき、たてなければその現象の説明ができないか、またはできても質がおとる説明しかできないような状況下では、当の仮説は受けいれるべきだ、という有名な方法論的原理があります。「最良の説明への推論」とよばれるこの原理は、科学的探求においてもごくふつうの日常生活においても、意図的または暗黙裡（注4）（り）にひろく常用されている方法です。

クラウディオス・プトレマイオス（注5）が生存していた頃は、天動説が当時知られていた天文学的現象の「最良の説明」と見なされていましたが、16世紀以降はニコラウス・コペルニクス（注6）による地動説が「最良の説明」としてひろく提唱され受けいれられています。いかなる説明が「最良の説明」かは時代によってことなって当然なので、どの仮説が受けいれるに値するかも、時代によってことなるのは不思議ではありません。

（い）天動説対地動説のような壮大な例とはちがった、もっと日常的な例をあげましょう。火曜日にゆでた卵を、水曜日に食べたらお腹をこわしたとします。なぜお腹をこわしたかの説明として「ゆで卵が腐っていたから」と「ゆで卵を食べるときにウーロン茶を飲みすぎたから」のどちらかを選択しなければならないとしたら、もちろん「よりよい説明」を選ぶでしょう。どちらが「よりよい説明」かは当の状況にかんする適切な情報――ゆで卵はどこでどのように保存されていたか、ゆで卵をいくつ食べたのか、ゆで卵を食べたほかのひとはお腹をこわしたか、飲んだウーロン茶の量はいくらか、ウーロン茶がはいっていたペットボトルは開封後長時間放置されていたか、等々――に左右されるでしょう。

とにかく、「最良の説明への推論」なしには、科学も日常生活もままならないのは目に見えています。「最良の説明への推論」を追究しないのは、認識主体としての人間にとって不可能だと言っても過言ではありません。

――八木沢敬（やぎさわたかし）『ときは、ながれない』より――

（注1）SN2002bj……ウサギ座の方向にある天体の一つ。
（注2）コンパス……方位磁針。
（注3）太陽風プラズマ……太陽から吹き出された、電気を帯びた粒子。
（注4）暗黙裡に……口に出して言わないままに。
（注5）クラウディオス・プトレマイオス……二世紀中頃のギリシアの天文学者・地理学者。
（注6）ニコラウス・コペルニクス……十五世紀末から十六世紀初めのポーランドの天文学者。

(1) なく　と文法上異なるものを、次の1～4の――の中から一つ選び、その番号を書きなさい。（4点）
1、本当かどうかわからない。
2、量が少なければ足す。
3、朝早く起きなくてもよい。
4、何も言えなかった。

(2) [　　] に入る最も適切な語を、次の1～4の中から一つ選び、その番号を書きなさい。（4点）
1、上がる　2、高い　3、劣る　4、狭い

(3) ㋐「可視化」できる　とありますが、ある生徒が、この語句について次のようにまとめました。[　　] に入る最も適切な内容を、本文中から二十三字でそのまま抜き出して書きなさい。（4点）

> 北極圏や南極圏におけるオーロラや[　　]を見ることで、地球や磁石の磁場が「見える」と言える。

(4) ㋑天動説対地動説のような壮大な例　とありますが、ある生徒が、この例について次のようにまとめました。[　　] に入る適切な内容を、本文中から十字でそのまま抜き出して書きなさい。（4点）

> どの説が「最良の説明」として受けいれられるかは[　　]ことが不思議ではないと示す例である。

(5) ある学級で、「最良の説明への推論」について話し合いをしました。次は、渡辺さんのグループで話し合っている様子です。[A]、[B]に入る適切な内容を、[A]は二十字以内で、[B]は二十五字以内で、それぞれ書きなさい。（A2点、B4点）

> 渡辺　「最良の説明への推論」について、特定の仮説をたてればある現象についての説明ができる状況においては、その仮説を受けいれるべきだと筆者は言っているね。
> 上田　そうだね。「特定の仮説をたてる」とは、例えば、[A]ことだよね。
> 寺島　[A]と、周辺の宇宙空間内に起こる直接観測できる現象に最良の説明があたえられるとあるね。
> 渡辺　なるほど。だから私たちは、知覚できないものが存在することを受けいれられるんだね。
> 上田　つまり、「最良の説明への推論」によって、知覚だけがものの存在を信じる理由ではないと言えるんだね。
> 寺島　だから、私たちは、「時間」は[B]ことができるんだね。

(6) この文章の内容について述べたものとして最も適切なものを、次の1～4の中から一つ選び、その番号を書きなさい。（4点）
1、ウイルスは目に見えなくても存在しているが、個人が信じるかどうかは説明できない。
2、三種類の視覚モードに特定すると、顕微鏡で見えれば存在するという立場に反論できる。
3、よりよい説明を適切に選ぶと、ゆで卵についての情報の正しさを確認できる。
4、天文学といった科学分野だけではなく日常生活でも、最良の説明は受けいれられている。

六　条件作文　思考力

ある中学校で、外国語指導助手と生徒が、日本語の会話について話し合いをしました。次のやりとりを読んで、あとの(1)～(3)に従って文章を書きなさい。（計10点）

日本語の会話では、最後まで聞いてはじめて肯定の文か否定の文かがわかるのですね。
そうですね。「図書館に行きます」と「図書館に行きません」のように、最後まで聞かないと意味がはっきりしないことがありますね。
こういう場合はどうかな。「強い風が…」と「強い風は…」を比べると、「強い風が…」だと「吹きます」が続き、「強い風は…」だと「吹きません」が続くと、予測できるのではないかな。助詞が「が」であるか「は」であるかの違いから、あとに続く言葉を予測しながら聞くことができますよね。
なるほど。教えてくれてありがとうございます。日本語って面白いですね。

(1) 題名を書かないこと。
(2) 二段落構成とし、それぞれの段落に次の内容を書くこと。
・第一段落では、やりとりをもとに、日本語の会話について気づいたことを書くこと。
・第二段落では、第一段落をふまえて、自分の意見を書くこと。
(3) 百五十字以上、二百字以内（原稿用紙25字詰×8行＝省略）で書くこと。

岩手県

時間 50分　満点 100点　解答 P3　3月7日実施

出題傾向と対策

●小説文、論説文、短歌と鑑賞文、古文、条件作文、漢字の読み書きの大問六題構成。文章の難度は標準的だが、読解力を要する設問もある。記述や条件作文など、書かせる問題も複数あるので、時間配分に留意したい。

●全体的に難度は高くないが、多様な観点から出題されるので、基礎を踏まえたうえで問題演習を積んでおく。詩や短歌・俳句といった韻文も出題されており、問題に慣れておくことが大切。資料を読み取る作文は、繰り返し練習しておこう。

一 （小説文）語句の意味・内容吟味・文脈把握

次の文章は、製菓専門学校を卒業したばかりのワコが、工場長の曽我や、先輩職人の鶴ヶ島（ツル）や浅野から指導を受けながら、菓子店である奥山堂で修業している場面です。ツルからは「仕事は見て盗むものだ」と言われ、日々の修業は厳しいものでした。この文章を読んで、あとの(1)〜(5)の問いに答えなさい。（計21点）

奥山堂の作業台に向かい、ワコは包餡(注)に挑んでいた。饅頭生地を左右の手のひらで挟んで転がし、丸く整える。右手の親指の下のぽっこりとした土手の部分で、左手にある丸い生地を平らにする。平らになった円形の生地の真ん中に餡玉を載せ、左手の中で時計回りに回しながら生地で餡を包んでいき、最後に右手の指先でつまんで閉じる。

「ワコ、遅いぞ！」

向こうにいる鶴ヶ島から怒鳴られた。

慌てて、A「はい！」と返事し、隣で包餡している先輩、浅野の手の動きを参考にしようと目をやる。すると浅野が、太った身体に抱え込むようにして隠してしまった。

「ちょっと寄越せ」

ワコの肩越しに、曽我のぎょろっとした目が覗き見ていた。ワコは、自分が包んだ饅頭を曽我に渡す。すると、ステンレス製のヘラで、饅頭を半分に切った。

「これじゃダメだ」

どうしてだろう？　ワコの饅頭の餡子は、真ん中に包まれている。そうなるように気をつけて包餡したのだ。少し時間はかかってしまったのだけれど。

「おまえのを見せてみろ」

曽我が言って、ワコの隣にいる浅野から受け取った饅頭を半分に切る。

「どうだ、ワコ？」

「あ！」

浅野が包餡した饅頭は、餡子の上側の生地が厚く、底のほうを薄くして包まれていた。

そこで曽我が浅野に向けて、「おまえも、自分の包餡してるところを隠すなんてケチ臭いことをするな。後輩にはきちんと教えてやれ」と指示する。浅野は大柄な身体を小さくしていた。

「いいか」と曽我が今度は、作業場にいる全員に向けて告げる。「饅頭、羊羹、餅、最中――この国には伝統の技術と製法による和菓子が伝えられている。和菓子の主な材料は小豆やいんげん豆などの豆類、小麦粉、上新粉、白玉粉などの粉類、そして砂糖だ。これらの食材を使い、蒸す、焼く、練るなどの技法を使い分ける、それだけだ」

みんな作業する手を止め、曽我の声に①一心に耳を傾けている。

「職人の世界には、本物の職人と、中途半端なえせ職人がいる。俺は、えせ職人てやつが大嫌いだ。この手の連中は、古いしきたりを守ることしか考えちゃあいない。経験や勘に頼り、そのくせ自分の技術を定量的、論理的に説明できない」

曽我が、浅野に向かって問う。

「おまえは包餡した饅頭の底を薄くしていた。どうしてだか説明してみろ」

「えっと、みんな饅頭をつくる時にはそうしてるし、先輩がそうやってるのを見て、昔からのやり方なのかと……」

彼がおずおずと返した。

「蒸し菓子や焼き菓子は、底の部分がもっとも火が通りにくいから生地を薄くするんだ」

曽我がそう説明する。

「おまえも若いんだから、〝昔からのやり方〟なんて口にせず、自分のしている作業の意味を、言葉で説明できるようになれ」
②浅野がますます身を小さくした。
「この作業場では、曖昧さを排除するようにしよう。〝なぜ、そうするのか〟を、先輩職人は具体的、論理的に後輩に教えろ。意味が分からず行っていることは、ツルか俺に訊け。そうすることで、奥山堂のお菓子の規格を標準化するんだ」

そこで曽我が鶴ヶ島に視線を向ける。

「ツル、ここでは〝技術は見て盗め〟なんて③時代遅れの慣習はないよな？」

鶴ヶ島が両手を強く握り締め、うつむき加減になった。その顔が紅潮している。

「職人には、本物の職人と、えせ職人がいる、と俺は言った。では、本物の職人とはなにか──それは、その人でなければつくることができない、唯一無二の技術を持つ職人のことだ。みんな、本物の職人を目指して常に耳目を働かせろ。全身でお菓子づくりを学べ」

B「はい！」

包餡を再開したワコに、「おい」と浅野が声をかけてきた。おまえのせいで恥をかかされた、と文句をつけられるのかと思った。だが違った。

「饅頭の包餡の八割ができたあたりで、今度は反時計回りにするといい」

ぷっくりとした手で実演してみせてくれる。

「どうしてですか？」

小さな目で睨み返された。

「それはな、ずっと時計回りにしてると生地が一方に絞られるからだ。途中で反対に回すことで生地を整えるんだよ」

「なるほど」
④浅野の目がにっこり笑った。
「実は、そういうことなんだなと、さっきの工場長の話で気がついた。今までなにげなくやってたんだけど、さ」

「ありがとうございます！」

ワコは急いで頭を下げる。


（上野歩「お菓子の船」による）

（注）包餡…餡子を包むこと。

(1) **よく出る** 傍線部① 一心に とありますが、これはどのような様子を表していますか。次のア～エのうちから最も適当なものを一つ選び、その記号を書きなさい。（3点）
ア、緊張している様子　イ、集中している様子
ウ、感心している様子　エ、尊敬している様子

(2) 傍線部② 浅野がますます身を小さくした とありますが、それはなぜですか。次のア～エのうちから最も適当なものを一つ選び、その記号を書きなさい。（4点）
ア、饅頭の包み方を曽我から注意されたうえに、自分の指導の未熟さを自覚してワコに教える資格などないと思い知ったから。
イ、ワコへのおごった態度を曽我から注意されたうえに、先輩のツルにも迷惑をかけてしまったことに申し訳なさを感じたから。
ウ、技術の高さに対するうぬぼれを曽我から注意されたうえに、自分の経験や勘に頼りきっていたことに罪悪感が生まれたから。
エ、ワコに対してきちんと技術を教えるよう曽我から注意されたうえに、自信を持って説明できなかったことを恥じているから。

(3) 傍線部③ 時代遅れの慣習はないよな？ とありますが、このことから曽我のどのような考えが読み取れますか。次のア～エのうちから最も適当なものを一つ選び、その記号を書きなさい。（4点）
ア、職人は菓子作りにおいて、経験や勘に頼らず、確かな技術を理解し教えていくべきだという考え。
イ、職人は菓子作りにおいて、技術向上にこだわり、仲間に頼らないで感性を磨くべきだという考え。
ウ、職人は菓子作りにおいて、古いしきたりを捨て、新しい菓子の製法を開発すべきだという考え。
エ、職人は菓子作りにおいて、伝統を見直し、作業場の人間関係を改善していくべきだという考え。

(4) **思考力** 傍線部④ 浅野の目がにっこり笑った とありますが、浅野がこのような表情になったのはなぜですか。それを次のように説明するとき、[　]にあてはまる言葉を、四十五字以上五十五字以内で書きなさい。（6点）
[　　　　]から。

(5) 次の会話は、この文章の音読のしかたについて話し合っている様子の一部です。[　]には、どのような言葉があてはまりますか。二十字以内で書きなさい。（4点）
やよいさん　点線部A「はい！」は、先輩から怒鳴られて慌てて返事をしている場面だから、びっくりしている感じや、焦っている感じで読むといいと思うよ。
さつきさん　そうだね。それに対して点線部B「はい！」は、曽我が職人みんなに語った後の返事だね。みんなが「はい！」と答えている中で、ワコも曽我の言葉を受けて[　]と決意する場面だから、その決意の強さが伝わるような感じで読むといいんじゃないかな。
やよいさん　それぞれの「はい！」の違いが伝わるように読みたいね。

二 （論説文）品詞識別・内容吟味・文脈把握

次の文章を読んで、あとの(1)～(5)の問いに答えなさい。（計21点）

自分のアイデンティティは自分自身で確立するべきであって、自分のアイデンティティの拠り所を他者からの承認に求めようとすると、結局、依存と不安と疎外の泥沼に陥ってしまう。それは本人にとって①まったくハッピーな

ことではない――そのような意見を持っている人は、世間には結構多いのではないでしょうか。

　このような考え方は、「[A]他者に依存することはよくないことであり、[B]自分自身で物事を決められることのほうが尊重されるべきだ」という価値観を前提にしています。これは、哲学の言葉を用いるなら、「②自律性」を重視する発想と言えます。それに対して、他者に依存し、他者なしでは生きていけなくなってしまうことは「他律性」と呼ばれます。

　自律性とは「自分を自分で律することができる」ということであり、一方、他律性とは「他者に律される」、つまり他者の言いなりになってしまうということです。

　はい、また難しい言葉使いやがったな、と思いました？　それについてはすみません。でも、内容は簡単です。他者に頼らないでいられることが自律性、他者に頼らないではいられないことが他律性です。ね、簡単でしょ？

　私たちは多くの場合、自律性こそが大切だと教えられて育ちます。私も小学生のころは「[C]自分で考え、自分で行動しよう」と先生にいつも言われていました。[D]何かがわからなくて答えを聞こうとすると、「まずは自分で考えてみなさい」と怒られたものです。

　ただし、自律性と他律性が、まるで水と油のように、決して交わることなく対立するものとして捉えられるなら、そうした考え方には疑問の余地があります。たとえば「自律的であるためには他律的であってはならず、また他律的であるならば決して自律的ではない」という考えは、おそらく私たちの現実を反映したものではありません。なぜなら人間は、自分ひとりの力では、自分のアイデンティティを形成することも、認識することもできないからです。

　アイデンティティとは、言い換えれば「自分は何者なのか」「自分にはどんな可能性があるのか」ということについての③自分なりの理解です。

　たとえば子どもは、大人からさまざまな可能性を提示され、それを一つ一つ試していくことによって、自分を少しずつ知っていくことになります。

　ある子どもが歌をうたったとき、そばにいた大人がそれを聞き、うれしそうに微笑（ほほえ）んだとしましょう。するとその子は、「自分には歌をうたうことができるんだ。そしてそれによって、他の人を喜ばせることもできるんだ」と気がつきます。そうした、他者とのかかわりからもたらされる気づきの蓄積が、「自分は何者なのか」「自分には何ができるのか」というアイデンティティの形成には欠かすことができないのです。

　子どもは、まわりの大人から世話や関与を受けることなしに生きていくことはできません。その意味で、子どもは自分を育ててくれる大人たちに対して他律的です。しかし、その他律性は、子どもの人生から自律性を奪い去ることを決して意味しません。むしろ反対に、自律性とはそうした他律性のなかからしか育まれてこないものなのです。

　つまり、自律性と他律性はつながっています。私たちは、自分が何者であるかを知り、自分のアイデンティティを確立するために、どうしても他者の力を借りなければならないのであり、それは決してよくないことではなく、むしろ人が成長していく上で自然なあり方なのです。

　同じことが、子どもだけでなく大人についても言えます。大人もまた、他者の影響を受けながらアイデンティティを形成するのです。そして、大人にとってのそうした他者の代表例が、友達です。

　たとえばみなさんは、受験や、クラブなどへの申し込み、何かの活動などのために、自分の性格や長所を書類に書いて提出しなければならなくなったとき、何を書いたらいいのかわからなくなることはありませんか。そんなときに有効な対処法の一つは、友達にアイデアを書いてもらう、という方法です。そうして書かれたものを見て、「なるほど、自分にはこういう長所があるのか」と、はじめて自分の個性に気づかされることはよくあることです。

　反対に、私が友達に長所を書いてあげたことも何度かあります。私としては、その友達の長所としてはあまりにもあたりまえなことを書いているつもりなのに、それを読んだときの友達の顔は、たいていの場合はうっすらとした驚きに包まれています。それくらい、私たちは自分のことをよくわかっていないのです。

　おそらく、ここに④「承認」の持つもっとも基本的な働きが表れています。

（戸谷（とや）洋志（ひろし）「SNSの哲学　リアルとオンラインのあいだ」による）

(1) よく出る　基本　傍線部①　まったく　とありますが、次のア～エのうち、これと同じ品詞の単語はどれですか。一つ選び、その記号を書きなさい。（3点）

ア、大きな木が庭に生えている。
イ、開ける前に扉をノックする。
ウ、まさか雨は降らないだろう。
エ、美しい星が空に輝いている。

(2) 基本　傍線部②　自律性　とありますが、点線部A～Dのうち、自律性にあたるものはどれですか。次のア～エのうちから、その組み合わせとして最も適当なものを一つ選び、その記号を書きなさい。（4点）

ア、AとD　イ、CとD
ウ、AとB　エ、BとC

(3) 傍線部③　自分なりの理解　とありますが、それに必要なものは何だと述べていますか。本文中から二十二字でそのまま抜き出し、最初の五字を書きなさい。（4点）

(4) 傍線部④　「承認」の持つもっとも基本的な働き　とありますが、これはどのようなことですか。それを次のように説明するとき、［　　］にあてはまる言葉を、「アイデンティティ」という語を用いて、二十五字以上三十五字以内で書きなさい。（6点）

　他者から自分の長所などを伝えられることで、［　　　　］こと。

(5) 次のア～エのうち、本文の展開について説明したものとして、最も適当なものはどれですか。一つ選び、その記号を書きなさい。（4点）

ア、はじめに一般的な世間の考え方を述べ、用語の意味を確認しつつ、続く部分では例を挙げながら筆者の考えを説明している。
イ、まず話題を提示し、大人と子どもの価値観の違いに着目しつつ、一般的な世間の考え方を最後により詳しく説明している。

ウ、最初に用語をすべて説明し、具体例を紹介しつつ、最後に一般的な世間の考え方に筆者の考えを付け加えて説明している。

エ、冒頭で筆者の考えを述べ、読者に問いかけつつ、後半で再び筆者の考えと一般的な世間の考え方を対比させて説明している。

三 (短歌)韻文知識・鑑賞・文脈把握

次の短歌Ａ、Ｂ、Ｃとそれぞれに続く文章を読んで、あとの(1)～(3)の問いに答えなさい。(本文中のＡ、Ｂ、Ｃの記号は、出題の都合上付けたものです。)　(計12点)

Ａ　青春はみづき(注)の下をかよふ風あるいは遠い線路のかがやき

高野公彦『水木』

　青春とは、水木の葉の下を吹き過ぎる風のようなもの。または、ずっと遠くまで続いている線路が、日の光を受けて輝くようなもの。

(千葉聡「はじめて出会う短歌１００」による)

(注)　みづき…初夏に白い花を咲かせる高木。水木。

Ｂ　虹よ立て夏の終りをも生きてゆくぼくのいのちの頭上はるかに

早坂類『ヘヴンリー・ブルー』

　夏の終わりも、こうして生きている、小さな僕のせつなさや焦りやあこがれを超えて、どーんと大きく、ずっと遙かな存在として、虹よ、立っていてほしい。

(千葉聡「はじめて出会う短歌１００」による)

Ｃ　広やかな秋のこころよ何という鳥の声かと見上げる空の

松村由利子『耳ふたひら』

　わたしの思いがどこまでも広がっていくようなすがすがしい秋の心よ。今、鳴いているのは何という鳥だろうと見上げる、この空のように広々としている心よ。

(千葉聡「はじめて出会う短歌１００」による)

(1) **基本** 次のア～エのうち、短歌Ａと同じ表現技法が用いられている短歌はどれですか。一つ選び、その記号を書きなさい。　(4点)

ア、秋分の日の電車にて床にさす光もともに運ばれて行く　佐藤佐太郎

イ、白鳥は哀しからずや空の青海のあをにも染まずただよふ　若山牧水

ウ、ゆく秋の大和の国の薬師寺の塔の上なる一ひらの雲　佐佐木信綱

エ、さっきから少し傾きバスを待つ母の真上に雲白く浮く　小島なお

(2) **基本** 次のア～エのうち、短歌Ａについて説明しているものとして、最も適当なものはどれですか。一つ選び、その記号を書きなさい。　(4点)

ア、青春を、「かよふ風」に散らされた葉や日の光に照らされた「遠い線路のかがやき」にたとえることで、青春のはかなさを読み手にイメージさせる歌である。

イ、青春を、一瞬の「かよふ風」やまっすぐに続く「遠い線路のかがやき」にたとえることで、若者の大人に対する反発心を読み手にイメージさせる歌である。

ウ、青春を、「かよふ風」とたとえた直後に否定し「遠い線路のかがやき」に改めてたとえることで、若者の迷いと焦燥感を読み手にイメージさせる歌である。

エ、青春を、水木の葉の下を「かよふ風」や「遠い線路のかがやき」にたとえることで、青春のさわやかさや将来への希望を読み手にイメージさせる歌である。

(3) 次の会話は、国語の授業で、短歌Ｂ、Ｃとそれぞれに続く文章について話し合っている様子の一部です。［Ⅰ］、［Ⅱ］にはそれぞれどのような言葉が入りますか。あとのア～エのうちから、その組み合わせとして最も適当なものを一つ選び、その記号を書きなさい。　(4点)

加奈さん　短歌Ｂと短歌Ｃには倒置が使われています。今日はその効果について、短歌に続く文章も参考に話し合ってみましょう。

清一さん　倒置は一般的に作者の思いを強調する働きがあるよね。短歌Ｂや短歌Ｃはどんな思いを強調したかったのかな。

海斗さん　短歌Ｂは「虹よ立て」が前になることで、［Ⅰ］が強調されていると思います。短歌Ｃはどうですか。

春香さん　短歌Ｃは「広やかな秋のこころよ」が前になることで、［Ⅱ］が強調されていると考えました。

加奈さん　倒置に着目したことで、短歌に込められた作者の思いについて考えることができましたね。

ア　Ⅰ　自分が抱えている悩みや不安を理解してほしいという虹への思い
　　Ⅱ　秋の空を飛ぶ鳥に寂しい自分を重ねる捉え方

イ　Ⅰ　自分の及ばない存在として空高く架かってほしいという虹への思い
　　Ⅱ　秋の空を見上げた時の開放感や気持ちのよさ

ウ　Ⅰ　ちっぽけな自分と対照的な存在であってほしいという虹への思い
　　Ⅱ　秋の空を飛ぶ鳥の名を調べたいと思う好奇心

エ　Ⅰ　孤独な自分と他人との心の架け橋になってほしいという虹への思い
　　Ⅱ　秋の空を鳥のように自由に飛びたいという夢

四 (古文)仮名遣い・内容吟味

次の文章《Ⅰ》、《Ⅱ》を読んで、あとの(1)～(4)の問いに答えなさい。　(計19点)

《Ⅰ》

　蓬(注1)は枝さし、直からぬ草なれども(枝の伸び方が、真っすぐではない草だが、)、①麻(注2)に生ひまじりたれば、ゆがみてゆくべき道のなきままに(曲がって伸びていく場所がないために、)、心ならず(不本意ながら、)、うるはしく生ひのぼるなり(真っすぐ伸び育っていくのである。)。心の悪しき人なれども、うるはし(きちんとして)

くうちある人の中に交はりぬれば、さすがかれこれをはばかるほどに、おのづから直しくなるなり。
（いる人の中に交わっていると、そういう人でもやはりあれこれと気遣うことが多くなり、自然と正しくなるものである。）

（「十訓抄」による）

《Ⅱ》

万物を発育する者は其の性なり。草は之を得て柔と為り、木は之を得て□と為る。草をして木と為り、木をして草と為らしむる能はざるなり。是の故に君子(注3)は人を以て人を治め、我を以て人を治めず。
（発育させるのはその本性である。それにより柔らかくなり、草を木のようにさせたり、木を草のようにさせたりすることはできない。そのため君子はそれぞれの素質に従って人を治めていくのであり、自分の意思により強引に治めるのではない。）

（「呻吟語」による）

（注1）蓬…野草の一つ。
（注2）麻…野草の一つ。
（注3）君子…徳のある立派な人物。

(1) **よく出る** **基本** 二重傍線部　おのづから　を現代の仮名遣いに直し、ひらがなで書きなさい。（3点）

(2) 傍線部①　麻　はどのような人のたとえですか。《Ⅰ》の本文中からそのまま抜き出して書きなさい。（4点）

(3) 《Ⅱ》の□に入る言葉は何ですか。次のア～エのうちから最も適当なものを一つ選び、その記号を書きなさい。（4点）

ア、薄　イ、剛　ウ、根　エ、空

(4) 《Ⅰ》と《Ⅱ》の共通点と相違点について次の表のようにまとめたとき、a、bにあてはまる言葉は何ですか。それぞれ五字以内で書きなさい。（各4点）

共通点	相違点
人間の成長について、植物の育ち方にたとえて説明している。	《Ⅰ》では、どのように育つかは a によるものだと述べている。《Ⅱ》では、どのように育つかは b によるものだと述べている。

五　内容吟味・条件作文

春樹さんは、職業や将来についてのレポートを書いています。次の《レポートの一部》を見て、あとの(1)、(2)の問いに答えなさい。（計15点）

《レポートの一部》

日本の高校生が考える職業や将来について

〇〇中学校　3年　山川　春樹

1．テーマの設定理由
日本の高校生が職業や将来をどのように考えているのか調べることで、進路選択に生かしたいと思い、このテーマを設定した。
2．調査方法
統計資料を集め、内容を分析した。
3．調査結果
1 日本、米国、中国の高校生の「仕事」「働くこと」のイメージについて、統計資料を調べた。

《資料Ⅰ》「仕事」「働くこと」のイメージ

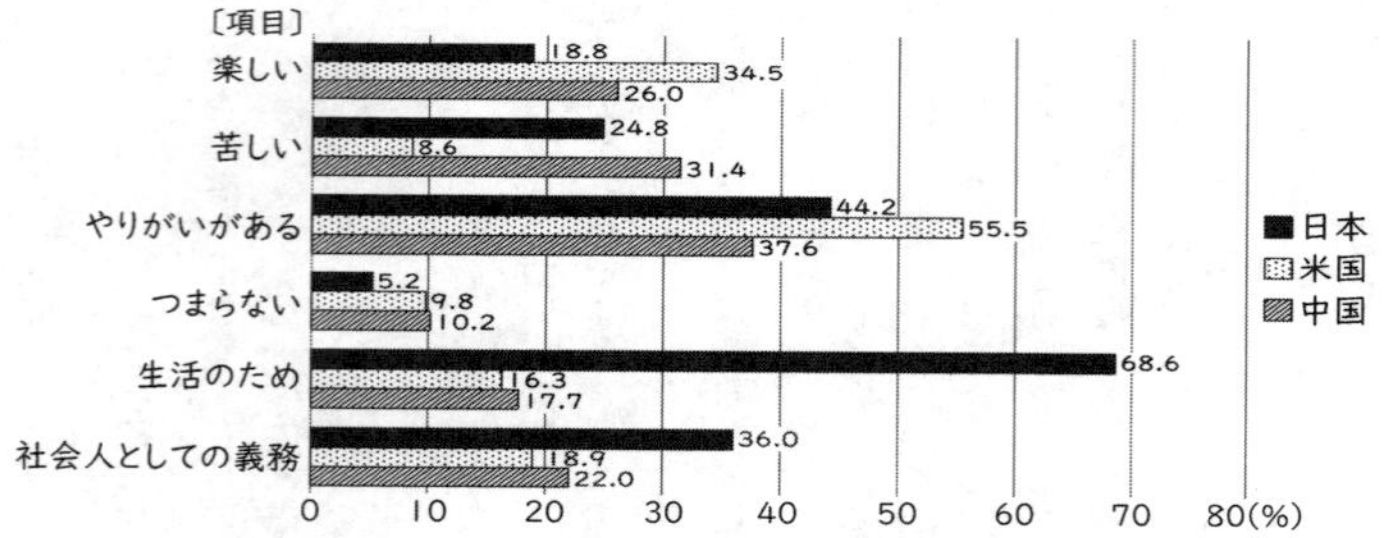

（国立青少年教育振興機構「高校生の進路と職業意識に関する調査報告書」から作成）

《資料Ⅰ》から「仕事」や「働くこと」のイメージについて、それぞれの国の特徴をまとめると、[A]。また、中国の高校生は、「楽しい」より「苦しい」の割合が高いが、「やりがいがある」の割合も高い。

2 日本の高校生が職業を選ぶにあたって重視することについて、統計資料を調べた。

《資料Ⅱ》日本の高校生が職業を選ぶにあたって重視すること

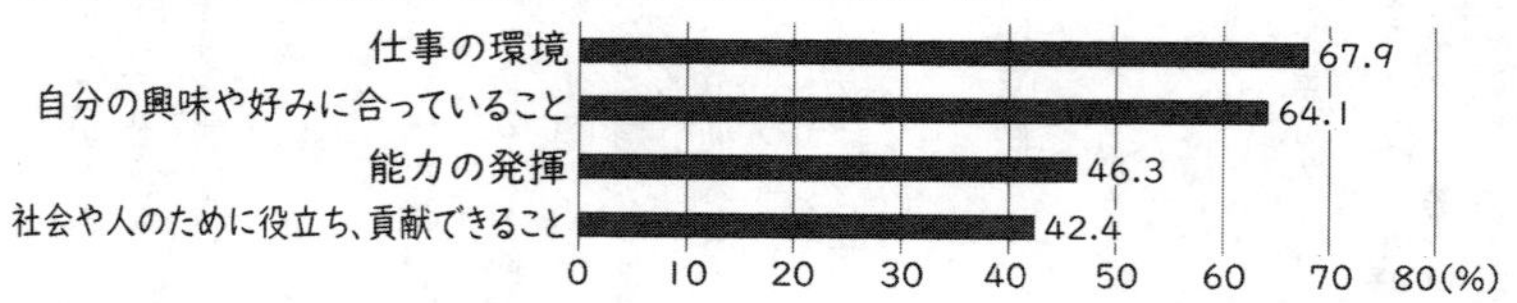

（国立青少年教育振興機構「高校生の進路と職業意識に関する調査報告書」から作成）

《資料Ⅱ》の結果から分かることは、〇〇〇〇〇〇〇〇……

(1) 《レポートの一部》の A には、《資料Ⅰ》から読み取ったことが入ります。どのような言葉が入りますか。次のア～エのうちから最も適当なものを一つ選び、その記号を書きなさい。（3点）

ア、日本の高校生は、「楽しい」の割合が三か国中で最も低い。一方、米国の高校生は、「つまらない」「社会人としての義務」の割合が三か国中で最も低い。

イ、日本の高校生は、「つまらない」の割合が米国の次に高い。一方、米国の高校生は、「生活のため」「社会人としての義務」の割合が日本の次に高い。

ウ、日本の高校生は、「やりがいがある」「生活のため」の割合が他の項目より高い。一方、米国の高校生は、「楽しい」「やりがいがある」の割合が他の項目より高い。

エ、日本の高校生は、「苦しい」「生活のため」の割合が他の項目より低い。一方、米国の高校生は、「苦しい」「つまらない」の割合が他の項目より低い。

(2) 思考力 あなたが職業を選ぶ場合、重視したいことは何ですか。また、将来を考えるうえでどのようなことに取り組んでいきたいですか。次の【条件】①～③に従ってあなたの考えを説明する文章を書きなさい。（12点）

【条件】

①原稿用紙（15字詰×10行＝省略）の正しい使い方に従って、二つの段落で構成し、七行以上十行以内で書くこと。

②第一段落では、あなたが職業を選ぶ場合、重視したいことを《資料Ⅱ》から一つ選び、その理由も書くこと。

③第二段落では、あなたが将来を考えるうえで取り組みたいことと、その目的を具体的に書くこと。

六 漢字の読み書き よく出る 基本

次の(1)～(6)の傍線部分について、漢字の場合は正しい読みをひらがなで書き、カタカナの場合はそれにあたる漢字を楷書で正しく書きなさい。（各2点、計12点）

(1) 図書館で美術書を閲覧する。
(2) 母親が幼い子を優しく諭す。
(3) 春の山では、雪崩に注意が必要だ。
(4) 新入生をカンゲイする行事を企画する。
(5) 地元で旅館をイトナむ。
(6) 私が買っているシュウカン誌は木曜日に発売される。

宮城県

時間 50分　満点 100点　解答 P4　3月5日実施

出題傾向と対策

●漢字と国語知識、話し合いに関する問題、小説文、論説文、古文、条件作文の大問六題構成。昨年は一に含まれていた話し合いに関する問題が独立した大問になった。古文は和歌が出題された。

●基本的な国語知識、漢字などを着実に学習しておくこと。記述問題は、限られた時間で本文中から必要な語句を見つけて、文章をまとめる力が必要。条件作文は、資料から必要な内容を読み取り、それに対する自分の意見を述べる練習をしておくとよい。

一 漢字の読み書き・熟語・漢字知識

次の問いに答えなさい。（計16点）

問一、よく出る 基本 次の文の――線部①～⑥のうち、漢字の部分はその読み方をひらがなで書き、カタカナの部分は漢字に改めなさい。（各2点）

・贈り物をきれいに①包む。
・屋上に望遠鏡を②据える。
・画用紙に顔の③輪郭を描く。
・池に釣り糸を④夕らす。
・打ち合わせを⑤メンミツに行う。
・妹たちのけんかの⑥チュウサイに入る。

問二、次の文中には、誤って使われている熟語が一つあります。その熟語を、文意に合う同音の正しい熟語に改めて、漢字で答えなさい。（2点）

話し方に留意し、限られた発表時間の中で要点を完結に話す。

問三、次の行書で書かれた漢字について、○で囲んだa、bの部分に表れている行書の特徴の組み合わせとして、最も適切なものを、あとのア～エから一つ選び、記号で答えなさい。（2点）

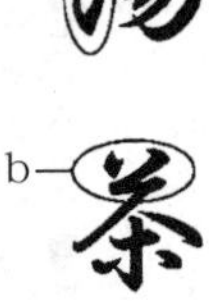

ア、a 点画の変化 ― b 点画の省略
イ、a 点画の連続 ― b 点画の省略
ウ、a 点画の省略 ― b 筆順の変化
エ、a 点画の連続 ― b 筆順の変化

二 内容吟味・文脈把握

ある中学校の体育委員会では、中学生の体力が低下しているという全国調査の結果が話題となり、委員会が主体となって、昼休みに運動の時間を設けることになりました。そこで、生徒の考えを取り入れた企画とするために、全校生徒を対象にアンケートを実施します。次は、体育委員会で作成中の【アンケート用紙の下書き】と、アンケート係のAさんたち三人が行った【話し合いの一部】です。あとの問いに答えなさい。（計14点）

【アンケート用紙の下書き】

運動の企画に関するアンケート

体育委員会では、昼休みに10分間の運動の時間を設けたいと考えています。皆さんの考えを取り入れた企画としたいので、次の質問に対して、あてはまるもの1つに○を付けてください。
ご協力をお願いします。

質問1　運動の企画に取り組むんだったら、あなたはどのような単位で参加したいですか。
ア　個人　　イ　グループ　　ウ　クラス

質問2　あなたはどれくらいの頻度で運動の企画に取り組みたいですか。
ア　毎日　　イ　1日おき　　ウ　週1回

質問3　次の中で、あなたが取り組みたいと思う運動はどれですか。
ア　ランニング
イ　縄跳び
ウ　ダンス
エ　ボール
オ　体力測定コーナー

【話し合いの一部】

〈Aさん〉 ①【アンケート用紙の下書き】を見直して、アンケートがさらによいものになるよう、改善点を挙げていこう。これから、このアンケートの表現と、質問の形式について話し合うよ。まず、質問に入る前の文章の表現はどうかな。

〈Bさん〉 このアンケートの目的は伝わるけれど、体育委員会が運動の時間を設けることにした理由も伝えられないかな。

〈Cさん〉 全国調査の結果の資料をよく読んでみて、その文章の一部を ② したらどうだろう。運動の時間を設けることに説得力を持たせることができるし、アンケートを実施する必要性もいっそう伝わると思うよ。

〈Bさん〉 そうだね。そのときは、資料の ③ をしっかり示そうね。

〈Aさん〉 なるほど。改善点として取り入れよう。次に、質問や選択肢の表現はどうかな。

〈Cさん〉 質問1について、この質問には話し言葉のくだけた表現が含まれているから、書き言葉に直した方がいいね。

〈Aさん〉 そうだね。アンケートは多くの人が読むものだから、適切な表現にしたいね。そのほかに気になる点はないかな。

〈Bさん〉 質問2について、アンケートの対象は全校生徒だから、「頻度」という言葉は一年生には難しいかもしれないね。④「回数」など別の言葉に改めることで、質問内容が正しく伝わると思うよ。

〈Cさん〉 なるほど。私は気にならなかったけれど、一年生のことを考えれば、Bさんの意見のとおりに言葉を改めた方が正しく伝わりそうだね。

〈Aさん〉 では、次の話題の、質問の形式について話し合おうか。

〈Bさん〉 質問1と2については、答えやすさや集計のしやすさを考えても選択式が適切な形式だと思うけれど、質問3については、記述式にして自由な考えを引き出した方がいいと思うよ。

〈Aさん〉 Bさんは、質問3の形式を記述式にした方がいいという意見だけれど、Cさんはどうかな。

〈Cさん〉 ⑤私も、自由な考えを引き出すために、記述を取り入れるという考えには賛成だよ。ただし、記述式だと、さまざまな考えを引き出せる反面、記述内容を読み取って整理することが難しそうだね。選択式のまま、質問3の選択肢に「その他」を追加して、そこに記述欄を設けるというのはどうかな。

〈Bさん〉 なるほど、そうだね。あと、質問3の選択肢には、伝わりづらいものや選択肢としてふさわしくないものがあるね。

〈Cさん〉 そうだね。選択肢の「エ」は、この表現だと説明不足に感じるし、「オ」は運動とは言えないかな。

〈Aさん〉 選択肢の表現の適切さも吟味したいけれど、⑥今の話し合いの話題は質問の形式についてだから、選択肢の表現については、またあとで話し合おう。二人の意見を踏まえて、質問3は選択式と記述式を組み合わせるという方向で検討していこうか。

問一、【話し合いの一部】の中の「①【アンケート用紙の下書き】を見直して、」で始まるAさんの発言について説明したものとして、最も適切なものを、次のア〜エから一つ選び、記号で答えなさい。（2点）

ア、話し合いのねらいを述べたうえで、話し合う際の話題を提示している。
イ、自分の立場を明らかにし、適切な根拠を挙げながら意見を述べている。
ウ、話し合いの中で、分からないことを質問したり確認したりしている。
エ、話の構成や順序を工夫しながら、問題点を分かりやすく指摘している。

問二、【話し合いの一部】の中の ② 、 ③ にあてはまる言葉の組み合わせとして、最も適切なものを、次のア〜エから一つ選び、記号で答えなさい。（2点）

ア、②改変 ― ③訂正　イ、②出典 ― ③引用
ウ、②引用 ― ③出典　エ、②訂正 ― ③改変

問三、【アンケート用紙の下書き】の中の……線部「取り組むんだったら」を、適切な書き言葉に改めて、十字以内で答えなさい。（3点）

問四、【話し合いの一部】の中に「④『回数』など別の言葉に改めることで、質問内容が正しく伝わると思うよ。」とありますが、このBさんの発言の意図について説明したものとして、最も適切なものを、次のア〜エから一つ選び、記号で答えなさい。（2点）

ア、アンケート対象者の回答意欲を喚起し、企画提案者の熱意を率直に伝えようとしている。
イ、アンケート対象者の語彙力を踏まえることで、生徒全員から正確な回答を得ようとしている。
ウ、アンケート対象者の学習の実態を考慮し、全校生徒の表現力を高めようとしている。
エ、アンケート対象者の問題意識に訴えることで、大事なことを重点的に伝えようとしている。

問五、【話し合いの一部】の中の「⑤私も、」で始まるCさんの発言について説明したものとして、最も適切なものを、次のア〜エから一つ選び、記号で答えなさい。（2点）

ア、このあとの話し合いの論点を提示して、自分の考えと異なる点を指摘し、具体例を挙げて反論している。
イ、自分の経験を話したり、ほかの人の経験を聞き出したりして、全員の考えを引き出そうとしている。
ウ、自分の意見にこだわらず、ほかの人の意見の納得できるところを見つけ、柔軟に意見を変えている。
エ、ほかの人の考えに対して賛同しながらも、工夫できることを加えて、よりよい案を提示している。

問六、【話し合いの一部】の中に「⑥今の話し合いの話題は質問の形式についてだから、選択肢の表現については、またあとで話し合おう。」とありますが、次の文は、こ

のAさんの発言の意図についてまとめたものです。□にあてはまる適切な表現を考えて、十五字以内で答えなさい。　（3点）

> 話し合いの展開を捉え、□ことをねらいとして発言している。

三（小説文）内容吟味・文脈把握

次の文章を読んで、あとの問いに答えなさい。（計20点）

> 人の髪を結うことが好きな六歳の靖成は、相撲観戦に出掛けた際、力士の髪を結う仕事をしている床芝の計らいにより、若関という力士の髷を結うところを見学させてもらった。中学校三年生になった靖成は二人に再会し、かつて刺々しかった若関の変化に驚く。床芝の話から二人の関わり合いを知った靖成は、思わず自分の思いを口にする。

「若関のこと、俺……じゃない、僕はほとんどわかってないんですけど。あの人が変わったのは、床芝さんのおかげでもあるんじゃないかって、思うんです」

「……俺のおかげ？」

床芝がきょとんとして聞き返す。靖成は頷いて続けた。

「だって表情が昔と違って、なんか穏やかになってたんですよ。床芝さんが毎日一生懸命髷を結ってくれて、その思いが伝わったから、あの人も優しくなったのかなって。僕には、そういう風に見えました」

若関だけでなく床芝のことも、靖成はほとんど知らない。でも、これだけはわかる。髷を結う前に毎回爪の長さを確認するほど、真面目であること。どんなに叱られても、若関と真剣に向き合おうとする床芝は、誰よりも優しいこと。そんな人が毎日懸命に髷を結ってくれたら、あの若関だってきっと、気を許してくれるはずだ。

床芝は何も言わなかった。ただ、軽く眉間に皺を寄せて、腕を組んでいた。

――あ。変なこと言ってしまったかも。

途端に指先が冷たくなる。①すみませんでしたと謝ろうとしたそのとき、

「なるほどなあ」

さっぱりした声が、隣から聞こえた。

「若関は絶対そんなこと言わないし、俺だってまだ全然、一人前の*床山じゃないんだけど……本当にそうだったら嬉しいな」

「絶対そうですよ！」

思った以上に大きな声が出て、自分でも驚く。なんで俺、こんなに熱くなってるんだろう。

「僕、前に巡業に来たときの記憶がほとんどないんですけど、床芝さんのことはちゃんと覚えていたんです。それは床芝さんが、かっこいい*大銀杏を見せてくれて、でもって、子どもの僕にも優しくしてくれて……ええっと、つまり」

だんだん支離滅裂になっていく靖成の言葉を引き取るように、床芝が口を開いた。

「ありがとな。そう言ってくれるだけで充分だよ」

その横顔に穏やかな笑みが広がっているのを見て、靖成は②ああそっか、と気づく。

昔、床山の仕事に惹かれたのは、ただ単に髪を結べるからじゃない。腕も気立てもいい、床芝に憧れたからだ。

床山への関心を捨てた、過去の自分がだんだん恥ずかしくなってくる。「変」とからかわれるのが嫌だなんて、その仕事に就いている床芝に失礼ではないか。

床芝が一瞬、腰を浮かせた。もうすぐ仕事に戻る時間なのかもしれない。

「あのっ、床芝さん！」

思いきって呼び止めると彼は、ん？　とこちらを振り返った。

「一つ聞いておきたいんですけど。床山になる前、迷いませんでしたか？　だってほら、男性なのに髪を結ぶ仕事に就くの？　みたいな、変な目で見られることって、なかったのかなーって」

「迷わなかったよ」

即答だった。どうしてですか、と問うよりも先に、彼が続けた。

「俺は相撲が好きだから、他の道は考えられなかった。男が髪結うの？　とか抜かす奴はいたかもしれないけど、それはただ、今までそいつの周りに、髪を扱う仕事に就いている男がいなかっただけだ。男が髪を結ったって、何の問題もないのに。そうやって『男はこうあるべき』って勝手に決めつける、了見の狭い奴の言うことなんか気にするだけ無駄だ」

礼を言われたときや、若関について語っていたときとは、全然違った。彼の、床山としての*矜持が表れているかのような、ずいぶんきっぱりした口調だった。③靖成は相槌を打つのも忘れて、その言葉に聞き入っていた。

「そろそろ戻らないと。何年ぶりかに会えてよかったよ。じゃ、また。元気でな」

床芝が立ち上がり、昔みたいに手を振る。*踵を返す直前でもう一度、床芝さん！　と呼び止めた。もうあまり時間はない。気づけば、言葉が勝手に口から飛び出していた。

「あのっ、床山になるには、どうしたらいいんですか？」

床芝が目を丸くする。④靖成自身も驚いていた。床芝を見て、かっこいいとか、自分もこうありたいとか思ったけれど、床山になるにはどうしたらいいかなんて。いくらなんでも先走りすぎだ。

すみません今のは忘れてください、と言おうとしたら、床芝がエプロンからメモ帳とペンを取り出した。ささっと何かを書きつけると、一枚めくって靖成に差し出した。

「これ、俺んちの電話番号。地方場所や巡業のときは留守だし、かけても嫁が出るかもしれないけど、念のため渡しとく」

「えっ」

反射的に伸ばしかけた腕が止まる。そのまま固まっていると、空の右手に容赦なくメモがねじ込まれた。

「別に今すぐじゃなくていい。床山になりたいと、本気で思ったらかけてくれ。俺が面倒見てやるから。じゃあな」

小さく右手を上げたかと思うと、彼はくるりと背を向けて、力士たちの元へ帰っていった。靖成はその背中に向かって、聞こえるように礼を言うだけで精いっぱいだった。

席に戻ったあと、靖成は床芝からもらったメモを開いた。走り書きのはずなのに、彼の字はちっとも形が崩れていなかった。その丁寧に書かれた字を見た瞬間、決意が固まっ

た。
⑤この人と一緒に働きたい、と。

（鈴村（すずむら）ふみ「大銀杏がひらくまで」による）

＊をつけた語句の〈注〉
床山――力士の髪を結い、整える職業の人。
大銀杏――ここでは、力士の髪型の一つ。
矜持――誇り。自負。
踵を返す――引き返す。

問一、本文中に「①すみませんでしたと謝ろうとした」とありますが、靖成は、どのようなことに対して「謝ろうとした」のですか。最も適切なものを、次のア～エから一つ選び、記号で答えなさい。（2点）
ア、年下にもかかわらず、床山としての床芝の技術を評価したこと。
イ、付き合いが浅いのに、床芝の性格を真面目で優しいと褒めたこと。
ウ、二人をよく知らないのに、若関の変化を床芝の影響だと語ったこと。
エ、見てもいない若関の表情を、昔より穏やかになったと話したこと。

問二、本文中に「②ああそっか」とありますが、次の対話は、ここでの靖成の思いについて話し合ったものです。あとの(一)、(二)の問いに答えなさい。

〈Xさん〉　靖成は、床芝の言葉を聞き、表情を見て、かつて床山の仕事に惹かれたのは、［A］と気づいているね。
〈Yさん〉　うん。靖成は、その頃の自分の気持ちを思い出したんだよ。
〈Xさん〉　そうだね。だからこのあとのところで、床芝を前にして、以前、［B］と考え、床山への関心を捨てたことを恥じたんだね。

(一)　［A］にあてはまる表現を、本文中から十八字でそのまま抜き出して、はじめの五字で答えなさい。（3点）
(二)　［B］にあてはまる適切な表現を考えて、三十字以内で答えなさい。（4点）

問三、本文中に「③靖成は相槌を打つのも忘れて、その言葉に聞き入っていた。」とありますが、ここでの靖成の描かれ方を説明したものとして、最も適切なものを、次のア～エから一つ選び、記号で答えなさい。（3点）
ア、床芝の仕事に対する思いを一心に聞く靖成が、三人称の視点から描かれている。
イ、床芝の相撲への深い愛情にあぜんとする靖成が、三人称の視点から描かれている。
ウ、力士に向き合う床芝の苦しさに共感する靖成が、床芝の視点から描かれている。
エ、人生の先輩としての床芝の助言に反発する靖成が、床芝の視点から描かれている。

問四、本文中に「④靖成自身も驚いていた。」とありますが、次の文は、このときの靖成の心情を説明したものです。［　］にあてはまる言葉を、本文中から十三字でそのまま抜き出して答えなさい。（3点）

仕事に戻ろうとした床芝に対してとっさに出た「床山になるにはどうしたらいいか」という自分の発言は、［　］と感じ、自分自身でも驚いているということ。

問五、本文中に「⑤この人と一緒に働きたい」とありますが、靖成がそのように決意した理由を、五十字以内で説明しなさい。（5点）

四　（論説文）文脈把握・内容吟味

次の文章を読んで、あとの問いに答えなさい。（計20点）

画家は、たんに「美しい」花や夕焼けを描くのではない。熱帯魚の模様が、どれほど絶妙な色の配置になっているか、そんなことも問題ではない。問題なのは、人間は世界を「どう見ているか」ということだ。これは芸術にしかできないことだ。

①絵画は、いわば、脳の「実験レポート」なのだ。

では、脳とはいったいなにか？

それを知るには、絵画を分析するというやり方があってもいい。絵とは、脳そのものなのだから。

たとえば、シカゴ美術館にも展示されていたセザンヌ＊とモネの絵を例に考えてみよう。このふたりの画家は、ほぼ同時代に活動したせいか、画風が似ている。どちらも、筆＊のタッチがそのまま残り、塗り残したところも多い。とくに絵に近づいて見ると、たとえば人物画でも、それが「人間の顔」であるより「絵」に見える。筆のタッチが、絵具（えのぐ）が、そこに見えるからだ。

セザンヌやモネ以前の絵画は、そうではなかった。絵に近づいても、たとえば肌は細かく塗られ、そこには筆のタッチはなく、あたかも肌そのもののような質感が描かれている。ともかく、セザンヌとモネのは、それほどに似た作風のものだ。

しかし「脳」という視点から見たとき、このふたりの画家が描き出す世界は、まったくちがっている。

モネが描いているのは、②ひたすら「見える」世界である。それは目のなかにある「網膜」に映った像を、そのままカンヴァス＊に描いた世界だ。

見たものを見たとおり描くのは、ルネサンス以来の、ヨーロッパ絵画の伝統である。モネは、そんな美術史のひとつの到達点にいる画家だ。ところが不思議なことに、見たものを見たとおりに、徹底して描くと、それは見たものとは別のものになってしまう。ぼくたちは、けっしてモネの絵のように世界を見ていない。

モネは、世界を光と色の点に分解する。いや「分解」するのではない。モネには、そう見えるのだ。たしかに網膜に映るのは、そんな光景である。目の網膜には、桿体（かんたい）と錐体（すいたい）という二種類の細胞がびっしりと並んでいる。いっぽうは明暗、つまり光のあるなしを感知する。もういっぽうは、色を三原色に分解し、どれかの色に反応する。つまり世界の光景を、光と色の点に分解し、その情報を脳に送っている。

モネという天才は、脳や目の生理学的な働きなど知らなかっただろうが、なぜか世界がそう見えることを察知し、カンヴァスにそのような絵を描いた。まさに目の生理的機能の実験レポートである。

　いっぽうセザンヌが描くのは、それとはまったく正反対の世界だ。セザンヌは、目に見えたものを見えたとおりに描こうとはしなかった。そもそも人は「目」だけで世界を見ているのか。視覚ということに絞っていえば、たしかにそうだろう。しかし人は、目で見て、耳で聞いて、手でふれて、と五感を使ってこの世界を生きている。そこから「視覚」だけ取り出して、それを絵にするのは不自然ではないか。五感で感じる世界を、絵という視覚表現に集約する。それこそが、世界のあるがままの姿ではないか。いや「世界のあるがままの姿」ではない。ぼく的な言い方をさせてもらえば、目ではなく「脳が見ている」世界である。

　セザンヌは、脳科学のことは知らなかったが、画家の直感でそう考え、そのようなスタイルの絵を描いた。セザンヌの絵には、ものの存在感や触覚、そういった目の網膜だけではとらえられない感覚があふれている。

　セザンヌは、自分がどのような絵を描いているか、よく知っていた。それがモネが描いている世界とどうちがうかも。だからセザンヌは、モネについてこういっている。

「モネは、目にすぎない。しかしそれは、すごい目だ」

　モネがいかに「目」を徹底した画家であったかは、セザンヌもわかっていた。かつて誰も到達したことがないほどの世界にまで踏み込んだ天才であることも。しかし「それは目にすぎない」。セザンヌは、③目ではない、もっと脳の全体で感じている世界を描こうとしたのだ。たしかに、絵は、脳の実験レポートである。

　では人はなぜ、芸術作品に感動するのだろうか。それは芸術作品というものが、ぼくたちが日常の生活のなかではなかなか感じられないなにか、しかしこの世界にたしかに存在するなにかを、つかみとって見せてくれるからである。

　その「なにか」とは、なにか。

　それはここまで書いてきたように、「脳」である。もちろんぼくたちは、毎日、脳を使って生きている。だから脳の働きをつかみとって、それを見せてくれたからといって、感動などしない。

　しかしぼくたちは、本当に「毎日、脳を使って生きている」のだろうか。

　ぼくたちの脳に秘められていて、まだ自分では見ていないなにか、そういうものが脳にはたくさんあるのではないか。人間の脳というのは、ぼくたちが考える以上に、未知の可能性を秘めたものなのかもしれない。

　芸術家とは、そんな「脳の可能性」をつかみとって、作品というかたちにする人間である。そのようなことができる人を天才と呼ぶ。

　しかし、ぼくたちの能力をこえた、天才だけにしか見ることのできない世界があるとしたら、それはぼくたちにとって無関係のものだ。芸術作品を見て感動できるのは、それを感じ、わかる力が、ぼくたちの脳のなかにあるからである。

　美術館で、画家の「ものの見方」を絵をとおして知り、そこに驚きを感じるのは、それと同じ能力が自分のなかにもあることを知った驚きでもある。芸術とは、天才の世界をかいまみることではない。まだ知らなかった自分の可能性に出会って、そうしたものが自分のなかにあることを知る。それが④芸術の感動というものの正体だ。

（布施英利（ふせひでとし）「はじまりはダ・ヴィンチから　50人の美術家を解剖する」による）

＊をつけた語句の〈注〉

セザンヌとモネ――どちらも十九世紀後半に活躍したフランスの画家。

筆のタッチ――ここでは絵画の筆づかいのこと。

カンヴァス――油絵用の画布。キャンバス。

問一、本文中に「①絵画は、いわば、脳の『実験レポート』なのだ。」とありますが、次の文は、このことについて述べたものです。あとの㈠、㈡の問いに答えなさい。

> 筆者は、絵画から、［　A　］がわかると考えたため、絵画を「脳の『実験レポート』」という言葉で表現した。そして、そのことを説明するために、同時代に活躍し［　B　］画家の、モネとセザンヌを取り上げている。

㈠　［　A　］にあてはまる表現として、最も適切なものを、次のア～エから一つ選び、記号で答えなさい。（2点）

ア、画家がどのような苦悩を持っていたか

イ、人間の目に見える美しさの限界

ウ、先人の表現技法や当時の流行

エ、画家が世界をどのようにとらえているか

㈡　［　B　］にあてはまる言葉を、本文中から七字でそのまま抜き出して答えなさい。（3点）

問二、本文中に「②ひたすら『見える』世界」とありますが、次の文は、「モネ」の絵について、筆者の考えを説明したものです。［　］にあてはまる適切な表現を考えて、三十字以内で答えなさい。（4点）

> モネは、脳や目の生理学的な働きなど知らなかったと思われるが、［　］ように見える絵を描いている。

問三、本文中に「③目ではない、もっと脳の全体で感じている世界を描こうとした」とありますが、次の文は、「セザンヌ」の描き方について、筆者の考えを説明したものです。［　］にあてはまる言葉を、本文中から八字でそのまま抜き出して答えなさい。（3点）

> セザンヌは、画家の直感によって、「視覚」だけではとらえられない［　］を、視覚表現としての「絵」にまとめ上げている。

問四、本文中に「④芸術の感動というものの正体」とありますが、ここで筆者が述べる「芸術の感動というものの正体」とは、どのようなものですか。五十五字以内で説明しなさい。（5点）

問五、本文の論の進め方について説明したものとして、最も適切なものを、次のア～エから一つ選び、記号で答えなさい。（3点）

ア、絵画についての問題を提起したあと、主張の根拠として著名な芸術家の言葉を参照し、持論を展開している。

イ、絵画についての話題を提示し、主張を支える具体例

を挙げ、科学的な知見を援用して美術史を整理している。
ウ、絵画についての自分の見解を述べ、例を対比的に提示しながら、問いかけを積み重ねて主張をまとめている。
エ、絵画についての仮説を立て、絵画の観察と自身の経験を照らし合わせながら、仮説の有効性を検証している。

五 (古文)仮名遣い・古典知識・内容吟味

次の【Ⅰ】の和歌、【Ⅱ】の物語と、それらについての【対話】を読んで、あとの問いに答えなさい。（計10点）

【Ⅰ】

冬ごもり春さり来れば（春が来ると）あしひきの山にも野にもうぐひす鳴くも（山にも野にもうぐいすが鳴くよ）

（「万葉集」による）

【Ⅱ】

先帝の御時（先帝のご時世に）、*卯月のついたちの日、鶯の鳴かぬを詠ませ給ひける（鳴かないことを歌にお詠ませになられた時）、公忠、

春はただ昨日ばかりを鶯のかぎれるごとも鳴かぬ今日かな（春はつい昨日終わったばかりなのに、うぐいすが決めているかのように）

となむ詠みたりける（詠んだのであった）。

（「大和物語」による）

*をつけた語句の〈注〉
卯月のついたちの日――旧暦四月一日。この日から夏がはじまる。

【対話】

〈Xさん〉【Ⅰ】の和歌の「冬ごもり」は「春」、「あしひきの」は「山」という特定の語を導き出す［A］だね。
〈Yさん〉うん。鶯の鳴く声によって［B］を詠んでいるよ。
〈Xさん〉【Ⅱ】の物語の中の和歌は、「かぎれるごと」という表現を用いて、鶯が［C］と捉えているところが面白いね。
〈Yさん〉昔の人々にとって、春と鶯は強く結びついていたんだね。

問一、よく出る 基本 本文中の「給ひける」の読み方を、歴史的仮名遣いは現代仮名遣いに改めて、全てひらがなで答えなさい。（2点）

問二、基本 【対話】の［A］にあてはまる表現技法として、最も適切なものを、次のア～エから一つ選び、記号で答えなさい。（2点）
ア、擬人法　イ、枕詞　ウ、体言止め　エ、掛詞

問三、【対話】の［B］にあてはまる内容として、最も適切なものを、次のア～エから一つ選び、記号で答えなさい。（2点）
ア、冬ごもりならではの楽しみ
イ、山野から去りゆく春の風物
ウ、冬ごもり中の自然の厳しさ
エ、山野にやって来る春の気配

問四、【対話】の［C］にあてはまる適切な表現を考えて、二十五字以内で答えなさい。（4点）

六 条件作文 思考力

次のグラフは、全国の十六歳以上の人を対象に行った世論調査の、「毎日の生活に必要な情報を何から得ているか」という質問に対する結果です。
あなたがこのグラフから読み取ったことと、その読み取ったことに対するあなたの考えを、百六十字～二百字で書きなさい。（20点）

問　あなたは、毎日の生活に必要な情報を何から得ていますか。利用することの多いものを三つまで選んでください。

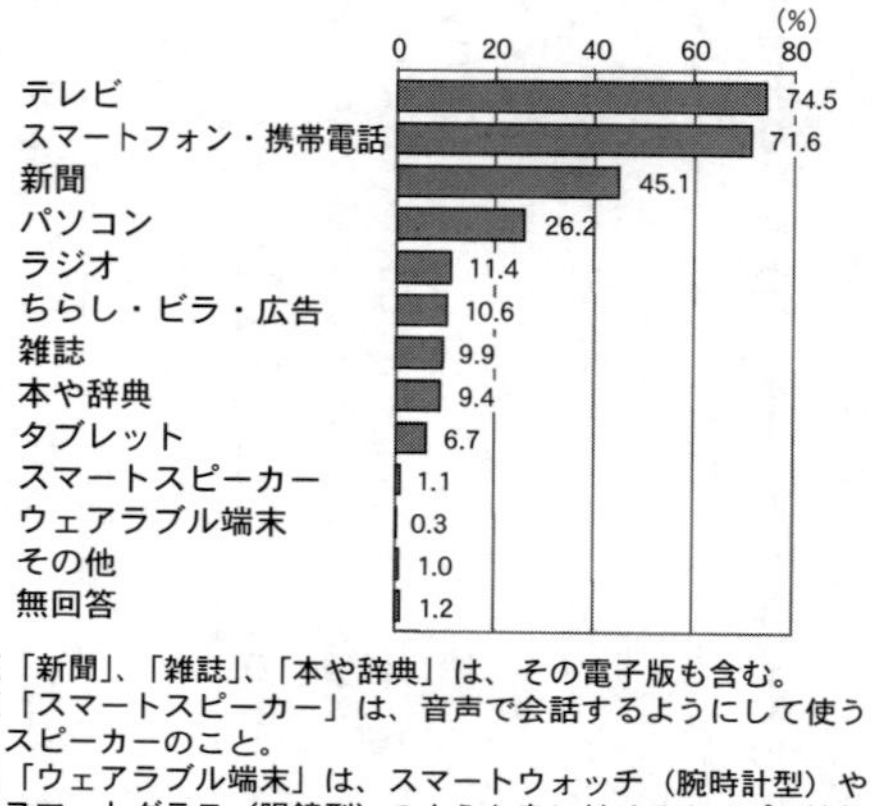

※「新聞」、「雑誌」、「本や辞典」は、その電子版も含む。
※「スマートスピーカー」は、音声で会話するようにして使うスピーカーのこと。
※「ウェアラブル端末」は、スマートウォッチ（腕時計型）やスマートグラス（眼鏡型）のような身に付けるタイプの情報機器のこと。

（文化庁「令和４年度『国語に関する世論調査』」より作成）

秋田県

時間	満点	解答	
60分	100点	P5	3月5日実施

出題傾向と対策

●聞き取り検査（省略）、漢字と文法を含む国語の基礎知識、論説文、小説文、古文、課題作文の大問六題構成。設問数、難度ともに標準的だが、読解力だけでなく、書く力や聞き取り能力など、幅広い国語力が求められる。

●基本的な文法、漢字などを着実に学習しておくこと。記述問題では、本文中から根拠となる表現を見つけ出し、問われている内容に即して文章をまとめる練習をしておくとよい。課題作文では、自分の体験を踏まえて論理的に述べる力を身につけておく。

一　（省略）「聞くこと」に関する検査

（計10点）

二　漢字の読み書き・ことわざ・活用・品詞識別　よく出る　基本

次の文章を読んで、1～4の問いに答えなさい。（計14点）

食べられるのに捨てられる食品を食品ロスと言う。大量の食品ロスをごみとして①モやすと、二酸化炭素の排出や焼却後の灰の②埋め立て等による③シンコクな環境汚染が心配される。この大きな問題を解決するために、できることから始めることが重要になる。食品を買い過ぎないなど、食品ロスの④削減につながる行動を心がけたい。

1、①モやす　③シンコク　を漢字に直して書きなさい。②埋め　④削減　の読み仮名を書きなさい。（各2点）

2、大きな問題～始める　という意味に最も近いことわざを、次のア～エから一つ選んで記号を書きなさい。（2点）

ア、人のふり見て我がふり直せ
イ、千里の道も一歩から
ウ、終わり良ければすべて良し
エ、石橋をたたいて渡る

3、重要に　の活用形を書きなさい。（2点）

4、ない　と同じ品詞を、次のア～エから一つ選んで記号を書きなさい。（2点）

ア、あの場所は静かでない。
イ、その方法は正しくない。
ウ、雨が降っても困らない。
エ、明日の予定は特にない。

三　（論説文）文脈把握・内容吟味・段落吟味

次の文章を読んで、1～5の問いに答えなさい。（計23点）

1　「社会の中に組み込まれる」ということは「社会の歯車になる」ということです。この言葉にはあまりいい印象はないかもしれません。自分の個性とかアイデンティティ*がおびやかされていると感じるかもしれません。しかしそれは誤解だと私は思います。むしろ社会の歯車になることでほとんどの人は個性を発揮して、みんなの役に立てるのだと思います。

2　たとえば、社会が全く存在しない状況を考えてみましょう。父親、母親、小さい子どもの3人家族だけで無人島で暮らしているような状況です。この場合、生きていくために必要な仕事はすべて3人だけで分担しないといけません。狩りをするのは、生物的に力の強い大人の男性である父親になるでしょう。植物や果物を採集したり、調理したりするのは、狩りに不向きな女性や子どもの仕事になるでしょう。たとえ、狩りなんて荒っぽいことが嫌いな男性や、採集よりも狩りの方が好きな女性だったとしても、餓えないためには身体的に向いている方をやらざるをえません。狩りに失敗したり、食べ物を見つけることに失敗したりすれば、すぐに命の危機が訪れます。また、この世界では、勉強が得意とか、絵をかくのが得意とか、コミュニケーション能力が高いとか低いなどの個性が役に立つことはありません。なにより必要なのは、獲物をしとめたり、食料を確保する能力です。力や体力が何よりも重要です。強く丈夫で健康な人間だけが生き残る世界です。それ以外の個性には出番はありません。

3　一方で私たちの社会は違います。力や体力が必要な職業もあれば、勉強や絵を描くことやコミュニケーション能力が必要な職業もあります。どれか1つの能力が優れていれば、十分に活躍の場が見つかります。少なくとも狩猟採集社会よりは、今の社会の方が自分に合った役割（歯車）が見つかる可能性が高いように思います。

4　こうした他人との協力からなる社会を形成するようになると、人間という生物が増える単位も変わってきます。人間以前の生き物は自分の力で自分だけを増やしていました。細菌も線虫もカエルも虫もサルも、増えることができるかどうかは自分の能力や運によって決まっていました。優れた能力を持っていれば生殖に成功し、子孫を作ることができますし、そうでなければ血統は途絶えてしまいます。

5　ところが協力関係の網の目の中にいる人間は違います。自分が生き残って増えるためには他の人の能力も重要です。また自分の能力もほかの人が生き残って増えることに貢献しています。自分の命が大事なのと同じように、他の人の命も大事になっていきます。増える単位が自分の体を超えて広がっているといってもいいかもしれません。

6　このような大規模な協力関係は人間ならではの特徴です。人間以外の生物が非血縁個体と協力することは、特殊なケースを除いてほとんどありません。なぜ人間のみでこのような特殊な能力が生まれたのかについてはいろいろな説があります。人間の持つ高度な言語能力や認知能力や寿命の長さが大事だったと言われています。また、それらの能力が生まれた背景には、狩猟採集生活の中で協力する必要性があったことや、子どもが成長するまでに時間がかかることから子育てに他の個体の協力が必要だったことなどが指摘されています。

7　このような性質のどれが直接的な原因だったのかはわ

かりませんが、いずれにせよ、このような他の個体との協力を可能とする人間の性質は、元をたどれば少産少死の戦略によってもたらされたものです。命を大事にして長く生きるようになり、他個体と付き合うことが可能になったために協力することが有利になりました。

[8] しかも、人間には他者を認識する知能や、他者の気持ちを察することのできる共感能力も備わっています。結果として協力関係がどんどん発展していきました。私たち人間は地球上の他のどんな生物よりも協力的な、いわば「やさしい」生物です。

（市橋伯一「増えるものたちの進化生物学」による）

【注】＊アイデンティティ……自分らしさ、独自性

1、誤解だと私は思います　と筆者が考える理由を、次のようにまとめた。〔a〕〔b〕に当てはまる内容を、〔a〕には二字で、〔b〕には五字で、本文中からそれぞれ抜き書きしなさい。（各2点）

> 社会の〔a〕になることで、個性を生かして人の〔b〕と考えるから。

2、この世界　とはどのような世界か。「無人島で暮らす家族の状況と同様に」の書き出しに続けて、「…世界」に続くように、本文中から十字で抜き書きしなさい。（3点）

3、人間は違います　について、細菌などの人間以外の生物と人間との違いを、次のように整理した。これを読んで、後の問いに答えなさい。

人間以外の生物	人間
・自分の〔Ⅰ〕によって、自分の子孫だけを増やした。 ・他の個体が増えることに、自分は関わらない。	・他の人の力も借りて、自分の子孫を増やした。 ・他の人が生き残って増えることに、自分も貢献している。
⇩ 増える単位が自分の血統だけ	⇩ 増える単位が〔Ⅱ〕にまで拡大

(1)〔Ⅰ〕に当てはまる内容を、本文中から四字で抜き書きしなさい。（2点）

(2)〔Ⅱ〕に適する内容を、十五字以内で書きなさい。（4点）

4、本文中における段落の関係を説明したものとして最も適切なものを、次のア～エから一つ選んで記号を書きなさい。（3点）

ア、第[1]段落で身近な体験を述べ、第[2]段落で話題を広げている。
イ、第[3]段落は、第[2]段落の具体例と対比して主張を述べている。
ウ、第[4]段落で疑問を挙げ、第[5]段落で筆者の答えを示している。
エ、第[6]段落の説に誤りがあることを、第[7]段落で指摘している。

5、「やさしい」生物　について、次の問いに答えなさい。

(1)「やさしい」に「　」が付いている理由として最も適切なものを、次のア～エから一つ選んで記号を書きなさい。（2点）

ア、引用を示す
イ、不確かであることを強調する
ウ、会話を示す
エ、特別な意味づけを強調する

(2)「やさしい」生物といえる人間ならではの特徴を、「他の生物とは異なり、人間は」の書き出しに続けて、「…という特徴」に続くように、五十字以内で書きなさい。（5点）

四（小説文）文脈把握・内容吟味

次の文章を読んで、1～4の問いに答えなさい。（計23点）

> 写真家志望の大学生の慎吾（ぼく）は、ある村で恵三という老人と出会う。優しく穏やかで、人々から「地蔵さん」と慕われる恵三だが、病で亡くなり、周囲は悲しみに暮れる。慎吾は、＊仏師の雲月に、恵三をモチーフとした仏像（地蔵菩薩）の制作を依頼するが、代金を払えるような写真家になれるのかと問い詰められる。

雲月は腕を組んだ。

「才能ってのはな、覚悟のことだ」

「覚悟……？」

「どんなに器用な人間でもな、成し遂げる前にあきらめちまったら、そいつには才能がなかったってことになる。でもな、最初に本気で肚をくくって、命を懸ける覚悟を決めて、成し遂げるまで死に物狂いでやり抜いた奴だけが、後々になって天才って呼ばれてるんだぜ」

雲月が、にやりと笑う。

「お前、そういう覚悟はあんのか」

ふいに黒猫が目を開けて、ぼくのことを正面から見据えた。雲月と＊夜叉、ふたりに人生を問われている気がした。薪ストーブのなかで、コト……、と、薪が崩れた音がした。

ぼくの頭のなかに、凜、とあの風鈴が鳴った。

「あります。覚悟は、します」

ぐっと肚に力を込めて、そう言った。

「本当だな」

「はい」

「なら、金の問題はクリアだ」

「え……」

ぼくは、ぽかんとした顔で雲月を見てしまった。

「なんだ、その顔は」

「あ、いや。ありがとうございます」

「馬鹿タレ。礼を言うのはまだ早え」

「え、だって……」

「まだ、大問題があんだよ」

「大問題、ですか……？」

「いいか、俺が彫るのは木像だ。地蔵さんをモチーフにするなら最高級の檜の心材を使ってやるが、それでも雨ざらしにしておけば、やがては腐っちまう。分かるな」

「はい」

「地蔵菩薩を雨風から守る祠が必要だ」

「祠……」

「そうだ、神仏を祀る小屋みてえなもんだ」

「はあ……」

「お前が造れ」

「え？」

「お前が祠を造れと言ってるんだ」

雲月は繰り返した。

「ぼくが、祠を……ですか？」

「たけ屋の離れ、お前が普請したんだろ」

「え、ええ……。まあ」

「だったら、それくらいは造れるはずだ。お前がそれをやらねえなら、俺はこの仕事を受けねえ」

雲月は冷めかけたブラックコーヒーを啜った。

「や、やります」

「そうか。それなら――」雲月はカップを床に置き、その手で十万円の入った銀行の封筒をぼくの方に押し返した。

「この金は、祠の製作費にまわせ。俺は頭金ゼロの出世払いで請け負ってやる。お前、祠を造るからには、完璧なものを造れよ。俺も地蔵さんをこの手で生き返らせてやる」

雲月はまた、にやりと笑った。

でも、今度の笑い方は、悪くなかった。ぼくを試すわけでもなく、馬鹿にするでもなく、少しの嫌みすらもない、なんだか気のいい兄貴みたいな笑い方だったのだ。

その笑みに自然と反応したぼくの口は、ただひたすら気持ちよく「ありがとうございます」と言っていた。そして、あれ、と思ったら、目の前の雲月がゆらゆら揺れはじめた。ぼくの両目に、大粒のしずくが溜まっていたのだった。

本当に口惜しいけれど、きっと今日だけだと思うけれど、この無愛想な男は、粋で格好いい仏師だった。

帰り際――。

玄関を出たところで、雲月に呼び止められた。

「おい」

ぼくは後ろを振り返った。

「お前が出世して、金を払えるようになってもらうためによ、ひとつ、いいことを教えてやる」

「は、はい……」

そこで雲月は、少しばかり気恥ずかしそうに下を向き、蓬髪をぼりぼりと掻いた。

「俺は、一度しか言わねえからな」

「はい」

「神は細部に宿る。だから、爪の先ほどでも妥協はするな――」

「……………」

「それだけだ」

「はい……」

「分かったら、帰れ」

照れ屋な仏師は、野良犬でも追い払うみたいに、シッシッと右手を振った。

その足元で、黒猫が「みゃあ」と鳴く。

ぼくは、ぺこりと頭を下げると、きびすを返して冬枯れの森のなかの一本道を歩き出した。

土の匂いのする冷たい風を浴びながら、すみれ色をした空を見上げると、一番星がぴかぴかと瞬いていた。

ぼくは、なんとなく、いつもより大股で歩いていた。


（森沢明夫「夏美のホタル」による）

【注】＊仏師……仏像を造る職人
＊モチーフ……芸術作品で、創作の動機となる主要な題材
＊夜叉……雲月が飼っている黒猫の名前
＊普請……家屋を建てたり修理したりすること
＊蓬髪……長く伸びてくしゃくしゃに乱れた髪

1、雲月が、にやりと笑う について、次のようにまとめた。［　］に当てはまる内容として最も適切なものを、次のア～エから一つ選んで記号を書きなさい。（2点）

雲月は、あえて挑発するような態度を取ることで、慎吾を［　］。

ア、否定しようとしている　イ、認めようとしている
ウ、和ませようとしている　エ、試そうとしている

2、ぽかんとした顔で雲月を見てしまった のはどうしてか。最も適切なものを、次のア～エから一つ選んで記号を書きなさい。（3点）

ア、どこまでも才能にこだわる雲月に、心底あきれてしまったから。
イ、仏像の代金を割り引くことに成功し、気持ちが落ち着いたから。
ウ、思いがけない言葉が雲月から返ってきて、意表を突かれたから。
エ、直面した新たな問題の解決策が見つからず、意気消沈したから。

3、地蔵さんをこの手で生き返らせてやる とはどういうことか。「木像」という語句を用いて、「仏師としての」の書き出しに続けて、「…こと」に続くように、二十五字以内で書きなさい。（4点）

4、次は、本文について話し合っている生徒A、B、Cの会話である。これを読んで、後の問いに答えなさい。

A　場面が進むにつれて、普段は無愛想な雲月の新たな一面が見えてくるのがおもしろいね。
B　そうだね。この日、慎吾が雲月のことを「［a］」と見直したのは、雲月が依頼を承諾してくれただけでなく、慎吾の思いを受け止めてくれたことへの感謝の気持ちもあったのかもしれないね。
C　大事なことを教えるときに気恥ずかしそうにするなど、実は［b］な一面があるところも、雲月の魅力だね。
A　そういえば、慎吾自身も、雲月とのやりとりを通して変化しているよね。
B　うん。最後の「いつもより大股で歩いていた」という慎吾の行動は、「え、だって……」のように「……」を多用した会話に見られる［c］様子とは、ずいぶん違っているよね。
C　「一本道」や「一番星」という象徴的な言葉と合わせて考えると、これからの慎吾は、雲月の教えを支えにして、［d］ことができるのではないかな。

(1)［a］［b］に当てはまる内容を、［a］には八字で、［b］には三字で、本文中からそれぞれ抜き書きしなさい。（各3点）

(2)［c］［d］に適する内容を、［c］には七字以内で、［d］には三十字以内で、それぞれ書きなさい。（c3点、d5点）

五 (古文)仮名遣い・内容吟味

次の文章は、手紙のやりとりについて書かれたものである。これを読んで、1～3の問いに答えなさい。（計18点）

めづらしといふべき事にはあらねど、文（手紙）こそ①なほめでたき物なれ。はるかなるせかい（遠く離れた地方）にある人の、いみじくおぼつかなくいかならん（どうしているであろう）とおもふに、文をみれば只今（ただ）さしむかひたるやうにおぼゆる、いみじき事なりかし。我思ふ事を書（かき）やりつれば、あしこ（先方）までも行（いき）つかざるらめど、こころゆく（心が満たされる気持ち）心（こ）ちこそすれ。文といふ事なからましかば（なかったら）、いかにいぶせくくれふたがる心ちせまし（ゆううつで晴れ晴れしないことであろうに）。②よろづの事思ひ思ひて其（その）人のもとへ、とてこまごまとかきておきつれば、おぼつかなさ（不安な気持ち）をもなぐさむここちするに、まして返事見つれば、命をのぶ（延ばす気がする）べかめる。げにことわりにや。

（「枕草子春曙抄」による）

1、**よく出る** **基本** ①なほ　②よろづを現代仮名遣いに直し、すべて平仮名で書きなさい。（各2点）

2、手紙を「出す」側と「もらう」側の気持ちについて、次のようにまとめた。［a］［b］［c］に適する内容を、それぞれ八字以内で書きなさい。（各2点）

「出す」	・相手にまだ届いていなくても、［a］ような気持ちになる。 ・いろいろ考えてこまごまと書いておくことで、［b］がいやされる。
「もらう」	・返事を読むことで、［c］ような気がする。

3、次は「無名草子」の中で、手紙について書かれた部分の現代語訳である。本文とこの文章を比較している生徒A、Bの会話を読んで、後の問いに答えなさい。

【無名草子】の現代語訳の一部

何事も、人の交わりは、ただ向かい合っている間の感情だけですが、この手紙というものは、まったく昔のまま、その当時の感情が少しも変わることがないのも、たいそうすばらしいことなのです。

A　どちらの文章からも、手紙への思い入れが伝わってくるね。

B　そうだね。本文では、はじめに手紙のことを「［Ⅰ］」と評価し、その後で、手紙のすばらしさを具体的に述べているね。

A　二つの文章を読んでみると、手紙の相手と自分を隔てているものが、本文では［Ⅱ］で、「無名草子」では［Ⅲ］だという違いも見えてくるよ。

B　隔てているものがあっても、まるで実際に対面しているかのように、相手と［Ⅳ］ことができるという手紙のすばらしさは、どちらの文章からも読み取れるね。

A　なるほど。手紙はいいものだね。私も書いてみようかな。

(1)［Ⅰ］に当てはまる内容を、本文中から五字で抜き書きしなさい。（2点）

(2)［Ⅱ］［Ⅲ］に当てはまる語句の組み合わせとして最も適切なものを、次のア～エから一つ選んで記号を書きなさい。（3点）

ア、Ⅱ 時間　Ⅲ 距離　　イ、Ⅱ 距離　Ⅲ 時間
ウ、Ⅱ 距離　Ⅲ 感情　　エ、Ⅱ 感情　Ⅲ 時間

(3)［Ⅳ］に適する内容を、八字以内で書きなさい。（3点）

六 課題作文 思考力

次の①～③は、「言葉の使い方に対する意識調査」の項目の一部である。あなたが言葉の使い方で意識していきたいことを①～③から一つ選び、そのことに対するあなたの考えを、これまでの自身の体験を踏まえて、後の〈条件〉にしたがって書きなさい。（12点）

① 敬語を適切に使う
② 流行語や新しい言葉を使い過ぎない
③ 方言を大切にする

文化庁　令和四年度「国語に関する世論調査」から作成

〈条件〉
・題名は不要
・字数は二百字以上、二百五十字以内
・選んだ項目を書く際は、例のように書いてもよい
例 ①は

山形県

時間 50分　満点 100点　解答 P6　3月7日実施

出題傾向と対策

●小説文、論説文、古文、漢字の読み書き・話し合いについての問題、条件作文の大問五題構成は例年同様である。条件作文も昨年同様資料のグラフをもとに、自分の考えを述べる形式のものが出題された。出題方式が多様で、記述形式の設問が多いので、時間配分に注意が必要である。

●漢字の読み書き、品詞識別、歴史的仮名遣いなどの基礎・基本を徹底しておくことが大切。読解問題や条件作文は過去問を繰り返し演習し、文章の要旨や資料の概要をすばやく読み取ることに慣れておきたい。

一 (小説文)漢字の読み書き・熟語・内容吟味・文脈把握

次の文章を読んで、あとの問いに答えなさい。(計27点)

北海道の大学の獣医学部に通う二年生の「岸本聡里」は、先輩の「加瀬一馬」から動物病院でのアルバイトに誘われた。一年生の夏期実習で獣医師の厳しさに直面し、途中で実習先から帰ってしまったことがある「聡里」は、その誘いを断るが、考え直して引き受けることにする。次は、「聡里」が「一馬」と会話する場面である。

雨に濡れた後の白樺並木が光って見えた。空に立ち込めていた灰色の雲はいつしか消えてなくなり、並木道の両側に広がる牧草の緑が眩しい。*構内のどこを歩いていてもハリエンジュの花の甘い香りが微かに[a]漂い、遅い春の訪れを感じさせてくれる。

「今日、大学行って正解だった。就職の相談をしてる教授に会いに来たら、[b]偶然にも岸本さんを見つけたんだ。元気そうで安心したよ。」

「昨年の夏期実習の時は、いろいろご迷惑をおかけしました。私、ちゃんとお詫びも言ってなくて……。本当にすみませんでした。」

一馬が聡里を探しに駅まで来てくれた日から、もう十か月も経っていた。いまさらとは思ったけれど、他に話題も思いつかず、ずっと気になっていたことを口にする。あの日のことを謝罪する機会がこれまでなかったから……。

「おれはなにもしてないけど？　ただ、実習の四日目にきみが戻ってきたって聞いた時は、嬉しかったな。*静原が言ってたんだ。岸本さんがこのまま大学をやめたら、自分のせいだって。」

「そんな、静原さんのせいだなんて……。それに私、大学はやめません。」

本当は危うかった。でも自分にはこの場所しかないとわかって再びここへ帰ってきた。自信を失い、でも周りに支えられて立ち直って。この一年と二か月間、そんなことの繰り返しだ。

「正直言うと自信はないんです。この先、無事に進級できるか。大学を卒業できるか。*国試に合格できるか。就職できるか。社会に出て働き続けることができるのか……。[1]ほんとに不安しかありません。辛いことから逃げてしまう自分の弱さをよく知っているから、だからさっき、加瀬さんに動物病院でのアルバイトの話をされた時も無理だと思って断って……。」

牧草地のほうから風が強く吹いてきて、水滴が頬で跳ねた。一馬の顔にも飛沫が飛び、目を細めながら手の甲で拭っている。

「岸本さんはさ、ヤマメとサクラマスを知ってる？」

「え……？　両方とも魚、ってことくらいしか知りませんけど。」

「正解。両方とも魚。川で生まれる魚だ。で、この両方の魚、もともとはまったく同じサケ科の同種なんだ。それが*成魚になると、サクラマスとヤマメというふうに違った名前で呼ばれる。どうしてか、わかる？」

[2]この会話はいったいなんなのだろう、と聡里は返答に詰まった。クイズのようなものなのかと両目を瞬かせる。

「名前の違いは川で育ったか、海で育ったか、その区別なんだ。」

「川で育つか、海で育つか……。そんなことで名前が変わるんですか？」

「実はそうなんだ。じゃあなぜ川と海、違う場所で育つかということなんだけど、それは稚魚時代の個体の強さに由来するんだよ。」

しだいに熱を帯びていく一馬の話に、聡里は黙って頷き続けた。

「つまり体が大きくて個体として強い稚魚は、生まれた場所で餌を得ることができるから、そのまま川で育ち成長する。その一方で、体が小さくて弱い稚魚は餌を求めて川を下り、海に向かうんだ。海には川とは比べものにならないくらい豊かな餌があるからね。もちろん大海原では、川以上に捕食される危険も高まる。それでも、海で無事に生き延びた稚魚は、川に残ったものよりはるかに大きく育つことができる。川で育ったヤマメは最大でも三十センチそこそこだけど、海育ちのサクラマスは五十センチにもなるんだ。」

三十センチと五十センチの長さを一馬が両手で示し、話が理解できているかを確認するように、聡里の顔をのぞきこんでくる。

「大逆転……ですね。」

「そう、大逆転だ。それで、やがて海で育ったサクラマスもまた、産卵のために川へ戻る。川へ還った時、海に出てひと回り大きくなったサクラマスは、産卵期の川の中で一番いい産卵所に陣取ることができる。」

「体が小さくて弱くて海へと追いやられた稚魚でも、最後は強くなって遺伝子を残せる……ということですか。」

「その通り。逃げるのは悪いことじゃない。逃げた先で踏ん張ればいいんだ。いま辛いことから逃げたとしても、時間を経て変わることはできる。苦しんだ人のほうが、初めからなんでもできるやつより強いよ。」

そう言って微笑む一馬の顔から、聡里は目が離せなかった。この人はどうしていつも自分が欲しい言葉をくれるのだろう。[3]彼の言葉の一つ一つが自分の内側に積み上げられ、*堤となって、心を強く守ってくれる。

〈藤岡陽子『リラの花咲くけものみち』による。一部省略がある。〉

〔注〕
＊構内＝大学の敷地の中。
＊静原＝獣医学部の先輩。夏期実習のときに、覚悟がないなら獣医師にはならないほうがいいと「聡里」に告げた。
＊国試＝国家試験の略。獣医師になるには国家試験に合格する必要がある。
＊成魚＝成長した魚。
＊堤＝堤防。

問一、よく出る 基本 ══部a、bの漢字の読み方を、ひらがなで書きなさい。（各2点）

問二、基本 ──部「熱を帯びていく」における「熱」と異なる意味で「熱」が使われている熟語を、次のア〜エから一つ選び、記号で答えなさい。（2点）
ア、熱戦　イ、断熱　ウ、情熱　エ、熱望

問三、──部1について、「聡里」がそう感じる理由を、次のような形で説明したとき、□に入る適切な言葉を、本文中の言葉を使って、二十字以内で書きなさい。（4点）

> この一年と二か月間、□ということを繰り返しており、辛いことから逃げてしまう自分は、この先の困難を乗り越えられないのではないかと考えているから。

問四、──部2について、このときの「聡里」の心情を、次のような形で説明したとき、□に入る適切な言葉を、二十字以内で書きなさい。（5点）

> 夏期実習や大学のことについて話していたのに、急に「一馬」が□がわからず、戸惑っている。

問五、──部3について、このときの「聡里」の心情を、次のような形で説明したとき、Ⅰに入る適切な言葉を、本文中から三字で抜き出して書き、Ⅱに入る適切な言葉を、十五字以内で書きなさい。（Ⅰ2点、Ⅱ4点）

> 川から海に向かった稚魚が最後にはⅠを起こすように、弱いからこそ強くなることもあるのだから、自分の弱さをⅡと伝える「一馬」の言葉に励まされるとともに、「一馬」の言葉一つ一つが自分の支えになっていることを実感している。

問六、本文において、「一馬」はどのような人物として描かれていますか。最も適切なものを、次のア〜エから一つ選び、記号で答えなさい。（3点）
ア、言葉ではなく、自らの行動によって後輩を導こうとする寡黙な人物。
イ、あえて厳しい言葉を投げかけて、相手を奮い立たせようとする人物。
ウ、面倒見がよく、相手の状況や心情を気遣うことができる優しい人物。
エ、動物への愛情が深く、動物のことになると周りが見えなくなる人物。

問七、……部の表現は、本文においてどのような効果がありますか。最も適切なものを、次のア〜エから一つ選び、記号で答えなさい。（3点）
ア、「聡里」が自分の心情を語る言葉の後に、牧草地から吹く強い風や飛ばされる水滴の描写を入れることで、その場に流れる暗い雰囲気を拭い去っている。
イ、「聡里」が自分の状況を語る言葉の後に、「一馬」の頬の水滴を吹き飛ばす風の描写を入れることで、涙をこぼす「一馬」の姿を想像しやすくしている。
ウ、「聡里」が自分の心情を語る言葉の後に、強く吹く風や再び降り始める雨の描写を入れることで、「聡里」の不安が徐々に高まっていく展開を暗示している。
エ、「聡里」が自分の状況を語る言葉の後に、牧草地に向かって吹き荒れる風の描写を入れることで、気候の厳しさとそれに耐える人間の強さを印象づけている。

三 （論説文）漢字の読み書き・活用・内容吟味・文脈把握・表現技法・段落吟味

次の文章を読んで、あとの問いに答えなさい。なお、文章中のX、Y、Zには、それぞれのまとまりの内容に合った見出しが入ります。（計27点）

> 正倉院を管理する正倉院事務所では、正倉院宝物（ほうもつ）の「再現模造事業」を行っている。この事業では、宝物の形状だけでなく、材料・構造・技法も、原物（もともとの宝物）に限りなく近づけて、模造製作を行っている。次は、筆者が「再現模造事業」の意義や、製作する際の留意点について述べている部分である。

X

なぜ原物があるにもかかわらず、模造品を作る必要があるのか。その理由を端的にいうと宝物の保存に資＊するから、ということになる。また、原物があるにもかかわらずというよりも、原物があるからこそ、材料・構造・技法を解明できて再現が可能となる。したがって、どの宝物でも再現模造が可能なわけではなく、想像に頼る部分が多い場合は対象として①選ばれないこととなる。ただし、形状や文様が左右対称であるなど、予測可能な意匠であれば、一部が欠けたり、文様が汚れでa隠れたりしていても復元は可能で、製作当初の姿を甦（よみがえ）らせるという意味で効果的な再現模造となる。選定の基準となるのは、美術工芸品としての価値が高く、精巧なものであること、あるいは地味なものであっても、歴史資料として希少価値が高いことが挙げられる。

再現模造の目的を具体的に挙げると、第一に、唯一無二の宝物を保存b継承するため、宝物に代えて展示等に用いることにある。

二つめの目的は、破損した宝物を可能な限り復元し、奈良時代にはかくあった＊であろうという姿を再現することである。なお、一般的に模造や模写には、破損や退色＊した現状のままを再現する場合と、製作当初の姿を再現する場合がある。正倉院宝物の再現模造は後者に当たり、古びたように②加工する古色（こしょく）着けは一切行わない。

破損していない、もしくはかつて修理を③受けた、1状態のよい宝物についても再現模造を製作する場合がある。それは再現模造の三つめの目的である危機管理の一環としての取り組みであることによる。文化財は天災や人災によって消滅する危機に常に晒されており、正倉院宝物といえども例外ではなく、危機意識をもって備える必要がある。そのためにもう一つ同じものを作り、別の場所で保管する、もしくはいつでも再現できるように詳細なデータを取っておく必要がある。

[Y]

前項に記した模造の三つの目的は、再現した模造品自体、すなわち模造事業の「結果」が果たす役割について述べたものである。多くの場合において、模写や模造の＊一義的な目的は代替品として用いることにあるが、古くから「ものづくり」の際には形や技術を④学ぶための「写し」が行われている。これは製作の「過程」に意味があるという位置づけによるもので、複製には結果と過程のそれぞれに価値があるといえる。

模造の際には、その対象となる宝物の経年劣化のため、科学的な調査に制約が生じ、究明しきれないことがある。その場合には現代の製作者が習得した伝統的な手法や経験に依(よ)るところが多く、それによって材料や技法について検討を行う。ただし、今日の伝統工芸は、長い歴史のなかで技術の一部が失われており、正倉院宝物の作られた天平時代の技法にまで遡れない場合がある。そのため伝統工芸作家といえども、正倉院宝物に向き合った際には、解明できないこともある。現代の工芸作家にすれば、古代の＊工人(こうじん)からいにしえの言葉や外国語で話しかけられているようなもので、理解しえないのである。その[2]「通訳」は正倉院事務所の職員が担(にな)うべき〝しごと〟の一つと心得て、古代の文献史料を参考に材料や技法を吟味し、実技者とともに検討する。不明な点があれば、それを解明すべく実験的な試作を行うため、模造が完成するまでには相当な時間を要する。実は古代の技術を再現するうえでの重要な知見は、この模造品の製作過程を通じて得られることが多く、模造事業の意義の一つはここにある。

[Z]

模造製作にあたる実技者は、創作活動を通して個性を表現する「作家」である場合が多い。しかし、再現模造では極力創意を働かせず、ひたすら画工や石工といった[3]「工人」に徹してもらう。宝物をよく見ると、現在の工業製品のように均質ではなく、凹凸がついていたり、左右非対称であったりする。これは精巧な出来栄(できば)えを見てわかるように、天平の工人が技術的に未熟であったのではなく、小事にとらわれない当時のおおらかな気風を反映したものである。しかし、それを真似(まね)るとなると作業は困難をきわめ、実技者は模造に着手する前に、試作を繰り返し、天平工芸の特性を手に覚えさせたうえで取り掛かる。模造に際しては、細部に固執することよりも、おおらかで力強い「天平の気分」とでもいうべき趣を再現することを優先する。

（西川明彦『正倉院のしごと』による。一部省略がある。）

〔注〕
＊資する＝役に立つ。
＊かく＝このように。
＊退色＝色があせること。
＊一義的な＝最も重要な。
＊工人＝職人。

問一、**よく出る** **基本** ══部a、bの漢字の読み方を、ひらがなで書きなさい。（各2点）

問二、**よく出る** **基本** ……部①～④の動詞の中で、活用の種類が同じものが二つあります。その二つを記号で答えなさい。（完答で2点）

問三、──部1とあるが、危機管理の一環として「状態のよい宝物」の「再現模造を製作する」理由を、次のような形で説明したとき、[　　]に入る適切な言葉を、二十字以内で書きなさい。（4点）

> 状態のよい宝物であっても、[　　]ことが必要だから。

問四、──部2「通訳」とは、具体的にどうすることですか。次のような形で説明したとき、[Ⅰ]に入る適切な言葉を、本文中から二十字でさがし、その最初の五字を抜き出して書き、[Ⅱ]に入る適切な言葉を、本文中から七字で抜き出して書きなさい。（各2点）

> 科学的な調査を行うことができず、[Ⅰ]を手がかりにしても、宝物の材料や技法を解明することができないときに、[Ⅱ]の中に記されていることを手がかりにして、実技者とともに材料や技法を検討すること。

問五、**難** ──部3とあるが、実技者が「工人」に徹しなければならないのはなぜですか。その理由を、次の三つの言葉を使って、六十五字以内で書きなさい。なお、三つの言葉はどのような順序で使ってもかまいません。（6点）

個性　特性　趣

問六、本文の表現の工夫とその効果を説明したものとして最も適切なものを、次のア～エから一つ選び、記号で答えなさい。（3点）
ア、実技者の言葉を引用して再現模造事業に取り組む根拠を示すことで、主張の説得力を高めている。
イ、敬体を用いて丁寧に語りかけることで、再現模造事業が身近なものに感じられるようにしている。
ウ、順序や数を表す言葉を用いて再現模造事業の意義を整理することで、伝えたいことを明確にしている。
エ、擬声語（擬音語）や擬態語を用いることで、再現模造事業の作業の様子を印象的に伝えている。

問七、本文中の[X]、[Y]、[Z]に入る見出しの組み合わせとして最も適切なものを、次のア～カから一つ選び、記号で答えなさい。（4点）

	X	Y	Z
ア、	模造の目的	模造する価値	模造品の限界
イ、	模造の課題	模造品の歴史	模造する人
ウ、	模造の目的	模造品の歴史	模造品の限界
エ、	模造の課題	模造する価値	模造する人
オ、	模造の目的	模造する価値	模造する人

カ、X　模造の課題　Y　模造品の歴史
　　Z　模造品の限界

三 (古文)仮名遣い・動作主・内容吟味

次の文章は、中国・宋の時代の、張観という人物について書かれたものです。これを読んで、あとの問いに答えなさい。（計13点）

宋の張観、門下の人々（弟子）を召し、教へ示されしは、われ、勤、謹、和、緩の四字を守りて、身の戒めとし侍るなり。なんぢらも、此の四字の心持ちを以て、身の行ひを慎むべしとありけり。弟子の内に、不審しける人ありて、申しけるは、「只今、示し給へる四字の内、勤はつとむる、謹はつつしむ、和は物やはらかにしてととのふる徳なれば、いづれも尤（極め）もしごくなる（道理に合った）御教へなり。終はりの緩といへる一字は、何事をなすにもながくゆるやかにせよといへる心（意味）なるべし。しからば、これは油断のやうなる心持ちなれば、此の一字、さらに会得つかまつり侍らず（全く理解できません）。」と難じけり（非難した）。張観、答へられけるは、「仕損ずる（失敗する）ことの出で来るは、大かたみな、急ぎ慌ててなすよりのことならずや（ではないか）。万事はよくよく後先を考へ思案して、おししづめ、ゆるやかにせんこそ、失（失敗）あるまじきことなれ。」とぞ申されける。

（『智恵鑑』による）

問一、よく出る 基本 ――部「ととのふる」を現代かなづかいに直し、すべてひらがなで書きなさい。（2点）

問二、基本 本文には、かぎかっこ（「　」）でくくられた部分のほかに、「張観」が話している部分がもう一つあります。その部分は、どこからどこまでですか。最も適切なものを、次のア～エから一つ選び、記号で答えなさい。（3点）

ア、教へ示されしは、～　し侍るなり。
イ、教へ示されしは、～　慎むべし
ウ、われ、勤、謹、～　し侍るなり。
エ、われ、勤、謹、～　慎むべし

問三、――部とあるが、「不審しける人」が「張観」の考えを非難したのは、「緩」の字のもつ意味が、何に通じると考えたからですか。本文中から十字で抜き出して書きなさい。（4点）

問四、「張観」が「緩」の字を「戒め」としていた理由を、次のような形で説明したとき、□に入る適切な言葉を、現代語で書きなさい。（4点）

> 何事においても、後先をよく考え、心を落ち着かせてゆっくりと取り組めば、□ことができるから。

四 漢字の読み書き・内容吟味

次の問いに答えなさい。（計15点）

問一、よく出る 基本 次の1～5の――部のカタカナの部分を、漢字で書きなさい。なお、楷書で丁寧に書くこと。（各2点）

1、感激でムネがいっぱいになる。
2、髪をタバねる。
3、店のカンバンを設置する。
4、ふとんをアッシュクする。
5、ハイクを読み味わう。

問二、山原さんの学校の図書委員会では、読書の楽しさを知ってもらう機会として、同じ作品を読んだ人が集まって感想を伝え合う「読書会」を企画しました。図書委員の山原さん、西さん、大野さん、小林さんは、「読書会」で取り上げる作品を選ぶための話し合いをしています。司会は、山原さんです。次の【話し合いの一部】を読んで、あとの(1)、(2)の問いに答えなさい。

【話し合いの一部】

山原さん　「読書会」で取り上げる作品は、どのようなものがいいですか。
西さん　さまざまな活動で忙しい人も多いので、文章量があまり多くない作品がいいと思います。
大野さん　短い作品でも、興味がわかなければ読もうと思いません。身近な内容の作品だと興味がわくのではないでしょうか。中学生が主人公の作品がいいと思います。
小林さん　賛成です。主人公が中学生だと、読む人が自分と比べやすいので、人によっていろいろな感想が出てくると思います。自分とは異なる感想をもつ人と交流することは、読書の楽しさを知ってもらうことにつながります。
山原さん　短い作品がいいという意見と、中学生が主人公の作品がいいという意見が出されましたが、それぞれの意見についてみなさんはどう思いますか。意見を出してください。
大野さん　みんなに気軽に参加してもらいたいので、西さんの言うとおり、短い作品がいいと思います。
小林さん　西さんと大野さんの意見を合わせて、短い作品で、中学生が主人公のものを選ぶというのはどうですか。
西さん　賛成です。「読書会」に興味をもってもらうために、ポスターを作って、作品のあらすじやイラストを載せませんか。
山原さん　西さん、企画を知らせる方法については、あとで話し合いましょう。では、ここで、どのような作品を選ぶかについて結論を出したいと思います。

(1) ――部の小林さんの発言について説明したものとして、最も適切なものを、次のア～エから一つ選び、記号で答えなさい。（2点）

ア、大野さんの意見の要旨をまとめて、西さんに意見の修正を促している。
イ、大野さんの意見の一部を取り上げながら、自分の意見を述べている。
ウ、大野さんの意見と西さんの意見を結び付け、新たな視点を示している。
エ、大野さんの意見を言い換えて、理解に誤りがないかを確認している。

(2) 山原さんは、司会としてどのように話し合いを進めていますか。最も適切なものを、次のア～エから一つ選び、記号で答えなさい。(3点)
ア、全員が納得できる結論を導き出すために、新たな考えを提示している。
イ、話し合いの方向性を定めるために、意見の根拠を示すよう促している。
ウ、出された意見を整理するために、共通点と相違点を確認している。
エ、目的に沿って話し合うために、話し合いの進め方を提案している。

五 条件作文 思考力

次のグラフは、進路に関する意識調査の中で、「社会で働くにあたり必要だと思う力」と「現在持っていると思う力」について、高校生が回答した結果の一部を表したものです。

このグラフをもとに、「これから自分が伸ばしたい力」という題で、まとまりのある二段落構成の文章を書きなさい。第一段落には、グラフを見て気づいたことを書きなさい。それをふまえ、第二段落には、あなたの考えを、そう考えた理由を含めて書きなさい。なお、グラフの各項目に挙げられている力は、A～Eの記号を用いて「Aは、……」や「Bの力は、……」などのように書いてもかまいません。(18点)

ただし、あとの《注意》に従うこと。

《注意》
◇「題名」は書かないこと。
◇二段落構成とすること。
◇二〇〇字以上、二四〇字以内(原稿用紙20字詰×12行＝省略)で書くこと。
◇文字は、正しく、整えて書くこと。
◇グラフの数値を使う場合は、次の例にならって書くこと。

例　二十％　五十五％

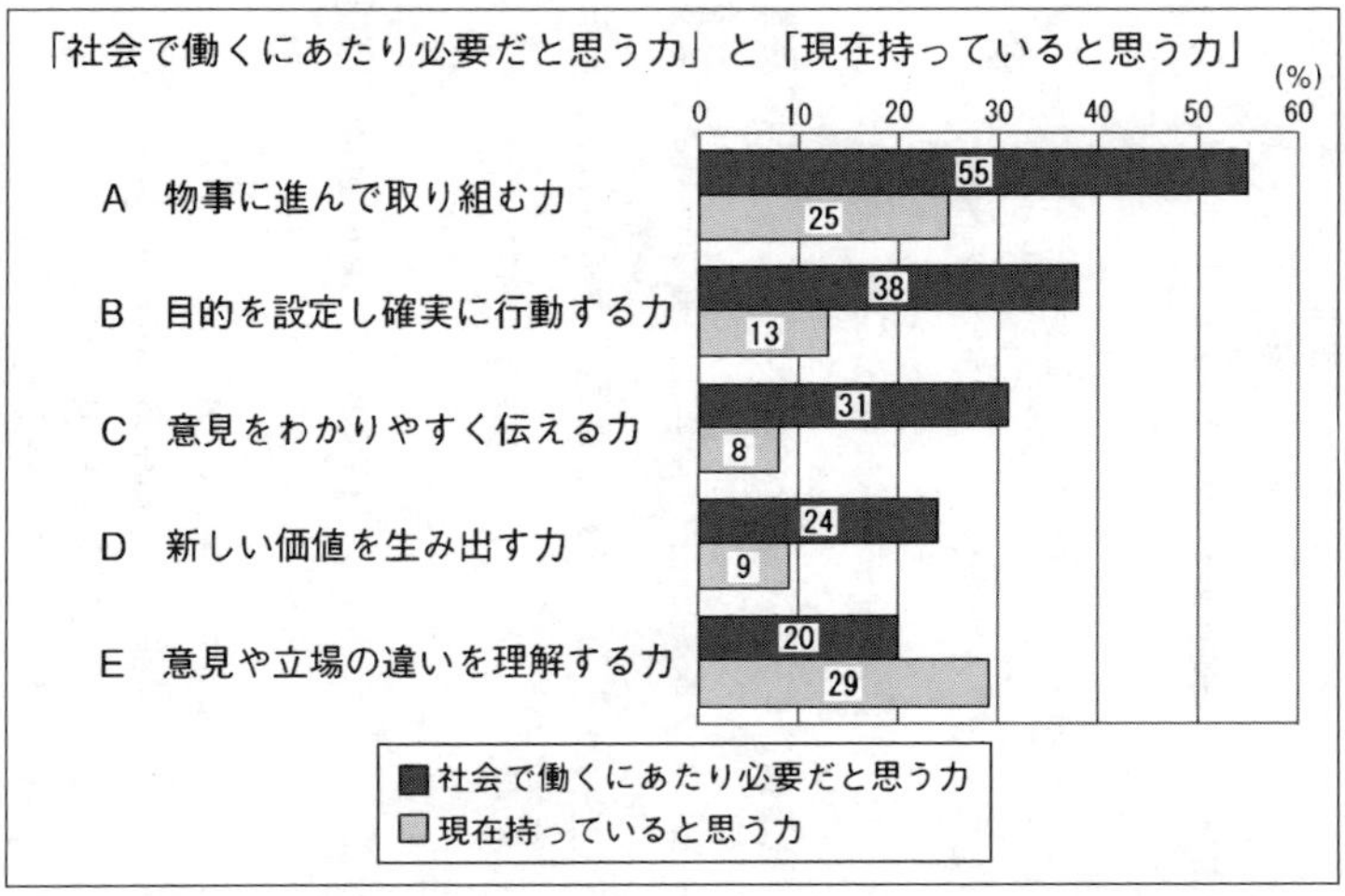

注：「社会で働くにあたり必要だと思う力」と「現在持っていると思う力」をそれぞれ3つまで回答している。
(「第10回　高校生と保護者の進路に関する意識調査　2021年」から作成)

福島県

時間 50分　満点 50点　解答 P7　3月5日実施

出題傾向と対策

●漢字の読み書きと漢字の知識、短歌の鑑賞、古文、小説文、文法問題を含む論説文、条件作文の大問六題構成。条件作文は、複数の資料の内容を総合的に考え合わせ、それについての意見を書かせる形になっている。
●漢字や文法の基礎知識は確実に身につけておく。古文は注釈を参考に、文意をつかむとよい。記述問題は、設問をもとに必要な情報を本文から見つけ出し、簡潔にまとめる練習をする。条件作文は、複数の資料の関係をおさえ、条件に従って自分の意見を書く練習を重ねたい。

注意　字数指定のある問題の解答については、句読点も字数に含めること。

一 漢字の読み書き・漢字知識 よく出る 基本

次の1、2の問いに答えなさい。(計9点)

1、次の各文中の――線をつけた漢字の読み方を、ひらがなで書きなさい。また、＝＝線をつけたカタカナの部分を、漢字に直して書きなさい。(各1点)
(1) 友人を励ます。
(2) 公園は憩いの場所だ。
(3) 農作物を収穫する。
(4) 自然の恩恵を受ける。
(5) 思いを胸にヒめる。
(6) 困っている友人に手をカす。
(7) 全国大会でユウショウする。
(8) モゾウ紙に発表内容をまとめる。

2、次の行書で書かれた漢字を楷書で書いたとき、総画数が同じになる漢字はどれか。あとのア～オの中から一つ

選びなさい。(1点)

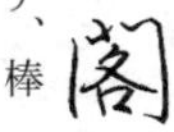

ア、棒　イ、脈　ウ、輪　エ、磁　オ、版

二 (短歌)鑑賞

次の短歌を読んで、あとの問いに答えなさい。(計4点)

A　四万十(注1)に光の粒をまきながら川面をなでる風の手のひら　俵 万智

B　絵日傘(注2)をかなたの岸の草になげわたる小川よ春の水ぬるき　与謝野 晶子

C　睡蓮の円錐形の蕾浮く池にざぶざぶと鍬洗ふなり　石川 不二子

D　たぎちつつ(注3)岩間を下る渓川の濁りもうれし春となる水　太田 青丘

E　水風呂にみずみちたればとっぷりとくれてうたえるただ麦畑　村木 道彦

F　蝌蚪生れし(注4)水のよろこび水の面に触れてかがやく風のよろこび　雨宮 雅子

注1　四万十：四万十川。
注2　絵日傘：絵柄のある日傘。
注3　たぎちつつ：水が激しく流れ続けて。
注4　蝌蚪生れし：おたまじゃくしが生まれた。

1、目にしたものをわかりやすく形容した光景から一転して、音を印象的に表現した言葉を用いて労働のあとの何気ない作業の様子を描写している短歌はどれか。A～Fの中から一つ選びなさい。(1点)

2、心情を表す言葉を用いずに春の明るい気分を表現しながら、身の回りの物の取り上げ方によってもあたたかさが感じられる短歌はどれか。A～Fの中から一つ選びなさい。(1点)

3、次の文章は、A～Fの中の二つの短歌の鑑賞文である。この鑑賞文を読んで、あとの(1)、(2)の問いに答えなさい。

> この短歌は、しなやかに流れ続ける川の動きに合わせてきらめく日ざしを印象的に捉えたあとで、「Ⅰ」に見立てた目に見えない空気の流れが川に軽く触れながら過ぎてゆくさまを描写することで、作者が感じ取った自然の様子を表現している。
> また別の短歌は、活力にあふれた春の訪れに対する祝福を豊かな感性でうたいあげている。「Ⅱ」という言葉を、短歌に軽やかなリズムが生み出されるように用いると同時に、ひらがなで表すことによって作品にやわらかな感じを与えている。

(1) Ⅰ にあてはまる最も適当な言葉を、その短歌の中から四字でそのまま書き抜きなさい。(1点)

(2) Ⅱ にあてはまる最も適当な言葉を、その短歌の中から四字でそのまま書き抜きなさい。(1点)

三 (古文)仮名遣い・内容吟味

次の文章を読んで、あとの問いに答えなさい。(計5点)

晋の平公(注1)、鋳て大鐘を為り、工(注2)をして之を聴かしむ(楽工たちに鐘の音を聴かせた)。皆以て調へりと為す(音程は合っていると答えた)。師曠(注3)曰はく、「調はず。請ふ更めて之を鋳ん(どうかもう一度鐘を鋳なおしてください)。」と。平公曰はく、「工皆以て調へりと為す。」と。師曠曰はく、「後世音を知る者有らば、将に(きっと)鐘の調はざるを知らんとす(見抜くでしょう)。臣窃かに(私は内心で)君の為に之を恥づ。」と。師涓(注4)に至りて、果たして鐘の調はざるを知れり。是れ師曠の善く鐘を調へんと欲せしは、後世の音を知る者を以為へばなり(思ったからである)。(『呂氏春秋』より)

注1　晋の平公：中国にあった晋の国を治めていた人物。
注2　工：楽工。音楽を演奏する人。
注3、4　師曠、師涓：それぞれ、国を音楽に関する仕事をしていた人物。

1、(よく出る・基本)「請ふ」の読み方を、現代仮名遣いに直してすべてひらがなで書きなさい。(1点)

2、次の会話は、本文について授業で話し合ったときの内容の一部である。あとの(1)～(3)の問いに答えなさい。

> Aさん「平公が鐘の音を聴かせてみると、楽工たちは鐘の音程は合っていると答えたんだね。」
> Bさん「でも、師曠は音程は合っていないと言っているよ。平公はどう考えたんだろう。」
> Cさん「平公は楽工たちに賛成したと思うよ。『Ⅰ』と師曠に答えているからね。」
> Bさん「そうだね。だけど、それでも師曠は平公に対して発言しているよね。どうしてかな。」
> Cさん「師曠は自分の耳に自信があったんだと思う。だから、Ⅱことになるという予想を平公に伝えて、そんなことになったら平公の名前に傷がつくことになると心配したんじゃないかな。」
> Aさん「そうか。その気持ちが、『君の為に之を恥づ。』という部分に表れているということかな。」
> Cさん「そうだね。そして、師涓が現れたとき、師曠の考えていた通りの結果になったんだね。」
> Bさん「こうして考えると、師曠はⅢだと言えそうだね。だから、鐘を作り直すべきだと言ったということだね。」

(1) Ⅰ にあてはまる最も適当な言葉を、本文(文語文)中から十一字でそのまま書き抜きなさい。(1点)

(2) Ⅱ にあてはまる内容を、三十字以内で書きなさい。(2点)

(3) Ⅲ にあてはまる最も適当な言葉を、次のア～オの中から一つ選びなさい。(1点)

ア、少しの音程のずれも許さず、納得できるまで何度も音を確かめる人物
イ、演奏技術の向上のために、毎日の楽器の練習を欠

かさず続ける人物

ウ、先々のことまで配慮して、必要だと思うことをしっかり意見する人物

エ、どんな相手に対しても、自分の考えに必ず同意させようとする人物

オ、音楽のことでは他者の意見に耳を傾けず、自分の信念を曲げない人物

四 (小説文)内容吟味

次の文章を読んで、あとの問いに答えなさい。(計13点)

(中学二年生の白岡六花は美術部に所属している。陸上部の春山早緑とは、小学生の頃に早緑にシロクマの絵をほめられてから友人となった。一年生の二学期、六花が、まじめに活動しない他の美術部員のことを「まじめにやらないならやめたらいいのに。」と早緑に話したところ、その言葉に反発され、けんかになってしまう。二年生のある日、六花はクラスメイトの黒野良輔に話しかけられ、そこでけんかの話をした。その日の帰り道に、早緑が六花に気持ちを打ち明けてきた。)

「……もっと、もっとはやく言ってよ。」

うらみがましく、私はつぶやく。そんなことを言う資格、ひとつもないのに。

私のせいなのに。

「何度も言おうと思ったよ。だけど、うん……やっぱりさ、こういうのって、しかるべきときってもんがあるじゃん?」

「なに、それ。」

ちいさくはなをすする私に、早緑はうなずいた。

「一年の三学期に、決めたの。その日、六花に会いに行こうと思った。ちゃんと、話をしなきゃって。だけど。美術部に行ってもいなくてさ。小畑先輩[注1]が、体育館に行ったよ、って教えてくれて。で、行ったんだけど、やっぱり話しかけられなかった。」

早緑は思いだすような目をした。

「体育館で、剣道部が練習してて。ほら、ウサギ王子[注2]とかといっしょに、エビユ[注3]や本多くん[注4]が大声出しながら竹刀でばしばしやってて。で、すみっこで、それを見ながらさ、一心不乱って感じで、六花は絵を描いていた。もうさあ、眼鏡のおくで、目がぎらぎらしてて。あたし、思いだしたんだ。」

「なにを?」

早緑は照れたように笑った。

「はじめて、六花に話しかけたときのこと。シロクマの絵がじょうずだねって、ほめたこと。六花の顔がパッと明るくなって、それがびっくりするほどかわいらしくて。友だちになりたいって、思ったこと。」

それから私をまっすぐに見て、言った。

「体育館のすみで、そんなことを考えてたら――ほら、おなじクラスのさ、黒野っているじゃん? 剣道部の。幽霊部員。前髪の長い、ちょっとひねくれた感じのやつ。」

[1]黒野くん……私の中で、見えていなかったなにかがつながっていく。

なにも言えないでいる私に、早緑はうなずいた。

「あいつがふらっと歩いてきて、あたしに言ったんだ。」

「えらいよな、白岡六花。美術部、ゆるい部活なのに、ひとりだけ毎日スケッチして、先生に意見聞いて。ほかの部員たちに煙たがられても、負けないでまじめにやってる。」

あたしはうなずいて、ちいさな声で言った。

「……六花は、絵を描くのが、ほんとうに好きだから。」

だけど、[2]自分の声が、どこかとげとげしてる気がして、いやになった。そしたら、黒野のやつ、こんなことを言ったの。

「好きだから努力できるのか、努力できるから好きなのか……鶏が先か卵が先か、みたいな話だよな。」

あたし、よくわからなくなって。どういうことって、たずねたの。

黒野、笑って言った。

「ほら、好きだから続けられる。だからうまくなるっていうのはたしかにあるけどさ、そもそも、ある程度うまくないと、好きにはなれないじゃん? 自分でへたくそだなあって思って、人から向いてないって言われて、それでも絵を描くのが好きとかさ。ちょっとむずかしいよな。苦手なことに立ち向かうのは、それだけでストレスだろ。」

そんなふうに。

その言葉が、すごく響いた。なんだろ、いくら走っても、みんなに追いつけない自分のことを言われているみたいに思えた。

あたし、なんで走ってるのかな。

急に、そんなことを考えた。走ることが得意だと思ったから? たぶんそう。人よりはちょっぴり、得意だと思ったから。

ほんとはそれほど、好きじゃなかったのに。

「好きなものがない人は、得意なものがない人は、どうしたらいいんだろう……。」

言ってから、なんか、情けないなって、自分でも思った。だけど、黒野は肩をすくめて、こう言ったの。

「べつになくてもいいと思うけど。」って。

なにそれ、と思って、あたし、食いさがったの。

「あたしは、ほしいよ。好きなもの。得意なもの。」

「じゃあ、そうしたら?」

「え?」

「好きなものがほしい。得意なものがほしい。じゃあ、そのために努力すればいいだろ。ちゃんと、それは努力の理由になるよ。」

「だけど、努力すれば……なんとかなるのかな。」

そしたら黒野はさ、まぶしそうに六花のほうを見たんだ。

「白岡六花がコンクールで賞をとったのだって、ああやって努力を続けているからだろ。」

「だからさ、あたしは思ったの。」

公園のすみっこ。並んですわったベンチ。

夕日の光を浴びて、早緑は言った。

「やっぱり、がんばらなきゃだめだ、って。今、ここで逃げたくない。あたしには、まだ六花に話しかける資格がないや、って。そのときの自分は、六花に誇れるような自分じゃなかったから。だから、がんばろう、って。次に六花と話すときは、胸を張れるような自分でいたかったから。

そうなりたいと思えたから。」

　早緑は笑った。きらきらと、かがやくような顔で、笑った。

「それから、すこしずつ、あたし、陸上が好きになった。走ることが、っていうか、[3]走ることに打ちこむ自分のことが、好きになっていた。だから。」

　涙ですっかり塩っ辛い顔になった私に、早緑は言った。

「だから、今のあたしがあるのは、六花のおかげ。」

　私はうなずく。「今は、じゃあ、楽しい？」

「うん。すっごく。胸を張って、そう言えるよ。だからさ。」

なかなおりしよう。

　照れたように、でもまっすぐにそう言った早緑の瞳の色に、私は思いだす。

あの日、早緑が話しかけてきてくれたときのことを。

　そして、ついさっき、ようやく気づいたほんとうの気持ち――私の心をとらえていたシロクマの正体を。

――早緑の「ガハク[注5]じゃん！」って言葉がなければ、きっと今の私もないよ。

「……うん。そうだね。そうしよう。」

だけど、それは隠して、平気な顔で私は言った。すると、早緑はふきだした。

「六花、泣きやんだのはいいけど、いつもどおりになるのが急すぎるでしょ。」

　超絶塩対応じゃん。そう言ってけらけら笑っている。

　私ははずかしくなって、そっと眼鏡のつるにふれる。その手を早緑が、指先でつんつんしてきた。私はあわてて手をおろす。

「ふふ。そのくせ、変わってないね。」

　いたずらっぽく笑う早緑。急に顔が熱くなるのを私は感じた。

　早緑は私のことなんてぜんぶお見通しみたいな、そんな表情で言った。

「ねえ、今日、藤棚のところで、スケッチしてたよね？　見せて？」

「……やっぱり、気づかれてたんだ。」

　そうこぼしたら、どこかから声が聞こえた気がした。それは、前髪の長い男子の、からかうような、だけどやさしい声。

――気づいてもらいたかったんじゃないのか？

　そうだよ。私は気づいてほしかった。早緑にわかってほしかった。
[4]でも、それだけじゃ、だめだったんだね。
　私はスケッチブックを開く。それから、早緑の目をまっすぐ見た。

　あの日からずっと、私の心は寒々とした冬の中にあって、だけど、それは私だけじゃなかった。自分の痛みにとらわれて、ひとりぼっちでかなしみに酔っていた私には、だれよりも大切な人の気持ちが見えずにいた。

　ずっとあなたに気づいてほしかった。ほんとうは、私が気づくべきだったのに。


（村上　雅郁「きみの話をきかせてくれよ」より）

注1　小畑先輩：美術部の先輩。
注2～4　ウサギ王子、エビユ、本多くん：剣道部員。
注5　ガハク：画伯のこと。

1、「[1]黒野くん……私の中で、見えていなかったなにかがつながっていく。」とあるが、それはどういうことか。最も適当なものを、次のア～オの中から一つ選びなさい。（2点）
ア、私と早緑をなかなおりさせる努力を、黒野はたった一人で続けていたのだと、六花が考えるようになったということ。
イ、私となかなおりできない早緑を冷やかし、けんかを長引かせたのは黒野かもしれないと、六花が疑いを抱いたということ。
ウ、早緑が私となかなおりすることを決心したのは、黒野に何度も説得されたからなのだろうと、六花が察したということ。
エ、私が早緑となかなおりするために、黒野がこれからも力を尽くしてくれるはずだと、六花が確信をもったということ。
オ、私と早緑のなかなおりにとって、黒野が大きな存在になっているのではないかと、六花が思い始めたということ。

2、「[2]自分の声が、どこかとげとげしてる」とあるが、早緑の声がとげとげしているのはなぜか。最も適当なものを、次のア～オの中から一つ選びなさい。（2点）
ア、黒野が六花の努力を認めている一方で、自分のことは少しも認めてくれないことが不満だったから。
イ、六花が美術部で孤立していると黒野から聞き、六花の事情を知らなかった自分が情けなくなったから。
ウ、自分の力で六花との関係を修復したいのに、横から口出しをしてくる黒野がうっとうしかったから。
エ、六花がまじめに部活動をしていると黒野に言われ、自分と六花の差を感じておもしろくなかったから。
オ、自分と六花がけんかをしているのに、黒野が六花の肩をもったため黒野のことを敵だと感じたから。

3、「[3]走ることに打ちこむ自分のことが、好きになっていた。」とあるが、早緑がそう思うようになったのはなぜか。回想部分の内容を踏まえて六十字以内で書きなさい。（4点）

4、「[4]でも、それだけじゃ、だめだったんだね。」とあるが、このときの六花の心情を次のように説明するとき、［Ⅰ］、［Ⅱ］にあてはまる内容について、あとの(1)、(2)の問いに答えなさい。

> 六花は、心に抱えていた［Ⅰ］を早緑にわかってほしかった。だがそれだけではなく、［Ⅱ］からがんばれないと思っている早緑の気持ちにも気づくべきだったという思いをかみしめている。

(1)［Ⅰ］にあてはまる最も適当な言葉を、本文中から五字でそのまま書き抜きなさい。（1点）
(2)［Ⅱ］にあてはまる内容を三十字以内で書きなさい。（2点）

5、本文の構成・表現についての説明として最も適当なものを、次のア～オの中から一つ選びなさい。（2点）

ア、過去の出来事と現在の出来事が何度も入れ替わることで、新たな問題が明らかにされている。
イ、視点となる語り手が変わることで、登場人物の心情に変化を起こした出来事が強調されている。
ウ、登場人物の様子が客観的に描かれることで、登場人物二人の対照的な心情が表現されている。
エ、物語の結末部分に倒置法が連続して使われることで、登場人物の心情の変化が強調されている。
オ、話し言葉が会話文以外にも多用されることで、読者が登場人物の一人のように描かれている。

五 (論説文)意味用法の識別・内容吟味・段落吟味・文脈把握

次の文章を読んで、あとの問いに答えなさい。(1～14は各段落に付した段落番号である。) (計13点)

1 現代社会は日々複雑化している。数年後のことはおろか、来年に起こることも正確に予見することはできない。それなのに、未来倫理で私たちが考慮しなければならない未来は、一〇〇年後、一〇〇〇年後、一万年後にまで及ぶ。それほど遠い未来のことを予見することなど、ほとんど不可能であるように思える。

2 しかし、未来において何が起こるのかが把握されていなければ、未来世代が直面し得る脅威に対応することもできないだろう。そうである以上、たとえどれほど困難であるように思えたとしても、未来の予見は未来倫理の実践にとって必要不可欠なのである。

3 私たちは、未来を正確に、科学的に予見することなど不可能だ、ということを認めよう。その上で、それでも未来世代に対する倫理的な配慮をするために、不完全ではあったとしても未来を予見するためには、何が求められるのだろうか。そうした予見はどのようなものである必要があるのだろうか。

4 本書では、科学的な実証性に基づいて未来を見通すことを、「予測」と呼ぶことにする。予測が成立するためには一つの条件がある。それは、予測される現象が何らかの法則性に基づいていなければならない、ということだ。

5 例えば天気予報は、現実の気象の運動の中に一定の法則を見抜き、その法則の中で気象がどのように変化するのかを予測する行為である。気象が法則に従って変化するということは、言い換えるなら天気が滅茶苦茶(めちゃくちゃ)に変わったりしないということだ。何の前触れもなく突然雨が降ることはない。雨が降り出したのなら、その背後には常に何らかの気象的な原因がある。その原因と結果の関係を明らかにすることで、別の状況において、これから雨が降り出すか否(いな)かを判断できるようになる。これが、天気を予測するということに他ならない。

6 これは一般に1シミュレーションと呼ばれる方法である。例えば、気候変動の影響の推定はシミュレーションなしには不可能であるし、交通・経済・人口など、一定の法則性に従って変化する事象に対しても同様の方法による予測が行われる。

7 一方で、法則性に基づかないで生じる出来事に対しては、基本的にシミュレーションを行うことができない。そして困ったことに、未来世代に脅威をもたらすような出来事、テクノロジー[注1]と社会の関係の変化は、多くの場合そうした出来事として引き起こされる。

8 例えばテクノロジーの進歩は新技術の発明やイノベーション[注2]によって促進される。それまで誰も思いつかなかったようなことを、突然、発明家や科学者や設計者が思いつくことによって、偶然が生み出される。そこには法則性が存在しないように見える。法則性に基づいている、ということは、同じ条件に置かれたら誰であっても同じようなものを発明できる、ということを意味する。しかし、みんながそのことに気づけたはずなのに、誰も気づけなかったことに気づけるからこそ、発明やイノベーションを引き起こした人々は称(たた)えられるのだ。エジソン[注3]と同じ環境で生活していたとしても、彼と同じようにさまざまな発明品を世に送り出すことなど、誰にもできないだろう。

9 だからこそ、これからどんなテクノロジーが世に送り出されるのか、どのようにテクノロジーが進歩を遂げるのかを予測することは、ほとんど不可能である。私たちには、これからどんなエジソンが出現するのか、そして未来のエジソンが何を発明するのかを、知り得ないのである。

10 一方で、社会のあり方の変化は、それよりもさらに予測の困難な領域であると言える。人間の価値観は、さまざまな要因の複雑な絡(から)まり合いの中で、日々変化している。一〇〇年前の日本の価値観と、現在の日本の価値観を比較してみれば、その変化を予見することがいかに無謀なことかが分かるだろう。

11 もちろん、そうした2社会の変化のうちにも法則性があると考える立場もあり得るかもしれない。例えば、歴史はよい方向に進歩する、と考える進歩史観がそうだ。しかし、これまでの人類の歴史を眺めれば、そうした歴史観を素朴に信じることはできない。人類は、愚行を繰り返したり、道徳的に退行したりする。しかしそうかと思えば、誰にも予測できなかった革命的な出来事が起き、私たちに希望を抱かせることも起きるのである。

12 政治思想家のハンナ・アーレント[注4]は、社会の変化が法則性に基づいていないように見える理由を、公的領域において活動する人間の複数性に見出(みいだ)した。複数性とは、人間がかけがえのない個人としてこの世界に出生し、これまで存在していた誰とも、いま存在している誰とも、そしてこれから存在するだろう誰とも異なった存在である、ということだ。人間が複数性を有するということは、人間をある法則性のもとに還元[注5]することができないということである。だからこそ人間の活動は予測不可能なのである。

13 したがって、未来において生じ得る課題を、まるで天気予報をするかのように予測することは、そもそも不可能である。私たちはそれを出発点としなければならないだろう。

14 ただしこのことは、だから未来を予測しようとすることが無意味である、ということを意味するわけではない。科学的な実証性に基づくのとは別の仕方で、未来を予測することも可能であるからだ。それはすなわち、シミュレーションするのではなく、未来を想像するという仕方による[3]未来の予見である。

（戸谷　洋志「未来倫理」より。一部省略がある）

注1　テクノロジー：科学技術。
注2　イノベーション：技術革新。
注3　エジソン：アメリカの発明家。
注4　公的領域：人々がともにある場。
注5　還元する：戻す。

1、**よく出る** **基本** 次の各文中の――線をつけた言葉が、1段落の「未来倫理で」の「で」と同じ意味・用法のものを、ア〜オの中から一つ選びなさい。（1点）
ア、努力するために必要なものは目標である。
イ、山の上は空気がさわやかで気持ちがよい。
ウ、今年から彼が部長で彼女が副部長になった。
エ、いつも協力して掃除に取り組んでいる。
オ、人とのつながりで重要なのは思いやりだ。

2、「[1]シミュレーション」とあるが、本文における「シミュレーション」とはどのような方法か。法則という語を用いて三十字以内で書きなさい。（2点）

3、「[2]社会の変化のうちにも法則性がある」とあるが、筆者はこの考えを否定するために、人類の歴史に対する筆者のどのような見方を述べているか。六十字以内で書きなさい。（4点）

4、本文における12段落の働きとして最も適当なものを、次のア〜オの中から一つ選びなさい。（2点）
ア、人間の複数性という話題を提示することで、社会のあり方の変化は予測が不可能であるという筆者の意見を補強している。
イ、テクノロジーの発展と同様に社会の変化も予測が困難である原因を明確にすることで、前の段落までの内容をまとめている。
ウ、社会の変化における人間の複数性についてまとめることで、人間の活動の予測は不可能だという主張への反論を示している。
エ、人間の複数性に関する具体例をくわしく説明することで、人間の価値観の変化を論じる後ろの段落に文章をつないでいる。
オ、社会の変化の予測が困難であるということの実例を示すことで、現代社会における予見の必要性への問題提起を行っている。

5、次の会話は、「[3]未来の予見」について授業で話し合ったときの内容の一部である。あとの(1)、(2)の問いに答えなさい。

Aさん「未来を予見するということを、筆者はどのように説明しているのかな。」
Bさん「[ア]未来に起こることを正確に予見することはできない、というところから筆者の考えは始まっているよね。」
Cさん「そうだね。でも正確ではなくても、[イ]未来に何が起こるか把握していないと対応できないから、予見は必要だよ。」
Bさん「だから、[ウ]未来を考えるときには、想像力を使う予見の結果のみを出発点にするべきだということだよね。」
Cさん「その未来のために筆者は予測の話もしていたと思うよ。[エ]天気の変化を知るために予測が使われているのも、予見より信頼できるという特徴があるからだろうね。」
Bさん「そうだね。それでも、[オ]私たちにとって未来を想像することは必要であるということが、本文では述べられていたはずだよ。」
Aさん「じゃあ、そのことについて、もう一度本文を確かめてみようよ。」

(1) 会話の中の――線をつけた部分が、本文から読み取れる内容と異なっているものを、ア〜オの中から一つ選びなさい。（2点）

(2) Aさんは、「未来の予見」について次のようにノートにまとめた。□にあてはまる最も適当な言葉を、本文中から十四字でそのまま書き抜きなさい。（2点）

筆者は、未来を予見することで□をするという考えを述べている。だから、これからの人々のために、私たちは先々のことまで心に思い描くことが大切になると考えられる。

六 条件作文 思考力 新傾向

次の【会話】は、生徒会で話し合っている場面の一部である。また、【メモ】は、ボランティア活動の内容について、Aさんが先生から聞き取ったものである。【会話】と【メモ】を読み、「ボランティア活動の内容をどのような方法で案内するとよいか」についてのあなたの考えや意見と、そのように考える理由を、あとの条件に従って書きなさい。（計6点）

【会話】

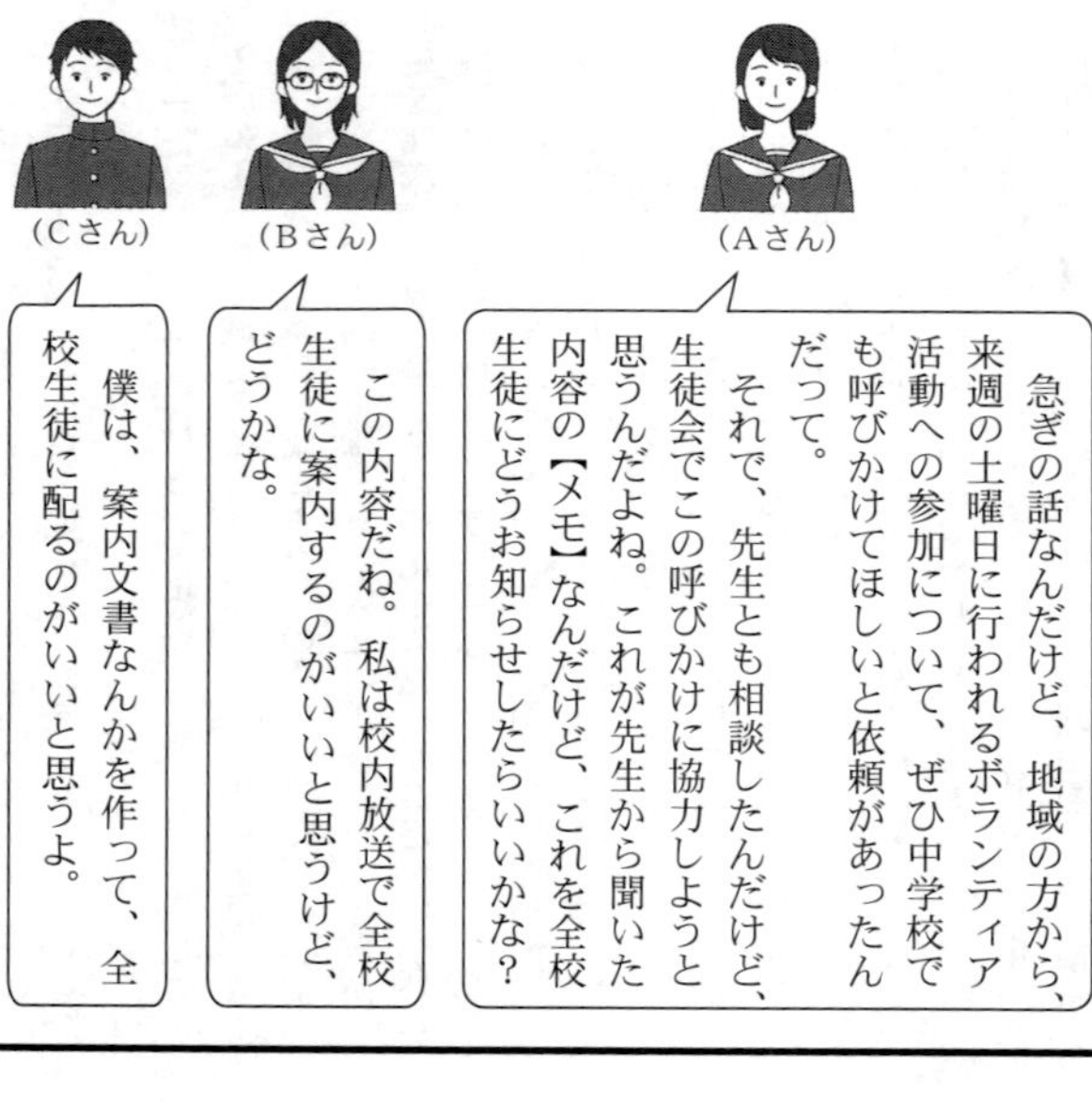

（Aさん）

急ぎの話なんだけど、地域の方から、来週の土曜日に行われるボランティア活動への参加について、ぜひ中学校でも呼びかけてほしいと依頼があったんだって。

それで、先生とも相談したんだけど、生徒会でこの呼びかけに協力しようと思うんだよね。これが先生から聞いた内容の【メモ】なんだけど、これを全校生徒にどうお知らせしたらいいかな？

（Bさん）

この内容だね。私は校内放送で全校生徒に案内するのがいいと思うけど、どうかな。

（Cさん）

僕は、案内文書なんかを作って、全校生徒に配るのがいいと思うよ。

【メモ】

○日時　6/8(土) 9:00～10:30
○集合場所
わかばコミュニティーセンター構内広場
（住所：西福島市若葉町3-2）
○活動内容
町内のゴミ拾い、草むしりなど
○持ち物　軍手・水筒・タオル
○その他
・雨天中止
・動きやすい服装で
・参加は任意（希望者）

条件
1、二段落構成とすること。
2、前段では、BさんとCさんの意見を踏まえて、「ボランティア活動の内容をどのような方法で案内するとよいか」についてのあなたの考えや意見を具体的に書くこと。
3、後段では、そのように考える理由を、文字や音声の具体的な特徴に触れながら書くこと。
4、全体を百五十字以上、二百字以内でまとめること。
5、氏名は書かないで、本文から書き始めること。
6、原稿用紙（10字詰×20行＝省略）の使い方に従って、文字や仮名遣いなどを正しく書き、漢字を適切に使うこと。

茨城県

時間	満点	解答	
50分	100点	P9	2月28日実施

出題傾向と対策

●国語知識、小説文、論説文、古文・漢文の大問四題構成。知識問題は、手紙の書き方、行書、語句の意味、敬語などが問われている。読解問題は抜き出しも多く、得点しやすい。その分確実に得点することが求められる。

●基礎基本を定着させることが重要である。手紙の書き方や文学史の知識など、普段の問題演習では疎かになる知識も押さえておきたい。文章読解では、問われている話題がある箇所をつかめばすぐに答えが見つかる。段落ごとに要点を把握し、まとめながら読む習慣をつけたい。

一　国語知識・敬語・漢字知識・漢字の読み書き・文脈把握・語句の意味

次の㈠～㈤の問いに答えなさい。（計22点）

㈠ 基本 光太郎さんの学校では、昨年に引き続き、総合的な学習の時間で手話について学ぶことになりました。そこで、地域で手話のボランティアをしている山本さんを今年も講師として招くことにしました。

次の文は、担任の木村先生を通して山本さんに依頼をした後で、光太郎さんが書いた山本さんへの日程調整をお願いするための改まった手紙です。これを読んで後の(1)～(4)の問いに答えなさい。

【山本さんへの日程調整をお願いする手紙】

（　Ⅰ　）
［　A　］。［　B　］。
先日は、手話の講師を引き受けてくださり、ありがとうございます。今年は、さらに多くのことを教えていただきたいと考えています。
つきましては、事前のごあいさつと、打ち合わせのための時間をいただきたいと存じます。わたしのグループのメンバー四人が行くのに、ご都合のよろしい日をご連絡いただけると幸いです。
お忙しいところ恐れ入りますが、よろしくお願いいたします。
（　Ⅱ　）
令和五年十月二十日
青空中学校二年一組
鈴木光太郎
山本一男　様

(1) （Ⅰ）・（Ⅱ）に入る言葉の組み合わせとして最も適切なものを、次のア～エの中から一つ選んで、その記号を書きなさい。（1点）
ア、Ⅰ　前略　Ⅱ　敬具
イ、Ⅰ　拝啓　Ⅱ　敬具
ウ、Ⅰ　拝啓　Ⅱ　草々
エ、Ⅰ　前略　Ⅱ　草々

(2) ［A］に入る時候の挨拶として最も適切なものを、次のア～エの中から一つ選んで、その記号を書きなさい。（1点）
ア、あじさいが美しい季節になりました
イ、寒さが身にしみる頃になりました
ウ、夏の暑さがおさまる頃になりました
エ、紅葉がより鮮やかになってきました

(3) ［B］に入る相手の安否（あんぴ）を尋ねる文を「山本様」、「いかが」という言葉を使い、十五字以上、二十五字以内の一文で適切に書きなさい。（4点）

(4) 光太郎さんは、山本さんに手紙を送る前にグループの友達に読んでもらいました。そして行くについて、敬語にした方がよいという意見をもらったので、光太郎さんは書き直すことにしました。最も適切な敬語を、次のア～エの中から一つ選んで、その記号を書きなさい。（1点）
ア、おいでになる　イ、いらっしゃる
ウ、うかがう　エ、ご覧になる

㈡ よく出る 次のア～エの行書で書かれた漢字を楷書で書い

たときに、総画数が一番多いものを一つ選んで、その記号を書きなさい。（2点）

ア、滋　イ、棒　ウ、福　エ、揮

(三) **よく出る** 次の(1)～(4)の――部について、漢字の部分の読みを平仮名で、片仮名の部分を漢字で書きなさい。（各2点）

(1) 質問して発言の真偽を確認する。
(2) 目を背ける。
(3) キュウキュウ車に乗る。
(4) ヤサしい問題を解く。

(四) 次の(1)～(3)の[A]～[C]に入る言葉の組み合わせとして最も適切なものを、後のア～エの中から一つ選んで、その記号を書きなさい。（2点）

(1) 発表会には不安があった。[A]予想以上にうまくできた。
(2) 電車で行くか、[B]バスで行くか、よく考えよう。
(3) 「ロケット」は外国語から日本語に取り入れられた語だ。[C]外来語だ。

ア、A だから　B ただし　C つまり
イ、A しかし　B ただし　C そして
ウ、A だから　B あるいは　C そして
エ、A しかし　B あるいは　C つまり

(五) **基本** 次の文章の①～③の――部の言葉の意味として最も適切なものを、それぞれ後のア～エの中から一つ選んで、その記号を書きなさい。（各1点）

スポーツの試合を新聞記事にするのは、なかなか①骨だ。記事を書く際には、読み手に試合の流れを分かりやすく伝える表現力が必要である。競技のルールに関する知識も大事だ。これらを身につける努力をすれば、スポーツ担当記者としての②見通しは明るいだろう。③筆が立つ新聞記者はこうした能力をもっている。

(1) ①骨だ
ア、困難だ　イ、簡素だ
ウ、地味だ　エ、独特だ

(2) ②見通しは明るい
ア、物事が分かっている
イ、将来に期待がもてる
ウ、周囲の評価が高い
エ、信用が得られる

(3) ③筆が立つ
ア、文章を書く回数が多い
イ、文章を美しい文字で書く
ウ、文章を書くのが上手である
エ、文章を編集する

二 (小説文)内容吟味

一郎さんたちは、国語の授業で【I】の文章を読み、【II】のように読みを深めるための感想の交流を行いました。後の(一)～(五)の問いに答えなさい。（計25点）

【I】授業で読んだ文章

湯浅希和子(ゆあさきわこ)は高校二年生で、陸上部に所属する中学生の妹の真沙美(まさみ)がいる。友人には、同級生でバレーボール部員の森重菜月(もりしげなつき)や、文芸部員の坂本楓香(さかもとふうか)がいる。希和子は楓香に誘われ、文芸部に所属している。文芸部員は三年生の山下(やました)さん、後輩の二人を含め七人である。

希和子は、作品の創作に熱心に取り組む他の部員と自分に違いを感じていた。ある日、後輩の村岡絵茉(むらおかえま)や横山梨津(よこやまりつ)が、エッセイばかりを書く希和子について、「なんで文芸部にいるのか、いまいちよくわからない」「文芸の才能あるのかなあ」などと話していた。次は、希和子がそれを立ち聞きしてしまった後の場面である。

文章を書くのがきらいなわけではない。下手(へた)でもないと思う。たとえば、公園で花を見る。雨に遭う。商店街でにおいを感じる。そんな瞬間を言葉にしてみたいと思う。けれどそれは、物語ることではない。ほかの部員たちが、物語を生み出そうとしている中で、わたしだけがちがう。去年までは、さほど気に留めなかったそのことが、このところ気にかかってしかたがない。

自分の中からわきあがる豊かな物語があったら！　そういう能力がないこと――たぶんこれまでも、どこかでコンプレックスがあったという自覚はあるのだ。それが、血気盛んな一年の入部で、表にふきでてきたのだろうか。いや、そもそも、最初にわたしを打ちのめしたのは、いちばん親しい友人である楓香なのだ。

先刻、絵茉が口にした才能という言葉。そんなもの、十六、七でわかるはずがないと思う。そうした反論は、しかし、自分の才能を保証するものでもなんでもなくて、もとより、その持ち合わせにはまったく自信はない。

高校生の部活に才能などいるものか、とも思う。それでも、なんで文芸部にいるのかわからない、という梨津の言葉は、このところの自分のためらい、というか後ろめたさを、無理矢理外に引きずりだされるようで痛い。エッセイを書くことは逃げでもごまかしでもないはずだが、ここが自分の居場所だと思うことからは、逃げてきたのではないか。

一生に一作ぐらい、だれだって創作はできる、と山下さんに言われたのは、二月ごろだったろうか。だったら今でなくてもいいでしょう？　と反論したが、文芸部にいる今がチャンスだ、と相手は言葉をかぶせてくる。自分でできないと思っていることを、他人からおまえならできると言われるのも、けっこう傷つくことだと悟った。

詩が書けたらよかった。それで、いろいろ読んでみた。でも、自分の変な理屈っぽさが詩作のじゃまをするようで、結局あきらめた。

エッセイストだって、作家だよ、と楓香に言われたこともある。でも、自分からそれを言うのは、少しくやしい。それを口にしたのが楓香だからなおさらに。①そうか、わたしはやはりくやしかったのだ。物語れない己が。

毎年、陸上の日本選手権は、六月に行われる。同じ陸上競技といっても、正月の駅伝ほど世間に注目されているわけではなさそうだが、陸上部の真沙美にとっては、かなり

関心が高いイベントのようで、録画までして観ている。

テレビは、トラックを走る汗だくの選手を映しだしている。梅雨時とはいえ、晴れた日ならば気温はかなり上がるだろう。

「もっとすずしい時期にやればいいのに」

母が、桃をむきながら言った。

「高校野球とかもね。炎天下で連日だよ」

真沙美は、母がむいたばかりの桃に手を伸ばしながら言ったが、目はしっかりと画面に向いている。

日本の夏はどこも暑い。北海道でも三十度を超すが、その暑すぎる夏にも、スポーツは行われる。野球もサッカーも。憑かれたように熱中する。夢中になる。ただ一筋に打ちこめるもの……。わたしにはない。

今、テレビの画面に映っているのは、長距離のようで、選手たちはグラウンドをただただ何周も走りつづけている。

「これ、どれくらい走るの？」

と聞くと、真沙美がぼそっと答える。

「五千メートル」

つまり五キロ。自転車通学している学校までよりなお長い距離だ。走者のフォームはそれぞれ個性があるが、トップアスリートが走る姿は美しいな、と思う。しなやかな足の運び。むだな肉のない身体。残り一周の鐘が鳴ってスピードが上がる。※ストライドが伸びる。こんなふうには百メートルだって走れない。何千メートルも走ったあとなのに、まるで短距離選手みたいな走りで、ゴールに飛びこむ。

「ねえ、短距離と、長距離の選手って、性格とかもちがうの？」

わたしは真沙美に聞いてみた。

「ええ？　考えたことない。使う筋肉はちがうけど」

ちなみに真沙美は、リレーの助っ人として陸上をスタートさせたが、重視しているのは走り幅跳びで、大会などでは百メートルと二種目エントリーしているようだ。

「高校でもつづけるんだよね、陸上」

「うん。高校ぐらいまではね」

「やっぱり、陸上って、才能って関係する？」

「トップアスリートなら、あるかもね。けど、中学の部活レベルで、そんなこと言ってもねえ」

「そっか。まあ、そうだよね」

「けど、たまにいるよ。ああ、この子センスあるなって、感じさせる子。都大会とかに楽々出るようなタイプの。それって、やっぱ、才能なのかもしれない。そんな子にかぎって、練習ぎらいとかってうわさが流れて。それでも、あっさり勝っちゃう。ケロッとして走るしか能がないなんて自分で言っちゃったりして。くやしいとは思う。けど、しょうがないよね」

そんな才能はないと、真沙美は自分で思っている。たぶんそれは事実なのだろう。才能なんてほんとうにひとにぎりの人にしか与えられていないものだから。それでも陸上をつづけるのは、好きだから。その「好き」は十分に伝わってくる。それは、菜月からもあふれているほどに伝わる。バレーボール部員としてはめぐまれているとはいえない身長。好きの裏にひそむ、菜月のくやしさ。②でも、わたしにはそんなものさえ、ないのだと思う。

頭数として必要なのだと、文芸部でも存在理由を説明してきた。うそではない。けれど、小説を書けるわけではないし、俳句も短歌も詩も作れない――封印していたはずのコンプレックスが、一年生部員の加入をきっかけに解き放たれて増殖していく。だから絵茉たちの言葉が痛い。だったら文芸部などやめてしまえばいいのだ。でも……。それを押しとどめるものはなんなのだろう。

（濱野京子「シタマチ・レイクサイド・ロード」による。）

※　ストライド＝歩幅。

【Ⅱ】感想の交流の一部

一郎：希和子は直接言われたわけではないけれど、後輩の絵茉や梨津の自分に対する思いを聞いてきっとつらかったよね。僕なら二人に言い返すよ。

次郎：でも希和子は言い返さなかったね。

花子：入部してから、ずっと、他の部員との違いは感じていたみたいだから、二人の言うとおりだと思ったのかな。

一郎：ただ、希和子だって文芸部員としてエッセイを書いたり、詩を書こうとしたり、努力していたじゃないか。

明子：そうだよね。入ってきたばかりの一年生の言葉なんて気にすることないよね。希和子は気にし過ぎじゃないの。

一郎：第一、希和子のおかげで文芸部が存続できたのだから、上級生らしく胸を張っていればいいのにね。

花子：ちょっと待って。希和子の悩みは人間関係以上に、自分自身にあるんだと思うよ。文芸部の目的が物語を創ることであると考えていて、物語れない自分に引け目を感じているんじゃないかな。

次郎：なるほど。「①そうか、わたしはやはりくやしかったのだ。物語れない己が。」と言っているからね。

明子：陸上に打ち込む妹と話をしたり、バレーボールに打ち込む友達のことを思い出したり、自分の中でどんどん考えが深まっているよ。

次郎：「②でも、わたしにはそんなものさえ、ないのだと思う。」というところからは、希和子がかなり落ち込んでいるのが伝わってくるよね。

一郎：妹の真沙美だって、友達の菜月だって、決して才能が豊かなわけではないのに、陸上やバレーボールに夢中になっているのも希和子はうらやましいんだろうね。そして、そうでない自分がいやなのだと思うよ。

花子：この物語の中心は、才能について悩む希和子の心の揺れなんじゃないかな。③自分の中に閉じ込めてきた感情に向き合い始めたから、希和子は自分には才能があるかどうかが気になるんだね。私自身も、部活動や習いごとをやっていて、自分には才能があるかどうか考えることがあるなあ。

明子：みんなの話を聞いていたら、希和子の悩みが見えてきたよ。

(一)【I】と【II】に①そうか、わたしはやはりくやしかったのだ。物語れない己が　とあるが、希和子は、「物語る」とはどうすることだと考えているか。最も適切なものを、次のア～エの中から一つ選んで、その記号を書きなさい。（5点）

ア、自分の才能を生かして、見たことや聞いたことを文章にまとめること。
イ、トップアスリートの美しい姿を見て、感じたことを豊かに表現すること。
ウ、文芸部員の一人として、他の部員と協力し、優れた小説を書くこと。
エ、体験や感想を述べるのではなく、小説や詩などを創作すること。

(二)【I】と【II】に②でも、わたしにはそんなものさえないのだと思う　とあるが、このときの希和子の考えとして最も適切なものを、次のア～エの中から一つ選んで、その記号を書きなさい。（5点）

ア、才能がないから努力しても仕方がないと思っていたが、奮起して今後は友人に追いつこうという考え。
イ、才能がないとは感じていたが、くやしいと思う気持ちまでもない自分を認めざるを得ないという考え。
ウ、才能がないのだから、他の文芸部員のように自分を好きだと思える余裕などいっさいもてないという考え。
エ、才能がないと自覚しているので、自分の居場所として他に打ち込めるものを探していこうという考え。

(三)〈思考力〉【II】の③自分の中に閉じ込めてきた感情　は【I】のどの表現を言い換えているか。最も適切なものを、【I】の本文中から十五字以上、二十字以内で抜き出して書きなさい。（5点）

(四)【II】の希和子の悩みは人間関係以上に、自分自身にあるんだと思うよ。文芸部の目的が物語を創ることであると考えていて、物語れない自分に引け目を感じているんじゃないかな　という花子さんの発言は、話し合いの中でどのような役割を果たしているか。最も適切なものを、次のア～エの中から一つ選んで、その記号を書きなさい。（5点）

ア、反対意見や賛成意見など、グループ内のさまざまな意見を一つにまとめる役割。
イ、前の人の発言の内容に共感し、さらに自分たちの生活にまで話題を広げる役割。
ウ、自分の考えを示すことで話し合いの展開を修正し、目的に沿って交流を進める役割。
エ、相手に発言を促すことで、登場人物の気持ちについて理解が深まるようにする役割。

(五)【I】の内容の説明として最も適切なものを、次のア～エの中から一つ選んで、その記号を書きなさい。（5点）

ア、希和子が自分の気持ちを見つめ直しつつ自己分析することで、文芸部での自分のあり方について考える姿を描いている。
イ、複雑な思いを抱えた希和子が、人との出会いを通して他者の悩みに共感することで精神的に成長していく姿を描いている。
ウ、自らの才能の有無について悩む希和子が、友人に支えられ次なる目標に向けて新たな出発をしようとする姿を描いている。
エ、周囲の人たちとの才能の違いを実感した希和子が、あらためて自分にしか書けない物語を書こうと試みる姿を描いている。

三 （論説文）文脈把握・内容吟味

花子さんは、国語の授業で【I】の文章を読み、【II】のように内容をノートにまとめています。後の(一)～(六)の問いに答えなさい。（計30点）

【I】授業で読んだ文章

建築は具体的にどのような要素から成り立っているのか。建築を構想し、つくる建築家は、どのような視点に立って設計をおこなっているのか。こうしたことを紹介しながら、みなさんがより主体的に建築に関わるためのいくつかの入り口を共有していきます。

まずは、建築に関する言葉の定義を整理しておきましょう。

僕は※1ここまで、「建築」や「空間」という言葉を特に定義せずに使ってきましたが、これらの言葉の意味を改めて考えてみたいと思います。考えたいのは、「建築（architecture）」と「建物（building）」、「空間（space）」と「場所（place）」の違いです。

そんなことは意識したことがないという人が多いかもしれませんが、「建築」と「建物」は同じようで、同じものではありません。

「建物」は、物質としての建物そのもののことです。一方で「建築」は、ある価値を実現するために意図をもってつくられた建物、あるいはそうした意図によって顕在化する考え方のことです。

意図を込めるのは建築をつくる建築家や職人であったり、発注する※2クライアントであったりしますが、その意図を読み取るのは※3ユーザーである住人になります。建築と人間は常にセットとしてあり、この建築の意図を交換することによって建築というものは存在しています。建築は人間の意図を伝達する媒体なのです。だから建築はモノであると同時に考え方でもあるということです。

また建築は、そこに住む人の日々の営みの記憶が蓄積されるものでもあります。そのため、建築とは「記憶の器」である、とも言うことができるでしょう。〈ア〉

「空間」と「場所」についてはどうでしょうか。「空間」は簡単に言うと、主体である人間のまわりを包み込むようにあるもので、それを人間が知覚することで成立します。人間が生きているあいだ、空間は常にその人にまとわりついています。人間が中心にあるものなので、「ここからここまでが空間だよ」というふうに客観的な線引きをすることは困難です。人間がいることではじめて空間が立ち上がるのです。

これに対し「場所」とは、単位として二次元で計測するものです（緯度・経度）。x軸とy軸の座標上の点のように二次元で示すことができるため、人間が不在でも成り立ちます。人がいなくても「〇丁目〇番地」と指し示すことができる「住所」が、これにあたります。

このように言葉を定義してみると、建築とは何かが少しずつ具体的に考えられるようになります。目に見えない

「意図」や「価値」といった考え方が、人間を通して物質としての建物と結びつくことで、そこに意味が生まれ、「建築」や「空間」が立ち上がる。つまり建築は、「人間を主役とした器」なのです。

では、人間を主役とした器である建築とは、どのような要素から成り立っているのでしょうか。

ここでは、建築の古典と呼ばれる本を紐解いてみます。現存するヨーロッパ最古の建築書に、紀元前一世紀に活動したローマの建築家ウィトルウィウス（生没年未詳）が著した『建築書』という本があります。

この本の中でウィトルウィウスは、建築には「用・強・美」という三つの根本的な側面があると言っています。彼は、建築とは「強さと用と美の理が保たれるようになさるべきである」と述べ、次のように記しています。

強さの理は、基礎が堅固な地盤まで掘り下げられ、材料の中から惜しげなく十分な量が注意深く選ばれている場合に保たれ、用の理は、場が欠陥なく使用上支障なく配置され、その場がそれぞれの種類に応じて方位に叶い工合よく配分されている場合に保たれ、美の理は、実に、建物の外観が好ましく優雅であり、かつ肢体の寸法関係が正しいシュムメトリア〔対称〕の理論をもっている場合に保たれるのであろう。

（『ウィトルーウィウス建築書〈普及版〉』森田慶一訳註、東海選書）

建築をつくるにあたっては、それが何をするための建築なのか、その用途を成立させるためにはどのような構造や強度をもたせるのか、それを美しくつくるにはどうすればよいのかを考えなければならない。用・強・美をいかに編み込んでいくのかが、建築家が建築をつくるときに解決しなければならないことであると、ウィトルウィウスは言っています。〈　イ　〉

ウィトルウィウスは二〇〇〇年も前のローマの建築家ですが、彼の述べていることは、現代の建築にそのまま通ずる重みがあります。

僕は、この用・強・美という三つの側面があることが、建築のおもしろさだと感じています。どういうことかと言うと、建築には「科学」に属している部分と、「芸術」に属している部分の両方があるということです。

科学に属しているのは「用」と「強」の側面です。科学の命題は反復性や再現性があること。科学は、誰がどう計算しても、まったく同じ答えが出ることを求めます。

まず「強」についてはわかりやすいでしょう。建築における強度の計算（構造計算）は、科学的なルールに則って厳密におこなわれます。「この太さのヒノキの柱は、どれだけの荷重を支え得るか」「柱と柱のあいだが二メートルのとき、杉材の梁※4の太さはどのくらい必要か」。こうした計算は、ドイツで計算しても、日本で計算しても、結果は同じです。地球の重力を考慮し、それを根拠にして計算するからそうなります。〈　ウ　〉

では「用」はどうでしょうか。ここでは人間の「身体機能」から考えてみましょう。二足歩行をする。ごはんを食べる。排泄する。こうした基本的な身体機能は、たとえ国が違ってもそれほど変わりません。ですから、ある程度科学的に検証することができます。たとえば排泄というトイレの用途は、アルゼンチンでも、日本でも同じです。

一方で、「美」についてはどうでしょうか。「美」は芸術の世界に属するものです。何を美しいと感じるかは、人によって異なり、美しさの基準は曖昧なもの。一方で、たとえば自然のように誰にとっても美しいと感じられるものもあります。海も山も、森も川も、雲も雪も、雨も木も、美しい。〈　エ　〉

建築の美において中心的な役割を果たしているのは、自然の光の存在です。さきほど空間という言葉を定義する際に「［①］が知覚することで成立」すると述べましたが、太陽の光が建築を照らし出すことで、空間が立ち上がるのです。美しさは［②］によって導かれる。太陽という自然の恵みなのです。建築が「光の彫刻」と言われるのは、そのためです。

また、芸術の世界においては、人と違うことが唯一の価値をもつという側面もあります。ですので、反復して同じことを確認する科学と違って、「美」はもっと感覚的で自由な価値観の中にあるのです。言い換えると、頭で［③］に科学して、心で感性的に芸術するとも、とらえられるかもしれません。〈　オ　〉

このように科学である「用」と「強」、そして芸術である「美」をどのように組み合わせていくか。ここに設計者としての考え方が表れるのです。使い手としても、この建物はどのような用途が意図されているのか、どのような構造によって成立しているのか、どういう美が表現されているのか、という切り口から建築を見ることで自分なりに建築を読み取ることができます。そしてこの用・強・美の側面から見ていくことで、自身の建築に対する読み取り方を常にアップデート※5することができるのです。

（光嶋裕介「ここちよさの建築」による。）

※1　ここまで＝本文は、全4章のうちの2章によった。
※2　クライアント＝顧客。
※3　ユーザー＝商品などの使用者。利用者。
※4　梁＝主に構造物の上部の重みを支えるために、柱の上にかけわたす水平材。
※5　アップデート＝データを最新のものに更新すること。

(一)【Ⅰ】の［①］・［②］に入る言葉の組み合わせとして最も適切なものを、次のア～エの中から一つ選んで、その記号を書きなさい。（4点）

ア、〔①　空間　②　芸術〕
イ、〔①　美　②　自然〕
ウ、〔①　住む人　②　建築家〕
エ、〔①　人間　②　光〕

(二)【Ⅰ】の［③］に入る言葉として最も適切なものを、次のア～エの中から一つ選んで、その記号を書きなさい。（4点）

ア、慢性的　イ、理性的
ウ、感情的　エ、主体的

(三)【Ⅰ】には、次の一文が抜けている。補うのに最も適切な箇所を、【Ⅰ】の〈ア〉～〈オ〉の中から一つ選んで、その記号を書きなさい。（4点）

> だから、私たちは何かをつくるとき、意識的にも無意識的にも、自然をお手本としたり模倣したりします。

【Ⅱ】花子さんのノートの一部

初めて読んだ時に大切だと思ったこと

○ 建物
・［　A　］である。

○ 建築
・［　B　］である。
・ある価値を実現するための意図によって顕在化する考え方である。

○ 建築の要素
用…建物の用途のこと。基本的な身体機能がほぼ同じなので、科学的に検証できる。
強…建物の強度のこと。重力を根拠に計算するから、どこでも結果は同じである。
（用・強）→ 科学
美…建物の美しさのこと。［　C　］。→ 芸術

(四) 【Ⅱ】の［A］と［B］に入る最も適切な言葉を、【Ⅰ】から［A］は十二字、［B］は二十五字で、それぞれ抜き出して書きなさい。（各5点）

(五) 【Ⅱ】の［C］に入る言葉として最も適切なものを、次のア～エの中から一つ選んで、その記号を書きなさい。（4点）

ア、グローバル化が進む現代で、誰もが美しく感じることが必要である
イ、美しさの基準は人それぞれだが、自然のように誰もが美しく感じるものもある
ウ、人と違うことが唯一の価値をもち、変わらない反復性や再現性が重要である
エ、設計者の考えが表れており、住む人の日々の営みの記憶が蓄積するものである

(六) 【Ⅰ】の文章の構成や論理の展開の特徴として最も適切なものを、次のア～オの中から一つ選んで、その記号を書きなさい。（4点）

ア、初めに中心となる話題を提示し、その話題を再び問題提起の形で示しつつ説明を加えている。
イ、初めに結論を示して主張を明確にした後で、類似する事柄を取り上げつつ説明を加えている。
ウ、初めに身近な具体例を提示し、途中でその具体例から読み取れることを詳しく説明している。
エ、初めに仮説を立て、それが正しいことを示すために根拠となる数値をもとに論を進めている。
オ、初めに問題提起し、予想される反論に対する筆者の考えを古典の引用をもとに説明している。

四 (古文・漢文)仮名遣い・内容吟味・古典知識

一郎さんたちは、国語の授業で【Ⅰ】と【Ⅱ】の古典の文章を読み、【Ⅲ】のように話し合いました。後の(一)～(五)の問いに答えなさい。（計23点）

【Ⅰ】古典の文章

一一八四年一月、源義経らは、平家を追って一の谷※1へ向かった。二月六日、義経は一部の兵を率いて、平家の陣の背後に位置する鵯越※2に迫った。

又武蔵国住人別府小太郎とて、生年十八歳になる小冠※3すすみ出でて申しけるは、「父で候ひし（父でありました）義重法師がをしへ候ひし（教えました）は、『敵にもおそはれよ、山ごえの狩をもせよ、深山にまよひたらん時は、老馬に手綱をうちかけて、さきにおつたててゆけ。かならず［　　］へいづるぞ』とこそをしへ候ひしか（教えました）」。御曹司※4、「①やさしう（立派なこと）も申したる物かな。雪は野原をうづめども、老いたる馬ぞ道は知るといふためし（例）あり」とて、白葦毛なる老馬に鏡鞍おき、白轡はげ、手綱むすんでうちかけ、さきにおつたてて、いまだ知らぬ深山へこそいり給へ。比はきさらぎはじめの事なれば（季節は二月初めのことなので）、峰の雪むらぎえて（まばらに消えて）、花かと見ゆる所もあり。谷の鶯おとづれて、霞にまよふ所もあり。のぼれば白雲皓々※5として聳え、下れば青山峨々※6として岸たかし（高い崖をなしている）。松の雪だに消えやらで（松のこずえの雪さえ消えずに残り）、苔のほそ道かすかなり。嵐にたぐふ折々は（嵐に吹かれたときには）、②梅花とも又うたがはれ。東西に鞭をあげ（東に西にと馬に鞭をあて）、駒をはやめて（足を速めて）ゆく程に、山路に日暮れぬれば（山道で日が暮れたので）、みなおりゐて（馬から降りて）陣をとる。

※1　一の谷＝地名。現在の兵庫県神戸市にある。
※2　鵯越＝地名。
※3　小冠＝小冠者。元服して間もない若者。
※4　御曹司＝上級貴族・武士の息子。ここでは源義経のこと。
※5　皓々＝白く光り輝くさま。
※6　峨々＝山や岩が険しくそびえ立つさま。

【Ⅱ】古典の文章

韓非子※1に曰く、管仲・隰朋、桓公に従つて（管仲と隰朋が斉の桓公に）孤竹※2を伐つ（征伐したことがあった）。春往いて冬返り（春出陣し冬になって引き上げて来る時）、迷惑して道を失ふ（まごついて道に迷った）。管仲曰く、老馬の智用ふ可きなり（老馬の知恵を借り用いるべきである）、と。③乃ち老馬を放つて之に随ひ、遂に道を得たり。

※1　韓非子＝韓非とその一派が著した書物。
※2　孤竹＝中国、殷の時代、河北にあった国の名称。

(一) 基本 【Ⅰ】の①やさしうの読み方を現代仮名遣いに直して、すべて平仮名で書いたとき、正しいものを次のア～オの中から一つ選んで、その記号を書きなさい。（3点）

ア、やさしふ　イ、やさしゅう　ウ、やさしく
エ、やさしむ　オ、やさじう

(二) 【Ⅰ】に②梅花とも又うたがはれとあるが、梅の花ではないかと疑われたものは何か。最も適切なものを、次のア～エの中から一つ選んで、その記号を書きなさい。（3点）

ア、雪　イ、鶯　ウ、霞　エ、苔

(三) 難 【Ⅰ】の[　]に入る言葉として最も適切なものを、次のア〜エの中から一つ選んで、その記号を書きなさい。(3点)

ア、山　イ、道　ウ、谷　エ、陣

(四) よく出る 【Ⅱ】の③乃ち老馬を放つて之に随ひ は、「乃放老馬而随之」を書き下し文に改めたものである。書き下し文を参考にして「乃チ放ツテ老馬ヲ而随ヒ之ニ」に返り点を補うとき、正しいものを次のア〜オの中から一つ選んで、その記号を書きなさい。(3点)

ア、乃チ放ツテ下老馬ヲ上而随ヒレ之ニ
イ、乃チ放ツテ二老馬ヲ而随ヒ一レ之ニ
ウ、乃チ放ツテ二老馬ヲ一而随ヒレ之ニ
エ、乃チ放ツテ二老馬ヲ一而随ヒ二之ニ一
オ、乃チ放ツテ二老馬ヲ一而随ヒ下之ニ上

(五) 一郎さんたちは、クラスで【Ⅰ】の平家物語を用いた朗読会を行います。グループでその準備の話し合いをしているところです。【Ⅲ】は、後の(1)と(2)の問いに答えなさい。

【Ⅲ】朗読会に向けての話し合い

一郎　先生が見せてくれた琵琶法師(びわほうし)の動画、迫力があったね。

花子　「平家物語」は琵琶の演奏に合わせて語られる「[1]」として親しまれてきたと習ったけど、そのとおりだったね。

一郎　声に出して読むと、躍動感が出るね。あんなふうに読むにはどんなことに気を付けるといいかな。

明子　特に、読むときの[2]を意識するといいと思うよ。文章【Ⅰ】だと、後半にそれを意識できるところがあるよね。たとえば「峰の雪むらぎえて、花かと見ゆる所もあり」と「谷の鶯おとづれて、霞にまよふ所もあり」の組み合わせのところと、「のぼれば白雲皓々として聳え」と「下れば青山峨々として岸たかし」の組み合わせのところだよね。

花子　それは、[3]表現だね。色の対比や、山や谷の風景が思い浮かぶよね。

一郎　ところで、先生が紹介してくれた文章【Ⅱ】について調べてみたんだけれど、「老馬の智」という故事成語があることが分かったよ。

花子　故事成語って中国の古典から生まれた短い言葉のことだね。日本ではそれを教訓にしたり、会話の中に引用したりするって習ったよね。実際に【Ⅰ】の中でも、「[4]」があると言っているね。

先生　話し合いが進んでいますね。文章【Ⅰ】の登場人物の中にも、「老馬の智」という故事成語を意識している人がいると言えそうですね。気付きましたか。

(1) [1]〜[3]に入る言葉として最も適切なものを、それぞれ次のア〜ケの中から一つ選んで、その記号を書きなさい。(各2点)

ア、平曲　イ、連歌　ウ、狂言
エ、リズム　オ、句切れ　カ、体言止め
キ、対句　ク、比喩　ケ、呼応

(2) [4]に入る最も適切な言葉を、【Ⅰ】より二十七字で抜き出し、最初の五字を書きなさい。(5点)

栃木県

時間 50分　満点 100点　解答 P10　3月6日実施

出題傾向と対策

●漢字の読み書き、論説文、小説文、古文、情報の読み取り・条件作文の大問五題構成。論説文、小説文からの出題では、記述解答が散見されるのに加え、条件作文でも自身の意見をまとめる力が求められている。

●出題範囲が広いため、漢字の読み書きや文法などの基礎知識をしっかり身につけ、記述問題に時間をかけるためにすばやく答えにたどり着く努力を。記述問題では本文の表現を用いて、条件作文では自分の意見を理由を明らかにして、論理的に書く力を普段から育てておくこと。

注意　答えの字数が指示されている問いについては、句読点や「　」などの符号も字数に数えるものとします。

一 漢字の読み書き　よく出る　基本

次の1、2の問いに答えなさい。(計20点)

1、次の——線の部分の読みをひらがなで書きなさい。(各2点)

(1) 雑誌を創刊する。
(2) 車窓からの風景。
(3) 布地を裁つ。
(4) 注意を促す。
(5) 動物を捕獲する。

2、次の——線の部分を漢字で書きなさい。(各2点)

(1) 皆に注目されてテれる。
(2) ジュンジョよく並ぶ。
(3) 応募を一人一回にカギる。
(4) 商品がハソンする。
(5) 町のエンカクを調べる。

三 （論説文）文脈把握・内容吟味

次の文章を読んで、1から5までの問いに答えなさい。（計22点）

庭園において、石は山のようにも見えるだろう。白砂の中に置かれた石ならば、それ自体が島のようにも見えるかもしれない。ものによっては「舟石」や「亀石」などと呼ばれ、船や亀に形状が類似しているものもある。庭園の石は、そのときどきによって、いろいろなものに見える。「見立ての手法」である。

『作庭記』(注1)では、そういった石を「立てる」と記されている。要するに、素材は自然石であり加工はしないが、そこに(1)「立てる」という人為を加える。自然界では寝ていた石を、掘った地面に設置することで、あえて立たせる。

「立つ」ということは、単に物理的に直立すること以上の意味があった。たとえば柳田國男(注2)は、立つということは神霊があらわれることだと述べている。神社の祭礼における「柱立て」などを思い起こしても良い。古来、何かを立てたとき、それが依代(注3)となり、神霊が宿ると信じられてきた。庭石を「立てる」ことの根底には同様の意味合いがあった。

もちろん、すべての石が立てられるわけではない。『作庭記』第五項に「すべて石は、立つる事はすくなく、臥ることはおほし。しかれども石ぶせとはいはざるか。」とあるように、実際は立てる石よりも、むしろ伏せる石の方が多い。しかし、「石伏せ」とは言わず、「石立て」と言う。あくまで優位にあるのは後者である。

興味深いのは、石を立てるにあたって、(2)石どうし、さらには作庭者との対話的な関係が構築されることである。驚くべきことに、そのこともまた、『作庭記』の「立石口伝」のなかに明記されている。

　石をたてんには、まづおも石のかどあるをひとつ立おゝせて、次々のいしをば、その石のこはんにしたがひて立べきなり。

（『作庭記』第二十二項）

石を立てるにあたっては、まず、「かど」のある主石を立てる。「かど」とは文字通りに尖っているということだけでなく、才能や趣きも意味する。そして、その主石の「こはんにしたがひて」、他の石を立ててゆかなくてはならないという。

この「こはん」については、今日は「乞はん」(注4)と解釈することが定説化している。すなわち、主石が求めているのに従って、ほかの石を立てなければならないという意味である。ここに、石のアニミズム(注5)を見てとることもできるだろう。石が石を求めているという状況。石を立てるにあたって、作庭者はその状況を理解し、石の意志を摑まなければならない。そうした石たちの対話的な関係によって、最終的に、石による立体的な星座、すなわち石組が成立する。

石は基本的にその形状を保ち続ける。石組は、まさに庭園の骨格として、その形状、位置関係を保ち続ける。少々大仰な言い方をするならば、(3)石組は時間を超越する。この点は、日本庭園の各時代の様式を一貫して共通するところである。

日本庭園の骨格は石組であると述べた。［　　］、それによって何が表現されるのか。

しばしば、日本庭園は理想の風景をうつしていると言われる。理想の風景とは『作庭記』の言葉を借りれば、「生得の山水」「国々の名所」といった自然の風景である。平安時代においては、具体的には陸奥国(注6)・塩竈浦や丹後国・天橋立であった。

ここで注目したいのは、水辺の風景である。(4)日本の庭園には必ず水が引き込まれ、池がつくられる。

なぜ、そうまでして池がつくられたのか。川から水を引いて、それを池に溜めるには多くの労力を要する。ここにはもちろん実用的な機能があった。日本庭園が発達した京都は、盆地ゆえ夏は高温多湿であるため、少しでも涼を得る機能が必要だった。また、そこに水そのものの美が求められたことも大きいだろう。池や水流そのものは絶えず人を魅了する。大きな池のある庭園の場合、その水面に周囲の風景が反映することも、一つの見どころであろう。強めの風が吹いたとき、水面に漣が起こる現象も人を魅了する点である。庭園の池は、言わば、常設の鏡、あるいは画面としてさまざまな様相を見せてくれる。

このように日本庭園の池の役割は、さまざまに数えることができる。が、その根底にあるのは、海を表象することである。

源融(注7)の河原院も、陸奥国・塩竈浦という海辺の風景を模したものであった。それゆえ、その池は、塩竈浦の海のイメージにつながっている。

（原瑠璃彦「日本庭園をめぐる」から）

(注1)『作庭記』＝平安時代に書かれた、造園についての書。
(注2)柳田國男＝日本の民俗学者。
(注3)依代＝神霊が出現するときの媒体となるもの。折口信夫が提唱した語。折口信夫は、日本の国文学者・歌人。
(注4)乞はん＝求めること。
(注5)アニミズム＝自然界のあらゆる事物に霊魂が宿ると信じること。
(注6)陸奥国・塩竈浦や丹後国・天橋立＝ともに海の名所。
(注7)源融の河原院＝源融は、平安時代の貴族。河原院は、源融の建てた邸宅。

1、よく出る 基本 ［　　］に入る語として最も適当なものはどれか。（3点）
ア、だから　イ、では　ウ、ところが　エ、なぜなら

2、(1)「立てる」という人為を加える　とあるが、石を立てることには、どのような意味合いがあると筆者は考えているか。（3点）
ア、石に神霊が宿るようにするという意味合い。
イ、石を素材に神社を建立するという意味合い。
ウ、削った石を山や島に似せるという意味合い。
エ、自然石を庭園から掘り出すという意味合い。

3、難 (2)石どうし、さらには作庭者との対話的な関係　とあるが、どのような関係か。四十五字以内で書きなさい。（6点）

4、(3)石組は時間を超越する　とあるが、どのようなことか。（4点）

ア、日本庭園の石組は、時代で様式を変えることなく、すべての庭園に共通した配列で設置され続けるものだということ。
イ、日本庭園の石組は、時間の経過にしたがって形状を変化させるが、庭園の骨格としての役割を担い続けるということ。
ウ、日本庭園の石組は、どの時代の様式によるものであろうと、後世になっても変わらない姿を見せてくれるということ。
エ、日本庭園の石組は、時代を反映させながら形状を変え、時間の経過と季節のうつろいに気づかせてくれるということ。

5、(4)日本の庭園には必ず水が引き込まれ、池がつくられるについて、ある生徒が次のようにまとめた。これを見て、(Ⅰ)、(Ⅱ)の問いに答えなさい。

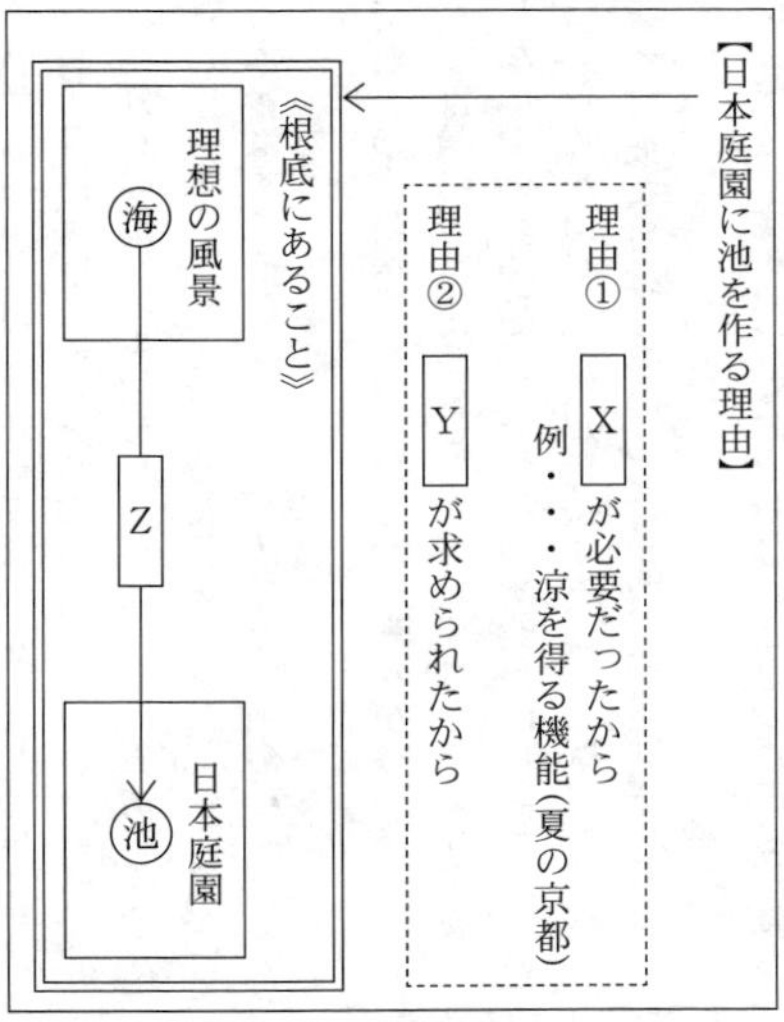

(Ⅰ) X 、 Y に入る語句を、本文中から X は六字、 Y は七字で抜き出しなさい。(各2点)
(Ⅱ) Z に入る語句として最も適当なものはどれか。(2点)
ア、紹介する　イ、表象する
ウ、排除する　エ、直立する

三 (小説文)語句の意味・文脈把握・内容吟味

次の文章を読んで、1から5までの問いに答えなさい。(計22点)

〔元サッカー部の航大は、演劇部部長の凜から、劇の完成度が低いのに満足してしまっている部員たちを引っ張っていけないという悩みを打ち明けられた。その中で凜は、本当の自分は他人の目ばかりを気にして思い悩んでいる薄っぺらな人間なんだと言った。〕

「薄っぺらじゃないだろ。」

余計な一言はさらに彼女を傷付けることになるかもしれないと知りながら、航大は反論した。指摘せずにはいられなかった。

凜が航大に視線を向ける。彼女は痛みに耐えるように[　]いた。濃い黒色の(注1)双眸が、慰めの言葉などいらないと拒絶している。

自分が刃物を手にしているような気分になり、航大は息を呑む。これから口にしようとしている言葉は、果たして本当に彼女のためになるのだろうかと不安になる。口を閉ざし、沈黙に身を委ねたくなった。

腰に手を置き、大きく息を吐く。サッカーをしていたころ、PKを蹴る前に必ずやっていたルーティンだ。肺の中の空気と一緒に、不安と弱気を体外へと追いやる。緊張がほぐれ、心が落ち着いた。

一度口から出た言葉をなかったことにはできない。勢いに任せて、航大は続ける。

「誰に頼まれたわけでもないのに早起きして学校の花を世話しているような人間が、薄っぺらなわけがない。」

「そんなの、たいしたことじゃないよ。」

謙遜ではなく、本心からそう思っているのだろう。凜の声には、突き放すような刺々しさがあった。

怯まずに、航大は言葉を重ねる。

「俺が同じことをしていたら?」

「え?」

「俺や他の誰かが凜と同じことをしていても、たいしたことじゃないと思う? それくらい普通のことだ、って。」

「それは……。」
(1)凜は言葉に詰まり、困ったように眉をひそめた。沈黙が、彼女の答えを雄弁に語っている。他人に優しく、自分に厳しい。それは立派な心持ちだが、それ故に自らの美点を素直に受け入れられないことは、彼女の明確な欠点だ。屋根より高いハードルを見上げて嘆息するなんて、それこそ滑稽だ。
(2)プランターに植えられた花の姿が頭に浮かんだ。一見すると美しいその花も、よく観察してみれば、咲き終わり、枯れた花をいくつもその身に付けたままにしている。重苦しく、辛そうだ。
いまの自分に、彼女の悩みを解決する力はない。しかし、彼女が抱えている不要なものを取り除くことくらいなら、自分にもできるのではないか、と航大は思う。(注2)花がらを摘むように、不当に彼女の心を重くしているものたちを、ひとつひとつ取り払う。それも、彼女の力になるということではないだろうか。

「誰だって人から嫌われることは恐いよ。俺もそうだ。いまだって、自分の行動は凜にとって迷惑なんじゃないかって不安になってる。」

「そんな。迷惑なんかじゃないよ。」

両手を大きく左右に振り、慌てた様子で凜が否定する。その大袈裟な仕草が余りにいつも通りで、航大は少し緊張がほぐれた。

普段の明朗快活な姿を、凜は本当の自分ではないと言った。でも、咄嗟に顔を出した彼女の一面は、航大のよく知る彼女だった。やはりその顔も、彼女を形づくる一部なのだ。たとえ演じていたものであっても、偽りではない。そのことにホッとした。
(3)肩の力が抜ける。重く考えることなんてないのではないかと思えてきた。普段通り、軽口のキャッチボールをするみたいに、思い付きを口にすればいい。それくらい気楽な方が、相手だって変に緊張しないで受け止められる。
「なあ、無責任な提案をしてもいいかな。」

凜が怪訝な顔で航大を見る。

「無責任な言葉なら、あんまり聞きたくないんだけど。」

「それなら止めとくよ。」

航大があっさりと引き下がると、凛はムッとして唇を尖らせた。

「そんなふうに言われると、却って気になっちゃうでしょ。」

「それじゃあ、聞いてみる？」

微かに逡巡(注3)するような間を置いてから、凛が首を縦に振る。

「聞くだけ聞いてあげる。」

航大は頷き、天井を見上げるようにして口を開く。

「今日の部活、休みにしたら。」

期待外れの提案に失望したように、凛の表情が曇った。

「それは無理。ただでさえ稽古がうまくいってないのに、もう本番はすぐそこなんだよ。休んでる余裕なんてないって。」

「でも、いまの状態で稽古したって意味がないんじゃないか？　部員は現状に満足していて、凛はそこに注文をつけられないでいるんだろ。それじゃあ改善のしようがない。」

淡々とした口調で航大が指摘すると、凛は口を閉ざして俯いた。彼女自身、そのことは痛いほど理解しているのだろう。

「休めば改善するってものでもないと思うけどさ、俺の知り合いの役者さんが言ってたんだよ。『適度に休まないと、良い芝居なんてできない』って。」

凛が口を開くが、言葉を発するよりも先に、何かに気付いて固まった。眉をひそめて、航大を睨む。

「それ、私が言った言葉でしょ。」

航大が笑みを深める。

「正解。よく気付いたな。」

以前この場所で、彼女が言っていた言葉だ。雑談の中の軽口のひとつだが、間違っているということもないだろう。休息は大事だ。陽が出ていないときに(4)ガザニアが花を閉じるのは、もちろん裏表があるからなんて理由ではない。それはきっと、余計なエネルギーを使わないようにするためだ。美しく咲き続けるために、体を休める必要性を知っているからだ。


（真紀涼介「勿忘草をさがして」から）

（注1）双眸＝両目。
（注2）花がら＝咲き終わってしおれた花のこと。
（注3）逡巡＝ためらうこと。

1、**基本** [　　] に入る語句として最も適当なものはどれか。（3点）
ア、鼻を高くして
イ、目を細めて
ウ、眉根を寄せて
エ、舌を巻いて

2、(1)凛は言葉に詰まり　とあるが、凛が言葉に詰まったのはなぜか。（4点）
ア、たいしたことではないと言った自分の行動を、航大がしていたら立派なことだと考える自分の中の矛盾に気付いたから。
イ、自分の言動を否定することにつながる航大の発言は、今の自分にはとても受け入れられるものではないと気付いたから。
ウ、航大を傷付けないよう本音を言わない自分の態度が、結果として航大を傷付けることにつながっていると気付いたから。
エ、他人に優しくすることが自分の美点だと思っていたが、航大の発言から時には厳しくすることも必要だと気付いたから。

3、(2)プランターに植えられた花の姿が頭に浮かんだ　とあるが、それはなぜか。四十字以内で書きなさい。（5点）

4、(3)肩の力が抜ける　とあるが、ここから航大のどのような心情の変化が読み取れるか。六十五字以内で書きなさい。（6点）

5、(4)ガザニア　とあるが、航大はガザニアを通して、凛にどのような思いを抱いているか。（4点）
ア、ガザニアが夜には花を閉じても太陽の出ているときを選んで美しく咲くように、凛にも自分の前では普段通り明朗快活でいてほしいという思い。
イ、ガザニアが計算高く余計なエネルギーを使わずに美しい花を咲かせるように、凛にも他人の反応を計算しつつ悩みを解決してほしいという思い。
ウ、ガザニアが昼に咲いて夜には閉じる二面性があるからこそ美しいように、凛にも他人の目を気にして本音を隠す欠点を認めてほしいという思い。
エ、ガザニアが夜には花を閉じてエネルギーを蓄えながら美しく咲き続けるように、凛にも休息をとることで美点を輝かせ続けてほしいという思い。

四 （古文）仮名遣い・内容吟味

次の文章を読んで、1から4までの問いに答えなさい。（計14点）
（……の左側は現代語訳である。）

近き世、学問の道ひらけて、大かたよろづのとりまかなひ（大体において様々なことの取り扱いが）、聡く賢くなりぬるから、とりどりに新たなる説を出だす人多く、その説よろしければ、世にもてはやさるるによりて、なべての（一般の）学者、(1)いまだよくもととのはぬほどより、われ劣らじと（劣るまい）、世に異なる珍しき説を出だして、人の耳をおどろかすこと、今の世のならひなり。その中には、随分によろしきことも、まれには出でくめれど（出てくるようだが）、大かたいまだしき（未熟な）学者の、心はやりて言ひ出づることは、ただ、人にまさらむ勝たむの心にて、軽々しく、前後へをもよくも考へ合さず、思ひよれるままにうち出づる（発表する）故に、多くはなかなかなる（中途半端な）(2)いみじきひがこと（間違い）のみなり。すべて新たなる説を出だすは、いと大事なり。いくたびもかへさひ（繰り返し）思ひて、よく確かなるよりどころをとらへ、いづくまでもゆきとほりて、たがふ所なく、動くまじき（揺れ動かないよう）にあらずは、たやすくは出だすまじきわざ（出してはいけないこと）なり。その時には、うけばりて（自信満々で）良しと思ふも、ほど経て後に、いま一たびよく思へば、なほ（やはり）悪かりけりと、我ながらだに思ひならるる事の多きぞかし。
（でさえそういう気になる）（であるよ）
（『玉勝間』から）

1、**よく出る** **基本** ならひ は現代ではどう読むか。現代かなづかいを用いて、すべてひらがなで書きなさい。（2点）

2、(1)いまだよくもととのはぬほどより の意味として最も適当なものはどれか。（2点）

ア、まだ学者が世に広く知られないうちから
イ、まだ研究が十分にまとまらないうちから
ウ、まだ研究が世に広まっていないうちから
エ、まだ学者が十分に収入を得ないうちから

3、(2)いみじきひがこと とあるが、このことについてまとめた次の文の□に当てはまる言葉を、本文中から十一字で抜き出して答えなさい。（3点）

> 未熟な学者が焦って言い出す学説は、「□」を持つことで軽々しく思いつくままに発表してしまうものが多く、そうした学説の多くはひどい間違いばかりだということ。

4、次の会話文は、この文章を読んだ生徒の会話である。これを読んで、(I)、(II)の問いに答えなさい。

> 生徒A「この文章の著者である本居宣長（もとおりのりなが）は、この文章を通してどんなことを伝えたかったのかな。」
> 生徒B「自分の考えを世に発表する際には、何度も繰り返し考え、[X]ことが大切で、そうでなければ出してはいけないと述べているね。」
> 生徒C「宣長自身も、よく考えて自信をもって発表した学説でも、後から考え直したときに、やっぱりよくなかったなと思うこともあると述べているね。」
> 生徒B「じゃあ現代の私たちが情報や考えを発信する際には、どのようなことに注意するべきなのかな。」
> 生徒A「現代は昔よりもさらに情報発信が簡単になっていて、誰もが[Y]できてしまうことに注意するべきだと思うよ。」
> 生徒B「たしかにそうだね。それは本居宣長の教訓からも読み取れるね。」
> 生徒C「私たちが古文から学べることはたくさんありそうだね。」

(I) [X]に入る内容を、現代語で二十字以内で書きなさい。（4点）

(II) 本文と生徒の会話を踏まえて、[Y]に入る内容として最も適当なものはどれか。（3点）

ア、自分や家族の個人情報を意図せずに不特定多数に発信
イ、他人の意見や考えをあたかも自分のもののように発信
ウ、誤った考えであっても正しい考えだと思い込んで発信
エ、受け取った人がどんな気持ちになるかを考えずに発信

五　熟語・品詞識別・要旨・内容吟味・条件作文

次の1、2の問いに答えなさい。（計22点）

1、次の会話文は、「環境問題解決のために」というテーマでポスター作成を行っているグループの会話の一部である。これを読んで、(1)から(5)までの問いに答えなさい。

> 生徒A「私たちのグループは、『海洋プラスチックごみ』の問題について、ポスターを作成しようよ。」
> 生徒B「インターネット上の①最新のデータや、各地の取り組みなどを調べてみようか。」
> 生徒C「それは②よい考えだね。」
> 生徒A「ちなみに、栃木ではこの問題に対してどのような取り組みをしているのか、栃木県のホームページで確認しよう。」
>
> > 【栃木県のホームページ】
> > 海洋プラスチックごみは、山から川、川から海へとつながる中で発生するものであり、上流の栃木県においても自分の問題として考えていく必要があるため、令和元（二〇一九）年八月二十七日に県及び県内全二十五市町による「栃木からの森里川湖（もりさとかわうみ）プラごみゼロ宣言」を行いました。
>
> 生徒B「栃木県のホームページには、栃木でも問題の解決に向けて取り組んでいると書いてあるね。この栃木県のホームページの内容をポスターに載せるとよいかもね。」
> 生徒C「なるほどね。そういえば以前、図書館でこんな俳句を見つけたよ。」
>
> > 鮭（さけ）のぼる川（かわ）しろじろと明（あ）けにけり　皆川盤水（みながわばんすい）
>
> 生徒A「この俳句から□がイメージできるね。ポスターに生かせないかな。」
> 「③ホームページにある宣言は、俳句に詠（よ）まれているような自然環境を守りたいということだよね。二つを関連させたポスターにしてみたらどうかな。」

(1) **基本** ①最新 と熟語の構成が同じものはどれか。（2点）

ア、予定　イ、温暖　ウ、進退　エ、無休

(2) **基本** ②よい の品詞名として最も適当なものはどれか。（2点）

ア、名詞　イ、動詞　ウ、形容詞　エ、形容動詞

(3) 会話文中の【栃木県のホームページ】に書かれていることとして最も適当なものはどれか。（2点）

ア、豊かな水資源が人の生活を支えていることが書かれている。

イ、海洋プラスチックごみが生態に及ぼす影響が書かれている。
ウ、栃木が排出する海洋プラスチックごみの量が書かれている。
エ、栃木と海とのつながりを考えていく重要性が書かれている。

(4) □に入る内容として最も適当なものはどれか。(2点)
ア、秋に川から海へ帰っていく鮭
イ、秋に海から川へ帰ってくる鮭
ウ、春に海から川へ帰ってくる鮭
エ、春に川から海へ帰っていく鮭

(5) ③ホームページにある宣言は、俳句に詠（よ）まれているような自然環境を守りたいということだよね。二つを関連させたポスターにしてみたらどうかな　とあるが、この生徒Aの発言を説明したものとして最も適当なものはどれか。(2点)
ア、これまでの発言の誤った点を指摘して訂正している。
イ、これまでの発言を否定して自分の意見を述べている。
ウ、これまでの発言で疑問に思ったことを質問している。
エ、これまでの発言の内容を整理しながらまとめている。

2、**思考力** 美化委員会では、地域の人たちと一緒に、自然を守ることを啓発するポスターを、地域に掲示する活動を計画している。あなたは、A、Bどちらのポスターを選ぶか。二百字以上二百四十字以内で書きなさい。(12点)
なお、次の《条件》に従って書くこと。
《条件》
(i) AとBのどちらかのポスターを選ぶこと。
(ii) 選んだ理由を明確にすること。

A

B

群馬県

時間 50分　満点 100点　解答 P10　2月21日実施

出題傾向と対策

●論説文、小説文、古文、資料を読み取り自分の意見を書く条件作文、漢字の読み書きと漢文の返り点の大問五題構成。設問の数は多くないものの、一つの大問に複数の文章、資料、対話文などが入っているため、正確に組み合わせ、読み解く必要がある。
●大問一題ごとの文章はそれほど長くなく、問題も難度は高くないが、多様な資料をすばやく処理する能力が要求されるため視野を広く持ちたい。基本知識を問う問題も多くあるので確実に得点できるよう反復学習を。

一 (論説文)文脈把握・内容吟味・要旨

春香さんたちは、次の〔文章Ⅰ〕と〔文章Ⅱ〕を読み、生物の進化について考えを深めようとしています。これらの文章を読んで、後の㈠～㈥の問いに答えなさい。(計28点)

〔文章Ⅰ〕
すべての生物は進化をします。「進化」という言葉はいろいろな分野で少し違った意味で使われていますが、ここでの「進化」は生物学的な進化を指します。すなわち、ダーウィンが述べた「多様性を持つ集団が自然選択を受けることによって起こる現象」のことです。
この進化の原理はとても単純です。まず、生物は同じ種であっても個体ごとに少しずつ遺伝子が違っていて、その能力にも少しだけ違いがあること、つまり能力に多様性があることを前提とします。
たとえば、池の中にミジンコがたくさんいて、みんな少しずつ泳ぐ速さが違うといった状況をイメージしてください。[i]ミジンコは、泳ぐのが遅いミジンコよりもきっと餌を多く手に入れることができるでしょうし、ヤゴなどの天敵から逃げやすいので長く生き残ってたくさんの子孫を残すでしょう。そして次の世代のミジンコ集団では泳ぐのが速いミジンコの割合が増えていることでしょう。

この子孫を残しやすい性質が集団内で増えていく現象が「自然選択」と呼ばれます。多様性があってそこに自然選択が働くと、より子孫を残しやすい性質がその生物集団に自然に広がっていくことになります。

このように集団の性質がどんどん変わっていくことが生物学的な「進化」と呼ばれます。自然選択が起こると特定の性質が選ばれるので、一時的に多様性は小さくなってしまいますが、そのうち遺伝子に突然変異が起きてまたいろいろ性質の違う個体が生まれると［ii］は回復します。そしてまた自然選択が起こり、進化が続いていくことになります。

ここで例として挙げた進化では泳ぐのが速くなるくらいの小さな変化ですが、おそらくこれを気の遠くなるほど続けた結果が、私たち人間を含む現在に生きる生物たちです。私たちの祖先は細菌のような単細胞生物だったと言われていますが、このような多様性と自然選択を気の遠くなるような数だけ繰り返して、より生き残りやすい性質を生み出し選んできました。その結果、現在の私たち人間や、現在生きているすべての生物のような複雑な生物へと進化していったと考えられています。

増える能力の話に戻ります。実は、進化が起こるには増える能力が前提として必要です。つまり、増えなかったら進化することはあり得ません。

たとえば、Ａ増える能力を持たない岩石を考えてみましょう。岩石にも多様性があります。河原にある様々な石を思い浮かべてみてください。丸い石、ごつごつした石、平べったい石など形もいろいろですし、石のでき方によって種類も、チャート、砂岩、石灰岩、蛇紋岩など様々です。この違いによって、石ごとに硬い、柔らかい、脆いなど性質が異なります。つまり性質に多様性があります。この性質の違いにより自然選択がおこり、何年も経ったあとの残りやすさに違いが生まれます。たとえば、砂岩などは比較的柔らかいので他の岩石よりも早く風化してなくなり、ほかのもっと硬い岩石はずっと形を保って残り続けることになるでしょう。

ここまでの現象は、必要な時間は違いますがミジンコと同じです。しかし、ミジンコとは違って岩石は自らを増やすことはありません。したがって、どんなに生き残りやすい丈夫な性質を持っていたとしても、その性質が次世代に受け継がれることはありませんし、集団内に広がることもありません。いつかは砕けてしまって、また上流から新しい石が流れてきて、元の状態に戻るだけです。

Ｂここに増えるものと増えないものの違いがあります。ミジンコは増えて、どんどん性質がその環境に適したものに変化していきます。一億年前のミジンコは現在のミジンコときっと異なる性質を持っていました（少なくともＤＮＡ配列は大きく異なるはずです）。一方で増えない岩石は変化することはありません。一億年前の河原にあった石の性質は、現在の河原にある石の性質と変わることはないはずです。

（市橋伯一『増えるものたちの進化生物学』による。）

〔文章Ⅱ〕

現実の生物でも、自然選択は非常に重要だ。地球の環境はつねに変化する。たとえば、気温が摂氏二〇度から〇度になったとしよう。そのとき、生物が変化しなければ、つまり二〇度に適応したままならば、生物は寒くて絶滅してしまうだろう。【ア】

また、自然選択が働かずに、ただやみくもに変化するだけでも困る。【イ】気温は二〇度から〇度に変化したのに、生物の方は二〇度に適応したものから四〇度に適応するように変化したら、やはり寒くて絶滅してしまう。

環境の変化に合わせるように、いや正確には環境の変化を追いかけるように、生物を変化させられるのは、自然選択だけである。【ウ】もし自然選択が働いていれば、気温が二〇度から〇度になったら、生物は二〇度に適応したものから多分一〇度ぐらいに適応したものに変化できる。【エ】環境の変化よりは少し遅れるものの、自然選択は環境の変化を追いかけるように、生物を変化させることができるのである。

さらに、もう一つ、自然選択にはよいところがある。地球の環境は、場所によって異なる。赤道直下は暑いし、南極は寒い。熱帯多雨林には雨が多いが、砂漠では少ない。そんないろいろな環境に適応していけば、生物はさまざまな種に多様化していくだろう。

つまり、自然選択によって、生物は多様化しつつ、環境の変化についていけずに一部の生物が絶滅することはあっても、すべての生物が絶滅することは滅多にないだろう。実際に地球では、およそ四十億年もの長きにわたって、生物は生き続けてきたのである。こんなに長く生き続けてこられたのは、自然選択のおかげなのだ。

（更科功『若い読者に贈る美しい生物学講義——感動する生命のはなし』による。）

（注）摂氏二〇度……20℃のこと。

㈠〔文章Ⅰ〕中［i］、［ii］に当てはまる言葉を、〔文章Ⅰ〕中からそれぞれ抜き出して書きなさい。ただし、［i］は六字、［ii］は三字とする。

㈡〔文章Ⅰ〕中Ａ——「増える能力を持たない岩石」とありますが、筆者がここで増える能力を持たない「岩石」を例として挙げた理由として最も適切なものを、次のア～エから選びなさい。

ア、「岩石」などの身近な例を挙げることは、自然選択が私たちの生活に欠かせないという考えの裏付けとなるから。

イ、進化にかかる時間の長さを述べるためには、変化する時間に差がある「岩石」を取り上げておくことが必要だから。

ウ、「岩石」は生物と同様に残りやすさに違いがあり、増える能力を持つ生物と比較する際の対象として適しているから。

エ、「岩石」に様々な性質があることを紹介することで、増える能力を持つ生物にも様々な性質があることが明らかになるから。

(三) 〔文章Ⅰ〕中B――「ここに増えるものと増えないものの違いがあります」とありますが、増えるものには、増えないものと違ってどのような特徴があるということが述べられていますか、書きなさい。

(四) 次の［　］で囲まれた文は、〔文章Ⅱ〕中の【ア】～【エ】のいずれかの箇所に入ります。当てはまる箇所として最も適切なものを、ア～エから選びなさい。

> そして時間が経てば、○度に適応したものも現れてくるだろう。

(五) **よく出る** 〔文章Ⅰ〕と〔文章Ⅱ〕に共通している表現の特徴を説明したものとして最も適切なものを、次のア～エから選びなさい。

ア、「です」「ます」を用いて丁寧に説明することで、専門外の読者であっても、内容が理解しやすいよう工夫している。

イ、冒頭で示した話題について、様々な状況を「たとえば」を用いて取り上げながら、分かりやすい説明となるようにしている。

ウ、従来の一般的な考え方に対して、具体的なデータに基づいた数値を示すことで、新たな視点を読者に提示しようとしている。

エ、専門的で難しい内容について、「　」や比喩を多用しながら、読者が自分自身のこととして考えることができるよう配慮している。

(六) 春香さんたちは、〔文章Ⅰ〕と〔文章Ⅱ〕を読んで、その内容について意見を述べることにしました。次のア～エのうち、〔文章Ⅰ〕と〔文章Ⅱ〕の内容を適切に読み取れているものを、全て選びなさい。

ア、春香さん　〔文章Ⅰ〕と〔文章Ⅱ〕は、両方とも進化について書かれたものであり、どちらの文章でも、生物が多様であることと、自然選択によって進化するということを述べているね。

イ、夏世さん　〔文章Ⅰ〕も〔文章Ⅱ〕も、環境が大きく変化することで生物の進化が起こるということが述べられていて、生物の進化の原理はとても複雑だということが筆者の主張になっているね。

ウ、秋斗さん　〔文章Ⅰ〕では、生物は増えることで性質が次世代に引き継がれるということを述べていて、〔文章Ⅱ〕では、生物は多様化することで、現在まで生き残り続けることができたと述べているね。

エ、冬輝さん　〔文章Ⅰ〕では、小さな変化を数多く繰り返すことで複雑な生物へと進化してきたことが述べられていて、〔文章Ⅱ〕では、環境の変化に適応するように生物も変化するということが述べられているね。

三 (小説文)語句の意味・内容吟味

次の文章を読んで、後の(一)～(四)の問いに答えなさい。（計17点）

『カッシーニが見たのと同じ景色を見よう！』

他の部が必ずと言っていいほど、欄を「楽しい部です」とか「新入生大歓迎」という文字で埋めているのと違って、亜紗はそういう類のことは一切書かなかった。見出しのように書いたその一行の下に、部室に保管されている空気望遠鏡の絵を描き、ただ説明を添えた。

『三高の天文部には、過去の先輩たちが作った大きな「空気望遠鏡」があります。三百年前にカッシーニが土星を見たのと同じ望遠鏡で、私たちと星を見ませんか。』

「Aとてもいいと思います。亜紗ちゃんに原稿をお願いしてよかった。」

晴菜先輩にまた褒められて、亜紗はいよいよ困ってしまう。照れ隠しに、「あ、いやいやー。」とつい、早口になる。

「自分だったら、どんなことが書いてあったら興味を持つかなって考えただけなんです。私も、入ってきてすぐの頃に空気望遠鏡を見せてもらえたの、すごくわくわくしましたから。」

「ええ。あの望遠鏡は私たちのOGが残してくれた、素晴らしい財産です。」

晴菜先輩がにっこりする。そうやって、自分の先輩たちの話をする晴菜先輩は誇らしげで嬉しそうだ。でもだからこそ、晴菜先輩が自分の代で活動を絶やすわけにはいかないと思っている責任感も強く伝わってくる。

B三高天文部の、亜紗たちの数代前のOGたちが製作した空気望遠鏡は焦点距離九・五メートル、全長は十メートルほど。かなり巨大なもので、亜紗も去年、入学して最初の頃に見て、とても驚いた。亜紗と凛久の入部を歓迎して、当時二年生だった晴菜先輩や当時の三年生が組み立ててくれたのだ。圧倒されながら、亜紗や凛久もその作業を手伝った。

空気望遠鏡は十七世紀後半に発明された望遠鏡で、迷光を遮る遮光板と、先端に直径十センチほどのレンズがついている。遮光板とレンズを支える金属のメインフレームを下から木製の昇降装置が支えていて、フレームはあるけれど、筒がない。透明な筒を支えるような形で長いフレームがレンズと接眼部をつなぐのが「空気望遠鏡」と呼ばれる所以で、完成した全体を見ると、まるで建設現場にある何かの機材のようだ。教えてもらっていなければ、それが望遠鏡だとすぐにはわからなかっただろう。亜紗たちがそれまで知っていた「望遠鏡」とはそれくらい、何もかもが違う。

巨大な姿に圧倒されたけれど、聞けば、空気望遠鏡は長くすればするほど鮮明に星を観ることができるそうで、先輩たちが作った望遠鏡は、イタリア出身のフランスの天文学者ジョヴァンニ・カッシーニが土星の輪を観測したのと同じ方式のものだ。

フレームのボルトをひとつひとつ締め、全員でかけ声を合わせて「せーの！」と持ち上げ、二時間近くかけてみんなで組み立てて完成させた望遠鏡を、新入生の亜紗は覗かせてもらった。先輩たちがまず見せてくれたのは月だ。白く輝く視界にクレーターが確認できた瞬間、亜紗も凛久も興奮したが、その後、先輩たちがさらに望遠鏡の角度を変えて、調整し、土星を見せてくれた時には、さらにさらに、より大きな感動があった。

「土星をつかまえるのはなかなか難しいんだけど——。」

空気望遠鏡で土星の輪が、ちゃんと見えた。カッシーニが三百年前に見た視界と同じ、土星。

星と輪の間に確かに隙間があるのが確認できる。その時の痺(しび)れるような嬉しさはちょっと言葉にならなかった。その時に、先輩たちが亜紗と凛久に「カッシーニの間隙(かんげき)」についても教えてくれた。カッシーニは土星の四つの衛星や、土星の輪が複数の輪で構成されていることを発見したことで知られているが、彼が発見した輪と輪の隙間はその名も「カッシーニの間隙」と呼ばれている。

「私たちの望遠鏡じゃ、かろうじて確認できるかなって感じだけど。」

星と輪の隙間とは別に、輪と輪の間にわずかに隙間がある。亜紗も凛久も、瞬(まばた)きをこらえて、長い時間、レンズの向こうに食い入るように[　　]。

先輩たちは謙遜(けんそん)のように「かろうじて」と言ったけれど、亜紗は深く、深く感動していた。C夜空に向けられた望遠鏡を通じて、自分が宇宙と一緒に時間まで旅したような感覚があった。

（辻村深月『この夏の星を見る』による。）

（注）三高……亜紗たちが通う高校。
OG……女子の卒業生のこと。

(一) **基本** 文中[　　]に当てはまる語句として最も適切なものを、次のア～エから選びなさい。

ア、目を奪った　イ、目を盗んだ
ウ、目を点にした　エ、目をこらした

(二) 文中A——「とてもいいと思います。亜紗ちゃんに原稿をお願いしてよかった」とありますが、「晴菜先輩」がこのように言うのは、天文部を紹介する原稿がどのようであったからですか。最も適切なものを、次のア～エから選びなさい。

ア、土星の輪の美しさをイメージさせるデザインとなっていたから。
イ、天文部の財産や部員の思いをうまく伝える表現となっていたから。
ウ、部員一人一人の責任感の強さを思い起こさせるものであったから。
エ、カッシーニの偉業を乗り越えたい思いが伝わるものであったから。

(三) 文中B——「三高天文部の、亜紗たちの数代前のOGたちが製作した空気望遠鏡」とありますが、三高天文部にある空気望遠鏡について述べたものとして適切なものを、次のア～オから全て選びなさい。

ア、遮光板とレンズを支えるフレームは存在するが、筒はない。
イ、十七世紀の天文学者カッシーニが日本に持ち込んだものである。
ウ、月を見ることはできるが、土星の輪までは見ることができない。
エ、建設現場にある機材を参考にしてデザインされたと言われている。
オ、金属のメインフレームを木製の昇降装置が支える形となっている。

(四) 文中C——「夜空に向けられた望遠鏡を通じて、自分が宇宙と一緒に時間まで旅したような感覚があった」とありますが、「宇宙と一緒に時間まで旅したような感覚」とは、「亜紗」にとってどのような感覚だったと考えられますか、書きなさい。

三 (古文)表現技法・仮名遣い・口語訳・内容吟味・動作主

松田さんたちは、『小倉百人一首』にある、貞信公（藤原忠平(ただひら)）の歌「小倉山峰のもみぢ葉心あらばいまひとたびのみゆき待たなむ」について調べることにしました。次の〔会話文〕と〔文章〕を読んで、後の(一)～(五)の問いに答えなさい。（計16点）

〔会話文〕

松田さん　歌の中に「もみぢ葉」が出てくるから、この歌は、秋の紅葉の時期によんだ歌ということになるかな。

竹野さん　そうだね、秋だね。私がおもしろいと思ったのは、「峰のもみぢ葉心あらば」というところだな。この歌をよく見てみると[Ⅰ]が使われているよね。

梅山さん　確かにそうだね。私は、「いまひとたびのみゆき」が気になったけれど、そもそも「みゆき」って何のことだろう。

松田さん　辞書で調べてみると、「行幸」や「御幸」と書いて、天皇や法皇がお出かけになることを言うみたいだよ。

竹野さん　なるほどね。この歌をよんだ背景が分かれば、もう少し歌の理解が深まる気がするな。

梅山さん　さっき調べてみたら、平安時代の歌物語『大和物語』に、この歌がよまれた経緯が書かれているみたいだよ。次の〔文章〕がそれだね。

松田さん　そうか、なるほどね。この歌の最後にある「待たなむ」は「待っていてほしい」という意味みたいだから、つまり、この歌には、[Ⅱ]という思いが込められているということになるね。

〔文章〕

亭子(ていじ)の帝(みかど)の御ともに、おほきおとど、大井に仕うまつりたまへるに（おいでになったとき）、紅葉(もみぢ)、小倉の山にいろいろいとおもしろかりけるを、かぎりなくめでたまひて、「行幸(みゆき)もあらむに（天皇の行幸がありましたら）、いと興ある所になむありける。かならず奏してせさせたてまつらむ（必ず醍醐天皇に申しあげて実現させるつもりです）。」など申したまひて、ついでに、

小倉山峰のもみぢ葉心あらば（心があるならば）いまひとたびのみゆき（天皇の行幸を）待たなむ（待っていてほしい）

となむありける。かくてかへりたまうて奏したまひければ（天皇に申しあげなさったところ）、「いと興あることなり。」とてなむ、大井の行幸といふところ

ふことはじめたまひける。

（『大和物語』による。）

（注）亭子の帝……宇多法皇のこと。醍醐天皇の父親。
おほきおとど……太政大臣である藤原忠平のこと。
大井……京都にある大井川（大堰川）のこと。
小倉の山……京都にある小倉山のこと。

(一) **基本** 〔会話文〕中 Ⅰ に当てはまる語として最も適切なものを、次のア～エから選びなさい。

ア、対句　イ、倒置　ウ、擬人法　エ、体言止め

(二) **よく出る** **基本** 〔文章〕中══「申したまひて」を現代仮名遣いで書きなさい。ただし、全て平仮名で書くこと。

(三) 〔文章〕中――「いろいろいとおもしろかりける」の意味として最も適切なものを、次のア～エから選びなさい。

ア、様々な人が互いに笑い合っていた
イ、様々な色あいでたいそう美しかった
ウ、様々な花がとても鮮やかに咲いていた
エ、様々なできごとに好奇心をかき立てられた

(四) 〔会話文〕中 Ⅱ に当てはまる内容として最も適切なものを、次のア～エから選びなさい。

ア、紅葉するのはもうひと月ほど待つべきだ
イ、天皇が見に来るまで紅葉を保ち続けてほしい
ウ、来年からは法皇が来る際に紅葉を見せてほしい
エ、法皇とともに天皇がやってくるのを待ち続けたい

(五) 次の〔まとめ〕は、〔文章〕を読んで、松田さんたちが貞信公の歌についてまとめたものです。後の①、②の問いに答えなさい。

〔まとめ〕

○歌がよまれた経緯
［場面］ Ⅲ のお供で大井川に行ったとき。
［思い］小倉山の紅葉を Ⅳ にも味わってほしい。
［行動］歌をよむ。
小倉山峰のもみぢ葉心あらばいまひとたびのみゆき待たなむ

↓

○その後
「いと興あることなり。」（ Ⅳ の発言）
これ以降、「　　」が始まった。

① 〔まとめ〕中 Ⅲ 、 Ⅳ に当てはまる人物として最も適切なものを、次のア～エからそれぞれ選びなさい。

ア、宇多法皇　イ、醍醐天皇
ウ、藤原忠平　エ、『大和物語』の作者

② 〔まとめ〕中　　に当てはまる語句を、〔文章〕から抜き出して書きなさい。

四 文脈把握・条件作文

秋斗さんたちは、国語の授業で、「海外に伝えたい日本の魅力」というテーマで発表を行うことになりました。次の〔会話文〕は、発表に向けた会話の一部で、〔資料〕は会話の際に用いたものです。これらを読んで、後の(一)、(二)の問いに答えなさい。（計20点）

〔会話文〕

秋斗さん　「日本の魅力」といっても様々な分野があるから、少し絞って考えたほうがいいかもね。

冬輝さん　インターネットを見ていたら、こんなデータ（〔資料〕）があったよ。これをもとに考えてみるのはどうかな。

春香さん　なるほど、いいかも。この〔資料〕は、日本の文化芸術の中で諸外国に発信すべきものは何かという問いに対する回答のデータだね。

夏世さん　様々なジャンルのうち、全体での順位が上位五位までのものを取り出しているんだね。一位は、「マンガ、アニメーション映画」なんだね。比較的幅広い年齢層で割合が高そうだよ。

秋斗さん　うん。でも、六十歳以上の年齢層に目を向けると、それほどでもないみたい。むしろ、「食文化」を見てみると、どの年齢層でも同じように高めの割合となっていることが分かるよ。

夏世さん　特に、 Ⅰ の年齢層においては、五つのジャンルの中で「食文化」の割合が最も高いみたいだね。「食文化」と言っても、いろいろなものが考えられるよね。おせち料理を食べる習慣とか、料理の盛り付け方とか、そういうものも含むわけでしょ。

秋斗さん　そうか。僕はすしをイメージしたけれど、もしかしたら、ラーメンをイメージする人もいるかもしれないね。

春香さん　私は、「食文化」や「歴史文化」を、日本の魅力として海外に伝えたい気がするな。旅行で京都に行ったときには、実際に海外の人もたくさん見かけたよ。

夏世さん　うーん。私は、「マンガ、アニメーション映画」も魅力があると思うけどなあ。まあ、でも、「文化」や「伝統」など、その国や地域に根ざした特有のものを、魅力として海外に伝えるのがいいのかもしれないね。

冬輝さん　〔資料〕に戻ると、「伝統芸能」は、七十歳以上の年齢層では、五つのジャンルの中で最も割合が高いことが分かるよ。それに、「伝統芸能」や「日本の伝統音楽」については、若い年齢層の人たちはあまり選ばないだろうと思ったけれど、 Ⅱ みたいだよ。

秋斗さん　確かにそうだね。〔資料〕からいろいろなことが分かって、参考になったな。発表に向けては、海外の人に知ってもらいたいことは何かとか、自分が見聞きしたり経験したりしたことを通して伝えたいことは何かとか、そういう観点からジャンルを絞ってみるのがいいかもしれないね。

〔資料〕

「あなたは、どのようなジャンルを日本の文化芸術の魅力として諸外国に発信すべきだと思いますか。（複数選択可）」

	全体	年齢別						
		18〜19歳	20〜29歳	30〜39歳	40〜49歳	50〜59歳	60〜69歳	70歳以上
マンガ、アニメーション映画	27.6%	27.4%	31.9%	37.0%	36.3%	31.0%	24.5%	15.5%
食文化	26.2%	21.0%	21.5%	25.5%	29.9%	27.7%	28.6%	24.2%
伝統芸能（歌舞伎、能・狂言、雅楽など）	23.3%	21.0%	12.7%	18.0%	17.7%	22.5%	26.1%	33.0%
日本の伝統音楽（長唄、和太鼓など）	19.6%	24.2%	17.4%	17.2%	16.9%	17.8%	20.1%	23.9%
歴史文化（歴史的な建造物、文化財など）	14.5%	8.1%	7.4%	10.2%	13.1%	16.9%	16.4%	18.5%

「文化に関する世論調査報告書」（令和５年３月　文化庁）により作成

(一)〔会話文〕中 I 、II に当てはまる内容として最も適切なものを、それぞれ後のア〜エから選びなさい。

I
ア、四十〜四十九歳　イ、五十〜五十九歳
ウ、六十〜六十九歳　エ、七十歳以上

II
ア、十八〜十九歳の年齢層では、他の三つのジャンルより割合が高い
イ、二十〜二十九歳の年齢層では、他の三つのジャンルより割合が低い
ウ、十八〜十九歳の年齢層では、ともに二十％以上になっている
エ、二十〜二十九歳の年齢層では、ともにわずか十％台でしかない

(二) 思考力 〔会話文〕中——について、秋斗さんたちは、次のA〜Cの三つのジャンルの中から一つを選んで発表することにしました。A〜Cのうち、あなたなら、どのジャンルの魅力について発表したいと考えますか。あなたがそのジャンルを発表したいと考えた理由を、そのジャンルに関する自分の経験等を踏まえ、百四十字以上、百八十字以内で書きなさい。（句読点等も一字として数えること。）ただし、一マス目から書き始め、段落は設けないこと。なお、選んだ記号を書くこと。

A　食文化
B　伝統芸能
C　歴史文化

五 漢字の読み書き・古典知識　よく出る　基本

次の(一)〜(三)の問いに答えなさい。（計19点）

(一) 次の①〜④の——の平仮名の部分を漢字で書きなさい。
①友人に鉛筆をかりる。
②はたを振って応援する。
③物事をひはん的に考える。
④会員としてとうろくする。

(二) 次の①〜④の——の漢字の読みを平仮名で書きなさい。
①変化が著しい。
②踊りの稽古をする。
③鋭い洞察力を持つ。
④偉人の軌跡をたどる。

(三) 次の〔書き下し文〕の読み方になるように、後の〔漢文〕に返り点を書きなさい。

〔書き下し文〕過(あやま)ちては則(すなは)ち改むるに憚(はばか)ること勿(な)かれ。

〔漢文〕過チテハ則チ勿カレ憚ルコト改ムルニ。

埼玉県

時間 50分
満点 100点
解答 P11
2月21日実施

出題傾向と対策

●小説文、漢字の読み書き・国語知識・スピーチに関する問題、論説文、古文、条件作文の大問五題構成。小説は標準的だが、論説文はやや難しい。記述問題は、本文中から必要な語句を見つけて文章をまとめる力が試される。

●漢字や文法などの基礎知識は確実に身につけておくこと。条件作文は、資料から必要な内容を読み取り、それに対する自分の意見を述べる練習をしておくとよい。選択問題の難度は高くないものの、記述問題が多く、作文もあるので時間配分に留意したい。

一 (小説文)内容吟味

次の文章を読んで、あとの問いに答えなさい。(計26点)

> 中学一年生の安藤真宙は、サッカー部が部員不足でなくなってしまい、サッカーを続けることができなくなる。他に入りたいと思う部活がひとつもない真宙は、ある日の帰り道、同級生の中井天音から、理科部へ誘われる。天音の話を聞きながら歩いていると、校庭で機械を運ぶ高校生たちの姿が目に入る。その様子を見ていた真宙は、高校生の中に小学校のサッカーチームの先輩、柳数生を見つけ、久しぶりに言葉を交わす。

「あの、すみません!」

天音が、隣で声を上げた。

「皆さん、何をしてるんですか?」

いきなり大きな声を上げた年下の女子に、柳くんが「へ?」と呟く。すると、答えを待たずに彼女が聞いた。

「ひょっとして、ウチュウセンの観測ですか?」

今度は真宙が「へ?」と思う番だった。ウチュウセン——。頭の中に飛行船のように細長い機体の「宇宙船」がイメージされる。
①中井、何言ってんの? と当惑して、思わず空を見上げる。だけど、何も確認できない。驚いたのはその後だ。こっちを見ていた柳くんが「おー!」と嬉しそうに声を張り上げたのだ。
「そうそう。宇宙線クラブ。知ってるの?」

「知ってます。じゃ、あれが検出器ですか?」

「うん。そう、仙台の大学から借りたやつ。」

「すごい! 初めて見ます。結構大きいんですね。」

盛り上がる二人を眺めながら——だけど、真宙はちんぷんかんぷんだ。水を差すようで気が引けたけど、「あのー。」と話しかける。

「ウチュウセンクラブって、なんですか。」

「あ、ひょっとして『船』の字の方、連想した? 宇宙船。だったら、オレと同じだー。」

柳くんが軽やかな口調で言う。真宙が「はあ。」と呟くと、柳くんが、仲間の方を振り返る。

「『船』じゃなくて、ラインの『線』の字の方で、宇宙線。宇宙に飛び回ってる、粒子のことをそう呼ぶの。光くらいの速さで、地球にもたくさん降り注いでるんだけど、まあ、そういうのがあるんだよね。知ってた?」

「え、知らない。」

柳くんは「だよなー。」と軽く応じる。

「肉眼じゃ見えないけど、存在してるんだって。で、専用の検出器を使うと、それが検出できて、そこからいろんなデータを取ることができる。仙台にある大学が、その解析に特に熱心に取り組んでて、そこの教授が作ってるのが、宇宙線クラブっていう共同活動。」

柳くんが、まるでそこに宇宙線が見えるみたいに空を見上げる。

「宇宙線観測って、本当に一度にたくさんデータが取れるから、学校ごとに、みんな、それぞれ違うこと調べて研究してる。」

「柳くんたちはその宇宙線を観測して、なんの研究してるの?」

今度は真宙が聞いた。

何気なく聞いただけのつもりが、柳くんの顔つきが明確に変わった。

「え? うーん。」

腕組みをして長く黙り込んだ後で、「えっとね。」と前置きをして説明してくれる。

「こんな説明だと、顧問や先輩たちから厳密には違うって怒られそうだけど、建物を間に挟むことで、宇宙線が受ける影響について調べてる。高い建物と低い建物だとデータがどう違うかとか、木造とコンクリートだとどうか、とか。」

「へえ……。」

「もっとわかりやすく言うと——どう言ったらいいかな、えーと。」

「なんかすみません。オレ、理解できもしないのに、気軽に聞いちゃって。」

「いや、わかるように説明できないオレが未熟なんだ。ごめん。」

真宙は驚いた。未熟、と自分のことを言う柳くんが、言葉と裏腹にとても大人に思えたのだ。

天音が尋ねる。

「皆さんは、高校の部で活動してるんですか? 理科部とか。」

「物理部だよ。」

柳くんが答える。真宙は、えっと目を見開いた。柳くんが何かを気負う様子もなく、淡々とした声で続ける。

「主に物理と、あとは宇宙に関することをやるのが、うちの部。」

「柳くん。」

「ん?」

「陸上部は?」

思わず聞いていた。柳くんがびっくりしたように真宙を見つめ返す。②真宙の中で、体温がすっと下がっていく感覚がする。

「あー。」

柳くんが呟いた。また、平淡な声だった。

「チームのコーチとかに聞いた? オレがサッカーやめて

から、中学で陸上やってたこと。」

「足が速くて、スカウトされたって……。」

「まあ、よく言えば。だけど、中学で入ったサッカーのクラブチームが本当に強くてさ。オレじゃレギュラーになれる見込みがまったくなかったし、だから、陸上に行ったっていう方が正しいけど。」

　自分がショックを受けていることに、真宙は気づいた。目の前の、柳くんの顔を見ながら、だけど、視界の一部がチカチカ点滅しているようだ。

　小学校時代しか知らないけど、柳くんは、すごくサッカーがうまかった。練習や試合でプレーを見て、あんなふうになりたいと憧れた。

　だけど、そんな柳くんが中学じゃ通用しなかったのか。

　真宙の動揺に気づかない様子で、柳くんが続ける。

「陸上もさ、うちの高校は運動部って、レベル高いんだ。試合に出られる見込みないからって、高校でやめたヤツも結構いる。ただ、もちろん続けるヤツもいるし、そこは人それぞれ。」

「柳くんはどうなの。」

「え?」

「どうして物理部なの?」

　陸上でも、柳くんにはなんらかの挫折があったのだろうか。真宙が知る世界の中では一番のスター。柳くんがスポーツの世界から離れてしまうなんて、想像もできなかった。

　なんでオレが、ショック受けてるんだろう。柳くんに、オレは、どんなことを期待していたのか。柳くんが高校で文化系の部に所属していることが、どうしてこんなにショックなのかわからない。柳くん、あきらめちゃったのか――。

　だけど、柳くんが「あ、オレ?」と自分の顔を指さす。あっけらかんと続けた。

「オレは、楽しいから。」

　言葉に詰まった。あまりに柳くんが自然な言い方をしたからだ。

「中学までスポーツしかしてこなかったし、これまで興味なかったからこそ、こういうのもいいかなって思って。うちの部、歴代、人工衛星作ってるんだけどさ。」

「ええっ! 人工衛星って個人が作れるものなんですか?」

　天音が興奮したようにフェンスに手をかけ、がしゃりと網目がたわむ音がした。柳くんが笑う。

「そう思うでしょ? アメリカとか海外の学生が作った人工衛星が、かなりの数、軌道に乗ってたりするし、日本の宇宙線クラブのメンバーがいる学校でも、作ってるところはあるはず。」

「羨ましいです。」

　天音の言葉に、柳くんがさらに嬉しそうに微笑(ほほえ)む。

「オレたちも先輩から受け継いだのを十年計画くらいで完成目指してる感じ。」

「物理って、〇点か百点の世界だって、聞きます。」

　天音が尋ねる。

「私はまだ中学生だから物理、習ってないんですけど、物理って、得意な人は全問正解できるくらい理解できて、だけど逆に、そういうセンスがない人は、一問もわからなくてまったく太刀打ちできない世界なんだって聞いたことがあります。だから、皆さん、すごい。」

「え、そんなこともないよ。オレ、選択科目で物理、取ってないし。」

　え……という声が、これは真宙と天音、両方の口から洩(も)れた。③ちょっと気まずそうに頬をかきながら、柳くんは「勉強と部活は、またちょっと違う感じだし。」と続ける。

「うちの高校、物理始まるの二年からだから、一年の部を決める段階でもう物理のセンスがあるかどうかなんて、わかってるヤツいないと思うよ。ただ、研究とか観測が楽しいからやってるだけで。」

「楽しい……。」

　真宙が呟く。さっき聞いたばかりの宇宙線の話も、十年計画で自分の代では完成するかどうかがわからない人工衛星の話も、まだしっかりとその楽しさがイメージできない。途方に暮れたような真宙の呟きを拾って、柳くんが「うん。」と頷(うなず)いた。

「物理の研究とか観測って、どういうところが楽しいですか。」

　天音が聞いた。柳くんが、今度もまた「うーん。」と長く考え込んだ。やがて、答える。

「答えがないことじゃないかな。」

「答えが、ない?」

「うん。答えがないっていうか、正確に言うと、もうすでにある答えに向けて確かめるための実験とか観察をするんじゃなくて、今、自分たちが観測してることが答えそのものになっていくっていうか。まだない答えを探してるって気持ちが強くて、そこが楽しいのかもしれない。」

　柳くんが言って、腕時計を見る。仲間の方を振り返り、「そろそろ行くね。」と言った。

「もし興味あるなら、今度、宇宙線クラブのオンライン会議、覗(のぞ)いてみる?」

「え! いいんですか?」

「うん。画面上で見学するくらいなら、たぶん大丈夫。真宙通じて、連絡するね。」

「ありがとうございます!」

「じゃ、また。」

　真宙通じて連絡する――というのは、昔のサッカーチーム時代の名簿を見て連絡してくるという意味だろうか。母さんからあれこれ詮索されたら面倒だな……とちょっと思った。だけど、真宙も天音とともに、トラックを駆けていく柳くんの後ろ姿をただ見送る。

　たぶん、④柳くんの答えが衝撃だったからだ。


（辻村深月(つじむらみづき)著『この夏の星を見る』による。一部省略がある。）

問1　①中井、何言ってんの? と当惑して、思わず空を見上げる。とありますが、このときの真宙(まひろ)の様子を説明した文として最も適切なものを、次のア～エの中から一つ選び、その記号を書きなさい。（4点）

ア　天音(あまね)がいきなり「ウチュウセン」と言い出したことにとまどい、宇宙線は肉眼で見ることができないことを確認しようと空を見渡している。
イ　天音がいきなり「ウチュウセン」と言い出したことにどう対応していいかわからず、本当に宇宙船が飛んでいるのかと目を空に向けている。

ウ、天音がいきなり「ウチュウセン」と言い出したことに恥ずかしさを感じ、天音や柳くんの顔をみることができずに天を仰いでいる。

エ、天音がいきなり「ウチュウセン」と言い出したことにがっかりしてしまい、子どものようなことを口にする天音から目を背けている。

問2、②真宙の中で、体温がすっと下がっていく感覚がする。とありますが、このときの真宙の心情を説明した文として最も適切なものを、次のア～エの中から一つ選び、その記号を書きなさい。（4点）

ア、宇宙線や物理部の活動について天音や柳くんが興奮して話をしていたので、話題が変わったことで少しずつ落ち着きを取り戻して、嬉しく感じている。

イ、宇宙線という自分にはわからない話がずっと続いていたので、真宙にもわかる柳くんの中学生の頃のことに話題を変えることができて、ほっとしている。

ウ、それまで宇宙線や物理部について話していたのに、突然柳くんの中学生の頃のことという天音にはわからない話を始めてしまったことを反省している。

エ、思わず陸上部のことを聞いてしまったあとで、柳くんが陸上をやっていたことは聞いてはいけなかったのかもしれないと思い直し、不安になっている。

問3、③ちょっと気まずそうに頬をかきながら とありますが、柳くんはなぜ気まずかったのですか。物理部、センスの二つの言葉を使って、十五字以上、二十五字以内で書きなさい。ただし、二つの言葉を使う順序は問いません。（6点）

> 真宙と天音に、［　　　　　　］から。

問4、④柳くんの答えが衝撃だったからだ。とありますが、このときの真宙の様子について次のようにまとめました。空欄にあてはまる内容を、答え、スポーツの二つの言葉を使って、三十字以上、四十字以内で書きなさい。ただし、二つの言葉を使う順序は問いません。（7点）

> 真宙は、柳くんが［　　　　　　］ことに、衝撃を受けている。

問5、本文の内容や表現について述べた文として適切でないものを、次のア～オの中から二つ選び、その記号を書きなさい。（5点）

ア、「真宙は驚いた」のように作品中の登場人物ではない第三者の客観的な視点に立つ語り手によって物語が展開される一方、「なんでオレが、ショックを受けてるんだろう」のように真宙の心情が地の文でも表現されている。

イ、「まるでそこに宇宙線が見えるみたいに空を見上げる」や「途方に暮れたような真宙の呟き」などの比喩を用いることで、登場人物の行動や心情がわかりやすく表現されている。

ウ、「真宙は、えっと目を見開いた」という表現によって、天音が初対面の柳くんに気軽に話しかけている様子に真宙が戸惑いや驚きを感じていることを印象づけている。

エ、「腕組みをして長く黙り込んだ後で」や「柳くんが、今度もまた『うーん。』と長く考え込んだ」という表現によって、柳くんが真宙や天音の質問に真剣に答えようとしていることを印象づけている。

オ、本文は、真宙、天音、柳くんの三者がやりとりをする「現在」の場面と、真宙が小学校時代の自分を回想する「過去」の場面とで構成されており、真宙の長年にわたる柳くんへの憧れの強さが表現されている。

二 漢字の読み書き・意味用法の識別・熟語・聞く話す （計24点）

次の各問いに答えなさい。

問1、**よく出る** **基本** 次の――部の漢字には読みがなをつけ、かたかなは漢字に改めなさい。（各2点）

(1) 試供品を無料で頒布する。
(2) 彼を懐柔して味方にする。
(3) 炎天下の作業でかいた汗を拭う。
(4) 大臣がシュウニンのあいさつをする。
(5) アヤういところで難を逃れた。

問2、次の＝＝部「ない」と同じ意味（用法）であるものを、あとのア～エの文の――部から一つ選び、その記号を書きなさい。（3点）

> わたしは、あまり漫画を読まない。

ア、今日は何もしないで、のんびりしましょう。
イ、友人にお願いをしたら、頼りない返事だった。
ウ、マラソンに挑戦したいが、長距離を走ったことはない。
エ、この部屋は、エアコンが壊れていて涼しくない。

問3、次の――部の熟語の構成（成り立ち）が他の三つと異なるものを、ア～エの中から一つ選び、その記号を書きなさい。（3点）

> ぶらぶら歩いて二里行き三里行き、そろそろ全里程の半ばに到着(ア)した頃、降ってわいた災難(イ)、メロスの足は、はたと、止まった。見よ、前方の川を。昨日の豪雨で山の水源地は氾濫し、濁流(ウ)とうとうと下流に集まり、猛勢一挙に橋を破壊(エ)し、どうどうと響きをあげる激流が、こっぱみじんに橋げたを跳ね飛ばしていた。
> （太宰治著『走れメロス』による。）

問4、中学生のAさんは、委員会活動で調べてわかったことについて、全校集会でスピーチを行うことになりました。このスピーチに使う次の原稿を読んで、あとの問いに答えなさい。

原稿

昨日の給食の献立は、ご飯、牛乳、ふりかけ、焼きシシャモ、さといものそぼろ煮、ほうれんそうのおひたし、かぶのとろみ汁でした。皆さんおいしく食べましたか。先日配った給食委員会新聞ではシシャモについての特集を掲載しましたが、今日は給食の野菜について調べたことを発表します。

ここで問題です。昨日の献立の中には、何種類の野菜の名前が入っていたでしょうか。答えは、さといも、ほうれんそう、かぶの三種類です。これらの野菜がよく給食で使われるのは、埼玉県でたくさん採れます。地産地消という言葉を聞いたことがありますよね。現在、さまざまな理由で地産地消の取り組みが行われています。

地産地消とは、どのような意味でしょうか。

［　Ⅰ　］

地産地消には、地域を活性化する効果が見込まれています。また、消費者にとっては生産者との結びつきが強くなることで、ニーズに合った農産物が増えたり、安心で新鮮な農産物が手に入りやすくなったりする効果もあります。

さて、昨日の献立の野菜のうち、さといもとほうれんそうは、二〇二一年産の野菜において、埼玉県の収穫量が全国一位となったものです。かぶも全国で二位でした。埼玉県は、県内で採れる多くの農産物を、たくさんの人に知ってもらったり、活用してもらったりするための取り組みをしています。例えば、県内の施設での野菜収穫体験や、埼玉県産の農産物を活用した加工食品の宣伝などです。

給食委員会としては、地産地消の取り組みの紹介から、地域の野菜の魅力を感じてもらい、地域の活性化につなげてほしいと思っています。給食に使われている野菜は、地域の生産者の思いがこもっていますから、毎日の給食をしっかり食べましょう。

以上で発表を終わります。ありがとうございました。

(1) 次のア～エは、［原稿］中の空欄［Ⅰ］に記入されていた文です。文脈が通るように並べかえ、その順に記号で書きなさい。（3点）

ア、その地産地消の現状について、次の二点を調べてみました。

イ、次に、埼玉県産の農産物を普及させる取り組みについても調べました。

ウ、まず、地産地消の効果について調べました。

エ、それは「その地域で生産された食材をその地域で消費すること」という意味です。

(2) このスピーチをする際のAさんの話し方として適切でないものを、次のア～エの中から一つ選び、その記号を書きなさい。（2点）

ア、自分の感じたことを強く伝えるために、言葉の抑揚や間の取り方を意識しながら話す。

イ、最初から最後まで手元の原稿から目を離さずに一定の速度で話す。

ウ、話の内容が伝わっているかどうか、聞き手の反応を確かめながら話す。

エ、伝えたい内容や相手に応じて、話す速度や声の大きさなどを工夫して話す。

(3) Aさんは――部の文が不自然であると考え、それを推敲しました。推敲後の文中の＝＝部と空欄［Ⅱ］の関係が適切になるように、空欄［Ⅱ］にあてはまる言葉を書きなさい。（3点）

（［原稿］中の文）
これらの野菜がよく給食で使われるのは、埼玉県でたくさん採れます。

（推敲後の文）
これらの野菜がよく給食で使われるのは、埼玉県でたくさん［　Ⅱ　］。

三 （論説文）内容吟味

次の文章を読んで、あとの問いに答えなさい。（計26点）

「循環型社会」「シェアリング経済」「持たない暮らし」。日本社会で目にするこれらの用語には、ICT※（情報通信技術）などの利用を通じて不用品を交換したり、遊休資産へのアクセスを可能にしたり、特定のモノへのオープンアクセスを実現することで、限られた資源を有効活用するとともに、資本主義経済の進展で失われた「つながり」やコミュニティを再興する意図が込められている。本章では、こうした議論が基盤とする「個人と個人のあいだのモノの融通・共有」とそれによる「持たない暮らし」とは異なる世界観で成り立っている、東アフリカに位置するタンザニア社会の「持たない暮らし」を提示したい。

欧米諸国や日本の人びとが捨てた不用品は、タンザニアを含む発展途上国に輸出され、モノの寿命限界までリユースやリサイクルされてきた。タンザニアでは現在でも、中古車や中古家電、古着など中古品が人びとの消費生活において重要なウェイトを占めている。タンザニアの消費者が購入した中古品は、生活に困窮して転売されたり、故郷の親族へ贈られたり、彼らの隣人や友人、金銭を借りる担保にされたりする。贈られた中古品がさらに別の誰かに贈られたり、担保として友人に預けたモノが買い戻されたりもする。誰かがひとたび所有したモノが贈与や転売を通じて別の誰かの所有物となる。それが何度も繰り返されることで、モノは「私のもの」「誰かのもの」「さらに別の誰かのもの」「ふたたび私のもの」などと変化を遂げながら、社会の中で循環してきたのだ。

①こうした循環が起きるのは、ある面では新品の商品を購入する能力が不足しているからであり、豊かな者から貧しい者へと富が分配されることを是とする社会規範があるからである。またある面では、手に入れた財を転売したり投資したりしながら、「自転車操業的」に営むインフォーマル経済※がひろく展開しているからである。

いずれの場合でも重要なのは、「私のもの」が「他の誰かのもの」に変化する際、そのモノは、それを一時所有した「私」から切り離された無色透明の「モノ」になるわけではないことである。

人類学者のアルジュン・アパデュライは、②モノの価値は、使用価値だけでなく、モノの社会的履歴に伴って変化する交換価値によっても決まることを論じた。私たちの身近な例で説明すると、わかりやすいだろう。たとえば、ある骨董品（こっとうひん）店で売られている万年筆は、すでに書くという行為には使えないとしよう。だが文豪に使用されていたという万年筆の社会的履歴によって、そのモノは非常に高価なものになっている。もし、その万年筆の履歴に恋人から文豪へ贈られたというロマンスが発見されれば、その価値はより高くなるだろうし、万年筆を購入した富豪が次々と不審な死を遂げたという履歴が明らかになれば、呪われた万年筆としてその価値は下がるだろう。

同じことは、文豪による所有に限らずに生じる。車などの日用品から美術品を含め、多くのモノや財は「個人化・人格化」と「商品化」を行き来している。それぞれの文化的な履歴には、そのモノにまつわるさまざまな関係性が埋め込まれている。そして、ひとたび誰かのものとされたモノが再び商品化されるとき、そのモノは、そのモノの履歴に関係する人びとのアイデンティティ※を帯びることもあるのだ。

元の所有者や関係者のアイデンティティがモノに付帯するという考え方は、人類学ではとりわけモノが贈与される場面において強調されてきた。そのような議論の端緒は、マルセル・モースの『贈与論』におけるマオリ※の贈り物の霊「ハウ」をめぐる謎だ。よく知られている通り、モースは、贈り物に返礼が起きるのは、贈り物にとり憑(つ)いた霊「ハウ」が、元の持ち主のもとに戻りたいと望むからであるとするマオリのインフォーマント（情報提供者）の説明にこだわった。モースは、マオリの法体系において、モノを介して形成される紐帯(ちゅうたい)※は「魂と魂との紐帯」であり、「何かを誰かに贈るということは、自分自身の何ものかを贈ることになる。」と論じた。なぜならモノには元の持ち主、贈り手の魂が宿り、元の持ち主は贈り物を介して受け手に影響力を発揮しているからである。

贈り物に持ち主の人格が宿っていること自体は、私たちにも経験的に理解できることである。

たとえば、③日本では、恋人からもらった手編みのマフラーを誰か別の人に贈ったり売ったりすることは忌避されがちだ。それは、そのマフラーにマフラーを編んだ恋人の思い、すなわち魂が込められているように感じられるからだろう。恋人がデパートで選んだ商品でさえ、そこに「彼／彼女らしさ」、すなわち贈り手の人格が憑いていると感じ、不要になっても捨てるのを躊躇(ちゅうちょ)する人は多いだろう。別れた恋人の贈り物を捨てるという行為が、そのモノとの関係だけでなく、そのモノを媒介にして恋人への執着と決別するという儀式になるのも、モノが元の持ち主のアイデンティティやその持ち主と受け手が共有する何がしかを帯びていると考えるからだろう。

こうした贈り物に与え手の人格の一部が宿っているといったヒトとモノとの分離不可能な関係を論じてきた人類学は、「個人」が所有物に対して排他的な権利を有するという、個人の「身体＝労働」を基盤とする私的所有論の考え方に対して異議を提示してきた。

モノの社会的履歴、そしてモノに付帯して循環する持ち主たちの人格は、④所有（私的所有）と他者への贈与や分配を対立するものとみなす議論に再考を促す。すなわち、贈り物をエージェント※にして受け手に働きかけ続ける元の所有者は、その贈り物の所有権を放棄したと言えるのだろうか。そのモノはいまだ持ち主に帰属しているのではないか。「譲渡不可能」な贈り物とはいかなるもので、それはいかにモノとヒトとの関係を取り結んでいるか。これらの問いは必然的に、さまざまな角度から「自己」とは何かをめぐる問いも喚起してきた。

たしかに、タンザニアのインフォーマル経済従事者のあいだでも共同（集団）所有か私的（個人）所有か、あるいは所有権が認められているか否(いな)かといった慣習的、法的なルールだけでなく、何をどこまで他者に分け与えたり、他者と共有したりするか、いかにして譲り渡すのを回避するかをめぐるミクロな攻防がモノの所有をめぐる大きな関心であることは間違いない。だが、明らかに自身に所有権がある場合でも、「譲ってくれ。」「共有させてくれ。」という要請を心情的あるいは社会道徳的に断ることができず、モノや財を手放すことは多々ある。そうした事態は、「私的所有の失敗」のように見える。

しかし、先述したように、元の所有者がモノを媒介として財を譲り受けた者たちに働きかけていることを前提とすると、⑤私的所有に失敗することを「損失」とみなし、贈与や分配を「利他的な行為」であるとみなす必然性はどこにもない。そのような所有と贈与を対置させる見方は、身体のなかに閉じ込められた自己、自己と身体との同一視を前提とした考え方に過ぎない。

（小川(おがわ)さやか著「手放すことで自己を打ち立てる ――タンザニアのインフォーマル経済における所有・贈与・人格」による。一部省略がある。）

（注）※遊休資産……活用されていない資産。
※インフォーマル経済……行政の指導の下で行われていない経済活動。
※アイデンティティ……ここでは、個性や独自性、自分らしさのこと。
※マオリ……ニュージーランドのポリネシア系先住民。
※紐帯(ちゅうたい)……二つのものを結びつけるもの。
※エージェント……代理人。

問1、①こうした循環 とありますが、その説明として最も適切なものを、次のア～エの中から一つ選び、その記号を書きなさい。（4点）

ア、タンザニアでは、モノの融通や共有が進んでおり、ICTを利用した不用品の交換などを通じて限られた資源を有効活用しているということ。

イ、タンザニアでは、資本主義経済の進展で失われた「つながり」やコミュニティの再興を通じて、モノの融通や共有を推進しているということ。

ウ、タンザニアでは、商品を購入する能力が不足している人びとが多いため、モノは誰かからの贈与によってはじめて入手可能になるということ。

エ、タンザニアでは、モノは寿命限界までリユースやリサイクルされ、贈与や転売が繰り返されることで様々な人の所有物へと変化していくこと。

問2、②モノの価値は、使用価値だけでなく、モノの社会的履歴に伴って変化する交換価値によっても決まる とありますが、「モノの社会的履歴」に伴って「交換価値」が変化するとはどういうことですか。次の空欄にあてはまる内容を、商品化、付帯の二つの言葉を使って、三十五字以上、四十五字以内で書きなさい。ただし、二つの言葉を使う順序は問いません。（7点）

モノは、[　　　　]ということ。

問3、③日本では、恋人からもらった手編みのマフラーを誰か別の人に贈ったり売ったりすることは忌避されがちだ。とありますが、その理由として最も適切なものを、次のア～エの中から一つ選び、その記号を書きなさい。（4点）

ア、もらった手編みのマフラーには編んだ人の人格が憑いていると感じ、マフラーを手放すことは編んだ人との関係性を断つことを意味すると考えるから。

イ、もらった手編みのマフラーには編んだ人の「彼／彼女らしさ」があり、マフラーを捨てることで贈り手の人格そのものを否定することにつながるから。

ウ、もらった手編みのマフラーには編んだ人の思いが込められており、マフラーを手放すことは贈り手への裏切りであり慣習的にも法的にも不当なものだから。

エ、もらった手編みのマフラーには編んだ人の魂が宿っており、マフラーを介して形成された「魂と魂との紐帯」によりそもそも手放すことができなくなるから。

問4、④所有（私的所有）と他者への贈与や分配を対立するものとみなす　とありますが、この考え方を説明した文として最も適切なものを、次のア～エの中から一つ選び、その記号を書きなさい。（4点）

ア、私的所有されたモノは、持ち主である個人に所有権があり贈与や分配ができないのに対し、他者から贈与や分配されたモノは、さらに別の他者に贈与や分配ができるという考え方。

イ、私的所有されたモノには、持ち主である個人が排他的な権利を有しているのに対し、モノを他者に贈与したり分配したりしたときには、その権利が失われてしまうという考え方。

ウ、個人がモノを所有するには、身体による労働が必要であるのに対し、他者から贈与や分配されたモノは、労働せず得られたゆえに、真に私的所有したとは言えないという考え方。

エ、個人がモノを所有するには、身体のなかに閉じ込められた自己が必要になるのに対し、他者に贈与したり分配したりするときには、自己と身体の同一視が前提になるという考え方。

問5、⑤私的所有に失敗することを「損失」とみなし、贈与や分配を「利他的な行為」であるとみなす必然性はどこにもない。とありますが、筆者はなぜこのように考えるのですか。次の空欄にあてはまる内容を、媒介、帰属の二つの言葉を使って、四十字以上、五十字以内で書きなさい。ただし、二つの言葉を使う順序は問いません。（7点）

私的所有に失敗したり、モノを贈与したり分配したりしても、[　　　　]と考えることができるから。

四 （古文）内容吟味・仮名遣い

次の文章を読んで、あとの問いに答えなさい。（……の左側は口語訳です。）（計12点）

一休和尚は「たき木」という所に時々住んでおられた。そのあたりの村々は近衛殿の御領地であったが、家老の左近が農民から年貢を強引に取るので、農民たちはこれを嘆いていた。農民たちが近衛殿への訴状を考えていたところへ、一休がやってきた。

百姓共（農民たち）一休を請じ、「此訴状御書き下されよ。」とたのみければ、「やすき事也、いかなることぞや。」とのたまへば、「しかじかのことにて侍る。」と申しければ、「長々しき状までもいるべからず。是をもちて近衛殿へ捧げよ。」とて歌よみてやらせたまふ。

世の中は月にむら雲花に風近衛殿には左近なりけり

とよみて、これをつかはされければ、村々の百姓、「①かかる事にては、免おほく給はる（年貢のお許しを多くくださる）こと思ひもよらず。」と申しければ、一休「ひらさら（ひたすら）此歌のみ捧げよ。」と仰せられて帰り給へば、②おのおのせんぎしけれ共（集まって相談したが）、本より土のつきたる男共なれば、一筆よみかく事ならざれば、ぜひなく（しかたなく）、かの歌をささげければ、近衛殿御覧じて、「是はいかなる人のしける。」と仰出されける（おっしゃった）。百姓申しけるは、「たき木の一休の御作にて候。」と申せば、「その※放者ならでは、かかる事いはん人は今の世に覚えず（今の世にはいない）。」と③興じ給ひて、おほくの免を下されけるとなり。

（『一休ばなし』による。）

（注）※放者……ふざけたことをする人。

問1、①かかる事　とありますが、ここでは誰にどうすることを指していますか。次の空欄にあてはまる内容を十五字以内で書きなさい。（3点）

[　　　　]こと。

問2、②おのおの　とありますが、これは誰のことを指していますか。最も適切なものを、次のア～エの中から一つ選び、その記号を書きなさい。（3点）

ア、百姓共　イ、一休
ウ、近衛殿　エ、左近

問3、よく出る 基本 ③興じ給ひて　とありますが、この部分を「現代仮名遣い」に直し、すべてひらがなで書きなさい。（3点）

問4、次は、この文章を読んだあとの先生とAさんの会話です。空欄[I]にあてはまる内容として最も適切なものを、あとのア～エの中から一つ選び、その記号を書きなさい。（3点）

先生「文章中に『世の中は月にむら雲花に風近衛殿には左近なりけり』とありますが、これはどのようなことを伝えようとしたものなのでしょうか。」

Aさん「上の句には、『月』と『むら雲』、『花』と『風』という組み合わせが表現されています。これをふまえて下の句『近衛殿には左近なりけり』を考えると、近衛殿が領地を治める上で、［ I ］ということを伝えようとしたものだと考えられます。」

先生「そのとおりです。一休はその意図が、近衛殿にはわかってもらえるという確信があったのでしょうね。」

ア、農民たちと左近は公平に扱われなければならない
イ、左近が反乱の動きをみせているので警戒するべきだ
ウ、左近が農民たちを苦しめることを責めないでほしい
エ、農民たちを苦しめる左近の存在が妨げになっている

五 条件作文 思考力

あとの資料は、「持続可能な開発目標（ＳＤＧｓ）の推進」について、主に県内在住者を対象に調査し、その調査の結果をまとめたものです。

国語の授業で、この資料から読み取ったことをもとに「持続可能な社会を築くためにわたしたちができること」について、一人一人が自分の考えを文章にまとめることにしました。次の（注意）に従って、あなたの考えを書きなさい。（12点）

（注意）
(1)二段落構成とし、第一段落では、あなたが資料から読み取った内容を、第二段落では、第一段落の内容に関連させて、自分の体験（見たこと聞いたことなども含む）をふまえてあなたの考えを書くこと。
(2)文章は、十一行以上、十三行以内で書くこと。
(3)原稿用紙（15字詰×13行＝省略）の正しい使い方に従って、文字、仮名遣いも正確に書くこと。
(4)題名・氏名は書かないで、一行目から本文を書くこと。

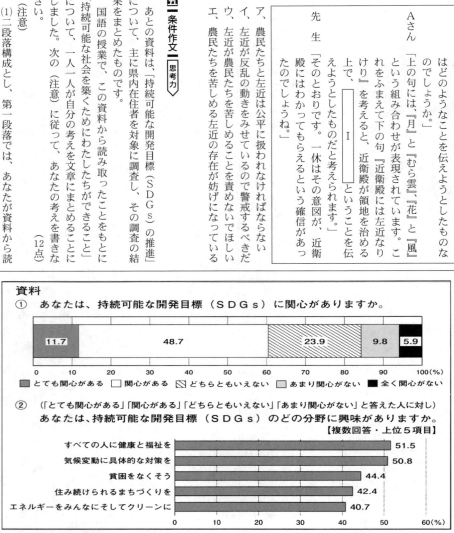

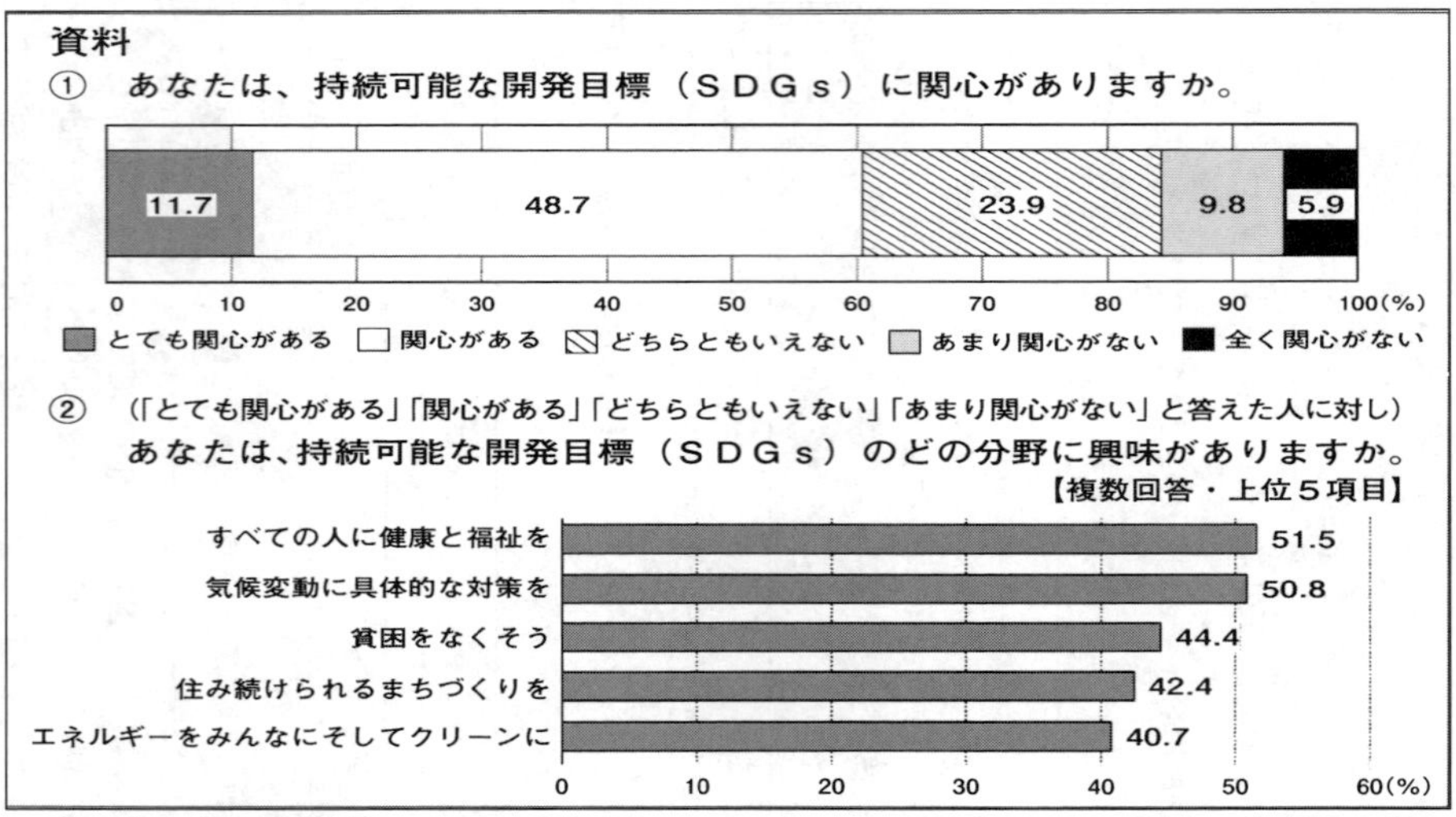

埼玉県　第208回簡易アンケート「埼玉県におけるＳＤＧｓの推進について」（令和４年度）から作成

千葉県

時間 50分　満点 100点　解答 P12　2月20日実施

出題傾向と対策

●例年どおり大問七題構成である。聞き取り検査（省略）、漢字の読み書き二題、論説文、小説文、古文、条件作文が出題された。文法や漢文などの知識問題に加え、自分の言葉で記述する問題や複数の文章や話し合いと関連づけて読む問題など、多岐にわたって出題される。

●文法や漢文などの知識問題に加え、作文や記述、選択問題など、幅広い形式で出題される。日頃から文章の要旨を丁寧に読み取り、きちんと根拠を押さえたうえで適切なかたちで答えをまとめる訓練を行っておくこと。

●【思考力を問う問題】について
学校設定検査のうち、その他の検査として実施された。国語・数学・英語の三教科で構成され、60分、配点は100点満点。国語の問題は大問1として出題された。

解答上の注意　解答する際に字数制限がある場合には、句読点や「」などの符号も字数に数えること。

一（省略）放送による聞き取り検査（計8点）

二 漢字の読み書き よく出る 基本

次の(1)～(4)の――の漢字の読みを、ひらがなで書きなさい。（各2点、計8点）

(1)最後まで粘りをみせる。
(2)友人に惜別の情を述べる。
(3)示唆に富む話を聞く。
(4)試案を会議に諮る。

三 漢字の読み書き　よく出る　基本

次の(1)～(4)の――のカタカナの部分を漢字に直して、楷書で書きなさい。（各2点、計8点）

(1)紙をタバねる。

(2)空が夕日にソまる。

(3)人のオウライが絶えない。

(4)一日センシュウの思いで待つ。

四 (論説文)品詞識別・内容吟味・文脈把握

次の文章を読み、あとの(1)～(6)の問いに答えなさい。（計23点）

ミード(注1)はアメリカのシカゴ大学で哲学と社会心理学を教えていました。当時のシカゴには、ヨーロッパから大量の人々が移り住み、仕事を求めて労働者たちも集まっていました。多様な人種や民族が集住し、シカゴという都市で懸命に生きていたのです。

「A人種の坩堝(るつぼ)」という言葉があります。「るつぼ」とは何でしょうか。社会学史の講義で学生に聞いても、最近は知らない人がかなり多くなっています。「るつぼ」とは化学実験などでいろいろな物質を溶かすのに使う白い陶器のことです。私たちの世代では、小学校や中学校であたりまえのように使っていた道具でした。多様な人種や民族を溶かしてしまう器、それはミードが生きたシカゴそのものの姿でした。都市社会学の原点であるシカゴを語る時、この言葉は象徴的に使われます。

語る言葉も生活習慣も文化も異なる人々が同じ街で暮らすとして、そこには当然のようにさまざまな社会問題が発生します。こうした問題をどのように考え、どのように解決すればいいでしょうか。実践的な問題関心のもと、シカゴ大学に初めて社会学部ができたのです。そして個別の問題について、具体的に調査し、質的にせよ量的にせよ経験的なデータを収集し、分析するという社会学という知的実践の基本が、シカゴ大学で創造されていきます。

ミードも、社会学の創造に大きな貢献をしたのですが、ここで私が伝えておきたい彼のテーマは「社会的自己」論です。さまざまな「ちがい」をもつ人々があふれかえり、さまざまな問題も沸騰している日常を生きるなかで、数え切れないくらいの刺激を受けながら、B人間はどのようにして「社会的な存在」となるのでしょうか。ミードはこの問いに対して、他者の態度を内面化することによる社会化と「I」と「me」のダイナミクス(注2)による自己の形成という答えを出しました。

「I」とは、主我とも訳されていますが、私という人間がもつ創発的(注3)で創造的な営みの源とでもいえる側面です。他方「me」は、客我とも訳されますが、私という人間が他者の態度を引き受け、状況に適切なようにふるまうためにもつ規範的な部分です。そしてミードは、「I」と「me」が絶えずダイナミック(注4)に交流することで初めて、私という人間が「社会的自己」として無数の他者に対して立ち現われることができると語っています。

少し考えればわかるのですが、生まれてから死ぬまで、どの人間にも共通し避けられない端的(注5)な事実があります。それは「他者と出会うこと」です。母親や父親のような最も親密な他者との出会いから始まり、学校での友人や部活仲間、同じ職場で働く仕事仲間、コンサートやイベントで共に盛り上がる人々、街ですれ違う人々、老いて自らの介護をしてくれる人、そして自分が生きている間で一度も出会うことがない圧倒的多数の他者の存在など、まさに私という人間は、多様な他者とさまざまなグラデーション(注6)があるC出会いを繰り返しながら成長し、社会化し、老いていくのです。

圧倒的な量と質がある「他者との出会い」を私が生きていくとき、他者の態度を引き受け、期待される役割をその場で判断し、適切に役割を演じ、上手に他者との関係性を維持していくことは、とても重要だと思います。たとえばこうした「出会い」をうまく乗り切るためのマニュアル本(注7)がこんなに売れていますと私たちに訴えかける通勤通学電車で見かける広告が、そのことを象徴しているでしょう。

ミードの「自己」論で、私がとても興味深く思うのは、「I」という「自己」がもつ側面です。ミードの説明を読んでいても、「me」に比べ、「I」は、はっきりこうだと理解しづらいことは確かです。しかし、社会を生き、自分を生きていくために、私たち人間はつねに新しい何かを生み出す可能性を秘めています。「社会性」を守ること以上に、私たちが「自己」をつくりあげ、「自己」を生きるうえで、新しい何かを創造するその力が大切だと唱えるミードの考えは、確実に伝わってきます。

「自己」は「社会性」を盛るためだけの器ではありません。それは「社会性」をどのように受容するか、その検討ができる力をもった人間存在の重要な側面なのです。またそれは「社会性」がもつさまざまな問題や歪(ゆが)みをいったん受容し、そのうえでより気持ちよい「社会性」を実現するために、その中身を修正し変革し、あらたな形として、他者へと示していける力をもった「生きていくプロセス(注8)」にもなり得るのです。

【「自己」の創発性や創造性という主張はまた、私たちが社会や日常を批判する力を持っていることを考えるうえで、導きの糸であり、魅力的なものです。】

（好井裕明(よしいひろあき)『「今、ここ」から考える社会学』による。）

(注1) ミード＝ジョージ・ハーバート・ミード。アメリカの社会心理学者。
(注2) ダイナミクス＝物事の動作の状態や変化の過程。
(注3) 創発的＝先行する条件からは予測や説明ができない、新しい特性が生み出されるようなこと。
(注4) ダイナミック＝力強く生き生きと躍動すること。
(注5) 端的＝明白なさま。
(注6) グラデーション＝濃度の段階的な変化。
(注7) マニュアル本＝物事の手順などをまとめた手引き。
(注8) プロセス＝進める方法や手順。過程。経過。

(1) よく出る　基本　文章中の はっきり と同じ品詞であるものを、次のア～エのうちから一つ選び、その符号を答えなさい。（2点）

ア、やがて日が昇ってくるだろう。
イ、美しい海辺の集落を散策する。
ウ、雪のような毛色の子猫を見た。
エ、予約が確実にできる日を選ぶ。

(2) 文章中にA人種の坩堝（るつぼ）とあるが、この文章では、どのように説明しているか。最も適当なものを、次のア～エのうちから一つ選び、その符号を答えなさい。（3点）
ア、都市社会の象徴とも言えるシカゴが、さまざまな社会問題を乗り越えて、今や世界中に存在感を誇示していること。
イ、大量の移民が仕事を求めて集まってくるシカゴでは、個別の問題を調査する余裕がないほど、人口が過密であること。
ウ、多様な人種や民族が集住するシカゴが、言葉や文化などの違いを抱えながらも、一つの街として成り立っていること。
エ、都市社会学を発展させてきたシカゴでは、言葉や生活習慣などの壁がなくなり、皆が協力しあって生きていること。

(3) 文章中のB人間はどのようにして「社会的な存在」となるのでしょうか を説明した、次の文を完成させなさい。ただし、Ⅰ～Ⅲに入る言葉として最も適当なものを、あとのア～オのうちから一つずつ選び、その符号を答えなさい。なお、同じ符号を何度使ってもよい。（完答で3点）

> 人間は、Ⅰとの出会いの中でⅡの言動を受け入れ、求められているⅢの役割に気づき、演じ、変化しながら成長していく存在である。

ア、他者
イ、社会
ウ、多様な文化
エ、社会の構成員としての自己
オ、圧倒的多数としての自己

(4) 文章中にC出会い とあるが、この文章では「出会い」をどのように捉えているか。その説明として適当なものを、次のア～オのうちから二つ選び、その符号を答えなさい。（完答で3点）
ア、様々な役割を互いに共有する他者との出会いや、その場に応じて役割を演じ分けていく他者との出会い。
イ、長い時間を共有する他者との出会いや、短い時間、あるいはほとんど関わることのない他者との出会い。
ウ、良好な信頼関係が保たれていく他者との出会いや、これから関係の構築を目指していく他者との出会い。
エ、嬉しい楽しいという肯定的感情がわき上がる他者との出会いや、苦手意識を持つような他者との出会い。
オ、自己の生き方に影響を与える他者との出会いや、精神的な結びつきがあまりないような他者との出会い。

(5) 文章中の【『自己』の創発性や創造性……】について、筆者が著した次の文章をふまえて、あとの問いに答えなさい。

> 政治や社会に参加する「主体」をつくりあげるうえで、必要な力や知識はさまざまに考えられるでしょう。しかし、そのなかで欠けてはいけない力があります。それは、これまで犯した過ちも含め、自らがもつ負の側面をしっかりと見据え、それを今後生きていくうえでどのようにプラスに転化できるのかを考え、新たな何かを作り出す力です。私は、これを「批判する力」と考えています。
> 　私たちが、国家や社会のメンバーであると主張する時、まさに「公共」的存在としての自分の姿を想像し、創造する必要があるでしょう。
> （好井裕明（よしいひろあき）『「今、ここ」から考える社会学』による。）

問い 「『自己』の創発性や創造性」と「批判する力」との関わりについて、次のようにまとめます。これを読み、あとの(a)、(b)に答えなさい。

> 私たちが「自己」をつくりあげるためには、「批判する力」が必要だ。「批判する力」を持たない「私」は、Ⅰだけの存在になってしまう。
> 私たちは社会や日常を「批判する力」を持つことで、Ⅱことができる。

(a) Ⅰに入る言葉として最も適当なものを、次のア～エのうちから一つ選び、その符号を答えなさい。（3点）
ア、「他者」に期待される　イ、「ちがい」をもつ
ウ、「るつぼ」の中にいる　エ、「社会性」を守る

(b) Ⅱに入る言葉を、「自己」、「他者」、「社会」という言葉を使って、三十字以上、三十五字以内で書きなさい。（6点）

(6) この文章の構成について説明したものとして最も適当なものを、次のア～エのうちから一つ選び、その符号を答えなさい。（3点）
ア、前半は具体的な例を用いて「社会的自己」を説明し、後半は「I」と「me」を比較することで社会の問題点を明らかにしている。
イ、前半は人間が「I」と「me」両方の側面をもつ「社会的存在」だと説明し、後半は「I」の側面をより重視する立場で論じている。
ウ、前半は社会学の視点から人間存在の二面性について説明し、後半は他者との関係から築かれる「me」の重要性を説いている。
エ、前半はシカゴに代表される多様性を抱える社会の問題を説明し、後半は創造性・創発性を欠いた日本人を問題視している。

五 （小説文）内容吟味・文脈把握

次の文章を読み、あとの(1)～(6)の問いに答えなさい。（計23点）

〔江戸の名店で修業を終えた鮨（すし）職人の新吉（しんきち）は、念願の店を開くが、なじみのない土地で開業したことや、安売りをしないという親方の教えを忠実に守ったため、売れ行きがよくない。しかし、三月のある日、鮨に時季外れの若柿をつけて販売すると、すぐに売り切れた。〕

口開け(注1)の客は、水を撒（ま）き終えたころにあらわれた。こどもの手を引いた、三十見当の女だった。

「柿の実を売っていただけるお店は、こちらでしょうか」

こどもの手を放した女は、左手にさげた布袋から百文差し二本(注2)を取り出した。

「あいにくでやすが、柿をつけたのは昨日一日きりなんでさ」

「もうないんですか」

女が肩を落として問いかけた。

「申しわけねえが、仕舞いなんで」

「A傷物でもかまわないんですが、一個だけでもないでしょうか」

着ているのは、色の褪(あ)せた浅葱(注3)(あさぎ)色の木綿のあわせである。粗末な着物だが手入れは行き届いており、汚れた感じはしなかった。

こどもが着ているのは、何枚もの端切れ(注4)(はぎ)を縫い合わせたものだ。襟元には大きな四角い端切れが用いられており、菖蒲(しょうぶ)が茎の部分だけ描かれていた。

「なにか、わけでもあるんですかい？」

女の差し迫った顔つきが気になった新吉は、早口で問うた。いまにも、昼飯を求める客が押しかけてきそうに思ったからだ。

「もう三年も寝たっきりの、おとっつあんがいるんです。きのう長屋のひとが、まだ若い柿が手に入ったって自慢していたのを、おとっつあんが聞いてしまって……」

「食いてえと？」

話の途中で、新吉が先を引き取った。

女がこくりとうなずいた。身なりは貧しそうだが、襟足も髪もきれいに調(ととの)えられていた。

「すまねえが、店のわきに回ってくだせえ」

親子を、仙台堀(注5)の川べりにいざなった。客の目から遠ざけるためである。百文差し二本を手にしている女に、新吉は一本の竹を手渡した。

「こんなかに柿がへえってまさ」

手渡された女の顔が明るくなった。

「ありがとうございます。おとっつあんが、どんなに喜ぶことか……」

女が百文差し二本を差し出した。

「これしか持ち合わせがありません」

新吉は受け取るかどうかを、つかの間思案した。そのB戸惑いを見て、女がC強く差し出した。

「足りないかもしれませんが、受け取ってください」

女のD澄んだ目が強く光った。

「ありがてえが、二百文は多過ぎやす」

「もしそうでしたら、厚かましいお願いですが、お鮨を分けていただけませんか」

「姐(ねえ)さんは鮨が好きなんで？」

女がまた、こくりとうなずいた。

川風が、女のうなじのおくれ毛に触れて過ぎ去った。

「柿を自慢していたひとが、とってもおいしいお鮨だって言いふらしてました。うちの暮らしではぜいたくで手が出ませんが、この子とひと切れずついただければ……」

「Eがってんだ。待っててくだせえ」

土間に駆け戻った新吉は、二折り(注6)の柿鮨(注7)(こけらずし)を手にして戻った。

「鮨が二折りで百四十文、柿は六十文てえことにしやしょう。姐さんにほどこしをするわけじゃねえんだ、ここは素直に受け取ってくだせえ」

「ありがとうございます」

女は柿鮨を布袋に仕舞ってから、竹をこどもに持たせた。

「この竹、すごく重たい」

「なかに大事なものが、いっぱい詰まってるからでしょう」

こどもと一緒にあたまを下げてから、親子は川べりを離れた。

百文差し二本を手にしたまま、新吉はふたりを見送った。一文銭九十六枚が、細縄で縛られた差しである。新吉は、この差し二本をどんな思いで持ってきたかを考えて、その場からしばらくは動けなかった。

F二本の差しは、いずれも細縄が古びていた。どう見ても、昨日今日に銭売りから買った差しではなさそうだ。

なにかのときのために、ずっと蓄えてきた差しにちげえねえ……。

（山本一力(やまもといちりき)『銀しゃり』による。）

(注1) 口開け＝最初。
(注2) 百文差し＝一文銭九十六枚を、細縄を通してまとめた銭。一文銭は江戸時代の貨幣の一つ。
(注3) 浅葱色＝薄い藍色。
(注4) 端切れ＝裁断した後の残りの布。
(注5) 仙台堀＝現在の東京都江東区を流れる河川。
(注6) 二折り＝「折り」は箱型の鮨の単位。
(注7) 柿鮨＝薄く切った魚肉などを飯の上にのせた箱型の鮨。新吉は、酢飯に柿の風味をつける工夫をしていた。

(1) 文章中にA傷物でもかまわないんですが、一個だけでもないでしょうか とあるが、女はなぜこのように言ったのか。最も適当なものを、次のア～エのうちから一つ選び、その符号を答えなさい。（3点）

ア、柿の実を買うことが、貧しい中で味わえる唯一のぜいたくだったから。
イ、小さいこどもに、柿の実を食べさせて満足感を味わわせたかったから。
ウ、父親のために、好物である柿の実をどうしても食べさせたかったから。
エ、柿の実を買うことで、鮨を安く手に入れることができると思ったから。

(2) 文章中にB戸惑い とあるが、このときの新吉の心情を説明したものとして最も適当なものを、次のア～エのうちから一つ選び、その符号を答えなさい。（3点）

ア、女の父親の事情を聞いたが、柿はもともと添え物であり、職人として精進を重ねて作り上げた鮨を売ろうか迷っている。
イ、女の父親の事情を聞いたうえに、身なりの貧しそうな女から、柿の代金としてお金を受け取ってよいものか迷っている。
ウ、女の父親の事情を聞いたが、時季外れの柿は高価なので、女のお金では足りず、さらに代金を要求しようか迷っている。
エ、女の父親に対する思いに心を打たれたが、女からのお金は柿を譲るには多過ぎるので、竹をもう一本渡すか迷っている。

(3) 文章中にC強く差し出した、D澄んだ目が強く光った とあるが、この部分の女の様子を説明した、次の文の［　］に入る言葉として最も適当なものを、あとのア

〜エのうちから一つ選び、その符号を答えなさい。（3点）

どれほど貧しい暮らしだとしても、商品を得るには相応の対価を払うことが［　］が表れている。

ア、自分自身の心の充足に結びつく、という純粋さ
イ、良好な関係を築くことにつながる、という思惑
ウ、父親の情に報いることになる、という感謝の念
エ、人として当たり前のことである、という自負心

(4) 文章中にEがってんだ。待っててくだせえ とあるが、このときの新吉の心情を説明したものとして最も適当なものを、次のア〜エのうちから一つ選び、その符号を答えなさい。（3点）

ア、昼時に訪れる客のことを考えて、女への対応を急いでいたが、丹念に作った自分の鮨を女に求めてもらえたことで、鮨職人としての喜びを感じている。
イ、今日はつけないと決めていた柿を渡してしまって、自分自身をひどく責めていたが、女が鮨を求めたので、堂々と品物を渡せることに心が弾んでいる。
ウ、柿だけを求めてくる女に対して、職人としての未熟さを感じていたが、自分の鮨も求めていることがわかって、早く食べてほしいと胸を躍らせている。
エ、最初に柿を求めたうえに、厚かましくも柿の添え物のように鮨を求める女に対して腹立ちを覚えていたが、自分の鮨が褒められて得意げになっている。

(5) 文章中にF二本の差しは、いずれも細縄が古びていたとあるが、このことを説明したものとして最も適当なものを、次のア〜エのうちから一つ選び、その符号を答えなさい。（3点）

ア、父親の好物である若柿を買える時季に備えて、事前に父親から預かっていた貨幣だということ。
イ、貧しい暮らしを送りながらも、いざという時のためにこつこつとためてきたものだということ。
ウ、父親の看病に追われていたので、使う暇がなくそのまま古くなってしまった貨幣だということ。
エ、高い身分ではないので、銭売りから買うことのできるのは安価で汚れた細縄だけだということ。

(6) 次は、この文章を読んだあとに、牧さんと谷さんが新吉の人物像について話し合っている場面の一部です。これを読み、あとの(a)、(b)の問いに答えなさい。

牧さん　新吉は、どうして昨日と違って、柿をつけずに売ろうとしたんだろうね。
谷さん　それは、［Ⅰ］があったからじゃないかな。
牧さん　なるほど。新吉の鮨が本当においしかったら、柿をつけなくてもお客さんはまた買いにきてくれるということか。新吉は自分の仕事にまっすぐに向き合っているんだね。
谷さん　そうだね。新吉らしさが表れているね。
牧さん　もう一つ、気になったことがあるよ。新吉が、女から代金を受け取った理由は何だろう。
谷さん　女の様子を見て、柿と鮨を快く受け取ってもらえるように配慮したのではないかな。
牧さん　あとね、読み返してみて気づいたのだけれど、新吉と女との会話から、新吉の考えを読み取れると思うんだ。
谷さん　あ、そうか。女に対して「［Ⅱ］」と言っている部分だね。そういう面から、新吉は仕事だけじゃなく、他者にもまっすぐに向き合う人物なのかもしれないね。

(a) ［Ⅰ］、［Ⅱ］に入る言葉を、［Ⅰ］は五字以上、十字以内で書き、［Ⅱ］は文章中から十五字で抜き出して、はじめの五字を書きなさい。（各2点）

(b) **難** 牧さんの言葉に 代金を受け取った理由 とあるが、新吉が代金を受け取った理由について説明した、次の文の［　］に入る言葉を、「情け」、「見下す」という言葉を使って、三十字以上、四十字以内で書きなさい。（4点）

新吉は、［　］と考えているから。

六 （古文）仮名遣い・内容吟味・動作主・古典知識

次の文章を読み、あとの(1)〜(5)の問いに答えなさい。（計18点）

欲ふかき長老(住職が)、同宿(注1)をつれて曬齋(注2)に出(出かけた)し。齋料(注3)に布施をつゝみ童子にもたせ、長老の前に置き、是は百文(注4)とみへたり。後に亭主(家の主人が)廿疋(注5)つゝみけるをもちて出、同宿が前に置。長老、「Aあら不審や、前後失念(間違えたのであろう)にてこそあらめ」と、寺へかへりて、同宿にむかひ、「最前(さきほど)の布施は、施主(注6)取ちがへたると覺(思われる)たり。おれがのをそちへやり、其方がのをこちへとらん」といふ。B同宿めいわくなるふりをするに、Cいよ〳〵ほしく思ひ、我分をなげ出し、かの二百文つゝみを取あげて見たれば、ろうそく二丁ありけり。

（『輕口露がはなし』による。）

（注1）同宿＝長老と同じ寺に住む下位の僧。
（注2）曬齋＝僧が修行のため家々の前に立ち、食物をもらうこと。
（注3）齋料に布施をつゝみ＝（そこの家人が）僧の食事のために金銭や品物を渡すこと。
（注4）文＝昔の貨幣の単位。
（注5）廿疋＝「疋」は昔の貨幣の単位。「廿疋」は二百文。
（注6）施主＝僧や寺に物品を施す人。

(1) **よく出る** **基本** 文章中の みへたり を現代仮名づかいに改め、ひらがなで書きなさい。（2点）

(2) 文章中にAあら不審や とあるが、どのようなことを「不審」だと思ったのか。その説明として最も適当なものを、次のア〜エのうちから一つ選び、その符号を答えなさい。（3点）

ア、施主が、経を読む前に渡すはずの布施を後にしたこと。
イ、つつみ方の間違いから、布施の向きが逆になったこ

と。

ウ、童子が、長老と同宿の前へ布施を置いてしまったこと。

エ、自分よりも、同宿のもらった布施の方が多かったこと。

(3) 文章中に B 同宿めいわくなるふりをするに とあるが、何に対して同宿はそのような態度を取ったのか。最も適当なものを、次のア〜エのうちから一つ選び、その符号を答えなさい。（3点）

ア、同宿は自分がもらった貴重なろうそくを譲れないと思うけれど、長老が言葉巧みに奪おうとしていること。

イ、長老は修行での形式や手順を重んじるため布施の交換の後で、施主にやり直しを命じようとしていること。

ウ、施主が渡すべき布施を取り違えたと考えて、長老が同宿にお互いのものを交換しようと提案していること。

エ、どちらの布施も最後には寺のものになるのに、面倒で全く意味のない交換を長老が無理強いしていること。

(4) **よく出る** 文章中の C いよ〳〵ほしく思ひ の主語にあたるものとして最も適当なものを、次のア〜エのうちから一つ選び、その符号を答えなさい。（3点）

ア、童子　イ、同宿　ウ、長老　エ、亭主

(5) 次の文章は、畑さんと丸さんがこの作品について話し合っている場面の一部です。これを読み、あとの(a)、(b)の問いに答えなさい。

> 畑さん　この作品は、長老の取った欲深い行動を中心に書かれているね。
>
> 丸さん　そうだね。このお話から、「隴(ろう)を得て蜀(しょく)を望む」という言葉が浮かんだよ。もとは、「既に隴を平らげて復(ま)た蜀を望む」という言葉で、隴の土地を手に入れて、さらに蜀の地を望むという、欲を言えばきりがないという中国のたとえだよ。
>
> 畑さん　なるほど。私は、イソップ童話の「欲張りな犬」の話を連想したよ。肉をくわえた犬が、橋の上で川の水面に映った自分の姿を見て、相手の肉の方が大きいと思い、ほえて自分の肉を落としてしまうという話だったかな。
>
> 丸さん　どちらも欲について考えさせるものだね。そうすると、この作品の結末はどう描かれているだろう。
>
> 畑さん　「我分をなげ出し」という長老の行動と、「ろうそく二丁ありけり」という最後の部分で、欲の深い長老が、同宿から［　　］ことになってしまった結果を見事に表現しているね。

(a) **基本** 既に隴を平らげて復(ま)た蜀を望む について、そのように訓読する場合、返り点の付け方として正しいものを、次のア〜エのうちから一つ選び、その符号を答えなさい。（3点）

ア、既ニ平(二)ラゲテ隴(一)ヲ復タ望(レ)ム蜀ヲ

イ、既ニ平(レ)ラゲテ隴ヲ復タ望(レ)ム蜀ヲ

ウ、既ニ平(二)ラゲテ隴(一)ヲ復タ望(二)ム蜀(一)ヲ

エ、既ニ平(レ)ラゲテ隴ヲ復(一)タ望(レ)ム蜀(二)ヲ

(b) ［　　］に入る言葉を、三十字以上、三十五字以内で書きなさい。（4点）

七 条件作文 **思考力**

次に示すのは、「知識」と「知恵」という言葉の意味です。これを読み、あとの〈条件〉にしたがい、〈注意事項〉を守って、「知恵」についてあなたの考えを書きなさい。（12点）

〈言葉の意味〉

> 「知識」
> 物事についてよく知っていること。また、知っている内容。

> 「知恵」
> 物事の筋道をよく知り、それをうまく使う力のこと。

〈条件〉

① 二段落構成とし、十行以内で書くこと。

② 前段では、「知識」とはどのようなものかを、「知識」という言葉を使って、説明すること。

③ 後段では、「知恵」に対するあなたの考えを、具体例を挙げながら、説明すること。

〈注意事項〉

① 氏名や題名は書かないこと。

② 原稿用紙（20字詰×10行＝省略）の適切な使い方にしたがって書くこと。

ただし、〜〜や――などの記号を用いた訂正はしないこと。

思考力を問う問題

1 〈論説文〉内容吟味・文脈把握・条件作文 **思考力**

次の【文章Ⅰ】、【文章Ⅱ】を読み、あとの(1)〜(3)の問いに答えなさい。ただし、解答する際に字数制限がある場合には、句読点や「　」などの符号も字数に数えること。（計33点）

【文章Ⅰ】

(注1)小川(おがわ)は、A 多様性を尊重する社会に生きるための手がかりは、安易な想像ではなく、事実に基づく理解だと語った。感覚的に思い描ける範囲で相手を想像することの危うさを批判する一方で、知識を得て事実を積み上げることで、実感できないことも含め、相手の生活や感覚を理解することの大切さを訴えている。

つまるところ、共感は偏る。私たちは身近な人や似ていると感じる人への共感を強く働かせるが、そうでない人には「不思議」「変わっている」「怖い」「異質」「愚か」「邪悪」などのラベルを貼りかねない。また、B 安易にわかろうとするあまり、目前の他者の多様性や個別性を無視しかねない。だからこそ、直感的に自分の延長にいると想像できない人に対しては、知識や事実を丁寧に積み上げて「理解」することが必要だ。心情や感情ではわかるとは言いづらい

人たちに配慮の羽を伸ばすために、知や理を頼る。相手が十分に対話相手たりうるということを頭で理解し、その学びの中で想像力を拡げていく。C情緒的な共感をうまく働かせるためにこそ、知的な理解が必要なのだ。

この提案は大きな魅力と実効性がある。政治学者の(注2)ジェイムズ・フィシュキンは、知識が増えた人ほど意見に変化がみられ、根拠を提示する発言は根拠を示さない発言よりも人の考えを変える力が強いことを明らかにしている。これは、知識や事実に基づくアプローチの有効性を示すものだ。

（谷川嘉浩「人は本当に対話したいのか、どうすれば対話したいと思うのか」（『フューチャー・デザインと哲学』所収）による。）

（注1）小川＝小川哲。小説家。
（注2）ジェイムズ・フィシュキン＝アメリカの政治学者。スタンフォード大学教授。

【文章Ⅱ】

机を見ただけで、「机だな」とわかるのは、その意味が(注3)直観されているからだ。

パソコンを見た瞬間に、「パソコンだ」とわかるのも、過去にパソコンを見たことがあり、画面、キーボードなどがついている電気製品が「パソコン」であること、それがどんなものなのかということを知っているからである。だからこそ、パソコンの形をしたものを見た瞬間に、そうした意味が(注4)賦活され、意識において直観されることになる。これが(注5)フッサールの言う本質直観である。

本質直観は「机」「パソコン」「山」「学校」のような実在的な物だけではなく、「不安」「正義」「病気」「死」のような対象に関しても成り立つ。

たとえば、「不安なんでしょ」と誰かに言われたとき、私たちは「不安」という言葉に反応して、ある意味を直観している。何かを心配している、怖れている、動揺している、といった意味を感じ取るかもしれないし、ビクビクしている姿を想像したりするかもしれない。それは自分なりに直観している不安の意味であり、本質直観と言ってよい。

だが、物の本質直観とは違い、こうした対象の本質直観は一般性を有しているとはいえ、個別性が強い面がある。「コップ」や「パソコン」が何であるのかを多くの人に問えば、各々が捉えている意味に大きなズレはないだろう。誰もが辞書などで定義づけられた意味を、ほぼそのまま受け取っている。事物から直観される意味は、そうした普遍性があるため、まさに本質を直観していると言えるのだ。

しかし、「不安」や「自由」といった言葉から直観される意味は、個人の経験に左右され、微妙に異なっている。なるほど、誰もが不安や自由を経験しているし、その一般的な意味を把握しているため、「不安」や「自由」などの言葉が会話の中で出てきても、まったく違和感はなく、意味のズレを感じることも少ない。その意味では本質を直観しているとも言えるのだが、しかし、よくよく話し合ってみると、やはり考え方の違いは存在する。

普段から強い不安を抱いている人は、楽観的な人に比べて不安を避けたいという思いが強く、それが行動様式を決定づけているだろう。幼い頃から行動を強く制限されてきた人にとって、自由とは拘束から解放される理想的状態のように思えるが、好き勝手に行動や生き方を選べるとしても、自分がどうしたいのかわからない人にとっては、自由は重荷に感じられるかもしれない。不安も自由も人によって捉え方が違うのだ。

だからといって、多くの人が共通して納得できる意味など存在しない、とは言えない。(注6)ポストモダン思想や分析哲学など、現代哲学では真理の存在を否定し、(注7)相対主義が広まっているため、現象学のように本質を重視する哲学は批判されてきた。それは、本質が普遍的な真理と混同されているからだ。しかし、多様な解釈があるとしても、共通する意味は必ず存在する。「自由」についての捉え方が違っているとしても、まったく異なる意味で捉えていれば、「自由」という言葉を使った会話自体が成り立たないだろう。

したがって、こうした事物以外の対象にも多くの人が共有している意味があり、よく考えれば必ず本質を取り出すことができる。「不安」についての本質を取り出すなら、心理学的な不安論や一般的な先入観を排し、自らが直観している「不安」の意味を出発点にして、誰もが納得できるような「不安」の意味を考えてみればよい。多くの人が共通了解できる意味が見つかれば、それが「不安」の本質ということになる。

（山竹伸二『共感の正体』による。）

（注3）直観＝推理などの論理的判断によらず、ただちに対象の本質を見抜くこと。
（注4）賦活＝活力を与えること。
（注5）フッサール＝エトムント・フッサール。オーストリア生まれのドイツの哲学者。現象学の創始者。
（注6）ポストモダン思想＝近代の合理主義や画一的な価値観を乗り越えようとする思想・芸術上の考え方。
（注7）相対主義＝人間の認識や評価はすべて他との関係の上に成立、存在しており、真理の絶対的な妥当性を認めない立場。

(1) 【文章Ⅰ】中にA多様性を尊重する社会とあるが、そのような社会における「共感」についての説明として最も適当なものを、次のア～エのうちから一つ選び、その符号を答えなさい。（6点）

ア、共感をよせることは、初めは感覚的であっても、知識や事実を積み上げ、相手を理解するきっかけとなる点で、多様性の尊重を促進する原動力となる。
イ、共感は、想像よりも事実を重要視するため、感情的な判断を軽んじる傾向にあり、個々の生活や感覚に力点をおいて、多様性の尊重をはばむ恐れがある。
ウ、共感が働くのは、感覚的に思い描ける範囲の内容に限られるため、自分が想像できないことに対しては受容できず、多様性の尊重をはばむ恐れがある。
エ、共感は、心情や感情ではわかるとは言いづらい人たちへの配慮事項を明確にして、想像範囲を拡張させる点で、多様性の尊重を促進する原動力となる。

(2) 【文章Ⅰ】中にB安易にわかろうとするあまり、目前の他者の多様性や個別性を無視しかねないとあるが、このことを【文章Ⅱ】中の「本質直観」に対する考え方を使って、次のように具体的に説明するとき、[Ⅰ]～[Ⅲ]に入る言葉を答えなさい。ただし、あとの〈条件〉にしたがうこと。

（Ⅰ・Ⅱ各3点、Ⅲ6点）

【文章Ⅰ】中の傍線部Bのような状況は、【文章Ⅱ】中に述べられている二種類の「本質直観」のうち、「[Ⅰ]の本質直観」で生じる。例えば「不安」や「自由」は[Ⅱ]ため、「安易にわかろう」としてしまいがちだ。だが、「不安」や「自由」は[Ⅲ]ことは危険だ。このことに無自覚だと、目前の他者の多様性や個別性の無視につながる。

〈条件〉
① [Ⅰ]は、【文章Ⅱ】中から漢字二字以内で抜き出して書くこと。
② [Ⅱ]は、【文章Ⅱ】中の言葉を使って十字以内で書き、[Ⅲ]は、三十字以上、四十字以内で「〜ため〜」という形を使って書くこと。

(3) 難 【文章Ⅰ】中にC情緒的な共感をうまく働かせるためにこそ、知的な理解が必要 とあるが、「情緒的な共感をうまく働かせるため」の「知的な理解」の仕方を、【文章Ⅰ】の考え方と【文章Ⅱ】の考え方をふまえて、具体的に説明しなさい。ただし、次の〈条件〉にしたがうこと。（15点）
〈条件〉
① 「知的な理解」をする対象を、【文章Ⅱ】中の「不安」「自由」を参考にして、自分で考えて、具体的に挙げること。
② 【文章Ⅱ】中の「共通了解」という言葉を使うこと。
③ 百五十字以上、二百字以内で書くこと。ただし、一マス目から書き始め、段落は設けないこと。

2 数学、3 4 英語の問題のため省略

東京都

時間	満点	解答	
50分	100点	P14	2月21日実施

出題傾向と対策

●例年どおり五題構成で、一・二は漢字の読み書き、三は小説文、四は課題作文を含む論説文、五は現古融合問題である。文章量は多めだが問題数は少なく、設問は課題作文以外ほぼマーク問題である。高い集中力と持続的な思考力が求められる。
●読解能力だけでなく、思考力や集中力が求められるため、過去問を丁寧に演習したうえで、論理的思考力を鍛えておく。また、全体的に文章量が多いため、時間内に読解できるようペース配分を十分に考えるとよい。

一 漢字の読み書き　よく出る　基本

次の各文の——を付けた漢字の読みがなを書け。（各2点、計10点）
(1) 花瓶に挿した一輪のバラを部屋に飾る。
(2) 主張の根拠を明確にして意見文を書く。
(3) カメラを三脚に据えて記念写真を撮影する。
(4) 歴史的に価値のある土器が展覧会に陳列される。
(5) 絵本を読み幼い頃の純粋な気持ちを思い出した。

二 漢字の読み書き　よく出る　基本

次の各文の——を付けたかたかなの部分に当たる漢字を楷書で書け。（各2点、計10点）
(1) 大正時代に建設されたレンガ造りのヨウカンを訪ねる。
(2) 心を込めてソダてたトマトが赤く色付く。
(3) ホテルのキャクシツへ自分の荷物を運ぶ。
(4) 駅前のバイテンで温かい飲み物を買う。
(5) 満開のサクラを眺めながら公園を歩く。

三（小説文）内容吟味

次の文章を読んで、あとの各問に答えよ。（*印の付いている言葉には、本文のあとに〔注〕がある。）（計25点）

亜紗（あさ）、凛久（りく）、晴菜（はるな）、深野（ふかの）は茨城県の高校生で、天文部に所属している。凛久が転校することを知った亜紗たちは、親交のある長崎県と東京都の中高生と協力し、全国の中高生をオンラインでつなげISS（国際宇宙ステーション）の観測会を計画していた。観測会前のある日、凛久が自作した望遠鏡による天体観測を、凛久の姉である花楓（かえで）も呼んで行うことにした。


「凛久、言ってました。——姉ちゃんは、子どもの頃からオレのスターだったんだって。」

花楓が望遠鏡から離れた後で、亜紗がそっと話しかけた。凛久は一年生たちと一緒に、パソコン画面の向こう側に向けて、*ナスミス式望遠鏡から見える天体の様子を解説している。綿引（わたびき）先生が今日はレンズに取りつけるカメラを用意してくれたので、設置した大きなモニターに、望遠鏡から見える光景が表示できるようになっていた。

凛久がこちらを見ていないことを確認して、こっそり、教える。

「勉強ができて、学校で教えてくれないこともすごくたくさん知ってるお姉さんのことが自慢で、特にお姉さんから聞く宇宙の話が大好きだったって。」

身内をそうやって堂々と褒めるのは、なかなかできないことだと思う。凛久だって、普段はおそらくそうしない。——亜紗たちにだから安心して話してくれたのだろうと思ったら、とても光栄だと感じた。

「そっか。」

亜紗の声を受けて、花楓が微笑（ほほえ）んだ。弟の方を見て、眩（まぶ）しそうに目を細める。そして言った。

「亜紗ちゃん。」

「はい？」

「星を見せてくれてありがとう。」

花楓から、親しげに「亜紗ちゃん」と呼んでもらえたことが嬉（うれ）しくて、むずむずする。だから、その日、亜紗から誘った。もしよかったら、来月のISSもまた一緒に観（み）ませんか――と。

「こんな楽しいことが待ってるなんて、思ってなかった。」

天を昇っていくＩＳＳの光を見つめながら、亜紗の隣で花楓が言う。その声を聞いて、どう言っていいかわからないくらい、亜紗も嬉しくなる。

ＩＳＳが、空をよぎっていく。

興奮したみんなの声を受けながら、山の向こうへと消えていこうとしている。光を惜しむように、亜紗たちは声を送り続けた。ありがとう、バイバイ。

バイバーイ！

というどこかの声を聞きながら、その時、屋上の上で、ふいに声が破裂した。

(1)「あーーーっ！」

凜久の声だった。ＩＳＳの光の点が完全に視界から消え、あとには、冬の星座と、赤く点滅する飛行機の光だけが残った空を仰ぎ、大声で、凜久が叫んだ。

長い声は、しばらく、止まらなかった。凜久が少し息苦しそうにし、口元のマスクの位置を直したところで、姿勢を元に戻す。そして言った。

「転校、したくねえーなーーー！」

唇を、噛(か)み締めた。そうやって耐えようとしたけど、――ダメだった。亜紗の目から涙が噴き出る。完全なる不意打ちだ。一気に瞼(まぶた)が熱くなる。

「凜久、やめろっ！」

亜紗も叫ぶ。

「泣いちゃうじゃん。勘弁してよ。」

「わ、すげ、亜紗、泣いてる？」

「だって……。」

恥ずかしくてあわてて瞼を押さえて俯(うつむ)くと、一年生の深野のとても冷静な声がした。

「っていうか、凜久先輩も泣いてません？　目、潤んでます。」

「いやー、そりゃ、泣くでしょ。青春ですから。」

青春ですから。

その声に顔を上げると、凜久が目を押さえ、マスクをずらしていた。

それを見て、驚きつつ、同時に、すごいなぁ、と思う。深野さん、普通、こういう時、指摘しないであげるのが礼儀な気もするのに、うちの後輩は言っちゃうんだなぁ。

(2)なんだか無性におかしくなって、泣きながら笑ってしまう。

「え、亜紗、笑うのかよ。ひどくない？」

凜久の肩が亜紗の肩に触れた。男子が女子に、付き合ってもないのにするには近すぎる距離感だけど、それを茶化すようなメンバーが、オンライン含めて誰もいなそうなのが、亜紗には心地よかった。みんなと出会えてよかったと思った。

肩に、凜久の体温を感じる。

ずっと一緒にいたけど、こんなふうに触れ合うのは、そういえば初めてだ。凜久が亜紗から離れ、幹事の三ヵ所だけをつないでいたパソコンの方に近寄っていく。

「＊輿(こし)くーん、いる？」

『いますよー、なんですか。』

それまで、そちらのパソコンは、声が二重になってしまうから、と音声を切ってあったのだが、ミュートを解除したようだ。画面を覗(のぞ)き込み、凜久が尋ねた。

「転校って、大変？」

(3)心細そうに聞く声に、一度引いた亜紗の涙がまたこみ上げてきそうになる。平然として見えた凜久が、本当はずっと不安だったのかもしれないこと、それを、ようやく今日になって口に出せているのかもしれないこと。考えたら、胸が押しつぶされそうになる。

『大変は大変だけど……大丈夫。どこに行っても。』

凜久の問いかけを受けた輿が、動揺する様子もなく答える。笑顔だった。

『離れても大丈夫だって、オレは、みんなが教えてくれたから。』

五島(ごとう)天文台の＊窓から、＊円華(まどか)や武藤(むとう)、小山(こやま)が『おー！』と手を振り動かしている。輿が笑い、そして言った。

『だから、大丈夫。凜久くんも。』

「そうかなー？」

(4)「私も卒業ですよ。」

凜久の横に、晴菜先輩がやってくる。

「卒業しちゃうけど、みんながずっと私のことも仲間だって思ってくれてるって、信じています。」

屋上に立つ天文部のメンバーを、晴菜先輩が見回す。

「すっごく楽しい。」と彼女がにっこりした。

「今日、私たち、なんか、ものすごく青春って感じがしませんか？　凜久くんの言う通り。素晴らしい。青春、万歳ですよ。」

「え、なんですか、それ。」

普段はクールな晴菜先輩の、いつになくはしゃいだ様子の声を聞き、亜紗と凜久が思わず笑う。マスクごしだけど、冬の＊静謐(せいひつ)な空気を鼻と口からいっぱいに吸い込むと、その時、御崎台(みさきだい)高校の＊柳(やなぎ)の声がした。

全チームをつないだパソコンと、幹事三ヵ所のものと、両方からの声が二重になって聞こえる。

『皆さん、ありがとうございました。ＩＳＳ、無事に、通過しましたでしょうか。――これで、今日のプロジェクトは大成功！　終了です。お疲れさまでした！』

空で星が瞬(またた)いている。

その星の瞬きに呼応するように、画面のあちこちから拍手が聞こえた。パチパチパチパチパチ。バイバーイ、ありがとう。またねー！　楽しかったー！　たくさんの声がこだまする。

(5)その声を全身で受けて、空を見上げながら――。

最高だな、と亜紗は思った。

（辻村深月「この夏の星を見る」による）

〔注〕ナスミス式望遠鏡――天体望遠鏡の形式の一つ。
輿(こし)――長崎県の五島天文台チームのメンバーとは元同級生で、東京都の御崎台高校に転入した東京都チームのメンバーの一人。
窓――パソコンのデスクトップ上で開かれた画面。
円華(まどか)や武藤(むとう)、小山(こやま)――長崎県の五島天文台チームのメンバー。
静謐(せいひつ)――静かで穏やかな様子。
柳(やなぎ)――御崎台高校に通う、東京都チームのメンバーの一人。

〔問1〕(1)「あーーっ！」凜久の声だった。ＩＳＳの光の点が完全に視界から消え、あとには、冬の星座と、赤く点滅する飛行機の光だけが残った空を仰ぎ、大声で、凜久が叫んだ。とあるが、この表現について述べたものとして最も適切なのは、次のうちではどれか。（5点）

ア、観測の余韻を残す夜空と凜久の声を対照的に描くことで、転校を受け止めきれず衝動に駆られる凜久の様子を強調して表現している。

イ、ＩＳＳの光と飛行機の光とを交互に描くことで、天文部の仲間が凜久の転校に様々な感情を抱いていることを表現している。

ウ、星座と飛行機の光の強弱の変化を明確に描くことで、天文部の仲間と観測会を成功させた後の凜久の心情の変化を表現している。

エ、ＩＳＳの光と凜久の行動とを順序立てて描くことで、実際に観測したＩＳＳの姿に凜久が大いに感動している様子を表現している。

〔問2〕(2)なんだか無性におかしくなって、泣きながら笑ってしまう。とあるが、この表現から読み取れる亜紗の様子として最も適切なのは、次のうちではどれか。（5点）

ア、凜久の気持ちを引き出すために冷静に会話する深野と比較して、感情的になってしまった自分のことを恥ずかしく思っている様子。

イ、深野からの質問の答えに窮する凜久の姿を見てほほ笑ましく感じ、凜久が転校することへの悲しみがすっかり晴れている様子。

ウ、思ったことを素直に伝えて凜久の気持ちを引き出した深野の姿が痛快で、悲しい気持ちが少し明るくなっている様子。

エ、深野と軽やかに会話をする凜久の姿を見て、心配しているほど悲しむ必要はないのかもしれないと思い直して安心している様子。

〔問3〕(3)心細そうに聞く声に、一度引いた亜紗の涙がまたこみ上げてきそうになる。とあるが、このときの亜紗の気持ちに最も近いのは、次のうちではどれか。（5点）

ア、これまで転校の不安を口にしなかった凜久が、仲間を頼ってようやく素直な気持ちを表すことができたことにほっとする気持ち。

イ、ずっと一緒だった自分たちに伝えなかった不安をオンラインの仲間には吐露する凜久の姿を見て、自分をふがいなく思う気持ち。

ウ、凜久の存在をようやく身近に感じることができたのに、もうすぐ離れ離れになってしまうという現実に打ちひしがれる気持ち。

エ、凜久の存在を改めて感じたことにより、一人で不安を抱え続けてきた凜久の心境を推し量りやるせなく思う気持ち。

〔問4〕(4)「私も卒業ですよ。」とあるが、晴菜先輩がこのように言ったわけとして最も適切なのは、次のうちではどれか。（5点）

ア、環境が変わっても、ＩＳＳの観測に共に挑んだ全国の仲間や天文部の仲間たちのことを忘れないでほしいと凜久に伝えたかったから。

イ、一緒にいた仲間たちとの関係はずっと続くと確信しており、たとえ離れてもきっとつながっていられると凜久に伝えたかったから。

ウ、天文部の仲間たちに対する願いを打ち明けることで、凜久だけでなく卒業を控えた自分のことも勇気付けてもらいたいと思ったから。

エ、自分も卒業のために仲間たちと別れることへの心の整理がつかずに寂しい気持ちでいることを、凜久にわかってほしいと思ったから。

〔問5〕(5)その声を全身で受けて、空を見上げながら――。とあるが、この表現から読み取れる亜紗の様子として最も適切なのは、次のうちではどれか。（5点）

ア、たくさんの拍手や声を聞き、ＩＳＳの観測に全力を注いだ日々が、全国の仲間と喜びを共有する形に結実したことを実感している様子。

イ、全国からの反響に驚き、次回の観測会も最高のものにしたいと気持ちを切り換え、目標となる星を早く決めようと思っている様子。

ウ、全国の参加者がＩＳＳを観測できたか心配であったが、成功の知らせがパソコンから聞こえてきて、心が軽くなっている様子。

エ、拍手の音や声を聞き、全国の参加者が自分のことを一斉に賞賛してくれていることに感動し、誇らしく思っている様子。

四 (論説文)内容吟味・段落吟味・課題作文

次の文章を読んで、あとの各問に答えよ。（＊印の付いている言葉には、本文のあとに〔注〕がある。）（計30点）

ヒトは、食べていくという生き物にとって最重要な仕事の点で、絶対に一人では生きられない生物だということは、ヒトの進化を理解する上で決定的に重要な鍵であるに違いない。（第一段）

これまで、動物の行動の進化を研究する行動生態学では、＊利他行動の進化について様々なモデルを考えてきた。しかし、これらすべてのモデルが暗黙に仮定していたのは、個体は基本的に一人で食べていけるということだ。ヒトはそうではないのだとしたら、ヒトの様々な行動の進化を考察する時に、動物のモデルをそのまま当てはめるわけにはいかないだろう。（第二段）

今回は、ヒトが共同作業を行う上での基盤となる能力である、三項表象の理解について取り上げたい。この能力は、言語や文化といったヒトに固有の性質の基本に横たわっていると、私は考えている。（第三段）

まだ言葉も十分には話せない小さな子どもが、何かを見て興味を持ったとしよう。その子はどうするだろう？　そちらを指さしたり、手を伸ばしたりしながら、あーあー、などと発声し、一緒にいるおとなの顔を見るに違いない。おとながそちらを見てくれなければ、かなりしつこく、おとなの注意をそちらに向けさせようとするだろう。これは、実によくある光景だ。（第四段）

その声や動作に気づいたおとなは、子どもがさしている方向を見て、何が子どもの興味を引いたのかを理解すると、子どもと顔を見合わせ、「そうだね、〇〇だね」と話しかける。その言葉を子どもが理解できなくてもかまわない。それでも、動作や表情、視線によって、子どもは、おとなが同じものを見て興味を共有してくれていることを確認する。そして、それは、子どもにとってもおとなにとっても楽しいことなのだ。(第五段)

(1)今こうやって描写したのが、三項表象の理解である。つまり、「私」と「あなた」と「外界」という三つがあり、「私」が「外界」を見ていて、「あなた」も同じその「外界」を見ている。そして、互いに目を見交わし、互いの視線が「外界」に向いていることを見ることで、両者が同じその「外界」を見ていることを、了解し合う。「外界」に関する心的表象を共有していることを理解し合う、ということだ。(第六段)

このように描写すると非常にややこしいが、先に述べたように子どもでもやっていることだ。「外界」をイヌとすると、子どもがイヌを見て指さし、「ワンワン」と言う。そして母親を見る。母親もそちらを見て、また子どもと顔を見合わせ、「そうね、ワンワンね、かわいいわね」と言う。あまりにも普通のことに思われるが、これが、どれだけ深遠な意味を含んでいることか。(第七段)

ヒトの心の中で行われているこのプロセスを描写すると、「私は、あなたがイヌを見ていることを知っている」、「あなたは、私がイヌを見ているということを知っている」、そして、「お互いにそのことを知っている」となる。しかし、これを一文で表そうとすれば、「私は、あなたがイヌを見ているということを知っている、ということをあなたは知っている、ということを私は知っている」となる。この文章を理解するよりも、実際に子どもと目を見合わせながらイヌを見るほうが、ずっと簡単だ。しかし、この簡単なことは三項表象の理解であり、実は非常に高度な認知能力の結果なのである。(第八段)

言語とは、対象をさし示す記号であり、それらの記号を文法規則で組み合わせて、さらなる意味を生み出すことのできるシステムである。そして、対象をさし示すために使われる記号は、その対象物の性質とは無関係な表象である。たとえば、イヌを「イヌ」と呼ぼうと、「dog」と呼ぼうと、何でもよい。それらは、イヌという動物の性質とは関係なく、任意に選ばれている。(第九段)

そして、様々な記号を結びつけて、さらなる意味を生み出すための文法規則がある。だから、「ヒトがイヌを噛(か)む」と「イヌがヒトを噛む」とでは意味が全く異なるのだ。このような任意の記号と文法規則を備えたコミュニケーションシステムを持つ動物は、ヒト以外にはいない。(第十段)

そこで、ヒトの言語の進化をめぐって、様々な議論が行われてきた。ヒトと最も近縁な動物であるチンパンジーがどこまで言語を習得できるのかを探るために、チンパンジーに対する言語訓練の実験も何十年にわたって行われてきた。その結果、チンパンジーはたくさんの任意な記号を覚えるが、文法規則は習得しないことがわかった。その他にもいろいろなことがわかった。しかし、最も重要な発見は、言葉を教えられたチンパンジーが別に話したいとは思わない、ということではないだろうか。(第十一段)

数百の単語を覚えたチンパンジーたちが自発的に話す言葉の九割以上は、ものの要求なのである。「オレンジちょうだい」「くすぐって」「戸を開けて」など、教えられたシグナルを使って他者を動かし、自分の欲求を満たそうということである。「空が青いですね」「寒い」など、世界を描写する「発言」はほとんど皆無だ。ひるがえって、言葉を覚え始めたばかりの子どもの発話の九割以上がものの要求ということはない。もちろん要求もするが、「ワンワン」「お花、ピンク」「あ、〇〇ちゃんだ」「落ちちゃった」など、世界を描写する。単に世界を描写して何をしたいのか。先ほど述べたように、他者も同じことを見ているという確認、思いを共有しているということの確認である。つまり、三項表象の理解を表現しているのだ。(第十二段)

チンパンジーの認知能力は非常に高度である。彼らは、かなり高度な問題をも解くことができる。しかし、どうやら彼らに三項表象の理解はない、というか乏しい。一頭一頭のチンパンジーは世界に対してかなりの程度の理解を持っているのだが、その理解を互いに共有しようとしないのである。高機能のコンピュータがたくさんあるが、それらどうしがつながっていない、というような状況だろうか。だから、世界を描写してうなずき合おうとはしないのである。(2)チンパンジーが時代を超えて蓄積されていく文化を持っていないのは、このためだろう。(第十三段)

三項表象の理解があり、互いに思いを共有する素地があれば、そこから言語が進化するのは簡単であるように思う。言語獲得以前の子どもたちがやっているように、思いの共有さえあれば、あとはその対象に名前をつけていくのは簡単なはずだ。(第十四段)

また、三項表象の理解があれば、目的を共有することができる。私が外界に働きかけて何かしようとしている。その「何か」をあなたが推測し、同じ思いを共有することができれば、「せいのっ!」と共同作業をすることができる。言語コミュニケーションはその共同作業をずっとスムーズに促進させてくれるが、言語がなくても共同作業はできる。言葉の通じない外国でも、表情や身振り手振りで人々は意思疎通することができる。それは、とりもなおさず、先ほどの「私は、あなたが何を考えているかを知っている、ということをあなたも知っている、ということを私は知っている」からだ。(第十五段)

チンパンジーは、みんなでサルを狩るなど、共同作業に見えることをする。しかし、本当に意思疎通ができた上での共同作業ではないらしい。他者が何をしているかを推測することのできる高度なコンピュータが、その知識をもとに互いに勝手に動いているというほうが、彼らの行動をよりよく描写していると私は思う。(第十六段)

私たちは、外界についてそれぞれが自分自身の表象を持っている。いわば個人的表象だ。それを表現するのが言語である。言語で表されたものは公的表象となる。その公的表象を受け取った他者は、それについて独自の個人的表象を持つ。誰も他者の心を見ることはできないので、個人的表象はあくまでもその個人しか理解できないものである。「リンゴ」という言葉で表される公的表象は、秋冬の赤い果物、少しすっぱい、青森や長野が有名、アップルパイのもと、などである。しかし、「リンゴ」という言葉で何を思うかは、人それぞれに異なる。(第十七段)

「自由」「勇気」「繁栄」「正義」など、もっと抽象的な概念になると、公的表象とそれぞれの個人的表象の間には、「リンゴ」のような具体的なものの表象よりもずっと多くの、微妙な違いが生じるに違いない。それでも人々は、言語で表される公的表象でコミュニケーションを取り、共同作業を行わねばならない。その公的表象が各個人の持つ表象の最大公約数としてうまく機能している限り、共同作業はうまくいくだろう。実際、かなりうまくいっているからこそ、この社会は動いている。（第十八段）

(3)しかし、本質的に、それは共同幻想なのだろう。何か探しているような素振りを見せる人に対し、「何かお探しですか？」と聞くのは、本質的にはおせっかいなのだろう。人の心なんて本当は計り知れないものなのだから。それでも大方は当たっている。相手も、そう察してくれることを期待している。それが外れた時に誤解が生じ、「あなたは何もわかってくれない」という恨みが生じる。この何やかやにもかかわらず、共同幻想こそがヒトを共同作業に邁進(まいしん)させ、ここまでの文明を築いてきたのだろう。そして、互いの思いを一致させることは、相変わらずたいへん難しい作業であり、それができた時、できない時に伴う様々な感情を私たちは備えているのである。（第十九段）

（長谷川眞理子「進化的人間考」（一部改変）による）

〔注〕利他行動――自己を犠牲にして、他の個体に利益を与える行動。

〔問1〕(1)今こうやって描写したのが、三項表象の理解である。とはどういうことか。次のうちから最も適切なものを選べ。（5点）

ア、子どものさす方向をおとなが見て子どもに話しかけることは、「外界」に関する子どもの心的表象を理解することだということ。

イ、子どものさす方向をおとなが見て子どもの興味を理解することは、子どもと同じ「外界」に関する心的表象を持つことだということ。

ウ、子どものさす方向をおとなが見て子どもと同じような興味を持つことは、互いに同じ「外界」を見ていたことの結果だということ。

エ、子どものさす方向をおとなが見て子どもと顔を見合わせることは、「外界」に関する心的表象の共有を理解し合うことだということ。

〔問2〕この文章の構成における第十一段の役割を説明したものとして最も適切なのは、次のうちではどれか。（5点）

ア、それまでに述べてきたヒトの認知能力の特徴について、言語の側面から新たな視点を提示することで、論の展開を図っている。

イ、それまでに述べてきたヒトの認知能力の特徴について、チンパンジーとの共通点を挙げることで、論の妥当性を主張している。

ウ、それまでに述べてきたヒトの認知能力の特徴について、チンパンジーの事例に即して仮説を立てることで、論の検証をしている。

エ、それまでに述べてきたヒトの認知能力の特徴について、様々な議論の内容を要約して紹介することで、論をわかりやすくしている。

〔問3〕(2)チンパンジーが時代を超えて蓄積されていく文化を持っていないのは、このためだろう。とあるが、筆者がこのように述べたのはなぜか。次のうちから最も適切なものを選べ。（5点）

ア、チンパンジーは世界に対してかなりの程度の理解を持っているが、世界を描写する言葉を覚えることはないと筆者は考えているから。

イ、チンパンジーは言語訓練によって任意の記号を覚えるが、さらなる意味を生み出す文法規則は習得しないと筆者は考えているから。

ウ、チンパンジーは高度な認知能力を持っているが、世界を描写して他者と互いの思いを共有しようとしないと筆者は考えているから。

エ、チンパンジーは狩りをするなどの共同作業はできるが、他者が何をしているかを推測することはできないと筆者は考えているから。

〔問4〕(3)しかし、本質的に、それは共同幻想なのだろう。とあるが、筆者がこのように述べたのはなぜか。次のうちから最も適切なものを選べ。（5点）

ア、人々は言語を使って共同作業を行わねばならないと思っているが、実際には表情などでも意思疎通ができると筆者は考えているから。

イ、人々は公的表象が共同作業でうまく機能していると思っているが、実際には各個人の表象に微妙な違いがあると筆者は考えているから。

ウ、人々は人の心が計り知れないものだと思っているが、実際には他者が自分の心を察することを期待していると筆者は考えているから。

エ、人々は共同作業がうまくいっていると思っているが、実際には誤解や恨みなどが生じて社会は動いていないと筆者は考えているから。

〔問5〕**思考力** 国語の授業でこの文章を読んだ後、「互いの思いを一致させること」というテーマで自分の意見を発表することになった。このときにあなたが話す言葉を具体的な体験や見聞も含めて二百字以内（原稿用紙20字詰×10行＝省略）で書け。なお、書き出しや改行の際の空欄、、や。や「なども それぞれ字数に数えよ。（10点）

五（対談文・説明文）内容吟味・文脈把握

次のAは、和歌に関する対談の一部であり、Bは、対談中に出てくる鴨長明(かものちょうめい)が書いた「無名抄(むみょうしょう)」について書かれた文章である。また、C（省略）は、無名抄の原文であり、[　]内の文章はその現代語訳である。これらの文章を読んで、あとの各問に答えよ。（＊印の付いている言葉には、本文のあとに〔注〕がある。）（計25点）

A　俵(たわら)　基本的にはうちからほとばしり出るもの、あるいは何か自分がくぐり抜けた人生上のことから宿ってくるものというのは、すごく必要だと思うのですけれども、それが来たときにやはり言葉の技法というか、言葉を駆使して五七五七七に常にできるように、それがいつ来ても大丈夫なように歌人というのは普段きたえている。

久保田(くぼた)　それはあるのでしょうね。そういう心の用意というのがなくてはいけないですよね。

俵　ですから、そんなにたくさん宿ってないときでも、ある程度言葉の筋肉がうまく使えるようにはしておく。*題詠にはそういう意味もあっただろうし、題詠といわれているけれども、これは何か宿っている歌だなと思えるものもたくさんあるところをみると、むしろ宿っているところに題を与えられて出来た歌ではないかなと考えられますね。

久保田　ええ、そうだと思います。そういう例が定家の場合などにもあります。定家の場合あまりしばしばではないのですけれど時に漢文の日記、『明月記』の中に歌が出てきますが、そのときの歌というのは題詠ではない。そのときのほんとうの生の感情を、ふっと日記のおしまいに書き付けている、そういった種類の歌がある。そしてそれから間もなくほとんど同じようなテーマの題が歌会で出されたとき、それをちょっと変えて出しているという例があります。これは月の歌なのですけれど、そういうことを昔の人もやっています。それからそれを意識的にやった人は、――これはまた長明の『無名抄』に書かれていることですけれど、――*源三位頼政がよくそれをやったというのです。つまりたくさん作り溜めておく。

俵　それで題に応じて持ち歌の中からあれこれ選んで……。

久保田　(1)ええ、当座に出された題に応じてちょっと手直ししてその場に出すらしい。そういうのをふつう「擬作」と言っています。そういうことを俵さんも、あるいは現代の歌人もなさいますか。句会には席題というのがありますよね。歌会はそういうかたちではないわけですか、「今回はこういうテーマで詠もう。」というのは。

俵　まあ*吟行ですとか、そういう何か催しがあったときに「さあ詠もう」ということはありますけれど、今の歌会というのは、あらかじめ作ってきた歌をお互いに批評し合うというか、批評会ですね。でも多分昔の歌人たちも、あらかじめ作ってくるということは、あったのではないかしら。

久保田　もう用意があるのですね。この間*大岡信さんと雑談していたら、大岡さんもそういうことを言っておられました、「いや、そんなの詩のほうもあるよ」と。七、八年かな、何年か前に作りかけの詩があって、ほとんど出来ているのだけれど最後のちょっとがまだ出来ない。未完成でほったらかしておいたのをある機会にふと思いついて「これだ」というので、それで七、八年目にやっと完成したという、そういう詩がある。だけど絵描きもそうで、有名な絵描きのアトリエに行くと、あれを描いたりこれを描いたり、作りかけの絵が相当あるのだそうです。それでそれを、半作と言うのですかね、昔の半作というのは家の建築で完成していないのを半作と言うらしいけれど、まだ未完成のを置いておいて、注文がくると「ああ、それじゃあ」というのでそれを完成して出す。絵描きだってやっているし、音楽家もそうだなんて話にだんだんなっていって、ここのところモーツァルトブームだけれど、特にモーツァルトにそういうのが相当あるらしいというので、楽譜でインクの色が違うなどと、それの追跡がこの頃の研究ではやられているらしいのです、一曲一曲いちいちすぐ完成して渡すというのではなくて、

俵　並行していくつも置いておく?

久保田　ええ、いろいろ思いつくままに楽譜に書きかけておいて、それをだんだんかたちにしていくんだそうです。すべての芸術でそういうことはありうるのでしょうね。まあそういうものとは比べものにならないですけれど、われわれの仕事だって何かのテーマで書きかけてほったらかしておくというのはありますね。かなり長い間暖めておいて、ということも必要なのでしょう。だからそれは作品の長短にはよらないのではないでしょうか。(2)短歌の場合もそういうのはあるのではないですか。何かこういう感情を歌いたいのだけれどどうも適切な表現が得られない、それでしばらく寝かしておく。そのうちに何かの瞬間にひょっとぴったりした表現が思い浮かぶということはあるのでしょうね。

俵　それはあります。何か言葉にできずに終わっていた以前の気持をもう一度味わったときに歌になる場合も多いです。一瞬、言葉に出会って、「あっ、この言葉だったんだ」と思って歌になる場合と、もう一度同じ思いをして歌になる場合と、いろいろありますね。

久保田　それからさまざまに一つの事柄を歌に換えていくという場合もあるのでしょうね。定家なんて人は相当にプライドが強いから、自分が前に歌ったことのあるような発想は、努めて避けるのです。それでたまたま似てきてしまうと、恥ずかしいなんて自分で書き付けていますけれど、でもやはりその定家にしても「あ、これは*変奏曲だな」みたいなものがありますものね。だからましてそれ以外の人たちには、一つの好みの表現ないしは似たような発想というのが繰り返し繰り返し出てくるのだろうと思うのです。

(3)俵　その場である景色や物を見て、いろいろ感じることがあって、こんな歌を作ったというような、作歌事情というんでしょうか、エピソードなんかがありますけれども、ああいうのもやはり普段から筋肉を動かして、いろんな言葉のストックや気持のストックを持っているからこそ、すっと、その場で出てくるのでしょうね。

久保田　そうなのでしょうね。やはりストックでしょうね。そう思います。ただ表現だけではなくて、表現以前の何かがストックされていないと、とっさには出ないのでしょう。

(久保田淳、俵万智「百人一首　言葉に出会う楽しみ」による)

B

*俊恵はもう一つ大事なことを語りのこしてくれた。(4)頼政が歌会で名をあげた名歌は多く「擬作」つまり、あらかじめ準備し、練りととのえた歌であったということである。歌会は当座詠であっても、そうした準備され

た歌をもっていれば、題に合わせて詠みかえることもできる。鴨長明は無名抄に、「都にはまだ青葉にてみしかども紅葉散りしく白河の関」の歌が、歌会で〈勝〉の判を得るまでのエピソードを伝えている。それによると頼政は、この歌の本歌たる「都をば霞とともに立ちしかど秋風ぞ吹く白河の関」の俤があまりに濃く残っているのを気にして、歌会当日まで躊躇を感じていたという。俊恵はその日になって相談をうけた。俊恵は歌会の場に馴れた先輩として、この歌を「されどもこれは出栄えすべき歌なり。」と評して提出をすすめ、頼政は俊恵の励ましに喜んで「勝負の責任はあなたにありますよ。」と言いながら歌会に出かけて行った。結果は俊恵の見通しどおり好評であった。

（馬場あき子「埋れ木の歌人」による）

C（省略）「無名抄」／高橋和彦「無名抄全解」より

〔注〕題詠——題を決めておいて、詩歌などを作ること。
源三位頼政——平安時代の武将、歌人。
吟行——詩歌・俳句を作るために、名所等に出かけて行くこと。
変奏曲——一つの主題を様々に変化させて構成した楽曲のこと。
大岡信——日本の詩人、評論家。
俊恵——平安時代末期の歌人。鴨長明の師。
都にはまだ青葉にてみしかども紅葉散りしく白河の関——

旅立った時の都ではまだ青葉の状態で見たが、紅葉が散り敷いているよ、ここ白河の関では。

本歌——『新古今和歌集』の時代に盛んに行われた「本歌取り」という表現手法を用いる際の、もととなる歌。
都をば霞とともに立ちしかど秋風ぞ吹く白河の関——

都を、春霞が立つのとともに出発したが、いつの間にか秋風が吹く季節になってしまったことだ。この白河の関では。

〔問1〕Aでは、(1)ええ、当座に出された題に応じてちょっと手直ししてその場に出すらしい。とあり、Bでは、(4)頼政が歌会で名をあげた名歌は多く「擬作」つまり、あらかじめ準備し、練りととのえた歌であったということである。とあるが、A及びBで述べられた、歌会における頼政の歌の示し方の特徴を説明したものとして最も適切なのは、次のうちではどれか。（5点）

ア、頼政は、生の感情を整理して言葉にしておき、歌会で出された題に合わせて技法を駆使して即座に和歌にできるようにしている。

イ、頼政は、複数の歌を事前に備えておき、歌会ではそのまま出したり題にふさわしい表現に置き換えて出したりするようにしている。

ウ、頼政は、事前に歌を用意しておき、歌会で修正する必要が生じた際に変更すべき部分をあらかじめ想定しておくようにしている。

エ、頼政は、歌会の前に相談した歌人の先輩から譲り受けた歌を、歌会で提示された題に合わせて作りかえるようにしている。

〔問2〕(2)短歌の場合もそういうのはあるのではないですか。とあるが、ここでいう「短歌の場合もそういうのはある」を説明したものとして最も適切なのは、次のうちではどれか。（5点）

ア、感情を適切に表現する言葉は、作りかけた歌をできるだけ長い間寝かせておくことでしか得ることができないということ。

イ、感情を適切に表現した歌を完成させるには、ふさわしい言葉を納得するまで集中して考え続けることが大切であるということ。

ウ、感情を十分に表現しきれていない未完成の歌であっても、寝かせておくことで適切な言葉が得られることがあるということ。

エ、感情を十分に表現できたと思う歌の場合でも、長い間寝かせることで適切かどうかを改めて吟味する必要があるということ。

〔問3〕(3)俵さんの発言のこの対談における役割を説明したものとして最も適切なものは、次のうちではどれか。（5点）

ア、直前の久保田さんの発言を受けて、作歌の準備について久保田さんとの共通理解を図ろうとしている。

イ、直前の久保田さんの発言を受けて、作歌をする上での自分の体験談を紹介することで話題を広げようとしている。

ウ、直前の久保田さんの発言を受けて、作歌に関する久保田さんとは反対の意見を述べることで話題を転換しようとしている。

エ、直前の久保田さんの発言を受けて、作歌について自説を述べることで新たな問題を提起しようとしている。

〔問4〕（省略）（5点）

〔問5〕（省略）（5点）

東京都立　西高等学校

時間 50分　満点 100点　解答 P15　2月21日実施

出題傾向と対策

●漢字の読み書き二題、小説文、論説文、漢文を含む説明文の大問五題構成。選択問題が中心だが、本文の内容を踏まえた課題作文も出題された。設問は、難問とまではいかないが平易ではなく、本文の分量も多いので速読力と高い読解力が要求される。古文漢文は基礎レベル。

●設問のレベルは高いが、判断基準が明確なので、練習を積んでおけば十分に対応できる。漢字の読み書きは注意が必要。課題作文もレベルの高い内容を要求されるので、添削を受けて何度も練習しておくこと。

注意　答えに字数制限がある場合には、、や。や「などもそれぞれ一字と数えなさい。

一 漢字の読み書き　よく出る

次の各文の――を付けた漢字の読みがなを書け。

(1) 衷心から感謝する。
(2) 笛や琴をかきならし、歌舞吹弾に興じる。
(3) 街灯の光が夜霧に潤む。
(4) 人を操るために策を弄する。

二 漢字の読み書き　よく出る　難

次の各文の――を付けたかたかなの部分に当たる漢字を楷書で書け。

(1) 堅実な捜査によって、事実のショウサをとらえた。
(2) 状況から判断すると、この裁定はシットウである。
(3) 時がたち、来訪もマドオになった。
(4) 昆虫をテンガンキョウで観察する。

三 (小説文) 内容吟味

次の文章を読んで、あとの各問に答えよ。（＊印の付いている言葉には、本文のあとに〔注〕がある。）

〔樋口和子（ワコ）は、浅草にある和菓子の老舗「奥山堂」の職人となった。奥山堂では、工場長の曽我のもと、鶴ヶ島という職人が、職人としての心構えを後輩に教えていたが、笹野庵からの誘いを受けて退職してしまう。鶴ヶ島が去った後も腕を磨き続け、自分の実力を試したいと思うようになったワコは、コンテストへの出場を決意した。〕

「どうした、まさかおまえまで辞めると言い出すんじゃないだろうな？」

初出社した日、〝石の上にも三年ではなく五年と思え〟と曽我に言われた、その五年が過ぎたのだった。

「あたし、コンテストに出たいんです。」

和菓子協会が主催するコンテストの東京大会が五月にある。それに出場して力を試すのが、自分の店を持つことへの第一歩と考えたのだ。だが口にしたあと、すぐにワコは顔が熱く火照る。

「まったく身のほど知らずだとは思うのですが……。」

「コンテストに出場するのはいいとして、五月まで準備期間が二ヵ月しかないぞ。」

「今の自分の実力が知りたいんです。」

「分かった。この五年間で身に付けた技術を出し切れ。」

通勤途中に通り抜ける隅田公園の桜並木が、ほんの少し色づき始めていた。

コンテストの課題は、春と秋をテーマにした上生菓子をひとつずつつくること。上生菓子の代表格は、白あんを着色して四季折々の風物に題材を取った、＊練りきりだろう。ほかにも羊羹、＊求肥などを使い、つくり手の創意工夫で自由に表現される。いわば、和菓子の華だ。

「上生菓子をつくるには、感性を磨くことが必要だ。」作業場に出ると、曽我が声をかけてきた。「では、その感性とはなんだと思う？」

ワコは応えられなかった。

「私は以前、みんなに曖昧さを排除しようと言った。〝なぜ、そうするのか〟を具体的、論理的にしろとな。おまえなりに感性を具体的、論理的に突き詰めるんだ。そこからワコの上生菓子が生まれるはずだ。」

――あたしの上生菓子。

出勤の時に眺める桜の蕾がふくらんでいき、やがて花開いた。

「たとえば朝起きて、窓の外を見ると雪が降っていたとします。顔を洗おうと蛇口をひねると、刺すように水が冷たい。見たもの、感じたもので真冬という季節をどう表現するか？　その表現力の豊かさだと思います。」

「まだ足らんな。」

曽我に一蹴された。

奥山堂からの帰路、夕暮れの隅田公園でワコはふと立ち止まる。桜吹雪が舞う中、浅草寺の鐘の音が聞こえた。浅草でお菓子の修業ができてよかったとワコは思う。まがい物めいたものもあるけれど、確かな伝統も息づいている。ある日突然、隣の＊宮大工のおじいさんが人間国宝になったり、＊飾り職人のおじさんが伝統産業功労賞を受賞したりする。ワコは夜の＊仲見世を歩くのも好きだった。賑わう昼間とは違い、静かなシャッター通りがライトに照らされた風景は幻想的ですらある。この街は、見る人の目によってさまざまに映るだろう。……そこではっと気づいた。

「雪の朝、顔を洗おうとしたら、あまりに水が冷たかった。それでまた布団に戻り、もぐり込んでしまう人。あるいは顔を洗ったあと、さらに手で冷たい水をすくって飲む人。その水によって身体が浄化されたようで、思わず雪の中に飛び出して駆け回りたい衝動にかられる人。雪の朝をどのような形で表現するかが感性だと思います。」

(1)曽我がワコに目を向ける。

「おまえがそう思うなら、やってみろ。」

その日は来た。日本橋にある和菓子協会東京本部のキッチンスタジオには、三百人の年齢が異なる和菓子職人がコンテストのために集まった。ガラスの向こうでは、大勢のギャラリーが中を覗き込んでいる。

「ほほう、女の職人とは珍しい。」

審判員を務めるベテランの協会員が、作業台に向かって立つワコの前で聞こえよがしに呟く。確かにそのとおりで、出場者の中に女性は自分ひとりきりだった。

「今の自分の実力が知りたいんです。」と曽我には言った。しかし、こうして参加したからには勝ちたい。それになにより、ひとりの人物が混じっていた。

――ツルさん！

おそらく笹野庵の制服なのだろう、鶴ヶ島は紫色の*作務衣を着ていた。長い作業台が横三列、縦十列並んでいる。ひとつの作業台に十人ずつが横並びになってお菓子づくりを行う。鶴ヶ島は前のほうの作業台にいて、ワコは中ほどにいた。離れてはいるが、鶴ヶ島の背中を斜め後方から眺めることになる。気になった。

だが審判員の、「始め！」の声が会場に響き渡ると、すべては消し飛ぶ。

持ち時間は二時間だ。練り切りの生地をつくるところから始める。餅粉に水を加えてこね、耳たぶくらいの硬さにする。*中綿にするこし餡は、昨日のうちにつくって冷蔵庫で冷ましたものを各自持参していてそれを使う。

この五年間、お菓子づくりに役立つと聞けば、自然とその方向に足が向いた。ほかのお店のお菓子を見て歩いたり、美術館で絵画を鑑賞したり、百貨店の着物売り場で美しい晴れ着の柄を眺めたりした。思わず入ってしまった格式のある呉服屋で、店員に高い帯を勧められて困ったことも……。目にして印象に残ったものは、絵や文で書き留めるように努めてきた。そうした日々のさまざまな積み重ねが、自分を自然と刺激してくれていたらいい。

つまんで伸ばし、粘りを出し、裏ごしし、もみ込んで生地をつくる。できた生地に色素を加えて着色し、形をつくり、角棒で刻みを入れる。制限時間内に、春と秋の上生菓子が十個ずつはつくれるだろう。それぞれ一番よくできたものを提出する。

時間は刻々と経ってゆく。だが、この張り詰めたような空間の中でも、お菓子づくりの喜びと確かな充実がある。そして、(2)ワコは感性を発露させた。

「終了！」

その声を聞いた途端、力尽きてその場にくたりと座り込みそうになる。

審判員によって、出場者はスタジオの外に出るよう促された。味は審査の対象にならない。作業台に残された菓子の姿だけが審査されるのだ。

競技会場から退出した職人たちは、ロビーで手持ち無沙汰の時間を過ごす。顔見知り同士は会釈したり、話し込んでいる姿もある。そうした人たちは笑顔を浮かべてはいるが、どこか虚ろだ。みんなが落ち着かない待ち時間を費やしていた。人々の向こうに、鶴ヶ島の姿が見える。挨拶しに行きたいが、近寄りがたい雰囲気を纏っていた。

審判員の指示で、再び会場に戻る。

「結果発表――。」

審査員長が正面のステージに立ってそう宣告した。会場中が固唾を呑んでいる。もちろんワコも。自分の心臓が音を立てているのが聞こえるようだった。

なんの前触れもなく、ワコの顔がステージ上のスクリーンに大写しになる。その顔は、きょとんとしていた。

「和菓子コンテスト東京大会準優勝は、奥山堂の樋口選手。」

それを聞いた途端、自分の心臓は確かに一度止まったかもしれない。耳にいっさいの音が届かなくなった。

スタッフに案内され、ふわふわした足取りでステージに登壇する。突然、大きな拍手の音が耳の中になだれ込んできた。自分よりも若い振り袖姿の女子が、渋い和皿に載せた上生菓子を運んでくる。ワコがつくったお菓子だ。壇上のテーブルに置かれたそのお菓子が、スクリーンに映し出される。春をテーマにウグイスを、秋をテーマに柿をつくった。それぞれ『初音』、『照り柿』という*菓銘を付けている。自信作だった。(3)自分の姿が映った時よりも晴れがましさを感じる。スクリーンのお菓子と自分に向けて、出場者とギャラリーが拍手を送り続けてくれていた。ワコは胸がいっぱいになる。

しかし審査員長が再びマイクを握ると、ワコの興味はすでにほかに移っていた。

「優勝は、笹野庵の鶴ヶ島選手です。」

ワコは準優勝した上生菓子を、五センチ四方のプラスチックの菓子ケースに入れて奥山堂に持ち帰り、作業場の皆に見せた。コンテストは、店が忙しくなる週末ではなく平日に開催されていた。

「よくできてるよ。ねえ、ハマさん。」

と*浅野が感心したように言う。

「さっすが準優勝の作品。三百人中の二番だろ、大したもんだ。」

*浜畑がそう褒めてくれた。

もちろん嬉しい。けれど、ワコの表情はすぐれない。鶴ヶ島の作品を見た途端、準優勝の喜びは吹っ飛び、敗北感ばかりが募ってきたのだ。鶴ヶ島がつくった優勝作品の菓銘は、春が『おぼろ月』、秋が『もみじ』である。春のほうは一見すると普通の蒸し羊羹のようだ。けれど、四角いこし餡の中に杏子のシロップ漬けが沈んでいる。ぼかしという手法で、まさに柔らかくほのかにかすんで見える春の夜の月というたたずまいだった。秋のほうは、求肥餅にすりごまを混ぜてつくった濡れたような石に、紅いもみじの葉が一枚落ちている。それだけで、清らかな冷たい水の流れが見えるのだ。そこには、過ぎ去った夏の思い出さえ感じられる。なにより……とワコは思う。なにより、どちらのお菓子もとてもおいしそうだ。

表彰式の時、鶴ヶ島はワコのほうをちらりとも見なかった。真っ直ぐに前を向いていた。鶴ヶ島がつくった上生菓子も壇上に運ばれていた。ワコは、そのふたつの菓子に視線が釘づけになっていた。

表彰式が終わるとワコは、「おめでとうございます。」夢中で鶴ヶ島に声をかけた。「ツルさんがコンテストに出場されてるなんて、意外でした。」

「俺が出場する理由は、自分の技術の確認のためだ。店の連中が、俺に注意することはないからな。自分の技量が落ちていないかを、客観的に査定する機会が必要だからだ。」

(4)それだけ言うと、鶴ヶ島は立ち去った。よいお菓子をつくりたい、それだけに没頭している人。

「どうした?」

曽我の声に、物思いにふけっていたワコははっとする。

「浮かない顔だな。」

「優勝したツルさんのお菓子とは、たいへんな隔たりがあります。」

曽我が頷(うなず)いていた。

「ワコ、おまえの上生菓子は技巧的には確かに優れている。しかし、このお菓子におまえが言った感性があるだろうか?」

再び激しいショックを受ける。

「コンテストの前、おまえは感性について自分なりに語ってみせた。それはいいだろう。だが、(5)お菓子に表現するやり方が違っている。蔕(へた)のある側の柿をつくるのでは、たとえそれがよくできていても単なる説明だ。これは柿です、という説明をしているに過ぎないんだ。むしろ、花落ち側の頭をつくったらどうだ。そうすることで、柿の木を見上げた時の秋の夕映えの景色が目に浮かんでくる。ウグイスも、姿をそのままつくったならば説明だ。『初音』という菓銘ならば、鳴き声をつくるようにしろ。」

鳴き声!? ワコは絶句した。


(上野歩「お菓子の船」による)

〔注〕練りきり——和菓子の種類の一つ。
求肥(ぎゅうひ)——和菓子の材料の一つ。

宮大工——伝統的な木造建築の修理や建築にあたる大工。

飾り職人——金属の細かい装飾品を細工する職人。

仲見世(なかみせ)——浅草の雷門から続く商店街。

作務衣(さむえ)——日常の作業や労働をするときに着る和服。

中綿(なかわた)——練りきりの中に入れるあん。

菓銘——菓子につけられた名前。

浅野(あさの)・浜畑(はまはた)——奥山堂の職人。


〔問1〕(1)曽我がワコに目を向ける。とあるが、ここから読み取れる曽我の心情はどのようなものか。その説明として最も適切なものを、次のうちから選べ。
ア、感性に関するワコの説明が今までとは打って変わって独創的なものになっており、コンテストで鶴ヶ島に勝てるような菓子職人に成長する可能性をも感じている。
イ、和菓子作りに必要な感性についてのワコの言葉から、ワコが理解を深めたことを感じとり、どのように感性を和菓子に表現するつもりなのか興味をひかれている。
ウ、感性を突き詰めろと伝えた自分の言葉を、ワコが正確に理解したことを実感し、ワコが見せている和菓子職人として認められようとする姿勢に対して驚いている。
エ、ワコが話した感性の内容から大きな進歩は感じられないが、和菓子作りに対する強い信念が感じられ、ワコの和菓子にどのような影響が出るか関心を抱いている。

〔問2〕(2)ワコは感性を発露させた。とあるが、どういうことか。その説明として最も適切なものを、次のうちから選べ。
ア、「春」と「秋」を具体的に表現するために、職人として和菓子を作り続ける日々を通して感じた喜びや充実感を活用することで、上生菓子作りに重要な感性がどういうものなのか示したということ。
イ、「春」と「秋」にこめられた主催者の意図を、奥山堂で身につけた技術を発揮して具体的な風物に置き換えることで、和菓子をどういうものだと理解したのかの答えを上生菓子にこめたということ。
ウ、「春」と「秋」を表現するために、コンテストの準備期間である二ヵ月を費やして見つけ出すことができた情景を上生菓子に投影することで、正しい感性がどのようなものなのか説明したということ。
エ、「春」と「秋」というテーマに対し、感じたり思い描いたりしたものを職人としての五年間の経験を生かして具体的に表現することで、ワコが抱いたイメージを自分の上生菓子に表したということ。

〔問3〕(3)自分の姿が映った時よりも晴れがましさを感じる。とあるが、なぜか。その理由を六十字以内で説明せよ。

〔問4〕(4)それだけ言うと、鶴ヶ島は立ち去った。とあるが、「鶴ヶ島」の様子から読み取れることは何か。その説明として最も適切なものを、次のうちから選べ。
ア、審査時間中も他の職人を近づけようとしない様子から、他の職人たちに対する強い対抗心と優越感を読み取ることができる。
イ、コンテストに優勝しても喜ぶ素振りもみせず、冷静に結果を受け止める様子から、和菓子作りの技術への自信が感じられる。
ウ、作品の味は審査対象外なのに、妥協せずに味を追求し独創的な技法を用いる様子に、職人としての自尊心が表現されている。
エ、ワコに対して、他の職人に対する態度と同様のそっけなさを見せる様子に、職人技術で劣る他者を見下す心情がうかがえる。

〔問5〕(5)お菓子に表現するやり方が違っている。とあるが、どういうことか。その説明として最も適切なものを、次のうちから選べ。
ア、景色や風物について、感じ取った人の感じ方を具体的にどう表現するかに感性が表れると言っていたが、実際にはテーマを象徴する風物を写実的にお菓子に表現しているに過ぎない、ということ。
イ、情景を直接形作ることなく、自分自身の情景の感じ方をどのように説明するかで感性が問われると言っていたが、実際はテーマから容易に思いつくものを選び作品にしたに過ぎない、ということ。
ウ、テーマから連想できる自然そのものを、どれだけ共感しやすい形で表現できるかに感性が表れると言っていたが、実際には連想されやすい風物を共感されやすいものとみなしている、ということ。
エ、自然の変化を感じる日常の多様な瞬間を、どれだけ具体的に表現できるかで感性が問われると言いながら、実際には単にテーマから想起しやすいものを日常的なものとみなしている、ということ。

〔問6〕本文の表現や内容について述べたものとして最も適切なのはどれか。次のうちから選べ。
ア、桜の花の様子にワコが感性について考えを深めていく様子が投影されているように、ワコの内面をさまざまな情景によって表現し、視覚的にも理解できるよう表現が工夫されている。

イ、コンテストへの参加を決意した日から表彰までの経過を時系列に沿って具体的、写実的に説明しており、コンテストという特殊な状況に読者が混乱なく入り込めるようになっている。

ウ、「自分の心臓が音を立てているのが聞こえるよう」のように、ワコの視点から物語を描写する表現によって、読者がワコの感覚と同一化して物語の世界を味わえるようになっている。

エ、鶴ヶ島が作った作品に関する細かい説明の描写を入れることで、鶴ヶ島の技術が卓越していることと同時に、それを見て理解できるワコ自身の実力も読み取れるよう配慮されている。

四 （論説文）内容吟味・課題作文

次の文章を読んで、あとの各問に答えよ。（＊印の付いている言葉には、本文のあとに〔注〕がある。）

文化人類学は、一九世紀末から少しずつ制度化されてきた「若い」学問分野である。だからこそ草創期*には、一貫して人類文化を解明する科学としての地位を確立しようとしてきた。自分たちとは異なる他者を科学的に理解すること。それが、進化論者であれ、文化決定論者であれ、人類学の使命であり、学問の正統性の根拠だった。ところが一九六〇年代、人類学が自然科学と同じような科学であることに疑問が呈されるようになった。

その転回を主導したのが、ルース・ベネディクトやマーガレット・ミード*の次の世代を代表するアメリカの人類学者、クリフォード・ギアツだ。

ギアツは、文化を「意味の網」ととらえた。人間は、その自分自身がはりめぐらした意味の網にかかっている動物であり、人類学者の役割は、その意味を解釈することだ。それは普遍的な法則性を探究する実験科学とは全く異なる。ギアツはそう主張した。

この(1)「解釈学的転回」ともいわれる潮流は、人類学のあり方を大きく揺るがした。人間の行為は意味を帯びた記号である。それはつねに現地の人によっても解釈されている。人類学者は、その人びとが読みとる意味をさらに解釈する。それは科学的な研究というより、文学作品を読み解いていく作業に近い。前節で紹介した二つのスキャンダル*は、こうして人類学の「科学性」や「実証性」が揺さぶられるなかで起きた。人類学の他者理解はどのように変化したのだろうか？

人類学者が綿密なフィールドワークをもとに描く「民族誌的事実」は科学的に検証されうる「事実」ではない。ギアツは、その解釈は証明されない仮説にとどまり、つねに未完のものだという。それに「自然科学の実験に基づくような権威を与えるのは、単に方法論上のごまかしに過ぎない」。解釈とは、抽象的な規則性や法則をとりだすことではない。人類学者のやるべき仕事は、そこで何が起き、どう受けとめられているのか、具体的な脈絡をたどり、その意味を探る「厚い記述」*をすることだ。

ギアツはマリノフスキ*の『日記』にも言及している。『日記』が提起したのは、人類学者の道徳上の問題ではない。それは住民の視点からものを見るときに、無理なく自然に理解できる〈近い＝経験〉と、学問的で専門的な概念という〈遠い＝経験〉をどう使い分けるか、という問題である。ギアツは言う。

〈近い＝経験〉だけに自己限定すれば民族誌学者は身近なものに流されて、卑俗な言葉で足がもつれることになる。〈遠い＝経験〉だけに自己限定すれば抽象の内にさ迷い、難解な専門用語の中で窒息することになる。

ギアツは、自身が研究してきた(2)インドネシアのジャワとバリ、そしてモロッコの例をあげる。焦点は、人びとが自分自身を人としてどう定義するのか、どんな「自己」の概念をもっているのかだ。ギアツはそれぞれの場所で人びとが自分や仲間に対して用いる言葉やイメージ、制度、行動といった「象徴」の形態をもとに、それを分析した。

たとえば、ジャワでは「内（バティン）」と「外（ライール）」、「磨き上げられた（アルース）」と「荒削りな（カサール）」という二つの対比が自己の概念をかたちづくっている。「内」は、経験の感知できる領界のことで感情生活全般を指す。「外」は、人間行動の観察しうる領界のことで目に見える動きや姿勢、会話などを指す。内なる領界では瞑想（めいそう）など宗教的鍛錬によって、外なる領界では事細かに定められた礼儀作法によってそれぞれ「磨き上げられた」状態が達成される。この静止させられた感情の内部世界と型にはめられた行動の外部世界とがはっきりと異なる二領域をなし、その二面性をもった自己が概念化されている。

イスラム化されたジャワが内省的な静かさをもつとしたら、ヒンドゥー教が存続したバリには華麗さや演劇性がある。バリの人びとは複雑な呼び名や称号の体系のなかに位置づけられ、その地位の役を演じている。人は私的な運命をたどる個人ではない。規格化された地位の類型を代表し、演じる存在なのだ。それは、人びとにもっとも〈近い＝経験〉としては「レク」という観念にあらわれる。舞台の上で「緊張する＝あがる」という意味だ。人びとは文化的位置によって要請される公の演技を演じ損ない、仮面の下にある個人性が表に出て、みなが居心地悪くなることをとても恐れている。バリの人びとにとって演劇的自己という感覚は、つねに守られねばならないのだ。

こうした「解釈」を現地の人が明確に意識しているわけではない。ギアツは「解釈」をするときに大切なのは、ローカルな文脈における細部である〈近い＝経験〉と、それを意味づける包括的な概念である〈遠い＝経験〉とのあいだを行きつ戻りつする「解釈学的循環」だと強調する。

マリノフスキの『日記』は、異文化に共感できない人類学者の姿をさらけだした。ギアツは、他者の主観性を理解し説明するために、そうした他者への感情移入や仲間意識はかならずしも必要ないとして、マリノフスキを擁護（ようご）している。むしろ人びととの表現様式や象徴体系を読みとり、解釈する能力こそが重要なのだ。

ギアツの解釈人類学は、人類学に急旋回をもたらした。だがその旋回も、すぐにさらなる大きな渦にのみ込まれた。

一九八〇年代、人類学の歴史上、最大の危機が訪れる。批判と実験の時代の到来だ。(3)従来の人類学が根底から批判され、それを刷新しようとする実験的試みが生まれた。

ギアツの解釈人類学は、この変革を呼び込む予兆でもあった。ギアツの著作から人類学を学んだ若い世代が議論の中核を担っていただけではない。人類学者が異文化を解釈すべきテクストとして読み解くように、人類学者の民族誌自体が検討すべきテクストとして再解釈されるようになった。もちろん、ギアツの著作も批判の矢面に立たされた。

一九八六年、この時代を象徴する二冊の本がアメリカで出版される。ジョージ・マーカスとマイケル・フィッシャーが書いた『文化批判としての人類学』、ジェイムズ・クリフォードとマーカスが編集した『文化を書く』だ。

『文化批判としての人類学』の冒頭、マーカスらは、人類学が陥った窮地を象徴する二つの論争をとりあげる。エドワード・サイード*が一九七九年に出した『オリエンタリズム』、そしてフリーマンの『マーガレット・ミードとサモア』がもたらした論争だ。前節でとりあげたフリーマンのミード批判は、人類学者が書くものへの信頼を大きく失墜させた。さらに『オリエンタリズム』では、(4)人類学者が異文化を研究することの正当性すらも否定された。

エルサレム生まれのパレスチナ人であるサイードは、西洋人が非西洋を描く「表象」に潜む権力性を告発した。異文化を理解し、表現する特権はもっぱら西洋人にだけある。アラブ人など非西洋社会の人びとは意見を述べる権利を剥奪されている。それは西洋による植民地主義的な「知」の支配がいまも継続していることを意味する。このサイードのオリエンタリズム批判は、西洋の人類学者が非西洋社会を研究し、その文化を書くこと自体が権力の行使に他ならないと断罪するものだった。

もはや異文化についての人類学の他者理解が科学的な正確さをもつ客観的で中立的な知識であると受けとめることは不可能になった。マーカスらは、こうした批判を乗り越えようとする実験的試みを検討し、文化の一貫性という前提が崩れ、多声性が重視されはじめたことを指摘する。ときに矛盾をはらむような現地の多様な声は、これまで民族誌の作者という権威的な単一の声に従属させられてきた。実験的民族誌では、調査者と被調査者との対話にもとづき、人類学者の一方的解釈だけでなく、さまざまな声が提示されるようになった。

そんな実験的民族誌を書いた一人であるヴィンセント・クラパンザーノは、『文化を書く』で、ギアツのバリの闘鶏についての論文「深い遊び」を痛烈に批判している。「『深い遊び』の中には原住民の視点から見た原住民の理解など実は存在しない。あるのはただ、構築された原住民の、構築された視点から見た、(5)構築された理解のみである」。人類学者は住民の後ろに隠れながら、理解のヒエラルキー*の頂点に君臨してきたのだ。

文化を書くことには非対称な力関係が潜んでいる。それは同書でタラル・アサドが提起した「文化の翻訳」の問題でもあった。人類学者と調査対象者のあいだには「言語の力の不平等」が存在する。人類学者だけが異文化を科学的テクストに翻訳できるからだ。その書かれたテクストは、人びとの声よりも権威あるものとして歴史に刻まれる。アサドは、この「文化の翻訳」には避けがたく権力が入り込み、「汚されたものになりうる」と論じた。

（松村圭一郎「旋回する人類学」（一部改変）による）

〔注〕草創――新しく物事を始めること。
ルース・ベネディクトやマーガレット・ミード――共に二〇世紀を代表するアメリカの文化人類学者。
前節で紹介した二つのスキャンダル――ミードの研究がずさんだったことと、マリノフスキが現地人を嫌悪していたことが『日記』の出版で明るみに出たこと。
マリノフスキ――ポーランド出身のイギリスの文化人類学者。
エドワード・サイード――パレスチナ系アメリカ人の文学研究者。
ヒエラルキー――上下関係によって序列化された組織。

〔問1〕難 (1)この「解釈学的転回」ともいわれる潮流は、人類学のあり方を大きく揺るがした。とあるが、「解釈学的転回」とはどういうことか。その説明として最も適切なものを、次のうちから選べ。

ア、人類学が、普遍的法則を追求する科学的学問ではなく、現地人の解釈による行為をさらに解釈する学問だと見なされるが、その捉え方も解釈を相対化するものへ更新されていったということ。

イ、人類学が、普遍的法則の抽出を求める科学の一分野ではなく、現地人の行為をフィールドワークにより実証的に解釈し、行為の具体的意味を探るものだと捉えられるようになったということ。

ウ、人類学が、普遍的法則を探究する実験科学ではなく、現地人の行為という記号の意味を解釈するものだと捉え直されるが、やがて解釈学的研究の中立性の欠如が指摘されていったということ。

エ、人類学が、普遍的法則を見出そうとする科学的研究ではなく、意味を帯びた記号である現地人の行為を、具体的な筋道を明らかにしつつ解釈するものだと見なされるようになったということ。

〔問2〕(2)インドネシアのジャワとバリとあるが、両者の違いの説明として最も適切なものを、次のうちから選べ。

ア、ジャワの人々は、感情による内部世界と言動による外部世界が対立し合っている自己の概念をもつが、バリの人々は、公的演劇性を帯びた内外が不可分な自己の概念をもつということ。

イ、ジャワの人々は、自己を形成する内外の要素のうち瞑想的な内面の部分を重視しているが、バリの人々は、自分自身が他者からどう見られるかという外面の部分を重視するということ。

ウ、ジャワの人々は、内的な感情と外的な言動からなる対比的な自己の概念をもつが、バリの人々は、類型化された公的な自分の役割を演じるという演劇的な自己の概念をもつということ。

エ、ジャワの人々は、自己の内面と外面のそれぞれに二面性のある自分を概念化しているが、バリの人々は、類型にはめた性格類型に合わせて演技している自分を概念化しているということ。

〔問3〕難 (3)従来の人類学が根底から批判され、それを刷新しようとする実験的試みが生まれた。とあるが、「実験的試み」とはどういうことか。その説明として最も適切なものを、次のうちから選べ。

ア、異文化を偏りのない視点から研究するために、調査者が被調査者の原住民ときちんと対話し、なるべく多様な現地の声を紹介しながら文化を記述しようとする学問的潮流のこと。

イ、従来の人類学のあり方を批判するために、被調査者との対話に基づいた原住民の声を矛盾を含んだ部分まで提示することで、極力科学的な他者理解を模索する学問的潮流のこと。

ウ、異文化を中立な立場から記述するために、被調査者の原住民の声を矛盾するものも含めて広く調査することで、従来の人類学者による民族誌を再解釈していく学問的潮流のこと。

エ、従来の人類学のあり方を乗り越えるために、今までの人類学者による民族誌を批判し、非西洋社会の一員である原住民の側からの解釈を明らかにしようとする学問的潮流のこと。

〔問4〕(4)人類学者が異文化を研究することの正当性すらも否定された。とあるが、それはなぜか。その説明として最も適切なものを、次のうちから選べ。

ア、今までの人類学研究は、人類学者が植民地主義的思考によって一方的に現地の人々を研究対象だと決めつけており、自らも研究対象になりうるという中立な視点が欠落していたから。

イ、今までの人類学研究は、西洋の価値観を非西洋社会に押しつけ、西洋による植民地支配を引きずって現地の人々が自由に生きる権利を奪われた状態でのみ調査されたものだったから。

ウ、今までの人類学研究は、近代国家による植民地主義的な支配構造にもとづいた、西洋の人類学者が現地の人々の声を無視して一方的に解釈するという権力の行使に過ぎなかったから。

エ、今までの人類学研究は、現地の人々が植民地としての歴史を強制的に踏襲させられるだけでなく、現地人は自らの声を科学的テクストに翻訳できないという不平等なものだったから。

〔問5〕(5)構築された理解とはどのようなことか。その説明として最も適切なものを、次のうちから選べ。

ア、人類学者が事前にこしらえた解釈に当てはまるのかどうかを判別するだけの、単純な解釈のこと。

イ、表現様式や象徴体系を読み取ることで人類学者が思い描いていた、恣意的で一貫した解釈のこと。

ウ、近代的な西洋社会の論理によって形成される、人類学者の期待を押しつける包括的な解釈のこと。

エ、現地人に感情移入することによって、無意識に人類学者の願望が反映された近代的な解釈のこと。

〔問6〕この文章の論理展開を説明したものとして、最も適切なものを、次のうちから選べ。

ア、はじめにギアツの解釈人類学の概要を説明し、次にこの解釈が人類学の根底的な概念になる具体例を紹介し、最後に文化を理解するうえで多様性が重視されるようになったことを指摘している。

イ、はじめにギアツの文化に対する捉え方を説明し、次に人類学の解釈が新たな局面をむかえたことにふれ、最後にギアツを中心とした人類学者たちが異文化を解釈しなおした経緯をまとめている。

ウ、はじめにギアツの主張する解釈人類学の概要を紹介し、次にギアツと若い世代の人類学者の解釈を比較しながら、最後にこれまでの議論から文化の理解には多声性が必要であると強調している。

エ、はじめにギアツの考える人類学について紹介し、次にその考えがどのように否定されていったかを複数の具体例を挙げて説明し、最後に人類学における他者理解のあり方について言及している。

〔問7〕**難** **思考力** 人類学の他者理解はどのように変化したのだろうか？とあるが、現代において「他者理解」を実現するためには、どのようなことが必要か。本文の内容を踏まえ、あなたの考えを、二百字以内（原稿用紙20字詰×10行＝省略）にまとめて書け。さらに、あなたの書いた文章にふさわしい題名を書け。なお、、や。や「などのほか、書き出しや改行の際の空欄も一字と数えよ。

五 （漢文を含む説明文）内容吟味・口語訳

次の文章を読んで、あとの各問に答えよ。（　）内は現代語訳を補ったものである。＊印の付いている言葉には、本文のあとに〔注〕がある。なお、本文中の○は、江戸時代の辞典の見出し語と説明文を区別する記号である。）

凧が文献に多く登場し、文学作品にも取り上げられるようになるのは江戸時代に入ってからである。(1)凧は江戸時代には地域によってさまざまな名称で呼ばれていた。江戸時代中期の方言辞典『物類称呼』には次のように解説されている。

いかのぼり○畿内にて、いかといふ。関東にて、たこといふ。西国にて、たつ、また、ふうりうといふ。唐津にては、たこといふ。長崎にて、はたといふ。上野および信州にて、たかといふ。越路にて、いか、また、いかこといふ。伊勢にて、はたといふ。奥州にて、てんぐばたといふ。土州にて、たこといふ。

鳶（鵄）や鳳という鳥が空を飛ぶのは自然だが、見立て好きな江戸人は空を海に見立て、そこに烏賊や章魚が泳いでいると見たのであろうか。そうすると、凧と地上を繋ぐ凧糸は、釣糸ということになる。

春風や水なき空に凧　　一三＊（俳諧洗濯物）

江戸時代において文学作品として凧が多く詠まれたのは何といっても俳諧においてである。凧は春の季語として、正岡子規の『分類俳句全集』には百五十五首もの凧を詠んだ江戸時代の句が収められている。凧は春の空には欠くことのできない景物だった。

形無き風に目鼻や凧　　等躬＊（小弓俳諧集）

山路来て向ふ城下や凧の数　　太祇（新五子稿）
きれ凧の夕こえ行くやまつち山　　蓼太（蓼太句集）

江戸の日本橋馬喰町で幼少期を過ごしたという淡島寒月の「凧の話」には、「その頃、男の子の春の遊びというと、玩具では纏や鳶口、外の遊びでは竹馬や独楽などであったが、第一は凧である。電線のない時分であるから、初春の江戸の空は狭きまで各種の凧で飾られたものである」と回想されている。ここでは凧揚げは男の子の遊びとして紹介されているが、大凧を揚げることは大人たちも熱中する遊びだった。凧には角形のもののほか、奴凧や鳶凧や扇凧などさまざまな意匠を凝らしたものがあり、形も大小さまざまであったが、ただ空に揚げて楽しむだけではなく、空で唸りが響くように竹片や鯨の髭を付けたり、敵の凧に絡ませて凧糸を切るために「がんぎ」というものを付けたりする競技的な遊び方もあった（大田才次郎『日本児童遊戯集』）。

江戸時代になって凧が俳諧に多く詠まれるようになっても、なぜか和歌に凧が詠まれることはあまりなかった。しかし、漢詩では凧は時折り詠まれた。京都に住んでいた詩僧六如に、「春寒、戯れに作る」と題する次のような七言絶句がある。

幾欲尋梅怯剰寒
残書在手擁爐眠
侍童伺我齁齁作
走向後園放紙鳶

幾たびか梅を尋ねんと欲して　剰寒を怯る
残暑手に在りて　爐を擁して眠る
侍童　我が齁齁の作るを伺ひて
走りて後園に向いて紙鳶を放つ

火鉢を抱え込むようにしてうたた寝をし始めた私が、やがて鼾をかくようになったのを幸いに、側使いの小坊主は走って裏庭へ行き、凧揚げに興じているというのである。

(2)なんとも微笑ましい情景であるが、白河藩主になったばかりの松平定信が、天明五年（一七八五）に江戸に住む妹に白河から書き送った随想『関の秋風』のなかで、「わらんべのいかのぼりあげぬも又にくし」〔子どもたちが凧揚げをしないのもまた残念なことだ。〕と記しているように、陸奥国白河の地では子供たちの凧揚げが見られないのが、江戸育ちの定信には物足りなかったようだ。

ほぼ同じ頃、幕府の小普請方大工棟梁を勤め、江戸の市中に住んでいた柏木如亭は、「春興」と題する次のような七言絶句を詠んでいる。

遇花無酒又無銭
坐着南簷尽日眠
識得群児鬧街口
風中紙破落庭鳶

花に遇ひて　酒無く又た銭無し
南簷に坐着して尽日眠る
識り得たり　群児の街口を鬧すを
風中紙破れて　庭に落つる鳶

為すこともなく南向きの縁側で日がな一日うたた寝をしていた時、表通りで賑やかに凧揚げをしていた子供の紙鳶が風に破られ、我が家の小庭に舞い落ちてきたというのである。凧揚げに興じた無邪気な子供時代は追憶の彼方に去り、今や不如意な生活を余儀なくされて逼塞している青年詩人は、そこはかとない倦怠感に身を委ねている。明治三十一年、三十二歳の正岡子規も、病床に臥せりがちだった根岸の子規庵で、「忽然と凧落ち来る小庭哉」という、如亭のこの詩と(3)同じような情景の句を詠んでいる。

六如にはまた、みずからの子供時代の凧揚げを追憶する「春寒」と題する七言絶句もある。

花信猶寒淰淰風
老年情味火籠中
搘頤乍憶童時楽
何処鳶箏鳴遠空

花信　猶ほ寒し　淰淰の風
老年の情味　火籠の中
頤を搘へて乍ち憶ふ　童時の楽しみ
何れの処の鳶箏か　遠空に鳴る

まだ冷たい風が吹いている春先の一日、老いた私には炬燵の暖かさが心地よい。炬燵にあたってぬくぬくしていると、遠くの空に揚がっている凧の唸りが風に運ばれて聞こえてくる。炬燵に(4)頬杖をついたまま、私の思いはたちまちのうちに少年の日の楽しかった凧揚げへと遡っていく。遠空に鳴る鳶箏（凧の唸り）が詩人の郷愁を掻き立てるきっかけになったのである。

(5)空に揚がっている凧には、現在を過去へと牽き戻す力があるのかもしれない。凧揚げが子供の好んだ遊びだったために、六如の詩のように、凧揚げが少年時代の思い出の情景として蘇るというのもその表われの一つであろうが、より根源的な感覚でいえば、一本の糸で地上と繋がって空に漂う凧の寄るべなさが、大きな時の流れのなかでの人間存在の頼りなさというものを感じさせるからかもしれない。

（揖斐高「江戸漢詩の情景」〈一部改変〉による）

〔注〕一三・等躬・太祇・蓼太――江戸時代初期から中期にかけての俳人。一三は読み方不明。
日本橋馬喰町――東京都中央区の地名。
淡島寒月――明治時代の作家、画家。
纏――江戸時代の町火消しが用いた旗印の一種。
鳶口――鳶のくちばし状の鉄製の穂先を長い柄につけた道具。
小普請方大工棟梁――小普請奉行配下で、江戸城をはじめ、幕府直轄の寺社の建築や修繕を行う大工の束ね役。
不如意――金銭が乏しくて何もできないこと。
逼塞――落ちぶれて世間から身を隠していること。

〔問1〕**基本** (1)凧は江戸時代には地域によってさまざまな名称で呼ばれていた。とあるが、「いか」や「たこ」と呼ばれたのはなぜか。その説明として最も適切なものを、次のうちから選べ。

ア、江戸期の代表的文学といえる俳諧において、季語である凧には、春を待つ人々の切なる思いが込められていたと認められるから。
イ、江戸以外の土地では、その地域に伝わる文学作品に触発されることにより、さまざまな名称が凧につけられたと考えられるから。
ウ、烏賊や章魚を泳がせながら凧揚げに興じるかのように、江戸の人は仰ぎ見た大空を、青い大海原になぞらえたと推測されるから。
エ、俳諧の中心は江戸だったが、畿内においては、江戸時代以前からの漢詩の影響が凧の名称にも色濃く反映していたと言えるから。

〔問2〕(2)なんとも微笑ましい情景である　とあるが、このように言えるのはなぜか。その説明として最も適切なものを、次のうちから選べ。

ア、子どもたちが揚げていた凧糸が切れて、郊外の山の上を悠然と飛んで行く正月の情景に、心が和んだから。

イ、主人のわずかな隙を好機と捉えた子どもが、急いで外に出て行き凧揚げをする様子に、心が温まったから。

ウ、陸奥国での、大人が読書をして正月を過ごす一方、子どもが凧揚げを楽しむ様子に、心が満たされたから。

エ、うとうとしながら縁側に座っている時に見た、子どもの凧が破れて落ちてきた情景に、心が躍ったから。

〔問3〕(3)同じような　とあるが、どういうことか。その説明として最も適切なものを、次のうちから選べ。

ア、貧しい生活を強いられ手持ち無沙汰にしている如亭と、闘病生活を送る子規が、共に自宅の庭に落ちてきた凧の情景を詠んでいるということ。

イ、子規も如亭も苦難と向き合い、共に庭先に出て冷たい風を受けながら、青空を泳ぎ回っていた凧が落下してくる情景を詠んでいるということ。

ウ、体の故障と老いにより自由がきかない如亭と、病苦に耐える日々を送る子規が、共に人生のはかなさを凧揚げの情景に重ねているということ。

エ、子規も如亭も、新年を迎えた自宅で不如意な生活を送りながらも、偶然見かけた凧揚げをする少年の姿の先に遠い故郷を見ているということ。

〔問4〕基本　(4)頰杖をついた　とあるが、本文中の六如の漢詩の中では、どのように表現されているか。漢詩の中から抜き出した場合、最も適切なものを、次のうちから選べ。

ア、淰淰風　イ、老年　ウ、火籠中　エ、拄頤

〔問5〕(5)空に揚がっている凧　とあるが、ここでは何を意味していると言えるか。その説明として最も適切なものを、次のうちから選べ。

ア、正月の青空を泳ぎ回るいくつもの凧の情景から、大人たちは、少年時代を思い出し、現在の自分との差異に改めて気づかされ、現実を再認識させるということ。

イ、凧揚げは、少年時代をなつかしく想起させることにとどまらず、たった一本の糸で地上と繫がっている凧の有り様が、人間の生の実相と通底しているということ。

ウ、凧がゆらめく大空を見ながら、私たちは波にたゆたう舟のような人間存在の不安定さを思い、懸命に生きようとする己を凧に重ね勇気を感じているということ。

エ、江戸の大人たちは、空に揚がる凧を見て懐旧の情にかられ、故郷で過ごした少年時代を思う一方で、凧の様子から、今後の生活に不安を抱いているということ。

東京都立　立川高等学校

時間	満点	解答	
50分	100点	P16	2月21日実施

出題傾向と対策

●漢字の読み書き二題、小説文、論説文（省略）、古典文を含む論説文の五題構成。マーク式の設問が主体だが記述問題も若干ある。設問は傍線部を軸とした前後の読解問題がメインだが、文章全体を踏まえた設問や文章間の関係を問う設問などもあり難度は高め。

●過去問の演習が最適である。文章量が多く、論説文、古典文を含む論説文は内容も重厚で読解力が強く求められ、その点を意識した対策が必要。本問題集にある、他の東京都独自問題校の演習も有効である。

注意　答えに字数制限がある場合には、、や。や「などもそれぞれ一字と数えなさい。

一　漢字の読み書き　よく出る　基本

次の各文の——を付けた漢字の読みがなを書け。

(1) 情報源を秘匿する。
(2) 満月が霧に潤む。
(3) 才媛と呼ばれた先輩に憧れる。
(4) 曖昧な表現をする。
(5) 多岐亡羊の感があって目標が定まらない。

二　漢字の読み書き　よく出る　基本

次の各文の——を付けたかたかなの部分に当たる漢字を楷書で書け。

(1) フクワジュツを習い始めた。
(2) 思考のメイキュウから抜け出す。
(3) ニガい経験から学びを得た。

(4) 調理の仕上げにバイニクを用いる。

(5) 選挙結果はゲバヒョウの通りだった。

三 （小説文）内容吟味

次の文章を読んで、あとの各問に答えよ。（＊印の付いている言葉には、本文のあとに〔注〕がある。）

〔プロのフルート奏者を目指す陽菜は、東京郊外の奥瀬見町でカフェを営む姉の亜季の家に、夏の間滞在している。姉の家の近くには、世界的オルガン作家の芦原と、彼の娘の朋子が営むオルガン工房がある。工房では、町の人々の力を借りて、新しいオルガンを作るというプロジェクトが始まっていた。〕

二階に上ると、シャコ、シャコという擦過音が聞こえてきた。

ひとり、朋子さんがいた。作業机に向かい、材木をカンナで削っている。

(1)彼女の周囲だけ、空気が冷たい感じがした。

一階でワイワイと作業している人たちとは、明らかに温度が違う。体幹がぶれずに、カンナが均一の力と速度で木材の上を走っている。薄く削られた木屑が、心地よい音とともに空中に舞う。一切の無駄が削ぎ落とされた、機能美すら感じさせる所作。

綺麗だ、と思った。十二年間、毎日フルートの練習を続けていた私には判る。朋子さんはこの作業を、数え切れないほど繰り返しやってきている。

「少しここで待っていてください。倉庫から、木管*を持ってきます。」

「え、あ、ちょっと……。」

芦原さんは聞かずに、一階へ下りていってしまう。

擦過音が、止んだ。

朋子さんが手を止めて、私のほうを見ていた。

「こんにちは。」

私は仕方なく笑顔を作って、手を振った。

「……うん。」

朋子さんはそれだけを言って、再び木材にカンナをかけはじめた。ただ、シャコシャコという音が、さっきまでよりも微妙に鈍くなっている。その音程の変化に、私は彼女の心の揺れを感じた。

「朋子さん。私のこと、知ってたんですね。」

彼女は、私の言葉を待っている。

「コンクール、見にきてくれたんですよね。姉から聞きました。フルート、お好きなんですか？」

「いや、まあ……。」

「カフェにある彫刻、朋子さんが作ったんですね。可愛くて好きです。私、ああいうの作れないんで、憧れます。朋子さんは。」

「朋子でいいよ。」

朋子さんは、困ったように頭をかいた。

「私たち、タメだから。亜季さんから聞いてない？　敬語、やめて。なんか、痒い。」

「あ、うん……判った。」

「コンクールは、たまたま都心のほうに用事があって、ついでに寄っただけだから。フルートのことは、よく判らない。ごめん。」

朋子さんは突き放すように言って、再びカンナをかけはじめる。棘のある口調に、私は驚くよりも不思議な気持ちになった。

私が何か、しただろうか？　会ってからふたりで話すのは、初めてだ。彼女の怒りを買うようなことを言ってしまったとは思えない。なぜこんな態度を、取られなければいけないのか。

「お待たせしました。」

芦原さんが階段を上ってくる。(2)気まずい空気が攪拌されたことに、私はほっと息をつく。

彼の手には、細長い箱が握られていた。

「これが、パイプオルガンの木管です。」

六十センチほどの長さの、直方体の箱だった。空気を吹き込む部分と、空気が出ていく歌口が開いていて、中は空洞のようだ。素材が違うだけで、構造は金属のパイプと同じに見える。

「奥瀬見は江戸時代から炭産業が盛んで、色々な木があります。森の中を歩くと、かつてあった炭焼き窯の跡がたくさんあるのです。」

芦原さんが木管を吹くと、素朴で可愛らしい音が鳴った。リコーダーの音に似ているが、オルガンの木管は重心が低く、どっしりとした安定感がある。

「ナラの木管です。オルガンは大量に木材を使うので、制作する場所の近くで採れる木材を使います。イタリアでは糸杉がよく使われますし、スプルースというマツ科の植物を使うことも多いです。スプルースは、ピアノの響板*とか、ギターのトップ板などにも使われますね。」

「朋子さ……朋子、が削っているのも、ナラですか。」

「ナラだと思いますか。」

その質問を待っていたというように、芦原さんは不敵に微笑んだ。

「木製フルートは、なんで作られているのか、ご存じですか。」

「ええと……グラナディラ、ですよね。」

「正解。クラリネットやオーボエなどでも、グラナディラを使います。ではなぜクラナディラを使うか、判りますか。」

「音がいいんじゃないですか。」

「音がいい、とは？」

ぼんやりしたことを言ってしまったのを、芦原さんはすぐに聞き咎めてくる。

「この前お渡ししたトラヴェルソ*は、楓でできています。いまはフルートに楓はあまり使われませんが……これは、音が悪いからでしょうか？」

「判りません。楽器職人が長年試行錯誤してみて、グラナディラのほうがいいということを発見したんじゃないんですか。」

「でも、ファゴットは、いまでもほとんどが楓で作られています。なぜファゴットにはグラナディラが使われないのか。そもそも、オーボエやクラリネットでも、グラナディラが使われだしたのはごく最近で、バロック時代は梨や楓などを使っていました。オーボエは黒い楽器が多いですが、バロックオケ*を観に行くと、赤や焦げ茶の楽器で吹いてますよね。」

「より優秀な木材が出てきて、古いものは駆逐された――わけではないんですか。」

「と、言われますけど、僕はそれは、怪しいと思ってます。」

芦原さんの目が、一瞬、鋭く光った。

「グラナディラは、アフリカの熱帯に生えている木です。これが西欧の楽器に使われるようになったのは、十九世紀から二十世紀の植民地政策に大きく影響を受けています。アフリカから木材を調達できるようになったので、グラナディラが幅広く使われるようになったのです。」

「でも、楽器に向いてる木だったんですよね。」

「比重が大きく硬いので、向いているとは言われます。ただ、それがどこまできちんと研究されたものなのかは怪しいと思ってます。というのも、楽器は綺麗に鳴りきるまでには時間がかかります。オルガンでも、ポテンシャルをすべて解放するまで数年は鳴らし続けなければいけない。一方、プロの奏者は日々の仕事をこなさなければなりませんから、新しい素材の楽器を渡して、毎日仕事に使ってもらうことなんてできません。当然、広く使われているグラナディラが選ばれるようになる。結果的に市場には、同じ素材の楽器が出回るのです。」

「なるほど。」

「楽器に何の素材が使われるのかは、慣習と、安全策と、商業上の要請から決まります。我々人類は、あらゆる木材の検証を充分にできているわけではない。本当に優れた木管の材料を、まだ発見できていないかもしれません。」

(3)――面白い。

いままでなんとなく、楽器は改良に改良を重ねられていまの最終形になったのだと思っていた。でも芦原さんの話を聞いていると、まだ楽器は発展途上で、様々な可能性を切り落としてしまっているように思える。

「オルガンなら、できます。」

芦原さんは、不敵な笑みを浮かべた。

「オルガンはどの楽器も、必ず受注生産の一点ものです。木管楽器と違い、同じモデルを大量生産するタイプのビジネスではないので、創造できる余地が広い。新しい素材を研究開発していくのも、オルガンビルダーの役割だと思っています。例えばあれは――桐(きり)です。」

カンナをかけている朋子を指差して、言う。

「＊和琴(わごん)などに使われる、とても軽い木です。桐を木管パイプに使うことは、まずありません。材木屋に相談したら、奥瀬見でいい桐材が取れるのだと教えてくれました。どんな音がするのか……楽しみです。」

芦原さんは、どこか＊恍惚(こうこつ)とした様子で言う。その音を聴いてみたいと、私も思った。

「朋子。一本、作ってみよう。」

朋子がぴたりと手を止め、芦原さんを軽く睨(にら)むように見た。

「まだ、削ってる途中だけど。」

「それはあとでいい。桐材の板が何枚かあるから、一本組み立てて音を見てみよう。陽菜さんにも、その過程を知ってもらいたい。」

「やりかけの作業を、中断したくない。」

「申し訳ないね。さあ、早く。」

こういうことには慣れているのか、朋子はため息をつき、こちらを見ようともせずに一階に下りていった。苛立(いらだ)った様子に肝(きも)が冷えたが、芦原さんは何も動じていない。私たちが微妙な緊張関係にあることにも、気づいていないようだ。

「いま作っているオルガンは、高さ五メートル程度の、小さいオルガンです。」嬉(うれ)しそうに、説明をはじめる。

（逸木裕「風を彩る怪物」による）

〔注〕木管――ここではオルガンの音を出すために必要な木製の部品を指す。
響板(きょうばん)――楽器の音を大きくする共鳴板。
トップ板――ギターの表面の板。
トラヴェルソ――フルートの前身である横笛。
バロックオケ――十七世紀初頭から十八世紀半ばまでにヨーロッパを中心に栄えたバロック音楽を演奏するオーケストラ。
和琴(わごん)――日本の弦楽器。
恍惚(こうこつ)――物事に心を奪われて、うっとりすること。

〔問1〕(1)彼女の周囲だけ、空気が冷たい感じがした。とあるが、「私」がそのように感じたのはなぜか。その理由として最も適切なものを、次のうちから選べ。

ア、一心不乱にカンナをすべらせる朋子の姿に、他者を寄せ付けないような威圧感を感じ、尊大だと思ったから。

イ、ひとり集中してカンナがけをする朋子の姿に、長期間の鍛錬による洗練されたものを感じ、圧倒されたから。

ウ、黙々とカンナをすべらせる朋子の姿が、フルートの練習を続ける自分自身と重なり、身が引き締まったから。

エ、孤独にカンナがけをする朋子の姿が、一階のにぎやかさとの対比で浮き彫りになり、さびしく見えたから。

〔問2〕(2)気まずい空気が攪拌(かくはん)されたことに、私はほっと息をつく。とあるが、「私」はなぜ「ほっと息をつ」いたのか。その理由として最も適切なものを、次のうちから選べ。

ア、芦原さんが声をかけたことによって、「私」を一方的に無視し続ける朋子と二人きりで向き合う必要がなくなったから。

イ、芦原さんが声をかけたことによって、朋子が望む距離感をうまく作り出せず反発し合っている状況が止められたから。

ウ、芦原さんが来たことによって、朋子を非難する「私」の発言でぎくしゃくしてしまった場がうやむやになったから。

エ、芦原さんが来たことによって、「私」を拒絶するかのような態度をとる朋子との間に漂った窮屈な雰囲気が和らいだから。

〔問3〕(3)――面白い。とあるが、このように「私」が思ったのはなぜか。その理由として最も適切なものを、次のうちから選べ。

ア、現在の楽器は、長い年月を重ねて作られた完成形だと思っていたが、今後もまだ発展の余地があることが分かり、自分の固定観念が取り払われ、楽器のさらなる可能性を感じることができたから。

イ、現在の楽器は、アフリカで育つ素材で作られる改良の余地のないものだと分かったが、安全性と商業上の要請を満たすことができれば、日本における楽器作りの青写真を描けると気づいたから。

ウ、現在の楽器は、様々な素材を試し改良を重ねられた完成形だと思っていたが、原産地特有の気候に深く関係してできあがったことを知り、日本でも新しい取り組みや改良ができると気づいたから。

エ、現在の楽器は、プロの奏者の意見を取り入れ完成したと思っていたが、制作者が奏者の意見を尊重していないため音色が安定しないことを知り、改良によって音色が一律になると分かったから。

〔問4〕朋子さんとあるが、この文章から読み取れる朋子の人物像の説明として最も適切なものを、次のうちから選べ。

ア、楽器制作へのこだわりが強く、努力を惜しまないが、自身の領域に入ってこられるのを絶対に許さない人物。

イ、楽器制作ではなく彫刻作りに集中したいが、本音を言い出せず、楽器作りに対して不信感を抱いている人物。

ウ、無愛想で、淡々と仕事をしているように見えるものの、実はひたむきに楽器づくりに取り組んでいる人物。

エ、自分の信じた方法で楽器を完成させたいのに、芦原さんのオルガンづくりに振り回され、困惑している人物。

〔問5〕この本文中に使用されている表現の説明として適切でないものを、次のうちから選べ。

ア、「私」と芦原さんの関係性を分かりやすく示すために、「私」と話をする芦原さんの言葉遣いに「お待たせしました。」「これが、パイプオルガンの木管です。」のような丁寧な言葉を多用している。

イ、音色に対して鋭敏な感覚をもつ「私」の人物像を深めるために、「ただ、シャコシャコという音が、さっきまでよりも微妙に鈍くなっている」などかすかな音の差に反応する描写を加えている。

ウ、登場人物の困惑や期待といった感情を視覚的にも描き出すために、「ええと……グラナディラ、ですよね。」「どんな音がするのか……楽しみです。」など、「……」という記号を用いている。

エ、芦原さんのオルガン職人としての誇りやこだわり、神経質な一面を丁寧に表現するために、「高さ五メートル程度の、小さいオルガンです。」というような具体的な数字を各所で用いている。

四　（省略）池上嘉彦「記号論への招待」／石黒圭「日本語は『空気』が決める　社会言語学入門」より

五　（漢文を含む論説文）内容吟味・意味用法の識別

次の文章を読んで、あとの各問に答えよ。（＊印の付いている言葉には、本文のあとに〔注〕がある。）

A　時秋積雨霽　新涼入郊墟
　　燈火稍可親　簡編可巻舒
　　豈不旦夕念　為爾惜居諸
　　恩義有相奪　作詩勧躊躇

時秋にして積雨霽れ、新涼郊墟に入る。燈火稍親しむ可く、簡編巻舒す可し。豈に旦夕念わざらんや、爾が為に居諸を惜しむ。恩義相い奪うこと有り、詩を作りて躊躇を勧ます。

時節は秋となり長雨も晴れ、新しい涼気が郊外の村にやってきた。夜のともしびとともに過ごす時間も増え、書物を繙くのにもふさわしい。学問のことは朝晩思わないはずはあるまいが、月日はすぐに経ってしまうことをおまえのために惜しむのだ。情愛と道義は(1)両立しがたいところがあるから、ぐずぐずしがちなおまえを詩によって励ますことにしよう。

「郊墟」は郊外の村、つまりこの「城南＊」の地を指す。「居諸」は日月のこと、『詩＊』邶風「柏舟」にもとづく。「恩義有相奪」の句からは、厳しくしなければいけないのについつい甘やかしてしまう親の情が浮かび上がるようで、なかば脅すような例を連ねてきたのも、息子の行く末を心配してのことと察せられる。この八句なら、こちらも心穏やかに読める。

韓愈＊の詩は、大きく言えば学問のすすめであり、身近に引きつけて言えば、ちゃんと勉強しないと立派な大人になれませんよ、ということであった。(2)「読書の秋」というフレーズから受ける印象とはだいぶ異なる。それは「読書」という語のもつ意味合いが違っていることともかかわるはずなのだけれども、その話より前に、そもそも「読書の秋」が韓愈の詩に由来するのかどうか、ちょっと気になる。

調べてみると、国会図書館の「レファレンス協同データベース」に、「『読書の秋』とよく言われるが、その由来について知りたい」という恰好の事例が掲載されていた。読めばやはり韓愈の詩が挙げられているが、「ここから秋が読書にふさわしい季節として、「秋燈」や「燈火親しむ」といった表現が使われるようになった。これが「読書の秋」の由来のひとつと思われる」ということで、「燈火稍可親」↓秋は読書にふさわしい季節↓「読書の秋」のように、間に一つはさまっている感じだ。用例からみても、「読書の秋」が近代以降に登場した言い回しであることは、ほぼ疑いない。「由来」という語をどのような意味で使うかにもよるが、韓愈の詩に由来すると簡単に言えないことはたしかである。

さらに、「読書週間が秋に実施されるため、「読書の秋」が定着したのではないか」という調査もなされていて、それによれば読書週間が「図書館週間」として始まったのが一九二三年十一月、ただしなぜこの時期になったかは不明、また「読書の秋」というフレーズはこれより先、一九一八年の新聞記事に見えるとのこと。

人任せですませては韓昌黎先生に怒られそうなので、自分でも明治大正期の文献を少し当たってみたところ、東京高等師範学校附属小学校内に設置された初等教育研究会の編集にかかる雑誌に「読書の秋来たる」という文章が二回にわたって掲載されていた。一九一一年十月および十一月発行の号である。書き出しはこんなふうだ。

　読書の好時季が来た。何か心ゆくまで耽読し得る書が欲しいものである。平生義務と思ひ必要に迫られて読む書は、人を疲らすのみである。読まなければ務が務まらない様に感ぜしめる書は、実に心を束縛するものである。

　著書は「蒼髯」というペンネームを名乗っているが、じつは当時東京高等師範学校附属小学校訓導だった佐々木秀一。のちに鶴見俊輔が『思い出袋』で小学校時代の校長先生としてなつかしく回想しているその人なのだった。書き出しから思わずうなずきながら読んでしまう「読書の秋来たる」は、時節の随想でも立身のための学問のすすめでもなく、堂々たる近代読書論である。韓愈の詩が出てこないのも、「読書は生活を拡張して、之を広くし之を長くする。読書は生活を変化して之を多方面にし之を多趣味にする」という著者の主張からすれば、当然のことかもしれない。佐々木の唱える「読書」は韓愈の「読書」とはすでに異なっている。

　この文章のタイトルが「読書の秋来たる」となったのは(ちなみに雑誌の表紙では「読書の秋」となっている)、おそらくそれほど強い意図があったわけではなく、反対に、用例としてはまた別に求めることができるかもしれない。ただ、人口に膾炙するということになると、やはり大正から昭和にかけてと考えられる。秋の読書週間の宣伝とも無縁とは言えまい。制度としての裏付けを得られれば、ことばの流通は飛躍的に加速する。そのとき、近代以前からの「燈火親しむべし」また「秋燈」という秋の読書のイメージが重なって用いられたのであろう。(3)たしかに「燈火稍可親」は、それはそれとして日本ではなじみの句であった。

　なぜ「燈火稍可親」がなじみの句だったのかについては、明確な理由がある。『古文真宝』の前集巻頭に並べられている「勧学文」に収められているからだ。『古文真宝』は南宋末ごろに編纂された古詩古文のアンソロジー(前集が詩、後集が文)で、いまに伝わるものでは元の刊本が古い。編者は黄堅とされているが、詳しいことはわからない。つまりそれほど由緒正しい本というわけではないのだが、元から明にいたる時代に流布し、日本にも室町期に将来され、五山版をはじめとして多くの和刻本が明治に及ぶまで出版された。漢詩文の入門書としてよく用いられたのである。朝鮮半島でも版本が多い。

　「勧学文」は、その巻頭に掲げられた特別なまとまりである。宋の真宗および仁宗、司馬光、柳永、王安石、白居易、朱熹の「勧学文」(「勧学」「勧学歌」と称する篇もある)および韓愈の「符読書城南」の八篇から構成されるが、「文」という題がついていても、その多くは韻を踏む。つまり暗誦のための標語に近いもので、この八篇が独立して扱われることもあり、古くは慶長二年(一五九七)に後陽成天皇の命によって、最新の試みであった古活字で印行されてもいる。

　たとえば真宗の「勧学」。

B

　富家不用買良田　書中自有千鍾粟
　安居不用架高堂　書中自有黄金屋
　出門莫恨無人随　書中車馬多如簇
　娶妻莫恨無良媒　書中有女顔如玉
　男児欲遂平生志　六経勤向窓前読

家を富ますに良田を買うを用いず、書中自ら千鍾の粟有り。居を安んずるに高堂を架するを用いず。書中自ら黄金の屋有り。門を出ずるに人の随う無きを恨む莫れ、書中車馬多きこと簇るが如し。妻を娶るに良媒無きを恨む莫れ、書中女有り顔玉の如し。男児平生の志を遂げんと欲せば、六経勤めて窓前に向いて読め。

　訓読だけでも意味はとれるほど、語彙も内容も形式も平俗である。勉強さえすれば何でも手に入る。そういうことだ。

　その後に続く諸家の「勧学文」も、多少の工夫はあるにせよ、勉強しなさいというトーンが変わるわけではなく、さして興を覚えるものでもないのだが、朱熹の「勧学文」はいささか身につまされるところがある。

C

　勿謂今日不学而有来日　勿謂今年不学而有来年
　日月逝矣　歳不我延
　嗚呼老矣　是誰之愆

　謂う勿れ今日学ばずとも而も来日有りと、謂う勿れ今年学ばずとも而も来年有りと。日月逝けり、歳我と延びず。嗚呼老いたり、是れ誰が愆ちぞや。

「日月逝矣、歳不我延」は、『論語』陽貨篇冒頭で陽貨が孔子に仕官を勧めて「日月逝矣、歳不我与(日月逝けり、歳我と与にせず)」と言ったことを用いている。「延」としたのは「年」「愆」と韻にするため。ちなみに「是誰之愆」も『論語』季氏篇に「是誰之過歟」の句があるのを思わせる。それにしても、こんな文章が壁に貼ってあったりするとかえって気が滅入りそうだ。

　こうした「勧学文」に比べれば、「符読書城南」は格調をそなえた古詩で、「時秋積雨霽」からの結びも見事だ。というよりも、真宗以下の「勧学文」が、いかに啓蒙とはいえ、諸家の名にふさわしいものとは思えないのである。また、白居易にしても王安石にしても朱熹にしても、古くからそれぞれの詩文集が編まれているのに、これらの作は録されていない。

　真宗の「勧学」については大木康氏がくわしく論じられていて、「おそらく、もともとどこかの誰かが作った作が、南宋の終わりごろ、真宗皇帝の作とされたということだったのではなかろうか」とし、さらに「「宋真宗」と「勧学文」との結びつきには、あるいはこの『古文真宝』が深く関わっているのではないか」とも推測されている。顰みに倣えば、真宗以外の「勧学文」もまた「どこかの誰か」が作ったもので、権威づけのために諸家の名が用いられたとしてよいのかもしれない。一方で、韓愈の「符読書城南」は、まぎれもなく韓愈がその子のために作った詩で、他の「勧学文」とは一線を画している。どういう経緯でこれが「勧学文」に置かれることになったのか、あるいはこの八篇がどのようにしてひとまとまりのものとなったのか、事は『古文真宝』の成り立ちにもかかわって探索を試みたいところだが、いかんせん材料に乏しい。

ともあれ、「勧学文」とともに流布したことで、「符読書城南」は広く読まれた。その詩の最後に添えられた秋の季節感は、ちょうど「勧学文」全体の結びとしても機能し、人々の心に印象づけられた。やがて世は移り、読書が立身出世とは別に多くの人に享受される時代を迎える。

（齋藤希史「漢文ノート――文学のありかを探る」（一部改変）による）

〔注〕城南――中国の唐の時代の都、長安の南の意。
『詩』邶風「柏舟」――中国最古の詩集「詩経」の邶風篇にある「汎たる彼の柏舟」で始まる漢詩のこと。
韓愈――中国の唐の時代の文章家、詩人。韓昌黎とも呼ばれた。
耽読――夢中になって本を読みふけること。
疲らす――疲れさせる。
感ぜしめる――感じさせる。
訓導――旧制小学校の教員の呼び名。
人口に膾炙する――広く世間の人々の話題となる。
『古文真宝』――中国の先秦時代から宋の時代までの詩文の選集。
南宋――中国の王朝の一つ。
黄堅――中国の北宋時代の書家、詩人、文学者。
明――中国の王朝の一つ。
将来――ここでは、持ってくるという意味。
五山版――鎌倉末期から室町末期に京都・鎌倉の五山の僧を中心に作られた木版本の総称。
和刻本――中国や朝鮮の書物を日本で再製作したもの。
真宗および仁宗――どちらも中国の北宋の時代の皇帝。
司馬光――中国の北宋時代の政治家、学者。
柳永――中国の北宋時代の詩人。
王安石――中国の北宋時代の詩人。
白居易――中国の唐の時代の詩人。
朱熹――中国の南宋時代の儒学者。
「符読書城南」――韓愈の詩。本文冒頭の「時秋積雨霽」はこの詩の一節。
古活字――江戸時代に木活字または銅活字を使って印刷、刊行された書物。
鐘――中国の春秋戦国時代の容量の単位。
粟――アワなどの穀物。
良媒――結婚を取り持つのにすぐれた人。
陽貨――中国の春秋戦国時代の政治家。
仕官――役人になること。
季氏――中国の春秋戦国時代の政治家。
是誰之過歟――「これは誰の過ちですか」という意味。これは『論語』季氏篇第十六にある漢文の一節。
顰みに倣えば――ここでは、他人にみならえばという意味。

〔問1〕(1)両立しがたいところとあるが、この語句に対応する語句を、Aの漢詩の中からそのまま抜き出して書け。

〔問2〕(2)「読書の秋」というフレーズから受ける印象とはだいぶ異なる。とあるが、筆者がこのように考えるのはなぜか。その理由として最も適当なものは、次のうちではどれか。
ア、韓愈の詩の「燈火稍可親」をもとにして、人々が秋の夜に読書をするようになったことから「読書の秋」という言葉が広がったという考えは、「読書」のもつ意義の一面しか反映していないから。
イ、「読書の秋」は、韓愈の詩ではなく、日常で義務として必要に迫られて読む書を再度心ゆくまで味わうことで自身を成長させるという佐々木の「読書」に関する考えをもとにしたものであるから。
ウ、「読書の秋」の「読書」は、佐々木が「読書の秋来たる」で述べた、生活を変化させ拡張させるという近代読書論に立脚したものであり、韓愈の詩で述べられている内容とは大きなずれがあるから。
エ、「読書の秋」とは、「図書館週間」が秋に実施されることによって使われ始めた表現であり、「読書」とは自分の好きな本を好きなように読むものであるという考えと大きな隔たりがあるから。

〔問3〕(3)たしかに「燈火稍可親」は、それはそれとして日本ではなじみの句であった。とあるが、筆者が「なじみの句」と考えるのはなぜか。その理由として最も適当なものは、次のうちではどれか。
ア、中国の元時代に刊行された由緒正しい漢詩文の入門書の冒頭に掲載されており、明治時代まで日本でも広く使用されたから。
イ、中国で広く読まれていた漢詩文の入門書を模して刊行された漢詩集の冒頭に掲載され、室町時代以後、多くの人の目に触れたから。
ウ、漢詩の基本的技能を学ぶための入門書の冒頭に暗誦教材として掲載され、日本人にとって近代以前からなじみがあったから。
エ、室町時代に日本に伝来して、明治に至るまでの長い間、漢詩文の入門書として広く用いられた本の冒頭に掲載されていたから。

〔問4〕**よく出る** 論じられとあるが、この「られ」と同じ意味で使われているものを、次の各文の――を付けたもののうちから一つ選べ。
ア、校長先生と私たち生徒の力で看板が立てられた。
イ、校長先生が卒業式で生徒への祝辞を述べられる。
ウ、校長先生のお話には生徒への期待が感じられる。
エ、校長先生から昇降口の前で声をかけられる。

〔問5〕**思考力** 漢詩Aと漢詩B、Cとの違いをどのようなものだと筆者は考えているか。その説明として最も適当なものは、次のうちではどれか。
ア、漢詩Aが、学ぶことの必要性を風景描写や心情表現を交えてえん曲的に述べた、作品の由緒も確認できる作品であるのに対し、漢詩B、Cは、「勧学」の成果や姿勢を啓蒙に重きをおいて述べた、権威ある諸家によって書かれたかも不明なものだということ。
イ、漢詩Aが、書物によって教養ある人間となることの重要性を家族相手に口語調で表現されている作品であるのに対し、漢詩B、Cは、知識の獲得が立身出世につながるということを、国民全体へ啓蒙するために印象深い短い語を多用しているということ。

ウ、漢詩Aが、自身の子の将来を心配し、風景描写等を交えてやさしく学ぶことの必要性を説明する作品であるのに対し、漢詩B、Cは、どちらも学ぶことによって得られる将来の功績を直接的に不特定多数に対して啓蒙する形で表現されているということ。

エ、漢詩Aが、読書にふさわしい季節を挙げることによって、自身の子を学びへ促し、その態度を賞賛した作品であるのに対し、漢詩B、Cは、学問の意義だけを啓蒙することに重きをおき、平易で直接的な表現を用いて簡潔に述べられているものだということ。

東京都立　八王子東高等学校

時間 50分　満点 100点　解答 P17　2月21日実施

出題傾向と対策

●漢字の読み書き、小説文、論説文、俳句を含む説明文の大問五題構成。設問は選択問題が中心で、小説文で五十字以内の記述問題、論説文で二百四十字以内の作文の出題はほぼ昨年同様。

●読解の三題とも長い文章が出題されるのが特徴。論説文は内容的にもレベルが高い。選択問題が中心で、各選択肢は短めのものが多い。ただし、紛らわしいものもあるので、本文に根拠を求めて丁寧に正誤を判断していく練習を普段から積んでおきたい。

注意　答えに字数制限がある場合には、、や。や「などもそれぞれ一字と数えなさい。

一 漢字の読み書き　よく出る　基本

次の各文の――を付けた漢字の読みがなを書け。（各2点、計10点）

(1) 逃した魚は大きい。
(2) 清廉な人柄が評価された。
(3) 希望者に無料で頒布する。
(4) 焦燥感に駆られる。
(5) 徒手空拳で立ち向かう。

二 漢字の読み書き　よく出る　基本

次の各文の――を付けたかたかなの部分に当たる漢字を楷書で書け。（各2点、計10点）

(1) 計画が水泡にキした。
(2) 歓声で野球場全体がメイドウした。
(3) 販売促進にショウジュンを合わせる。
(4) あまりにタンペイキュウな話で対処に困る。
(5) キシカイセイの策を講じる。

三（小説文）内容吟味・表現技法

次の文章を読んで、あとの各問に答えよ。（＊印のついている言葉には、本文のあとに〔注〕がある。）（計25点）

〔中学卒業を控え、結子（ゆいこ）は、兄姉が中学卒業時にしたのと同じように、祖父母や両親を招いてお茶会を主催することになった。〕

結子は、京都で大学に通う長男・渡（わたる）を、下宿先に電話を掛けて呼び出してもらった。

渡は、めぐりめぐって、末っ子結子のお茶会の手伝いを務めることになっている。

「お兄ちゃんは、どうやってあのテーマを決めたの？　ていうか、ああいうお茶会にしようって思ったのはどうして？」

「うーん、どうしてと言われてもなあ。」

渡は電話の向こうで考えこむ。

「とにかく、あの頃自分にとっていちばん興味があったことをテーマにしたんだ。そのテーマから逆算していったらああいうお茶会になったわけで。別に奇をてらったつもりはなかったな。姿（すがた）先生も面白がってくれたし。」

「ふうん。」

「ユッコが今いちばん興味があることをテーマにすればいいんじゃない？　ユッコって、子供の頃からいろいろ面白いこと考えてたじゃん。」

「そうかなあ？」

「うん。ユッコの考えることって、かなり独創的だと思うぞ。俺もユッコのお茶会、楽しみにしてるからね。」

渡は、大学に入ってから、高校時代は中断していたお茶をまた始めたらしい。茶道は彼の気質に合うようで、大学の茶道部では部長になったそうだ。

「茶道って、自然の摂理と共通する何かがあるような気がする。研究のヒントになるものを思いついたりするし、実に奥深いよ。

お兄ちゃんって、結構変わった人だよねえ。

結子はそんなことを考えながら、家の近所を散歩していた。

ものの見方が独特なんだよね。

そういう結子も、幼い頃から渡とは共通するものを感じていた。結子は渡のことを「お兄ちゃん」と呼び、次男・豊を「豊ちゃん」、姉・友子を「トコちゃん」と呼ぶ。豊と友子はタイプが似ていて仲もよく、そうタメ口で呼べる雰囲気がある。正直なところ、二人は友達のような感覚であり、結子が「兄すなわち年長者」と感じるのは渡だけなのである。

なにしろ、*宇宙的一期一会、だもんね。

結子は渡のお茶会での、両祖父母の面喰らった顔を思い出して、ついクスッと笑ってしまった。

今いちばん興味があることってなんだろ。

結子は一人で散歩するのが好きだった。商店街や住宅街、私鉄の駅前や小さなお寺や神社など、例によっていろいろ観察しながら歩き回り、ぼんやり考えごとをしている時がいちばん落ち着く。

具体的に「これだ。」というものは思いつかないけれど、自分がこれまでに知らず知らずのうちに達成したいと思ってきたもの、自分が心地よく感じる行動というものがあるような気はしていた。

あれはなんだろう。あれを一言で表せるような言葉があるだろうか。

すぐそこにあるような気がするが、もやもやしていてなかなか浮かばない。

その時、不意に、とある言葉が目に飛び込んできた。

結子は目をぱちくりさせ、思わず足を止めてしまった。お寺の前の、日常的に通り過ぎる掲示板。

そこにその文字はあった。

もしかして、こういうことかも。

結子はじっとその文字を見つめ、声に出さずに何度もその言葉を繰り返した。

結子のお茶会の日がやってきた。

「お兄ちゃん、今日はよろしくお願いします。」

「任せとけ。」

渡と結子は、前日に姿先生と一緒にお点前の予習をしていた。

「ユッコのテーマ、面白い。さすがユッコだね。」

(1)前日にテーマを説明すると、渡はなぜかとても嬉しそうな顔をした。

江戸と*浪速の祖父母が到着した。

友子のお茶会から既に三年、渡のお茶会からはもはや六年が経っている。そのことを意識したのか、どちらの祖母も、渡の時と同じ桜の着物で現われた。さすがに六年の歳月は大きく、おばあちゃんたちも歳を取ったなあ、と結子は思った。

ご無沙汰です、お変わりなく、結子ちゃんが中学卒業やなんて、わてらも老けるわけですなあ、と労わりに満ちたやり取りが交わされている。

和やかに茶室に入ってきた一同は、床の間に目を吸い寄せられた。

そこに掛け軸代わりに掛かっているのは、半畳ほどの大きさの、幾何学模様の織り込まれた赤い絨毯である。

あれ、絨毯ちゃうか？

絨毯やな。

健造と玉枝が呟く。

喜一郎と美登利は、怪訝そうな顔になった。

見覚えがあるなあ。どこで見たんだろう。

あっ、うちの店だわ。

美登利が声を上げた。

あれ、うちの店の、電話台の下に敷いてあった絨毯じゃないの。

道理で見たことがあったわけだ。

(2)二人は顔を見合わせた。

床の間に置いたガラスの花器に活けられているのは、赤いチューリップの花である。

ひとしきり驚きの声が収まってから皆が着席し、静かにお茶会が始まった。

お菓子は、カステラ。

使った茶碗は、高麗の三島手茶碗と、紅安南茶碗。流れるように次々とお茶碗が差し出され（さすが、渡のフォローは完璧である）、「けっこうなお点前でした。」の声が響く。

みんなが早く結子の説明を聞きたくてうずうずしていることが窺えた。

「本日は、お越しいただきましてどうもありがとうございました。」

結子が深々と頭を下げると、皆もお辞儀を返した。

「今日のお茶会のテーマは。」

結子はそこでちょっと間を置いた。皆が身を乗り出すのを確認してから、宣言する。

「融通無碍、です。」

一瞬、聞き取れなかったのか、皆の顔に「？」が浮かんだような気がしたので、結子は慌てて付け加えた。

「融通が利く、利かないの融通に、無碍——はちょっと難しい字ですけど、元々は仏教用語で、この世のすべてのものは、互いに繋がっていて影響しあっている。そういう意味だそうです。」

そう、結子がお寺の掲示板で見たのは、季節の折々に張り出されている仏教用語で、あの時書かれていて目に飛び込んできたのが「融通無碍」だったのだ。

「でも、私はもっと単純に、文字通りの意味での融通無碍をテーマにしました。」

渡が*水屋から部屋に戻ってきて、昨日も聞いた結子の話をじっと聞いている。

「融通、は滞らずに通ること。無碍、は妨げられないこと。」

結子はそう続け、床の間に目をやった。

「あれはペルシャ絨毯です。今のイランですね。遥か昔から日本にも運ばれてきていて、*祇園祭の*山鉾にも使われているくらいですし、今ではどこの家でも見られるものになりました。チューリップはトルコ原産。もちろん、今は普通にどこのお花屋さんでも手に入ります。ガラスだって、元々は中東からやってきた文物で、かつては大変な貴重品でした。」

続いてお茶碗に目をやる。

「高麗茶碗は朝鮮半島からやってきたものですし、安南焼はベトナム。そもそも、お茶そのものが中国からの由来です。カステラはポルトガルから日本に入ってきて、ポルトガル語は普段使う日本語にたくさん残っています。」

結子は皆を見回した。

「つまり、古来世界中を行き来したものが、今、当たり前の風景になっているということです。」

結子は、ほんの少し頭をかしげた。

「うまく言えないけど、私はそういう、当たり前でちょうどいい、っていう世界を造る手伝いをしたいなあ、と思います。」

そう言いながらも、結子はたぶん、そういうことだ、と思った。

たぶんあたしはそういうことがしたいんだ。

「今後とも、皆様のご指導をよろしくお願いいたします。重ねて、本日はどうもありがとうございました。」

再び頭を下げると、割れんばかりの拍手が湧いた。

(3)玉枝は、眩しいような目をして孫娘を見つつ、呟いた。

融通無碍。ええ言葉やな。

そやな、カネも商いも、融通無碍が理想やな。

健造も頷く。

なんか、この子は面白いことやってくれそうやな。

玉枝はそんなことを考えていた。

商売でもいけるけど、商売にとどまらない、えらいおっきいこと、やりそうや。

「ユッコ、面白かった。」

「ユッコらしいって思っちゃった。」

(4)「ユッコがあんな雄大なこと考えてたなんて。」

「ビックリだよねえ。」

豊と友子が興奮して口々に声を掛けると、結子も真顔で大きく頷いた。

「あたしもびっくりしちゃった。あたし、あんなこと考えてたんだなあって。」

「何それ。」

「やっぱ面白いや、ユッコ。」

笑い転げる二人を尻目に、結子と渡は片付けを始めた。

皆はひと足早く、このあとの宴会会場である「志のだ」に向かっている。

「あたしたちも先に行ってるね。」

豊と友子も腰を浮かせる。

「うん。赤坂に絨毯とお茶碗返したら追いかける。」

「俺が絨毯持つよ。」

「ありがとう。」

丸めた絨毯を抱えたのっぽの渡と、茶碗を抱えた小柄な結子は並んで歩き始めた。

「ホント、ユッコらしいテーマだよね。融通無碍。いいなあ。きっと、ユッコはそういう人生を送るよ。」

「そうかなあ。」

結子は自分で言っておきながらも、まだ半信半疑であった。

融通無碍。滞らずにものごとが行き来し、何物にも妨げられない。

ともあれ、この時の人生の所信表明が、意識するしないにかかわらず、その後の彼女の指針になっていくのである。

（恩田陸「なんとかしなくちゃ。青雲編」による）

〔注〕 宇宙的一期一会——渡がお茶会を主催した時のテーマ。
浪速——大阪市付近の古称。
水屋——茶器を洗うための場所。
祇園祭——京都八坂神社の祭礼。
山鉾——山車の一種。

〔問1〕 (1)前日にテーマを説明すると、渡はなぜかとても嬉しそうな顔をした。とあるが、なぜ渡はこのような顔をしたのか。その理由として最も適切なのは、次のうちではどれか。（4点）

ア、妹の結子が自分を頼りにしていることを感じ、兄として力になれることが嬉しかったから。

イ、渡の期待していた通り、結子が彼女らしい創意にあふれたテーマにしたと分かったから。

ウ、渡の助言を踏まえて結子が設定したテーマを姿先生にほめられ、兄として鼻が高かったから。

エ、自分が茶道に感じている自然の摂理との共通性を、結子も同じように感じていることが分かったから。

〔問2〕 (2)二人は顔を見合わせた。とあるが、このときの喜一郎と美登利の心情を五十字以内で書け。（8点）

〔問3〕 (3)玉枝は、眩しいような目をして孫娘を見つつ、呟いた。とあるが、このときの玉枝の様子として最も適切なのは、次のうちではどれか。（4点）

ア、堂々とした結子の説明を聞いて、彼女がその言葉通り世界を舞台に活躍するだろうと予感し、感動している様子。

イ、お茶会のテーマを通し、自分のこれからの生き方について自信を持って宣言する結子に成長を感じ満足する様子。

ウ、説明を聞いて、結子が今後、自分たちの枠ではとらえきれないような生き方をしていくだろうと期待する様子。

エ、結子の融通無碍というテーマを聞き、商売をする上でもそれが理想であると改めて納得し、感心している様子。

〔問4〕 (4)「ユッコがあんな雄大なこと考えてたなんて。」とあるが、このときの豊の心情として最も適切なのは、次のうちではどれか。（4点）

ア、世界中から集まった様々な物に支えられて今の便利な生活があり、こうした豊かで暮らしやすい社会が続くように尽力したいという結子の決意に感動する気持ち。

イ、仏教の融通無碍に表された、この世のすべてのものは互いに繋がり影響し合っているということを、お茶会のテーマにしようとした結子の壮大な計画に驚嘆する気持ち。

ウ、日々の生活の中に当たり前に存在する一つ一つのものには、国境を越えて流通させようとした人類の努力の長い歴史があるのだ、という結子の鋭い指摘に感心する気持ち。

エ、古来世界中を行き来したものが、今では当たり前の

　風景になっていると気づき、そのような世界を作る手伝いをしたいという結子の発想に感嘆する気持ち。

〔問5〕本文の表現を説明したものとして最も適切なのは、次のうちではどれか。（5点）

ア、登場人物の発言と心中で思ったことを、「　」の有無によって書き分けることで、読者の感情移入を促している。

イ、東京と大阪の言葉遣いを分けることで、登場人物の人柄やものの考え方に違いがあることを暗示している。

ウ、作者が物語の全てを知る語り手として直接語る部分を挿入することで、読者に物語の枠組みを示している。

エ、指示語を多用することによって、登場人物の考えが二転三転し、曖昧なものになっていることを表現している。

四 （論説文）内容吟味・課題作文

次の文章を読んで、あとの各問に答えよ。（*印のついている言葉には、本文のあとに〔注〕がある。）（計33点）

もともと日本では家を仕立てることは、建造物よりもテリトリー*を画定することであった。このことは、時を経たいまにいたるも私たちの空間への定着法に潜在して、部屋の曖昧さを物語っている。空間にあらわれる文化の差異、つまり価値の体系の差異を研究したT・E・ホール*は日本人は部屋の中央を使い、西洋人は周辺に家具を配置するというが、この観察は正しい。境界は観念としては存在するが、われわれは部屋を境界線にそって構成しない。われわれは部屋の中心を使い、中心からひろがる周辺はぼやけている。バシュラール*にならっていえば、われわれの「家」の胚種（はいしゅ）*は、片隅の空間にではなく、われわれの身振り（しぐさ）のなかにひそんでいるといえよう。座敷が対面の儀礼にそってうまれ、茶室が作法と結びついているのはひとつの例のように見えるのである。輪郭のない場所を儀礼的＝象徴的身体が使いこなすときに、それを基盤に外面的な空間としての「家」が浮上する。日本の空間は使用だけが規定する、といってもよかろう。使用とは別のいい方をすれば「出来事」である。われわれにとって空間とは出来事から生じるのである。

日本の家には実体的な強さはなく、実体の視点からみれば空虚である。それが無意味なのではなく、逆に意味に浸透されている例をわれわれの日常生活のなかから拾いだすことは容易である。たとえば——ある家を訪れると先客がいる、その先客はあとからやってきた私に、いままで自分の坐（すわ）っていた座布団（ざぶとん）を裏返して差出し、自分は畳にすべりおりる——このようなしぐさはいろいろな場合に経験する。この操作でいままでかれに敷かれていた経過は消滅し、座布団は新しい物になった。裏返しは自分の体温の移っていない面を出すという生理的な配慮以上に象徴的なしぐさなのである。この所作は、お互いの了解するところであるから、すでに文化的なコード（慣習）というべきであろう。

たしかに客に新しい座布団を提供することは礼儀に適（かな）ったことかもしれない。ある民族では、人の住んでいた「家」に引越して住むことは到底考えられない屈辱で、移住に際して自分の「家」を新しく建てるというほどである。それほどでなくても新しい物をおろすことは、日本人の生活のひとつのけじめである。(1)しかしここで問題になるのは、実際に新しくするのではなく裏返すと事情が一変するという現象である。実体は連続して存在しているが意味の上ではこの連続が断ち切れている。物は実体として存在するだけでなく、意味の次元に存在していることがにわかに明らかになる。われわれはこの両方の次元において物を理解するが、重要なのはむしろ意味である。いまの場合、意味の次元はしぐさによって構成されている。このしぐさは後につづく行為の場面全体を変えるのだから、「家」はつねに象徴的なしぐさによって様相を変えているといってよいわけである。さきに出来事とよんだのはこのような意味に染まった身振り（パフォーマンス）である。おそらくそこから身体の記号論*がうかんでくるし、そのような記号論のなりたつ場として、家の演劇的な理解がひらけてくるように思う。

たしかにこの種の象徴の働きは、人類にとって共通のものである。しかし、そのなかにも差異がある。(2)西洋の建築は「空間」が象徴化する。中心性のある教会のドームを挙げるまでもないだろう。はるかに地上的なロココ*の、一枚の布を空に抛（ほう）りあげたような天井におおわれた部屋の場合でも、空間という概念で語るべき世界である。それらは物質と物質的でないものが対比される二元論的構造*にもとづいている。これに対してどうやら私たちはこの対立のあいだに生じる不確かで曖昧な領域にいる。客観的なものから主観的なものへ、またその逆といった二元的な対立のあいだをとびかうのではなく、本来この対立に生じた、そしてどんなに二元論的である人間もそれを意識しはじめれば免（まぬか）れない不確かさのなかに、われわれは最初にはいりこんでいる。対立を厳密にしないのではなく、この曖昧さをむしろ本質的な世界として、逆に私と外の世界をそのなかで分節している可変的関係として見出している（この彼我の関係についてはもう少し立ち入ってあとで考えよう）。

もちろん、実際に物質的な生活がないわけではない。だが、そこでは実在感の稀薄（きはく）化が生じていることはまちがいない。稀薄化は、物があらわれたり、消えたりする扱いのなかでもっとも促進される。われわれの小さな家での生活では中央に机をおいて客と相対する部屋は、夜になると机をとりはらい布団を敷いて寝室にもなる。部屋に机を出し、あるいは布団をあげおろしする操作は、その都度、別の機能をもった室内をつくりだすわけである。これは空間が狭いからだけではない。空間と物の結びつきは全く一時的な現象であり、いつでも消去できる性格をもっていることを示しているのである。おそらく、これは日本だけのことではない、という反論はあろう。事実、西洋の中世はほとんど一室空間で、そのため、固定した家具は少なかった。テーブルがもっとも典型的で、それは長く仮設的なものにとどまった。だがこれは象徴的な関係よりも、空間の欠乏が最大の原因だった。このような場合と日本との差を考えるには、床の差異を考慮しなければなるまい。

それはともかく、日本の場合には、部屋の機能変化は、そこに出現する机とか布団とかいう物＝象徴によって生じる。あらわれる道具がちがえば、そこに生じる出来事はちがってくる。床の間の掛け物は、季節やその部屋で行なわれる行事によって変わる。こうして私たちは物の象徴性と機能性のあいだに厳密な区別をたてにくいのを感じないわけにはいかない。物の性格がそうであるから、日本の家は出来事（使用）の空間であるが、それはまた使用される物の側からも同様に規定できる。日本の家では、物も一時的にあらわれ、必要なあいだ滞留し、やがて姿を消す。*上田篤（うえだあつし）氏が(3)日本と西洋の家のなかでの物のあらわれ方を区別して、前者を劇場型、後者を博物館型と名づけたのもいま述べてきたことに符合する分類である。しかし劇場型といっても、物があらかじめ用意された舞台に役者として登場するのではなく、物の登場が空間のはじまりであることを忘れてはならない。物にこころがある、という日本伝来の考え方は*アニミズムというよりは、こうした物のふるまい、物とのつきあいから生じてくるのではなかろうか。それは物が*ノエマ的でなく*ノエシス的にとらえられるからである。日常の道具は調度とよばれるが、それは部屋をしつらうものである。部屋にしつらわれる物は、また部屋を構えるものである。*もういちど、『方丈記』のつづき、室内の調度の描写を引用することは無駄ではない。

今、日野山の奥に跡を隠してのち、東（ひんがし）に*三尺余りの庇（ひさし）をさして、柴（しば）折りくぶるよすがとす。南、竹の簀子（すのこ）を敷き、その西に*閼伽棚（あかだな）を作り、北によせて、障子をへだてて*阿弥陀（あみだ）の絵像を安置し、そばに*普賢（ふげん）をかき、前に*法花経（ほけきやう）を置けり。東の際（きは）に*蕨（わらび）のほとろを敷きて、夜の床（ゆか）とす。西南に竹のつり棚を構へて、黒き皮籠（かはご）三合を置けり。すなはち、和歌・管絃（くわんげん）・*往生要集（わうじやうえうしふ）ごときの*抄物（せうもの）をいれたり。かたわらに、琴（こと）、琵琶（びは）おの〳〵（おの）一張（ひとはり）を立つ。いはゆる折琴（をりごと）・継琵琶（つぎびは）これ也（なり）。

部屋のなかに持ちもの全部がならべられている。それは一室しかないということによる。しかし、(4)それらは庵（いおり）という架構よりもはるかに生き生きした映像である。それが部屋をうみだすのだ。かれの心があるときには宗教に、あるときには楽器にたわむれるであろうさまが、ひとつひとつの物によって感じられる。これらはその場所からとりだされ、かれの手にとられ、出来事となって現象する。空間はそこに生じる。

この空間感覚はわれわれの身体にも言語にも刻まれているようである。どこにも上昇していかず、どこにも沈下しない奇妙な現実性が、同時にもっとも実体を欠いた空虚な世界である。実体的世界ではなく象徴が、しかもひとつひとつ区切れた語（物）のようにではなく、ひとつながりの、幾分長い叙述のような出来事を単位としてあらわれ、とびかうのである。それがテキストを構成する。物が客観的に対象化されてしまうというよりも、物はそれが属する劇的な場面全体にかかわって存在する。*ハイデガーは、われわれが「最も身近に出会う」のは、たんなる幾何学的空間ではなくて「住み道具」としての部屋であり、この住み道具から一定の方向づけがあらわれ、そのなかに「ときに応じて〈個々の道具〉があらわれる」と述べている。それは、ハイデガーの現象学的空間の生成を意味するのであるが、むしろわれわれの場合には、個々の道具のあらわれとともに住み道具としての部屋があらわれると言い換えた方がよかろう。

物自体が実体的というよりも出来事のように経過する性格をもつ結果、日本の調度はいったいに軽量で持ち運びが可能なスケールをもつようになる。座布団は手で裏返せるが、椅子にはそういう取扱（とりあつか）いはできない。西洋では中世の終わりから*ルネッサンスになると、もはやテーブルや*カップボードなどの家具はほとんど動かすことができないほど重くなる。西洋人の眼からみれば、日本の調度は嘘（うそ）のように軽く小さく見えるにちがいない。

（多木浩二「生きられた家」による）

〔注〕テリトリー――領域。
T・E・ホール――アメリカの文化人類学者。
バシュラール――フランスの哲学者。
胚種（はいしゅ）――植物の種子のもとになる部分。
記号論――様々な記号の機能についての哲学理論。
ロココ――フランスから始まった美術様式の一つ。
二元論――世界や事物を、相反する二つの要素に区分して捉えようとする考え方。
上田篤（うえだあつし）――建築家。
アニミズム――全てのものの中に霊魂が宿るとする考え方。
ノエマ――精神的に知覚されたもの、「考えられたもの」を指す。
ノエシス――「考える作用」を指す。
もういちど――本文より前の部分で『方丈記』が引用されている。
三尺余り――一尺は約三十センチメートル。
閼伽棚（あかだな）――仏前に供える水や花を置く棚。
阿弥陀（あみだ）――阿弥陀如来（にょらい）のこと。
普賢（ふげん）――普賢菩薩（ぼさつ）のこと。
法花経（ほけきやう）――仏教の経典の一種。
蕨（わらび）のほとろ――伸びすぎた蕨（山菜の一種）。
往生要集（わうじやうえうしふ）――平安時代中期の仏教書。
抄物（せうもの）――原典をわかりやすくまとめた書籍。
ハイデガー――ドイツの哲学者。
ルネッサンス――ヨーロッパに興（おこ）った文化運動。
カップボード――扉のついた食器棚。

〔問1〕(1)しかしここで問題になるのは、実際に新しくするのではなく裏返すと事情が一変するという現象である。とあるが、「実際に新しくするのではなく裏返すと事情が一変する」のはなぜか。次のうちから最も適切なものを選べ。（5点）

ア、先客が座布団を裏返して新たな客に差し出すことが、主人との面会の順番を次に引き継ぐ合図となっているから。

イ、事前に座布団を裏返すことで、他の人が使っていたという事実が帳消しになり、新しい座布団として双方に認識されるから。

ウ、新しい座布団を用意しなくても、生活の知恵として、裏返せば座布団の清潔な面を提供できると了解しているから。

エ、実体としての座布団は変わらないが、それを裏返すことで、来客用の座布団という価値が新たに付加されるから。

〔問2〕(2)西洋の建築は「空間」が象徴化する。とあるが、どういうことか。次のうちから最も適切なものを選べ。（5点）

ア、西洋の建築は、建造物が作り出す物質的な空間によって、その建造物固有の意味や目的を表しているということ。

イ、西洋の建築は、客観的なものと主観的なものが一つの空間に混在するため、空間の意味が曖昧なものになっているということ。

ウ、西洋の建築において、非物質である「空間」は物質である調度と異なり、抽象的なものに過ぎないとされること。

エ、西洋の建築において、広い空間を備えた建造物が、その地域一帯のシンボルとして人々に認識されるということ。

〔問3〕(3)日本と西洋の家のなかでの物のあらわれ方を区別して、前者を劇場型、後者を博物館型と名づけたのもいま述べてきたことに符合する分類である。とあるが、「劇場型」とはどういうことか。次のうちから最も適切なものを選べ。（5点）

ア、日本の家では、その空間の機能に合った大きな道具を固定して配置し、小さな道具は必要に応じて取り出して用いるということ。

イ、日本では物にも心があると考えられており、家においても物が空間の主役になるようにしつらえられているということ。

ウ、舞台が役者の演技に応じた道具で作られるように、日本の家も部屋の機能に応じた物によって空間が作られるということ。

エ、日本の家では、その時々の必要に応じて使う道具が出し入れされ、その道具によって空間としての機能が変わるということ。

〔問4〕(4)それらは庵という架構よりもはるかに生き生きした映像である。とあるが、このように言えるのはなぜか。次のうちから最も適切なものを選べ。（6点）

ア、庵という簡素な構造物においては、一つ一つの調度が関係し合うことで、室内全体の物の配置を客観的に対象化できるから。

イ、庵という簡素な構造物ではなく、一つ一つの調度によって、それらを使う鴨長明の生活がありありと思い浮かべられるから。

ウ、庵自体は簡素な構造物であるが、そこに並ぶ沢山の調度によって、鴨長明の経済的には恵まれていた生活の様子が想像できるから。

エ、庵という簡素な構造物を住居としたという事実よりも、一つ一つの調度の方が鴨長明の人柄を生き生きと物語っているから。

〔問5〕思考力 この文章で筆者は、日本と西洋の文化の差異について述べている。あなたが感じるそのような文化の差異について、本文以外の具体的な例を挙げ、それぞれの特徴と差異が生まれた理由として考えられることを、二百四十字以内（原稿用紙20字詰×12行＝省略）で書け。なお、、や。や「などのほか、書き出しや改行の際の空欄もそれぞれ字数に数えよ。（12点）

五 （俳句を含む説明文）鑑賞・内容吟味・語句の意味

次の文章を読んで、あとの各問に答えよ。（＊印のついている言葉には、本文のあとに〔注〕がある。）（計22点）

＊川柳は「笑い」と密接な関係にある文芸である、という説明に対しては、読者の皆さんの多くが納得して下さると思う。ところが、俳句も、また「笑い」と大変密接な関係にある文芸である、という説明に対しては、多くの方々がどこか釈然としないものを覚えられるのではなかろうか。

そこで、まずは、俳句のルーツである＊俳諧の発句が、「笑い」の文芸であったことを明らかにしておくことにしたい。＊前にも記しておいたように、俳諧の発句の前に＊連歌の発句がある。その連歌の発句と俳諧の発句の違いは、どこにあったのであろうか。具体的なサンプルを一つ示してみよう。

(1)さみだれは晴てもにごる川べかな　＊紹巴

五月雨は大海知や井の蛙　＊貞徳

紹巴は、先に『連歌至宝抄』によってその発句論に注目した連歌師である。その紹巴とも交流のあった貞徳は、芭蕉登場以前の江戸俳諧の開拓者、貞門俳諧のリーダーである。そして、紹巴の作品が連歌の発句、貞徳の作品が俳諧の発句である。両句とも「五月雨」、すなわち梅雨をテーマにしている。鬱陶しく降り続く長雨である。両句の大きな違いはどこにあるのであろうか。

俳諧の発句の作者貞徳が慶安四年（一六五一）に刊行している『誹諧御傘』という本を繙くと、左のような記述が見えて、大きなヒントを与えてくれる。

抑はじめは誹諧と連歌のわいだめ（区別）なし。其中よりやさしき詞のみをつゞけて連歌といひ、俗言を嫌はず作する句を誹諧といふなり。

——そもそも、本来的には俳諧と連歌の形式的な区別はない。美しい歌語だけで作ったものを連歌といい、俗語も平気で使って作ったものを俳諧というのである。

そもそもは、連歌の余興として俳諧（の連歌）という文芸が興ったのであった。それゆえに、先の紹巴の連歌論書である『連歌至宝抄』における発句論においても「俳諧も同前」と、俳諧に対しての目配りがなされていたのである。そんな俳諧文芸発生時には、連歌と俳諧の区別が曖昧だったというのである。俳諧文芸の発生は、室町時代末期である。

それが、江戸時代となったところで、本格的に俳諧とかかわることとなった貞徳は、連歌と俳諧の違いを、それぞれの文芸が用いる言葉によって明らかにしたのであった。すなわち、「やさしき詞」だけで作られるのが連歌であり、「俗言」をも取り込んで作られるのが俳諧だとの考えである。「俗言」は、当時、「俳言」とも言われた。俗語、漢語、＊俚諺等、和歌や連歌では、用いられなかった言葉である。

それでは、先の紹巴の連歌の発句と、貞徳の俳諧の発句はどうであろうか。

まず、紹巴の句であるが、五月雨のシーズンは、たとえ一時的に雨が上ったとしても、川の近辺にできた水溜りは濁っている、との句意である。五月雨の頃の川辺の様子を「やさしき詞」だけで素直に詠んだ作品である（それだけにあまり面白くはない）。

対する貞徳の句である。一読、一句が俚諺「井の中の蛙大海を知らず」（自分の見聞の狭さを自覚しないで、得々とふるまうことのたとえ）を取り込んでの句作りであることが理解し得よう。「俗言」「俳言」による句作りである。そして、これによって、一句は庶民性を獲得しているのである。

一句の意味は、人々を鬱陶しくさせる梅雨の長雨ではあるが、それによって井戸の水は溢れ、蛙（見聞の狭い人間）は、大海を知ることになる、というのである。五月雨を契機として、俚諺の内容を逆転させたところに一句の「笑い」がある。

(2)俳諧の発句は、このように庶民性と滑稽性をその特色とする文芸であった。貞徳は、先の『誹諧御傘』の中に左のようにも記している。

誹諧は、面白事ある時、興に乗じていひ出し、人をもよろこばしめ、我もたのしむ道なれば、おさまれる世のこゑとは是をいふべき也。

――俳諧は、面白いことがある時、その興のままに詠んで、人をよろこばせ、自分自身も楽しむものなので、これを治世の声と呼んだらよいであろう。

俳諧が「笑い」の文芸であることが明言されているのである。俳諧がもたらす「笑い」によって、作者も、読者も、ともに「よろこ」び「たのしむ」のだというのである。「笑い」は、人々の心をなごませるのである。

貞徳がリーダーとして活躍した江戸時代初期の貞門俳諧と、芭蕉が〈古池や〉の句を作って本格的に蕉風俳諧を確立した、その間にあって、何とか貞門の古風から脱皮しようとして、あらゆる新奇さを多様に追求したグループに、*宗因をリーダーとする談林俳諧があった。そして、その談林俳諧の中心人物の一人に*惟中がいた。その惟中が、延宝三年（一六七五）に出版した俳論書『俳諧蒙求』の中には、左のような記述が見える。

> 俳諧といふは、たはぶれたること葉の、ひやうふつと口よりながれ出て、人の耳をよろこばしめ、人をしてかたり、わらはしむるのこゝろをいふなり。

――俳諧というのは、遊び半分の言葉が口を衝いて「ひやうふつ」と口から流れ出て、それが人の耳をよろこばせ、人を談笑に誘う――そんな意味があるのである。

ひたすら新奇を追求した談林俳諧においても、「笑い」が俳諧の重要な要素であったことが明かされているのである。(3)即興的に詠まれた俳諧作品の「笑い」によって、人々の心はなごみ、談笑の輪が広がるというのである。

「さび」の美を志向し、従来の俳諧文芸を百八十度変えてしまった芭蕉にあっても、なお、「笑い」は、俳諧の重要な要素として認識、保持されていたのである。門人の*去来は、宝永元年（一七〇四）頃成立したと考えられている俳論書『去来抄』に、左のごときエピソードを伝えている。

夕涼み疝気おこしてかへりけり　去来

予が初学の時、ほ句の仕やうを窺けるに、先師曰、ほ句は句つよく、俳意たしかに作すべし、と也。こゝろ見に此句を賦して窺ひぬれば、又是にてもなし、と大笑し給ひけり。

――私が俳諧をはじめて間もないころ、芭蕉先生に発句の作り方をお尋ねしたところ、先生が言われますには、発句はインパクトがあるように、そして「俳諧性」を明確に打ち出して作るようにということでした。そこで私は、ためしに〈夕涼み〉の句を作ってお見せしたところが、このような作品ともちがうのだ、と大笑いなさったことでした。

「俳意」とは、俳諧性（庶民性・滑稽性）のことである。芭蕉も、また、初心者に発句における「笑い」の大切さをしっかりと教えていたのである。

もっとも、去来が、「夕涼みをしていたら、涼み過ぎたのか、疝気（発作性の腹痛、疼痛。寒冷によって症状が悪化する）の発作に見舞われ、(4)ほうほうの体で家に帰ってきた」、との意味の〈夕涼み疝気おこしてかへりけり〉の発句を詠んで芭蕉に示したところが、「又是にてもなし」と大笑いをしたというのであるから、芭蕉が求めていた「笑い」が、この手のあからさまな、品下る「笑い」でなかったことは明らかである。(5)貞門俳諧や談林俳諧が求めた「笑い」とは別種の「笑い」である。芭蕉自身は、元禄六年（一六九三）に書いた*「許六離別の詞」なる文章の中で、

たゞ*釈阿（藤原俊成）・*西行のことばのみ、かりそめに云ちらされしあだなるたはぶれごとも、あはれなる所多し。

――藤原俊成、そして西行の和歌だけは、ほんの口ずさんだような滑稽の作品であっても、そこには「あわれ」の情が濃厚に漂っている。

と記している。とすれば、芭蕉が求めた「笑い」とは、一句の中で「あはれ」と融合し、*瀰漫した「笑い」（たはぶれごと）であったのかもしれない。

（復本一郎「俳句と川柳「笑い」と「切れ」の考え方、たのしみ方」（一部改変）による）

〔注〕川柳――俳諧から派生した五七五の韻律の詩。季語など作句の制約が俳句よりも少ない。
俳諧――俳諧連歌の略称だったが、上の句（五七五）の部分が「発句」として独立したものを指すようになった。
前にも記しておいたように――本文より前の部分で同様の解説がされている。
連歌――和歌の上の句（五七五）と下の句（七七）を別の人が読み連ねていく文芸。
紹巴――里村紹巴。室町・安土桃山時代の連歌師。

貞徳（ていとく）——松永貞徳。江戸初期の俳人、歌人。
俚諺（りげん）——世間に言い伝えられてきたことわざ。
宗因（そういん）——西山宗因。江戸前期の連歌師、俳人。
惟中（いちゅう）——岡西惟中。江戸前期の俳人。
去来（きょらい）——向井去来。江戸前期の俳人。
許六（きょりく）——森川許六。江戸前・中期の俳人。
釈阿（しゃくあ）（藤原俊成）——平安末・鎌倉初期の歌人。
西行（さいぎょう）——平安末期・鎌倉初期の歌人、僧。
瀰漫（びまん）——広がりはびこること。

〔問1〕(1)さみだれは晴（はれ）てもにごる川べかなとあるが、筆者はこの発句をどのように評価しているか。最も適切なものを次のうちから選べ。（4点）
ア、美しい言葉を使って素直に表現しているが、面白みに欠ける。
イ、易しい言葉で分かりやすく表現している分、情趣が足りない。
ウ、俗語を排除して教訓的な内容を表現している分、面白くない。
エ、優雅な歌語を用いて表現している分、難解な歌になっている。

〔問2〕(2)俳諧の発句は、このように庶民性と滑稽性をその特色とする文芸であった。とあるが、貞徳の句における庶民性と滑稽性とはどういうことか。最も適切なものを次のうちから選べ。（4点）
ア、慣用的な表現を下敷きとして、新しい切り口からとらえ直すことで笑いを催させているということ。
イ、歌では扱われない言葉をあえて句に用いることで、表現の新鮮さに読者の興味を引いているということ。
ウ、庶民がなじんできた連歌の伝統を踏まえながら、常識を裏切るような内容で読者を驚かせているということ。
エ、庶民の暮らしに題材を採ることで、「やさしき詞」を用いながら身近な笑いを表現しているということ。

〔問3〕(3)即興的に詠まれた俳諧作品とあるが、「即興的に詠まれた」とはどのような様子か。それにあたる表現を、□の中から十五字以内で抜き出せ。（5点）

〔問4〕**基本** (4)ほうほうの体（てい）でのここでの意味として最も適切なものを次のうちから選べ。（4点）
ア、恥ずかしさにさいなまれて
イ、様々な手を尽くして
ウ、ひどく後悔して
エ、やっとのことで

〔問5〕(5)貞門俳諧や談林俳諧が求めた「笑い」とは別種の「笑い」である。とあるが、「別種の『笑い』」とはどのようなものか。最も適切なものを次のうちから選べ。（5点）
ア、庶民の生活に根ざしながら、多少品のない表現であっても、新奇さを多様に追求しているもの。
イ、日常の生活の中にあるおかしさではあるが、古人が和歌に詠み込んだ花鳥風月を取り入れているもの。
ウ、笑いを誘うおかしさの中に、しみじみと身にしみて感じられるような風情が含まれているもの。
エ、古人と同様に面白いことをインパクトのある言葉で詠み、自分も読者も楽しもうとするもの。

東京都立　国立高等学校

時間 50分　満点 100点　解答 P18　2月21日実施

出題傾向と対策

●漢字の読み書き、小説文、論説文、古文を題材にした論説文の大問五題構成。選択問題が多いが、抜き出し問題も複数ある。論説文にはテーマに関して自分の考えを述べる二百字以内の作文がある。問題文の難度は高く、紛らわしい選択肢も多いため、時間配分に注意が必要。
●問題の難度や文章の長さに対して試験時間が短いので、過去問を利用して短時間で本文の要点をつかむ練習をしておきたい。難度の高い問題演習を繰り返し、高い読解力を身につけておく。作文の練習も必須。

注意　答えに字数制限がある場合には、、や。や「などもそれぞれ一字と数えなさい。

一　漢字の読み書き　よく出る　基本

次の各文の——を付けた漢字の読みがなを書け。（各2点、計10点）
(1)反物を買う。
(2)内閣が統轄する。
(3)何の煩いもない。
(4)万障を排する。
(5)片言隻語も聞き逃さない。

二　漢字の読み書き　よく出る　基本

次の各文の——を付けたかたかなの部分に当たる漢字を楷書で書け。（各2点、計10点）
(1)フセイシュツの天才作曲家。
(2)流行にツウテイする一つの傾向。

(3)資金をモトデに店を開く。
(4)ジョハキュウの変化がある話。
(5)ウミセンヤマセンの起業家。

三 （小説文）内容吟味・文脈把握

次の文章を読んで、あとの各問に答えよ。（＊印の付いている言葉には、本文のあとに〔注〕がある。）（計24点）

「ぼく」と五歳の息子「ミライ」は公園で遊んだ帰り道、川沿いの湧水池で「ガサガサ（池で魚などを捕まえること。）」をしている少年を見かける。近づいて見てみると池にはメダカが泳いでいた。

昼食後、近くの釣具店で安い＊タモ網を買った。池の縁に戻り、さっきと同じ場所に立った。ミライの体に比べたら大きすぎる網だが、一緒に持ってえいっとばかりに水の中に落とす。

引き寄せた青い編み目の中から銀色に光るものが見えた。すーっと直線的な背中のラインで、目は上の方についている。

メダカだった。でっぷり膨らんでいる腹からして、卵を持ったメスに違いなかった。

「うぉーっ。」とミライが跳びはねる。

へえ、結構、生き物に興味津々なのか。

(1)目を輝かせるさまを見て、ぼくは少し反省した。自分が子どもの頃は、家の前の野原で捕虫網を振り回し、川でザリガニ釣りをする日々だったのに、仕事の忙しさにかまけて、息子の興味を刺激してやることを怠ってきた気がする。

家から持ってきたペットボトルに水を半分くらい満たし、メダカを入れてみる。さっそく水面近くをつーっつーっと泳いで、楽しげだ。

「とうちゃん、もっととりたいぞー。」とミライが言い、「じゃあ、一緒にやろう。」と網をふるううち、気がついたらぼくもミライも靴のまま池の中にいた。(2)大人げなく夢中になってしまったわけだけど、それだけのことはあった。こんな小さな池になぜ、と思うほど、生き物が豊かなのだ。数が多い、というより、種類が多い。ちょっと専門的な言葉で言うと「多様性が高い」ということ。

上層や中層は魚の領分で、メダカのほかにフナやタナゴやモロコが毎回のように網に入ってきた。密に生えている水草ごと掬うと、大量のスジエビが採れ、時にはゲンゴロウやミズカマキリのような水棲昆虫が見つかった。さらに池の底をさらえば、小型のシマドジョウ、カマツカ、そして、トンボのヤゴなどが泥の中で蠢いていた。

「＊ザリガニがいないぞー。」とミライは不満げだったが、このあたりの池でザリガニがいないなんて逆にすごいことで、「いいか、ザリガニってのはもともと日本の生き物じゃないんだ。すごく強いからほかの生き物を食べちゃうんだぞ。ザリガニがいたら、ヤゴなんかいなくなっちゃうぞ。」と言って、納得させた。

「じゃあ、エビでもいいぞ。エビ、たくさんとるぞー。」とミライは言い、途中からは自分だけで網をふるった。最初は振り回されているみたいだったけれど、短く持てば安定することを教えるとすぐにコツを摑んだ。

水草の付近で震わせるように網を使うやり方がなかなか堂に入っている。一掬いごとに何匹かエビが入っていて、そのたびに歓声をあげた。

ミライの明るい声が、温かな光になってぼくを満たす。ぼく自身、相手が昆虫であれ、水の生き物であれ、こんなふうに網をふるう少年だったし、家にはいつもなにがしかの生き物がいて賑やかだったっけ。カブトムシ、クワガタ、ザリガニ、タナゴやフナなどの魚……。

「とうちゃん、こういうとこにはいるのか。」とミライ。

「なにが？」我に返ったぼくは聞き返した。

「さっき、みたぞ、カメみたいなやつ。」

「あ、カメか……。」

(3)ぼくは甘酸っぱい気分がさらにあふれ出してきて戸惑った。これも昔のことだが、すぐ近くの池にクサガメがいて、見つけるたびに持ち帰っては、＊たーちゃんに叱られた。一度、無理を言って、家で飼わせてもらったことがある。でも、その時はすぐに自力で水槽から脱出して行方不明になってしまった。そいつを次に見たのは、半年後、春先の庭に花を植えるために土を掘り起こしていた時だ。クサガメは、なんと、庭で冬眠していたのだ。

「でも、さすがにここにはいないだろ。池が小さすぎる。」などと言いつつあたりを見渡した。すると、少し先の草地に横たわっている明るい褐色の物体が目に飛び込んできた。それはドーム状をしていて、表面には黒い幾何学模様があった。

凝視するうちに、ドームの下から、ぬーっと顔があらわれた。

ぼくは目を疑った。そいつはリクガメなのだ。

距離があるからよくわからないが、とにかく日本にいるものではなくて、マダガスカルとかインドに棲息しているようなやつ。ペットとして輸入されたものが、逃げ出してきたのかもしれない。

でも、そんなことどうでもいい。ぼくは鼓動が次第に高まってくるのを自覚する。

こんな場所で、希少な野生種のリクガメに出会うなんて！

近くの池のカメに夢中になっていた頃、やはり、図鑑でリクガメを見て心惹かれた。つややかな甲羅がまるで宝石みたいで、いつか、飼ってみたいと夢見ていた。

息を詰めるうちに、そいつはのっそのっそと足を動かし背を向けた。そのまま歩き出して、少しずつ遠ざかる。ぼくは水の中で足を一歩、踏み出した。捕まえたい、と本気で思った。

ふいに白い影がよぎった。

後ろ姿の少年が、ひょいとリクガメを抱き上げて去っていく。

あの子のものなのか。追いかけていって見せてもらおうかと＊逡巡する。

「とうちゃん！」とミライが袖を引っぱり、我に返った。

「カメだ、とうちゃんのすきなカメだぞ！」

興奮、というか、驚きにみちた声。

そんなのわかってると言い返そうと思ってミライを見ると、(4)またもドキッと心臓が強く脈打った。

ミライのタモ網の中で、甲羅の長さが十センチほどの小さなカメが腹を向けて足をばたつかせていた。

「とうちゃん、これ、かいたいぞー。」

　ぼくは暴れるカメを手にとった。今、日本では一番メジャーなアカミミガメ（ミドリガメの成体）ではなく、本来日本にいる種類だとわかった。

「クサガメだ。最近はなかなか見られないっていうけど、こんなとこにもいたんだな。これはだめ。持って帰らない。」

「どうしてだ、とうちゃん。」

「そんなにたくさんいるやつじゃないんだ。エビやフナとは違う。ここにちゃんといてもらおう。」

　さっきのリクガメはもともと海外から持ち込まれたものだから、人のものじゃなければ保護してもオーケイ。でも、日本の生き物で数が減っているものはだめ、という自分なりの理屈だ。こじつけといえなくもない。

「えー、そうかー、なら、しかたないのかぁ。」ミライは一人でああだこうだ言いつつ、納得する。

　やがてガサガサに満足してしまうと、ペットボトルを自転車の前籠（まえかご）に載せて帰路についた。
　(5)ゆっくりとペダルをこぎながら、ミライは晴れ晴れとした顔つきだ。

（川端裕人「てのひらの中の宇宙」による）

〔注〕　タモ網――魚をすくうのに使う小さい網。
ザリガニ――ここではアメリカザリガニのこと。
たーちゃん――「ぼく」の母親。
逡巡（しゅんじゅん）――ためらうこと。

〔問1〕(1)目を輝かせるさまを見て、ぼくは少し反省した。とあるが、なぜか。その理由として最も適切なのは、次のうちではどれか。（4点）

ア、息子がメダカを見つけ飛びはねて喜ぶ様子を見て、自分の生き物に対する興味がメダカには全く向いていなかったことに気づいたから。
イ、多忙を理由に息子に自然の中で生き物に接する機会を与えてこなかったため、息子が心ひかれるものさえ知らなかったことに気づいたから。
ウ、今に至るまで仕事でも家庭でも自分の興味を貫いてきたので、他人の気持ちを推し量ることができていなかったことに気づいたから。
エ、自分の幼い頃と比べて最近では自然環境が悪くなり生き物を捕まえられなかったため、川に行きたくても行けないもどかしさを感じていたから。

〔問2〕(2)大人げなく夢中になってしまったわけだけど、それだけのことはあった。とあるが、この表現から読み取れることの説明として最も適切なのは、次のうちではどれか。（4点）

ア、「ぼく」は息子より川遊びに熱中したことを反省しつつも、父親が気まずい思いをしないように気遣ってくれる息子を見て喜んでいるということ。
イ、「ぼく」は息子と川遊びにのめり込んだことを後悔しつつも、だからこそ息子も自分の子どもの頃のように自然が好きだとわかったということ。
ウ、「ぼく」は息子を放っておいて川遊びをしたことを後ろめたく感じつつも、自分の子どもの時と変わらない川の様子を実感し安心したということ。
エ、「ぼく」は息子と川遊びに没頭したことを恥ずかしく感じつつも、だからこそ想像以上に色々な生き物がいる川だったことに気づけたということ。

〔問3〕(3)ぼくは甘酸（あまず）っぱい気分がさらにあふれ出してきて戸惑った。とあるが、このときの「ぼく」の様子を説明したものとして最も適切なのは、次のうちではどれか。（4点）

ア、池で楽しそうに網を操る息子に、網をふるっては色々な生き物を捕まえていた自分の少年時代を重ねてうれしさを感じた上に、昔、カメを飼っていた頃のことを思い出してしまい、懐（なつ）かしさがこみ上げてきて当惑している。
イ、ザリガニを欲しがる息子に、ザリガニの害を無理やり納得させてしまったのではないかとためらいを感じた上に、昔、生き物を捕まえてきては母親に叱られたことを思い出して、切ない気持ちになってきて閉口している。
ウ、息子がカメを見たという言葉を聞き、少年時代にクサガメを飼っていたときのことを思い出して感傷的になっていた上に、昔、あこがれていたリクガメに不意に出会うことができて、興奮がおさえられずに困惑している。
エ、生態系を保全しながら遊ぶことの大切さを息子に伝えることができた満足を感じた上に、昔、自分も自然の中で様々なことを学んでいたのだと思い出し、無理に動物を家で飼うことに疑問を感じて反省している。

〔問4〕(4)またもドキッと心臓が強く脈打った。とあるが、このときの「ぼく」の状況の説明として最も適切なのは、次のうちではどれか。（4点）

ア、偶然捕まえたカメがとても希少なものであることを知り胸が高鳴る中、また別のカメも見つけて、思い続けていると願いはかなうという体験を息子と共有でき喜んでいる。
イ、何度も夢見ていたリクガメを、実際に見つけることができた喜びに浸るとともに、幼い息子が自分の飼いたがっていたカメを知っていたことに動揺しつつもうれしく感じている。
ウ、メダカやフナだけでなくカメもいる多様性の高い池の近くで、息子を育てることに喜びを感じ、大自然を満喫する息子のたくましい成長ぶりを目の当（ま）たりにして感嘆している。
エ、自分が少年時代にあこがれていたリクガメを、こんな近所の池で実際に見つけて興奮していたところ、息子が網で別の小さなカメを捕まえていたのを目にして驚いている。

〔問5〕(5)ゆっくりとペダルをこぎながら、ミライは晴れ晴れとした顔つきだ。とあるが、このときの「ミライ」の様子の説明として最も適切なのは、次のうちではどれか。（4点）

ア、自然を大いに味わう中で、父親と探していた希少生物と出会えたことに興奮し、達成感でさわやかな気持ちになっている。
イ、父親と川遊びを楽しみ興奮していたが、クサガメを持ち帰れないことに自分なりに納得し、落ち着いた気持ちになっている。
ウ、川遊びで多くの生き物との出会いや父親とのやりとりを楽しみ、その余韻を味わいながら、すがすがしい気持ちになっている。

エ、ガサガサという新たな遊びの楽しさに満足し、次の休みに父親が新たな遊びを教えてくれるのを待ち望む気持ちになっている。

〔問6〕次は、A～Dの四人の生徒が、本文の表現の特徴や工夫について話し合う授業の一場面である。あとの問にそれぞれ答えよ。

A　「すーっと」「つーっつーっと」「ぬーっと」など面白い擬態語が多く使われています。

B　辞書をひくと「すうっと」「つうっと」「ぬうっと」となっています。少し変化させて使っているのが気になります。

C　「ー」は長音って言うんだって。

D　そういえば台詞にも「ー」がたくさん使われています。「うぉーっ。」とか、「もっととりたいぞー。」とか。これらはミライくんの子どもっぽいかわいらしい言葉遣いを表現していると思います。

C　話し言葉の使い方もとってもかわいいよね。なんとかだぞ、とか。

B　お父さんとのやりとりが目に浮かぶようです。

A　二人のやりとりのように、この文章全体も「　1　」雰囲気が感じられるのは、もしかしたらそういう一つ一つの言葉遣いによる影響かもしれませんね。

B　そうそう。「ぬうっと」は辞書を調べてみると、のろい動作で、不意に目の前に現れる様子を表現していますが、時に、やや「　2　」印象もあると書かれています。でも、「ぬーっと」とすることで、その印象が「　3　」印象に変わっているように思います。

A　表現や一つ一つの言葉を変化させることによって、文章全体の雰囲気が変化するってことですよね。その状況に合った言葉を選ぶことの大切さが感じられて面白いです。

D　私は、実は「　4　」という隠喩表現がどういうことを言っているのか、気になっていたんですけど、みんなの話し合いを聞いていて、隠喩表現を使うことによって、ゆったりした雰囲気を印象的に表現する効果につながっているのかもしれないと思いました。

〔i〕空欄「　1　」「　2　」「　3　」に入る言葉の組み合わせとして最も適切なのはどれか、次の選択肢ア～オから選べ。（2点）

ア、1　気楽な　2　ぞんざいな　3　ほがらかな
イ、1　穏やかな　2　不気味な　3　親しみやすい
ウ、1　気さくな　2　ぶしつけな　3　人なつこい
エ、1　陽気な　2　無邪気な　3　しおらしい
オ、1　軽妙な　2　すげない　3　あどけない

〔ii〕空欄「　4　」に当てはまる最も適切な表現を、本文中から一文でそのまま抜き出せ。（2点）

四（論説文）内容吟味・文脈把握・課題作文・要旨

次の文章を読んで、あとの各問に答えよ。（*印の付いている言葉には、本文のあとに〔注〕がある。）（計36点）

対話とは、あるテーマについて自分の考えを提示しあい、相互に検討し、吟味するという過程である。ひとつのテーマや問いに対して、それぞれが意見を出し合うときに、すぐに明らかになるのは意見の多様性である。*子どもの哲学をはじめて行った子どもの感想としてもっとも多いのが、「いろいろな意見があるので驚いた」「普段からよく知っている友だちが、あんなことを考えているとは思わなかった」というものである。比較的に文化的・地域的な背景が均一である小学校で行っても、こうした感想が得られる。さらにさまざまな背景を持った人々の意見ならば、異なっているのが当たり前である。

哲学対話の特徴は、自分の意見が皆からの検討に付される点である。通常の話し合いでは、人はどうしても持説に固執してしまう。とくに自分のさまざまな行動の前提となっているような信念や、自分が常識と思っているような信念についてならば、なおさらである。普段はこのような自分の深いところにある考えを簡単には披露しないし、かりに披露してもそれを検討し合うことはしない。大人の方が、子どもより自分の意見に固執しがちであるし、人の意見を聞こうともしないことがある。

しかし哲学対話ではあえて持説を検討し合うことを目的としている。ディベートが持説を擁護して、相手を説得することに目的があるとすれば、哲学対話で重要とされるのは、相手の話を傾聴して、そこで得られた視点や立場から自分自身の考えを検討し、必要とあればそれを変える姿勢でいることである。(1)これが哲学対話と他の対話との違いである。哲学とは、自分の前提や習慣、信念を自己吟味し、場合によっては自己変更する試みだからである。

このような自己吟味の姿勢を保つには、新しい考えを作り出すという気持ちで対話に参加することが大切である。しかしこの気持ちを対話の最初から持つことは難しいかもしれない。皆で対話をするときには、テーマや問いが設定される。そして、誰かがそれについての意見を言う。他の人がそれとは異なる意見を言う。そしてそれぞれの意見に対して、質問が出され、対立する意見との比較がなされ、批判的な吟味がなされる。ひとつの意見は、さまざまな角度と視点から、多様な立場から検討され、広い文脈と背景の中に置き直される。思考は、ある前提に立って議論を進めようとする。対話は議論の前提からさらに引き下がろうとする。思考は進行的で、対話は遡行的である。

議論には、ズームインとズームアウトという過程があると言える。ズームインとは、あるテーマや問いを、さらに詳細にしばしば具体的に論じていく過程である。ズームアウトとは、あるテーマや問いを広い文脈や枠組みに置いて、*鳥瞰図を得ようとする過程である。ズームインから得られる議論は、問題解決的であり、専門的で技術的になっていく。他方、ズームアウトから得られる議論は、前提を問い直し、視野を広げて全体的になっていく。哲学の議論は後者を重視する。それはできる限り広い範囲の多様な視点から、問題を考えようとする態度である。対話に参加した

ものは、自分の意見が自覚のないままに狭い前提や限られた文脈から出ていることを知り、他の考え方の可能性もあることを理解する。(2)こうして、哲学対話によって、参加者は自己束縛を解いて自由になる。それは他者との出会いにより、自分が自分に距離をとっていく過程である。

こうした対話では、問いやテーマに対して解決が出されるというよりは、その問いやテーマ、出される意見に対して、他の問いやテーマ、意見が関連づけられる。子どもの哲学の例を使ってみよう。「偉いってどういうこと」という質問が子どもから出される。すると、具体例が出されながら、「偉い」という言葉の定義が試みられる。「社会的地位が高い」、「評価に値する」、「努力した」、「すごい」などといった複数の概念と比較対照がなされる。具体的な人物名や振る舞いの事例が出され、その人やその行動が「偉い」という形容に値するかどうかが論じられる。これらの事例は単なる寄せ集めなのか、それとも「偉い」には共通性があるかどうかが検討される。褒め言葉としては、自分よりも目上や年上の人には「偉いね」とは言わない、などといった、言葉が使用される文脈や場面も論じられる。さらに、ある人から、ある地方では、「えらいやっちゃな〜」とか「えらいことしてくれたな」といったように、批判あるいは悲嘆の表現として「えらい」が使われることがあると指摘される。

(3)これほど多様な定義の候補が出されると、「偉い」についてひとつの決定的な定義に至ることは難しいだろう。さらに「地位が高いとはどういうことか」「努力したと認められるのはどういう時か」「すごいとは何か」とか、「なぜ人は人を褒めるのか」「なぜ人は評価するのか」とか、「そもそも、なぜ偉いかどうかが気になるのか」といったメタ*レベルに問いは移行していく。ひとつの問いは無数の線によって他の問いとつながっており、最初の問いに答えるには、すべての問いに答えなければならない。

では、このような哲学対話では何が行われているのであろうか。それは意味づけである。「偉い」という概念は、対話によって、他のさまざまな概念との関連が示され、それが用いられる文脈や場面が明らかになっていく。関連した概念もさらに他の概念との関連が示されていく。こうした関連づけは、意味づけと呼んでよい。ひとつのテーマや問いが、他のテーマや問いのネットワークの中に、水平的に階層的に、時間的に空間的に、位置づけられていく。これがズームアウトする議論の成果である。

対話では、自分の意見も全体の中に位置づけられ、意味づけられていく。単に私の意見の真偽や正否が検討されるだけではない。他の意見との間でどのようなポジションになるのか、どのような前提に立ち、どのような帰結をもたらすものなのかが徐々に明らかになっていく。

人は自分の意見にしばしば固執している。自分の意見が批判されることは、自分が否定されているかのように感じるかもしれない。それゆえに、人は、自分が傷つき、他人を傷つけることを恐れて、議論を避けようとする。議論することは、他者と戦い争うことであるかのように思って、主張が正しいかどうかよりも、ときに妥協し、ときに付和雷同し、ときに多数派について議論を終了させようとする。声が大きいだけで正しくない意見でも追随する。

しかし対話では、さまざまな意見が多角的に検討されることにより、あらゆる意見が相対化される。ここで相対化されるとは、意味づけられるのと同じことである。そうして私の意見は、疑問や反論にさらされながらも、一定の位置づけ、すなわち意味づけを得る。多くの人が対話に参加すればするほど、全体が理解されていく。それは、自分の意見が位置づけられることであると同時に、自分自身がグループのなかに存在する意味を見いだすことでもある。参加者のグループが分かち合うのは、この意味の全体像である。哲学対話では、抽象概念を振り回すのではなく、参加していくことによって全体の理解が生じてくる。(4)それゆえに、対話には、参加者を真にグループに包括していく働きがある。

哲学対話で行われるのは、問題解決ではなく、問題の意味づけである。意味づけとは、価値づけでもありうる。価値とは優先順位のことである。あるテーマが他のテーマとの関連で優先されるべきであると判断されれば、そのテーマの価値が理解されたのである。

では、対話の終着点、あるいは目標とは何であろうか。意味の全体像を得ることだろうか。そう言えるが、より多様な観点や視点から発言がなされることによって、文脈や枠組みがさらに広い範囲へと広げられることによって、あるいはさらにメタレベルの議論がされることによって、意味の全体像はむしろ広がっていき、最終的な全体像など得られそうにない。であるならば、対話の目標をどこに置けばいいのだろうか。

それは、新しさの発現である。新しさとは新しい組み合わせのことである。あるものは、これまでとは異なった関連性や文脈、枠組みの中に入ることによって新しさを得る。ある問いが新しい枠組みに置かれて、これまでとは別の展開を見せること、あるテーマが異なった人により異なった文脈により論じられること、自分の考えが意外な関連性のもとに置かれてこれまでとは異なった価値づけがなされること、これらが新しさの発現である。グループでの対話が新しい意味と目的を創発して、個々人にとってもそれまでとは異なった考えを持てる場所となる。各人が自分自身を更新して、それまでの自分から自由になることができるならば、その対話は成功したのである。哲学対話には、あらかじめ決められた到着点も方向性もない。(5)唯一重要であるのは、新しさである。新しい存在を生み出すことである。

対話は、新しさを生み出すことが目的であるかぎり、その過程には終わりがない。それは更新することそのことに意義がある、と言い換えてもよい。ジョン・デューイ*は、教育の目的とは、成長そのものであると主張した。教育には到達地としての目的などない。固定された目的などは存在せず、人々の間で目的が一致するわけでもない。「どこへ向かっての成長か」という問いそのものが、成長の概念に反するのである。というのは、成長とは運動だからである。成長とは、さまざまな人間との接触により、他者との交流に身を開き、いっそう豊かな経験、さらに新しい経験をしていくことである。成長の過程が、次の段階を自生的に生み出すのである。(6)対話の目的は、対話の過程の外から与えられてはならない。いや、対話には特定の目的地があってはならない。もし対話の目的があるとすれば、新しさを追求すること以外ではない。それは、地上に新しい生き物を生み出す共同行為なのである。

（河野哲也「人は語り続けるとき、考えていない」による）

〔注〕子どもの哲学――「子どもとともにする哲学的探求」という教育活動のこと。
鳥瞰図――高い所から見下ろしたように描いた風景図。
メタレベル――高次の段階。
ジョン・デューイ――アメリカの哲学者。

〔問1〕(1)これが哲学対話と他の対話との違いである。とあるが、どのような違いか。次のうちから最も適切なものを選べ。（4点）

ア、他の対話では、自己を変革するために、相手の話を取り入れようとすることを心掛けるのに対し、哲学対話では、持説を大切にし常識を基準とすることで、自分の主張を確固たるものとするという違い。

イ、他の対話では、持説を擁護して、相手を納得させることを意図していることがあるのに対し、哲学対話では、対話を進展させるために、相手の話を熱心に聞いて、相手の意見に迎合するという違い。

ウ、他の対話では、人は信念や常識にとらわれ、自分の深い考えを捉え直すことはないのに対し、哲学対話では、相手の話を熱心に聞くことで自分の信念を見直し、時に自己変革をすることもあるという違い。

エ、他の対話では、主題や問いについて、前提に立って議論を進めていくのに対して、哲学対話では、問題解決のために議論を行い、それが専門的で技術的になっていくという傾向があるという違い。

〔問2〕(2)こうして、哲学対話によって、参加者は自己束縛を解いて自由になる。とあるが、「自己束縛を解いて自由になる」とはどのようなことか。

これを次の［　　］のように説明するとき、［1］と［2］に当てはまる最も適切な表現を、本文中から［1］は十五字、［2］は十六字で探し、そのまま抜き出して書け。（各2点）

> 哲学対話により、［1］を持つことで、無意識に自分の思考をせばめていたことに気づき、［2］ようになること。

〔問3〕(3)これほど多様な定義の候補が出されると、「偉い」についてひとつの決定的な定義に至ることは難しいだろう。とあるが、それはなぜか。次のうちから最も適切なものを選べ。（4点）

ア、言葉というものは、様々な場面や状況において幅広く用いられるものであり、概念の内容を明確に限定することが不可能だから。

イ、言葉というものは、狭く限られた範囲の中でしか伝わらないものであり、複数の概念を比較して検討する必要はないから。

ウ、言葉というものは、多くの意味の中から共通性を見出すことが難しいものであり、それを議論によって作り上げていくものだから。

エ、言葉というものは、奥深いものであり、人生の経験が少ない子どもに言葉の意味を決めさせることは簡単ではないから。

〔問4〕(4)それゆえに、対話には、参加者を真にグループに包括していく働きがある。とあるが、その「働き」はどのようなことをもたらすのか。次のうちから最も適切なものを選べ。（4点）

ア、多くの人が対話に参加し、同じ考えを持つ人が自然に集団を形成することで、互いの理解が深まり、強い関係で結ばれていくようになること。

イ、皆の意見が相対化されると同時に、それらの位置づけが理解され、互いが表面的ではなく、意見を共有した上でつながっていくようになること。

ウ、対話の細部に焦点を当て、特定の分野を深く掘り下げることで、参加者同士の連携が強まり、互いの存在の大切さに気づくようになること。

エ、参加者の意見をまとめるために自由に批判し合い議論を深めて、他者の意見を想像しながら対話を重ねる重要性を意識するようになること。

〔問5〕**思考力** (5)唯一重要であるのは、新しさである。とあるが、筆者の主張の意図を踏まえて、これまであなたが体験した「新しさ」の例を二〇〇字以内（原稿用紙20字詰×10行＝省略）で書け。なお、書き出しや改行の際の空欄や、、や。や「なども それぞれ字数に数えよ。（12点）

〔問6〕(6)対話の目的は、対話の過程の外から与えられてはならない。とあるが、それはなぜか。次のうちから最も適切なものを選べ。（4点）

ア、相手の話を聴き、違う立場の意見も十分に尊重しつつ、自分自身の考えをより強く持たなければならないということだから。

イ、皆で話し合う過程が、自然に新しいものを生み出し、その中から、また次の新しいものが生み出されていくということだから。

ウ、話し合いを十分に重ね、皆で新しいものを生み出していくために、様々な課題を解決しなくてはならないものだから。

エ、対立する皆の意見をとりあげ、新たな視点から検討することにより、参加者で結論を生み出していくものだから。

〔問7〕本文の論の展開について説明したものとして、次のうちから最も適切なものを選べ。（4点）

ア、まず、テーマや問いの設定の難しさについて考察している。次に、哲学対話に移行するために必要な条件について指摘し、最後に対話が生み出す新しさについて検証している。

イ、まず、哲学対話における議論の必要性について考察している。次に、自分の信念を守ることの重要性を指摘し、最後に自分自身を更新していく方法について検証している。

ウ、まず、哲学対話と他の対話について考察している。次に、思考と対話を比較してから哲学対話における意味づけについて指摘し、最後に対話に終着点はあるかを検証している。

エ、まず、年代による意見の出し方の違いについて考察している。次に、哲学対話を行うことで新たな問いが生まれることを指摘し、最後に問いを解決すべき方法を検証している。

五 （論説文）内容吟味

次の平安末期の歌人藤原俊成について述べた文章を読んで、あとの各問に答えよ。〔　〕内は、本文に引用されている古文の現代語訳を補ったものである。（＊印の付いている言葉には、本文のあとに〔注〕がある。）（計20点）

五十歳を越え、俊成は＊歌合の判者を依頼されるようになり、そのような機会に同時代の和歌を批評し、和歌のあるべき姿を探究していった。俊成が最初に歌合判者を務めたのがいつかははっきりとはしないが、現在のところでは＊長寛二年八月十五夜に＊俊恵が催した「白川歌合」と呼ばれる＊散佚歌合ではなかったかとされる（なお、『平安朝歌合大成　増補新訂』では「俊恵歌林苑歌合」と呼ぶ）。

その二年後、藤原清輔の異母弟である＊中宮亮重家が主催した『中宮亮重家＊朝臣家歌合』の場合は、＊端作に「＊永万二年」と小書きし、「判者前左京大夫顕広朝臣」と記す証本が伝わっている。永万二年正月十二日に俊成は、長男成家の＊侍従への申任のため左京大夫を辞しており、＊刑部卿重家が中宮亮を兼ねたのは同年四月六日のことである。そして、八月二十七日に＊仁安と改元された。それゆえにこの歌合は永万二年の四月初めから八月末までの間に催行されたこととなる。歌題は「花」「郭公」「月」「雪」「恋」の五題、歌人は＊権中納言藤原実国・女房小侍従・俊恵ら二十八人で、計七十番という規模のものであった。

俊成は作者として参加したのではなく、おそらく歌合が催された後に結番（左方と右方に分けられた歌人たちの歌を一首ずつ、左右に番える（組み合わせる）こと）された本文を送られ、判者を依頼されたので＊加判し、判詞を書き付けたと推定される。この頃には俊成と清輔が歌の上でライバルの関係にあることは誰の目にも明らかであった。それなのに重家が、義兄弟の＊顕昭や同母弟の＊季経も加わるこの歌合の判者を、なぜ異母兄の清輔ではなく、俊成に依頼したのかは全くわからない。四年前の「＊このもかのも」論争では俊成の意見を支持するような発言をしているし、重家にとって、清輔は時に煙たい兄であったのかもしれないが、何とも言えない。俊成としては清輔を強く意識しつつ、気を入れて加判したに違いない。

(1)この判詞は、現在の我々が接することのできる最初の俊成のまとまった歌評である。そして、彼の歌の読みがきわめて周到で、古代から近い時代までのおびただしい数の和歌に精通していたことを想像させるに十分なものである。俊成歌論で重要な「(2)幽玄」や「余情」といった用語も見られる。たとえば、「花」の二番についての俊成の判詞を見てみよう。まず番えられた歌は次のとおりである。

左　　＊別当隆季

うち寄する五百重の波の白木綿は花散る里の遠目なりけり

（水辺に寄せる幾重にも重なった白木綿のような白波かと見えたのは、じつは遠目に見た、桜の花が散っている里の風景だったよ〈「五百重の波」は『万葉集』の歌句にもとづく。「白木綿」は神事などに用いられる＊楮の皮の繊維〉）

右　　＊三河

散り散らずおぼつかなきに花ざかり木のもとをこそすみかにはせめ

（桜の花がもう散ったかまだ散らないか気がかりなので、いっそのこと花盛りの木の下を住みかとしよう）

俊成はまず左の歌について、「風体は幽玄、詞義は凡俗にあらず」（歌としての姿は奥深く感じられて趣があり、歌の句が意味することも平凡ではない）と評価しつつ、海や川などの語もなくて遠望する里の落花を波にたとえ、森や社などを詠み入れずに白木綿に見立てることには無理がある。遠望する風景ならば、花が散っている有様をとくに「五百重の白木綿」かと錯覚することもないのではないかと批判した。

一方、右の歌については、＊伊勢の「散り散らず聞かまほしきを古里の花見て帰る人も逢はなん」〔もう散ってしまったか、それともまだ散らずに残っているか、聞いてみたいのだが、旧都の花を見て帰ってくる人があれば、逢ってほしいものだ。〕（『＊拾遺和歌集』春・四九）と、おそらく＊花山院の「木のもとをすみかとすればおのづから花見る人となりぬべきかな」〔桜の木の下を住処とすると、花を見る人ということに、おのずからなってしまいそうだなあ。〕（『＊詞花和歌集』雑上・二七六）を念頭に置いて、「古言どもをとかく引き寄せられたる」（古歌の表現をあれこれと取り入れておられる）と、その技巧は認めつつも、それらの古歌に比べて「花を思ふ心」が深くなく、結句（第五句）も「すみかにはせめ」という、自身の意志をはっきりと表明した点を「余情足らずやあらむ」（言外にただよう情趣が足りないようだ）と述べ、左の「なほ波の白木綿は、歌のさま、たけまさりてや」（やはり「波の白木綿」という句を含む左の歌は格調の高さが右の歌よりも勝っているであろうか）と(3)結論づけた。「たけ」（格調の高さ）の有無も歌評でしばしば論じられる美的要素であった。

古歌の趣向や表現を取り入れながら自身の歌を創出することの可否や難しさは、多くの歌人が考えさせられる問題であったに違いない。

俊成はこの歌合で、重家が「花」の五番（左）で詠んだ「小初瀬の花のさかりを見わたせば霞にまがふ峰の白雲」〔初瀬山の花の盛りを遠く望むと、霞にまぎれて峰の桜は白雲と見分けがつかないよ。〕（花五番左）という歌について、『＊後撰和歌集』の読人しらず（雑三・一二四二）の歌を花の歌に変えたのであろうと指摘した後、やや時代が下ると本歌取りと呼ばれる、有名な古歌（本歌）から一〜二句を自分の歌に取り入れるという技法について、自分の考えを述べている。当時はまだ歌人の間に、この技法についての共通の認識は存在しなかったのであろう。すなわち俊成は、古い名歌を巧みに取ることはよいという「古き人」の考えを尊重しつつも、それは(4)慎重になされねばならないと考える一方で、『＊白氏文集』のような漢詩の風韻や『万葉集』のような古代的な雰囲気を取り込むことには、積極的な姿勢を示そうとしていたと思われる。そこには師として仰いだ＊基俊の影響も考えられるが、また、清輔などに代表される＊六条家の歌学を意識した結果であったかもしれない。

（久保田淳「藤原俊成」による）

〔注〕歌合――左右に分かれて出題された題などに応じた和歌を詠み、優劣を競う遊び。
長寛――日本の元号。
俊恵――平安時代後期の歌人。
散佚――文献などの所在がわからなくなること。
藤原清輔・中宮亮重家――平安時代後期の歌人。
朝臣――敬称。
端作――冒頭に記された言葉。
永万――日本の元号。
前左京大夫顕広朝臣――俊成のこと。
侍従――役職名。
申任――子弟を官職につけるため、親が職を辞すること。
刑部卿――役職名。
仁安――日本の元号。
権中納言藤原実国・女房小侍従――平安時代後期の歌人。
加判――左右の歌に判定を書き付けること。
顕昭・季経――平安時代後期～鎌倉時代前期にかけての歌人。
「このもかのも」論争――俊成と清輔との間の歌に関する論争。
別当隆季――平安時代後期の歌人。
楮――植物の名。和紙の原料。
三河・伊勢――平安時代後期～鎌倉時代前期にかけての女流歌人。
『拾遺和歌集』――平安時代の和歌集。
花山院――第六五代天皇。花山天皇のこと。
『詞花和歌集』・『後撰和歌集』――平安時代の和歌集。
『後撰和歌集』の読人しらず（雑三・一二四二）の歌――「菅原や伏見の暮に見わたせば霞にまがふ小初瀬の山」という歌のこと。［菅原の伏見の里、ここで、「臥し見」という地名にふさわしく、暮れ方にずっと見わたすと、霞にまがうように初瀬の山が見えることであるよ。］
『白氏文集』――中国唐代中期、白居易の詩集。
基俊――平安時代後期の歌人。
六条家の歌学――六条家と呼ばれる家柄の歌に関する学問。

〔問1〕(1)この判詞は、現在の我々が接することのできる最初の俊成のまとまった歌評である。とあるが、俊成の判詞にはどのような特徴があるか。次のうちから最も適切なものを選べ。（4点）

ア、当時流行した歌の詠み方を認めず、旧来通りの言葉の使い方や技法を使うよう勧めている。
イ、同時代の歌人たちの歌は技術が未熟であるということを指摘し、技巧面の批評が中心になっている。
ウ、古今の多様な和歌を知りつくした知識をもとに、歌論の理念や和歌の技法について述べられている。
エ、自分の師匠や他の流派への対抗意識を燃やし、間接的に批判する言葉を用いて述べられている。

〔問2〕(2)幽玄とあるが、ここでいう「幽玄」とはどのようなことか。次のうちから最も適切なものを選べ。（4点）

ア、容易にはうかがい知れない、しみじみとした味わいを感じさせること。
イ、自然ににじみ出るような、知的でみやびやかな風情を感じさせること。
ウ、すみずみまで行き届いた、丁寧な解釈の面白さを感じさせること。
エ、何一つとして変わらないものはない、世のはかなさを感じさせること。

〔問3〕(3)結論づけた。とあるが、どのように結論づけたのか。次のうちから最も適切なものを選べ。（4点）

ア、右の歌は、古歌の表現や古代的な雰囲気を取り込んでいるが、高く評価できる点は見当たらず、左の歌は、趣のある言葉を使いながら見立ての技法も非常に優れていて申し分ないと判断した。
イ、右の歌は、古歌の表現を取り入れる技法については評価できるが、はっきりと意志を述べすぎており、左の歌は、見立ての技法には無理があるものの、格調の高い表現を用いていると判断した。
ウ、右の歌は、言葉の情趣に富んでいて格調が高く、見立ての技法も優れているが、左の歌は、見立ての技法が稚拙であるものの、見立てられた風景には素朴に感じられた良さがあると判断した。
エ、右の歌は、古歌を巧みに取り入れている点では評価できるが、格調の高さに難点があり、左の歌は、古歌を取り入れることができていないが、古代的な雰囲気は感じられると判断した。

〔問4〕(4)慎重になされねばならないとあるが、それはなぜか。次のうちから最も適切なものを選べ。（4点）

ア、古歌の表現を取り入れ、その趣を生かしつつ、古歌に勝る情趣を感じさせることは非常に難しいことであり、安易に行うべきではないから。
イ、古歌の表現を取り入れる時には、優れた歌を選ぶことが大切であるが、自分の思いや描こうとする世界と重なるものを探すのは容易ではないから。
ウ、古歌の表現や趣を取り入れることで、もとの歌以上の魅力を引き出し、歌を作り出すことは、古歌の評判にも関わることなので気遣いが必要だから。
エ、古代的な雰囲気を持つ古歌の表現を積極的に取り入れていきたいが、古代特有の歌風に縛られることになり、自分の歌に大きな影響を及ぼすから。

〔問5〕本文の内容に合致しないものとして最も適切なものはどれか、次の選択肢ア～オから選べ。（4点）

ア、俊成が最初に判者を務めたとされる「白川歌合」の詳細は確認できないが、重家が主催した歌合での判詞は現存している。
イ、俊成と清輔は和歌の世界で対立する関係であったが、重家は歌合の判者を親族である清輔や顕昭ではなく、俊成に依頼した。
ウ、和歌の中で、あるものを別のものになぞらえた表現も、関連する言語が乏しいと、無理のある表現になると俊成は考えている。
エ、俊成は、『白氏文集』や『万葉集』などの詩句を、意欲的に取り入れるのは良いことだと考えている。
オ、俊成は師である基俊の教えに左右されず、古歌の趣向や表現を取り入れる技法を尊重し、その確立に努めた。

東京都立 新宿高等学校

時間 50分　満点 100点　解答 P19　2月21日実施

出題傾向と対策

●漢字の読み書き、小説文、論説文二題の大問四題構成。本文はどれも長めであり、論説文は抽象的で難度が高い。また、今年の四は和歌を含む文章であった。設問は選択問題と抜き出し問題が中心であり、選択肢も紛らわしいものが多い。二百字以内の条件作文の出題もあった。

●抽象度が高く長めの論説文を読み慣れておかなければならない。過去問も含めて、紛らわしい選択肢を吟味する練習も繰り返しておこう。漢字や語句の意味など、基本的知識の習得や、条件作文の練習も欠かさずに。

注意　答えに字数制限がある場合には、、や。や「などもそれぞれ一字と数えなさい。

一 漢字の読み書き　よく出る　基本

次の各文の――を付けた漢字の読みがなを書き、かたかなの部分に当たる漢字を楷書で書け。（各2点、計16点）

(1) 鍋の中の残りで雑炊を作る。
(2) 累卵の危うさを感じる。
(3) 前任者の更迭を受けて要職に就く。
(4) 友人を玩弄するのはいけないことだ。
(5) 私の不安とはウラハラに、彼は約束を守った。
(6) 母校が優勝したというロウホウがもたらされる。
(7) 先達を尊敬し、教えを受けることをシジする、という。
(8) 条約の締結で世界情勢はイチヨウライフクとなるだろう。

二 （小説文）語句の意味・内容吟味

次の文章を読んで、あとの各問に答えよ。（＊印の付いている言葉には、本文のあとに〔注〕がある。）（計28点）

終戦後十数年経った頃、小学校の教員として働く悌子は、夫の権蔵と息子の清太と暮らしている。将来有望なピッチャーとして活躍していた清太だったが、公立中学校東京大会決勝戦で足を怪我してしまう。

＊富枝が立ち上がり、

「みなさん、茶そばがあるんだけど召し上がらない?」

訊くと啓太は遠慮したが、＊加恵は、

「まぁ茶そば。大好きです。うれしいわ。」

と、素直に喜んだ。他にもトマトや卵焼き、キュウリの酢の物が並んだ食卓をみなで囲む。

啓太と清太が野球の話をしている。それを見て悌子の胸は、光の粒でいっぱいになる。

戦中のつらい日々を越えて、ようやく落ち着いて空を眺めたり、四季を感じたり、ご飯の支度や洗濯や掃除をしたり、仕事に集中したりできるようになったんだな、と改めて思う。清太に巡り会って、一所懸命育ててきた。学校で生徒たちと接する中でさまざまなことに気付かされるように、清太からもたくさんのことを教えられて、ここまでどうにかやってこられたんだな、と。

悌子は、槍投げ選手としては名を残せなかった。けれど、自分が歩んできた道は、きっと誰にも真似できない尊いものなのだという妙な自信が、このときはじめて湧いてきたのだった。

かたわらで加恵の話に茶々を入れては、体をくねらせて笑っている権蔵を見詰める。(1)自然と笑みがこぼれた。

「先生、幸せそうですね。」

啓太が不意に言った。こちらの様子を窺っていたらしい。恥ずかしくなって、「そう?」ととぼけると、

「よかった。会いに来てよかった。」

彼は安堵したようにつぶやいた。

夕方までいろんな話をして、啓太と加恵が帰ったあと、清太が言った。

「僕、明日から練習再開しようかな。」

足の痛みも違和感もすっかり消えたから、たぶん大丈夫だと言う。

「まだ早いんじゃない? 故障したときは長めに休んじゃったほうが、予後がいいのよ。」

「そうね、無理して悪化してもね。」

と、富枝も悌子に同意した。

「うーん。でもなんていうか、体がなまっちゃって。そっちのほうが気持ち悪いんだ。」

毎日欠かさず練習してきただけに、十日も休んだら、それはそれで、体の感覚が鈍って落ち着かないのだろう。

「でも、いきなり練習だと……。」

(2)言い掛けて悌子は、横に倒した頭をハッと起こした。ちゃぶ台に肘を突いて、書き物をしている権蔵に目を向ける。視線に気付いた権蔵の顔が一瞬こわばり、やがて意を決したような引き締まった表情へと変じた。

「清太、そしたら父さんとキャッチボールしようか。」

「えっ。」

清太は声をはね上げる。「だって。」と漏らして、口をつぐんだ。七、八年前に一度だけキャッチボールをし、筋肉痛で寝込んだ権蔵に誘われれば戸惑うのも当然だろう。

「明日の朝、俺と投げ合ってみて、調子が戻ってたら練習に行けばいいよ。」

不安そうな顔をしている清太を、

「そうよ。父さんに相手してもらいな。」

と、悌子は軽やかに促した。遠投までマスターするのは叶わなかったが、肩慣らしのキャッチボール程度なら、権蔵は普通にできる。清太が家に戻ったのちも、早朝に近くの空き地まで行って練習を続けたのである。

「うん……でも父さん無理しないでね。」

清太の気遣いに権蔵は応えない。いきなり投げられるようになった姿を見せて、驚かせてやろうと目論んでいることは、鼻の穴を押し広げたその顔が物語っている。

翌朝四時、「キャッチボール前の調整に付き合ってくれ。」と権蔵に叩き起こされ、悌子は寝ぼけながらも、＊グラブを

手に空き地に向かった。権蔵は、いたずらに腕を回す奇妙な準備体操をしてから、

「いくぜ。」

と、声を掛け、一球放った。山なりの球だが、ちゃんと悌子の胸元に届く。

「清太のおかげで、権蔵さんのできることがひとつ増えましたね。」

清太の父親にならなければ、権蔵は一生、キャッチボールなんぞしなかっただろう。

「清太とお悌のおかげでな。」

権蔵は言って、悌子の返した球を両手で受け取めた。はじめのうちは右手をグラブに添えて捕球してください、という悌子の教えを律儀に守っているのだ。

「今度、＊鶏田さんと作るラジオドラマ、プロ野球の逸話も入れようかな、って思ってさ。」

「そしたら、＊六助さんにアドバイスをいただかなくちゃならないですね。」

「きっと興奮して話しまくるな。」

権蔵の投球フォームはまだ歪だったが、球筋はまっすぐだから、きっと清太の相手も十分に務まるだろう。

「キャッチボール、＊朝子さんたちも呼びましょうか。清太の足、みんな心配してたから。」

「うーん。そうだな……。」

権蔵はしばらく考えるふうをしてから、

「それはまた今度にしよう。今日は、親子でしっかり投げ合いたい。」

(3)こそばゆそうにしながらも、そう返した。

「ここがきっと、新しいはじまりだからさ。これから清太とまた、ぶつかったり、喧嘩したり、泣いたり笑ったりするための、最初の一歩だからさ。」

悌子は受け取ったボールを右手で強く握りしめた。それから大きくうなずいた。

朝食を済ませてすぐに、権蔵が、

「よし、清太、やるぜ。」

と、投げる仕草をしてみせた。清太はまだ少し心配そうな顔をしている。

「ほら、清太支度して。母さんも一緒に行くから。」

悌子は追い立てる。後片付けは私がしとくから行っといで、と気遣ってくれた富枝に礼を言い、三人揃って空き地に向かった。

「父さん、無理しないでね。」

清太は昨日と同じ台詞を繰り返す。

「お前こそ、まだ本調子じゃないんだから、無理するなよ。痛かったら、すぐにやめるんだぞ。」

権蔵がこんなふうに自信たっぷりな姿は珍しいな、と悌子は目をたわめて夫を見詰める。

空き地に着くと、権蔵はまた(A)やみくもに腕を回し、清太は肩甲骨と手首をゆっくりとほぐすような準備体操をした。両者、整った頃合いを見計らって、悌子は六助のボールを清太に渡す。

「懐かしいな、このボール。」

清太は微笑んで、権蔵に向いた。

「行くよ、父さん。」

「おう、思いっ切り投げていいぞー。」

まずは近距離から、清太はゆるい球を投げた。権蔵が受けて投げ返す。それだけのことなのに、「おお。」と清太は驚きの声をあげた。

清太が少しずつ後ろに下がって投球距離を伸ばしていっても、権蔵は清太の胸元にきちんと返球することができた。

「すごいや、父さん。どうしちゃったの?」

清太がうれしそうに、ぴょんと跳ねる。権蔵は片眉を上げて、

「どうしたもなにも、元からこのくらい投げられたぜ。」

と、虚勢を張る。清太は「えー、そうだっけ。」と笑って、ちらとこちらを見た。(4)悌子も笑って、肩をすくめてみせる。

「これはさ、父さんが清太から受け継いだものだ。まぁ技術はお悌から教わったけどさ、キャッチボールをしたいって気持ちは、清太からもらったもんだよ。」

権蔵が大きな声で言った。清太はボールを受け取って、しばらくグラブの中をジッと見詰めていた。

「僕、足下が定まらない感じでいたんだけど。」

故障のことを指しているのではないだろう。

「そんなこと、なかったんだな。」

清太は勢いよくボールを投げた。バシッと権蔵のグラブが派手な音を立てる。

「痛ぇっ。よくこんな球投げられるな。」

「きっと父さんももっと練習すれば、このくらい速い球が投げられるようになるよ。僕から受け継いでるんならさ。」

清太は冗談めかして言って、ケラケラと甲高い笑い声を立てた。そう言われて権蔵は、ムキになったのだろう。やたら大きく振りかぶって投げ返す。フォームが整っていないから、力がボールにうまく伝わらず、叩き付けるようなワンバウンドになった。

――明日はきっと、ひどい筋肉痛になるだろうな。

悌子は夫の必死の形相を見詰めながら、笑みを漏らす。でも、少々おかしなフォームでも、きれいな軌道を描かなくても、球はちゃんと清太のもとに届いているのだ。そうして清太は、しっかり球を受け止めている。それで十分だという気が、悌子にはしていた。

――これが、うちの家族なんだから。

「清太、足の調子はどうだー。」

権蔵が呼びかける。

「痛くないよ。変な感じも、もうない。」

清太が元気に答える。

「もう大丈夫そうね。球筋もぶれてないし、フォームも怪我の前と変わらないから。」

悌子は(B)太鼓判を捺した。

「そしたら、今日の昼からの練習、行ってもいい?」

「うん。でも軽い調整くらいにしとくのよ。」

「わかってる。」

「よかったな、また野球ができて。」

権蔵が言うと、清太は勢いよくうなずき、

「あの日負けて、よけいに野球が好きになった気がする。」

晴れ晴れとした顔で言った。

「じゃあ、そろそろ戻って支度する?」

悌子の声に、清太はかぶりを振った。

(5)「もうちょっと、父さんとキャッチボールしたい。少し

速い球投げるよ。」

　権蔵は一瞬ギョッとして体を引いたが、

「お……おう、ドンと来いだ。」

と、胸を張った。

　清太は笑って、ほんの少し球威を増した球を投げた。権蔵はへっぴり腰ながらも両手で受け取る。パシンという心地いい音が濃い緑の中に響き渡る。

　悌子は、もう怖いものが飛んでくることのない、青く抜ける夏空を見上げた。はるか彼方に、入道雲がむくむくと湧きはじめている。


（木内昇「かたばみ」による）

〔注〕富枝――権蔵の母。
啓太――悌子の教え子。
加恵――悌子の元同僚。
グラブ――野球の捕球用手袋。
鶏田さん――権蔵の同僚。
六助さん――権蔵の知り合い。
朝子さん――権蔵の妹。

〔問1〕点線部(A)やみくもに、(B)太鼓判を捺した。の本文中での使われ方として最も適切なものはどれか。（各2点）
①(A)やみくもに
ア、ぎこちなく　イ、丁寧に
ウ、余裕のある様子で　エ、やたらに
②(B)太鼓判を捺した。
ア、問題がないと保証した。
イ、元通りだと勇気づけた。
ウ、不安な気持ちを隠した。
エ、無理するなと念を押した。

〔問2〕(1)自然と笑みがこぼれた。とあるが、このときの悌子の気持ちに最も近いのは、次のうちではどれか。（4点）
ア、幸福そうな権蔵を見て、家族を明るく引っ張っている自分自身のことを誇らしく思い幸せに感じる気持ち。
イ、槍投げの選手として挫折した自分と野球に打ち込む清太を比べ、後悔を感じつつも応援しようという気持ち。
ウ、家族や来客の様子を見て現在の生活を幸せだと感じ、そこに至る過去の生活にも価値を見いだしている気持ち。
エ、家族と生活する中で自分も成長したことを実感し、はじめて過去の自分に別れを告げることができた気持ち。

〔問3〕(2)言い掛けて悌子は、横に倒した頭をハッと起こした。とあるが、このような行動を取ったわけとして最も適切なのは、次のうちではどれか。（4点）
ア、権蔵は清太とのキャッチボールに消極的だったので、権蔵に自信をもたせるために清太に一緒に練習してもらおうと考えついたから。
イ、運動が苦手な権蔵に書き物ばかりするのではなく、スポーツに対する苦手意識をなくさせるよいきっかけになるとひらめいたから。
ウ、野球を得意とはいえない権蔵が清太のために無理をして練習し、以前のように寝込んでしまうのではないかと心配したから。
エ、清太に内緒で投球練習をしていた権蔵のことを思い出し、練習の成果を発揮するよい機会だと思いついたから。

〔問4〕(3)こそばゆそうにしながらも、そう返した。とあるが、このときの権蔵の気持ちに最も近いのは、次のうちではどれか。（4点）
ア、悌子や清太との新しく始まった暮らしに満足感を感じているけれど、これからもっと仲のよい家族になっていきたいと思っている。
イ、久しぶりに息子と向き合いキャッチボールをすることに照れくささを感じながらも、二人の関係を深めるきっかけになると思っている。
ウ、家族以外の他人にキャッチボールを見られたことのきまりの悪さを感じながらも、じっくりと清太との関係づくりをしたいと考えている。
エ、成長した息子と向き合うことは気が進まないけれど、父親としての責任感を失わずに家族を守っていきたいと考えている。

〔問5〕(4)悌子も笑って、肩をすくめてみせる。とあるが、ここでの悌子の気持ちに最も近いのは、次のうちではどれか。（4点）
ア、悌子も権蔵の強がった大げさな発言におかしさを感じ、その思いを清太と共有したいと思っている。
イ、まだキャッチボールが上手いとはいえない権蔵が自慢する様子を見て、あきれている気持ちを清太に示そうと思っている。
ウ、権蔵と清太のほほえましいやりとりを自分のことのようにうれしく思う反面、うらやましく思っている。
エ、野球に対して自信のある様子だった権蔵が本当に遠投することができた、と清太と一緒に驚いている。

〔問6〕(5)「もうちょっと、父さんとキャッチボールしたい。少し速い球投げるよ。」とあるが、このときの清太の気持ちに最も近いのは、次のうちではどれか。（4点）
ア、運動の苦手な権蔵に対してはあまり期待していなかったが、想像以上に上手になった父の姿を見て、これまで投げたことのない速さの球で相手をしようと思うようになった。
イ、キャッチボールすらまともにできなかった権蔵を軽んじていたが、一所懸命早朝練習の成果を出している姿を見て感動し、自分ももっと野球が上手くなりたいと思うようになった。
ウ、最初は不安に思っていた権蔵とのキャッチボールだったが、球のやりとりをするうちに権蔵を頼もしく感じ、父との時間をもっと大切にしたいと思うようになった。
エ、権蔵が翌日に筋肉痛になることを心配している母に反発を感じ、このままキャッチボールを続けて、父と共に自分も上手くなっていきたいと思うようになった。

〔問7〕本文の内容や表現について述べたものとして最も適切なのは、次のうちではどれか。（4点）
ア、家族以外にも人物を多く登場させ、様々な登場人物の心の動きを詳しく描くことで、物語を多面的に表現している。
イ、「茶々を入れて」「ぴょんと跳ねる」「ケラケラと甲高い笑い声を立てた」の表現から、清太の子どもらしい無邪気な様子が読み取れる。
ウ、悌子の視点が中心になってはいるが、会話文を多用することでたくさんの登場人物の心情が読み取りやすくなっている。
エ、「パシンと」「ギョッとして」「ドンと来いだ」などのカタカナ表記を用いることで、戦後の解放感がいきいきと描かれている。

三（論説文）内容吟味・段落吟味・条件作文

次の文章を読んで、あとの各問に答えよ。（＊印の付いている言葉には、本文のあとに〔注〕がある。）（計34点）

「歴史」というのは、個々人の思い出、記憶と違って、公的な出来事である。おなじ出来事でも公的な意味を帯びたものである。共同的・社会的関心に照らして意義のあるもの、その意味形象だけが歴史学の対象としてふさわしい。そこには、私的領域を越えたインパーソナルな次元がいつも包み込まれている。そうした次元・領域とは、たとえばもろもろの社会集団であり、村や都市であり、地域であり、国家であり、ヨーロッパのような文化圏であり、最終的には、世界の人類、ということになろう。（第一段）

こうして空間的にも時間的にも、物語の構成は、一人の歴史家が行うにしても、実際は＊間主観的行為なのである。＊野家啓一によると、この「想起の共同体」に支えられて個人的記憶の欠落や記憶違いは補塡・修正され、またこうした共同作業を通じて構成された歴史的事実は、個人的思い出のレベルを超えて「間主観的妥当性」を獲得する。つまり過去というのは、複数の人間の多様な想起的射映の「志向的統一」だ、ということになる。それぞれの人間が想い起こすのは過去の一面的な相にとどまるが、同一過去には多様な相・現れがあると皆が意識してそれらが調和的に統一されるとき、歴史的事実が確定するのだろう。おなじく野家によると、＊小林秀雄の「思い出」論は、そのままでは「歴史」に転成せず、甘美な個人的感懐であっても間主観的な歴史ではない。歴史に転成するためには何より「物語り行為」による媒介が不可欠であり、それによってはじめて断片的思い出は構造化され、また共同化される。その過程で母親の感懐の微妙な私秘的彩りは言葉の砥石でそぎ落とされるが、逆に普遍性と抽象性を獲得し、独立した作品となって「記憶の共同体」へと登録される。(1)それが歴史的事実の成立条件だというのである。（第二段）

(2)では歴史家は、どんなふうに公的な歴史を描けばよいのだろうか。そのときに問題になるのが、いわゆる「歴史観」である。「歴史観」とは、歴史の変化ないし展開は何のために、何に向かって、いかなる軌道を描いて進行していくのか、そしてまた、その変化ないし展開は、どんな要因によってもたらされるのか、という点をめぐる基本的考え方・解釈原理である。この歴史観にもとづいて、歴史家は無数の事実を取捨選択することになる。史料に相対するその当初の姿勢もこの歴史観が決めていこう。（第三段）

しかし、歴史の見方を歴史観と呼びうるのは、ある一人の歴史家のあまりに独創的で奇矯な歴史の見方ではなく、それがそのテーマに関連する領域についての、多くの歴史家、そして教養人に共通する見方になっている場合のみである。すなわち、私の歴史が皆の歴史になるため、多くの同時代人に共有されうる装置が「歴史観」にほかならない。それは必ずしも固定したものではなく、時間の経過とともに過去との個人的・集団的対話を介して変容していくだろう。（第四段）

歴史観は、しばしば歴史的事象の個々を分別し意味づける規則として凝固・定式化されて「歴史法則」となるが、あらかじめ決まっている法則など、それこそ非歴史的だし、実際の歴史にあるわけがないと、その＊イデオロギー性を批判するのが現在の大方の歴史学者の態度である。今や、＊マルクス主義の＊唯物史観など＊教条的な歴史法則はもとより、経済状態や交換形式、生産者と消費者の距離などに着目したドイツ歴史学派の発展段階説も信用を失っている。（第五段）

また、近年まで世界の歴史学を率いてきた＊アナール派では、発展段階説や進歩史観に則った法則はまったく容認されない。それどころか、歴史人類学や系（セリー）の歴史学は、それぞれ違った方向からそれを断ち切っている。前者は、社会人類学や象徴人類学の手法を歴史社会に適用して時間の直線的流れを否定するところから出発しており、後者は、そもそも限定された範囲での数量の増減を跡づけるのみで、全体の方向については何も語らないからである。また女性史や民衆史もそうである。というのも、国民国家や資本主義への発展を担いそれに貢献した指導的政治家や思想家やエリート層、そしてその発展の段階を画する政治的事件や制度をテーマとする発展史において、無視されたり阻害要因と位置づけられたりした人々、彼ら／彼女らの文化や日常の生活・習慣、それらを主題にするのが、そもそも女性史や民衆史の目標だったからだ。(3)進歩史観やそれにもとづく「歴史法則」「発展段階説」などは、女性史とも民衆史とも、まったく相容れないのである。（第六段）

しかしながら、社会史といえども、その研究対象が前代から何を受け継ぎ、あるいは改変し、後代へと伝えたのか、その結びつきの関係を確定し引き出さなければ、歴史として理解可能にならない。民衆の生活や文化が、不変の静態的な基層として実体化されてはならない。歴史は予見できる未来や目標に向かっているとはもはやいえなくなったとしても、それでもその変化の仕組みや方向性や意味を見つけるのが歴史家の仕事なのであれば、歴史の変化・発展についての視野を持ち、その上で出来事を読み解き評価していくしかない。（第七段）

客観性、公平性が重んじられますます精緻な実証的専門研究が主流となっている現代歴史学において、歴史法則はもとより歴史観という言葉にも、歴史の対象に向き合うのに予断を持たせるような語弊があるのなら、歴史の「道筋」と言い換えてもよいだろう。（第八段）

そもそも方向性の感覚を持たない歴史（家）は歴史（家）ともいえないのであろう。どこから来てどこに向かっていくのか、そうした「パースペクティブ」がなければ、どんな歴史も意味がない。前工業化から工業化へ、農村主体の世界から都市化された世界へ、絶対王政から民主政へ、口頭伝承から書記伝達へ、これらをかならずしも「進歩」と見る必要はないかもしれないが、各地域・時代におけるそうした「道筋」の様態および意味するところを、共通性と差異を勘案しながら解明する必要があるからである。（第九段）

(4)こうした歴史の「パースペクティブ的特質」を深く哲学的に考察してきたのが、現代ドイツの哲学者J・リューゼンである。彼は次のように述べる。すなわち、歴史はいつの時点を取っても偶然性に満ちていて、もしかしてまったく別様にも展開しえたのに、偶然のいたずらで、ある一つの方向に進む、ということを繰り返してきただけなのかもしれない。しかしそうしたものを、歴史家は固有の歴史叙述によって、時間的パースペクティブの中で方向性と関連性を認識できるように、また特定の出来事や要素を互いに結びつけられるよう叙述し、過去が現在と未来へと意味深く結ばれるよう、その叙述によって組織化しなければならない。そうすれば、その時々の出来事の発展の様が、さまざまな——失われた可能性・実現しなかった可能性も考慮に入れた——可能性の背景の前で歴史的に明瞭に洞察されるものになる、と。（第十段）

「進歩」というのも一種のパースペクティブだとすれば、それを採用しても悪いことはない。これを時間の経過とともに価値が向上するとの見方と解すれば、これはある意味、日常的に価値に根づいている感覚で、たとえば学校教育の基本的考え方でもある。さらに、進歩史観を全体としては否認する人でも、技術や自然科学のもたらす恩恵については、進歩を承認せざるをえないだろう。むろんそれは歴史全体の進歩ではなく、部分的なものではあるが。（第十一段）

むしろ歴史家の「道筋」を見通す能力、「パースペクティブ」の考え方によりふさわしいのは、「進歩」ではなく「発展」という概念・カテゴリーだろう。それは一筋の糸ではなく、もろもろの糸が諸段階を経て進むときの相互関係、その繋がりを見失わずにパースペクティブの中で出来事の意味と価値を吟味する、ということである。(5)一見同様な現象や事態、たとえば中国で発明された印刷術とドイツで発明された印刷術、別々の民族における狩猟採集から農耕経済への移行、これらはそれだけを取り上げるのではなく、それらと関連するもろもろの事象とともにパースペクティブの中で勘案せねば正しい歴史的な位置づけ・意味づけはできない。歴史の道筋についてのしっかりした見通しによってのみ、それがいかなる「発展」なのか、その意味・価値が明らかにされるのだから。（第十二段）

（池上俊一「歴史学の作法」による）

〔注〕間主観的——複数の個別的主観の間の関連を問題にするさま。
野家啓一——日本の哲学者。
小林秀雄——日本の文芸評論家、作家。
イデオロギー——思想や信念をまとめたもの。
マルクス主義——ドイツのカール・マルクスが提唱した社会主義思想。
唯物史観——カール・マルクスが提唱した歴史観。
教条的——ある教義を絶対的なものとする姿勢。
アナール派——フランスで主流となっていた歴史学派。

〔問1〕(1)それが歴史的事実の成立条件だというのである。とはどういうことか。次のうちから最も適切なものを選べ。（4点）

ア、複数の歴史家による共同作業を通じて「事実」が同一過去をもつことで、村や国の私的領域を越えて共通理解されていく、ということ。
イ、それぞれの人間が想起する過去の一面的な相の中から歴史家が研究をすることで、最も妥当な「事実」を選び出していく、ということ。
ウ、個人的な感懐を歴史に転化するために記憶違いを修正することで、インパーソナルな次元を超えた「事実」にしていく、ということ。
エ、個々の人間の記憶が共通の認識のもとに統合されていくことで、普遍性を獲得し主観を超えた「事実」となっていく、ということ。

〔問2〕(2)では歴史家は、どんなふうに公的な歴史を描けばよいのだろうか。という問いに対する答えについて［　　］のように説明するものとする。［　　］に入る最も適切な語句を本文中から三十七字で抜き出して書け。（4点）

［　　］という方法で描いていかなければならない。

〔問3〕(3)進歩史観やそれにもとづく「歴史法則」「発展段階説」などは、女性史とも民衆史とも、まったく相容れないのである。とあるが、筆者がこのように述べたのはなぜか。次のうちから最も適切なものを選べ。（4点）

ア、女性史や民衆史は、進歩史観の方法を当てはめるところから出発し、今日では信用を失ってしまったから。
イ、「女性」や「民衆」についての歴史は、国が経済的に発展していくというような歴史原則に則って語られてこなかった存在だから。
ウ、女性史や民衆史は、国家の指導的立場にある権力者に対抗していった人々について取り上げているから。
エ、「女性」や「民衆」は、歴史学の主流であったアナール派や系（セリー）の歴史学から否定されてきた存在だから。

〔問4〕(4)こうした歴史の「パースペクティブ的特質」を深く哲学的に考察してきたのが、現代ドイツの哲学者J・リューゼンである。とあるが、筆者が考えるリューゼンが述べた「パースペクティブ的特質」とはどのようなものか。次のうちから最も適切なものを選べ。（4点）

ア、本来は関連性があるとは言い切れない個々の出来事を、過去から未来まで秩序立てて語ること。
イ、歴史という奇跡的事項の羅列を、その中から共通項を見つけることによって統一すること。
ウ、実現しなかったことも含めさまざまな可能性がありえた歴史を、図らずも一つの方向へ導くこと。
エ、失われた過去の歴史を観察し、誰もが認識できうるものとして記述していくこと。

〔問5〕(5)一見同様な現象や事態、たとえば中国で発明された印刷術とドイツで発明された印刷術、別々の民族における狩猟採集から農耕経済への移行、これらはそれだけを取り上げるのではなく、それらと関連するもろもろの事象とともにパースペクティブの中で勘案せねば正しい歴史的な位置づけ・意味づけはできない。とあるが、

「パースペクティブの中で勘案せねば正しい歴史的な位置づけ・意味づけはできない。」と筆者が述べたのはなぜか。次のうちから最も適切なものを選べ。（4点）

ア、中国で発明された印刷術がドイツに伝わることによって、技術が広まったという国境を越えた歴史観があれば、物事の因果関係を正しく見ることができるから。

イ、印刷術の発明という一つの歴史的事象であっても、中国とドイツにおけるそれぞれの背後に在る要因を考慮しないと、全体の展望をもつことができないから。

ウ、別々の地域における狩猟採集から農耕経済への移行は、一見同一な発展事項に見えるが、相互に関係していない点に注目することが歴史家の正しい態度だから。

エ、狩猟社会から農耕社会への進歩は、同時発生的に世界中で起きた現象だが、それぞれの共通性のみを取り出して調べなければ視野の広さを失ってしまうから。

〔問6〕本文の段落の内容を説明したものとして最も適切なのは、次のうちではどれか。（4点）

ア、第一段は、冒頭の段落として個人の具体的な例を挙げ「歴史」というものが公的であることを定義しつつ、「歴史」が扱う対象をまとめている段落である。

イ、第四段は、歴史家に共通している見方としての「歴史観」というものを否定し、筆者の定義する新しい「歴史観」について提案している段落である。

ウ、第八段は、歴史観という言葉を歴史学の上で使ってはならないとし、かつ歴史を「道筋」とする考え方にも難点があって成立しないと示している段落である。

エ、第九段は、前段落で書かれた現代歴史学における「道筋」という考え方について、「パースペクティブ」という言葉を用いて内容を深めている段落である。

〔問7〕**難** **思考力** 点線部「進歩」というのも一種のパースペクティブだとすれば、それを採用しても悪いことはない。とあるが、ここでの「進歩」についてあなたはどのように考えるか。具体例を挙げて根拠とし、あなた自身の経験や見聞を含めて二百字以内（原稿用紙20字詰×10行＝省略）で書け。ただし、「パースペクティブ」という言葉を必ず用いること。（10点）

四（和歌を含む論説文）内容吟味・仮名遣い

次のA～Cの文章を読んで、あとの設問に答えよ。（＊印の付いている言葉には、本文のあとに〔注〕がある。）（計22点）

A

『万葉集』を「読む」ためには、漢字で書かれた原文（漢字本文）を解読して、歌の〈ことば〉を再現することがまず必要となります。

その解読は『万葉集』の時代から遠ざかるにしたがって難しくなります。〈ことば〉と〈文字〉のずれを埋めていた、万葉歌人たちに共通する知識や〈ことば〉についての感覚がわからなくなるからです。

（小川靖彦「万葉集と日本人」による）

B

『万葉集』を「読む」ためには、「訓む」こと、つまり漢字本文を解読して日本語として読み下すことが必要です。そして、「訓む」ことは機械的に漢字本文を〈ことば〉に起こしてゆく作業ではなく、「解釈」を伴う創造的な行為なのです。『万葉集』の場合は、「読む」ことは「訓む」ことと一体であるのです。そのため、『万葉集』の「やまと歌」は時代とともに「解釈」が変化するだけではなく、本文（読み下し）そのものさえも大きく変化してきました。

（小川靖彦「万葉集と日本人」による）

C

『新古今和歌集』以後の中世の歌集・歌論書・歌学書のほとんどが、『新古今和歌集』の本文（読み下し）を踏襲しました。現代の読み下し方は、鎌倉時代の仙覚に始まりますが、江戸時代まで異端の説でした。『新古今和歌集』の本文が歌人や歌学者の心を引きつける魅力的なものであったことに加え、『新古今和歌集』が大きな権威を持っていたからです。

『新古今和歌集』の撰者たちは、このように、時間性を強く持つとともに、その時間を、鮮やかな空間表現が生き生きと感じさせるような読み下しを意識的に選びました。目に見えるような鮮明な空間表現によって推移する時間に形を与え、深い情趣を感じさせるというのは『新古今和歌集』の詠法にほかなりません。この詠法の〈始まり〉を示すような『万葉集』の歌と読み下しを意識的に選び取ったのです。(1)それは平安時代後期に多様となった『万葉集』を一つの姿に「整定」することでもありました。

『新古今和歌集』の撰者に任命された時、俊成の嫡男＊の定家は四十歳でした。これ以前の二十代の頃から定家は『万葉集』の歌を「本歌取り」した和歌を詠んでいます。生涯を通じて、定家は『万葉集』のさまざまな歌を本歌取りしました。本歌取りは、古歌の歌句を利用するだけでなく、これを通じて古歌の世界を取り込み和歌の表現を重層的なものとする技法です。定家はこれを得意としました。

本歌取りするためには、古歌についての十分な知識が必要です。『万葉集』について、定家が長歌までも一首全体を深く読み込んだ上で本歌取りしていることが、五月女肇志氏によって明らかにされています（『藤原定家論』）。

(2)『万葉集』の歌を本歌取りした歌から、定家の〈古代〉像を窺うことができます。定家はそれらの歌の中で、しばしば本歌の世界をはるか遠いものとして詠んでいます。その典型が建仁元年（一二〇一）に後鳥羽院が主催した「老若五十首歌合」のために作った次の歌です。

(3)たをやめの　袖かもみぢか　明日香風　いたづらに吹く　霧の遠方

（『拾遺愚草』中・院五十首・秋・一八〇六）

（〔訳〕たおやめ〈少女〉の袖であろうか、それとも紅葉であろうか。霧の立ち込めている遠くの方で明日香風が空しく吹いている。）※「たをやめ」を「少女」とするのは、藤原為家（定家の嫡男）が『万葉集』の歌句に略注を加えた『万葉集佳詞』による。

この歌は志貴皇子＊の歌を本歌取りしています（訓は広瀬本＊による）。

たをやめの　袖吹き返す　明日香風　都を遠み　いたづらに吹く

（『万葉集』巻一・五一）

〔訳〕たおやめ〈少女〉の袖を吹き返す明日香風は、今は都が遠くなったので空しく吹いている（たおやかな女性の袖を吹き返すことはもはやない）。」※現代の訓では初句「采女の」

志貴皇子の歌は、明日香の都の若い宮女たちが袖を風に翻している華やかな姿を描きながら、それを*フェイドアウトして、遷都後の空しく風が吹くばかりの寂しい情景を詠んでいます。

定家の歌は、まず風に翻っているのが宮女たちの袖か紅葉かわからないと言います。これは*柿本人麿の「石見相聞歌」の第二長歌の（訓は広瀬本による）、

……大船の　渡の山の　もみぢ葉の　散りし乱れに　妹が袖　さやにも見えず……

（『万葉集』巻二・一三五）

〔訳〕……〈大船の〉渡の山（石見国（今の島根県西部）の*歌枕）の紅葉が散った乱れに、妻の振る袖がはっきりとは見えず……」

と、自分を慕って妻が袖を振っているのが、紅葉が散るのにまぎれて見えないことを言った歌句を踏まえているのかもしれません。そして、さらに見ようと目を凝らしてみても、霧の彼方に明日香風が吹くばかりです。

定家の歌は、志貴皇子が想起した明日香の都の宮女たちの情景を、袖と紅葉の紛い、霧というフィルターによってさらに捉え難いものとしています。定家にとって、〈古代〉の情景ははるか遠くにあって偲ぶものであったのです。『万葉集』の歌を本歌取りした定家の歌に、「昔」「ひさしき世」ということばが散見することにも、それが表れています。

定家は『新古今和歌集』を編纂している時期に『伊勢物語』を書写しています。その後、少し間をおいて、四十代末に五代集（『万葉集』『古今和歌集』『後撰和歌集』『拾遺和歌集』『後拾遺和歌集』）の秀句を抜き書きした『五代簡要』（『万物部類倭歌抄』とも言います）を編み、五十代には『万葉集』を書写し（広瀬本の祖本。「広瀬本万葉集解説」参照）、そして、六十代から『古今和歌集』『後撰和歌集』や、『伊勢物語』『源氏物語』などを熱心に書写しました。『古今和歌集』については、記録に残るだけでも十四回も書写しています（西下経一氏『古今集の伝本の研究』）。当初は俊成の写本に従いましたが、書写を繰り返す中で、これを自分の見識に基づく新しい姿に変えてゆきました。

定家はもとになる本を単純にコピーしたのではなく、常にその時の自分の最新の見解を加えて、これらの「古典」の本文を定めていったのです。

今日、私たちは定家の手を経た本で、『古今和歌集』『後撰和歌集』『伊勢物語』『源氏物語』などの「古典」を読んでいます。(4)つまり私たちは定家の目を通して「古典」を見ているのです。これほどまでに広い範囲で「古典」を書写し、後世に強い影響を残した定家は、日本最初の「古典学者」と言うことができます。

定家は、宮廷や貴族が武士に政治的実権を奪われてゆく中で、「古典」を精神の拠り所としたのであり、「古典」を完備することによって文化の源泉であろうとしたのです。

『万葉集』も「古典」の一角でした。現存する定家の手を経た系統の写本（伝冷泉為頼筆本、広瀬本など）によれば、定家の『万葉集』は、題詞を低い位置に書き、巻二十の末尾九四首の欠けた（他本によってこれを補う）、白河院政のもとで標準的なものとなっていたスタイルを踏襲しました。しかし、漢字本文を『万葉集』の本体と見た*藤原清輔の考え方も取り入れ、読み下し文を原則として片仮名で記すという新しい試みもしました。

定家が俊成の本や金沢本を尊重していたことは明らかになっていますが（広瀬本は金沢本の漢字本文の初歩的な誤写をそのまま受け継いでいます。小川「『書物』としての万葉集古写本」）、何回『万葉集』を書写し、どの程度漢字本文に手を加え、読み下し方を改めたかについては、まだ研究が始まったばかりの段階です。

定家自筆の『万葉集』の写本（巻子本）は、定家から鎌倉将軍の源実朝に贈られ（『吾妻鏡』）、後代には、江戸幕府の第二代将軍の徳川秀忠から後水尾天皇に献上されるなど（『徳川実紀』）、大きな権威を持ちました。

(5)『万葉集』の成立事情については、定家は俊成よりもさらに急進的な考え方をしました。貞永元年（一二三二）、七十一歳の折に書かれた論文「万葉集長歌短歌説」では、原典（『万葉集』）に当たるべきであると主張し、人麿と*赤人を同時代の歌人とするなど事実関係に誤りのある『古今和歌集』の仮名序は、《『万葉集』を開いて見た人のことばとは思えない》とまで言い切りました。

さらに、定家には現在では*逸文しか伝わっていない『京極中納言入道抄』という著作があります（有職故実書『拾芥抄』に引かれています）。『万葉集』の年代を知るためには、『万葉集』そのものに当たるべきであるという主張が、「万葉集長歌短歌説」と同じ文言で書かれていますが、その後に、それにはない文章が続いています。その文章は、孝謙天皇の御世に、*左大臣橘諸兄はじめ高位の人々が集まって『万葉集』を編纂したとする『栄花物語』の説を、『万葉集』には諸兄没後の歌も収められていると批判して、*家持が『万葉集』を記したのではないかと推測するのです。

本来「勅撰」の書物というものは、天皇が高位の人々に勅命を下して編纂させるものです（増田繁夫氏「勅撰和歌集とは何か」）。この常識を当てはめて、聖武天皇勅撰説に立つ人々は、橘諸兄に編纂の勅命が下されたと考えていました。この考えに疑いを示したということは、定家が、『万葉集』が勅撰和歌集であることも疑っていた可能性があります。

(6)平安時代末期から鎌倉時代初期の動乱の時代の中で、定家は『万葉集』そのものを見つめて判断するという道を選んだのです。

（小川靖彦「万葉集と日本人」による）

〔注〕
嫡男――長男。
志貴皇子――日本の飛鳥時代から奈良時代の皇族。
広瀬本――『万葉集』の写本の一つ。
フェイドアウト――映像が徐々に消えていくこと。
柿本人麿――飛鳥時代の歌人。
歌枕――和歌によく詠まれる名所。
藤原清輔――平安時代の歌人。

赤人(あかひと)――山部赤人。奈良時代の歌人。
逸文――一部分だけが残る文章。
左大臣　橘諸兄(たちばなのもろえ)――奈良時代の歌人。
家持(やかもち)――奈良時代の歌人。

〔問1〕(1)それは平安時代後期に多様となった『万葉集』を一つの姿に「整定」することでもありました。とあるが、どういうことか。次のうちから最も適切なものを選べ。（4点）

ア、Aに「漢字で書かれた原文（漢字本文）を解読して、歌の〈ことば〉を再現することがまず必要となります」とあるように、藤原定家が『万葉集』の漢字で書かれた和歌を『新古今和歌集』に本歌取りすることで、その和歌集に権威を与えた、ということ。

イ、Aに「万葉歌人たちに共通する知識や〈ことば〉についての感覚がわからなくなる」とあることから、古代的な歌の形体をもつ『万葉集』の技法を『新古今和歌集』の中に取り入れることによって、和歌の新しいスタイルを提示した、ということ。

ウ、Bに「漢字本文を解読して日本語として読み下すことが必要です」とあることから、読み下しに様々な知識を必要とする『万葉集』をわかりやすい仮名書きにしたことで、歌人たちの心を引きつけ『新古今和歌集』が当時の主流となった、ということ。

エ、Bに「『やまと歌』は時代とともに『解釈』が変化する」とあるように、『万葉集』に様々な解釈が生じていたため、藤原定家が『新古今和歌集』における本歌取りでの詠み方を決定することで『万葉集』の在るべきかたちを示した、ということ。

〔問2〕(2)『万葉集』の歌を本歌取りした歌から、定家の〈古代〉像を窺う(うかが)ことができます。とあるが、定家の〈古代〉像とはどのような像か。次のうちから最も適切なものを選べ。（4点）

ア、「たをやめの袖」で若い宮女を詠んだように、京から遠く離れていた「古代」の明日香を現在の歌に詠むことで古代の目で今を捉えようとする像。

イ、「紅葉」がはかなく散る様子を表現することで、『万葉集』こそが最も「古代」的な日本人の心情をあらわした文化のルーツであると捉える像。

ウ、「明日香風」で寂しさを表現することで、かつての和歌の技法に表現の理想を見出し本歌取りによって「古代」を回顧的に見ようとする像。

エ、「霧」でよく見えないという表現にあるように、当時とは時代性が異なる「古代」を遠い存在ではあるけれどひとつの憧憬の対象として見る像。

〔問3〕**基本** (3)たをやめの　袖かもみぢか　明日香風(あすかかぜ)　いたづらに吹く　霧の遠方(をちかた)をすべて現代仮名遣いに直して三十一文字で書け。ただし、各句ごとの空白は字数に含まない。（2点）

〔問4〕(4)つまり私たちは定家の目を通して「古典」を見ているのです。とあるが、なぜそのように言えるか。次のうちから最も適切なものを選べ。（4点）

ア、現在伝わる「古典」の多くは、書写を繰り返す際にそのまま書き写したものではなく、定家自らの判断を加えた「古典」が流布したものだから。

イ、現在伝わる「古典」の多くは、『万葉集』をはじめとする様々な「古典」を定家が大量に書写することで、広く人々に読まれるようになったから。

ウ、現在伝わる「古典」の多くは、定家が「古典」の書写を繰り返す中で、漢字本文の誤写をしないようにできるだけ正確な複写を心がけたものだから。

エ、現在伝わる「古典」の多くは、最古の古典学者である定家が書写した「古典」そのものが、将軍や天皇に献上されるなどして権威を持つことになったから。

〔問5〕(5)『万葉集』の成立事情については、定家は俊成よりもさらに急進的な考え方をしました。とあるが、定家がどのように考えたのかを［　］のように説明するとき、［　］に入る最も適切な語句を本文中から三十七字で抜き出して書け。（4点）

> 定家は［　］考え方から、編纂の時代について再評価することで、家持が編纂者ではないかと推測するようになった。

〔問6〕(6)平安時代末期から鎌倉時代初期の動乱の時代の中で、定家は『万葉集』そのものを見つめて判断するという道を選んだのです。とあるが、この定家の姿勢を筆者はどのように考えているか。次のうちから最も適切なものを選べ。（4点）

ア、戦争や天災の絶えない荒廃した時代において、『万葉集』は日本最古の勅撰和歌集であるという正当性を、後世の人々に向けて主張したい、と考えている。

イ、時代が移り変わりゆく中で、『万葉集』の本来の姿を見つめ直すことによって成立に関する考え方を展開し、文化を支えようとしていた、と考えている。

ウ、時代を経るに従って、『万葉集』が徐々に改変され本来とは異なるかたちになってしまったことを嘆き、原典に当たって和歌そのものを味わうべきだ、と考えている。

エ、時代の激動期に没落していくかつての歌道の名門貴族として、『万葉集』を和歌の標準的なスタイルとして残したい、という強い意志があった、と考えている。

神奈川県

時間 50分　満点 100点　解答 P20　2月14日実施

出題傾向と対策

●漢字と短歌の鑑賞、小説文、論説文、古文、課題文に関するメモを読み解く問題の大問五題構成。古文は問題文・選択肢ともに長めだが、現代文は分量も難度も標準的である。五の指定語句を用いて三十五字以内で記述する問題以外は、漢字も含め全て選択問題。

●選択問題が中心ではあるが全体の分量が多いので、過去問演習を重ねペース配分をつかみたい。漢字の読み書き・慣用句など基礎知識の習得を図りながら、課題文やメモから情報を整理して読み取る練習も大切である。

注意事項　解答用紙（省略）にマス目がある場合は、句読点などもそれぞれ一字と数え、必ず一マスに一字ずつ書きなさい。なお、行の最後のマス目には、文字と句読点などを一緒に置かず、句読点などは次の行の最初のマス目に書き入れなさい。

一 漢字の読み書き・鑑賞

次の問いに答えなさい。（計20点）

(ア) よく出る 次のa～dの各文中の――線をつけた漢字の読み方として最も適するものを、あとの1～4の中から一つずつ選び、その番号を答えなさい。（各2点）

a 試合の展開に固唾をのむ。
1、こすい　2、かただ　3、かたず　4、こじょう

b 評論家が辛辣な意見を述べる。
1、しんこく　2、しんそく　3、しんれつ　4、しんらつ

c 彼は十年に一人の逸材だ。
1、めんざい　2、ばんざい　3、べんざい　4、いつざい

d 拙い文章だが思いが伝わった。
1、はかな　2、つたな　3、しがな　4、せつな

(イ) よく出る 基本 次のa～dの各文中の――線をつけたカタカナを漢字に表したとき、その漢字と同じ漢字を含むものを、あとの1～4の中から一つずつ選び、その番号を答えなさい。（各2点）

a 妹が頬をコウチョウさせて走ってきた。
1、時代のチョウリュウに乗る。
2、夕食の準備でホウチョウを使う。
3、天気が回復するチョウコウがある。
4、サンチョウから景色を撮影する。

b 先生が学校のエンカクを説明する。
1、熱中症予防のためエンブンを摂取する。
2、仲間にセイエンを送る。
3、道具の使い方をジツエンする。
4、川のエンガンに住む。

c 税理士のシカクを取る。
1、友人に結婚式のシカイを頼む。
2、新しい会社にトウシする。
3、定期購読しているザッシが届く。
4、自作のシシュウを出版する。

d 友人の気持ちをオしはかる。
1、軽率な行いをハンセイする。
2、姉は歌舞伎にシンスイしている。
3、事態のスイイを見守る。
4、卒業式で校歌をセイショウする。

(ウ) よく出る 次の短歌を説明したものとして最も適するものを、あとの1～4の中から一つ選び、その番号を答えなさい。（4点）

> 八月のまひる音なき刻(とき)ありて瀑布(ばくふ)のごとくかがやく階段　真鍋(まなべ)美恵子(みえこ)

1、八月の昼の盛りに周囲が静まり返る中で、真夏の光をはね返してまぶしくかがやいている階段を見て、激しく流れ落ちる滝が連想されたということを、直喩を用いて表現している。
2、八月の日中に閑散としていた階段が、夜は人々でにぎわい、激しく音を立てる滝のように感じられたということを、時間と状況を順を追って説明することで具体的に表現している。
3、八月の昼間に真夏の暑さをしのごうとして滝を見に行ったところ、激しく音を立てて流れ落ちる様子を見て、大きな階段を思い浮かべたということを、体言止めを用いて表現している。
4、八月の暑さの中、次から次へと降りてくる人々の流れによって、階段が滝のようにかがやき動いて見えたことへの感動を、「かがやく」と平仮名を用いることで強調して表現している。

二 (小説文)内容吟味・聞く話す

次の文章を読んで、あとの問いに答えなさい。（計24点）

> 昭和三十五年、青森県に住む「より子」は結婚することになり、挙式の当日に実家からの荷物を積み込んで、夫となる相手の家へ向かおうとしている。

この辺りでは女の子が生まれると、桐(きり)の木を植え、それで嫁入(よめい)り箪笥(だんす)を作るのが慣習で、より子の嫁入り道具もそのように調えた。

次々トラックに積み込み、最後に積まれた物を見て、より子は驚いた。

洗濯機である。ローラーに洗濯物をはさんで、ハンドルを回すと脱水された洗濯物がのしいかみたいに出てくるのだ。こんな物を買った覚えはない。

それもそのはず、父がこっそり用意した物だった。

父は炭焼きをやっていたからいつも真っ黒なのだ。焼き上げた炭を萱(かや)で編んだ「炭すご」に詰めて、馬に括(く)りつけ里に下ろしていた。

年頃になったより子は真っ黒な父が恥ずかしかった。

学校の終業時間と仕事終わりが重なると、空っぽになっ

た馬を引いて、学校に寄ってくれることがある。父も馬も真っ黒いままだ。校門の前に立つ父を見留めると、より子は「ひえぇ。」と小さな悲鳴を上げてこっそり帰っていた。

父は置き去りにされたのを分かっていたのかいないのか、帰宅すると「おろ、より子は先に帰ってらったのか。」と目を丸くする。おっぴろげた鼻の穴も真っ黒だ。

ある時、こそこそすることが理不尽に思えた。父が真っ黒に汚れているから自分はこそこそと帰らねばならないのだ、と憤る。

「ダダはいつも汚ねくてしょしぃ。」と罵った。しょしいというのは、恥ずかしい、という意味だ。
[1]その時の父の顔をより子は忘れられない。深く傷ついた顔なのに、眉をハの字にして、情けないような笑みを懸命に浮かべていた。
まずいことを言ってしまったとより子はヒヤリとしたが、謝れなかった。

そういうことがあった上での洗濯機なのだろう。亭主に恥ずかしい思いをさせないために。

それが分かっても礼を伝えられないままに、洗濯機は運ばれていった。

嫁入り道具がすべて運び出されると、玄関先で盃を交わす。それがすむと、花嫁と両親、弟の亘以下関係者たちは待っている(注)ハイヤーに分乗するのがしきたりだ。

しかし父は、あとから行くと告げて家の前にポツンと残っていた。

怪訝に思ったより子が視線を母に転ずると、母は物言いた気な顔つきをしている。

聞き出したところ、自分は真っ黒でみっともない。だから一緒には行けない。あとから馬で行く、と決めていたそうなのだ。

より子は発車しかけていたハイヤーから降りた。

夏の強い日差しの中に立つ父の輪郭は、何とも曖昧だった。足元の乾いた土にいびつな丸い影ができている。日が明るければ明るいほど、影は濃くなり存在感を増した。それはまるで、父の足元に深い穴があるように見えた。

玄関前に立つ紋付袴の父のもとへ行く。

「馬っこさ乗せてもらってもいい？」

より子の頼みに、父は目を丸くしたし、他の人たちも反対した。みったぐね、と。

みったぐない――。みっともない。ハイヤーがあるじゃないか。馬で嫁入りなど世間体が悪い。

より子は聞かなかった。

父は初めは戸惑っていたものの、白無垢姿で仁王立ちの娘を前にして、ついに折れた。
[2]裏の馬小屋から座布団を括りつけた馬を引っ張ってきた父は、戸惑い顔から、はにかみ顔になっていた。
普段は父ともども黒く汚れ、網目状に乾いた泥をお腹や脚にくっつけていた馬は、すっかり磨き上げられていた。栗色の毛が艶々と天鵞絨のようだし、鬣はサラサラと揺れる。薄汚れている時は長い睫毛の下ですまなそうに目を伏せていたが、今日は堂々と真っ直ぐにより子を見つめていた。その瞳は澄み切り、純粋無垢だった。

父が、前に座るよう言う。実際子どもの頃はそうしていたが、より子は父の後ろに横座りになった。

着物のため横座りにならざるを得ない今は、前に座ると自分の顔を見られるし父の顔も見なければならないから。顔を見たら、道中、泣いてしまうかもしれないと思った。今生の別れではないが、それでも籍から抜けるのである。そして、盆と正月くらいしか帰ってこられなくなるのだ。いや、それすらも無理かもしれない。近所に嫁いできた人も泣いていた。だから自分も父の顔を見たら、泣くかもしれない。そんなのはみったぐない。だから、顔を見ることなく向こうまで行ける後ろがいい。

父は無理強いせずに、より子を後ろに乗せて馬の腹を踵で軽く蹴った。

馬はグイッと一歩を踏み出す。

より子は父の脇腹につかまる腕に力を込めた。

青い空をトンビが鳴きながら旋回している。おかしみと悲しみが入り混じった鳴き声が青い空に染み渡っていく。

向かう先の山並みが、霞んで見える。

馬の歩みは力強く、ポクポクとのどかな音を立てる。揺れに身をゆだねる。

リンゴ畑を貫く土の一本道は、乾いて白っちゃけていた。丸太の電信柱は少し傾いている。リンゴの木はびっしりと葉っぱを茂らせ、その下にまだ青い実をたわわにぶら下げている。大きな実にするために、摘果が進められていた。風に乗って、桃の香りもしてくる。

畑と道の境には蚕養のための桑の木が植わっている。小さなぶどうのような黒っぽい実がぎっしり生っていた。学校帰りに友だちと競うように採って食べたものだ。紫色になった舌を見せ合ってよく笑った。甘みも酸味も強かった。

両脇の畑はリンゴ畑から漆の木の畑に変わった。風がよく通るように間隔を空けて植えられた漆の木の畑も、秋になると真っ赤に紅葉して美しいが、うっかり触って自分まで紅葉したかというくらい真っ赤にかぶれたこともあったっけ。あの時は大変だった。臭くてえぐいドクダミ茶をしこたま飲まされたのだ。思い出して、ちょっと笑った。

背後から軽快なラッパの音がした。より子たちが路肩に寄ると、すぐそばをボンネットバスが走り抜けていった。乗客が注目している。より子は手を振った。客や車掌も手を振り返してくれた。その後にオート三輪が続く。ラッパを、拍子をつけて三回鳴らしていった。

日差しは強く、何もかもが日を照り返している。舞い上がった土埃が眩しい。中でも白無垢の自分自身が最も眩しかった。

より子は歩んできた道を振り向いた。なだらかな名久井岳が控えている。

生家がどんどん遠ざかる。

切なくなって視線を落とした。

白い足袋に引っかかる白い草履が、揺れている。その下を、白っちゃけた地面が流れていく。

「ダダ、馬っこは疲れねべか。」

「こいつはぁ丈夫だすけ、大丈夫だ。」

「休まねくていんだべか。」

「なーも、大丈夫だ。」

「[3]そうかぁ……。」

どんどん流れていく。

父の袴の裾から、下ばきがちらっと見えた。見覚えがある。

それはより子が子どもの頃に刺した菱刺し(注)だった。父にあげたものの、一度もはいているのを見たためしがなかったもの。

当時は上出来だと思っていた縫い目は、今見るとガタガタ。

「やあねえ、なして今、それ、はいてらのよ。」

照れくさくて嬉しくて、どういう顔をしていいのか決めかねる。[4]やはり父の後ろに座っていてよかった。

「この菱刺しはよぉ、おめがわらしの時に最初に刺したもんだ。特別なもんだ。だすけ特別な日にはくべ、と決めてらった。」

父が足を揺らす。馬が首を上下させた。首に下げた鈴が、いい音を出す。

「そった前から？　我まだ七つくらいだったべ。」

「おめの嫁入り道具の桐簞笥はもっと早ぇど。おめが生まれてすぐに桐ば植えたんだおん。」

親というものはどこまで考えているのだろう。

父の背中は、思ったより大きくないことに気づく。どちらかと言えば小柄なほうだ。そんな父は、真っ黒になってより子たちを養ってくれていた。自分はそんな父を、汚いだの恥ずかしいだのと批判してきたのである。

「ダダ、ごめんね。」

やっと父に謝ることができた。

「何、謝ることがある。」

「我、ダダさひどいこと言ってしまった。」

父は深呼吸する。

「今日はめでてぇ日だ。めでてぇ日に『ごめん』は合わねえよ。」

より子は頷く。

「ありがっとう、ダダ。」

[5]鼻をぐずぐずさせながら、震える声で言い替えた。やだぁ、泣いでしまったじゃ。我みったぐねえ、と思った。

「泣ぐな泣ぐな。あもこさなる(注)。」

父の声がからかっている。からかいながらも、その声は震えている。

「ダダってばひどい。」

より子は空を仰いで、あっはっはと大きな声で思い切り笑った。

（髙森美由紀「藍色ちくちく」から。一部表記を改めたところがある。）

(注)　ハイヤー＝客の申し込みに応じて営業する貸し切り乗用車。
菱刺し＝ここでは、青森県南部地方の伝統的な刺しゅうのこと。
あもこさなる＝青森県の一部の地域で使われている方言で「おばけになる」ということ。

(ア) ——線1「その時の父の顔をより子は忘れられない。」とあるが、その理由として最も適するものを次の中から一つ選び、その番号を答えなさい。（4点）

1、「父」が仕事で汚れた姿を気にしていたことを知らずに、真っ黒な見た目をからかうような言動をしてしまったが、「父」が深く傷ついている様子を見て、自分の振る舞いを恥じているから。

2、学校に「父」が迎えに来ることに対する気恥ずかしさから、本心ではないことを言ってしまったが、必死に傷ついていないふりをする「父」の姿を見て、自分のことを情けなく思っているから。

3、真っ黒に汚れた姿の「父」が学校に来ることを恥ずかしく思うあまり、心ない言葉を浴びせてしまったが、傷ついていても無理に笑おうとする「父」の姿を見て、自分の発言を後悔しているから。

4、学校まで迎えに来てくれる「父」に感謝しつつも、周囲の目が気になるため一人で先に帰っていたが、あとから家に戻ってきた「父」の傷ついた顔を見て、自分の行動が許せなくなっているから。

(イ) ——線2「裏の馬小屋から座布団を括りつけた馬を引っ張ってきた父は、戸惑い顔から、はにかみ顔になっていた。」とあるが、そのときの「父」を説明したものとして最も適するものを次の中から一つ選び、その番号を答えなさい。（4点）

1、父親と一緒に嫁入り先へ向かうと「より子」が言ったことに照れくささを感じながらも、馬の準備を念入りに行ったことで、娘に恥をかかせることはないと安心して晴れやかな気持ちになっている。

2、ハイヤーに乗らないという「より子」の選択を受け入れて馬の準備を整えるうちに、娘が慣例どおりに行動しないことを恥じる気持ちが薄れ、一緒に嫁入り先へ向かうことに嬉しさを感じ始めている。

3、慣例にならわず馬で嫁入りをしたいという「より子」の思いに応じて準備を整えたところ、一緒に嫁入り先へ向かうことができる喜びとともに、白無垢姿の娘と馬に乗る照れくささが込み上げている。

4、馬に乗って嫁入り先へ向かいたいという「より子」の要望をいったんは受け入れたものの、実際に準備が整うと娘が馬で嫁入りをすることが改めて意識され、恥ずかしさでいっぱいになっている。

(ウ) ——線3「そうかぁ……。」とあるが、ここでの「より子」の気持ちをふまえて、この部分を朗読するとき、どのように読むのがよいか。最も適するものを次の中から一つ選び、その番号を答えなさい。（4点）

1、生まれ育った場所の風景をじっくりと見たことで生家から遠ざかることへの不安が増し、気を紛らわすために馬の話をしてみたものの、ますます気持ちが落ち込んでしまい困惑しているように読む。

2、慣れ親しんだ風景を眺めるうちになつかしい記憶がよみがえってきて、生まれ育った場所を離れることを名残惜しく感じたものの、歩みを止めることはできずに切なさをかみしめているように読む。

3、幼い頃から暮らしてきた場所をじっくりと見渡したことで、自分の人生を見つめ直すとともに故郷にもはや自分の居場所がないことを自覚し、新しい場所で生活するしかないと諦めたように読む。

4、向かう先の山並みが霞んでいるのを見て嫁ぎ先への不安が膨らむ中で、周囲の風景を眺めるうちに自分の故郷のよさに初めて気づき、生まれ育った場所を離れることに疑問を感じているように読む。

(エ) ——線4「やはり父の後ろに座っていてよかった。」と

あるが、そのときの「より子」を説明したものとして最も適するものを次の中から一つ選び、その番号を答えなさい。（4点）

1、上出来とは言えない自分の菱刺しが施された下ばきを、嫁入りの日を選んで「父」が身につけてくれたことに喜びを感じつつも、自分の表情や思いが「父」に知られることを気恥ずかしく思っている。

2、「父」の顔を見て泣いてしまうのが不安で後ろに座ったことで、幼い頃の自分が菱刺しを施した下ばきが偶然見えたため、「父」が下ばきを大切にはき続けていることが分かって嬉しくなっている。

3、幼い頃に自分が菱刺しを施した下ばきを、「父」が嫁入りの日になってやっと身につけてくれたことに対する喜びを、「父」の背中を見つめながら一人で静かに味わえることに満足感を覚えている。

4、嫁入りの日には泣かないと決めていたものの、自分が幼い頃に菱刺しを施した下ばきを「父」がはいているのを見て涙が出てしまったため、自分の顔が「父」から見えないことに安心感を覚えている。

(オ)——線5「鼻をぐずぐずさせながら、震える声で言い替えた。」とあるが、そのときの「より子」を説明したものとして最も適するものを次の中から一つ選び、その番号を答えなさい。（4点）

1、「父」が自分を大切に育ててくれたことを感じるとともに、自分の幼い頃の発言を「父」が気に留めていなかったことを知って安心し、思わず涙をこぼしながら感謝の言葉を伝えようとしている。

2、「父」とのわだかまりがとけたことに喜びを感じて涙が出てきたが、「父」との別れの時が迫っているため、二人きりでいるうちに自分を許してくれたことへの感謝の思いを伝えようとしている。

3、「父」が謝罪の言葉はふさわしくないと言ったことから、気持ちが通じなかったと勘違いして涙があふれてきたが、せめて自分を育ててくれたことへの感謝の言葉だけでも伝えようとしている。

4、「父」が愛情を込めて精一杯の力で自分を育ててくれたことを改めて実感するとともに、謝りたいという思いを受け止めてもらえたことも感じ、涙ながらに感謝の気持ちを伝えようとしている。

(カ) **よく出る** この文章について述べたものとして最も適するものを次の中から一つ選び、その番号を答えなさい。（4点）

1、嫁入り先に向かう「より子」が、目の前に広がる故郷の風景を見て心を和ませ、幼い頃の思い出を「父」とともに振り返る様子を、炭焼きや馬など当時の生活を想像させるものを用いて描いている。

2、結婚のため家を離れることになった「より子」が、結婚祝いで洗濯機を贈られたことをきっかけとして、「父」と再び言葉を交わすようになるまでの過程を、複数の登場人物の視点から描いている。

3、生まれ育った故郷を離れることになった「より子」が、一緒に嫁入り先に向かう「父」から励まされ、結婚生活に対する期待を高めていく様子を、会話以外の場面でも方言を交えて描いている。

4、結婚の日を迎えた「より子」が、嫁入り先に向かう時間を「父」と過ごすことで、我が子を思う親の気持ちの深さを感じ取っていく様子を、故郷の豊かな自然の風景を織り交ぜながら描いている。

三 (論説文)文脈把握・意味用法の識別・熟語・内容吟味・要旨

次の文章を読んで、あとの問いに答えなさい。（計30点）

ファッションにおけるコミュニケーションとしては、衣服自体を言語コミュニケーションのメディア(注)にしてしまう手法は例外的である。Tシャツにおいても、単純に言語による情報が純粋に交換されているわけではない。たとえば、無地のTシャツよりも、前面に大きく有名ブランドのロゴがプリントされたTシャツの方に価値があるとされる、不思議な傾向がある。ロゴによって品質の保証が周囲にも伝わるという効果があるゆえだが、それだけでなく、そのロゴが模様として認知されたり、単なる名前以上Ⅰの意味を持つからでもある。これを考えるだけでも、Tシャツに文字をプリントすることが、ただ書かれたままのメッセージを伝えているわけではないことがわかる。

そしてそれらは、文字が書かれているからといって、特別な衣服として着られているのではない。文字が書かれていない衣服と、着られる場所や状況が違うということもない。衣服は言語によるメッセージを伝えるメディアとしては、衣服しか持ち得ないような特徴はあるものの、本や新聞のように、普遍的な言語コミュニケーションのメディアとして存在しているわけではないのだ。

それに、文字が書かれていようがいまいが、衣服がコミュニケーションの手段であることを、私たちは感覚として知っている。初めて会う人の人となりを理解するのにも、衣服は非常に大きな手がかりになる。私たち自身、時と場合によって着るものを選択し、喜怒哀楽を表明してもいる。

しかしそうすると、疑問が湧いてくる。それではファッションは、言語コミュニケーションと何が違うのだろうか、ということだ。感情やその人の人となりを伝えることができる衣服は、文字を使用しない言語の特殊な一形態であると言い切ってしまってはだめなのだろうか。言語も衣服も、同じように社会的な産物である。両者の間には、どのような違いがあるのだろうか。

人の行うコミュニケーションの形態は、通常、言語コミュニケーションと非言語コミュニケーションに分けられる。ただ実際には、音楽やポスターのように、言語が構成要素の一部を担う非言語コミュニケーションは多いので、明確な境界線は引けない。

それらに比べると、ファッションにおけるコミュニケーションは、文字や音声ではなく衣服や化粧や持ち物などの手段が主なので、非言語コミュニケーションの一つだと、簡単に位置づけられそうだが、ここで問題としているのは、衣服が、形や色の組み合わせによって言語として機能し、意味を伝えうるのではないかという仮説である。つまり衣服は、言語化できない感情や感覚を伝えているのではなく、文字に置き換えることができる情報を別の形で伝えており、習熟すれば正確に読み取ることも、発信することも可能だという考えが、妥当かどうかということだ。

[2]衣服を言語として考えうるかという論点に対して、もっとも示唆を与えてくれるのは記号論(注)だろう。フランスの思想家ロラン・バルトが、言葉とファッションの関係について鋭い考察を展開しながら『モードの体系』を書いて以来、衣服によって作られる意味世界を、言葉によって解読しようという試みが、数多くなされた。

しかし、ロシアの哲学者ミハイル・バフチンが、「記号の形態は、まず第一に、人びとの社会的組織や、人びとが相互に作用しあう際の身近な条件によって規定されている」と述べているとおり、衣服の意味は、着ている人が所属する社会集団や、あるいは見る人が所属する社会集団によって、まるで異なってしまう。また、ロバート・ロスが指摘しているように、「衣服の文法は他のあらゆる言語の文法よりもはやく変化」するため、それがどんな意味を持つかを確定することはできない。そのため、フィンケルシュタインが警告しているように、「衣服から特定のメッセージを読み、それを誇張するのは簡単」ということも手伝って、ほとんどの分析は、強引な精神分析に飛躍してしまっていたり、ただの美辞麗句になってしまっている。

結局、流行の服の解読を試みたところで、ただ「新しい」という社会的な合意しか見つからないのだ。記号論的な読みをしても、精神分析的な読みをしても、衣服のすべてが解読されることなどないだろう。ロシアの民族学者ピョートル・ボガトゥイリョフは、スロヴァキアの民族衣裳(いしょう)を分析した『衣裳のフォークロア』で、確かに民族衣裳は記号として読むことができるが、民族衣裳と「都会の衣服とは何らの共通性もない」ものであり、「都会の衣服は、すみやかに変化してゆく流行現象に支配されている」ので、民族衣裳を読むようにして現在のファッションを読むことはできないと結論づけている。

にもかかわらず、この衣服にはこういった意味があるという[3]強引な読みは後を絶たない。記号論的な解読は、ファッションに関する批評として最も[II]需要の高いものであり、実際にそういった批評が「人々を楽しませ、ファッションへの関心を高めるために行われている場合が多い」のも事実である。それはそれで知的な娯楽としては面白いが、常に移り変わる意味の一瞬だけを捉えて、それが恒久的な意味であると解説するのは、やはり嘘(うそ)である。

衣服を使ってのコミュニケーションは、もしそれを活用しようとしても、細かいニュアンスを伝えることができない、意味の変化が早すぎる、広がる範囲が狭すぎるといった不都合に縛られてしまうものだ。［A］伝播(でんぱ)していく過程で、発信者が込めた意味は失われ、意味が多様になってしまうので、遠くにいる人々が受け取った時には、もはや内容を検証できなくなっている。いくら言語のようにコミュニケーションを行おうとしても、コントロールしきれないという問題にぶつかってしまうのだ。

このように、ファッションにおけるコミュニケーションは、多層な意味の読みが可能であり、その点では言語と比べると不完全である。もっとも、むしろ同じ対象に、いくつもの意味を読み出せるから、それが次々に意味を変えては、常に「新しいもの」として歴史上に何度も現れ、[4]豊かなコミュニケーションを成立させているという側面はある。

しかし、そうは言っても、やはり衣服は、それだけで意味を持つ単語とは言い難(がた)いし、ファッションも、文法の存在する言語の一種とは言い難い。ファッションが言語のように見えるのは、衣服を生産する人たちが、「時代の流儀や規則に支配される論理的状況と戦略的に連動」させて、言語のように見せているだけという主張には、ある程度の説得力がある。前近代においても、衣服は記号として作用していたとはいえ、言語とは違うシステムであり、言語が交渉の手段であるとすれば、衣服は相手を確認する手段であった。その点は、現在でも基本的に変わらないだろう。

［B］、ファッションが言語コミュニケーションではないと言っても、現在のファッションにおけるコミュニケーションには、テレビや出版物などマスメディアが、不可欠な存在として付随し、視覚的な情報に必ず言葉が添えられる。とはいえマスメディアでは、流行についての解説や評論が、刻々と意味を変えていくファッションの一瞬だけを捕らえて展開されており、そのほとんどは、その言説自体が消費されて跡形もなく消えていく。それを考えると、ファッションにおけるコミュニケーションにおいても、そもそも言語が意味を伝えているのかどうかすら怪しく思えてくる。

だが、ファッションにおけるコミュニケーションが、どのように展開されているかを考えるのであれば、[5]そういった無駄とも思える言語活動を含めたコミュニケーション全体を捉えていく必要がある。言語活動によってはじめて、ファッションは社会とより深い繋(つな)がりを持つことができるのだし、思想や芸術や日常生活に対して、提案し、警鐘を鳴らすことができるようになる。そこまでを含んでの、ファッションだろう。

いずれにせよ重要なのは、ファッションがコミュニケーションを成立させているということだ。このことに、異論はないだろう。毎年新しい流行がファッションの世界で起こっているのは、コミュニケーションが確実に生じている証拠である。

（井上(いのうえ)雅人(まさひと)「ファッションの哲学」から。一部表記を改めたところがある。）

(注)　メディア＝人々の間で意思を伝達できるようにするための手段。
記号論＝あるものごとを別のものに置き換えて表現することによって、対象とするものごとが持つ意味について考える学問。

(ア) よく出る 基本 本文中の［A］・［B］に入れる語の組み合わせとして最も適するものを次の中から一つ選び、その番号を答えなさい。（2点）

1、A　さらには　B　ただ
2、A　そして　B　あるいは
3、A　なぜなら　B　やがて
4、A　しかし　B　また

(イ) よく出る 本文中の……線Iの「の」と同じ意味で用いられている「の」を含む文を、次の中から一つ選び、その番号を答えなさい。（2点）

1、休日に姉の作った料理を食べる。
2、お気に入りの本を読む。
3、寒いのに上着を忘れた。

4、降ってきたのは雪だった。

(ウ) **基本** 本文中の……線Ⅱの語の対義語として最も適するものを次の中から一つ選び、その番号を答えなさい。(2点)

1、獲得　2、贈答　3、出費　4、供給

(エ) ――線1「本や新聞のように、普遍的な言語コミュニケーションのメディアとして存在しているわけではないのだ。」とあるが、筆者がそのように述べる理由として最も適するものを次の中から一つ選び、その番号を答えなさい。(4点)

1、本や新聞は書かれた文字によって情報が伝達されるが、衣服に文字が書かれている場合は、文字が表すメッセージが衣服から伝わる情報と必ずしも同じであるとは限らないから。

2、本や新聞を初めて読んだ時には書かれている内容が理解できないことがあるが、衣服に書かれている文字を読む際には、初めて会う人に関する情報がわかりやすく伝達されるから。

3、本や新聞は書かれた文字を読むことで情報が伝達されるが、衣服に書かれている文字は、品質を保証するために利用されているに過ぎず、メッセージを伝達する機能はないから。

4、本や新聞は書かれた文字の量によって伝達できる情報量が異なるが、衣服に関しては、文字が書かれているものと書かれていないものとの間に伝達できる情報量の違いはないから。

(オ) ――線2「衣服を言語として考えうるか」とあるが、それを説明したものとして最も適するものを次の中から一つ選び、その番号を答えなさい。(4点)

1、衣服を文字や音声と組み合わせることによって、衣服だけを用いた場合には伝えることのできない意味を、見る人に読み取らせることができるかということ。

2、通常は衣服同士を組み合わせることで伝達している情報を、文字を書いたり音声を発したりすることによっても、誤解なく表現することができるかということ。

3、さまざまな形や色を持つ衣服同士の組み合わせによって、文字や音声だけでは表現することが不可能な感情や感覚を、正確に伝えることができるかということ。

4、文字や音声に変換することが可能な情報を、さまざまな形や色の衣服を組み合わせることによって、意図したとおりの意味で伝えあうことができるかということ。

(カ) ――線3「強引な読み」とあるが、筆者がそのように述べる理由として最も適するものを次の中から一つ選び、その番号を答えなさい。(4点)

1、衣服を解読しようとしても、衣服の意味は社会集団ごとに異なっていることに加え、流行の服は変化が早いため、「新しい」ということ以外に特定の意味を定めることはできないと考えているから。

2、民族衣裳の中には解読できるものもあるが、流行の服に関しては、ファッションへの関心が高い人から注目されている服にしか批評が行われておらず、衣服全体の分析とは言えないと考えているから。

3、ファッションに関する批評として行われる流行の服の解読は、社会集団の違いを考慮せず、「新しい」ということだけに注目して行われており、衣服の解読としては説得力に欠けると考えているから。

4、衣服から意味を読み取ろうとしても、人によって解釈が大きく異なるだけでなく、すみやかに変化していく流行現象に影響され、着ている人の意図を無視した理解に陥ってしまうと考えているから。

(キ) ――線4「豊かなコミュニケーションを成立させている」とあるが、それを説明したものとして最も適するものを次の中から一つ選び、その番号を答えなさい。(4点)

1、ファッションは同じものに複数の意味が読み出せるため、個人に合った意味を選択することができ、一人ひとりが自身の人となりを表現してコミュニケーションをとる際に役立っているということ。

2、ファッションは多様な解釈が可能であるため、社会の現状に応じて意味を捉えることができ、同じファッションが何度も新鮮なものとして人々のコミュニケーションを生じさせているということ。

3、ファッションには発信者の込めた意味を想像する余地があるため、世代の異なる人々が、歴史上のファッションについて意見を交わしあうようなコミュニケーションの機会が生まれているということ。

4、ファッションは社会情勢に従って変化し、意味を伝えることが難しいからこそ、人々がコミュニケーションをとる際に考えをめぐらせて新しい表現方法を生み出すきっかけとなっているということ。

(ク) ――線5「そういった無駄とも思える言語活動」とあるが、そのことについて筆者はどのように述べているか。それを説明したものとして最も適するものを次の中から一つ選び、その番号を答えなさい。(4点)

1、テレビや出版物で広まる言語による解釈は、衣服を生産する人たちが見せかけで作ったものであり、消費されて跡形もなくなってしまうが、新しいファッションの発想が得られるという点で貴重である。

2、マスメディアが言語を用いて行う説明や批評は、ファッションの一面を切り取ったものでしかなく、時代の移り変わりとともに消えてしまうが、ファッションが社会と密接に関わるためには不可欠である。

3、マスメディアによる説明や批評は、必ず言語を用いて行われるため、ファッションにおける視覚的な情報が意味を持たなくなってしまっているが、思想や芸術や日常生活への注意喚起として有効である。

4、テレビや出版物における言語による解釈は、ファッションの意味が変化すれば不要になってしまうが、ある時代のファッションの一面に注目することにより、次の流行を作り出すためには重要である。

(ケ) **よく出る** 本文について説明したものとして最も適するものを次の中から一つ選び、その番号を答えなさい。(4点)

1、他者を理解する際にファッションが有効であることを明らかにするとともに、衣服と言語を比較することによって言語特有の性質を把握し、衣服に対して言語が果たすべき役割について論じている。

2、文字が書かれた衣服が情報伝達に役立つことを指摘し、衣服と文字が歴史的にどのような関係を作り上げてきたかを分析することで、ファッションに対するマスメディアの重要性について論じている。

3、衣服が情報伝達の手段となっている現状を踏まえ、学説を複数引用して衣服が言語としての役割を果たしきれないということを明らかにした上で、ファッションと言語の関係性について論じている。

4、情報を伝達する際に衣服が使われている事例を紹介することで、文字のように衣服が使われていることに疑問を投げかけた上で、ファッションにおける流行に惑わされない方法について論じている。

四 (古文)内容吟味・口語訳

次の文章を読んで、あとの問いに答えなさい。(計16点)

(注)六条修理大夫顕季卿、(注)刑部丞義光と所領を相論す(領地を争った)。(注)白河法皇、何となく御成敗なし。(注)匠作心中に恨みたてまつる間、ある日ただ一人御前に祗候す(法皇の前に参上した)。仰せられて云はく、「かの義光の(注)不審のことといかに。」と。申して云はく、「そのことに候ふ。相論の習ひ、いづれの輩も我が道理と思ふことにて候へども、1このことに至りては理非顕然に候ふ。未断の条術なき(困ったこと)ことに候ふなり。」と云々。また仰せられて云はく、「つらつらこのことを案ずるに、汝(お前)は件の庄(領地)一所なしといへども、全くこと欠くべからず。彼はただ一所懸命の由、これを聞こしめす。道理に任せて裁許せしむれば、子細をわきまへずして、武士もしくは腹黒などや出来せんずらん(もしかしたら武士が邪念を起こしたりしないだろうか)、と思ひて猶予するなり。ただ件の所を避りて(譲って)よかしと思ふなり。」と云々。2ここに匠作零涙に及びてかしこまり申して退出の後、義光を召して謁せしめて云はく、「かの庄のこと、つらつら思ひたまふるに、某はまた庄も少々侍り、国も侍り。貴殿は一所を頼まる、と云々。不便に侍れば、避りたてまつらんと思ふなり。」とて、不日に(注)避文を書き、(注)券契を取り具して、義光に与へ了んぬ。義光喜悦の色あり。座を立ちて(注)侍所に移り居て、たちまちに(注)二字を書きてこれを献りて退出し了んぬ。その後、殊に入り来たることなし。

一両年(一、二年)の後、匠作(注)鳥羽殿より夜に入りて退出するに、供人なし。わづかに(注)雑色両三人なり。作道の程より3冑甲を帯びたる武士ら五六騎ばかり、車の前後にあり。怖畏の情に堪へずして、雑色を以て尋ね問はしむるところ、武士ら云はく、「夜に入りて御供人なくして御退出す。よりて刑部丞殿より御送りのために似てたてまつるところなり。」と云々。ここに心中に御計らひのやむごとなき(特別であったこと)を思惟す。

(「古事談」から。)

(注)
六条修理大夫顕季卿＝藤原顕季(一〇五五～一一二三)。
刑部丞義光＝源　義光(一〇四五～一一二七)。
白河法皇＝白河上皇(一〇五三～一一二九)。
匠作＝ここでは、顕季のこと。
不審＝疑いをかけること。
避文＝自分の権益を放棄して他者に譲ることを示す文書。
券契＝財産の権利を示す文書。
侍所＝侍が待機する場所。
二字＝ここでは、服属の意を示すために名前を記すこと。
鳥羽殿＝現在の京都市にあった白河法皇の宮殿。
雑色＝雑用をする者。

(ア) ──線1「このことに至りては理非顕然に候ふ。」とあるが、そのように言ったときの「顕季」を説明したものとして最も適するものを次の中から一つ選び、その番号を答えなさい。(4点)

1、「義光」との領地の争いについては正否がわかりきっているにもかかわらず、「白河法皇」にはっきりと判断してもらえないことを不満に思っている。

2、領地に関する言いがかりとも受け取れる「義光」の訴えに対して、いっこうに厳しい罰を与えようとしない「白河法皇」の態度を情けなく感じている。

3、領地が「義光」のものではないと判断するのは難しくないはずなのに、「白河法皇」に何度も呼び出されて説明を求められることを煩わしく思っている。

4、「義光」とともに領地の所有者についての意見を求めているにもかかわらず、全く相談に応じるそぶりを見せない「白河法皇」の様子に失望している。

(イ) ──線2「ここに匠作零涙に及びて」とあるが、そのときの「顕季」を説明したものとして最も適するものを次の中から一つ選び、その番号を答えなさい。(4点)

1、自分が領地を所有することの正当性について主張し続けたせいで、「白河法皇」の怒りを買ってしまい、結果的に領地を手放すはめになってしまったことにやり切れない思いを抱いている。

2、「白河法皇」が自分の主張の正しさを認めてくれた上、武士の怒りを買う可能性があることを踏まえ、安全を考慮して判断をためらっていたことを知って恐れ多い気持ちになっている。

3、自分のようにたくさんの領地を持っていないために「義光」がつらい思いをしていることを、「白河法皇」が哀れんで、自分に領地を手放してやるよう勧めたのだと知って感動している。

4、「白河法皇」が武士を恐れるあまり「義光」の味方になってしまったせいで、自分の領地が奪われたことに加え、所有を主張する訴えまで強制的に取り下げられてしまい悲しんでいる。

(ウ)——線3「冑甲を帯びたる武士ら五六騎ばかり、車の前後にあり。」とあるが、それを説明したものとして最も適するものを次の中から一つ選び、その番号を答えなさい。（4点）

1、「顕季」が領地を譲ってくれたことに歓喜した「義光」は、領地を失ったばかりか家来まで手薄になってしまった「顕季」を部下に命じて警護させたということ。

2、「顕季」との領地争いに勝利したことで気をよくした「義光」は、「顕季」に自身の威勢のよさを知らしめるため意気揚々と部下たちを登場させたということ。

3、「顕季」が領地の一部を失ってしまって気落ちしていることに同情した「義光」は、部下に命じて「顕季」に対する恩に報いる機会を探らせていたということ。

4、「顕季」が気前よく領地を譲り渡してくれたことに感謝した「義光」は、「顕季」の身に危険が及ばないよう部下に命じてひそかに見守らせていたということ。

(エ)本文の内容と一致するものを次の中から一つ選び、その番号を答えなさい。（4点）

1、「義光」は領地に執着する一方、武士として忠義を貫く人物であり、家来として誠実に尽くす姿を見た「顕季」は、領地を譲ることを自ら「白河法皇」に願い出た自分の判断の正しさを確信した。

2、「顕季」は駆けつけた武士たちから話を聞いて、「義光」には武士として領地を守る性質の他に、他者の命を重んじる一面もあることを知り、不服だった「白河法皇」の裁決にようやく納得した。

3、「顕季」は領地を手放してしばらくたってから、不意に現れた勇ましい甲冑姿の武士たちを目の前にして、「義光」の武士としての側面を初めて実感し、「白河法皇」の配慮の的確さに感服した。

4、「義光」は武士として、領地に対する強い思いを持った人物であり、「顕季」から与えられた領地を命がけで守ろうとする様子を見た「白河法皇」は、武士としての心意気を感じて褒めたたえた。

五（論説文）文脈把握・短文作成

中学生のAさんは、「AIとの関わり方」について考えるために、二つの文章を読んでいる。次の【文章1】、【文章2】は、そのときのものである。これらについてあとの問いに答えなさい。（計10点）

【文章1】

　先日、ある会合で、情報関係の研究者の話を聴いた。その人は、情報技術が人間の能力に取って代わるのではなく、人間が自分で何かを達成するのを助ける働きをするべきだと考えを変えたそうだ。掃除も洗濯も機械でできます、ロボットがご注文を承ります、配達もします、お勧めメニューもお見せします、ではなく、ある人が何をしたいか、それをその人が自分で達成するにはどんな手助けをしたらよいかという観点から考えたいということだ。

　つまり、技術の発明や改良を考えるのが楽しい研究者の側から何ができるかを追求していくだけではなく、人々が幸せで充実感のある生活を送ることを大目標とする。そして、その目標を達成するためには、AI、ロボット、情報技術がどのように役立てられるかを考えるのである。たとえば、テニスが上手になりたいと思う人には、自分で実際に上達するように仕向けるアプリを提供する。目標は本人が上達することであって、バーチャルリアリティの世界でテニスをすることではない。

　昔から発明、改良されてきたさまざまな技術の多くは、人間の肉体的な重労働を軽減するものだった。それにもいろいろな副産物があるのだが、これからの技術には、人間が幸せに暮らすとはどういうことかをまずは検討し、その実現のためには何をするべきかについて、より深く考える必要があるのだろう。

（長谷川(はせがわ)眞理子(まりこ)「ヒトの原点を考える」から。一部表記を改めたところがある。）

【文章2】

　AIのご託宣に従っているときは、自分は何も失っていないような気がするわけですよ。読みたくないものを読めと言われているわけでもないし、戦時中のように思想統制があって、これは読んではいけない、と禁じられているわけでもない。むしろ、これを読んだらどうでしょう、とレコメンド(注)され、エンカレッジ(注)されている。何も失うものはなく、いいことずくめ。便利に見えます。

　でも、ここで奪われているのは、人間の「無意識」だと思うんです。心の内面の意識されている自由が失われているのではなく、無意識の次元にある自由が毀損され、奪われている。

　それは「偶有性」と言えるかもしれません。つまり、「他でもあり得た」ということ。他でもあり得たけれど、いまこれをやっている。それの何が重要なの？　と思うかもしれません。でも、「他でもあり得た」ことが留保されていることがすごく重要で、これがあるから人間って自由なんですよ。「他でもあり得た」というときのその「他」は不確実なものです。しかしレコメンドされると、その「他でもあり得た」未知数の部分が埋められ、最初から、なかったものとされてしまいます。「他の本でもあり得たけど、私はこの本を欲(ほっ)した。」と思って入手するのと、「あなたの欲しいのはこの本ですよ。」とAIから教えてもらって飛びつくのは、大違いなんです。

　つまり、人間は何か行動をするとき、それが自由であるためには、「他でもあり得たんだけど、これをやった。」と言えなければいけない。この「他でもあり得た」部分が確保されているから自由なのです。AIからレコメンドされて、それに流されてしまうから自由が失われたのではなく、人間が持っている「偶有性」が失われるからこそ、自由が奪われている。

（大澤(おおさわ)真幸(まさち)「無意識が奪われている」から。一部表記を改めたところがある。）

（注）レコメンド＝勧めること。
　　エンカレッジ＝促すこと。

(ア) よく出る　Aさんは【文章1】と【文章2】を読んで、内容を次のようにまとめた。【Aさんのメモ】中の Ⅰ ・ Ⅱ に入れる語句の組み合わせとして最も適するものを、あとの1～4の中から一つ選び、その番号を答えなさい。（4点）

【Aさんのメモ】

【文章1】
ある情報関係の研究者は、
「情報技術が人間の能力に取って代わる」
・掃除も洗濯も機械でできる。
・ロボットが、注文を聞いたり配達したりお勧めのメニューを見せてくれたりする。
という考えを、
「研究者は Ⅰ だけでなく人々の幸せで充実した暮らしを大目標にして技術の発明や改良を行うべきだ」
という考えに変えた。

【文章2】
読む本を選ぶとき、AIからのレコメンドやエンカレッジは便利に見える。
しかし、
無意識の次元にある自由は奪われている。
AIに流されたせいではない。
つまり、
人間は、行動するとき Ⅱ が失われないようにする必要がある
ということ。

関係があるのではないか。

1、Ⅰ　自分の知的好奇心を満足させる
　Ⅱ　選択が正しいと思える状態
2、Ⅰ　人間が働かずに生活する方法を考える
　Ⅱ　何を選ぶか自分で決められる状態
3、Ⅰ　技術の進歩の可能性を追求する
　Ⅱ　他を選ぶ可能性がある状態
4、Ⅰ　人間の肉体的な重労働の軽減を目指す
　Ⅱ　選ぶべきものを教えてもらえる状態

(イ) 思考力　Aさんは【文章1】と【文章2】を読んで考えたことを次のようにまとめた。【Aさんのまとめ】中の □ に適することばを、あとの①～④の条件を満たして書きなさい。（6点）

【Aさんのまとめ】

【文章1】を読んで、情報関係の研究者の考えを知ることができた。研究者が発明や改良を行った情報技術を使う立場にある私たちは、行動の主体はあくまでも人間であるという意識を持ち、自分で何かを達成するべきだ。そうすることで、充実感を得られ、幸せに暮らすことができると思った。

また、【文章2】を読んで、【文章1】と【文章2】は関係があるのではないかと思った。幸せに暮らすためには自由であることも欠かせないと思うからだ。【文章2】によると、AIからの勧めに従って行動すると、人間の無意識の次元にある自由は奪われてしまっている。

以上のことを踏まえて考えると、AIなどの情報技術を、□ように使うことを心がけるべきだ。そうすれば、充実感を得られるとともに自由も守られ、幸せに暮らすことができるのではないだろうか。今後は、AIをうまく活用している事例や別の研究者の考えについて調べてみたい。

①書き出しの「AIなどの情報技術を、」という語句に続けて書き、文末の「ように使うことを心がけるべきだ。」という語句につながる一文となるように書くこと。
②書き出しと文末の語句の間の文字数が二十五字以上三十五字以内となるように書くこと。
③【文章1】と【文章2】の内容に触れていること。
④「手助け」「偶有性」という二つの語句を、どちらもそのまま用いること。

新潟県

時間 50分　満点 100点　解答 P21　3月6日実施

出題傾向と対策

●漢字の読み書き、国語知識、古文、論説文の大問四題構成。小説文の出題はない。問題量は少なめで、文章の難度も標準的だが、古文や記述問題はややレベルが高く、読解力が要求される。
●幅広い範囲から出題されるので、授業を大切にして基本的な知識を身につけておく。現代文の設問は標準的な難度だが、古文がやや難しい。教科書レベルの古文を短時間で理解できるようにしておくこと。記述問題も平易ではないので、添削を受けて何度も練習するとよい。

一 漢字の読み書き　よく出る　基本

次の(一)、(二)の問いに答えなさい。（計20点）

(一) 次の1～5について、——線をつけた漢字の部分の読みがなを書きなさい。（各2点）
1、お年寄りを敬う。
2、彼は天文学に詳しい。
3、幼い頃を回顧する。
4、濃霧に注意して前に進む。
5、辛抱強く課題に取り組む。

(二) 次の1～5について、——線をつけたカタカナの部分に当てはまる漢字を書きなさい。（各2点）
1、農業がサカんな地域である。
2、研究者に学位をサズける。
3、何のヨチョウもなく雨が降った。
4、経営のセンリャクを練る。
5、練習会のヨクシュウに発表会がある。

二 意味用法の識別・文節・熟語・慣用句　よく出る　基本

次の㈠～㈤の問いに答えなさい。（計15点）

㈠ 次の文中の「立てる」と同じ意味で使われている「立てる」がある文を、あとのア～エから一つ選び、その符号を書きなさい。（3点）

> 春休みの計画を立てる。

ア、来年度の目標を立てる。
イ、やかんが湯気を立てる。
ウ、実業家として身を立てる。
エ、隣の会話に聞き耳を立てる。

㈡ 次の文と、単語の数が同じ文を、あとのア～エから一つ選び、その符号を書きなさい。（3点）

> あなたと再び会えてうれしい。

ア、穏やかに日々を過ごした。
イ、駅のホームで電車を待つ。
ウ、素早く準備に取りかかる。
エ、借りた本をいったん返す。

㈢ 次の文中の「まるで」が修飾する文節を、あとのア～エから一つ選び、その符号を書きなさい。（3点）

> まるで夢を見ているような気分だ。

ア、夢を　イ、見ている
ウ、ような　エ、気分だ

【編集部注】二㈢は出題の誤りがあったため、この問題は不成立とし、入試では全員を正解として加点された。

㈣ 次の文中の「花鳥風月」と構成が同じ四字熟語を、あとのア～エから一つ選び、その符号を書きなさい。（3点）

> 公園を散歩しながら花鳥風月に親しむ。

ア、共存共栄　イ、起承転結
ウ、大器晩成　エ、有名無実

㈤ 次の会話文の［A］～［C］に当てはまる語の組合せとして最も適当なものを、あとのア～カから一つ選び、その符号を書きなさい。（3点）

> 先生　皆さんには、それぞれ目標があると思います。その目標を、数字を含んだ慣用句やことわざを用いて発表してみましょう。
> カズキ　私は、一にも［A］にも勉強に励みます。
> ユタカ　私は、人から、一から［B］まで手取り足取り教えてもらうのではなく、自分なりに考えて行動します。
> サクラ　私は、「［C］聞は一見に如かず」ということわざのとおり、様々なことを自分の目でしっかりと確認していきたいと思います。

ア、A 二　B 十　C 一
イ、A 二　B 十　C 百
ウ、A 二　B 百　C 百
エ、A 十　B 十　C 一
オ、A 十　B 百　C 一
カ、A 十　B 百　C 百

三 （古文）仮名遣い・口語訳・内容吟味・動作主

次のAの文章は、『今昔物語集』の「藤原資業作詩義忠難語第二十九」の前半の内容を現代語でまとめたものであり、Bの文章は、Aに続く部分の古文である。この二つの文章を読んで、㈠～㈥の問いに答えなさい。（計30点）

A　昔、天皇が、達人たちに屏風に書く漢詩を作らせた。学才豊かで、漢詩に精通していた民部卿大納言が、天皇の命を受けてこれらの漢詩を選定したところ、資業のものが数多く採用された。このことを藤原義忠という文章博士がねたみ、「資業の作った漢詩は難点が多いにもかかわらず、数多く採用されています。思うに、民部卿は資業から金品を受け取って採用したのです。」と宇治殿に訴えた。

(注)　民部卿大納言＝藤原斉信。平安時代の歌人。
文章博士＝漢詩文・歴史などを教えた教官。
宇治殿＝藤原頼通。当時の高官。

B

> 民部卿此の事を伝へ聞て、攀縁を発して、此の詩共を、皆麗句微妙にして、撰ぶ所に私無き由を申れければ、宇治殿、頗る義忠が言を(1)心得ず思食て、義忠を召て、「何の故有て、此る僻言を申て事を壊らむと為るぞ」と、勘発し仰られける。義忠恐れを成して蟄り居にけり。明る年の三月になむ免れける。而るに義忠或る女房に付、和歌をぞ奉ける、
>
> 〈Ⅰ〉あをやぎのいろのいとにてむすびてし
> 　　うらみをとかで春のくれぬる
>
> と。其後、指る仰せ無て止にけり。
> 此を思ふに、義忠も謗べき所有てこそ謗けめ。只民部卿の当時止事無き人なるに、「(2)私有る思へを取ざれ」とて、有ける事にや。亦資業も人の(3)謗り有る計は世も作ざりけむかし。
> 此れも只才を挑むより出来る事なり。但義忠が民部卿を放言するが由無きなり、とぞ人云て、(4)義忠を謗ける、となむ語り伝へたるとや。

(注)　女房＝貴族などの家に仕えた女性。

㈠ よく出る　……線部の「伝へ」の読みを、すべてひらがなで書きなさい。ただし、現代かなづかいでない部分は、現代かなづかいに改めること。（2点）

㈡ 基本　――線部分(1)の「心得ず」の意味として最も適当なものを、次のア～エから一つ選び、その符号を書き

なさい。（4点）

ア、分かりにくいと　イ、しかたがないと
ウ、不思議なことだと　エ、納得がいかないと

(三)〈Ⅰ〉の和歌には、誰の、どのような気持ちが表れているか。最も適当なものを、次のア～エから一つ選び、その符号を書きなさい。（4点）

ア、義忠の、宇治殿から弁明の余地なく叱責されたことを今も不満に思う気持ち。
イ、義忠の、民部卿の怒りを買ったために謹慎を命じられたことを悔しく思う気持ち。
ウ、宇治殿の、義忠の訴えを退けなかったことを今になって情けなく思う気持ち。
エ、宇治殿の、民部卿が資業の漢詩を高く評価したことをいら立たしく思う気持ち。

(四)――線部分(2)の「私」とは、誰の「私情」か。最も適当なものを、次のア～エから一つ選び、その符号を書きなさい。（4点）

ア、資業　イ、民部卿　ウ、義忠　エ、宇治殿

(五)――線部分(3)の「誇り」とは、どのようなことに対する「非難」か。最も適当なものを、次のア～エから一つ選び、その符号を書きなさい。（4点）

ア、資業が文章博士にふさわしくないこと。
イ、資業が達人たちに漢詩を作らせたこと。
ウ、資業が作成した漢詩に難点が多いこと。
エ、資業が民部卿に金品を渡していたこと。

(六)――線部分(4)の「義忠を謗ける」について、人々が義忠を非難したのはなぜか。六十字以内で書きなさい。（12点）

四（論説文）文脈把握・内容吟味

次のⅠ、Ⅱの文章を読んで、(一)～(六)の問いに答えなさい。（計35点）

Ⅰ　生き物どうしのつながりと言えば連想されやすいのが食物連鎖かもしれない。食物連鎖はしばしばピラミッドの形で描かれる。底辺から順に細菌、植物、草食動物、そして肉食動物が複数段階ある。これは、［A］、草食性の昆虫がいたとして、それを食べるカエルがいて、さらにそれを食べるヘビ、そしてヘビを食べるタカなどがいるからである。また別の地域では別のピラミッドが描かれうる。草食動物としてシマウマ、その上位の捕食者としてライオンが位置づけられる地域もあるだろう。

現代のヒトをここに位置づけるとしたら、タカやライオンの層、あるいはそれより上の層に入るかもしれない。おそらく、かつてヒトがまだサルと区別されにくかった時代、周囲にはヒトを襲って食べる肉食獣がたくさんいたであろうから、そのときヒトは上から2番目ぐらいの層に入っていたことだろう。現代のヒトは自分が住んでいる地域の野生動物を食べないため、そもそもこのピラミッドに入れるのが適切かどうか分からないが、入れるとすれば［a］に食物連鎖の頂点である。それは、究極的には「自分たちを食べる動物がいるか否か」の判断に基づくだろう。

本来、食物連鎖がピラミッドで描かれる理由は、それが個体の数あるいは生物量を表せるからである。頂点の少数の生き物を養うために、底辺へ向かうにしたがって幾何級数的（きかきゅうすうてき）に、必要な個体数が増えていく。上部の相対的に少ない生物量と、下部の相対的に多い生物量とは均衡の関係にあると言える。ところが今は、頂点に位置する人類の数がどんどん増え続ける一方で、それより下に位置する無数の生物については、生息地域の確実な減少から、数と多様性が減っているであろうこと、また将来的にもそれが進むであろうことが指摘されている。これは、本来は分厚かったピラミッドの下部をやせ細らせることであり、(1)生物量の均衡を失うことである。

(2)ピラミッドは三角形であるから安定している。この下部がやせ細り、頂点だけ大きくなれば安定性は損なわれる。それがさらに進行すれば、もはや三角形をなさず、いずれ倒れてしまう――つまり、ヒトという種の健全な存続が危ぶまれるようになるか、最悪の場合には生命システム全体が破綻（はたん）してしまうであろう。生物量の均衡喪失は、種の不安定化要因の1つになる。地球は過去に5度の大規模な絶滅を経験している。ヒトが自然を改変した結果としての、現在進行形の種や個体の減少について、これが〝6度目の大絶滅〟であるとする見方もあるが、それは他人事ではない。(3)ヒトが〝滅びゆく運命〟の中にいないとは誰も言えないのである。

このような未来像は、暗い。次世代のためにも、皆がそれぞれの分野で「別のあり方」を考え、明るい方向に向かうための材料を出しておかなければならない。筆者にとってそのヒントは「ナチュラル・ヒストリー」にある。さらに、それを活かすことのできる、ヒトの英知も忘れてはならない。

ナチュラル・ヒストリーは日本では「自然史」あるいは「生命誌」と訳されるが、嚙（か）みくだいて言うなら「生き物の中にある、生命が歩んできた道の記録」となるだろう。

具体的には、地球の歴史があり、そこに生命が誕生し、さまざまな条件の環境に進出し、種が分化し、新種が生まれる一方で別の種が滅びて今に至ること。また、例えば初期の生物が光合成を行って大気中に酸素を増やし、それによって太陽光線を受ける地上の環境を大きく変えてしまうなど、地球環境との「共進化」によって、今日の自然と生命の多様性が生まれてきたということである。

その中で、それぞれの生き物は個別の特殊性を持ち、それが全体としては多様性となる一方で、互いに構造や機能の共通性――生物としての普遍性――を持っている。ナチュラル・ヒストリーとは、生き物が歩んできた、このような歴史のことである。

地球上に生物種がどれだけあるかは諸説あるが、ここでは1千万種としておこう。それらの生物の形づくりや歩いてきた道（ナチュラル・ヒストリー）を知ることは、その一部でありながらかなり例外的な種であるヒトが、将来はどこへ向かっていくのかを考えていくときに、基本的な視点になると考えるのである。

（浅島　誠『生物の「安定」と「不安定」　生命のダイナミクスを探る』による）

(注)　幾何級数的＝増加が急激なさま。

(一) よく出る 基本 文章中の A に最もよく当てはまる言葉を、次のア～エから一つ選び、その符号を書きなさい。（3点）

ア、しかし　イ、ただし
ウ、例えば　エ、したがって

(二) 基本 文章中の a に最もよく当てはまる言葉を、次のア～エから一つ選び、その符号を書きなさい。（3点）

ア、実質的　イ、自発的
ウ、共同的　エ、対照的

(三) ——線部分(1)とはどういうことか。四十五字以内で書きなさい。（8点）

(四) ——線部分(2)について、その状態を具体的に述べている一文を、Ⅰの文章中から四十五字以上五十字以内で抜き出し、そのはじめと終わりの五字をそれぞれ書きなさい。（5点）

(五) ——線部分(3)について、筆者がこのように述べるのはなぜか。その理由として最も適当なものを、次のア～エから一つ選び、その符号を書きなさい。（4点）

ア、ヒトは、食物連鎖のピラミッドの安定性を損なったとしても、自然を改変することにより存続が可能となるから。

イ、ヒトが自分の住む地域の野生動物を食べなくなった現在、食物連鎖のピラミッドに位置づけることはできないから。

ウ、ヒトは、自らを食物連鎖の頂点に位置づけ、意のままに自然を改変した結果、生命システム全体を破綻させたから。

エ、ヒトが自然を改変し続け、食物連鎖のピラミッドが崩れると、ヒトの健全な存続が不安視されるようになるから。

(六) 思考力 次のⅡの文章は、Ⅰの文章と同じ著書の一部である。筆者は、ヒトが幸福になるためには、どのようなことをヒトが知り、どのような知識が広がって行く必要があると考えているか。ⅠとⅡの文章を踏まえ、百二十字以内で書きなさい。（12点）

Ⅱ

技術発展の方向性を決める要因とは何か。それは、快適さや便利さ、効率性を追求する心であり、経済的な利益を最大化しようとする欲求である。こうした志向はおそらく、社会発展を支えるという意味で、今後もある程度必要なものだろう。

しかし、こうした志向だけではおそらく今後のヒトの社会がやって行けないことに、人々はうすうす気づいている。便利さと豊かさは、似ているようでずれている部分が大きい。便利さと幸福も、近いようでいて、実はほとんど関係がない。幸福なき便利さを求める意味はない。金銭的な利益が幸福と直結しないことを示す事例は少なくない。そうしたことをヒトが知り、ナチュラル・ヒストリーについての知識が広がって行けば、技術発展の方向性に影響を与えずにはおかないだろう。

ナチュラル・ヒストリーを知るべきである。ほかの生き物について知り、ヒトとの共通点と相違点を知るべきである。ヒトが他を思いやる心を身につけたという事実を振り返り、自らもそれを実践すべきである。そうしたことが、個体としてのヒトと、種としてのヒトを同時に豊かにし、安定させることになると、筆者は考えている。

富山県

時間	満点	解答	
50分	40点	P22	3月7日実施

出題傾向と対策

●漢字の読み書き、論説文、小説文、古文、条件作文の大問五題構成。文章、設問ともに難度は標準的で、中学時代の基本的な学習成果を幅広く問う出題構成になっている。ただし、条件作文を含め記述力を要求する設問が多いので、時間配分に注意する必要がある。

●読解力・思考力・国語知識を含め、日頃の丁寧な学習が得点につながる。記述は要点を簡潔にまとめる訓練が必要。条件作文のためにも、さまざまな文章に触れ、主題や自分の意見を的確に表現する練習を重ねておきたい。

一 漢字の読み書き　よく出る 基本

——線部ア～ウの漢字の読みをひらがなで書き、——線部エ～カのカタカナを漢字で書きなさい。

運動前に ア屈伸する。
果汁を イ搾る。
避暑地に ウ滞在する。
城の エシュビを固める。
鶴が オムれる様子を観察する。
船の カモケイをつくる。

二 （論説文）内容吟味・文・熟語・段落吟味

次の文章を読んで、あとの問いに答えなさい。（一部表記を改めたところがある。また、1～5は各段落に付した段落番号である。）

1 古来、人々は一日の時の移ろいの中で太陽の高さや位置が変わっていることに気づき、垂直に立てた棒の影の位置や長さの変化として時を認識していた。ノーモン

（グノモン）、つまり日時計である。ゆく川の流れのように、私たちとは独立して一定の速さで進み、誰にも共通する①客観的な時間という指標があると気づいたのだ。そして具体的に時間をこの手で捉えるために、太陽の運行を使い、やがて振り子の振動を使うようになった。それらが示す指標を共通の尺度とすれば、誰もが一致して行動することができるようになるからだ。

[2] 逆に、人々への命令手段として②時間を支配しようとした権力者は、時間を独占して決定し、それによって人々の生活を律する尺度としようとしてきた。時間を正確に測って人々に知らせ、時間に沿って行動させるのだ。そのために時間を精度よく決定できる時計が発明され、改良されてきた。西洋では、例えば時計が示す時間に従って教会が打ち鳴らす鐘の音を合図にして農作業を終えるというように、決められた客観的な時間に人々が従うのが当然とされた。

[3] これと似て、江戸時代の日本においても寺が打つ鐘の音で時間を知らせたのだが、その時間は太陽の位置と高さのような、季節や昼夜によって変化する自然そのものが指標になっていた。権力者も庶民も自然の時間に合わせて生きていたのである。西洋から流入してきた、③ひたすら正確さを目指した時計に対し、江戸時代においては時間の異なった概念から、人々は独自の対応をした。それが日本独特の「和時計」である。

[4] ここに江戸の人々の時間観念の特殊性を読み取ることができる。西洋では、時計の進みによって客観的に時間が決まる「定時法」が採用され、場所にも季節にも依存しない時間を生きるようになった。ところが、江戸時代の日本では、太陽の位置と高さで時間を決めたから、場所や季節によって変化するローカル(注)な時間に基づく④「不定時法」を当然とした。言い換えれば、西洋は中央集権（国家などの公権力が時間を決定する、いわば国権主義）によって近代の道を歩み始めたのに対し、日本では地方分権（地域によって時間が異なる、いわば民権主義）のままの近世を過ごしたわけだ。このような時間論を通じて、江戸の人々の生き様を見直してみるのも興味深いのではないだろうか。

[5] 時計の技術について言えば、定時法は振り子の等時性（糸の長さが等しい振り子においては、重さや振れ幅によらず⑤往復の周期が一定になるという性質）を利用すれば、時間はその振動回数の集積として、いつでもどこでも同一に定めることができる。極めて簡明で画一的な時間決定法である。それに対して、不定時法は太陽の動きに応じるために単位あたりの時間幅が季節によって異なる。それを受け入れ、⑥時計という機械において表現しようとしたから、大いなる工夫を必要とした。つまり、江戸時代においては、西洋の一定のリズムで時を刻む単純な機械時計を採用せず、季節や昼夜で時間の歩みが異なるが故に複雑な時間調整を必要とする和時計を工夫して編み出したのである。とはいえ、あまり調整の手間をかけず、しかし正確に時刻を測りたい。そのためにさまざまな技術を開発したのであった。そうした努力はムダではなく、近代になって日本の時計産業が世界に雄飛することに繋（つな）がっているように私には思える。現代の技術は、極論すれば画一性を基礎にシンプルさを徹底しているだけなのだが、そこに和時計の対照的な技術の蓄積が活（い）かされて⑦豊かさを生み出したのではないだろうか。

【池内了（いけうちさとる）『江戸の好奇心　花ひらく「科学」』より】

注　ローカルな時間…ある地方・地域に限定される時間のこと

1、①客観的な時間という指標がある　とありますが、この指標があると、どういうことができるようになると考えたのですか。同じ段落から十三字で抜き出し、初めと終わりの三字を答えなさい。

2、②時間を支配しようとした権力者　とありますが、

(1) 「時間を支配」するとは、ここでは具体的にどうすることですか。「権力者が」の書き出しに続けて、「…こと。」に続くように本文中から二十七字で抜き出し、初めと終わりの三字を答えなさい。

(2) 「時間を支配」するために、どのようなことが必要になったと筆者は述べていますか。本文中の言葉を使って答えなさい。

3、**基本** ③ひたすら　が修飾する言葉を、一文節で抜き出しなさい。

4、④「不定時法」を当然とした　とありますが、

(1) 「不定時法」とは、ここではどのような方法のことですか。本文中の言葉を使って簡潔に答えなさい。

(2) 江戸時代の日本の人々にとって、不定時法が「当然」であったのはなぜですか。その理由が端的に示された一文を本文中から抜き出し、初めの三字を答えなさい。

5、**基本** ⑤往復　と構成が同じ熟語を、次のア～エから一つ選び、記号で答えなさい。

ア、年長　イ、岩石　ウ、作曲　エ、送迎

6、⑥時計という機械において表現しようとした　とありますが、どういうことですか。分かりやすく説明しなさい。

7、⑦豊かさを生み出したのではないだろうか　とありますが、筆者がこのように述べるのはなぜですか。「和時計」「現代の技術」という言葉を使って説明しなさい。

8、この本文の構成と内容について、AさんとBさんが会話をしています。AさんとBさんの会話文の[I]～[III]に入る言葉として最も適切なものを、それぞれ次のア～エから選び、記号で答えなさい。

Aさん　[1]段落は、時間について[I]しているね。
Bさん　[2]段落、[3]段落では、西洋と江戸の時代の日本の時計の共通点と相違点を[II]的に述べているよね。
Aさん　そうだね。[4]段落を読むと、時間の捉え方が西洋と江戸時代の日本ではずいぶん違うことがよく分かるよ。
Bさん　[5]段落は、これまで述べてきた時間の技術に注目して、述べているよね。[III]から、時計っていつでもどこでも同じものだと思っていたけど、時計も変化してきたんだね。

[I]　ア、話題を提示　イ、話題を深化　ウ、問題を提起　エ、問題を解決

[II]　ア、対比　イ、象徴

ウ、一般　エ、主観

Ⅲ　ア、根拠　イ、本質
　　ウ、概念　エ、観点

三（小説文）内容吟味・語句の意味・文脈把握

次の文章を読んで、あとの問いに答えなさい。（一部表記を改めたところがある。）

> 和菓子職人になることを目指すワコは、和菓子屋「奥山堂」で修行することを決め、働き始める。なお、本文中に登場する徳造は、ワコの亡くなった祖父であり、和菓子職人であった。

①人けのなくなった広い作業場を見渡す。帰ろうかと思ったが、普段は聖域のようで近づくのも恐れ多い餡場のほうに、なんとなく足を向けてみる気になった。これも慣れというものだろう。

作業場の奥の餡場には、小豆を煮るためのガスコンロや、煮た小豆を炊く大きな餡練り機が置かれている。それがちらりと目に入ったところで、やはりやめておこうと思う。こんなところを、もしも誰かに見つかったら叱られるかもしれない。

引き返そうとしたら、ステンレスの作業台に皿に載った桜餅がひとつあるのに気づく。関西風の道明寺ではなく、生地を薄く焼いた関東風だ。しっとりした淡い紅色の皮の間から、こし餡が覗き、皮は一枚の桜の葉で包まれている。②殺風景な作業場で、その桜餅だけが明るく照らし出されているように、それはそれは美しかった。いや、きれいの前に、「おいしそう！」――思わず口に放り込みたくなる。

「和菓子で一番大切なものは季節感だ」

背後で声が響く。びくりとして振り返ると、曽我[注1]が立っていた。

「桜餅や柏餅にも、作り手の季節の表現が色濃く映し出される」

「工場長――」

「店売りの桜餅の出来ばえが今ひとつだった。みんなが見るように、私がつくって置いておいた。おまえや小原[注2]はまだ桜餅をつくらないが、見ておくといいと思っていた」

曽我がにこりともせずに語り続ける。

「いいか、常に耳目を働かせろ。餡子の炊けるにおいを嗅げ。洗い物をしていても、③全身でお菓子づくりを学ぶんだ」

夢中で、「はい」と返事した。

曽我が頷くと、「食べてみろ」と言う。

「いいんですか？」

再び工場長が頷いた。

ワコは［Ⅰ］を決して作業台に近づくと、宝石のような桜餅を手に取った。

「いただきます」

桜餅を包む塩漬けした桜の葉は、香り付けをするのと乾燥を防ぐためのものだ。右手で桜の葉を剥がすと、左手で口に運ぶ。いつつくったものか分からないが、少しも硬くなっていない。［Ⅱ］出来立てのようだった。ひと口めで優しい甘さが広がった。そのあとで、④桜の葉の香りが鼻に抜けると、風景が見えた。ワコの中で広がったのは、一本桜だ。青空と広い平原の間で、それだけが大きく枝を広げている一本の満開の桜。その凄みさえ感じさせる美しさだった。

桜餅を、今度は塩漬けの葉と一緒にもうひと口食べる。塩味が、餡の甘味をさらに引き立てる。かすかな悲しみが胸を打った。ワコの中に、また別の風景が浮かんだからだ。小学校の校庭に桜の樹があった。五年生の葉桜の頃だった。クラスのみんなから離れて、ひとりだけぽつんと樹の幹にもたれている三つ編みの女の子がいる。あの子と仲よくしないと、そう思いはするもののなかなか実行できない。そのうちに、彼女はまた転校していってしまった。

そこでワコははっとする。今なら分かる。あの子は、仲よしの友だちができると別れがつらくなるから、みんなと距離を置いていたのだ。

慰撫[注3]するように、⑤桜餅の穏やかな甘さが自分を包んでくれる。ワコの頬をひと筋涙が伝った。

「お菓子を食べる時、人の心にはさまざまな思いが浮かぶ。お菓子は、人の心を映す鏡なのだ。もちろん、つくり手の心の中にある風景が、そっくりそのまま食べる人の心に伝わるわけではない。しかし、つくり手の心が緩んだお菓子には、なんの思いも浮かばない」

⑥工場長にも見えるのですか？　思わずそう訊きそうになる。よいお菓子を味わうと、風景が見えるのですか？　だが、もちろん口には出せなかった。笑われるのが怖かったのだ。

かつて奥山堂で食べた、湧き水の風景が見えるどら焼き。あのどら焼きは、きっと曽我がつくったものだ。

⑦幼い自分は、徳造のどら焼きに魅せられた。もう一度食べたいと思ったけれど、かなわなかった。鮮烈な風景だけをワコの中に残して、消えた祖父とかわもと[注4]。あのどら焼きを食べたことで、自分の人生は決定づけられてしまった。もう味わえないもの、もういけない場所、だからこそよけいに強く心が求めるのだ。

【上野歩『お菓子の船』より】

注1　曽我…「奥山堂」の工場長
注2　小原…ワコと「奥山堂」に一緒に採用された見習い
注3　慰撫…なぐさめ、いたわること
注4　かわもと…ワコの祖父が営んでいた和菓子屋

1、①人けのなくなった広い作業場　とありますが、「人けのなくなった」とは、ここではどのような状況を表していますか。簡潔に答えなさい。

2、②殺風景な　とありますが、ここではどのような意味で用いられていますか。最も適切なものを、次のア～エから選び、記号で答えなさい。
ア、清新として近代的な　イ、軽妙として開放的な
ウ、閑散として感傷的な　エ、整然として実用的な

3、③全身でお菓子づくりを学ぶんだ　とありますが、曽我はワコにどのようなことを伝えているのですか。分かりやすく説明しなさい。

4、［Ⅰ］には漢字一字が入ります。ここでのワコの行動に合うものとして最も適切なものを、次のア～エから選び、記号で答えなさい。
ア、身　イ、意　ウ、名　エ、世

5、［Ⅱ］に入る言葉として適切なものを、次のア～エ

から一つ選び、記号で答えなさい。
ア、よもや　イ、たとえ
ウ、まるで　エ、さらに

6、④桜の葉の香りが鼻に抜けると、風景が見えた　とありますが、どういうことですか。それを説明した次の文の（　）に入る言葉を簡潔に答えなさい。

桜餅の香りによって、（　　）ということ。

7、⑤桜餅の穏やかな甘さが自分を包んでくれる　とありますが、どういうことですか。ワコの気持ちを踏まえて説明しなさい。

8、⑥工場長にも見えるのですか？　とありますが、どういうことですか。それを説明した次の文の（　）に入る言葉を、本文中から十七字で抜き出し、初めと終わりの三字を答えなさい。

ワコが、曽我も自分と同じように、（　　）のかもしれないと思ったということ。

9、⑦幼い自分は、徳造のどら焼きに魅（み）せられた　とありますが、和菓子のつくり手になろうとしているワコにとって、徳造のどら焼きとはどのようなものですか。本文全体を踏まえて説明しなさい。

四 （古文）仮名遣い・内容吟味

次の古文を読んで、あとの問いに答えなさい。（一部表記を改めたところがある。本文の左には部分的に意味を記してある。）

みぞれと①いへるは、雪まじりて降れる雨をいはば、冬もしは（または）春のはじめなど、②詠（よ）むべきにや。肘笠雨（ひぢかさあめ）といふは、にはかに（突然に）降る雨をいふべきなめり。にはかに笠もとりあへ（用意できない）ぬ程にて（場合であって）、□をかづく（かぶるのだ）なり。されば、③肘笠雨といふなり。

妹（いも）[注1]がかど[注2]ゆきすぎがてに[注3]ひぢかさの雨も降らなむ[注4]雨（あま）がくれせむ

【新編日本古典文学全集『俊頼髄脳（としよりずいなう）』より】

注1　妹…恋しい人
注2　かど…家の門
注3　ゆきすぎがてに…通り過ぎるのが難しいほどの
注4　降らなむ…降ってほしい

1、よく出る 基本 ①いへる を現代の仮名遣いに改めて、ひらがなで答えなさい。

2、②詠むべきにや　とは「詠むのがよいだろうか」という意味ですが、何を詠むのがよいというのですか。本文中から三字で抜き出しなさい。

3、□に入る言葉として適切なものを、次のア～エから一つ選び、記号で答えなさい。
ア、扇　イ、袖　ウ、帯　エ、文

4、③肘笠雨　とは何のことですか。本文中から七字で抜き出しなさい。

5、本文中の和歌では「ひぢかさの雨」が降ってほしいと詠んでいますが、なぜですか。その理由として最も適切なものを、次のア～エから選び、記号で答えなさい。
ア、恋しい人が外出するのに都合が悪くなるから。
イ、恋しい人ももの悲しくなり寂しさが募るから。
ウ、恋しい人に送る手紙を書く時間ができるから。
エ、恋しい人の家に立ち寄るよい口実になるから。

五 条件作文 思考力

国語科の授業で、効果的に伝える表現について学習しました。あなたの好きなものを題材に、その魅力を効果的に伝える工夫について、友達に説明することになりました。あとの【条件】に従って書きなさい。

【条件】
1、あなたの好きなものを書く。
2、二段落構成とし、各段落の内容は次の3、4のとおりとする。
3、第一段落は、あなたの好きなものについて、その魅力が具体的に伝わるように、表現技法を用いたり、ふさわしい言葉を考えたりするなど、表現を工夫して書く。
4、第二段落は、第一段落で、魅力が伝わるように表現を工夫した点について、その表現を用いた理由も含めて説明する。
5、原稿用紙（20字詰×11行＝省略）の使い方に従い、百八十字以上、二百二十字以内で書く。

石川県

時間 50分
満点 100点
解答 P23
3月6日実施

出題傾向と対策

●漢字の読み書き、小説文、論説文、古文、条件作文の大問五題構成。昨年は古文ではなく、漢文が出題されている。文章の量は標準的だが、五十字以上の記述問題が複数あるうえに、二百字程度の条件作文もあるので、時間配分に気をつけたい。

●記述問題が多いものの、標準的な難度なので、基礎基本をしっかり押さえておくこと。過去問や問題集を使って、実際に時間をはかって問題を解くことを繰り返し行いたい。また、書いたあとは添削を受けるとよい。

一　漢字の読み書き　よく出る　基本

次の各問に答えなさい。（計16点）

問1、次の(1)～(4)について、――線部の漢字の読みがなを書きなさい。（各2点）

(1)荷物を運ぶ。
(2)全集に作品を収録する。
(3)食糧を備蓄する。
(4)袖口が綻びる。

問2、次の(1)～(4)について、――線部の片仮名を漢字で書きなさい。（各2点）

(1)モウフを洗濯する。
(2)タンジュンな作業を繰り返す。
(3)木のミキに触れる。
(4)夕日が野山を赤くソめる。

二　(小説文)段落吟味・内容吟味・漢字知識・文節

次の文章を読んで、あとの各問に答えなさい。（計29点）

中学生の藍(あい)は、父が故郷に戻ってたい焼き屋を始めたために転校した。藍は新しい環境になじめずにいたが、クラスメイトに話しかけることにした。

「あの……ちょっと意見を聞きたいんだけど、今いい？」

思い切って声をかけると、小此木(おこのぎ)さんは驚いた顔を藍に向けた。

「新しい味のたい焼きを作れないかなって今考えてるの。あんこ以外で、たい焼きに入ってたらうれしいものってあるかな？」

よし、何とか噛(か)まずに言えた。①藍が心のこぶしを握るなか、思わぬ質問に面食(めんく)らった様子の小此木さんは、腕を組み、宙を仰いで、すごくまじめに考えてくれた。

「……茶わん蒸し？」

「えっ。……好きなの？」

「うん。えへへ」

「わたしも、わたしも好き」

急いで同意したら「ほんと？　仲間だ」と小此木さんが笑った。藍も照れくさい気持ちで笑った。仲間だって……。

「でもごめん、たい焼きに入れるには違うよね……」

「ねえねえ、じゃあプリンは？」

話に飛び入り参加したのは、小此木さんの前に②座っていた清原さんだった。藍は③まだ彼女と話したことがなかったが、小此木さんとの会話で心がほぐれていたので「いい！」と自然に声をあげ、急いでメモを取った。

女子生徒が、話を聞きつけて集まってきた。小さな人だかりはほかの生徒の興味をひき、藍のまわりにはどんどん人が増え、④声が飛び交った。

藍は、授業の間の十分休み、昼休み、放課後を使って意見を聞いて回った。メモ帳はみるみる埋まった。

「お父さん、話があるの」

帰宅した藍は、夕食の席で気合いをこめて切り出した。最近うらぶれた感じがただよう父は、藍が話を切り出すと、ぎくりと緊張した面持ちになった。せわしなく目が泳ぎ、父は急に立ち上がった。

「小麦粉が切れそうなのを忘れていた。ちょっと買いに……」

「お父さんたら、そんなの今買いに行かなくてもいいでしょ。藍が話があるって言ってるんだから、ちゃんと座って聞きなさい」

母に襟首をつかまれて、父は猫の子のように大人しく座り直した。藍は、指がしびれるほど書き込みをしたメモ帳をちゃぶ台に置いた。

「うちのたい焼き、あんまり売れてないでしょ？　だから何か新しい味のたい焼きを作ったらと思って、学校でいろんな人に意見を聞いてみたの」

⑤父は目を大きくしている。母は楽しそうにメモ帳をのぞきこんだ。

「餃子(ぎょうざ)味？　よくこんなの思いつくわね。子供の発想力ってすごいわ」

「それは餃子の中身をたい焼きの皮で包んだらどうかって。やっぱり男子って食べ応えのあるのがいいみたい。あとね、あんこに白玉を入れるぜんざいたい焼きもおいしそうだなって。ねえ、お父さんはどう……」

思う？　と問いかける声をしぼませて、藍は言葉を忘れてしまった。

父が、目もとを押さえてうつむいていた。肩が小さく震えている。

どうしたのとは訊(き)かなかった。訊かなくても、すべてがわかった。

自分が不安であったように、父も不安だったのだ。これでよかったのかと迷いもしただろう。自分を責めてもいたかもしれない。

でもそれに自分は今まで気づかなかった。自分の生活だけを憂いて、父にも心があることを忘れていた。家族なのに。わたしのお父さんなのに。

後悔に胸が痛んで、藍は必死で父にかける言葉を探した。

その時、うつむいた父が何かを言った。とても小さな声だったから聞き取れなくて、なに、と問い返す。

「――ごめんな、藍。勝手なことをしたのに、結局上手(うま)くいかなくて、おまえにも不安な思いをさせて――こんな情けないお父さんで、ごめんな」

母が、そっと父の背中をさする。

藍もなぐさめの言葉を口にしようとしたが、思い直して、ぐっと腹に力をこめた。

「上手くいかないなんて、そんな弱気なこと言わないで。せっかくわたし、こんなにたくさん聞きこみしてきたのに。すごく緊張したんだよ」

父が赤い目を上げてまばたきする。藍は、父に笑いかけた。

「でもね、それで今日友達ができたの。上手くいかないって決めるのはまだ早いよ。わたしに友達ができたみたいに、たい焼き屋がこれから繁盛することだってきっとできるよ。家族みんなで楽しく暮らすために、たい焼き屋を成功させるって目標を設定して、目標達成の手段をどんどん試すの。最初が新しい味のたい焼き。わたしもがんばるから、一緒にやろうよ、お父さん」

くしゃりと父が子供のように顔を崩すのを、藍は初めて見た。そうだ。大人だって、何が起こるかわからない生まれて初めての今日を手さぐりで歩いている。自分と同じように。

だからもう、両親の手にぶら下がり、どうしてわたしを安心させてくれないのと駄々をこねるのはやめよう。これからは自分の足で立って、⑥この手をさし出せる人間になろう。

藍はその日、両親と売れ残りのたい焼きを食べながら、大人になることを決めた。

（阿部暁子「たぬきとキツネと恋のたい焼き」より。一部省略等がある）

問1、本文は、場所の変化によって二つの場面に分けられる。その前半の最後の五字（句読点等を含む）を抜き出して書きなさい。（4点）

問2、**よく出る** ①藍が……握る とありますが、このときの、藍の心情として、次のア～エから最も適切なものを一つ選び、その符号を書きなさい。（3点）

ア、我慢　イ、憧れ　ウ、怒り　エ、喜び

問3、**基本** ②座 を漢和辞典で調べる方法を、用いる索引の種類を示し、具体的に一つ書きなさい。（3点）

問4、**基本** ③まだ が直接かかるのはどの言葉か、本文中から一文節で抜き出して書きなさい。（2点）

問5、④声が飛び交った とありますが、集まってきた生徒の様子の説明として、次のア～エから最も適切なものを一つ選び、その符号を書きなさい。（4点）

ア、意見を求められ、一人一人、藍に答えている様子。

イ、意見を互いに出し合い、場が盛り上がっている様子。

ウ、意見をとりまとめた結果を、藍に報告している様子。

エ、意見を出し終わった後、雑談を楽しんでいる様子。

問6、⑤父は目を大きくしている とありますが、父がそうなった理由を、六十字以内で書きなさい。（6点）

問7、⑥この手を……なろう とありますが、「この手をさし出す」とは、ここでは、藍がどうすることか、本文中の藍の後悔の内容にふれて、七十字以内で書きなさい。（7点）

三（論説文）文脈把握・内容吟味・熟語・要旨

次の文章を読んで、あとの各問に答えなさい。（計29点）

人間は他者と協力することで増えてきた生物です。協力しやすい性質を持っているのは間違いないですが、協力しなければならないという規範も受け継いでいます。したがって私たちは、身近にいる人と協力的な関係を築けていない状況にあると居心地が悪く、悩んでしまうことになります。

しかし、よく考えてみるとこのような悩みは理屈に合わないところがあります。［A］現代社会は人と人との協力関係によって成り立っていますが、必ずしもすべての人と仲良くなる必要はありません。現代社会の協力関係は洗練されており、個人の好き嫌いにはあまり影響を受けなくなっています。

学校でみんなと仲良くすることを教えられますが、それは社会を維持するための協力性を身に着けるためです。大人になって職業についたときに、仕事を円滑に行うために必要な程度に協力的であれば十分なはずで、①すべての人間と仲良くなる必要はありません。しかし、私たちは不必要なまでに他者との関わりを気にしてしまいます。ここには、私たちの考え方と現代社会のしくみとのズレがあるように思います。

人類が今のように農耕を行い定住し始めたのは1万年ほど前だと言われています。それまでの１００万年ほどは、少人数のグループで移動しながら狩りや採集で食べ物を集める狩猟採集生活を送っていたと考えられています。1万年という時間は、長いようですが生物の体のつくりを変えるには短すぎます。したがって、私たちの身体や脳は未だ約１００万年続いた狩猟採集社会に適応していると言われています。

狩猟採集生活がどんなものだったかは、近年まで狩猟採集生活をおくっていたクン族の研究からおおまかな様子がわかっています。狩りや採集や調理、②育児を集団で協力して行っていたと想像されています。

多くの狩猟採集社会で共通しているのは「平等性」です。群れのメンバーは公平に扱われます。獲物を多くしとめたからといって、分け前が多くなるわけではありません。この平等性は群れのメンバーが安定して生き残るために［B］なしくみです。もし、獲物をしとめた人だけが食べ物にありつけるようにしたらどうなるでしょうか。元気なときにはそれでいいでしょうが、ひとたび怪我や病気をしてしまえば、その時点で食べ物が手に入らなくなって餓えてしまいます。怪我や病気はどんなに気を付けていても避けがたいことです。そんな社会ではとても安定的に子孫を残していくことはできないでしょう。狩猟採集社会の平等性は、集団のメンバーが安定して子孫を残す（つまり増えていく）ための重要なしくみです。

この平等性を維持するために、クン族は並々ならぬ努力をしています。③なによりも大事なことは協力的で偉ぶらないことです。

もし偉ぶって嫌われてしまったら、自分が獲物を捕れなかったときには助けてもらえないかもしれません。狩猟採集生活者にとって、仲間から嫌われないことは生きていくうえで何よりも大切なことだったのでしょう。

人間はこのような社会で１００万年を過ごしてきました。したがって、人間の考え方も倫理観も未だこの狩猟採集生活に適応していると考えられます。みんなに協力的で、偉ぶらないのが尊ばれます。これは現代社会でも同じではないでしょうか。たとえ本当に偉かったり自慢するだけの成果を残していたとしても、それを偉そうに自慢する人は嫌われ、偉ぶらず謙遜している人の方が人格者として評価されます。それも私たちが狩猟採集生活の心を未だに有していることを示しているのかもしれません。

協調性を重(おも)んじて、隣人と仲が良くないと悩むのはこの考え方の名残だとみなすことができます。時代遅れの本能が残っているのです。たしかに狩猟採集社会では仲間外れにされることは死活問題です。[C]、今やそうではありません。協力性は社会制度の中に組み込まれています。

このような悩みを解決するには、学ぶことより他はないかと思います。生物としての進化のスピードは社会の進化に比べて圧倒的に遅いので、進化に任せていては社会変化についていけません。一方で、人間の考え方は学ぶことで変えることができます。本能が求めることの理由を学べば、理性によって本能に逆らうことができます。

たとえばバンジージャンプがあります。あれは誰がどう見ても命を危険にさらす行為です。人間の本能は恐怖を感じて忌避するでしょう。ところが人間は、ひもがついていれば安全だと確信して、飛び降りることができます。人間以外の生物では、決して真似(まね)できないことでしょう。

人間は学習によって本能を超えた行動ができる今のところ唯一の生物です。論理的に考えて役に立たない、意味のない悩みは捨ててしまうことが可能です。悩みというのは現実が本能にそぐわない状況で生じるものです。悩みの解決にはまずその悩みをもたらした生物的な由来を理解することです。そして本当に悩む価値のあることなのかどうかを吟味することです。その結果、現代社会を生きる上で悩む必要のない問題だと理性が判断するのであれば、そんな悩みは無視して、もっと自分が大事だと思うことに時間を使う方がいいですし、人間にはそれが可能です。

（市橋伯一「増えるものたちの進化生物学」より。一部省略等がある）

（注）クン族…アフリカ南部に暮らす民族。

問1、よく出る 基本 本文中の[A]・[C]に入る語の組み合わせとして、次のア～エから適切なものを一つ選び、その符号を書きなさい。（2点）

ア、（A そこで　C しかも）
イ、（A たしかに　C しかし）
ウ、（A さらに　C つまり）
エ、（A あるいは　C むしろ）

問2、よく出る ①すべて……ありません とありますが、筆者がそう述べる理由を、本文に書かれた現代社会の特徴にふれて、五十字以内で書きなさい。（6点）

問3、本文において、第五段落（狩猟採集生活が……）は、どのような役割を果たしているか、次のア～エから最も適切なものを一つ選び、その符号を書きなさい。（4点）

ア、前段落の内容からいったん離れて、新たに論を展開していく役割。
イ、前段落の内容に反論する例を挙げ、自論に説得力を持たせる役割。
ウ、前段落の内容をうけて、次段落で述べる主張につなげていく役割。
エ、次段落で新たな話題を示すために、前段落の内容をまとめる役割。

問4、基本 ②育児 と熟語の構成が同じものを、次のア～エから一つ選び、その符号を書きなさい。（2点）

ア、展開　イ、清濁　ウ、海底　エ、遅刻

問5、本文中の[B]に入る言葉として、次のア～エから最も適切なものを一つ選び、その符号を書きなさい。（4点）

ア、合理的　イ、楽観的
ウ、消極的　エ、排他的

問6、③なによりも……偉ぶらないことです とありますが、現代社会において、偉ぶらない人のことを、筆者はどのような言葉で表現しているか。本文中から三字で抜き出して書きなさい。（4点）

問7、本文において、学ぶことが悩みの解決につながると筆者が考える理由を、次のようにまとめました。[X]～[Z]に入る適切な言葉を書きなさい。ただし、[X]・[Y]は本文中から二字で抜き出し、[Z]は本文中の言葉を用いて五十字以内で書くこと。（X・Y完答で3点、Z4点）

> 人間は[X]によって[Y]を超えた行動ができる生物であり、[Y]によって悩みが引き起こされることを[X]した上で、[Z]ことができるから。

四 （古文）動作主・仮名遣い・内容吟味

次の文章を読んで、あとの各問に答えなさい。（計16点）

（……線部の左側は、現代語訳です。）

あるがざみ、あまた(たくさん)子をア持ちけるなり。その子己が癖に横走りするを、母これを見て、諫(いさ)め(注意して)ていはく、「汝(なんじ)ら何によりてか(あなたたちはどうして)横さまに歩みけるぞ」とイ申しければ、子謹んで(かしこまって)①うけたまはり、「一人の癖にてもなし。われら兄弟皆②形(かた)のごとし。然(しか)らば、ありきたまへ。それを学び奉(たてまつ)らん(それならば、お歩きください。それをまねしましょう)」といひければ、「さらば(それならば)」とて先にウありきけるをエ見れば、わが横走りに少しも違(たが)はず。子笑ひて申しけるは、われら横ありき候(そうろう)か(ですか)、母の歩かせたまふは(お歩きなさる)、縦ありきかと笑ひければ、言葉なふてゐたりける(なにも言えずにいた)。

そのごとく、わが身の癖をかへり見ず、人のあやまちを言ふものなり。もしさやうに人の笑はん時は、退ひて人の是非を見るべきにや。

（「伊曽保物語」より。一部省略等がある）

（注）がざみ…かにの一種。

問1、よく出る ═線部ア～エの中から、その主語にあたるものが他と異なるものを一つ選び、その符号を書きなさい。（2点）

問2、 基本 ①うけたまはり を現代仮名遣いに直し、すべてひらがなで書きなさい。（2点）

問3、②形のごとし とありますが、ここで、子が伝えたいことは何か、次のア～エから最も適切なものを一つ選び、その符号を書きなさい。（3点）

ア、同じように大切に育てられたのだということ。
イ、一人一人、体のつくりが違うのだということ。
ウ、決まった習性に従っているのだということ。
エ、悪い癖を反省して、改めたのだということ。

問4、本文には、子の言葉で「　」のついていない部分が一箇所あります。その部分を抜き出し、はじめと終わりの四字をそれぞれ書きなさい。ただし、句読点を含む場合は、句読点も一字と数える。（3点）

問5、次の会話は、本文を読んだあとに、佐藤さんと鈴木さんが話し合った内容の一部です。［A］・［B］に入る適切な言葉を書きなさい。また、［C］にあてはまる適切な言葉を、あとのア～エから一つ選び、その符号を書きなさい。ただし、［A］は本文中から三字で抜き出し、［B］は本文中から五字以内で抜き出して書くこと。（各2点）

> 佐藤　『伊曽保物語』には、主に動物を主人公とした短い話が多くおさめられているらしいよ。
> 鈴木　本文は、がざみの母が、子に注意している場面から始まるね。母も［A］しているのに、注意するなんて、おかしな話だよ。子の受け答えは、当たり前の反応だと思うなあ。
> 佐藤　母も、そこで、自分が注意したことがおかしいと気づいたのかもしれないね。だから、本文にも、母の様子について、最終的に「［B］」と書かれているんじゃないかな？
> 鈴木　この話にまとめられているとおり、相手に評価されたときは、それが正しいかどうかを［C］ことが大切だと感じたよ。

ア、丁寧に分析する　　イ、独自に解釈する
ウ、早急に確認する　　エ、冷静に見極める

五　条件作文　思考力

次の【資料】は、文化庁が行った「国語に関する世論調査」の結果の一部を、グラフで表したものです。

このグラフを見て、分からない言葉の意味や使い方などを調べるときに、あなたが取り上げたいと考える方法を選び、その理由を、次の条件1～条件3にしたがって書きなさい。（10点）

条件1　グラフを見て、自分が選んだ方法を明らかにして書くこと（複数選んでもかまわない）。
条件2　自分の体験や見聞などの具体例を含めて書くこと。
条件3　「～だ。～である。」調で、二百字程度（原稿用紙25字詰×9行＝省略）で書くこと。また、数値等を書く場合には、次の例にならって書くこと。

例　10％

【資料】

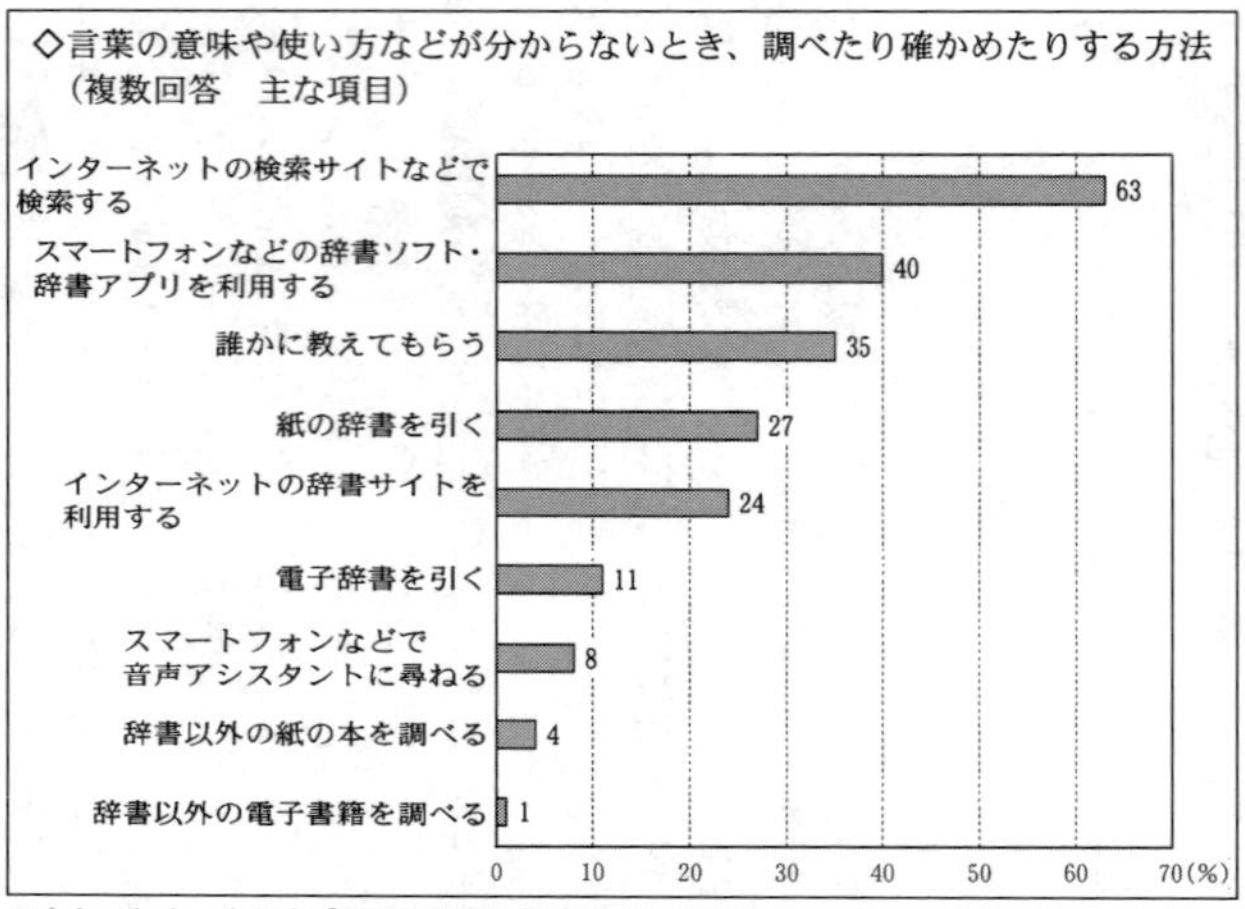

※令和4年度　文化庁「国語に関する世論調査」より作成
※調査対象は、言葉の意味や使い方などが分からないとき、調べたり確かめたりすると答えた、16歳以上の個人

福井県

時間 60分　満点 100点　解答 P24　2月20日実施

出題傾向と対策

●論説文、漢字の読み書き・漢字知識、小説文、漢詩を含む古文、グラフの読み取りを含む条件作文の大問五題の構成。漢字の読み書きと書写に関する出題は例年どおり。古典は、昨年に続いて漢詩を含んだ古文が出題された。

●論説文、小説文の記述問題では、本文中から根拠となる表現を見つけ出し、問われている内容に即して文章をまとめる力が必要。古典は、漢文を含む古文の出題が続いているため、両方の対策をしておきたい。特に漢文は、訓点の基本を押さえておくこと。

注意　字数が指示されているものについては、句読点や符号も字数に含めて答えなさい。

一　（論説文）内容吟味

次の［文章A］と［文章B］は、戸谷洋志（とやひろし）氏が技術について書いた文章である。読んで、あとの問いに答えよ。（計26点）

［文章A］

技術とは何だろうか。それは伝統的な哲学におけるとても大きな問いである。

古代ギリシャの哲学者アリストテレスは、技術を、ある目的を達成するための手段を製作する営みとして定義した。人間がそうした活動をもっともうまく果たすことができるのは、自然現象を人工的に模倣したときである。したがってアリストテレスは技術を「自然の模倣」として説明している。

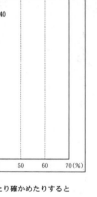

たとえば、伝統的な農業では、春に種を播（ま）いて、秋に作物を収穫する。これは自然界における植物のあり方を模倣した技術である。夏に種を播いたり、冬に収穫しようとし

たりしても、農業はうまくいかない。なぜならそれは自然を模倣できていないからである。したがって技術をうまく行使するために、私たちはまず自然をしっかりと観察し、その本質を理解しなければならない。農作物が自然においてどのように育つのかを知らなければ、農業をうまく行うこともできないのである。

　こうした技術観は、自然が人間を凌駕（りょうが）［超える］する存在であり、人間よりも優れていると考える自然観の上に成り立っている。人間が自分で考えついて行うことよりも、[1]自然の摂理に従ったほうがずっと確実であり、はるかに信頼できると考えられているのだ。そして、こうした技術観もまた人類の歴史の非常に長い期間を支配していた。

　たとえば、十五世紀の発明家であるレオナルド・ダ・ヴィンチは、人間に空を飛ぶことを可能にする機械を構想した。その際、彼はまず鳥の羽の構造を観察し、鳥がどのようにして浮力を作り出しているのかを、その羽の形状と運動から分析した。そして、同じ原理によって人間が空を飛ぶために必要な技術的機構を考案したのである。実際に、ダ・ヴィンチの考えた空飛ぶ機械は実現しなかったが、ここには「自然の模倣」という技術観の反映が見られる。すなわち彼は、空を飛ぶ技術を実現するために、まずは自然において空を飛んでいるものを観察し、それを模倣しようとしたのである。

　しかしこうした技術観は近代の始まりとともに覆（くつがえ）されていく。その変革を起こした代表的な思想家が、十六世紀の哲学者フランシス・ベーコンだ。

　技術を「自然の模倣」として捉えるとき、私たちは自然を観察し、そのあとにそれを技術へと落とし込んでいく。まずは自然の観察、次に技術への実装［技術に取り入れる］という順番だ。この順番は変わらない。第一に優先されるのは自然を観察することなのである。それは「自然ファースト」な発想である、と表現できるかもしれない。このとき自然の観察はあくまでも技術に先行するものとして位置づけられている。つまり、自然の観察そのものは、あとでそれを技術に使うかどうかとは無関係に行うことができる。自然の観察にとって、その成果を技術に使うか否（いな）か、ということは、あくまでも「おまけ」に過ぎない。

　ベーコンはこのような発想を根本的に変更した。彼によれば、自然の本質は、人間が自然に対して積極的に働きかけ、その結果を検証することによって、初めて解明される。そうした働きかけこそ「実験」に他ならない。

　たとえば、近代科学の父と言われる[2]ガリレオ・ガリレイは、重たいものほど早く落下するというアリストテレスの自然哲学を反駁（はんばく）［他人の意見に論じ返す］するために、レールを使って異なる重さのボールを落とす実験を行った。このとき彼は単に自然を観察することによって知識を得たわけではない。わざわざ重さの違うボールを用意し、わざわざレールを作り、それを自分で動かすことによって、自然法則を解明しようとしたのである。レールも、ボールも、明らかに自然なものではない。誰も踏み入れない森の奥地で人知れずレールの上を重さの異なるボールが転がってなどいない。ガリレオは、そのように自然には存在しない人工的な環境を技術的に構築することで、むしろ自然の本質に迫ろうとしたのである。

　ベーコンは、このような実験こそが、人間の知識にとって不可欠の契機であると考えた。実験は、自然を理解するために、自然に対して技術によって働きかけることである。自然をただありのままに観察していても、自然を理解することはできない。それを可能にするのは実験という技術の営みなのだ。この意味において、ベーコンはもはや[3]自然ファーストではなく、「技術ファースト」な考え方をしている、と言えるだろう。

　ところで実験は、人間の技術によって行われるものである以上、人間によってコントロールされ、管理されている。そして、そうした実験によってしか自然が解明されない。そうである以上、人間が自然を解明できるのは、自然を技術によって再現し、自らコントロールできるからである、ということになる。

　そのように考えるとき、ベーコンの発想はもはやアリストテレス的な「自然の模倣」ではなく、「自然の支配」を可能と見なすものとして捉えられる。自然を人間よりも優れたものとして模倣する態度は、自然を自らの関心に従って操作し、管理しようとする態度へと、転換する。自然は人間を圧倒的に凌駕する存在ではなくなり、人間によって支配され得る対象へと変わってしまうのである。

文章B

　技術決定論とは、文字通り、技術が社会を決定する、という考え方である。新しいテクノロジーが作り出され、それが社会に普及していくと、それまでの社会のあり方はテクノロジーによって変容する。つまり、私たちの社会のあり方は、その社会がどのような技術によって支えられているかによって、条件づけられているということだ。

　たとえば鉄道という技術について考えてみよう。鉄道は、それまで人類の社会で支配的だったさまざまな交通手段と比較して、はるかに高速に、はるかに広域に、はるかに大量に、人や物を輸送することができた。だからこそ鉄道は世界中に拡散し、さまざまな社会の中に同一の技術的な手段をもたらすことになった。鉄道の普及は、社会のあり方を大きく変えることになった。鉄道が町から町への移動手段として一般化し、それによって物流や通勤が支えられるようになると、人々は鉄道の時刻表に合わせて行動することを余儀なくされた。それは人々の時間感覚を変え、生活のリズムを刷新していったのだ。

　鉄道が普及する前、人々は日が昇ってから活動を始め、暗くなったら家に帰っていた。しかし、鉄道が普及し、それが社会の細部にまで浸透していくと、人々は鉄道の時刻表に合わせて生活することを余儀なくされていった。何時何分に起きて、何時何分には家を出て、何時何分の鉄道に乗るという、分刻みのスケジュールを立てなければならなくなった。

　そのように時間感覚が更新されるのにつれて、「遅刻」が社会における許されない悪徳として浸透するようになった。やや乱暴な言い方をするなら、「遅刻」は鉄道というテクノロジーによってもたらされた規範的な概念なのだ。このようにして、[4]鉄道は交通手段を変えるだけではなく、社会の価値観をも変えてしまったのである。

（戸谷洋志『未来倫理』の文章による）

問㈠傍線の部分1は、自然界を支配する法則のことである。この摂理に従う農業の技術とは、具体的にどのような技術か。「〜という技術。」に続くように、二十字以内で抜き出して書け。（3点）

問㈡傍線の部分2の人物が行った実験の目的として最も適当なものを、次のア〜エから一つ選んで、記号で書け。（2点）

ア、重さの異なるボールをレール上で動かすこと。
イ、アリストテレスの自然哲学を反駁すること。
ウ、森を観察し、自然法則を解明すること。
エ、人工的な環境を技術的に構築すること。

問㈢傍線の部分3とはどのような考え方か。次の□の中の言葉をすべて用いて、「〜という考え方。」に続くように、六十字以内で書け。（6点）

観察　技術

問㈣傍線の部分4について、鉄道の普及後、人々の時間感覚と社会の価値観はどのように変わったのか。六十字以内で書け。（6点）

問㈤文章Bにある三つの点線の部分の表現について説明したものとして、最も適当なものを次のア〜エから一つ選んで、記号で書け。（3点）

ア、想定外の事態になったという表現を繰り返すことによって、意図していたよりも良い結果を得たことを印象づけている。
イ、過去に起きたことを強調する表現を繰り返すことによって、意図したとおりの結果になったことを印象づけている。
ウ、そうせざるを得ないという表現を繰り返すことによって、意図していたよりも良い結果を得たことを印象づけている。
エ、そうすること以外にないという表現を繰り返すことによって、意図しない結果になったことを印象づけている。

問㈥授業で文章Aと文章Bを読んだあと、ある生徒が空を飛ぶ技術の歴史について調べ、次の【表】にまとめて発表した。

【表】

レオナルド・ダ・ヴィンチ	鳥や昆虫のはばたきを観察、分析し、それを□した空飛ぶ機械を考案したが、実現しなかった（1490年頃）。
モンゴルフィエ兄弟	たき火による気流で洗濯物が動くことを見て、温まった空気の力を利用した熱気球を発明し、有人飛行に成功した（1870年頃）。
ライト兄弟	2台のプロペラを搭載し、ガソリンエンジンを動力とする飛行機による飛行に成功した（1900年頃）。
アンリ・ファルマン	当時の長距離飛行の記録を立てたほか、初めて乗客を乗せた、3人乗りの飛行機による飛行に成功した（1910年頃）。

①【表】の□の部分に入る言葉として最も適当なものを文章Aから漢字二字で抜き出して書け。（3点）

②次のア〜エは、発表後に授業の振り返りをしている四人の生徒の発言である。誤りが含まれているものを一つ選んで、記号で書け。（3点）

ア、レオナルド・ダ・ヴィンチとモンゴルフィエ兄弟の発明には、文章Aにあるアリストテレス的な技術観が反映されているように感じます。
イ、ライト兄弟は空を飛行することに成功しましたが、ガソリンエンジンを動力としている点で、自然の観察では得られない技術を使って空を飛行した例といえます。
ウ、飛行機がより遠くに多くの人を運ぶことができるようになったのは、文章Bにあるように、社会のあり方の変化によって技術革新が進んだからかもしれません。
エ、文章Aは、人間の技術によって自然が支配され得ると述べているのに対して、文章Bは、人間の技術が人間自身に影響を与えることがあると指摘しています。

二 漢字の読み書き・漢字知識

次の問いに答えよ。（計18点）

問㈠ **よく出る** **基本** 次の①〜⑧の傍線の部分について、漢字は読みをひらがなで書き、カタカナは漢字で書け。（各2点）

①災いが起こらないように祈る。
②マフラーを編む。
③屈託のない笑顔を見せる。
④汽笛が聞こえる。
⑤対戦相手に闘志をモやす。
⑥誕生日をイワう。
⑦トウニュウを飲む。
⑧マンチョウにより海水面が上昇する。

問㈡授業で作成する新聞の題字としてふさわしい書体を検討することになった。次の【A】・【B】の題字を比較したとき、筆順が変化している漢字を二つ抜き出し、楷書で書け。（各1点）

【A】

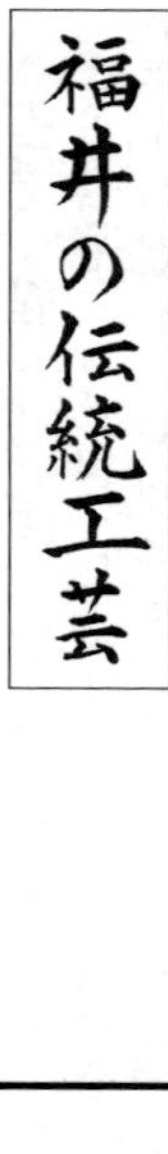

【B】

三 (小説文)文脈把握・内容吟味

本屋を営む「私」は、医師の西島晴順（にしじませいじゅん）から、同じく医師の佐野淇一（さのきいつ）にある本を返却してほしいと頼まれた。その本は、八年前に、西島が佐野の家から黙って持ってきたものであった。次の文章は、「私」が佐野に本を返却する場面である。この文章を読んで、あとの問いに答えよ。

（計21点）

　私は柔らかな陽（ひ）と川の流れと野の匂いに助けられて、西島晴順から聞いた話を語り出した。心がけたのは、話になにも足さず、なにも引かないことだった。とにかく、いま、傍ら（かたわら）に西島晴順が居て耳を傾けていたとしても、なんら臆することがないように語り通した。そうして最後に、脇に置いた風呂敷（ふろしき）包みから五冊の[1]口訣集（くけつしゅう）を取り出した。

　私が話しているあいだ、先生は一つとして問いを挟まなかった。ひたすら、耳に気を集めつづけていた。そして、私が語り終えると、「たいへん、ご苦労をおかけしました。」と言ってから、言葉を足した。

「さぞ、お疲れになったでしょう。それだけ正しく伝えようとしつづけるには、並大抵ではない根気が要（い）ります。あなたは西島晴順のために、たいへん素晴らしい務めを果たされました。」

　伝え終えた途端、どっと疲れが押し寄せたのは事実だった。先生の労い（ねぎらい）で、その甲斐（かい）はあったのかと期待したのだが、しかし、先生は五冊の口訣集を目にすると言った。

「せっかく遠いところを持ってきていただいたのに申し訳ありませんが、[2]これは持ち帰ってください。」

　[3]引きかけた疲れが、またじわっと広がった。

「やはり、受け取っていただけませんか。」

　西島晴順がしきりに気にかけていた「汚点」という言葉が思い出された。

「いや、そういうことではありません。」

　流れに目を預けたまま、先生は言った。

「それは、西島晴順が持っていたほうが、世の中の役に立つからです。」

「世の中の役に立つ……。」

「称東堂（しょうとうどう）（佐野淇一の一門）では、門人（弟子）たちにいくらでも口訣集を写していいと言っています。ですから、諳んじ（そらんじ）（暗記しよう）ようとしているのでしょう、写経のように、何回も写す者も少なくありません。ですから、称東堂には口訣集が溢（あふ）れ返っています。いくらでもあるのです。」

　そう、なのか。門外不出の、秘伝ではないのか。

「西島晴順には可哀想（かわいそう）なことをしました。言って持って帰れば、なんの問題もなかったのに、盗んだと思わせ、返さねばならぬのに返さないと思わせてしまった。その間、己をずっと傷めつづけたことでしょう。己で己を罰しつづけたことでしょう。この口訣集を西島晴順に戻すのは、もう、このことで自分を貶め（おとしめ）る必要はないという徴（しるし）です。佐野淇一がそう言っていたと、よおく伝えてください。」

　私は唖然（あぜん）としていた。世の中に、こんな人物が存在しているのが信じられなくて、[　　]ほど先生の横顔を見つめた。そして、俗人（専門としていない人）丸出しの、問いを投げかけた。

「しかし、先生。」

「こういうことは、丸ごとわかるか、まるでわからないか、だ。半端（はんぱ）はいけない。わかったような気でいてはならない。」

「口訣というのは秘伝ではないのですか。先生なら、淇平（佐野淇一の子）先生にしか伝えないものではないのですか。」

「そんなことは、ぜんぜんありませんよ！」

　先生には珍しく、話にもならないという調子で言った。

「いましがた話したように、称東堂の門人はいくらでも口訣集を写していいのです。修業を終えたら、それを持ち帰って構わないし、持ち帰ったら、仲間の医者に見せて回るのも自由です。縛りはなんにもない。秘伝なんて、とんでもありません。」

　私はさらに驚く。

「なんで、それほどに守らないのでしょう。苦心を重ねて辿（たど）り着いた成果でしょう。真似（まね）されないように、盗まれないように、堅固な壁を張り巡らせるのが常道ではないでしょうか。」

「それをしたら医は進歩しません。患者は救われません。」

　きっぱりと、先生は言った。

「医は一人では前へ進めません。みんなが技を高めて、全体の水準が上がって、初めて、その先へ踏み出す者が出るのです。そのためには、みんなが最新の成果を明らかにして、みんなで試して、互いに認め合い、互いに叩き合わなければなりません。それを繰り返しているうちに、気がつくと、みんなで、遥（はる）か彼方（かなた）に見えた高みに居て、ふと、上を見上げると、もう何人かは、それよりさらに高いところに居ることになるのです。一人で成果を抱え込むのではなく、俺はここまで来た、いや、俺はそこよりもっと先に居ると、みんなで自慢し合わなければ駄目なのです。」

　目から鱗（うろこ）、なんてものではない。もの凄（すご）い。[4]この国のありのままとは、あまりにかけ離れているけれど、そうなるといい。

「残念ながら、この国では、一子相伝（学芸や武術などの大事な事柄を一人だけに伝えること）とか、なんとか伝授とか、なになにの奥義（おうぎ）（学芸や武術などの大事な事柄）とか、そういう仕組みが根を下ろしています。しかし、それは参加を制限し、競い合いを排除することによって進歩を止め、限られた者たちで過去の利益を分け合うということなのです。それでも、稽古事くらいならば害は限られるかもしれませんが、医はそうはいかぬのです。生きるか死ぬかであり、生かすか殺すかなのです。進歩しないわけにはいかんのです。西島晴順にも言ってください。そんなことよりも、医の進歩に力を振り向けろ、と言ってください。」

「ならば、先生。」

　私は先生の話を聴きながら、ずっと胸底（むなそこ）で温めていた企てを言うことにした。

「先生のお話からすると、この口訣集を私が本にして、広めてもいいことになりますね。」

「もちろんです！」

　即座に、先生は答えた。

「[5]願ったりです。」

（青山文平（あおやまぶんぺい）『本売る日々』の文章による）

問(一)　[　　]の部分に入る言葉として最も適当なものを、次のア～エから一つ選んで、記号で書け。（2点）

ア、血眼（ちまなこ）になる　イ、指をくわえる

ウ、息をのむ　エ、穴の開く

問(二)　傍線の部分1について、「私」は口訣集とはそもそもどのような本だと思っていたか。「～の本。」に続くよう

に、本文より十字以内で抜き出して書け。（3点）

問㊂傍線の部分2について、この発言は西島にどのようなことを伝えるためのものか。三十字以内で書け。（4点）

問㊃傍線の部分3について、このときの「私」の気持ちとして最も適当なものを、次のア～エから一つ選んで、記号で書け。（3点）

ア、本を返却しにきたことに対する佐野の労いの言葉から、逆に「私」への皮肉を感じて緊張している。

イ、本を受け取ってくれない佐野の冷たい態度から、西島へどう言い訳しようかと思案して焦っている。

ウ、本の返却を穏やかに拒絶する佐野の口調から、西島の願いは届かなかったと判断して落胆している。

エ、本について正しく話そうとする「私」を賞賛する佐野の態度から、真意が伝わったと脱力している。

問㊄傍線の部分4について、佐野が「この国のありのまま」による害を指摘している部分はどこか。その部分を含む一文を抜き出し、最初の五字を書け。（3点）

問㊅傍線の部分5について、佐野がこのように答えたのはなぜか。四十字以内で書け。（6点）

四（漢文を含む古文）古典知識・内容吟味

次のⅠ・Ⅱは、いずれも才能について述べた文章である。これを読んで、あとの問いに答えよ。（計20点）

Ⅰ

〔漢詩〕

才子ハ恃(たの)ミレ才ヲ愚ハ守(まも)ルレ愚ヲ

少年ノ才子不(ず)ㇾ如(し)カ愚ニ

請(こ)フ看(み)ヨ他日業成ルノ後

才子ハ不レ才ナラ愚ハ不レ愚ナラ

〔解釈〕

才子（才能のある人）は才能をあてにして努力せず、愚者は己の愚かさを知って人一倍努力する。だから少年時代に才子であった者は、何もしなければ愚者にかなわなくなる。いつの日か事業を成しとげたあとを見よ。才子は才子でなくなり、愚者は愚者でなくなっているだろう。

（木戸孝允(きどたかよし)「偶成(ぐうせい)」の文章による）

Ⅱ

仲永(ちゅうえい)（人名）の通悟（幼少時の才能）は、これを天に受くるなり。そのアこれを天に受くるや、材人(さいじん)（才能のある人）よりも賢(まさ)ること遠し（はるかに優れていた）。つひに（結局）これ衆人（凡人）となるは、すなはちその人に受くるもの至らざればなり（人から受ける教育が不十分だったからである）。彼のそのイこれを天に受くるや、かくのごとくそれ賢れるなり（幼少時の賢さは大変優れたものであった）。ウこれを人に受けざれば（受けないので）、かつ衆人となる。今それエこれを天に受けざるは、もとより（もともと）衆人なり。又（しかもその上）、これを人に受けざれば、衆人となるを得るのみならんや（凡人になることさえできなくなってしまうのである）。

（王安石(おうあんせき)「仲永を傷む」の文章による）

問㊀ よく出る 基本 傍線の部分を書き下し文にすると「愚に如かず」となる。これを参考にして、「不 如 愚」に返り点を書け。（2点）

問㊁二重傍線の部分ア～エのうち、指し示す内容がほかと異なるものを一つ選んで、記号で書け。（2点）

問㊂仲永が「衆人」となってしまった理由を現代語で書け。（3点）

問㊃次は、生徒が文章Ⅰ・Ⅱについて学習した内容をまとめた【ノートの一部】である。あとの問い①～③にそれぞれ答えよ。

【ノートの一部】

Ⅰ・Ⅱの共通点
・どちらの文章も、もともと才能があった者でも磨かなければ（　a　）という点で共通している。

Ⅰ・Ⅱの相違点
・Ⅰは、才能を持っていても、（　b　）しなければならないと述べている一方で、Ⅱは、才能を持っていても、（　c　）を受けることが必要であると述べている。

○まとめ
Ⅰは、本文の「愚守愚」という言葉から、（　d　）可能性がある、と説いている。

①空欄aに入る適当な言葉を、十五字以内の現代語で書け。（4点）

②空欄b・cに入る適当な言葉を、それぞれ二字の現代語で書け。（各3点）

③空欄dに入る言葉として最も適当なものを次のア～エから一つ選んで、記号で書け。（3点）

ア、愚者のほうが最終的に成功する

イ、才子のほうが最終的に成功する

ウ、少年のほうが最終的に成功する

エ、後日のほうが最終的に成功する

五 条件作文 思考力

あなたのクラスでは、二〇五〇年の日本について、【理想とする未来の社会】の例を二つ考えた。そこで、【理想とする未来の社会】の実現について考える上で、まず、参考となる【資料A】～【資料C】を集めた。あなたの考える【理想とする未来の社会】について、二つの例からどちらか一つを選び、あなたの考えをあとの注意に従って書け。（計15点）

【理想とする未来の社会】

ア　誰もが暮らしやすい、助け合う社会

イ　新しい技術に支えられた、便利な社会

注意1、本文は二段落構成にし、二百字以上、二百四十字以内で書くこと。

2、第一段落には、【資料A】～【資料C】から一つ選び、現在の社会について資料からわかることを書くこと。(どの資料を選んだかによって、得点に差をつけることはない。)

3、第二段落には、第一段落で書いた内容を踏まえ、あなたが選んだ【理想とする未来の社会】の実現のために大切だと考えることは何か、体験したことや見聞きしたことをもとにあなたの考えを書くこと。

4、題名や氏名は書かないで、直接本文から書き始めること。

5、原稿用紙(20字詰×12行=省略)の正しい使い方に従い、漢字を適切に使用しながら文字や仮名遣いなどを正しく書くこと。また資料の中の項目や数値を使用する場合は、次の例にならって書くこと。

資料Aより　十二・〇%

【資料A】　総人口に対する年齢別人口の割合の変化

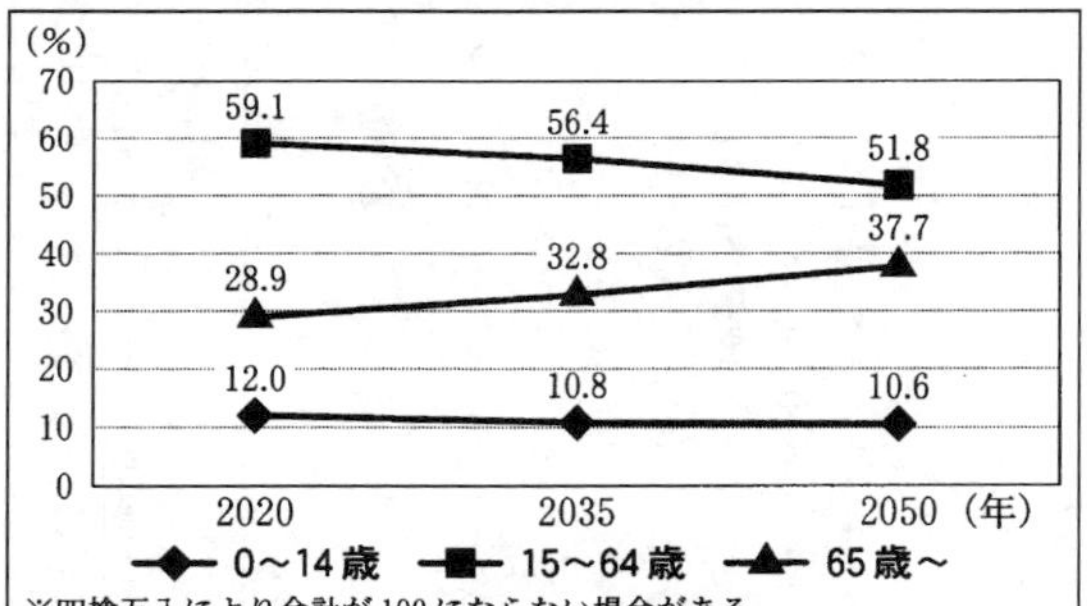

※四捨五入により合計が100にならない場合がある。

(国立社会保障・人口問題研究所「人口統計資料集2023年版」より作成)

【資料B】　コミュニケーションの得意度

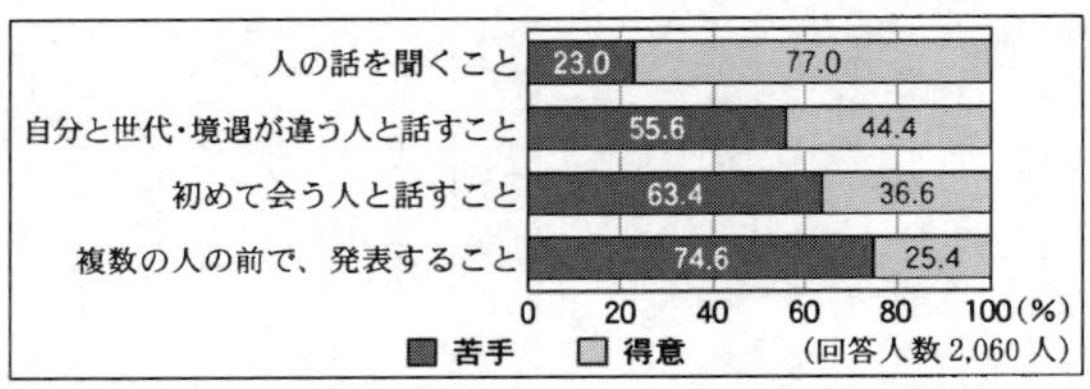

(JTBコミュニケーションデザイン「コミュニケーション総合調査」(2018年)より作成)

【資料C】　AIと人を比較した場合のAIのイメージ

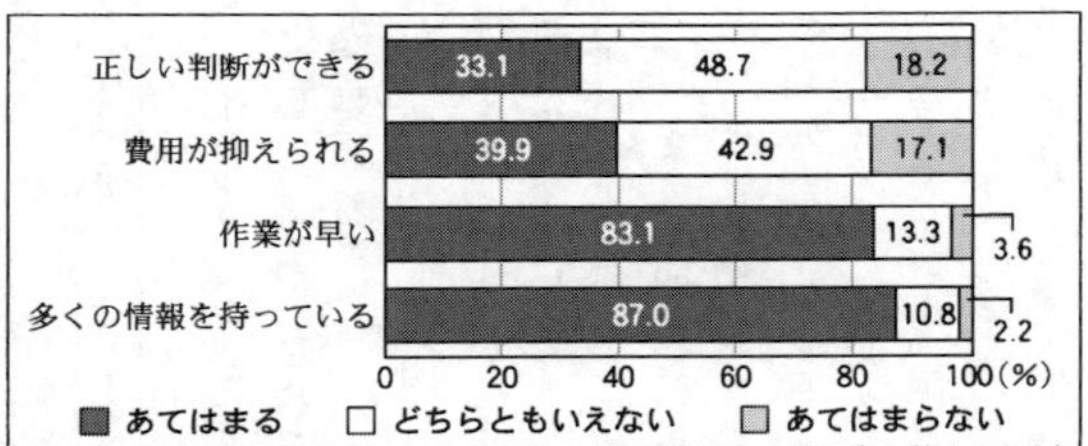

※四捨五入により合計が100にならない場合がある。　(回答人数 1,236 人)

(消費者庁「消費者のデジタル化への対応に関する検討会資料」(2020年)より作成)

山梨県

時間 55分　満点 100点　解答 P25　3月5日実施

出題傾向と対策

●漢字の読み書きと敬語、スピーチ表現、論説文、古文、小説文の大問五題構成。問題は標準的な難度だが、記述問題が多く出題される。加えて課題作文もあるため、時間配分に注意が必要。

●複数種類の資料を組み合わせて正確に検討しなければならない問題では、大切な情報に印をつけるなどの工夫を。記述での解答を求める設問は本文中の言葉を用いて書くとよい。課題作文は、条件だけでなく設問の指示を守り、短時間で書けるように普段から練習をしておく。

一　漢字の読み書き・敬語

次の一から三までの問いに答えなさい。(計22点)

一、よく出る　基本　次のアからオまでの——線の漢字の読みをひらがなで書きなさい。(現代かなづかいで書くこと。)(各2点)

ア、読書活動を奨励する。

イ、日本の民謡について調べる。

ウ、子どもが屈託のない笑顔で喜ぶ。

エ、膝を抱えて座る。

オ、高校の制服に袖を通す。

二、よく出る　基本　次のアからオまでの——線のひらがなを漢字で書きなさい。(丁寧に漢字だけを書くこと。)(各2点)

ア、友達とのやくそくを守る。

イ、妹がてつぼうで逆上がりの練習をする。

ウ、事典は知識のほうこだ。

エ、荷物をあずける。

オ、しかの角が生え変わる。

三、**基本** 次の［　］は、Aさんが職場体験をする会社の担当者に宛てて書いた手紙の一部である。行きますの部分を謙譲語を用いて適切な表現に書き直しなさい。（2点）

> 事前の質問にお答えいただき、ありがとうございました。当日は、午前九時二十分に行きます。よろしくお願いいたします。

二 内容吟味・短文作成

Bさんは、国語のスピーチの学習で、山梨県が開発したぶどうであるサンシャインレッドについて紹介しようとしている。Bさんは、紹介の練習の様子をタブレット端末に録画し、紹介の改善点を考えている。次の【録画した紹介の内容】、Bさんが調べたことをまとめた【ノートの一部】を読んで、後の一から三までの問いに答えなさい。（計10点）

【録画した紹介の内容】（1～4の番号は、紹介の中のそれぞれのまとまりを示す。）

1　新聞などで話題になるシャインマスカットですが、そのシャインマスカットに続くと期待される、山梨県オリジナルのぶどう、甲斐ベリー7（なな）を知っていますか。このぶどうは、二〇二二年に品種登録されましたが、二〇二三年に新たな名称、サンシャインレッドとして登録されました。

2　初めて聞いた人が多いと思います。どのようなぶどうなのか、気になりますね。サンシャインレッドは、シャインマスカットと山梨県で生まれたサニードルチェをかけ合わせた品種です。特徴ですが、[1]見た目はサニードルチェの美しい、鮮やかな赤色を引き継ぎ、香りはシャインマスカットより強いです。シャインマスカットやサニードルチェと同じで、種がなく、皮ごと食べられます。また、甘さの目安となる糖度は十九度ほどで、シャインマスカットと同じぐらいです。実際に食べてみたいのですが、私たちの手に届くにはもう少し時間が必要です。

3　なぜ時間が必要なのかと疑問に思うでしょう。私もインターネットで調べて驚いたのですが、品種開発や生産の安定化は簡単ではありません。シャインマスカットとサニードルチェを初めてかけ合わせたのは二〇〇七年です。つまり、品種登録までに十五年もの年月がかかっています。開発過程を説明すると、ぶどうをかけ合わせ、できた果実から種を取り畑に植えます。苗木から果実ができる木に成長するまでに五、六年かかります。その後も五年以上の調査を続け、ぶどうの特性を確認します。また、多くの方が食べられるよう、ぶどうを流通させるためには[2]生産の安定化が必要です。

4　私たちの手に届くまでに、たくさんの時間や労力がかかっていることを知り、さらに興味がわきました。私は、開発者や生産者にインタビューをして苦労したことやうれしかったことなどの開発秘話を発信したいと思います。そうすれば、多くの方がサンシャインレッドに興味をもち、山梨県を代表するぶどうとして親しんでくれると思います。

【ノートの一部】

サンシャインレッド

○特徴
・美しい、鮮やかな赤色の果実　サニードルチェを継承
・シャインマスカットより香りが強い
・種なしで皮ごと食べられる　シャインマスカットやサニードルチェ同様
・糖度は十九度程度　シャインマスカットと同程度

○現状
・流通には時間がかかる　開発で終わりではない　生産の安定化が必要
・品種登録まで十五年
　苗木から果実ができる木に成長するまでに五、六年
　五年以上の調査　ぶどうの特性の確認
・研究を継続し、生産者向けの手引きの更新　栽培管理のポイントを記載

○伝えたいこと
・開発秘話の発信
　例　苦労したことやうれしかったことなど
・多くの人が興味をもち、山梨県を代表するぶどうになってほしい

○参考資料
・ウェブサイト「ハイクオリティやまなし」「やまなし in depth（インデプス）」

一、【録画した紹介の内容】の1――の部分の表現の工夫を説明したものとして、最も適当なものはどれか。次のアからエまでの中から一つ選び、その記号を書きなさい。（3点）

ア、【ノートの一部】にまとめた特徴を印象深く伝えるために、特に知ってほしい情報を繰り返して紹介している。

イ、【ノートの一部】にまとめた特徴の相違点を正確に伝えるために、具体的な数値を引用して紹介している。

ウ、【ノートの一部】にまとめた特徴をわかりやすく伝えるために、言葉を付け加えたり、言い換えたりして紹介している。

エ、【ノートの一部】にまとめた特徴の根拠を明確にして伝えるために、参考資料のウェブサイトの名称を示して紹介している。

二、【録画した紹介の内容】の特徴を説明したものとして、最も適当なものはどれか。次のアからエまでの中から一つ選び、その記号を書きなさい。（3点）

ア、[1]のまとまりでBさんの考えを示し、聞き手が自分の考えとBさんの考えとを比較して話を聞くことができるようにしている。
イ、紹介の全体を通して呼びかけや問いかけを用い、聞き手がBさんの紹介の内容について納得することができるようにしている。
ウ、Bさんとは異なる立場の考えを紹介し、聞き手がBさんの紹介の内容について多角的に捉えることができるようにしている。
エ、聞き手の反応を想定して話を展開し、聞き手がBさんの紹介の内容について興味や関心をもつことができるようにしている。

三、2生産の安定化が必要です。とあるが、Bさんは、その方法を聞き手に具体的に紹介した方がよいと考え、【ノートの一部】の情報を用いて、この後に付け加えようとしている。あなたがBさんなら、どのように話すか。「そのために、」に続けて三十五字以上、四十字以内で話すように書きなさい。　（4点）

三（論説文）文脈把握・内容吟味

次の文章を読んで、後の一から五までの問いに答えなさい。（*は注を示す。）　（計21点）

俳句の世界は俳句を詠（よ）むことだけがすべてではなく、他人の俳句を鑑賞し、批評し、またその良さを他人に説明することもとても大事です。その大切な取り組みの一つが句会*であり、参加者が互いに他人の作品を選ぶ互選形式の句会が広く行われています。句会では、兼題と呼ばれるあらかじめ決められたお題に沿ってそれぞれ参加者が事前に俳句を詠み、決められた日時場所にその俳句をもって集まります。また、事前にじっくりと考えられる兼題とは違い、句会当日まで伏せられていて、句会の席上ではじめて発表される席題というお題もあります。席題では限られた時間内に即興で俳句を詠むことが求められるため、兼題とは異なった詠み手の力量が問われます。

※

多くの俳人は句会を通して俳句を披露し、他人の俳句を評価し、説明することを通して技術を磨いていきます。他人が詠んだ俳句を鑑賞し、どこが良かった点なのか、またどこが悪かった点なのかをそれぞれが考え、互いに評価説明をすることによって俳人同士の価値観を発展させていきます。そこで培（つちか）われた価値観がまた次の俳句づくりの土台となっていくのです。私たちが普段意識せずに何気なく使っている日本語ですが、俳人は句会を通して一つひとつの単語が意味することの範囲、切れ字や助詞の効果を確認し、十七音の世界観を丹念に確かめていきます。俳句を通じた人と人との相互作用こそが俳句の真髄であると言えます。

[A]、人工知能の研究にとって俳句を扱う意義はどこにあるのでしょうか。私たちは、単に俳句を生成する人工知能をつくることを目的としているのではなく、最終的には人に交じって人と対等に句会に参加できる人工知能を開発することがゴールと考えています。人と対等に句会に参加するには表面的にうまく振る舞っているように見える「弱い人工知能」ではだめで、本質的に人と対等の知能、つまり「強い人工知能」が必要になると考えています。

人と対等に句会に参加できる人工知能は、俳句という土台の上で人との相互作用にきちんと耐えられるものでなければなりません。もしそれが実現できるのなら、俳句に限らず本質的な知能をもって互いに働きかけ、影響を及ぼすことができるということになります。1そのような人工知能が開発できれば、人工知能が生活のさまざまな場面で人と一緒に考え、人を助け、ともに調和しあえる社会をつくることができるかもしれないのです。

少し細かく見ていくと、人工知能を用いて人と対等な俳句を生成するということは、現実世界の情報や人の情動を言葉に変換するということだけではなく、その逆である、言葉から現実世界の情報や人の情動を想像することも必要となります。「強い人工知能」を実現するにあたっては、実際に俳句を通して人の心を動かすことに加え、人工知能自身が俳句によって人の心を動かせることを理解する必要もあります。

さらに、人が詠んだ俳句を解釈することによって、人が現実世界のどのような物事に注目しているのか、そこでどのようなことを感じ取っているのか。また、それをどのような言葉で表現するのかが見えてくるなど、ブラックボックス*である人の知能や心を理解するきっかけとなります。つまり、2人と相互に俳句を批評することが、人の価値観、人生観にアクセスすることができる一つの方法論になると考えています。

俳句の良し悪（あ）しや評価はあくまで主観的なもので、だれにでも通用する普遍的な評価はありえません。同じ俳句でも人生経験が少ない若いときにはなんとも思わなかったものが、長い人生、苦楽を経て老年期には味わい深いものに思えることもあります。そのような立場の違いを踏まえて俳句の良し悪しを人に説明できるということは、相手の立場、状況、理解力、知識を踏まえて相手が理解できる働きかけを適切に行えるということになります。人の人生とは何か、その人生の中で俳句はどう解釈できるのかという視点を踏まえる必要があります。

このように、他人の俳句に対する解釈を理解することで、俳句そのものが持つ情報と外部世界との情報の接点を理解し、解釈の幅を広げることができるようになっていきます。従来の人工知能の研究では、事前に定義された記号で表された抽象的な世界での論理的な推論や、数学的に定義された目的関数*の最小化を通して世界を学習するような方法が主流でした。人との相互作用を前提として知能の本質に迫るものはあまりなされてこなかったように思います。私たちは俳句という切り口を通して、相互作用を通した知能の本質に迫る研究ができるのではないかと考えています。

また、人工知能による俳句研究を通して、人はどのように俳句を詠み、選句し、鑑賞しているのか、そのメカニズムも明らかにすることができるかもしれません。それは、人の俳句に対する理解を広げ、新たな楽しみを発見する助けになるかもしれません。私たちは、人工知能と俳句界双方の発展に役立つような成果を出したいと思いながら研究に取り組んでいます。

（川村秀憲・山下倫央・横山想一郎『人工知能が俳句を詠む ―AI一茶くんの挑戦―』による。一部表記を改めた。）

（注）＊句会……俳句を作って互いに批評し合う会。
＊ブラックボックス……機能はわかっているが構造がわからない装置やシステム。
＊目的関数……コンピュータがデータを使って学習する際に用いられる関数。

一、よく出る [A] に入る言葉は何か。次のアからエまでの中から最も適当なものを一つ選び、その記号を書きなさい。（2点）

ア、では　イ、むしろ
ウ、たとえば　エ、したがって

二、本文の「※」の部分について、この部分は筆者の考えを読み手に伝える上でどのような効果をもたらしているか。次のアからエまでの中から最も適当なものを一つ選び、その記号を書きなさい。（3点）

ア、句会の進め方について述べることで、筆者がこれから行う人工知能開発の手順を読み手に想像させる効果。
イ、兼題と席題について述べることで、筆者が取り組もうとしている人工知能研究の限界を読み手に想像させる効果。
ウ、日本語の仕組みについて述べることで、筆者が開発を進める人工知能の言語構造を読み手に想像させる効果。
エ、俳句の真髄について述べることで、筆者が目指す人工知能開発の到達点を読み手に想像させる効果。

三、[1]そのような人工知能 とあるが、どのような人工知能だと筆者は述べているか。次のアからエまでの中から最も適当なものを一つ選び、その記号を書きなさい。（3点）

ア、実生活における経験を踏まえてわき起こった感情を基に俳句を生成することに加え、自身の感情を多角的に分析してコントロールできる人工知能。
イ、人を感動させられるような俳句を生成することができ、さらに自らが生成した俳句によって人を感動させられるということをわかっている人工知能。
ウ、人は俳句の優劣について主観的に評価せざるをえないが、人の主観的な評価に対して作者の人生観を踏まえた客観的な評価ができる人工知能。
エ、あらかじめ定義された記号を用いて一日に膨大な数の俳句を生成するために、人が定めた規則や方式を理解して忠実に従うことが可能な人工知能。

四、[2]人と相互に俳句を批評する とあるが、そのために人工知能はどのようなことができる必要があると筆者は述べているか。相手、違いという二つの言葉を使って、四十字以上、四十五字以内で書きなさい。（4点）

五、本文を読んだXさんは、人工知能研究に興味をもち、関連する資料を図書館で探したところ、次の【資料】を見つけた。また、【メモ】の[　　]は、本文と【資料】とを比較し、「これまでの人工知能」と「これからの人工知能」についてXさんが整理したものである。[B]、[C]、[D]にはそれぞれどのような言葉が入るか。[B]は【資料】の中から六字でさがし、抜き出して書きなさい。[C]は本文の中から五字以上、十字以内でさがし、抜き出して書きなさい。[D]は本文の中の言葉を使って、十五字以上、二十字以内で書きなさい。（B2点、C3点、D4点）

【資料】

写真を送ると花の名前を教えてくれる人工知能があったとしましょう。ところが、この人工知能は、梅の花と桃の花をうまく識別できません。人間ならば、「いまいち、梅の花と桃の花の違いがわからないのですが、見分けるコツを教えてください」と質問するでしょう。また、自分の答えに自信がないときは、「これは梅ですか？」と質問して、自ら学習していくわけです。このように自分の知識を増やすために、適切に質問することは、今のところ、人工知能にはできません。これは、人間だからこそ為せる極めて難度の高い技術なのです。

人工知能は、最初から想定外を想定していません。あらかじめ想定されている質問や状況にだけ対処できるように作られています。想定外の質問に対して、人工知能は「わかりません」とさえ答えておけばいいのです。そうすればユーザーは質問を変えるか、「このAIは使えないなぁ」とあきらめてくれます。想定外や未知の状況に遭遇したときに、何とかするのは人間なのです。

最近、顧客対応（カスタマーサポート）業務では、「チャットボット」と呼ばれる人工知能が活躍していることをご存知でしょうか。チャット（chat）とは対話、ボットとはロボットです。チャットボットは、文字による質問に対し、自動的に回答してくれます。当然ながら、チャットボットを利用するためには、適切な（想定内の）質問をユーザーが考えて入力しなければなりません。不適切な（想定外の）質問には、チャットボットは「わかりません」と回答します。

このような現在＊の人工知能では、電話対応は無理でしょう。電話では臨機応変な対応が求められます。会話の文脈の中で、何を質問されているかを理解しなければなりません。しかも日常会話では、主語や述語が省略されることもありますし、「あれ」とか「これ」とか、さまざまな指示語が出てきます。そのような不完全な言語情報でも、それまでの会話の文脈の中で、私たちは想像力で「あれ」や「これ」を補っているのです。これも人間だから為せる高度な技なのです。

（高橋宏和『生命知能と人工知能　AI時代の脳の使い方・育て方』による。一部表記を改めた。）

（注）＊現在……ここでは二〇二二年のこと。

【メモ】

［これまでの人工知能］
○【資料】では、二〇二二年現在の人工知能ができないこととして、自分の知識を増やすために適切に質問すること、[B]すること、電話での臨機応変な対応が挙げられているが、本文では【資料】

で述べられているような人工知能のことを、[C]と称している。

○　本文では【資料】で述べられているような人工知能では、きちんとした人との相互作用に耐えられないと述べられている。

［これからの人工知能］

○　本文では、人と対等の知能を持つ人工知能の研究開発について、俳句を扱うことで、[D]ことや俳句に対する私たち人間のメカニズムを明らかにすることができるかもしれないと、研究開発に際して俳句を扱う意義とともに今後の展望が述べられている。

四　（古文）仮名遣い・古典知識・内容吟味

次の文章を読んで、後の一から四までの問いに答えなさい。（*は注を、点線部は現代語訳を表す。）（計13点）

昔、*王子猷（わうしいう）、*山陰（さんいん）といふ所に住みけり。世の中の[1]わたらひ（暮らし）にほだされずして（向きのことに縛られないで）、ただ春の花、秋の月にのみ心をすましつつ（心を寄せながら）、多くの年月（としつき）を送りけり。事に触れて情深き人なりければ（何かにつけて情趣を深く解する人）、かき曇り降る雪はじめて晴れ（空一面を覆うようにして降り続いていた雪がやんでようやく晴れ）、月の光きよくすさまじき夜、一人起き居て慰め難（がた）くや覚えけん（心が抑えがたく思ったのであろうか）、*高瀬船に棹（さを）さしつつ、心に任せて*戴安道（たいあんだう）を尋ね行くに、道の程遥（はる）かにて、夜も明け月も傾（かたぶ）きぬるを、本意（ほい）ならずや思ひけん（不本意に思ったのであろうか）、かくとも言はで（ここまで来たとも言わないで）、門（かど）のもとより立ち帰りけるを、いかに（なぜ）と言ふ人ありければ、

「諸共（もろとも）に月見ん（眺めよう）とこそ思ひつれ。かならず人に逢（あ）はんものかは（何としても人に逢うという必要はありません）」

とばかり（だけ）言ひて、[2]つひに帰りぬ。心のすきたる程は（どれほど風流の心が深かったかは）、これにて思ひ知るべし。戴安道は*剡県（えんけん）と言ふ所に住みけり。同じさまに心をすましたる人にて（同じように風流に心を寄せていた人であったと）、この人の年頃（数年来）の友なり。なん侍（はべ）りける（いいます）。

（『唐物語新釈（からものがたりしんしゃく）』による。表記は問題用に改めた。）

（注）
*王子猷……中国の晋（しん）の時代の人。
*山陰……中国の地名。
*高瀬船……河川で用いられた箱型の輸送船。
*戴安道……王子猷の友人。
*剡県……中国の地名。山陰の南方。

一、基本　[1]わたらひ　を、音読するとおりにすべてひらがなで書きなさい。（現代かなづかいで書くこと。）（2点）

二、よく出る　本文は『晋書（しんじょ）』という中国の歴史書をもとに日本で作られた文章である。本文の中の　かならず人に逢はんものかは　は、『晋書』では次の［　　］のように記述されている。この訓読文を書き下し文に直して書きなさい。なお、訓読文の中の「安道」とは本文の中の戴安道のことである。（2点）

［何(ゾ)必(ズシモ)見(まみエンヤ)二安道(ニ)一］

三、[2]つひに帰りぬ　とあるが、次の[　　]は、王子猷のこのような行動の理由を述べたものである。[A]、[B]にはそれぞれどのような言葉が入るか。十字以上、十五字以内の現代語でそれぞれ書きなさい。（各3点）

[A]と思ってやって来たが、[B]ため、戴安道に逢う必要がなくなったから。

四、本文の内容の説明として最も適当なものはどれか。次のアからエまでの中から一つ選び、その記号を書きなさい。（3点）

ア、折々の風物に風雅な心の動く王子猷は、人の心を暗くする冬の雪よりも、春に咲く花や秋に出る月の方を好んだ。

イ、月の光が恐ろしいほど清らかな夜、居ても立ってもいられなくなった王子猷は、心の赴くままに戴安道の元に向かった。

ウ、戴安道の家の門前から引き返そうとする王子猷に対して、どうしてこれまで逢いに来なかったのかと問う人がいた。

エ、王子猷と数年来の友人である戴安道は、自分に逢わずに帰った王子猷のことを風流の心が深い人だと称賛している。

五　（小説文）語句の意味・内容吟味・文脈把握・課題作文

次の文章を読んで、後の一から六までの問いに答えなさい。（*は注を示す。）（計34点）

全国高校駅伝大会で、先輩の欠場によりアンカーを任された高校一年生の坂東（さかとう）は、中継所で自分の番を待っている。

色とりどりの鉢巻きをつけた選手たちの頭が並ぶ向こうに、先頭を切って4番が勢いよく出発するのが見えた。

次の選手がまだ呼ばれないので、独走状態でタスキを受け取ったということだ。一方、役目を果たした選手は腰に手を当て、走り終えた人特有の肘を左右に張り、肩で大きく息をする、くたびれきった後ろ姿とともに歩道側へと消えていった。

先頭が通過してから一分近くが経って、

「26番、28番、46番――」

とようやく三人の番号が呼ばれた。

それからは続々と、ゼッケン番号がダミ声でもって拡声器経由で告げられていく。周囲から急に、パチンパチンという肉（たた）を叩く音が聞こえ始めた。寒さで固くなった太ももを叩き、少しでも筋肉をほぐそうとしているのだ。

[1]本当に私、走るんだ――。

スタジアムからこの中継所までの連絡バスに乗っている間も、雪とともに流れていく京都の街並みを眺めながら、

いっそこのまま家の前まで走って帰ってくれないかな、と内心、真面目に願っていた私である。

　バスから下りたのち、待機所になっている病院のロビーでは、はじめて留学生のランナーを見た。彼女のことは陸上競技雑誌で見かけたことがあった。私や*咲桜莉が得意とする中距離走の高校記録を持つ超有名選手だった。驚いたのは、彼女が自分よりもずっと身長が低かったことだ。

　緊張のしすぎで、身体をどこかに置き去りにしてしまったような私に対し、留学生の彼女は同じデザインのベンチコートを着た女の子二人と談笑していた。サポート要員として、中継所まで部員が駆けつけているのだ。呼び出しの寸前まで、留学生は足のマッサージを受けていた。ひとりでやることもなく、キャラメルを舐めていた私とはエラい違いだった。

　第二集団のトップを切って、その留学生選手がタスキを受けて出発する。

「すごい」

　思わず声が漏れてしまうほど、今まで見たことがない走りの*フォームだった。

　まわりの選手たちもハッとした表情で彼女の後ろ姿を目で追っていた。走る際の、足の*モーションがまるで違った。走るためのマシーンと化した下半身に、まったくぶれない上半身がくっついているようだ。跳ねるように地面を蹴る、その歩幅の広さといい、それを支える筋肉のしなやかさといい、何て楽しそうに走るんだろう、とほれぼれしてしまうフォームで、彼女はあっという間に走り去っていった。

　彼女の残像を思い浮かべながら、視線を中継所に戻したとき、

「私は好きだよ、*サカトゥーの走り方。大きくて、楽しそうな感じがして」

　緊張のしすぎで、まったくごはんを食べる気が起きない朝食会場で、正面に座る咲桜莉に突然告げられた言葉が耳の奥で蘇った。

　そんなことを彼女から言われたのははじめてだった。私は咲桜莉の機敏で跳ねるような足の運び方や、テンポのよい腕の振り方が、自分にはできない動きでうらやましく、自分の走り方は大雑把で無駄が多いと思っていたから、驚くとともに純粋にうれしかった。おかげで用意された朝食を全部平らげることができた。

　私が留学生の彼女を見て楽しそうと感じたように、咲桜莉が私の走りを見て楽しそうと感じてくれている――。

　留学生の彼女と私じゃレベルがまったく違うけれど、不思議なくらい勇気が太ももに、ふくらはぎに、足裏に宿ったように感じた。
　[2]気づくと、あれほど我が物顔でのさばっていた緊張の気配が身体から消え去っている。
　そうだ、私も楽しまないと――。

　こんな大舞台、二度と経験できないかもしれない。もちろん、来年だってここに戻ってきたいけれど、私が走れる保証はどこにもないのだ。

　ならば、この瞬間をじっくりと楽しまないと。最初で最後のつもりで、*都大路を味わわないともったいないぞ、サカトゥー。

　図々しい気持ちがじわりじわりと盛り上ってくると同時に、走る前の心構えが整ってきた。さらには、周囲の様子もよく見えてきた。もっともそれは、半分の選手がすでにゼッケン番号を呼ばれ、待機組の人数が減ったせいかもしれないけれど。

　早く、走りたい――。

　身体がうずいて、その場で二度、三度とジャンプして、ステップを踏んだ。

　すでに先頭が通過してから、五分以上が経過しただろう。

　ついに、私の番号が呼ばれた。

　順位に関しては、良いとは言えない。

　でも、それは*菱先生も事前に予想済みのことだった。というのも、各都道府県で行われた予選大会にて、五人のランナーは本番と同じ距離を走る。コースのつくりや、当日の天候の違いによる影響は多少あるだろうが、都大路に駒を進めた各校のタイムはすべて公開されるので、その記録をチェックしたら、おのずと全体における自校のだいたいの位置がわかる。私たちの学校の記録は四十七校中三十六位だった。

「全員がはじめての都大路で、いきなりいい成績なんて出ないから。今回はまずは二十位台を目指そう」

　と菱先生はハッパをかけたが、この場に残っているのは十五人くらい。すでに三十位台にいることは間違いなさそうだ。

　中継線に並んでいた選手が四人、目の前で次々とタスキを受け取り、一目散に駆け出していく。

　ベンチコートを脱ぎ、青いキャップをかぶった係員に手渡し、中継線まで進んだ。

　私とほぼ同じタイミングで、すぐ隣に赤いユニフォームの選手が立つ。

　私よりも五センチくらい背が高い。寒さのせいか、緊張のせいか、血の気のない真っ白な肌に、唇だけが鮮やかな赤色を残していた。

　ぱっつんと一直線に揃えられた前髪と重なるように、きりりと引かれた眉の下から、切れ長な目が私を見下ろしている。

　互いの口から吐き出される白い息を貫き、視線が交わった瞬間――、[3]彼女の目Aと、私の目Bを結ぶ、直線ABの中間点Cにて、何かが「パチンッ」と音を立てて弾けるのを聞いた気がした。

　相手は目をそらさなかった。

　私も目をそらさなかった。

　拡声器を手に係員のおじさんが隣を通ったのを合図にしたように、二人して同じタイミングでコースに向き直った。

　体格を見ても、面構えを見ても、相手は一年生ではなさそうだった。

　でも、何年生であっても、この人には負けたくない――。

　むらむらと闘争心が湧き上がってくるのを感じた。


（万城目学『八月の御所グラウンド』による。一部表記を改めた。）

（注）＊咲桜莉……駅伝部の一年生。
＊フォーム……姿勢。
＊モーション……動き。
＊サカトゥー……坂東の呼び名。
＊都大路……京都の大通り。ここでは全国高校駅伝大会のコース。

＊菱先生……駅伝部の顧問の先生。

一、**基本** 一目散に とあるが、ここではどのような意味で用いられているか。次のアからエまでの中から最も適当なものを一つ選び、その記号を書きなさい。（2点）

ア、一斉に　イ、軽やかに

ウ、注目されずに　エ、わき目もふらずに

二、本当に私、走るんだ―― とあるが、この場にいる実感がわかない私の様子を比喩を用いて表している部分はどこか。本文中から二十二字でさがし、はじめの五字を書きなさい。（3点）

三、気づくと、あれほど我が物顔でのさばっていた緊張の気配が身体から消え去っている とあるが、それはなぜか。次のアからエまでの中から最も適当なものを一つ選び、その記号を書きなさい。（4点）

ア、第二集団のトップでスタートした留学生選手の軽快で楽しそうに走る姿を目の前で見た後に、友人も私の走り方に魅力を感じていてくれたことを思い出し、恐れず大会に臨もうという思いになったから。

イ、自分より小柄な留学生選手が周囲の選手を圧倒しながら走り去っていった時に、朝食が喉を通らない私のことを心配した友人が助言してくれたことを思い出し、友人のために頑張ろうという気持ちになれたから。

ウ、留学生選手のはじめて見る走りのフォームに驚くと同時に、留学生選手と同じように手足を素早く動かしながら跳ねるようにテンポよく走っていた友人のフォームを思い出し、自分も同じようにできると思ったから。

エ、直前まで談笑していた留学生選手がマシーンのように走る様子を見て自分との実力差がはっきりわかり、気持ちが吹っ切れたのと同時に、大会に出場できなかった友人の言葉を思い出し、前向きになれたから。

四、彼女の目Aと、私の目Bを結ぶ、直線ABの中間点Cにて、何かが「バチンッ」と音を立てて弾けるのを聞いた気がした とあるが、次の□は、この描写について説明したものである。[A]、[B]にはそれぞれどのような言葉が入るか。本文の中の言葉を使って、[A]は五字以上、十字以内で、[B]は十五字以上、二十字以内でそれぞれ書きなさい。（A3点、B4点）

> 赤いユニフォームの選手と私の[A]様子と、私に[B]が芽生えていることを表している。

五、本文の表現の仕方について述べたものとして、最も適当なものはどれか。次のアからエまでの中から一つ選び、その記号を書きなさい。（3点）

ア、この都大路を楽しもうとする参加選手の様子を、情景描写に色彩に関する言葉を用いることで写実的に表現している。

イ、時間の経過とともに駅伝に魅了されていく主人公の様子を、一文を短くしてリズムよく描くことで効果的に表現している。

ウ、自分の感情と向き合っている主人公の様子を、主人公の心の中の言葉に「――」を使うことで印象的に表現している。

エ、大会の緊迫した状況に対して一喜一憂しているチームの様子を、主人公の視点に沿って語ることで主観的に表現している。

六、**思考力** 本文には、駅伝のタスキをつなぐという役目を果たす選手の様子が描かれている。あなたが自分の役目や役割を意識して取り組んだことは何か。また、そのことからどのようなことを考えたか。あなたの考えを、次の1、2の条件に従って書きなさい。（15点）

> 条件1　あなたが取り組んだことを具体的に書くこと。
> 条件2　二百四十字以内で書くこと。

注意　1　原稿用紙（20字詰×12行=省略）の正しい使い方に従って書くこと。
　　　2　題名、氏名は書かないこと。

長野県

3月6日実施

時間 50分　満点 100点　解答 P26

出題傾向と対策

●論説文、話し合いや資料を組み合わせた問題、誤字訂正の問題、古文、小説文の大問五題構成。本文は平易だが、読む量が多く、記述問題も難度が高い。基本的な読解から情報を整理する能力が必要なものまで幅広く出題される。

●文法、接続詞の補充、漢字の読み書きなどの基本的な国語の知識をしっかりと押さえたうえで、出題形式に慣れるための反復練習をしておく。記述問題は、時間配分に気をつけながら、本文から読み取ったことをすばやくまとめる力をつけること。

注意　句読点、カギ括弧（「や『）なども それぞれ一字と数えて書きなさい。

一 （論説文）漢字の読み書き・文脈把握・品詞識別・段落吟味・内容吟味・条件作文

次の文章を読んで、各問いに答えなさい。ただし、[1]～[11]は各段落の番号を示す。（計31点）

[1] アルキメデスは風呂に入ると、水位が上がることに気づいて、「エウレカ（わかった）！」と歓喜して叫んだという。この話を聞いたことのある人も多いだろう。王冠のような複雑な形状の物体でも、それを水に入れれば、その体積がすぐわかる。このことを発見して、＊欣喜雀躍したのである。

[2] 問題の答えが閃いたり、謎めいたものの正体が明らかになったりすると、私たちは「あっ、わかった！」と叫びたくなる。このようなときの「わかる」はたいてい直観的な理解である。答えがパッと思い浮かび、謎の正体が突然明らかになる。このような直観もまた、私たちの物事の理解にとって非常に重要である。

[3] たとえば、数学の証明問題を考えてみよう。証明は、

与えられた前提から一定の規則に従って結論を導き出すことである。しかし、従うべき規則は複数あり、それらをどんな順番で適用していけばよいかは明らかではない。この点が証明の難しいところである。証明問題を解くというのは、ようするにどの規則をどの順に適用するかを発見することだと言っていい。

4 しかし、たんにどの規則をどの順に適用するかがわかっただけでは、じつは①証明が本当にわかったとは言えない。たとえば、頭をひねってもなかなか証明問題が解けないので、ついつい答えを見てしまうことがある。しかし、答えを見てもなお、よくわからないと感じることがあるだろう。答えを見れば、どの規則をどの順に適用して、前提から結論が導かれているかはわかるのだが、それでもどうも腑（ふ）に落ちないのである。

5 なぜここでこの規則を適用するのか。「そうすれば、解けるからだ」と言われても、「でも、どうして」と言いたくなる。しかし、最初は腑に落ちなくても、証明を何度もたどりかえして、証明の流れに慣れてくると、やがて「あっ、わかった」と感じられる瞬間が訪れてこよう。それは証明のいわば「核心」が直観的に把握された瞬間である。証明の本当の理解には、証明の核心を直観的につかむことが必要なのである。

6 直観はこのように私たちの理解を深めてくれる。では、そもそも直観とは何であろうか。直観にはいろいろな面があるが、以下では、直観と知覚の比較を通じて、直観の一端を明らかにしたい。

7 知覚はその形成の過程が意識されることなく、その結果だけが意識にのぼる。バナナから光の刺激を受けると、バナナが見える（つまりバナナの姿が意識に現れる）。A、このバナナの知覚が形成される過程、すなわち網膜に到達した光刺激が脳の視覚皮質*に送られ、そこで順次、情報処理がなされていく過程は、意識にのぼらない。最終的な結果であるバナナの知覚だけが意識にのぼる。したがって、意識のうえでは、知覚は形成過程なしに突如出現するように思える。しかし、いま説明したように、それは無意識的な形成過程を経ているのである。

8 知覚と同様のことが、直観でも生じている。直観においても、その形成過程は意識されず、結果だけが意識にのぼる。さきほど述べたように、証明を何度もたどっていると、やがてその核心が直観されるが、意識にのぼるのはその核心の直観だけであって、それが脳のなかでどのような情報処理を経て形成されるかは意識されない。

9 このように知覚と直観のあいだには、よく似た点がある。しかし、その一方で、重要な違いもある。すなわち、知覚においては、物事の具体的な内容が意識に現れるのにたいし、直観では、抽象的な内容しか現れない。バナナの知覚においては、意識に具体的なバナナの姿が現れるが、証明の直観においては、証明の核心という抽象的な内容しか意識に現れない。もちろん、証明を構成する式（または命題）の系列を具体的に意識に思い浮かべることはできるだろうが、それは直観によって捉えられる証明の核心ではない。B、証明の核心を直観的に把握できなくても、証明をよく暗記すれば、証明の式／命題の系列を具体的に思い浮かべることは可能だからである。証明を直観的に把握することは、証明の式／命題の系列を具体的に思い浮かべることではなく、証明の核心を一挙に捉えることなのである。

10 これは何も視覚的な事柄に限った話ではない。たとえば、ひとつの楽曲が直観的に把握されるというような聴覚的な事柄の場合も、同様である。ベートーベンの「運命」を何度も聴いて、それが直観的にわかるようになったとしよう。このとき、「運命」の核心を一挙に捉えることになるが、それはこの楽曲を構成する音を順に意識に思い浮かべることではない。楽曲の核心を捉えることは瞬時に可能だが、楽曲のすべての音を具体的に思い浮かべるには、何十分もかかる。楽曲を直観的に把握することは、意識のなかで楽曲を具体的に再現することではなく、楽曲の核心を一挙に捉えることなのである。

11 このように、直観では、知覚と違って、物事の核心しか意識に現れない。②直観は物事の具体的な姿ではなく、その核心を一挙に捉えるのである。私たちの物事の理解は、このような直観によっておおいに深められる。

（信原幸弘（のぶはらゆきひろ）「「覚える」と「わかる」 知の仕組みとその可能性」）

（問題作成上ふりがなをつけた箇所がある）

＊（注） 欣喜雀躍＝こおどりして喜ぶこと
視覚皮質＝視覚中枢ともいう、大脳にある視覚に関与する神経中枢

(1) よく出る 基本 文章中の……線部のよみがなを、ひらがなで書きなさい。（各1点）
①叫ん　②訪れ　③一端　④網膜　⑤順次　⑥再現

(2) よく出る 基本 A、B に当てはまる言葉として最も適切なものを、次のア～カから一つずつ選び、記号を書きなさい。また、それらは同じ品詞であるが、その品詞を漢字で書きなさい。（各2点）
ア、だから　イ、しかし　ウ、しかも
エ、それとも　オ、なぜなら　カ、ところで

(3) 本文における段落相互の関係の説明として最も適切なものを、次のア～エから一つ選び、記号を書きなさい。（3点）
ア、3段落は、2段落の内容を受け、具体例を挙げながら否定する考えを述べている。
イ、4段落は、3段落の内容を受け、疑問を解決し新たな話題を提示している。
ウ、5段落は、4段落の内容を受け、筆者の個人的体験を根拠に、文章全体の結論を述べている。
エ、6段落は、5段落の内容を受け、問いによって視点を転換しながら、話題を提示している。

(4) ――線部①とあるが、筆者の考える、数学の証明が本当にわかるということについて次のようにまとめた。C に当てはまる最も適切な言葉を、本文中から十五字で抜き出して書きなさい。（4点）

本当にわかるには、たんに規則の適用順がわかるだけではなく、C が必要だ。

(5) 知覚と直観について、次の図のようにまとめた。D に当てはまる最も適切な言葉を、本文中から十四字で抜き出して書きなさい。（4点）

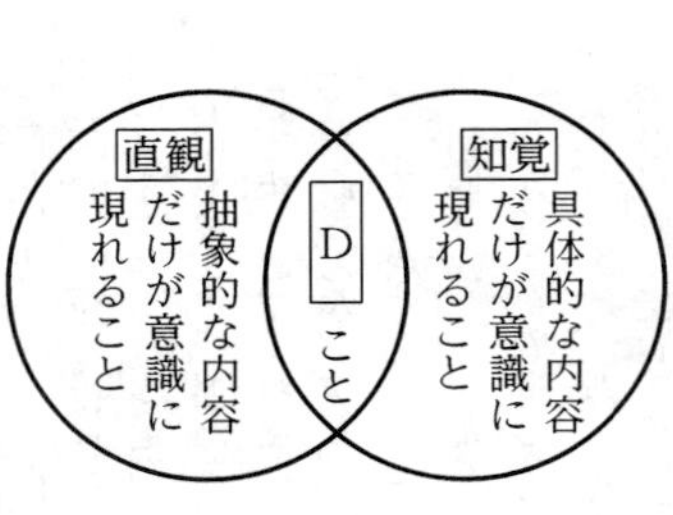

(6) 思考力 ——線部②を踏まえ、この文章から読み取ったことを次のようにまとめた。このことについて、身近な例を用いて説明することになった。あとの〈条件1〉～〈条件3〉に従って、七十字以上九十字以内で書きなさい。（8点）

> ㋐物事の理解に向け自ら働きかけを繰り返していると、㋑具体的な姿ではなく、㋒中心となる大切な部分を一挙に捉えることができる場合がある。

〈条件1〉——線部㋐について、本文と異なる例（数学の証明、音楽鑑賞以外）を用いて書くこと。

〈条件2〉——線部㋑について、あなたが用いた本文と異なる例に応じて、物事の具体的な姿を書くこと。

〈条件3〉——線部㋒について、あなたが用いた本文と異なる例に応じて、何を一挙に捉えることができるか書くこと。

三 文脈把握・内容吟味

新生徒会長になった木下さんをはじめ、各委員会の委員長による新生徒会役員会では、「全校生徒が充実感と達成感を得られる生徒会」という生徒会の目標のもと、各委員会の活動計画作成に向けて話し合っている。次のⅠ～Ⅲを読んで、各問いに答えなさい。（計18点）

Ⅰ 話し合い

木下　各委員会の活動計画は、全校のみんなの総意で決まった生徒会の目標に沿って作成したいね。

川原　うん。でも、いざ実際に自分の委員会の活動計画を考え始めたら、生徒会の目標の「充実感と達成感」を得られる活動になっているのか、不安になってしまったよ。

山本　僕もだよ。生徒会の目標の捉えを、改めて明確にする必要があると思うな。充実感と達成感ってどんなものなのだろう。

森田　うまく言えないけど……。去年、僕は園芸委員で、「花のプレゼント」という活動をしたよ。毎日一生懸命手入れをした鉢植えの花を、近くの幼稚園に持っていったんだ。子どもたちや先生方がとっても喜んでくれてうれしかったな。この活動を通して、僕は充実感や達成感を得ることができた気がする。

山本　そういう経験は僕にもあるな。僕は去年、体育委員で、体育祭の準備や運営をしたんだ。メンバー表の集約や当日の点数の集計は、大変だったけど充実していたな。体育祭当日に、全校のみんなが楽しんでいる様子を見て、やってよかったと思ったよ。

川原　森田さんは花のお世話、山本さんは事前の準備や当日の運営の中で、充実感を得ていたんだね。つまり、充実感は、何かに一生懸命取り組んでいる中で感じるものということかぁ。

森田　なるほど。では、達成感はどんなものなのかな。

川原　二人の体験で言えば、子どもたちや先生方、全校のみんなが、喜んだり楽しんだりしている姿を見たときに得られたものなのではないかな。つまり、自分が取り組んだ活動の効果や成果を実感することだと言えそうだね。

山本　なるほど。［ C ］、充実感と達成感がどんなものなのか、改めて捉え直すことができたよ。

森田　そうだね。僕たちの捉えが明確になったね。そう考えると、充実感と達成感が得られる活動って、

川原　僕たちの経験の他にもたくさんある気がするね。それなら、どんな活動の中で充実感と達成感を得たのか、理由と一緒に、全校のみんなにアンケートで聞いてみたらどうかな。その中に各委員会の活動計画作成のヒントがあるかもしれないね。

木下　いい案だね。全校のみんなで協力し、学校生活を自分たちでよくしていくことにもつながるね。昼の放送で全校のみんなにお願いができるよう準備するよ。（…賛同の意見が続く）

Ⅱ 発表資料

スライド①

各委員会の活動計画作成に向けて
〈　D　〉
生徒会の目標
全校生徒が充実感と達成感を得られる生徒会
⇩
全校生徒の経験を、各委員会の活動計画作成のヒントにしたい！

スライド②

各委員会の活動計画作成に向けて
〈アンケートで聞きたいこと〉
◇ 充実感と達成感を得た生徒会の活動
◇ 充実感と達成感を得た理由

スライド③

各委員会の活動計画作成に向けて
〈アンケートの方法と締め切り〉
方　法：１人１台端末を使ったアンケート
締め切り：１月31日（水）
※本日、学級長を通して、二次元コードとURLを配付します。

Ⅲ 発表原稿

皆さんこんにちは。生徒会長の木下です。今日は皆さんにお願いがあります。新生徒会の各委員会の活動計画作成のために、アンケートに協力してください。

（スライド①示す）それでは、アンケートをお願いする理由をお話しします。
（ア）先日、役員会で各委員会の活動計画について話し合いました。その中で、それぞれの活動は、生徒会の目標に沿ったものにしたいということで一致しました。
（イ）生徒会の目標は、「全校生徒が充実感と達成感を得られる生徒会」です。【★】
（ウ）私たち役員会では、各委員会の具体的な活動計画を考えるために、皆さんの経験をヒントにしたいと思い、アンケートをとることを考えました。
（エ）では、今回のアンケートで聞きたいことについてお伝えします。アンケートには、皆さんがこれまでに充実感と達成感を得た生徒会活動と、それらを得た理由を書いてください。
（スライド③示す）最後に、アンケートの方法と締め切りについてです。今スライドで示しているようにお願いします。

皆さんのご協力をお願いします。

(1) ――線部の山本さんの発言が、Ⅰにおいて果たしている役割を、次のようにまとめたとき、[A]、[B]に当てはまる言葉の組み合わせとして最も適切なものを、あとのア～エから一つ選び、記号を書きなさい。（3点）

川原さんの発言を[A]に受け止め、自分の思いを述べながら、[B]をはっきりさせる役割。

ア、[A]批判的　[B]結論
イ、[A]共感的　[B]結論
ウ、[A]批判的　[B]話題
エ、[A]共感的　[B]話題

(2) Ⅰの[C]に当てはまる言葉として最も適切なものを、次のア～エから一つ選び、記号を書きなさい。（3点）
ア、川原さんが、僕たちの経験に共通することを取り出してまとめてくれたおかげで
イ、川原さんが、僕たちの経験を時間の流れに沿って整理してくれたおかげで
ウ、川原さんが、僕たちの経験と似た経験をもつ人がいないか周りに質問してくれたおかげで
エ、川原さんが、僕たちの経験に川原さん自身の経験を結び付けて話してくれたおかげで

(3) 木下さんはⅡとⅢを、生徒会顧問の新海先生に見せ、感想やアドバイスをもらった。
新海先生からの感想やアドバイス

・各スライド上部にある〈〉のついた見出しが、各スライドに対する発表原稿の最初の部分とつながっていてわかりやすい。
・各スライドを提示するタイミングが、スライドに関わる発表原稿の直前に設定されていてわかりやすい。
・発表原稿では、役員会で話された充実感や達成感という言葉の捉えが伝わらないかもしれない。

新海先生からの感想やアドバイスを踏まえて、次のⅰ～ⅲに答えなさい。
ⅰ　Ⅱのスライド①にある[D]に当てはまる見出しとして最も適切なものを、次のア～エから一つ選び、記号を書きなさい。（3点）
ア、役員会としての生徒会に対する願い
イ、充実感と達成感とは
ウ、アンケートをお願いする理由
エ、新しい生徒会で大切にしたいこと
ⅱ　木下さんが設定していたⅡのスライド②を提示するタイミングとして最も適切なものを、Ⅲのア～エから一つ選び、記号を書きなさい。（3点）
ⅲ　――線部を受けて開かれた役員会で、「アンケートをとるなら、役員会で考えた充実感と達成感の捉えを、全校生徒と共有する必要がある」という意見が出た。そこで、木下さんはⅢの【★】の部分に説明を加えた。木下さんが【★】に加えたと考えられる説明を、Ⅰの中にある言葉を使って、五十五字以上六十五字以内で書きなさい。（6点）

三 漢字の読み書き　よく出る　基本

次の①～③から、誤って使われている漢字一字をそれぞれ抜き出して書き、同じ読みの正しい漢字を楷書でそれぞれ書きなさい。（各3点、計9点）
① 人工衛星からの画像をもとに、日潟の分布を観測し、過去の記録と比べて考察したことを報告書にまとめた。
② 菜種などから再取された油が、古くは室内の照明に使われ、今では医薬品などにも活用されている。
③ 独自の法律をつくり、配下の武士や領民を統制しようとした戦国大名がいたという誌実を学んだ。

四 （古文）仮名遣い・動作主・内容吟味

次の文章Ⅰ～Ⅲは、『枕草子』の一節である。これらを読んで、各問いに答えなさい。（計18点）

文章Ⅰ

五月（さつき）ばかりなどに山里にありく、いとをかし。草葉も水もいと青く見えわたりたるに、上はつれなくて（変わった様子がなくて）、草生ひしげりたるを、ながながと、たたざまに（縦一列に）行けば、下はえならざりける水の（思いもよらないほどの水）、深くはあらねど、人（従者）などの歩むに、走りあがりたる（跳ね上がる）、いとをかし。

左右（ひだりみぎ）にある垣にあるものの枝などの車（牛車）の屋形（人が乗る部分）などにさし入るを、いそぎてとらへて折らむとするほどに、ふと過ぎてはづれたるこそ、いとくちをしけれ（残念だ）。よもぎの、車に押しひしがれたりけるが、輪の廻（まは）りたるに、近ううちかかりたるもをかし。

文章Ⅱ

卯月（うづき）のつごもり（月末）方に、＊初瀬に詣でて、淀（よど）の渡りといふものをせしかば（したところ）、舟に車をかきすゑて行くに（置いて乗せて行くと）、＊菖蒲（さうぶ）、菰（こも）などの末短く見えしを、取らせたれば、いと長かりけり。

苽積みたる舟のありくこそ、いみじう（たいそう）をかしかりしか。「高瀬の淀に」*とは、これをよみけるなめり（よんだようだと見えて）と見えて。

三日（五月三日に）帰りしに、雨のすこし降りしほど、菖蒲刈るとて、笠のいと小さき着つつ、脛いと高き（すねを長々と出している）男、童などのあるも、屏風の絵に似て、いとをかし。

＊（注）初瀬＝奈良県の長谷寺
菖蒲、苽＝水生植物
「高瀬の淀に」＝「苽枕高瀬の淀に刈る苽の刈るとも我は知らで頼まむ」という和歌

文章Ⅲ

節（節句）は、五月*にしく（及ぶ）月はなし。菖蒲、よもぎなどのかをりあひたる、いみじうをかし。

＊（注）五月＝五月五日の端午の節句。菖蒲やよもぎを軒にさして飾る風習があった

(1) よく出る 基本 文章Ⅰの――線部の言葉を現代仮名遣いに直して、すべてひらがなで書きなさい。（各1点）
①とらへて　②くちをしけれ

(2) 文章Ⅰの══線部の主語にあたるものを、次のア〜エから一つ選び、記号を書きなさい。（2点）
ア、人　イ、垣　ウ、ものの枝　エ、車の屋形

(3) 難 次は、生徒たちが文章Ⅰの中で注目したことがらについて、文章Ⅱ、Ⅲを関連させて、各班に分かれて話し合っている様子である。

一班の話し合い

津田　私は、作者の着眼点に注目して読んでみたよ。文章Ⅰで、表面は変わった様子もなく草が生い茂っているのに、［A］様子に着目しているところと、文章Ⅱで、水面から少し葉先を出した水生植物が、上からは短く見えたのに、取らせてみたらとても長かった様子に着目しているところが似ていると思ったよ。

平山　そうだね。どちらも、意外性を感じて心動かされている作者の姿が見受けられるね。そして、文章Ⅱでは、目にした情景を、作者がそれまで知識としてもっていたこととも関わらせて「をかし」と感じているようだね。

i ［A］に当てはまる言葉を、下と従者の二つの言葉を使って、三十字以上四十字以内の現代語で書きなさい。（5点）

ii ――線部について、作者が目にした情景を次のようにまとめたとき、［B］に当てはまる最も適切な言葉を、文章Ⅱから四字で抜き出して書きなさい。（3点）

作者は、初瀬詣での途中、『高瀬の淀に』という和歌や［B］から知識として知っていた「淀の渡り」の情景を、実際に目のあたりにし、「をかし」と感じている。

二班の話し合い

藤井　文章Ⅰの最後の一文で作者は、ぐるっと回る車輪にくっついて上がってくる［C］を、目で見ておもしろがって「をかし」と表現しているようだね。

大田　五感をはたらかせて物事を捉える作者だから、文章Ⅲを参考にすると、文章Ⅰの最後の一文でも［C］の［D］に対して「をかし」と感じているかもしれないね。

iii ［C］に当てはまる最も適切な言葉を文章Ⅰから抜き出して書き、［D］に当てはまる適切な言葉を現代語で書きなさい。（完答で3点）

(4) 文章Ⅰの表現の特徴として適切なものを、次のア〜エから二つ選び、記号を書きなさい。（完答で3点）

ア、自然の中での作者一行の一連の行動を、自然物の動きのある場面とともに描くことで、映像のように鮮やかに表現している。
イ、体言止め、擬人法、係り結びを用いることで、作者の心情や情景を、読者の印象に深く残るように表現している。
ウ、作者にとって忘れられない自然の中での体験を、第三者の立場から、客観的に分析しながら表現している。
エ、山里で目にした情景を、作者の喜びや感動とともに、瞬間を見逃さない鋭い観察力によって表現している。

五 （小説文）熟語・慣用句・内容吟味・文脈把握

次の文章を読んで、各問いに答えなさい。（計24点）

全国大会常連の名晋（めいしん）高校吹奏楽部は、全国大会を目指す座奏*Aチームとパレードコンテストチーム（パレコン）、それらに入れなかった座奏Bチームに分かれていた。アリスは、三年間、座奏Bチームに所属し、チームリーダーとなる。そこへ、美森（みもり）、ガンちゃん、響（きょう）など多くの新入生が入部してきた。数週間後、保育園の園児たちを招いてのミニコンサートを行うことが決まった。それは、かつて幼いアリス自身も観客として参加したものだった。開演直前、座奏Bのメンバーは、演奏席に着座するが、美森は園児たちに手を引かれ観客席のマットに座り込んでしまう。そんな中、尾藤（びとう）先生の指揮のもと、ミニコンサートがはじまった。

1曲目の《どんぐりころころ》が始まると、子どもたちは誰にうながされたわけでもなく立ち上がり、体を揺らしながら歌い始めた。美森も一緒になって歌った。

途中で響がトランペットソロを奏*でると、子どもたちは「うまーい！」「すごーい！」と声を上げた。トロンボーンパートのメロディでガンちゃんが派手に音を外すと「間違えた〜！」と大声で笑った。①とにかく感じたことを素直に表現する、どこまでも正直な聴衆だった。

2曲目の《ちょうちょ》も子どもたちは演奏に合わせて一緒に歌い、3曲目の《ディープ・パープル・メドレー》

は演奏の迫力とスタンドプレイ*に口をあんぐり開けて圧倒されていた。

そして、いよいよ《シング・シング・シング》になった。座奏Bの演奏を見るために、Aやパレコンのメンバーも合奏室に入ってきて壁際に座った。

曲の冒頭、ドラムセットがソロで独特のリズムを奏で始めた。子どもたちはまた立ち上がってそれぞれに手拍子を始めた。②きらきらした幼い目を見て、アリスは思った。

（あのとき、きっと私もあんな目をしてたんだ。ううん、あれは私自身だ）

アリスは幼いころに憧れていた場所に来た。けれど、自分が思うような存在にはなれなかった。座奏Aのメンバーとして、全国大会のステージでまぶしいライトを浴びながら演奏する――そんな夢はもう一生叶うことがない。それを認めたくなかった。

夢は破れた。なのに、部活をやめなかったのは、やっぱり名晋の音楽が好きだったからだ。あのころ、名晋に憧れ、寂しい心を名晋の演奏でいっぱいにした幼い女の子が、ａまだアリスの中に住んでいる。

（私に聴かせてあげるんだ、名晋の音楽を！）

アリスは指揮をする尾藤先生の横に進み出ると、1回目のソロを奏でた。まったくミスのない見事なソロ。子どもたちと美森は拍手喝采を送った。アリス自身、ホッとしていた。

（問題は2回目のほうだ。52小節ミスなく吹いて、最後の超高音をちゃんと出せるかな……）

踊りながら手拍子する子どもたちの前で演奏は続いていった。

途中、トランペットのソロが始まった。前に出て演奏するのは響だ。とても1年生とは思えない落ち着き払った様子できらびやかな音を響かせる。ときに強く、ときに繊細に音を吹き分ける抑揚も見事で、「天才少年」と呼ばれたその実力を見せつけた。

（こんなラッパもんは本当にうまかばい。ばってん*、なんでいつも音が泣きよーっちゃろう……）

子どもたちと一緒に拍手をしながら美森は思った。

響がソロを終えて元の場所に戻ると、ドラムセットのソロとともに再びアリスが前に出た。その表情は明らかに緊張していた。

まるで囁き声で話すように静かな音でソロの冒頭が始まった。アリスは何度も繰り返し練習してきたフレーズを奏でていった。スウィングジャズ*ならではの奏法やノリを維持しながら、次々と音を繰り出す。伴奏はドラムセットのリフレイン*だけだ。緊張感から手に汗がにじみ、キーを押さえる指が滑った。

（ダメだ！　やっぱりダメだ！　なんで私はうまくできないんだろう！）

徐々にテンポが遅れ始め、焦ると指が絡まった。

（いままで本気で練習してこなかった罰だ。私は自分に罰せられてるんだ……）

いくつも音符が飛び、いまにもクラリネットの音が止まりかけた。

と、どこかから「がんばれ～」という声が聞こえてきた。アリスの様子に気づいたひとりの子どもが声を上げたのだ。すると、③まるで小さなロウソクの炎が次々とまわりのロウソクを灯していくかのように「がんばれ～！」の声が子どもたちの間に広がり、やがて大合唱になった。

「がんばれ～！」

「お姉ちゃん、がんばれ～！」

（頑張れって言われたって……指は動かないし、頭の中はもう真っ白なんだよ……！）

アリスは目を閉じて現実から逃げようとした。ｂもう少しで「本気で頑張っていないスイッチ」を押しそうになった。

そのときだ。不意に響き始めたのは――トランペットの音だった。

マットの上で美森が立ち上がり、楽器を奏で始めていた。それは、クラリネットソロそのものだった。美森はアリスの練習を聴きながらソロをすべて覚えてしまっていたのだ。

園児たちはもちろん、響や水月、その場にいる部員たちも美森の突然の演奏に驚いていた。

いちばん驚いていたのはアリスだった。

（あの美森って子……！）

美森はトランペットを吹きながらアリスのほうへ歩み出ていった。すると、まるでその音に手を引かれるかのように、アリスの音に力が戻ってきた。美森のトランペットにアリスのクラリネットが重なる。ふたりの目が合い、かすかに微笑み合った。音はぴたりと揃って、美しいユニゾン*を描いた。

残り18小節。高音へと駆け上がるフレーズの途中で美森はトランペットの音を小さくしていき、吹くのをやめた。再びソロはクラリネットだけになった。運指の難しい複雑な8分音符を、アリスの指と息が的確にとらえる。そして、最後の4小節、超高音のロングトーン*。アリスは13年間の思いを込めてその音を吹き鳴らした。

アリスが両手を広げ、お辞儀をすると、子どもたちがワッと歓声を上げた。目の前で星のようにまたたく笑顔の数々。④幼いアリス自身もその中で拍手していた。

（オザワ部長「空とラッパと小倉トースト」）

問題作成上ふりがなをつけた箇所がある）

*（注）座奏＝椅子に座っての演奏
ソロ＝単独の演奏者が演奏する独奏のこと
スタンドプレイ＝曲中で目立つように立って演奏すること
ばってん、なんでいつも音が泣きよーっちゃろう＝でも、なんでいつも音が泣いているんだろう
スウィングジャズ＝ふりこのように規則正しくゆれながら躍動するリズム感覚で演奏するジャズ
リフレイン＝繰り返し
ユニゾン＝いくつかの楽器が、同じ音符や同じ旋律、またはオクターブの音や旋律を奏でること
ロングトーン＝一定の高さの音や声を長く伸ばすこと

(1) **よく出る** 文章中の＝線部「抑揚」と同じ構成の熟語を、次のア～エから一つ選び、記号を書きなさい。（2点）

ア、摩擦　イ、佳作　ウ、凹凸　エ、観劇

(2) **基本** ――線部①と同様の意味をもつ慣用句として最も適切なものを、次のア～エから一つ選び、記号を書きなさい。（2点）

ア、頭をひねる　　イ、歯に衣着せぬ
ウ、鼻にかける　　エ、目が高い

(3) ——線部②とあるが、きらきらした幼い目を見たアリスに生まれた決意とはどのようなものか。それがわかる言葉を、本文に示されている、アリスが心の中で思っている言葉からさがし、最初の五字を抜き出して書きなさい。（3点）

(4) アリスが1回目のソロ演奏を終えた場面から、アリスのソロ演奏に美森が加わるまでの場面におけるアリスの心情の変化について、次のようにまとめた。[A]に当てはまる言葉として最も適切なものを、あとのア～エから一つ選び、記号を書きなさい。（3点）

> 安堵（あんど）→[A]→緊張→自己嫌悪（じこけんお）→困惑

ア、感謝　イ、陶酔　ウ、激高　エ、不安

(5) ——線部③の比喩表現の効果について、次のようにまとめた。[B]に当てはまる言葉を、「小さなロウソクの炎」が何をたとえているかを明確にして、三十字以内で書きなさい。（5点）

> この部分は、「まるで～ように」という比喩表現を使うことで、アリスを応援する[B]がイメージしやすくなっている。

(6) 美森は、アリスにとってどのような人物として設定されているか。最も適切なものを、次のア～エから一つ選び、記号を書きなさい。（3点）

ア、アリスに立ち直るきっかけを与える存在。
イ、アリスの音楽に対する好奇心を増幅する存在。
ウ、アリスが、安心して演奏をやめられるようにする存在。
エ、アリスに友情の大切さを伝え、他の部員に演奏を促す存在。

(7) この文章を読んだ田中さんは、——線部④に着目し、このときのアリスの気持ちを考えるために、関係すると思われる部分から読み取ったことを付せん1、2に書いた。付せん1、2を踏まえて、——線部④に表れているアリスの気持ちを、五十字以上六十字以内で書きなさい。（6点）

付せん

1 ……線部aから、名晋の音楽に対する憧れを再認識したアリスの様子がわかる。

2 ……線部bから、課題から逃げようとするアリスの様子がわかる。

岐阜県

時間 50分　満点 100点　解答 P27　3月5日実施

出題傾向と対策

●漢字の読み書き、小説文、論説文、古文、条件作文の大問五題構成。条件作文は、A・B二つの異なるちらしのどちらを支持するのか、自分の考えを求められた。総じて基本的な問題が多く、記述問題も少ないので、いかにミスせず確実に点数を取るかが合否を分ける。

●解き方や内容理解のヒントが満載されているので、本文同様に設問文や現代語訳を精読しよう。空欄補充問題は、毎年傾向が決まっているので、過去問を解いて指定字数でまとめる練習をしておく。

注意　字数を指示した解答については、句読点、かぎ（「）なども一字に数えなさい。

一　漢字の読み書き　よく出る　基本

次の①～⑩の傍線部について、漢字は平仮名に、片仮名は漢字に改めなさい。（各2点、計20点）

①淡い色の服を着る。
②管理者の許諾を得る。
③卓越した技術を世界に示す。
④業務が繁忙を極める。
⑤公園は市民の憩いの場だ。
⑥意味がニた言葉を調べる。
⑦劇で主要な役をエンじる。
⑧落とし物をケイサツに届ける。
⑨キンベンな態度で働く。
⑩大人数の部員をタバねる。

三 (小説文)意味用法の識別・熟語・内容吟味・文脈把握

次の文章は、陸上部に所属する高校一年生の坂東(さかとう)が、京都で行われる全国高校駅伝大会に出場した場面を描いたものである。これを読んで、後の問いに答えなさい。(計25点)

先頭が通過してから一分近くが経(た)って、

「26番、28番、46番――。」

とようやく三人の番号が呼ばれた。

それからは続々と、ゼッケン番号がダミ声(注)でもって拡声器経由で告げられていく。周囲から急に、パチンパチンという肉を叩(たた)く音が聞こえ始めた。寒さで固くなった太ももを叩き、少しでも筋肉をほぐそうとしているのだ。

本当に私、走るんだ――。

スタジアムからこの中継所までの連絡バスに乗っている間も、雪とともに流れていく京都の街並みを眺め1ながら、いっそこのまま家の前まで走って帰ってくれないかな、と内心、真面目に願っていた私である。

バスから下りたのち、待機所になっている病院のロビーでは、はじめて留学生のランナーを見た。彼女のことは陸上競技雑誌で見かけたことがあった。私や咲桜莉(さおり)(注)が得意とする中距離走の高校記録を持つ超有名選手だった。驚いたのは、彼女が自分よりもずっと身長が低かったことだ。

緊張のしすぎで、身体をどこかに置き去りにしてしまったような私に対し、留学生の彼女は同じデザインのベンチコートを着た女の子二人と談笑していた。サポート要員として、中継所まで部員が駆けつけているのだ。呼び出しの2寸前まで、留学生は足のマッサージを受けていた。ひとりでやることもなく、キャラメルを舐(な)めていた私とはエライ違いだった。

第二集団のトップを切って、その留学生選手がタスキを受けて出発する。

「すごい。」

3思わず声が漏れてしまうほど、今まで見たことがない走りのフォームだった。

まわりの選手たちもハッとした表情で彼女の後ろ姿を目で追っていた。走る際の、足のモーション(注)がまるで違った。走るためのマシーンと化した下半身に、まったくぶれない上半身がくっついているようだ。跳ねるように地面を蹴る、その歩幅の広さといい、それを支える筋肉のしなやかさといい、何て楽しそうに走るんだろう、とほれぼれしてしまうフォームで、彼女はあっという間に走り去っていった。

彼女の残像を思い浮かべながら、視線を中継所に戻したとき、

「私は好きだよ、サカトゥー(注)の走り方。大きくて、楽しそうな感じがして。」

緊張のしすぎで、まったくごはんを食べる気が起きない朝食会場で、正面に座る咲桜莉に突然告げられた言葉が耳の奥で蘇(よみがえ)った。

そんなことを彼女から言われたのははじめてだった。私は咲桜莉の機敏で跳ねるような足の運び方や、テンポのよい腕の振り方が、自分にはできない動きでうらやましく、自分の走り方は大雑把(おおざっぱ)で無駄が多いと思っていたから、驚くとともに純粋にうれしかった。おかげで用意された朝食を全部平らげることができた。

私が留学生の彼女を見て楽しそうと感じたように、咲桜莉が私の走りを見て楽しそうと感じてくれている――。

留学生の彼女と私じゃレベルがまったく違うけれど、不思議なくらい勇気が太ももに、ふくらはぎに、足裏に宿ったように感じた。

気づくと、あれほど我が物顔でのさばっていた4緊張の気配が身体から消え去っている。

そうだ、私も楽しまないと――。

こんな大舞台、二度と経験できないかもしれない。もちろん、来年だってここに戻ってきたいけれど、私が走れる保証はどこにもないのだ。

ならば、この瞬間をじっくりと楽しまないと。最初で最後のつもりで、都大路(みやこおおじ)(注)を味わわないともったいないぞ、サカトゥー。

図々(ずうずう)しい気持ちがじわりじわりと盛り上(あ)がってくると同時に、走る前の心構えが整ってきた。さらには、周囲の様子もよく見えてきた。もっともそれは、半分の選手がすでにゼッケン番号を呼ばれ、待機組の人数が減ったせいかもしれないけれど。

5早く、走りたい――。

身体がうずいて、その場で二度、三度とジャンプして、ステップを踏んだ。


(「八月の御所グラウンド」(万城目学)による。)

(注) ダミ声＝濁った声。
モーション＝動き。

咲桜莉＝坂東の所属する陸上部の部員。

サカトゥー＝陸上部内での坂東の呼ばれ方。

都大路＝ここでは、全国高校駅伝大会のコースのこと。


問一、よく出る 1ながら と同じ意味・用法の「ながら」を、ア～エから選び、符号で書きなさい。(3点)
ア、子どもながらによく我慢した。
イ、実践さながらの訓練を行う。
ウ、昔ながらのたたずまいが残る。
エ、発表を聞きながらメモをとる。

問二、よく出る 基本 2寸前 と同じ構成の熟語を、ア～エから選び、符号で書きなさい。(3点)
ア、規則　イ、寒暖　ウ、開会　エ、若者

問三、3思わず声が漏れてしまう とあるが、このときの坂東の気持ちとして最も適切なものを、ア～エから選び、符号で書きなさい。(5点)
ア、留学生選手の、今まで見たことがない走りを支えるしなやかな体つきに気づき、留学生選手の走る姿を見続けていられないほど動揺している。
イ、留学生選手の、今まで見たことがない走るために鍛えられた体つきに気づき、留学生選手の走る姿を見続けていられないほど落ち込んでいる。
ウ、留学生選手の、今まで見たことがない跳ねるように地面を蹴るフォームに気づき、留学生選手が過ぎ去るまで見続けるほど走る姿に夢中になっている。
エ、留学生選手の、今まで見たことがない歩幅の広いフォームに気づき、留学生選手が過ぎ去るまで分析しながら見続けるほど落ち着いている。

問四、4緊張の気配が身体から消え去っている とあるが、緊張の気配が坂東の身体から消え去ったのは、どのよう

なことを思い出し、足にどのような感じを受けたからか。三十五字以上四十字以内でまとめて書きなさい。ただし、「走り」という言葉を使い、「咲桜莉が、」という書き出しに続けて、「感じを受けたから。」に続くように書くこと。（8点）

問五、[5]早く、走りたい――とあるが、次の[　　]内の文は、このときの坂東の気持ちについて、本文を踏まえてまとめた一例である。[A]、[B]に入る最も適切な言葉を、それぞれ本文中から抜き出して書きなさい。ただし、字数は[A]、[B]にそれぞれ示した字数とする。（各3点）

> 都大路のような大舞台は、[A（十五字）]ため、この瞬間をじっくりと楽しみ、この舞台を[B（十二字）]という図々しい気持ちが高まってきたと同時に、走る前の心構えが整ってきている。

三　（論説文）品詞識別・語句の意味・文脈把握・内容吟味

次の文章を読んで、後の問いに答えなさい。（計25点）

日本語には、触覚に関する二つの動詞があります。

①さわる
②ふれる

英語にするとどちらも「touch」ですが、それぞれ微妙にニュアンスが異なっています。

たとえば、怪我をした場面を考えてみましょう。傷口に「さわる」というと、何だか痛そうな感じがします。さわってほしくなくて、思わず患部を引っ込めたくなる。

では、「ふれる」だとどうでしょうか。傷口に「ふれる」というと、状態をみたり、薬をつけたり、さすったり、そっと手当てをしてもらえそうなイメージを持ちます。痛いかもしれないけど、ちょっと我慢してみようかなという気になる。

虫や動物を前にした場合はどうでしょうか。「怖くてさわられ[1]ない」とは言いますが、「怖くてふれられない」とは言いません。物に対する触覚も同じです。（注）スライムや布地の質感を確かめてほしいとき、私たちは「さわってごらん」と言うのであって、「ふれてごらん」とは言いません。

不可解なのは、気体の場合です。部屋の中の目に見えない空気を、「さわる」ことは基本的にできません。ところが窓をあけて空気を入れ替えると、冷たい外の空気に「ふれる」ことはできるのです。

[2]抽象的な触覚もあります。会議などで特定の話題に言及することは「ふれる」ですが、すべてを話すわけではない場合には、「さわりだけ」になります。あるいは怒りの感情はどうでしょう。「逆鱗にふれる」というと怒りを爆発させるイメージがありますが、「神経にさわる」というと必ずしも怒りを外に出さず、イライラと腹立たしく思っている状態を指します。

つまり私たちは、[3]「さわる」と「ふれる」という二つの触覚に関する動詞を、状況に応じて、無意識に使い分けているのです。もちろん曖昧な部分もたくさんあります。「さわる」と「ふれる」の両方が使える場合もあるでしょう。けれども、そこに私たちは微妙な意味の違いを感じとっている。同じ触覚なのに、いくつかの種類があるのです。

哲学の立場からこの違いに注目したのが、（注）坂部恵です。

（中略）

「ふれる」が相互的であるのに対し、「さわる」は一方的である。ひとことで言えば、これが坂部の主張です。

言い換えれば、「ふれる」は人間的なかかわり、「さわる」は物的なかかわり、ということになるでしょう。そこにいのちをいつくしむような人間的なかかわりがある場合には、それは「ふれる」であり、おのずと「ふれ合い」に通じていきます。逆に、物としての特徴や性質を確認したり、味わったりするときには、そこには相互性は生まれず、ただの「さわる」にとどまります。

重要なのは、相手が人間だからといって、必ずしもかかわりが人間的であるとは限らない、ということです。（中略）傷口に「さわる」のが痛そうなのは、それが一方的で、さわられる側の心情を無視しているように感じられるからです。そこには「ふれる」のような相互性、つまり相手の痛みをおもんぱかるような配慮はありません。

もっとも、人間の体を「さわる」こと、つまり物のように扱うことが、必ずしも「悪」とも限りません。たとえば医師が患者の体を触診する場合。お腹の張り具合を調べたり、しこりの状態を確認したりする場合には、「さわる」と言うほうが自然です。触診は、医師の専門的な知識を前提とした触覚です。ある意味で、医師は患者の体を科学の対象として見ている。この態度表明が「さわる」であると考えられます。

同じように、相手が人間でないからといって、必ずしもかかわりが非人間的であるとは限りません。物であったとしても、それが一点物のうつわで、作り手に思いを馳せながら、あるいは壊れないように気をつけながら、いつくしむようにかかわるのは「ふれる」です。対象が気体である場合には、ふれようとするこちらの意志だけでなく、実際に流れ込んでくるという気体側の（注）アプローチが必要です。この出会いの相互性が[4]「ふれる」という言葉の使用を引き寄せていると考えられます。

人間を物のように「さわる」こともできるし、物に人間のように「ふれる」こともできる。このことが示しているのは、「ふれる」は容易に「さわる」に転じうるし、逆に「さわる」のつもりだったものが「ふれる」になることもある、ということです。

（中略）

あらためて気づかされるのは、私たちがいかに、接触面のほんのわずかな力加減、波打ち、リズム等のうちに、相手の自分に対する「態度」を読み取っているか、ということです。相手は自分のことをどう思っているのか。あるいは、どうしようとしているのか。「さわる」「ふれる」はあくまで入り口であって、そこから「つかむ」「なでる」「ひっぱる」「もちあげる」など、さまざまな接触的動作に移行することもあるでしょう。こうしたことすべてをひっくるめて、[5]接触面には「人間関係」があります。

この接触面の人間関係は、ケアの場面はもちろんのこと、子育て、教育、性愛、スポーツ、看取り(みと)など、人生の重要な局面で、私たちが出会うことになる人間関係です。そこで経験する人間関係、つまりさわり方／ふれ方は、その人の幸福感にダイレクト(注)に影響を与えるでしょう。

「手の倫理」（伊藤亜紗）による。

（注）スライム＝ゼリー状の物質。
坂部恵＝日本の哲学者。
アプローチ＝対象に迫ること。
ダイレクト＝直接。

問一、**よく出る** **基本** ない[1] と同じ品詞を含むものを、ア〜エから選び、符号で書きなさい。（3点）
ア、くじけない　イ、欠点がない
ウ、少ない　エ、頼りない

問二、**基本** 抽象的[2] の対義語を含むものを、ア〜エから選び、符号で書きなさい。（3点）
ア、表面的なものの見方をする。
イ、具体的に例を挙げて説明する。
ウ、原因について論理的に考える。
エ、本質的な問題に直面する。

問三、「さわる」と「ふれる」という二つの触覚に関する動詞[3] とあるが、次の表は、筆者が述べる「さわる」と「ふれる」の使い方について、本文中の対照的な表現を整理した一例である。A〜Dに入る最も適切な言葉を、それぞれ本文中から抜き出して書きなさい。ただし、字数はA〜Dにそれぞれ示した字数とする。（各2点）

「さわる」	「ふれる」
・A（三字）＝物的なかかわり	・相互的＝B（八字）
・医師が患者のお腹を「さわる」＝患者の体をC（五字）と捉えて見る態度	・人が一点物のうつわに「ふれる」＝一点物のうつわをD（五字）ように扱う態度

問四、「ふれる」という言葉の使用を引き寄せている[4] とあるが、対象が空気である場合に、「ふれる」という言葉の使用が引き寄せられると筆者が考える理由として最も適切なものを、ア〜エから選び、符号で書きなさい。（3点）
ア、空気の場合は、空気の動きがなくても、人が意志をもってはたらきかけて接触することに相互性がみられるから。
イ、空気の場合は、空気を入れ替えることによって、屋内の空気と屋外の空気とが接触することに相互性がみられるから。
ウ、空気の場合は、人が意志をもってはたらきかけること、空気が流れ込んできて接触することに相互性がみられるから。
エ、空気の場合は、人の意志がなくても、空気が外から流れ込んできて接触することに相互性がみられるから。

問五、接触面には「人間関係」があります[5] とあるが、接触面に人間関係があるのは、私たちが接触面を通してどのようなことを読み取り、どのようにすることもあるためと筆者は述べているか。三十字以上三十五字以内でまとめて書きなさい。ただし、「接触面を通して」という書き出しに続けて、「こともあるため。」に続くように書くこと。（8点）

四 （古文）仮名遣い・内容吟味・動作主

次の文章を読んで、後の問いに答えなさい。（計15点）

近ごろの歌仙には、民部卿定家(みんぶきやうていか)、宮内卿家隆(くないきやういへたか)とて、一双にいはれけり。そのころ、「われも、われも」とたしなむ(好んで歌に打ちこむ)人多けれど、いづれも、この二人には及ばざりけり(及ばなかった)。

ある時、後京極摂政(ごきやうごくのせつしやう)、宮内卿を召して(お呼びになって)、「この世に歌詠み(よ)に多く聞ゆる(きこ)なかに(歌人が大勢知られる中で)、いづれかすぐれたる。心に思はむやう、ありのままにのたまへ(思っていることを、正直にお話しなさい)」と御尋ねありけるに、「いづれも分き(わ)がたく(優劣のつけようがございません)」と申して、思ふやうありけるを(心に思っていることがありそうなのを)、「いかに、いかに(さあ遠慮なく、遠慮なく)」と、あながちに問はせたまひければ(ひたすらお尋ねになったので)、ふところより畳紙(たたうがみ)を落(おと)して、やがて罷(まか)り出(い)でにけるを(そのまま退出してしまった)、御覧(ごらん)ぜられければ(その紙をご覧になると)、

明けばまた秋のなかばも過ぎぬべし(この十五夜が明けると、秋の半ばが過ぎてしまうだろう)
かたぶく月の惜しきのみかは(傾く名月が惜しいだけではない。過ぎゆく秋も惜しいのだ)

と書きたりけり。

これは民部卿の歌なり。かねて(前々から)、かかる御尋ねあるべしとは(このようなお尋ねがあるとは)、いかでか知らむ(どうして分かろうか)。もとよりおもしろくて(もともと、この歌を趣があると思って)、書きて(紙に書いて)持たれたりけるなめり(持っていたのだろう)。

「十訓抄」による。

（注）畳紙＝畳んでふところに入れておく紙。

問一、**よく出る** **基本** いはれけり を現代仮名遣いに改め、全て平仮名で書きなさい。（3点）

問二、あながちに問はせたまひければ とあるが、この場面の説明として最も適切なものを、ア〜エから選び、符号で書きなさい。（4点）
ア、家隆の様子を見て、後京極摂政が家隆に対して尋ねた。
イ、家隆の様子を見て、定家が後京極摂政に対して尋ねた。
ウ、定家の様子を見て、家隆が後京極摂政に対して尋ねた。
エ、定家の様子を見て、後京極摂政が定家に対して尋ねた。

問三、次の［　］内の文は、本文の内容をまとめた一例である。A、Bに入る最も適切な言葉を、それぞれ現代語で書きなさい。ただし、字数はA、Bにそれぞれ示した字数とする。（各4点）

> 家隆は、傾く十五夜の名月だけでなく、A（五字）を惜しむ心情を詠んだ定家の歌を紙に書いて持っていたことから、前々からこの歌をB（四字）と考えていたことが分かる。

五　敬語・条件作文

X市のある中学校では、「環境問題への取り組み」というテーマで調べ学習を行い、地域住民に向けてグループごとに発表することになった。田中さんたちのグループは、「家庭から出るごみを減らすためにX市が取り組んでいること」について調査した結果をもとに、発表原稿を作成した。次の［　］内の発表原稿の一部を読んで、後の問いに答えなさい。（計15点）

> 私たちは、家庭から出るごみを減らすためにX市が取り組んでいることについて、X市の職員の方がくれた資料をもとにまとめました。その結果について発表します。
> まずはこちらの紙製の空き箱をご覧ください。このような紙箱は「雑がみ」と呼ばれるものの一例です。X市では、紙箱・トイレットペーパーの芯・ノート・封筒などを雑がみとして、分別してリサイクルすることを推進しています。ところが、雑がみのうち九割以上が家庭ごみとして捨てられています。（以下略）

問一、くれた　を「X市の職員の方」に対する適切な敬語表現に直して書きなさい。（5点）

問二、〔思考力〕田中さんたちのグループでは、雑がみを分別してリサイクルすることを呼びかけるちらしを地域に配布することになり、次の二つが候補となった。

【候補A】

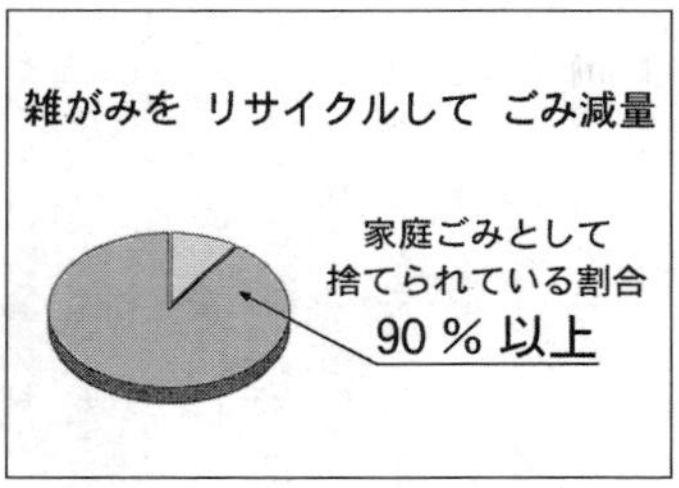

【候補B】

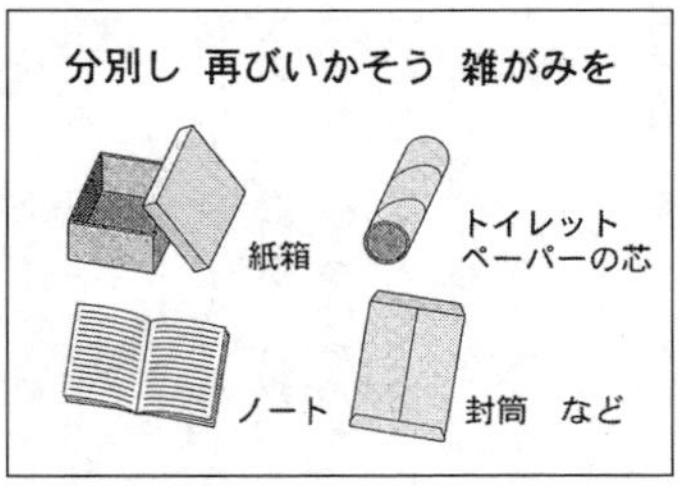

候補A、Bのどちらを配布するのがよいと思うか。あなたの考えを書きなさい。段落構成は二段落構成とし、第一段落ではあなたの考えを、第二段落ではその候補を選んだ理由を書きなさい。ただし、次の《注意》に従うこと。（10点）

《注意》
(一)題名や氏名は書かないこと。
(二)書き出しや段落の初めは一字下げること。
(三)六行以上九行以内（原稿用紙20字詰×9行＝省略）で書くこと。
(四)候補AをA、候補BをBと書いてもよい。

静岡県

時間 50分　満点 50点　解答 P27　3月5日実施

出題傾向と対策

●例年どおりの、小説文、論説文、情報の読み取り、古文、条件作文からなる大問五題構成。漢字や文法などの基本的な知識問題に、小説文や論説文などの読解問題が組み込まれている。

●漢字の読み書きや熟語の構成、文法など基礎問題を丹念に学習しておくこと。読解問題では、設問と本文中の対応している箇所を丁寧に読み解くことが大切。条件作文は、資料の情報と自分の体験、意見を具体的に関連づけて書くこと。

一　(小説文)漢字の読み書き・熟語・内容吟味・文脈把握

次の文章には、島への転居を嫌がっていた中学生の東(ひがし)灯子(とうこ)が、父と祖母の待つ島へ転居するために、祖母を心配する母と飼い犬のみかんと共に、船に乗っているときのことが書かれている。この文章を読んで、あとの問いに答えなさい。（計13点）

乗船して三十分、風がすこしおさまってきたのか、定期船の上下左右のうねり(あ)幅がすくなくなった。窓にときおり、ななめにかたむいた水平線が見える。乗船するときは、はるかかなたにうすぼんやりと見えていた島影が、水平線上に、かなりはっきり確認できるようになった。ひらべったい島だ。まん中あたりにポツンと灯台が立っている。

まだほんの小さかったころ、灯子はあれを見て、やかんのふたを連想した。地球全体が大きなやかんで、島がふた、灯台がつまみの部分。灯子の名前のもとになった灯台が、地球のまん中にあると思うのはわるくない気分だった。

「灯子の灯は灯台の灯。」

父から何度もきいたことがある。海にでている者は、あれを見ると、帰ってきたんだなあって、ほっとするんだ。まっ暗な夜だったら、あの明かりがどんなに心強いか。まわりのひとに安心感をあたえられるような、そんなひとになってもらいたくて、灯子ってつけたんだ。

父は生まれそだった島をはなれたけれど、こどもには、島を連想する名前をつけた。あわないからはなれた、などという単純なものではなく、父の心の中では、故郷は**圧倒的**に大きな存在としてありつづけていたのだろうと、いまになっては㋑さっすることができる。

けれども灯子自身は、みんなに安心感をあたえるどころか、自分が不安でたまらない。あそびにいくときは、島影を見ると［　］した。小さい場所であることが、冒険心をくすぐった。冒険はもどるところがあるから楽しめる。これからは、そこで暮らしていくのだ。近づいていくにつれて、出口のないトンネルにはいっていこうとしているみたいで、胸がおしつぶされそうになる。覚悟は決めたはずだけど、へだたった場所で、しかも、なかばヤケになって決めた覚悟は、現在進行形ではぜんぜん通用していない。

高速船は、そんなにいそがなくてもいいのにと思えるほどに、ずんずん島に近づいていく。コンクリートの防波堤が見えてきた。その内側に、たくさんの漁船が係留（注①）されている。うごいている船はいなかったけれど、ひとの気配があるところにきたような気がして、なんとなくほっとする。

エンジン音が小さくなり、船は速度を落とした。防波堤の中に進路をとって、ゆっくり船つき場へと進んでいく。乗客たちは下船の準備をはじめ、母も立ちあがって腰をのばし、顔色はまだ白かったが、のろのろと荷物をまとめはじめた。灯子は席を立ち、みかんのリード（注②）をひっぱって、そとのデッキ（注③）にでてみた。

船つき場には、たくさんのひとがあつまっていた。船がつくと、各家で電話注文した食べ物やいろいろな生活物資をとりに、あるいは島のそとから送られてくる荷物をとりに、島のひとたちがあつまってくるのだ。日曜日だからだろうか。きょうはちょっとひとが多い気がする。

灯子はむかえにきているはずの、父の姿をさがした。が、そのまえに祖母を見つけた。まえのほうにあつまっているひとびとのすこしうしろにいる。祖母は大柄だ。あいかわらず日焼けしたあさ黒い顔をして、背筋をしゃんとのばし堂々と立っている。灯子は気抜けした。やはりどう見たって、あの祖母には「お年」も「心細い」もぜったいに似あわないではないか。

ⓐ［父は祖母のさらに後方で、両手をズボンのポケットにいれ、肩をすくめるようにして、ひとりでぽつんと立っていた。］灯子は父にも見えるように、みかんを胸のあたりまで高くだきあげて手をふった。父も気づいて、片手をポケットからだして小さくふった。

そのとき、最前列にいたひとたちが布をひろげた。シーツのような白い布だ。大きな文字が書いてある。

かんげい

白い布が風にはためき、みかんがそれにむかってワンワンほえだした。だれが歓迎されているのだろうと、灯子はあたりを見まわした。乗客たちは乗降口付近にあつまっているが、だれも布を見ていないし、それらしいひともいない。そのうち灯子は、「かんげい」の文字の下に、それよりすこし小さい文字で、「ひがしさん」と書いてあることに気づいた。

布を持っているのは七、八人のこどもたちで、全員が自分を見ている。みんな、満面の笑みだ。手をふってくれている子もいる。ややうしろに立って、ほほえみながら両腕を交差するようにしてふっている、男のおとなのひともいる。

灯子はめんくらった（注④）。それから、胸がドキドキしてきた。出口のないトンネルなんかではない。ここにはたくさんのひとがいる。まだ見たこともないはずのわたしを、<u>……ここにくるのがいやでしかたがなかったわたしを、歓迎してくれている……ふいに、のどの奥にあついかたまりがこみあげてきた。</u>

てのひらで目のあたりをこすり、鼻水をすすりあげながら、灯子は心をこめて大きく手をふりかえした。それから、みかんをつれて、いそいで乗降口にむかった。

（杉本りえ『地球のまん中　わたしの島』による。）

（注）①綱などでつなぎとめること。
②犬をつないでおくひも。
③船の床の部分。
④驚きとまどった。

問一、**よく出る** **基本** 二重傍線（══）部㋐の漢字に読みがなをつけ、㋑のひらがなを漢字に直しなさい。（各1点）

問二、**よく出る** 次のア～エの中から、太線（━━）部と同じ構成の熟語を一つ選び、記号で答えなさい。（2点）

ア、新学期　イ、不器用
ウ、一貫性　エ、天地人

問三、幼少のころの灯子が、島の灯台を見て悪い気がしなかったのはなぜか。その理由を、三十字以内で書きなさい。（2点）

問四、**基本** 次のア～エの中から、本文中の［　］の中に補う言葉として、最も適切なものを一つ選び、記号で答えなさい。（2点）

ア、わくわく　イ、いらいら
ウ、はらはら　エ、おどおど

問五、次のア～エの中から、本文中のⓐで示した部分における、灯子の祖母と父の様子と、その表現について説明したものとして、最も適切なものを一つ選び、記号で答えなさい。（2点）

ア、気が強く元気な祖母と素朴で実直な父の様子を、比喩を用いて描いている。
イ、体格が良く立派な立ち姿の祖母と人混みから離れ控えめな父の様子を、対照的に描いている。
ウ、頑固で威厳のある祖母と心優しく穏やかな人柄である父の様子を、体言止めを用いて描いている。
エ、物静かで繊細な祖母とお人よしで無邪気な父の様子を、主観的に描いている。

問六、傍線（──）部から、灯子が島のひとたちを見て、胸がいっぱいになっていることが分かる。灯子が胸がいっぱいになっているのは、島のひとたちのどのような様子を見たからか。島に近づくにつれて灯子が不安を募らせている心境をたとえた表現を含めて、六十字程度で書きなさい。（3点）

三 （論説文）漢字の読み書き・品詞識別・内容吟味・文脈把握・要旨

次の文章を読んで、あとの問いに答えなさい。（計15点）

増えるという能力はいったいいつ生物に与えられたのでしょうか？　それは生命の誕生以前だと考えられています。ただし、生物に増える能力が与えられたというよりは、増える能力を持った物質が生物になったと言うほうが正しいでしょう。

最初の生命はアおそらく38億年くらい前に生まれたと言われています。生命が生まれる前の原始地球の環境は、まだ大陸はなく、ほとんどが海で㋐覆われているような状態だったようです。

そんな環境で、落雷や㋑うちゅうからの放射線、隕石、鉱物による反応、地下からの熱水など、いろいろな過程でアミノ酸など最初の生物の材料とイなるような有機物質が生まれました。有機物質はそのうち地球上のどこかで㋒濃縮されて「ダーウィン[注①]のスープ」と呼ばれる有機物質のごった[注②]煮のようなものが生まれました。そのごった煮の中で増える能力を持った原始的な生命の元が誕生したと想像されています。

ウしかし、それがどんな物質からできていたのかもわかっていませんし、どこでそれが起きたのかもわかっていません。一応、今のところ一番人気のある説は「リボヌクレオチド[注③]」（RNA）と呼ばれる物質が、海底の熱水噴出孔（溶岩で温められた水が噴き出しているところ、要するに海底にある温泉です）か、地上の熱水噴出孔で生まれたとする説ですが、エいまだにだれも再現できていません。また、増える能力を持った物質は1種類ではなくて、複数の物質がお互いを増やしあいながら全体として増える分子の集合体だったという説もあります。

いずれにせよ、生命の誕生の元は、自らを増やす能力を獲得した何かだったと考えられています。この説以外にも生命の起源の仮説は様々あるのですが、増える能力を持った物質が生命の元となっているのはほぼすべての仮説で共通するところです。

生命誕生がどこでどんな物質から起きたのかも分からないのに、どうして「増える能力をもっていた」なんてことが断言できるのでしょうか。それは今の生物の姿を考えると、進化というオしくみなしでは達成できないはずで、そして進化を起こすためには「増える能力」がどうしても必要だからです。

すべての生物は進化をします。「進化」という言葉はいろいろな分野で少し違った意味で使われていますが、ここでの「進化」は生物学的な進化を指します。［　　］、ダーウィンが述べた「多様性を持つ集団が自然選択を受けることによって起こる現象」のことです。

この進化の原理はとても単純です。まず、生物は同じ種であっても個体ごとに少しずつ遺伝子が違っていて、その能力にも少しだけ違いがあること、つまり能力に多様性があることを前提とします。

たとえば、池の中にミジンコがたくさんいて、みんな少しずつ泳ぐ速さが違うといった状況をイメージしてください。泳ぐのが速いミジンコは、泳ぐのが遅いミジンコよりもきっと餌を多く手に入れることができるでしょうし、ヤゴ[注④]などの天敵から逃げやすいので長く生き残ってたくさんの子孫を残すでしょう。そして次の世代のミジンコ集団では泳ぐのが速いミジンコの割合が増えていることでしょう。

この子孫を残しやすい性質が集団内で増えていく現象が「自然選択」と呼ばれます。多様性があってそこに自然選択が㋓はたらくと、より子孫を残しやすい性質がその生物集団に自然に広がっていくことになります。

このように集団の性質がどんどん変わっていくことが生物学的な「進化」と呼ばれます。自然選択が起こると特定の性質が選ばれるので、一時的に多様性は小さくなってしまいますが、そのうち遺伝子に突然変異が起きてまたいろいろ性質の違う個体が生まれると多様性は回復します。そしてまた自然選択が起こり、進化が続いていくことになります。

ここで例として挙げた進化では泳ぐのが速くなるくらいの小さな変化ですが、おそらくこれを気の遠くなるほど続けた結果が、私たち人間を含む現在に生きる生物たちです。私たちの祖先は細菌のような単細胞生物だったと言われていますが、このような多様性と自然選択を気の遠くなるような数だけ繰り返して、より生き残りやすい性質を生み出し選んできました。その結果、現在の私たち人間や、現在生きているすべての生物のような複雑な生物へと進化していったと考えられています。

（市橋伯一『増えるものたちの進化生物学』による。）

（注）①イギリスの生物学者。
②いろいろな材料を混ぜ入れて煮たもの。
③細胞の核に含まれる物質の一つ。
④トンボの幼虫。

問一、よく出る 基本 二重傍線（‖）部㋐、㋒の漢字に読みがなをつけ、㋑、㋓のひらがなを漢字に直しなさい。（各1点）

問二、よく出る 太線（—）部ア～オの中には、品詞の分類からみて同じものがある。それは、どれとどれか。記号で答えなさい。（2点）

問三、筆者は、生命の起源について様々な仮説があるが、大多数の仮説で共通する点があると述べている。大多数の仮説で共通する点とは何か。二十五字以内で書きなさい。（2点）

問四、基本 次のア～エの中から、本文中の［　　］の中に補う言葉として、最も適切なものを一つ選び、記号で答えなさい。（2点）

ア、なぜなら　イ、けれども
ウ、すなわち　エ、そのうえ

問五、筆者は、傍線（—）部のような進化は、能力の多様性を前提とし、自然選択という現象を繰り返すことによって起こったと述べている。筆者が述べている自然選択とはどのような現象か。能力の多様性とはどのようなことかが分かるように、五十字程度で書きなさい。（3点）

問六、次のア〜エの中から、本文で述べている内容として適切なものをすべて選び、記号で答えなさい。（2点）
ア、生命が誕生する以前に、地球の大陸では隕石や落雷などが原因で最初の生物の材料となるような有機物質が生まれた。
イ、原始地球において「ダーウィンのスープ」がどのようなところで生まれたのかは、解明されていない。
ウ、生物が進化を続けていく過程では突然変異が起こり、様々な性質を持つ個体が生まれる。
エ、生物学的に考えるとすべての動物は進化をするが、細菌のような単細胞生物の中には進化をしないものもいる。

三 文・内容吟味・敬語・文脈把握

放送委員のあなたは、昼の放送で、職場体験を行った生徒の体験談をインタビュー形式で紹介することになった。次の文章は、ホームセンターで職場体験を行った森さんと一緒に作成している、放送原稿の一部である。この文章を読んで、あとの問いに答えなさい。（計9点）

放送委員：森さんはどのような仕事を体験しましたか。
森さん：商品を売り場へ補充する作業と棚の奥にある商品を前に出す作業を体験しました。売り場で作業をすることが多く、購入したい商品が置いてある場所を、[1]お客様がよく質問しました。
放送委員：そのような作業や接客をするときに大変だったことは何ですか。
森さん：商品名と商品の置いてある場所を覚えることです。お客様が困らないように、商品を売り場に素早く補充したり、お客様の質問にすぐ答えたりできるように、商品名と商品の置いてある場所を覚えることが必要でした。しかし、結局、どこの棚にどの商品が置いてあるかを、すべては覚えきれませんでした。
放送委員：なるほど。[2]商品の補充や接客のための準備として、商品の陳列場所をあらかじめ覚えておくことが大切なんですね。では、最後に、今回の職場体験を通して学んだことは何ですか。
森さん：相手に思いやりを持って接することの大切さです。職場体験の二日目に外国人のお客様が[3]来たときのことです。私は店員の方と二人でそのお客様の接客をしていました。[1]そのお客様はまな板をお探しになっていました。[2]店員の方はまな板の置いてある場所が外国人のお客様にとって分かりにくいと考えて、棚の場所をただお伝えするのではなく、まな板の置いてある棚まで一緒に行っていました。[3]私も普段から相手の立場になり、思いやりを持って接したいと思いました。[4]

問一、**基本** 傍線部1は、受け身の表現にした方が適切であると考えた。傍線部1を、受け身の表現に直しなさい。（2点）

問二、傍線部2の放送委員の発言は、インタビューの流れの中で、どのような役割を持っていると考えられるか。その役割の説明として最も適切なものを、次のア〜エの中から一つ選び、記号で答えなさい。（1点）
ア、自分の意見を交えて言い直し、聴衆の理解を促す。
イ、自分の解釈を転換しながら、新しい話題につなげる。
ウ、相手の考えを確かめながら、疑問があることを伝える。
エ、相手の説明を繰り返し、自らの見解との差異を明らかにする。

問三、**基本** 傍線部3を、「外国人のお客様」に対する敬意を表す表現にしたい。傍線部3を、敬意を表す表現に改めなさい。（2点）

問四、本文中に、次の[　]の一文を補いたい。補うのに最も適切な箇所を、[1]〜[4]の、いずれかの番号で答えなさい。（2点）

この店員の方のように、相手の立場になって考えることが、相手に思いやりを持って接するということだと思います。

問五、あなたは、この原稿では、森さんの職場体験での大変さが伝わりにくいと考え、次の[　]の中のやり取りを、この原稿のはじめに付け加えることを提案した。

放送委員：森さんは、ホームセンターで職場体験を行ったそうですが、どのようなお店でしたか。
森さん：私が職場体験を行ったのは一般的なホームセンターで、日用雑貨を主に扱い、【　】という特徴がありました。

次の[　]の中のメモは、森さんが職場体験で店長から聞いた、一般的なホームセンターの特徴である。このメモの内容をふまえ、森さんの職場体験での大変さがより伝わる原稿となるように、【　】の中に入る適切な言葉を考えて、二十五字以内で書きなさい。（2点）

・衣食住の中でも「住まい」に関連した商品を取り扱っている。
・日用雑貨など、商品の種類が非常に多い。
・売り場の面積にはかなりの広さが必要である。
・郊外の広い場所にあり、広い駐車場を設けていることが多い。

四 （古文）仮名遣い・動作主・内容吟味

次の文章を読んで、あとの問いに答えなさい。（計7点）

雲山（うんざん）といへる肩衝（かたつき）[注①]、堺（さかい）の人ア所持したるが、利休[注②]など招きて、はじめて茶の湯に出したれば、休（利休）、一向気に入らぬ（まったく気に入らない）体（てい）（様子）なり。[注③]亭主、客帰りて後、当世（今の世の中で）、休が気に入らぬ茶入れおもしろからず（つまらない）とて、五徳[注④]に擲ち（なげう）破けるを（投げつけ割ったのを）、かたはらに有りける知音（ちいん）の人（そばにいた知り合いの人が）もらうて帰り、手づから継（つぎ）て（自らつなぎ合わせて）、茶会をイ催し、ふたたび休に見せたれば、これでこそ茶入れ見事なれとて、ことのほか（とりたてて）ウ称美す（ほめたたえた）。よてこの（だからこのことを）趣きもとの持主方へいひやり、茶入れ秘蔵せられよ（大切にしまっておきなさい）とて戻し（エ）ぬ（返した）。

その後、件の（前述の）肩衝、丹後の太守（注⑤）、値千金に御求め候ひて（大金でお買い求めになりまして）、むかしの継目ところどころ合はざりけるを（合わなかったので）、継なをし候はんやと（つなぎ合わせ直しましょうか）小堀遠州（注⑥）へ相談候へば、遠州（小堀遠州）、この肩衝破れ候ひて（割れまして）、継目も合はぬにてこそ（合わないからこそ）利休もおもしろがり（興味深く感じており）、名高くも聞え侍れ（評判高く世間に知られています）。かやうの（このような）物は、そのままにておくがよく候ふと申されき（申し上げなさった）。

（藤村庸軒・久須美疎安『茶話指月集』による。）

（注）①茶の湯で使用する抹茶を入れておく、陶器製の茶入れの一種。
②千利休。安土桃山時代の茶人。
③茶の湯で茶をたてて接待する人。
④鉄瓶などを置いて火にかけるための金属製の道具。
⑤丹後国の領主。丹後国は今の京都府の一部。
⑥小堀政一。江戸時代初期の大名で茶人。

問一、**よく出る** **基本** 二重傍線（═）部を、現代かなづかいで書きなさい。（1点）

問二、太線（━）部ア〜エの中から、その主語に当たるものが同じであるものを二つ選び、記号で答えなさい。（2点）

問三、亭主が、傍線（――）部のように行動したのは、雲山という茶入れをどのように感じたからか。亭主がこの茶入れに感じたことを、この茶入れに対する利休の様子が分かるように、現代語で書きなさい。（2点）

問四、小堀遠州は、丹後の太守に、雲山という茶入れについてどのような助言をしているか。その助言を、小堀遠州が述べている、この茶入れに対する利休の評価と利休がそのように評価した理由が分かるように、現代語で書きなさい。（2点）

五 条件作文 思考力

あなたのクラスでは、国語の授業で、次の□の中の俳句の一部が紹介された。この俳句の【　】の中に、あとのA、Bどちらかの春の季語を入れ、春の情景について考えを述べ合うことになった。

【　　】新たな友と　歩く道

あなたの想像する春の情景を表した俳句にするためには、【　】の中に入れる季語として、AとBのどちらがより適切であると考えるか。A、Bどちらかを選び、それを選んだ理由が分かるように、あなたの考えを書きなさい。ただし、次の条件1、2にしたがうこと。（6点）

条件1　一マス目から書き始め、段落は設けないこと。
条件2　字数は、百五十字以上、百八十字以内（原稿用紙27字詰×6行＋18字＝省略）とすること。

	春の季語	意　味
A	山笑う	山の草木が一斉に新芽を吹き、花が咲いて山全体が明るくなる様子。
B	花曇り	桜の咲く頃の曇り空のこと。比較的明るく曇っている空の様子。

愛知県

時間 45分
満点 22点
解答 P28
2月22日実施

出題傾向と対策

●論説文、知識問題、小説文、漢文の大問四題構成は例年どおり。漢文（書き下し文での出題）は、状況をきちんと把握しないと選択肢が選べないが、それ以外の文章は読みやすく、基礎基本を重視した問題構成である。

●あらゆる知識が問われるが、奇をてらった問題はないので、基礎基本をしっかり押さえたうえで幅広い知識をつけておくことが大切。早めに過去問に取り組み、読解に慣れておくこと。漢文はあと回しにせず、書き下し文の読みに慣れておくなど、早めの対策を心がける。

一 （論説文）内容吟味・文脈把握・要旨

次の文章を読んで、あとの㈠から㈥までの問いに答えなさい。（計9点）

1　科学とは何だろう？　それは、単に確実な知識のことではない。仮説と検証によって確かめられた法則性によって世界を理解することが、科学という知の特徴である。古典力学も、相対性理論も、進化論も、遺伝子理論も、物の運動や生物の多様性、形質の遺伝などの観察可能な事実や出来事を説明するために、論理整合的に――ようするに筋道立てて――作られた仮説、つまり仮の説明である。こうした仮説は、それらと合致する事実があり、そしてそれらを否定する事実が見いだされないかぎりで、さしあたり真なる理論として認められる。科学的な理論はこうした実証性――それを支持する事実があること――と反証可能性――その真偽が実験や観察によって証明されること――をもたなくてはならないとされる。①こうした手続きによって科学、とりわけ自然科学は確実な知識としての明証性をもつものとされるのだ。

［2］だがしかし、そうであるとすれば、ようするに科学とは「すべてを知ることができる知」なのではなく、「実証的な手続きによって知りうるものだけを知る」ような知なのだということになる。科学的な知は、実証的な手続きによって真であるととりあえず認められる仮説以外は、「(まだ)わからない」として判断を保留しなくてはならない。そしてまた、どんな理論も仮説である以上、つねに「とりあえず」で「今のところ」のものにすぎず、それに反する事実によっていつ否定されないともかぎらない。科学的な知は〔　A　〕真理などけっして指し示さない。それが提示するのは、いつ否定されてもかまわない〔　B　〕真理なのだ。(中略)

［3］ところで、科学的であることと合理的であることとは、いつも一致するわけではない。科学的であるとは、世界に対する知識や探求、働きかけが、科学を特徴づける実証性や反証可能性にもとづくようになるということだ。それに対して②<u>合理的であることは、必ずしも科学的である必要はない。</u>現代の日本語では合理的という言葉や合理化という言葉は、「効率的」や「効率化」という言葉とほぼ同じ意味で使われることが多い。だが合理的という言葉には、もっと広範かつ複雑なニュアンスがある。合理的であるとは、文字どおりには「理に合っている」ということだ。だが、「理」と言ってもいろいろある。与えられた目的に対して最小のコストで最大の効果を上げることが理にかなっていると考える人もいれば、たとえ効率は悪くても道徳的な正しさや倫理性といった価値観に即した行為や状態を選択することが理にかなっていると考える人もいる。

［4］たとえばスポーツの試合で、対戦相手がどこかをけがしているとしよう。競技に際しての目標は勝利することだ。そして、より確実に勝利するためには、競技のルールに違反しないかぎりで相手の負傷を利用し、ときにそれを痛めつけるような攻撃を仕掛けることが理にかなっていよう。だがしかし、そのように相手の弱みを利用することはルール違反でなくともフェアではないと考えるならば、それは理にかなってはいないという判断もありうる。この場合には、相手の弱みを攻めないこと、ときにはそれによって自ら敗北してしまうことが、合理的であるということになる。このように、ある行為や状態が合理的であるかどうかは、どのような理を規準とするかで違ってくる。合理的な行為や状態とは、ある理の規準に関して適切な行為や状態が選ばれていることが、行為者にもそれを観察する人びとにも納得できるということなのだ。(中略)

［5］現代の社会で合理的とか合理化と呼ばれているのは、主として科学的な知識やその応用である科学技術によって、ある目的に対する最も効率的な手段や方法を選択するような合理性とその追求である。〈1〉現代の技術文明は、こうしたさまざまな合理性の中で、科学的な知識にもとづく合理性を追求し、それを社会の中で応用することによって発展してきた。企業の経営、職場の管理、商品の開発などでも、科学的な合理性と効率の追求は最も大きな規準の一つである。新しい科学技術を応用した商品は性能を向上させ、最新の技術や知識を利用した生産体制や業務システムは効率を高め、コストの削減を可能にし、利潤の増大をもたらすのだ。日常の暮らしの中にも、科学化と合理化はさまざまな形で入り込んでいる。〈2〉さまざまな電気製品やガス製品は、炊事、洗濯、掃除などの家事の合理化を進めてきた。住宅の間取りやキッチンのレイアウト、家庭電気製品や家事用品のデザインでは、最新の人間工学が応用され、無駄なく機能的な生活が設計される。どこかに行きたいと思えば、インターネットの路線検索等で、最も速いルートや最も安価なルートを調べ、そこから最も合理的な経路を選ぶこともできる。

［6］〈3〉だがしかし、そうした科学化され、合理化された生活を営む個々人は、いわゆる専門家も含めて、特定領域の科学的成果を自らの手で検討したり、判断したりすることなどできない。もちろん私たちは、算数、数学、理科などの学習を通じて世界に対する科学的な理解の基礎を学んだことになっており、高度な科学技術もそうした基礎の延長線上にあるらしいということを知っているけれども、では具体的にそれらがどのような延長線の上にあるのかを説明することはできないことのほうが多いだろう。この机の上のパソコンが、台所のあの電子レンジが、なぜ、どのようにして動くのかを私は知らないが、それらを使えばある目的を容易に達成できるということは知っている。科学技術の高度化によって社会の合理性を高めるためには、その研究と応用を特定の専門家や機関にゆだねることが合理的であり、それゆえ個々の人びとはそうした専門化した科学や技術を理解できないことを甘受するのが合理的なのだ。〈4〉私たちは、特定の分野を担当する専門家集団や、彼らが設計・運営する技術やシステムの科学性と合理性を、理解はしていないけれども信じているのだ。科学技術文明を生きる個々の人びとにとっての合理性とは、そうした専門家集団や彼らの設計・運営する技術やシステムを信頼することが理にかなっているという合理性である。

［7］科学技術の発展と社会への応用、浸透は、便利だが理解できない領域を増大させる。通常の暮らしの中で、私たちはこの「わからなさ」の領域に目を向けることは普通ない。だが、いったんそこに目を向けるなら、現代の社会が個々の人びとにとっては見通すことのできない不透明さをもった科学と技術の上に立っていることがわかるだろう。世界を透明で合理的なまなざしの下に理解し、操作することを可能にしてきた科学と技術は、専門家ではない個々人にとっては不透明だけれども役に立つ、まるで魔術のような領域を広げていったのである。こうした不透明さの中で、そもそもは仮説、つまり仮の説明にすぎず、実証的な手続きによって確認できないことについては「わからなさ」を甘受しなくてはならない科学とその応用である技術が、来るべき将来にはいずれすべてを説明し、解決することができる究極の真理であるかのように受けとられたり、語られたりすることになる。

(若林幹夫（わかばやしみきお）『社会学入門一歩前』による)

(注)　○　［1］～［7］は段落符号である。
○　古典力学・相対性理論＝いずれも科学の理論。
○　形質＝生物の形態的な要素や特徴。

○ 明証性＝明らかであること。
○ 規準＝規範や標準とするもの。

(一) ①こうした手続き の説明として最も適当なものを、次のアからエまでの中から選びなさい。（1点）
ア、ある仮説と合致する事実が存在する一方で、その仮説を否定する事実は存在しないことが実験や観察によって明らかになること
イ、ある仮説が確実に正しいことを、実験や観察によってすでに証明されている理論と矛盾しないように説明すること
ウ、ある仮説の真偽を実験や観察によって確かめ、その仮説と合致する事実が否定する事実よりも多いことを確認すること
エ、ある仮説を支持する事実が実験や観察によって見いだされるだけでなく、世界中の科学者によって支持されるようになること

(二) よく出る 〔 A 〕、〔 B 〕にあてはまることばの組み合わせとして最も適当なものを、次のアからエまでの中から選びなさい。（1点）
ア、〔 A 〕実証可能な　〔 B 〕不確実な
イ、〔 A 〕不確かな　〔 B 〕確実な
ウ、〔 A 〕究極の　〔 B 〕さしあたりの
エ、〔 A 〕相対的な　〔 B 〕絶対的な

(三) ②合理的であることは、必ずしも科学的である必要はない とあるが、筆者がこのように述べる理由として最も適当なものを、次のアからエまでの中から選びなさい。（1点）
ア、合理的であるとは行為や状態が公平であることであり、実証性や反証可能性に基づく科学的な知識がなくても、公平であるかどうかの判断は道徳的に可能であるから。
イ、合理的であるとは理にかなっていることであるが、科学以外にもさまざまな理が存在しており、どの理に従ったとしてもそれぞれに合理的であると言えるから。
ウ、合理的であるとは理に合うという意味であり、科学的には正しくない知識に基づいていたとしても、大多数の人々にとって納得できるものであればよいから。
エ、合理的であるとは効率的であるという意味でもあるため、合理的であるとは科学の実証的な手続きによらず、最小のコストで最大の効果を上げている場合も合理的であると言えるから。

(四) 次の一文が本文から抜いてある。この一文が入る最も適当な箇所を、あとのアからエまでの中から選びなさい。（1点）

> このとき、私たちは科学とその合理性を自らの判断において信じているのではない。

ア、本文中の〈1〉　イ、本文中の〈2〉
ウ、本文中の〈3〉　エ、本文中の〈4〉

(五) 難 次に示す会話文は、この文章を読んだ生徒六人が意見交換をしたものであるが、会話文の順序が入れ替えてある。筋道がとおる会話文とするためにアからカまでを並べ替えるとき、二番目、四番目、六番目にくるものをそれぞれ選びなさい。（二番目1点、四、六番目完答で2点）

ア（Aさん）　現代の科学技術文明においては、そのように専門的な科学や技術の内容が理解できないことを個々の人々が甘受し、科学や技術の研究と応用は専門家集団にゆだねることで、社会の合理性が高められてきたと筆者は述べています。

イ（Bさん）　そのような、便利だが理解できない不透明な領域の増大とともに、科学技術がやがて何でも解決してくれるという過剰な期待を人々が抱くようになる危険性を筆者は指摘しています。

ウ（Cさん）　私たちは、科学技術のおかげで便利で快適な生活を送ることができていますが、筆者が述べているように、電気製品をはじめ、コンピュータや自動車などの身近な機械がどのようなしくみで動いているかはよく分かりません。改めて考えてみると、ちょっと怖い気もします。

エ（Dさん）　要するに、科学的な知というのは、実証的な手続きによってとりあえず真であると認められた仮説にすぎないということを自覚することが、合理的な態度であると言えそうです。

オ（Eさん）　確かに、科学技術の中身を自分では理解しないまま信じることは、便利さや効率性を簡単に手に入れられる点では合理的ですが、その合理性は本来科学がもっている合理性とは違い、不透明さをもったものです。

カ（Fさん）　しかし、その場合の合理性は、仮説と検証を通じて確かめられる法則性によって世界を理解しようとする科学の合理性とは、根本的に異なっているように思います。

(六) 思考力 この文章の論の進め方の特徴として適当なものを、次のアからカまでの中から二つ選びなさい。（各1点）
ア、対立する二つの考えを示してそれぞれの考えがもつ欠点を明らかにし、いずれとも異なる独自の主張を展開している。
イ、複数の具体例について説明し、それらの共通点を取り出して自分の主張につなげている。
ウ、中心となる問題を提起したのち、個人的な体験談をくわしく紹介しながら問題の本質に迫っている。
エ、自分の主張を述べたのち、具体例を交えながら自説に対するくわしい説明を行っている。
オ、問いを立ててそれに対する答えを述べ、さらに想定される反論に答えることを繰り返している。
カ、自分の主張を述べる直前に逆接の接続詞を置くなど、接続詞を効果的に用いている。

二 熟語・語句の意味 よく出る 基本

次の㈠から㈢までの問いに答えなさい。（計3点）

㈠次の文中の傍線部①、②に用いる漢字として正しいものを、それぞれあとのアからエまでの中から一つ選びなさい。（完答で1点）

指導力を発揮して事態を①シュウ②シュウする。

①ア、秀　イ、修　ウ、収　エ、衆

②ア、愁　イ、拾　ウ、集　エ、蹴

㈡次の文中の傍線部と同じ意味で用いられている漢字として正しいものを、あとのアからエまでの中から一つ選びなさい。（1点）

彼は著しい成長を遂げている。

ア、著者　イ、名著　ウ、著述　エ、顕著

㈢次の文中の〔 A 〕にあてはまる最も適当なことばを、あとのアからエまでの中から選びなさい。（1点）

彼は何が起こっても泰然〔 A 〕としている。

ア、篤実　イ、虚心　ウ、自若　エ、余裕

三 （小説文）内容吟味・文脈把握

次の文章を読んで、あとの㈠から㈤までの問いに答えなさい。（計6点）

〔本文にいたるまでのあらすじ〕

茨城県立砂浦第三高校二年生の亜紗（あさ）と凛久（りく）、三年生の晴菜（はるな）が所属する天文部では、望遠鏡の製作に取り組んでいる。部品を発注した会社（SHINOSE）を三人で訪問した帰りの電車の中で、亜紗と晴菜は凛久から十二月末に転校することを伝えられた。亜紗と晴菜は学校に寄り、部顧問の綿引（わたびき）先生のもとを訪れた。

〔本文〕

1「そうか。ようやくみんなに言ったか、凛久は」凛久の転校や家庭の事情を、綿引先生は知っていた。それを知って、亜紗の体に入っていた力がするすると抜けていく。自分は話してもらえなかった、相談してもらえなかった、という思いは依然として強くある。だけど、その時亜紗が抱いた感情には、わずかに安堵（あんど）が混じっていた。よかった、と思う。凛久、綿引先生には話せていたんだ。

2「先生、教えてください」「何、晴菜」「凛久くんのお姉さんは車椅子を使っているんですか」その言葉に――はっとする。車椅子、ナスミス式望遠鏡。凛久が見つけたという海外の老人ホームの観測会の記事と、それを作りたいから綿引先生のいるこの学校に来たという入学動機。晴菜先輩が続ける。「下半身にまひがあると聞いたので、ひょっとしたら、と思って」「うん。凛久がナスミス式望遠鏡を作りたい理由には、それもあったみたいだね」綿引先生がゆっくりと椅子から立ち上がる。自分たちを――とりわけ、亜紗をまっすぐ見つめて、続ける。「凛久のお姉さんには、ぼくも一度、実は挨拶したことがあるんだよ。去年、花井（はない）さんの講演会に行った時に、車椅子専用スペースに、凛久とお姉さんがいるのを見かけて、ちょっとだけ、挨拶した」

3 そうだったんだ、と思う。凛久のお姉さんの話を、一度だけ、そういえば亜紗も聞いたことがあった。去年、まだいろんなイベントができた頃、宇宙飛行士の花井うみかさんの講演会があった際、凛久は亜紗たちと一緒に行かず、お姉さんと行った。お姉さんも星や宇宙が好きで、本当はお母さんと行く予定だったけれど、お母さんの都合が悪くなったので、凛久が一緒に行ったのだと。だけど、亜紗は凛久の姿を見つけられなかったし、あの日、会場に車椅子の人たち向けのスペースがあったことも、まったく気づいていなかった。さっき車内で聞いたばかりの、凛久の声を思い出す。――ナスミス式望遠鏡が無事に完成したら、その観測会に、うちの姉ちゃん、呼んでもいいですか？　綿引先生にも、前から、それ、相談してて。

4「……悔しい」亜紗の口から、声がもれた。凛久、あいつ――、と思う。本人を前にしたら、次もまた、言えないかもしれない。だけど、今の正直な気持ちが止まらなくなる。「なんで、何も言ってくれなかったんだろう。悔しい。悔しいし、すごく……」亜紗は、気づけなかった。凛久が何も言えなくて当然だ、と思う。亜紗ちゃん、と晴菜先輩が呼んで、こちらを見ている気配がする。これ以上話すと涙が出てきそうで、そんなの、嫌だ、と強く思った。悔しいし、情けないけど、泣くなんて、そんなの、凛久にもきっと失礼だ。「凛久はあいつ、ためこむタイプだからなぁ。亜紗、ごめんな」先生が謝る必要なんてないはずなのにそう言われると、いよいよ気持ちのやり場がなくなって①亜紗はぶんぶんと首を振った。

5「ナスミス式望遠鏡のフレームはどうだった？　野呂（のろ）さんにも会ってきたんだろ」綿引先生が二人に尋ねる。話題を変えたわけじゃなくて、きっと凛久の件の延長だ。こくんとうなずく亜紗の横から、晴菜先輩が補足する。「フレーム、微調整は必要ですけど、すごくきれいで、やっぱりSHINOSEさんにお願いできてよかったです。これで、たぶん間に合う」「そうか、よかった」間に合う、よかった、という言葉が、これまでは晴菜先輩の卒業を指していたけれど、今は違う。綿引先生が言った。「あとは、ここからまたコロナの状況がひどくならないといいけど。観測会、無事にできたら、凛久にも思い出になる」思い出、という言葉を聞いて、強烈に湧き起こる感覚があった。思い出は――確かにそうかもしれない。だけど、まだそんなふうになってほしくなかった。亜紗は、ここにいるのに。ここに全部残していってしまうような言い方、やめてほしい。「先生」「うん？」動揺と混乱と、激しいショックの中で、亜紗は聞いてしまう。答えを知りたくて。「凛久のために、私たち、何ができますか？」（中略）

6 昼休み、会話自粛がすっかり定着した食事を終えた時間帯、亜紗の教室に天文部の一年生たちが訪ねてきた。背の高い深野（ふかの）と、小柄な広瀬（ひろせ）のコンビが教室の入り口に立ち、こちらに向けて手を振っているのが見えた時、亜紗は驚いた。後輩が訪ねてくるなんて、他の部の子同士では見たことがある光景だけど、自分には縁のないことだと思っていたからだ。急いで廊下に出ていくと、二人がぺこりと頭を下げた。「亜紗先輩、すみません」「今、大丈夫でしたか?」「うん。どうしたの? 何かあった?」「私たち、亜紗先輩に相談があって」話なら部活の時でもいいのに——と思っていると、思いがけず、二人の目が気遣うように自分を見ていた。広瀬が言う。「私たち——、年内にもう一度、スターキャッチみたいなことできないかなって、実は、相談してたんです。五島チームとか、渋谷の中学生たちに」「えっ……!」思わず亜紗の口から声が出る。二人の顔をまじまじと見てしまう。

7「どうやって? ひょっとして綿引先生に頼んだり——」「あ、違います違います。私たち、コンテストの準備してる合間にいろいろ話しながら連絡先交換してて。私は、五島の円華さんと。私も中学まで吹奏楽やってたから、なんか仲良くなれそうだなって」「私は、ひばり森中の天音ちゃんとショートメッセージつながってます。好きなアニメの推しがかぶってたんで」いつの間に——と絶句する。スターキャッチコンテストの望遠鏡作りは、亜紗たち上級生はあくまでお手伝いで、確かに一年生が中心だった。二人が作業している横でナスミス式望遠鏡の製作に集中している時間帯も確かにあったけれど——一年生の二人を前に、亜紗は、ああ——と思う。最初からこの子たちに相談すればよかったのか。一年生たちのたくましさがあまりにまぶしい。〔 ② 〕亜紗の前で、深野の方が、「あ、で、ですね」と平然と続けた。「また、一緒に何かできたらいいねって気持ちは、みんなもあるみたいです。来年またスターキャッチコンテストができればいいって話にもなってたんですけど、五島チームとか、今年で卒業の人たちも多いし、来年の夏はもうみんなバラバラだから、やるなら受験が落ち着いた三月とかなのかなって話してて」

8 そこで、深野と広瀬が顔を見合わせる。二人で話した後なのだろう。小さくうなずき合った後で、深野が続けた。「だから、私たちも話したんです。凛久先輩が年内で転校しちゃうこと。現地に来るのは無理かもしれないけど、ナスミス式望遠鏡ができたら、そのお披露目にはみんなのこともオンラインで招待したいって。そしたら——」「ひばり森の天音ちゃんから、スターキャッチや観測会もいいけど、年内なら、一緒にできるか検討してほしいことがあるから、今度またオンライン会議をしませんかって誘われたんです。また、全チームで」目を見開いた。わかったからだ。この子たちも、亜紗と同じ気持ちだったのだと。

（辻村深月『この夏の星を見る』による）

(注) ○ 1～8は段落符号である。
○ 安堵＝安心すること。
○ ナスミス式望遠鏡＝十九世紀にイギリスのジェームス・ナスミスが発明した天体望遠鏡。どの方向を観測しても、観測者が目の高さを変えずにのぞき込むことができる特徴があり、車椅子に乗ったまま使用できる。
○ 野呂さん＝SHINOSEの社員。
○ スターキャッチ＝スターキャッチコンテスト。夏休みに亜紗たちが主催して行った、自作の天体望遠鏡で星を捉えることを競う大会。長崎県の五島列島の高校生チームと東京都渋谷区のひばり森中学校のチームなどがオンラインで参加した。

(一) ①亜紗はぶんぶんと首を振った とあるが、このときの亜紗の心情として適当なものを、次のアからオまでの中から三つ選びなさい。（完答で1点）

ア、転校することについて凛久が自分に相談してくれなかったことを、悔しく思っている。
イ、凛久が家族の事情を話せないのは当然だと思いながらも、うそをつかれたことに傷ついている。
ウ、凛久との関係の悪化を晴菜先輩や綿引先生から心配されていることに、堪えられなくなっている。
エ、凛久が抱えている事情に気付けなかった鈍感な自分に対し、情けなく思っている。
オ、自分の感情を制御できなくなっているところに慰めの言葉をかけられ、一層感情が高ぶっている。

(二) 第六段落における亜紗の心情の説明として最も適当なものを、次のアからエまでの中から選びなさい。（1点）

ア、後輩が教室まで訪ねてくることは初めてだったので驚いたが、他の部員に聞かれたくない相談なのかもしれないと思い、二人の話を一言も聞き漏らすまいと緊張しながら聞いている。
イ、晴菜先輩が卒業したあとの天文部の活動に不安を抱いていたが、県外の仲間が今後の活動に協力してくれそうだと後輩たちから聞き、ほっとしている。
ウ、初めは後輩たちの来訪の意図が分からなかったが、年内にもう一度スターキャッチコンテストのようなことができないかを一年生だけで県外の仲間と相談していたと知り、驚いている。
エ、凛久が年末に転校することを知ってからは教室でも塞ぎ込んでいたが、後輩たちが自分を励ますために訪ねてきてくれたので、努めて明るくふるまおうとしている。

(三) **基本** 〔 ② 〕にあてはまる最も適当なことばを、次のアからエまでの中から選びなさい。（1点）

ア、口をつぐむ　　イ、息をのむ
ウ、耳をそばだてる　　エ、目を覆う

(四) 次のアからオは、この文章を読んだ生徒五人が、意見を述べ合ったものである。その内容が本文に書かれていないことを含むものを二つ選びなさい。（完答で1点）

ア（Aさん）　綿引先生には、それとなく生徒たちのことを気遣い、見守っているような優しさと思いやりがあります。だからこそ、部員たちが先生に本心をぶつけることができるのだと思います。

イ（Bさん）　凛久は、綿引先生には転校や家庭の事情といった個人的なことを打ち明け、相談することができていたようです。綿引先生も、姉に対する凛久の思いを理解した上で、部活動の指導をしているのだと思います。

ウ（Cさん）　晴菜先輩には、自分の思いを遠慮せずにはっきりと伝えられる強さがあるように思います。でも、凛久が転校することを聞いて動揺し混乱している亜紗の気持ちには、気付くことができていないようです。

エ（Dさん）　亜紗は、後輩たちが先生に頼らずに自分たちで考え、県外の仲間と協力してナスミス式望遠鏡のお披露目会を開こうとしていることを聞いて、自分が気付いていなかったたくましさを感じているようです。

オ（Eさん）　深野と広瀬は、とてもいいコンビだと思います。スターキャッチコンテストの望遠鏡作りを完全に一年生に任せ、上級生は手を出さなかったことで、チームワークと自立心が養われたのだと思います。

㈤この文章の表現の特徴として適当なものを、次のアからオまでの中から二つ選びなさい。（各1点）

ア、会話文に加えて地の文によっても亜紗の内面が細かく描写され、凛久の転校を聞いた後の亜紗の動揺がありありと書かれている。

イ、回想場面を挿入して過去の出来事を描写することにより、人間の心理が時間の流れの中で変化することが示されている。

ウ、各登場人物が凛久との思い出を語ることで、凛久のために何かをしたいという思いが次第に形になっていく様子が描かれている。

エ、亜紗、晴菜、先生が会話をする場面では「――」や「……」を多用することで、三人のもどかしい気持ちが表現されている。

オ、昼休みの教室の場面は一年生の深野と広瀬が会話をリードする形で進み、二人の息がよく合っている様子が描かれている。

四（漢文）内容吟味

次の漢文（書き下し文）を読んで、あとの㈠から㈣までの問いに答えなさい。（本文の……の左側は現代語訳です。）（計4点）

太宗、侍臣（そばに控える家臣）に謂ひて曰はく（に言うことには）、「古人云ふ、『鳥、林に棲むも、猶ほ（それでもなお）其の高からざらんことを恐れ、復た木末（さらに高い木の枝）に巣くふ。魚、泉に蔵るるも、猶ほ其の深からざらんことを恐れ、復た其の下に窟穴す（水中の洞穴に住んでいる）。然れども（それにもかかわらず）人の獲る所と為る者は、皆、餌を貪るに由るが故なり。』と。今、人臣、任を受けて、高位に居り、厚禄を食む（多額の報酬を得ている）。①当に須く忠正を履み、公清を踏むべし。則ち（そうすれば）災害無く、長く富貴を守らん。古人云ふ、『②禍福は門無し、惟だ人の召く所のみ。』と。然らば（だから）其の身を陥るる者は、皆、財利を貪冒するが為めなり。③夫の魚鳥と、何を以て異ならんや。卿等（お前たち）、宜しく此の語を思ひ、用て鑑誡（戒め）と為すべし。」と。

（『貞観政要』による）

（注）○太宗＝唐の第二代皇帝の李世民のこと。

㈠【難】①当に須く忠正を履み、公清を踏むべし　とあるが、このことばによって太宗が言いたいこととして最も適当なものを、次のアからエまでの中から選びなさい。（1点）

ア、主君と家臣の信頼関係を大切にし、社会の安定を図るべきである。

イ、人民のために働くべきであり、高位高官を目指すべきではない。

ウ、国が豊かになるには、役人が清貧の生活に甘んじる必要がある。

エ、まじめで正しい行いをし、清廉潔白な生き方でなければならない。

㈡②禍福は門無し、惟だ人の召く所のみ　の説明として最も適当なものを、次のアからエまでの中から選びなさい。（1点）

ア、家臣がどれだけ幸せであるかは、仕える主君によるということ

イ、幸せになるか不幸になるかは、その人の行動しだいということ

ウ、幸せな人生を送れるかどうかは、家柄とは関係がないということ

エ、安易に人の誘いに乗ることは、不幸を招く原因になるということ

㈢③夫の魚鳥と、何を以て異ならんや　とあるが、このように述べる理由として最も適当なものを、次のアからエまでの中から選びなさい。（1点）

ア、動物の世界と同じように人間の世界も弱肉強食であるから。

イ、自分が欲するものへの執着によって身を滅ぼしているから。

ウ、どれだけ努力をしても自分より強い者には逆らえないから。

エ、慎重になりすぎると獲物を逃してしまうことになるから。

㈣次のアからエまでの中から、その内容がこの文章に書かれていることと一致するものを一つ選びなさい。（1点）

ア、太宗は鳥と魚を対比させながら家臣としてのあるべき姿を説いた。

イ、太宗は自然界の道理を例にとって家臣に理想の主従関係を示した。

ウ、太宗はたとえ話を用いて家臣に長く富や地位を守る方法を語った。

エ、太宗は家臣との結束を強めるために昔の失敗談を語って聞かせた。

三重県

時間 45分　満点 50点　解答 P29　3月11日実施

出題傾向と対策

●漢字の読み書き、小説文、論説文、古文・漢文を組み合わせた問い、資料の読み取りと条件作文の大問五題構成。文法や歴史的仮名遣いなど国語知識に関する出題も多い。文章は読みやすく、設問の内容もそれほど難度は高くないため、国語の基礎知識や作文の記述力が問われる。

●出題範囲が広いため、口語文法や漢字の読み書き、返り点などの基礎知識をしっかり身につけて確実に得点したい。条件作文では、読み取った情報や指示に従って、根拠を明らかにしながら論理的に書く力が求められる。

一 漢字の読み書き　よく出る　基本

次の①～⑧の文の傍線部分について、漢字は読みをひらがなで書き、ひらがなは漢字に直しなさい。（各1点、計8点）

①一家で農業を営む。
②図書の返却を促す。
③道路の幅を拡張する。
④作品に思いを凝縮する。
⑤冬の日はみじかい。
⑥平和の鐘をならす。
⑦店先にかんばんを出す。
⑧じゃっかんの変更が生じる。

二 (小説文)活用・文節・内容吟味

次の文章を読んで、あとの各問いに答えなさい。（計12点）

（中学一年生の長谷川千春は、同級生の那彩に誘われて天文部に入部した。ある日、千春は、葉山先生、二階堂先輩、片瀬先輩、那彩たちと一緒に科学館を訪れ、はじめてプラネタリウムを見た。）

場内が明るくなっても、千春はしばらく立ちあがれなかった。体の半分が、まだ宇宙のどこかをさまよっているみたいだ。

「長谷川さん」

名前を呼ばれ、はっと背筋がのびた。振りむくと、一列後ろから葉山先生が千春を見下ろしていた。

「どうだった？」

「すごく、きれいでした」

うまく頭が働かないまま、千春はとりあえず答えた。つまんない返事だ。われながら恥ずかしくなる。

「すみません、なんか、小さい子の感想みたいで」

「そんなことないよ」

先生が(1)微笑んだ。

「きれいだなって感じるのが、すべてのはじまりじゃない？　出発点っていうか。わたしはそうだったよ」

首をめぐらせ、ホールを見わたす。

「たぶん、みんなも」

千春も周囲を見まわしてみた。二階堂先輩は椅子に体を沈め、余韻を味わうかのように天井をうっとりと見上げている。二年生の四人は投影機のそばに集まって、なにやら熱心に議論している。ちょうどこっちに顔をむけていた片瀬先輩には、ぷいと目をそらされてしまった。

那彩が小走りに駆けよってきて、千春のとなりに(2)すとんと座った。

「千春、どうだった？」

「きれいだった」

千春は答えた。すでに通路のほうへ歩き出していた先生に、いたずらっぽく目くばせされた。

「気に入った？　よかったあ」

ぱあっと顔をほころばせた那彩は、すぐに表情をひきしめた。

「実は、ちょっとだけ心配だったんだ。千春が楽しめるかなって」

「大丈夫、解説がわかりやすかったし。初心者でもちゃんとついていけたよ」

千春が言うと、ぎゅっと腕をつかまれた。

「ちがうの、初心者とか、そういう意味じゃなくて」

「え？」

「あのね、ええと……なんていうか……」

どうも歯切れが悪い。戸惑いつつ、千春は続きを待った。那彩は日頃からずばずばとものを言うのに、めずらしい。

「(3)気になってたんだ」

那彩がぼそりとつぶやいて、手をひっこめた。もじもじとスカートをいじる。

「千春に、無理させてないかなって」

「無理？　わたしが？」

意味がのみこめず、千春は問い返した。

「天文部、あたしが強引に誘っちゃったから。千春は優しいしさ。内心、なんかちがうって思ってたりとか……」

「思ってないよ」

とっさに大きな声が出てしまって、口をつぐんだ。そっとまわりをうかがう。幸い、そばには誰もいない。

「ほんとに？」

那彩が上目づかいで千春をちらっと見やり、またうつむいた。両手で握りしめたスカートがしわくちゃだ。

「前に失敗したんだ、あたし」

小学校で仲のよかった友だちに、折にふれて星の話をしていたらしい。相手も楽しそうに聞いてくれていた。というか、那彩はそう思いこんでいた。

ある日いきなり、遠慮がちに本音を告げられるまでは。

「ごめん、星にはあんまり興味ないんだ、って」

那彩は深く落ちこんだ。反省もした。あたしだっていやだ。他人の趣味を無理やり押しつけられたら。これからはむやみに星のことばかりしゃべらないように気をつけよう、と心に決めた。

「だけど天文部に入って、舞いあがっちゃって。先輩たちもあんなだしね。最近、浮かれすぎっていうか、調子に乗っちゃってた」

那彩がぐいと顔を上げ、千春と目を合わせた。

「ごめんね千春。あたし、うるさかったよね？　正直、ひいてない？」

「そんなことないよ」

少し考えて、「でも」と千春は思いきって言い足した。

せっかく那彩が素直な気持ちを打ち明けてくれたんだから、わたしもそうしよう。

「なんかちょっと、うらやましかった」

口に出したら、妙にすっきりした。

ああそうか、と思う。心から夢中になれるものを持ち、それをひたむきに追いかけている那彩たちが、わたしはうらやましかったんだ。

「わたしもがんばる。那彩を見習って」

目をまるくしていた那彩が、照れくさそうに頰をゆるめた。千春の言いたいことは通じたようだ。

「星のこと全然くわしくないし、足ひっぱっちゃうかもだけど」

「いやいや、あたしだってそんなにくわしくないってば！」

那彩がもどかしげにさえぎった。

「そもそも、専門家でもまだわかってないことが山ほどあるんだよ？」

そうみたいだ。プラネタリウムの上映中も、しつこく「まだわかっていません」と念を押された。宇宙はあまりにも広く、人間はあまりにも小さい。

「初心者っていうなら、あたしたち全員が初心者だって」

きっぱりと言いきって、那彩はなかば上にふっと視線をずらした。千春もつられて目を上げた。


（瀧羽麻子『ひこぼしをみあげて』による。）

＊一部表記を改めたところがある。
＊一部省略したところがある。

(一) **基本** 傍線部分(1)「微笑ん」は動詞であるが、その活用形として最も適当なものを、次のア～エから一つ選び、その記号を書きなさい。（2点）

ア、未然形　イ、連用形
ウ、連体形　エ、仮定形

(二) **基本** 傍線部分(2)「すとんと座った」とあるが、「すとんと」と「座った」とはどのような文節どうしの関係か。次のア～エから最も適当なものを一つ選び、その記号を書きなさい。（2点）

ア、主・述の関係　イ、修飾・被修飾の関係
ウ、並立の関係　エ、補助の関係

(三) 傍線部分(3)「気になってたんだ」とあるが、那彩が気になっていたことは何か。次のア～エから最も適当なものを一つ選び、その記号を書きなさい。（2点）

ア、自分が、ずばずばとものを言ったため、千春が先輩たちとの議論に入れなかったのではないかということ。
イ、自分が、先輩たちと投影機の話をしていたため、初心者の千春は楽しめなかったのではないかということ。
ウ、自分が、千春を天文部に強引に誘ったことで、千春に無理をさせているのではないかということ。
エ、自分が、天文部に入ってから舞いあがっていることで、千春に心配をかけているのではないかということ。

(四) 点線部分「「なんかちょっと、うらやましかった」口に出したら、妙にすっきりした」とあるが、千春がこの言葉を口に出したことで、妙にすっきりしたのは、どのようなことに気づいたからか。「……ことに気づいたから。」につながるように、本文中の言葉を使って三十五字以上四十五字以内で書きなさい。（句読点も一字に数える。）（3点）

(五) この文章の表現についての説明として最も適当なものを、次のア～エから一つ選び、その記号を書きなさい。（3点）

ア、葉山先生とのやり取りを通して、天文部に対して相反する姿勢を示していた千春と那彩の行動や心情を、対比しながら表現している。
イ、前半では、葉山先生の助言を受け入れていく那彩の心情を、後半では、過去の自分と向き合う千春の心情を、比喩を用いて表現している。
ウ、天文部での出来事を語り手の目線で客観的に描写し、葉山先生や那彩たちに対する千春の行動や心情が変化する様子を表現している。
エ、千春と那彩との会話で話が展開し、那彩が自分の経験を千春に伝えたことにより、二人の思いが通じ合っていく様子を表現している。

三 （論説文）活用・品詞識別・文脈把握・段落吟味

次の文章を読んで、あとの各問いに答えなさい。（計12点）

山に(1)登り、ライチョウと出会ったことのある人なら、人を恐れないこの鳥に(2)強いインパクトを①受けた方も多いだろう。数メートルの距離に②近づいても人を恐れない野生動物に接する機会など、ほとんどないからである。では一体、ライチョウはなぜ人を恐れないのだろうか。私は学生のころからライチョウに③接していたにもかかわらず、このことを疑問に思うことは一度もなかった。ライチョウはそういう鳥だということで、最初から納得してしまっていたからである。だが、そうではないことに気づく機会が、四十歳を④すぎて訪れた。

一九九三年の夏、信濃毎日新聞社が創立[注1]一二〇周年を迎えるにあたり、同系列の信越放送とともにアリューシャンの自然と登山のニュースを放映するプロジェクトが組まれた。そのさい、私も学術調査員として参加することになった。アリューシャン列島には、ライチョウが生息している。(3)外国のライチョウをぜひみてみたいというのが、私の参加理由だった。

北緯五三度より北に位置するこの列島では、寒冷のために木は育たず、海岸からすでに日本の標高二四〇〇メートル以上の高山帯に相当する気候だった。ライチョウは、海岸付近から氷河でおおわれる標高七〇〇メートル付近に生息し、ここでは高山の鳥ではなかった。最も驚いたのは、ライチョウから五〇メートルほどの距離まで近づくと、飛んで逃げたことである。そのため、写真に撮ることができなかった。日本のライチョウなら、数メートルの距離まで近づいて姿や行動をじっくり観察し、写真撮影もできる。だが、ここのライチョウは、人に対する警戒心が、日本のライチョウとはまったくちがっていたのである。アリューシャン列島の後にアラスカにも寄ったが、ここのライチョウもまた、人の姿をみると飛んで逃げることを確認した。

さらにその二年後には、イギリスのケンブリッジ大学に一年間滞在する機会があり、その折にスコットランドを訪れ、ライチョウを観察することができた。しかし、ここのライチョウも同様に警戒心が強く、近づいて写真に撮ることができなかった。私はこの時点で、人を恐れない日本のライチョウの方が、むしろ特殊であることに気づいたのである。

一体なぜ、日本のライチョウだけが人を恐れないのだろうか。私は外国のライチョウをみたことで、初めてこの疑問に向き合うことになった。アリューシャン、アラスカ、スコットランドでは、ライチョウが狩猟の対象となってきたのに対し、日本では狩猟の対象とならなかったことが、その直接の原因であることはすぐに理解できた。しかし、なぜ外国では狩猟の対象になったのに、日本ではならなかったのか。その本質的な点については、すぐには答えを見出すことはできなかった。この点に納得のいく答えが得られたのは、カッコウの研究で外国を訪れる機会が多くなり、外国の自然と文化にふれ、欧米文化と日本文化の本質的なちがいが理解できてからである。アリューシャン列島での調査をきっかけに、ライチョウへの関心がふたたび高まるとともに、この謎は私の中で、すこしずつ解けていくことになった。［A］

日本には古くから、高い山には神が鎮座するという山岳信仰がある。修験道に代表されるこの山岳信仰は、日本に古くからあった山岳信仰と、大陸から伝来した仏教とが一体となったものである。山にこもって修行し、悟りを開くという山岳と密接に関係した宗教で、七世紀に大和国を中心に活動していた役行者が開祖とされ、江戸時代までの長い間、庶民の間で広く流布していた。高野山、比叡山、長野県の戸隠山は、修験道の霊山として、かつては大変栄えていた。［B］

では、なぜこのような山岳信仰が、長きにわたって日本人に受け入れられてきたのだろうか。日本の歴史を通観したどり着いた結論は、その原因が日本の自然と文化にあるというものだった。［C］

四季を通して雨が降る日本は、広く森でおおわれた国だ。縄文時代以前には、その森の中を大小の河川が流れ、いたるところに湿地、池、湖があるというのが、日本本来の自然の姿だった。その後、大陸から稲作文化が入り、湿地や平地の森が開墾されて水田がつくられるようになり、平地に開けた環境が広がった。稲作は、山から水を引いて洪水に備えるなど、共同作業が必要である。そのため、水田の近くに集落をつくって定住する生活が基本となった。集団全体をまとめる政の中心として、集落には神社が祀られた。また、水を引いて水田にすることが困難な場所は、野菜類を栽培する畑として開墾された。［D］

それに対し、里に隣接した里山の森は、田畑の肥料となる落ち葉や刈り敷き(注2)を得たり、薪や炭などの燃料を得たり、また家を建てる木材を得たりする場として、大いに利用された。里山は人が住む場所として、里とともに生活の場であった。その里山に対し、里から離れた奥山には神が祀られ、人がみだりに入ることが制限されていた。水田耕作で最も重要なのは、水の確保である。そのためには、奥山の森に手をつけてはいけないことを、人々は経験を通して知っていたのである。こうして、里と里山は人の領域、奥山は神の領域として使い分ける、日本文化の基本的な形態が確立された。

修験道に代表される山岳信仰は、まさにこのような日本文化の基本構造の中で、うまく機能してきたと考えられる。人々は山を畏怖しながらも、ときには日常を離れて神との一体化をもとめ、山に登ることもあった。そして厳しい修行により霊験(注3)を得て、ふたたび里にもどり、生活の中に生かした。だからたとえ山に入ったとしても、神罰を恐れ、動物を殺して食べるといった殺生は、ほとんどしてこなかったにちがいない。

稲作を基本にしたこのような日本文化によって、日本の奥山は、先進国の中では唯一例外的に、今日まで豊かな自然を残すことになったのである。ライチョウの生息する高山は信仰の対象であり、奥山の最も奥の神の領域にすむライチョウは、日本人にとって長い間、「神の鳥」であった。だからこそ、日本のライチョウは今日なお、人を恐れないのだ。その意味で、人を恐れない日本のライチョウは、日本文化の産物といえるのである。これが、私が最終的にたどり着いた結論だった。

（中村浩志『二万年の奇跡を生きた鳥　ライチョウ』による。）

＊一部表記を改めたところがある。

（注1）アリューシャン――アメリカ合衆国アラスカ州に属する列島。

（注2）刈り敷き――山野の草・樹木の茎葉を緑のままで水田や畑に敷き込むこと。また、その材料。

（注3）霊験――神仏が示す不思議な利益。

（一）**基本** 傍線部分(1)「登り」は動詞であるが、点線部分①～④の動詞のうち、活用の種類が「登り」と同じものを一つ選び、その番号を書きなさい。（2点）

（二）**よく出る** 傍線部分(2)「強い」の品詞名として最も適当なものを、次のア～オから一つ選び、その記号を書きなさい。（2点）

ア、副詞　イ、連体詞　ウ、動詞　エ、形容詞　オ、形容動詞

（三）傍線部分(3)「外国のライチョウ」とあるが、次の［　］の中は、外国のライチョウがもつ、日本のライチョウとは異なる特徴について、筆者の考えをまとめたものである。［　］に入る言葉を、本文中の言葉を使って五字以上十字以内で書きなさい。（句読点も一字に数える。）（3点）

外国のライチョウは、人が近づくと飛んで逃げるなど、人に対する［　］という特徴がある。

（四）次の［　］の中は、本文の［A］、［B］、［C］、［D］のいずれかに入る文である。この文が入る最も適当な箇所を、［A］、［B］、［C］、［D］から一つ選び、その記号を書きなさい。（2点）

こうして、今日の里の環境がつくり出された。

（五）次の［　］の中は、日本のライチョウが人を恐れない理由について、筆者の考えをまとめたものである。［　］に入る言葉を、ライチョウの生息地の特徴にふれて、本文中の言葉を使って二十五字以上三十五字以内で書きなさい。（句読点も一字に数える。）（3点）

日本人にとってライチョウは、[　　　]から。

四 （古文・漢文）仮名遣い・古典知識・内容吟味

I、II、IIIを読んで、あとの各問いに答えなさい。（計8点）

I　もろこし（中国に）の国に、むかし孫康（注1）といひける人は、いたくがくもんを好みけるに、家まづしくて、油をえかはざりければ（買うことができなかったので）、夜は雪のひかりにてふみ（書物）をよみ、又同じ国の車胤（しゃいん）（注2）といひし人も、いたく書よむ事をこのみけるを、これも①同じやうにいと貧しくて、油をええざりければ（得ることができなかったので）、②夏のころは蛍（ほたる）を多くあつめてなむよみける。③此の二つの故事（ふるごと）（昔あった事から）は、いといと名高くして、しらぬ人なく、歌にさへなむおほくよまむことなりける。

（『玉勝間（たまかつま）』による。）

＊一部表記を改めたところがある。

II　【訓読文】※

※原文（白文）に句読点、返り点、送り仮名をつけた文章。

孫氏世録曰ハク、康家貧ニシテ無シレ油、常映雪読書。

III　晋ノ車胤字ハ武子、南平ノ人ナリ。恭勤ニシテ不レ倦マ、博覧多通ナリ。家貧ニシテ不ニ常ニハ得一レ油ヲ。夏月ニハ則チ練嚢ニ盛リ二数十ノ蛍火ヲ一、以テ照ラシレ書ヲ、以テレ夜ヲ継グレ日ニ焉。

【書き下し文】

II　孫氏世録（『孫氏世録』にいうことには）に曰（い）はく、康家貧（ひん）にして油無し、常に雪に映（雪に照らし）して書を読む。

III　晋（しん）の車胤字（あざな）は武子（ぶし）、南平（なんぺい）の人なり。恭勤（きょうきん）（まじめに学業にはげみ）にして倦（う）まず、博覧多通（ひろくたくさんの書物に目を通していた）なり。家貧にして常には油を得ず。夏月には則（すなわ）ち練嚢（れんのう）（ねり絹のふくろにたくさんの蛍を入れ）に数十の蛍火（けいか）を盛り、以（もっ）て書を照らし（そのあかりで書物を照らして読み）、夜を以て日に継（つ）ぐ（夜も勉強した）。

（『蒙求（もうぎゅう）』による。）

＊一部表記を改めたところがある。

（注1）孫康——中国の晋の時代の人物。

（注2）車胤——中国の晋の時代の人物。

（一）**よく出る** **基本** 傍線部分①「同じやうに」を現代仮名遣い（かなづか）に改め、すべてひらがなで書きなさい。（2点）

（二）**基本** 二重傍線部分「常 映 雪 読 書」が、「常に雪に映して書を読む」と読むことができるように返り点をつけたものは、次のア～エのうちどれか。最も適当なものを一つ選び、その記号を書きなさい。（2点）

ア、常 映レ 雪レ 読 書　イ、常 映ニ 雪 読一 書

ウ、常 映レ 雪 読レ 書　エ、常 映ニ 雪 読レ 書

（三）傍線部分②「夏のころは蛍を多くあつめてなむよみける」とあるが、車胤がこのようにしなければならなかった理由について、IIIではどのように表現されているか。IIIの【訓読文】から六字で抜き出して書きなさい。（句読点、返り点、送り仮名は不要である。）（2点）

（四）傍線部分③「此の二つの故事」とあるが、次の[　　]の中は、Iに続く文章で、筆者が「此の二つの故事」に対して意見を述べている箇所（かしょ）の一部である。[①]、[②]に入る言葉の組み合わせとして最も適当なものを、あとのア～エから一つ選び、その記号を書きなさい。（2点）

もし油をえずば、よるよる（毎夜）は、ちかどなりなどの家にものして（行って）、そのともし火の光をこひかりても（たのんで）、書はよむべし（読めるだろう）。たとひ（たとえ）そのあかり心にまかせず（思うようにならず）、はつかなり（かすか）とも（であるとしても）、[①]にはこよなくまさりたるべし（よりは格段にまさっているだろう）。又年（一年）のうちに、雪蛍（ゆきほたる）のあるは、しばしのほどなるに（少しの間であるのに）、それがなきほど（ない間）は、[②]は書よまでありけるにや（読まないでいたのであろうか）、いとをかし（まことに変である）。

ア、①—雪蛍　②—夜

イ、①—ともし火　②—夜

ウ、①—雪蛍　②—冬夏

エ、①—ともし火　②—冬夏

五 内容吟味・条件作文・敬語

A中学校のボランティア部は、毎年A地区老人クラブの皆（みな）さんをA中学校に招待し、交流会を行っている。次の【資料1】、【資料2】、【資料3】、【資料4】は、昨年度の交流会を計画・実行したボランティア部の中学生とその交流会に参加した老人クラブの皆さんに行ったアンケート結果の一部をまとめたものであり、【資料5】は、ボランティア部の部員が、今年度の交流会について話し合いを行ったときの記録の一部である。これらを読んで、あとの各問いに答えなさい。（計10点）

【資料1】 あなたが最もがんばった交流会の項目（こうもく）は何ですか

（ボランティア部の中学生の回答）

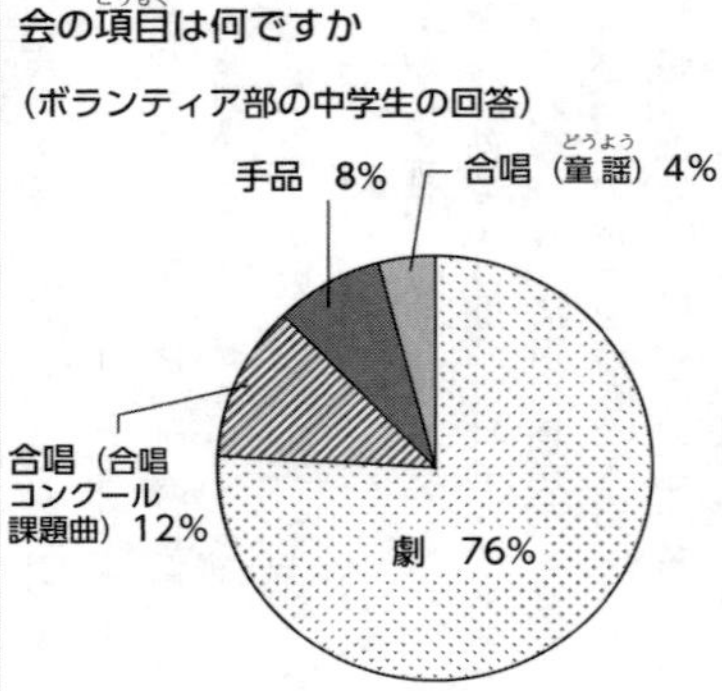

【資料３】 交流会は楽しかったですか
（ボランティア部の中学生と老人クラブの皆さんの回答）

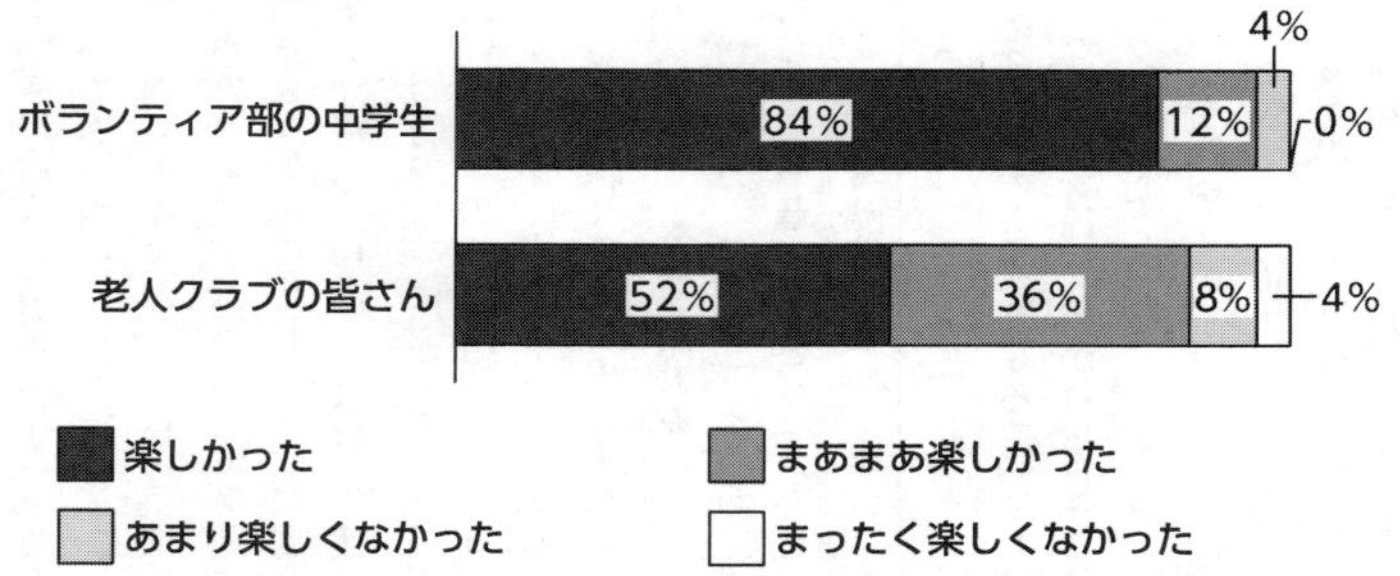

【資料２】 あなたが最もよかったと思う交流会の項目は何ですか
（老人クラブの皆さんの回答）

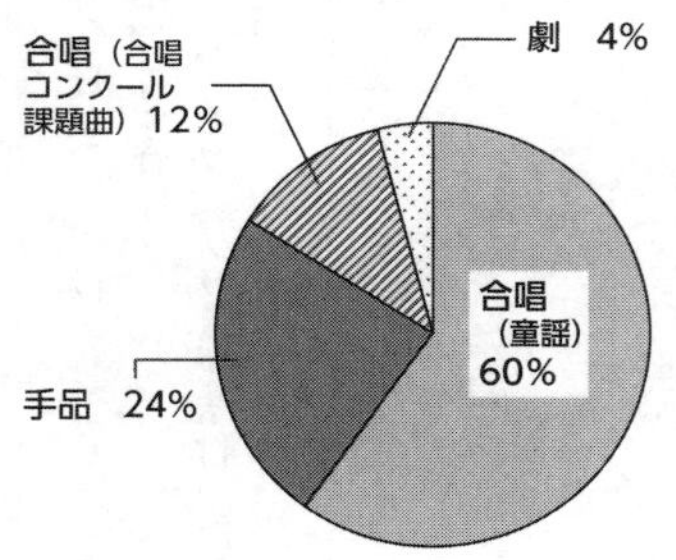

【資料４】
○【資料３】の質問において、老人クラブの皆さんがそれぞれ回答した理由の一部
・中学生が自分たちのために準備をしてくれたことがわかり、うれしかったから
・中学生と一緒に歌うことができ、とても楽しかったから
・中学生と話ができず、残念だったから
・長い時間イスに座っていたので、少し疲れたから

【資料５】
●今年度の交流会の進行表（案）

	項目
1	開会のあいさつ
2	《未定》
3	閉会のあいさつ

※《未定》の項目については、次回の話し合いで決定する。

(一) 【資料１】、【資料２】、【資料３】、【資料４】からわかることとして最も適当なものを、次のア～エから一つ選び、その記号を書きなさい。　（２点）

ア、【資料１】を見ると、ボランティア部の中学生が最もがんばった交流会の項目について、「合唱（童謡）」と回答した割合は、「合唱（合唱コンクール課題曲）」と回答した割合より小さく、【資料２】を見ると、老人クラブの皆さんが最もよかったと思う交流会の項目については、「合唱（童謡）」より「合唱（合唱コンクール課題曲）」と回答した割合の方が大きい。

イ、【資料１】を見ると、ボランティア部の中学生が最もがんばった交流会の項目について、「劇」と回答した割合は最も大きいが、【資料２】を見ると、老人クラブの皆さんが最もよかったと思う交流会の項目について、「劇」と回答した割合は最も小さい。

ウ、【資料３】を見ると、ボランティア部の中学生が交流会を「楽しかった」「まあまあ楽しかった」と回答した割合は、合わせて九十五パーセント以下である。

エ、【資料３】を見ると、交流会を「楽しかった」「まあまあ楽しかった」と回答した老人クラブの皆さんの割合は、合わせて全体の八割以下であり、その理由として、【資料４】を見ると、「中学生と話ができず、残念だったから」と「長い時間イスに座っていたので、少し疲れたから」が当てはまる。

(二) 思考力 次の□の中は、ボランティア部の部員であるいつきさんとなつほさんの会話の一部である。この会話を参考にして、老人クラブの皆さんに交流会で楽しんでもらうための工夫について、あなたの考えを、あとの〔作文の注意〕にしたがって書きなさい。　（６点）

いつきさん　次回の話し合いでは、【資料５】の「今年度の交流会の進行表（案）」の中の《未定》の項目について、決定する必要があるね。

なつほさん　それについては、【資料３】の「交流会は楽しかったですか」の質問において、「まったく楽しくなかった」「あまり楽しくなかった」と回答した老人クラブの皆さんがいるから、今年こそ老人クラブの皆さん全員に楽しんでもらえる交流会にしたいよね。

いつきさん　そうだね。昨年度の交流会の項目を参考にするのもいいし、それ以外の項目について新たに考えてもいいね。老人クラブの皆さんに楽しんでもらえる交流会にするには、どんな工夫が必要かな。

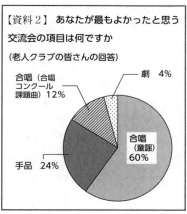

〔作文の注意〕
①題名は書かずに本文から書き出しなさい。
②具体的な交流会の項目を一つ取り上げ、【資料4】と右の会話の内容をふまえ、老人クラブの皆さんに楽しんでもらうための工夫を明確にして書きなさい。
③あなたの考えが的確に伝わるように書きなさい。
④原稿用紙（20字詰×10行＝省略）の使い方にしたがい、全体を百六十字以上二百字以内にまとめなさい。

三 **基本** 次の□の中は、ボランティア部の部員が作成した、老人クラブの皆さんへ送付する案内状の下書きの一部である。傍線部分「ご出席するよう」の言葉の使い方が適切でないと先生から指摘されたボランティア部の部員が、傍線部分「ご出席するよう」を適切に書き直したものとして最も適当なものを、あとのア～エから一つ選び、その記号を書きなさい。（2点）

> 拝啓
> 　青い空に秋の深まりを感じる季節となりました。A地区老人クラブの皆様におかれましては、いかがお過ごしでしょうか。
> 　さて、私たちA中学校ボランティア部では、左記のように今年も皆様をお招きして、交流会を計画いたしました。ご多用のこととは存じますが、ぜひご出席するようご案内申しあげます。
> 敬具
> 記
> ●日時　〇月〇日（〇）午後四時より
> ●場所　A中学校体育館
> 追ってプログラムを送付いたします。
> 以上

ア、出席いたしますよう
イ、ご出席になるよう
ウ、出席なさるよう
エ、ご出席くださいますよう

滋賀県

時間 50分　満点 100点　解答 P30　3月6日実施

出題傾向と対策

●論説文、説明文、漢字の読み書き・論説文・和歌をまとめた問題の大問三題構成。文章の難度や量は標準的だが、読解力を要求される設問もある。記述問題も複数あり、幅広い内容が出題される。
●全体的に難度は高くないが、多様な観点から出題されるので、基礎をおろそかにしないこと。古文は教科書で学んだ内容をしっかりと理解しておく。記述問題が複数あり、また条件作文も平易ではないので、添削を受けて練習を積むとよい。

注意　漢字は楷書、仮名遣いは現代仮名遣いで書きなさい。

一 （論説文）熟語・内容吟味

次の【本の一部】を読んで、後の1から5までの各問いに答えなさい。（計31点）

【本の一部】

鏡に映る姿を自分だと認識できるかどうかを確かめるのは、自己認識ができるかどうかを調べる重要な方法のひとつである。

鏡の姿が自分だとわかること（あるいはわかる能力）である鏡像自己認知の検証を行うときは、ヒトを研究対象とするならば、質問して言葉で答えてもらえばいい。だが、動物ではそうはいかない。動物が認識したのかどうかは、彼らの動きや反応、ときには表情などを注意深く観察し、「行動で返事をさせる」うまい実験を組むしかない。対象個体に感情移入をして、「きっとこう感じている、思っている」のだろう、というのでは説得的でないし科学的ではない。認知研究であっても、きちんと対照実験を行い、疑問の余地のない結果の提示が重要である。

動物を対象とした鏡像自己認知の観察は、古くから行われている。実はダーウィンも行っていた。動物園で飼育されているオランウータンに鏡を見せ、その反応を見るあたりはさすがである。さらに自分の幼児にも鏡を見せ、ヒトの子供がどのように自己認識するかも考察している。しかし観察の記載はあるが、さすがに実験まではしていない。

動物の鏡への反応も、しっかり見ればおおよその推測はできる。しかし、鏡像自己認知は、言葉を話さない動物の場合、①擬人化して解釈できても、客観的に評価することは難しい。動物ではじめて説得的な実験により、客観的証拠を示した人物が、これからたびたび登場するギャラップ教授である。先にも述べたように、②この画期的な実験がなされたのは一九七〇年のことで、対象はチンパンジーであった。

チンパンジーにはじめて鏡を見せると、彼らは鏡の中に知らないチンパンジーがいるかのような威嚇や攻撃的な振る舞いをする。鏡の中に他個体がいると勘違いしているのだ。しかし、しばらくすると、鏡に向かって腕を振ったり体を揺すったりなどと、普段はしない不自然な行動をとる。それと同時あるいはしばらく後に、鏡に向かって自分の口を開いて中を調べたり、普段は見えない股間などを調べたりする。ギャラップ教授はこのとき、チンパンジーは不自然な行動をすることで、鏡像と自分との動きの随伴性（＝同調性）を調べ、そして鏡像そのものを自分だと認識していると確信したようだ。しかし、この観察だけでは、研究者がそう思っているだけだと言われれば反論できず、説得力は弱い。

動物が鏡に映る姿を自分だと認識していることを示す方法は何かないか、とギャラップ教授は考えた。（中略）ギャラップ教授が考え出した方法は、そんなことなら私でも考えると思わず言いそうなほど、簡単な方法である。

チンパンジーをイメージしながら考えてみよう。重要なので詳しく説明すると、まずはチンパンジーに、鏡像自己認知ができたと思われるまで、長時間鏡を見せる。次に、本人に気づかれないように本人には直接見えない額に印をつける。本人には額は見えないので、印は見えない。印には匂いも刺激もないので、本人は鏡を見ないと額の印はわからない。

印をつけ終わってから、実験個体が額の印に気がつかないことを確認する。確認後、このチンパンジーにもう一度鏡を見せるのである。もし本人が鏡を覗(のぞ)き込んで、［　　］することなく自分の額の印を触ったのなら、自分の額にこれまでなかった変なものがついていると認識したことを示している。つまり、鏡像が自分だと認識していることが示されたことになるのだ。

これだけのことであるが、この動きは鏡像が自分であると認識してはじめてできる行動であり、自己認識の証拠になる。印が鏡の中の個体についていると認識したのなら、自分の額ではなく鏡像の印を触ろうとするはずだ。迷わず自分の額を触るのは、鏡像は自分であると認識している、つまり鏡像自己認知している証拠である。

ギャラップ教授は、若くて鏡を見たことのないチンパンジー四個体を対象にこの実験を行った。四頭ともはじめは鏡像に威嚇したり、大声をあげたり、攻撃的であったが、やがてどうやら自分だと認識できるようになったようだ。③鏡を見せて一〇日が過ぎ、いよいよ実験を行った。教授はこれらのチンパンジーに麻酔をし、額に赤い印をつけた。目覚めた彼らを観察しても、彼らは額の印に気づいておらず、印を触ることは一切なかった。そこで、いよいよ最終実験である。彼らに鏡を見せたのだ。彼らは鏡が何かを知っており、鏡を見てももう大騒ぎはしない。鏡を覗き込んだあと、なんと四頭すべてが自分の額の印を触ったのである。これは、動物が自分を認識できることを、正確に示すことができた歴史的な瞬間であった。赤い印をつけたこの方法は「マークテスト」や「ルージュテスト」と呼ばれている。

さらに、触った指先をじっと見つめて鼻に近づけ、指についた印の匂いまで嗅ごうとした。これは、自分の額に赤い何かがついており、それを擦(こす)って指についた赤いものが何かを調べているのである。④この結果は、チンパンジーが鏡に映る姿が自分であることを正しく認識していることを、はっきりと示している。

（幸田(こうだ)　正典(まさのり)『魚にも自分がわかる―動物認知研究の最先端』による。）

（注）認知研究…人間などが自分の外側にあるものをどのように認識したり理解したりするかについての研究。
ギャラップ教授…アメリカ合衆国の心理学者。

【図】

1、【本の一部】の空欄［　　］にあてはまる四字熟語として最も適切なものを、次のアからエまでの中から一つ選び、記号で答えなさい。（4点）
ア、自問自答　イ、東奔西走
ウ、四苦八苦　エ、試行錯誤

2、【本の一部】の——線部①について、これはどのようにするということですか。「と考えること。」につながるように、【本の一部】から三十五字で抜き出し、最初と最後の四字を書きなさい。（5点）

3、**新傾向** 【本の一部】の——線部②について、【図】のAからDまでを【本の一部】の実験においてチンパンジーが見せた行動の順に並べ替えたものとして最も適切なものを、次のアからエまでの中から一つ選び、記号で答えなさい。ただし、一つだけ無関係な図が入っています。（4点）
ア、C→B→A　イ、B→D→A
ウ、D→A→C　エ、A→B→D

4、【本の一部】の——線部③について、このように一〇日間鏡を見せた理由を、四十字以内で書きなさい。（6点）

5、【本の一部】の——線部④について、このように言える理由を、百字以内で書きなさい。（12点）

二 (説明文)語文知識・文脈把握・条件作文

やまとさんたちは、国語の時間に、俳句について学んでいます。次は、その時に読んだ【本の一部】と、その時の【話し合いの一部】です。これらを読んで、後の1から5までの各問いに答えなさい。（計37点）

【本の一部】

俳句をはじめるとき、母から歳時記をもらいました。歳時記は、季語の辞典です。季節を表す言葉が春夏秋冬に分類され、解説のあとに過去の名句が例として載っています。季語には、桜や水着、紅葉やおでんのようによく知っている身近なものもあれば、初めて出会う言葉もたくさんありました。

たとえば、春の季語である「風光る」もその一つでした。輝く日差しに、見えるはずのない風までまばゆく感じる、春の光量を言いとめた季語です。風光る、風光る、と唱えながら自転車を漕ぐと、町のビルもお堀の柳も、にぎやかに光りはじめます。「風」つながりでいくと、夏は「風死す」。ぱたりと風がやみ、息苦しい暑さです。ああ風よ、復活せよ、汗だらだらで入道雲を目指します。秋は「色なき風」。スマホの写真機能で、セピア色の加工を加えたイメージです。冬は「風冴(さ)ゆる」。大気が澄んでさえざえと吹き渡る風です。寒い寒いと耐える通学も〈風冴ゆる坂を一直線に漕げ〉と詠(よ)めばまるでヒーローのよう。

風一つとっても、①季語の多様な表現を知れば、季節によってまったく違う表情が見えてきます。今、みなさんのまわりには、どんな風が吹いていますか？　色は？　匂いは？　きっとその風にも、名前があるはずです。

また別の日、歳時記の春のページに「竹の秋」という季語を見つけました。春なのに秋だなんて変だなあ、と思って解説を読むと、竹は春から夏にかけ黄葉・落葉するため、他の木々にとっての秋のようだから、春の竹のさまを「竹の秋」というのだそうです。そういえば、通学途中にいつも通り過ぎる竹やぶの竹が、春に黄ばんではらはらと散っていました。そうか、あれは「竹の秋」なのか。逆に、秋には新しい葉が茂りはじめるので「竹の春」。②歳時記の言葉と現実の風景がつながるとき、世界の解像度がぐっと上がります。

ある俳人の先輩は、かつて「名もなき草」というフレーズを俳句に使ったとき、先生から「名もなき草はありません。あなたが知らないだけです」と指摘されたそうです。風も竹も、木々も草花も、みなそれぞれに名前をもって、生きているのです。

苦手な授業も、俳句を考える時間だと思えば、楽しいものです。教室の風景も、句材＝俳句の材料になります。黒板、机の落書き、窓の青葉、先生のネクタイの柄、風の踊り場、クラスメートの半袖……想像をふくらませてはこっそりノートにメモします。さてさて、次は数学の授業。はじまりの合図に、クラス委員が号令をかけます。「起立、礼、着席」。あ、これ、俳句のリズムにはまりそう。メモしたそのとき、一陣の風が、開け放たれた窓の右から左へ、さあっと抜けてゆきました。

起立礼着席青葉風過ぎた　　神野紗希（こうのさき）　『星の地図』

「青葉風」とは、みずみずしい青葉を吹き渡る夏の風のこと。その日その瞬間に起きたことを順番に並べただけで、教室の風景をそっくり写し取ることもできるのです。歳時記を読んでいなかったら「青葉風」という言葉も出てこなかったでしょう。

歳時記の中には、世界が、いや宇宙が詰まっています。同じことの繰り返しだと思っていたグレーな日々も、季語を知るほどに「今日は何に出会えるだろう」とわくわくします。昨日は凍っていた水たまりが、今日は暖かくぬかるんでいるかもしれない。今日はつぼみだったすみれが、明日は咲いているかもしれない。春になれば、雪が解け水があふれ、星や月はうるみます。俳句という眼鏡をかければ、季語に彩（いろど）られた世界が、きらきらと輝きはじめます。③ありきたりの日常が、一度きりの瞬間として、カラフルに目の前で動き出すのです。

（神野（こうの）紗希（さき）『俳句部、はじめました―さくら咲く一度っきりの今を詠む』による。）

（注）言いとめた…ものごとの様子を言葉で表した。

【話し合いの一部】

やまとさん：俳句は、授業で習ったね。季語を入れるというのが決まりだったけれど、確か、季語以外にも、俳句によく使われる表現があったよね。

かずささん：ああ、［Ⅰ］だったよね。「いくたびも雪の深さを尋ねけり」や「万緑の中や吾子（あこ）の歯生え初（そ）むる」に用いられているね。句全体のリズムを調整したり、作者の感動の中心を示したりするという働きをするんだったね。

いずみさん：そうだったね。ところで、昔の人の感覚は鋭いね。【本の一部】に「竹の秋」という季語が出ているけど、私が竹林をイメージするなら緑の竹林で、それ以上のイメージは出てこなかったなあ。

かずささん：「竹の秋」に似た季語で、「麦の秋」、「麦秋」もあるよね。あれは［Ⅱ］の季語だったね。同じような考え方だよね。

やまとさん：この【本の一部】で一番印象に残ったのは、数学の授業のところかな。こんなにスッと俳句が作れたら、楽しいだろうなあ。

いずみさん：でも、「その日その瞬間に起きたことを順番に並べただけで、教室の風景をそっくり写し取ることもできる」というけれど、やっぱり季語の知識がないと、こう上手には作れないよね。

やまとさん：そうだね。【本の一部】の――線部②に「歳時記の言葉と現実の風景がつながるとき、世界の解像度がぐっと上がります」とあるけれど、これも、［Ⅲ］ということだね。

かずささん：季語以外でも、今まで知らなかった言葉を人から聞いたり、本で読んだりすることで、世界が違って見えることってあるね。【本の一部】の筆者が――線部③で言っているのも、そういうことかもしれないね。

1、【本の一部】の――線部①について、春の季語である「風光る」と、冬の季語である「風冴ゆる」とは、どのような点で異なりますか。五十字以内で違いが分かるように書きなさい。（8点）

2、**基本**【話し合いの一部】の空欄［Ⅰ］にあてはまる適切な語を書きなさい。（4点）

3、【話し合いの一部】の空欄［Ⅱ］にあてはまる適切な季節を漢字一字で書きなさい。（4点）

4、【話し合いの一部】の空欄［Ⅲ］にあてはまる内容として最も適切なものを、次のアからエまでの中から一つ選び、記号で答えなさい。（5点）

ア、季語によって示される風景とまったく同じ風景を目にすることで、自分を取りまく世界を深く理解して新たな俳句を生み出せる

イ、季語が持つイメージどおりに周囲の風景を俳句で表現することで、自分を取りまく世界を好ましく思ってより美しく感じられる

ウ、季語によって示される風景が現実における体験不足を補うことで、自分を取りまく世界をより深く理解できて感情が豊かになる

エ、季語が持つイメージと実際の体験とが結びつく経験をすることで、自分を取りまく世界に対する見方がより細やかなものになる

5、**思考力**【話し合いの一部】の――線部について、あなたがある言葉を人から聞いたり本で読んだりして知っ

たことで、ものごとの見方や考え方が変わった経験を、次の条件1と条件2にしたがって書きなさい。（16点）

条件1　具体的な言葉の例を挙げ、どのような経験をしたかを書くこと。ただし、【本の一部】や【話し合いの一部】に出ている具体例以外を用いること。

条件2　原稿用紙（20字詰×7行＝省略）の正しい使い方にしたがい、百字以上、百四十字以内で書くこと。

三　漢字の読み書き・品詞識別・文脈把握・内容吟味・仮名遣い

次の1から4までの各問いに答えなさい。（計32点）

1、**よく出る** **基本**　次の①から⑤までの文中の——線部のカタカナを漢字に直して書きなさい。（各2点）

①イチョウ薬を飲む。
②サイバン所を見学する。
③文化祭のマクが開く。
④学問をオサめる。
⑤新セイヒンを開発する。

2、**よく出る** **基本**　次の①から⑤までの文中の——線部の漢字の正しい読みをひらがなで書きなさい。（各2点）

①砂が海に堆積する。
②クラスの優勝に貢献する。
③雨の滴が落ちてくる。
④兄のように慕う。
⑤曖昧な答えを返す。

3、次の文章を読んで、後の①と②の各問いに答えなさい。

　いま、子どもがたまたま発音できるようになった「コップ」ということばを発したとする。すると□、母親がそこにあったコップをさして、「そうね。コップ」という。子どもはこのコップという発音に興味を持ち、もう一度、「コップ」という。

　このやりとりで大切なのは、前半部である。そこでは母親が子どものことばをまねており、しかも子どもに模倣することを促している。[A]ところがふつう、この部分は無視され、後半部だけが注目されやすく、子どもが母親のことばをまねる活動として母親に印象づけられる。[B]そして子どもが母親のことばをまねしながら、ことばを覚えていくものだと思い込んでしまうこととなる。しかし実は、母親が子どものことばにたえず注意を向けて、子どもの発音したことば——[C]つまり発音できるようになったことば——を、母親自身が機会あるごとにまねしてみせているからこそ、子どもが母親のことばを模倣することとなるのである。

　[D]だから、母親が自己本位的で、子どもが現在どんな発音をしたがっているかを考慮しないで、一方的に子どもにことばをかけるだけだったら、子どもはほとんどまねることはない。せいぜい母親のことばに動作で応答するにとどまる。

（滝沢（たきざわ）武久（たけひさ）『子どもの思考力』による。）

①——線部AからDまでの語について、語と接続の種類の組み合わせが適切でないものを次のアからエまでの中から一つ選び、記号で答えなさい。（2点）

ア、A—逆接　　イ、B—並立・累加
ウ、C—転換　　エ、D—順接

②文章中の空欄□にあてはまる言葉として最も適切なものを、次のアからエまでの中から一つ選び、記号で答えなさい。（2点）

ア、たまらず　　イ、すかさず
ウ、おもわず　　エ、たゆまず

4、次の【和歌】を読んで、後の①から③までの各問いに答えなさい。

【和歌】

A　父母が頭かき撫（な）で幸（さ）くあれて言ひし言葉（けとば）ぜ忘れかねつる
防人歌（さきもりのうた）（『万葉集』）

B　人はいさ心も知らずふるさとは花ぞ昔の香ににほひける
紀貫之（きのつらゆき）（『古今和歌集』）

①【和歌】Aから、発言部分を抜き出して書きなさい。（2点）

②【和歌】Bの——線部を現代仮名遣いに直し、ひらがなで書きなさい。（3点）

③【和歌】A・Bの説明として最も適切なものを、次のアからエまでの中から一つ選び、記号で答えなさい。（3点）

ア、Aは、故郷への切実な思いを素直に詠み出しているのに対して、Bは人と自然の風物を対比させながら、遠回しに自身の意図を表現している。
イ、Aは、故郷にいる両親の長寿を願う思いが詠まれているのに対して、Bは昔からの知り合いにも忘れられてしまう人の世の辛さを詠んでいる。
ウ、Aは、幸せだった頃の記憶と現在を対比させて詠んでいるのに対して、Bは人と自然を対比させて、梅の花の香りのかぐわしさを詠んでいる。
エ、Aは、自身の過去の記憶をもとに歌が作られているのに対して、Bは、他人の過去の体験について聞いたことをもとにして歌が作られている。

京都府

時間 40分　満点 40点　解答 P31　3月7日実施

出題傾向と対策

●古文、論説文の大問二題構成。論説文では、漢字の読み書き、語句の意味、口語文法、本文に関する話し合いなど、多岐にわたって出題されている。設問はほぼ記号や抜き出しで設問数も少ない。本文は読みやすく、昨年はやや難化した古文も例年のレベルに戻った。

●漢字の読み書き、語句の意味、文法問題、歴史的仮名遣いなどの基礎知識を、着実に習得しておきたい。また、短時間で正確に筆者の主張を読み取る力を養い、それぞれの選択肢を、的確に吟味できるようにすること。

解答上の注意　字数制限がある場合は、句読点や符号なども一字に数えなさい。

一 (古文)内容吟味・仮名遣い・古典知識

次の文章は、「古今著聞集」の一節である。注を参考にしてこれを読み、問い(1)～(4)に答えよ。(計12点)

*九条の大相国*浅位の時、なにとなく*后町の井を、立ちよりて底をのぞき給ひけるほどに、*丞相の相見えける。うれしく*おぼして帰り給ひて、鏡をとりて見給ひければ、その相なし。aいかなる事にかとおぼつかなくて、また*大内に参りて、かの井をのぞき給ふに、さきのごとくこの相見えけり。その後しづかに案じ給ふに、[A]見るにはその相なし。[B]見るにはその相あり。この事、*大臣にならんずる事遠かるべし。*つひにはむなしからじ、と思ひ給ひけり。はたしてはるかに程へてなり給ひにけり。この大臣は、*ゆゆしき*相人にてbおはしましけり。*宇治の大臣も、*わざと相せられさせ給ひけるとかや。

(「新潮日本古典集成」による)

注
*九条の大相国…藤原伊通。
*浅位の時…位の低かった頃。
*后町の井…内裏にある、皇后の宮殿へ渡る通路のかたわらにある井戸。
*丞相の相…大臣の人相。
*おぼして…お思いになって。
*大内…内裏。
*大臣にならんずる事…大臣になるということ。
*つひにはむなしからじ…いずれは必ず大臣になれるのであろう。
*ゆゆしき…すばらしい。
*相人…人相を見てその人の将来の運勢を占う人。
*宇治の大臣…藤原頼長。
*わざと…特に依頼して。

(1) 本文中の aいかなる事にかとおぼつかなくて の解釈として最も適当なものを、次の(ア)～(エ)から一つ選べ。(2点)

(ア) 大臣の人相がもう一度見えたとはどういうことかと不審に思って
(イ) うれしくなると大臣の人相が見えるとはどういうことかと不審に思って
(ウ) 大臣の人相が一度も見えたことがないとはどういうことかと不審に思って
(エ) 見えたはずの大臣の人相が見えなくなったとはどういうことかと不審に思って

(2) 本文中の[A]・[B]に入る表現の組み合わせとして最も適当なものを、次の(ア)～(エ)から一つ選べ。(2点)

(ア) A 井にて近く　B 鏡にて遠く
(イ) A 井にて遠く　B 鏡にて近く
(ウ) A 鏡にて近く　B 井にて遠く
(エ) A 鏡にて遠く　B 井にて近く

(3) よく出る 基本 本文中の bおはしましけり をすべて現代仮名遣いに直して、平仮名で書け。また、次の(ア)～(エ)のうち、点線部(……)が現代仮名遣いで書いた場合と同じ書き表し方であるものを一つ選べ。(各1点)

(ア) 舟ども行きちがひて　(イ) なほ聞こえけり
(ウ) 我をば見知りたりや　(エ) 隠しすゑたりける

(4) 思考力 次の会話文は、未波さんと幸治さんが本文を学習した後、本文について話し合ったものの一部である。これを読み、後の問い㈠～㈢に答えよ。

未波　本文にある「大相国」や「丞相」という言葉は、日本の役職を中国風に言い換えた名称のようだよ。
幸治　それぞれ「太政大臣」と「大臣」の唐名なんだね。当時の日本の貴族は、中国の古典を教養として学んでいたんだよね。本文に登場する九条の大相国と宇治の大臣も学んでいたようだよ。
未波　そうだね。私たちが使っている教科書に、「韓非子」の一節として、「之を誉めて曰はく、『吾が盾の堅きこと、能く陥すもの莫きなり。』と。」が載っていたね。現代の私たちも、古代中国の高名な思想家の言葉や故事成語からさまざまなことを学んでいるよね。
幸治　そうだね。ところで、本文から、九条の大相国はどのような人物だったことが読み取れるかな。
未波　本文から、九条の大相国は、[X]だったことが読み取れるね。
幸治　うん。九条の大相国の予想通り、「[Y]」大臣になったことから、筆者が九条の大相国を「ゆゆしき相人」だと表現しているのも納得だね。

㈠ 会話文中の「之を誉めて曰はく、『吾が盾の堅きこと、能く陥すもの莫きなり。』と。」は、漢文では「誉之曰吾盾之堅莫能陥也」のように記す。これに句読点、返り点、送り仮名などをつけたものとして最も適当なものを、次の(ア)～(エ)から一つ選べ。(2点)

（ア）誉レメテ之ヲ曰ハク、「吾ガ盾之の堅キコト、莫レキ能レク陥スモノなりト也。」

（イ）誉レメテ之ヲ曰ハク、「吾ガ盾之の堅キコト、莫二キ能ク陥一スモノなりト也。」

（ウ）誉二メテ之ヲ曰一ハク、「吾ガ盾之の堅キコト、莫レキ能レク陥スモノなりト也。」

（エ）誉二メテ之ヲ曰一ハク、「吾ガ盾之の堅キコト、莫二キ能ク陥一スモノなりト也。」

㈡会話文中の X に入る最も適当な表現を、次の（ア）～（エ）から一つ選べ。（2点）

（ア）宇治の大臣にまでわざわざ自分の人相を見てもらう、探究心の強い人物

（イ）位の低かった頃をなつかしんで井戸に立ちよる、思い出を大切にする人物

（ウ）大臣の人相が見えることをいくつかの井戸に確認しに行く、慎重な人物

（エ）大臣の人相が見える条件を冷静に考えて物事を見通す、分析力のある人物

㈢会話文中の Y に入る最も適当な表現を、本文中から七字で抜き出して書け。（2点）

二 （論説文）内容吟味・文節・漢字知識・漢字の読み書き・文脈把握・活用・語句の意味・段落吟味・国語知識

次の文章を読み、問い(1)～(11)に答えよ。（計28点）

（1～7は、各段落の番号を示したものである。）

1 言うまでもなく日常世界とは、いつも通りの日常が支配する身の回りのこの世界のことである。いつも生活している自分の部屋や家、そしてそのなかのさまざまな事物や近所の風景などは日常的なものであり、すべて見慣れたものであり熟知されたものである。そこには、たとえば毎日使っている茶碗(ちゃわん)や布団(ふとん)がある。ところが、それらが何色でどのような模様が描かれていたかあらためて思い出そうとしても、細部まではっきり思い出すことができない。日常の事物は熟知されているはずなのに、である。それらを使っているときでさえはっきりとは見ていない。たとえば食事をするとき、ひとたび「これは私の茶碗である」ということが認識されればよいのであって、[a]それが感覚的にどのようかをあらためて体験する必要はない。「これは私の茶碗である」という意味的認識で十分であり、その感覚的なヴィヴィッド*な現れは通り過ごされている。日常世界にはいつもの通りという自明性が支配しているが、この自明性の支配をもたらすのが「これは……である」という意味的理解であり、それがさらに感覚の惰性化をもたらすのである。

2 それでは、この日常の自明性を支える意味の支配と感覚の惰性化は、いったいどのようにして生じるのか。[b]それに深くかかわるのが、実は言語なのである。人間は、太古の昔にそして各自的には幼児期に言語を習得した。言語によって人間は世界を認識・理解し、それを他者に効率的に伝達することができるようになった。言語は人間の偉大な「発明」であり、言語の能力によって人間ははじめて人間になりえたとさえいえるだろう。人間は言語をもつゆえに、世界は意味として理解できるようになった。人間の世界は言語あるいは意味でできているとさえいえるだろう。その都度感覚にたいして多様な現れ方をするものごとは、その多様さにまどわされることなく、意味のおかげで不変の同一的なものとして認識される。たとえば[c]頭上の広がりは、晴れて青く見えようと、曇って[d]ハイ色であろうと、星が出ていようと、「空である」。同様に、日常の一切のものはその都度多様に現象*するのであるが、意味によって同一的に認識される。こうして意味的に認識された慣れ親しんだものに囲まれて、私たちは日常の生活を営んでいる。しかし、この偉大な言語にもネガティヴな面があるのだ。さまざまなものを意味的に認識できるなら、つまり「何であるか」が同一的に明確に認識できるなら、もはや揺れ動く多様な感覚の体験に注意をはらう必要はなくなるからだ。こうして感覚は惰性化してしまう。言語が意味の支配をもたらし、それが感覚の惰性化を引き起こすのである。

3 この事態が日常性を支えている。日常世界とは意味の支配する世界であり、私たちは意味の恩恵を被っている。〈1〉日常世界はいわば「意味の衣」に覆われた世界なのである。意味の衣によって、感覚のざわめく豊穣*(ほうじょう)さが抑えられ覆い隠される。

4 このような日常性のなかで、ときとして美しいものが現れる。そのとき私たちはふと足を止める。頭上の青空はいつもの空ではなく、その[e]澄んだ青さに染まりそうにあるいは吸い込まれそうに感じるかもしれない。いつもの梅の木ももはや「ただの梅」と認識されるのではなく、その花びらのふくよかさや何とも言えない香りに感覚は魅了される。美しいものとして感じられるとき、もはや「あれは空である」とか「これは梅である」というような意味的同一的認識で済まされることはない。[f]そのような平板な認識は打ち破られ、感覚にたいする言い表すことのできない現れ方に魅了されるのだ。美しいものは意味的理解を打ち破り、感覚の豊かな映発*をもたらし満足をあたえる。〈2〉美の力は意味の衣をはぎ取るのだ。美の作動において、日常世界における意味の支配は打破され、惰性に陥っていた感覚のヴィヴィッドなざわめきと豊かな情感がよみがえる。感覚と情感の出来事は意味の衣に[g]先立つ出来事、すなわち「先意味的*」な出来事なのである。したがってつぎのように定式化することができるだろう。あるものが美しいものとして現象するのは、それが日常世界を離脱し世界の先意味的次元において体験されるときである、と。

5 日常世界とは意味の衣に覆われた表層の世界である。美は日常世界という世界の表層を打ち破り、意味の衣で覆われる以前の世界つまり「先意味的世界」へと[h]いざなう。美しいものとは、意味の衣を脱ぎ捨て先意味的次元の「裸身」で現れ出たものである。美の力すなわち日常世界離脱性とは、日常世界の「彼方(かなた)」へ飛び出してしまうことではなく、意味の衣による覆い隠しをのがれ、日常世界の「手前」すなわち先意味的世界へと連れ戻す

ことである。〈3〉繰り返すようであるが、ここで先意味的世界というのは、言語に支配された世界の手前の世界様態、すなわち意味的同一化以前の感覚的情感的な現れが多様に生じる世界次元を意味する。

6　しかしながら、そうすると奇妙なことにならないか。人間以外の動物たちは言語をもたず先意味的世界に生きているのだから、彼らこそ美の世界に生きていることにならないか。〈4〉その通りである。しかし、それにもかかわらず動物たちは美を知らない。人間のみが美を美として体験できるようなのだ。

7　これはどういうことか。[i]安易な断定は危険であるが、美と先意味的世界の関係から考えると、とりあえずつぎのような解釈の可能性が開かれるのではないか。人間は言語を獲得したために世界は意味の衣に覆われ、結果として美の喪失を引き起こした。そしてこの美の喪失において、逆に、人間は美に気づき美に飢えることになった。そして、美を求め創出しようとする衝動を抑えることができなくなった。こう理解することができるのではないか。そうだとすれば、人間は言語をもつゆえに美を喪失し、美を喪失したゆえに美に気づき美を求めることになったことになる。だからこそ、人間はいわば「芸術的存在」になったのではないか。人間は、一方において言語を意味的に最大限に使用する「意味的存在」であり、他方で先意味的世界へと回帰*しようと欲する「美的存在」なのである。

（宮内勝「音楽の美の戦いと音楽世界」による）

注
*ヴィヴィッド…いきいきしたさま。
*現象する…ものごとがある形をとって現れる。
*豊穣さ…ものごとが豊かなこと。
*映発…光や色彩が映り合うこと。
*定式化…一定の方式で表すこと。
*回帰…ひと回りして元に戻ること。

(1) 本文中の[a]それが感覚的にどのようかをあらためて体験する とは、どのようなことを指しているのか、最も適当なものを、次の(ア)～(エ)から一つ選べ。(2点)
(ア) 自分の茶碗がどういった色や模様であるかをあらためて見ること。
(イ) 使っている茶碗が誰のものであるかをあらためて知ること。
(ウ) 自分の茶碗の細部がどうなっているかをあらためて言語化すること。
(エ) 茶碗がいつも通りの状態であることをあらためて実感すること。

(2) よく出る 本文中の[b]それに深くかかわるのが を単語に分け、次の〈例〉にならって自立語と付属語に分類して示したものとして最も適当なものを、後の(ア)～(エ)から一つ選べ。(2点)
〈例〉日は昇る・・・(答) 自立語＋付属語＋自立語
(ア) 自立語＋自立語＋自立語＋付属語＋付属語
(イ) 自立語＋付属語＋自立語＋自立語＋付属語
(ウ) 自立語＋付属語＋自立語＋自立語＋付属語＋付属語
(エ) 付属語＋付属語＋自立語＋自立語＋付属語＋付属語

(3) 次の文章は、本文中の[c]頭上 の「上」という漢字の成り立ちに関して述べたものである。文章中の X ・ Y に入る最も適当な語を、X は後のI群(ア)～(エ)から、Y はII群(カ)～(ケ)から、それぞれ一つずつ選べ。(完答で2点)

> 形のない事柄を、記号やその組み合わせで表すことによって作られた漢字は X 文字に分類される。「上」という漢字は、「 Y 」と同じく、一般的にこの X 文字に分類される。

I群　(ア) 象形　(イ) 指事　(ウ) 会意　(エ) 形声
II群　(カ) 本　(キ) 林　(ク) 馬　(ケ) 詞

(4) 本文中の[d]ハイ色 の片仮名の部分を漢字に直し、楷書で書け。(2点)

(5) 本文からは次の一文が抜けている。この一文は本文中の〈1〉～〈4〉のどこに入るか、最も適当な箇所を示す番号を一つ選べ。(2点)

> それだからこそ、意味にとらえられている。

(6) 基本 本文中の[e]澄んだ の漢字の部分の読みを平仮名で書け。(2点)

(7) 本文中の[f]そのような平板な認識 についての説明として最も適当なものを、次の(ア)～(エ)から一つ選べ。(2点)
(ア) 美しいと感じたあらゆるものを、意味によって同一的なものとして認識すること。
(イ) その都度感覚にたいして多様な現れ方をするものごとを、意味によって同一的なものとして認識すること。
(ウ) 慣れ親しんだものを、言葉では表現しきれないほど美しいものだと認識すること。
(エ) 感覚を魅了するものごとを、言葉では表現しきれないほど美しいものだと認識すること。

(8) 基本 本文中の[g]先立つ の活用形として最も適当なものを、次のI群(ア)～(エ)から一つ選べ。また、点線部(……)が[g]先立つ と同じ活用形であるものを、後のII群(カ)～(ケ)から一つ選べ。(完答で2点)
I群　(ア) 未然形　(イ) 連用形　(ウ) 終止形　(エ) 連体形
II群
(カ) 入学してから一年が過ぎた。
(キ) 冬場は湯がすぐに冷める。
(ク) 朝食の前に花に水をやろう。
(ケ) 大切なのは挑戦をすることだ。

(9) 本文中の[h]いざなう の意味として最も適当なものを、次のI群(ア)～(エ)から一つ選べ。また、本文中の[i]安易な の意味として最も適当なものを、後のII群(カ)～(ケ)から一つ選べ。(各1点)
I群　(ア) 導く　(イ) 流れ出る　(ウ) 変える　(エ) 現れる

Ⅱ群
(カ) 押しつけがましい　(キ) 深く考えない
(ク) 感情的な　(ケ) 迅速な

⑽本文における段落どうしの関係を説明した文として適当でないものを、次の(ア)～(エ)から一つ選べ。(2点)

(ア) 2段落では、1段落で示した内容について、具体例を挙げて要因を考察している。
(イ) 4段落では、3段落で述べた主張の根拠を示した後、これまでの論をまとめている。
(ウ) 5段落では、4段落で述べた内容について、比喩を用いながら説明を補足している。
(エ) 7段落では、6段落で提起した問題について、考察を述べ、論を展開している。

⑾敬一さんと由香さんのクラスでは、本文を学習した後、各班で本文に関連する新聞を編集することになった。次の会話文は、敬一さんと由香さんが話し合ったものの一部である。これを読み、後の問い㈠～㈣に答えよ。

敬一　2段落に「言語の能力によって人間ははじめて人間になりえたとさえいえるだろう」とあるけれど、言語が私たちにもたらしたものは大きいんだね。
由香　うん。言語によって意味の支配が生じるんだよね。
敬一　そうして生じた意味の支配は［A］と本文で述べられているね。この一連の流れによって日常性は支えられているんだね。
由香　そうだね。筆者は日常世界を意味の衣に覆われた世界とし、意味の衣に覆われる以前の先意味的世界と区別しているよ。意味の衣に覆われた世界では、［B］と本文から読み取れるね。
敬一　意味の衣に世界が覆われたため、私たちは美を喪失したけれど、それがかえって［C］強い思いをこらえられなくなることへとつながっていくんだね。本文をよく理解できたし、つぎは新聞のテーマについて話し合おうか。

㈠会話文中の［A］に入る最も適当な表現を、本文中から十二字で抜き出し、初めと終わりの三字を書け。(2点)

㈡会話文中の［B］に入る最も適当な表現を、次の(ア)～(エ)から一つ選べ。(2点)

(ア) さまざまなものが意味的に認識され、多様な感覚の体験に意識を向ける必要がない
(イ) いつもの通りという自明性が支配していて、惰性に陥っていた感覚がざわめく
(ウ) 意味的理解を打ち破った美しいものによって、私たちは満足をあたえられる
(エ) 意味的同一化以前の感覚的情感的な現れがさまざまに生じ、認識されたものが他者へ効率的に伝達される

㈢会話文中の［C］に入る最も適当な表現を、本文中から十二字で抜き出し、初めと終わりの三字を書け。(2点)

㈣新聞を編集するときの一般的な注意点について説明した次の文章中の［X］～［Z］に入る語の組み合わせとして最も適当なものを、後のⅠ群(ア)～(カ)から一つ選べ。また、敬一さんは、新聞のテーマについて話し合った際、メモを行書で書いた。後の図は、敬一さんが書いたメモの一部である。図中の「視」を楷書にしたときの総画数として最も適当なものを、後のⅡ群(サ)～(セ)から一つ選べ。(各1点)

新聞を編集するときは、伝える内容に適した文章の種類を選択することが大切である。実際に起こった出来事を伝えるときは［X］で、見聞きしたことや体験を通して自分が感じたことを伝えるときは［Y］で、自分の考えを適切な根拠で支えて伝えるときは［Z］で表現するとよい。

Ⅰ群

	X	Y	Z
(ア)	意見文	随筆	報道文
(イ)	意見文	報道文	随筆
(ウ)	随筆	意見文	報道文
(エ)	随筆	報道文	意見文
(オ)	報道文	意見文	随筆
(カ)	報道文	随筆	意見文

図

Ⅱ群
(サ) 九画　(シ) 十画
(ス) 十一画　(セ) 十二画

大阪府

時間 50分　満点 90点　解答 P32　3月11日実施

出題傾向と対策

●A問題（基礎）、B問題（標準）、C問題（発展）の三種類の試験から各校が選択して出題する形式。基本的に漢字・国語知識、現代文二題、古文、作文の大問五題構成で、C問題には一問のみ漢文が出題された。

●自分の志望校がどの問題を採用しているのかを確認し、求められるレベルの問題演習を重ねて力をつけておくこと。現代文は文章が難解であっても、文や段落のつながりを丁寧に押さえ、本文と問題文や選択肢を一つひとつ照らし合わせることで確実に得点につなげたい。

注意　答えの字数が指定されている問題は、句読点や「」などの符号も一字に数えなさい。

A問題

一 漢字の読み書き・熟語

次の問いに答えなさい。（計18点）

1、よく出る 基本 次の(1)～(4)の文中の傍線を付けた漢字の読み方を書きなさい。また、(5)～(8)の文中の傍線を付けたカタカナを漢字になおし、書きなさい。ただし、漢字は楷書で、大きくていねいに書くこと。（各2点）

(1) 長い航海を終えた。
(2) 挨拶をする。
(3) 新しい試み。
(4) 本を大切に扱う。
(5) ユミで矢を射る。
(6) オモい荷物を持つ。
(7) 調理師のシカクを取得する。
(8) ハイケイに森を描く。

2、基本 次の文中の傍線を付けたことばが「我を忘れて、ある物事に熱中して」という意味になるように、［　］にあてはまる漢字一字を、あとのア～ウから一つ選びなさい。（2点）

友人から借りた本が面白く、私は無我［　］中で読んでしまった。

ア、無　イ、霧　ウ、夢

二 (論説文)漢字知識・内容吟味

次の文章を読んで、あとの問いに答えなさい。（計23点）

アサガオのタネをそのままにまくと、発芽するまでに、長い日数がかかります。その理由は、アサガオのタネが、硬い皮に包まれているためです。そこで、「タネが硬く厚い皮に覆われていることは、アサガオにとって、どんな利点があるのか」という“ふしぎ”が浮かびあがります。

①タネの大切な役割の一つは、暑さや寒さなどの都合の悪い環境を耐えしのぐことです。硬く厚い皮は、暑さや寒さをしのぐのに役立ちます。そればかりでなく、ひどい乾燥を耐え抜くのに役立ちます。

タネの大切な役割は、都合の悪い環境を耐えしのぐことだけではなく、自分では動きまわることのない植物たちが生育するA場所を変えたり、生育地を広げたりすることです。そのために、動物に食べられても、胃や腸の中で消化されずに、糞といっしょに排泄されなければなりません。硬く厚い皮は、消化されにくいので、この点でも役に立ちます。

新しい生育の場を得たあとも、②皮が硬く厚いことは、タネが発芽する「場所」を選ぶために大切です。硬く厚い皮をもつタネが発芽するためには、硬く厚い皮をやわらかくするために多くの水がなければなりません。

それほど十分な量の水が存在する「場所」では、発芽したあとに根を張りめぐらせるまで、十分な水があることになります。硬い皮をもつタネは、十分な水があることを確認して、発芽できるのです。

また、硬くて厚い種皮は、土壌に多くの微生物がいると分解されます。すると、水や空気がタネの中に入るので、発芽の準備がはじまります。まわりに多くの微生物がいるということは、水分があり、肥沃な土壌であることを意味します。ですから、発芽後の芽生えの成長に都合がいい場所なのです。

そのため、硬い種皮をもつタネは、同じ年に同じ株にできたタネであっても、そのあとに、どんな場所に移動するかによって、発芽する時期が異なってきます。それぞれのタネが発芽にふさわしい「場所」を得て、いろいろな場所で、何年にもわたってバラバラと発芽がおこります。

同じ年に同じ株にできたタネのすべてがいっせいに発芽してしまうと、その後にすべてが枯れるような乾燥や寒さや暑さが突然に訪れ、全滅する危険性があります。また、人間に刈られたり枯らされたりすることもあります。動物に食べられてしまうこともあります。そのため、いろいろな場所で、何年にもわたりバラバラと発芽することは、全滅する危険を避けるのに役立ちます。

アサガオのタネが硬く厚い皮をもつことは、このように、③次の世代へ命をつないでいくための工夫の一つなのです。

（田中修『植物はすごい　七不思議篇』による）

1、基本 A場　とあるが、次のア～ウの傍線を付けたカタカナを漢字になおしたとき、「場」と部首が同じになるものはどれか。一つ選びなさい。（3点）

ア、果物の栽バイ。　イ、問題をテイ起する。
ウ、カイ中電灯で照らす。

2、①タネの大切な役割　とあるが、本文中で筆者は、どのようなことがタネの大切な役割であると述べているか。その内容についてまとめた次の文の［a］に入れるのに最も適しているひとつづきのことばを、本文中から十三字で抜き出し、初めの六字を書きなさい。また、［b］に入る内容を、本文中のことばを使って九字以上、十三字以内で書きなさい。（各4点）

暑さや寒さなどの［a］ことや、生育の場を［b］こと。

3、②皮が硬く厚いことは、タネが発芽する「場所」を選ぶために大切です　とあるが、本文中で筆者は、硬く厚い皮をもつタネはどのような場所を選んで発芽すると述

べているか。次のうち、最も適しているものを一つ選びなさい。（4点）

ア、種皮をやわらかくしてしまうほどの水が存在せず、まわりに多くの微生物がいる場所。

イ、発芽したあとに根を張りめぐらせるまで十分な量の水が存在し、まわりに多くの微生物がいる場所。

ウ、種皮を分解する微生物がおらず、発芽したあとに根を張りめぐらせるまで十分な量の水が存在する場所。

4、③次の世代へ命をつないでいくための工夫　とあるが、アサガオの、次の世代へ命をつないでいくための工夫について、本文中で筆者が述べている内容を次のようにまとめた。［a］、［b］に入れるのに最も適しているひとつづきのことばを、それぞれ本文中から抜き出しなさい。ただし、［a］は十一字、［b］は六字で抜き出すこと。（各4点）

タネが硬く厚い皮をもつことで、［a］タネであっても、いろいろな場所で、何年にもわたってバラバラと発芽がおこるので、［b］を避けることができる。

三　（古文）内容吟味・仮名遣い

次の文章を読んで、あとの問いに答えなさい。（計12点）

惣（そう）じて物を買ふなら、その時ときに至つては①高直な物じやによつて、焼炭は夏②買へばやすし、晒（さらし）などは冬かへば大ぶん下直な。万事に気をつけて、春入るものは秋かへばやすし。冬いるものは夏かへば、何によらずやすい。③いやいやさふいやるな（そうおっしゃるな）。此（こ）の中蠟燭（らうそく）を昼買ひにやつたけれど、夜買ふと同じねじやあつた。

（注）晒＝吸水性や通気性に富む綿や麻の布。
　　蠟燭＝ろうそく。

1、①高直な物　とあるが、次のうち、このことばの本文中での意味として最も適しているものはどれか。一つ選びなさい。（3点）

ア、質の高い物　　イ、値段の高い物

ウ、手に入りにくい物

2、**基本** ②買へば　を現代かなづかいになおして、すべてひらがなで書きなさい。（3点）

3、③いやいやさふいやるな　とあるが、本文において、このことばがどのようなことを表しているかということについて、次のようにまとめた。［a］、［b］に入れるのに最も適していることばをそれぞれあとから一つずつ選びなさい。（各3点）

［a］何であっても安いというが、［b］ので、そうとはいえないということ。

［a］

ア、事前に何を買うかを計画して買うと

イ、その物が必要となるときをはずして買うと

ウ、どのようなときにも売られている物を買うと

［b］

ア、蠟燭を昼に買いに行ったが夜に買うのと同じ値段であった

イ、蠟燭を昼に買いに行ったが夜に買う方が値段が安かった

ウ、蠟燭を昼に買いに行ったが夜に買う方が値段が高かった

四　（論説文）品詞識別・内容吟味・文脈把握

次の文章を読んで、あとの問いに答えなさい。（計25点）

「時間」とは何でしょうか。このように問われたとしたら、皆さんはどうするでしょうか。腕を組み、あるいは顎に手を当てて、頭の中で「時間とは何か」とくりかえし唱えたところで先には進ま①ないでしょう。このように「〇〇とは何か」という問いはあまりに抽象的で漠然とした大きな問いなので、この問いにいきなり向き合ってもすぐに回答することはおろか、回答の糸口さえつかめないものです。

②このようなときには、問いをより具体的な小さな問いへ置き換えて考えてみると役に立つことがあります。ここで言う「小さな問い」とは、元々の「〇〇とは何か」という大きな問いに対して完全な回答を示すことを目指したものではないのですが、当のものごとがどのようなものごとであるかについて、ある具体的な切り口から迫っていくことによって、「当のものごとはこういうものである、あるいはこういうものではないということは言える」という回答を示すことによって、当のものごとの本質を部分的に明らかにすることを目指すような問いです。このような回答の糸口をつかむことによって、完全な回答へと徐々に迫っていけるのではないかと期待されます。それゆえこれは、哲学的な問いについて考えるための有効な方法の一つだと考えられます。つまり、「〇〇とは何か」という問いに対する思考が漠然としてしまうのは、元々の問いが漠然としているからであって、より具体的な問いから始めることによって初めて、思考を一歩一歩着実に展開させていくことができるということです。

と言いながら、以上の説明はそれ自体とても抽象的なものでしたので、具体的に「時間」についてはどのような小さな問いを設定できるのかを見ていきましょう。考える一つの手掛かりは、時間がしばしば空間内の直線で表現されるということです。理科や物理の教科書などにはよく、時間軸が横軸の直線で表されているようなグラフが出てきますね。直線というものは文字どおりには空間内に位置づけられるものですから、それ自体は時間ではありません。時間を直線で表すというのはある種の比喩だと理解するべきでしょう。［③］、このように時間を直線で喩（たと）えるということは、時間が空間内の直線と同じような性質をもつ空間の類似物だということを意味するのでしょうか。私たちは、直線の比喩をどこまで文字どおりに理解してよいのでしょうか。

以上のような問いがまさに、時間に関する小さな問いの一例です。④時間が空間に類するものであるかどうか、この問いに答えるだけでは、時間の本質が何であるのかを完全に示したことにはならないでしょう。しかし、少なくともこの問いに答えることによって、時間というものが空間に類するようなものなのかそうでないのかという点で、時間の本質を部分的に明らかにすることはできます。もちろんこの小さな問いは、それ自体でも十分に抽象的な問いだと言えるかもしれません。しかし、「時間」という主題に「空間」という対比物をあてがうことによって問いを具体化し、

私たちに考える糸口を与えてくれていると言うことはできるでしょう。[⑤]とは、たとえばこのようなことを指しているのです。

（金杉武司『哲学するってどんなこと?』による）

1、**基本** 本文中の①ない と品詞が同じ「ない」を含む一文を次から一つ選びなさい。（3点）

ア、雲一つない空。
イ、二度とない機会だ。
ウ、電車がなかなか来ない。
エ、読書に飽きることはない。

2、②このようなとき とあるが、本文において、これはどのようなときのことか。その内容についてまとめた次の文の[a]、[b]に入れるのに最も適しているひとつづきのことばを、それぞれ本文中から抜き出しなさい。ただし、[a]は十四字、[b]は十二字で抜き出し、それぞれ初めの六字を書きなさい。（各4点）

「〇〇とは何か」というような、[a]に対して、すぐに回答するどころか[b]とき。

3、次のうち、本文中の[③]に入れるのに最も適していることばはどれか。一つ選びなさい。（4点）

ア、または　イ、なぜなら
ウ、だから　エ、しかし

4、④時間が空間に類するものであるかどうか とあるが、この問いについて、本文中で筆者が述べている内容を次のようにまとめた。[ ]に入る内容を、本文中のことばを使って二十字以上、三十字以内で書きなさい。（6点）

時間が空間に類するものであるかどうか、という問いに答えるだけでは、時間の本質が何であるのかを[ ]ことはできる。

5、次のうち、本文中の[⑤]に入れるのに最も適していることばはどれか。一つ選びなさい。（4点）

ア、小さな問いから大きな問いを生み出す
イ、大きな問いを小さな問いに置き換える
ウ、時間を空間内の直線に喩える
エ、時間に空間という対比物をあてがって具体化する

五 条件作文 思考力

新しいことに挑戦するときに、あなたが大切にしたいと考えることはどのようなことですか。次の条件1・2にしたがって、あなたの考えを原稿用紙（20字詰×9行=省略）に書きなさい。（12点）

条件1　新しいことに挑戦するときに、あなたが大切にしたいと考えることを簡潔に述べたうえで、なぜそのように考えたのかを、具体例や自分の体験を挙げながら説明すること。

条件2　百八十字以内で書くこと。

B問題

一 漢字の読み書き よく出る 基本

次の(1)～(4)の文中の傍線を付けた漢字の読み方を書きなさい。また、(5)～(8)の文中の傍線を付けたカタカナを漢字になおし、書きなさい。ただし、漢字は楷書（かいしょ）で、大きくていねいに書くこと。（(1)～(4)各1点、(5)～(8)各2点、計12点）

(1)しおりが挟まったままの本。
(2)ついたてで部屋を隔てる。
(3)悠久の歴史を感じる。
(4)厳粛な雰囲気。
(5)チームのハシラとなる存在。
(6)動物がつくったスアナ。
(7)この荷物はアンガイ軽かった。
(8)ヤハンに目を覚ます。

二 （論説文）熟語・文脈把握・内容吟味

次の文章を読んで、あとの問いに答えなさい。（計21点）

独創性、オリジナリティとは何だろうか。「人跡未踏」という言葉がある。誰もまだ踏み得ていない場所のことである。①到達の困難な地に足跡を残すことは功績であり栄誉でもある。未踏の地は冒険家たちによって次々に踏破されてきたが、中国雲南（うんなん）省の梅里雪山（ばいりせつざん）とか、南極の分厚い氷の下に眠るボストーク湖など、未踏の地はまだある。月面はアポロ11号のアームストロング船長によって踏まれた。火星にはまだ人は到達していないが、往復に何年もかけてそれを踏みに行くには哲学的な決断が必要であろう。しかし人類は踏んだことのない場所を踏みたがる。誰にでも分かりやすい明白なる達成がそこに刻印されるからだろう。創造や創発という行為が携えているイメージは、この未踏の地を踏むような手応えなのかもしれない。

しかし一方、昔の人が踏んだ足跡の上をことさら踏み重ねるようにして行う創造行為もある。和歌における「本歌取り」がそれである。これは先人が詠（よ）んだ古い歌を下敷きにし、一句から二句程度、古歌の言葉をそのまま使って歌を詠む方法をいう。[②]ならこれは創造性がないということになるが、本歌取りは、先人の作を、それを享受する人々が皆知っていることを前提とする創作である。和歌を詠む素養には、言葉を生み出す技術のみならず、過去に詠まれた歌に対する知識も含まれている。したがって先人の歌やそこに描かれた主題を、歌を詠む側も味わう側も共通知識として持っていることを前提に、新たな歌がそこに重ねられるのである。ここには普遍と個の問題が横たわっている。時代を経て人々の意識の中に残ってきたものに、自分という個を重ね合わせていくことで見えてくる差異の中に、創造性を見出（みいだ）そうという着想がそこにある。

別の例で言えば、轆轤（ろくろ）を回して茶碗（ちゃわん）を作る情景を想像してほしい。回転体であるから自（おの）ずと相似反復が生まれてくる。むしろ相似反復の中に茶碗が見出されると言ってもいいかもしれない。先人の営みをそのまま踏襲し、そこに生じる相似と差異の中に創造性が見立てられていく。多くの人々が認める普遍的な美がそこに見出されていく。個の創造性を超えた価値を探り当てようという意識、あるいは自我の表出に溺れず清まろうとする意志がそこに働いている。

誤解を恐れずに言うなら、③日本文化の中に育まれてきた創造性は人跡未踏にのみ価値を置いてはいない。自身の創作意欲を十全に発露しながらも、むしろさっぱりと個を始末し、普遍に手を伸ばそうとする姿勢である。同じ場所を同じように踏んでも足跡が完全に一致することはなく、

必ず踏み方に違いが出る。だから先達の足跡に敬意を表しつつ、躊躇なく自分の足跡をそこに重ねられるのである。

（原研哉『白百』による）

（注）梅里雪山＝中国雲南省にある連山のこと。
轆轤＝陶器などを成形するときに用いる回転台。

1、基本 次のうち、①到達 と熟語の構成が同じものはどれか。一つ選びなさい。（3点）
ア、修繕　イ、避暑　ウ、送迎　エ、密封

2、次のうち、本文中の[②]に入れるのに最も適していることばはどれか。一つ選びなさい。（4点）
ア、古歌を重んずる　イ、古歌を軽んずる
ウ、独創を是とする　エ、独創を非とする

3、次のうち、本歌取りや轆轤を回して茶碗を作ることについて、本文中で述べられていることがらと内容の合うものはどれか。最も適しているものを一つ選びなさい。（4点）
ア、本歌取りという方法があるように、和歌を詠むには、言葉を生み出す技術よりもむしろ、過去に詠まれた歌に対する知識の方が必要となる。
イ、本歌取りにおける創造性は、時代を経て人々の意識に残ってきたものに、個を重ね合わせていくことで見えてくる差異の中から見出される。
ウ、轆轤を回して茶碗を作る行為における創造性は、自ずと生まれてきた相似反復からではなく、その中に生じた差異から見立てられていく。
エ、轆轤を回して茶碗を作る行為には、先人の営みを踏襲しながらも、普遍的な美を超えた個の創造性を見立てようという意識が働いている。

4、③日本文化の中に育まれてきた創造性 とあるが、日本文化の中に育まれてきた創造性について、本文中で筆者が述べている内容を次のようにまとめた。[a]に入る内容を、本文中のことばを使って十字以上、十五字以内で書きなさい。また、[b]に入れるのに最も適しているひとつづきのことばを、本文中から二十五字で抜き出し、初めの五字を書きなさい。（a6点、b4点）

創造や創発という行為が携えているのは、未踏の地を踏む手応えのような[a]というイメージかもしれないが、日本文化の中に育まれてきた創造性は、先達の足跡に自分の足跡を重ねることで、創作意欲を発露しながらも、[b]である。

三（古文）仮名遣い・内容吟味

次の文章を読んで、あとの問いに答えなさい。（計20点）

或芸者、藤十郎に①問ひて曰く、我も人も、初日にはせりふなま覚えなるゆゑか、うろたゆる也。[ア]こなたは十日廿日も、仕なれたる狂言なさるるやうなり。[イ]いか成る御心入りありてや承りたし。[ウ]我も初日はうろたゆる也。[エ]しかれども、よそめに仕なれたる狂言をするやうに見ゆるは、けいこの時、せりふをよく覚え、初日には、ねからわすれて、舞台にて相手のせりふを聞き、其の時おもひ出だしてせりふを云ふなり。其の故は、常づね人と寄り合ひ、或は喧嘩口論するに、②かねてせりふにたくみなし。相手のいふ詞を聞き、此方初めて返答心にうかむ。狂言は常を手本とおもふ故、けいこにはよく覚え、初日には忘れて出でるとなり。

（注）芸者＝ここでは、能や狂言などを演じる役者のこと。
藤十郎＝元禄期を代表する役者。

1、よく出る 基本 ①問ひて曰く を現代かなづかいになおして、すべてひらがなで書きなさい。（2点）

2、本文中には「答へて曰く、」ということばが入る。入る場所として最も適しているものを本文中の[ア]～[エ]から一つ選びなさい。（4点）

3、②かねてせりふにたくみなし とあるが、次のうち、このことばの本文中での意味として最も適しているものはどれか。一つ選びなさい。（4点）
ア、言い方を工夫しなければきちんと伝わらない
イ、前もって言うことを考えるということはない
ウ、口に出す前に慎重に考えなければならない
エ、あれこれ言おうとするのはみっともない

4、狂言のけいこや舞台の初日に、藤十郎が心がけていることについて、本文中で述べられている内容を次のようにまとめた。[a]に入れるのに最も適しているひとつづきのことばを、本文中から二字で抜き出しなさい。また、[b]に入る内容を本文中から読み取って、現代のことばで二十字以上、三十字以内で書きなさい。（a4点、b6点）

狂言は、日常を[a]と考えるため、けいこの時にせりふをよく覚え、初日にはもとから忘れ、舞台において[b]ようにしている。

四（論説文）活用・文脈把握・内容吟味

次の文章を読んで、あとの問いに答えなさい。（計19点）

季語は歳時記に収録されています。現代の歳時記には五千語を超える季語が収録され、本意本情が解説されています。互いに歳時記を参照することで詠み手と鑑賞者との間で季語の本意本情が共有され、短い言葉の中にA込められたさまざまな心情を伝えることができるのです。そして、新たに生まれたさまざまな作品や解釈をB受けて、歳時記に記載される季語やその意味も更新されていきます。十七音という短い言葉の中でさまざまな心情・風景を伝えるために、季語の本意本情は大きな役割を果たします。

俳句における季語の重要性について、人工知能研究の視点から考察してみたいと思います。通常コミュニケーションとは、何かC伝えたいことを何らかの手段によって他人に伝えることを指します。言葉を介したコミュニケーションでは、伝えたいことを言葉に変換して他人に伝えます。

[ア]明確に区別できる有限な言葉の組み合わせで表現するという意味では、俳句はデジタルな情報であるとD言えます。[イ]デジタルな情報というと、漠然とコンピューターが扱う情報と理解している人が多いと思いますが、デジタルとは飛び飛びの値しかない整数のような値によって表現される情報のことを意味します。[ウ]

デジタルな情報の利点は、書き間違いなどをしない限り劣化することなくその内容を伝えていくことができることですが、有限の情報しか表現できず伝えられる内容が限定されるという欠点も併せ持ちます。[エ]デジタルに対

して温度や速度、電圧や電流のように連続した量を取るものをアナログと呼びます。アナログな情報はデジタルな情報と比べて連続した量をそのままの形で表せる一方で、情報を伝達するときにノイズなどの影響が原因で値がずれてしまうという特徴を持ちます。

俳句をデジタルな情報として考えたとき、俳句を詠むということは情景や心に感じたアナログな情報を、デジタル情報である十七音の言葉の組み合わせに変換している操作であると言うことができます。この十七音を通して作者の思いが他者に伝わるということは、読者が十七音を読み取って自分の頭の中に他者の感じた情景や気持ちを再現し、自分の状況に重ねていると言えるのではないでしょうか。

つまり、俳句を通したコミュニケーションが成立するためには、世界や自分に関するアナログな情報をデジタル情報に変換するエンコーダーと、デジタル情報から世界や他者に関するアナログな情報を復元するデコーダーを持つ必要があることになります。音楽の例でいうと、空気の振動からなるアナログなデータをデジタルに変換するエンコーダーによってデータを作成・保存し、デジタルなデータから最終的にスピーカーにより空気の振動に戻すデコーダーによって音楽が再現されることと同じようなことです。正確に情報を伝えるためには、①エンコーダーとデコーダーの情報変換規則ができるだけ齟齬（そご）がないことが条件となります。

また、俳句では制約された十七音という言葉しか使えないことを考えると、正確さを保ちながらもできるだけ多くの情報を伝えることも、とても重要になってきます。使う言葉一つひとつの意味が多様性をもっていることに加えて、お互いに言葉の意味の多様性が共有されていることが重要となるのです。

つまり、俳句の詠み手、鑑賞者双方が多様な言葉の意味を知っていることはもちろんのこと、双方が互いに言葉の意味を知っていることを知っていることが重要です。人工知能の分野ではこのような「全員がそのことを知っていること」、「全員がそのことを知っていることを知っていること」、さらには「全員がそのことを知っていることを知っていることを知っていること」と無限に続く命題が成り立つとき、その事実は「共有知識」であると呼びます。

俳句において、歳時記で意味が解説されている季語を用いることを条件とすることにより、お互いが季語の本意本情を理解しているという共有知識が成り立ちます。これにより、正確で効率の良いコミュニケーションを成り立たせていると解釈することができると考えられます。このような理由から、わずか十七音で豊かな世界を表現する俳句には季語が必要なのではないでしょうか。

（川村秀憲・山下倫央・横山想一郎『人工知能が俳句を詠む』による）

（注）本意本情＝ここでは、ある題材が本来備えている性質、意味やあり方のこと。

1、**基本** 本文中のA～Dの――を付けた語のうち、一つだけ他と活用形の異なるものがある。その記号を選びなさい。（3点）

2、本文中には次の一文が入る。入る場所として最も適しているものを本文中の［ア］～［エ］から一つ選びなさい。（4点）

> したがって、文字で表現された内容もデジタルな情報であると言えるのです。

3、①エンコーダーとデコーダーとあるが、本文中で筆者は、俳句を通したコミュニケーションにおいて、エンコーダーとデコーダーの役割は、具体的にどのようなことであると述べているか。その内容についてまとめた次の文の［　］に入る内容を、本文中のことばを使って五十五字以上、七十字以内で書きなさい。（8点）

詠み手が、［　　　　］こと。

4、次のうち、本文中で述べられていることがらと内容の合うものはどれか。最も適しているものを一つ選びなさい。（4点）

ア、詠み手と鑑賞者との間で季語の本意本情を共有することができるのは、歳時記に記載される季語やその意味が、新たに生まれたさまざまな作品や解釈を受けても変わることがないからである。

イ、わずか十七音で豊かな世界が表現されるには、歳時記を参照し、詠み手と鑑賞者の双方が多様な言葉の意味を知りながらも、そのうちのどの意味で詠み手が言葉を用いたのかを鑑賞者が正確に理解する必要がある。

ウ、歳時記に収録された季語を用いることを条件とすることで、詠み手と鑑賞者の双方が季語の本意本情を理解しているという共有知識が成り立ち、わずか十七音の言葉で、正確で効率の良いコミュニケーションが成立する。

エ、詠み手が歳時記を参照し、季語の本意本情を理解したうえで詠んだ俳句であれば、鑑賞者がその句に詠まれた季語の本意本情を知らなかったとしても、十七音という短い言葉だけで、豊かな世界を伝えることができる。

五 条件作文 思考力

合意の形成に向けての話し合いを行う際に、あなたが心がけたいと考えることはどのようなことですか。次の条件1・2にしたがって、あなたの考えを原稿用紙（20字詰×13行＝省略）に書きなさい。（18点）

条件1　あなたが心がけたいと考えることはどのようなことかを示したうえで、なぜそのように考えたのかを説明すること。

条件2　二百六十字以内で書くこと。

C問題

一 （説明文）文脈把握・内容吟味

次の文章を読んで、あとの問いに答えなさい。（計21点）

『万葉集』の歌が感動をそのまま表そうとするのに対して、『古今集』の歌は感動を一ひねりして言い表そうとする。すなわち、感動を、ある理屈の枠組みにはめこんで再構成するのである。ここで、題材のほぼ似通った二集の歌を比べてみよう。

梅の花咲ける岡辺に家居（を）れば乏（とも）しくもあらず鶯（うぐひす）の声
（万葉・巻10・一八二〇　作者不明）

春たてば花とや見らむ白雪のかかれる枝に鶯の鳴く　―Ⓧ

（古今・春上　素性（そせい））

右の二首は、同じく早春の梅と鶯を組み合わせて詠（よ）んでいながらも、その詠みぶりは根本的に異なっている。前者の『万葉』の歌は、梅の花の咲いている岡のあたりに住んでいるので、鶯の声の聞こえることが少なくない、の意。[①]といってよいだろう。

これに対して後者の『古今』の歌は、春になったので鶯が雪を梅の花と見まちがえているのだろうか、白雪の降りかかっている梅の枝で鶯が鳴くのだ、の意。実際には春まだ浅く、梅の白い花が咲く以前にその枝に雪が降りかかっているが、そこに早くも鶯がやってきて鳴いている、というのが実際のところである。それを理屈っぽく一ひねりしたのが、この『古今』の歌である。この時代よく用いられる見立てや擬人法を用いて、鶯は白雪を白梅と見まちがえたのだろうか、としている。

鶯が春まだ浅いのに雪の降りかかる梅の枝で鳴いているという事実を、「……なので……なのだろうか」という理屈の枠組みのなかにあてはめて表現していることになる。事実が事実そのままとしてではなく、再構成されているのである。この歌ではそうした工夫を通して、待ちわびた春がもうそこまでやってきたという感動を表している。雪の底から春が芽生えている、というように季節の微妙な移り変わりに気づいて、それを感動的に歌いあげるのも、この時代の季節の歌の特徴の一つである。

従来、『古今集』の歌の表現について、理屈っぽいという意味で理知的といわれたり、また感動の間接的な表現とか、あるいは観念的な表現とかいわれてきた。しかし、そうであるからとて、そのような表現には感動がこもっていないということには、けっしてならない。右の「春たてば」の歌にも、②生命よみがえる季節を待ち望む気持ちがあふれている。『万葉集』と『古今集』とでは、歌における感動のしかたが異なっているにすぎない。

花の香を風のたよりにたぐへてぞ鶯さそふしるべにはやる　―Ⓨ

（春上　紀友則（きのとものり））

これは、梅の花の香を、風を使者としてそれに添えてやり、まだ姿を現さない鶯を誘い出す案内役にしよう、ぐらいの意。ここでも、梅花の香ぐわしさや鶯を待つ気持ちをそのまま言うのではなく、擬人法の技法によって本来無関係な人事と物象を結びつけ、人を誘うのに便りをもってする人間社会の慣習に照応させながら表現している。そして、梅と鶯の取り合わせがいかに抜きがたく重要であるか、その事柄の原因理由について理屈をもって述べているところから、あらためて自然界の道理を思うことになる。

『古今』的表現の眼目ともみられる事実の再構成は、事柄がつねに、変化の動機や由因などの必然関係によって成り立っているという認識、あるいは事実をその生起死滅の一齣（ひとこま）として動態的、歴史的にとらえようという思考を喚起するように仕組まれている。ともかく、事柄の再構成という思考性が媒介的に作用して、生動する万物の道理、千変万化を促すところの規矩（きく）を見定めようとする。そのような思考の生み出す表現は、当然ながらきわめて観念的である。次のよく知られた歌、

ひさかたの光のどけき春の日に静心（しづごころ）なく花の散るらむ　―Ⓩ

（春下　紀友則）

も、再構成による観念的な表現という特徴をよく示していよう。「のどけき」と「静心なく」の[③]なひびき、そして「静心なく花の……」という擬人法的な表現があいまって、ひとり静心なく散らねばならぬ不可思議さを思わざるをえない。作者の内面にはかすかながら、静中の動、静止のなかの変化という、運命にも似た不可知の事象が発見されている趣である。不安な憂愁を正面からいうのではなく、爛漫（らんまん）の春を味わう悠々たる自然観照のかなたに、人間世界の深遠な理（ことわり）がかすかな翳（かげ）りとして見つめられている。

（鈴木日出男『古代和歌の世界』による）

（注）　素性＝平安時代の歌人。
紀友則＝平安時代の歌人。　規矩＝規準。

1、次のうち、本文中の[①]に入れるのに最も適していることばはどれか。一つ選びなさい。（4点）

ア、似通った題材で詠まれた二首の差を端的に示している
イ、春の情景に対して感動した理由が歌われている
ウ、梅と鶯の組み合わせの良さを暗に示している
エ、春の情景の実際がそのまま歌われている

2、②生命よみがえる季節を待ち望む気持ち　とあるが、本文中のⓍで示した歌では、この気持ちを具体的にどのように表現しているかということについて、本文中で筆者が述べている内容を次のようにまとめた。[　　]に入る内容を、本文中のことばを使って七十字以上、八十字以内で書きなさい。（8点）

Ⓧで示した歌では、[　　　　]ことにより再構成し、生命よみがえる季節を待ち望む気持ちを表現している。

3、次のうち、本文中の[③]に入れるのに最も適していることばはどれか。一つ選びなさい。（4点）

ア、重複的　イ、対照的
ウ、比喩的　エ、超越的

4、次のうち、本文中で述べられていることがらと内容の合うものはどれか。最も適しているものを一つ選びなさい。（5点）

ア、本文中のⓎで示した歌に自然界の道理を思うことになるのは、梅の花は鶯を誘い出すために香ぐわしくなるという理屈によって、梅と鶯の取り合わせがいかに重要であるかということが感じられるためである。
イ、本文中のⓏで示した歌は、その表現がきわめて観念的であり、爛漫の春を味わう悠々たる自然観照のかなたに、不安な憂愁だけではなく、人間世界の深遠な理がかすかな翳りとして見つめられている。
ウ、理知的といわれたり、感動の間接的な表現、あるいは観念的な表現と評されたりする『古今集』の歌の表現も、感動がこもっていないのではなく、歌における感動のしかたが『万葉集』とは異なっているにすぎない。
エ、『古今』的表現の眼目でもある事実の再構成は、事柄がつねに、変化の動機や由因などの必然関係によって成り立つという認識や、事実を動態的、歴史的にと

らえようという思考から喚起されることによってなされる。

二 (古文)内容吟味・動作主

次の文章を読んで、あとの問いに答えなさい。(計14点)

吾が師の歌に、

　こころあてに見し白雲はふもとにて思はぬ空にはるる不二のね

此のうた、①さまでの秀逸ともおもはざりしに、いにし文化四年、おのれ伊豆の出で湯あみがてら、熊坂の里なる竹村茂雄がもとへと心ざして旅たてる頃、熱海の出で湯をいでて、弦巻山の頂へかかりしに、浮き雲西の空にたちかさなりたりしかば、ともなへる人にむかひて、不二はいづくの雲のあなたにかあたりて見ゆると A問ひしに、はるかに Bゆびざして、あしこの雲のうちにこそと Cいふほど、いつしか浮き雲はれのきけるに、其の指ざしをしへたる雲よりはるかに高く、空に聳えてふりあふぎ見るばかりなりしかば、さて其の時ぞ、②師の歌をおもひ出でてめで聞こえたりき(賞賛し申し上げた)。

(注)　不二＝富士。富士山。
　竹村茂雄＝江戸時代の国学者。

1、①さまでの秀逸ともおもはざりしに とあるが、次のうち、このことばの本文中での意味として最も適しているものはどれか。一つ選びなさい。(4点)

ア、それほど秀逸であるとも思わなかったが
イ、その歌ほど秀逸なものはないとも思ったが
ウ、それほど秀逸な歌ができるとは思わなかったが
エ、それまでの歌と比べると秀逸であるとは思ったが

2、次のうち、本文中の――を付けたA～Cの動作を行っている人物として最も適しているものはそれぞれどれか。一つずつ選びなさい。なお、必要があれば同じ記号を何度選んでもよい。(完答で4点)

ア、師　イ、竹村茂雄
ウ、ともなへる人　エ、筆者

3、②師の歌をおもひ出でてめで聞こえたりき とあるが、本文において、筆者はどのようなことから、師の歌を思い出し賞賛したのか。その内容についてまとめた次の文の[　]に入る内容を、本文の趣旨から考えて、現代のことばで五字以上、十五字以内で書きなさい。(6点)

師の歌に詠まれた内容と[　]こと。

三 漢字の読み書き・古典知識

次の問いに答えなさい。(計12点)

1、よく出る 基本 次の(1)～(3)の文中の傍線を付けた漢字の読み方を書きなさい。また、(4)～(6)の文中の傍線を付けたカタカナを漢字になおし、書きなさい。ただし、漢字は楷書で、大きくていねいに書くこと。((1)～(3)各1点、(4)～(6)各2点)

(1) 今年の夏は殊に暑い。
(2) 疑問を呈する。
(3) 美術の授業で彫塑の基本を学ぶ。
(4) 木材のソりを直す。
(5) ラジオが時をホウじる。
(6) 提案のコッシを説明する。

2、基本 「水濁れば則ち尾を掉ふの魚無し。」の読み方になるように、次の文に返り点をつけなさい。(3点)

水 濁レバ 則チ 無シ 掉フ 尾ヲ 之 魚。

四 (論説文)品詞識別・文脈把握・内容吟味

次の文章を読んで、あとの問いに答えなさい。(計23点)

歴史には、現在と Aはっきり断ちきられることによって Bかえって格別な意味をもってくるところがある。現在の私たちにとって特別な様相をもったものとしてあらわれてくるところがある。[①]、歴史が過去の出来事を現在と断ちきれたかたちで扱い描き出すことは、昔からよく人々の歴史への関心を有害でこそあれ益のないものとする根拠にもされた。すなわち、歴史は私たちの関心を徒に過去に向かわせることで自分たちの生きる時代を忘れさせ、私たちを現実から逃避させるものではなかろうか。描き出され話にまとめられた歴史は、事実そのものではなくて事実の一部分にすぎず、しかも、事実のままではなく空想によって着色され、歪められている。だから、私たちは歴史からなんらの知識をも得ることができないのではなかろうか、と。

もしも過去を現在とまったく無関係なものと考えれば、過去に関心を向けることは現実からの逃避になるだろう。また、古典的な史書以来の Cいわゆる歴史叙述は、科学的な意味での厳密な知識を私たちに与えるものでもないだろう。そして、もしも過去の出来事についてそのような厳密な知識を得ようとするならば、科学に範をとった実証主義的な方法により確実な史料にもとづいて過去の事実のあれこれを突きとめ、それらを時間系列のうちに一回性をもった出来事として叙述することが要求されるだろう。近代実証史学が行ったのは Dまさにこのことであり、そこでは、歴史的な事実や出来事はほとんど科学の対象である物体と同じように明確に、しかしまったく対象化されておよそイメージ的全体性を失ったものとしてとらえたのである。

そのような過去の事実や出来事の扱い方は、②歴史を科学的に学問化することにはなったが、私たちが惹かれるのはそういう歴史ではない。もっと自立したイメージ的な全体性をそなえ、私たちとの生きたつながりをもった歴史である。また、出来事としての偶然性を孕んだ歴史である。そうはいっても、もちろん歴史は、ある程度まで史実にもとづきながらも想像力によって華麗な物語をつくり上げる歴史小説とは区別される。歴史上の事実や出来事をとらえる上でも、それらをことばで叙述し描き出す上でも、想像力が働かされなければならないことはいうまでもないが、歴史の場合には、どこまでも史実そのものに語らせること、史実そのものを多義性をそなえたかたちで顕す手助けをすること、にとどまるわけだ。

[③]、歴史は、一度現在と断ちきられることで、なぜ私たちにとって特別な様相をもったものになるのだろうか。まず、私たちが一つの時代、一つの社会のなかに生きているということは、ただ物理的な意味での時間的・空間的にその時間、その場所に生きているということではない。

そうではなくて、多かれ少なかれ、私たち一人一人が一つの時代のなかにある社会を、つまりはそのなかでの自他の経験を内面化し、それを自分の問題として生きていくということである。もとより、一人一人がそれぞれに自分の問題とするところは同じではない。しかし互いに通じ合い共通したところをもつのは、このような自他の経験の内面化のためだろう。私たちにおいて経験は、さまざまの意識的・無意識的な制度を仲立ちにして行われ、しかもつぎつぎに新しい事実や出来事を生じさせていく。そして、新しい経験と新しい事実や出来事は私たちの一人一人にいっそう多くの、いっそう込み入った問題を課するだろう。

そうしたなかで、私たちは、自分たちの生きている時代や社会をよりよく認識するために、また込み入った問題、解決しにくい問題に対処して生きていくためにも、自分たちの時代、自分たちの社会をできるだけ総体的に、またできるだけ多角的に映し出す鏡を求めるのだといえよう。歴史とは、私たち人間にとって、まずなによりもそういう鏡ではないだろうか。そして歴史は、このような鏡であるためには、それ自身が多かれ少なかれ自立したイメージ的な全体性をもったものでなければならないし、また、現在とはつながらずにはっきり断ちきられた過去でなければならない。鏡は世界を映し出すものであり、イメージは鏡に宿るものである。鏡は相接したものを映し出すのではなくて、へだたったもの、はっきり向かい合ったものを映し出す。過去の事実や出来事は歴史として現代と断ちきられへだたりながら、ことばによって多義性を蔵した自立的なイメージ的全体となることができ、④その結果、過去の歴史はさまざまな角度から現代と私たちの生き方のなんたるかを映し出す鏡になるのである。

（中村雄二郎『哲学の現在』による）

1、**基本** 本文中のA～Dの──を付けた語のうち、一つだけ他と品詞の異なるものがある。その記号を選びなさい。（2点）

2、次のうち、本文中の[①]、[③]に入れることばの組み合わせとして最も適しているものはどれか。一つ選びなさい。（4点）

ア、①　たしかに　③　それにより
イ、①　たしかに　③　それにしても
ウ、①　もしくは　③　それにより
エ、①　もしくは　③　それにしても

3、②歴史を科学的に学問化することにはなった　とあるが、本文中で筆者は、過去の事実や出来事をどのようなものとして扱うことで、歴史を科学的に学問化することになったと述べているか。次のうち、最も適しているものを一つ選びなさい。（4点）

ア、科学的な意味での厳密な知識を得ることにより、過去の事実や出来事を、明確に対象化され、イメージ的全体性を失ったものとして扱うこと。
イ、明確に対象化され、イメージ的全体性を失ったものととらえることによって、過去の事実や出来事を、現在と無関係なものとして扱うこと。
ウ、過去の事実や出来事を、科学の対象である物体と同じように、明確に対象化され、イメージ的全体性を失ったものとして扱うこと。
エ、過去の事実や出来事を、一回性をもった出来事としてではなく、私たちとの生きたつながりをもったものとして扱うこと。

4、④その結果、過去の歴史はさまざまな角度から現代と私たちの生き方のなんたるかを映し出す鏡になる　とあるが、本文中で筆者は、これは歴史がどのようなものになるということだと説明しているか。その内容についてまとめた次の文の[　]に入る内容を、本文中のことばを使って五十字以上、六十字以内で書きなさい。（8点）

歴史が[　　　　]ものになるということ。

5、次のうち、本文中で述べられていることがらと内容の合うものはどれか。最も適しているものを一つ選びなさい。（5点）

ア、歴史がそこから知識を得ることができないものだとされてしまうのは、描き出され話にまとめられた歴史が、空想によって着色され、歪められているからではなく、事実の一部分にすぎないからである。
イ、歴史小説は、史実にもとづきながらも、想像力によって物語をつくり上げていくものだが、歴史は、想像力は用いず、史実そのものに語らせ、史実そのものを多義性をそなえたかたちで顕そうとするものである。
ウ、私たちが、互いに通じ合う部分を持つことができるのは、一つの時代、一つの社会のなかで、自他の経験を内面化し、それを自分たちに共通した問題として生きていこうとするからである。
エ、経験は、さまざまな制度を仲立ちにして行われ、新しい事実や出来事を生じさせるものであり、私たち一人一人は、新しい経験と新しい事実や出来事から、より多くの込み入った問題を課されることとなる。

五　条件作文　思考力

次の資料A、資料Bを読んで、「読書」とはどのようなものかということについてのあなたの考えを、原稿用紙（20字詰×15行＝省略）に三百字以内で書きなさい。ただし、あとの条件1・2にしたがって書くこと。（20点）

資料A
良書を初めて読むときには新しい友を得たようである。
オリバー・ゴールドスミス

資料B
本は私たちの中にある凍りついた海を割る斧でなければならない。
フランツ・カフカ

（注）オリバー・ゴールドスミス＝イギリスの作家。
フランツ・カフカ＝チェコの作家。

条件1　資料A、資料Bの少なくとも一つについてふれること。
条件2　資料からどのようなことを考えたのかを明らかにして書くこと。
※　二つの資料をそれぞれA、Bと表してもよい。

兵庫県

時間 50分　満点 100点　解答 P34　3月12日実施

出題傾向と対策

●俳句に関する会話文、漢文、古文、小説文、論説文の大問五題構成。基本的な知識問題に加えて、本文の内容理解を求める問いが出題される。また、会話文や論説文では、本文に関する説明文の空欄補充問題が出された。文章の内容をきちんと整理し、問いに適切に答える必要がある。
●漢字、慣用句、文法に加えて、古文や漢文の知識に関する問題も出される。幅広いジャンルの基本的な国語知識を身につけておこう。文章が長く問題数も多いため、時間配分を意識した演習を重ねておきたい。

一 〔話し合い〕古典知識・韻文知識・内容吟味・文脈把握

Aさんの学級では国語の授業で行う句会に向けて、グループで話し合いをすることになった。Ⅰ～ⅢはAさんたちが参考にした句、【会話文】はグループ活動の場面である。Ⅰ～Ⅲの句と【会話文】を読んで、あとの問いに答えなさい。（計20点）

Ⅰ　夏草や[①]どもが夢の跡　松尾芭蕉

Ⅱ　春雨や降るとも知らず牛の目に　小西来山

Ⅲ　永き日や欠伸うつして別れゆく　夏目漱石

【会話文】

生徒A　Ⅰの句は、授業で鑑賞した句だね。俳人の松尾芭蕉が平泉を訪れ、草が生いしげっている高館で詠んだんだ。

生徒B　眼前に広がる夏草を眺めながら、昔その地で戦った武士の姿に思いをはせているんだよね。この句では、[②]の「や」によって、句に「間」が生まれ、鑑賞者の想像を膨らませていると私は思うよ。また、この「間」が、眼前の景色と想像の世界を違和感なく結びつけているのも素晴らしいね。

生徒C　Ⅱの句でも「や」があることによって、情景を鮮明に思い描くことができるね。でも、この句の見事なところは、季語である「春雨」の様子を「降るとも知らず」と表しているところだよ。句作においては、③表現の工夫によって、季語がきわ立つこともあるんだよ。

生徒D　そうか。直接的な表現を避けることで、味わいのある句になるんだ。原則として一句に一つ入れる季語をうまく生かすことも大切なんだね。

生徒B　私も「雨」で句を詠んだことがあるんだ。「冬の雨街を彩る傘の花」という句で、「冬の雨」という季語を使って、一雨ごとに春が近づいてくるうれしさを詠んだつもりなんだけど、どうかな。

生徒C　うーん。「雨」が降って「傘」が開くという景色は、月並みなものだから、句に深みを生む表現とは言えないな。「冬の雨」を「春近し」にするのはどうかな。

生徒A　それはいいね。春がやってくるわくわく感と、色とりどりの傘が開く華やかな街の様子が「花」でつながり、句に深みが生まれるね。

生徒B　うん、「春近し街を彩る傘の花」の方が良い句になった気がするよ。ありがとう。

生徒D　一言変えるだけで、良い句になるのは驚きだよ。句を詠むときのことば選びって、本当に難しいなあ。

生徒A　私は、句を詠むとき、意味の重なりにも気をつけているよ。例えば、「山に多くの登山客」は、無駄な表現の典型だね。詠み込む内容をしっかり選別して、限られた十七音を有効に使うことが句作には必要なんだ。

生徒C　それなら、参考になる句があるよ。Ⅲの句を見てごらん。季語が「永き日」で春の句だね。ある春の日に友人と長く語り合い、別れぎわに友人があくびをし、それがうつったように自分もあくびをして友人と別れたという句なんだ。こう考えると、この句では、「欠伸うつして別れゆく」という[④]だけが詠まれ、[⑤]が省略されているから、それを鑑賞者が想像する余裕が生まれ、余情のある句になるんだよ。事の経緯を全部書いてしまうと、報告文のようになるからね。

生徒B　なるほど、伝えたいことはたくさんあっても、その内容を厳選しなければならないんだね。句会に出す句を詠むときの参考にするよ。

生徒D　今日は、とっても勉強になったね。実は、私も句会用に⑥「春風にたんぽぽゆれる帰り道」という句を詠んでいるんだけど、今日の話し合いの内容を踏まえて改善してみるよ。

生徒C　良い句になったら、みんなで鑑賞しようよ。私も一句詠んでくるよ。

生徒A　それはいいね。今日の話し合いを踏まえて詠んだ句について、みんなで推敲し合うことにしよう。次は、一人一句詠んで集まろう。

問一、**基本** 空欄①に入ることばとして適切なものを、現代仮名遣いの平仮名で書きなさい。（3点）

問二、**基本** 空欄②に入ることばとして適切なものを、次のア～エから一つ選んで、その符号を書きなさい。（3点）

ア、切れ字　イ、置き字
ウ、接尾語　エ、接続語

問三、傍線部③の説明として最も適切なものを、次のア～

エから一つ選んで、その符号を書きなさい。（3点）

ア、「春雨はどこに降るかわからない」という表現で、「春雨」が「牛の目」にも降ることを表した。

イ、「春雨が降ったかもしれない」という表現で、「牛の目」が常にぬれている状態であることを表した。

ウ、「春雨が降っているのかわからない」という表現で、「春雨」の細かく静かに降る様子を表した。

エ、「春雨が知らないうちに降っていた」という表現で、「春風」に動じない「牛」の姿を表した。

問四、空欄④・⑤に入ることばの組み合わせとして最も適切なものを、次のア～エから一つ選んで、その符号を書きなさい。（3点）

ア、④過程　⑤情景　イ、④結果　⑤過程

ウ、④感想　⑤情景　エ、④結果　⑤感想

問五、傍線部⑥について、次の問いに答えなさい。

(1)【会話文】の内容を踏まえた句の改善点として最も適切なものを、次のア～エから一つ選んで、その符号を書きなさい。（完答で4点）

ア、「春風」に「や」が付いておらず、季語には「や」を付けるという俳句の原則を無視した句となっている。

イ、「春風」と「たんぽぽ」は春の風物であり、「春風にたんぽぽゆれる」がありきたりの情景となっている。

ウ、「春風」と「ゆれる」は意味が重なっており、両者を一緒に詠むことで無駄がある表現となっている。

エ、「春風」に「たんぽぽゆれる」と詠んだことで、事の経緯を全部書いた報告文のような句となっている。

(2)(1)を踏まえて改善した句として最も適切なものを、次のア～エから一つ選んで、その符号を書きなさい。

ア、春風に桜がゆれる通学路

イ、春風がたんぽぽゆらす帰り道

ウ、春風や蝶の舞いたる通学路

エ、春風やはずむ歌声帰り道

問六、【会話文】の内容として最も適切なものを、次のア～エから一つ選んで、その符号を書きなさい。（4点）

ア、Ⅰの句が詠まれた背景についての生徒Aの説明が、生徒Bの俳句における「間」についての解説の根拠となった。

イ、Ⅱの句の説明を聞いた生徒Dの気づきによって、生徒Cの俳句についての知識の深さが賞賛されることになった。

ウ、生徒Cが具体的なことばを用いた改善案を助言したことで、生徒Bの詠んだ句はグループ全員が納得する良い句となった。

エ、生徒Bが句会用の自作の句に対して助言を求めたことによって、生徒Aは次回全員で句を推敲し合うことを提案した。

二（漢文）内容吟味・古典知識・動作主

次の書き下し文と漢文を読んで、あとの問いに答えなさい。（計13点）

〔書き下し文〕

某甲夜暴かに疾み、門人に命じて火を鑽せしむ。其の夜陰瞑にして、未だ火を得ず。之を催すこと急なり。門人憤然として曰はく、「君人を責むること亦た大いに道理無し。今暗きこと漆のごとし。何ぞ以て火を把りて我を照らさざる。我当に火を鑽するの具を求め得べし。然る後に得易きのみ。」と。孔文挙之を聞きて曰はく、「人を責むるには当に其の方を以てすべきなり。」と。

〔漢文〕

某甲夜①暴疾、②命門人鑽火。其夜陰瞑、未得火。a催之急。門人憤然曰、「君責人亦大無道理。今暗如漆。何以不把火照我。我当b求鑽火具。然後易得耳。」孔文挙聞之曰、「責人当以其方也。」

（邯鄲淳『笑林』）

（注）某甲——ある人。
門人——召し使い。
孔文挙——孔子の子孫。

問一、傍線部①の「暴」と同じ意味の「暴」を用いた熟語を、次のア～エから一つ選んで、その符号を書きなさい。（3点）

ア、暴風　イ、暴食　ウ、暴露　エ、暴落

問二、**よく出る** **基本** 書き下し文の読み方になるように、傍線部②に返り点をつけなさい。（3点）

問三、**よく出る** **基本** 点線部a・bの主語として適切なものを、次のア～エからそれぞれ一つ選んで、その符号を書きなさい。（各2点）

ア、某甲　イ、門人　ウ、孔文挙　エ、作者

問四、次の【資料】の内容を踏まえた本文の説明として最も適切なものを、次のア～エから一つ選んで、その符号を書きなさい。（3点）

【資料】
文章に通じ、文字学にすぐれた学者として知られる人物であった邯鄲淳が、後漢末期にまとめた笑い話集が『笑林』である。どの話にも笑いがあり、なかには教訓的な意義が読み取れるものもある。
（参考　中国古典小説選12『笑林・笑賛・笑府』）

ア、主人の命令に素直に従わない召し使いと、召し使いの言い分を理解しようとしない主人とのすれ違いに面白さがあり、人を責めるには、相手の考えを理解すべきであるという教訓が述べられている。

イ、自分の主張が状況と矛盾しているにもかかわらず、怒って主人に意見する召し使いの様子に面白さがあり、人を責めるには、理屈の通った主張をしなければならないという教訓が述べられている。

ウ、主人が意図的に無理な要求をしたことに対し、召し

使いが無理な要求を仕返すやり取りに面白さがあり、人を責めるには、要望の実現の可否を見極めなければならないという教訓が述べられている。

エ、自分の立場をわきまえず、主人の命令に対して当然のごとく反論する召し使いの様子に面白さがあり、人を責めるには、自分の立場を考慮に入れなければならないという教訓が述べられている。

三 (古文)古典知識・内容吟味

次の文章を読んで、あとの問いに答えなさい。(計12点)

今は昔、世のいたくわろかりける年、(大ききんで世の中がひどくすさんでいた年)五月長雨の頃、鏡の箱を、女、持て歩きて売りけるを、三河の入道のもとに持て来たりければ、沃懸地に蒔きたる箱なり。内に薄様を引き破りて、①をかしげなる手にて書きたり。

今日までと見るに②涙のます鏡馴れにし影を人に語るな

とあるを見て、道心発りける頃なりければ、いみじくあはれに覚えて、うち泣きて、物十石車に入れて、③鏡は返しとらせてやりてけり。雑色男帰りて、「五条町の辺に、荒れたりける所に、やがて下しつ」となむ語りける。誰といふとも知らず。

(『古本説話集』)

(注) 三河の入道——大江定基(寂照)。
沃懸地に蒔きたる——金や銀の粉を散らして装飾した。
薄様——薄くすいた和紙。
道心——仏道を修めようと思う心。
物——食物、米。
雑色男——召し使いの男。

問一、**基本** 「女」が「鏡の箱」を持ち歩いて売っていた季節として最も適切なものを、次のア～エから一つ選んで、その符号を書きなさい。(3点)

ア、春　イ、夏　ウ、秋　エ、冬

問二、傍線部①の意味として最も適切なものを、次のア～エから一つ選んで、その符号を書きなさい。(3点)

ア、珍しい模様　イ、幼い筆跡
ウ、しなやかな手　エ、美しい字

問三、傍線部②の表現について説明した次の文章の空欄に入る適切なことばを、漢字と送り仮名の二字で書きなさい。(3点)

「涙のます鏡」という表現に、歌の作者は「涙が[ ]」という意味と、「澄んではっきり映る鏡」である「真澄鏡」の二通りの意味を込めている。

問四、傍線部③の理由として最も適切なものを、次のア～エから一つ選んで、その符号を書きなさい。(3点)

ア、今日限りの命である自分が鏡の中で生き続けることは口外してはならないという持ち主の忠告が書かれた和歌を見て、三河の入道は恐ろしく感じたから。

イ、生活のために鏡を手放したことを人には言わないで欲しいという持ち主の強い自尊心を感じる和歌を見て、三河の入道はその心の持ちように感服したから。

ウ、鏡に映してきた今までの自分の姿を他の人には伝えないで欲しいという持ち主の切実な願いがこもった和歌を見て、三河の入道は強く心を動かされたから。

エ、昔から慣れ親しんだ鏡と別れる気持ちは言葉にできないという持ち主の深い悲しみが表された和歌を見て、三河の入道にはあわれみの心が芽生えたから。

四 (小説文)漢字の読み書き・品詞の識別・語句の意味・内容吟味・文脈把握

次の文章を読んで、あとの問いに答えなさい。(計27点)

青森県に住む高校二年生の武田綾は、やりたいことが見つからず、進路調査票を提出できずにいた。そんなある日、公民館職員の田向井さんに誘われ、(注)菱刺しの工房を訪れ、より子さんから手ほどきを受けることになった。

間違えたところの糸を引き抜いていると、

「綾ちゃんば見てると、初心ば思い出すねえ」

と、より子さんが言った。あたしの手元を見つめてほほえんでいる。

「より子さんは何がきっかけで始めたんですか?」

「服のおつくろいだな。おはじきだのあやとりだのと同じく、遊びの延長でやったもんだ。友だち集めてさ。我も最初は裏から刺すのが苦手での。布っこば持ち上げて覗き込んで刺したもんだ。別なこと考えながら刺して妙な形さなるのはしょっちゅうだった。だども、何べんもやり直しできる。気楽に失敗できたんだ。家族の着物っこさ刺してせ、喜んでもらえるのは嬉しかったねえ」

「へえ。着てくれましたか?」

「ん。上手でねかったどもな。我だって、子どもや孫が、我のために菱刺ししてければ、どんな物でも嬉しいもんだよ」

より子さんは、①好物を食べたみたいな顔をして目を閉じた。

「アッパは擦り切れるまで着てけだもんで、我は大満足だったし、友だちともおしゃべりしながら刺すのは本当に楽しかったねえ」

アッパとは、母親のことらしい。父親のことはダダと呼んだそうだ。菱刺しは貧しく苦しい生活のせいで、やむなく刺したというような仄暗い印象があったけど、こうして実際刺したり、より子さんの表情を目の当たりにしていると、それはかりじゃなかったのかもしれないと思えてくる。

確か、田向井さんは「おいしい物をずーっと食べていたいような感じ」とたとえていた。それはある。加えて、菱刺しは単なる針仕事ってわけじゃない。家族や大切な人に温かな着物を着せたい。どうせなら色や柄を楽しみたい。そういう想いがある。

だからか。だから菱刺しをやっている間じゅう、②満たされているのか。

それなのに。

お父さん、パワハラ——。

ガッチガチの頭してると——。

あの時の父の顔が目に浮かぶ。

いつも通り表情はほぼ動かなかった。だからこそ、うろたえているのが③透けて見えてしまった。

父と似ている指先を見る。針で突いた時の痛みを覚えている。

何も知らない癖に、あたしは頭に浮かんだ言葉をそのまま吐いたのだ。スマホの予測変換で出てきた言葉を④ろくに意味も分からずにそれらしいからと反射的に使うみたいに。あたしはスマホじゃなく、人間のはずなのに。父がどう思うかなんて考えちゃいなかった。

とはいえ、改めて謝るのもなあ。他人相手ならできることが、親だとなぜか難しくなる。

視線をさまよわせたあたしの目を引き寄せたのは——。

「より子さん、そこに飾ってあるような財布とかバッグのような目の細かい布に刺す方法を教えてください」
(注)コングレスを、本来刺したい生地にあてがってその上から一緒に刺す方法を教わった。
要するに目の⑤粗い布を目印にするのだ。

刺し終わったらコングレスの糸を切って一本一本引き抜くと、生地に菱刺しが残るという⑥寸法だ。

ワンポイントの模様はその夜のうちにできあがった。

ハサミを置くと、ゴツッと大きな音が出た。静かで慎み深い菱刺しの時間がぶつりとたち切られる。

改めて持ち上げて、ハサミが机の上にのってから手を放してみる。音はせず、時間はつながり、余韻が残った。

あたしは通学用のリュックを引き寄せ、進路調査票を取り出した。テーブルの上の菱刺しの道具を脇に寄せ、⑦調査票の折り目を丁寧に伸ばす。

翌朝。

「お父さん、これ」

洗面所で出勤準備をしている父に、昨夜完成させた菱刺しを⑧施したネクタイを渡す。

父は鉄製であるかのような堅牢(けんろう)な眼鏡を押し上げて、まじまじとネクタイを見た。相変わらず鉄壁の無表情だ。

「気に入らなかったら、無理にしてかなくていいから。それから、あたし、八戸(はちのへ)の工業大学で伝統デザイン勉強しようと思う。進路調査票にはそう書くつもり」

宣言すると、洗面所を出た。

父は締めてくれるような気がした。残念なことに、⑨あたしと父は似ているから、あたしの前では一生締めないだろうけど。

藍(あい)色のネクタイに刺した模様は、海の(注)べこだ。ネクタイの剣先に刺した。淡い水色の(注)亀甲(きっこう)模様とくすんだピンク色のべこの(注)鞍(くら)。かわいい。(注)マーサさんの見本ではシックに見えたが、色遣いによってポップにもなるらしい。新発見だ。模様と色の組み合わせは無限だから、この菱刺しという物、一生飽きずに続けられそう。

厄介な上司はきっとネクタイに気づくだろう。揚げ足を取るような人なら見逃すはずがない。父とのギャップに驚き、話を振るだろう。笑うかもしれない。
⑩娘はできることはしました。あとはお父さん次第です。
結果を言えば、帰宅した父はスーツのまま、背筋を伸ばし無表情であたしと母の前を無意味に往復した。

(高森美由紀(たかもりみゆき)『藍色ちくちく』)

(注)　菱刺し——青森県に伝わる刺しゅうの技法。
コングレス——目がはっきりわかる綿素材の布。
海のべこ・亀甲模様・べこの鞍
——菱刺しの模様の種類。
マーサさん——菱刺しを扱ったブログの管理人。

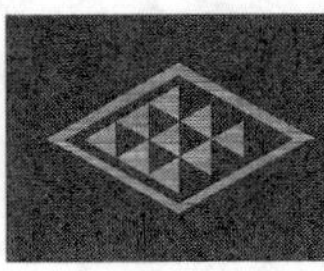
【菱刺しの例】

問一、よく出る 基本 傍線部③・⑤・⑧の漢字の読み方を平仮名で書きなさい。（各2点）

問二、基本 二重傍線部にある付属語の数を、数字で書きなさい。（2点）

問三、傍線部④・⑥の本文中の意味として最も適切なものを、次の各群のア～エから一つ選んで、その符号を書きなさい。（各2点）
④ア、十分に　イ、すぐに
ウ、特に　エ、かりに
⑥ア、尺度　イ、結果
ウ、手順　エ、技巧

問四、傍線部①のより子の心情の説明として最も適切なものを、次のア～エから一つ選んで、その符号を書きなさい。（3点）
ア、今の綾の姿と菱刺しを始めた当初の未熟な自分の姿とを重ね合わせて、綾にはぜひ自分と同じ道を歩んで欲しいと思っている。
イ、家族を思って刺したり仲の良い友だちと一緒に刺したりする楽しさを思い出し、菱刺しを始めた頃の新鮮な喜びに浸っている。
ウ、年齢を重ねた今だからこそ自分の下手な菱刺しの着物を着てくれた親の気持ちが分かり、その寛大さに頭が下がる思いでいる。
エ、長年続けてきた菱刺しが多くの人の人生を支えていたことに気付き、厳しい練習に励んだ日々が報われたことに満足している。

問五、傍線部②の綾の説明として最も適切なものを、次のア～エから一つ選んで、その符号を書きなさい。（3点）
ア、菱刺しを通して出会った人たちのことばを思い出し、自分が多くの人に助けられていたことに気づいた綾は、今まで見守ってくれた父親に対して身勝手な態度をとった自分を恥じている。
イ、自分を満たしてくれる菱刺しの魅力について考えることで、それが人と人との絆を深めるものだと気づいた綾は、菱刺しを続けることでいつか自分も家族に優しくなれると期待している。
ウ、菱刺しは単なる針仕事ではなく、家族への愛を表現するためのものだと気づいた綾は、深く考えずに人を傷つける言葉を吐いてしまう自分には菱刺しを続ける資格がないと反省している。
エ、自分が菱刺しに夢中になる理由を考えることで、自分の心の奥底にあった家族を大切に思う気持ちに気づいた綾は、父親に対して感情的になりひどい言葉をぶつけたことを後悔している。

問六、傍線部⑦の綾の様子として最も適切なものを、次のア～エから一つ選んで、その符号を書きなさい。（3点）
ア、自分の作品を完成させたことで湧き上がる心地よい興奮が覚めやらぬままに、自らの将来に真っすぐ向き合おうとしている。

イ、短時間で高度な技法を習得したことで生まれた自信を胸に、今まで考えもしなかった新しい道に挑戦する意欲を高めている。

ウ、父親を喜ばせる方法を思いついたことで気持ちが明るくなり、翌朝自分の進路希望を父親に伝えることを楽しみにしている。

エ、菱刺しに一生懸命取り組むことで新しい境地に到達し、その余韻の中で菱刺しを一生の仕事にできる幸せをかみ締めている。

問七、次の【図】は傍線部⑨の内容を整理した生徒のノートの一部である。【図】の空欄に入ることばを、本文中より一文で抜き出し、最初の三字を書きなさい。（3点）

【図】

綾＝素直に自分の気持ちを言えない。
※象徴的な発言
「　　　　」

似ている

父＝素直に気持ちを行動に表せないから、娘の前ではネクタイを絶対に締めないだろう。（綾の推測）

問八、傍線部⑩の綾の心情の説明として最も適切なものを、次のア～エから一つ選んで、その符号を書きなさい。（3点）

ア、父親の過去の言動を許す気持ちを伝えられたことで、菱刺しを通して自分が大人になったと実感すると同時に、これからも頑固な父親のことを受け入れていこうと思っている。

イ、自分の気持ちを堂々と伝えることで、成長した自分の姿を父親に見せることができたという充実感を感じると同時に、意地っ張りな父親を心から応援していきたいと思っている。

ウ、父親にネクタイを贈ることで、日頃の苦労をねぎらう気持ちを伝えられたという達成感を味わうと同時に、これで自分が決めた進路を父親は認めてくれるだろうと思っている。

エ、自分の宣言に対して父親が何も言わなかったことで、夢の実現に向かって歩み出せる喜びを抱くと同時に、会社で苦労をしている父親には困難を乗り越えてほしいと思っている。

五 （論説文）漢字の読み書き・文・語句の意味・内容吟味・文脈把握

次の文章を読んで、あとの問いに答えなさい。（計28点）

長きにわたって他の民族や部族との争いを繰り返してきた人類は、その「戦利品」として生活の豊かさと秩序の安定を獲得してきた。特に十九世紀後半以降の近代化は、国家を強大にし、人々に豊かさをもたらすものとされたら、多くの国が、そのための産業化と生活の合理化に努めてきた。近代化は富だけでなく、社会における個人の役割を大きくする一方、近隣住民の助け合いを基盤にした、社会の中の共同的な要素を抑制する傾向をもつ。それは、とりわけ農村における伝統社会の息苦しさを打破しようとする内側からの動きと、国家と国民とを一対一でつなげようとする近代国家による外側からの働きかけの合成物であった。諸個人が①この流れの中で自らの置かれている共同体から切り離されていったのは半ば当然だったのである。

日本の場合、江戸時代までの社会は「～家の～助」や「～村の～太郎」などという形で、②所属する集団との関係の中で個人を同定していた。明治時代、そうした所属関係から離れてすべての人間を「国民」として一元的な戸籍に登録することが目指されたことは、個人の時代の到来を意味した。

夏目漱石が一九一四年（大正三年）に学習院大学で行った講演「私の個人主義」は、当時の日本で「個人主義」という発想がまだ新鮮な響きをもっていたことを象徴的に示している。その後の近代化は個人の豊かさを象徴する所有財を多様化し、車や家、学歴や会社名など他者との差を示す標識の種類を増やすことを通じて、社会の個人化を促進した。

ところで、日本で③個人の存在が急激に前景化した時代は、国家権力が強化された時代でもあった。明治政府は、それまで全国各地の藩に任されていた統治を一元的に行う各種のシステムを導入した。先に述べた、国民一人ひとりを出生関係により登録する戸籍制度の充実は、その典型である。

個人を前面に出す傾向は国が一方的におしつけたものではない。発足したばかりの明治政府が新しい修身の教科書としてAサイ用した(注)サミュエル・スマイルズの『自助論Self-Help』の訳書『西国立志編』がたどった道のりは、まさに国と個の緊張関係を物語っている。「天は自ら助くる者を助く」の有名な書き出しから始まるこの本は、個人の成功を、外部に頼らずに、内なる努力と工夫による独立した精神で成し遂げる重要性を訴えた作品である。家や村を生きる基盤にしてきた日本人にとって、④個人を真ん中におく発想はさぞかし新鮮であったに違いない。

スマイルズは個人の成功を「個人の努力」に還元し、国家の成功はそうした個人的な努力の積み重ねに過ぎないと考えていた。現在の日本人の視点からはイメージしにくいかもしれないが、彼の問題意識は、国家の制度に頼りきって個人の意思がもつ可能性を(注)矮小化してきた欧米社会への疑問から出発する。そこからスマイルズは、個々人の意思が国家の性質を決定するのだという結論に至る。「個人の尊重」は、⑤やがて人権という概念に成熟し、長い時間を経て、近年ではSDGs（持続可能な開発目標）の掲げる「誰ひとり取り残さない」という理念へと展開してきた。個々人の自由こそ重要であるという理念は、とりわけ自由主義の社会においては⑥市民権を得たといってよい。

だが、一人ひとりの自由や権利を保障すれば、個々人が集まってつくられる社会の自由や権利も保障されるものだろうか。合理的な個人の集まりが集団の合理性を導くとは限らないという逆説は、長く社会科学者を魅了してきた。そして特に現代の経済学では、合理的な個人は自身の属する集団の効用よりも自分自身の効用を最大化すべく行動するという考え方が半ば常識になっている。個人化は、能力や富を他人と比較させて、競争意識に火をつける。そうであれば合理的な個人は、なぜ自分の利益を犠牲にしてまで互いに協力することがあるのだろうか。
⑦この疑問に対する答えは、人間が単なる「個々人の群れ」ではなく、有Bキ的なまとまりをもった集団に所属しながら生きていることを考えてみることで得られそうだ。人は複数の集団に同時に所属できるので、競争や合理性の意味もその都度変わってくる。たとえば会社の部署の中を覗(のぞ)いてみると、社員一人ひとりは互いに出世や給料をめぐって競争しているが、部署間の競争となれば、社員同士は競争相手から協力する仲間へと変化する。そして、これが会社間の競争となれば、部署同士はライバルではなく、協力相手となる。さらに、業界間の競争という視点でみると、「同業者」として会社間の協力が見られる。このように重層的な競争では、より上位レベルの競争に勝つことを目的に、下位組織のレベルで「協力」が促されることがある。
競争の相手が自分の属する共同体の外に見出されるときには、普Cダンは競争している所属組織内部が一体性を意識するため、協力が強く促進されることがある。国内政治が不安定になった国が、対外的な脅威をことさらに強調するのは、このメカニズムを利用して国民の団結を促そうとする例である。
このように対外的な競争と対内的な協力が重層的に織り込まれているのが⑧現代社会の諸集団の特徴である。

（佐藤仁(さとうじん)『争わない社会』）

（注）サミュエル・スマイルズ――英国の作家、医師。
矮小化――規模が小さくなること。

問一、よく出る 基本 二重傍線部A～Cの漢字と同じ漢字を含むものを、次の各群のア～エからそれぞれ一つ選んで、その符号を書きなさい。（各2点）
A　ア、祝サイの準備をする。
イ、彼は医学界の俊サイだ。
ウ、森林を伐サイする。
エ、料理に根サイを使う。
B　ア、注意を喚キする。
イ、公共の交通キ関を利用する。
ウ、実力を発キする。
エ、キ急の事態に備える。
C　ア、らせん階ダンを上る。
イ、果ダンに富んだ性格。
ウ、友達とダン笑する。
エ、ダン房の適切な使用。

問二、傍線部⑤はどの文節に係るか。一文節で抜き出して書きなさい。（2点）

問三、傍線部⑥の本文中の意味として最も適切なものを、次のア～エから一つ選んで、その符号を書きなさい。（2点）
ア、広く認められて一般化した
イ、民衆の間で評判になった
ウ、誤って政治的に利用された
エ、特定の集団内で広まった

問四、傍線部①の説明として最も適切なものを、次のア～エから一つ選んで、その符号を書きなさい。（3点）
ア、産業化によって人々が豊かになったことで、社会の中の共同的な要素が必要ではなくなっていった。
イ、近代化に際し共同体解体を進めた国家のもとで、共同体からの自立を求める個人が増加していった。
ウ、社会秩序の安定により人々に富がもたらされると、社会における個人の役割も大きくなっていった。
エ、国家が強大になっていくと同時に、社会においては個人の自立に重きを置く風潮が強まっていった。

問五、傍線部②の理由を説明した次の文の空欄に入る適切なことばを、本文中から十四字で抜き出し最初の三字を書きなさい。（3点）
日本人は［　　］から。

問六、傍線部③の説明として最も適切なものを、次のア～エから一つ選んで、その符号を書きなさい。（3点）
ア、個々人の意思にかかわらず個人の存在が国家の中心に据えられたことにより、あらゆる事が個人の裁量に委ねられるようになり、「個人主義」が急に拡大され始めた。
イ、所属関係から解放された個人を国家が「国民」として一元的に統治しようとしたため、国と個人との間に緊張関係が生まれ、個人の独立心が突如として高まった。
ウ、近代化により所有財が人間の豊かさを象徴的に表す標識として認識されたことで、個々人が利己的に財産の所有を求めるようになり、社会の個人化が一気に進んだ。
エ、国民を一元的に管理する仕組みの導入に加え、個人が努力をすれば目的は達成できるという考え方が広まり、国民一人ひとりの役割や価値が突然強調され始めた。

問七、傍線部④の説明として最も適切なものを、次のア～エから一つ選んで、その符号を書きなさい。（3点）
ア、国家の成功は個人の成功の積み重ねであり、その利益は国家により個人に還元されるべきであるという考え方。
イ、国家の制度は個人の意思で決定されるものであり、それは個々人を尊重する制度でなければならないという考え方。
ウ、国家や社会は個人の集合であり、社会において個人の存在が何よりも優先されなければならないという考え方。
エ、国家と社会の担い手は個人であり、個人の努力によって社会の自由と権利は保障されるべきであるという考え方。

問八、思考力 傍線部⑦の内容を説明した次の文の空欄に入る最も適切なことばを、本文中から五字で抜き出して書きなさい。（3点）
合理的な個人が［　　］を優先させることへの疑問。

問九、傍線部⑧の説明として最も適切なものを、次のア～エから一つ選んで、その符号を書きなさい。（3点）
ア、対外的な競争を繰り返すことで、集団の一体性は強固になっていくことから、一般的に競争と協力は相反する関係にあると考えられているが、集団内部では互いに補完し合う関係にあること。
イ、協力的な環境の中には競争の要素があり、競争の一部は協力関係が成していることから、競争と協力は単純に二つに分けて整理できるものではなく、集団においては両方を内包していること。

ウ、現代社会では競争が成長や革新につながるものだと考えられていることから、対内的な小集団に協力を織り込むことで集団内に競争を生み出し、集団が常に活性化する構造になっていること。

エ、集団に所属する個人が互いに競争と協力を交互に繰り返すことが集団内の秩序の安定をもたらすことから、個人が多数所属する集団においては、協力と競争が重層的に折り重なっていること。

奈良県

時間	満点	解答	
50分	50点	P35	3月8日実施

出題傾向と対策

●随筆文、論説文、古文、漢字知識、資料読解と条件作文の大問五題構成。文章は標準的だが、読解力を要求される設問もある。資料を読み取る問題や条件作文もあり、幅広い内容が出題されている。

●全体的に難度は高くないが、多様な観点から出題されるので、基本的な漢字、語句の知識など基礎をおろそかにしないこと。古文は教科書レベルの文章を短時間に理解できるようにしておく。資料を読み取る条件作文は、添削を受けて書き直す練習を重ねる。

一 (随筆文)漢字の読み書き・語句の意味・内容吟味

次の文章を読み、各問いに答えよ。　(計17点)

その晩、キースの家に戻った僕は、自分でも彫刻をしてみたいと願い出た。素材はA既に手に入れていた。湖のほとりで見つけた流木だ。美しい水に洗われ続けていたからなのか、岸辺に流れ着いていた枝の多くは樹皮が剥がれ、木肌が銀色に光って見える。その中でも①とりわけ輝きの強いものを拾っておいた。長さは1メートルと少し。杖(つえ)にするのにちょうどいい。

流木の両端には、面白い特徴があった。鉛筆を削ったように尖(とが)っているのだ。断面をよく見ると、彫刻刀を使ったかのように、5ミリほどの彫り跡がびっしりと並んでいる。

B典麗な細工を施したのは、実はビーバー。枝を齧(かじ)った時に歯型がついたのだ。彼らの歯は本当に鋭い。製鉄の技術がなかった時代、キースの祖先はビーバーの歯を枝にくくり付け、彫刻刀として使っていたそうだ。そんなよく出来た刃物を上下の顎に生やしているビーバーは、②まさに生まれながらの彫り物師だ。

彼らは辛抱強く、Cキンベンな生きものだ。1メートル足らずの体で、何十メートルにもわたるダムを築き上げ、流れを堰(せ)き止める。彼らが使うのは細い枝だけではない。驚くほど太い木も、根気よく齧っては倒してしまう。しかし、そんな巨大な木を運ぶことはできない。どうするかというと、またひたすら齧って、自分が運べる長さと重さに小分けにしてゆくのだ。人間が薪(まき)を作る時、まずは根元から木を倒し、それを数十センチごとに切ってゆくのと、同じと言えば同じ要領。でもチェーンソーは使えない。僕の目の前に大木が立っていたとして、それを小さな彫刻刀だけで倒し、切り分け、全部を運ぶ。絶対にできないと思ってしまう。一瞬にして無理だと諦める。でも彼らは、それを当たり前のようにやってのける。

「できない、と思うからできないのさ。まずはやってみれば？」――流木を介してビーバーが語りかけてくる。ひたむきに打ち込む。絶対に諦めない。何かを固く信じる。僕も③彼らの強さにあやかりたい。だからこそ、この流木を彫る。

僕が作ろうとしたのは、キースが教えてくれた④トーキングスティックと呼ばれる杖だ。杖といっても、歩くためのものではない。部族の寄合の場で使われる。彼らが大切なことを決める時、トーキングスティックが人々の手から手へと回される。杖を持った者は気が済むまで話す。心の中にある想(おも)いを、完全に吐き切る。他の者がそこに口を挟むことは、一切許されない。一人が話し終わると、杖は次の人に手渡され、協議は最後の一人が杖を置くまで続けられる。北米先住民に古くから伝わる風習だ。トーキングスティックには、話し合いを平和裏に進めるために大切な要素が全て詰まっている。発言の機会が平等に与えられる。自分の意見をきちんと述べる。そしてそれ以上に、他者の言葉にしっかりと耳を傾ける。

彫刻に不慣れな僕のために、キースがシンプルなデザインを考えてくれた。モチーフはもちろん、ビーバーだ。流木を杖として突く時の持ち手の部分に、ビーバーの尾を模した連続模様を施す。U字型のデザインをウロコのように刻んでゆく。キースは基準となるDフカい切り込みの入れ方、細かい部分の彫り方など、実際に手本を見せながら丁寧に教えてくれた。

　ビーバーが届けてくれて、キースの手解き（てほど）を受けながら、僕が彫る合作。銀色の流木に最初の一刀を入れてから2時間。ビーバーの丸い尾が、トーキングスティックの持ち手部分をぐるりと一周した。⑤杖に魂が宿ったのを、僕は感じていた。

（黒田未来雄『獲る　食べる　生きる』による）

（注）キース＝北米先住民の男性の名
チェーンソー＝樹木を切る機械
モチーフ＝主な模様

(一) よく出る 基本 □A、Bの漢字の読みを平仮名で書き、□C、Dの片仮名を漢字で書け。（各1点）

(二) 基本 ——線①の意味として最も適切なものを、次のア〜エから一つ選び、その記号を書け。（2点）
ア、一面的に　イ、特別に
ウ、平均的に　エ、予想外に

(三) ——線②とは、どのようなことをたとえたものか。最も適切なものを次のア〜エから一つ選び、その記号を書け。（2点）
ア、ビーバーは、流木の樹皮を齧って剝がしてしまうほど強い歯をもっているということ。
イ、ビーバーは、驚くほど太い木を齧って簡単に倒すほど固い歯をもっているということ。
ウ、ビーバーは、1メートル足らずの体には不釣合なほど大きな歯をもっているということ。
エ、ビーバーは、北米先住民が彫刻刀として使っていたほど鋭い歯をもっているということ。

(四) ——線③からわかる筆者の思いとして最も適切なものを、次のア〜エから一つ選び、その記号を書け。（2点）
ア、巨大な木をそのまま運び、水の流れを堰き止めるビーバーの力強さに感動しているということ。
イ、ダムを築くために、巨大な木を根気強く齧るビーバーのひたむきさを尊敬しているということ。
ウ、ダムを美しく仕上げるために、流木の一本一本に細工を施すビーバーの根気強さに憧れているということ。
エ、自分が運べる長さと重さに小分けした木を用いてダムを築く、ビーバーの賢さを賞賛しているということ。

(五) ——線④とは何か。文章中の言葉を用いて三十字以内で説明せよ。（3点）

(六) ——線⑤とあるが、筆者は自分が作ったトーキングスティックにどのような思いを感じているということか。最も適切なものを次のア〜エから一つ選び、その記号を書け。（2点）
ア、北米先住民の歴史を教わりながら、自然と共生しているビーバーの図柄を彫ることで、筆者にとって貴重な杖となったと感じている。
イ、北米先住民の風習に倣（なら）って、信念をもって生きるビーバーの姿を彫ることで、筆者にとって唯一無二の杖となったと感じている。
ウ、キースに誘われ、豊かな自然の象徴であるビーバーを模して彫ることで、筆者にとって価値のある杖となったと感じている。
エ、キースに導かれ、不屈の精神をもつビーバーをモチーフとして彫ることで、筆者にとってかけがえのない杖となったと感じている。

(七) この文章の表現上の特徴について述べたものとして適切なものを、次のア〜エから一つ選び、その記号を書け。（2点）
ア、倒置を用いることで、文章のリズムを整え、伝えたい内容の印象を強めている。
イ、言葉を省略し、読み手に想像させることで、文章全体に味わいや余韻をもたせている。
ウ、文末に現在形を用いることで、たたみかけるようなリズムをもたせ、文章に躍動感を生み出している。
エ、同じ言葉を反復して使うことで、その言葉を印象づけ、筆者の感情の変化に説得力をもたせている。

二 （論説文）意味用法の識別・内容吟味・段落吟味

次の文章を読み、各問いに答えよ。（計15点）

　人類にとって食料は必需品であり、それなくしては生存できませんから、①食料生産の手を緩めるわけにはいきません。そんな中、多大な環境面の犠牲を払って、ようやく手に入れた食料です。にもかかわらず、人類はその二割近くを、食品ロスという形で無駄に捨てているわけです。

　家でリンゴを食べ、芯の部分がごみになったとします。でもそれは土の中に埋めておけば、しばらくしたら微生物によって分解され、自然の循環へとふたたび戻っていきます。ちなみにその自然循環は、長い時間的スケールで見た場合の地球規模の循環の一部を成しており、例えば炭素循環・窒素循環・リン循環というように、個々の元素や物質の循環として把握することが可能です。

　このように環境には、モノを分解して自然に還（かえ）すシンク（吸収源）としての機能が備わっています。したがって、出されたごみの量や質がシンクの能力の範囲内に収まっている限り、基本的にごみは発生しません。

　しかし、能力を超える量のごみが生じた場合、あるいは、そもそも能力の対象外で自然に還（かえ）らないごみが生じた場合、私たちが暮らす地域（そして地球）はごみで溢（あふ）れてしまいます。

　もしかしたらみなさんは、ごみ問題とは「ごみがたくさん出ること」だと思っていたかもしれません。しかし以上のように考えるならば、②自然環境の輪の中に物質循環が収まらなくなることと表現できるでしょう。そして循環という言葉が、ごみ問題のキーワードであることが見えてくるはずです。それに対して「ごみがたくさん出ること」であるという言い方は、「自然循環の輪の中に物質循環が収まらなくなること」の帰結を表しているに過ぎず、人々が「ごみ」と呼んでいるモノの③現象面だけに注目した表現と言うべきです。

　自然循環の輪の中に物質循環が収まらなくなってごみ問題が起こるのだとすれば、④自然循環の輪の中に物質循環が収まるような社会を創るというのが、ごみ問題解決に向けた基本的な戦略になるはずです。そのような社会は、循環型社会と呼ばれています。

　では、どうすれば循環型社会を実現できるのでしょうか？　重要なのは、①物質が循環する、②物質循環の輪が自然循環に収まる、の二点を意識することです。以下、詳しく見ていきましょう。

まず①ですが、循環型社会実現の前提として、物質自体が循環する必要があります。そこで欠かせないのが、廃棄されたごみがふたたび資源として生まれ変わり、原材料として生産に利用されるというように、モノが生産―消費―廃棄という円に沿って循環するような経済システムです。

【I】それに対して非循環型社会では、「原材料として利用しきれないくらいごみが出る」、「ごみを原材料として利用したくても経済的に割に合わず利用が進まない」、「そもそも原材料として利用できないようなごみが出る」といった状況が支配的です。そのため、原材料の調達を天然資源の大量採取に依存したり、ごみを「ごみ」として大量に処分したりする状況が続いているわけです。生産―消費―廃棄が円を描かず一方向に並び、そこをモノが流れていく、大量生産・大量消費・大量廃棄の経済システムです。

そして②ですが、物質循環の輪の大きさには自ずと限界があり、自然循環という容器の枠を超えることはできません。そしてその容器の大きさは、環境がもつシンク・ソースの能力に規定されます。

環境のシンク能力に限界があるのと同様、ソース能力も無限ではありません。枯渇性資源は、採取を続ければ文字どおりいつか枯渇しますし、再生可能資源もその再生速度を超えて採取していけば、やはり枯渇してしまうからです。このように、大量生産・大量消費・大量廃棄の経済システムとは、環境がもつシンク・ソースの機能に負荷をかけ続けるシステムでもあります。

無用な「ごみ」と有用な「資源」は、一見すると対極的な存在です。しかし循環という視点、そしてシンクとソースという概念を身に付ければ、⑤ごみ（問題）と資源（問題）はコインの裏表の関係であることが分かるはずです。ごみ（問題）を議論することは資源（問題）を議論することでもあるのです。

（宮永健太郎『持続可能な発展の話』による）

（注）食品ロス＝本来食べられるのに捨てられてしまう食品
スケール＝尺度
ソース＝供給源

㈠ **よく出る** ――線部と同じ働きをしている「いる」を、次のア～エから一つ選び、その記号を書け。（2点）
ア、彼は東京にいる。
イ、この作業は根気がいる。
ウ、妹は本を読んでいる。
エ、見事な技に感じいる。

㈡ ――線①とはどういう意味か。簡潔に書け。（2点）

㈢ ――線②とは、具体的にどのようなことか。当てはまるものを次のア～オから全て選び、その記号を書け。（2点）
ア、ごみが地球規模の長期的な循環の一部になること。
イ、環境に備わっている能力を超える量のごみが出ること。
ウ、微生物によるごみの分解に長い時間がかかること。
エ、ようやく手に入れた食料がごみになること。
オ、自然の循環に戻らないごみが生じること。

㈣ ――線③と筆者が考える理由として最も適切なものを、次のア～エから一つ選び、その記号を書け。（2点）
ア、なぜごみが発生するのかという本質を視野に入れず、結果のみを言い表しているから。
イ、循環という言葉を、ごみ問題のキーワードとして用いることにとどまっているから。
ウ、ごみ問題が起こる仕組みを説明する中で、解決策について言及していないから。
エ、ごみが発生する原因のみを強調しており、その後起こり得る結果に触れていないから。

㈤ ――線④とあるが、筆者は、そのためにどのような経済システムが必要であると述べているか。文章中の言葉を用い、「…経済システム。」に続くように四十五字以内で書け。（3点）

㈥ 【I】の段落は、この文章の中でどのような働きをしているか。その説明として最も適切なものを、次のア～エから一つ選び、その記号を書け。（2点）
ア、前の段落で述べた考えとは異なる仮説を立てることで、この後の新たな論につなげている。
イ、前の段落で述べた内容には当てはまらない例を挙げることで、多様な視点を示している。
ウ、前の段落で述べた考えとは対照的な現状を示すことで、課題を明確にしている。
エ、前の段落で述べた内容を詳しく説明することで、考えをわかりやすく伝えている。

㈦ ――線⑤とはどういうことか。最も適切なものを次のア～エから一つ選び、その記号を書け。（2点）
ア、ごみと資源は物質循環の中の対極に位置づいており、対照的であるということ。
イ、ごみと資源は物質循環の中で個別に循環しており、それぞれ独立しているということ。
ウ、ごみと資源はどちらも物質循環のために欠かせないものであり、補い合っているということ。
エ、ごみと資源はどちらも物質循環の輪の中にあり、それらの問題は一体であるということ。

三 （古文）口語訳・仮名遣い・内容吟味

次の文章を読み、各問いに答えよ。（計6点）

おもしろきところに船を寄せて、「ここやいどこ。」と、①問ひければ、「土佐の泊。」といひけり。昔、土佐と②いひけるところに住みける女、この船にまじれりけり。そがいひけらく、「昔、しばしありしところのなくひにぞあなる。あはれ。」といひて、よめる歌、

年ごろを住みしところの名にし負へば来寄る波をもあはれとぞ見る

とぞいへる。

（『土佐日記』による）

（注）おもしろきところ＝景色のいい場所
いどこ＝どこ
泊＝港
そがいひけらく＝その人が言うことには
なくひ＝同じ名
あなる＝～であるようだ

(一) 基本 ——線①の意味として最も適切なものを、次のア〜エから一つ選び、その記号を書け。（2点）
ア、もし尋ねたとしたら　イ、尋ねたところ
ウ、たとえ尋ねたとしても　エ、尋ねたものの

(二) よく出る 基本 ——線②を現代仮名遣いに直して書け。（2点）

(三) 文章中の歌は「女」のどのような思いを詠んだものか。最も適切なものを次のア〜エから一つ選び、その記号を書け。（2点）
ア、この港から見える景色が以前に住んでいた所と似ていたことから、この地に親しみを感じて安心する気持ち。
イ、この港から見える景色が自分の生まれた所を連想させるものだったことから、故郷から遠く離れたことを後悔する気持ち。
ウ、この港の名が以前に住んでいた所と同じ名であることを知ったことから、その地を思い出してなつかしむ気持ち。
エ、この港の名がかつて出会った人と同じ名であることを知ったことから、その人に会えないことを悲しむ気持ち。

四 漢字知識

次の□内の文は行書で書かれている。楷書で書くときと筆順が異なる漢字はどれか。当てはまるものを後のア〜エから一つ選び、その記号を書け。（計2点）

夕空が紅に染まる。

ア、夕　イ、空　ウ、紅　エ、染

五 内容吟味・条件作文

春香さんは、国語科の授業で、資料や機器を活用して発表する学習に取り組んでいる。テーマは「私のおすすめの場所」で、春香さんは、プレゼンテーションソフトを用いたスライド資料を活用し、地域に住む田中さんが運営する図書室「青垣ライブラリー」を紹介した。次は、春香さんが作成した【発表の進行案】である。これを読み、各問いに答えよ。（計10点）

【発表の進行案】

時間	スライド資料	話すこと	メモ
30秒	読書好き、集まれ！ 地域の図書室 青垣ライブラリー	はじめに ・「青垣ライブラリー」の紹介。	「読書は好きですか？」と問いかける。
1分	どんなところ？ ★2009年に開設 ★田中さんの自宅の一室 ★約1500冊の蔵書	施設の概要 ・地域に住む田中さんが自宅の一室を開放し、2009年に開設。	「1500冊」を特に強く発音する。
3分	おすすめポイント① ★落ち着く空間 	おすすめポイント① ・落ち着く空間。 （室内、本棚の写真）	話に合わせて写真を表示する。
	おすすめポイント② ★出会い 本との出会い 人との出会い	おすすめポイント② ・田中さんが本を紹介してくださる。 ・本を介して人と出会える。	「出会い」と言う前に、間をおいて強調する。
30秒	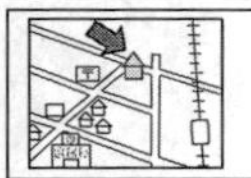 開室日時 火曜日 土曜日　9:00〜17:00 ぜひ行ってみてください！	まとめ ・場所、開室日時。 ・ぜひ行ってみてほしい。	地図を指し示しながら場所を説明する。

(一)【発表の進行案】からわかる春香さんの発表の特徴として最も適切なものを、次のア〜エから一つ選び、その記号を書け。（2点）
ア、伝えたい内容の説得力を高めるため、裏づけとなる客観的なデータを含んだ資料を提示している。
イ、伝えたい内容を印象づけるため、間の取り方や資料を表示するタイミングを工夫している。
ウ、聞き手に内容をできるだけ詳細に伝えるため、スライド資料に多くの文字を表示している。
エ、聞き手の興味を引くため、反応に応じて話す順番や提示する資料を変更できるよう準備している。

(二) 次は、春香さんが授業で話した【発表の一部】である。春香さんの説明の仕方の解説として最も適切なものを、後のア〜エから一つ選び、その記号を書け。（2点）

【発表の一部】


次にお話するおすすめポイントは、「出会い」です。青垣ライブラリーには、二つの素敵な出会いがあります。

一つ目は、素敵な本との出会いです。先日、田中さんに、国語科の授業で『枕草子』を学習したことを話したところ、平安時代の貴族の暮らしについてわかりやすく解説した本を紹介してくださいました。

二つ目は、人との出会いです。本を紹介してもらった翌週に、その本を読んだことのある先輩が青垣ライブラリーに来られ、面白いと思った部分について話し合い、楽しい時間を過ごすことができました。

ア、聞き手が質問しやすいように、何度も問いかけながら話している。
イ、たとえを用いながら、内容を印象づけるように話している。
ウ、初めにこれから話す内容を端的に示し、項目立てて話している。
エ、接続する言葉を効果的に用い、筋道立てて話している。

(三) 思考力 あなたが友達にすすめたい場所について、次の

①、②の条件に従って書け。（6点）
条件①　二段落構成で書くこと。第一段落では、すすめたい場所を具体的に書き、第二段落では、すすめたい理由を書くこと。
条件②　原稿用紙（25字詰×6行＝省略）の使い方に従って、百字以上百五十字以内で書くこと。

和歌山県

時間 50分　満点 100点　解答 P36　3月11日実施

出題傾向と対策

●漢字の読み書き・国語知識問題、論説文、小説文、条件作文の大問四題構成は昨年どおり。基礎をしっかりと身につけていれば解ける問題だが、今年は論説文に五十字・八十字、随筆文にも三十五字・六十字の記述があり、時間配分には注意が必要。

●漢字の筆順や表現技法の問題など、幅広く出題されているので、基礎基本を大切に。また、長文を読むことや記述問題に慣れるため、問題演習を重ねておく。記述問題は自分の解答と模範解答を比較検討すること。

一　漢字の読み書き・漢字知識・敬語・古典知識

次の〔問1〕～〔問4〕に答えなさい。（計28点）

〔問1〕よく出る 基本　次の①～⑧の文の――を付した、カタカナは漢字に直して書き、漢字は読みがなをひらがなで書きなさい。（各2点）

①実力をヤシナう。
②教室のごみをヒロう。
③事件をホウドウする。
④店のカンバンを出す。
⑤初日の出を拝む。
⑥わが身を顧みる。
⑦凡庸な作品。
⑧山の輪郭を描く。

〔問2〕よく出る 基本　次の□で囲まれたA～Dの漢字について、楷書で書いた場合、同じ総画数になる組み合わせを、あとのア～カの中から一つ選び、その記号を書きなさい。（3点）

A 清　B 納　C 補　D 棒

ア、AとB　イ、AとC　ウ、AとD
エ、BとC　オ、BとD　カ、CとD

〔問3〕よく出る　次の会話は、朝日中学校二年生の中田さんが、職場体験の事前打ち合わせについて、電話で問い合わせている場面の一部です。会話文中の いますか を尊敬語を用いて適切な表現に書き直しなさい。（3点）

中田「私は、朝日中学校二年生の中田と申します。このたびは職場体験をお受けいただき、ありがとうございます。本日は、事前打ち合わせの件で、お電話をいたしました。ご担当の林さんはいますか。」
林「はい。私が担当の林です。」
中田「お忙しいところ恐れ入ります。事前の打ち合わせのため、来月三日、火曜日の午後一時に伺いたいと考えているのですが、ご都合はいかがでしょうか。」
林「いいですよ。お待ちしております。」
中田「ありがとうございます。ではよろしくお願いいたします。」

〔問4〕基本　次の【漢詩】と、その【書き下し文】を読んで、あとの(1)、(2)に答えなさい。
※印には（注）がある。

【漢詩】

登ル二鸛鵲楼ニ一　王之渙

白日依リテレ山ニ尽キ
黄河入リテレ海ニ流ル
欲シ窮メント千里ノ目ヲ
更ニ上ル一層ノ楼

【書き下し文】

※鸛鵲楼（かんじやくろう）に登る　王之渙（おうしかん）

※白日山に依（よ）りて尽き
黄河（こうが）海に入りて流る
※千里の目を※窮（きは）めんと欲（ほっ）し
更に上る一層の楼

（『唐詩三百首』から）

（注）・鸛鵲楼＝中国にある塔の名前。
・白日＝太陽。
・千里の目＝千里のかなたの眺望。
・窮めんと＝見きわめようと。

(1)この【漢詩】の形式を何といいますか。次のア～エの中から一つ選び、その記号を書きなさい。（3点）
ア、五言絶句　イ、七言絶句
ウ、五言律詩　エ、七言律詩

(2)【書き下し文】を参考にして、【漢詩】中の「欲シ窮メント千里ノ目ヲ」に返り点を付けなさい。（3点）

二 （論説文）文脈把握・内容吟味

次の文章を読んで、〔問1〕～〔問6〕に答えなさい。（計31点）
※印には（注）がある。

人間における他の個体との付き合い方

[1] 現代の人間の場合は、初対面の人に威嚇や攻撃など敵対的な行動をすることはまずありません。小さな子どもどうしであればありえるかもしれませんが、普通の大人であれば、失礼のない程度に愛想よくするのではないでしょうか。

[2] どのくらい愛想よくするかは、「その人とまた会うかどうか」も重要なポイントになっているように思います。[a]、近所に住んでいる人や、学校の同級生、あるいは会社の同僚など毎日のように顔を合わせる人であれば、敵対していてもいいことは何もありません。[b]敵対していたら、顔を合わせるたびに嫌な気分になってしまいますし、困ったときに助けてくれないかもしれません。多くの人は、頻繁に会う人たちとはできるだけ仲良くするように、少なくとも険悪な関係にならないように努力するのではないかと思います。

[3] それでは近所の人ではなく、旅先でたまたま出会った人であればどうでしょうか。たとえ険悪な雰囲気になったとしても二度と会うことはありません。失礼のない程度の付き合いはするにしても、良好な関係を築く必要性は感じないのではないでしょうか。

[4] このように、今後もつきあう可能性がある人とない人で態度を変えることは、いたって合理的です。この傾向は「進化ゲーム理論」という理論的な研究でも確かめられています。同じ個体と長く付き合えば付き合うほど、A協調的な行動が有利に働くことから、付き合いの長さが安定な協力関係を生み出すひとつの要因になることが分かっています。

[5] そして付き合いの長さに大きく影響を与えるのは寿命の長さです。寿命の長い生物どうしは生涯でまた出会う可能性が高まります。人間は長生きで成長に時間のかかる生物です。これは少産少死※の戦略によるものです。その結果として同じ他人と長く付き合うことになり、敵対したり無視したりするよりも仲良くなって協力し合うほうがお互いの生存に有利になっています。こうして人間の場合は、血縁関係にない個体との協力関係が発展してきたと考えられています。

[I]

B現在の人間たちの協力の最たるものは「職業」です。多くの人は職を持っていて、特定の仕事をするだけで生きていけるようになっています。私の場合であれば大学教員ですので、大学で講義をしたり、研究をしているだけで給料をもらって、衣食住を賄うことができます。私が身に着けている衣服も毎日食べている食料も、住んでいる家も、自分で作ったものではありません。作ろうと思っても質の高いものは作ることができません。その代わりに他のもっと技術のある人間が仕事として作ってくれたものを買っています。

現代人には当たり前すぎて普段はあまり意識しないかもしれませんが、これは大きな協力関係です。皆が自分以外の誰かのために質の高い仕事をすることで、全員が安全で快適な生活を送ることができています。

職業という協力関係の重要さは、誰かが仕事を辞めたらどうなるかを考えるとすぐにわかります。たとえば、衣服を作る仕事の人が全員辞めてしまったら、みんな自分の服は自分で作らないといけなくなります。きっと粗末な衣服しか作れないことでしょう。忙しい人は全く作れないかもしれません。着替えを用意しておくのも大変ですし、洗っているうちにぼろになるでしょうから、洗濯もあまりしなくなるでしょう。衣服は汚れ、感染症も広まりやすくなるかもしれません。現代人が安く品質の高い衣服を手に入れることができているのは、作ることに特化した人が専門に作ってくれるおかげです。

そしてそれは一方的な関係ではありません。衣服を作る人も食料や住居は別の専門家に作ってもらっています。私たち人間は、現在、社会という大きな協力関係の網の目の中に組み込まれています。

「社会の中に組み込まれる」ということは「社会の歯車になる」ということです。この言葉にはあまりいい印象はないかもしれません。自分の個性とかアイデンティティがおびやかされていると感じるかもしれません。しかしそれは誤解だと私は思います。むしろ社会の歯車になることでほとんどの人は個性を発揮して、みんなの役に立てるのだと思います。

たとえば、C社会が全く存在しない状況を考えてみましょう。父親、母親、小さい子どもの3人家族だけで無人島で暮らしているような状況です。この場合、生きていくために必要な仕事はすべて3人だけで分担しないといけません。狩りをするのは、生物的に力の強い大人の男性である父親になるでしょう。植物や果物を採集したり、調理したりするのは、狩りに不向きな女性や子どもの仕事になるでしょう。たとえ、狩りなんて荒っぽいことが嫌いな男性や、採集よりも狩りの方が好きな女性だったとしても、餓えないためには身体的に向いている方をやらざるをえません。狩りに失敗したり、食べ物を見つけることに失敗したりすれば、すぐに命の危機が訪れます。また、この世界では、勉強が得意とか、絵をかくのが得意とか、コミュニケーション能力が高いとか低いなどの個性が役に立つことはありません。なにより必要なのは、獲物をしとめたり、食料を確保する能力です。力や体力が何よりも重要です。強く丈夫で健康な人間だけが生き残る世界です。それ以外の個性には出番はありません。

一方で私たちの社会は違います。力や体力が必要な職業もあれば、勉強や絵を描くことやコミュニケーション能力が必要な職業もあります。どれか1つの能力が優れていれば、十分に活躍の場が見つかります。少なくとも狩猟採集社会よりは、今の社会の方が自分に合った役割（歯車）が見つかる可能性が高いように思います。

Ⅱ

こうした他人との協力からなる社会を形成するようになると、人間という生物が増える単位も変わってきます。人間以前の生き物は自分の力で自分だけを増やしていました。細菌も線虫もカエルも虫もサルも、増えることができるかどうかは自分の能力や運によって決まっていました。優れた能力を持っていれば生き残って増えることができますし、そうでなければ血統は途絶えてしまいます。

ところが協力関係の網の目の中にいる人間は違います。自分が生き残って増えるためには他の人の能力も重要です。また自分の能力もほかの人が生き残って増えることに貢献しています。自分の命が大事なのと同じように、他の人の命も大事になっていきます。D増える単位が自分の体を超えて広がっているといってもいいかもしれません。

このような大規模な協力関係は人間ならではの特徴です。人間以外の生物が非血縁個体と協力することは、特殊なケースを除いてほとんどありません。なぜ人間のみでこのような特殊な能力が生まれたのかについてはいろいろな説があります。人間の持つ高度な言語能力や認知能力や寿命の長さが大事だったと言われています。また、それらの能力が生まれた背景には、狩猟採集生活の中で協力する必要性があったことや、子どもが成長するまでに時間がかかることから子育てに他の個体の協力が必要だったことなどが指摘されています。

このような性質のどれが直接的な原因だったのかはわかりませんが、いずれにせよ、このような他の個体との協力を可能とする人間の性質は、元をたどれば少産少死の戦略によってもたらされたものです。命を大事にして長く生きるようになり、他個体と付き合うことが可能になったために協力することが有利になりました。

しかも、人間には他者を認識する知能や、他者の気持ちを察することのできる共感能力も備わっています。結果として協力関係がどんどん発展していきました。私たち人間は地球上の他のどんな生物よりも協力的な、いわば「やさしい」生物です。このようなやさしさの進化は少産少死の戦略を極めてきた生物にとって必然だったように思えます。

（市橋伯一 著『増えるものたちの進化生物学』から……一部省略等がある。）

（注）・少産少死の戦略＝増えるのは遅くても、その分死ににくくすることで、最終的にたくさん子孫を残すという戦略。

〔問1〕**よく出る** **基本** 本文中の a 、 b にあてはまる最も適切な語の組み合わせを、次のア～エの中から選び、その記号を書きなさい。（3点）

ア、a もし　b しかし
イ、a もし　b ただし
ウ、a たとえば　b もし
エ、a まったく　b もし

〔問2〕本文中、A協調的な行動が有利に働くとありますが、人間の場合、「協調的な行動」は何に「有利に働く」と筆者は考えていますか。1～5の段落の文中から適切な語句を六字でそのまま抜き出して書きなさい。（4点）

〔問3〕本文中、B現在の人間たちの協力の最たるものは「職業」です とありますが、このようにいえるのはなぜですか。その理由を述べた次の文の □ にあてはまる表現を、文中から四十五字以内でそのまま抜き出し、最初と最後の五字をそれぞれ書きなさい。（句読点やその他の符号も一字に数える。）（4点）

□ ができているから。

〔問4〕本文中、C社会が全く存在しない状況を考えてみましょう とありますが、「社会が全く存在しない状況」を例として挙げた理由を、「社会が全く存在しない状況を例として挙げることによって、」の書き出しに続く形で、「強調」という語句を用いて、五十字以内で書きなさい。（句読点やその他の符号も一字に数える。）（6点）

〔問5〕本文中の Ⅰ 、 Ⅱ には、あとに続く文章の「見出し」が入ります。「見出し」として最も適切なものを、次のア～エの中からそれぞれ選び、その記号を書きなさい。（各3点）

Ⅰ
ア、人間社会の協力関係
イ、社会の歯車になる危険性
ウ、快適な生活を送るための技術
エ、コミュニケーション能力の重要性

Ⅱ
ア、高度な言語能力
イ、やさしさの進化
ウ、能力や運による繁栄
エ、他者を認識する知能

〔問6〕本文中、D増える単位が自分の体を超えて広がっているとありますが、これはどのようなことを述べていますか。文中の言葉を用いて、八十字以内で書きなさい。（句読点やその他の符号も一字に数える。）（8点）

三（随筆文）語句の意味・内容吟味・文脈把握

次の文章を読んで、〔問1〕～〔問5〕に答えなさい。（計26点）
※印には（注）がある。

エッセイストの「わたし」は、写真家の「かつおくん」、サッカーボールを使う※パフォーマーの「りゅうくん」と一緒に、東日本大震災の追悼日の取材のため、宮城県気仙沼市を訪れた。

わたしたちはどこへ行っても街の人から大歓迎され、口にするものはなんでも美味しく、特に漁師さんがとってきたばかりの魚は絶品で、とどめの温泉は気持ちよすぎて意識が飛ぶかと思った。

「まあまあ、おかえり。さあ入って、座って、食べて」

お城のように立派な屋根を持つ民宿で、女将さんをしている一代さん。はじめて会ったのに「おかえり」なんて変だ。変なのに、[A]しっくりきた。石油ストーブと人から発せられるあたたかさ、気持ちのいい大雑把さ、老いも若きも赤子も一緒にくつろぐ騒がしさ、テーブルに載り切らないほど運ばれてくるおやつ（おやつと言いながら、味噌汁があった）。

来たこともないのに、実家のような場所だ。一代さんの人柄が、そのまま□になっていた。

「一代さんって、すっごいパワフルですね」

「わたしはここへ集まってくれるみんなに、本当に助けてもらったからさ。いつも楽しいことばかり考えてるよ。みんなに喜んでもらいたくて」

震災でぐちゃぐちゃになった一代さんの家に、ボランティアの人たちが寝泊まりしたことがきっかけで、この民宿を作ったそうだ。

「裏にツリーハウス※とサウナワゴン※を作ってもらったんだ。みんなで見てきてよ」

それからわたしたちは、おのおの遊んだり、寝転んだり、おやつを食べたり、かつおくんが撮った写真を眺めたりして、くつろいだ。三階建ての家ぜんたいがゲラゲラと笑っているみたいだ。

「あっ、もうすぐ黙祷はじまる」

だれかが言った。わたしはドキリとした。

それは美しくて愉快な気仙沼へ来て、ようやく実感した、震災を感じさせる言葉だった。

わたしは神戸の出身で、震災が残す悲しみは、幼いころからいろいろな方法で見聞きしてきた。どれだけいまが明るくなろうとも、悲しみは、悲しみとして確かに存在する。家や人を失った傷には、他人が優しく寄り添うことはできても、一ミリの誤差もなく共感することはできないと思う。[B]身構えた。この愉快な気持ちを、外から来たわたしが引きずってはだめだ。

「じゃあ、そろそろ海の方へ行きますかあ」

「そうだねえ。よっこいしょ」

「間に合うかなあ、ちょっと走ろっか」

「やだ、ちょっと、ころばないでよ」

聞こえてきたのはくつろいだ会話の延長で、わたしは肩から拍子抜けしそうになった。二十人ほどがコートやマフラーをひっかけて、ポケットに手をつっこみ、隙あらば散ろうとする小さな子どもの手を引いて、ばらばらっと横にならび、「でかい鳥だ」「なんの鳥だろ」なんて言いながら、笑ったりもする。

あれだ。この心地いい騒がしさは、初詣の風景っぽい。

気仙沼の、青色と緑色を混ぜた濃い色の海をのぞむ、船着き場に着いた。ちゃぷ、ちゃぷ、と静かな波がすぐ足元までできている。でかい鳥と雲が浮かぶ空は美しかった。

二時四十六分、きっかり。

黙祷のサイレンが鳴った。

すぐ頭上にあった、電柱のスピーカーから聞こえた気がしたけど、すぐに、向こう側の堤防からも、裏手の山の中からも、同じ音が重なっているとわかった。この街のどこにいても、同じ音が響いているのだ。

あれだけ騒がしかったはずの声は、ぴたりと止んだ。だれもが手をあわせ、まぶたを閉じる。

サイレンは単調だった。強弱も、旋律もない。それを集中して聞いていると、わずかに鳴っていた波の音も、風の音も、あっという間に消えた。[C]自分の呼吸の音すらも、サイレンに集約されていく。

たった一つの音だけに、これほど耳をゆだねたこともない。

ゆだねるほどに、確信した。

これはきっと、無音に一番近い。

プワーンとか、ジリリリとか、ウーウーとか、どんな表現を使っても、あの音は書き表せない。

どんなささいなことでも、自分の目で見て、耳で聞いて、手で触ったことなら、なんでも言葉にしてしまえる自信が、わたしにはあった。そういうふうに生きてきた。浅はかだった。そのわたしが、このサイレンだけは、一文字も似せられなかった。

マイクで録音した音に、自動的に五十音をあてはめ、文字をモニターに映し出せる機械みたいなものがあったなら、あのサイレンは適切に表現されるだろう。

人間のわたしが表現できないのは、単純に語彙力が足りないのか、それとも、文字にすることを拒むなにかがあるからか。前者だと心がくじけてしまいそうなので、一旦、後者を考えてみよう。

あのサイレンは、聞くための音ではない。

祈るための音だ。サイレンは祈れない。祈るのは、サイレンを聞いた、人間だ。

祈りとはなんだろう。希望のためだけに、自分の時間を使うことじゃないか。

愛しい人の死や、死んだ方がマシとすら思えるほどの苦しみは、耐えがたい。どんな格言も、どんな優しさも、心の拠り所にはなるが、苦しみを取り払うほどの力はない。

苦しみを少しずつ、少しずつやわらげていく方法があるとするなら、それはやはり時間だけ。一年後の自分は今ほど絶望していないし、十年後の自分は今ほど泣き濡れてはいない。

祈りは、時間を確実に使わせてくれる。時間は限りある命そのものだ。希望のために命をけずっている時は、祈り以外の、余計なすべては入ってこない方がいい。

そのためのサイレンだ。まわりの音を鎮め、祈りに集中させる。

祈っているわたしは、サイレンの音を書けなかった。聞こえているはずなのに、頭で言葉にできない。

それは、本来ならありえない、無音という状況に近いのではないだろうか。

一代さんを横目で見た。[D]重ねた手の人差し指を、ぴったりと額にそわせて、うつむきすぎてしまいそうになる頭を支えるように、時間を使っていた。

サイレンは六十秒間、鳴り続け、止まった。

「それじゃあ、帰ろうか」

「あっちで、りゅうくんのリフティング見せてもらおう」

「やったー」

さっきまでの無音が嘘みたいに、またみんなが、初詣みたいな騒がしさのなかへ戻ってきた。一番ちいさな子どもが、おばあさんとおじいさんに片方ずつつかまり、ぶらんぶらんと宙に浮いている。

　一人の無音からみんなの有音に変わるこの瞬間を、かつおくんが写真に撮った。それは、わたしにとっての今回の旅を象徴する、いちばん好きな一枚になった。

　帰る前に、一代さんの話を聞いた。一代さんは、船の事故で旦那さんと三女のご主人が行方不明になり、長女が亡(な)くなったそうだ。それにくわえて、震災後のきびしい生活。同じ立場を自分に置き換えることができなかった。

「過去は変えられないから、いまを明るく生きるしかないよね」

「明るく生きるために、どうしているんですか」

「みんなが楽しめることだけを考えて、それで忙しくすること」

　一代さんは、迷いなく言いきった。

「旦那さんも喜んでくれるから」

　苦しみが入ってくるヒマもないくらい、楽しむことに忙しく生きる。それもまた、確かな祈りだ。騒音と静寂で、時間は流れていく。わたしもそうやって、数え切れないほどの夜を乗り越えてきたじゃないか。

　祈りたくなったとき、言葉にできなかった港町のサイレンを思う。

（岸田(きしだ)奈美(なみ) 著『飽きっぽいから、愛っぽい』から
……一部省略等がある。）

（注）・パフォーマー＝演技・演奏などの表現活動をする人。
・ツリーハウス＝樹木の上に作られた家。
・サウナワゴン＝サウナ設備を搭載した車。

〔問1〕**基本** 本文中、Aしっくりとありますが、これに近い意味の語として最も適切なものを、次のア～エの中から選び、その記号を書きなさい。（4点）

ア、はっきり　イ、あっさり
ウ、ぴったり　エ、うんざり

〔問2〕本文中の□にあてはまる最も適切な語を、次のア～エの中から一つ選び、その記号を書きなさい。（4点）

ア、街　イ、海　ウ、時　エ、家

〔問3〕本文中、B身構えたとありますが、ここでの「身構え」るとはどうすることですか。「黙禱」という言葉を用いて、三十五字以内で書きなさい。「黙禱」は「黙とう」と書いてもよいこととする。（句読点やその他の符号も一字に数える。）（6点）

〔問4〕本文中、C自分の呼吸の音すらも、サイレンに集約されていくとありますが、これはどのようなことを表していますか。最も適切なものを、次のア～エの中から選び、その記号を書きなさい。（4点）

ア、サイレンの音が静まることで、呼吸と波風の音だけが聞こえてくるということ。
イ、サイレンの音と呼吸の音が複雑に混じり合って、深みのある音に聞こえるということ。
ウ、サイレンの音が呼吸や波風の音に吸収されて、異なる響きになるということ。
エ、サイレンの音に集中することで、自分の呼吸の音さえも聞こえなくなるということ。

〔問5〕本文中、D重ねた手の人差し指を、ぴったりと額にそわせて、うつむきすぎてしまいそうになる頭を支えるように、時間を使って祈っていたとありますが、一代さんはどのような思いで祈っていたと思いますか。あなたの考えを六十字以内で書きなさい。（句読点やその他の符号も一字に数える。）（8点）

四 条件作文 思考力

あとの写真を見て、この写真の情景とあなたが感じたことや考えたことを書きなさい。ただし、次の条件(1)～(4)にしたがうこと。（15点）

〔条件〕

(1)原稿用紙（20字詰×10行＝省略）の正しい使い方にしたがって書くこと。ただし、題名や自分の氏名は書かないこと。
(2)二段落構成とし、八行以上、十行以内であること。
(3)第一段落には、この写真を見たことがない人にも分かるように、写真の情景を書くこと。
(4)第二段落には、この写真を見てあなたが感じたことや考えたことを、その理由とともに書くこと。

写真

（芸術新聞社編『Twitter発　写真が好きだ。』から）

鳥取県

時間 50分　満点 50点　解答 P36　3月5日実施

出題傾向と対策

●漢字の読み書き・漢字知識・文法・漢文などの国語知識を問う総合問題、小説文、論説文、古文、条件作文の大問五題構成。論説文では図版も用いられ、例年と同様に、六十字の記述問題が出題された。文法、漢文などの国語知識は、例年必ず問われる。

●総合問題は出題範囲が広いので、それぞれの準備が必要になる。また、本文の表現を用いて、指定字数内で記述する問題や条件作文は、段落ごとの要旨・主題をまとめ、自分の意見を述べる訓練が必要不可欠である。

解答上の注意　答えに字数制限がある場合には、句読点やその他の符号も字数に数えることとします。

一　漢字の読み書き・熟語・語句の意味・漢字知識・敬語・文・古典知識

次の各問いに答えなさい。（計9点）

問一、**よく出る** **基本** 次の（1）～（4）の傍線部について、漢字は読み方をひらがなで、カタカナは漢字に直して、それぞれ楷書で丁寧に書きなさい。（3）には送り仮名をつけて答えなさい。（各1点）

（1）仕事が滞る。
（2）便宜を図る。
（3）モッパラ練習に励む。
（4）問題の解決はヨウイではない。

問二、「体」という漢字をある漢和辞典で調べると、次の【漢和辞典の一部】のように説明されていました。「体裁」という熟語に使われている「体」の意味として、最も適切なものを、【漢和辞典の一部】の〈意味〉①～⑤から一つ選び、番号で答えなさい。（1点）

【漢和辞典の一部】

【体】タイ・テイ
からだ

〈意味〉①からだ。み。首・胴・手・足の総称。
②てあし。四肢。
③かたち。ありさま。すがた。状態。かた。きまり。規格。
④もちまえ。本性。物事の根本となるもの。
⑤身につける。自分自身で行う。

問三、**新傾向** 毛筆を用いて、楷書に調和するように平仮名「の」を書くとき、筆使いとして最も適切なものを、次のア～エから一つ選び、記号で答えなさい。なお、筆の穂先が通るところを、黒で太く示しています。（1点）

ア、イ、ウ、エ、

問四、次の文章について、あとの各問いに答えなさい。

> 皆さま、右の方を[1]見てください。こちらが日本遺産に認定されている名峰大山です。日本のどの山にも[2]全く見劣りすることのない美しい風景を目にすることができます。

（1）「[1]見て」とありますが、「ください」に続くように、尊敬語に直して書きなさい。ただし、尊敬の助動詞は用いないこと。（1点）

（2）**基本**「[2]全く」に呼応している単語を抜き出して書きなさい。（1点）

問五、**よく出る** **基本**『論語』に、「由、誨女知之乎。知之為知之、不知為不知。是知也。（由よ、お前に物事を知るということを教えようか。自分の知っていることは知っているとし、自分の知らないことは知らないとする。これが本当に知るということだ。）」という一節があります。この一節の「不知為不知」が「知らざるを知らずと為す」という読み方になるように、「不(ざルヲ)知(ラ)為(なス)不(ずト)知(ラ)」に返り点を正しくつけなさい。（1点）

二　（小説文）語句の意味・内容吟味・文脈把握・表現技法

次の文章を読んで、あとの問いに答えなさい。（出題の都合上、本文を一部改めた箇所がある）（計14点）

> 高校二年生の「わたし」（御蔵鈴美）は、登校中、トラブルに巻き込まれ、偶然そこに居合わせた同じ学校の二年生、菊池さんに助けられた。登校後、面談室で教師に事情を聴かれた「わたし」と菊池さんが部屋を出ると、菊池さんが「わたし」の創作した物語『森の王国』について話題にし始めた。

『森の王国』は、一年生の夏休みにわたしが創作した物語だ。いや、創作なんてかっこいいものじゃない。国語の課題に読書感想文か創作かの二択が出た。わたしは、本を読むのはそこそこ好きだが感想文は嫌いで、昔から苦労してきた。小学三年生のときに、学校側の指定した本がどれもぴんとこなくて、でも、その課題図書以外の感想文は認めてもらえないから、どうしようかと思い悩んだことがある。そのとき、母が「上手に書くことより、鈴美の感じたとおりに素直に書けばいいんじゃない。"おもしろくなかった"でも、立派な感想だと思うわよ。むしろ、斬新でいいんじゃない」と言ってくれたのだ。斬新の意味は理解できなかったが、言葉そのものは[1]すとんと胸に落ちた。わたしは、自分がなぜ、この本をつまらなく感じたかを原稿用紙四枚にびっしりと書き込んで担任の先生に提出した。

怒られた。

×の付いた感想文に母は当惑し、父は眉間に皺を寄せた。

「感想文だから素直な気持ちを書けばいいってのは、建前でしかないからなあ。やはり、世間の常識に逆らわない方がいいぞ。母さんはそういうのに疎いからなあ」

父の何気ない一言に、[2]母は口元をきつく結び、横を向いた。

醜いほど歪んだ横顔と感想文がどう結びついたのか、あのときからわたしは感想文が嫌いになった。

なので、課題には創作を選んだ。何をどう書くか、あまり悩まなかった。頭の中にぱっと祖母の庭が浮かんだのだ。様々な鳥が集まっていたあの場所は、小さな王国のようだった。威厳のある鷹、群れて騒ぐメジロや雀たち、それを追い払い餌を独り占めしようとするヒヨドリ、黒々とした体色が美しい鴉……。

小学生の自分が感じたイメージをなぞって、わたしは創作に挑んだ。原稿用紙に二十枚ちょっとの物語は八月半ばに出来上がり、課題として提出することができた。

それを担当の先生が小冊子にして、一年生全員に配ってくれたのだ。わたしのを含めて四編の創作と、十の感想文、それに十五編の詩が載っていた。

選ばれたのだと思った。ちょっぴり誇らしかった。その小冊子は今も、わたしの本棚に並んでいる。でも、他人からすれば、ただの印刷物に過ぎないだろう。教科書でも問題集でもない。棄てないにしても、どこかに仕舞い込んで忘れてしまってもおかしくない。むしろ、それが当たり前かもしれない。わたし自身、二年生になってからは、以前のようにときたま取り出してめくることもなくなった。物語のことも、鳥たちのことも、祖母の庭のことも思い出す回数はめっきりと減っていた。

3だから、驚いた。あの作品を、『森の王国』をちゃんと読んで、おもしろいと言ってくれる人がいるなんて。

「こんな物語を書いたの、どんな人だろうって思ったの。気になるってほどじゃないんだけど、ちょっと心に引っ掛かってた。そしたら、いつだったか廊下を歩いてて、誰かが『御蔵さん』て呼ぶのが聞こえたの。図書委員の集まりがあるとかどうとかそんなことを伝えてたよね。それで、ああこの人が御蔵さんかって思った」

「それで、あたしの名前を知ってたんだ」

菊池さんが頷く。頷いただけで、何かを付け加えることもしなかった。わたしは、少し慌てた。菊池さんがサヨナラと手を振るように感じたのだ。手を振って、さっさといなくなる。そんな気がした。

「あ、あの、今朝、助けてくれたのも、あたしのこと知ってたから？」

菊池さんの眉がひくりと動いた。

「知ってるとか知らないとか、関係ないよ、そんなの」

ぴしゃりと言われた。

4頬が熱くなる。

5幻の手でぶたれたみたいだ。

そうだ、関係ない。知っていようといまいと、菊池さんなら同じ行動をとっただろう。今朝、出会ったばかりだけれど、それくらいはわかる。わかっているはずなのに、とても愚かしいことを口にしてしまった。

馬鹿だ、あたし。

頬がどんどん火照ってくる。いつもなら、わたしはここで挫けてしまっただろう。自分の馬鹿さ加減にうんざりして、恥ずかしくてたまらなくて、逃げ出せるものなら逃げ出していただろう。でも、ここで逃げ出したら、明日から菊池さんに会えなくなる。まともに顔を合わせることも、しゃべることもできなくなる。それは嫌だった。わたしは、明日も明後日も、菊池さんと話がしたい。ちゃんと向き合いたい。

「ごめんなさい」

わたしは謝った。謝ってお終いにするためではなく、本気で謝らねばならないから謝った。

6取り返しがつかないかもしれない。

そう考えると、胸の底が冷たくなる。

「謝るほどのことじゃないよ」

菊池さんが顎を引いた。

「どうしてそう、すぐ謝るかなあ」

「謝らなきゃいけないようなこと、言ったから」

菊池さんの身体がゆっくりと向きを変える。視線が、わたしを真正面から見据える。

「御蔵さん、いい人だね」

「え？」

「正直だし誠実だし、一生懸命だし……いい人だよ。とっても」

いい人。また、言われた。

面談室に入る前にも同じことを言われたのだ。

御蔵さんて、いい人なんだね。

辛いよね。

あのときは腹が立った。一方的に決めつけてと、憤りを覚えた。

今は不思議だ。

菊池さんは〝いい人〟に拘っている。〝いい人〟と辛さをイコールで結び付けている。どうして？

「『森の王国』にも出てくるよね。正直で、誠実で優しいキツツキのおかみさん。あれ、もしかして御蔵さんがモデル？」

「え？　あ……いや、まさかまさか。モデルなんていないから」

手を左右に振る。

「いないの？」

「いないよ」

「他のキャラも？　えっと、例えば……喧嘩早いアヒルとか、冷静で頭のいいフクロウとかも、みんな創作？」

「そう。あ、でも、身近な人の性格をちょっとずつ借りてるみたいなとこ、あるかも」

「へえ、すごいね」

菊池さんの称賛が届く。「へえ、すごいね」なんて、ありふれた言葉のはずなのに、わたしもわたしの周りの人も何気なく使っているはずなのに、瑞々しい特別の一言として届いてきたのだ。

7ふわっと、心が浮く。

おざなりじゃない称賛には浮力がある。

『森の王国』を書いてよかった。菊池さんが読んでくれてよかった。忘れずにいてくれて嬉しい。

「あっ」小さく叫んでいた。ふっと思い出したことがある。

菊池さんと目が合う。菊池さんが首を傾げる。

「忘れ物？」

「ううん、思い出した。あの冊子を作ってくれたの名郷先生だった」

「あ……、そうか」

名郷先生だ。

課題を提出して二週間後に返ってきた原稿用紙に×はついていなかった。赤字で数行の感想が書き込まれていた。

（あさのあつこ『ハリネズミは月を見上げる』による）

問一、基本「[1]すとんと胸に落ちた」とありますが、これと同じ内容の表現として、最も適切なものを、次のア〜エから一つ選び、記号で答えなさい。（1点）

ア、会得した　イ、納得した
ウ、体得した　エ、説得した

問二、「[2]母は口元をきつく結び、横を向いた」とありますが、この時の母の心情を説明したものとして、最も適切なものを、次のア〜エから一つ選び、記号で答えなさい。（2点）

ア、自分を非難するような夫の言いぐさに腹を立てている。
イ、自分を擁護するような夫の気遣いに動揺している。
ウ、自分をからかうような夫の冗談にあきれている。
エ、自分を諭すような夫の指摘に驚いている。

問三、「[3]だから、驚いた」とありますが、「わたし」が驚いたのはなぜですか。六十字以内で説明しなさい。（3点）

問四、「[4]頬が熱くなる」「[5]幻の手でぶたれたみたいだ」とありますが、この時の「わたし」の心情を説明した、次の文の【　】にあてはまる内容として最も適切なものを、次のア〜エから一つ選び、記号で答えなさい。（2点）

> 菊池さんが「わたし」を助けてくれたことについて、愚かしいことを口にしてしまい、それを彼女に明確に否定されたことに【　】。

ア、反感を持つとともに、彼女への信頼も感じている
イ、屈辱を感じるとともに、自分の存在を軽視されたように感じている
ウ、憤りを覚えるとともに、彼女への強い罪の意識も感じている
エ、羞恥を感じるとともに、自身を強く非難されたように感じている

問五、「[6]取り返しがつかない」とありますが、この場面では具体的にどうなることですか。説明しなさい。（2点）

問六、「[7]ふわっと、心が浮く」とありますが、この時の「わたし」の心情を、四十字以内で説明しなさい。（2点）

問七、本文の表現について説明したものとして、適切でないものを、次のア〜エから一つ選び、記号で答えなさい。（2点）

ア、過去形で語られる本文の中に時折現在形の表現を入れることで、臨場感がより高まるように描かれている。
イ、写実的な文章の中で繰り返し擬音語を使うことで、「わたし」と菊池さんとの交流がテンポよく描かれている。
ウ、「わたし」の視点から気持ちや考えをそのまま表現することで、「わたし」の内面の変化が分かりやすく描かれている。
エ、「怒られた。」「馬鹿だ、あたし。」など、短い言葉の下を余白にすることで、「わたし」の受けた衝撃が印象的に描かれている。

三（論説文）文脈把握・内容吟味

次の文章（二〇二二年十月出版）は、「コンパクトシティ」について述べたものです。この文章を読んで、あとの問いに答えなさい。（出題の都合上、本文を一部改めた箇所がある）（計12点）

　多くの方がご存じかもしれませんが、現在、日本は世界一高齢者（65歳以上）の割合が高い国です。毎年敬老の日に因んで発表される統計があるのですが、2021年9月15日現在、総人口に占める65歳以上の割合は29・1%となり、いよいよ30%が目前となりました。次点のイタリアが約23%ですから、日本は5%以上も高く、突出していることがわかります。なぜ「コンパクトシティ」なのに、高齢化の話から始まったのか、それはあとでわかります。

　「コンパクトシティ」は、ヨーロッパにおいて地球温暖化への関心とともに注目されるようになった概念です。背景にあったのは、モータリゼーション（日常生活での自動車の普及）の進行でした。モータリゼーションが進むと、都市郊外（以下、郊外）の開発による森林破壊や自動車の利用による二酸化炭素の排出量の増加へとつながります。そこで郊外へと分散した学校や病院などの公共施設や商業施設を都市中心部（以下、都心部）に集約し、環境負荷が小さい公共交通機関を整備していこうというものです。

　日本の「コンパクトシティ」の議論は、ヨーロッパとは少々違った背景があります。モータリゼーションが進んだことは同じなのですが、日本の場合、地価が安価な郊外にショッピングセンターなどの大型商業施設や大規模な新興住宅地が次々に開発されるようになった一方で、都心部の利便性が低い商店街は衰退し、次第に居住者も減少するようになっていきました。また、郊外に居住地域が散った結果、ごみ収集や道路・水道管理などの公共サービスの提供範囲が広がり行政側にとって大きな負担となってきました。つまり日本の「コンパクトシティ」は、都心部の再生と行政の財政負担の軽減のためというものでした。[1]ヨーロッパの「コンパクトシティ」を志向する目的とは異なったものでした。

　2000年代に入り日本でも国土交通省を中心に、モータリゼーションが進んだ地方自治体に「コンパクトシティ」を進める動きが活発化していきました。ところが多くの自治体では先例であるヨーロッパの「コンパクトシティ」をそのまま採り入れようとしたため、市民の同意が得られず頓挫しました。「コンパクトシティ」の目的が異なるのに、その真似事ではうまくいくはずがありません。また、地域社会の参加意識が欧米と比べて低い日本では、市民の関心事として「コンパクトシティ」を志向する意味を見いだすことは難しかったのです。

　ところが2010年代に入ると、日本で再び、いやようやく本腰で「コンパクトシティ」を始めようとする自治体が増えてきます。それが高齢化の深刻化でした。

　ひとつ大きなきっかけとなったのが「消滅可能性都市」の発表でした。「消滅可能性都市」とは、民間の有識者でつくる日本創成会議が全国の市区町村別に2010年から30年間の人口の移動を推計した場合、行政や社会保障の維

持、雇用の確保などが困難になるとみられる自治体です。具体的には、出産可能年齢の95%にあたる若年女性人口が2010年と比べて2040年に50%以下に減る自治体と定義しました。この定義によると、2040年には全国1800市区町村のうち49・8%にあたる896市区町村が消滅の危機に直面することになります。この中には池袋という大ターミナル駅を抱える東京都豊島区も含まれていました。確かにこのような[2]単純な定義で、しかも「消滅」という表現から、それに対して異を唱える自治体や人々もいました。しかしその一方でこれを機に真剣に「少子高齢化」という問題に向き合う自治体も明らかに増えました。こうして日本独自の「コンパクトシティ」を志向する動きが活発化してきました。【A】

そしてもうひとつ日本独自の「コンパクトシティ」を志向する理由、それが自然災害です。日本は国土の約3分の2を山地や丘陵地が占めており、ヨーロッパと比べて可住地面積の割合が極端に低い国です。水を得やすい限られた土地に人々が高密度に住んでいます。日本は地震、津波、火山、洪水、土砂災害などさまざまな自然災害のリスクを抱えています。とくに近年の地球温暖化による極端現象から洪水や土砂災害が頻発しており、その被害地域も拡大しています。また、都市化の進展も自然災害の被害地域を拡大させています。【B】

しかし、教育機会や就業機会に恵まれる都市へと人々が集中するようになった結果、自然災害リスクが極めて高い低地や傾斜地にも土地が造成されるようになってきました。こういった土地はこれまでは新興住宅地としての開発が中心でしたが、近年は急速な高齢化や核家族化の影響から安く土地を確保できるとの魅力もあって、老人ホームや介護施設の造成が急増しているのです。【C】

ニュースの映像などで老人ホームや介護施設が被害にあっている様子が報道されますが、入居者が一人では避難困難だったからだけでなく、被害に遭いやすい土地に造成していることの表れでもあるのです。こういった自然災害の防災・減災の観点からも、政府や自治体が自然災害リスクの低い土地の開発・造成を規制し、自然災害リスクの低い土地へ立地誘導を進めていけば、結果として「コンパクトシティ」になっていくのです。ようやくここに来て、日本で「コンパクトシティ」を推進する流れができあがった感があります。【D】

こういった流れを国土交通省はくみ取り、「コンパクトシティ」を推進するにあたり、これまでの「［　　］」という「コンパクトシティ」の概念の中に、これまでなかった「防災」という観点を入れました。また、近年水による被害が大きかった17都市を「防災コンパクト先行モデル都市」に指定しました（2020年末時点）。

世界一の高齢国の日本のさまざまな課題は、今後すべての国や地域で経験することになります。近い将来、日本の多くの自治体が環境、経済、社会が一体となった持続可能な都市として世界中から注目されるようになっていることを期待したいものです。

（宇野仙『SDGsは地理で学べ』による）

図1

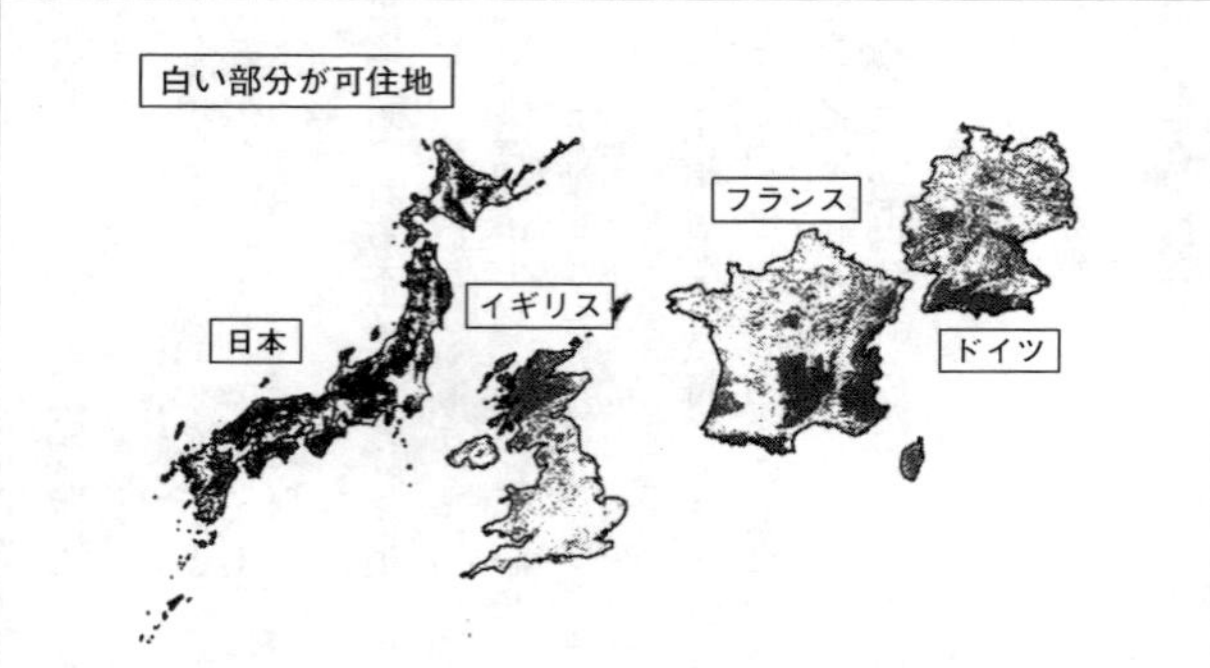

（地球地図データより国土地理院作成）

図2

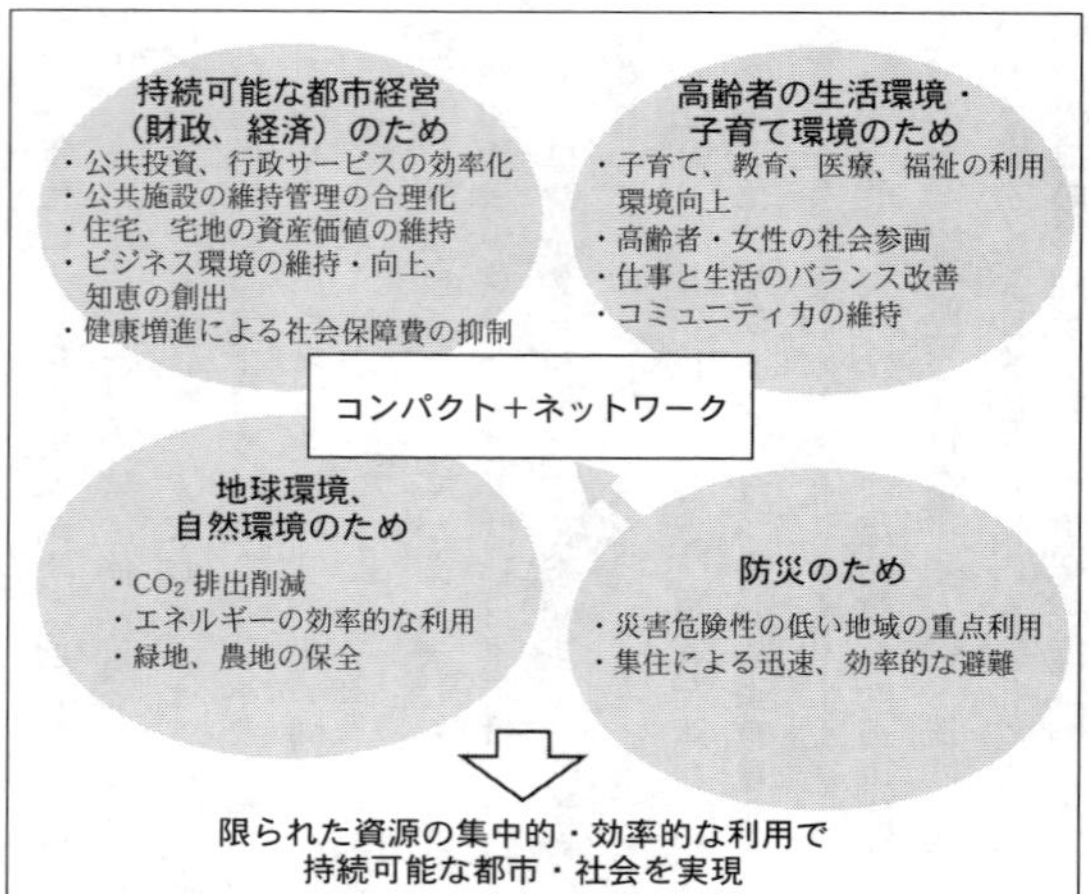

持続可能な都市経営（財政、経済）のため
・公共投資、行政サービスの効率化
・公共施設の維持管理の合理化
・住宅、宅地の資産価値の維持
・ビジネス環境の維持・向上、知恵の創出
・健康増進による社会保障費の抑制
高齢者の生活環境・子育て環境のため
・子育て、教育、医療、福祉の利用環境向上
・高齢者・女性の社会参画
・仕事と生活のバランス改善
・コミュニティ力の維持
コンパクト＋ネットワーク
地球環境、自然環境のため
・CO2 排出削減
・エネルギーの効率的な利用
・緑地、農地の保全
防災のため
・災害危険性の低い地域の重点利用
・集住による迅速、効率的な避難
限られた資源の集中的・効率的な利用で
持続可能な都市・社会を実現

（「コンパクトシティの形成に向けて」国土交通省　一部改変）

問一、「[1]ヨーロッパの『コンパクトシティ』を志向する目的とは異なったものでした」とありますが、次の表は、ヨーロッパと日本における「コンパクトシティ」の背景と目的について、傍線部1より前の内容をまとめたものです。表の Ⅰ 、 Ⅱ にあてはまる内容を、それぞれ本文中から四字で抜き出して書きなさい。（各1点）

表

	ヨーロッパ	日本
背景	モータリゼーションの進行 ↓ ・都市郊外の開発による森林破壊 ・自動車の利用による二酸化炭素の排出量の増加	モータリゼーションの進行 ↓ ・郊外における大型商業施設や大規模な新興住宅地の開発 ・都心部の商店街衰退と居住者減少

	目的
	・[I]の軽減のため
・公共サービスの提供範囲拡大による行政側の負担増加	・都心部の再生のため ・[II]の軽減のため

問二、「²単純な定義」とありますが、筆者がこの「定義」を「単純」だとしている理由として、最も適切なものを、次のア～エから一つ選び、記号で答えなさい。（1点）

ア、「消滅可能性都市」とは程遠い東京都豊島区という大都市まで含まれているから。

イ、2010年から30年間という短期間に限定されたデータでは、過去の社会情勢を考慮に入れられないから。

ウ、若年女性人口というたった一つのデータのみが指標にされているから。

エ、全国1800市区町村のうち、49・8％にあたる896市区町村のみのデータしか扱われていないから。

問三、本文から、次の一文が抜けています。この一文が入る最も適切な箇所を、本文中の【A】～【D】から一つ選び、記号で答えなさい。（2点）

> これまで日本では先人から学び、自然災害の被害が少ない土地を選んで人々は生活をしてきました。

問四、**新傾向** 図1が示す内容は、本文中のどの箇所と対応していますか。その箇所を一文で抜き出し、はじめの五字を答えなさい。（2点）

問五、本文中の[　]にあてはまる言葉を、図2の中から抜き出して書きなさい。（2点）

問六、筆者が思い描く日本における「コンパクトシティ」とはどのような都市ですか。六十字以内で説明しなさい。（3点）

四 (古文)仮名遣い・口語訳・文法・内容吟味

次の文章を読んで、あとの問いに答えなさい。（出題の都合上、本文を一部改めた箇所がある）（計7点）

田舎渡(ゐなかわた)らひして、絹商(きぬあきな)ふ商人(あきびと)、日暮(ひ)れぬれば、ある家の戸を叩(たた)きて、「宿借らなむ」と¹言へば、承(う)け引きて、開けて入れけり。主(あるじ)の妻は、恐ろしき心持ちたる者にて、この旅人の包(つつみ)の重(おも)りかなる（重そうなのを）を見て、「²いかで、この包忘れて行けかし。我物(わがもの)にしてむ（自分のものにしたい）」と思ひて、主に囁(ささや)き言へば、「*茗荷(みやうが)を食ひたる人は、心ぼけて、物忘れするものなり」と言ふを聞きて、あはせのみの（おかずに）、皆、茗荷を入れて食はせつ。さて商人は、明暮(あけぐれ)の（夜明け方の）空に起き出(い)でて、立ちて行きぬ（行った）。妻は、旅人の忘れたる物見むと（見ようと思って）、寝たる所に入りて見れば、つやつや物一つなし（何一つない）。「食はせつる茗荷は、しるし（きき目が）なかりけり」と言へば、主、「否(いな)（いいや）、³茗荷（　）、しるしありけれ。⁴いみじき物忘れて行きぬ」と言ふ。妻、「何をか忘れたる」と問へば、「我に与(あた)ふべきかりての銭(ぜに)（宿賃を）、忘れて去(い)にけり」と言へば、妻、「げにげに」と言ひて、いよいよ腹立(だ)ちけり。人を謀(はか)りて、物とらむ（物を取ろう）として、かへりて、己、損をしたりける。腹黒(ぐろ)なる心は、使ふまじき物にぞありける。

（『しみのすみか物語』による）

（注）茗荷…ショウガ科の多年草。食用。

問一、**よく出る** **基本** 「¹言へば」を現代仮名遣いに直し、すべてひらがなで書きなさい。（1点）

問二、「²いかで、この包忘れて行けかし」を解釈したものとして、最も適切なものを、次のア～エから一つ選び、記号で答えなさい。（1点）

ア、いつか、この包みを忘れて行くだろうよ

イ、まさか、この包みを忘れて行かないだろうよ

ウ、なんとかして、この包みを忘れて行ってほしいよ

エ、もしかしたら、この包みを忘れて行くかもしれないよ

問三、「³茗荷（　）、しるしありけれ」は係り結びの表現になっています。（　）に入る係りの助詞として、正しいものを、次のア～オから一つ選び、記号で答えなさい。（1点）

ア、ぞ　イ、なむ　ウ、や　エ、か　オ、こそ

問四、「⁴いみじき物」とありますが、これは何を指していますか。最も適切なものを、次のア～エから一つ選び、記号で答えなさい。（2点）

ア、絹　イ、包　ウ、茗荷　エ、かりての銭

問五、「主の妻は、恐ろしき心持ちたる者にて」とありますが、「恐ろしき心」と同じ内容を指す語句を、本文中から抜き出して書きなさい。（2点）

五 内容吟味・条件作文

ある中学校では、総合的な学習の時間に「地域の魅力を発信しよう」というテーマで調べ、文化祭でグループごとに発表します。Aさんのグループは、新聞記事で、鳥取県立美術館・開館500日前イベントが開催されたことを知り、鳥取県立美術館について発表することにしました。次は、Aさんのグループが発表に向けておこなった【話し合いの一部】と、Aさんがタブレット端末で見つけた【資料】です。これらを読んで、あとの問いに答えなさい。（計8点）

【話し合いの一部】

（前略）

Aさん　私が見つけた【資料】は、平成30年にまとめられた「鳥取県立美術館整備基本計画」です。これを見れば、美術館のコンセプト*が分かるかもしれません。

Bさん　皆さん、Aさんの【資料】を見て気になる点はありますか。

Cさん　【資料】には、「私たちの県民立美術館」とありますが、「県民立」という表現はあまり聞いたことがありません。

Aさん　確かに。「県民立」とはどういう意味なのでしょうか。

Cさん　「未来を『つくる』美術館」の「つくる」が、ひらがなで表記されているのも気になります。

Dさん　ここに、この美術館の特色があるのかもしれませんね。

Bさん　では、私たちのグループは、「県民立」と「つくる」というキーワードをもとにして、鳥取県立美術館の特色について整理していきましょう。

Cさん　「1．人を『つくる』」と「2．まちを『つくる』」の部分を読むと、美術館が「人」と「まち」を「つくる」というコンセプトであることが分かりますね。

Aさん　はい。その下には「3．県民が『つくる』」とあります。

Dさん　そうですね。鳥取県立美術館は、「人」や「まち」を「つくる」美術館を、県民が「つくる」、というところに特色があるのかもしれません。この特色については、ぜひたくさんの方に知っていただきたいので、文化祭では、「県民が『つくる』」という他の美術館にはないこの独自性に焦点をあてて発表しませんか。

Cさん　いいですね。そうしましょう。

Bさん　それでは、皆さんが集めた資料や、これまでの話し合いの内容をもとに、発表の原稿を作成していきましょう。

(注)　コンセプト…企画などで、全体を貫く基本的な観点・考え方。

【資料】

第2章　新美術館の目的・コンセプト

「私たちの県民立美術館」

⇧

未来を「つくる」美術館

～いろんな「つくる」で「とっとりのアート」の「むかし」「いま」そして「みらい」をつむぐ～

1．人を「つくる」

(1)「みるひと」をつくる：多くの人が訪れる美術館に
・魅力的な企画展示
・通常の展示が鑑賞しにくい方に配慮した展示
・従来の美術館像にとらわれない賑わい機能の創出
・オープンな美術館　等

(2)「つくるひと」をつくる：さまざまな創作者を支援しそだてる
・子どもたちや県民の美術創作の支援
・障がい者アートの支援
・幅広い芸術表現との連携　等

(3)「みらいの才能」をつくる：未来人材教育プログラム
・子どもたちに身近な美術館
・「とっとりの美術」をまなび・つくる環境を　等

(4)「居場所」をつくる：時間を過ごすことが楽しめる
・サードプレイスにもなる心地よい美術館
・多機能な美術館

2．まちを「つくる」

(1)周辺施設とまちをつくる：周辺施設とともにまちをささえる
・倉吉パークスクエアと一体となったイベントの開催
・大御堂廃寺跡と連携したのびやかで広がりのある美術館
・倉吉市立図書館等との連携

(2)地域とまちをつくる：地域の魅力をたかめる
・白壁土蔵群等との連携
・ポップカルチャー資源の活用　等

(3)他館とまちをつくる：連携により地域の魅力をたかめる
・県内の美術館と連携した広域的展開
・県外美術館との交流
・他施設を活用した展開　等

3．県民が「つくる」

(1)県民が誇れる美術館
・誇りに思える美術館に
・みんなが楽しめるオープンな美術館

（２）県民が参加できる美術館づくり：県民とともにささえる
・県民による美術館づくりへの参加
・つくるプロセスをオープンに
・県民が支え育てる美術館　等
（３）展示・収蔵品とともに成長していく美術館
〜施設完成がはじまり〜
・収蔵品を増やし成長する美術館
・収蔵品とともに研究を深める美術館　等

（鳥取県ホームページ「鳥取県立美術館整備基本計画の概要」から一部抜粋）

問一、【話し合いの一部】において、目的に沿って話し合いが進むように発言や行動を促す司会の役割をしているのは誰ですか。最も適切なものを、次のア〜エから一つ選び、記号で答えなさい。（１点）
ア、Aさん　イ、Bさん
ウ、Cさん　エ、Dさん

問二、【話し合いの一部】において、傍線部のDさんの発言にはどのような特徴がありますか。最も適切なものを、次のア〜エから一つ選び、記号で答えなさい。（１点）
ア、友達の発言を整理したうえで、自分の考えを提案している。
イ、友達の発言に疑問を投げかけ、自分の考えを主張している。
ウ、友達の発言と自分の意見を比較し、自分の考えを強調している。
エ、友達の発言とは別の視点を提示し、自分の考えを表明している。

問三、思考力 あなたの生活において、「芸術」とはどのようなものですか。次の【条件】に従って、あなたの考えを書きなさい。（６点）

【条件】
１ 二段落構成とし、各段落の内容は次のとおりとする。
・第一段落には、あなたの生活において「芸術」とはどのようなものか、あなたの考えを書くこと。
・第二段落には、第一段落で書いた考えについて、その根拠となる自分の体験（見たことや聞いたことなども含む）を書くこと。
２ 八行以上、十行以内でまとめること。
３ 原稿用紙（20字詰×10行＝省略）の正しい使い方に従うこと。

島根県

3月5日実施

時間 50分　満点 50点　解答 P37

出題傾向と対策

●国語知識、論説文、小説文（省略）、古典文、話し合いに関する問題と条件作文の大問五題構成。論説文は例年どおり二つの文章から問われた。記述問題が複数あり、条件作文もあるので、時間配分に気をつけたい。古典文は現代語訳があり、読みやすい。
●漢字の読み書きや知識、歴史的仮名遣いなどの基礎を確実に身につけておく。字数が多めの抜き出し問題が複数あるので、文意を的確に把握し、適切な箇所をすばやく見つけられるように演習を繰り返したい。

注意　字数を数える場合は、句読点、記号も一字として数えなさい。

一 漢字の読み書き・品詞識別・漢字知識

次の問一〜問五に答えなさい。（計10点）

問一、よく出る 基本 次の１〜４の傍線部の読みを、それぞれひらがなで書きなさい。（各１点）
１、師と仰ぐ。
２、腰を据えて取り組む。
３、先人の軌跡をたどる。
４、作品の巧拙を問わない。

問二、よく出る 基本 次の１〜３の傍線部のカタカナを、それぞれ漢字で書きなさい。ただし、楷書で丁寧に書くこと。（各１点）
１、荷物をアズける。
２、一部の例外をノゾく。
３、店のカンバンを取り付ける。

問三、よく出る 基本 次の文の傍線部のカタカナを漢字

で書いたとき、正しいものを、後のア～エから一つ選び、記号で答えなさい。（1点）

四つの段落でコウセイされた文章。

ア、攻勢　イ、後世　ウ、公正　エ、構成

問四、**基本** 次の文の傍線部「決して」の品詞を、後のア～エから一つ選び、記号で答えなさい。（1点）

失敗した経験を決して無駄にしない。

ア、動詞　イ、連体詞　ウ、副詞　エ、助動詞

問五、**基本** 次のア～エの行書で書いた漢字のうち、楷書で書いたときと比べて筆順が変化しないものを一つ選び、記号で答えなさい。（1点）

ア、採　イ、神　ウ、細　エ、草

二 (論説文)内容吟味・要旨

次のⅠ、Ⅱの文章を読んで、問一～問五に答えなさい。（計12点）

Ⅰ

「人の意見」に左右されて自分を見失いがちになること、これは性格の弱さとでも言うべきものかもしれませんが、本人にとって大きな悩みの種であると思います。もちろん、いつまでたっても、自分のしっかりした意見を持つことができないのは困ったことに違いありませんが、自己形成の途上にある人の場合は、他者の意見に影響されること自体が悪いわけではありません。

この点について、人間の有り様（原点）に戻って考えてみましょう。変化のうちにあること、つまり常に未完成であることは人間の本質に属しています。1年前の自分と今の自分は同じ自分でありながら、しかし、そこにはさまざまな変化が存在し、まったく同一と言うことはできません。10年後の自分がどんな人間になっているかについて、はっきり見通せる人は少ないでしょう。これは若者に限ったことではありませんが、若い自己形成途上の人間であれば心身ともに急激な成長を経験することは少なくありません。①「男子、三日会わざれば刮目(かつもく)して見よ」との格言が示すとおりです。以上の意味で、人間は「未完のプロセス(注)」、しかも「変化を介した自己形成プロセス」であると表現することができます。

次に、人間が自己形成のプロセスのうちにあることを理解するために、キルケゴール『死に至る病』を参照してみましょう。19世紀の思想家キルケゴールは、人間とは何かという根本問題について、次のように論じています。

人間とは精神である。精神とは何であるか？　精神とは自己である。自己とは何であるか？　自己とは自己自身に関係するところの関係である、すなわち関係ということには関係が自己自身に関係するものなることが含まれている、――それで自己とは単なる関係ではなしに、関係が自己自身に関係するというそのことである。

（斎藤信治　訳、岩波文庫）

Ⅹ

このキルケゴールの議論はこの引用文だけでは不明な点もあると思いますが、②キルケゴールが人間（＝自己）を自己関係（自分自身へ関係すること）において生きる存在者として描いていることは明らかです。出発点の自己を自己Aと表記しこのAが自分自身に関係aを持つとすれば、その結果として自己は自己B（＝A＋a）に変化します。自己関係は鏡で自分を見るという行為が例として挙げられますが、鏡で身だしなみを整えた自己が自己Bに当たります。そして、このBは自分自身に対する関係bを持ち、自己Cへ変化する。こうして、自己は自己関係を組み込むことによって次々に変化（＝生成）し続ける一つのプロセスとして存在するということになります。これは先に「人間の特徴として、常に変化のうちにあること、つまり未完成であること」と述べたことの言い換えにほかなりません。キルケゴールは、人間とは常に自分自身になる途上、生成プロセスのうちにあると指摘しているわけです。その意味で「人間は生成である」と述べることもできるでしょう。

Ｙ

キルケゴールの先の引用では、自己の生成は自己関係という点から述べられていますが、ここで、これに他者関係を加えてみればどうなるでしょうか。実は自己関係と他者関係は相互に繋(つな)がっています。私たち人間は他者との関わりによって他者からさまざまな影響を受けつつ自分であり続けているのであって、他者からの影響は自己形成にとって欠くことができないものなのです。他者から切断されてしまうとき、私たちは自分自身を維持することに困難を感じないでしょうか。

説明が長くなりましたが、以上よりわかるのは、他者から影響されること自体は悪いことではない、それは自己形成（自己生成のプロセス）にとって不可欠なものである、ということです。

問題は、自己形成にとって必要な他者との関わりが自己形成自体を妨げるものとなるときに生じます。たとえば、特定の他者への過剰な依存が自己の成長・形成を抑圧する場合です。「人の意見にすぐ影響されてしまいます」とは、このような歪(いびつ)な他者関係の一例と言えるでしょうか。では、他者から影響を受けつつも、自己形成をめざして進むことはどうしたら可能になるのでしょうか。おそらく、それに対する一つの答えは、できるだけ多くの複数の意見（友達、家族、先輩、先生……など）を参考にすることでしょう。

さらに「人の意見にすぐ影響されて」も、それに流されないためには、自分自身の感性に正直であること、特に他者に共感できる自分の思いに正直であることも大切です。「人の意見に影響されて」もそれをバネに自己形成をめざすこと。これは一生の課題ですが、若いときにこそ、心がけていただきたいものです。

（『扉をひらく哲学――人生の鍵は古典のなかにある』の芦名定道(あしなさだみち)の文章による）

（注）プロセス…過程。

Ⅱ

携帯メールに振り回され、他のことを考える余力もなくなって、「メールが来ないと淋(さび)しい」「携帯がなかったら生

きていけない」「メールが来ないのはみんなに嫌われているからだ」といった強迫観念に追い込まれてはいませんか？

　もし思い当たる点があるなら、しばらくの間、携帯電話なしで生活してみたらどうでしょう。

　そうすれば、③自分一人だけの時空間を持ち、思索することの大切さがわかると思います。

　読書が好きな人もいるでしょう。日記を書くことに意味を見出している人もいるでしょう。あるいは公園のベンチに腰掛けて考えることがリフレッシュにつながるという人もいるでしょう。それぞれにあった趣味というものは、人間にとって大事なことです。しかし、どれも、誰かにメールを打ちながらやるものではありません。

　朝の洗面の時だってそうです。一人きりでしょう？　鏡の中の自分の顔を見て、「昨日、友達と喧嘩した。今日は普通に話せるかな」とか、「宿題やってない。当てられたらどうしよう」などといろんなことを思いながら、自分自身と会話をしているわけです。その時に携帯メールが気になるようなら、かなり問題です。

　一人きりで自分と向き合う時空間には、友達と話したりメールしたりしている時とはまったく違う、独特の感覚があるはずです。

（今北純一『自分力を高める』による）

問一、傍線部①「『男子……見よ』との格言」について、「三日会わざれば刮目して見よ」とは、「三日会わなければ深い関心を持って見なさい」という意味であるが、筆者がこの格言を取り上げたのは何を説明するためか。最も適当なものを、次のア～エから一つ選び、記号で答えなさい。（1点）

ア、人の記憶は長くは保つことができないこと。
イ、自己形成途上の人は短期間に成長すること。
ウ、自己形成の時間はあっという間に過ぎること。
エ、若者同士の絆は対面することで生まれること。

問二、傍線部②「キルケゴールが……明らかです。」とあるが、「自己関係」の例として挙げられている行為を、Xの文章中から十二字で抜き出して答えなさい。（1点）

問三、点線部「自己形成の……悪いわけではありません。」について、次の1～3に答えなさい。

1、「自己形成」にとって「他者の意見に影響されること自体が悪いわけではありません。」と筆者が言うのはなぜか。次の形式の（　Ａ　）に入る適当な言葉を、Yの文章中から四十三字で探し、初めの五字を抜き出して答えなさい。（2点）

（　Ａ　）ため、他者の意見に影響されることは自己形成にとって必要だから。

2、「他者の意見に影響されること」が問題となる例として、筆者はどのような場合を挙げているか。Yの文章中から二十八字で探し、初めの五字を抜き出して答えなさい。（1点）

3、「他者の意見に影響され」ながらも、「自己形成」をめざすために必要なことはどのようなことか。Yの文章中の言葉を用いて、五十五字以上、六十五字以内で答えなさい。（3点）

問四、傍線部③「自分一人……大切さ」について、二人の生徒が次のように会話をしています。〔会話文〕の（　Ａ　）に入る適当な言葉を、Xの文章中から二十字で抜き出して答えなさい。（2点）

〔会話文〕

ルイ　「自分一人だけの時空間を持ち、思索すること」は、どうして大切なのかな。
ナオ　それは、IのXの文章中にあったように、自分という存在は、（　Ａ　）していくものだからではないかな。
ルイ　なるほど。人は自分一人だけの時空間を持つことで成長していくんだね。Iを参考にして読むと、IIの内容がよく理解できるね。

問五、I、IIの文章の説明として最も適当なものを、次のア～エから一つ選び、記号で答えなさい。（2点）

ア、Iは自分の意見を持つこと、IIは自分だけの時空間を持つことの大切さが書いてあり、違うようで実は全く同じことを述べている。
イ、I、IIはどちらも人間関係の対立について書いてあり、Iは他者との関わりの大切さを主張し、IIは今の若者の孤独感について述べている。
ウ、I、IIはどちらも他者との付き合い方について書いてあり、上手に付き合う方法について、IとIIでは逆のことを述べている。
エ、I、IIはどちらも自分を見つめることについて書いてあり、Iはさらに、自己形成における他者との関わりについても述べている。

三 （省略）塩野米松「少年時代～飛行機雲はるか～」より（計12点）

四 （古文）仮名遣い・内容吟味

次のA、B、Cと、先生と生徒の〔会話文〕を読んで、問一～問四に答えなさい。（計6点）

A

橘の　花こそいとど　香るなれ　風まぜに降る　雨の夕暮れ

（『建礼門院右京大夫集』による）

〔橘の花がいっそう強く香ってくるようだ。風まじりに雨の降るこの夕暮れに。〕

B

枝には金鈴を繋けたり春雨の後　具平親王
花は紫麝を薫ず凱風の程

（参考）
枝ニ繋ケタリ二金鈴ヲ一春雨ノ後
花ハ薫ズ二紫麝ヲ一凱風ノ程

（『和漢朗詠集』による）

〔晩春の雨の後、橘の枝には金の鈴をかけたように熟した実がなっている。初夏の南風に吹かれて、花は麝香（じゃこう）というお香をたいたようによい香りを放っている。〕

C

四月（うづき）のつごもり（月末）、五月（さつき）のついたち（月初め）のころほひ、①橘の葉の濃く青きに、花のいと白う咲きたるが、雨うち降りたるつとめて（早朝）などは、世になう心あるさまに（またとないほど風情がある様子で）をかし。花の中より黄金（こがね）の玉かと見えて（花の間から黄金色の宝石のように見えて）、いみじうあざやかに見えたるなど（たいへんくっきりと実が見えているのなどは）、朝露にぬれたるあさぼらけ（明け方）の桜におとらず。

（『枕草子』による）

〔会話文〕

先生　Aは和歌、Bは二句でできている漢詩、Cは『枕草子』の一節です。いずれも初夏に花が咲く橘を取り上げたものです。橘はミカン科の木で、花は香り高く、冬に黄色く実った果実が、初夏に残っていることもあります。A、B、Cを比べてみましょう。

マヒロ　A、B、Cの共通点は、橘が雨とともに描かれていることです。

レイ　AとBの共通点は、風が橘の花の（　Ⅰ　）を際立たせていることです。

先生　そうですね。他に気づくことはありますか。

マヒロ　Cは、（　Ⅰ　）については描かれていませんが、橘の色に着目して②三つのものが描かれていて、橘の視覚的な美しさを想像することができます。

レイ　Cでは、雨にぬれている早朝の橘と、（　Ⅱ　）とを比べることで、橘を高く評価しています。

先生　そのとおりです。二人とも、よく気づきましたね。

問一、**よく出る** **基本** 傍線部①「ころほひ」を現代仮名遣いに改めなさい。（1点）

問二、（　Ⅰ　）に入る適当な言葉を、三字以内の現代語で答えなさい。（1点）

問三、傍線部②「三つのもの」について、一つは黄金の実であるが、他の二つのものは何か。色も含めて三字の現代語でそれぞれ答えなさい。（各1点）

問四、（　Ⅱ　）に入る適当な言葉を、十五字以内の現代語で答えなさい。（2点）

五　内容吟味・条件作文

白鳥中学校の生徒が、国語の時間に季節を表す言葉について学習しています。次は、あるグループの話し合いの様子と、季節を表す言葉の意味を生徒が調べて表にしたものです。問一〜問三に答えなさい。（計10点）

〔話し合いの様子〕

チヒロ　季節を表す言葉はいろいろありますが、例えば「木枯（こが）らし」という言葉についてどう思いますか。

ショウ　「木枯らし」とは、秋の終わりから冬の初めにかけて吹く冷たい強風のことですが、この言葉から、冷たい風が吹き荒れて枯れ葉の舞っている様子が思い浮かび、寒々とした印象を受けます。

サツキ　つまり、（　A　）ということですね。

アキラ　そうですね。私は文化委員なので、学校新聞の記事を書くときに「木枯らし」という言葉を使ってみたいです。季節を表す言葉は他にもたくさんあるので、意味を知っていろいろなときに使いたいですね。

チヒロ　それでは、使ってみたい言葉をいくつか選んで、意味を調べてみませんか。

〔表〕

言葉	季節	意味
花（はな）いかだ	春	散った桜の花びらが帯状に水面を流れる様子。
せみ時雨（しぐれ）	夏	たくさんのせみが鳴いている様子。
山（やま）よそおう	秋	山々が紅葉する様子。
冬化粧（ふゆげしょう）	冬	雪が降り積もって辺り一面が白くなる様子。

問一、**よく出る** グループでの話し合いを効果的に行う際の注意点として適当でないものを、次のア〜エから一つ選び、記号で答えなさい。（2点）

ア、話し合いで自分の意見を出せるように、自分の体験を振り返るなどしてあらかじめ考えておく。

イ、話し合いの話題と目的を決めた上で、まずは互いの考えを自由に伝え合うことを大切にする。

ウ、結論を出すときには、複数の意見を結び付けるのではなく、司会が考えた意見を優先する。

エ、付箋（ふせん）や模造紙などを使って、グループで出た意見を確認できるようにする。

問二、〔話し合いの様子〕のサツキさんの発言の（　A　）に入るものとして最も適当なものを、次のア〜エから一つ選び、記号で答えなさい。（2点）

ア、季節を表す言葉から、その季節特有の情景を想像することができる

イ、季節を表す言葉から、その言葉を使った人の好きな季節が分かる

ウ、季節を表す言葉は、誰もが知っているので全員に全く同じ印象を与える

エ、季節を表す言葉は、文字にすることでその言葉が一層魅力的になる

問三、**思考力** チヒロさんたちは、〔表〕の言葉をどのようなときに使ってみたいかについて、意見を出し合いました。あなたなら、どのような意見を出しますか。次の

①～⑤の条件に従って作文しなさい。（6点）
① ［表］の言葉の「花いかだ」「せみ時雨」「山よそおう」「冬化粧」から一つ選び、文章中に記すこと。
② ①で選んだ言葉を、どのようなときに使ってみたいかを述べること。ただし、［話し合いの様子］の傍線部「学校新聞の記事を書くとき」は用いないこと。
③ ②で述べたことの理由を、①で選んだ言葉の［表］の意味と関連付けて述べること。
④ ③で述べた理由の根拠として、あなた自身の経験や見聞きしたことを述べること。
⑤ 百五十字以上、百八十字以内でまとめること。句読点や記号も一字として数える。ただし、一マス目から書き始め、段落は設けない。
※読み返して文章の一部を直したいときは、二本線で消したり、余白に書き加えたりしてもよい。

岡山県

時間 45分　満点 70点　解答 P38　3月7日実施

出題傾向と対策

●小説文、古文を含む説明文、論説文、条件作文の大問四題構成。国語の基礎知識、読解力、記述力を求める問題がバランスよく出されている。条件作文では、複数の資料を関連づけて書く問題が出された。
●まずは過去問を解いて、出題形式に慣れておくことが大切。記述問題では、本文中から根拠となる表現を見つけ出し、問われている内容に即して文章をまとめる練習をしておくとよい。条件作文に備え、複数の資料を読み取り、考えをまとめる練習も積んでおきたい。

注意　字数が指定されている設問では、「、」や「。」も一ます使いなさい。

一 (小説文)漢字の読み書き・内容吟味・表現技法

次の文章は、高校生の「浜野理名」が母親と夕食をとる場面です。「理名」は反抗期を迎えて、母と顔を合わせないように自室で過ごすことが多くなっていました。これを読んで、(1)～(6)に答えなさい。


ママお弁当を作るの、やめる。

浜野理名の母親、麻耶がそう宣言したのは、節分が終わってからだ。

父親が上海に単身赴任し、兄の大知が進学とともに家を出て、理名と母の二人暮らしはもうじき三年目にさしかかる。フルタイムで働きながら家事をこなしている母に感謝しているし、手伝おうと思うものの、理名は、なかなか感謝の言葉は言えず、実際に手伝ったりもしていない。だって忙しいんだもん、と理名は言い訳のように思う。勉強もしなくちゃだし、友だちづきあいもあるし、好きな人とどうすれば両思いになれるのか悩んでもいるし、進路のことも考えなきゃいけない。それに最近は、母と話すのもおっくうなのだ。すぐに意見されるし。

「ママはがんばりすぎた、理名のこともかまいすぎた。このままだと理名はなんにもできない人になっちゃう。なんにもできない人は、男でも女でもまったくもてない時代なのに」と、夕食を食べながら母は言う。「だからママ、明日からお弁当やめる。自分で作ってもいいし、何か買ってもいいよ」

母はそう言って、食べ終えた自分の食器を下げて、洗わず、テレビの前のソファに座り、このところはまっているらしい韓国ドラマを見はじめる。理名はⓐ居心地の悪い思いで食事を終えて、食器を下げ、母のぶんといっしょに洗って水切りかごに入れた。

そんなふうには言っても、でも何か、かんたんなものは用意してあるだろうな。翌朝目覚め、そう思いながら階下にいくと、驚いたことに母はもういなかった。お弁当もなく、冷蔵庫を開けても作り置きのおかずもない。冷凍庫にも、お弁当に使えそうな冷凍食品もない。

「マジか」思わず理名はつぶやく。時計を確認し、「ⓑマジか」もう一度つぶやいて、速攻で制服に着替え、髪を整え、泣きそうになりながら寝癖をなおし、通学鞄にノートや教科書を詰めて、ガスの元栓と鍵が閉まっているかを確認して家を飛び出す。

コンビニエンスストアのサンドイッチを食べながら、理名は萌衣や玲佳の弁当を盗み見る。

「いいなあ、うちなんか、ママが弁当ストライキ起こして、今日から作らないんだって」と言うと、

「え、私、高校入ってからずっと自分で作ってるよ」と萌衣が言い、

「マジで?」理名と玲佳は声を揃えた。あらためて萌衣の弁当を見る。ブロッコリーとチーズのサラダ、プチトマト、じゃこ入り卵焼き、ウインナーと肉団子。「これだけ冷食」と萌衣は肉団子をお箸で指す。なんにもできないとまったくもてない時代になるという、母の声が理名の耳によみがえる。

「わかった、私もがんばる！」理名が言うと、

「私もやってみようかな」ⓒ玲佳もぽつりと言う。

　お弁当作りは面倒くさいけれど、理名は昼休みが俄然たのしくなってきた。理名と玲佳と萌衣、ずっといっしょにお弁当を食べている三人で、自作弁当を見せ合うのだ。

　弁当歴がそろそろ一年になる萌衣は、さすがに彩りも栄養もいい模範的弁当だ。理名といっしょにお弁当作りをはじめた玲佳はぶっとんでいて、ジャーにスープとごはんを入れた「リゾット弁当」やごはんにコロッケとたくあんだけをのせた「コロッケ丼」を作ってくる。彩りも栄養も偏りも無視した、でもなんだか肝が据わった感じのお弁当に、理名はすっかり感銘を受けている。

　二人からアイディアをもらい、理名は、冷食の焼売を使った中華弁当を彩りよく作ってみたり、前日のおかずの肉団子と野沢菜と炒り卵をごはんでⓓツツんだ巨大おにぎらずを作ってみたりしている。三人で机をⓔカコみ、いっせーの、せ！　でお弁当を広げる。歓声が上がり、感嘆のため息が漏れ、「納豆丼なんてなしかな」「においがね」「納豆オムレツならいいんじゃない？」などと、アイディアを出し合いながら自作弁当を食べる。お昼休みが前よりだんぜんたのしくなった。

　夕食後、残ったカレーを小鍋に取り分けている理名に気づいた母が、

「それ、どうするの？　朝ごはん？」と訊く。

「ジャーに入れてカレー弁当にする」と答えると、

「へええ、斬新ね」と目を丸くしている。

「玲佳って友だちがいるんだけど、おとなしいのに、おっかしなお弁当持ってくるんだよね。ⓕ今日なんかつけ麺だよ。スープをジャーに入れてお弁当箱に麺と葱とチャーシュー詰めて」

「ええっ、そんなのあり？」（中略）

「今はほら、なんでもありの時代だから」理名は母親の言葉をまねて言う。「今度ママにも作ってあげるよ。私の巨大おにぎらず、インパクトあって、玲佳と萌衣に褒められた」

「う、うん、ありがとう」母は言い、テレビの前に向かう。働いて家事をして、夫とは離ればなれで、唯一のたのしみは韓国ドラマらしい母親にも、自分と同じような高校時代があったのかと思うと、理名は不思議な気持ちになる。そうしてふと、自分もいつか母親くらい年をとるのだと気づく。年齢を重ねていくにつれて、仲良し三人でキャーキャー騒ぎながらお弁当を食べている今の時間が、泣きそうなくらいなつかしいものになるだろうと確信するように思う。だとしたら、この先ずっと、私も玲佳も萌衣も、ぜったいに忘れられないようなお弁当を作ってやると、理名は奇妙な意欲に燃える。あーあ、ますます忙しくなっちゃう。理名はつぶやき、夕食後の食器を洗いはじめる。


（出典　角田光代『ゆうべの食卓』）

（注）フルタイム――就業場所における勤務時間の始まりから終わりまで働くこと。
冷食――「冷凍食品」の略。
俄然――急に。突然。
ジャー――飲み物やご飯などを入れる保温容器。
おにぎらず――おにぎりのようには握らず、ご飯と具材をのりやラップで平らにくるんだ状態のもの。

(1) **よく出る** **基本** ――の部分ⓓ、ⓔを漢字に直して楷書で書きなさい。

(2) 「ⓐ居心地の悪い思い」とありますが、「理名」が居心地の悪い思いをした理由を説明した次の文の X 、 Y に入れるのに適当なことばを、 X は二字で文章中から抜き出して書き、 Y は十五字以内で書きなさい。

　理名自身が母に対する X の気持ちを表に出せないだけでなく、忙しさを言い訳にしたり意見されることを面倒くさいと感じたりして Y という自覚がある中で、ほぼ一方的に母から「お弁当やめる」と宣言されてしまったから。

(3) 「ⓑマジか」とありますが、このようにつぶやいた時の「理名」の心情を説明したものとして最も適当なのは、ア～エのうちではどれですか。一つ答えなさい。

ア、お弁当が無いことや遅刻しそうなことを忘れるほど、昨夜の母のそっけない態度を心配している。
イ、母が自分を起こしてくれなかったために寝坊したが、母と顔を合わせなかったことを喜んでいる。
ウ、まだ学校に行く準備をしていないのに、家を出る時間が迫っていることに気づいてあせっている。
エ、母はすでに出かけている上に、お弁当どころか昼食に使えそうな食べ物も無いことに驚いている。

(4) 「ⓒ玲佳もぽつりと言う」とありますが、この部分で使われている表現技法は、ア～エのうちではどれですか。一つ答えなさい。

ア、体言止め　イ、擬態語
ウ、倒置　エ、擬人法

(5) 「ⓕ今日なんかつけ麺だよ」とありますが、「理名」が母にこのような発言をした意図とそれまでの経緯を説明した次の文章の X 、 Y に入れるのに適当なことばを、それぞれ二十字以内で書きなさい。

　母から「お弁当やめる」と宣言されてしまったが、今では昼休みに X ことが楽しくなった。そのような時、母から「斬新ね」と言われたことに対して、今までのように面倒くさがることなく Y を母に紹介した。

(6) この文章の表現の特徴について説明したものとして最も適当なのは、ア～エのうちではどれですか。一つ答えなさい。

ア、「あらためて萌衣の弁当を見る」という表現は、母がお弁当を作ってくれなくなったことから自分でお弁当を作ろうと決心し、萌衣のお弁当を参考にしようとする理名の熱意を印象づけている。
イ、「納豆丼なんてなしかな」「においがね」「納豆オムレツならいいんじゃない？」という表現は、理名たちが普段から必要最低限の会話しか交わしていないという、複雑な人間関係を強調している。
ウ、「今度ママにも作ってあげるよ」という表現は、これまで色々なことを母任せにしていた理名が、お弁当作りをきっかけに自分から料理作りを申し出るという、成長した様子を印象づけている。
エ、「理名は奇妙な意欲に燃える」という表現は、母と

の会話をきっかけにお弁当のおかずのヒントを得たことを喜び、友だちとの思い出になるようなお弁当を作ろうとする理名の決意を強調している。

三（古文を含む説明文）文脈把握・内容吟味

次の文章は、老子のことばの【書き下し文】と【現代語訳】および【解説】です。これを読んで、(1)~(4)に答えなさい。

【書き下し文】

上善は水の若し。水は善く万物を利して而も争わず。衆人の悪む所に処る。故に道に幾し。（中略）夫れ唯だ争わず、故に尤め無し。

【現代語訳】

すばらしく善いありかたとは、たとえば水のような（自然の法則にしたがった）ありかたである。水はあらゆる生きものに恵みをほどこしながら、しかも（みずからは勝ちをもとめて）争うことがない。たれもがイヤがる（低い）ところにとどまる。だからこそ自然の法則（にしたがったありかた）に近いのだ。（中略）

そもそも（勝ちをもとめて）争うことがなければ、まちがいをしでかすこともない。

【解説】

水は先を争うことなく、高いほうから低いほうへと流れてゆく。その低いところが「ⓐ利」のない、ひとのイヤがるところであろうとも、水はイヤがらずに流れてゆく。そういう水のような「ⓑ」という生きかたをしていれば「尤め無し」だと老子は結論づける。なにしろ争わないのだから、けっしてとがめられることはない――こんなふうに割りきると、ともすれば「事勿れ主義」のようにとられかねない。

ⓒ水は自然の法則にしたがって存在することの象徴である。水は自然の法則にしたがいながら流れてゆくのみであるから、いちいち先を争わず、わざわざ場所をえらばない。とはいえ争わないありかたを主体的にもとめているわけではない。水はすすんで、みずから欲して、そうしているのではない。水はただ自然の法則にしたがって流れたり、よどんだり、たまったりしているだけである。

蛇口をひねれば水がでてくる現代の生活とちがい、老子のころのひとにとって「水の若し」といえば、まずは川の流れがイメージされただろう。

孔子は「ゆく者は斯くの如きか。昼夜を舎かず」（『論語』子罕）という。流れてゆくよ、昼となく、夜となく、と。孔子は川の流れにおいて不断かつ不可逆的なありかたをみている。

老子が川の流れになぞらえているのは、けっして逆らわず、文句もいわずに低いほうへゆくという、われこそはといった積極性とはとことん無縁なありかたである。おなじ水をみても ⓓ孔子と老子とではずいぶん見方がちがう。

（出典　山田史生『哲学として読む老子　全訳』）

(注) たれ――誰。

事勿れ主義――やっかいな問題が起こらず、ただ平穏無事にすめばよいと望む消極的な態度や考え。

(1) 「ⓐ利」とありますが、ここでの意味を【現代語訳】から二字で抜き出して書きなさい。

(2) ⓑ に入れるのに適当なことばを、【書き下し文】から三字で抜き出して書きなさい。

(3) 「ⓒ水は自然の法則にしたがって存在する」とありますが、【解説】から読み取れる、老子の考える水のようなありかたの例として最も適当なのは、ア~エのうちではどれですか。一つ答えなさい。

ア、調べ学習の役割分担で、みんなが難しいと思う課題の担当を頼まれ、自分に与えられた役割だと思い引き受けた。

イ、部活動で自分が主将に選ばれたいと望んでおり、顧問の先生に指名してもらえるように直接お願いをしに行った。

ウ、クラスの話し合いで自分の意見とは異なっていたが、自分の立場が悪くならないように多数派の意見に賛同した。

エ、生徒会長として実現したい公約があるので、自分の主張が他の立候補者よりも優れていることを熱心に演説した。

(4) 「ⓓ孔子と老子とではずいぶん見方がちがう」とありますが、【解説】を読んだ中学生の真希さんは、孔子の言葉を調べて次の【資料】を見つけ、【解説】と【資料】を読み比べて考えたことを【真希さんのノート】にまとめました。これを読んで、①、②に答えなさい。

【資料】

子　川の上に在りて曰く、ゆく者は斯くの如きか。昼夜を舎かず。

（意味）　先生は川のほとりで言われた。「過ぎゆくものはすべてこの川の流れと同じなのだろうか。昼も夜も一刻もとどまることがない。」

（説明）　一刻もとどまらない川の流れを眺めながら、孔子はこの流れと同様、人も世も自然も不可逆的に推移する時間とともにあり、みずからもまた刻一刻と老いてゆくことを実感する。

（井波律子『完訳　論語』を参考に作成）

【真希さんのノート】

老子と孔子の見方の違い

・老子は、人の「善いありかた」を水や川の流れにたとえ、孔子は、 X を川の流れにたとえている。

・老子は水に、どんな場所や状況にも対応しつつ、自然体でいられる性質を見出し、孔子は川の流れに Y 性質を見出している。

① X に入れるのに最も適当なことばを、【資料】の（説明）から二字で抜き出して書きなさい。

② Y に入れるのに最も適当なのはア~エのうちではどれですか。一つ答えなさい。

ア、過ぎゆくことも動くこともない

イ、止まることも戻ることもない

ウ、繰り返すことも変わることもない

エ、間違うことも逆らうこともない

三 (論説文)漢字の読み書き・品詞識別・内容吟味

次の文章は、スポーツ科学研究者である町田樹(まちだたつき)が書いた文章の一部です。これを読んで、(1)~(5)に答えなさい。

よくスポーツの世界では、「心技体」という言葉が用いられる。これはすなわち、「精神力」、「技術」、「体力」の三要素をバランスよく鍛えることの重要性を説いている言葉であるが、実のところ、私はこの三つが同列に語られていることに若干の違和感を感じている。というのも、「技術」は「精神力」と「体力」が結びついた結果として生まれるものだと思うからだ。

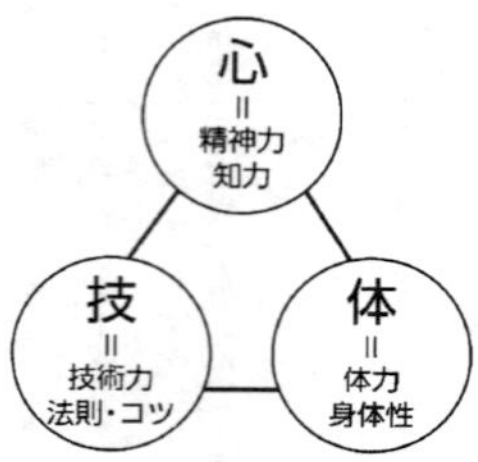

図一　一般的な心技体の図式

A おそらくあなたも知っているとおり、心技体の三者関係というのは、往々にして図一のように表わされる。しかし、これではあたかも「心」、「技」、「体」という三つの要素が、それぞれ個別に修練できるものであるかのような印象を受けるのではないだろうか。たしかに、この三要素のうち、「心」と「体」は個別に修練することができるかもしれない。「心」だけⓐ磨きたければ、B あえて頭脳派になればよいし、「体」だけ鍛えたければ肉体派になればよい。だが、「技」に関してだけは、「心」と「体」の両者がそろわなければ絶対に修練することはできない。(中略)

中井正一の技術論を引き合いに出そう。中井は、「技」とは「物事を上手にこなすための法則」のようなものであると述べていた。では、この法則(=コツ)をつかむためには、どうすればよかっただろうか。(中略)

まず法則をつかむためには、実際に何度もパフォーマンスを繰り返し行なって(おこ)、法則につながりそうな情報を収集する必要があったはずだ。当然、パフォーマンスを行なうためには「体」が必要となるし、情報を収集するのも「体」の各感覚器官である。だが、「体」は法則そのものを探り当てることはできない。最終的に収集された情報を分析して法則を導き出すのは、「心」(知性)の役割だからだ。このように「心」と「体」が結びついてはじめて、「技術」は創造されるのである。したがって、「体」だけ鍛えていても、編み出せる技術にはやはりどうしても限度がある。

ⓑでは、実際に「心」を鍛えることで、アスリートはどれほど技術を豊かにできるものなのだろうか――。たとえば、マラソンランナーが競技中に繰り広げるライバルとの駆け引きを想像してみよう。マラソン選手は、集団で競争状態にあるとき、その集団の先頭で走ろうとするのではなく、あえて集団のなかに入り、誰かの真後ろに隠れるようにして走ろうとする傾向にある。なぜなら、他者の後ろにぴたりとつく戦術をとることによって、自分の身体にかかる空気抵抗を軽減することができ、より楽に、C そして速く走ることが可能となるからだ。

さて、ここであなたに質問があるのだが、このマラソン選手が空気抵抗を減らして楽に速く走るための技術は、マラソンの練習(=「体」の修練)をするだけで編み出せるものであるだろうか。私は何時間走ったとしても編み出せないと考えている。やはりこの技術(=法則)は、空気抵抗や抗力に関する科学的知識がないと習得できないだろう。このように知識をつけることでしか発見できない技術もたくさんあるのだ。

私はそのことを大学時代に身をもって学ぶことができた。(中略)

大学時代、ⓒ頻繁にスランプに悩まされており、競技成績も低迷していた私は、藁(わら)にもすがる思いでとにかく心理学の授業で学んだ思考法を実践してみたのであった。すると、スランプに陥っている原因を冷静に分析でき、なおかつ無駄なく解決策を探ることができるようになったのである。そして、そのおかげで従来よりも早くスランプを脱出することができたり、あるいは、新たな法則(コツ)を発見する契機にも恵まれるようになった。D もし私がその心理学の講義を履修しておらず、アルゴリズムとヒューリスティックの思考法を知ることがなかったら、私はスランプ地獄から抜け出せずに、ただもがき続けるだけの競技人生を送っていたことだろう。

ちなみに、この心理学の授業で体験した出来事は、ほんの一例にすぎない。私は大学在学中、これと同様の出来事を何度も経験し、技術は練習場だけでなく、教室でも修練可能なものであることを学んだのである。

「心」(知性)の鍛錬で面白いことは、一見、競技に関係のなさそうな知識でも、いつどこでどのように役に立つかわからない、ということだ。たとえば、経済学の知識は競技力に直接関係しないかもしれないが、一方で、競技活動を継続させるうえで必要となる資金の調達方法を考案するきっかけになるかもしれない。あるいは文学を学んでも、筋肉を増強させることはできないだろうが、もしかしたら試合に負けて落ち込んでいる自分の気持ちに寄り添い、再び前へと踏み出すための活力をもたらしてくれるような文学作品との出合いがあるかもしれない。だからあなたもぜひ、どのような種類の知識であれ、貪欲に摂取して「心」(知性)を鍛えてみてほしい。そうしてⓓ「心」と「体」の両方を修練していけば、自然とそのふたつが結び合わさって「技」が育まれていくはずである。

(出典　町田樹『若きアスリートへの手紙――〈競技する身体〉の哲学』)

(注)
中井正一――日本の評論家。日本で初めてスポーツを美学(美の本質を研究する学問)の領域で論じた。
パフォーマンス――演技。
アスリート――運動選手。
スランプ――一時的に調子がくずれ、いつもの能力が発揮できない状態。
藁にもすがる思い――追いつめられたときに、頼りにならないものにも頼ろうとする気持ち。
履修――大学などで授業を選んで学ぶこと。
アルゴリズム、ヒューリスティック――どちらも問題を解決するための考え方や方法。

(1) **よく出る** **基本** ――の部分ⓐ、ⓒの漢字の読みを書きなさい。

(2) **基本** ――の部分A~Dのうち、品詞が異なるものはどれですか。一つ答えなさい。

(3) 「ⓑでは、実際に……だろうか」とありますが、筆者が紹介した具体例について説明した次の文の[X]、[Y]に入れるのに適当なことばを、[X]は十五字、[Y]は五字で、それぞれ文章中から抜き出して書きなさい。

集団で走るときに、マラソン選手が[X]走ることが多いのは、[Y]を根拠に習得した技術を使っているからである。

(4) 「ⓓ『心』と『体』の……はずである」とありますが、これについて、①、②に答えなさい。

① 「技」を育むための「体」の修練と役割についての筆者の考えを説明したものとして最も適当なのは、ア～エのうちではどれですか。一つ答えなさい。

ア、法則を見つけるために、競技場だけでなく教室でも心理学や文学といった情報を収集すること。
イ、練習やパフォーマンスを繰り返し行うことを通して、コツをつかむための情報を収集すること。
ウ、練習を繰り返すことでコツを身につけ、各感覚器官を発達させるための情報を収集すること。
エ、場所や時間に関係なくパフォーマンスを繰り返し、肉体派になるための情報を収集すること。

② 「技」を育むことについての筆者の考えを説明した次の文章の[　]に入れるのに適当なことばを、四十字以内で書きなさい。

「技」を修練することで、物事を上手にこなすことが可能となる。そのためには、「体」の修練と役割に加えて、[　]という「心」の修練と役割が必要である。

(5) この文章の構成と内容の特徴について説明したものとして最も適当なのは、ア～エのうちではどれですか。一つ答えなさい。

ア、冒頭の段落で筆者自身の意見は述べずに「心技体」の一般論の説明のみにとどめることで、読者に当事者意識を持たせている。
イ、筆者の意見を述べる前に他の研究者の論を紹介して反対の立場の意見と比較することで、筆者の主張の優れている点を強調している。
ウ、全体を通してカッコ（　）を使った言い換えの表現で用語について補足することで、最も重要な要素が何かを明確にしている。
エ、一般論に対する意見を述べた後に競技や体験談といった複数の具体例を提示することで、筆者の考察や主張の説得力を補強している。

四 内容吟味・条件作文

四人の中学生が「身近な社会生活について考える」という内容の授業で、班のテーマを「日本の食品ロス」に設定して、クラス発表で課題解決の提案をするために【資料Ⅰ】～【資料Ⅲ】をもとに話し合いをしました。次の【話し合い】を読んで、(1)～(4)に答えなさい。

【話し合い】

康太　そもそも「食品廃棄物」と「食品ロス」って何が違うのかな。

理絵　【資料Ⅰ】によると、「食品廃棄物」は廃棄される食品全般を指し、「食品ロス」は食品廃棄物の中でも、「本来食べられるにもかかわらず捨てられる食品」を指すみたいだよ。だから[X]は「食品ロス」ではないということだね。

康太　社会問題になるくらい、食べ物がたくさん捨てられているってこと？

理絵　食品が作られてから私たちが食べるまでの間に、様々な場所で捨てられているみたいだよ。どの発生場所の食品ロスが多いかは【資料Ⅱ】の数字が大きい所に注目してみたらわかるね。

康太　一番大きい数字は、「食品製造業」の「1411万t」だね。

友子　それは「食品廃棄物」全体の数字だよ。食品ロスの発生量や、食品廃棄物に占める割合といった「食品ロス」に関する数字に注目しようよ。

健司　「食品ロス」の数字に注目すると、食品卸売業の食品ロスの発生量は16万tと他の発生場所より少ないけれど、食品廃棄物の発生量の半数以上を占めていることがわかるね。また、割合に注目すると、[Y]ことがわかるね。つまり、スーパーマーケットやレストランを利用する僕たち消費者の行動が食品ロスの問題に影響するんだね。

理絵　【資料Ⅲ】によると、消費者が関係することだけでも様々な要因があることがわかるね。

康太　じゃあ、消費者として食品ロスを解決する方法を提案しようよ。「がんばって残さず食べるように気をつけよう」はどうかな？

友子　「残さず食べる」は大事なことだけれど、「がんばる」や「気をつける」だけでは提案として不十分だよ。【資料Ⅲ】の発生要因を解決するための具体的な行動を提案したいね。

康太　ええと、夕食で残ったおかずを次の日のお弁当に入れて食べる、というのは具体的な提案になるかな？

健司　そうだね、そんなふうにできるだけ具体的な行動を提案したいね。どの発生場所に着目するか、資料の大きな数字を根拠として紹介したら、さらに説得力のある提案になりそうだね。

【資料Ⅰ】食品ロスと食品廃棄物の定義

「食品ロス」は、「本来食べられるにもかかわらず捨てられる食品」と定義されます。「食品廃棄物」とは、「食品の製造や調理過程で生じる調理くず」、「食品の流通過程や消費段階で生じる売れ残りや食べ残し」といった廃棄される食品をいいます。食品廃棄物には、食品ロスのほか、例えば、魚・肉の骨等の食べられない部分が含まれます。

（消費者庁『令和２年度版消費者白書』及び国税庁酒税課「食品リサイクル法の概要」を参考に作成）

【資料Ⅱ】発生場所ごとの食品廃棄物と食品ロスの発生量

単位：万t

発生場所＼発生量	食品廃棄物	食品ロス
食品製造業	1411	121(約９％)
食品卸売業	27	16(約59％)
食品小売業	123	64(約52％)
外食産業	206	127(約62％)
一般家庭	783	284(約36％)

※(　)内の％は食品廃棄物に占める食品ロスの発生量の割合

【資料Ⅲ】消費者が関係する食品ロスの発生要因

発生場所＼要因	販売側の要因	消費側の要因
食品小売業	賞味・消費期限切れ 販売期限切れ	鮮度志向 買い過ぎ
外食産業	作り過ぎ	急な予約キャンセル 食べ残し
一般家庭		期限切れ 過剰除去 作り過ぎによる食べ残し

(【資料Ⅱ】【資料Ⅲ】は消費者庁『令和２年度版消費者白書』から作成)

(1) [X]に当てはまることばを【資料Ⅰ】から八字で抜き出して書きなさい。

(2) 【資料Ⅱ】から読み取れることとして、健司さんの発言の内容が論理的なものとなるために、[Y]に当てはまるものとして最も適当なのは、ア～エのうちではどれですか。一つ答えなさい。

ア、食品卸売業では、食品ロスの発生量の割合より、その他の食品廃棄物の発生量の割合が高い

イ、すべての発生場所で、食品廃棄物に占める食品ロスの発生量の割合は二分の一以上である

ウ、食品小売業の食品ロスの発生量が、食品ロス全体の発生量の約半分の割合を占めている

エ、食品小売業や外食産業の食品ロス発生量の割合は、食品製造業の食品ロス発生量の割合より高い

(3) 【話し合い】の特徴を説明したものとして最も適当なのは、ア～エのうちではどれですか。一つ答えなさい。

ア、康太さんは、話し合いが活発になるように、議論の最初に話し合いの目的や手順を示している。

イ、理恵さんは、他の人の意見に反対するときに、資料を用いることで発言の正当性を高めている。

ウ、友子さんは、前の人の発言内容を受けて、着眼点の誤りや発言の不十分な点を指摘している。

エ、健司さんは、発言の根拠として、資料の内容よりも自分が実際に体験したことを重視している。

(4) 思考力 「夕食で……食べる」とありますが、これ以外にも「消費者として食品ロスを解決するための提案」を発表することになりました。これについて、康太さんたちが班で話し合った内容を踏まえて、あなたの考えを条件に従って八十字以上百字以内で書きなさい。

条件

1、二文で書き、一文目に、「どの発生場所に着目するか」を、【資料Ⅱ】の内容を根拠とした理由とともに書くこと。ただし、理由を書く際に「最も多い」もしくは「最も高い」という表現を使うこと。

2、二文目に、一文目で着目した発生場所において、【資料Ⅲ】の発生要因を解消するための「具体的な行動」を提案として書くこと。

※数値を使う場合は、左の(例)を参考にして表記すること。

(例) 約20％　183万t

広島県

時間 50分　満点 50点　解答 P39　2月27日実施

出題傾向と対策

●小説文、論説文、漢文の大問三題構成。昨年は古文に組み込まれていた条件作文は出題されていない。文章量・問題数ともに比較的少なめだが、記述力だけではなく思考力を必要とする問題が出されている。

●まずは過去問を解いて、出題形式に慣れておくことが大切。記述問題では、本文中から根拠となる表現を見つけ出し、問われている内容に即して文章をまとめる練習をしておくとよい。漢文は、仮名遣いや訓点など基本をきちんと押さえておくこと。

一 (小説文)漢字の読み書き・文脈把握・内容吟味

次の文章を読んで、あとの問いに答えなさい。(計22点)

〔高校二年生の亜紗(あさ)は、綿引先生が顧問を務める天文部に所属し、先輩の晴菜(はるな)たちと活動している。亜紗たちは、昨年度、天文部の活動で宇宙飛行士の花井うみかの講演会に参加した。亜紗がそのときのことを回想しながら、後輩の深野と広瀬たちに話をしている。〕

花井さんの話はとてもおもしろかった。

会場には、老若男女(ろうにゃくなんにょ)、さまざまな㋐ソウの人たちが集まっていた。亜紗たちのような高校生や、それより小さい小学生、天文ファンらしき親子連れなどの姿も多く、その全員が顔を輝かせて花井さんに注目していた。本物の宇宙飛行士に会える、という[a]もあったろうけど、花井さんが、人を惹(ひ)きつける明瞭な話し方をしてくれるおかげで、その場の誰ひとり退屈していなかったと思う。

会場に子どもの姿が多いのを見て取って、自分がどんな小学生だったか、子ども時代、宇宙関係の本や特集記事を多く読み込んだことが現在の自分につながっていることとな

どを語り、来年からまた宇宙ステーションの活動に従事するにあたっての決意を口にする姿も凛々(りり)しくて、亜紗はⒶぽーっとなった。

今、頭上にある空の向こう――宇宙に、この人は本当に行ったことがあるんだ、と思ったら、そんな人とこの距離で同じ空間にいることが奇跡のように思えた。

すると、講演の最後に質疑応答の時間があり、司会の男性の「何か、会場から質問はありますか？」という問いかけに、亜紗たちの横に座っていた綿引先生がすっと手を挙げたのだ。

亜紗たちは――、たまげた。

「え、こういう時って、子どもに質問するのを譲ったりするもんじゃないの？　先生が質問するの？　ってめちゃくちゃ驚いて……。他の聴衆はみんな、花井さんの話に圧倒されてて、誰も手を挙げていないし。」

「そりゃそうですよ。え、で、綿引先生、質問したんですか？」

「うん。で、そこからがもっと驚き。」

司会が綿引先生を指し、マイクが回ってくると、綿引先生がいきなり「こんにちは、うみかさん。」と呼びかけたのだ。

それはさすがに馴(な)れ馴(な)れしいんじゃないか――と部員はみんなハラハラした。しかし、次の瞬間、①花井さんの表情に明るい光が差した。マイクを持って立つ綿引先生の姿に目を留めた彼女が、なんと、「あ、先生。」と呼びかけたのだ。

「えええええーーー!!」

深野と広瀬、二人が［ b ］叫ぶ。当時の亜紗や部員たちも、さすがにその場では声にしなかったものの、心の中で激しく絶叫したから、その思いはよくわかる。

「えっ、花井さん、先生のことを知ってたってことですか？」

「まさか、教え子だったとか……？」

深野だけでなく、それまで㋑シズかに話を聞いていた広瀬までもが聞く。問いかけに、今度は晴菜先輩が答えた。

「教え子じゃないですよ。花井さんは確かに茨城出身ですが、先生とは全然、無関係です。ただ、後で聞いたら、先生はそれまでも、花井さんが㋒登壇したイベントや著作のサイン会にファンとして通っていたみたいで、挨拶したり質問したりするうちに、顔を覚えてもらったようです。学校の先生だということも伝えたので、『先生』と呼ばれているんだ、と話していました。」

「すごい。」

深野が呟(つぶや)いた。

「教え子とかより、ある意味すごくないですか？　要するに、熱心すぎる単なるファンってことですよね。それで顔なじみになるって相当ですよ。」

「うん。だけど、そういうことを飄々(ひょうひょう)とやれる人だから、花井さんも記憶に残ったんだと思う。」

綿引先生は、そうやって人の懐(ふところ)に入っていくのが上手だ。相手を不快にさせることなく、気づくと距離を詰めている。オンライン会議でのふるまいを見ていても感じることだった。

「先生はその時、なんて、質問したんですか？」

広瀬が聞いた。亜紗が答える。

「『今日、僕の高校の天文部の生徒たちと一緒に来ているんですが、彼らに何かメッセージをお願いしてもいいですか。』って。」

なんてことを聞くんだ――と思った。実を言えば、②亜紗はそういう感じの質問がとても嫌いだ。何かの分野の第一線で活躍している人に対してよく聞かれる「子どもたちに一言」は、大人がとりあえずする質問だ、という気がする。実のところ、そういう質問の答えを求めているのは「大人」の都合で、花井さんのことも、当の子どものこともちゃんと考えていない気がする。

だけど、この時ばかりは、亜紗はごくり、とつばを飲み込んで、花井さんの言葉を待った。ステージの上の、明るい水色のパンツスーツを着た花井さんが先生の横に座る亜紗たちを見た。通りのよい透明感のある声が一言、「星が好きですか？」と聞こえた時、全身から汗が噴き出した。自分たちに向けられた言葉だと思ったら、全身が一瞬で熱くなった。

大人の女性の、しかもとても尊敬している人の視線がこちらに向けられているのを感じると、あまりに恐れ多くて、声がうまく出せなかった。亜紗も晴菜先輩も、当時の三年生たちでさえ全員が言葉を発することなく、ただ頷(うなず)いた。

花井さんがふっと微笑(ほほえ)み、「私の㋓憧れも、子ども時代から始まっています。」と答えてくれた。

「当時、『科学』と『学習』という雑誌が出ていて――。各学年ごと、その学年にあった読み物がたくさん載っていて、付録も魅力的で。」

花井さんがそう言うと、会場にいた大人たちから、大きな反応があったのがわかった。亜紗も雑誌の存在は知っていたが、上の年代の人たちにはより馴染(なじ)み深く思えるのだろう。

「私は、クラスの子の多くが『学習』を買ってもらう中、圧倒的に自分の興味が『科学』派だ、とその本を読む中で気づきました。特に、小学五年生の時、毛利衛(まもる)さんがスペースシャトル、エンデバーに㋔搭乗した際には、その詳細な記事が読みたくて、学年の違う姉にも、その時だけ『科学』の方を買ってほしいと頼み込んで大ゲンカになったり。姉は『学習』派だったので。」

花井さんが、ふふっと笑った。

「皆さんも、自分が何を好きなのか、ある日、気づいたらそうだった、ということがあると思います。そして、私は、そういうものに恵まれた自分がとても幸せだったのだということを、今、実感しています。皆さんは高校生ですよね？」

亜紗たちがぎくしゃくと頷くと、花井さんが言った。

「現実的に進路を考えると、好きなことと向いていること、得意なことや苦手なことのギャップで苦しむ時もくるかもしれない。好きだけど、進学先や、職業にするのには向いていない、ということもひょっとするとあるかもしれません。だけど、もし、そちらの方面に才能がない、と思ったとしても、最初に思っていた『好き』や興味、好奇心は手放さず、それらと一緒に大人になっていってください。」

花井さんのその時の答えは、Ⓑあまりにぽーっとなりすぎたせいで、正直、その場で完全に理解できたとは言えなかった。

（辻村深月（つじむらみづき）「この夏の星を見る」による。）

1、よく出る 基本 ㋐～㋔について、漢字には読みを書き、カタカナにはそれに当たる漢字を書きなさい。（各1点）

2、[a]に当てはまる最も適切な語を、次のア～エの中から選び、その記号を書きなさい。（2点）
ア、安心感　イ、高揚感
ウ、親近感　エ、解放感

3、①花井さんの表情に明るい光が差したとあるが、次の文は、花井さんが、このような表情になった理由について述べたものです。空欄Ⅰに当てはまる最も適切な語を、本文中から四字で抜き出して書きなさい。（2点）
質疑応答の際に質問してきた綿引先生が、以前からの（　Ⅰ　）だったから。

4、[b]に当てはまる最も適切な表現を、次のア～エの中から選び、その記号を書きなさい。（2点）
ア、そっと目をそらして　イ、ぎゅっと口を結んで
ウ、目をまん丸にして　エ、口をつんととがらせて

5、②亜紗はそういう感じの質問がとても嫌いだとあるが、次の文は、亜紗がそうした質問を嫌う理由について述べたものです。空欄Ⅱに当てはまる適切な表現を、四十字以内で書きなさい。（4点）
綿引先生が花井さんにした質問は、「子どもたちに一言」というような質問であり、それは、（　Ⅱ　）と感じられるから。

6、Ⓐ・Ⓑの描写について、国語の時間に生徒が班で話し合いをしました。次の【生徒の会話】はそのときのものです。これを読んで、空欄Ⅲに当てはまる適切な表現を、二十五字以内で書きなさい。また、空欄Ⅳに当てはまる適切な表現を、四十五字以内で書きなさい。（Ⅲ3点、Ⅳ4点）

【生徒の会話】

清水：「ぽーっと」という描写が二回出てきているけど、何か違いはあるのかな。
川上：Ⓑでは、「あまりにぽーっとなりすぎた」とあるよね。Ⓐのときよりも、「ぽーっと」した感じが強くなっている感じがするね。
藤井：Ⓐのときは、講演会での花井さんの話を聴いたり、凛々しい姿を見たりして「ぽーっとなった」のではないかな。
村上：そうだね。だけど、それだけかな。本当に宇宙に行ったことのある宇宙飛行士の花井さんと（　Ⅲ　）ことも、「ぽーっとなった」ことに関係していると思うよ。そして、Ⓑのときは、（　Ⅳ　）から「あまりにぽーっとなりすぎた」のだと思うよ。
清水：なるほど。そうかもね。だから、Ⓑでは、「あまりにぽーっとなりすぎた」と描写されているのかもしれないね。

二（論説文）文脈把握・内容吟味

次の文章を読んで、あとの問いに答えなさい。（計18点）

生物は、それぞれの生息・生育環境での暮らしに適した性質をもっています。雪が降る季節には体色を茶色から白に変えて敵から見つかりにくくなるウサギは、わかりやすい例でしょう。これは、生物がおかれた環境のもとで上手（うま）く暮らせる性質をもったものが生き残り、より多くの次世代を残してきた結果と考えられます。生物の[a]が環境条件にうまくあっていることを、「生物が環境に適応している」といいます。

温暖化のような気候変動は、それまでの環境に適応していた生物に不利益をもたらすことがあります。一例を挙げましょう。北海道で早春に咲くエゾエンゴサクという植物は、やはり早春に花の蜜を吸うために盛んに活動するマルハナバチの女王に花粉を運んでもらうことで、種子をつくることができます。エゾエンゴサクは雪解けを主な刺激として開花します。近年、気候変動により雪解けの時期が早まっているため、このままの傾向が進むとマルハナバチが冬眠から目覚める前に花を咲き終えてしまうため、エゾエンゴサクは繁殖に失敗しやすくなることが指摘されています。このようなことが続くと、生物は絶滅してしまうかもしれません。

[b]、気候変動が常に生物の絶滅をもたらすわけではありません。一般論として、環境の変化に対する生物の反応は主に三つに分けられます。分布域の変化（＝暮らしやすい場所への生物の移動）、順応（＝遺伝子の変化を伴わない性質の変化）、進化（＝遺伝子の変化を伴う性質の変化）です。

分布の変化は、その生物の生育・生息に適した場所が大きく繋（つな）がっている場合や、高い移動・分散をする能力を備えている場合の反応です。海洋の魚類では、気候変動に対応した分布の変化が多数報告されています。

順応とは、個体の生涯の期間で生じる「環境に対応した変化」です。温帯で暮らしていた人が熱帯に移住すると、発汗機能が向上したりします。これは遺伝子が変化したわけではないので、進化とは呼びません。生物の多くは環境の変化に対して順応する能力をもっていますが、反応できる変化の幅には限界があります。

進化は、ある環境で何度も世代を経ることで、その集団の遺伝的な特徴が変化する現象を指します。進化は次の三つの条件がそろったときに生じます。それは、①集団の中に特徴の異なる個体が存在すること、②その特徴の違いが遺伝子の違いに起因すること、③その特徴の違いに応じて生存率や繁殖率が異なること、という条件です。生物集団の中に「暑さへの耐性」に関する性質に違いがある個体が存在し、その性質は遺伝的なものであり、かつその性質をもった個体が他の個体よりも多くの子孫を残すならば、その生物は暑さへの耐性をもつように進化します。

気候変動は急速に進行する、大きな環境変化です。順応によって対応できる範囲を超えることもしばしばあるため、生物が長期にわたって存続するためには、分布域を変化させるか、進化するしかありません。分布域の変化も、進化もうまくいかなかった場合、待っているのは絶滅です。

気候変動が生物の進化を引き起こしたと考えられている実例は、すでに報告されています。イギリスの湖において ミジンコの性質の変化を調べた研究では、一九六〇年代から二〇〇〇年代までの間に、高温に耐性をもつ個体が増加したことが示唆されています。また、フランスの耕地雑草である一年生植物ヤグルマギクの研究では、一九九二年に採取し保存されていた種子と、二〇一〇年に採取された種子を同じ条件の畑に蒔(ま)いて育てた結果、二〇一〇年の種子のグループの方が平均四日ほど早く開花し、これは開花にかかわる遺伝子が変化した結果であることが示唆されています。

このような例はあるものの、気候変動がもたらした進化の例は、多くはありません。上で挙げたミジンコとヤグルマギクに共通する特徴として、世代時間（次の世代を残すまでの時間）が短いことが挙げられます。進化は世代を超えた遺伝子の変化なので、世代時間が短い生物の方が高速に進みます。逆に、樹木のように世代時間が長い生物は進化の速度が遅いため、気候変動に追随した変化が容易ではありません。

［　c　］。気候変動という急流に流されずに存続するのは容易ではないのです。

現在進行している気温上昇などの気候変動の特徴は、過去の地球で生じた気候変動よりも速度が速いことが特徴です。そのため多くの生物にとっては存続を脅(おびや)かす危機になります。現代から二〇五〇年までの間に二度を超える気温上昇が生じた場合、地球全体では三割以上の種が絶滅する危険があるという予測もあります。現在進行中の気候変動はそれほど深刻なのです。

ここまで、気温の上昇に追随した進化が可能か？　という観点から説明してきました。しかし、気候変動が生物に与える影響はより複雑です。生物は、温度や降水量といった気象条件だけでなく、餌の分布と種類、天敵や病原菌の種類など、さまざまな要因に対して適応しています。気候変動に伴って生物の分布や性質が変化すると、その生物と関係して暮らしていた他種の生物も影響を受けます。それは時には絶滅をもたらすほどの効果をもつこともあります。

たとえば氷河期に大繁栄したマンモスは「暑さに耐えられずに」絶滅したわけではないと言われています。複数の要因が影響したと考えられていますが、特に影響が強かった要因として「植生の変化」を挙げる説があります。気候の温暖・湿潤化に伴い、それまで餌場として利用していた草原が樹林に変化したために、個体数が大幅に減少したという意味です。もしそうなら、草や木の分布や量の変化が、それを餌としていた動物の絶滅をもたらした例と言えます。

いままで花粉を運んでくれていたハチが北に移動してしまったら？　これまで害虫を食べてくれていたカエルが別の食べ物を選ぶようになったら？　気候変動がもたらしうるこれらの変化は、間接的に別の種の衰退をもたらすかもしれません。

①気候変動は地球の生態系の姿を大きく変える可能性があり、その影響は十分に予想できません。なるべく進行を遅らせる努力をしつつ、自然の仕組みの理解や、賢明な適応のあり方の検討を進めることが重要です。

出典：気候変動適応情報プラットフォーム (https://adaptation-platform.nies.go.jp/climate_change_adapt/qa/03.html)

1、［　a　］に当てはまる最も適切な語を、この文章の第一段落から二字で抜き出して書きなさい。（2点）

2、［　b　］に当てはまる最も適切な語を、次のア～エの中から選び、その記号を書きなさい。（2点）

ア、たとえば　イ、しかし　ウ、または　エ、さらに

3、［　c　］に当てはまる最も適切な表現を、次のア～エの中から選び、その記号を書きなさい。（3点）

ア、進化の速度が気候変動の速度よりも緩やかであれば、絶滅を避けることができるかもしれませんが、進化の速度が気候変動の速度よりも速ければ絶滅します

イ、生物によっては、気候変動によって世代時間が短くなり、それが要因となり絶滅します

ウ、気候変動の速度に比べ進化の速度が十分に速ければ、絶滅せずに「変化しながら残る」ことになり、逆に進化の速度が追いつかなければ絶滅します

エ、生物の世代時間が長ければ、遺伝子の変化が世代を超えて生じ、絶滅せずに「変化しながら残る」ことになります

4、**思考力** ①気候変動は地球の生態系の姿を大きく変える可能性があり　とあるが、気候変動が生態系の姿を大きく変える可能性がある理由を、この文章における筆者の主張を踏まえて、八十字以内で書きなさい。（5点）

5、総合的な学習の時間に海の環境問題をテーマに学習しているある班の生徒は、本文を読んで、気候変動が生物に与える影響について関心をもち、海洋生物に対する影響について、インターネットで調べることにしました。次の【記事の一部】は、この班の和田さんが見付けたものです。また、【生徒の会話】は、班員が【記事の一部】を読んで行ったものです。これらを読んで、あとの(1)・(2)に答えなさい。（各3点）

【記事の一部】

気候変動による海水温の上昇と海水に溶ける酸素の減少によって、マグロやハタから、サケ、オナガザメ、タラに至るまで、数百種の魚がこれまで考えられていた以上のペースで小型化している。二〇一七年八月二十一日付の科学誌「Global Change Biology」誌に掲載された論文でそんな結論が導き出された。

海水の温度が上昇すると、海の生きものの代謝が盛んになる。そのため、魚やイカをはじめ、生物は海水からより多くの酸素を取り込む必要が生じる。しかしその一方で、海水に溶ける酸素の量は水温が高くなるほど減る。この酸素の減少は、多くの海ですでに起きていることが指摘されている。

（日本経済新聞ウェブページによる。）

【生徒の会話】

和田：記事に書かれている魚の小型化は、本文で筆者が述べている分布域の変化、順応、進化という（　Ｉ　）の一つの具体的な事例として捉えることができるよね。

田中：そうだね。気候変動による海水温の上昇に

よって魚が小型化するんだね。知らなかったな。この記事を私たちのまとめるレポートに引用しようよ。きっとみんなも驚くと思うよ。

木村：ちょっと待って。魚が小型化しているのは、人間がかつてある時期にその魚の大型の個体を乱獲したからだという説を、前に聞いたことがあるのだけれど、魚の小型化には、海水温の上昇と乱獲のどちらが影響しているのだろう。

田中：引用するなら、調べておいた方がいいよね。

和田：仮に、海水温の上昇が魚の小型化に影響しているとするならば、（　　Ⅱ　　）があればいいのではないかな。

木村：そのようなデータがあれば、よさそうだね。

(1) 空欄Ⅰに当てはまる最も適切な表現を、本文の第三段落から第六段落までの中から十四字で抜き出して書きなさい。

(2) 空欄Ⅱに当てはまる最も適切な表現を、次のア～エの中から選び、その記号を書きなさい。

ア、乱獲された時期に関係して、魚が小型化していることを示すデータと、海水温の上昇に伴って、魚が小型化していることを示すデータ

イ、乱獲された時期に関係なく、魚が小型化していることを示すデータと、海水温の上昇に伴って、魚が小型化していることを示すデータ

ウ、乱獲された時期に関係して、魚が小型化していることを示すデータと、海水温の上昇に関係なく、魚が小型化していることを示すデータ

エ、乱獲された時期と海水温の上昇のどちらにも関係なく、魚が小型化していることを示すデータ

三（漢文）仮名遣い・内容吟味・古典知識

次の文章を読んで、あとの問いに答えなさい。（計10点）

「魯の国には、他国に捕らわれた自国の人を、金を払って救出した人に対して、後に国がその金を支払うという法があった。孔子の弟子の賜は、金を払って魯の国の人を救出したが、国からの金を受け取らなかった。」

【書き下し文】

孔子①曰はく、「賜之を失せり（間違っている）。今より以往、魯人、人を贖はざらん（救出しなくなるだろう）。其の金を取るとも、則ち行ひに損する（善行を損なう）無く、其の金を取らざれば、則ち復た（二度と）人を贖はず。」と。

子路（注）、溺者を拯ふ（救助した）。②其の人之を拝する（謝礼する）に牛を以てし、子路之を受く。孔子曰はく、「魯人必ず溺者を拯はん（救助するだろう）。」と。

孔子之を見るに細を以てし、化を観ること遠きなり（成り行きを遠くまで見通していた）。

【漢文】

孔子曰、「賜失レ之矣。自レ今以往、魯人不レ贖レ人矣。取二其金一、則無レ損二於行一、不レ取二其金一、則不二復贖一レ人矣。」

子路、拯二溺者一。其人拝レ之以レ牛、子路受レ之。孔子曰、「魯人必拯二溺者一矣。」

孔子③見レ之以レ細、観レ化遠也。

（『呂氏春秋』による。）

（注）子路＝孔子の弟子。

1、よく出る 基本 ①曰はく の平仮名の部分を、現代仮名遣いで書きなさい。（1点）

2、②其の人 とは、誰のことですか。次のア～エの中から最も適切なものを選び、その記号を書きなさい。（2点）

ア、孔子　イ、賜　ウ、子路　エ、溺者

3、よく出る 基本 ③見之 に、【書き下し文】の読み方になるように、返り点を書きなさい。（1点）

4、国語の時間に生徒がこの文章を読んで、班で話し合いをしました。次の【生徒の会話】はそのときのものです。これを読んで、空欄Ⅰに当てはまる適切な表現を、現代の言葉を用いて、八十字以内で書きなさい。（6点）

【生徒の会話】

青木：賜も子路も、人を救ったんだよね。それなのに、孔子は、どうして賜のことを「間違っている」と言ったのだろう。

西田：私もそう思う。孔子は、人々の手本となるような行動を取るように弟子たちを教育していたらしいし、人を救って、金を受け取らなかったという賜の行動は、それにふさわしいと思うけど。

今井：「化を観ること遠きなり」とあるよね。孔子は、弟子たちの行動が、後々に与える影響を考えたのだと思うよ。人々の手本となるべき賜の取った行動が、後々に与える影響を考えてみたらいいと思うよ。

青木：それを踏まえると、孔子は、（　　Ⅰ　　）から、「魯人、人を贖はざらん」と考えて、賜の行動を「間違っている」と言ったのかな。

西田：なるほど。そういえそうだね。

山口県

時間 50分　満点 50点　解答 P40　3月6日実施

出題傾向と対策

●小説文、論説文、古文、資料を読み解く問題、漢字・漢文の国語知識、条件作文の大問六題構成。昨年は書き下し文だった漢文は、漢詩が出題された。選択、抜き出し、記述問題がバランス良く出題される。文章量は多くなく、標準的な難度である。

●徹底的に基礎基本を押さえること。漢字の読み書き、文法、四字熟語、歴史的仮名遣いなど基本的事項が幅広く出題されているので、ここで確実に得点したい。条件作文は、過去問を何度も解いて慣れておくことが必要。

一 (小説文)漢字知識・品詞識別・語句の意味・内容吟味

中学一年生の「奈鶴(なつる)」は、家庭教師の「奏(かな)」に英語を学ぶ理由について相談をしていた。次の文章は、「奏」がドイツの大学院※に留学することが決まり、別れを前に「奈鶴」が「奏」に会いに行った場面である。よく読んで、あとの(一)～(七)に答えなさい。（計12点）

「ドイツに行っても、忘れないでくれたらうれしいです」

言ったら、ちょっと空気が変わった。ショッピングモールに行った日以来、こっちからは留学の話題に触れずにいたのに、急にぽんと出したからおどろかせたんだろう。

だからこそこのことを報告したかった。

「この前、学校帰りにバスに乗ってたら、知らないひとから英語で話しかけられたんです」

話題があっちこっちしても、奏先生はちっとも嫌な顔をしない。それどころか「へえ！」ってリアクションまでくれる。こういうところが好きだなと思う。

「ほとんど聞き取れなくて、めちゃくちゃ焦(あせ)りました。だけどジェスチャーとかで、降りるドアを聞かれてるんだってやっとわかって。でもどう教えたらいいのかわかんなくて……」

「わあ。それで？」

「結局こっちもジェスチャーと、日本語で乗り切った、のかな？　乗り切れたって言えるか微妙だけど、伝わってはいたと思います。笑ってくれたし、最後に手を振ってくれて、わたしも振り返しました」

「すごい」

「すごくないです。奏先生や学校の先生に、ごめんなさいって気持ちになりました。いっぱい英語教わってるはずなのに、頭からぜんぶ飛んじゃった」

「ああ……。たしかに勉強すればするほど、使える単語や表現は確実に増えるし、めざすゴールを設定するのはとてもいいと思う」

奏先生はそこでことばを切った。じっと何かを想像しているみたいに。

「でも、お互いに伝えたいメッセージがあって、それを伝え合ったわけでしょう。タイムリミットがある中で、奈鶴ちゃんも相手のひともあきらめなかった。偶然同じバスに乗り合わせて、たぶんもう会わないふたりが、手を振り合って別れたんだよ」

そして奏先生はもう一度、「すごいよ」って味わうように言った。

うれしかった。ほめられたからじゃない。バスの中で伝えたいことが伝わったとき、わたしの胸に広がった気持ちを奏先生が想像して、一緒に感じてくれたのがわかったから。

奏先生はドイツで、あんなふうにどきどきする瞬間を数えきれないほど体験するのかもしれない。毎日新しいことばに出会って、そのたびに頭がわーってなって、あらゆる感情に振り回されるのかもしれない。

英語もドイツ語も、日本語も、どこかに大事にしまわれているものじゃなくて、いろんな色になって、生きているんだろうな。ころころ転がって、変わっていく生きもの。しかもそれにばったり出会うどきどきは、はるか遠くの場所にだけ存在するんじゃなくて、わたしの周りにもつねにあるみたい。

「ことばって、なんか、おもしろいかも」

半分は自分に向かって言ったようなものだったんだけど、奏先生が、不意を突かれたって反応をした。そして「それを答えにするのもありじゃない？」って言った。

「答え、……あ、大きな問い？『どうして英語を勉強するのか』」

「そう、英語にかぎらず。『ことばって、なんか、おもしろそうだから』」

わたしの代わりに答えた奏先生は、あはは、と声を出して笑った。

これまで見たことのない、ついわたしも一緒になってきゃっきゃしちゃうくらいの、まるで友だち同士みたいな笑い方だった。

「自分で見つけたね、奈鶴ちゃん」

「大学院合格おめでとうございます、奏先生」

（眞島(ましま)めいり「バスを降りたら」から）

（注）※大学院＝大学卒業後、さらに深い研究をするための教育機関。

(一) よく出る 基本 次は、「乗」という漢字を楷書(かいしょ)体で書いたものである。黒ぬりのところは何画めになるか。数字で答えなさい。（1点）

(二) よく出る 基本 「ほとんど」と同じ品詞のものを、次の1～4から一つ選び、記号で答えなさい。（1点）

1、きれいな花を見た。　2、おもしろい話を聞いた。
3、この本は名作だ。　4、ゆっくり山道を歩く。

(三) 基本 「不意を突かれた」とあるが、「不意を突かれる」と似た意味をもつことわざとして最も適切なものを、次の1～4から選び、記号で答えなさい。（1点）

1、泣きっ面に蜂　2、猫に小判
3、寝耳に水　4、渡りに船

(四) 「わたしの胸に広がった気持ち」とあるが、これはどのような気持ちか。次の文がそれを説明したものとなるよう、□に入る適切な内容を四十五字以内

で答えなさい。　(3点)

バスの中で知らない人から英語で話しかけられて戸惑ったが、[　　　]気持ち。

(五)「ことばって、なんか、おもしろいかも」とあるが、それは「奈鶴」がどのようなことに気づいたからか。次の文がそれを説明したものとなるよう、[　　　]に入る適切な内容を、文章中から二十五字で抜き出し、初めと終わりの五字で答えなさい。　(2点)

ことばには[　　　]性質があり、それを感じる体験が自分の身近にもあることに気づいたから。

(六)「大学院合格おめでとうございます、奏先生」とあるが、このときの「奈鶴」の心情を説明したものとして最も適切なものを、次の1～4から選び、記号で答えなさい。　(2点)

1、「奏」の留学後の日々を思い浮かべ、「奈鶴」なりに留学することの意味を実感し、「奏」を素直に応援したいと思っている。
2、「奏」と楽しく話をしたことから別れがより辛くなり、懸命に泣くのをこらえながら、その本心を隠そうと振る舞っている。
3、「奏」が「奈鶴」との会話を通じてドイツ語の魅力に気づき、留学へ前向きに臨もうとしていることを感じて励ましている。
4、「奏」がバスで英語が話せなかった「奈鶴」を責めなかったことに安心し、引き続き家庭教師を続けてほしいと思っている。

(七)前の文章中における表現の特徴について説明した次の文章が、正しいものとなるよう、[Ⅰ]、[Ⅱ]に入る内容の組み合わせとして適切なものを、あとの1～4から一つ選び、記号で答えなさい。　(2点)

[Ⅰ]の視点から物語が描かれており、内面が生き生きと表現されている。会話文では、「奈鶴」の言葉遣いを[Ⅱ]に変えることで、「奏」との心の距離が近づいていることや「奏」に夢中になっていることが印象づけられている。

1、Ⅰ＝奈鶴　Ⅱ＝常体から敬体
2、Ⅰ＝奈鶴　Ⅱ＝敬体から常体
3、Ⅰ＝奏　Ⅱ＝常体から敬体
4、Ⅰ＝奏　Ⅱ＝敬体から常体

三 (論説文)品詞識別・熟語・内容吟味・文脈把握・段落吟味

次の文章を読んで、あとの(一)～(六)に答えなさい。　(計11点)

ラーメンについて詳しい知識がある人は、この店のラーメンが他の店のラーメンとどう違うか理解することができる。この味の源流はあの店にあるが、※暖簾分けしているうちに各店で工夫が施されて多種多様になり、そうした多様な分流のなかでこの店は他とここが違う、といったことが理解できる。それに気づくときには、そのラーメンが他とどう違うか（その対象にどういう独自の価値があるのか）という対象の価値が楽しめ、さらに、それに気づけたという経験の価値も楽しめるだろう。

同じことは、絵画、音楽、彫刻、文学、写真、ダンスといった芸術鑑賞にもあてはまる。この作品はどういうジャンルで、あの作品の影響を受けていて、ここが他の作品と違っていて、といった知識があることで気づける対象の価値がある。そして、それに気づけた経験も楽しめるのだ。知識があるおかげで対象の価値をより正確に把握することができ、それに[a]応じて経験の価値（対象の価値に決定される経験の価値）も増えてくるのである。

しかし、知識が少ない段階でも自分の経験の価値を楽しむことはできる。自分が食べているラーメンが他のラーメンと比べて何が良いかわからなくても、そのラーメンによって満足感を与えられている自分の状態、自分の経験をポジティヴに評価することができるのだ。

芸術鑑賞にも同じことが言える。芸術に関する知識が少なくても、作品によって心を揺さぶられている自分、ゾクゾクしている自分を楽しむことができる。そこで楽しまれているのは、作品そのものというよりも（もちろん、作品の価値もいくらかは把握されているが）、作品を鑑賞している自分の状態の価値なのではないだろうか。

[X] こうした経験の価値は、知識を増やすうえで重要だ。知識が少ない段階では、対象の価値はそこまで楽しめない。自分の目の前にあるラーメンや絵画が他と比べてどうすごいのかまでは理解できず、違いを楽しむことはできない。それでも、その対象と関わった自分の経験を楽しむことができる。他と比べてどうかはわからないが、とにかく目の前のものはおいしい、心地よい、と[b]感じることができるのだ。そして、そこで得られたポジティヴな経験をより増やすために、似たようなものを何度も経験し、そのうち知識が増えていく。知識が増えると、以前は気づけなかった対象の価値に気づけるようになり、それが楽しみを増やすことにもなるのだ。

さらに、二種類の価値の区別を使うと「個人的な楽しみ」「好み」と言われるものも説明できそうだ。たとえば、多くの人が「まずい」という食べ物や「ひどい」という作品を、自分は「おいしい」「素晴らしい」と思っている場面を考えてみよう。そのときに自分が楽しんでいるのは、対象の価値ではなく経験の価値かもしれない。対象となる食べ物や作品は客観的には良くないものだが、その対象によって自分が満足させられたり自分の心が[c]動かされたりしている様子は、自分にとって良いものなのだ。

また、「作品を自由に鑑賞する」という場合に楽しまれているのも経験の価値かもしれない。楽しまれているのは、作品そのものというより、その作品に触発されてアレコレ[d]考えている、想像力を働かせている自分の状態なのだ。

（源河亨「『美味しい』とは何か」から。一部省略がある）

（注）※暖簾分け＝店主の許可を得て、従業員が独立し出店すること。

(一) よく出る 基本 文章中の──部a～dのうち、五段活用の動詞を一つ選び、記号で答えなさい。　(1点)

a、応じ　b、感じる　c、動かさ　d、考え

(二) 基本 「多種多様」と似た意味をもつ四字熟語として最も適切なものを、次の1～4から選び、記号で答えなさい。　(1点)

1、適材適所　2、絶体絶命
3、十人十色　4、再三再四

(三)「同じことは、絵画、音楽、彫刻、文学、写真、ダンスといった芸術鑑賞にもあてはまる」とあるが、「同じこと」の内容として最も適切なものを、次の1～4から選び、記号で答えなさい。(2点)

1、知識があることで、対象独自の価値を楽しむことができ、それに気づくことができた経験の価値も楽しめるということ。

2、知識があることで、すべての芸術作品に共通する価値を見出すことができ、そこから経験の価値も増やせるということ。

3、知識があることで、他の作品から受けた影響や歴史について考えてしまうため、対象の価値が分からなくなるということ。

4、知識があることで、様々な価値の違いを乗り越えて、対象の価値を自分で生み出すことができるようになるということ。

(四)「知識が少ない段階でも自分の経験の価値を楽しむことはできる」とあるが、どういうことか。次の文がそれを説明したものとなるよう、[　]に入る適切な内容を、三十五字以内で答えなさい。(3点)

ラーメンや芸術の例が示すように、知識が少なくても[　]ということ。

(五)「『個人的な楽しみ』『好み』」について、文章の内容を踏まえた例として最も適切なものを、次の1～4から選び、記号で答えなさい。(2点)

1、有名な写真家の写真展を見に行きました。どの作品も素晴らしく、私もそのような写真を撮ってみたいと思いました。

2、映画を見に行きました。一緒に見た友人たちは全員面白くなかったと言っていて、私も面白いとは感じませんでした。

3、美術館に絵を見に行きました。広い空間に様々なジャンルの絵が飾られていて、お客さんがたくさん入っていました。

4、テレビでダンスコンテストを見ました。私が最も素晴らしいダンスだと思った出場者は、審査の結果、最下位でした。

(六)[X]段落が文章中で果たしている役割の説明として最も適切なものを、次の1～4から選び、記号で答えなさい。(2点)

1、これまでの内容を整理して、「経験の価値」と「対象の価値」の共通点と相違点を解説している。

2、これまでの内容に加えて、「経験の価値」が「対象の価値」に与える影響について考察している。

3、これまでの内容をまとめて、「経験の価値」と「対象の価値」の優劣について明確に述べている。

4、これまでの内容を受けて、「経験の価値」が「対象の価値」に含まれていることを証明している。

三 (古文)仮名遣い・内容吟味

次の古文を読んで、あとの(一)～(三)に答えなさい。(計6点)

※維時（これとき）中納言、始めて（初めて）※蔵人（くらうど）に補する時（任命された当時）、※主上前栽（せんざい）を掘らしめむがために（前庭に草花を植えさせるために）、花の名を書かる（下書きなさった）。納言、多く仮名をもつてこれを書く時（清書した）、これを嘲（あざわら）ふ（からかった）。維時、これを聞きていはく、「もし実字（漢字）に書かば、誰人かこれを読まむや（読めるだろうか）」と云々（うんぬん）（言った）。後日、主上、維時を召して（お呼びになって）※花の目録を書かしめて（書かせて）、これをご覧じて、漢字を用ゐるべき由（よし）をおほせらる（用いるようにおっしゃった）。維時たちまちにこれを書きてたてまつる（差し上げた）時、人一草（どの草花）の字をも知らず。競ひ来たりてこれを問ふ。維時いはく、「かくのごときが故に（このようなことが理由で）、先日は仮名字を用ゐる。何ぞ嘲はれしや（どうしてからかいなさったのか）」と云々。

(「古事談（こじだん）」から)

(注)　※維時中納言＝大江維時。「納言」も同じ。
※蔵人＝文書などを管理する役人。
※主上＝ここでは、醍醐（だいご）天皇のこと。
※花の目録＝前庭に植えた草花の名前の一覧。

(一) よく出る　基本　「おほせ」を現代仮名遣いで書き直しなさい。(1点)

(二)「これをご覧じて」の解釈として最も適切なものを、次の1～4の中から選び、記号で答えなさい。(1点)

1、醍醐天皇は維時が前庭に植えた草花をご覧になって

2、維時は人々が前庭に植えた草花をご覧になって

3、醍醐天皇は維時が書いた草花の名前の一覧をご覧になって

4、維時は人々が書いた草花の名前の一覧をご覧になって

(三) 次の【ノート】は、「かくのごときが故に、先日は仮名字を用ゐる」に注目して、前の古文の内容をまとめたものである。【ノート】が古文の内容に即したものとなるよう、[Ⅰ]には古文中から十三字の表現を書き抜いて答え、[Ⅱ]には適切な内容を三十字以内で答えなさい。(各2点)

【ノート】

○維時の行動と人々の反応

〈維時の行動〉	〈人々の反応〉
・先日（前庭に植える草花の名前の一覧を作成）「[Ⅰ]」	→「これを嘲ふ」
・後日（前庭に植えた草花の名前の一覧を作成）「（漢字を用いて）たちまちにこれを書きてたてまつる」	→「一草の字をも知らず」

○「かくのごときが故に、先日は仮名字を用ゐる」から分かること

・先日、維時が仮名を用いて草花の名前の一覧を作成したのは、[Ⅱ]からだということ。

四 ━文脈把握・内容吟味━

ある中学校では、家庭科の授業で近隣の幼稚園を訪問し、ふれ合い体験をすることになった。次は、Aさんのクラス（1組）がふれ合い体験のときに、園児と行う交流活動の内容について話し合う際に用いた【資料】と、そのときの【話し合いの様子】である。これを読んであとの㈠～㈢に答えなさい。（計6点）

【資料】

[データ1] クラスへの事前アンケート結果（対象：1組生徒35人）

○　園児との交流で行いたい活動

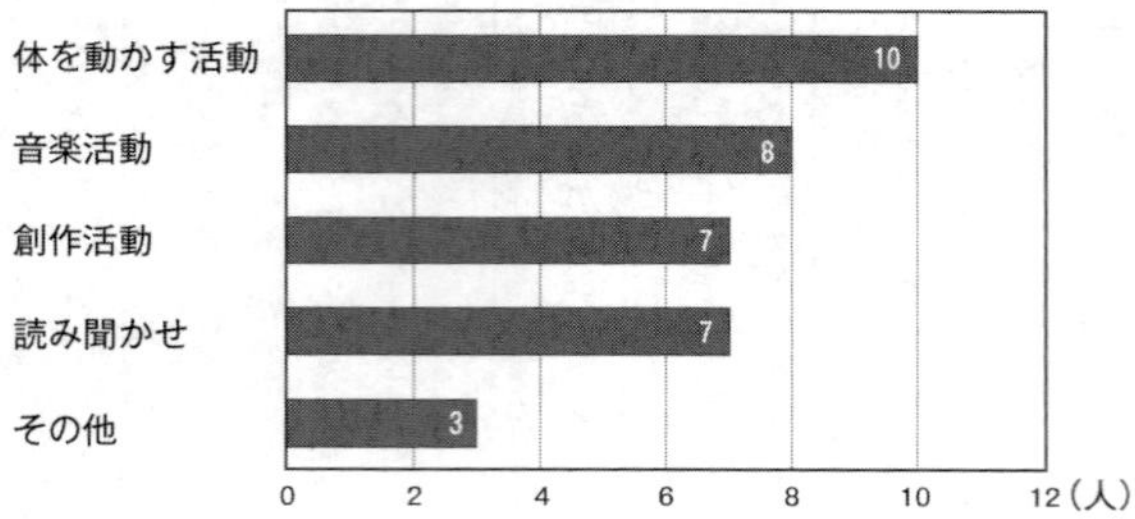

体を動かす活動 … おにごっこ、かけっこなど体を動かす活動
音楽活動 … 歌を歌う、楽器の演奏など音楽に関する活動
創作活動 … お絵かき、おりがみなどものを作る活動
読み聞かせ … 絵本の読み聞かせや紙芝居
その他 … お店屋さんごっこ、ままごとなどの遊び

[データ2] 幼稚園の先生への事前アンケート結果

○幼稚園の先生の意見（自由記述）

- 子どもたちは、歌を歌うことや楽器の演奏が好きなので、日ごろから音楽に親しむ活動をするようにしています。
- 子どもたちは、皆さんが来られるのを、とても楽しみにしています。
- 子どもたちは、体を動かす遊びが好きです。ただし、けががないように十分気をつけることが大事です。
- お絵かきや工作には、熱中して取り組みます。一緒に何かを作ってみたらよいのではないでしょうか。
- 子どもたちの思い出として残るように、交流活動の記念になるものがあるとよいと思います。きっと喜ぶはずです。

[データ3] 他のクラスが行う予定にしている交流活動

	2組	3組	4組	5組
交流活動	紙芝居	かけっこ	絵本の読み聞かせ	お絵かき

※幼稚園を訪問するのは、1日1クラスのみ。

【話し合いの様子】

司会者　それでは、【資料】をもとに、交流活動の内容について考えていきましょう。意見がある人はいますか。

Aさん　[データ1]を見ると、「体を動かす活動」をしたいという意見が最も多いので、私は「おにごっこ」がよいと思います。

Bさん　確かに最も多いですね。でも、[データ2]も確認する必要があります。幼稚園の先生方は、体を動かす遊びでは、園児がけがをすることを心配されています。安全面を考え、他の活動を検討した方がよいのではないでしょうか。

司会者　Bさんの言うとおりですね。では、[データ1]だけでなく、[データ2]も踏まえて考えてみましょう。

Cさん　それでは、二番目の「音楽活動」はどうでしょう。[データ2]でも、園児が好きな活動として挙げられています。

Bさん　確かにそうですね。ただ、「音楽活動」は、普段から行われているようです。普段行っていない活動にしてみてはどうでしょう。

司会者　そうですね。順番でいくと、次は、「創作活動」か「読み聞かせ」です。[データ3]を見ると、この分野の活動が多くなっていますね。

Cさん　せっかくなので、園児にいろいろな経験をしてもらうために、他のクラスとは異なる活動にしたいですね。

Aさん　それでは、「お絵かき」を発展させて、言葉遊びもできる「かるたづくり」はどうでしょう。

Bさん　いいアイディアですね。「かるたづくり」なら、交流活動後に、作ったかるたで園児が遊んだり、大判用紙に貼って飾ったりすることもできるので、[データ2]を踏まえた活動にもなっていますね。

司会者　つまり、「かるたづくり」は、[　　　]ということですね。では、「かるたづくり」を1組の案として、さらに具体的に考えていきましょう。

㈠　「[データ1]だけでなく、[データ2]も踏まえて考えてみましょう」とあるが、なぜ司会者はそのように提案したのか。次の文がその説明となるよう、[　　　]に入る適切な内容を、【話し合いの様子】を踏まえて、十五字以内で答えなさい。（1点）

交流活動をよりよいものにするために、自分たちの考えだけではなく、[　　　]ことが必要だと考えたから。

㈡　難　【話し合いの様子】の[　　　]に入る適切な内容を、文脈に即して四十字以内で答えなさい。（3点）

㈢　【話し合いの様子】において、Bさんのそれぞれの発言

は、共通してどのような役割を果たしているか。最も適切なものを、次の1～4から選び、記号で答えなさい。（2点）

1、自分の考えを強調して示してから、相手に質問を投げかけることで、話し合いを活発にしている。
2、自分の考えを詳しく説明した後に、気がかりな点を指摘することで、話し合いを円滑にしている。
3、他者の考えを自分の言葉で整理して、一般的な考え方と比較することで、話し合いを広げている。
4、他者の考えを認めたうえで、異なる視点から自分の意見を加えることで、話し合いを深めている。

五 漢字の読み書き・古典知識・内容吟味

次の㈠、㈡に答えなさい。（計8点）

㈠ よく出る 基本 次の1～5について、——部の漢字は読み仮名を書き、片仮名は漢字に改めなさい。（各1点）

1、卒業式が厳かに行われた。
2、話し方に緩急をつける。
3、春のヨウコウを浴びる。
4、今週は動物アイゴ週間だ。
5、用件をウケタマワる。

㈡ 基本 次の漢詩と書き下し文、現代語訳を読んで、あとのア～ウに答えなさい。（各1点）

漢詩

臨高台送黎拾遺※　王維

相送臨高台
川原杳何極
日暮飛鳥還
行人去不息

（「王右丞文集（おうゆうじょうぶんしゅう）」から）

書き下し文

臨高台（りんかうだい）　黎拾遺（れいしふゐ）を送る　王維（わうゐ）

相（あ）ひ送りて高台（かうだい）に臨む
川原（せんげん）杳（えう）として何ぞ極まらん
日暮（にちぼ）飛鳥（ひてう）還（かへ）り
行人（かうじん）去りて息（やす）まず

現代語訳

臨高台　黎拾遺を送る　王維

君を送るために高台に登る。
川の流れる原野は遠くかすみ、果てしない。
夕暮れに飛ぶ鳥は帰るのに、
君は歩みを止めずに去っていく。

（注）※黎拾遺＝王維の友人。

ア、前の漢詩の形式として適切なものを、次の1～4から選び、記号で答えなさい。

1、五言絶句　2、五言律詩
3、七言絶句　4、七言律詩

イ、書き下し文の「相ひ送りて高台に臨む」を参考にして「相 送 臨 高 台」に返り点を補いなさい。

ウ、漢詩の内容として最も適切なものを、次の1～4から選び、記号で答えなさい。

1、澄み渡る川と自分のすがすがしい気持ちを重ねている。
2、巣に帰らず自由に飛ぶ鳥たちの姿に憧れを抱いている。
3、豊かな土地が荒れ果ててしまったことを悲しんでいる。
4、立ち止まらず去っていく友人との別れを惜しんでいる。

六 条件作文 思考力

Aさんは国語の授業で比喩について学んだあとに、次の【課題】に取り組み、グループで意見を出し合った。あなたなら、［　］にどのような言葉を入れるのがふさわしいと考えるか。その言葉がふさわしいと考えた理由も含めて、あとの条件と注意に従って書きなさい。（7点）

【課題】

［　］に言葉を入れて文を完成しよう。
「学ぶことは、まるで［　］のようだ。」

〈グループの生徒から出た意見〉　冒険、料理、リレー

条件

① ［　］に入れる言葉は、自分で考えた言葉でも、〈グループの生徒から出た意見〉にある言葉でもよい。
② ［　］に入れる言葉を文章中に明記すること。

注意

○ 氏名は書かずに、1行目から本文を書くこと。
○ 原稿用紙（20字詰×12行＝省略）の使い方に従って、8行以上12行以内で書くこと。
○ 段落は、内容にふさわしく適切に設けること。
○ 読み返して、いくらか付け加えたり削ったりしてもよい。

徳島県

時間 55分　満点 100点　解答 P41　3月5日実施

出題傾向と対策

●漢字の読み書き・漢字知識・文法に関する問題、小説文、論説文、古文、条件作文の大問五題構成。指定字数は少ないが、記述問題の比率が高めである。話し合いや補足資料など、複数の文章の読解を必要とする設問も多く、条件作文では発想力・表現力が問われる。

●漢字の読み書き、文法や熟語の意味、歴史的仮名遣いなど基本的な国語知識を確実に身につけておく。また、本文中の言葉を用いて指定字数内で記述する問題や条件作文は、添削を受けて対策をすること。

一 漢字の読み書き・漢字知識・文節

次の(1)～(4)に答えなさい。（計22点）

(1) よく出る 次の(a)～(d)の各文の――線部の読み方を、ひらがなで書きなさい。（各2点）

(a) ボールが弾む。
(b) 新入生歓迎会を催す。
(c) 緩急をつけて演奏する。
(d) 頻繁に連絡をとる。

(2) よく出る 基本 次の(a)～(d)の各文の――線部のカタカナを漢字になおし、楷書(かいしょ)で書きなさい。（各2点）

(a) 不思議な輝きをハナつ。
(b) 信頼をヨせる。
(c) 包装をカンイにする。
(d) 彼のテイアンに同意する。

(3) よく出る 行書の特徴の一つに、筆順の変化がある。部首の部分にこの特徴を用いて、下の漢字を行書で書きなさい。（3点）

荷

(4) よく出る 次の文の――線部の文節どうしの関係と同じものを、ア～エから一つ選びなさい。（3点）

別の 方法を 考えて みる。

ア、明日の 予定に 変更は ない。
イ、ノートを じっくりと 見る。
ウ、図書館までは 遠く ない。
エ、この 桃は 甘くて やわらかい。

二 (小説文)内容吟味・文脈把握

次の文章を読んで、(1)～(4)に答えなさい。（計20点）

> 全国に名だたる名晋(めいしん)高校吹奏楽部で、クラリネットを担当する三年生のアリスは、今年も全国大会をめざすAチームのメンバーに選ばれず、美森(みもり)や響(きょう)など一年生中心のBチームのリーダーを任されても、やる気が出なかった。しかし、近所の保育園児を招待するミニコンサートの開催が決まってからは、真剣に練習に取り組み始めた。かつて、保育園児だったアリス自身が初めて名晋の音楽にふれた思い出深いコンサートである。次は、コンサート当日、アリスがソロパートを担当する最終曲が始まる場面である。

曲の冒頭、ドラムセットがソロで独特のリズムを奏(かな)で始めた。子どもたちはまた立ち上がってそれぞれに手拍手を始めた。きらきらした幼い目を見て、アリスは思った。

（あのとき、きっと私もあんな目をしてたんだ。ううん、あれは私自身だ。）

アリスは幼いころに憧れていた場所に来た。けれど、自分が思うような存在にはなれなかった。Aのメンバーとして、全国大会のステージでまぶしいライトを浴びながら演奏する――そんな夢はもう一生叶(かな)うことがない。それを認めたくなかった。

①夢は破れた。なのに、部活をやめなかったのは、やっぱり名晋の音楽が好きだったからだ。あのころ、名晋に憧れ、寂しい心を名晋の演奏でいっぱいにした幼い女の子が、まだアリスの中に住んでいる。

（私に聴かせてあげるんだ、名晋の音楽を！）

アリスは指揮をする尾藤(びとう)先生の横に進み出ると、一回目のソロを奏でた。まったくミスのない見事なソロ。子どもたちと美森は拍手喝采を送った。アリス自身、ホッとしていた。

（問題は二回目のほうだ。五十二小節ミスなく吹いて、最後の超高音をちゃんと出せるかな……。）

踊りながら手拍手する子どもたちの前で演奏は続いていった。

途中、トランペットのソロが始まった。前に出て演奏するのは響だ。とても一年生とは思えない落ち着き払った様子できらびやかな音を響かせる。ときに強く、ときに繊細に音を吹き分ける抑揚も見事で、「天才少年」と呼ばれたその実力を見せつけた。

響がソロを終えて元の場所に戻ると、ドラムセットのソロとともに再びアリスが前に出た。その表情は明らかに緊張していた。

まるで囁(ささや)き声で話すように静かな音でソロの冒頭が始まった。アリスは何度も繰り返し練習してきたフレーズを奏でていった。スウィングジャズならではの奏法を維持しながら、次々と音を繰り出す。伴奏はドラムセットのリフレインだけだ。緊張感から手に汗がにじみ、キーを押さえる指が滑った。

（ダメだ！　やっぱりダメだ！　なんで私はうまくできないんだろう！）

徐々にテンポが遅れ始め、焦(あせ)ると指が絡(から)まった。

（いままで本気で練習してこなかった罰だ。私は自分に罰せられてるんだ……。）

いくつも音符が飛び、いまにもクラリネットの音が止まりかけた。

と、どこかから「がんばれ。」という声が聞こえてきた。アリスの様子に気づいたひとりの子どもが声を上げたのだ。すると、まるで小さなロウソクの炎が次々とまわりのロウソクを灯(とも)していくかのように「がんばれ！」の声が子どもたちの間に広がり、やがて大合唱になった。

「がんばれ！」

「お姉ちゃん、がんばれ！」

（頑張れって言われたって……指は動かないし、頭の中はもう真っ白なんだよ……！）

アリスは目を閉じて現実から逃げようとした。もう少しで「本気で頑張っていないスイッチ」を押しそうになった。

そのときだ。不意に響き始めたのは――トランペットの音だった。

マットの上で美森が立ち上がり、楽器を奏で始めていた。それは、クラリネットソロそのものだった。美森はアリスの練習を聴きながらソロをすべて覚えてしまっていたのだ。

園児たちはもちろん、響やその場にいる部員たちも美森の突然の演奏に驚いていた。

②いちばん驚いていたのはアリスだった。

（あの美森って子……！）

美森はトランペットを吹きながらアリスのほうへ歩み出ていった。すると、まるでその音に手を引かれるかのように、アリスの音に力が戻ってきた。美森のトランペットにアリスのクラリネットが重なる。ふたりの目が合い、かすかに微笑（ほほえ）み合った。音はぴたりと揃（そろ）って、美しいユニゾンを描いた。

残り十八小節。高音へと駆け上がるフレーズの途中で美森はトランペットの音を小さくしていき、吹くのをやめた。再びソロはクラリネットだけになった。運指の難しい複雑な八分音符を、アリスの指と息が的確にとらえる。そして、最後の四小節、超高音のロングトーン。アリスは十三年間の思いを込めてその音を吹き鳴らした。

アリスが両手を広げ、お辞儀をすると、子どもたちがワッと歓声を上げた。目の前で星のようにまたたく笑顔の数々。③幼いアリス自身もその中で拍手していた。

（オザワ部長（ぶちょう）「空とラッパと小倉トースト」より。一部省略等がある。）

（注）ドラムセット＝打楽器をまとめて一人で演奏できるように組み立てたセット。
フレーズ＝音楽で、旋律の一区切り。
スウィングジャズ＝躍動的なリズムが印象的なジャズのジャンルの一つ。
リフレイン＝楽曲の中で、各節最後の部分を繰り返すこと。
ユニゾン＝複数の楽器で、同じ旋律を演奏すること。
運指＝楽器を演奏する時の指の使い方。
ロングトーン＝一つの音を長く伸ばすこと。

(1) ――線部①「夢」とあるが、具体的にはどのようなことか、本文中の言葉を用いて書きなさい。ただし、答えの末尾が「こと」に続く形になるように、十字以内で書くこと。（3点）

(2) ――線部②「いちばん驚いていたのはアリスだった」とあるが、その理由について、本文中の言葉を用いて二十五字以上三十字以内で書きなさい。（5点）

(3) ――線部③「幼いアリス自身もその中で拍手していた」とあるが、次は、かなたさんとひなこさんがこの表現について対話した内容の一部である。（ⓐ）・（ⓑ）にあてはまる適切な言葉を書きなさい。ただし、（ⓐ）は本文中の言葉を用いて十字以上十五字以内で書き、（ⓑ）は「自分の演奏」という言葉を用いて十字以上十五字以内で書くこと。（各4点）

かなたさん　この表現は、幼いアリスが拍手しているように、アリス自身が感じたということですね。
ひなこさん　そういえば、アリスにとって今回のコンサートは特別で、幼い頃の自分自身に（ⓐ）という気持ちで臨んでいました。
かなたさん　そうでしたね。この表現から、アリスが（ⓑ）ことがわかりますね。

(4) 本文について述べたものとして、最も適切なものをア～エから選びなさい。（4点）
ア、アリスと美森の心の声を交互に挿入して、二人の心が揺れ動く様子をわかりやすく表現している。
イ、響の見事なソロパートの演奏を対比的に描くことで、アリスの緊張感の高まりをきわ立たせている。
ウ、子どもたちの声援がきっかけとなって、アリスが落ち着きを取り戻した様子が克明に描かれている。
エ、ユニゾンやロングトーンなどの音楽用語を用いて、吹奏楽部の演奏技術の高さを鮮明にしている。

三　（論説文）語句の意味・内容吟味・文脈把握

はるなさんのクラスでは、「何のために勉強するのか」ということについて、班で話し合うことになった。次は、はるなさんたちが班での話し合いのために読んだ文章と、話し合いの一部である。(1)～(5)に答えなさい。（計25点）

理科で地球や宇宙の歴史を習っても何の役にも立たないし、原子や分子のことを教わっても生活とは直接関係しないから勉強する必要がない、と言う人がいます。数学で対数を覚えても使い道がないとか、円周率は3・1と知っているだけでいい、というのと同じ意見です。すぐに使わないから、詳しく知っていても役に立たないというわけです。

また、理科の知識は習ってもすぐに忘れてしまうし、忘れても別に問題がないのだから、習う意味がないという意見があります。「いざ」っていうときに習えばいいのだから、その方がムダがなくて合理的だという人もいます。

しかし、すぐに忘れても、頭のどこかで覚えていて、「いざ」ってときに思い出すということがよくあります。あるいは、必要になったときにやっと大事であることがわかり、もっと勉強しておけばよかったと悔やむこともあるでしょう。勉強というのは、さまざまな科目を習うことで頭の中を活性化し、いろんな知識を吸収するなかで自然や社会の仕組みをおのずと理解していく過程と言えます。それによって、健康的で豊かな生き方ができ、理知的な力（真偽・善悪を見抜き、知的に物事を認識する能力）を養う準備をしているのです。〈１〉

これからの長い人生ですから、どんなことにぶつかるかわかりません。そのときに慌てないよう、自信をもって対処できる強さを育てるために勉強している、と言えるかもしれません。スポーツで、実力を蓄える練習の段階と蓄えた力を発揮する実戦の段階がありますね。人生という実戦段階を生きていくためには、練習を積み上げる段階が必要で、それが学校で学ぶ時代なのです。だから、むしろすぐに役に立たなくてもいいのです。だって、すぐに役に立つことは、すぐに役に立たなくなる、ということなのですから。〈２〉

「いざ」ってときになってから習えばいいと思うかもしれません。しかし、その「いざ」ってときにどんな本を読んだらいいのか、インターネット情報のどれが正しいのか、誰に相談したら信用できるのか、というようなことを正しく判断できるでしょうか？　勉強というのは、「いざ」というときに何を読めばよいか、どんな対策をすればよいか、を予め学んでおくことでもあるのです。何も学んでいなければ、肝心なときになって、「いざ」勉強しようとしても間に合わないでしょう。勉強する仕方を知らないからです。学校で勉強するということは、何を参考にして調べたらいいか、どう考えていったらいいか、そんな「勉強の仕方を勉強する」という意味もあるのです。このことはすべての科目に共通していますが、理科は特に範囲が広いので、学校で「学び方を学ぶ」のは重要なのです。それがないまま一人で机に向かって勉強しようとしても、何を勉強すればいいのかわからないでしょう。〈　３　〉

　それだけでなく、たとえ一生に一度も使うことがなくても、知っておいた方がいいってことはたくさんあります。人生の先輩である先人たちが苦労して見つけ出し、作り上げてきた成果を学べば、人間の想像力と創造力の素晴らしさを味わい、自分もちょっぴり豊かになったような気になると思います。私たちの知的世界が広がるからです。また、むずかしい漢字を学ぶのも、いつか役に立つためだけでなく、漢字が発明されて以来、さまざまに工夫されて多様に発展してきたことを学び、人間の探究心や努力が次々と受け継がれて現在があるということを実感する目的もあります。学ぶということは、自分もそのような人間の歴史的な知的活動に連なっていくという意味があるのです。

〈　４　〉

　さらに勉強というのは、それぞれの科目が対象とする問題について、いろんな原因があり、それらが引き起こす事柄がさまざまに繋がり合い、最終的にある一つの形を取って現象している、ということを学ぶ過程と言えるでしょう。

〈　５　〉

　また、漢字の読み書きや九九や計算法などの基礎的な実力を養う一方、文学や歴史や芸術や社会や理科の科目において、具体的な作品、歴史的・社会的事象、過去の人々の努力の蓄積などに接して応用的な能力を身につけていくことも、学習の重要な要素です。スポーツにおいて、基礎的な訓練を反復しつつ、実戦的な形式で練習試合が用意されているのと似ています。

（池内　了「なぜ科学を学ぶのか」より。一部省略等がある。）

話し合いの一部

はるなさん　それでは、「何のために勉強するのか」ということについて、話し合いたいと思います。私は、テストで点をとるなど、役に立つから勉強していると思っていました。だから、すぐに使わないことやすぐに忘れてしまうことは、役に立たないので、勉強しても意味がないのではないかと思っていました。それなのに、この文章では、「すぐに役に立たなくてもいい」と書かれているので、驚きました。

けいたさん　私たちは、すぐに役立てるためだけに勉強しているのではなく、「いざ」というときに思い出せるように、必要になったときに困って後悔しないように、勉強しているということなのですね。

まなみさん　筆者の、スポーツを使った説明がわかりやすいと思いました。実力を蓄える練習の段階と蓄えた力を発揮する実戦の段階があるという言葉に納得しました。学校で勉強するのは、長い人生で［A］を身につけるためなのだとわかりました。すぐに役立てるためだけではないのですね。

ゆうたさん　先ほど、けいたさんが、「必要になったときに困って後悔しないように、勉強している」と話していましたが、私は、生活で必要に迫られたときに勉強すればよいと思っていました。そのほうが、必要なことがわかっているので、吸収が早くて、むだがないと思っていたからです。しかし、筆者は、『「いざ」勉強しようとしても間に合わない』と述べています。勉強しようとしても、何を勉強すればよいのかわからず、間に合わなくなるので、そうならないように［B］も大切なのだと気づかされました。

はるなさん　勉強は、単に知識を身につけるだけではないということなのですね。

(1) 本文において、……線部「理知的」とあるが、これと同様の意味を表す熟語として、最も適切なものをア～エから選びなさい。（3点）

ア、快活　イ、屈強　ウ、賢明　エ、柔和

(2) 話し合いの一部について書かれたものとして、最も適切なものをア～エから選びなさい。（3点）

ア、一定の結論を導き出すために、譲り合いながら話している。

イ、疑問を解決するために、思いついたことを自由に話している。

ウ、相手を説得するために、質疑応答を繰り返しながら話している。

エ、自分の考えを深めるために、相手の考えに結びつけて話している。

(3) 話し合いの一部の［A］・［B］にあてはまる適切な言葉を書きなさい。ただし、［A］は十五字以上二十字以内、［B］は十字以上十五字以内でそれぞれ本文中の言葉を用いて書くこと。（各4点）

(4) 次の一文は、本文中から抜き出したものである。本文中の〈　１　〉～〈　５　〉のどこに入れるのが最も適切か、1～5の番号を書きなさい。（3点）

　そのため、教科書には、生じた事象には必ず原因があり、さまざまな事柄と関連し合い、そして必然的にある結果に結びついているという繋がりが記述されており、全体像がすんなり頭に入ってくるように工夫されています。

(5) はるなさんは、さらに考えを深めるために補足資料を用意し、本文と補足資料を用いて、「何のために勉強するのか」ということについてまとめた。次は、その補足資料とはるなさんのノートの一部である。（ⓐ）・（ⓑ）にあてはまる適切な言葉を書きなさい。ただし、（ⓐ）は補足資料から十二字で抜き出し、（ⓑ）は補足資料の言葉を用いて十字以上十五字以内で書くこと。（各4点）

補足資料

読書にしても、勉強にしても、それは知識を広げるということも確かにその通りだが、もっと大切なことは、自分を客観的に眺めるための、新しい場所を獲得するという意味のほうが大きい。私たちは自己をいろいろな角度から見るための、複数の視線を得るために、勉強をし、読書をする。それを欠くと、ひとりよがりの自分を抜け出すことができない。他者との関係性を築くことができない。

勉強や読書は、自分では持ちえない他の時間を持つということでもある。過去の多くの時間に出会うということでもある。過去の時間を所有する、それもまた、自分だけでは持ちえなかった自分への視線を得ることでもあるだろう。そんな風にして、それぞれの個人は世界と向き合うための基盤を作ってゆく。

（永田和宏「知の体力」より。一部省略等がある。）

はるなさんのノートの一部

私は、勉強することに、人間の歴史的な知的活動に連なっていくという意味があることを知った。今の私たちがあるのは、人間の探究心や努力が受け継がれてきたからなのだ。その上で、私は、勉強するとは、（ⓐ）こと、つまり、人生の先輩である先人たちが苦労して見つけ出し、作り上げてきた成果を学ぶことだと理解した。先人たちの成果を学ぶことで、知的世界を広げることができる。また、自分を客観的に眺めるための、複数の視線を得ることができる。それにより、世界と向き合うために必要とされる、（ⓑ）を作ることができるのである。

四 (古文)仮名遣い・内容吟味・口語訳・古典知識

次の文章Ⅰは「更級日記」の一部、文章Ⅱは「海道記」の一部である。(1)～(3)に答えなさい。（計18点）

【文章Ⅰ】

その山（富士山）のさま、いと世に見えぬ（世に比類なき）さまなり。さまことなる山の姿の、紺青（鮮やかな青色）を塗りたるやうなるに、雪の消ゆる世もなくつもりたれば、色濃き（濃い紫色）衣に、白き衵（丈の短い衣服）着たらむやうに見えて、山のいただきのすこし平らぎたるより、煙は立ち上る。夕暮は火の燃えたつも見ゆ。

【文章Ⅱ】

富士の山を見れば、都にて空に聞きし（都で聞いていたとおり）しるしに、半天（空の中ほど）にかかりて群山（多くの山々）に越えたり。峰は鳥路たり、麓は蹊（獣の通る道）たり。人跡（人の足跡）歩み絶えて独りそびけあがる（高くそびえる）。雪は頭巾（布製のずきん）に似たり、頂に覆ひて白し。雲は腹帯の如し、腰に囲りて長し。高き事は天に階（はしご）立てたり、登る者は還りて（登り切れずに）下る。長き事は麓に日を経たり（巡るのに幾日もかかり）、過ぐる者は山を負ひて（背負うようにして）行く。

(1) よく出る 基本 ――線部「覆ひて」を、現代仮名遣いに改めて、全てひらがなで書きなさい。（3点）

(2) よく出る 次は、ちなつさんとなおとさんが、文章Ⅰと文章Ⅱを読んで対話した内容の一部である。(a)～(c)に答えなさい。

ちなつさん　文章Ⅰの作者は、圧倒的な富士山の様子を「いと世に見えぬさまなり」と表現しています。文章Ⅱの作者も、他の山とは比べものにならない大きさを、具体的に「（あ）」と表現していますね。

なおとさん　文章Ⅰでは、（い）を示す語句を文中にちりばめ、視覚的な感動を鮮やかに描いていますね。

ちなつさん　そうですね。また、両作品とも比喩表現を効果的に使っていますね。私は、山頂に（う）様子を、「白い衵を着ている」や「白い頭巾をかぶっている」とたとえているところがおもしろいと感じました。

(a) （あ）にあてはまる適切な言葉を、文章Ⅱの中から十四字で抜き出して書きなさい。（4点）

(b) （い）にあてはまる適切な言葉を、文章Ⅰの中から一字で抜き出して書きなさい。（4点）

(c) （う）にあてはまる適切な言葉を、十字以内の現代語で書きなさい。（4点）

(3) 「更級日記」は平安時代に成立したが、同じ時代に書かれた作品をア～エから一つ選びなさい。（3点）

ア、おくのほそ道　イ、竹取物語
ウ、徒然草　エ、万葉集

五 条件作文 思考力

次の資料のア～ウは、「論語」の中にある言葉である。これらの中から、生活に生かしていきたい言葉を一つ選び、その言葉についてのあなたの考えを〈条件〉(A)～(D)に従って書きなさい。（15点）

資料

ア　子曰はく、「己の欲せざる所は、人に施すこと勿かれ。」と。

現代語訳　先生が言われるには、「自分がしてほしくないことを他人にしてはならない。」と。

イ　子曰はく、「過ちて改めざる、是れを過ちと謂ふ。」と。
　現代語訳　先生が言われるには、「間違ったことを改めないこと、これを本当の過ちというのだ。」と。

ウ　子曰はく、「君子は和して同ぜず、小人は同じて和せず。」と。
　現代語訳　先生が言われるには、「徳のある立派な人物は、心から人とうちとけあうが、大した考えもなしに相手に調子を合わせたりはしない。徳のないつまらない人物は、何も考えず調子を合わせることはあるが、心から相手に親しみはしない。」と。

〈条件〉
(A) ア～ウから選んだ記号を書き、題名などは書かないで、本文を一行目から書き始めること。
(B) 二段落構成とし、前の段落では、選んだ言葉に関するあなたの体験や見聞を書くこと。後の段落では、前の段落を踏まえて、どのように生活に生かしていきたいかについてのあなたの考えを書くこと。
(C) 全体が筋の通った文章になるようにすること。
(D) 漢字を適切に使い、原稿用紙（20字詰×13行＝省略）の正しい使い方に従って、十～十三行の範囲におさめること。

香川県

時間 50分　満点 50点　解答 P42　3月7日実施

出題傾向と対策

●小説文、古文、論説文、条件作文の大問四題構成。文章の難度、問題数ともに標準的だが、基礎知識よりも読解力を問う問題が多い。条件作文では、自分の意見を論理的に述べる力が問われた。

●まずは過去問を解いて、出題形式に慣れておくことが大切。小説文、論説文の記述問題では、本文中から根拠となる表現を見つけ出し、問われている内容に即して文章をまとめる力が必要。古文でも読解力を問う問題が複数出題されるため、問題演習を積んでおくこと。

一 （小説文）漢字の読み書き・内容吟味・語句の意味・文脈把握

　次の文章は、高校ではクライミング部に所属していたものの、将来を考えて競技をやめた大学一年生の筑波岳が、大学のスポーツクライミング部の部長である国方の勧誘を断り続けていたときに、帽子を拾ったことがきっかけで知り合った登山部に所属する上級生の穂高に連れられて、山に登ることになった場面に続くものである。これを読んで、あとの(一)～(八)の問いに答えなさい。（計15点）

　高校のクライミング部を引退したのは昨年の九月。半年以上、激しい運動はしてこなかった。体型は変わっていないはずなのに、意外と筋力や体力は衰えているみたいだ。

「ジョギングとかと一緒で、体が慣れてない最初の十分、十五分はちょっとしんどいんだよ」

　振り返らず、歩みも止めず、穂高が言う。息が上がっているのを見透かされ、「そうですか」と短く返した。

「もうちょっとしたら楽になってペースが摑めるよ」

　彼の言う通りだった。十分ほど歩くと、何故か視界が開けた。ずっと見えていたはずの背の高い木々の a輪郭が妙にはっきりして、色が濃くなって、遠くまで見渡せる。何という名前の鳥だろうか、野鳥の鳴き声まで鮮明に聞こえた。

「杉の木、あれがモミの木、あっちは多分、アカガシ」

　前を歩く穂高が振り返り、踊るような足取りで周囲の木々を指さす。ゆっくり説明してくれたのに、①目で追いきれない。それほど視界の中の情報量が多い。

　しばらく歩くと、登山道が分岐していた。「白雲橋コース」と書かれた看板に沿って、木の根と石が折り重なった急勾配を上って行く。

　明らかに道が b険しくなった。歩きやすかった階段は、ごろごろとした岩が転がる道に姿を変えた。足を取られまいと視界が下に集中し、息が苦しくなる。

　これでは余計に疲れてしまう気がした。意識して顔を上げると、苔生した巨木の幹に沿って、狐色のキノコが点々と顔を出していた。その下に、まるで地中から火が噴き出したみたいな真っ赤なキノコも生えている。

　息を合わせたように同じタイミングで、そのキノコを穂高も見ていた。

「これの名前はわかんないや」

　ははっと笑って、再び歩き出す。えらく楽しそうだ。普段、一人で登山するときもこうなのだろうか。もしくは、半ば無理矢理連れてきた後輩が一緒にいることが、そんなに愉快なのか。

　不可解だった。②たまたま飛んできた帽子を拾っただけの新入生を、この人はどうしてこんなにも登山仲間にしたいのだろう。新入生なんてたくさんいて、その中には岳よりずっと登山に興味を持つ学生がいるはずなのに。

　なんで俺を登山部に誘うんですか。深い呼吸の合間に問いかけそうになる。聞いたら最後もう逃げられない気がして、慌てて飲み込んだ。

「君はさ、どうしてスポーツクライミングをやってたの」

　またもこちらの心を覗き見たみたいに、穂高が聞いてくる。あまりに唐突で、角張った岩に置いた右足のバランスを崩しそうになる。咄嗟に近くにあった巨石に手をかけた。

　爪先で岩の角を摑むように踏ん張り、体を前へ前へ進める。その感覚がスポーツクライミングに似ていて、③思いがけず質問に答えてしまう。

「中学まではバスケをやってたんです。高校入って、物珍しくて始めました」

「俺、あんまりスポーツに[c]詳しくないんだけど、スポーツクライミングって、登るスピードを競うものなの？」

「ウォールっていう人工の壁を、ホールド（壁に作られた突起物）を手がかりに登るのがスポーツクライミングですけど、実はその中でも種目が三つに分かれてるんですよ。タイムを競うスピード。課題をいくつクリアできたかを競うボルダリング。どれだけ高く登れたかを競うリード。俺はリードが得意でしたね」

話しながら岩の道を登ったせいか、どんどん息が上がってきた。胸の奥が、針で刺されたみたいに痛んでくる。

だが、不思議と息苦しくはない。森の中だからだろうか。気温もバスを降りたときよりずっと涼しく、一度に体内に取り込める空気の量が多い気がした。

「手を滑らせて落ちたら、ロープ一本で宙づり？　なかなかスリリングなスポーツだね」

穂高が一際大きな岩を[d]慎重に跨ぐ。体が上下するのに合わせて、彼の声が上擦る。

「日常生活では絶対に生身で登ることがない高さを這い上がる種目がリードです。筋力や柔軟性や持久力はもちろん大事ですけど、ホールドが作り出すルートは一種類じゃないんで、最短ルートや難易度の低いルートを選ぶ嗅覚とか視野の広さとか戦略とか、できるだけ少ないパワーで自分の体重を移動させたり持ち上げたりするテクニックとか、いろんなものが勝敗を分けるんです」

ただ④闇雲に上を目指して登るのではない。どのホールドをどちらの手で掴むか。どのホールドに足をかけるか。そこからどのホールドに手を伸ばすか。一瞬の判断が勝負を決める。

「楽しそうに話すんだね」

やっと岩場を抜けただろうかというところで、穂高が再び振り返った。にやりと、岳を煽るように微笑む。

正直、面食らった。

「気づいてなかったの？」

「……そんなつもりはないんですけど」

「そう？　国方の勧誘を頑なに断ってるのが嘘みたいに饒舌（口数が多いこと）に話すなあ、って思いながら聞いてたんだけど」

「穂高先輩がいろいろ聞いてくるからでしょう」

「穂高先輩じゃなくて穂高さんでいいのに」

「穂高先輩がいろいろ聞いてくるからです」

⑤ムキになっているのが自分でもわかる。「そうかなあ」と笑いながら首を傾げる穂高に、違うとたたみ掛けたくなる。

けれど、言葉を重ねれば重ねるほど、きっと穂高の指摘を肯定してしまうことになるのだ。

うるさい、もう辞めたんだからいいだろ。胸の奥で勝手に過去を懐かしんでしまう自分を非難しながら、岳は両足を動かした。

⑥山の中は［　　］だ。前後を歩く登山客の話し声や足音、衣擦れの音、木々の枝葉が風に蠢く音や野鳥の声はもちろんするが、すべてが自分から少し離れたところにあって、岳の思考や感情を侵食してこない。穂高が話しかけてこない限り、岳は独りになれた。心地のいい、とても透明感のある孤独だった。

岩肌を足先で踏みしめ、急坂を登る。足の動きに合わせて岳の頭や胸の中が掻き回される。記憶や自問自答の渦で最初こそ混沌（物事の区別がはっきりしない様子）としているのに、いつの間にか整理され、淀みが取れ、澄んでいく。

⑦それは、腹の底から湧き水のように勝手に流れ出る筑波岳の心根と、対峙（向かい合ってじっと動かずにいること）するということでもあった。

（額賀澪の文章による。一部省略等がある。）

(一) **よく出る** **基本** a～dの――のついている漢字のよみがなを書け。（各1点）

(二) ①に 目で追いきれない とあるが、岳がこのように感じたのはなぜか。次の1～4から最も適当なものを一つ選んで、その番号を書け。（2点）

1、ゆっくりとしたペースで山の雰囲気を味わっていたところ、穂高が忙しく話しかけてきたことに煩わしさを感じたから

2、歩くペースを摑むと周りを眺める余裕が生じ、木々の様子や野鳥の鳴き声といった受け取る情報の多さに気づいたから

3、ペースが整っていくうちに偶然開けた場所に着いたことで、見晴らしのよい場所から山全体を眺めることができたから

4、岳なりのペースで周りを観察しようとしていたが、穂高の木々や野鳥の説明が始まると知識量の多さに圧倒されたから

(三) ②に たまたま飛んできた帽子を拾っただけの新入生を、この人はどうしてこんなにも登山仲間にしたいのだろう とあるが、このとき岳はどのような穂高の様子を、どのように思って見ていたと考えられるか。「新入生の中には、」という書き出しに続けて、「…と思って見ていた」に続くように、一緒 という語を用いて、六十字以内で書け。（2点）

(四) ③に 思いがけず質問に答えてしまう とあるが、なぜ岳は穂高の質問に思いがけず答えてしまったと考えられるか。次の1～4から最も適当なものを一つ選んで、その番号を書け。（1点）

1、絶妙なタイミングの質問に動揺し、スポーツクライミングに対する岳自身の気持ちも既に見抜かれているのではと感じたから

2、スポーツクライミングの技術を用いて体勢を素早く整えられたことで冷静になり、穂高の質問に答える余裕を取り戻したから

3、今でもスポーツクライミングの感覚を忘れていないということは、穂高の前ではなんとしても隠しておきたいことだったから

4、スポーツクライミングについて聞かれ不意に取ってしまった行動が、慣れ親しんだ競技の感覚を思い出させるものだったから

(五) ④の 闇雲に の意味として最も適当なものを、次の1

〜4から一つ選んで、その番号を書け。　(1点)

1、先の見通しもなく　2、何の見返りもなく
3、沈んだ気分のまま　4、恐怖を抱いたまま

(六) ⑤に　ムキになっているのが自分でもわかる　とあるが、このときの岳の思いはどのようなものだと考えられるか。それを説明しようとした次の文のア、イの□内にあてはまる最も適当な言葉を、本文中からそのまま抜き出して、アは五字以内、イは十字程度でそれぞれ書け。　(2点)

スポーツクライミングの話をする様子を、穂高に［ア］で饒舌な話しぶりだと指摘されたことを受けて、内心で感じている［イ］気持ちをなんとかして否定し、押さえ込みたいという思い

(七) ⑥に　山の中は□だ　とあるが、□内には、岳がこのときの心境で山の中の様子をとらえた言葉が入る。その言葉として最も適当なものを、次の1〜4から一つ選んで、その番号を書け。　(1点)

1、過酷　2、静か　3、退屈　4、嫌い

(八) ⑦に　それは、腹の底から湧き水のように勝手に流れ出る筑波岳の心根と、対峙するということでもあった　とあるが、これは岳のどのような気持ちを述べたものか。本文全体の内容をふまえて、次の1〜4から最も適当なものを一つ選んで、その番号を書け。　(2点)

1、自然に接する中で、スポーツクライミングに再び挑戦したいと感じるようになり、国方の熱意に応えたいという強い気持ちが生まれ始めている
2、登山道を進む中で、これまで抱えてきた悩みやいらだちから解き放たれたことで、穂高のさりげない優しさに対する感謝の念が生じ始めている
3、岩肌を踏みしめ進む中で、スポーツクライミングや穂高の言葉といった周囲の物事に向き合い、全てが岳を支えていることに気づき始めている
4、穂高と共に登山道を歩く中で、今まで直視を避けていた思いが少しずつこみ上げてきていることを感じ、落ち着いて向き合おうとし始めている

三 (古文)仮名遣い・内容吟味

次の文章を読んで、あとの(一)〜(五)の問いに答えなさい。　(計8点)

太閤の近習、曽呂利へ尋ねて申すは、「①御辺誠に君の思し召しに叶ひ類なし。いかがしてかはかくの如くに御意には入るぞや。」といひければ、曽呂利曰はく、「飯の風味はどのやうなる物にや。」と問ふ。答へて云ふ、「斯と定まりたる味はなけれども、只うまき物なり。」と。曽呂利また「菓子はうまき物にや。」と。答へて曰はく、「うまくしてあまし。」曽呂利「然らば、明日より飯をやめて、うまき甘き所の菓子計くひて居給ふべし。」彼の者聞きて「②それは一向にならぬ事なり。」といふ。曽呂利大いに笑つて「さればの事なり。貴辺は菓子を以て君にすすめ、③我は飯を以て君にすすむる故に、いつ迄も飽かるるといふ事なく、甘きものは時宜によりてあしく、飯はいつにてもよき物なり。貴方は心に甘き所を以て、君の用ゐ給はんところを期する故、大いに了簡違へり。我は飯のさたでの風味もなき物なれども、退屈し給ふと云ふ気遣ひなる事なきを事とす。」

(注1) 太閤の近習＝太閤(豊臣秀吉)のそば近くに仕えていた、ある者。
(注2) 曽呂利＝曽呂利新左衛門。豊臣秀吉のそば近くに仕えていたといわれる人物。
(注3) 御辺＝あなた。
(注4) 貴辺＝あなた。
(注5) 時宜によりて＝時と場合によっては。
(注6) 期する＝期待する。
(注7) 了簡＝考え。

(一) **よく出る** **基本** 本文中の　くひて　は、現代かなづかいでは、どう書くか。ひらがなを用いて書きなおせ。　(1点)

(二) ①に　御辺誠に君の思し召しに叶ひ類なし　とあるが、ここではどのようなことをいっているのか。次の1〜4から最も適当なものを一つ選んで、その番号を書け。　(1点)

1、主君が私よりもあなたを高く評価していることに、どうしても納得ができない
2、あなたは主君にあまりよく思われていないようだから、誤解を解いてあげたい
3、主君はあなたの願いならば、どのようなことでも聞き入れているように思える
4、あなたは他の者ではとうてい及ばないほど、主君から特別に大切にされている

(三) ②に　それは一向にならぬ事なり　とあるが、ここでは近習はどのようなことをいっているのか。それを説明しようとした次の文のア、イの□内にあてはまる言葉を、それぞれ五字程度で書け。　(2点)

これからは、［ア］ことをやめて、その代わりに、常に［イ］べきだという意見には賛成できないということ

(四) ③に　我は飯を以て君にすすむる　とあるが、飯を君にすすめるというたとえは、主君に対してどのように接していることをいっているのか。次の1〜4から最も適当なものを一つ選んで、その番号を書け。　(2点)

1、主君への特別な心配りをすることなく、いつも変わらずにありのままの態度で接していること
2、主君に飽きられてしまわないように気を配り、常に細やかな工夫を欠かさずに接していること
3、主君の怒りに触れることのないように注意し、主君に対していつでも低姿勢で接していること
4、主君が求めるままに応えるのではなく、物足りなく感じられるように意識して接していること

(五) 本文中で、曽呂利は近習に対してどのようなことに気づかせようとしているのか。次の1〜4から最も適当なものを一つ選んで、その番号を書け。　(2点)

1、身近な食べ物をたとえ話に用いることで、近習がもっと質素な暮らしをすべきであることに気づかせようとしている
2、日常生活のたとえ話を用いて、近習の今の考え方のままでは主君の気持ちに添えないことに気づかせようとしている

3、想像しやすいたとえ話を用いながら、近習の持つ素直さこそが何よりも大切だということに気づかせようとしている

4、現実的ではないたとえ話を用いつつ、近習が思うほど主君は信頼できる人物ではないことに気づかせようとしている

三 (論説文)漢字の読み書き・内容吟味・品詞識別・意味用法の識別・文脈把握・段落吟味

次の文章を読んで、あとの㈠～㈩の問いに答えなさい。なお、1～16は段落につけた番号です。(計19点)

1 花鳥風月とは「①天地自然(人の手が加わらない自然)の美しい景色。②風流な遊び」と『広辞苑』(国語辞典の一つ)にある。すると、金魚は花鳥風月なのかどうか。

2 金魚を愛する気持は「花鳥風月的な気持」なのかどうか。金魚は「花鳥風月的な生きもの」ではあろう。でも、数百年にわたって人が飼ってきた「家魚(養殖される魚)」の金魚は、「天地自然の美しい景色」ではあるまい。「風流な遊び」なのかどうか。

3 もっとも、①日本人の考える「花鳥風月」の主たる意味が、本当に「天地自然の美しい景色」なのかというと、そこのところは、少しあやしい。

4 ②日本人の自然観については、明治時代以来の議論がある。

5 簡単にいえば、その議論は日本人がいかに「自然」を愛する民族であるかを強調し、立証しようとする人と、日本人が「自然」を理解せず、自然観賞の能力に欠けていると見る人の論争から始まっているようである。

6 日本人の自然観が、欧米人の自然観とはまるで違っているという指摘は、aムカシからあって、「日本人には自然が理解できない」とまでいう学者もいる。

7 たとえば、長谷川如是閑(明治・大正・昭和期にかけて活動したジャーナリスト)は「日本人の自然観は、文字通り樹を見て森を見ないもので、森林に対する感覚などは、原始人の森林恐怖観から離れていない。日本人はまるで自然を理解していない」と、たいへん手厳しい。

8 古来、日本人は、自然との付き合い方が上手ではなかった。モンスーン気候(季節風の影響が強い地域でみられる気候)地帯の北の端にbイチする日本の自然は、はるか高緯度にあって冬のcサムさは厳しいが、気候の安定して穏やかな西欧の自然に比べると、ずっと荒々しい。

9 そういう風土では、人間の力は小さなものである。自然の強大な力に対して、人々は簡単に諦めたり、天災に対する何らかの因果応報を見出すことで、自分を納得させるしかなかった。昨日の荒々しかった自然が、今日はたちまち、美しい穏やかな自然に変わり、今日の平穏が明日は激変する。気候は③めまぐるしく変動推移する。日本人の伝統的自然観が、西欧的なそれと大きく相違するのは、むしろ自然であろう。

10 日本人は、自然を理解できていなくても、自然の一部を改変して生活に取り込む知恵にはたけていた。「荒々しい自然」の脅威をそらし、「美しい自然」の美しい部分だけを切り取っていた。それがモンスーン気候地帯で自然と共存してきた民族の知恵であった。

11 自然と真っ向から取り組むのは避けて、つきあいやすい一部分だけを取り出して身近に引き寄せ、ときにはサイズも縮めて、自分たちに都合よく改変してきた。これを「日本人の縮み志向」と、否定的または揶揄(からかうこと)的にいう向きもある。疑似自然愛好といえば、その通りであるが、これもはげしく変わる荒々しい自然を取り込んで、背を丸めて生きた人々の生活の知恵だった。

12 こういった日本人の自然観抜きには、江戸の金魚流行は考えにくい。それは籠の中のコマネズミや小鳥飼育、鉢植えの草花栽培などの趣味流行全部に通ずる心だろう。江戸時代の人たちにとっては、金魚も、改変され凝縮された自然、または疑似自然の一部だった。自然と疑似自然の境界も不明瞭だった。その方が、江戸時代には似合っていた。

13 詩人でも劇作家でもあった外交官で、大正十年に東京に来て、関東大震災をdケイケンした駐日フランス大使のポール・クローデルは「江戸の人たちにとって、自然から与え④られる宝物とは、(大自然そのものでなく)手の中に持てるもの、袖の内に隠すことのできるものだ」と、いった。

14 日本人が自然の風景を眺めるときは、知らず知らず、すでに絵に描かれ、歌にうたわれた風景を通して眺め、美しさを評価するのだという。⑤江戸時代の日本人は、荒々しい自然の中から、美しいものだけを選り出し、磨き上げ、安心して観賞できるものに仕立てる手法を知っていた。それがすなわち、花鳥風月だった。日本人が自然を美しく思う前提として、「美しい自然」という定形が予め用意されている。長い年月かけて磨き上げてきた、そのパターンに当てはまるものだけを、「美しい自然」と評価する。準備されたパターンに当てはまるかどうかが、花鳥風月の美しさの基本だった。決まった形に当てはめて眺めるから、美しいと感じるのだという説もある。みんないっしょに、同じ風景に同じ美しさを感じ、同じように見る。それを変だとも、不思議とも思わず、むしろ安心に思う気持が、日本人にあるのではないか。

15 日本人のいう「美しい自然」は、人間社会の近くにあって、人の心を慰め、疲れを癒してくれるものであった。手の中の自然、花鳥風月とは、そういうものだったのではないか。

16 江戸の町方で求められた「自然」は、狭苦しい九尺二間の裏店(裏通りにある粗末な家)住まいに見合う、ミニサイズでなければならなかった。裏長屋の窓に下げられたびいどろ(ガラス)の金魚玉(球形の金魚鉢)の金魚も、植木花卉(観賞用に栽培する植物)園芸も、⑥江戸の庶民が上手につきあってきた「自然のしっぽ」だったのではないか。金魚はやっぱり、花鳥風月の一部だったのではないか。

(鈴木克美の文章による。一部省略等がある。)

㈠ **よく出る** **基本** a～dの——のついているかたかなの部分にあたる漢字を楷書で書け。(各1点)

㈡ ①に 日本人の考える「花鳥風月」の主たる意味が、本当に「天地自然の美しい景色」なのかというと、そこのところは、少しあやしい とあるが、これはどのような

ことをいっているのか。次の1～4から最も適当なものを一つ選んで、その番号を書け。（1点）

1、日本の自然は美しいだけのものではなく、「花鳥風月」の意味には自然の厳しさも含まれていることが推測されるということ

2、風流な遊びでもある「花鳥風月」は日本の伝統文化を表したものなので、日本の天地自然と結びつけるのは可能だということ

3、日本人が「花鳥風月」という言葉を天地自然の美しさだととらえているという考えについては、検討の余地があるということ

4、「花鳥風月」の本質は自然の美しさにあるというより、むしろ日本人が親しんできた風流な遊びの中にあるはずだということ

(三) ②に　日本人の自然観については、明治時代以来の議論がある　とあるが、筆者は、明治時代以来の議論をふまえて、日本人はどのようにして自然と関わってきたと述べているか。それを説明しようとした次の文のア、イの□内にあてはまる最も適当な言葉を、本文中からそのまま抜き出して、それぞれ十字以内で書け。（2点）

日本の荒々しい気候の前では［ア］であるため、日本人は自然に対して［イ］ことはせず、西欧の自然観とは異なる考え方にもとづいて、自然の一部を取り出して生活に取り込み、生きていこうとしていたと述べている

(四) 基本　③の　めまぐるしく　の品詞は何か。次の1～4から最も適当なものを一つ選んで、その番号を書け。（1点）

1、形容動詞　2、副詞
3、形容詞　4、連体詞

(五) 基本　④の　られる　は、次の1～4のうちの、どの　られる　と同じ使われ方をしているか。同じ使われ方をしているものを一つ選んで、その番号を書け。（1点）

1、自分で食べられるだけの料理を皿に取ってください

2、子猫が安心するのは母猫に優しくなめられるときだ

3、思いやりの心が感じられる挨拶に私の心は和らいだ

4、遠方から来られるお客様を郷土料理でもてなしたい

(六) ⑤に　江戸時代の日本人は、～　安心して観賞できるものに仕立てる手法を知っていた　とあるが、荒々しい自然を定形に当てはめることで「美しい自然」をつくり出そうとした江戸時代の日本人にとって、安心できる「美しい自然」とはどのようなものであり、それをどのように見ることで安心感を得ていたと筆者は考えているか。「江戸時代の日本人にとって、安心できる『美しい自然』とは、」という書き出しに続けて、「…ことで安心感を得ていた」に続くように、六十五字以内で書け。（2点）

(七) ⑥に　江戸の庶民が上手につきあってきた「自然のしっぽ」だったのではないか　とあるが、「自然のしっぽ」と上手につきあってきた江戸の庶民の暮らしとは、どのようなものであったか。次の1～4から最も適当なものを一つ選んで、その番号を書け。（2点）

1、人間にとって害の少ない身近な自然物を利用して、厳しい自然環境下で生き延びる暮らし

2、周囲の自然環境の変化に合わせて生活様式を改変しつつ、自然の力に頼って生きる暮らし

3、日ごとに表情を変えるとらえどころのない自然に身をゆだねて、自然と一体化する暮らし

4、自然を感じさせる要素を取り入れることで日々の生活をいろどり、自然とつながる暮らし

(八) 次の〔　〕内の文は、第1～第10段落のいずれかの段落の最後に続く文である。それはどの段落か。最も適当な段落の番号を書け。（2点）

〔毎年、ほぼきまった時期に襲来する台風のような、ときには人間を破滅させる自然の暴力に遭遇する機会も多い。〕

(九) 本文を通して筆者が特に述べようとしていることは何か。次の1～4から最も適当なものを一つ選んで、その番号を書け。（2点）

1、日本人が自然と共存しようとする中で生み出された花鳥風月の一つの例が、江戸時代における金魚の流行だといえる

2、自然の厳しさに耐えるしかなかった日本人を慰めてきた金魚や植木などの花鳥風月は、日本が世界に誇る文化である

3、花鳥風月は自然への畏敬の念を表すための美の基準として生み出されたのであり、金魚は自然を体現する存在である

4、身近な自然との共存を重んじる日本伝統の自然愛護の精神は、花鳥風月という形式を通して実践されてきたといえる

(十) 筆者の考える、日本人のつくり上げてきた自然とのつきあい方の具体例として、あてはまらないものはどれか。次の1～4から最も適当なものを一つ選んで、その番号を書け。（2点）

1、雄大な自然の中で樹齢百年を越えて生き続ける大木を再現しようと、様々な工夫を凝らして作られた盆栽を鑑賞する

2、日本の気候に合った農業の方法を追求し、農作物の遺伝子を分析しつつ品種改良をすることで自然の変化に対抗する

3、まだ吹く風も冷たい三月に一枝の桜を花瓶に生けて部屋に飾り、春の暖かな陽気を感じられるような空間を生み出す

4、鳴き声をたよりに草むらに入り捕まえた鈴虫を、虫籠に入れて大切に育てながら夜にはその涼しげな鳴き声を楽しむ

四　条件作文　思考力

あなたの中学校では、校内で行われる運動会を生徒全員が楽しかったと思えるようなものにするためにはどうすればよいかについて、生徒会役員が意見箱を利用して尋ねたところ、生徒から様々な意見が寄せられました。その後、出された意見を生徒会役員が次のA～Dの四種類の視点に分類し、この四種類の視点をもとに、改めてそれぞれのクラスで話し合いが行われることになりました。

A
練習方法の工夫

B
家族や地域と
協力するための工夫

C
連帯感を
高めるための工夫

D
競技種目の工夫

あなたなら、クラスの話し合いの中で、生徒全員が楽しかったと思えるような運動会にするために、どのような意見を発表しますか。A～Dの中であなたが着目した視点と、発表しようとする具体的な提案を、そう考える理由がよく分かるように、次の条件1～条件4と〔注意〕に従って、書きなさい。（8点）

条件1　二段落構成で書くこと。
条件2　第一段落にはA～Dのどの視点に着目したかを、着目した理由とともに書くこと。
条件3　第二段落には選んだ視点にもとづいたあなたの提案を、根拠を示して具体的に書くこと。
条件4　原稿用紙（25字詰×11行＝省略）の正しい使い方に従って、二百五十字程度で書くこと。ただし、百五十字（六行）以上書くこと。

〔注意〕
一、部分的な書き直しや書き加えなどをするときは、必ずしも「ますめ」にとらわれなくてよい。
二、題名や氏名は書かないで、本文から書き始めること。また、本文の中にも氏名や在学（出身）校名は書かないこと。

愛媛県

時間 45分　満点 50点　解答 P43　3月7日実施

出題傾向と対策

●論説文、小説文、漢字の読み書き二題、古文、条件作文の大問六題構成。文章や設問は標準的だが、記述問題が多い。字数が多い条件作文が出題されるので、短時間で書く力が要求される。
●設問の難度は高くないが、条件作文の分量が多いので、時間配分に留意する。基礎的な内容も問われるので、日々の授業を大切にすること。記述問題が多いので、添削を受けて練習するとよい。古文は教科書レベルの内容を短時間で読み取れるようにしておく。

一（論説文）漢字知識・文脈把握・品詞識別・内容吟味

次の文章を読んで、1～8の問いに答えなさい。（1～9は、それぞれ段落を示す番号である。）

1　(注1)枯山水庭園において、①縁側に人々が座り込み、ぼーっとその庭をながめている様子はよく見られる。縁側とは、文字通りに建築の縁であり、そこは建築と庭の境界と言える。以前から私は、人はそこで何に目を向け、何を考えているのか、という疑問を持っていた。龍安寺石庭など最たるものであるが、白砂の上に配置された十五個の石からなるその庭は、それ自体が謎である。その石組は「虎の子渡し」と説明されるほか、多くの解釈がこれまでなされてきたが、この庭は、一意的に解釈が定められるものではない。［A］、そのような多数の解釈を生み出しうるほど汲み尽くせない深み、絶妙な構成を有していることにこそ注目すべきだろう。

2　ところで、現代語の「ながめる」は古語の「ながむ」に相当するが、ながむとは不思議な言葉である。ながむの「なが」は「長い」から来ているらしく、文字通りにながむ「長目」を語源とする説もある。今日ながめるというと、ある風景に漠然と長時間かけて目を向けることを指し、そこにぼんやりと物思いにふけるという意味が加わることもある。古語のながむは、これと同様の意味を持つが、もう一つ、詩歌を詠むこと、声を長引かせて詩歌を吟じることも言った。和歌などでは②しばしば「ながめ」が「長雨」と掛詞にされる。「ながめる」について考究してゆく中で参考になったのは、臨床心理学者上田琢哉氏の研究である。上田氏は、臨床心理学の立場から、ある対象を集中的に分析してゆく「見る」意識に対して、対象を分析しないまま漫然と全体的に捉える「ながめる」意識の積極性を説いている。このことを、上田氏は、箱庭療法(注2)の事例から導き出しており、「ながめる」について以下のように述べる。

それは「分離し、はっきりさせる」という意識態度ではないが、精神科の診断レベルでいう混濁やもうろう状態などとはまったく異なるものである。むしろ、ある面ではぼんやりした状態とクリアな状態とを同時に保持しているような不思議な状態と言えよう。

3　縁側でぼんやりと庭をながめること。それは、目の前の風景に目を向けてはいるが、分析的・集中的に「見る」のではなく、その全体を漫然と捉えており、かつ、同時にほかのことに考えをめぐらし、詩歌などに昇華(注3)されることもある。それは、その場でなくともできそうにも思えるが、しかし、その風景に目を向けていないと起き得ないことである。右に記されているように、③「ながめる」とは不思議な二重の状態である。

4　上田氏は、この「ながめる」を(注4)宮本武蔵が『五輪書』で述べている「観の目」――それは、遠いものを近くに見、近いものを遠くに見るという――に接続するなど、刺激的な論を展開しており、その中で日本文化の各所に見られる石を取り上げ、龍安寺石庭にも触れている。そして、④庭園の石とは、「意味を問わないでくれという不思議なシンボル」だとし、龍安寺石庭について次のように述べている。

私たちはお金を払って無自性(注5)の背景にある存在感を感じに行っているのである。そして、無自性の背景にある存在感は、意味分節的に「見」てはわからない。ただ座って「ながめ」るほかないのである。

わが国の庭において石が主役であることは間違いないが、その石は、配置を象徴的に解釈したり芸術性を云々(うんぬん)するより、「黙ってながめる」ためのものと考えた方がわかりやすいのではないだろうか。

5 ⑤龍安寺石庭において人が、ただ座って「ながめ」るほかない要因は様々に考えられるが、一つには、そこが非整形式、非遠近法的な構成を有しているからではないだろうか。ヴェルサイユ庭園のような西洋の整形式庭園は、遠近法によって構成されており、その消失点こそ、王者、具体的にはルイ十四世による至高の視点になる。もちろん、それ以外の場所からも人はその庭園に目を向けることはできるが、庭園全体は、その至高の視点を念頭に置いて構成されている。整形式庭園とは「見る」ための庭と言うことができるかもしれない。

6 対して、日本庭園のような非整形式、非遠近法的な空間においては、そのような至高の視点はない。もちろん、寝殿造庭園であれば、寝殿が最高位の視点であるし、池泉回遊式庭園であっても、視界の良い地点はいくつかあるが、かと言って、そこからの視点を念頭に置いて全ての要素が構成されているわけではない。程度の差こそあれ、そこで見えるのは庭園の一部である。

7 龍安寺石庭は、どの位置から目を向けても、十五個の石全てを視界に入れることはできないとされる。そのことは、この庭が一意的に解釈できないことと通底しているように思われる。白砂のエリアが長方形という整形であるために、その庭園に対する縁側の中央こそが至高の視点であるようにも感じられるが、そこに立ったとき十五の石全てを視界に収めることはできない。しかも、その一つ一つの石を集中的に見ても、自然石があるだけである。

8 人が海や山の風景を「ながめる」のは、それが「見る」ことが難しいからではないだろうか。眺望が開けていればいるほど多くの対象を視野に収めることができるが、その一つ一つの要素、例えば、海であれば波、山であれば木を集中的に「見る」ことはもはやできない。ただ、全体を漫然と視野に入れることしかできない。その現象の縮小版が、庭園においても生じる。

9 このように、日本庭園とは、そこを訪れた人に、「見る」のではなく、「ながめる」ことを促すような空間構成がなされていると考えられる。

（原　瑠璃彦『日本庭園をめぐる　デジタル・アーカイヴの可能性』による。）

（注1）枯山水庭園＝水を用いず、石組や砂によって自然の風景を表現した庭園。
（注2）箱庭療法＝心理療法の一つ。
（注3）昇華＝物事がさらに高次の状態へ高められること。
（注4）宮本武蔵＝江戸時代初期の剣術家。
（注5）無自性＝それ自体に決まった本質がないこと。

1、**よく出る** **基本** 1段落の――線①「縁側」と同じように重箱読みをする熟語を、次のア～エの中から一つ選び、その記号を書け。

ア、傾斜　イ、本棚　ウ、毛玉　エ、場所

2、**よく出る** 1段落の A に当てはまる最も適当な言葉を、次のア～エの中から一つ選び、その記号を書け。

ア、ところが　イ、なぜなら　ウ、むしろ　エ、または

3、**基本** 2段落の――線②「しばしば」について、次の(1)、(2)の問いに答えよ。

(1) 「しばしば」が修飾している一文節として最も適当なものを、次のア～エの中から一つ選び、その記号を書け。

ア、「ながめ」が　イ、「長雨」と　ウ、掛詞に　エ、される

(2) 「しばしば」の品詞名として適当なものを、次のア～エの中から一つ選び、その記号を書け。

ア、副詞　イ、連体詞　ウ、形容詞　エ、感動詞

4、3段落の――線③『「ながめる」とは不思議な二重の状態である。』とあるが、「二重の状態」について、本文の趣旨に添って説明した次の文章の a 、 b に当てはまる適当な言葉を書け。ただし、 a は、2（引用部分を含む。）・3段落の文中の言葉を使って、二十五字以上三十五字以内で書くこと。また、 b は、最も適当な言葉を、2（引用部分を含む。）・3段落の文中から二十六字でそのまま抜き出し、その最初と最後のそれぞれ三字を書くこと。

> 庭をながめることは、 a ということである。このように、「ながめる」ときは二つのことを並行して行っており、そのときの意識は、 b 状態にある。

5、4段落の――線④「庭園の石とは、『意味を問わないでくれという不思議なシンボル』だ」とあるが、ここでの「石の意味を問う」とは、どうすることを言っているのか。最も適当な言葉を、「…こと。」に続くように、4段落（引用部分を含む。）の文中から二十字でそのまま抜き出して書け。

6、5・6段落に述べられている、西洋と日本における庭園の空間構成の違いについてまとめた次の表の a 、 b 、 c に当てはまる最も適当な言葉を、5・6段落の文中から、 a 、 c は五字で、 b は五字以上八字以内で、それぞれそのまま抜き出して書け。

西洋	西洋の整形式庭園は、遠近法によって構成され、庭園全体が a を意識して作られていることから、 b と言うことができる。
日本	日本庭園は、非整形式、非遠近法的な構成で作られ、 a が想定されておらず、最高位の視点や視界の良い地点であっても c しか見えない。

7、5段落の――線⑤「龍安寺石庭において人が、ただ座って『ながめ』るほかない要因は様々に考えられる」とあるが、非整形式、非遠近法的な構成を有する龍安寺石庭において、人が、「ながめる」ほかない理由を、龍

安寺石庭の石の配置の具体的な特徴に触れながら、[7]・[8]段落の文中の言葉を使って、「…から。」に続くように、四十字以上五十字以内で書け。

8、本文に述べられていることと最もよく合っているものを、次のア～エの中から一つ選び、その記号を書け。

ア、日本人に古くから備わっている「ながめる」意識は、庭園の西洋化によって薄れつつある。

イ、古語の「ながむ」の意味が、日本庭園の空間構成を決定づける中心的な要因となっている。

ウ、「見る」と「ながめる」の違いは、西洋の文化に対する日本の文化の優位性を示している。

エ、人に「ながめる」ことを促す日本庭園は、庭の一意的な解釈が不可能な構成になっている。

二（小説文）慣用句・内容吟味・文脈把握

次の文章は、女子全国高校駅伝（通称「都大路（みやこおおじ）」）に出場するチームの補欠だった「坂東（さかとう）（私）」が、「ココミ」先輩の欠場で、大会前日に一年生ながら急遽（きゅうきょ）アンカーを任されることが決まり、当日、中継所に向かう場面から始まっている。これを読んで、1～5の問いに答えなさい。

本当に私、走るんだ——。

スタジアムからこの中継所までの連絡バスに乗っている間も、雪とともに流れていく京都の街並みを眺めながら、いっそこのまま家の前まで走って帰ってくれないかな、と内心、真面目に願っていた私である。

バスから降りたのち、待機所になっている病院のロビーでは、①はじめて留学生のランナーを見た。彼女のことは陸上競技雑誌で見かけたことがあった。私や咲桜莉（さおり）（注1）が得意とする中距離走の高校記録を持つ超有名選手だった。驚いたのは、彼女が自分よりもずっと身長が低かったことだ。

緊張のしすぎで、身体をどこかに置き去りにしてしまったような私に対し、留学生の彼女は同じデザインのベンチコートを着た女の子二人と談笑していた。サポート要員として、中継所まで部員が駆けつけているのだ。呼び出しの寸前まで、留学生は足のマッサージを受けていた。ひとりでやることもなく、キャラメルをなめていた私とはエライ違いだった。

第二集団のトップを切って、その留学生選手がタスキを受けて出発する。

「すごい。」思わず声が漏れてしまうほど、今まで見たことがない走りのフォームだった。周りの選手たちもハッとした表情で彼女の後ろ姿を目で追っていた。走る際の、足のモーションがまるで違った。走るためのマシーンと化した下半身に、全くぶれない上半身がくっついているようだ。跳ねるように地面を蹴る、その歩幅の広さといい、それを支える筋肉のしなやかさといい、何て楽しそうに走るんだろう、とほれぼれしてしまうフォームで、彼女はあっという間に走り去っていった。

彼女の残像を思い浮かべながら、視線を中継所に戻したとき、

「私は好きだよ、サカトゥーの走り方。大きくて、楽しそうな感じがして。」

緊張のしすぎで、全くごはんを食べる気が起きない朝食会場で、正面に座る咲桜莉に突然告げられた言葉が耳の奥で蘇（よみがえ）った。そんなことを彼女から言われたのははじめてだった。私は咲桜莉の機敏で跳ねるような足の運び方や、テンポのよい腕の振り方が、自分にはできない動きでうらやましく、自分の走り方は大雑把で無駄が多いと思っていたから、驚くとともに純粋にうれしかった。おかげで用意された朝食を全部平らげることができた。

私が留学生の彼女を見て楽しそうと感じたように、咲桜莉が私の走りを見て楽しそうと感じてくれている——。

留学生の彼女と私じゃレベルが全く違うけれど、不思議なくらい勇気が太ももに、ふくらはぎに、足裏に宿ったように感じた。気づくと、あれほど我が物顔でのさばっていた緊張の気配が身体から消え去っている。

そうだ、私も楽しまないと——。

こんな大舞台、二度と経験できないかもしれない。もちろん、来年だってここに戻ってきたいけれど、私が走れる保証はどこにもないのだ。ならば、この瞬間をじっくりと楽しまないと。最初で最後のつもりで、都大路を味わないともったいないぞ、サカトゥー。

ずうずうしい気持ちがじわりじわりと盛り上がってくると同時に、走る前の心構えが整ってきた。さらには、周囲の様子もよく見えてきた。もっともそれは、半分の選手がすでにゼッケン番号を呼ばれ、待機組の人数が減ったせいかもしれないけれど。

②早く、走りたい——。

身体がうずいて、その場で二度、三度とジャンプして、ステップを踏んだ。

すでに先頭が通過してから、五分以上が経過しただろう。ついに、私の番号が呼ばれた。順位に関しては、良いとは言えない。でも、それは菱（ひし）先生（注2）も事前に予想済みのことだった。というのも、各都道府県で行われた予選大会にて、五人のランナーは本番と同じ距離を走る。コースのつくりや、当日の天候の違いによる影響は多少あるだろうが、都大路に③［　］を進めた各校のタイムは全て公開されるので、その記録をチェックしたら、おのずと全体における自校のだいたいの位置がわかる。私たちの学校の記録は四十七校中三十六位だった。

「全員がはじめての都大路で、いきなりいい成績なんて出ないから。今回はまずは二十位台を目指そう。」

と菱先生はハッパをかけたが、この場に残っているのは十五人くらい。すでに三十位台にいることは間違いなさそうだ。

中継線に並んでいた選手が四人、目の前で次々とタスキを受け取り、一目散に駆け出していく。ベンチコートを脱ぎ、青いキャップをかぶった係員に手渡し、中継線まで進んだ。

私とほぼ同じタイミングで、すぐ隣に赤いユニフォームの選手が立つ。私よりも五センチくらい背が高い。寒さのせいか、緊張のせいか、血の気のない真っ白な肌に、唇だけが鮮やかな赤色を残していた。ぱっつんと一直線にそろえられた前髪と重なるように、きりりと引かれた眉の下から、切れ長な目が私を見下ろしている。

互いの口から吐き出される白い息を貫き、視線が交わった瞬間——、彼女の目Aと、私の目Bを結ぶ、直線ABの

中間点Cにて、何かが「バチンッ」と音を立てて弾けるのを聞いた気がした。

相手は目をそらさなかった。

私も目をそらさなかった。

拡声器を手に係員のおじさんが隣を通ったのを合図にしたように、二人して同じタイミングでコースに向き直った。体格を見ても、面構えを見ても、相手は一年生ではなさそうだった。

でも、何年生であっても、④この人には負けたくない――。

むらむらと闘争心が湧き上がってくるのを感じた。

そう言えば、「どうして、私なんですか。」と昨夜、菱先生の部屋で泣きべそをかく寸前の態で選考の理由をたずねたとき、

「駅伝はみんなで戦うもの。でも、いちばんしんどいときは、誰だってひとりで戦わなくちゃいけない。そこでどれだけ戦えるかは、持ちタイムでは測れない。じゃあ、ひとりで粘り強く戦えるのは一年生で誰かってなったとき、キャプテンもココミも真っ先に挙げたのが、坂東――、アンタの名前だった。」

と告げてから、「鉄のヒシコ」は「私もそう思った。だから、死ぬ気で走ってきな。」と完全に目が据わった表情でニヤリと笑った。

菱先生は勝負師ゾーンに入ってしまった感じで怖すぎるし、二人の先輩が推してくれたことも、それって買いかぶり以外の何物でもない、と今でも思うが、雪が舞う視界の先に自分と同じ黄緑色のユニフォームが見えた途端、全てが頭の中から吹っ飛んだ。

「美莉センパイ、ラスト！　ファイトですッ。」

目いっぱいの声とともに、私は両手を大きく頭上で振った。

（万城目 学『十二月の都大路上下ル』による。）

（注1）咲桜莉＝坂東の友人で、同じ陸上部の一年生。
（注2）菱先生＝陸上部の顧問。

1、**基本** ――線③「□を進めた」が、「次の段階に進んだ」という意味の言葉になるように、□に当てはまる最も適当な言葉を、次のア～エの中から一つ選び、その記号を書け。

ア、膝　イ、話　ウ、席　エ、駒

2、――線①「はじめて留学生のランナーを見た。」とあるが、出番を待つ留学生のランナーを見ている坂東について説明したものとして最も適当なものを、次のア～エの中から一つ選び、その記号を書け。

ア、留学生を見て逃げ出したい気持ちに拍車がかかり、周囲の状況が見えずに慌てふためいている。
イ、不安と緊張で走る準備が整わない自分と、準備が整い余裕がある留学生の差を思い知っている。
ウ、超有名選手である留学生と同じ区間を走る自分が場違いに思えて、現実を直視できないでいる。
エ、高校記録を持つ留学生の存在感に圧倒されて、彼女を遠い存在として憧れの目で見つめている。

3、――線②「早く、走りたい――。」とあるが、坂東がこのような気持ちに至った経緯について説明した次の文章の［a］、［b］、［c］に当てはまる適当な言葉を書け。ただし、［a］は、最も適当な言葉を、文中から二十四字でそのまま抜き出し、その最初と最後のそれぞれ三字を書き、［b］は、最も適当な言葉を、文中から二字でそのまま抜き出して書くこと。また、［c］は、文中の言葉を使って、三十字以上四十字以内で書くこと。

> 坂東は、走ることに消極的な状態のまま中継所に到着したが、走り去る留学生のほれぼれするようなフォームを見て、［a］ことに思いが至り、［b］が湧いてきた。そして、［c］という、今の状況を肯定的に捉えた開き直りとも取れる大胆な気持ちが徐々に高まり、身体がうずくほど走りたい気持ちになった。

4、――線④「この人には負けたくない――。」とあるが、文中には、坂東が隣の選手を負けたくない相手として初めて意識したときの様子が、比喩を使って表現されている一文がある。その一文として最も適当な一文を、文中から抜き出し、その最初の五字を書け。

5、本文から読み取れる坂東の人物像について説明したものとして最も適当なものを、次のア～エの中から一つ選び、その記号を書け。

ア、先生やチームメイトからの期待が走る原動力となっていたことから、自分が嫌で納得できないことでも、誰かのためならひたむきになれる人物であることがわかる。
イ、自分をその気にさせるための周囲の言葉を真に受けてしまったことから、周りの人間の影響を受けやすく、簡単に口車に乗せられてしまう人物であることがわかる。
ウ、走る重圧や弱い気持ちがチームメイトとの関わりを通して消え去ったことから、周囲の存在や言葉を前向きに捉え、自分の力に変えられる人物であることがわかる。
エ、先輩と先生が下した決定を断り切れずに走る羽目になってしまったことから、自分の思いを相手にはっきり伝えられず、後悔してばかりの人物であることがわかる。

三　漢字の読み書き　よく出る　基本

次の1～4の各文の――線の部分の読み方を平仮名で書きなさい。

1、拍手喝采を浴びる。
2、証拠の有無を詮索する。
3、品物を安く卸す。
4、僅かな変化に気づく。

四　漢字の読み書き　よく出る　基本

次の1～4の各文の――線の部分を漢字で書きなさい。ただし、必要なものには送り仮名を付けること。

1、今年度のそんえきを計算する。
2、外国に行くためにりょけんを取得する。

3、世話がやける。
4、時をきざむ。

五 (古文)仮名遣い・内容吟味

次の文章を読んで、1・2の問いに答えなさい。

野州糀崎郷（注1）のうづら（注2）は鳴くことなし。その隣郷は音を立つることのよし。土老（注3）の言へる、いつの頃にや、糀崎何某といへる人、その地を領し、うづらを好みてあまた飼ひ置き、金銀をちりばめし籠に入れて寵愛（注4）せしが、ある時、かのうづらに向かひて、鳥類にても汝はしあはせなるものなり。金銀をちりばめし籠に入れて心を尽くして飼ひ置くは、うれしかるべきことなりと①たはぶれしに、その夜の夢にうづら来たりて、「いかなればかく心得たまふや。金銀をちりばめし牢（注5）を作りて御身を入れ置かば、心よきことなるべきや。」と言ふと見て、夢さめぬ。糀崎何某、感心改節して、うづらを愛することを思ひ止まり、飼ひ置きける鳥を残らず籠を出し、「汝必ず音を立つることあるべからず。音を立てば、また捕られん。」と教化して放しけるが、それよりこの一郷のうづらは、音を立てざると語りし由。

（『耳嚢』による。）

（注1）野州糀崎郷＝今の栃木県足利市付近。
（注2）うづら＝鳥の種類。うずら。
（注3）土老＝その土地に住む老人。
（注4）寵愛＝特に大切にしてかわいがること。
（注5）牢＝罪人を閉じ込めておく所。

1、よく出る 基本 ——線①「たはぶれしに」について、次の(1)、(2)の問いに答えよ。

(1)「たはぶれしに」を現代仮名遣いに直し、全て平仮名で書け。

(2)「たはぶれしに」は、「おどけて言ったところ」という意味であるが、糀崎何某はどのようなことを言ったのか。糀崎何某が言った言葉を文中からそのまま全て抜き出し、その最初と最後のそれぞれ三字を書け。

2、次の会話は、この文章を読んだ里奈さんと拓也さんが、夢からさめた後の糀崎何某の行動について話し合った内容の一部である。会話の中の[a]、[b]、[c]に当てはまる適当な言葉を書け。ただし、[a]は、最も適当な言葉を文中から五字でそのまま抜き出して書くこと。また、[b]は七字以上十字以内、[c]は十五字以上二十五字以内の現代語で書くこと。

里奈さん「糀崎何某は、夢を見たことをきっかけにして変わったよね。」
拓也さん「そうだね。糀崎何某の夢に出てきたうずらは、『金銀をちりばめし籠』を『牢』にたとえて、あなた自身がそのような場所に置かれたら、それは、『[a]』であるはずがないと言っていたね。」
里奈さん「糀崎何某は、そのうずらの言葉を聞き、うずらの気持ちになって考えてみて、[b]ことが、うずらを幸せにすることだと考えるようになったのね。」
拓也さん「野州糀崎郷のうずらが、隣郷のうずらと違って鳴かないのは、糀崎何某が[b]ときの、『[c]』という教えに由来していると土老は言っているよ。」

作文 条件作文 思考力

中学校のあるクラスで、言語コミュニケーションについての話し合いが行われた。次は、話し合いで使用した【資料】と【話し合いの一部】である。あなたは、言語コミュニケーションにおいてどのようなことが大切だと考えるか。【資料】と【話し合いの一部】を読んで、そう考える理由を含めて、後の〈注意〉に従って述べなさい。

【資料】

私たちは、一人一人が異なる存在である。現代は価値観が多様化し、共通の基盤が見つけにくい時代になっている。こうした社会で生きていくためには、言語コミュニケーションによって、情報や考え、気持ちを互いにやり取りし、共通理解を深めていくことが欠かせない。

（文化庁「分かり合うための言語コミュニケーション」により作成。）

【話し合いの一部】

情報の送り手は、受け手の気持ちを考えるなど、伝え方を工夫することが大切だと思います。

情報の受け手の態度も大切ですね。受け手も積極的に関わらないと、伝え合いにならないと思います。

Bさん　Aさん

〈注意〉
1、【話し合いの一部】に示された意見のうち、どちらか一つ、または、両方の意見を交えて書くこと。
2、【資料】に示された内容を交えて書いてもよい。
3、あなたが体験したことや見聞したことを交えて書いてもよい。
4、段落は、内容に応じて設けること。
5、文章の長さは、三百字以上、四百字以内（原稿用紙20字詰×20行＝省略）とする。
6、文題は書かないこと。

高知県

時間 50分　満点 50点　解答 P44　3月5日実施

出題傾向と対策

●漢字の読み書き・漢字知識・文法・詩の鑑賞の総合問題、論説文二題、古文の大問四題構成。論説文では例年と同様に、六十字～八十字の記述問題と、百字～百二十字の条件作文が出題された。文法、韻文の鑑賞、歴史的仮名遣いなどの国語知識は、毎年必ず問われる。

●総合問題は幅広い範囲が出題されるので、それぞれの準備が必要。また、本文の表現を用いて、指定字数内で記述する問題や条件作文は、段落ごとの要旨・主題をまとめ、自分の意見を述べる訓練を重ねること。

一 漢字の読み書き・漢字知識・品詞識別・意味用法の識別・文脈把握・内容吟味

（計22点）

次の㈠～㈣の問いに答えなさい。

㈠ よく出る 基本 次の1・2の文の――線部の漢字の読みがなを、それぞれ書きなさい。（各1点）

1、この本には人名の索引がある。

2、健やかに成長する。

㈡ よく出る 基本 次の1・2の文の――線部のカタカナを、それぞれ適切な漢字に直して書きなさい。（各2点）

1、米をチョゾウする。

2、料理を器にモる。

㈢ 基本 漢字「神」の部首と同じ部首をもつ漢字を行書で書いたものを、次のア～エから一つ選び、その記号を書きなさい。（2点）

ア、秒　イ、祝　ウ、枝　エ、袖

㈣ さとるさんの班では、国語の授業で詩と鑑賞文を読み、表現の工夫や効果について話し合った。次は、さとるさんたちが読んだ【詩】と【鑑賞文】である。また、後の【会話】は、さとるさんたちが話し合った内容の一部である。これらを読んで、後の1～7の問いに答えなさい。

【詩】

海　　黒田三郎（くろださぶろう）

駆け出し
叫び
笑い
手をふりまわし
砂をけり

飼いならされた
[1]小さな心を
海は
荒々しい自然へ
[2]かえしてくれる

【鑑賞文】

前半の部分に注目してみると、「駆け出し」や「叫び」といった、動詞の連用形が繰り返されていることが分かります。本来であれば、「駆け出し、叫んだ」のように文を終わらせるべきところを、何度も改行して動詞を継続させているのです。文学者の乙骨明夫（おつこつあきお）は、このように連用形で行分けすることにより、「海の動きの変化、流動のスピード感と迫力」を的確に表現していると論じました。たしかに、動詞が連続して登場することにより、私たちは止まることのない、海のスピーディーな流れを感じとることができます。乙骨が述べるように、これら5つの連用形が一つずつ行分けされて使わ[3]れることにより、海という「生命の根源的な［ a ］」がリズミカルに伝わってくるのです。

（小林真大（こばやしまさひろ）『詩のトリセツ』による）

【会話】

さとる　私は、この詩の改行に注目しました。詩を読むとき、私たちは自然に、行の終わりで一息入れていますが、そうすることで、無意識のうちにリズムが生まれていると思います。作者は、改行によるリズムの効果に注目して、このような改行をしたのかもしれません。

あおい　そうですね。鑑賞文にもあるとおり、［ b ］ので、一行一行が速く読めるようになっています。さらに、「駆け出し」、「叫び」、「笑い」、「手をふりまわし」、「砂をけり」という短い言葉で改行することで、一つ一つの動作のイメージが強調されていると、私は考えました。作者は、海の生き生きとした動きの一つ一つが強く印象に残り、あえて別々に表現したのではないかと思います。

すぐる　私は、「海は／荒々しい自然へ／かえしてくれる」という部分に注目しました。「荒々しい」と「自然へ」とを改行しないことで、「自然の荒々しさ」というイメージが読者の心に強く残ります。改行するかしないかは、詩のイメージを決めるという点で、重要な役割を持っていると感じました。

けんと　皆さんが言うように、改行もこの詩の特徴だと思います。しかし私は、連が分かれていることに注目しました。この詩は「砂をけり」までと「飼いならされた」から後で、大きく二つの連に分かれています。作者は、前半では海の動きを見ていますが、後半では視点が「小さな心」に移っています。二つの連に分けることで、作者の視点の変化を示しているのではないかと、私は考えました。

めぐみ　主語である「海は」が、あえて後ろの方に置かれているところも、この詩の良さだと思います。海を見て、最初に作者が感じたのは、生命を感じさせる海の動きだったのでしょう。だから、まず前半で、飾り気のない子どもの動作のように、海の動きを表現したのだと思います。読者の心には、「駆け出し」や「叫び」といった、生き生きとした海の動きのイメージが真っ先に入ってきます。主語を［ c ］ことによって生まれた効果だと言えるでしょう。

1、【詩】中の――線部1の「小さな」の品詞名を、漢字で書きなさい。（2点）

2、【詩】中の――線部2の「かえしてくれる」において、「かえして」と「くれる」の二つの文節はどのような関係にあるか。適切なものを、次のア～エから一つ選び、その記号を書きなさい。（2点）

ア、修飾・被修飾の関係　イ、接続の関係
ウ、並立の関係　エ、補助の関係

3、【鑑賞文】中の――線部3の助動詞「れる」の意味として最も適切なものを、次のア～エから一つ選び、その記号を書きなさい。（2点）

ア、受け身　イ、可能　ウ、自発　エ、尊敬

4、【鑑賞文】中の［ a ］に当てはまる言葉として最も適切なものを、次のア～エから一つ選び、その記号を書きなさい。（2点）

ア、高貴さ　イ、厳しさ
ウ、素朴さ　エ、細やかさ

5、【会話】中の［ b ］に当てはまる言葉として最も適切なものを、【鑑賞文】中から十七字でそのまま抜き出して書きなさい。（2点）

6、【会話】中の［ c ］に当てはまる適切な言葉を七字以内で書きなさい。（2点）

7、【会話】中で、さとるさんたち五人が述べている内容の説明として誤っているものを、次のア～エから一つ選び、その記号を書きなさい。（2点）

ア、単語ごとに改行することで、海の動きを印象づける効果があると述べている。
イ、二つの連に分けることで、作者の視点が移る様子を表現していると述べている。
ウ、前半で海の様子を表すことにより、まず海の動きが読者に伝わると述べている。
エ、どのように改行するかにより、詩のイメージが大きく左右されると述べている。

二 （論説文）文脈把握・内容吟味

次の文章を読み、後の㈠～㈣の問いに答えなさい。（計12点）

オーケストラのあの豊饒（ほうじょう）な響きは、孤独な魂が、なお他者とひとつになることを試みる、という葛藤のなかからしか生まれ得ないものだ。

どんなに耳を澄ましても聞こえようもない小さな音にまで、オーケストラの奏者がこだわりを見せるのも、その調和を願えばこそ、だ。わずかな音の差が全体のパフォーマンスに影響することを知っている者の責任感がそうさせる。だから現場で音を発するときの奏者は、全員が皆「自分の奏（かな）でる音は正しい音である」ことを信じている。その確信がなければ、怖くてオケのなかで音を出すことなど不可能だ。しかもそれは、まわりとの調和をはかることを要求される音でもある。自分とは違う他者の音に寄り添うことを前提に、自分の信じる正しい音を作るという芸当が至難の業であることは容易に想像がつこう。でも、それをしないことにはオーケストラメンバーとしての使命を果たすことはできない。

ただ、もう一方の真実は、オケで正しい音を奏することは結果的には誰にもできていない、という事実でもある。それぞれの奏者の奏でる音はそれぞれに微妙にずれているからだ。ひとり一人の奏者は音楽家として美意識が異なり、価値観が異なるのだから当然ともいえる。音楽家としての訓練を受けてきたからには、そこには必ず[1]奏者の解釈が加わる。こころひとつに音楽を奏でることを目指しているにもかかわらず、不一致の溝を埋めるにはあまりに芸術家としての自我が確立しているのだ。いかにまわりと合わせようとしても、埋めようのないずれが生じてしまうのもいたしかたなかろう。

アンサンブルに集中し、相互に音を聞き合うほどに、それは露（あら）わになる。発音のタイミングや音の立ち上がり、立ち下がり、音のつながりや切り方、強弱、ヴィブラートの周期や深さまで、すべての音のふるまいについて、鋭敏な耳はそのちがいを感知する。調和を願う心が、かえって奏者に疎外感をもたらす。オーケストラ奏者は自分の思い描く理想の音と、他人（ひと）の思い描く理想の音のあいだに挟まれて、いつもストレスを抱えている。互いが互いに対してちょっと迷惑なのだ。

[2]ところが面白いことに、コンピュータを使い、音程はもとより発音のタイミング、音の立ち上がりなどすべての要素をぴたりと一致させてオーケストラ音楽をシミュレートすると……、これほど味気のない音もあるまいという音楽が聞こえてくるらしい。ずれを排除し、すべてが完璧に一致する音楽は砂をかむような響きだ、という。

そこで、さまざまな音楽的要素を微妙にずらしてみる。これが、結構それらしく聞こえる、というではないか。本物のオーケストラの音を録音したかのようにさえ聞こえてくる瞬間もあるようだ。

こうした実験の結果から考えられるのは、じつはひとを包み込むような豊かで温かなオーケストラのサウンドは、それぞれの奏者の奏でる音の一致しなさから生まれてくるのではないかということだ。皆が一致することよりも、一致しないところに充実したオーケストラサウンドの魅力は隠されていると想像するほかはない。そう考えると、ますますオーケストラは社会のあるべき姿を映しているようではないか。

もしも成員の全員が一分のすきもなく、与えられた役目に同じことをする社会が実現したとしたら、それはとりもなおさず、あなたがあなたである必要はなく、私が私である必要のない社会を意味しよう。誰もが一つの課題に対し同じことを言い、同じ行動をとるのだから個人の顔の必要性はなくなる。そこにいるのが特定の誰かである必然性はない。誰かの代わりが見つからなくて困る、というようなことは原理的に起こりえない。誰がどのポジションにいようとも、

いつでも替えがきくからだ。そんな非人間的な社会で、ひとがいきいきと、各々（おのおの）の役割を果たせるとは思えない。

手触りのやさしい社会は、個々人の価値観が多少ずれていても、正否の基準が人によって違っていても、それを鷹揚（おうよう）に受け入れる共同体ではないか。端的にいうと、いつでも互いに迷惑をかけあえる集団であるはずだ。であればこそ、顔が見える。

だとすると、各奏者の発する音が微妙にずれるオーケストラは、全員が全員に対してずれているという事実ゆえに、一人としてその奏者に代わる者はいないことになる。互いに歩み寄ろうとしても埋めることのできない溝が、かけがえのない顔の象徴でもあったわけだ。

どうやら、ひとびとを魅了してやまないオーケストラの響きは、音楽観が違い、美意識が違い、正否の基準が違う奏者たちの多様な価値観から生み出されるものであったようだ。個性ある音楽家ならではのずれが一つずつ重なることによって、オーケストラは初めて魅力ある音を奏でることができる。「いったんその席に座ったものは断固として、その人間の責任で音楽を作らねばならない」という言は、じつはオーケストラからの「あなたの□になる奏者はどこにもいない」という呼び声ではなかったか。

「ほかでもないあなたを必要としている」という音楽からの招きに応えて、奏者たちは、作品のなかに深くに入り込むことができる。たとえそれが、孤独な作業であったとしても、だ。

（大嶋義実（おおしまよしみ）『演奏家が語る音楽の哲学』による）

（注）豊饒…豊かに多いさま。
オケ…オーケストラのこと。
アンサンブル…少人数の合奏・合唱。
ヴィブラート…音程を上下に細かく震わせる技法。
シミュレートする…模擬実験する。
鷹揚…小さなことにこだわらない、ゆったりと落ち着いているさま。

(一) 文章中の□に当てはまる言葉として最も適切なものを、文章中から三字でそのまま抜き出して書きなさい。（2点）

(二) 文章中の——線部1に「奏者の解釈が加わる」とあるが、筆者はここでどういうことを述べているか。その内容として最も適切なものを、次のア～エから一つ選び、その記号を書きなさい。（3点）

ア、奏者が、不一致の溝を埋めるため、正しい音にこだわって音を奏でているということ。
イ、奏者が、相互に音を聞き合って、ちがいを感知しながら音を奏でているということ。
ウ、奏者が、音楽家として受けてきた訓練を生かし、他者の願う音を奏でているということ。
エ、奏者が、音楽家としての美意識や価値観に基づき、自分の音を奏でているということ。

(三) 文章中の——線部2に「ところが面白いことに」とあるが、筆者は、何を「面白い」と捉え、どのような考察をしているか。その内容を次のように説明するとき、□に当てはまる適切な言葉を、六十字以上八十字以内で書きなさい。ただし、句読点その他の符号も字数に数えるものとする。（4点）

コンピュータの実験で、□と考察している。

(四) この文章の内容と構成を説明したものとして最も適切なものを、次のア～エから一つ選び、その記号を書きなさい。（3点）

ア、初めに、オーケストラ奏者が抱える問題を提起し、次に、オーケストラと社会との相違点に触れ、最後に、今後のオーケストラは社会のあるべき姿を反映しなければならないことについて述べている。
イ、初めに、オーケストラ奏者が抱える葛藤について取り上げ、次に、オーケストラの奏でる音が豊かで温かな響きとなることを説明し、最後に、オーケストラと社会のあるべき姿との共通点について述べている。
ウ、初めに、オーケストラ奏者の音へのこだわりについて説明し、次に、オーケストラの音の魅力を語り、最後に、オーケストラにおける奏者の責任と社会における個人の役割の違いについて述べている。
エ、初めに、オーケストラ奏者が出す正しい音について説明し、次に、奏者が思い描く理想と現実の音のずれについて語り、最後に、オーケストラと迷惑をかけあう集団とに共通する孤独について述べている。

三 〈論説文〉内容吟味・条件作文

次の文章を読み、後の(一)・(二)の問いに答えなさい。（計8点）

「人間とは何か?」を深く描く物語には、現実を生きる人間を救う力があります。

だからこそ、世の中の多くの人々が文学作品に触れ、読み続けることができるようにすることが、私たち文学研究者の仕事の土台にあると思っています。たんに作品を紹介するのではなく、いつの時代も古典と呼ばれる名作に目を向けてもらう努力をすることが使命だと思っています。

例えば翻訳もその手段のひとつです。『ミドルマーチ』という作品名を聞いたことがある人はいるでしょうか。残念ながら、あまりいないのではないかと思います。

19世紀の女性作家ジョージ・エリオットによって書かれた『ミドルマーチ』という作品は、イギリス文学史上最も偉大な小説のひとつとされていますが、原文の英語は複雑で難解です。かつて日本語訳が出版されたことがありますが、名訳とはいえ、少し古めかしくとっつきにくいことは否（いな）めません。

偉大な作品なのに、翻訳が絶版で入手しにくいため、一般の人にほとんど読まれなくなってしまっているという残念な例です。1今、私はこの作品を新たに翻訳することで、多くの人に読んでもらおうと努力しています。

現代は、「〇〇賞」を取ったとか、映画化されて話題というような作品ばかりが注目を浴びてよく読まれ、古典文学からは人が遠ざかりがちなのが現実です。人類の宝のような作品も、誰の目にも触れなくなってしまえば、いつか忘れ去られて消えてしまうかもしれません。そんなことになってはもったいない限りです。

私は文学に携わる者としてそれを何とかしたいと思っていますが、かといって、人から読むようにといわれて読む本ほどおもしろくないものはないことも知っています。「読みたい気持ち」を生み出すしくみを考えていかなければならないのです。

とっつきにくい印象のある古典作品に対して、「読みたい」というモチベーションをつくることは容易ではありません。だからこそ文学研究者が、その作品の価値を明らかにし、もっと深く味わうための読み方を示していく必要があると思っています。

文学は、いわゆる実学とは違います。何か生活で役に立ち、直接利益をえることに結びつく学問ではありません。現代社会では理系の学問を重んじる傾向があり、文学は「なくてもいいもの」ととらえられがちです。

成果が伝わりづらいため、やむをえない部分もあるとは思いますが、ここまで読んでくださったあなたならきっと感じておられる通り、文学には他の学問にはない「文学でしか示すことのできない人間の真実」を発見させる力があるのです。

極端な例をあげると、戦争が始まるとか災害に襲われるといったような、人が極限状況に追いつめられたとき、そこで問われる人間の精神力、人としての土台となる人間的な生きる力は文学作品の中でこそ培われていく、と私は思うのです。

安易にお金や技術で解決できない、のっぴきならない問題にぶつかったときこそ、文学は私たちの拠り所になります。文学作品を読むことで、そこから生きる力をくみあげることができるからです。

例えば、一人称の語り手を分析していると、語り手自身の認知の歪みや価値観の偏りに気づくことがあります。語り手が「事実」として語るできごとは、あくまで語り手に見えている、世界の一面にすぎないわけです。ある人物が、自分にとってはいやな人だけど、別の誰かにとってはいい人なんていうことは、現実世界にもざらにありますよね。

そう考えてみると、現実の私たち自身は、「一人称」でしか世界を見ることができない存在なのです。自分の人生の中だけで知れることは、とても限られています。物語を読むことで語り手の視点を共有して、その経験を追体験することは、別の誰かの目で世界を見ることができるということです。

それは本を読むことでしかえられない、とても貴重な体験だと私は思います。

なぜなら、文学には、正しいことや美しいことばかりではなく、心の秘密や悪事も赤裸々に描かれているからです。『フランケンシュタイン』の例でいうならば、ウォルトンの弱さや、フランケンシュタインの憎悪、そして怪物の孤独。そこにはたんなる恐怖小説として片づけられないもの――人間の弱さや本質が描かれています。

現実世界では誰にもいえず、ひとりで耐えるしかないような苦しみや悲しみも、物語の中で共有し、その存在を認め、ともに悩み、救いをえることもできるのです。

美しい部分も醜い部分も丸ごと含めて、人間を深く、そして具体的に描くこと。それこそが文学の、文学にしかできない仕事だと私は思うのです。

文学は実用的知識を身につけたり、技を磨いたり、世間的成功を達成するために読むものではありません。人間に対する関心を深め、想像力を広げるものなのです。

自分以外の誰かの視点を通して示される物語を読むことによって他の誰かの身になって考える力が培われ、そこに描かれる人間たちの姿から勇気や救い、生きる力を受け取り、自分自身の生き方を考える力に変えていく。2<u>文学は、人間が人間として生きるための力を養う宝庫なのです</u>。だからこそ「文学でしか示すことのできない人間の真実」を、より多くの人に届けたい。それを自分の文章によって伝えることが、私の願いです。

（『人間を究める』から。廣野由美子の文章による。一部省略等がある）

（注）モチベーション…その人の心に働きかけ何らかの行動を起こさせるきっかけとなるもの。
のっぴきならない…避けることも退くこともできない。
認知の歪み…物事を自分の考え方の癖にしたがって解釈し、客観的に見づらくなっていること。
『フランケンシュタイン』…19世紀初めに、イギリスでメアリ・シェリーにより書かれた小説。青年ウォルトン、科学者フランケンシュタイン、怪物の三人がそれぞれ一人称で語る。

㈠ 文章中の——線部1に「今、私はこの作品を新たに翻訳することで、多くの人に読んでもらおうと努力しています」とあるが、筆者は、文学研究者にはどのような使命があり、どうあるべきだと考えているか。その内容を六十字以上八十字以内で書きなさい。ただし、句読点その他の符号も字数に数えるものとする。（4点）

㈡ **思考力** 文章中の——線部2に「文学は、人間が人間として生きるための力を養う宝庫なのです」とあるが、筆者は生きるための力が、文学によってどのように養われると述べているか。また、そのような筆者の考えについて、あなたはどのように考えるか。次の条件1～3にしたがって書きなさい。ただし、句読点その他の符号も字数に数えるものとする。（4点）

条件1　全体を百字以上百二十字以内にまとめること。
条件2　最初に、筆者の考えを説明し、次に、それに対する自分の考えを書くこと。
条件3　自分の考えについては、なぜそう考えるかという理由を明らかにして書くこと。

四 （古文）仮名遣い・内容吟味

次の文章を読み、後の㈠～㈣の問いに答えなさい。（計8点）

問ひて曰はく。昔より数知らず詠みたる歌のことなれば、今は風情も趣向もみなこれまで言ひ尽くして、おもしろく新しき歌は出で来ず。ことに和歌の詞は至りて少なきものなれば、もはや先輩にことごとく詠み尽くされて、今の歌はその跡を少しづつ詞を換へて詠むまでのことにて、我が物とは思はれず。何の詮もなきやうなり。

答へて曰はく。これ和歌を知らず。未熟至極の問ひなり。すべて歌は古き詞を取り用ひるを本意とし、もとより用ひる詞定まりて、世々みな同じ詞の内を用ひ来たれり。今迄詠まぬ詞なりとも、よき詞出で来たらば構はず用ひ詠むべけれども、昔より詠まぬ詞に麗(うる)はしき詞は、今詠み出づるといふことは大方(おほかた)ならぬことなり。さればただ古き詞にて新しく詠みなすべし。歌は古き詞にても、一字二字の分かち、てにはの使ひやうなどにて、格別に新しく取りなさるるなり。趣向も今新しく格別に詠み出でんとすれば、異様に卑(いや)しくなりて甚だ嫌ふことなり。ただ古くより詠み来たれる風情を、おもしろく新しく詠むが上手なり。歌知らぬ人は、詞も情も大方古きに似たれば、何のこともなき一通りの歌と思へど、さにあらず。続け柄、使ひやうによりて、詞も情も□のことにて甚だ新しくおもしろくなることなり。

（本居宣長(もとおりのりなが)『排蘆小船(あしわけおぶね)』による）

（注）ことに…特に。
詮もなき…意味もない。
至極…この上ない。
一字二字の分かち…一字二字の区別。
てには…助詞の「て」・「に」・「は」。
異様に…ふつうとは異なって。
さにあらず…そうではない。
続け柄…続け方。

㈠ **よく出る** **基本** 文章中の……線部の「使ひやう」を現代仮名遣いに直して、……線部全部をひらがなで書きなさい。（1点）

㈡ 文章中の――線部に「我が物とは思はれず」とあるが、なぜ「我が物」と思われないのか。その理由として最も適切なものを、次のア～エから一つ選び、その記号を書きなさい。（2点）

ア、昔からある数多くの和歌の一部を組み合わせて詠むだけだから。
イ、昔から詠み継がれてきた風情を新しい詞で詠むに過ぎないから。
ウ、おもしろい和歌になるように詞をただつないで詠むだけだから。
エ、これまで多くの人に用いられてきた詞で和歌を詠むしかないから。

㈢ 文章中の□に当てはまる言葉として最も適切なものを、次のア～エから一つ選び、その記号を書きなさい。（2点）

ア、今　イ、少し　ウ、未熟　エ、すべて

㈣ この文章で述べられている内容の説明として最も適切なものを、次のア～エから一つ選び、その記号を書きなさい。（3点）

ア、歌は、古くから同じ詞を用いて詠まれてきたので、新しい詞で情を表現するよりも、古い詞を用いていた当時の人の思いを想像しながら詠むことが大切だと述べている。
イ、歌は、古くから詠まれてきた歌をまねることで上達するので、新しい詞を取り入れるよりも、古い詞を繰り返し用いて詠むことが重要であると述べている。
ウ、歌は、本来、古い詞を用いて詠むことを大切にしてきたので、無理に新しい趣向を凝らそうとするよりも、古い詞を用いて新しく詠むことがよいと述べている。
エ、歌は、古い詞を用いながら新しい趣向を凝らして詠むべきものだが、詠んだ歌が古い歌と似てしまうので、新しい詞を用いることが好ましいと述べている。

福岡県

時間 50分　満点 60点　解答 P45　3月5日実施

出題傾向と対策

●論説文、小説文、漢文、条件作文の大問四題構成。文章はやや短めで、設問は内容吟味と文脈把握、形式としては抜き出しと記述が中心。点画などの漢字、品詞や文法、返り点といった国語知識も重視。条件作文では資料の比較分析に基づく意見論述や提案が要求される。

●文章量、設問数、記述量ともに解答時間に比べて多く、迅速かつ正確な読解と、要点をまとめる記述の訓練は必須である。また条件作文の資料分析についても過去問などで訓練を行い、慣れておきたい。

一 （論説文）文脈把握・内容吟味・文節・漢字の読み書き・熟語・品詞識別・漢字知識

⑴と⑵について答えよ。（計21点）

⑴ 次の【文章】を読んで、後の各問に答えよ。句読点等は字数として数えること。なお、文中の……線は⑵の問一に関わるものである。

【文章】

鳥は、本当に自由なのだろうか。私はそうではないと思う。鳥はいわば空の中に閉じこめられている。魚も同様で、水の中に閉じこめられている。鳥は空を「空」とは呼ばず、魚も水を「水」と名づけることはない。人間がするようには自分の住む世界を対象として捉えることがないからだ。人間は言葉を用い、空を「空」と呼び、海を「海」と名づけた。いわば世界と自分をはっきりと分けて認識している。その意味で人間は、世界に閉じこめられてはいない。言い換えれば人間は、鳥や魚と同じような意味では「自然（＝世界）」の中に生きていない。おそらくこのことが、人間、とりわけ若い皆さんが①世界と自分との間にズレを感じる理由だ。

　重要なことは、このズレがあるからこそ、人間はほかの動物のように自足することができず、自分が生きる世界を絶えずつくり替えていかなければならないということ。例えば、森を切り拓き、田畑をつくる。これこそ人間だけが持っている自由であり、人間が自由である証しなのだが、見方を変えれば、その②自由に閉じこめられているともいえなくはない。人間は、自分が生きている世界と自分との間に越えがたいズレを感じながら、（孤独ではあるけれども）自由に、世界を学び、世界を自分に合うようにつくり替える努力を積み重ねてきた。それが歴史ということ。私たちは今、その結果としての世界を生きているのだ。

　しかし現代において、人間が行っている世界のつくり替えは、あまりにも高度で複雑だ。例えば、地下鉄を通したり、ジェット機を飛ばしたりしているが、そのために何が必要かを挙げてみればわかる。まず、言葉を知らなければならない。世界の仕組みを理解して記述するには、数学がなければならない。物理学も工学も欠かせない。いくつものことを積み重ねて、［X］ジェット機が一機、空を飛べる。

　そうした数学や物理学、工学は、自然そのものではなく、人間が自然を学びながらつくり出した体系であるから、学ぶことには二段階あることになる。星の運行から暦をつくり、めぐる季節の知識を生かした耕作や狩猟を行うなど、自然を学ぶことが第一段階だとすれば、自然を学んだ人間がつくり出したものを学ぶことが③第二段階だ。現代を生きる我々には、この「二重の学び」が宿命づけられており、この第二段階のために特に必要とされているのが学校ということになる。

　人間がつくり出したものは数えきれず、一人では到底学びきれない。人間は学ぶべきことを増やしすぎたのではないかと思うほどだ。研究分野の細分化も近年ますます進行している。例えば、脳の「海馬」という部分を研究している脳科学者の知人がいる。人間は何かを学ぶたびに海馬の最深部で「新生ニューロン」という神経組織を生成している。知人はこのメカニズムを研究しているのだが、同じ研究に取り組む研究チームは世界におよそ一〇〇チームもあり、日々成果を競っているという。

　たしかに、何をするにせよ勉強して覚えるべきことは多い。新生ニューロンに限らず、何か新発見をするほどの研究者になりたいのであればなおさらだ。しかし知識量で勝る者が強者かというと、現実はそうなっていない。実は新発見というものは、発見者が一五～一六歳の頃からその種を自分の中に宿していることが多い。つまり、あなたたちの年になにかの「種」が宿されるということ。これは分野によらない。このことが端的に示しているのは、世界を変える力は知識ではなく「若い力」だということだ。若い力とは「知らない」力であり、「知っている」ということよりも「知らない」ということのほうが重要なのである。

　理由の一つが「エラー」、つまり「失敗」する可能性だ。膨大な知識の体系に分け入った若者は、それを骨肉化しようとするとき、誤った理解をすることもしばしばある。物事は、教えられたとおりに学ぶとは限らないからだ。新発見は、それまでの常識からすればエラー、あるいはアクシデントと呼ばれる事態の中でなされることが多い。人間が何かを成し遂げる力は、エラーにこそある。生物としての人類もそうやって進化してきたはず。突然変異というエラーを利用することで環境に適応し、生き残ってきたのだから。歳をとると失敗を恥じるようになり、エラーを起こせなくなっていくが、エラーを恐れてはならない。④若さとは、弱点であると同時に世界を変えていく力でもあるのだ。

（『何のために「学ぶ」のか〈中学生からの大学講義〉1』
小林康夫「学ぶことの根拠」による。一部改変）

（注）メカニズム…仕組み。

問一、本文中の［X］に入る語句として最も適当なものを、次の1～4から一つ選び、番号を書け。（2点）
1、あいにく　2、ようやく
3、むしろ　4、あらかじめ

問二、次の［　］の中は、本文中の①世界と自分との間にズレを感じる理由　についてまとめたものである。［ア］に入る内容を本文中から二十字で探し、初めの六字を抜き出して書け。（2点）

> 人間は、言葉を用いて世界を名づけ、［ア］から。

問三、本文中の②自由に閉じこめられている　の説明として最も適当なものを、次の1～4から一つ選び、番号を書け。（2点）
1、学問が高度で複雑になり、知識量の強者と弱者が生まれ、世界が閉鎖的になるということ。
2、動物の一員として、人間も鳥や魚と同じように自然に支配される宿命にあるということ。
3、人間は自分が生きている世界を学び、つくり替えていくことから逃れられないということ。
4、学ばなければならないことが増えると、新たな視点で世界を学ぶ意欲を失うということ。

問四、本文中に③第二段階　とあるが、この「第二段階」で学ぶものの具体例に当たる部分を、本文中から九字で探し、初めの三字を抜き出して書け。（2点）

問五、次の［　］の中は、本文中の④若さ　について説明したものである。［A］に入る内容を、本文中から十字で探し、初めの三字を抜き出して書け。また、［B］に入る内容を、二十字以上、二十五字以内で考えて書け。ただし、新発見　という語句を必ず使うこと。（各2点）

> 若者は［A］も多いという点で、若さは弱点であるといえる。一方、若者には［B］力があるという点で、若さは世界を変えていく力であるともいえる。

(2) 次の【資料】は、(1)の【文章】を読んで、脳の研究に興味をもった山下さんが図書館で読んだ本の一部である。脳科学者をめざす人に向けたメッセージが述べられた【資料】を読んで、後の各問に答えよ。

【資料】

Ⅰ

まず、①身体と心を鍛えておくこと。研究は集中力のたまもの。体力がないと集中できませんから。それと若いときに早めに一度挫折を体験すること。そこからもう一度、立ち上がることで強くなります。
研究分野でいえば、脳科学はまだ分からないことだらけです。世界中の脳科学者がこの分からない分野を相手に研究活動を続けています。どうしたらこの②謎に満ちた脳を少しでも理解できるのか。ぜひこの③( )踏の分野に飛び込んで研究してほしいですね。

Ⅱ

研究者をめざす人には、いろいろな本を読んだり幅広い経験をしたりして、自分は何に興味があって何が面白いのか、「④好きなこと」を見つけてと言いたいですね。そしてそこだけにとどまらないで、楽しいと思ったことからどんどん世界を広げていってほしいと思います。

(朝日新聞出版 編『いのちの不思議を考えよう③ 脳の神秘を探ってみよう 生命科学者21人の特別授業』による。一部改変)

問一、(1)の【文章】の……線を施した部分と同じような状況を言い表している一文を、【資料】から探し、初めの三字を抜き出して書け。 (2点)

問二、よく出る 【資料】のⅠに①身体と心を とあるが、この連文節における文節どうしの関係と、次の1〜4の——線を施した連文節における文節どうしの関係が同じものを、1〜4から全て選び、番号を書け。 (2点)

1、本で調べている。
2、彼は優しくて親切だった。
3、夢や希望がある。
4、意外と簡単なので解けた。

問三、基本 【資料】のⅠの②謎 の漢字の読みを、平仮名で書け。 (1点)

問四、【資料】のⅠに③( )踏 とあるが、「まだ足をふみ入れたことがないこと」という意味の二字熟語になるように、( )に当てはまる漢字を、次の1〜4から一つ選び、番号を書け。 (1点)

1、非　2、無　3、不　4、未

問五、よく出る 【資料】のⅡの④好きな の品詞と、次の1〜4の——線を施した語の品詞が同じものを一つ選び、番号を書け。 (1点)

1、新しいことを始めた。
2、大きな目標を掲げた。
3、急に予定が変わった。
4、考えを簡潔に述べた。

問六、次は、山下さんが行書の学習を生かして毛筆で書いた文字である。アとイの部分に表れている行書の特徴として最も適当なものを、次の1〜4からそれぞれ一つ選び、番号を書け。 (各1点)

1、点画の連続
2、筆順の変化
3、点画の省略
4、点画の変化

二 (小説文)内容吟味・文脈把握

次の文章を読んで、後の各問に答えよ。句読点等は字数として数えること。 (計12点)

【ここまでのあらすじ】伊豆(いず)大島の高校生の「俺」は、陸上部に所属している。4×100メートルリレー、いわゆる四継(よんけい)の第一走者である。八月某日、「俺」はリレーの第四走者だった朝月(あさつき)先輩に、突然グラウンドに呼び出された。制服姿の先輩は、青いリレー用のバトンを持ち、石灰で引かれたスタートラインのところに座って「俺」を待っていた。先輩の提案で、先輩から「俺」へとバトンをつないで走った。

「おまえ、最近、調子どうだ」
「なんすか急に……」

スタートラインまで戻ってきて、乱れた呼吸を整えながら、汗の滲(にじ)んだワイシャツを第二ボタンまで開けて、並んで天を仰ぐ。質問というより、確認みたいな訊(き)き方をした朝月先輩は「難しいもんだな、渡すってのも」なんてぼやきながら、大していいバトンワークでもなかったわりには清々(すがすが)しく笑っている。

調子どうだ、って言われてもな。俺の走りの話? それとも……ちらと頭をよぎったのは、この夏、朝月先輩から渚台(なぎさだい)高校陸上部の部長を引き継いだこと。

うちは男女ひっくるめて特に部が分かれてるわけじゃない。だから、部長は男女で一人だけで、当然男子でも女子でもかまわない。歴代には女子の部長もいたと聞く。そういう意味では酒井(さかい)でもよかったし、もちろん雨夜(あまや)でもよかった。だけど朝月先輩は、俺を部長に指名した。それは強制ではなかったけれど、俺は引き受けた。

別に深い意味はない。酒井部長や雨夜部長の下でやっていく自分が、想像できなかったというだけだ。

「別に……普通っすね」

そう答えたら、朝月先輩は顔をしかめた。

「なんだよ、普通って」
「いや……まだ、①実感できるほど時間経(た)ってないですし」
「そっか。ま、そりゃそうだよな」
「っす」

ともに過ごした時間は、一年半とない。特別仲のいい先輩後輩でもなかった。リレーじゃ一走と四走は一番離れている。そんな距離感が、いまだに会話に滲む。いや、でも——手の中のバトンを見つめる。つい今しがた、届くはずのない四走から届いた、青色のバトン。それはひょっとしてそういう……?

顔を上げると、揺れる瞳がそこにあった。

「けど、確かに渡したからな」

朝月先輩が、リレーのときにだけ見せる②不思議な顔がある。100や200では、芯の通った、迷いのない目をしているのに、リレーのときだけはどことなく不安そうな、迷っているような……でもそれは実は、瞳の奥に秘めた強い光に、陽炎(かげろう)のように揺らいで見えるだけなのだ。

なぜ今その目をしているのか、なんとなくわかったから、茶化すことはできなかった。

　この人はこの人なりに、俺のことをずっと見てくれていたということなのだろうか。

　自分が入部したときにはすでに部長だった。だから、部長としてチームを引っ張ってきた朝月先輩の背中しか俺は知らない。だけど、当たり前だけどこの人にも新入部員だった時代があり、後輩だった時期があるのだなと——そう思うと、不意に手の中のバトンが重みを増したように感じた。

　重荷、ということじゃない。

　つながなければ、と強く思った。

「……確かに、受け取りました」

　絞り出すように答えると、朝月先輩はうなずいて、終わりゆく季節の狭間（はざま）に吸い込まれるように、静かにグラウンドを去っていった。その真っ白なままのスラックスの尻に、わざわざ着替えてこなかった理由が、やっとわかったような気がする。

　ツクツクボウシが鳴いている。大島じゃ、七月から鳴いてるんで気に留めたこともなかったが、本州だと八月の終わり頃に鳴く虫らしい。兄貴が言ってたっけな。

　空には少し崩れかけの入道雲。

　島を吹き抜ける風には、どことなく秋の気配がある。

　夏の終わり。

　手の中には、少し汗ばんだ青色のバトン。

　そこにあるのは、リレーの道具としてのそれじゃない。かといって伝統とか、責任みたいな、そんな大仰（おおぎょう）なものでもなくて……上手（うま）く言葉にできないけれど、もっとシンプルに、切れることなくここまで届いた——そう、一本の糸みたいなものだ。

　その先端を、俺は今、握りしめている。

　——オン・ユア・マーク。

　頭の中で、声が響いた。

　反射的に二度、軽くジャンプしてから、クラウチング・スタートの体勢をとった。

　——セット。

　腰を上げる。

　スタートラインの少し手前をぼんやり見つめる。
　③やがて頭の中で鳴り響く号砲が、ここからまた、俺を走らせる。

（天沢夏月『ヨンケイ!!』による。一部改変）

（注）伊豆大島…東京都心から南の海上に位置する伊豆諸島最大の島。
100や200…100メートル走や200メートル走。

スラックス…ズボンの一種。ここでは、制服のズボンのこと。

オン・ユア・マーク…「位置について」の意の号令。

セット…「用意」の意の号令。


問一、本文中に①実感とあるが、この場合の「実感」とは、何についてのものか。本文中から二十四字で探し、初めの六字を抜き出して書け。（2点）

問二、次の［　］の中は、本文中の②不思議な顔について述べたものである。［ア］に入る内容を、五字でまとめて書け。また、［イ］に入る内容を、本文中から十字で探し、そのまま抜き出して書け。（各2点）

「けど、確かに渡したからな」と言った先輩は、リレーのときと同じ「揺れる瞳」をしている。この瞳は、［ア］という心情の表れに見えるが、陸上部やリレーへの強い思いの表れである「［イ］」によって揺らいで見えているのである。

問三、次の［　］の中は、本文中の表現の工夫について、三田さんと林さんと先生が会話している場面である。

三田さん　「青色のバトン」を「一本の糸みたいなもの」と表現するのは、［A］という表現の技法です。糸が長くつながっている様は、バトンを次の走者へとつなぎ続けていくイメージと共通点があります。
林さん　「一本の糸みたいなもの」という表現によって、先輩から受け取ったものは、途切れてしまわないように扱う必要のある、かけがえのないものだということが伝わります。そのことに気付いた「俺」が、覚悟を決めて先輩に思いを伝えていることが、「［B］」という「俺」の描写から分かります。
三田さん　なるほど。「［B］」という描写にも、「一本の糸みたいなもの」と同じ表現の技法が用いられていますね。
先生　二人とも、描写に着目してよく考えることができましたね。

(1) ［A］に入る語句を書け。（2点）
(2) ［B］に入る内容を、本文中から十字で探し、そのまま抜き出して書け。（2点）

問四、本文中に③やがて頭の中で鳴り響く号砲が、ここからまた、俺を走らせる。とあるが、この一文が読者に印象付ける内容として最も適当なものを、次の1～4から一つ選び、番号を書け。（2点）
1、先輩に思いを託されてしまい、今から走り出さなければ許されない「俺」。
2、先輩の思いを受け取ったことで、その思いをつなぐ決意をしている「俺」。
3、先輩のように部の伝統を守ろうと、号砲にせかされ必死で練習する「俺」。
4、先輩に追いつきたいと焦りながら、これから鳴る号砲を待っている「俺」。

三　（漢文）仮名遣い・内容吟味・古典知識

次は、『貞観政要（じょうがんせいよう）』という書物にある話【A】と、その現代語訳【B】である。これらを読んで、後の各問に答えよ。句読点等は字数として数えること。（計12点）

【A】

貞観十五年、太宗、侍臣に謂ひて曰く、①天下を守ること難きや易きやと。侍中魏徴対へて曰く、甚だ難しと。太宗曰く、賢能に任じ諫諍を受くれば則ち可ならん。何ぞ難しと為すと謂はんと。徴曰く、古よりの帝王を観るに、憂危の間に在るときは、則ち賢に任じ諫を受く。②安楽に至るに及びては、必ず寛怠を懐く。安楽を恃みて寛怠を欲すれば、事を言ふ者、惟だ兢懼せしむ。日に陵し月に替し、以て危亡に至る。聖人の安きにをりて危きを思ふ所以は、正に此が為なり。安くして而も能く懼る。豈に難しと為さざらんやと。

（注）太宗…唐の第二皇帝。
侍臣…君主のそば近くに仕える者。
侍中…唐代の上級役人。皇帝への忠告を仕事の一つとする。
魏徴…太宗に仕えた侍中。
聖人…知徳がすぐれて物事のすじみちを明らかに心得ている人。

【B】

貞観十五年に、太宗が左右の侍臣たちに、天下を守ることの難易を問うた。侍中の魏徴は、非常に困難であると答えた。それについて太宗は、賢者や能者を信頼して政務に任じさせ、臣下の厳しい忠告を聞きいれればよろしいではないか。どうして困難というのであるかと反問した。魏徴が言うには、古来からの帝王を観察しますに、国家の憂危の際においては、賢者を任用し、諫めを受けいれます。が、一たび平和になり安楽になりますと、必ず緩み怠る心を持つようになります。君主が安楽な状態に寄りかかって、緩み怠りたいと思っているときには、諫めようとする者も、つい君主の心にさからうのを非常に恐れて忠告しなくさせてしまいます。その結果しだいしだいに悪い状態になり、ついには国家の危亡を招くようになります。昔の聖人が国家の安らかなときにも、いつも危難のときを思って緊張していたのは、まさしくこれがためであります。ですから、安らかでありながら大いに警戒しなければなりません。どうして困難でないと言えましょうやと。

（注）能者…才能のある者。
臣下…君主に仕える者。ここでは、賢者や能者を指す。
諫め…自分より地位などが上の人の欠点や過失を指摘して忠告すること。

（『新釈漢文大系　第95巻　貞観政要（上）』による。一部改変）

問一 よく出る 基本 【A】の をりて を、現代仮名遣いに直し、全て平仮名で書け。（1点）

問二 【A】に 徴曰く とあるが、この後から始まる発言の終わりを、【A】からそのまま四字で抜き出して書け。（1点）

問三 【A】に ①天下を守ること難きや易きや とあるが、この問いを発している太宗自身の考えとして最も適当なものを、次の1～4から一つ選び、番号を書け。（2点）

1、賢者や能者の厳しい忠告を太宗自身が聞きいれないので難しい。
2、賢者や能者を任用することを太宗自身が聞きいれないので難しい。
3、賢者や能者の厳しい忠告を太宗自身が聞きいれれば難しくない。
4、賢者や能者を任用することを太宗自身が聞きいれれば難しくない。

問四 よく出る 【A】の ②安楽に至るに及びては という書き下し文になるように、次の漢文の適当な箇所に、返り点を付けよ。（2点）

及ビテハ 至ルニ 安 楽ニ

問五 次の□の中は、【A】と【B】を読んだ平田さんと中村さんと先生が、会話をしている場面である。

平田さん　【A】で魏徴は、太宗の問いに対して「甚だ難し」と答え、その理由を説明するときに、対照的な人物を挙げています。

中村さん　そうですね。【A】では、初めに「ア」を挙げ、安泰だった国が「危亡に至る」様子を分かりやすく順に説明しています。次に「聖人」を挙げて、国の安泰を保つための心構えを示しています。

平田さん　【A】には、「安楽」のときに生じる「イ」によって、臣下が君主の心にさからうのを恐れて忠告しなくなる状況が引き起こされるとあります。その結果、国が「危亡に至る」というわけですね。

中村さん　【A】で、「ア」も「ウ」のときには「危亡に至る」ことのないように行動しています。一方、「聖人」は、「ウ」のときだけでなく、常に「危亡に至る」ことのないように エ ということを意識して行動していたと魏徴は考えています。だから、魏徴は太宗の問いに対して「甚だ難し」と答えたのですね。

先生　二人とも、登場人物の言動の意味に着目して【A】の内容を考えることができましたね。

(1) ア に入る語句として最も適当なものを、次の1～4から一つ選び、番号を書け。（1点）

1、太宗　2、侍中　3、賢能　4、古よりの帝王

(2) イ、ウ に入る語句を、【A】からそれぞれ漢字二字で探し、そのまま抜き出して書け。（各1点）

(3) エ に入る内容を、十字以上、十五字以内でまとめて書け。（3点）

四 条件作文 思考力

F中学校の各学級では、図書委員会の提案を受け、次の【資料】を基に、読書量を増やす取り組みについて考えることになった。あなたなら、どのように考えるか。【資料】を読んで、後の条件1から条件5に従い、作文せよ。（15点）

【資料】

※雑誌などを除く「本」全般を対象とする。
※紙・電子全て含める。

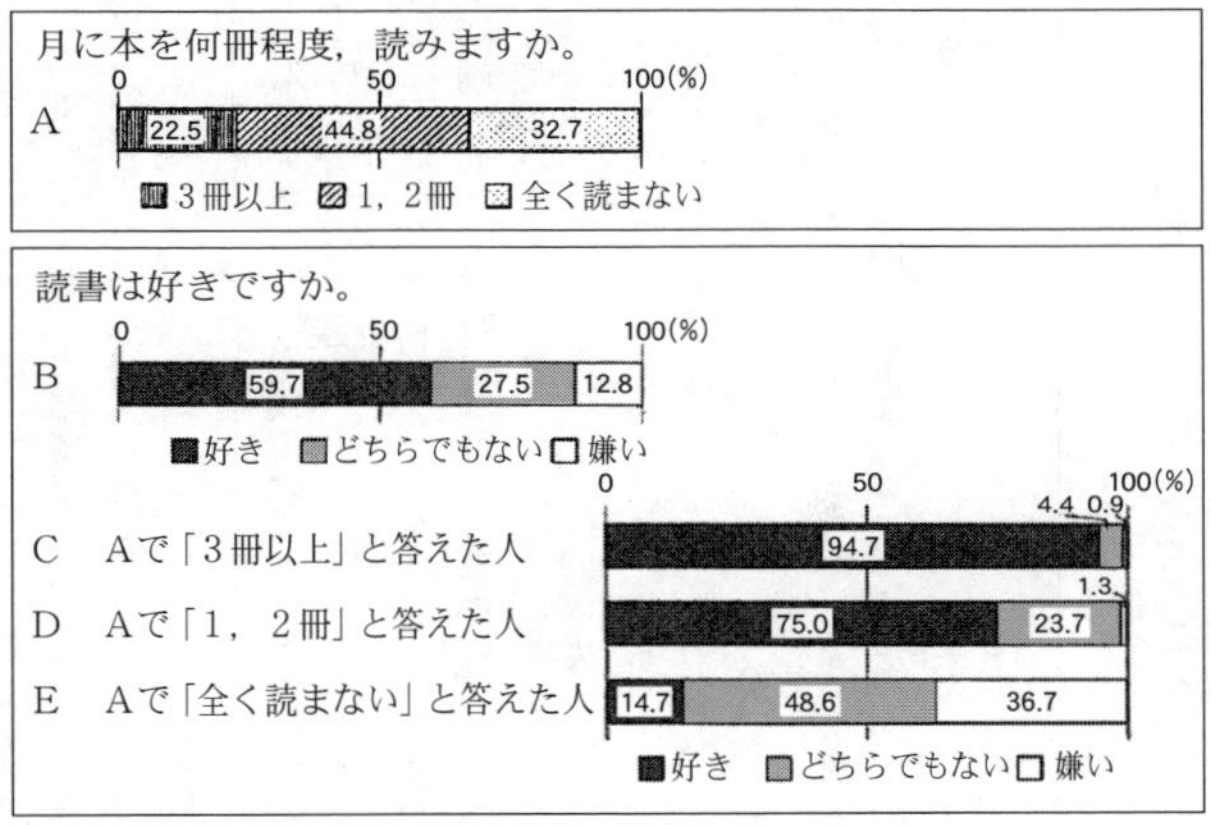

（「18歳意識調査『第30回 －読む・書く－』詳細版」（日本財団　2020年10月30日）を基に作成）

条件1　文章は、二段落構成とし、十行以上、十二行以内で書くこと。
条件2　第一段落には、【資料】のAのグラフと、B～Eのうちいずれかのグラフ（どれをいくつ選んでもかまわない。）から分かることを挙げ、それについてあなたが考えたことを書くこと。なお、グラフはA～Eの記号で示すこと。
条件3　第二段落には、第一段落を踏まえ、読書量を増やす取り組みとしてあなたが考えた案を一つ挙げ、その案を挙げた理由を自分の知識や経験と結び付けて書くこと。
条件4　題名と氏名は書かず、原稿用紙（20字詰×12行＝省略）の正しい使い方に従って書くこと。
条件5　グラフの数値を原稿用紙に書く場合は、左の例にならうこと。

例　5・7%　39・1%

佐賀県

時間 50分　満点 50点　解答 P46　3月5日実施

出題傾向と対策

●条件作文を含む資料問題、論説文、小説文、古文の大問四題構成。昨年は古文ではなく漢文であった。文章量は標準的で選択問題中心。記述問題の指定字数は短めで、条件作文も百二十字以内と長くはない。いずれも基本的な知識と読解力を問う出題となっている。

●漢字の読み書き、文法、資料の読み取りと幅広く出題されるので、基本的な学力の習得を怠らないようにしたい。問題は標準的な難度であるだけに正確な読解が必須となるので、繰り返し過去問を解いて慣れておくこと。

一　漢字の読み書き・文脈把握・条件作文

天山中学校では、年に二回、生徒会主催で町をきれいにするボランティア活動を行っている。今年、二回目の実施に向けて全校生徒に放送で参加を呼びかけることにした。次の【放送原稿】と【アンケート結果】、【前回参加した人の感想の一部】を読んで、あとの問いに答えなさい。（計11点）

【放送原稿】

みなさん、こんにちは。生徒会からボランティア活動についてのお知らせです。わたしたち生徒会は、これまでボランティア活動を行った際に、「参加したかったけどできなかった」という意見が出ていたことを受けて、より多くの人にとって参加しやすい活動にしたいと考えました。そこで実施したのが、先日みなさんにご協力いただいたアンケートです。【アンケート結果】については、配布しているプリントを見てください。そのアンケートの結果と、前回参加した人の感想をもとに、新たに二つの活動を計画しました。

一つ目は、短時間で活動を行う「ちょい活」です。これは、休日の部活動が始まる前の三十分間を利用して、学校周辺のごみ拾いを行うというものです。いつもより三十分早く登校して、学校の周りをきれいにしてみませんか。

二つ目は、「ともボラ」です。これは、事前説明会に集まった参加希望者で班を作り、当日はその班で一緒に公園の花植えをするという活動です。活動をするうちに自然と参加者同士が仲良くなれるような内容を考えています。新しい仲間を作りながら、公園を花いっぱいにしましょう。

くわしい日程と場所・内容は、後日お知らせします。わたしたち生徒会は、このボランティア活動で地域貢献をしたいと思っています。いつも地域の人たちには学校での活動を応援してもらい、お世話になっているので、感謝の気持ちをこめて、二つのボランティア活動を通してきれいな町づくりに貢献していきたいと考えています。たくさんの生徒のみなさんの参加をお待ちしています。

【アンケート結果】

あなたがボランティア活動に参加しづらいと感じる理由を教えてください

参加する時間がない	131人
一緒に参加する人がいない	129人
参加しても役に立っているのかどうか分からない	57人
活動内容に関する十分な情報がない	40人
特になし	29人

（全校生徒 386 人へのアンケート結果）

【前回参加した人の感想の一部】

生徒会が参加者を募[a]っていたボランティア活動に参加した。ツ[b]げられた場所に行くと、二十名ほどの参加者がいた。ヒタイ[c]に汗しながら、みんなと協力して清掃[d]したあとは、爽やかな気持ちになった。より多くの人に活動に参加してほしいと思った。

問1、**よく出る** **基本** 【前回参加した人の感想の一部】の中の a募、bツ、cヒタイ、d清掃 について、カタカナは漢字に直し、漢字は読みをひらがなで書きなさい。（各1点）

問2、【放送原稿】の中に、いつも地域の人たちには学校での活動を応援してもらい、お世話になっているので、感謝の気持ちをこめて、二つのボランティア活動を通してきれいな町づくりに貢献していきたいと考えています とある。この文を意味が変わらないように二文に分けたときに、次の X に入る適当な言葉を書き、Y に当てはまる言葉として最も適当なものを、あとのア～エの中から一つ選び、記号を書きなさい。（各1点）

いつも地域の人たちには学校での活動を応援してもらい、お世話に X 。 Y 、感謝の気持ちをこめて、二つのボランティア活動を通してきれいな町づくりに貢献していきたいと考えています。

ア、しかし　イ、たとえば
ウ、そのため　エ、なぜなら

問3、**思考力** 生徒会が計画した二つの活動、「ちょい活」、「ともボラ」のうち、どちらの活動がよいと考えるか。あなたの考えとその理由を書きなさい。ただし、次の【条件】に従うこと。（5点）

【条件】
・百字以上、百二十字以内で書くこと。
・よいと思う活動名を明らかにして書くこと。
・理由は、【アンケート結果】にもふれた上で、具体的に書くこと。
・原稿用紙（15字詰×8行＝省略）の書き方に従って書くこと。

二 （論説文）内容吟味・文脈把握・要旨

次の【文章A】、【文章B】を読んで、あとの問いに答えなさい。（計16点）

【文章A】

自分自身を愛せない人は、他者とも友達になれない。それはどういう人かというと、自分の善良さを理解していない人、あるいはその発揮を妨げるような活動をする人である。たとえば、自分の善良さが思慮深さなのに、毎晩アルコールを飲んで、毎朝二日酔い※になっている人がそうである。こうした人は、善良さを発揮できないために、他者からその善良さを愛されることもなく、したがって善良さに基づく友情を交わすことができない。友達はできるかも知れないが、それは、常に不完全な友情に留まってしまうのである。

このように自分を友達にできる人は、善良さを発揮するために、他者の助けを必要としない。つまり、他者に依存することなく、常に自分自身であり、また自分自身のために生きることができる。アリストテレス※によれば、このような状態にある人は幸福である。したがって、自分と友達になるということが、人間が幸福であるために重要なのである。

ここで次のような疑問が生じたとしても不思議ではない。すなわち、そうであるとすれば、なぜ私たちはわざわざ他者と友達になるのだろうか、ということだ。なぜ、自分と友達であるだけでは飽き足らず、その友情を外部へと広げなければならないのだろうか。もしもアリストテレスの主張が真実であるとしたら、そのとき、人間は自分自身を友達にすればそれで事足りるはずだ。そうである以上、他者と友達になる必要はないのではないか。それでも他者を友達として必要とするなら、それはその友達に依存しているのであって、①自分自身に充足する幸福な状態に、傷をつけるようなことなのではないか。

このような疑問に対して、アリストテレスは次のような興味深い回答を示している。たしかに私たちは自分自身を友達にすることができれば幸福である。しかし、その幸福をより望ましいものにするために、他者と友達になることが必要なのである。

どういうことだろうか。

前述の通り、自分自身と友達になるということは、自分の善良さを発揮するために必要な活動をする、ということだ。したがって幸福もまた活動のなかにある。アリストテレスにとって幸福とは、何もしていないときにしみじみと感じるものではない。ところが私たちには、活動をしている最中に、そのように活動している自分自身を反省することができない。言い換えるなら、自分を認識することができないのである。

活動するということは何かに働きかけるということだ。それに対して認識するということは、対象に働きかけることなく、その対象から距離を取って、それを眺めることである。アリストテレスはそうした働きを「観照（かんしょう）」と呼ぶ。活動と観照は対立する。したがって私たちは、たとえ活動によって幸福になるのだとしても、②自分がそのように幸福であるということを認識できないのである。

たとえば、思慮深さを善良さとする「私」が、その思慮深さを活かして明日の行動計画を練っているとしよう。その活動をしているとき、「私」は自らの善良さを発揮しているのであり、その意味で幸福である。しかし、そのように明日の行動計画を練っている「私」は、自分の姿を反省することができない。「私」は明日の行動計画の方に集中しているからである。だから、実際には幸福であるにもかかわらず、自分が幸福であることに気づかないのである。

もちろん、自分が幸福であることを認識できないのだとしても、幸福であること自体はよいことだ。しかし、それを認識することができたら、その幸福はもっと味わい深いものになるだろう。したがって幸福な人にとって、自分が享受している幸福を認識することは、より望ましいことなのである。しかし、活動と観照が対立する以上、それは原理的に不可能である。では、どうしたらよいのだろうか。

これに対して③アリストテレスが提案するのが、自分と同じ善良さをもった友達の姿を眺めることである。たとえば、思慮深い「私」が、自分と同じように思慮深い他者の姿を眺めるとき、「私」はそこに自分と相通じるものを感じ取る。その人にとって、その他者を眺めることは、自分自身の善良さを眺めることと同義である。そしてそれによって、その人は自分自身が幸福であるということを、その他者を鏡にして、認識することができるのだ。

（戸谷洋志『友情を哲学する　七人の哲学者たちの友情観』による）

（注）※二日酔い…酒の酔いが翌日までさめないこと。
※アリストテレス…古代ギリシアの哲学者。

【文章B】

「一人」になれる条件が整い、人びとの選択や決定が尊重されるようになった社会では、さまざまな物事を「やらない」で済ませられるようになります。ある行為を「やらねばならない」と迫る社会の規範は緩くなり、何かを「やる」「やらない」の判断は、個々人にゆだねられます。

この傾向は人間関係にも当てはまります。私たちが生きる時代は、閉鎖的な集団に同化・埋没することで生活が維持されてきた※ムラ社会の時代と違います。生活の維持は、身近な人間関係のなかにではなく、お金を使って得られる商品やサービスと、行政の社会保障にゆだねられるようになったのです。

④このような社会では、誰かと「付き合わなければならない」と強制される機会が、徐々に減っていきます。会社やクラスの懇親会への参加はもはや強制される時代ではありません。地域の自治会への加入も任意性が強くなりました。趣味のサークルを続けるか続けないかは、まさに「人それぞれ」でしょう。

誰と付き合うか、あるいは、付き合わないかは、個々人の判断にゆだねられています。俗っぽく言えば、私たちは、（嫌な）人と無理に付き合わなくてもよい気楽さを手に入れたのです。

（石田光規『「人それぞれ」がさみしい　「やさしく・冷たい」人間関係を考える』による）

（注）※ムラ社会…古くからの秩序を保った排他的な社会。

問1、①自分自身に充足する幸福な状態　とあるが、それはどのような状態か。その説明として最も適当なものを、次のア～エの中から一つ選び、記号を書きなさい。（3点）

ア、自分以外の他者に介入されることを拒否し、自分自身との完全な友情に満足している状態。
イ、自分と友達であるだけでは飽き足らず、その友情を外部へと広げたいと望んでいる状態。
ウ、必要以上に他者に依存してしまうことを恐れて、自分以外の他者と関わろうとしない状態。
エ、他者に依存することなく自分自身を友達とし、自分自身のために生きることができる状態。

問2、②自分がそのように幸福であるということを認識できない　とあるが、それはなぜか。その理由として最も適当なものを、次のア～エの中から一つ選び、記号を書きなさい。（3点）

ア、幸福は自分自身の善良さを発揮できる活動によって得られるものであるが、その活動をしている最中に自分と距離を取って、自分で自分を対象として見ることは不可能だから。
イ、幸福は自分自身の善良さを発揮できる活動によって感じるものであるが、その活動が善良さを発揮するのにふさわしいものかどうかを、自分自身で客観的に見ることは不可能だから。
ウ、幸福は他者から自分自身の善良さを認められることによって得られるものではなく、他者と距離を取って自分自身だけを友達としている状態でのみ得られるものだから。
エ、幸福は何もしていないときに感じられるものではなく、活動に集中することによってのみ感じるものであるため、活動を終えたときには既に幸福ではない状態になってしまうから。

問3、③アリストテレスが提案するのが、自分と同じ善良さをもった友達の姿を眺めること　とあるが、アリストテレスはなぜこのような提案をするのか。次の解答の形式に従って、Xは十五字以内で、Yは四十字以内で書きなさい。（X1点、Y3点）

自分と同じ善良さをもった友達の姿を眺めることは、［　X　］と同じことを意味しており、これによって、［　Y　］から。

問4、④このような社会　とあるが、それはどのような社会か。その説明として最も適当なものを、次のア～エの中から一つ選び、記号を書きなさい。（3点）

ア、ある行為を「やる」か「やらない」かの判断が、所属する集団の規範によって決定する社会。
イ、お金で様々な商品やサービスが得られ、お金を持っているかどうかが価値基準となった社会。
ウ、個人の選択や決定が尊重されるようになり、物事の判断を個人にゆだねるようになった社会。
エ、閉鎖的な集団に同化し埋没することによって、個人の生活を維持し続けることができる社会。

問5、次の【まとめシート】は、生徒Ⅰ、Ⅱ、Ⅲが【文章A】、【文章B】を読んで書いたものである。それぞれの【まとめシート】が本文の内容に合っているものには○を、合っていないものには×を書きなさい。（各1点）

【まとめシート】

Ⅰ　【文章A】は、自分と同じ善良さをもった他者と友達になることが必要だと述べており、【文章B】は、嫌な人と無理に付き合わなくてもよい社会になったと述べている。

Ⅱ　【文章A】は、今も昔も変わらない他者との関わりについて述べており、【文章B】は、社会は変化しても地域社会との関わりは変化していないと述べている。

Ⅲ　【文章A】は、幸福であるために必要な他者との関わり方について述べており、【文章B】は、生活の維持に関する他者との関わり方について述べている。

三 (小説文)品詞識別・文脈把握・内容吟味

次の文章を読んで、あとの問いに答えなさい。(計13点)

高校二年生の武田綾は、刺しゅうを習っていて、その最中に誤って針で指を刺してしまった。

自分の指を見ていると、なぜか父の指と重なった。

小学校三、四年生の頃だったと思う。ゴールデンウィークに父が単身赴任先から帰ってきていた。

母は農機具屋のイベントで留守にしていて、父とあたしで留守番だった。

友だちはキャンプに行くとか旅行に行くとかはしゃいでいたけど、武田家はそんなことは一切ない。あたしも別にキャンプにも旅行にも興味はなかったし家でごろごろしていられればそれでよかった。

ところが、残念なことに、父が家にいるのである。①父つきの家にいるくらいならキャンプだろうと旅行だろうと行ってもいい気がしていた。

何しろ父は、背筋を伸ばしてNHKの囲碁対局を鑑賞し、生真面目な顔で民放のサイコロを転がしてトークをする番組を見ているのである。どうやってくつろげというのか。

お父さんはあちこちの単身赴任先で、リラックスすることや笑顔なんかを落っことしてきたに違いないと思った。リビングで寝転がってテレビでも見ようものなら、「勉強はどうした」「塾も考えなきゃな」などとこの世で一番不愉快な言葉を放つのである。始末に負えない。

ゴールデンウィーク初日の昼食は父が作ることになった。母は、よかったねお父さんが作ってくれるって、と絶望的なことを言い残して仕事に出かけてしまった。

部屋で勉強するふりをして、しっかりマンガ本を読んでいると、ドアが三回ノックされた。母と違って、父は誰に教わったのか、ノックをするのである。コンコンコン、という音が硬い。リズムは一定している。

あたしは素早くマンガを机の一番下の引き出しに放り込み足で閉め、代わりにドリルを開いて鉛筆を握ってから、はいと返事をした。

ドアが開いて四角い黒縁眼鏡をかけた青白い顔が覗く。

「昼ご飯を作るから手伝いなさい」

嫌だ。

「──はい」

一階のキッチンへ下りていくと、父はエプロンをしていた。腰のところで結ばれている紐が、縦結びになっている。

父は不器用だ。

あたしにエプロンをするよう指示したが、あたしは持っていない。父はそれじゃあ家庭科はどうしているんだと問い質す。

「かてーかって?」

「家庭科を知らないのか」

父のこめかみが震えたように見えた。あたしのせいではないので、黙って見返す。

父が※踵を返してキッチンを出ていく。

料理の手伝いの話は立ち消えになるのかと期待して、部屋に向かいかけたところで父が戻ってきた。

母のエプロンを手にしている。身に着けるよう差し出してきた。なんてこった。何が何でも手伝わせるつもりらしい。こんなことならキャンプに……。

渋々エプロンを受け取る。後ろをボタンで留めるタイプだが、そのボタンが取れそうだ。

「残念。これじゃあ、エプロンはつけれないね。エプロンがつけれないなら、お手伝いはできないね」

②私は嬉しさを押し殺して精一杯渋面をこしらえた。学習発表会では、この特技を生かし、岩の役をやったのだ。人前に出ることが恥ずかしすぎて逆に頬が緩むのを堪えた表情が、どう見ても気難しがり屋の岩にしか見えなかったと絶賛されたという実績がある。

「直す暇がなかったんだろう。直せばいいんだ。裁縫道具を持ってきなさい」

「あたしできないよ。お父さんは、できるの?」

「できる。向こうで一人暮らししているんだ。なんだってできるようになる」

そっか。お父さんは料理もボタンつけもやれるんだ。少し見直した──のは、ボタンをつけ始めるまで。

父の不器用偏差値の認識が甘かったと反省し、父は「できる」と言ったが「まともにできる」とは言わなかったのを、私は父が指に針を三回刺したところで思い出すことになる。

母の裁縫道具は、えんじ色のクッキー缶に入っていた。真ん中に白い帽子をかぶった女の子がおすまし顔で横を向いている絵が描かれている。糸が通っている針が数本あった。

父はエプロンからボタンをむしり取った。ハサミは使わなかった。もしかしたら使えなかったのかもしれないが深く追及することは避けた。

ボタンをあてがって、生地の裏から刺す。ボタンの穴ではないところを突いたようで何度かガツガツと刺していた。穴から針が出てくるのが先か、父のこめかみの太い血管がブチ切れるのが先か静かに見比べていると、ボタンの穴から針の先がヒョコッと出た。

「出た!」

万感の思いが込み上げる、と言えばそれは大袈裟になるが、③嬉しくて感動した。大変よく頑張ったと思う。父のこめかみの膨らみもすぼむ。

引き抜いた表から穴に刺し、再び裏へ貫こうとした時。

「いっ」

父は指を刺した。父はあたしと違って、指をくわえるのではなく、ティッシュで押さえた。あたしは救急箱から絆創膏を取って渡す。父は粘着テープの剥離紙を剥いだが、指に巻きつけようとして粘着面同士をくっつけてしまってどうにもできなくなり、絆創膏の一枚を無駄にした。父は不器用なのだ。

あたしは新たな絆創膏を用意して、父の指に巻いてあげた。すまない、と父が言う。あたしは、こういうこともあるよ、と慰めた。こういうこともある、というほど稀な頻度であるかのようなあたしの慰めが、いかに場当たり的だったか明らかになるのは、早かった。再開一投目でまた刺したからだ。

あたしは手当てをする。

「お父さん、いつもやってるの？」

「そうだ。Yシャツのボタンをよくつけ直している」

あたしが聞いたのは、いつもこんなに指に刺しているのかということだったが、考えてみればわざわざ聞くまでもないのだ。

そういえば、Yシャツのボタンの周りに小さな茶色いしみが点々と残っているのを見たことがあった。その※根性跡も、ネクタイを締めてしまえば見えなくなる。

父はどうにかボタンをつけ終えた。

ボタンはギチギチにつけられていて、ボタンホールに引っかけにくい。あたしがボタンホールになかなか引っかけられないでいるのを見た父が、不器用だな、と呆れて留めてくれた。

昼食は焼きそばだ。あたしはキャベツを洗って、紅ショウガを袋から器に空けるという④任務を完遂した。焼きそばは異様に脂っこく、粉のソースがところどころダマになっていた。半透明でビロビロになったキャベツと、脂身の多い豚肉と、真っ赤な紅ショウガのそれは、おいしかった。※ジャンク的な味は屋台の焼きそばみたいで祭りの気分も味わえた。

ダイニングテーブルをはさんだ父が、眼鏡を曇らせ麺をすすりながら、目玉焼きをのっければよかったな、と呟く。

あたしは、殻入りの目玉焼きを想像して、別になくてもいいよ、と応えた。

父が真っ白い眼鏡の向こうからこっちを見つめてくるのが分かったので、あたしはもりもり食べて見せた。

父はそうか、と若干明るい声で言うと、自身も焼きそばをごっそりすくい上げて頬張った。

（髙森美由紀『藍色ちくちく　魔女の菱刺し工房』による）

（注）※踵を返す…引き返す。
※根性跡…ボタンつけをしたときについた血の跡。
※ジャンク的な味…カロリーが高く栄養価の低いスナック菓子のような味。

問1、**基本** わざわざ と同じ品詞の語を次の文中から一語で抜き出して答えなさい。（1点）

> 昨日、体育の授業中に少し足をひねったので、近くの病院に行ったが、たいしたことはなかった。

問2、①父つきの家にいるくらいならキャンプだろうと旅行だろうと行ってもいい気がしていた とあるが、なぜ「綾」はこのように考えているのか。その説明として最も適当なものを、次のア～エの中から一つ選び、記号を書きなさい。（2点）

ア、本当は家で仲の良い友だちを呼んで遊びたいが、家にいる父から嫌味ばかり言われたため面白くなく、外に出かけたくなったから。

イ、本当はキャンプや旅行に行くよりも家でのんびり過ごしたいが、愛想がなく堅苦しい父と一緒に家で過ごすのは苦痛で避けたいから。

ウ、本当は家にいるよりキャンプや旅行に行きたいが、友だちは家族と出かけると言っており、一緒に出かける相手は父しかいないから。

エ、本当は自分の部屋にこもって自由に過ごしたかったが、父が勝手に部屋に入ってきて説教するので、父がいない所に行きたいから。

問3、次に示すのは、②私は嬉しさを押し殺して精一杯渋面をこしらえた についてのAさんとBさんの【対話】である。［　　］にあてはまる言葉を三十字以内で書きなさい。（3点）

【対話】

（Aさん）「渋面」を辞書で調べると「渋いものをなめたような苦々しい顔つき」と書いてあったよ。この場面では「渋面をこしらえた」で「綾」が残念そうな表情を作ったことを表しているんだろうね。

（Bさん）この時の「綾」は、心情と表情が合っていないということだよね。「綾」が精一杯残念そうな表情を作ったのは、［　　］ためということだね。

問4、③嬉しくて感動した と④任務を完遂した とあるが、そのときの「綾」についての説明として最も適当なものを、次のア～オの中からそれぞれ一つずつ選び、記号を書きなさい。（各2点）

ア、父への不快感に耐えながら父の手助けを最後までなんとかやり終えたことで、父に好印象を持ち始めている。

イ、父が自分のために、苦戦しながらも初めてのことに挑戦しようとしてくれている姿に心から感謝している。

ウ、素直に父の手伝いに取り組み、与えられた仕事をやり遂げた自分を褒めてやりたい気持ちになっている。

エ、父が器用にこなせなくとも決して諦めず一生懸命に取り組んだことに対し、胸が一杯になっている。

オ、もともと父を面白味がないと思っていたが、必死な父の姿を見てますます面白味がないと思っている。

問5、本文の表現について次のように【ノート】に整理した。《本文の表現》に対応するように、《表現の効果》の［　　］に入るA～Dを右から順番に並べ替えたものとして最も適当なものを、あとのア～エの中から一つ選び、記号を書きなさい。（3点）

【ノート】

《本文の表現》

「自分の指を見ていると、なぜか父の指と重なった」　→　［　　］

「父は不器用だ」
「父は不器用なのだ」　→　［　　］

「あたしがボタンホールになかなか引っかけられないでいるのを見た父が、不器用だな、と呆れて留めてくれた」　→　［　　］

《表現の効果》

「父が真っ白い眼鏡の向こうからこっちを見つめてくるのが分かったので、あたしはもりもり食べて見せた」
↓
[　　　]

《表現の効果》

A　父の二つの異なる行動をもとに描写し、父が不器用であることを強調している。

B　「綾」が指に針を刺したことをきっかけとして、父との共通点につながる回想場面につなげている。

C　一生懸命な父をがっかりさせないように、「綾」が気を遣っていることを表現している。

D　不器用な父が「綾」に不器用だと言い、二人の共通点が不器用さであると印象づけている。

ア、C→A→D→B　　イ、B→A→D→C
ウ、B→D→A→C　　エ、A→C→D→B

四 (古文)仮名遣い・内容吟味

次の文章を読んで、あとの問いに答えなさい。(計10点)

愚かなる人をしなべて（皆同じく）、「死霊の罰、生霊の罰」など云と見えたり（言うようだ）。これ生霊、死霊の罰にあらず（ではなく）、皆己が（自分の）心の罰なり。たとへば我を妬む人ありて、仏神にかけて悪口し（仏や神に向かって自分の悪口を言い）、呪咀する（呪いをかけている）と伝聞、もはや理も非も分かたず（分別もつかず）、恐れおののきて、たたりあるべき（あるはずだ）と思ふ心ゆゑに、※わづらひなどする人多し。是皆心の罰と知るべし（分かっておくべきだ）。

昔※唐土にも、有人※用所ありて、闇夜に出行せし（出かけた）途中にて、何やらん足に触りたるを踏みたれば（何であろうかと足に触れたものを踏んだところ）、ぐいと鳴りたり。此人心の中に、※蛙を踏み殺したりと思ひ行過、用所を仕舞（終えて）、帰りて寝入たるに、夢中に蛙どもかずかず集りて、科（罪）もなき蛙を踏み殺されたり（踏み殺した）とて、夜もすがら（一晩中）驚かしけり。さて夜あけて、其所に行て見れば（見たところ）、蛙にはあらで（ではなくて）茄子にて（であった）ぞありける。其踏みたる時、[X]と知らば（知っていたら）、など（どうして）[Y]を夢に見るべきや（見ることがあろうか）、[Z]をこそ見るべけれ（見るはずだ）。蛙を踏み殺したりと思ふたる心ゆゑに、夢中に蛙におかされたるなり。是にて右の死霊、生霊の罰といふも、皆心ゆゑと知るべし。

（江島為信『身の鏡』による）

(注)　※わづらひ…病気。
　※唐土…昔の中国の呼称。
　※用所…用事。
　※蛙…かえる。

問1、よく出る 基本 ゆゑに を現代仮名遣いで書きなさい。(2点)

問2、[X]、[Y]、[Z]に当てはまる語の組み合わせとして最も適当なものを、次のア〜エの中から一つ選び、記号を書きなさい。(2点)

ア、X—蛙　Y—蛙　Z—茄子
イ、X—蛙　Y—茄子　Z—蛙
ウ、X—茄子　Y—蛙　Z—茄子
エ、X—茄子　Y—蛙　Z—蛙

問3、次に示すのは、是にて右の死霊、生霊の罰といふも、皆心ゆゑと知るべし についての先生とAさん、Bさんの【対話】である。文章と【対話】を踏まえて、あとの(1)〜(3)の問いに答えなさい。

【対話】

(先生)　本文では「死霊、生霊の罰といふも、皆心ゆゑ」と理解しておくべきだと書かれていますが、このことについて二つの具体例を挙げて説明されています。一つ目の例では「わづらひなどする人多し」とあります。これは病気になる人が多いということですが、それはなぜだと書いてありましたか。

(Aさん)　[Ⅰ]です。

(先生)　そうですね。では二つ目は昔の中国の人の例でした。「夢中に蛙におかされたるなり」とは、夢の中で蛙に襲われたということですが、「有人」はどうしてこのような夢を見たのでしょうか。

(Bさん)　「有人」が[Ⅱ]と思ったからです。

(先生)　そうですね。では、この二つの例を通して筆者が伝えたいことはどういうことなのでしょうか。

(Aさん)　[Ⅲ]ということだと思います。

(1)　[Ⅰ]に当てはまるものとして、最も適当なものを、次のア〜エの中から一つ選び、記号を書きなさい。(2点)

ア、自分のことを憎んでいる人から嫌がらせを受けるのではないかと勝手に不安になり、他者の意見も聞かずに思い悩むから

イ、自分がたたりを受けることを恐れて神や仏しか信じることができなくなり、寝食を忘れて仏神に祈りをささげ続けるから

ウ、自分が悪口を言われているといううわさを疑わずに信じてその人に罰を与えようと、ひたすらに呪いをかけ続けるから

エ、自分のことを恨んでいる人が呪いをかけていると聞いて冷静に考えることができなくなり、たたりがあると思うから

(2)　[Ⅱ]に当てはまる言葉を十字程度で書きなさい。(2点)

(3)　[Ⅲ]に当てはまるものとして、最も適当なものを、次のア〜エの中から一つ選び、記号を書きなさい。(2点)

ア、人は「死霊の罰、生霊の罰がある」と言うけれど、

それは他者への対応が誠実でなかったことが原因であるから、常に誠意を持って他者に接するべきだ
イ、人は「死霊の罰、生霊の罰がある」と言うけれど、それは思い込みによる恐怖心や罪悪感から生み出されたものだということをわかっておくべきだ
ウ、人は病気になったり、悪夢に悩まされたりすることがあるが、それは霊の存在を心から信じてしまうことが原因で生じるのだと知っておくべきだ
エ、人は病気になったり、悪夢に悩まされたりすることがあるが、それは自分の悪い行いによって生じるものであるから、日頃から善行を心掛けるべきだ

長崎県

時間	満点	解答	
50分	100点	P47	3月6日実施

出題傾向と対策

●小説文、古文、論説文、図表を含む対話文の大問四題構成。本文は読みやすい難度で、文章量も標準的。四では総合的な学習の時間の話し合いと資料を踏まえた読解問題が出題され、情報処理能力を問う大問が定着してきた。慣用句、歴史的仮名遣いなどの国語知識は、毎年必ず問われる。

●漢字の読み書き、文法問題、歴史的仮名遣いなどの基礎知識を確実に身につけておきたい。また、本文の表現を用いて、指定字数内で記述する訓練も不可欠である。

一 (小説文)漢字の読み書き・語句の意味・内容吟味・文脈把握

次の文章を読んで、あとの問いに答えなさい。(計32点)

バレーボールのクラブチーム「ゴールドウィングス」のキャプテンである小学校六年生の新田空良(にったそら)は、アタッカーにボールを上げるセッターのポジションを務めていた。六年生の六人を中心としたチームは練習に励んでいたが、全国大会の出場をかけた県大会の当日、試合会場に向かう途中で、チームメイトで六年生の大和(やまと)が、空良の目の前で事故に遭った。空良は病院に同行し、チームは県大会に出場できなかった。

本文は、県大会の翌日に空良が学校から帰り、バレーボールの練習を休もうかと考えている場面である。

六人で、大会に出たかったなあ……。

ボールを手にとり、天井に向けて上げてみる。

ポスッ……ポスッ……ポスッ、ポスッ……。

「二十三、二十四……」

気がつけば、数を数えながら頭上トス(注1)を続けていた。

何やってんだろ、おれ。

ベッドからおりると、体が自然にアシカトス(注2)を始めた。ボールはおれの手から糸が出ているみたいにきれいに真上に上がっては、すいよせられるようにもどってくる。

とうとうおれは、一度もボールを落とさないまま、おでこの上でボールをとらえ続けることができた。

「やっ……た」

小さな声がもれる。

なんで今ごろ、完璧にできるようになるんだよ。

毎日続けてきたから……? ①気持ちとは裏腹に、体は着実に力をつけていることを教えてくれようとしているみたいだ。

「ははは」

たいしてうれしいと思ってないのに、[a]乾いた笑いがこみあげてくる。

そして気づいてしまった。もう消えていたと思った②胸の奥の火が、かすかにくすぶっていることに。

おれは急いでボールやタオルをリュックにつめこむと、自転車で家を出た。玲(れい)の家の前に着くと、インターホンを[b]ならしたが、返答はない。

「玲ーっ」

トントン、と玄関の[c]扉をたたいても、家の中からカタカタッという音がしただけだった。

居留守かよ。玲のバカ。ヘタレ。

おれは心の中で悪態をつくと、サドルにまたがった。

まあ、こんなことがあったばかりじゃ、しかたねーけどさ。

おれだって、さっきまでサボろうって思ってたし……。

おれは重くなりそうな気持ちをふりはらうように、ギュッギュッとペダルを強くこいだ。

「うそでしょ……」

練習時間にはぎりぎり間にあったが、六年生で練習に来ていたのは、おれ一人だった。

五年生や小さいメンバーはコートの中にいるのに、一人ぼっちになったような気がした。

「空良くん、よく来たね」

注(3)太一（たいち）監督に声をかけられると、③鼻の奥がジンと熱くなる気がした。

「あの……どこが優勝したんですか？」

おれはつい、県大会の結果を聞いてしまった。知ったって、どうしようもないのに。

「光が丘クラブと城山ＪＶＣで決勝戦が行われて、光が丘が圧勝したそうです」

太一監督が静かに答えた。

やっぱり、全国に行くのは光が丘か。

もう終わったんだ、と自分にいい聞かせると、かすかにわきあがってきたような気がした力が体からいっきにぬけていった。

太一監督がゆっくりと口を開く。

「本当はぼく……あのとき、一瞬迷ったんです」

「えっ」

「大和くんのことは本当に心配だった。でも、このためにみんなが必死で練習してきた目標をつぶしてしまっていいのかって……」

太一監督がめがねをはずすと、目をタオルでおさえた。

「だけど、『おれも……試合には行かない』という空良くんのひとことでハッとさせられました。みんなはぼくよりも、④きみが決めたことなら納得するだろう。そう思いました」

「そんな……どうして……」

「こんな日も、ちゃんと練習に来たじゃないですか。自主練も、ずっとやっていたんでしょう？」

「えっ、なんで知っとるんですか？」

「きみの動きを見ていれば、みんなわかっていたと思いますよ」

太一監督がコートに目を向ける。

コートの中では、リョータたちが、おれがいつもやっているアシカトスの練習をやり始めていた。

Ⅰ目線はリョータたちに向けたまま、おれは太一監督にいった。

「おれ、さっき家でアシカトスをやってたんですけど、初めて最後までボールを落とさずにできたんです」

「さっき？」

「なんで今ごろになって……って感じですよね」

おれが力なくいうと、太一監督はⅡ遠くを見るような目をした。

「実はぼく……小学生のときはレシーバーでしたが、中学でセッターになったんです」

「えっ、太一監督もセッターだったんですか？」

「うん。同じ学年に注(4)北見佑飛（きたみゆうひ）選手がいてね。ゴールドウィングスでいっしょにプレーしていたんだ。佑飛にどうしてもぼくがトスを上げたくて、中学ではセッターの猛練習をしたんですよ」

「うそっ……！　なんで今まで教えてくれなかったんですか？」

北見選手といっしょにプレー？

太一監督が、北見選手にトスを上げていたってこと？

口をぽかんと開けていると、太一監督は床に目を落とした。

「ぼくは、北見選手をずっと近くで見ていたせいか、自分の限界を感じてしまって……。身長ものびなくてね。高校では北見選手にあこがれてバレー部に入った仲間が多く、レギュラーになれなくて、途中でやめてしまったんです。注(5)太造（たいぞう）監督にも『おまえの弱さにがっかりした。バレーじゃなくて、気持ちの弱さに』といわれました……。だから、『バレーをやっていた』ってみんなに胸をはっていえなかったんです」

太一監督、そうだったんだ……。

たしかに、あんなにすごい選手とプレーしていたら、自分と比べてしまってもしかたないかもしれない。

「でも、たとえいっしょに試合ができなかったとしても、同じバレー部のメンバーとして春高注(6)を目指せば良かったと、すごく後悔しました。だから、みんなには、身長や才能を気にせず、自分なりの勝ち方をたくさん見つけてほしいって思ってるんです」

太一監督は顔を上げた。

「でも、⑤とりもどせない過去や、人にいいたくないほどくやしかったことって、意外と未来につながるんだなあって、最近、感じてるんです」

「未来に……？」

「はい。ぼくがもう一度コーチとしてがんばりたいと思ったのは、完全燃焼できなかったからだと思うんです。ずーっとずーっとくすぶっていたおかげで、空良くんたちと出会うことができました」

Ⅲ太一監督がようやく笑顔を見せた。

「完全燃焼できなかった火は、意外と強いんですよ」

完全燃焼できなかった火……。

Ⅳおれたちも、いっしょかもしれない。

太一監督はまっすぐにおれの目を見つめていった。

「さあ、練習を始めましょうか」

（高田由紀子（たかだゆきこ）『金色の羽でとべ』）

注(1)　頭上トス…空良が取り組んでいるボールを上げる練習。
注(2)　アシカトス…空良が取り組んでいるボールを上げる練習。アシカショーのアシカの動きに似ている。
注(3)　太一監督…ゴールドウィングスの監督。監督になる前はコーチを務めていた。
注(4)　北見佑飛選手…空良と同じ小学校を卒業したプロバレーボール選手。チームのアタッカーで、空良の憧れの選手。
注(5)　太造監督…ゴールドウィングスの元監督。
注(6)　春高…全日本バレーボール高等学校選手権大会の愛称。

問一、**よく出る** **基本** ――線部a～cについて、漢字は読みをひらがなで書き、カタカナは漢字に直せ。（各2点）

問二、**基本** ――線部①の意味として最も適当なものを次から一つ選び、その記号を書け。（2点）

ア、本心では納得できないが　イ、思いと正反対に
ウ、心が満たされずに　エ、予想とは異なって

問三、――線部②の比喩表現は、どのようなことを表しているか。三十字以内で書け。（5点）

問四、――線部③とあるが、このときの「空良」を説明したものとして最も適当なものを次から一つ選び、その記号を書け。（4点）

ア、六年生で練習に来たのは自分一人だったことで、仲間と心を一つにできていなかったのだと痛感し、ひどく落ち込んでいる。

イ、練習に六年生が来ていないことに驚く自分に対して、平然とした態度で接してくる監督の無神経さに、言葉を失っている。
ウ、大会に出られなかった悔しさから練習を休もうとしたことを見透かすような監督の言葉に、泣きたい気持ちになっている。
エ、六年生が練習に来ておらず寂しい思いでいたときに、自分を優しくねぎらう監督の言葉を聞いて、涙が出そうになっている。

問五、――線部④とあるが、「太一監督」がこのように考えた理由を説明したものとして最も適当なものを次から一つ選び、その記号を書け。（4点）
ア、これまで大和と練習に励んできた空良は、大和をけがで欠いては勝てないと分かっているはずだから。
イ、自主練に励むほどバレーボールに熱心な空良は、一度決めたことを曲げないと部員は知っているから。
ウ、バレーボールの練習に熱心に取り組んできた空良に対して、部員たちは大きな信頼を寄せているから。
エ、これまでチームを引っ張ってきてくれた空良ならば、チームに新しい目標を与えてくれるはずだから。

問六、――線部⑤について、「太一監督」は自らのどのような経験に基づいて言っているか。次に合う形で五十字以内で書け。（7点）

[　　　　]という経験。

問七、……線部Ⅰ～Ⅳについて説明したものとして最も適当なものを次から一つ選び、その記号を書け。（4点）
ア、……線部Ⅰでは、空良が自分たちの無念を晴らそうと練習に励んでいる後輩たちを見て、誇らしげに思いながら期待している。
イ、……線部Ⅱでは、落胆するあまり皮肉めいた言葉を口にする空良に対して、太一監督がどのように接すればよいか迷っている。
ウ、……線部Ⅲでは、太一監督が自分の言葉をかみしめている空良の様子を見て、空良を元気づけることができたと確信している。
エ、……線部Ⅳでは、空良が太一監督の話と現在の自分たちの境遇とを重ねながら、太一監督の励ましを受け止めようとしている。

二 (古文)仮名遣い・内容吟味・口語訳・動作主

次の文章を読んで、あとの問いに答えなさい。（計18点）

昔、注(1)魏の文王、我れは賢王注(2)なりと思ひて、臣下注(3)の中に(に対して、)、「朕、賢王なるや(私は、賢王であるか)」と問ひ給ふに(お尋ねになったところ、)、仁佐といふ大臣注(4)、「①君は賢王にてはおはせず(文王様は賢王ではいらっしゃいません)」とまうす。「いかなれば(なぜか)」と宣へば(おっしゃると、)、「天注(5)の与ふる位を受くるこそ賢とはまうせ(天が与える王位を受けるなら賢といいますが、)、威を以て位に居給ふ(力によって王位にいらっしゃる、)、これ賢王の儀に非ず(行いではありません)」といへり。(これは、文王が)伯父の王位をうち落として、かの后をとりて(伯父の后を奪って)我が后とし給へる事(なさったことを)をまうしけるにこそ(いったものです。)。さて(それで怒って)②瞋りて座席を追ひ立てらる。次に郭課といふ大臣に、「朕は賢王なりや(私は賢王であるか)」と問ひ給へば(お尋ねになったところ、)、「賢王とこそまうさめ(賢王といえるでしょう)」とまうす。「何の故(どうしてか)」と③宣へば(おっしゃると、)、「賢王には必ず賢臣生まる」とまうしければ、この詞を感じて(に感動して、)、仁佐召し返し((を)呼び戻し、)、政(政治を)正しくし、賢王の名を得たり(賢王と称賛されたという話だ。)といへり。君も臣も賢なる世こそあらまほしく侍れ(君主も臣下も優れている世が望ましいことです。)。

（『沙石集』）


注(1) 魏の文王…「魏」は古代中国にあった国名。「文王」はその国の王の名。

注(2) 賢王…立派な王。

注(3) 臣下…王に仕える家来。

注(4) 大臣…王に仕える家来の中で、政務を行う高位の者。

注(5) 天…すべての物を造ったとされる存在。古代中国では、天が徳のある者に王位を与えるものとされていた。


問一、よく出る 基本 ――線部を現代かなづかいに直して書け。（2点）

問二、――線部①の理由を「仁佐」はどのように述べているか。「仁佐」の発言から十字以内で抜き出して書け。（3点）

問三、――線部②について説明したものとして最も適当なものを一つ選び、その記号を書け。（3点）
ア、文王が、仁佐の無作法な言動に怒り、その場から立ち去ったということ。
イ、仁佐が、王にふさわしくない文王に怒り、文王を王座から追放したということ。
ウ、文王が、賢王ではないと否定されたことに怒り、仁佐を追放したということ。
エ、仁佐が、自分の意見に納得しない文王に怒り、その場から立ち去ったということ。

問四、よく出る ――線部③の主語として最も適当なものを次から一つ選び、その記号を書け。（3点）
ア、文王　イ、仁佐　ウ、伯父　エ、郭課

問五、難 この話において、「文王」が賢王と称賛されたのはなぜか。空欄にあてはまる内容を[A]はあとの【選択肢】から最も適当なものを一つ選んでその記号を書き、[B]は二十字以内で書け。（A3点、B4点）

文王が、郭課の言葉から、[A]ような臣下を持つ王が賢王であるということを理解し、[B]から。

【選択肢】
ア、王のあやまちを率直に指摘できる
イ、王にふさわしい人物を推薦できる
ウ、王の位を受け継ぐ力を持っている
エ、王の望んでいることに黙って従う

三 (論説文)漢字の読み書き・文節・内容吟味・文脈把握

次の文章を読んで、あとの問いに答えなさい。（計32点）

ヒトは脳が大きくなって、動物とは違う能力をもつようになりました。意識というはたらきです。意識はたぶん動物でもっていますが、ヒトの意識は「同じ」と「違う」を理解できます。意識は脳の中で発生する能力と思われるので、その脳に入ってくる「入力」は知覚あるいは感覚と①呼ばれます。感覚は世界の違いを捉えますが、ヒトの意識はそこから「同じ」を創り出します。「同じ」という能力は、ヒトの意識の特徴と言っていいと思います。このことは『遺言』注(1)（新潮新書）の中で詳しく説明しておきました。「同じ」という能力は交換を生み、お金を生み、相手の立場を考えるという能力を生み出します。

人間は「同じ」も「違い」もわかる。でも、猿はたぶん「違い」しかわかりません。その違いはいつ頃生まれるのか？

アメリカの科学者が、自身の子どもが生まれたとき、同じ頃に生まれたチンパンジーの子を見つけてきて一緒に育てました。

ほぼ同時期に生まれたその子どもとチンパンジーの発育を比較したところ、生後三年までは、なんとチンパンジーの能力のほうが上でした。特に運動能力は優って（まさって）います。ところが四歳から五歳になると、人の発育が急に進みます。チンパンジーは身体は発育するのですが、知能はそれ以上発達しないのです。

おそらく三歳から五歳の間に、人とチンパンジーを分ける何かが起こるのでしょう。

それを確かめた実験もあります。

参加するのは三歳児と五歳児。舞台に箱Aと箱Bを用意します。

そこにお姉さんが登場します。箱Aに人形を入れ、箱にふたをして舞台から去ります。

次に、お母さんが現れます。箱Aに入っている人形を取り出し、箱Bに移します。そして、箱Bにふたをして立ち去ります。

再びお姉さんが舞台に現れます。

そこで、舞台を見ていた三歳児と五歳児に、研究者が質問します。

「お姉さんが開けるのは、どちらの箱？」

三歳児は「箱B」と答えます。自分はお母さんが人形を移したことを知っているため、お姉さんも箱Bを開けると考えてしまいます。

一方、五歳児は「箱A」と答えます。なぜならお姉さんは、お母さんが人形を移したのを見ていないからです。もちろんこちらが正解です。

三歳児と五歳児は、なぜ違った答えをしたのでしょう？

五歳児は「自分がお姉さんの立場だったら」と考えました。お姉さんと自分を交換して考えられるのです。

三歳児には「お姉さんの立場に立つ」ということができません。「人形は箱Bに入っている」ということを自分が知っているように、お姉さんも知っていると思ってしまうのです。

この②他者の心を理解するというはたらきを「心の理論」と呼びます。発達心理学では「心を読む」と表現しますが、私は「交換する」と考えます。必ずしも心を読む必要はなく、「相手の立場だったら」と自分が考えればいいのです。

この、自分と相手を交換するというはたらきも人間だけのものです。

心の理論が示すように、人間の脳は、できるだけ多くの人にaキョウツウの了解事項を広げていくように発展してきました。人間の脳は、個人間の差異を無視して、同じにしよう、同じにしようとする性質をもっています。だから、言語からb抽出された論理は、圧倒的な説得性をもちます。論理に反することを、脳はなかなか受け付けないのです。

私たちは生まれたときから、言葉に囲まれて育ちます。生まれたときには、すでに言葉がある。だから言葉を覚えていくということは、周りにある言葉に脳を適応させていくことにほかなりません。

言葉は自分の外側にあるものです。私が死んでも言葉がなくなるわけではありません。脳がcエンザン装置だとすると、言葉は外部メモリ、つまり記憶装置です。そこには文字によって膨大な記憶が蓄えられています。

言葉だけではありません。言葉よりもう少し広い概念が「記号」です。絵画や映像、音楽は言葉ではありませんが、人に何かを伝える記号です。

記号の特徴は、不変性をもっていることです。だから違うものを「同じ」にできる。③「黄色」という言葉は私が死のうが残り続けます。

でも、現実は変わり続けています。こんなことは昔の人はよく知っていました。「[　　]」も「万物は流転（るてん）する」も、変わり続ける現実を言い表した言葉です。

しかしいまや、記号が幅を利（き）かせる世界になりました。

④記号や情報が支配する社会のことを「情報社会」と言います。記号や情報は動きや変化を止めるのが得意中の得意です。

現実は千変万化して、私たち自身も同じ状態を二度と繰り返さない存在なのに、情報が優先する社会では、不変である記号のほうがリアリティをもち、絶えず変化していく私たちのほうがリアリティを失っていくという現象が起こります。

そのことを指して私が創った言葉が「脳化社会」という言葉です。

（養老孟司（ようろうたけし）『ものがわかるということ』）

注(1)『遺言』…二〇一七年に出版された養老孟司氏の著書。

問一、**よく出る** **基本** ——線部a～cについて、漢字は読みをひらがなで書き、カタカナは漢字に直せ。（各2点）

問二、**よく出る** **基本** ——線部①「呼ばれます」を単語に区切ったものとして適当なものを次から一つ選び、その記号を書け。（3点）

ア、呼ばれ／ます　イ、呼ば／れ／ます
ウ、呼ばれ／ま／す　エ、呼／ばれ／ます

問三、**思考力** ——線部②とあるが、本文の[　]で囲まれた実験の中で、五歳児は、お姉さんの立場に立って、お姉さんの心についてどのように理解したのか。五十字以内で書け。（7点）

問四、次の【会話】は、——線部③について生徒と先生が話している場面である。【会話】の[I]にあてはまる内容を二十字以内で書け。（5点）

【会話】

生徒　「『黄色』という言葉は私が死のうが残り続けます」とは、言葉のどのような働きのことを言っているのでしょうか。

先生　この直前で筆者が述べている、「違うものを『同じ』にできる」と合わせて考えてみましょう。例えば、「夏草に黄色き魚を釣り上げし」という句があります。魚の黄色と夏草の緑色の対照をよんだ句ですが、この句がよまれて百年ほどたちます。百年前によまれた黄色い魚そのものを私たちは見ることができませんが、私たちはこの句によまれた風景を思い浮かべることができますね。

生徒　そうか。つまり、「『黄色』という言葉は私が死のうが残り続けます」とは、言葉には［Ⅰ］という働きがあることを言っているのですね。

問五、基本 本文の［　］にあてはまる言葉として最も適当なものを次から一つ選び、その記号を書け。（3点）

ア、温故知新　イ、七転八倒
ウ、喜怒哀楽　エ、諸行無常

問六、——線部④について説明したものとして最も適当なものを次から一つ選び、その記号を書け。（4点）

ア、差異を無視して同じにしようとする脳の働きが次々に記号を作り出していくため、人間は情報を記憶できなくなっていく。
イ、変化を止めることが得意な記号や情報が人間の変化までも妨げてしまうことによって、社会のリアリティが失われている。
ウ、不変の記号がリアリティをもち、かつては自明であった、現実は変わり続けるものであるという事実が見失われつつある。
エ、多様な情報が飛び交っているため、個別の差異をもつ人間との交流より、単純化された仮想空間での人間関係が好まれる。

問七、本文の内容や構成について説明したものとして最も適当なものを次から一つ選び、その記号を書け。（4点）

ア、人間の脳が大きくなった歴史的な過程を示すことにより、人間だけが「同じ」と「違う」を理解できる理由を説明している。
イ、人間とチンパンジーの研究に続けて、人間の子どもを対象とした実験を引用し、人間固有の「心の理論」を説明している。
ウ、人間の脳の性質と言葉の論理性がつながりやすいことを述べたのちに、人間が記号を生み出してきた理由を説明している。
エ、言葉を膨大な情報を蓄える記憶装置にたとえることにより、同じ記号である絵画や映像、音楽との相違点を説明している。

四 内容吟味・文脈把握

N中学校のAさん、Bさん、Cさんは、総合的な学習の時間に、自分たちが住むN町について調べ、それを観光客に紹介する活動を行うことにした。次の【話し合い】は、活動について話し合いをしている場面である。【話し合い】及び資料1から資料4をふまえて、あとの問いに答えなさい。（計18点）

【話し合い】

A　調べたことをどうやって紹介しようか。①観光客の年代別のアンケート結果をまとめた資料1と資料2から読み取れることを書き出そう。

B　書き出した内容もふまえて、私たちが手作りで、より多くの人に配れるものを作ることを考えると、町のことを一枚の紙の中に書くことができるマップ作りが取り組みやすいね。私たちの町を楽しんでもらえるように、みんなが使いやすいマップを作ることにしよう。

C　ひとまず、町にある名所・旧跡を書いたN町マップの案を作ってみたよ。

A　これに情報を加えて、まち歩きも楽しめるように工夫しよう。

C　それなら、歩いて観光するときの参考になるように、階段や急な坂道の情報も入れておこう。

B　いいね。他にも、この土地に住んでいる私たちしか知らないような情報を書いたら、まち歩きをより楽しんでもらえるね。景色がきれいなフォトスポットをカメラの絵で示して、そこで撮った写真も載せてはどうかな。

A　写真よりもイラストの方がぬくもりがあるような気がするけれど、みんなはどう思う。

C　そうだね。せっかく手作りのマップにするから、心を込めて景色のイラストを描こう。地元の飲食店もイラスト付きで載せようよ。

B　確かにイラストの方がいいね。名所・旧跡の紹介文は、地図の下の方にまとめて書いて整理しよう。また、マップ上の名所・旧跡に番号をつけて、紹介文もその番号と対応させて表示したらどうかな。

A　その他に、［Ⅰ］という工夫や、［Ⅱ］という工夫もできるね。

C　素敵なN町マップが完成しそうだね。みんなで多くの人に届けよう。

資料1

旅行中に利用した情報源（複数回答）

	10歳代	30歳代	50歳代	70歳代以上
紙のパンフレット・ガイドブック	34.6％	31.7％	40.9％	45.1％
地図系アプリ	30.8％	20.4％	20.3％	13.7％
※1 SNS	38.5％	27.9％	14.5％	2.0％
紙のまち歩きマップ	19.2％	13.3％	20.1％	31.4％
※2 クチコミ・比較サイト	11.5％	15.4％	13.6％	5.9％

※1　インターネット上の登録会員向けの情報交換・交流サイト
※2　商品やサービスについて人が自由に評価を書きこむサイト
（長崎市「令和4年度長崎市日本人観光客動向分析結果報告」から作成）

資料2

旅行先での過ごし方（複数回答）

	10歳代	30歳代	50歳代	70歳代以上
名所・旧跡の観光	64.0%	60.3%	69.9%	74.0%
地元のおいしいものを食べる	52.0%	61.1%	61.2%	64.0%
まち歩き・都市散策	36.0%	39.7%	44.7%	51.0%
宿でのんびり過ごす	26.0%	25.1%	12.2%	12.0%
温泉や露天風呂	10.0%	21.3%	13.2%	18.0%

（長崎市「令和４年度長崎市日本人観光客動向分析結果報告」から作成）

資料3

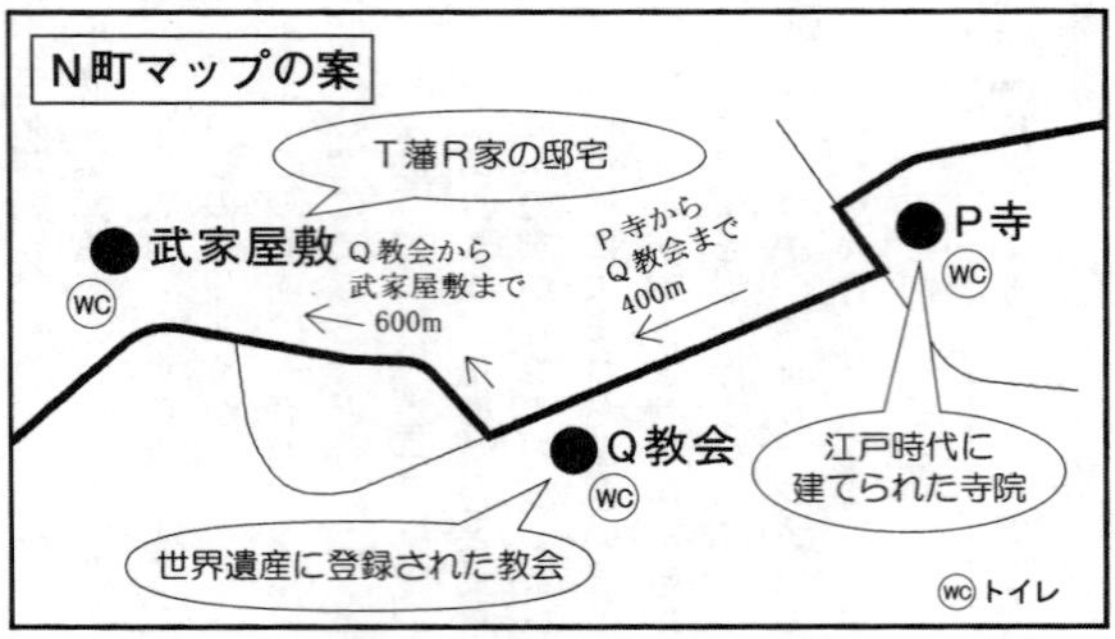

資料4

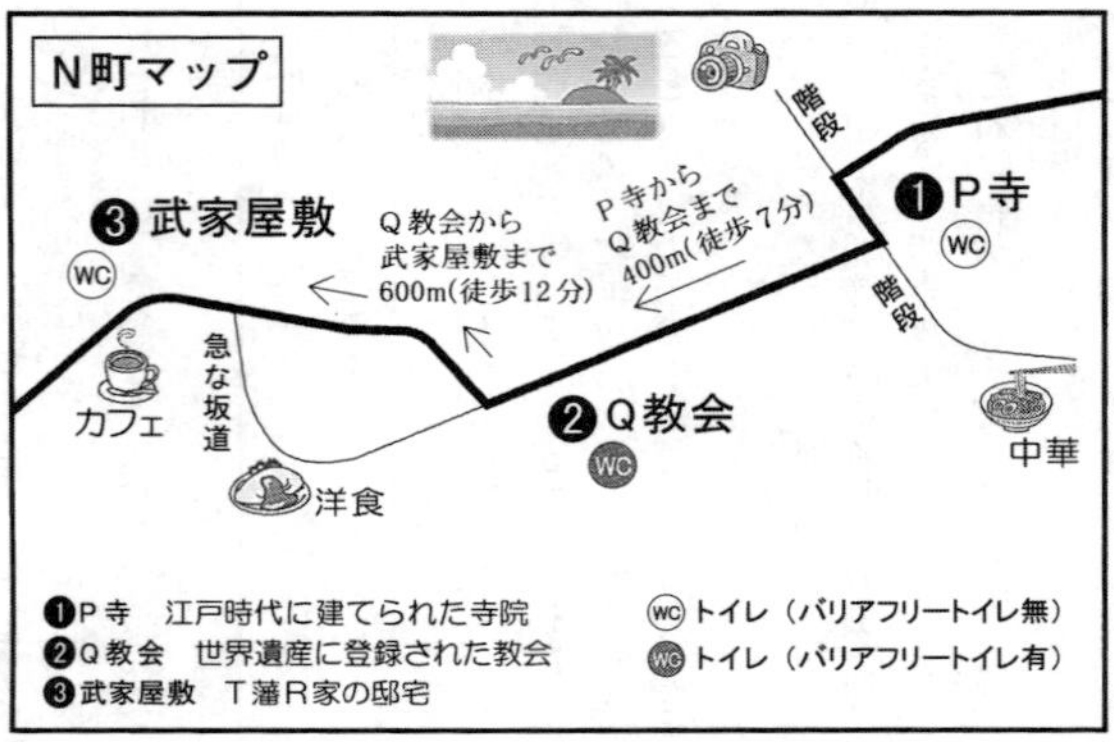

問一、よく出る ――線部①について、資料1と資料2から読み取れる内容として適当でないものを次から一つ選び、その記号を書け。（5点）

ア、紙のパンフレット・ガイドブックは10歳代を除く他の年代で情報源として最も多く利用され、全年代で三割以上である。

イ、SNSは70歳代以上では情報源としてあまり利用されておらず、年代が下がるにつれて利用する割合が高くなる。

ウ、70歳代以上と10歳代の旅行先での過ごし方を比べると、名所・旧跡の観光をする割合の差が他の項目に比べて最も小さい。

エ、旅行先でまち歩き・都市散策をして過ごす観光客の割合はどの年代でも三番目に多く、かつ三割を超えている。

問二、Aさんたちは、資料3に工夫を加えて資料4を作成した。【話し合い】及び資料3、資料4をもとに、［Ⅰ］・［Ⅱ］にあてはまる内容を、それぞれ二十字以内で書け。（各4点）

問三、【話し合い】の展開を説明したものとして最も適当なものを次から一つ選び、その記号を書け。（5点）

ア、活動の目的や実現性を意識して、意見を述べたり調整したりしながら話し合いを進めている。

イ、客観的な情報に基づいて自分たちの活動の成果を検証し、今後の活動について検討している。

ウ、三人の立場や役割をはっきりと決めて、互いの意見を尊重しつつ計画的に議論を深めている。

エ、自分たちの活動と似た取組や先行事例と比較することで、独自性のある活動を模索している。

熊本県

時間 50分　満点 50点　解答 P48　3月5日実施

出題傾向と対策

●漢字の読み書き・漢字知識・文法問題、話し合いに関する問題、論説文、小説文、古文の大問五題構成。文章は標準的だが、読解力を要求される設問が多い。記述問題も複数あり、作文もあるため時間配分に注意が必要。

●難度の高い問題が複数あるので、演習を重ねて高い読解力を身につける必要がある。また、記述問題が比較的多く、作文も平易ではないので、添削を受けて練習すること。古文は、教科書レベルの内容を短時間で読み取れるようにしておく。

一 漢字の読み書き・語句の意味・漢字知識・文・品詞識別

次は、ある生徒が「郷土の偉人」を紹介するために作成した資料の【下書きの一部】である。あとの問いに答えなさい。（計9点）

【下書きの一部】

「郷土の偉人」　北里柴三郎(きたさとしばさぶろう)について

1 生涯

1853年	現在の阿蘇(あそ)郡小国町に生まれる。
1886年	東京医学校を卒業後、ドイツに留学し、世界的に有名な細菌学者であるコッホに^{A}師事する。
1889年	破傷風菌の^{B}純粋培養に成功する。
1892年	日本で初めての伝染病研究所の初代所長となる。
1894年	ペスト菌を発見する。
1914年	北里研究所を設立する。
1916年	郷土に図書館「北里文庫」を建設し、寄贈する。
1931年	東京で死去する。

○ 2 人物像

海堂尊(かいどうたける)さんは、著書「北里柴三郎」の中で、「北里柴三郎の生涯を^{ア}振り返れば、波瀾万丈(はらんばんじょう)でありながら、その背骨を一本の太い①ハシラが②貫いている、という③インショウがあります。それは公益性の高い『社会貢献』という視点が常に中心に置かれている、ということです。」と述べています。

○ 北里柴三郎が^{イ}生まれた1853年は、鎖国を続けていた日本にペリーが来航した年です。翌年、日本が開国すると、西洋の文明と^{C}共に、コレラなどの恐ろしい伝染病が日本に入り込みます。伝染病の④脅威から人々を^{ウ}守るため、公衆⑤エイセイの必要性が認識され始めた時期に、柴三郎は医学の道を歩み始めました。

○ 留学から戻った柴三郎を支援したのは「学問のすゝめ」で^{エ}知られる福沢諭吉(ふくざわゆきち)でした。諭吉らの支援を得て伝染病研究所を開いた柴三郎は、大勢の優れた細菌学者を育てました。また、図書館を設立して郷土のために力を^{オ}尽くすなど、社会に大きく貢献しました。

1、よく出る 基本 次の(1)と(2)に答えなさい。

(1) 傍線①「ハシラ」、②「貫（いて）」、③「インショウ」、④「脅威」の部分の、漢字にはよみがなをつけ、かたかなは漢字に改めなさい。（各1点）

(2) 傍線⑤の部分「エイセイ」を漢字に改めたものとして、最も適当なものを次のア～エから選び、記号で答えなさい。（1点）

ア、永世　イ、永生　ウ、衛生　エ、衛星

2、基本 二重傍線Aの部分に「師事」とあるが、「師事」という言葉における「事」の意味として、最も適当なものを次の【漢和辞典の一部】のア～エから選び、記号で答えなさい。（1点）

【漢和辞典の一部】

【事】ア、ことがら。ものごと。
イ、できごと。
ウ、人が専念しておこなうこと。しごと。
エ、（人に）つかえる。

3、基本 二重傍線Bの部分「純」を楷書で書いた場合の総画数と、次のア～オの漢字を楷書で書いた場合の総画数が同じものを一つ選び、記号で答えなさい。（1点）

ア、強　イ、津　ウ、教　エ、週　オ、起

4、基本 二重傍線Cの部分「共に」が修飾している一文節を抜き出しなさい。（1点）

5、よく出る 基本 点線ア～オの動詞のうち、活用の種類が他の四つと異なるものを一つ選び、記号で答えなさい。（1点）

二 文脈把握・内容吟味・条件作文

肥後中学校の池田(いけだ)さんは、学年全体で聴いた情報モラルに関する講話や、講話のあとに班で話し合った内容などをまとめて、クラス代表として学年集会で発表することになった。次は、講話のあとに行った【話し合いの様子】と、池田さんの【発表原稿】である。あとの問いに答えなさい。【話し合いの様子】の1～8は、発言につけた番号である。（計12点）

【話し合いの様子】

池田　1今日の講話は、インターネットとの付き合い方という、私たちにとって身近な内容だったね。

宮本(みやもと)　2インターネットの使い方については、これまでにも勉強してきたよね。今日の講話でも、実際にあったことがたくさん紹介されていて、わかりやすかったよ。

井上（いのうえ）　３うん。自分だったらどうするだろうと想像しながら話を聴くことができたよ。調べものをする時だって、たくさんの情報がすぐに見つかるインターネットはとても便利だから、毎日のように使っているよね。

松永（まつなが）　４ただ、今日の講話を聴いていたら、インターネットは便利なだけじゃないと感じたよ。

宮本　５悪意がなくても［①］を信じて拡散してしまう危険性や、ネット依存、著作権の侵害など、いろいろな問題が紹介されていたね。

松永　６リスクがたくさんありすぎて、何に注意すればいいかわからなくなってしまいそうだよ。インターネットを安心して使うには、どんなことに注意して利用すればいいのか知りたいな。

井上　７そうだね。危険だからインターネットは使わないというわけにはいかないからね。

池田　８インターネットを使うと、学びを広げたり、深めたりすることができるから、勉強する時にインターネットを活用することも多いよね。インターネットを上手に使っていきたいね。

【発表原稿】

導入

　皆さんがインターネットを使う時に気をつけていることは何ですか。情報流出、人間関係のトラブル、誤った情報の氾濫、権利の侵害、健康被害など、さまざまなリスクがあるため、混乱してしまうという人もいると思います。そこで、②こうしたリスクに対応するための情報モラルを理解するヒントとなるものがないか探してみました。

　調べてみると、「情報モラルの大半が日常モラルである」と書いてある資料を見つけました。これは、インターネットを使用する時には、節度や思慮、思いやりといった、日常モラルが非常に大切だということを表していると思います。言い換えると、対面

展開

のコミュニケーションでやってはいけないことは、［③］のです。もちろん、これだけで全てのリスクに対応することはできませんが、日常モラルを忘れないように注意してインターネットを利用することが、リスクに備える第一歩になると思います。

　例えば、ＳＮＳ（ソーシャル・ネットワーキング・サービス）のような、インターネットを通じて多くの人々が互いに情報を発信し合い、交流できる④ソーシャルメディアは、情報の客観性や信頼性を確認する必要はありますが、さまざまなことについての情報を得るという点でも、他者とコミュニケーションを図るという点でも、大変便利なものです。ＳＮＳのように、コミュニケーションツールとしてインターネットを活用する場合は、いっそう日常モラルが大切になることを意識する必要があると思います。

まとめ

　はじめに述べたように、インターネットを使う際にはさまざまなリスクがあります。しかし、今やインターネットは社会に欠かせないものです。情報モラルを正しく理解して⑤インターネットを活用し、学びを広げたり、深めたりしていくことが大切だと考えます。

1、【話し合いの様子】の［①］の部分に入れるのに最も適当な言葉を、【発表原稿】から五字で抜き出しなさい。（1点）

2、【発表原稿】の傍線②の部分「こうしたリスクに対応するための情報モラルを理解するヒントとなるものがないか探してみました」について、池田さんがヒントを探すきっかけとなった発言はどれか。【発表原稿】の内容をふまえて、【話し合いの様子】の１～８から最も適当な発言を選び、数字で答えなさい。（1点）

3、【発表原稿】の［③］の部分に入れるのに適当な言葉を、十五字以上、二十字以内で書きなさい。（2点）

4、次は、【発表原稿】の傍線④の部分「ソーシャルメディア」について調べていく中で、日本におけるソーシャルメディアの利用の特徴に興味を持った池田さんが、あとの【グラフ】を参考にして、ソーシャルメディアの利用に関する日本と他国の違いについてまとめたものである。［Ａ］と［Ｂ］の部分に入れるのに最も適当な言葉を、【発表原稿】からそれぞれ十五字以上、二十字以内で抜き出しなさい。ただし、二箇所ある［Ａ］には同じ言葉が入る。（各1点）

　【グラフ】を見ると、ソーシャルメディアの利用に関して、日本では、［Ａ］ことができるという点よりも、［Ｂ］ことができるという点にメリットを感じている割合が高く、他国（アメリカ、ドイツ、イギリス）では、日本に比べ、［Ａ］ことができるという点にメリットを感じている割合が高いことがわかる。

【グラフ】

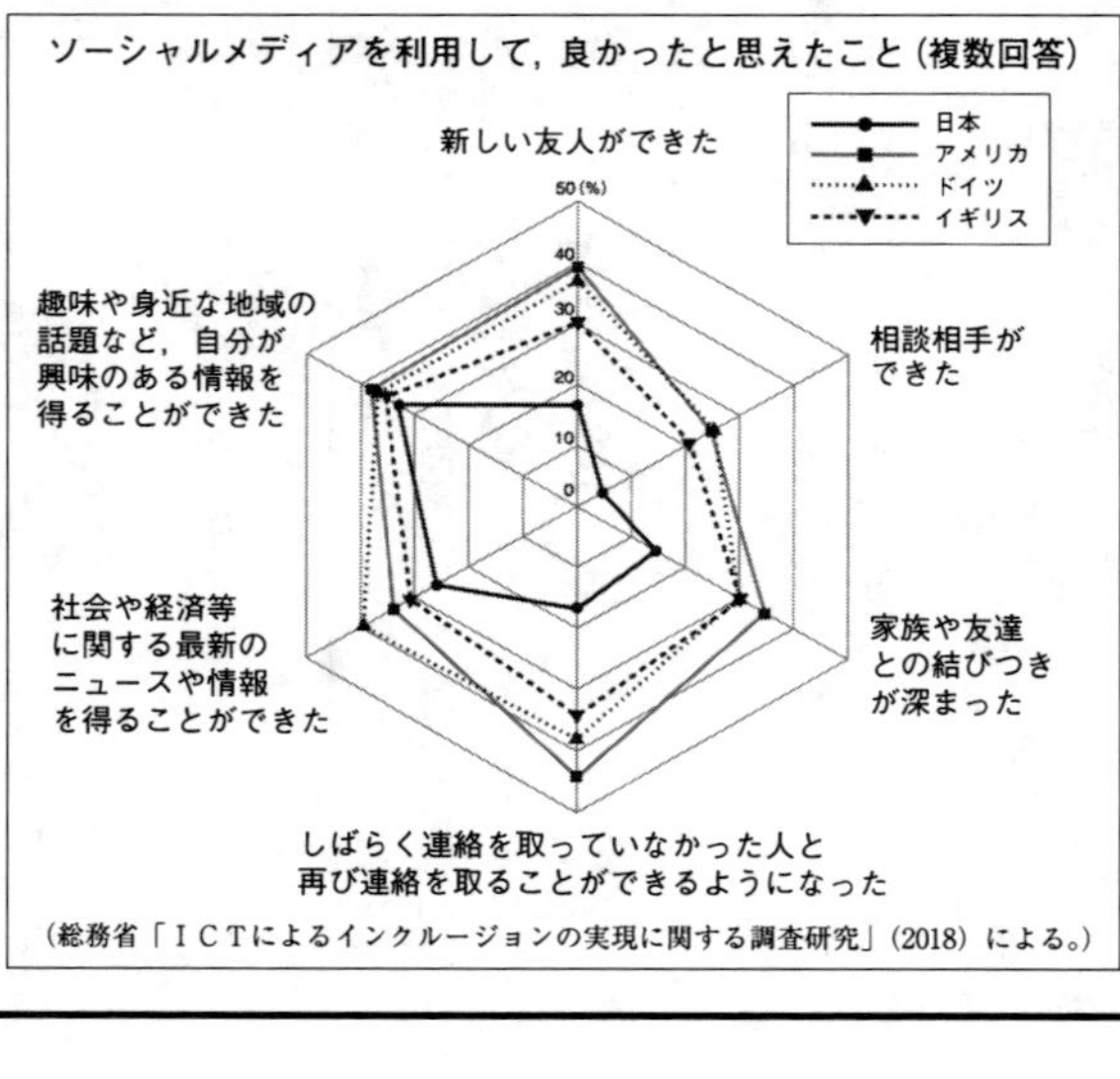

（総務省「ＩＣＴによるインクルージョンの実現に関する調査研究」（2018）による。）

5、**思考力**　【発表原稿】の傍線⑤の部分に「インターネットを活用し、学びを広げたり、深めたりしていく」とあ

るが、「インターネットを使うことで、学びが広がったり、深まったりしたあなたの体験」について、次の〈注意〉にしたがって書きなさい。（6点）

〈注意〉
1　インターネットのどのような点が、学びを広げたり、深めたりすることにつながったのかにふれながら書くこと。
2　原稿用紙（25字詰×7行＝省略）には「題名」や「氏名」は書かないで、本文だけを縦書きで書くこと。
3　書き出しは一マス空け、段落は変えないこと。
4　六行以上、七行以内にまとめて書くこと。

三（論説文）文脈把握・内容吟味

次の文章を読んで、あとの問いに答えなさい。文章中の1～6は、段落につけた番号である。（計11点）

1私たちは世界を知覚や情動によって感知し、それにもとづく行動をすることで世界に働きかける。そしてその結果をふたたび知覚的・情動的に感知し、また新たに世界に働きかける。このような知覚や情動と行動の絶えざる循環が私たちの体験の世界だ。本書では、「感情」という言葉ではなく、「情動」というあまり馴染み（なじ）のない言葉をあえて用いるが、それは心に「感じる」側面ではなく、心臓の鼓動や手足の震えなどの身体の「動き」の側面を強調したいからである。恐怖はたんに怖いという感じが心に生じることではなく、それに加えて心臓が高鳴り、身体が震えることである。

2知覚や情動と行動の絶えざる循環からなる体験の世界は、とりわけ「①一人称の世界」である。私は「いま、ここ」にいて、そこから世界を感知し、世界に働きかける。たとえば、私はいま、公園の池のそばにいて、そこから美しい花を見つけ、その花に感動し、それに近づく。このように私のいる「いま、ここ」という特定の位置から、世界を知覚し、情動を抱き、世界に働きかけることが、一人称の世界である。世界のなかで「いま、ここ」という位置を占めて、そこから世界と交わる存在は「世界内存在」とよばれる。一人称の世界というのは、ようするに世界内存在として世界と交わることによって、自分に立ち現れてくる世界にほかならない。

3これにたいして②三人称の世界は、自分を世界の外に置き、その外側の視点から(注)俯瞰的（ふかんてき）に眺めた世界である。それは「いま、ここからの眺め（the view from now and here）」ではなく、世界のどこにも視点を置かない「どこからでもない眺め（the view from nowhere）」である。「彼は喫茶店に行き、彼女は図書館に行った」と語るとき、私は彼や彼女のいる世界から自分の身を切り離し、世界の外側の視点からただ世界を眺める。私は世界を超越しているので、世界に身体でもって働きかけることはできない。超越的視点から、世界を眺めるだけである。神なら、超越的視点からでも世界に働きかけることができるかもしれないが、人間はただ眺めるだけである。

4「いま、ここからの眺め」という一人称の世界を超えて、「どこからでもない眺め」である三人称の世界を獲得できるのは、人間のきわめてすぐれた能力である。それは一人称の主観的世界を超えて三人称の客観的世界を手にすることを意味する。しかし、私たち人間が三人称の客観的世界を獲得できるのは、あくまで一人称の主観的世界を基礎にしてのことだ。世界のなかに身をおいて、「いま、ここ」から世界を眺め、それにもとづいて世界に働きかける。これができるようになると、つぎは「ここ」からではなく、かりに「あそこ」から世界を眺めると、世界がどう立ち現れるか、そしてそれにもとづいて世界にどう働きかけるかが想像できるようになる。「いま」についても、同様だ。こうして想像のなかで、どんな一人称的な視点からでも世界を眺めることができるようになる。これが③三人称の客観的世界の獲得にほかならない。

5このように三人称の客観的世界の獲得は、一人称の主観的世界を基盤にしてなされる。しかも、三人称の客観的世界を手に入れても、世界に働きかけるためには、やはり④一人称の主観的な世界が必要だ。「いま、ここ」から世界を捉えてこそ、世界に働きかけることができる。世界から身を切り離して、外側から世界を捉えているだけでは、「そこ」に椅子があり、「あそこ」に机があるといった一人称的な把握ができない。そのため、その椅子に座るとか、あの机に向かって行くとかといった行動を実行できない。身体でもって世界に働きかけるためには、世界のうちに身を置いて、一人称的に世界を把握しなければならない。傍観者のままでは、行動を起こせないのである。

6体験の世界は一人称の世界である。したがって、体験して覚えるということは、世界との一人称的な交わりを通じて、物事が「どんな感じ（クオリア）なのか」を知ることである。「いま、ここ」から世界を知覚的・情動的に感知し、それにもとづいて世界に身体的に働きかける。このようにして、たとえば、「美しい光景を楽しむ」ことがどんな感じなのかを知ることができるようになる。体験して覚えることは、この「感じ（クオリア）」をつかむことなのである。

（信原幸弘（のぶはらゆきひろ）著『「覚える」と「わかる」 知の仕組みとその可能性』による。）

（注）　俯瞰的＝広く全体を見渡す様子。

1、**基本** 次の表は、ある生徒が傍線①の部分「一人称の世界」と、傍線②の部分「三人称の世界」について整理したものである。表中のⅠとⅡの部分に入れるのに最も適当な言葉を、文章中からⅠは三字、Ⅱは二字でそれぞれ抜き出しなさい。（各1点）

一人称の世界	三人称の世界
〈関わり方〉 ・世界の内側に自分を置く。 ・「いま、ここ」という位置から世界と［Ⅰ］。	〈関わり方〉 ・世界の［Ⅱ］に自分を置く。 ・「どこからでもない」位置から世界を眺める。
〈一人称の例〉「私」	〈三人称の例〉「彼」「彼女」

2、傍線③の部分「三人称の客観的世界の獲得」とは、「一人称の主観的世界を基盤にして、［　］ことができるようになること。」を意味している。［　］に入れるのに適当な言葉を三十五字以上、四十五字以内で書きなさ

い。（3点）

3、傍線④の部分に「一人称の主観的な世界が必要だ」とあるが、一人称の主観的な世界が必要とされるのは、三人称の客観的世界を手に入れても、□からである。□の部分に入れるのに、最も適当な言葉を、文章中から十七字で抜き出しなさい。（2点）

4、難 この文章における各段落の役割について説明したものとして最も適当なものを、次のア～オから選び、記号で答えなさい。（2点）

ア、1段落はこの文章の導入にあたり、具体例を交えながら主題を提起することで読者の興味を引いている。
イ、2段落は例を示して原因となる事柄を説明しており、3段落で述べられる結果の理解につなげている。
ウ、4段落は2・3段落で述べた内容について詳細に考察しながら要約し、問題を提起している。
エ、5段落は4段落で述べた内容を深めており、筆者の主張に対する読者の理解を促している。
オ、6段落は文章全体の展開をふまえたまとめとなっており、筆者の主張の根拠を提示している。

5、この文章で述べられている内容と合っているものを、次のア～オから一つ選び、記号で答えなさい。（2点）

ア、一人称的世界の体験である「感じ（クオリア）」を記憶することで、私たちは美しい光景を楽しむことができる。
イ、一人称の世界において感覚や情動で世界を捉えて行動することで、私たちは身体的に世界に働きかけることができる。
ウ、一人称の世界と三人称の世界とを必要に応じて行き来することで、私たちは互いを本当の意味で理解することができる。
エ、三人称の視点をもとにして想像することで、私たちは美しい花や美しい光景を見て心から感動することができる。
オ、三人称の視点から世界を捉える力を備えることで、私たち人類は文化的に大きな発展を遂げることができる。

四 （小説文）内容吟味・文脈把握・表現技法

次の文章を読んで、あとの問いに答えなさい。（計10点）

> 高校のテニス部に所属する日々乃希里夏（私）は、香凜や志保と共にテニスの練習に打ち込んでいた。部長の香凜からエースとして扱われることに抵抗を感じていた日々乃は、海外へのテニス留学が決まっている川木から、練習中に「女子部のエースだろ」と言われ、「あんたみたいなスーパーエースに、私なんかの気持ちはわからない！」と言って練習を途中でやめて立ち去ってしまう。その後、川木の試合を観て心を動かされた日々乃は、川木を練習に誘った。

打つのはあれ以来だから、ほぼ一ヶ月ぶりか。そんなに久しぶりというわけでもないのに、川木のボールはなんだかひどく懐かしい感じがした。そうか、これはたぶん、一年のとき、初めて打ったときの感覚だ。とても上手いと思ったのを覚えている。いつしか一緒に打ち過ぎて慣れてしまったけど、こないだの試合を観て改めて実感した。こいつ、本当に、めちゃくちゃ上手いんだ。

「そういや今日、珍しかったな」

ラリー(注)をしながら、川木が言い出した。

「なにが？」

「円陣(注)。日々乃が声出してなかった？」

①顔がかーっと熱くなった。そうだ、今日の練習前の円陣、声出しは私だった。香凜もいたし、志保もいたけれど、私が出した。あまり大きい声は出ていなかったと思うけれど、男子部にはさすがに聞こえただろう。微妙に裏返っていて、後で香凜と志保ににやにやしながらからかわれたのはここだけの話だ。

「結構でかい声出るよな、日々乃。こないだの応援も、よく聞こえた」

「そりゃ、まあ、運動部だし」

「まあ、三年声出ししてるしな」

「そうそう。出るようになるって」

私たちは声をあげて笑う。軽い笑い声は、日の長くなった市民体育館のテニスコートに、心地よく響く。

「川木」

一度口を開くと、話したいことは、思いのほかするっと出た。

「こないだはごめん。いきなり帰ったりして」

「ああ、いや、いいよ」

川木も軽く受け止めてくれた。

「ってかわりィ、俺もちょっと言い方きつかった。辞める分際でエラそうっていうか……」

「ううん。おかげで②目、覚めたと思う。今さらって感じもするけど」

「ふーん。それが、今日の円陣に関係あったりすんの？」

「まあ、そんなとっ、こっ」

私は「こっ」(注)に合わせてラケットを勢いよく振るった。いつものフラットショット。川木みたいに曲がったり、高くバウンドはしない代わり、まっすぐに鋭く飛ぶ、私のフォアハンド(注)。

川木のボールが乱れた。ふんわりと浮いたボールを、私は容赦なくもう一度フラットショットで叩く。川木がよろよろと逃げるようにロブ(注)を上げた。情けないフォームのわりにこんなときでも上手いもので、しっかりと深い。

一度落として、私はグラウンドスマッシュ(注)を叩き込んだ。

川木が拾い損ねた。珍しいことだ。コートを抜けたスマッシュが後ろのフェンスに当たってガシャガシャ音を立てた。十八球目だった。

川木はこっちを見ていた。私も川木をまっすぐに見つめ返す。

川木の目はぎらぎらとしている。

その目に映っているのは、もっと遠い場所だ。

海の向こう。

日本よりも暑い夏。

自分より上手いやつが、たくさんいるコート。

本戦の試合を観たときに、思ったこと。

③夏の日差しみたいな目でボールを追っていた川木。

こいつは前しか見ていない。そしてその背中を見て、男子部はずっと走り続けてきたのだろう。

「私も、私なりにやってみるよ」

十七歳の私に残されたほんの数ヶ月、川木ほどではないにしろ、みんながついてきてくれるような背中になれたら。それはきっと、とても誇らしいことなんだ。

「大丈夫。④<u>日々乃もちゃんとスーパーエースだよ</u>」

川木が笑った。

私はしばらく、その言葉を噛みしめるように立ち尽くしていた。やがて肩をすくめて、ボールを出す。川木が打ち返す。私はそれを、ゆったりとしたロブで返す。川木がそのボールをじーっと眺めながら、担ぐようにラケットを構える。

「あのさ、日々乃はもしかして未だに信じてないかもしれないけど」

溜めながら、川木が言った。

「なにが？」

私は宙を見上げて、ボールの行方を追う。

「俺、日々乃のテニスは、まじで一番、綺麗だと思ってるから」

川木がスマッシュを放つ。

綺麗にコートの中央を切り裂いて、高く跳ねた。

⑤<u>私には届かない。</u>

誰も届かない場所に、川木のボールは届くだろう。海の向こうまで、この空を越えて、きっと届くのだろう。

口にしないけど、信じているよ。

あんたはきっと、プロになって戻ってくる。そのときは私も、いつかの夏のエースとしての自分を、誇って話せるといい。

「本当だからなあ！」

何も言わない私に川木が怒ったように叫んだ。

「わかったわかった」と私は笑って、走ってボールを拾いにいった。

（天沢夏月著「17歳のラリー」による。）

（注）ラリー＝ボールを続けて打ち合うこと。
円陣＝何人もの人が輪のかたちにならぶこと。
フラットショット＝ボールの回転をおさえた打球。
フォアハンド＝ラケットを持つ手の側に来た球を打つこと。
ロブ＝高くゆるい打球。
グラウンドスマッシュ＝相手が打ったボールが一度高くバウンドしたところを強打すること。

1、傍線①の部分に「顔がかーっと熱くなった」とあるが、この時の日々乃の心情として、最も適当なものを次のア～オから選び、記号で答えなさい。（1点）

ア、声出しをからかわれたことへの憤慨
イ、声出しを満足にできないことへの自嘲
ウ、声出しを評価してもらえたことへの驚嘆
エ、声出しを聞かれてしまったことへの羞恥
オ、声出しを任せてもらえないことへの諦念

2、傍線②の部分に「目、覚めたと思う」とあるが、日々乃が「目、覚めた」と言ったのは、［　　］と思えるようになったからである。［　　］の部分に入れるのに適当な言葉を二十字以上、二十五字以内で書きなさい。（2点）

3、**基本** 次は、ある生徒が、傍線③の部分「夏の日差しみたいな目」に使われている表現技法についてまとめたものである。［A］の部分に入れるのに最も適当な言葉をあとのア～ウから選び、記号で答えなさい。また、［B］の部分に入れるのに適当な言葉を、文章中から五字で抜き出しなさい。（1点）

○「夏の日差しみたいな目」について
〈表現技法〉〈説　明〉
［A］… 自分の方を見る川木の目を見て、試合の時の川木の目を思い出した日々乃は、川木のまなざしと、夏の［B］した日差しとを重ね合わせている。

ア、直喩　イ、隠喩　ウ、擬人法

4、傍線④の部分「日々乃もちゃんとスーパーエースだよ」には、川木のどんな思いがうかがえるか。二十字以上、三十字以内で書きなさい。（2点）

5、傍線⑤の部分に「私には届かない」とあるが、この時の日々乃の気持ちを説明したものとして、最も適当なものを次のア～オから選び、記号で答えなさい。（2点）

ア、川木と久しぶりにテニスをして技術の高さを見せつけられたことで、川木に対抗意識を持つのはやめようと思っている。
イ、川木の才能に嫉妬していたことを反省し、川木と比べることなく自分を信じて努力してみようと思っている。
ウ、川木のテニスに対する強い思いを感じ、自分のたどり着けない大きな舞台で川木が活躍するに違いないと思っている。
エ、今は川木のようにみんなに慕われていなくても、いつかは川木と同じように部を支えたいと思っている。
オ、川木の存在を大切に思う仲間の気持ちを理解しつつも、自分には川木を止められないと思っている。

6、文章中の点線部分は、あるクラスの生徒たちがこの文章について話し合った時に話題になった箇所である。生徒たちが話し合った会話の一部である次のア～オから、この文章の内容と合っていない発言を一つ選び、記号で答えなさい。（2点）

ア、「こいつ、本当に、めちゃくちゃ上手いんだ」とあるね。初めて川木と練習した時のことを思い出させるほど、試合中の川木の姿が日々乃の胸を打ったことが表現されているね。
イ、他にも、二人が「声をあげて笑う」場面は、笑い合ったことでそれまでの重苦しい空気が緩み、日々乃が川木に謝るという次の場面につながっていくよう、工夫されていると感じたよ。
ウ、そのあとの会話で、日々乃は、「まあ、そんなとこっ」と、円陣についての川木の問いかけを否定しなかったね。川木は、日々乃の心情が変化したことに気づいていたのかもしれないね。
エ、後半の部分で、日々乃に自分の思いが伝わっていないと感じた川木が、「本当だからなあ！」と怒ったように叫ぶ場面は、川木の率直な人柄が伝わってきておもしろいと思ったよ。
オ、日々乃は、川木の叫びに、「わかったわかった」と笑って返しているね。川木の自分への思いを感じ取っ

て、すがすがしい気持ちになっている日々乃の様子が読み取れるね。

五 (古文)仮名遣い・動作主・内容吟味

次の文章を読んで、あとの問いに答えなさい。(計8点)

ある人みみづく(注)を①かひて、それを囮(をとり)にして鳥を②捕(とら)へけるに、同じく狩りをする友達のもとより、みみづくを借りに寄越(よこし)けるが、その文(ふみ)に、「みみづく」を略し、「づく」と③書きて、その末に「づく」とは、「みみづく(注)」の事なり。文字かず(注)多くこと長になる故(ゆゑ)に、「づく」と書くとながながとことわりけり。それならばはじめより「みみづく」と書けかし(注)と④片腹いたし。文字をつづめ(注)んとて、多くの文字を添へ、詞(ことば)を短くせんとて、かへりて長くなる事をしらず。世間の事をみるに⑤このたぐひおほし。

(「駿台雑話(すんだいざつわ)」による。一部省略等がある。)

(注) みみづく＝フクロウ科の鳥のうち、頭部に耳状の羽毛をもつ種類の呼称。
こと＝「言葉」の意味。
ことわりけり＝「説明した」の意味。
書けかし＝「書けよ」の意味。
つづめん＝「縮めよう」の意味。

1、よく出る 基本 傍線①の部分「かひて」を現代かなづかいに直して、ひらがなで書きなさい。(1点)

2、よく出る 基本 傍線②の部分「捕へけるに」と、傍線③の部分「書きて」の主語として最も適当なものを、それぞれ次のア～オから一つずつ選び、記号で答えなさい。(各1点)

ア、ある人　イ、みみづく　ウ、友達
エ、世間　オ、筆者

3、傍線④の部分「片腹いたし」は、「滑稽だと思う」という意味である。どんな点を滑稽だと思ったのか。『みみづく』を『づく』と省略することで」につづけて、三十字以上、四十字以内で書きなさい。(3点)

4、次は、この文章を読んだ岡本(おかもと)さんと下柳(しもやなぎ)さんが、傍線⑤の部分「このたぐひおほし」について話し合っている場面の一部である。□の部分に入れるのに最も適当なものをあとのア～オから選び、記号で答えなさい。(2点)

> 岡本　「このたぐひおほし」とあるけれど、今でもそうなのかな。
> 下柳　この話のような例に限らず、自分の発言や行動が□ことって今でも結構あると思うよ。よく考えて行動したいね。

ア、一石を投ずる　イ、水をさす
ウ、しのぎを削る　エ、恩を仇(あだ)で返す
オ、裏目に出る

大分県

時間 50分　満点 60点　解答 P49　3月5日実施

出題傾向と対策

●漢字の読み書き・生徒会の話し合いによる複合問題、小説文、論説文、漢文、条件作文を含む総合問題の大問五題構成。本文は比較的読みやすく、いずれも基本を重視した設問だが、昨年度から空欄補充問題が難化し、文章の要点を的確につかむ読解力がより求められる。

●漢字の読み書きと画数、品詞識別、慣用表現、返り点など基本的な国語知識を確実に身につけておく。また、本文中の言葉を用いて、指定字数内で記述する問題や、条件作文対策も不可欠である。

一 漢字の読み書き・品詞識別・文脈把握・内容吟味

次の問一、問二に答えなさい。(計10点)

問一、よく出る 基本 次の(1)～(5)の――線について、カタカナの部分を漢字に書きなおし、漢字の部分の読みをひらがなで書きなさい。(各1点)

(1)国の貿易シュウシが黒字になる。
(2)倉庫に食料をチョゾウする。
(3)ライバル校をシリゾけて、県大会優勝を果たした。
(4)政治・経済に関する知識に乏しい。
(5)公務員を罷免することは、国民固有の権利である。

問二、H中学校の生徒会では、生徒や保護者に向けて体育大会のポスターを作成している。ポスター担当の三名の生徒は、掲載する内容について次のように話し合いを行った。これを読んで、後の(1)～(3)に答えなさい。

> Aさん―ポスターに載せる内容は三つとなります。日時、スローガン、プログラムです。今日は、全体的なレイアウトについて、意見をもらい

ます。何か意見はありますか。

Bさん―特にスローガンは大きく示す方がよいと思います。

Aさん―なぜそう思いましたか。

Bさん―全校生徒が何を意識してこれまでの練習に取り組み、どのような姿で当日の競技や観戦に臨むのかを示すものだからです。

Aさん―私もそう思います。レイアウトに関して、他に意見はありますか。

Cさん―昨年度のポスターについて、保護者の方へのアンケート結果の中に「競技名だけのプログラムでは、実際に何をするのかわからない。」との意見があったと聞きました。競技内容についても、あわせて示しませんか。

Aさん―その意見は私も気になっていました。Bさん、どう思いますか。

Bさん―私も賛成です。プログラムには、競技名に加えてその簡単な説明も記載しましょう。また、そのスペースの確保のために、スローガンの大きさはそのままで、代わりに字体を目立つものに変更しましょう。

Cさん―目立つといえば、今年のスローガンの最終候補に残っていた英単語の方がよかったかもしれませんね。

Aさん―［　　］

Bさん―私もそう思います。

Cさん―わかりました。それでは、競技内容を目立たせるために、吹き出しを使って生徒会キャラクターが話をしているように見せるのはどうですか。見やすさはもちろん、視線や興味も引けると思います。

Aさん―そうですね。今回、Bさんがレイアウト作業の中心として動いてもらうことになりますが、工夫してもらえますか。

Bさん―わかりました。頑張ってみます。

Aさん―お願いします。Cさんと私も手伝いますので、何かあれば教えてください。では、さっそく作業に入りましょう。

(1) ――線について、これと同じ品詞として最も適当なものを、次のア～エのうちから一つ選び、その記号を書きなさい。（1点）

ア、しばらくお待ちください。

イ、動きが印象的なダンス。

ウ、この傘は、雨をよくはじく。

エ、寒ければ、暖房を入れましょう。

(2) Aさんの発言として、［　　］に入る最も適当なものを、次のア～エのうちから一つ選び、その記号を書きなさい。（2点）

ア、確かに、インパクトのあるスローガンをもう一度考えてみましょうか。

イ、今回は全体的なレイアウトの話し合いなので、話を元に戻しませんか。

ウ、Cさんから新しい話題の提示がありました。Bさんはどう思いますか。

エ、スローガンが英単語ならば、他でも英単語を積極的に使いたいですね。

(3) 話し合いの様子について説明したものとして適当でないものを、次のア～エのうちから一つ選び、その記号を書きなさい。（2点）

ア、進行役の生徒は、理由を確認しながら意見を聞くように心がけている。

イ、他の生徒が発言した意見の内容を踏まえ、建設的な提案をしている。

ウ、進行役の生徒が、話し合いで提案された二人の意見を総括している。

エ、昨年度のアンケート結果を根拠として、新たな改善策を示している。

三 （小説文）内容吟味・文脈把握

高校二年生の「湯浅希和子（ゆあさきわこ）」は、友人に誘われて文芸部に所属しており、三年生の「佳緒（かお）」や他の部員とともに、文集『いけはた文芸』の制作に取り組んでいる。〈場面X〉は、「希和子」が友人の「菜月（なつき）」が所属するバレーボール部の練習試合を、小説を書くための取材にきた「佳緒」と一緒に見ている場面と、後輩の部員「絵茉（えま）」と「梨津（りつ）」とやりとりをする場面である。〈場面Y〉は、「希和子」が『いけはた文芸』に載せるために書いたエッセイの一部分と、エッセイに対する「希和子」の思いを説明した部分である。次の文章を読んで、後の問一～問四に答えなさい。なお、答えに字数制限がある場合は、句読点や「 」などの記号も一字と数えなさい。（計15点）

〈場面X〉

体育館に近づくと、ボールを打ちあう音が聞こえた。もう始まっているようだ。放課後に近隣の高校と練習試合をするという話を、昼休みに菜月から聞いて、こうして体育館に足を運んできた。

中に足をふみいれたとたんに、むうっとした空気に包まれる。独特の熱気と湿気、それに臭気がまじりあった空気だ。

アタッカーがジャンプしながら腕をふりあげ、上がったボールを思い切りネットの向こうに打ちこむ。弓なりに反った身体全体から力を受けたボールが床をつきさす。思わず見とれた。なんてしなやかに人の身体は動くのだろう。またボールが上がる。トスをしているのは菜月だった。

笛が鳴って選手がコート内を移動する。こうして見ると、たしかに菜月は小さい。

それでも、相手側の動きを瞬時にとらえながらボールを上げるセッターは、チームの司令塔だ。その菜月がトスと見せかけて、自ら打った。けっして力強いスパイクではなかったが、巧みなコースをついて、相手のミスをさそった。

①なぜか胸の中がざわついた。

バレーボールで、身長の低い選手は、守備要員のリベロを務めることが多い。菜月の話では、頭脳もセンスも必要とのことだが、守備専門だから、サーブもスパイクもできない。どうやら、菜月は暗に打診されたことがあるようだが、本人は攻撃も可能なポジションにこだわり、適性はセッターと自認していて、それを周囲にも認めさせて今がある。

　バレーボールについて語る菜月からは、心の中に熱い塊があると感じる。部活への意気ごみでは、わたしなどとは雲泥の差だ。

　ぽんと肩をたたかれて、ふりかえると、佳緒さんが立っていた。

「いらしてたんですか？」

「うん。あのセッターが、希和子の友だち？」

「そうです。」

「なるほど、背がほしいかぁ。」

　ぼそっと佳緒さんがつぶやく。

「今年の一年、背が高い子が多いってぼやいてました。でも、自分のポジションはゆずらないって。打ちこんでいる、って感じで、ちょっとうらやましいです。」

「ああ、心がただ一すじに打ちこめる、そんな時代は、再び来ないものか？」

　小さいが明瞭な滑舌で佳緒さんが言った。

「なんですか、今の。」

「ふと、浮かんだだけで。バレーと関係ないけどね。アルチュール・ランボーの『いちばん高い塔の歌』の一節。」

「ランボーって、フランスの詩人ですよね。若くして死んだんでしたっけ。」

「若い時代に詩人として注目された人と言う方が正確かな。たしかに三十代で死んだから、長生きはしてない。いろんな人が訳してるけど、今のは、詩人の金子光晴の訳。」

　そう解説しながら、佳緒さんは、小さな声でワンフレーズを誦した。わたしの脳に、最初に佳緒さんが口にした言葉が残った。

　ああ、心がただ一すじに打ちこめる、そんな時代は、
　再び来ないものか？

　一筋に打ちこめるものなんて、わたしには無縁だった。だから、再び、ではない。一度だって、そんな思いを味わったことがない。これまでの人生で。

　わたしは何をしたいのだろう。将来の目的などという大きなことでなく、もっとささやかな希望すら自分は持ちあわせていない気がしてくる。それにくらべれば、菜月も、そして今となりに立つ佳緒さんも、何かを持っている。なぜか口の中が苦くなる。何かになりたいと願うこと、何かをなしたいと望むこと、何かにはげしくこがれること。自分には覚えがない。己がひどくつまらない人間のように思えてくる。情熱もない。欲もない。狂おしいほどの思いなどなくてもいいけれど、せめてこれがわたしのやることなのだと、実感できるものがあったなら……。

　部室に行くと、一年の女子コンビが、＊プロット作りにはげんでいた。ふと、目が合った絵茉に問われた。

「湯浅先輩は、なんで小説書かないんですか？」

　以前なら聞き流せたはずの言葉なのに、ずきっと胸が痛む。それでも、あえて気のないそぶりで答える。

「書ければいいんだけど、思い浮かぶものもないし。」

「物語のタネなんて、どこにだって転がってるじゃないですか。あたし、ストーリーは、いくらでも思いつくんですよね。」

　絵茉の口調はあくまで屈託がなかった。根っから物語ることが好きなのか、自信がみなぎっていて、やっぱりうらやましいと思ってしまう。

「すごいね。」

　と笑う。たぶん、中途半端な笑顔だろうと、自分でも感じるような、曖昧な笑み。

「っていうか、物語の一つや二つ、だれでも作れますよ。あたしたちだって、けっこうフィクションの中を生きているから。」

　今度は梨津が、顔も向けずに言った。

「フィクションの中を？」

「うそつきってことですよ。人間らしいでしょ。」

　どこか人を食ったような言い方だけれど、いつもペアのように見ていた絵茉と梨津も、それぞれ個性があるのだと、あたりまえのことに思い至る。

　こんなふうに、つい人間を観察してしまう。けれどそこから、物語が生まれる、という飛躍はない。そういう人間なのだと思うしかない。凡庸な、想像力に欠けた人間……。

〈場面Y〉

　某書店で手に取った文庫本の恋愛小説を読んでいると「谷根千」と呼ばれるタウン誌のことが出てきた。谷根千とはすなわち、＊谷中、根津、千駄木＊界隈。とすれば我が池端高校も、そのエリアにふくまれるわけだが、そのタウン誌はすでに終刊になっている。なので、池端高校の生徒も、ほとんどその存在を知らないだろうと思う。かくいう私も、文庫本を買った店で、ひっそりと置かれていたのを知ってはじめて目にしたのだった。

　谷根千を舞台とする文学作品は、いくつもある。古くは、幸田露伴——白状するなら、文学史の中でしか知らない名だ——の『五重塔』。

　…………

　書物を読んで知る。見慣れた景色がちがって見える。名の知れた名所旧跡でなくとも、そこに歴史がある。人びとの暮らしがある。

　本をめぐる旅をしてみたい。まずは、我が街を歩いてみよう。この地をめぐる物語に、どんなものがあるだろう。そういえば、件の恋愛小説にも、上野公園や根津神社や谷中ぎんざが登場している。その人のように、私も歩いてみようか。ここからほど近い道を。

　わたしが、『いけはた文芸』に載せることにしたのは、本をめぐるエッセイだった。根津や上野界隈を舞台とする本について何冊か取り上げて、そこに自分が知る風景を重ねた。前から好きだったへび道。アメ横、東大構内、湯島天神……。見聞きしたものを、言葉にしていくことが楽しかった。言葉を選んで捨ててまた選んで、文章を練る。去年のエッセイでは感じることがなかった充実感が、たしかにあった。無から作りだす物語とはちがっていても、これ

が、己にとっての表現なのだと、今なら、堂々と口にできそうな気がした。

（濱野京子「シタマチ・レイクサイド・ロード」から
……一部表記を改めている。）

（注）＊プロット――小説、劇などの筋書きや構成のこと。
＊谷中、根津、千駄木――東京都文京区から台東区一帯の地域。
＊界隈――周辺地域のこと。

問一、――線①について、このときの「希和子」の気持ちを説明したものとして最も適当なものを、次のア～エのうちから一つ選び、その記号を書きなさい。（2点）

ア、コート上で躍動する「菜月」の姿から部活に対する強い熱意を感じ、あまり思い入れのない自分と比べてしまい心が落ち着かないでいる。
イ、自分が何をしたいのかわからず、自分は小さな希望すら持っていないのではないかと思い、前向きな「菜月」の様子にあこがれている。
ウ、周囲にポジションへの適性を認めさせようとして、セッターでありながら攻撃的なプレーを続ける「菜月」の様子に胸騒ぎを覚えている。
エ、しなやかな動きで強烈なスパイクを打ちこむアタッカーに絶妙なトスを上げる、チームの司令塔である「菜月」の姿を見て興奮している。

問二、「絵茉」と「梨津」の発言の内容について、次のようにまとめた。□に当てはまる言葉を、〈場面X〉中の言葉を使って、五字以上十字以内で書きなさい。（2点）

「絵茉」と「梨津」は、「希和子」に対して、それぞれの言い方で□ということを主張している。

問三、Sさんは、この物語をブックトークに使う一冊として紹介するために、「希和子」の心情の変化を中心にまとめようと考え、次のように【構成メモ】を作成した。これを読んで、後の(1)～(3)に答えなさい。

【構成メモ】

○私（S）の思い
・私と同様に、「自分らしさ」に悩んでいる人に読んでほしい

○かつての「希和子」
・[Ⅰ]を欲している
・物語を書くときに何も思い浮かばない
・去年はエッセイを書くことに充実感を感じられなかった

○現在の「希和子」
・自分らしさを大事にしたい
・今回書いたエッセイを通して、[Ⅱ]であると自信をもてるようになった
・楽しむことが充実感につながっている

○印象に残った言葉
・私の悩みを改善するヒントになった言葉をいくつか紹介する

○私（S）の思い
・今、「自分らしさ」に悩んでいる人にこそ、読んでもらいたいおすすめの1冊である

(1) [Ⅰ]に当てはまる言葉として最も適当なものを、〈場面X〉中から十字で抜き出して書きなさい。（2点）
(2) [Ⅱ]に当てはまる言葉を、〈場面Y〉中の言葉を使って、三十五字以上四十字以内で書きなさい。（4点）
(3) Sさんは、聞き手に対して効果的になるよう、【構成メモ】の通りに前から順に話をしようと考えている。その意図として最も適当なものを、次のア～エのうちから一つ選び、その記号を書きなさい。（2点）

ア、Sさんの気持ちを時系列にまとめることで、その変化を正確に伝えようとしている。
イ、「希和子」の言葉を引用して締めくくることで、聞き手に余韻を残そうとしている。
ウ、語句や言い回しを工夫することで、聞き手の興味や関心を喚起しようとしている。
エ、双括型を用いることで、Sさんがこの本を勧める理由を重ねて伝えようとしている。

問四、本文中の表現の効果について説明したものとして適当でないものを、次のア～エのうちから一つ選び、その記号を書きなさい。（3点）

ア、「佳緒」の言葉や「希和子」の心情に擬態語を用いることにより、言葉や気持ちの印象をわかりやすく読み手に示している。
イ、文芸部員とのやり取りを細やかに描写することにより、「希和子」が次第に自分の内面を掘り下げていく様子を印象づけている。
ウ、本文の語り手とは異なる人物が書いているエッセイを挿入することにより、「希和子」の心情の変化について多角的に示している。
エ、場面における登場人物の動きや表情を、短い文を重ねて丁寧に表現することにより、生き生きとした登場人物の心情を印象づけている。

三 （論説文）内容吟味・文脈把握

次の【文章一】と【文章二】を読んで、後の問一～問三に答えなさい。なお、答えに字数制限がある場合は、句読点や「」などの記号も一字と数えなさい。（計15点）

【文章一】

「教養」とは何か？　それは、自分の外側にある膨大な知識体系のことでしょうか。

本をたくさん読むなどして、その膨大な知識体系を人より多く身につけている人を、「教養人」と呼ぶのでしょうか。「教養」とは何か？　それは、「学歴」とイコールなのでしょうか。

中学・高校で学業を終えた人よりも大学で学位号をとった人、大学で学位号をとった人よりも大学院で修士号をとった人、修士号をとった人よりも博士号をとった人のほ

うが、「教養のある人」ということなのでしょうか。

「教養」とは何か？　それは「触れるとおもしろい」ものでしょうか。

おもしろくはないけれど「参考になるもの」「学ぶ点があること」は、「教養」とは呼ばないのでしょうか。音楽なら音楽、美術なら美術と、自分が「おもしろい」と思ったことをずっと追究している人を「教養のある人」と呼ぶのでしょうか。

私が考える教養とは、これらのいずれでもありません。

教養とは、本質的には「自分の中心」を構成する何か――人生哲学や守りたい価値観を形成する栄養となるものです。教養を身につける過程で、そういう「自分の中心」が構成された人は、思慮深く、尊厳があり、また他者に対する敬意と想像力を兼ね備えるでしょう。

教養とはまた、そんな「自分の中心」を構成する何か――人生哲学や守りたい価値観を守るための知的バックボーンとなるものです。

学べば学ぶほど、知れば知るほど、この世界は複雑かつ多様で、唯一無二の正解など存在しない事柄がほとんどであり、深く考えれば考えるほど新たな矛盾を発見してしまったりすることも多いのです。

そのなかで「自分の中心」に常に立ち返り、「自分にとっての正解」を導き出すようになります。それはあくまでも「現時点での正解」ですから、学ぶことには終わりがありません。

また、この世界の複雑性・多様性を認識するにつれて、どの角度から見るかによって「正解」が変わることを痛いほど思い知るため、「自分にとっての正解」は「誰かにとっての不正解」である可能性がある、という前提意識が芽生えます。

したがって「自分にとっての正解」を押し付けることは決してせず、「誰かにとっての正解」を押し付けられることにも、強い反発を感じるようになるでしょう。

そして、そのなかでも社会をその一員として成り立たせていくために、議論し、批判的に検討し、「何が相対的に正しい可能性が高いのか」ということを合意形成しながら、他者と共に学んでいきます。

何が正解かわからないことが多いなかでは、こうした知的態度、もっといえば知的謙虚さをもって学びつづける人を「教養のある人」と呼ぶのです。

そして、このような知的態度を持ち合わせている人ほど、巷(ちまた)の言説に惑わされないものです。一方的に示される正解に懐疑的になるからです。

世の中には、まるで90％の事実に10％の虚偽を混ぜて世論を誘導するかのような恣意的な言説がはびこっています。教養を身につけることで、そういう気味の悪い情報を批判的に受け止め、どのあたりに虚偽が混ざっているか、その論理や根拠の弱点は何かを突くことができるスキルを獲得できるのです。

もう一度いいますが、学ぶことには終わりがありません。

今、述べたような「教養のある人」になり、そうありつづけるには、絶えず①「自分の中心」を振り返りつつ、知識（学識のみならず、実体験によって得られる見識なども含めて）をアップデートしつづける必要があります。

（斉藤淳(さいとうじゅん)「アメリカの大学生が学んでいる本物の教養」から……一部表記を改めている。）

【文章二】

「役に立つ本を教えてください」と質問されることがあります。

本を読む目的は、大きく2種類あるのではないでしょうか。実務を知ることと、教養を身につけることです。

実務というのは、生きていくために必要な知識や技術です。教養は、より良く生きるための糧となる知識や情報です。たとえなくても毎日の生活に困るものではありませんが、知ることで世界の見方が広がったり、深い洞察ができるものです。

僕はこれまで一万冊以上の本を読んできましたが、そのほとんどは「教養」のための本だったと思います。つまり、すぐに何かの役に立つ本というわけではありません。

あるとき、キャベツと青虫について書かれた本を読みました。

キャベツは青虫に葉を食べられてしまいますよね。でも食べられ続けられるばかりでは、キャベツは滅びてしまいます。そこでキャベツは、青虫に対抗するために、ハチを引き寄せる化学物質を出し、やってきたハチは青虫に卵を産みつけて殺してしまいます。青虫の親であるモンシロチョウは困って、ほかの種類のチョウがすでに卵を産みつけているキャベツを選んで卵を産みます。するとキャベツはそれぞれ異なる化学物質を出さなければならなくなって、結果としてハチが寄ってこなくなる……。その本には、そんなことが書かれていました。

このことを知ったからといって、僕の生活に役立てることはきっとないと思います。でも、キャベツや青虫もサバイバルのために賢く進化しているんだなということがわかります。これまでキャベツ畑の近くをなんとなく通り過ぎていましたが、こんなところにも生物の攻防があるんだなと思うと、それだけで楽しい気持ちになります。

「教養」のための本というのは、そういうものだと思います。すぐには役に立たないかもしれませんが、知っていることで人生の楽しみが増えますし、思いがけないところで何かの助けになるものです。

物理学者の湯川秀樹は中間子の発見によってノーベル賞を受賞しましたが、一説によれば、この発見は、紀元前3世紀に活躍した中国の思想家、荘子に影響を受けているのではないかと言われています。物理学には役に立たないからといって、思想や哲学の本を読まなかったら、もしかしたらこの大発見はできなかったのかもしれません。

教養を身につけることは、世界を見る目を養うことです。自分の中に蓄積された知識や視点が組み合わさって、思わぬところで役に立つことがあるのです。

（出口治明(でぐちはるあき)「なぜ学ぶのか」から……一部表記を改めている。）

問一、――線①について、「自分の中心」とは具体的にどのようなものか。【文章一】中から十二字で抜き出して書きなさい。（2点）

問二、【文章一】の構成について、その説明として最も適当なものを、次のア～エのうちから一つ選び、その記号を書きなさい。（2点）

ア、最初と最後に筆者の意見を述べ、間に簡潔な具体例を示すことで、理解しやすい構成になっている。
イ、段落ごとに質問と回答を繰り返すことで読者の疑問を解決するとともに、筆者の主張を明確に示している。
ウ、本文の初めに筆者の意見を示すことで読者の関心を引き付けるとともに、その後の展開を明確に示している。
エ、読者に対して問いかけた上で筆者の考えを示し、段階的にその内容を深めていく構成になっている。

問三、Aさんたちの班は、【文章一】と【文章二】を読んで次のように意見を交わした。これを読んで、後の(1)～(4)に答えなさい。

Aさん―【文章一】は「教養のある人」についての内容でした。「教養のある人」を本文中の言葉を使って簡単に説明すると、[Ⅰ]と言えます。【文章二】はどのような内容でしたか。
Bさん―はい。【文章二】も「教養」が話題の中心になっています。[Ⅱ]ものでした。
Cさん―【文章二】に書かれている「『教養』のための本」を読み重ねていくと、【文章一】で述べられている「教養のある人」になれるのでしょうか。【文章二】の表現の中で、「教養のある人」の特徴を示しているところはないでしょうか。
Aさん―【文章二】には明確にそう書いてあるところがないので難しいですね。
Bさん―でも、「教養」についての記述をおさえていくと、【文章二】における「教養のある人」の特徴は、「[Ⅲ]人」とまとめられるのではないでしょうか。
Cさん―なるほど。こうしてみると両方の文章に共通するものが見えてきますね。
Aさん―こうして改めて考えてみると、今まで自分が教養について感じていたイメージとずいぶん違いますね。教養は教えられることで身につくものだと感じていました。
Bさん―これからの自分の学ぶ姿勢について考えさせられましたね。
Cさん―そうですね。今後はこの【文章一】や【文章二】から学んだことを生かした行動を心がけていきたいと思います。

(1) [Ⅰ]に当てはまる言葉として最も適当なものを、【文章一】中から十六字で抜き出して書きなさい。（2点）
(2) [Ⅱ]に当てはまる言葉として最も適当なものを、次のア～エのうちから一つ選び、その記号を書きなさい。（2点）
ア、実務と教養の違いを明確に示した上で筆者の主張を述べ、教養が思いがけないところで助けとなる具体例を挙げた
イ、筆者自身の経験や科学者のエピソードを具体例として挙げ、読書を通して教養を身につけることの大切さを述べた
ウ、読書と教養の関連性について具体例を挙げながら、読者の質問に対して筆者が対話的に答える形式でまとめられた
エ、わかりやすい具体例を元に筆者の意見を繰り返し述べ、科学的な学力を高めるために教養が必要であると主張した
(3) [Ⅲ]に当てはまる言葉を、【文章二】中の言葉を使って、三十五字以上四十字以内で書きなさい。（4点）
(4) 会話中の……線について、【文章一】や【文章二】から学んだことを生かした行動として最も適当なものを、次のア～エのうちから一つ選び、その記号を書きなさい。（3点）
ア、数多くの文化・芸術活動の中から自分が興味を持ったものを選び取り、その道を極めるために主体的に努力を積み重ねていく。
イ、世界の複雑性・多様性に対応していくために、大学や大学院への進学も視野に入れながら専門的な知識をより多く学んでいく。
ウ、不確実な社会において知識を更新していくために、一見自分にとって必要がなさそうな活動だとしても積極的に参加していく。
エ、現在の社会をより良い状態にするために、図書館でたくさんの本を読んで今後必要になりそうな知識を幅広く身につけていく。

四 (漢文)漢字知識・古典知識・内容吟味・ことわざ

次の【書き下し文】と【漢文】を読んで、後の問一～問三に答えなさい。なお、答えに字数制限がある場合は、句読点や「」などの記号も一字と数えなさい。（計10点）

【書き下し文】
＊魯に長竿を執りて（長いさおを持って）城門に入らんとする者有り。初め竪にして之を執るに、入るべからず（入ることができない）、横にして之を執るも、亦た入るべからず、計の出づる所無し。俄かに老父の至る（そこへ）有りて曰はく、吾は聖人に非ず、但だ事を見ること多し。何ぞ（どうして）＊鋸を以て中＊截して入らざると。遂に依りて之を截る。

【漢文】

魯有執長竿入①城門者。初竪執之、不可入、横執之、亦不可入、計無所出。俄有老父至曰、吾非聖人、但見事多矣。何不以鋸中截而入。遂依而截之。

（「太平広記」から……一部表記を改めている。）

（注）＊魯――地名。
＊鋸――のこぎり。
＊截――「切」と同じ。

問一、よく出る ……線①の漢字の総画数と、次の行書で書かれた漢字を楷書で書いた場合の総画数が同じになるも

のを、ア～エのうちから一つ選び、その記号を書きなさい。（1点）

ア、級　イ、造　ウ、耕　エ、閑

問二、**基本** ――線について、書き下し文の読み方になるように、返り点をつけなさい。（1点）

問三、Aさんの班では、本文を読んだ感想について次のように意見を交わした。これを読んで、後の(1)～(4)に答えなさい。

Aさん―この文章はどんな話だと感じましたか。
Bさん―城門に入ろうとして、結果的に［Ⅰ］を切ったことで、［Ⅱ］しまったことに対する笑い話だと私は感じました。
Cさん―確かにそこが面白い点ですね。私はそれに加えて、老父が「但だ事を見ること多し」と言っている点に着目しました。この話と同じように、物事をよくわかっていそうな人を［Ⅲ］ことが、私自身にもあります。そんな自分の行いを考えさせられる教訓話のようにも感じました。
Aさん―なるほど。この話を、私たちも自分自身の行動を振り返るきっかけにしたいですね。つまり［Ⅳ］とすべきですね。

(1) ［Ⅰ］に当てはまる言葉として最も適当なものを、【書き下し文】中から抜き出して書きなさい。（2点）

(2) ［Ⅱ］に当てはまる言葉を、五字以上十字以内の現代語で書きなさい。（2点）

(3) ［Ⅲ］に当てはまる言葉を、五字以上十字以内の現代語で書きなさい。（2点）

(4) **基本** ［Ⅳ］に当てはまる言葉として最も適当なものを、次のア～エのうちから一つ選び、その記号を書きなさい。（2点）

ア、他山の石　イ、対岸の火事
ウ、竹馬の友　エ、情けは人のためならず

五 内容吟味・条件作文

M中学校では文化祭を保護者や地域住民の方にも一般公開している。M中学校の生徒会は「やさしい日本語」を用いた入場チケットを作成することにした。次は「やさしい日本語」について説明している【リーフレット】と作成した【チケット案】である。これらを読んで、後の問一～問三に答えなさい。なお、答えに字数制限がある場合は、句読点や「　」などの記号も一字と数えなさい。（計10点）

【リーフレット】

■「やさしい日本語」とは？

普通の 日本語よりも 簡単で、外国人にも わかり やすい 日本語の こと です。

日本には、いろいろな 国から 来た 外国人が 暮らして います。その 人たちの 母語も いろいろ です。英語の わからない 人や、漢字を 知らない アジア系の人も たくさん います。すべての 国の 言葉に 対応する ことは 難しいです。でも、「簡単な 日本語なら わかる。」という 人も 多いので、「やさしい日本語」が 役に 立ちます。だれでも 使えます。子どもや 高齢者、障がいの ある人 にも 「やさしい日本語」は わかりやすいです。

■なぜ「やさしい日本語」を使う必要があるのですか？

○日本人と外国人とのコミュニケーションに役立てるためです。

「やさしい日本語」は、万能ではありません。どうしても通訳・翻訳しなければ、分からないことも、たくさんあります。でも、その場で、すぐに、伝えなければならないことや、聞きたいことがある時に、また、相手との関係づくりのために、まず「やりとりをしようとする」ことが大切です。そんな時、「やさしい日本語」は役立ちます。

■なぜ「やさしい日本語」を学ぶ必要があるのですか？

○日本人と外国人の「感じ方の違い」に気づくためです。

日本人は、はっきり言うと相手に失礼ではないかと思いますが、外国人は、はっきり言われてもあまり気にしません。また、失敗したときに、日本人は「言い訳をせずに、まず謝る方がよい。」と思いますが、外国人は「まず、きちんと理由を話すべきだ。」と思います。「やさしい日本語」を使うと、この違いに気づくことができます。

○日本人には感覚的にわかるけれど、外国人にはわかりにくい言葉があるからです。

例 「もっとはっきり返事をしてください。」
→「もっと 大きな 声で 返事を して ください。」
「あぶないから手を出さないでください。」
→「あぶない です。さわらないで ください。」

「はっきり」「手を出す」などは、外国人には、わかりにくい日本語です。

■「やさしい日本語」のポイント

○外国人にとってわかりにくい日本語表現を使わないようにします。
○あいまいな表現を使わないようにします。
○何を一番伝えたいかを考え、余計な情報を削ります。

（大分県立図書館『「やさしい日本語」リーフレット』等を基に作成）

【チケット案】

M中学校　文化祭

文化祭テーマ

翔ぼう、みんなで！

《日と 時間》
11月2日（木曜日）
午前 9:00 から　午前 11:30 まで

《内容》
○文化部の 発表
午前 9:00 から　午前 10:00 まで

○合唱コンクール
午前 10:00 から　午前 11:30 まで

※合唱コンクールは
1年生から 始まります。

《場所》
M 中学校の 体育館

《気をつけること》
①体育館の 入り口で このチケットを 見せてもらうので、必ず 持ってくるのを 忘れないでください。
②体育館の 中は 土足禁止 です。
③自分の 車で 学校に 来るのは ひかえてください。

問一、【リーフレット】中の「やさしい日本語」の特徴として最も適当なものを、次のア～エのうちから一つ選び、その記号を書きなさい。（2点）
ア、同じ言葉でも相手に与える印象が日本人と外国人とで異なるため、相手の表情を見ながら身振りや手振りでその内容を補うものである。
イ、日本語特有の表現やあいまいな表現を避けることによって、外国人だけでなく様々な立場の人々に対しても有用なものとなっている。
ウ、他の言語に比べて複雑な日本語はやさしいとは言い難いため、外国人が日本語を段階的に学ぶことのできるものとして役立っている。
エ、感覚的な言葉を用いてわかりやすくなる工夫をすることで、外国人と積極的にコミュニケーションが図れるよう配慮がなされている。

問二、【チケット案】の表現の工夫と効果について説明したものとして適当でないものを、次のア～エのうちから一つ選び、その記号を書きなさい。（2点）
ア、イラストと情報を組み合わせて視覚的なわかりやすさを狙っている。
イ、直喩を用いないことで、読み手が必要な情報を正確に伝えている。
ウ、テーマに擬人法を用いて文化祭に対しての強い思いを表現している。
エ、文字と文字の間に適宜余白を入れることで理解しやすくしている。

問三、思考力 作成した【チケット案】に対して他の生徒会役員から「《気をつけること》の文がわかりにくいので、【リーフレット】の中にある「やさしい日本語」のポイントのいずれかを踏まえて改善したほうが良い」という指摘があった。あなたは、《気をつけること》の文をどのように改善するか。《気をつけること》の中から改善すべきと考える文を①～③の番号で一つ挙げ、着目した「やさしい日本語」のポイントと、どのように書き直すかを具体的に示した上で、それによってどのようにわかりやすくなるかを、次の条件に従って書きなさい。（6点）

条件
・自分で書き直した文は「　」でくくること。なお、ふりがなをつけたり文字の間を空けたりはしないこと。
・敬体（「です・ます」）で書くこと。
・一行目の一マス目から書き始め、行は改めないこと。

宮崎県

時間 50分　満点 100点　解答 P50　3月5日実施

出題傾向と対策

●小説文、論説文（省略）、資料の読み取り、古漢融合問題の大問四題構成。三では対話文や資料に基づく論理的思考を踏まえた条件作文が課される。文章レベルは標準的だが、知識・読解力・思考力を幅広く問う設問が多いため、試験時間に対して作業量も記述量もやや多め。

●国語知識については基本的な知識を確実に押さえておくことが重要。資料を含む説明文は、資料間の関係を論理的に考える訓練を事前に行っておくこと。記述も多いので、ヒントの見つけ方やまとめ方を訓練しておく。

一 （小説文）漢字の読み書き・文脈把握・熟語・内容吟味

次の文章を読んで、後の問いに答えなさい。

> 中学二年生で美術部員の六花と陸上部員の早緑は、小学五年生の時に、六花の絵を早緑がほめたことをきっかけに親友となった。しかし去年の十月、六花が美術部の愚痴をこぼした時、早緑は共感せず、二人は仲違いした。半年が過ぎ、六花はそのことをクラスメイトの黒野に初めて打ち明け、黒野に「なかなおりのチャンスが来たら、逃すんじゃないぞ」と言われる。その日の帰り道、六花が公園のベンチにいると早緑に話しかけられ、自分の言葉が早緑を傷つけていたことを知る。

私はハンカチを顔に押しつけてくる早緑の手をぎゅっとにぎった。

「……もっと、もっとはやく言ってよ」

うらみがましく、私はつぶやく。そんなことを言う資格、ひとつもないのに。

私のせいなのに。

「何度も言おうと思ったよ。だけど、うん……やっぱりさ、こういうのって、しかるべきときってもんがあるじゃん？」

「なに、それ」

ちいさくはなをすする私に、早緑はうなずいた。

「一年の三学期に、決めたの。その日、六花に会いに行こうと思った。ちゃんと、話をしなきゃって。だけど、美術部に行ってもいなくてさ。小畑先輩が、体育館に行ったよ、って教えてくれて。で、行ったんだけど、やっぱり話しかけられなかった」

早緑は思いだすような目をした。

「体育館で、剣道部が練習してて。ほら、※ウサギ王子とかいっしょに、※エビユや本多くんが大声出しながらⓐ竹刀でばしばしやってて。で、すみっこで、それを見ながらさ、□って感じで、六花は絵を描いてた。もうさあ、眼鏡のおくで、目がぎらぎらしてて。あたし、思いだしたんだ」

「なにを？」

早緑は照れたように笑った。

「はじめて、六花に話しかけたときのこと。シロクマの絵がじょうずだねって、ほめたこと。六花の顔がパッと明るくなって、それがびっくりするほどかわいらしくて。友だちになりたいって、思ったこと」

それから私をまっすぐに見て、言った。

「体育館のすみで、そんなことを考えてたら――ほら、おなじクラスのさ、黒野っているじゃん？　剣道部の。幽霊部員。前髪の長い、ちょっとひねくれた感じのやつ」

黒野くん……私の中で、見えていなかったなにかがつながっていく。

なにも言えないでいる私に、早緑はうなずいた。

「あいつがふらっと歩いてきて、あたしに言ったんだ」

「えらいよな、白岡六花。美術部、ゆるい部活なのに、ひとりだけ毎日スケッチして、先生に意見聞いて。ほかの部員たちにⓑ煙たがられても、負けないでまじめにやってる」

あたしはうなずいて、ちいさな声で言った。

「……六花は、絵を描くのが、ほんとうに好きだから」

だけど、自分の声が、どこかとげとげしてる気がして、①いやになった。そしたら、黒野のやつ、こんなことを言ったの。

「好きだから努力できるのか、努力できるから好きなのか……鶏が先か卵が先か、みたいな話だよな」

あたし、よくわからなくって。どういうことって、たずねたの。

黒野、笑って言った。

「ほら、好きだから続けられる。だからうまくなるっていうのはたしかにあるけどさ、そもそも、ある程度うまくないと、好きにはなれないじゃん？　自分でへたくそだなあって思って、人から向いてないって言われて、それでも絵を描くのが好きとかさ。ちょっとむずかしいよな。苦手なことに立ち向かうのは、それだけでストレスだろ」

そんなふうに。

その言葉が、すごく響いた。なんだろ、いくら走っても、みんなに追いつけない自分のことを言われているみたいに思えた。

あたし、なんで走ってるのかな。

急に、そんなことを考えた。走ることが得意だと思ったから？　たぶんそう。人よりはちょっぴり、得意だと思ったから。

ほんとはそれほど、好きじゃなかったのに。

「好きなものがない人は、得意なものがない人は、どうしたらいいんだろう……」

言ってから、なんか、情けないなって、自分でも思った。だけど、黒野は肩をすくめて、こう言ったの。

「べつになくてもいいと思うけど」って。

なにそれ、と思って、あたし、食いさがったの。

「あたしは、ほしいよ。好きなもの。得意なもの」

「じゃあ、そうしたら？」

「え？」

「好きなものがほしい。得意なものがほしい。じゃあ、そのために努力すればいいだろ。ちゃんと、それは努力の理由になるよ」

「だけど、努力すれば……なんとかなるのかな」

そしたら黒野はさ、まぶしそうに六花のほうを見たんだ。

「白岡六花がコンクールで賞をとったのだって、ああやって努力を続けているからだろ」

「だからさ、あたしは思ったの」

公園のすみっこ。並んですわったベンチ。

夕日の光をⓒアびて、早緑は言った。

「②やっぱり、がんばらなきゃだめだ、って。今、ここで逃げたくない。あたしには、まだ六花に話しかける資格がないや、って。そのときの自分は、六花に誇れるような自分じゃなかったから。だから、がんばろう、って。次に六花と話すときは、胸を張れるような自分でいたかったから。そうなりたいと思えたから」

早緑は笑った。きらきらと、かがやくような顔で、笑った。

「それから、すこしずつ、あたし、陸上が好きになった。走ることが、っていうか、走ることに打ちこむ自分のことが、好きになっていた。だから」

涙ですっかり塩っ辛い顔になった私に、早緑は言った。

「だから、今のあたしがあるのは、六花のおかげ」

私はうなずく。「今は、じゃあ、楽しい？」

「うん。すっごく。胸を張って、そう言えるよ。だからさ」

なかなおりしよう。

③〔 Ⅰ 〕ように、でも〔 Ⅱ 〕そう言った早緑の瞳の色に、私は思いだす。

あの日、早緑が話しかけてきてくれたときのことを。

（村上雅郁「きみの話を聞かせてくれよ」による）

※ウサギ王子…六花たちの通う中学校の生徒会長兼剣道部副部長である「祇園寺羽紗」のニックネーム。

※エビユ…六花たちのクラスメイトである「海老沢結」のニックネーム。

問一、**よく出る** 文章中の══線ⓐ～ⓒについて、カタカナの部分は漢字に直し、漢字の部分はその読みをひらがなで書きなさい。

問二、文章中の□に入る言葉として、最も適当なものを、次のア～エから一つ選び、記号で答えなさい。

ア、一念発起　イ、一心不乱

ウ、一触即発　エ、一心同体

問三、文章中に――線①「いやになった。」とあるが、早緑のどのようなことに対する思いか。その説明として、最も適当なものを、次のア～エから一つ選び、記号で答えなさい。

ア、ほかの部員が六花が重ねる努力に気づかないままでいること。

イ、黒野が自分よりも六花のことについてよく分かっていること。

ウ、六花がたとえひとりでも努力を続けることができていること。

エ、自分が六花の努力を素直にほめることができないでいること。

問四、次の□の文は、文章中の――線②「やっぱり、がんばらなきゃだめだ」という思いに至るまでの早緑の心情の変化を説明したものである。（　）に入る内容を、三十字以内で書きなさい。

> 走る理由がわからなくなり、自分には好きなものや得意なものがないと思っていたところ、黒野の言葉で（　　　）と気づき、「やっぱり、がんばらなきゃだめだ」と思った。

問五、文章中の――線③「〔 Ⅰ 〕ように、でも〔 Ⅱ 〕」には、「そう言った」ときの早緑の心情を描写した言葉が入る。空欄〔 Ⅰ 〕、〔 Ⅱ 〕に入る最も適当な言葉を、会話文以外の文章中からそれぞれ五字以内で抜き出して書きなさい。

問六、本文の表現について説明したものとして、最も適当なものを、次のア～エから一つ選び、記号で答えなさい。

ア、会話文に「……」を用いることで、思いを言葉にできないために二人の会話が途切れがちになっていることを表現している。

イ、回想場面や過去を振り返る表現を重ねることで、登場人物が過去にとらわれて身動きがとれないでいることを表現している。

ウ、体言止めや倒置法を多用することで、文章全体にリズム感を出し次のステップへ進む軽快な場面であることを表現している。

エ、「私」と「あたし」と一人称の表記を変えることで、物語の語り手が異なる人物に切り替わっていることを表現している。

二 （省略）平田オリザ「ともに生きるための演劇」／鴻上尚史「演技と演出のレッスン」より

三 敬語・表現技法・語句の意味・内容吟味・条件作文・漢字知識

次の文章を読んで、後の問いに答えなさい。

春奈さんのクラスでは、学習発表会に向け、教科の学びを生かして壁新聞を作成します。春奈さんのグループは、「国語」がテーマになりました。次は、壁新聞の構想を練るグループでの〈話し合いの様子〉、調べた〈資料〉、〈壁新聞の構成案〉です。

〈話し合いの様子〉

春奈　壁新聞の内容と構成について決めていきましょう。

賢人　「国語」がテーマですから、「言葉」についてまとめるのはどうでしょうか。言葉の学びは日常生活ともつながりが深いですよね。

涼太　そうですね。この前、近所の人に旅行土産のお菓子を「よろしければ食べてください。」と言って渡したんです。そういうときは尊敬語を使って「よろしければ[a]。」と言った方が良かったと後で気づきました。

理穂　私も上手に敬語を使えないことがよくあります。言葉についてまとめるなら、このような調査〈資料〉がありましたよ。

涼太　問1にあるように、言葉について社会全般で課題があると思う人がおよそ八十五パーセントもいるんですね。問2の調査では、年齢別の調査〈表〉も行われています。これらの資料を中心に作成しましょうか。

春奈　そうですね。では中心となる内容が決まったので、まずは見出しを考えましょう。

賢人　たくさんの人が課題意識をもっているので、「言葉の使い方について社会全体で考えよう」としてはどうでしょうか。

理穂　伝えたいメッセージとしてはいいと思います。ただ授業でも学習したように、もう少し印象に残るような表現にしたいです。体言止めと倒置法を使って表現してみてはどうでしょうか。

賢人　なるほど…では「[b]」はどうでしょうか。

涼太　メッセージがより印象的に伝わっていいと思います。

春奈　では、まず記事1に①報道文と、資料を載せましょう。記事2にはどのような内容があるとよいと思いますか。

理穂　②コラムを書くのはどうでしょうか。課題について自分たちの思いや考えを示すことも必要ではないかと思います。

春奈　確かにそうですね。これで内容と構成が決まりましたね。最後はみんなで③編集後記を書きましょう。どの記事を誰が書くか分担して作成に入っていきましょう。

〈壁新聞の構成案〉

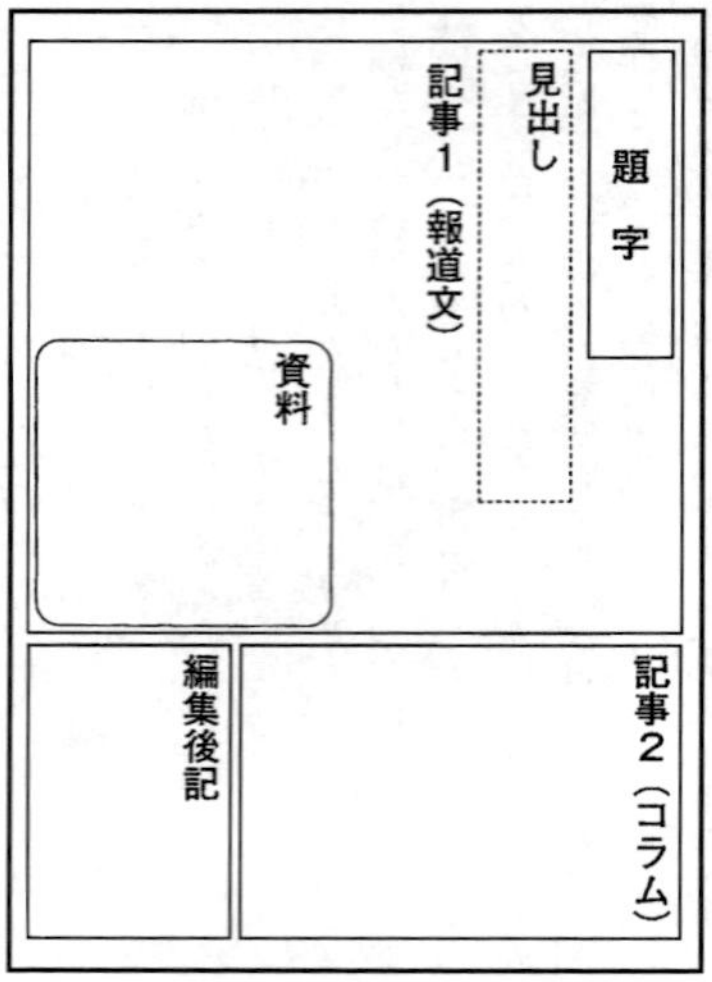

〈資料〉

社会全般における言葉に関する課題について
調査対象：全国16歳以上の個人
（※数値は、小数第2位を四捨五入したものである。）

問1　あなたは、言葉や言葉の使い方について、社会全般で、課題があると思いますか。それとも、そうは思いませんか。

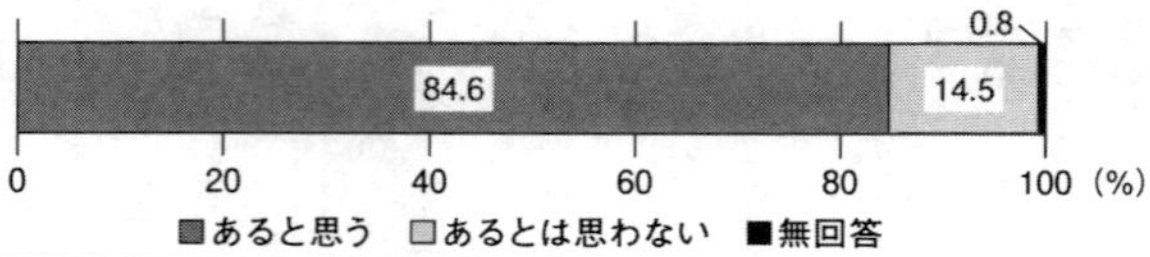

（※問1で「あると思う」と答えた人に）
問2　社会全般で、どのような課題があると思いますか。

※複数選択可　（%）

改まった場で、ふさわしい言葉遣いができていないことが多い	59.5
流行語や言葉の使い方の移り変わりが早過ぎる…A	45.1
敬語の乱れ	43.2
外来語・外国語などが使われ過ぎている	42.3
年齢が離れた人が使う言葉が分かりにくい	34.0

（表）問2　社会全般の課題（年齢別）

（%）

	改まった場で、ふさわしい言葉遣いができていないことが多い	流行語や言葉の使い方の移り変わりが早過ぎる	敬語の乱れ
16〜19歳	62.9	21.9	35.2
20〜29歳	61.0	26.0	39.5
30〜39歳	67.2	31.2	39.8
40〜49歳	65.4	41.9	44.9
50〜59歳	62.7	44.7	46.2
60〜69歳	58.8	50.6	44.9
70歳以上	51.3	56.0	42.4

（文化庁　令和3年度「国語に関する世論調査」より一部抜粋して作成）

問一、〈話し合いの様子〉の[a]の中に入る言葉を、十二字以内で書きなさい。

問二、〈話し合いの様子〉の[b]には、推敲(すいこう)後の見出しの言葉が入る。次の[　]に示す推敲前の見出しについて、理穂さんのアドバイスに従って推敲して書きなさい。ただし、句読点は用いず、不要な言葉は省くこととする。

推敲前　[言葉の使い方について社会全体で考えよう]

問三、〈話し合いの様子〉の――線①「報道文」について説明したものとして、最も適当なものを、次のア〜エから一つ選び、記号で答えなさい。

ア、事実や出来事について調べて分かったことを伝える文章。
イ、旅をして自分が体験・見聞したことの感想を記録する文章。
ウ、物事に対する自分の考えを根拠を明確にして訴える文章。
エ、体験や読書をもとにして思索や感想を自由にまとめた文章。

問四、〈話し合いの様子〉において、春奈さんの発言の意図について説明したものとして、最も適当なものを、次のア〜エから一つ選び、記号で答えなさい。

ア、互いの提案を結びつけながら新たな視点を提示する。
イ、具体的な経験や資料を用いて提案内容を明確にする。
ウ、提案を促したり整理したりして話し合いを展開する。
エ、提案に対して質問や助言をして互いの考えを深める。

問五、**思考力**　〈資料〉を用いて、〈話し合いの様子〉の――線②「コラム」を、次の（条件）に従って書きなさい。

（条件）

1　〈資料〉の「問2」で挙げられた課題のAについて、左の（表）より複数の年代を比較して読み取れることを書きなさい。なお、課題はAという記号を使って書きなさい。

2　「1」で書いたことに対して、自分の体験や具体例を挙げ、これからあなたが気をつけたいことについて書きなさい。
3　九十字以上百二十字以内で書くこと。
4　書き出しを一マス下げたり、段落を設けたりする必要はない。

問六、〈話し合いの様子〉の――線③「編集後記」を楷書で書く場合、「折れ」と「曲がり」の両方の筆使いを含んでいるものはどれか。次のア～エから一つ選び、記号で答えなさい。

ア、編　イ、集　ウ、後　エ、記

四 （古文・漢文）内容吟味・仮名遣い・古典知識

次の和歌A、古文B、漢詩Cを読んで、後の問いに答えなさい。

A

唐土(もろこし)にて（唐の国で）月を見てよみける　安倍仲麿(あべのなかまろ)

天(あま)の原　ふりさけ見れば　春日なる　三笠(みかさ)の山に　いでし月かも
（大空をふり仰いではるかに眺めるあの月は、奈良の春日にある三笠の山に出た月と同じなのだなあ）

（「古今和歌集(こきんわかしゅう)」による）

B

①いはむかたなき心ちにて（いいようもないほどつらい気持ちでいるうちに）、秋深くなりゆくけしきに（景色を眺めると）、ましてたへてあるべき心ちもせず（耐えて生きていけるような気がしない）。月の明き夜、空のけしき、雲の②たたずまひ、風の音ことにかなしきをながめつつ（悲しみをそそるありさまを眺めては）、ゆくへもなき旅の空、いかなる心ちならむとのみ、かきくらさる（どのような気持ちでおいでになるかとばかり思いやられて、つい涙で目の前が暗くなってしまう）。

いづくにて（どこで）　いかなることを（どのようなことを）　思ひつつ（思いながら）　③こよひの月に　袖しぼるらむ（濡れた袖を絞っているのでしょうか）

（「建礼門院右京大夫集(けんれいもんいんうきょうのだいぶしゅう)」による）

C

十五夜望月　王建(おうけん)

中庭地白樹棲鴉
冷露無聲濕桂花
今夜月明人盡望
④不知秋思在誰家

中庭(ちゅうてい)　地白うして（地面は白く輝き）　樹に鴉棲み（樹上ではからすがねぐらについている）、
冷露(れいろ)　聲無くして（ひっそりと降りて）　桂花を濕す（木犀の花をしっとりとぬらす）。
今夜　月明　人盡く望む（誰しも眺めていることであろう）。
知らず　秋思　誰が家にか在る（その中でも最も秋の物思いにひたっているのは誰であろうか）。

（「唐詩選(とうしせん)」による）

問一、和歌Aに詠まれた心情として、最も適当なものを、次のア～エから一つ選び、記号で答えなさい。
ア、望郷の念　イ、漂泊の思い
ウ、断腸の思い　エ、自責の念

問二、古文Bの――線①「いはむかたなき心ち」について説明した文として、最も適当なものを、次のア～エから一つ選び、記号で答えなさい。
ア、以前一緒に月を眺めた大切な人を失ってしまった悲しみ。
イ、大切な人はいないのに変わらず美しい景色への恨めしさ。
ウ、今どこにいるか分からない大切な人の安否を気遣う憂い。
エ、これから大切な人と離れ一人で生きていくことへの不安。

問三、よく出る　基本　古文Bの――線②「たたずまひ」の読み方を、現代仮名遣いで書きなさい。

問四、古文Bの――線③「こよひの月に　袖しぼるらむ」の「袖しぼる」という表現を通してどのような様子を詠んでいるか。――線③の内容を説明した次の文の□に合うように五字以内で書きなさい。
今夜の月を眺めて□ということ

問五、漢詩Cの――線④「不知秋思在誰家」について、書き下し文の読み方になるように返り点をつけなさい。送り仮名はつけなくてよい。

問六、和歌Aと古文Bと漢詩Cをペアで鑑賞したときの対話について、次の問いに答えなさい。
(一)空欄（１）に入る最も適当な言葉を漢字一字で書きなさい。
(二)空欄（２）に入る適当な言葉を二十字以内で書きなさい。

咲良(さくら)　和歌Aの作者について調べました。遣唐使として唐に渡った人で、「詩仙」とよばれた李白(りはく)をはじめとする唐の代表的な詩人たちと交流があったそうですよ。
健太(けんた)　今から千三百年以上前の日本人に、そんな人がいたんですね。
咲良　三つの作品は、どれも（　１　）が詠まれています。
健太　そうですね。和歌Aと古文Bの和歌とでは、（　１　）を見て、遠く離れた大切な人や場所を想像して詠みこんでいます。
咲良　漢詩Cは、転句と結句で（　２　）を想像して詠みこんでいますね。作者も秋の夜のもの悲しさを感じているのでしょう。

鹿児島県

時間 50分　満点 90点　解答 P51　3月5日実施

出題傾向と対策

●漢字の読み書きと漢字知識、論説文、古文、小説文、条件作文の大問五問構成は昨年と同じ。部分的な読み取りより、ノートやスライドなどの資料を踏まえながら全体の内容や展開を問う出題が多い。

●各大問にバランス良く配点されているので、まんべんなく知識をつけることが必要。設問数は多くないものの、論説文に六十五字以内、小説文に五十五字以内の記述問題があり、さらに百六十字以内の条件作文も出題されるので、時間配分に注意して演習を行うとよい。

一 漢字の読み書き・漢字知識　よく出る　基本

次の1・2の問いに答えなさい。(計14点)

1、次の――線部のカタカナは漢字に直し、漢字は仮名に直して書きなさい。(各2点)

(1) 異議をトナえる。
(2) オンコウな性格の人。
(3) チュウセイを尽くす。
(4) 大きな負荷がかかる。
(5) 嗅覚が鋭い。
(6) 流行が廃れる。

2、次の行書で書かれた漢字を楷書で書いたときの総画数を答えなさい。(2点)

二 (論説文)文脈把握・漢字知識・内容吟味

次の文章を読んで、あとの1～5の問いに答えなさい。(計26点)

コミュニケーションの授業で、「聞き手行動を意識しましょう」と言うと必ずと言っていいほど「聞き手の行動って何ですか?」という質問を受けます。日常生活でコミュニケーションを行う際に、自分が話し手になる、つまり話すことから考えるのが一般的で、コミュニケーションは「話す―聞く」というキャッチボールであることを、あまり意識していないのかもしれません。

(中略)

聞き手行動も視野に入れた研究においては、従来受動的にとらえられてきた「聞き手」の在り方とは正反対に、聞き手の会話への積極的な関与や、創造的で活動的な側面について言及されるようになってきました。たとえば、社会言語学者のデボラ・タネンは、聞き手が聞いたり理解したりする行動は「受動的な受信ではなく、むしろ積極的な解釈が必要とされるため、対話的な行為である」と指摘しています。では、聞き手行動から何がわかるのでしょうか?

聞き手の行動に着目して会話を観察してみてください。頷き(うなず)や微笑み(ほほえ)、相槌(づち)など、様々なシグナルを送ることによって、聞き手が話し手に継続的に応答していることがわかるでしょう。これらのシグナルは、多層的な情報を伝えています。聞き手の様々な応答シグナルは、聞いていることを示すだけでなく、聞き手のアイデンティティ、主観や心的態度など「指標的な情報」を提示します。

たとえば、「パーティの招待状に、出席者はスーツ着用って書いてあるんだけど、サウナスーツでいいのかな?」という発言に対して、聞き手が、「なんでやねん!」と応答した場合を考えてみましょう。ボケとツッコミについて理解している関西弁話者という聞き手のアイデンティティが読み取れます。また、「明日の会議でこの間話してた新しい企画について提案しようと思ってるの」という発言に対する「絶対採用間違いないよ」という応答からは、聞き手は話し手とすでに提案内容を共有していることや、その提案に対して[a]であるという聞き手の心的態度が読み取れます。

(中略)

聞いているというシグナルや多層的な意味の提示を通して、聞き手が話し手に反応し、それにまた話し手が反応するといったような相互的な応答反応が発生することによって、話し手と聞き手双方による相互行為が達成されます。したがって、聞き手がコミュニケーションの中で果たす①役割は絶大なものとしてとらえられるのです。このような立場から、社会言語学者の難波彩子は、会話の共同構築に向けた聞き手の在り方や貢献を指す「リスナーシップ(listenership)」という概念を提案しています。コミュニケーションにおける聞き手の役割や、聞き手としての行動は、相互行為の構築には欠かせないということがわかります。

②日本語会話で聞き手のもつ役割が顕著であることは、英語会話との対照研究を通して多くの研究者から指摘されています。代表的なものを紹介しましょう。

言語学者のジョン・ハインズは、英語・日本語のコミュニケーションの成否に関して、「話し手責任」と「聞き手責任」という特徴をあげています。英語によるコミュニケーションでは、話し手の責任が重く、話し手は聞き手に誤解を与えないように言葉を尽くすことが期待される一方、日本語でのコミュニケーションでは、聞き手の責任が重く、話し手が自分の考えや意図を十分に言語化しなくても、聞き手がそれを察することを期待できると指摘しています。

また、日本とアメリカのビジネスコミュニケーションを比較考察した社会言語学者のハル・ヤマダの研究でも、日本語のコミュニケーションの基本的な特徴の一つは聞き手重視であることを指摘し、「リスナートーク(listener talk)」という用語で特徴づけています。このような特徴は、曖昧さ、思いやり、和、ウチとソトの区別などを重んじる日本文化や、日本の社会的規範に由来し、日本語の日常会話では、相手の言いたいことを「察する」ことが求められるとしています。相手の言いたいことを「察する」ことは、日本語のコミュニケーションでは欠かせない、聞き手側の会話への積極的な参与を示す指標と言えるかもしれません。

日本語教育学者の水谷信子は、聞き手による頻繁な相槌の使用状況を観察し、聞き手が会話に積極的に関わりながら、話し手と一緒に会話を紡いでいく有り様を「共話」と名付けました。日常のコミュニケーションをふりかえってみると、様々なシーンで、参加者が共に会話を構築していく「共話」が行われていることに気づくでしょう。

（中略）

日常生活においては、意識的に聞き手行動に着目することはないにせよ、「あの人は聞き上手だよね」「親友は私の思っていることをよく察してくれるから」というように、「話し手」よりも、むしろ「聞き手」に直接関わるようなことをしばしば聞くことがあります。(注)2章でとりあげたように、日常生活の中でのやりとりを通して、ただ単に情報を正確に伝えるということではなく、とりとめもないことを話して共感したり、冗談を言い合ったり、励まし合ったりするようなことが、豊かな人間関係を築いていく上では欠かせません。つまり、このような相互的なコミュニケーションにおいては、聞き手のもつ役割は話し手のそれと同じくらい重要なのです。これは、親しい友人や家族との私的なコミュニケーションに限ったことではありません。ビジネスや公的なコミュニケーションにおいても、「聞き上手であること」は重要であり、「聞く力」は肯定的に評価され、獲得したいスキルとしてとらえられているのではないでしょうか。

私的であれ公的であれ、会話の中で「聞き手」は、話し手に対する単なるサポート役ではなく、人間関係の根幹を支える大きな存在であるのです。日本語の「聞くこと」には、「聞く」「聴く」「(注)訊く」といった三つの意味が混在します。そのため、「聞くこと」は、コミュニケーションの様々な場面や状況や人間関係が複雑に絡み合いながら多様に変化する、実に［ b ］のある行為として位置づけられるのではないでしょうか。

（村田和代「優しいコミュニケーション ――「思いやり」の言語学」による）

(注) 2章＝本文は3章にあたり、2章では雑談の意義を述べている。

訊く＝ここでは「質問する」の意。

1、本文中の［ a ］・［ b ］にあてはまる語の組み合わせとして、最も適当なものを次から選び、記号で答えなさい。（3点）

ア、（a 受容的　b 一貫性）
イ、（a 懐疑的　b 協調性）
ウ、（a 好意的　b 柔軟性）
エ、（a 否定的　b 意外性）

2、よく出る ――線部①「役割」とありますが、これと同じ重箱読みの熟語を次から選び、記号で答えなさい。（3点）

ア、仕事　イ、秘密　ウ、手本　エ、砂場

3、次は、ある生徒が授業で本文を学習し、――線部②以降で紹介される日本語会話と英語会話との対照研究の内容をまとめた【ノートの一部】です。［ I ］・［ II ］に入る最も適当な言葉を、［ I ］には三字、［ II ］には十一字で本文中から抜き出して書きなさい。（各4点）

【ノートの一部】

○日本語会話と英語会話との対照研究

日本語のコミュニケーション	英語のコミュニケーション
・聞き手責任 聞き手に期待されること ・話し手が言葉を尽くさなくてもその意図を［ I ］こと	・話し手責任 話し手に期待されること ・［ II ］ように言葉を尽くすこと

日本語会話における聞き手の重要性
・会話への積極的参与
→「共話」

4、難 次は、授業で、ある生徒が本文の学習内容をまとめて発表した際の【スライドの一部】と【発表原稿】です。【スライドの一部】の内容を踏まえて、【発表原稿】の［　］に入る内容を六十五字以内で考えて書き、原稿を完成させなさい。（7点）

【スライドの一部】

聞き手とはどのような存在か
考察1　聞き手行動の意味
考察2　日本語会話と英語会話との比較
考察3　聞き手のもつ役割とは

【発表原稿】

私は、この文章を読み、スライドに示した筆者の三つの考察を通じて、聞き手とは［　］存在であると考えました。
私もこれから人の話を聞く時は、このことを意識して、「聞き上手」になりたいです。

5、次は、朝の会で、ある生徒がスピーチをした際の【スピーチの内容】と、それに対する他の生徒の応答です。本文で述べられた、筆者の考える「聞き手のもつ役割」を果たすことを意識した応答として適当でないものを、あとのア〜エから一つ選び、記号で答えなさい。（5点）

【スピーチの内容】

今日は私の目標についてお話しします。昨年の秋、「燃ゆる感動かごしま国体・かごしま大会」が開催されました。私は兄が参加したローイング競技を見に行ったのですが、見ているうちに私自身もこの競技をやってみたいと思うようになりました。今の私の目標は、高校でこの競技に挑戦し、兄と国体に出場することです。

ア、うんうん、新しいことへの挑戦はいいですよね。私も高校入学を機に新しいことを始めてみようかなと思いました。
イ、ああ、ローイングって、オールを漕いでボートの着順を競う競技でしたよね。新しい目標を見つけるよい機会になりましたね。
ウ、私は野球を見に行きましたよ。昨年の夏の甲子園の決勝と同じ対戦カードを地元で見られたのがよい思い出です。
エ、あなたも挑戦したくなるぐらい、お兄さんはかっこいい姿を見せてくれたんでしょうね。頑張ってくださいね。

三 (古文)仮名遣い・内容吟味

次の文章を読んで、あとの1～4の問いに答えなさい。（計18点）

(注)天竺(てんじく)に国あり。天下おさまり、人民楽しくして、一憂(少しの心配事もない。)の凶なし。国王、楽しみにほこりて、心の置きどころなき(穏やかな暮らしに飽きてしまい、)ままに、「禍(わざはひ)と①いふものは、いかやうなるものやらん、(どのようなものか、)禍といふもの求めてまいらせよ」(探し求めて私の元に持ってきなさい)といふ(注)宣旨(せんじ)を下されたりければ、宣旨おもくして、(注)大臣公卿(くぎやう)より人民百姓にいたるまで、禍を求むるに、(注)猪(ゐ)のやうなるものを一つたづね出(いだ)して、「②是(これ)ぞ禍よ」と言ひければ、悦(よろこ)びをなして国王に奉(たてまつ)りたりければ(差し上げたところ、)、国王愛して是を飼ひたまふほどに、鉄(くろがね)より他は食(く)らふものなし。

やうやう年月つもりて、国中の鉄尽き失(う)せぬ。けだもの、ものを欲しがりて(食べる物)、③荒れにければ、国王「うち殺すべし」といふ宣旨を下したまひにけれども、矢たつ事なく、切れども刀たつ事なし。火に焼きたりければ、鉄のやうにて、けだものよる所ごとに焼け失せぬ(立ち寄った所は全て焼失した。)。国城(こくじやう)をはじめて、一国のこる所なし。一国猶(なほ)滅び失す。

（「宝物集」による）

(注) 天竺＝日本における、インドの古い呼び名。
宣旨＝国王の命令を伝える文書。
大臣公卿＝国王に仕える、高官の総称。
猪＝イノシシのこと。

1、よく出る 基本 ――線部①「いふ」を現代仮名遣いに直して書きなさい。（2点）

2、――線部②「是」が指すものは何ですか。本文中から八字で抜き出して答えなさい。（3点）

3、――線部③「荒れにければ」とありますが、その理由を説明したものとして最も適当なものを次から選び、記号で答えなさい。（3点）

ア、「禍」が、国王の命令を受けた人々に突然襲われ、驚いたから。
イ、「禍」が、鉄を得られなくなり、空腹を我慢できなかったから。
ウ、国王が、国中の食料を食べ尽くした「禍」に腹を立てたから。
エ、国王が、全く言うことを聞かない「禍」に嫌気がさしたから。

4、次は、本文の内容をもとに先生と生徒が話し合っている場面です。Ⅰ～Ⅲに適当な言葉を補い、会話を完成させなさい。ただし、Ⅰには十五字以内でふさわしい内容を考えて書き、Ⅱには本文中から十四字の言葉を抜き出して書き、Ⅲにはあとの語群から最も適当なものを選び、記号で答えることとします。（Ⅰ4点、Ⅱ・Ⅲ各3点）

先生「この話では、一つの国が滅びるまでの経過が書かれています。何が原因で国が滅んだのでしょうか。」
生徒A「「禍」が原因だと思います。」
生徒B「私もAさんと同じ意見です。さらに付け加えると、火に焼かれた「禍」が、国のあらゆる場所を焼き尽くしたからだと思います。」
先生「なるほど。実は、この話のもとになったと思われる話があります。次の【資料】は、その話の最後の場面を現代語訳したものです。これも踏まえて考えてみましょう。」

【資料】

薪を積み上げて焼き殺そうとしたが、身体が火のように真っ赤になったかと思うと、走り出し、村に入っては村を焼き尽くし、市場に行っては市場を灰にし、城に入っては城を炎上させてしまった。こうして国中を走り回っては各地を大混乱に陥(おとしい)れ、人々は飢餓に苦しむ羽目になった。安穏(あんのん)な暮らしに飽きて〔わざわざ〕禍を買ったりするから、そのようなことになったのである。

（「旧雑譬喩経(くぞうひゆきょう)全訳 壺(つぼ)の中の女」による）

生徒A「【資料】にも、本文と同じように、「禍」によって国が滅びていく様子が書かれているね。しかし一方で、本文にはない、「禍」を手に入れた国王を責めるような一文があるよ。」
生徒B「そうだね。【資料】を手がかりに、国王の発言や行動に注目してもう一度本文を読み返してみよう。」
生徒A「本文にも、【資料】と同じように穏やかな暮らしに飽きてしまったと書いてあるよ。国王は毎日の生活がつまらなくなって、禍というものが、いったい Ⅰ から手に入れようとしたんだね。」
生徒B「でも、まさか「 Ⅱ 」という命令を出したことで、最終的に国が滅んでしまうことになるなんて、国王は考えもしなかっただろうね。」
生徒A「つまり、国が滅んだのは、国王の Ⅲ 行動が原因だと考えられるよね。」
先生「いい話し合いができましたね。古典の文章を読む時に、現代語で書かれた文章など他の文章を手がかりにして読むと、内容を捉えやすくなりますね。」

語群　ア、卑劣な　イ、慎重な　ウ、軽率な　エ、迅速な

四 (小説文)内容吟味・文脈把握

次の文章を読んで、あとの1～4の問いに答えなさい。（計23点）

高校二年生の森川航大(もりかわこうだい)（コウ）は、不本意な形でサッカー部を退部している。同級生である柴田凜(しばたりん)は、演劇部部長で来月に迫った文化祭で上演する劇の完成度を高めたいが、今の出来に

満足している部員達に自分の思いを伝えることで、部内の良好な雰囲気を壊すことを恐れている。凛は他人の目を気にして言いたいことも言えない自分は「薄っぺらな人間」だと航大に打ち明ける。

　自分が刃物を手にしているような気分になり、航大は息を呑む。これから口にしようとしている言葉は、果たして本当に彼女のためになるのだろうかと不安になる。口を閉ざし、沈黙に身を委ねたくなった。

　腰に手を置き、大きく息を吐く。サッカーをしていたころ、PKを蹴る前に必ずやっていた(注)ルーティンだ。肺の中の空気と一緒に、不安と弱気を体外へと追いやる。緊張がほぐれ、心が落ち着いた。

　一度口から出た言葉をなかったことにはできない。勢いに任せて、航大は続ける。

「誰に頼まれたわけでもないのに早起きして学校の花を世話しているような人間が、薄っぺらなわけがない」

「①そんなの、たいしたことじゃないよ」

　謙遜ではなく、本心からそう思っているのだろう。凛の声には、突き放すような刺々しさがあった。

　怯まずに、航大は言葉を重ねる。

「俺が同じことをしていたら？」

「え？」

「俺や他の誰かが凛と同じことをしていても、たいしたことじゃないと思う？　それくらい普通のことだ、って」

「それは……」

　凛は言葉に詰まり、困ったように眉をひそめた。沈黙が、彼女の答えを雄弁に語っている。他人に優しく、自分に厳しい。それは立派な心持ちだが、それ故に自らの美点を素直に受け入れられないことは、彼女の明確な欠点だ。屋根より高いハードルを見上げて嘆息するなんて、それこそ滑稽だ。

　プランターに植えられた花の姿が頭に浮かんだ。一見すると美しいその花も、よく観察してみれば、咲き終わり、枯れた花をいくつもその身に付けたままにしている。重苦しく、辛そうだ。

　いまの自分に、彼女の悩みを解決する力はない。しかし、彼女が抱えている不要なものを取り除くことくらいなら、自分にもできるのではないか、と航大は思う。花がらを摘むように、不当に彼女の心を重くしているものたちを、ひとつひとつ取り払う。それも、彼女の力になるということではないだろうか。

「誰だって人から嫌われることは恐いよ。俺もそうだ。いまだって、自分の行動は凛にとって迷惑なんじゃないかって不安になってる」

「そんな。迷惑なんかじゃないよ」

　両手を大きく左右に振り、慌てた様子で凛が否定する。その大袈裟な仕草が余りにいつも通りで、航大は少し緊張がほぐれた。

　普段の明朗快活な姿を、凛は本当の自分ではないと言った。でも、咄嗟に顔を出した彼女の一面は、航大のよく知る彼女だった。やはりその顔も、彼女を形づくる一部なのだ。たとえ演じていたものであっても、偽りではない。②そのことにホッとした。

　肩の力が抜ける。重く考えることなんてないのではないかと思えてきた。普段通り、軽口のキャッチボールをするみたいに、思い付きを口にすればいい。それくらい気楽な方が、相手だって変に緊張しないで受け止められる。

「なあ、無責任な提案をしてもいいかな」

　凛が(注)怪訝な顔で航大を見る。

「無責任な言葉なら、あんまり聞きたくないんだけど」

「それなら止めとくよ」

　航大があっさりと引き下がると、凛はムッとして唇を尖らせた。

「そんなふうに言われると、却って気になっちゃうでしょ」

「それじゃあ、聞いてみる？」

　微かに(注)逡巡するような間を置いてから、凛が首を縦に振る。

「聞くだけ聞いてあげる」

　航大は頷き、天井を見上げるようにして口を開く。

「今日の部活、休みにしたら」

　期待外れの提案に失望したように、凛の表情が曇った。

「それは無理。ただでさえ稽古がうまくいってないのに、もう本番はすぐそこなんだよ。休んでる余裕なんてないって」

「でも、いまの状態で稽古したって意味がないんじゃないか？　部員は現状に満足していて、凛はそこに注文をつけられないでいるんだろ。それじゃあ改善のしようがない」

　淡々とした口調で航大が指摘すると、凛は口を閉ざして俯いた。彼女自身、そのことは痛いほど理解しているのだろう。

「休めば改善するってものでもないと思うけどさ、俺の知り合いの役者さんが言ってたんだよ。『適度に休まないと、良い芝居なんてできない』って」

　凛が口を開くが、言葉を発するよりも先に、何かに気付いて固まった。眉をひそめて、航大を睨む。

「それ、私が言った言葉でしょ」

　航大が笑みを深める。

「正解。よく気付いたな」

　以前この場所で、彼女が言っていた言葉だ。雑談の中の軽口のひとつだが、間違っているということもないだろう。休息は大事だ。陽が出ていないときにガザニアが花を閉じるのは、もちろん裏表があるからなんて理由ではない。それはきっと、余計なエネルギーを使わないようにするためだ。美しく咲き続けるために、体を休める必要性を知っているからだ。

「気付くよ、それくらい。私を馬鹿だと思ってるの？」

「まさか。天才だと思ってるよ」

「馬鹿にしてるでしょ」

「多少ね」

「そこは嘘でも否定しなさいよ」

　凛はムッとして眉根を寄せるが、くだらないやり取りに呆れたように、唇の端は微かに吊り上がっていた。雑談に興じているときの、いつもの調子だ。

　彼女はじょうろをシンクの上に置き、思案するように腕を組む。

「休みねえ。休んだところでアレコレ考えちゃいそうだけど」

「アレコレ考えればいいさ。そして、今日で結論を出せばいい。このまま本番を迎えるのか、部の皆にもっと良いものを目指そうと提案するのか。結局のところ、問題はそこだろ」

凛は眉をハの字にする。

「それを決められないから、困ってるんだけど」

「だから、決めるためにもう一度、よく考えるんだよ。大丈夫。どんな結論を出そうと、部員の皆は受け入れてくれるって」

無根拠で無責任な言葉だな、と航大は自分でも思う。ただ、根拠はなくても、自信があった。皆が凛を慕うのは、彼女の優しさに惹かれたからだ。その優しさは、決して演じられたものではない。人知れず自主的に校内の花の世話をするような女の子が、演技の要求をするくらいのことで、嫌われるわけがない。

「あんた、壮太くらいしかうちの部員に知り合いいないでしょ」と凛が唇を尖らせる。

「それじゃあ部員のことをよく知っている凛に訊くけど、演劇部の皆さんは、部長にもっと上を目指そうと言われて、碌に話も聞かずに不満を口にするような連中なのか？」

「そんな人はいない、けど……」

凛は答えるが、尚も不安そうだった。一度浮かんだ悪い想像は、簡単には振り払えないのだろう。

航大は大袈裟なまでに背中を反らし、自分の胸をドンと叩いてみせる。

「大丈夫。どうしても決められないんだったら、俺が決めてやるから」

「何でコウが決めるのよ」と凛が冷めた声で言う。

「だって、自分じゃ決められないんだろ？　どうせ決められないのなら、俺が決めたっていいじゃないか」

いいわけないでしょ、と凛が呆れ顔でかぶりを振り、両手を上げて伸びをする。太陽から活力をもらうように、窓から射す陽光を全身で浴びる。

「あーあ。何か、あんたとアホな会話をしていたら、色々と悩んでいた自分が馬鹿馬鹿しく思えてきちゃった」

やや芝居がかったその口調は、航大へというより、自分自身を叱咤しているように感じられた。

「もう悩む必要はないぞ。俺に任せておけ」

「無責任男を頼るつもりはありません」

凛はキッパリと言い放ち、挑むように航大を指差して不敵に笑った。

「あんたに決められるくらいなら、自分で決める」

航大は笑顔で肩を竦める。

「できるといいな」

「おかげ様で、意地でも自分で決めてやろうって気になったよ」

爽やかな笑顔を浮かべて、凛は悪戯っぽく舌を出す。③軽やかに宣言したその声に、陰りの色はもうなかった。

（真紀涼介「勿忘草をさがして」による）

(注)　ルーティン＝日常に行われる決まった手順や仕事。
怪訝＝その場の事情やわけがわからず、納得がいかない様子。
逡巡＝なかなか決心がつかずためらうこと。しりごみすること。

1、——線部①を凛の気持ちを踏まえて朗読するとき、どのように読むのがよいですか。最も適当なものを次から選び、記号で答えなさい。（3点）

ア、内緒にしていたプランターの水やりを航大に見られて、もう隠せないとあきらめる気持ちを踏まえ、なげやりな様子で読む。

イ、自発的にしていたプランターの水やりを、航大に評価してもらえてうれしく思う気持ちを踏まえ、照れくさそうな様子で読む。

ウ、早朝に起きて花を世話することは大変なのに、航大に口先だけでほめられて落胆する気持ちを踏まえ、悲しげな様子で読む。

エ、花を世話する自分を航大は認めてくれたものの、そんな価値など私にはないと拒絶する気持ちを踏まえ、不愛想な様子で読む。

2、次の文は——線部②の指す内容をまとめたものです。[Ⅰ]～[Ⅲ]に適当な言葉を補い、文を完成させなさい。ただし、[Ⅰ]には十字以内の言葉を考えて書き、[Ⅱ]には本文中から最も適当な五字の言葉を抜き出して書き、[Ⅲ]には十五字以内の言葉を考えて書くこととします。（Ⅰ・Ⅲ各4点、Ⅱ 3点）

> 凛が航大の言葉を[Ⅰ]したときに思わず表出させた大袈裟な仕草が[Ⅱ]であったことによって、凛が本当の自分ではないと言った、普段の[Ⅲ]ことが確認できたこと。

3、次のア～ウの航大の行動や心情を、話の展開に沿って順番に並べ替えるとどのようになりますか。ア、イ、ウを適切に並べ替えて書きなさい。（3点）

ア、悪い想像を振り払えず不安そうな凛を刺激するような挑発的な言葉をあえて発することで、鼓舞しようとしている。

イ、他人に優しく自分に厳しい性格のせいで悩む凛に対して、力になりたいと思っている。

ウ、くだらないやり取りに呆れつつも面白さを感じて心を開き始めた凛の背中を押そうとしている。

4、——線部③から読み取れるこの時の凛の様子について、ここに至るまでの経過を踏まえて五十五字以内で説明しなさい。（6点）

五　条件作文　思考力

山田さんたちのグループは、総合的な学習の時間の取り組みのなかで鹿児島県在住の外国人にインタビューを行いました。次は、【インタビューの一部】とその後の【グループでの話し合いの様子】、【資料1】【資料2】です。これらを読んで、あとの問題に答えなさい。（9点）

【インタビューの一部】

〈インタビューの相手〉
ベトナムから移住してきたAさん
韓国から来ている留学生のBさん

山田　「生活を送るうえで、最近何か困ったことはありますか。」

Aさん　「今住んでいる住宅の近くにごみ捨て場がある

のですが、地区のごみ捨てのルールがよく分からないんです。」
Bさん「先日の台風の時はとても怖かったです。何かあった時にどうすればいいか、考えておけばよかったと思います。」

【グループでの話し合いの様子】
山田「今回のインタビューでは、在留外国人として鹿児島県で暮らしている人たちの話を直接聞くことができたね。」
佐藤「二人とも困ったことがあると話していたよ。在留外国人には地域で暮らすうえでの困りごとがあるんだね。」
鈴木「私たちが身近にいる在留外国人と共に暮らしていくために、彼らが感じている課題をもっと知る必要があると思うよ。」
山田「そうだね。それらの課題を調べていたら、【資料1】【資料2】を見つけたよ。これらも参考にして、在留外国人が抱える課題に対して私たちにできることを考えてみよう。」

【資料1】

鹿児島県における在留外国人数の推移（H24〜R4）

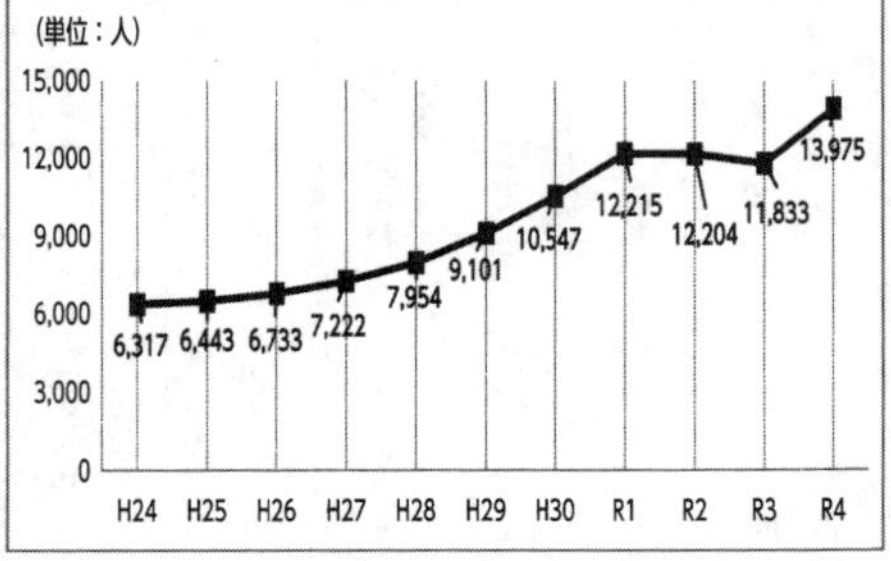

（出入国在留管理庁「在留外国人統計」をもとに作成）

・　在留外国人とは「留学生」、「定住者」や「永住者」など、日本で生活している外国人を指す。

【資料2】

社会参加に関する困りごと（上位5項目）

1位	どのような活動が行われているか知らない	49.6%
2位	自分にどのような活動ができるかわからない	35.6%
3位	言葉が通じるか不安がある	25.3%
4位	地域の人たちが自分を受け入れてくれるか不安がある	22.7%
5位	他の用事と時間が重なり、参加できない	17.8%

（出入国在留管理庁「令和4年度　在留外国人に対する基礎調査」をもとに作成）
※複数回答可としているため、割合を足し合わせても100.0%にならない。

・　この調査における社会参加とは、社会におけるさまざまな活動に参加することをいう。活動の内容としては「ボランティア活動」、「町内会・自治会への加入」、「行政機関の活動への協力」、「学校の保護者会の活動」などがある。

問題
山田さんは、グループで話し合ったことを受けて「在留外国人が抱える課題に対して私たちにできること」というテーマで、クラスの生徒に向けて意見文を書くことにしました。あなたならどのように書きますか。あとの(1)〜(4)の条件に従って書きなさい。

条件
(1) 二段落で構成し、六行以上八行以下で書くこと。
(2) 第一段落には【資料1】及び【資料2】から読み取ったことを書くこと。
(3) 第二段落には、第一段落を踏まえて、在留外国人が抱える課題に対して私たちにできることを書くこと。
(4) 原稿用紙（20字詰×8行＝省略）の使い方に従って、文字、仮名遣いも正確に書くこと。ただし、資料を示す場合や、資料中の数値をそのまま使用する場合は、次の例にならって書くこと。

例【資料1】→資料1　数値→三〇・五%

沖縄県

時間 50分　満点 60点　解答 P52　3月6日実施

出題傾向と対策

●小説文（省略）、論説文、古文、資料を含む話し合い文、条件作文の五題構成。話し合い文と作文は年度によって出題パターンが異なる。文章量・難度いずれも標準レベルだが、国語知識、内容吟味や文脈把握、作文など、設問の出題範囲は広く、作文の字数も多めである。
●過去問を中心とした演習が大切。後半の作文を意識しながら、時間内に終わらせるための訓練を行う。知識に関する問題も怠りなく学んでおく。作文は課題作文・条件作文の両方の演習を行い、傾向に慣れておく。

一（省略）西加奈子「孫係」より　（計17点）

二（論説文）語句の意味・内容吟味・文脈把握・条件作文　（計17点）

次の文章を読んで後の問いに答えなさい。

みなさんはナイチンゲールと聞いて、どんな女性をイメージしますか？　きっと「天使のような看護師」を思い浮かべるでしょうし、少し詳しい人なら「戦場の兵士たちをやさしく看護した女性」と答えるかもしれません。たしかにそれも間違いではないのですが、ナイチンゲールが歴史にその名を残した理由は、もっと別のところにあります。彼女は、ただひたすら看護に尽くしただけの女性ではありません。「事実としての正しさ」を見極め、大きな「課題発見」を成し遂げた女性だったのです。

（中略）

戦場におもむいた兵士が亡くなってしまうこと。つまり戦死すること。この「戦死」という言葉を聞いて、みなさんはどんな姿をイメージしますか？　銃弾や砲撃にさらされ、その傷が原因で亡くなってしまうこと。戦死者とは、とうてい助からないような深い傷を負って亡くなった人のことだ。きっと、そんなふうに考えるのではないでしょうか？　少なくとも①当時のイギリスの「常識」はそうでした。ところが、ナイチンゲールが戦地で見た現実は、まったく違います。前線で負傷した兵士たちが、不衛生極まりない病院に送り込まれる。医療物資も生活物資も足りない、いたるところにダニやシラミがうごめくような病院に、押し込まれる。ここで感染症に罹患（りかん）※1することによって、本来は助かったはずの命が失われていく。戦場の兵士たちは、戦闘によって亡くなるのではなく、劣悪な環境での感染症によって亡くなっていくのだ。それがナイチンゲールの結論でした。当然、彼女としては、政府に対して「戦地の衛生状態を改善してほしい」と訴えなければなりません。数多くの兵士が、戦闘とは直接関係のないところで亡くなっているのです。このまま放置するわけにはいかないでしょう。しかしこれは、政府や陸軍に対して「あなたたちは兵士を無駄な死に追いやっている」と告発することでもあり、政治的なスキャンダルにもつながりかねない話でした。おそらく普通のやり方で改善を求めても、認められないでしょう。

　そこでナイチンゲールが使った武器が、看護師の道に進む以前、ずっと学んできた数学であり、統計学だったのです。最初にナイチンゲールは、クリミア戦争における戦死者たちの死因を「感染症」と「負傷」、それから「その他」の三つに分類し、それぞれの数を月別に集計していきました。その結果、たとえば一八五五年一月の場合、感染症による死者が二七六一人、負傷による死者が八三人、その他の死者が三二四人となっています。つまり、負傷を原因とする死者の三〇倍以上もの兵士たちが、感染症によって亡くなっていたのです。しかも彼女は、戦死者の数を集計しただけではありません。きっといま、みなさんもずらずらと数字を読み上げられて「ちょっと面倒くさいな」とか「②なんとなくイメージしづらいな」と思ったことでしょう。数学や計算が苦手な人は、たくさんの数字が並んでいるだけでうんざりしてしまうものです。そこで彼女は、「コウモリの翼」と呼ばれる独自のグラフを考案し、死因別の死者数をひと目でわかるようにビジュアル化しました。当時はまだ、棒グラフも円グラフも普及していなかった時代。それでもたくさんの人にこの事実を知ってもらおう、理解してもらおうと、まったくオリジナルのグラフを作ったのです。

　ほかにも、当時イギリスでもっとも不健康な街とされていたマンチェスター市と死亡率を比較したり、兵士たちの年齢別死亡率をイギリスの平均値と比較したり、兵舎とロンドンの人口密度を比較したり、さまざまな統計データを揃（そろ）えました。

　こうしてナイチンゲールは、ヴィクトリア女王が直轄する委員会に千ページ近くにもおよぶ報告書を提出します。どんな権力者であろうと反論できない、③客観的な「事実」を突きつけたわけです。その結果、戦場や市民生活における衛生管理の重要性が知れ渡り、看護師という仕事が再評価され、感染症の予防にも大きく貢献していくことになりました。報告書の提出後も、彼女はベッド数から天井の高さ、窓の数までを細かく指導して感染症が蔓延（まんえん）しにくい病院（ナイチンゲール病棟）を建築設計したり、看護師学校を設立したりと、精力的に活動していきます。もし、彼女が数学や統計学の素養をもたない、善良なだけの看護師だったなら、目の前の患者を助けることに精いっぱいで、医療態勢や衛生管理の構造的な欠陥に気づくこともなかったかもしれません。また、仮に気づいたとしても、それを裏づけるデータがなければ彼女の意見に耳を貸す人はいなかったはずです。戦場の兵士たちを救い、不衛生な環境に暮らす人々を救い、イギリスはもとより世界の医療・福祉制度を大きく変えていったのは、看護師としてのナイチンゲールではなく、統計学者としてのナイチンゲールだったのです。

（瀧本哲史『ミライの授業』による。）
設問の都合上、一部改変してある。

（注）※1　罹患…病気にかかること。

問1、**基本** 二重傍線部「オリジナル」の辞書に載っている意味として適当でないものを、次のア～エのうちから一つ選び記号で答えなさい。（1点）

ア、特有の　イ、複製　ウ、独創的　エ、原本

問2、傍線部①「当時のイギリスの『常識』」とあるが、その説明として最も適当なものを、次のア～エのうちから一つ選び記号で答えなさい。（2点）

ア、戦場におもむいた看護師は犠牲をいとわず献身的に働く。
イ、戦場で死ぬ兵士の死因の多くは負傷によるものである。
ウ、当時の医療水準では負傷者を助けることはできない。
エ、前線で戦う兵士たちが戦死することは避けられない。

問3、傍線部②「なんとなくイメージしづらい」とあるが、このような課題に対して、ナイチンゲールはどのような工夫を行ったと筆者は述べているか。それを説明した次の文の空欄 I に当てはまる語句を本文中から六字で抜き出しなさい。（2点）

伝えたい内容の I を行った。

問4、傍線部③「客観的な『事実』を突きつけた」とあるが、主張を裏づけるための客観的な事実の示し方の例として適当なものを、次のア～オのうちからすべて選び記号で答えなさい。（2点）

ア、中高生に適切なSNSの利用を促すために、SNS上のトラブルの事例を収集する。
イ、学校周辺のハザードマップ作成の必要性を訴えるために、周辺の主要道路の交通事故発生数を調査する。
ウ、世界的な環境破壊をくい止めるために、全国のビーチクリーンの開催地を検索する。
エ、クラスの生徒の家庭学習の平均時間を伸ばすために、帰宅時間と就寝時間の平均を比較する。
オ、自転車乗車時のヘルメット着用を促進するために、着用の有無による事故時の重症度の違いを調べる。

問5、本文について説明したものとして最も適当なものを、次のア～エのうちから一つ選び記号で答えなさい。（2点）

ア、具体例を示しながら、最初と最後で主張の一貫性を保っている。

イ、読者の意見を広く拾いながら、終始控えめな主張に留めている。

ウ、身近な具体例を繰り返すことで、物事を多面的に捉えている。

エ、問いの答えを丁寧に導くことで、一般論を否定している。

問6、「ナイチンゲールの功績」に対する筆者の考えについてまとめたものとして最も適当なものを、次のア～エのうちから一つ選び記号で答えなさい。（2点）

ア、天使のような看護師として、看護に尽くし、医療態勢が整っていない劣悪な環境である戦場において、看護の常識の殻を打ち破った。

イ、献身的な看護師として医療に尽くし、多くのイギリス兵士が戦死したことを徹底追及し、権力に屈することなく世間に告発した。

ウ、善良な看護師としてだけでなく、詳細なデータをもとに統計学的方法で問題を解決し、医療・福祉の世界を変えた。

エ、患者に優しい看護師でありながら、政治家・統計家・建築家・教育者・経営者として才能を発揮し、多方面で活躍した。

問7、本文を読んだAさんは、ナイチンゲールの考えや行動を次のようにノートにまとめた。空欄［Ⅱ］、［Ⅲ］に当てはまる語句を、Ⅱは十六字で、Ⅲは十五字で本文中より抜き出し、それぞれ始めの五字を答えなさい。（各1点）

【根拠】
・兵士の感染症による死者数は［Ⅱ］である

【主張と根拠をつなぐ考え】
・数多くの兵士が、戦闘とは直接関係のないところで亡くなっている

【ナイチンゲールの主張】
・［Ⅲ］

問8、本文を読んで、相手を説得するために必要なことを学んだAさんは、これを応用しておこづかいの金額を上げてもらおうと考えた。どのように述べると説得力が増すか。後の【資料】の①、②両方を使用するとともに、必要な内容を補足し、次の空欄［Ⅳ］に当てはまる文章を、三十五字以上五十字以内で答えなさい。（4点）

（Aさんは現在中学三年生で毎月のおこづかいは五百円である。）
私はおこづかいの金額を上げてほしい。なぜなら、［Ⅳ］からだ。

【資料】Aさんの中学校のおこづかいに関するアンケート

①「ひと月のおこづかいの平均額」

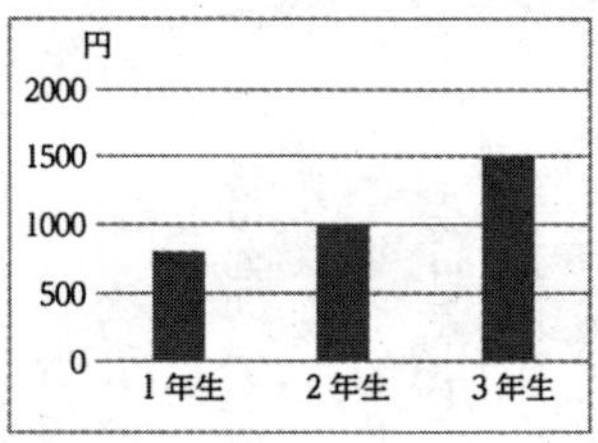

②「中学3年生のおこづかいの使い道」（アンケート結果の一部）

- 友だちとドーナツを食べる。
- 参考書や文房具を買う。
- 趣味の映画鑑賞に使う。
- 高校生活に向けて貯金している。
- 友だちへのプレゼントを買う。

三 （古文）仮名遣い・漢字知識・動作主・内容吟味

次の【文章1】は、『沙石集』の一場面である。【ノート】は、ハルキさんが、【文章1】と同じ場面を描いた『古事記』の文章を比較するために、内容をまとめたものである。これらを読んで後の問いに答えなさい。（計12点）

【文章1】

当社は、〔当社は、〕本朝（ほんてう）〔我が国〕の父母にておはしますなり。〔の父母でいらっしゃる。〕素戔烏尊（そさのをのみこと）、天（あま）つ罪を犯し給（たま）ひし事を〔高天原で罪を犯しなさったことを〕憎ませ給ひて、〔（天照大神は）憎みなさって、〕天盤戸（あまのいはと）を〔天の岩戸を〕ⅰ閉ぢて、隠れ給ひしかば、〔お隠れになったので、〕天（あめ）が下、①常闇（とこやみ）になりにけり。〔真っ暗になってしまった。〕八十万（やほよろづ）の〔八百万の神々は〕諸（もろもろ）の神たち ａ悲しみ給ひて、〔悲しまれ、〕大神宮をすかし出（い）だし奉（たてまつ）らむ為に、〔天照大神をあざむいてお出し申し上げようと、〕庭火を焚（た）きて神楽（かぐら）をし給ひければ、〔庭火をたいて神楽をなさると、〕御子（みこ）の神たちの御遊び〔御子の神々たちの御遊びを〕②ゆかしく思（おぼ）しめして、〔思われて、〕盤戸を ｂ少し開きて〔岩戸を少し開いて〕御覧（ごらん）じける時、〔ご覧になったとき、〕世間明らかにして、〔世の中が明るくなって、〕人の面（おもて）も見えければ、〔見えたので、〕「③あな面白」〔「ああおもしろい」〕といふ事はその ⅱ時いひ始めたりけり。〔言い始めたのだった。〕

さて天手力雄尊（あめのたぢからのをのみこと）と申す神、〔天の手力雄尊と申す神が、〕抱き奉（たてまつ）りて、〔（天照大神を）抱き申して、〕盤戸に木綿（しめ）を引きて、〔岩戸にしめ縄を引いて、〕「この中へは、入らせ給ふべからず」〔「お入りになってはいけません」〕とて ｃ抱き出だし奉りけり。〔と申して抱いて外にお出し申し上げた。〕遂（つひ）に日月と成りて〔後に日月となって〕天下を ｄ照らしおはします。〔天下を照らしていらっしゃる。〕

（『沙石集』による。設問の都合上、一部改変してある。）

【ノート】

【古事記の内容】
1　素戔烏尊の悪い行いが続く。
2　天照大神（あまてらすおほみかみ）は素戔烏尊を恐れ、岩戸の中にこもる。
3　高天原（たかあまのはら）は暗くなり、夜がずっと続き、あらゆる災いが起こる。
4　神々が様々な相談をし、外で大騒ぎをする。
5　「私がここにこもっているので、世界は暗いだろう

と思うのに、どうして歌舞をし、神々はみな笑っているのか」と岩戸を開けた。
6　一人の神が「あなた様よりも立派な神がいらっしゃいますので、喜び笑って歌舞をしているのです」と鏡を差し出したので戸から出て鏡に映ったお姿をのぞき見た。
7　もう一人の神が手を取って外へ引き出した。
8　しめ縄を天照大神のうしろに引き渡し、「これから内へおもどりになることはかないません」と言った。
9　天照大神がお出ましになり、高天原も光に満ちあふれた。

問1、**基本** 点線部ⅰ「閉ぢて」を、現代仮名遣いに直し、すべてひらがなで書きなさい。(1点)

問2、点線部ⅱ「時」の部首の画数と、次のア～エの行書で書かれた漢字を楷書で正しく書いた場合の部首の画数が同じものを、一つ選び記号で答えなさい。(1点)

ア、隠　イ、桜　ウ、後　エ、皆

問3、二重傍線部a～dのそれぞれの主語の組み合わせとして最も適当なものを、次のア～エのうちから一つ選び記号で答えなさい。(2点)

ア、a 八十万の諸の神たち　b 大神宮　c 天手力雄尊　d 大神宮
イ、a 八十万の諸の神たち　b 素戔烏尊　c 大神宮　d 大神宮
ウ、a 八十万の諸の神たち　b 八十万の諸の神たち　c 天手力雄尊　d 天手力雄尊
エ、a 素戔烏尊　b 大神宮　c 大神宮　d 天手力雄尊

問4、傍線部①「常闇になりにけり」とあるが、そうなった理由として最も適当なものを、次のア～エのうちから一つ選び記号で答えなさい。(2点)

ア、素戔烏尊が罪を犯したため。
イ、八百万の神々が悲しんだため。
ウ、天岩戸が開かなかったため。
エ、大神宮が隠れてしまったため。

問5、傍線部②「ゆかしく」は、「好奇心がもたれ、心がひきつけられる状態や心情」を表す形容詞であるが、ここではどのような気持ちか。最も適当なものを、次のア～エのうちから一つ選び記号で答えなさい。(2点)

ア、踊りたい　イ、食べたい　ウ、聞きたい　エ、見たい

問6、次の文は、傍線部③「あな面白」に着目したハルキさんが、漢和辞典で「面」と「白」の意味を調べてまとめたものである。後の【漢和辞典】を使用し、空欄 Ⅰ に入る内容を十字以内で答えなさい。(2点)

「あな面白」は「ああおもしろい」と訳されているが、漢和辞典と直前の「人の面も見えければ」という描写から、もともと、「面白」は Ⅰ 様子を表しているといえる。

【漢和辞典】

【面】9画　音メン　訓おも・おもて・つら
① かお。
② メン。顔につけるかぶりもの。
③ 向く。
④ まみえる。
⑤ まのあたり。じかに。

【白】5画　音ハク・ビャク　訓しろ・しら・しろ-い
① しろ。五色のひとつ。
② 色が白い。飾らない。きよい。正しい。
③ しらむ。白くなる。夜があけかかる。
④ しらげる。白くする。
⑤ あきらか。あきらかにする。
⑥ 明るい。

問7、次の文章は、ハルキさんが【ノート】をまとめた後、【文章1】との相違点について発表を行った際の発表原稿である。空欄 Ⅱ 、 Ⅲ に当てはまる語を、それぞれ【ノート】から抜き出して答えなさい。(各1点)

『沙石集』では大神宮が岩戸に隠れた理由を、素戔烏尊の行為を「憎ませ給ひて」と表記していますが、『古事記』ではその行為を「 Ⅱ 」と表記しています。「あな面白」という表現は『古事記』には記載されていません。また、大神宮が外に出る際、『古事記』では「 Ⅲ 」が使用されている点が相違点となっています。

四 (話し合い文) 文脈把握・内容吟味

次に示すのは、先生と中学生の和樹さん、ゆうきさん、イギリスからの留学生のハリスさんの会話の一部である。これを読んで後の問いに答えなさい。(計8点)

先生　ハリスさんは、日本に来たこの半年間で、たくさんの言葉を覚えたようですね。
ハリス　はい。みんながやさしく教えてくれるから、いっぱい話せるようになりました。
和樹　先生、ハリスさんは勉強熱心だから、いろいろな会話ができるようになってきていますよ。
先生　そうなんですね。でも、ハリスさんは最近、日本語での会話で困ったことがあったと言っていませ

んでしたか。

ハリス　はい。この前、和樹さんと買い物に行った時に、店員が和樹さんに「レシートは大丈夫ですか。」と聞いてきて、和樹さんが「大丈夫です。」と答えていました。店員の発言も和樹さんの「大丈夫です。」の意味もよくわかりませんでした。

和樹　ああ、あれは店員が「レシートは［Ⅰ］。」という意味で聞いていたんだよ。だから、僕は「必要ないです。」と伝えるために「大丈夫です。」と答えたんだ。

ハリス　そういうことだったんですね。やっぱり、日本語は難しいです。

ゆうき　この「大丈夫です」は確かにわかりにくいよ。日本人特有のあいまいな表現だもんね。

先生　そうですね。私たちは当たり前のように使っていますが、日本人は物事を明確に伝えることが苦手なため、相手の申し出を断る際に「大丈夫です」や「いいです」というあいまいな表現を使用することが多いのです。外国人にとってはこのような表現は難しいかもしれませんね。

ハリス　はい。難しいけど、日本語は好きです。私は日本のアニメが好きで、日本に来る前からお父さんと日本語の勉強をしていました。日本のアニメをいっぱい見たいからもっと勉強します。

和樹　そうだったんだね。だから、こんなに勉強熱心だったんだ。ハリスさんもすごいけれど、一緒に勉強していたお父さんもすごいね。ところで、ハリスさんのお父さんは何してるの。

ハリス　この時間だったら、おうちでごはんを食べていると思います。

和樹　いやいや、ちがくて、お父さんはどんな仕事をしているのかってこと。

ゆうき　今のは、ハリスさんが間違っているのではなくて、質問の仕方に問題があるよね。こんなときは［Ⅱ］。

和樹　なるほど、確かにそうだね。気をつけます。

先生　このような何気ない会話における問題は、意識していないだけで多々あるんですよ。

ハリス　日本語、本当に難しいです。でも、日本語についてなんとなくわかってきました。

和樹　ハリスさんは本当に理解するのが早いよね。実はこのまま日本に住む気なんでしょ。

ハリス　ちがくて、私、日本語を学んで、イギリスに帰って日本のアニメをもっと広めたいんです。それに漢字もいっぱい覚えたいです。日本の漢字はかっこいいから好きです。

先生　おやおや、「ちがくて」は正しい日本語ではありませんよ。和樹さんのを真似(まね)てしまいましたね。

ゆうき　すごい吸収力じゃないですか。聞いただけで覚えちゃうなんて。

先生　こらこら。ハリスさんがこの表現を正しい日本語と思ってしまうとまずいでしょ。そうそう、そういえばいつか授業で紹介しようと思っていた資料があるんですよ。

和樹　もしかして、今授業をするんですか。

先生　いえいえ。授業をするわけではないですよ。まずはこの二つの資料を見てください。これらは令和三年度の文化庁による「国語に関する世論調査」の結果の一部です。これらを見ると、「ちがくて」という表現は、［Ⅲ］ということがわかりますよね。このように、日本語の乱れは中高生に限ったことではないんです。会話の中でくだけた表現を使うのはわかりますが、それによって正しい日本語が失われるのは残念だと思いませんか。私はハリスさんのような留学生には日本の文化である正しい日本語を学習してほしいと思っています。これからも正しい日本語を教えていきましょう。

【先生が提示した資料】

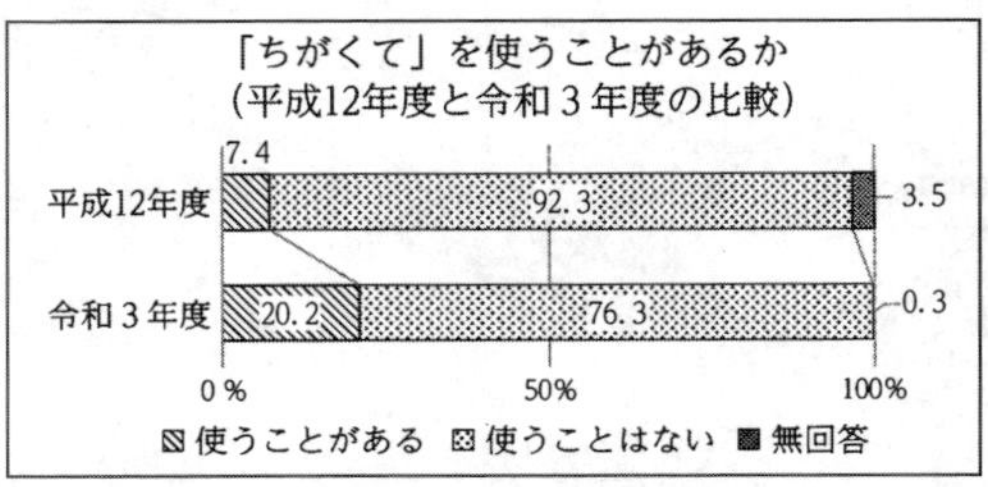

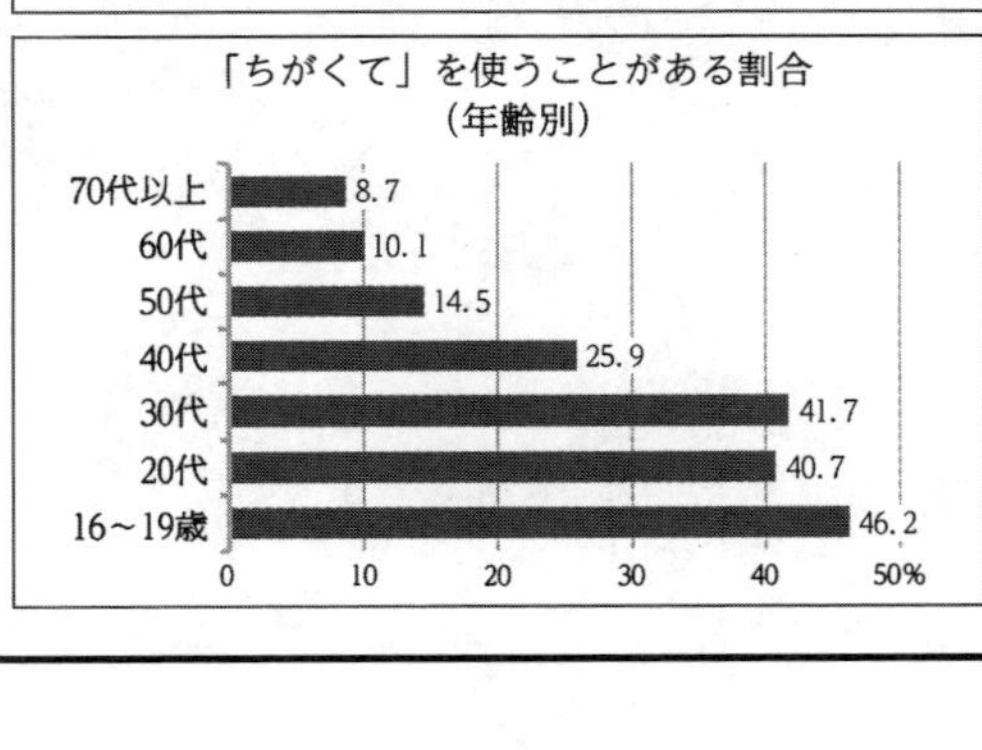

問1、空欄［Ⅰ］に当てはまる和樹さんの発言として適当な表現を、五字以内で答えなさい。（2点）

問2、傍線部「そうだったんだね」の和樹さんの発言についての説明として最も適当なものを、次のア～エのうちから一つ選び記号で答えなさい。（2点）

ア、同意したことを示す効果。
イ、興味がないことを示す効果。
ウ、納得したことを示す効果。
エ、困惑したことを示す効果。

問3、空欄［Ⅱ］に当てはまるゆうきさんの発言として最も適当なものを、次のア～エのうちから一つ選び記号で答えなさい。（2点）

ア、ジェスチャーを交えれば、質問の意図がわかりやすく伝わったはずだよ
イ、主語や目的語をはっきりさせなければ、相手の誤解を招いてしまうよ
ウ、「どんな」という連体詞を使えば、どう答えればいいかわかったはずだよ
エ、具体的な聞き方ではなく抽象的に聞かなければ、相

手が困惑してしまうよ

問4、空欄［Ⅲ］に当てはまる先生の発言として最も適当なものを、次のア～エのうちから一つ選び記号で答えなさい。（2点）

ア、年齢別の使用割合に注目すると、40代以上の人だけで全体の6割もの人が使用している

イ、ほとんどの世代で5割近くの人が使用しているけれど、若者世代ではない60代でも10％弱もの使用者がいる

ウ、令和に入って急激に使用者が増えただけでなく、10代から30代では半数近い人々が使用するようになっている

エ、令和3年度には平成12年度の約3倍にまで使用者が増えただけでなく、20代や30代でも4割以上もの使用者がいる

五 条件作文 思考力

あなたのクラスでは、次の【資料】をもとに、自分自身を成長させる時間の使い方について意見交換をすることになった。これを踏まえ、後の問いに答えなさい。（6点）

【資料】

> 私は好んで一人でいる時間を持つようにしていた。というのも、単独でいるときこそ人はクリエイティビティ※を発揮できる。孤独の中でしか自分自身を豊かに深めていくような濃密な時間は得られない。そう思っていたからだ。
>
> （齋藤孝『孤独のチカラ』より）
>
> （注）※　クリエイティビティ…創造力や創造性。

問1、この【資料】について感想を述べ合ったところ、「一人でいるよりも、誰かと過ごすほうが成長できる」という発言があった。そこで、「一人でいる時間」と「他者と過ごす時間」のどちらが、自分自身を成長させるかについて意見を述べることになった。あなたはどちらの立場で、具体的にどのように時間を使えば自分自身が成長できると考えるか。そう考える理由も含めて、あなたの意見を書きなさい。ただし、次の〈条件1〉、〈条件2〉に従うこと。なお、どちらを選んだかで、採点に差がつくことはない。

〈条件1〉一段落構成で、一五〇字以上一八〇字以内の文章とし、題名は書かずに本文から始めること。

〈条件2〉原稿用紙（15字詰×12行＝省略）の適切な使い方に従い、漢字や仮名遣い、句読点や記号などは適切に用いること。

国立大学附属高等学校・高等専門学校

東京学芸大学附属高等学校

時間 50分　満点 100点　解答 P53　2月13日実施

出題傾向と対策

●論説文、小説文、古文の大問三題構成は例年どおり。昨年と同様、漢字の読み書きと空欄補充を除いて全てマークシート方式で、記述問題は出なかった。選択肢の吟味には思考力が要求される。

●選択肢の吟味に時間がかかるため、速くかつ正確に読む練習が必須である。しっかり時間を計って過去問を解き、時間内に解き終わるように繰り返し演習をしたい。漢字は標準的な難度なので、取りこぼしのないよう、基本的な知識をしっかり押さえておきたい。

一 (論説文)漢字の読み書き・語句の意味・文脈把握・内容吟味

次の文章を読んで、後の問いに答えなさい。(1～22は段落番号である。)　(計38点)

1 生物の振る舞いを見ていると、何としても子孫を残してやろうとする恐ろしいほどの強い意志のようなものを感じます。もちろんほとんどの生物には人間のような脳はないので人間の意思とは違うでしょう。「本能」と呼んだ方が良いかもしれません。ほとんどすべての生物はこの本能に忠実で、子を残す欲求には自制が効きません。たとえばカメムシやガの大量発生のニュースを聞いたことはないでしょうか。多くの生物は増殖する環境が整えば限界まで増えてしまいます。そして餌が足りなくなったり、ウイルスにやられたりして再び減っていきます。

2 A それは人間も例外ではありません。たとえば、現在でこそ少子化が問題になっていますが、過去100年間で地球上の人間の数は約16億人ほどから約80億人へと約5倍に増えています。これは化学ⓐヒリョウが開発されて食料生産量が上昇したからだと言われています。そして今や人口が増加しすぎて食料不足がア危惧されるようになっています。これはつまり、知能が高いとされる人間であっても生殖に自制が働かず、食料が許す限界まで増えてしまうことを意味しています。そして増えすぎた人間は、森林を伐採し化石燃料を消費し温暖化を引き起こし、地球環境すら変えてしまっています。

3 地球環境を変えるくらい極端に増えてしまったのは人間だけではありません。最初に地球の大気を変えた生物は単細胞で光合成を行(おこ)なうシアノバクテリア*だと言われています。

4 シアノバクテリアは約27億年前に光のエネルギーを使って大気中の二酸化炭素から酸素と糖をつくる光合成を最初に始めたと考えられています。このしくみは画期的で、光と二酸化炭素さえあればいくらでも栄養(糖)を作ることができてしまいます。そのため、栄養のⓑ乏しかった当時の地球で大繁殖し、その結果もともと地球大気にはほとんどなかった酸素の濃度が、恐竜が出てくる少し前の古生代ペルム紀*には35％近くまで上昇してしまったとⓒスイテイされています。現在、大気中の二酸化炭素濃度が0・01％上がっただけで温暖化が問題になっていることを考えると、これは恐ろしい環境破壊です。

5 このときの酸素濃度は現在の酸素濃度(約20％)よりもずいぶん高いですが、そのおかげで巨大な節足動物が繁栄できたといわれています。さらにこの後、次に出現した植物を分解できる真菌(白色腐朽菌)が大繁殖してくれたおかげで現在の濃度にまで下げられたと言われています。生物は、増えられる環境があると後先かまわず限界まで増えてしまう性質を持っているように見えます。

6 このように私たち生物はみんな、生き残り、繁殖することに必死です。そのためには手段も選ばず、それによって大きな問題を引き起こすこともイいとわないように見えます。なぜこんな恐れを知らない困った存在が地球上に生まれたのでしょうか。これは私たちの祖先となる最初の生命(まだ生命と呼べないものだったかもしれません)が増える能力を持ったことの必然的な結果です。増えるという能力は、生物にとっては当たり前の能力ですが、生物以外ではちょっと他に例がないくらい珍しく、そして恐ろしい能力です。次にこの能力の成り立ちと影響について説明してみたいと思います。

7 この増えるという能力はいったいいつ生物に与えられたのでしょうか? それは生命の誕生以前だと考えられています。ただし、生物に増える能力が与えられたというよりは、増える能力を持った物質が生物になったと言うほうが正しいでしょう。

8 最初の生命はおそらく38億年くらい前に生まれたと言われています。生命が生まれる前の原始地球の環境は、まだ大陸はなく、ほとんどが海で覆われているような状態だったようです。

9 そんな環境で、落雷やⓓウチュウからの放射線、隕石(いんせき)、鉱物による反応、地下からの熱水など、いろいろな過程でアミノ酸など最初の生物の材料となるような有機物質が生まれました。有機物質はそのうち地球上のどこかで濃縮されて「ダーウィンのスープ」と呼ばれる有機物質のごった煮のようなものが生まれました。そのごった煮の中で増える能力を持った原始的な生命の元が誕生したと想像されています。

10 しかし、それがどんな物質からできていたのかもわかっていませんし、どこでそれが起きたのかもわかっていません。一応、今のところ一番人気のある説は「リボヌクレオチド」（RNA）と呼ばれる物質が、海底の熱水噴出孔（溶岩で温められた水が噴き出しているところ、要するに海底にある温泉です）か、地上の熱水噴出孔で生まれたとする説ですが、いまだにだれも再現できていません。また、増える能力を持った物質は1種類ではなくて、複数の物質がお互いを増やしあいながら全体として増える分子の集合体だったという説もあります。

11 いずれにせよ、B生命の誕生の元は、自らを増やす能力を獲得した何かだったと考えられています。この説以外にも生命の起源の仮説は様々あるのですが、増える能力を持った物質が生命の元となっているのはほぼすべての仮説で共通するところです。

12 生命誕生がどこでどんな物質から起きたのかも分からないのに、どうして「増える能力をもっていた」なんてことが断言できるのでしょうか。それは今の生物の姿を考えると、進化というしくみなしでは達成できないはずで、そして進化を起こすためには「増える能力」がどうしても必要だからです。

13 すべての生物は進化をします。「進化」という言葉はいろいろな分野で少し違った意味で使われていますが、ここでの「進化」は生物学的な進化を指します。すなわち、ダーウィンが述べた「多様性を持つ集団が自然選択を受けることによって起こる現象」のことです。

14 この進化の原理はとても単純です。[i]、生物は同じ種であっても個体ごとに少しずつ遺伝子が違っていて、その能力にも少しだけ違いがあること、[ii]能力に多様性があることを前提とします。

15 [iii]、池の中にミジンコがたくさんいて、みんな少しずつ泳ぐ速さが違うといった状況をイメージしてください。泳ぐのが速いミジンコは、泳ぐのが遅いミジンコよりもきっと餌を多く手に入れることができるでしょうし、ヤゴなどのⓔテンテキから逃げやすいので長く生き残ってたくさんの子孫を残すでしょう。そして

[X]

16 この子孫を残しやすい性質が集団内で増えていく現象が「自然選択」と呼ばれます。多様性があってそこに自然選択が働くと、より子孫を残しやすい性質がその生物集団に自然に広がっていくことになります。

17 このように集団の性質がどんどん変わっていくことが生物学的な「進化」と呼ばれます。自然選択が起こると特定の性質が選ばれるので、一時的に多様性は小さくなってしまいますが、そのうち遺伝子に突然変異が起きてまたいろいろ性質の違う個体が生まれると多様性は回復します。そしてまた自然選択が起こり、進化が続いていくことになります。

18 ここで例として挙げた進化では泳ぐのが速くなるくらいの小さな変化ですが、おそらくこれを気の遠くなるほど続けた結果が、私たち人間を含む現在に生きる生物たちです。私たちの祖先は細菌のような単細胞生物だったと言われていますが、このような多様性と自然選択を気の遠くなるような数だけ繰り返して、より生き残りやすい性質を生み出し選んできました。その結果、現在の私たち人間や、現在生きているすべての生物のような複雑な生物へと進化していったと考えられています。

19 増える能力の話に戻ります。実は、進化が起こるには増える能力が前提として必要です。つまり、C増えなかったら進化することはあり得ません。

20 たとえば、増える能力を持たない岩石を考えてみましょう。岩石にも多様性があります。河原にある様々な石を思い浮かべてみてください。丸い石、ごつごつした石、平べったい石など形もいろいろですし、石のでき方によって種類も、チャート、砂岩、石灰石、蛇紋岩など様々です。この違いによって、石ごとに硬い、柔らかい、脆(もろ)いなど性質が異なります。つまり性質に多様性があります。この性質の違いにより自然選択がおこり、何年も経(た)ったあとの残りやすさに違いが生まれます。たとえば、砂岩などは比較的柔らかいので他の岩石よりも早く風化してなくなり、ほかのもっと硬い岩石はずっと形を保って残り続けることになるでしょう。

21 ここまでの現象は、必要な時間は違いますがミジンコと同じです。しかし、ミジンコとは違って岩石は自らを増やすことはありません。したがって、どんなに生き残りやすい丈夫な性質を持っていたとしても、その性質が次世代に受け継がれることはありませんし、集団内に広がることもありません。いつかは砕けてしまって、また上流から新しい石が流れてきて、元の状態に戻るだけです。

22 ここに増えるものと増えないものの違いがあります。ミジンコは増えて、どんどん性質がその環境に適したものに変化していきます。1億年前のミジンコは現在のミジンコときっと異なる性質を持っていました（少なくともDNA配列は大きく異なるはずです）。一方で増えない岩石は変化することはありません。1億年前の河原にあった石の性質は、現在の河原にある石の性質と変わることはないはずです。

（市橋伯一(いちはしのりかず)『増えるものたちの進化生物学』による）

（注）＊シアノバクテリア＝光合成を行う原核生物。ラン藻とも呼ばれる。
＊古生代ペルム紀＝古生代最後の紀。シダ植物や裸子植物が繁栄し、巨大な両生類や虫類が生息した。
＊ダーウィン＝チャールズ・ダーウィン（一八〇九〜一八八二）。イギリスの地質学者・生物学者。
＊種＝生物群の分類学上の基本単位。
＊ミジンコ＝池や沼に生息する小さな甲殻類。
＊DNA＝デオキシリボ核酸。二重らせん構造をしていて、多くの生物で遺伝情報の継承と発現を担(にな)う。

〔問1〕**よく出る** 二重傍線部ⓐ〜ⓔのカタカナは漢字に書き改め、漢字は読みをひらがなで記しなさい。（一点一画を正確に書くこと。）（各1点）

〔問2〕太線部ア「危惧される」・イ「いとわない」の本文

中における意味として最も適切なものを、次の①～⑤のうちからそれぞれ一つずつ選んで答えなさい。（各2点）

ア、危惧される　①指摘される　②心配される　③注目される　④当然視される　⑤重要視される

イ、いとわない　①理解しない　②考慮しない　③想像できない　④いやがらない　⑤がまんしない

〔問3〕基本　空欄 i ～ iii に当てはまる語句の組み合わせとして最も適切なものを、次の①～⑤のうちから一つ選んで答えなさい。（2点）

①［i そもそも　ii また　iii 一方で］
②［i つまり　ii すなわち　iii ところで］
③［i まず　ii つまり　iii たとえば］
④［i すなわち　ii 一方で　iii そして］
⑤［i たとえば　ii むしろ　iii また］

〔問4〕傍線部A「それは人間も例外ではありません。」とあるが、「それ」はどのようなことか。その説明として最も適切なものを、次の①～⑤のうちから一つ選んで答えなさい。（3点）

①生物は子孫を残そうとする本能を持ち、環境が許す限界まで増えてしまうものだということ。
②生物は子孫を残したいという欲求から、とめどなく増えて最終的に自滅するものだということ。
③生物は子孫を残したいという欲求に歯止めが効かず、増殖と減衰の波をくり返すものだということ。
④生物は子孫を残したいという欲求を持つが、餌の量などの条件に生息数を限定されるものだということ。
⑤生物は子孫を残そうとする本能に忠実で、際限なく増殖して地球環境まで変えてしまうものだということ。

〔問5〕4・5段落の内容として間違っているものを、次の①～⑥のうちから二つ選んで答えなさい。（解答の順番は問わない。）（各3点）

①約27億年前、地球で最初に光合成を始めた生物はシアノバクテリアだと考えられている。
②シアノバクテリアが光合成を始める前の地球大気に、酸素はほとんど存在しなかった。
③栄養の乏しかった当時の地球において、光合成は光のエネルギーを使って大気中の二酸化炭素から栄養を作り出す画期的なしくみだった。
④シアノバクテリアが大繁殖した結果、地球の二酸化炭素濃度が大幅に上昇して環境破壊につながった。
⑤自らが招いた環境破壊によってシアノバクテリアが数を減らし、代わって巨大な節足動物が地球上に繁栄した。
⑥真菌（白色腐朽菌）が繁殖して植物を分解した結果、大気中の酸素濃度が現在の水準まで下げられた。

〔問6〕傍線部B「生命の誕生の元は、自らを増やす能力を獲得した何かだったと考えられています。」とあるが、それはなぜか。その理由として最も適切なものを、次の①～⑤のうちから一つ選んで答えなさい。（4点）

①38億年くらい前、落雷や放射線、隕石等の要因で有機物質が一気に増え、そのごった煮の中から原始的な生命が生まれたと考えられるから。
②生命の始まりは、原始地球において複数の物質がお互いを増やし合いながら増殖する分子の集合体になっていった現象だとする説が有力だから。
③複雑なしくみを持つ現在の生物の姿から、生命は進化という過程を経て今に至っていると考えられ、進化を起こすためには増える能力が不可欠だから。
④自らを増やす能力を持った物質でなければ、現在の地球に見られるように多様な生命が花ひらいている現象を作り出すことはできないと考えられるから。
⑤生命をつなぐためには環境に順応できる生物集団である必要があるが、環境に合う遺伝子を持つ個体が自らを増やすことでそのような集団が形成されるから。

〔問7〕空欄 X に入る文として最も適切なものを、次の①～⑤のうちから一つ選んで答えなさい。（4点）

①しだいに池に生息する生物の中でミジンコ集団の優位が確立していくことでしょう。
②次の世代のミジンコ集団では泳ぐのが速いミジンコの割合が増えていることでしょう。
③餌が足りなくなってそれ以上増殖できなくなるまで際限なく増え続けることでしょう。
④子孫を残しやすい遺伝子をもつ種が、食物連鎖の世界で生き残っていくことでしょう。
⑤長い年月を経てミジンコの能力が他の種に比べて優れたものとなっていることでしょう。

〔問8〕傍線部C「増えなかったら進化することはあり得ません。」とあるが、筆者がそのように考えるのはなぜか。その理由として最も適切なものを、次の①～⑤のうちから一つ選んで答えなさい。（4点）

①増える能力がないと、自分の力で変化していくことができず、進化に必要な多様性が生まれないから。
②増える能力がないと、次世代へと生命が連鎖する現象が起きず、進化に特有の自然選択が生じないから。
③増える能力がないと、進化に必要な気が遠くなるほどの年数を経るうちに、風化して消滅してしまうから。
④増える能力がないと、自然選択が起きたあと特定の性質の個体ばかりが残って、多様性が回復しないから。
⑤増える能力がないと、環境に適した性質がその個体のみにとどまり、次の世代へ受け継がれていかないから。

〔問9〕思考力　点線部「恐ろしい能力です。」とあるが、筆者が「増える能力」を「恐ろしい能力」だと述べるのはなぜか。本文から読み取れるその理由として適切なものを、次の①～⑥のうちから二つ選んで答えなさい。（解答の順番は問わない。）（各3点）

①4～6段落にあるように、すべての生物は子孫を増やすことに必死で、環境破壊などの問題を引き起こしてしまう困った存在だが、それは生物が「増える能力」を持ったことの必然的な帰結だから。
②7～9段落にあるように、「増える能力」は、いつどのようにして獲得されたのかは全く不明だが、原始地球の過酷な環境下でも生命をつないだ神秘的な能力で

あることは間違いないから。

③ 11 段落にあるように、生命の成り立ちについての仮説は様々あるなかで、「増える能力」を獲得した物質が生命の元となったという説は、他の仮説を駆逐してしまうほどの絶対的なものだから。

④ 16・17 段落にあるように、「増える能力」によって生物は進化することができるが、そのためには自然選択が働く必要があり、選ばれなかった生物は死滅するという悲惨な運命をたどるから。

⑤ 18・19 段落にあるように、生物は「増える能力」を持ったことで進化という驚くべきプロセスをたどり、その結果、現在のように複雑で多様な生物が地球上に現れることになったから。

⑥ 21・22 段落にあるように、一億年前からほとんど変わらない岩石に比べて、「増える能力」を持つ生物は環境に合わせてどんどん性質を変化させ、この先どんな存在になるか想像もつかないから。

三 (小説文)文脈把握・内容吟味

次の文章を読んで、後の問いに答えなさい。(計31点)

かち、かち、という音がするので見ると、隣の席に座っている女の子が、銀色の小さな機械を押しているのだった。午後いちばんの授業でお腹(なか)はいっぱい、よく晴れていて [i] あたたかい五月の陽気、さっぱり理解できない講義内容、という三つがかさなって、眠さは頂点に達していた。教室のほとんどの学生が、うつらうつらしていた。教授の声が遠くのさざなみのように引いては寄せ、寄せては引いてゆく。

あ、もう眠る、と、気が遠くなりかけた瞬間に、かち、かち、という音は聞こえてきたのである。

じっと見ているあたしに気づいたのだろう、女の子はこちらを振り向いた。

「なあに」

女の子は聞いた。

「いや、その、銀色の」

A あたしはどきどきしながら、答えた。

女の子の瞳は、片方が水色だった。そして、もう片方が茶色。

「これ？　カウンター機。ほら、交通調査とかに使う」

女の子は言い、それからすぐに、

「うん」

とつぶやき、カウンター機をまた一回押した。

かち。

教壇に立っている教授が、ちらりとこちらを見る。

授業が終わってから、あたしと女の子はなんとなく一緒に教室を出た。あたしは、掲示板の方へと歩いていった。休講のお知らせがないかと思って。

明日の授業は全部、変わりなく平常どおりおこなわれるようだった。

「昔は、大学って、もっとばんばん休講になってたんだって」

という声が隣から聞こえてきて、あたしはびっくりした。あの女の子だった。まだいたのだ。

「そうなんだ」

あたしは慎重に答えた。

「母親が言ってた。で、学生も、どんどんさぼったんだって。あんたは真面目すぎるって、よく言われる」

「そうなんだ」

あたしはあいまいに繰り返した。女の子は、あたりまえのようにあたしの横に立って、これから先もずっと一緒にいるのだというように、親しげにほほえんでいる。

(どうしよう、このままついてきちゃったら)

けれど、女の子はあたしの予想に反して、すぐに、

「じゃ」

と言い、あたしに背を向け、すたすたと歩いていってしまった。

途中で、かち、というカウンター機を押す音が、またした。日ざしが強かった。B 新緑が、目に痛いようだった。

次の週の同じ時間、あたしはまた教室で女の子に会った。

「あっ、こんにちは」

女の子は言い、カウンター機を一回かち、と鳴らした。

「それ、何を数えてるの」

あたしが聞くと、女の子は小さく笑った。何を数えているかについては答えないまま、女の子は反対に聞き返してきた。

「わたし、日文*の二年生。あなたは」

「英文。二年生」

あたしたちは、なんとなくほほえみあった。ほとんど意味のないほほえみ。でも、それ以来あたしたちは、授業が終わった後には、一緒に駅まで歩くようになった。

女の子の名前は、上原菜野(なの)といった。

「あなたは」

そう聞かれて、あたしは少しためらった。

「島島英世(ひでよ)」

しまじまひでよ。上原菜野は、つぶやいた。

「へんな名前でしょ」

早口で言うと、上原菜野は首をかしげ、

「でも、あたしの、違う色の両方の瞳よりは、へんじゃないよ」

と言った。

その日はじめて、あたしたちはすぐに電車に乗らないで、駅前でコーヒーを飲んだ。自動販売機で、あたしは微糖のを、上原菜野はミルクと砂糖がたくさん入ったのを、選んだ。コーヒーを飲みながら、上原菜野は二回カウンター機を押した。

「あのね、これ」

上原菜野は言った。

「気持ちが動いた時に、押すの」

ふうん、と、あたしは答えた。

「今は、どんなふうに気持ちが動いたの」

そう聞くと、上原菜野は少し考えてから、こう答えた。

「うれしい、と、おいしい」

そのころあたしは、ちょっとややこしい恋愛をしていた。

ずっとつきあっていたハルオが、よその子を好きになって、別れたのはいいんだけれど、すぐにまた戻ってきてしまった、という状態だったのだ。

ごめん、許してほしい、やりなおしたい。

ハルオは拝むようにして、頼んだ。

あたしは、ふられて、ものすごく傷ついていた。ようやく忘れかけていたところだった。でも、ハルオに拝まれて、あたしは嬉しくなってしまった。よりは戻った。

けれど、ものごとは、そううまくは運ばない。せっかくハルオとつきあっても、前とは何かが違ってしまっていた。好き。でも、もどかしい。だけど、好き。

恋愛の相談は、あたしは誰にもしない。親しい友だちにもしないし、むろん知り合ったばかりの上原菜野にもしなかった。

X だけど、結局あたしは、上原菜野に助けられることになる。

カウンター機方式を、あたしは試してみることにしたのである。

ハルオといる時に、どのくらい気持ちが動くか。それを、数えてみることにしたのだ。

びっくりした。

白、五。黒、十八。

それが、ハルオと過ごした五時間のあいだの結果だった。

白は、楽しい方に気持ちが動いた回数。

黒は、いやな感じ方面に気持ちが動いた回数。

あたしは、カウンター機を二つ用意したのだ。

左右の手に一つずつ握りこんで、かち、かち、と、押していった。左手は、白い気持ち。右手は、黒い気持ち。ハルオがいくら訊ねても、何を数えているのかは教えてあげなかった。

その夜、カウンター機の数字をじいっと見ながら、あたしは［ ii ］思った。

十八回も、いやな気持ちになったんだ。

あんまり黒い気持ちの方が多かったので、げんなりするよりも前に、C しんとした感慨深い気持ちになった。

「こりゃ、だめだ」

あたしは、声に出して言ってみた。

五対十八。その数字を見た瞬間に、すでにハルオとのつきあいはやめようと思っていたけれど、こうやって声に出してみると、そのことはもう確定的になったような気がした。

あたしは翌日、静かにハルオに言った。別れよ。

うん。ハルオは答えた。そして、さみしそうに、［ iii ］頷いた。

カウンター機を持っているあたしを見て、上原菜野は目をまるくした。

「それって」

上原菜野は言った。

「うん。上原さんの真似して、あたしも数えてみることにしたの」

「でも、二つある」

あたしは、左手の機械に白い気持ち、右手の機械に黒い気持ちを担当させていることを、告げた。上原菜野は、首をかしげた。

「島島さんは、真面目なんだね」

「えっ、どうして」

「気持ちを、ちゃんと分類しようとするなんて、真面目だよ」

「上原さんは、白黒わけないの」

「うん。だって、いい気持ちがほんとうはいやな気持ちだったり、反対に、いやな気持ちが、後で考えると、楽しい気持ちとつながってたりするから、わたしは、自分の気持ちをちゃんと分類するのが、めんどくさいって思っちゃうんだ」

気持ちを分類するのって、めんどくさい。

上原菜野の言葉に、あたしはちょっとショックを受けた。

「でも、わたしだってやっぱり、島島さんと同じように、真面目なんだね。その証拠に、こうやって［ iv ］自分の気持ちを数えてるわけだし。なかなか母親の言うようには、不真面目になれないよね、わたしたち世代は」

上原菜野は、なぐさめともぼやきともつかないことを言い、カウンター機を、かち、かち、かち、と押した。

「三回ぶんのカウントのうちわけ。かわいそう。でもわかる。ちょっとしょんぼり」

上原菜野は、言った。そして、D 照れたようにほほえんだ。

五対十八。

その数を、あたしはその夜もう一度、考えてみた。

ハルオを嫌おうとして、あえて黒い気持ちをどんどんつのらせていったのかな。

いやいや、やっぱりいやな感じ方面の気持ちが、ハルオと会っている間に自然にやってきたのは事実だし。

でももしかすると、上原菜野の言うように、いやな感じ方面の気持ちが、実はハルオ大好きっていう気持ちと遠くでつながっているっていう可能性も。

いやいやいや、ハルオってようするに、少しもてるからってすぐに浮気しちゃうような男だよ。

ああ、やっぱりあたしまだ、ハルオが好きみたい。

ばか。

ばかばかばか。

もう、ほんとに、ばか。

あたしの気持ちは、ぐるぐるとまわり、あっちへ行き、こっちへ戻り、裏も表も白も黒もごっちゃになっていった。

なるほど。

あたしは思った。

気持ちは、分類できない。それなら、カウンター機を二つも持ってても、しょうがないんだな。

E あたしは片方のカウンター機を、机の奥深くにしまった。

ハルオとは、今も時々会う。映画を見たり、カラオケに行ったり、たまには手をつないだりする。

「やっぱり、気持ちって、分類できないね」

あたしは上原菜野に言った。

「ねえ、島島さん」

「なあに」

「島島っていう名字、わたしとっても、好き」

そう言って、上原菜野はカウンター機を、かち、と鳴らした。

「うれしい」

あたしも答え、カウンター機を、かち、と鳴らした。

うしろの席から、顔見知りの中文の女の子が、聞いた。

「それ、何するもの。かち、かち、って、いい音だね」

あたしと上原菜野は、しばらく顔を見合わせていた。

それから、同時に答えた。

「ただの、おまじない」

授業の始まりを告げる鐘が鳴った。あたしと上原菜野は、カウンター機をそれぞれのペンケースにしまった。それから、教科書とノートを、いそいでかばんから取り出し、午後いちばんの眠くてわかりにくい授業にそなえた。

（川上弘美「真面目な二人」による）

（注）＊日文＝日本文学専攻の略。この後に出てくる「英文」は英米文学専攻の略、「中文」は中国文学専攻の略である。

〔問1〕**基本** 空欄 i ～ iv に当てはまる語句の組み合わせとして最も適切なものを、次の①～⑤のうちから一つ選んで答えなさい。（2点）

① [i ほのぼのと　ii じっくり　iii ぽそりと　iv 大袈裟に]

② [i うらうらと　ii ふつふつ　iii しょんぼりと　iv 悠長に]

③ [i ぬくぬくと　ii いらいら　iii しっかりと　iv 正確に]

④ [i ぽかぽかと　ii しみじみ　iii こくりと　iv 律儀に]

⑤ [i さんさんと　ii つくづく　iii しんしんと　iv 静かに]

〔問2〕傍線部A「あたしはどきどきしながら、答えた。」とあるが、この時の「あたし」の気持ちの説明として最も適切なものを、次の①～⑤のうちから一つ選んで答えなさい。（4点）

①女の子の挙動が気になるものの、授業中に関係のない話をすれば教授から注意されるのではないかと警戒する気持ち。

②普通は交通調査員しか使用しないカウンター機を、大学の講義でいったいどのように使うのだろうかと怪しむ気持ち。

③ぶしつけに見つめていたことを気づかれ、とっさに出た自分の言葉に対し相手がどう応えるかわからず不安な気持ち。

④教室で出会った個性的な女の子と友人になることで、つまらない日常を変えてくれるのではないかと期待する気持ち。

⑤親しい友人でもない女の子の言動を盗み見ようとしていたことを、周りから責められるのではないかと恐れる気持ち。

〔問3〕傍線部B「新緑が、目に痛いようだった。」とあるが、この情景描写から読み取れる「あたし」の気持ちとして最も適切なものを、次の①～⑤のうちから一つ選んで答えなさい。（4点）

①一方的に話しかけてくる女の子をはじめは迷惑だと思っていたが、自分の冷たい態度のせいで女の子が離れていってしまい、友人になる好機を失ってしまったようで、寂しさを感じている。

②真面目なところが自分と似ており、この先仲良くなれるかもしれないと期待していたにもかかわらず、突然女の子が「あたし」への関心を失い去っていってしまったことで、拍子抜けしている。

③気づかないうちに自分の隣に立っていたり、カウンター機で得体の知れないものを計測したりしているなど、女の子の予測不能な様子にどこか違和感を覚え、なるべく距離を置こうとしている。

④家庭の様子を持ち出して積極的に話しかけてくるかと思えば、途中で気分が変わり、今度は「あたし」を無視しようとしてくる女の子に振り回され、自分のペースで行動できず、不快に感じている。

⑤それほど言葉を交わしたわけでもないのに急に友達のように振る舞う女の子に戸惑いを覚えたものの、かといって「あたし」に執着する様子も見せず自由に行動する女の子に、強烈な印象を抱いている。

〔問4〕傍線部C「しんとした感慨深い気持ちになった。」とあるが、それはなぜか。その理由として最も適切なものを、次の①～⑤のうちから一つ選んで答えなさい。（4点）

①ハルオと一緒にいることでいやな気持ちになることの方が圧倒的に多かったということがわかり、これまでその気持ちに向き合うことをしてこなかった自分に気づかされたから。

②カウンター機を使うことで自分の気持ちが数値化され、ハルオが嫌いだということが自覚されたが、そんな自分の気持ちにハルオはまるで気づいていなかったのだとわかったから。

③今までは自分でも本当にハルオのことが好きなのかどうかがわからなかったが、カウンター機の数字を根拠にすることで、やっとハルオと別れる口実ができたと思い、ほっとしたから。

④ハルオを本心では嫌っていながらも、自分の存在価値を認めてもらいたいがために、無理して彼と付き合いを続けていた自分のことが打算的に思われてきて、嫌になってしまったから。

⑤ハルオを嫌いな気持ちが大きいことがわかり自分でも驚いたが、ハルオの知らぬ間に彼を評価し別れを切り出すことで、浮気して自分を傷つけた彼を出し抜くことができると思ったから。

〔問5〕**難** 傍線部D「照れたようにほほえんだ。」とあるが、上原菜野がここで「ほほえんだ」のはなぜか。その理由として最も適切なものを、次の①～⑤のうちから一つ選んで答えなさい。（4点）

①自分の気持ちを「あたし」に正直に打ち明けてしまった気まずさを取り消すため。

②つい真面目に自分の気持ちを仕分けようとしてしまう「あたし」に共感を示すため。

③無理に自分の気持ちを数値化しない方が気楽に生きられると「あたし」を諭すため。

④結局は「あたし」と同じくカウンター機で気持ちを分類してしまう自分を卑下するため。

⑤もっと不真面目になれという母親の言葉には従わなくてよいと「あたし」を慰めるため。

〔問6〕傍線部E「あたしは片方のカウンター機を、机の奥深くにしまった。」とあるが、なぜ「あたし」はこのような行動をとったのか。その理由として最も適切なものを、次の①～⑤のうちから一つ選んで答えなさい。（4点）

①本来気持ちというものは常にぐるぐると動き続けるものので、自分でも正確に把握することが難しいため、これからはもう心の動きをいちいち数えたり、それに振り回されたりするのはやめようと決意したから。

②自分を裏切ったハルオのことがどうしても許せなかったものの、それも愛ゆえの感情であると気づき、これからは嫌な気持ちは数えることなく、前向きな気持ちだけを大切にしていきたいと思うようになったから。

③はじめは真面目に数を使って気持ちを分類しようとしたものの、人の感情のとらえどころのなさに気づき、今後はカウンター機の示す数字には頼らず目の前にいる人間との心のやりとりを大事にしたいと感じたから。

④好きという気持ちと嫌いという気持ちはどちらかに仕分けられるものではなく、両方ともハルオに執着する心の表れであると言え、ハルオに対する諦めきれない気持ちを、いっそのこと封印してしまいたいと思ったから。

⑤相反するように見える感情も、どこかでつながっているように思われてきたため、たとえ自分の気持ちを自覚することはできても、それを効率よく分類できるほど人の心というものは単純ではないのだと気づかされたから。

〔問7〕二重傍線部X「だけど、結局あたしは、上原菜野に助けられることになる。」とあるが、この一文が本文中で果たしている役割について説明したものとして最も適切なものを、次の①～⑤のうちから一つ選んで答えなさい。（4点）

①二つのカウンター機がこの後、上原菜野と本当の意味での友人になるための仲立ちとなることを象徴している。

②上原菜野と親しくなることで、結果的にハルオと別れることに成功したことを、現在の視点から振り返っている。

③上原菜野と同様にカウンター機を使い、恋愛の複雑さを受け止められるようになるという、後の展開を示している。

④誰にも恋愛相談をすることができない孤独な状況から解放されたきっかけが、上原菜野にあることを示唆している。

⑤上原菜野の真似をしたことでかえってハルオとの恋愛が失敗に終わってしまうことを、皮肉を込めて表現している。

〔問8〕本文の内容と表現について説明したものとして最も適切なものを、次の①～⑤のうちから一つ選んで答えなさい。（5点）

①小説全体を通じて「真面目」「不真面目」という言葉が繰り返し登場することによって、真面目に授業に出席する若者世代と、不真面目でも学生生活を謳歌していた親世代との価値観の衝突が示されている。

②「島島」という同じ漢字が連なる一風変わった主人公の名字は、上原菜野との性格の違いを表現しており、全く異なる二人の間に奇妙な友情が成り立つという小説の展開を支えている。

③上原菜野が左右でそれぞれ色の違う目をしていることは、主人公が、二つのカウンター機を用いて自分の感情を白と黒の二つに分類しようと思いつくことになる原因として機能している。

④「ばかばかばか。」など感情を露わにした独白を多用することによって、思い込みが激しく、自分の至らないところをすぐ他人のせいにしてしまう主人公の自分勝手な性格が表現されている。

⑤小説の冒頭と最後で「午後いちばんの授業」という同じ場面が設定されることによって、表面上の大学生活に何ら違いはないものの、主人公の内面は大きく変化していることを際立たせている。

三（古文）口語訳・内容吟味

次の文章を読んで、後の問いに答えなさい。（計31点）

＊成通卿、ア年ごろ、＊鞠を好み給ひけり。Aその徳やいたりにけむ、ある年の春、鞠の精、＊懸りの柳の枝にあらはれて見えけり。＊みづら結ひたる小児、十二三ばかりにて、青色の＊唐装束して、いみじくうつくしげにぞありける。

なにごとをも始むとならば、底をきはめて、Bかやうのしるしをもあらはすばかりにぞ、＊せまほしけれど、かかる＊ためし、いとイありがたし。

されば、

C学ぶ者は牛毛のごとし。得る者は＊麟角のごとし

ともあり。

また、

することかたきにあらず。よくすることのかたきなり

ともいへる。Dげにもとおぼゆるためしありけり。

（『十訓抄』による）

（注）＊成通卿＝藤原成通（一〇九七～一一五九？）。平安時代の貴族。
＊鞠＝蹴鞠のこと。庭で鞠を蹴って勝敗を競うもの。
＊懸り＝蹴鞠の場の四隅に植えた木。
＊みづら＝平安時代の少年の髪型。
＊唐装束＝中国風の服装。
＊せまほしけれど＝したいものであるが。
＊ためし＝例。
＊麟＝想像上の動物の名。

〔問1〕よく出る 点線部ア「年ごろ」・イ「ありがたし」の本文中の意味として最も適切なものを、次の①～⑤のうちからそれぞれ一つずつ選んで答えなさい。（各2点）

ア、年ごろ
①時折
②最近
③以前
④長年
⑤一年間

イ、ありがたし
①不思議だ
②心ひかれる
③めったにない
④驚きあきれる
⑤あってはならない

〔問2〕傍線部A「その徳やいたりにけむ」の解釈として最も適切なものを、次の①～⑤のうちから一つ選んで答えなさい。（4点）

①成通卿の生まれもった性格や人柄が人よりもたいそう優れていたからだろうか。
②成通卿の神仏を信じる気持ちの強さがどれほどかを試そうとしたからだろうか。
③成通卿の蹴鞠の神様に会いたいという強い願いが聞き入れられたからだろうか。
④成通卿の蹴鞠の技術や才能が周囲であまりにも評判になっていたからだろうか。
⑤成通卿の蹴鞠への思いや取り組みがこのうえなく素晴らしかったからだろうか。

〔問3〕傍線部B「かやうのしるし」とはどのようなことを指すか。最も適切なものを、次の①～⑤のうちから一つ選んで答えなさい。（3点）

①美しい少年が青い装束を着て成通を迎えに来たこと。
②春の精が蹴鞠をする成通を木の上から見ていたこと。
③美しい少年のような姿をした鞠の精が姿を現したこと。
④蹴鞠がうまくいかない成通を鞠の精が励ましに来たこと。
⑤柳の木の上にたくさんの少年の姿をした鞠の精が現れたこと。

〔問4〕傍線部C「学ぶ者は牛毛のごとし。得る者は麟角のごとし」とあるが、ⅰ「牛毛」とⅱ「麟角」はそれぞれどのようなことを指しているか。最も適切なものを、次の①～⑥のうちからそれぞれ一つずつ選んで答えなさい。（各2点）

①柔軟であること　②多才であること
③怠惰であること　④めずらしいこと
⑤意志が固いこと　⑥多数であること

〔問5〕傍線部D「げにもとおぼゆるためしありけり。」の解釈として最も適切なものを、次の①～⑤のうちから一つ選んで答えなさい。（4点）

①なるほど確かに、その通りだと思われる例はあるものだ。
②まったく本当に、不思議に感じられる前例があるものだ。
③覚えておいて紹介したいと思う、優れた前例があるものだ。
④いかにもこの例に当てはまる、巧みな言い回しがあるものだ。
⑤まさか実際にはあり得ないだろう、と感じる例もあるものだ。

〔問6〕この本文は、「出来事」と「筆者の感想」の大きく二つの部分から構成されている。「筆者の感想」はどこから始まるか。最初の三字を抜き出しなさい。（句読点を含む。）（3点）

〔問7〕この文章における筆者の考えに合致するものとして最も適切なものを、次の①～⑤のうちから一つ選んで答えなさい。（4点）

①成通のように信仰心や人徳をもって自分の願いや目標を貫き通すことができれば、おのずと才能や努力は認められるものである。
②成通のように物事を徹底的にやり通すことが大切であるが、成通ほどに何かを成し遂げるのは難しく簡単にはできないことである。
③成通のように多方面の才能を持った人物は世間にはなかなかおらず、諸芸に秀でるというのは並大抵の努力ではできないものである。
④成通のように霊験あらたかな経験をすることは賞賛されるべきことであり、このような出来事は後世まで語り継がれるべきことである。
⑤成通のように何事にも挑戦することで思いがけず頭角を現すこともあるが、実直に努力を重ねることで身に付くことの方が多いものである。

〔問8〕**新傾向** 本文と同様のエピソードが他の資料にも記されている。次に示す【資料】は、鞠の精が「蹴鞠を好むと後世への幸せにつながる」という考えを述べた部分である。この【資料】から読み取れることとして最も適切なものを、次の①～⑤のうちから一つ選んで答えなさい。（5点）

【資料】

人の身には一日の中(うち)にいくらともなきおもひ、みな罪なり。鞠を好ませ給ふ人は、庭にたたせ給ひぬれば、鞠の事より外に思(おぼ)しめす事なければ、自然に後世の縁となり、功徳(くどく)すすみ候(さぶら)へば、必ず好ませ給ふべきなり。

（『古今著聞集(ここんちょもんじゅう)』による）

①人間には数えきれないほどの欲念があり、それは罪深いことである。しかし、蹴鞠をしている時は心を散らさずに済むため、成通のように蹴鞠を好むことが功徳となるのである。
②人間は自分のことばかり考えがちであり、それは罪にあたる。しかし、自分のことよりも蹴鞠のことを優先すれば、成通のように徳が積もり積もって才能として現れるのである。
③人間が様々に物思いをすることは、すべて罪である。しかし、成通のように並々ならぬ思いがあればそれは徳となるため、来世でも諸芸に秀でた人物として生まれ変わるのである。
④人間が一つのことに執着するのは罪である。しかし、蹴鞠を好む人は庭に立てば鞠への執着も忘れ自然と功徳を積むことができるため、成通のような不思議な縁につながるのである。
⑤人間が抱く思いは全て欲望であり、それは罪にあたる。しかし、蹴鞠においては自らの力量を周囲に誇示しさえしなければ、おのずと成通のような霊験あらたかな出来事も生じるのである。

お茶の水女子大学附属高等学校

時間 50分　満点 100点　解答 P54　2月13日実施

出題傾向と対策

●論説文、小説文、古文の大問三題構成は例年どおり。漢字、語句の意味、空欄補充問題などは基礎力を問うレベルのもの。選択肢にも紛らわしいものはなく選びやすい。古文の記述問題の難度は標準だが、論説文と小説文の記述問題は難しく、丁寧な読解とまとめる力が必要。

●古文は、重要古文単語を覚え、主語を補いながら話の展開を正確に読み取る練習を。論説文と小説文は、記述力を磨くことに重点を置く。本文の内容を説明する形の記述問題が多いので、本文を丁寧に読むことも大切。

注意　字数制限のある問いについては、特に指示がない限り、句読点・記号も一字として数えなさい。

一 （論説文）文脈把握・内容吟味・要旨

次の文章を読んで、あとの問いに答えなさい。

一般に、オノマトペはその言語の母語話者にはしっくりくる。まさに感覚経験を写し取っているように感じられる。ところが、①非母語話者には必ずしもわかりやすいとは限らない。実際、日本語のオノマトペは、外国人留学生が日本語を学ぶ際の頭痛のタネになっている。「髪の毛のサラサラとツルツルはどう違うの？　全然わからない！」と彼らは言う。

感覚を写し取っているはずなのに、なぜ非母語話者には理解が難しいのか。「感覚を写し取る」というのはそもそもどういうことなのか。この問題は、オノマトペの性質を理解する上でとても重要である。同時にこれは、オノマトペの問題にとどまらず、アートをはじめとしたすべての表現媒体において問われる深い問いなのである。

オノマトペが感覚イメージを写し取ることについて、もう少し深く考えてみよう。対象を写し取るものとしてもっとも直接的で写実的なのは動画や写真だろう。しかし「感覚」は、外界にあるものではなく、表現者に内在するものである。

絵画はどうだろう。写真ほど忠実ではないが、やはり対象を写し取っていると言ってよいだろう。しかし、絵画で大事なのは、表現者の「感覚の表現」であり、多かれ少なかれ絵画の中に見えるものは、表現者の「主観的感覚」である。したがって絵画は、その抽象度において大きな差が生まれる。非常に細密に対象を切り取った［Ⅰ］な絵画は、その対象が誰にでもよくわかる（もちろん、それだけではアートにはならず、どんなに具体的に描かれた対象でも、そこに表現者の「感覚」が表現されてはじめて「アート」であると言える）。他方、抽象絵画は表現者の内的な感覚の表現に重点が置かれ、②特定の対象が同定できないこともよくある。

オノマトペは絵画のように「感覚イメージを写し取る」のであろうか？　オノマトペは、少なくとも当該言語の母語話者はそれぞれ意味を直感的に共有できるので、絵画でいうと、具体的な対象が同定できない抽象絵画よりは、具象絵画に近いだろう。ただし、絵画は原則、鑑賞者の使う言語や文化に関係なく受けとめられることを前提としているが、オノマトペは特定の言語の枠組みの中で理解される。

アイコンはどうだろうか？　そう、コンピュータ画面でアプリやゴミ箱を示したり、街中でトイレや交番などの場所を示したり、メールやSNSなどのデジタルコミュニケーションで感情を伝えたりするための、アレである。

アイコンは、アート性よりは、わかりやすさを重視した記号と言ってよいだろう。ちなみに「アイコン」の語源はギリシア語の「エイコーン eikōn」（ラテン語では「イコン icon」）で、〈偶像、崇拝の対象となる像、象徴〉というような意味を持つ。「感覚イメージを写し取る」という観点からアイコンが興味深いのは、かなり抽象化しているのに、対象がわかりやすい点である。「☺」「(^_^)」のような絵文字・顔文字（emoticon）も、かなりデフォルメ〔注1〕されているにもかかわらず、笑顔であることが一目瞭然である。

実は、オノマトペが注目されている大きな理由は、まさにこの「アイコン性 iconicity」にある。アメリカの哲学者チャールズ・サンダース・パース〔注2〕は、「アイコン」ということばを「性質から対象を指示する記号」という特別な意味で用いた。嚙（か）み砕くと、「表すものと表されるものの間に類似性のある記号」のことである。絵や絵文字は、それらを構成する点や線の組み合わせが対象物に似ているので、パースの意味でも「アイコン」である。ジェスチャーの多くもアイコンである。ステーキを食べるジェスチャーは、実際にナイフとフォークを持っていなくとも、ステーキを食べる動作に似ている。

この定義によれば、オノマトペはまさに「アイコン」である。表すもの（音形）と表されるもの（感覚イメージ）に類似性があると感じられる。日本語の母語話者であれば、「ニャー」というオノマトペであっても、ネコの声に似ていると感じる。音以外を表すオノマトペであっても、たとえば「ピカピカ」という音連続と明るい点滅は似ている気がするし、「ぶらり」という音形も気軽なお出かけにいかにも似合っているように感じられる。しかし、よくよく考えてみると、この「似ている」という感覚は、それ自体どこか曖昧（あいまい）で興味深い存在である。その感覚の出どころについては第2章と第5章で深く考えることにしよう。いずれにしても、音形が感覚にアイコン的につながっているという点で、③オノマトペは「身体的」である。

しかし、ここで、メールやSNSで使うアイコンや街中で見るアイコンと、少なくともパースの定義では「アイコン」とされるオノマトペがどのように違うのかもちょっと考えてみたい。アイコンは視覚的な対象を、視覚の媒体で表すのが普通である。「☺」という絵文字は笑顔という視覚情報を表す。私たちは、アイコンがもとの対象と「似ている」という感覚を持ち、その感覚からアイコンの指し示す対象が何かを認識できる。とくに漫画的な表現では、音や手触り、心情といった目に見えない要素までも比喩的に視覚化することが可能である。たとえば、「Σ(・□・;)」という顔文字では、心的なショックが「Σ」のギザギザで表されている。いずれの例においても、アイコンは[Ⅱ]な記号である。

他方、オノマトペが用いるのは視覚ではない。音声という[Ⅲ]要素である。音と対象が「似ている」と感じることで、音から対象を認識し、イメージすることができる。しかし、視覚的なアイコンと違い、音では、対象となる事物の全体像は写しにくい。たとえば、アイコンでイヌやネコを表すときには、「」「」のようにその全身の形を写し取ることが可能である。一方、「ワンワン」や「ニャー」といったオノマトペは、イヌやネコの鳴き声を写し取ることはできるものの、これらの動物の全体の形を写し取ることはできない。「ギクッ」というオノマトペも、強い驚きを写してはいるものの、「Σ(・□・;)」という顔文字が表すような表情や汗といった要素までは写しきれていない。

つまり、視覚的アイコンは、一度に複数の要素を写し取ることができる。輪郭も写し取れる。そのため、物事の全体を、場合によってはその詳細まで写し取ることが可能となる。それに対し、音声で写すことができるのは、基本的に物事の一部分である。残りの部分については、「ワンワン」ならイヌ、「ニャー」ならネコ、「ギクッ」なら人に知られたくないことを知られた場面、というように連想で補うことになる。

このような連想は、「換喩（メトニミー）」と呼ばれる。国語の時間に詩の表現技法として習う概念である。換喩は、ある概念を、それと近い関係にある別の概念で捉える。「鍋が食べたい」といえば、料理を作るための器である鍋でもって、その中身の料理を指す。「ワンワン」や「ニャー」も、イヌやネコを特徴づける鳴き声をヒントに、その鳴き声の主の情報を読み込む。「ギクッ」はやや[Ⅳ]であるが、驚いた拍子に体がわずかに動く様子（あるいは関節が鳴る音）を音で模すことで、その動きの原因となった気まずい驚きを換喩的に表している。換喩的思考ができるからこそ、人間の言語はオノマトペを発達させられると言ってもいいだろう。

さて、オノマトペが物事の一部分しか写せないのには、オノマトペの[Ⅴ]性質が関わっているものと思われる。「オノマトペは言語である」という性質である。言語は、単語を組み合わせることでさまざまな物事を表す文・発話を構築する。絵文字・顔文字が物事の全体を詳細に写し取る場合には、「」や「Σ(・□・;)」のようにそれだけ複雑な形式が必要となる。同じことをオノマトペで行うとしたらどうだろう？

我々の声というのは、原則、一度に一つの音しか発することができない。したがって、複雑な形式を作る場合は「ニャー」や「ギクッ」のような音数では足りず、長ったらしい発話が必要となってしまうであろう。複雑で長いことばは覚えにくいだけでなく、コミュニケーションに支障をきたす恐れがある。言語の構成要素として効率のよい発話をするためには、オノマトペは簡潔である必要があるのである。簡潔であれば、写し取ることができる対象は限られる。オノマトペが物事の一部分しか真似ることができないのはそのためであろう。

（今井むつみ　秋田喜美『言語の本質』「第1章　オノマトペとは何か」による。本文を改めたところがある）

〔注1〕デフォルメ…自然な形を変えて表現すること。
〔注2〕チャールズ・サンダース・パース…アメリカの哲学者、数学者、科学者（一八三九〜一九一四）。

問一、**基本** [　] Ⅰ・Ⅱ・Ⅲ・Ⅳ・Ⅴに入れるのに最も適切な語を次の中から選び、それぞれ記号で答えなさい。ただし、同じ記号を二度以上使ってはいけません。

ア、視覚的　イ、聴覚的　ウ、具象的
エ、抽象的　オ、根本的　カ、末端的

問二、**難** 傍線部①「非母語話者には必ずしもわかりやすいとは限らない」とありますが、それはなぜですか。この後に述べられている絵画の例を踏まえて、六〇字以内で答えなさい。

問三、傍線部②「特定の対象が同定できない」とありますが、ここでは具体的にどのようなことですか。三〇字以内で答えなさい。

問四、傍線部③「オノマトペは『身体的』である」とありますが、ここでは具体的にどのようなことですか。三〇字以内で答えなさい。

問五、次に示すのは、授業でこの文章を読んだ後のAさんとBさんの会話です。これを読んであとの1・2の各問いに答えなさい。

A「オノマトペって難しいね。」
B「感覚って人類共通だから誰にでもわかると考えていたけど、[i]には理解が難しいことがわかったよ。」
A「筆者は、オノマトペは母語話者には意味が直感的に理解できるから絵画でいうと抽象絵画よりは具象絵画に近い、と説明していたね。」
B「うん。でも絵画は見るものだから言語や[ii]に関係なく理解できることが多いけど、オノマトペは聞いて理解するものだからこそ難しいんじゃない？」
A「どういうこと？」
B「アイコンも例に出して説明していたよね。アイコンは視覚的な対象を視覚の媒体で表すから一目瞭然だけど、オノマトペが用いるのは音声だから違いが大きいんだよ。」
A「確かにそうだね。視覚だと対象の物事全体を写し取ることが可能だけど、音声だと物事の[iii]しか写し取れないからね。それがオノマトペを理解する難しさなんだ。」
B「そうそう。だからオノマトペを理解するには、[　　X　　]んだよ。」
A「なるほど。換喩って連想のことだよね。だから連想できない人には通じないんだ。」
B「しかも長い説明を簡潔に言語化するためにもオノマトペが活躍する。オノマトペが[iv]にしか感覚的にしっくりこないのはそのためなんだね。」

1、[　] i・ii・iii・ivに入れるのに最も適切な語句を本文中からそれぞれ抜き出して答えなさい。

2、[　] Xに入れるのに適切な語句を、本文を踏まえて二五字以内で答えなさい。

三 (小説文)漢字の読み書き・語句の意味・内容吟味

次の文章を読んで、あとの問いに答えなさい。

日中戦争時、西沢部隊の近藤一等兵と平尾一等兵らは、占領直後の常州（注1）に着き、城内（城壁で囲まれた区域内）に集まっていた。

夜が来ると彼等はまた焚火をかこんで A とり止めもない雑談をしながら眠るのであった。

内地（注2）の新聞は俺たちの事をどんなに書いているだろうかということ、大連（注3）以来郷里からの手紙も慰問袋（注4）も貰っていないがどこに溜まっているのだろうかということ。慰問袋というのは後方に居る部隊にばかり渡って前線で本当に働いている部隊には渡らないということ。渡す方法もないのだということ。結局慰問袋は贅沢袋であるに過ぎんじゃないかということ。そして焚火の煙が白く立ちこめて鼻や喉を刺激する中で、ゲエトル（注5）も靴もつけたまま外套（注6）を引っかぶって欠伸をしながらいつの間にか眠ってしまうのであった。

しかしこの同じ夜、城内の臨時負傷兵収容所の風景は B 酸鼻を極めたものであった。

建物は木造に青ペンキを塗った二階建てで何かの役所に使われたもののようであった。二十坪ばかりの広い室の中央に小さいテーブルが置かれ、テーブルの上には一本の蠟燭が長い炎をあげて揺れていた。明りと言ってはこの蠟燭一本だけであったから広い室の中はほとんど物の形もさだかには見えない。この室の床の上に七十六人の負傷兵が横たわっていた。傷が足の方である者や肩の方である者は重傷者の寝る場所をひろげてやるために壁に背をよせかけて踞っている。血の臭いと熱のある a コキの臭いとが蒸れて眼もくらむような空気が立ち罩めている。重傷者は静かな底ふかい声でかすかに呻きつづけ、彼等の間をかきわけるようにして動いている軍医と看護兵との靴音だけが板張りの床に響いた。しかし軍医一人看護兵三人では中々手が回り切らなかった。しかもこの暗さの中では血の固まりと傷口とを見わけることさえも困難であった。

軍医は一人の手当を終えて次の一人に移って行く。すると彼は自分で無器用に包帯を巻いた左手を慄わせながら隣を指して言うのであった。

「軍医殿、この男を見てやって下さい。いま、死んだかも知れません」

軍医は黙って隣の男の瞼を押しひらき、暗い中で額をちかづけてその瞳をのぞきこみ、それから服のボタンをひらいて胸に手を入れて見た。そして前の兵隊のところへ戻って来た。

「もう駄目ですか？」

軍医はそれには答えないでこの兵の傷の手当にとりかかった。兵は傷にさわられる苦痛をこらえながら顔を横に向けて隣の兵の顔と向いあった。そしてしげしげと死顔を眺めるのであった。どこの中隊（注7）の何という兵であるかも知らない、b セイゼンには一度も口をきいたことはなかったであろう。けれども①今はこの兵の顔をよく覚えておいてやろうと思うのであった。その顔はまだ若くて美しかったが、まばらな髯が伸びて永い戦場の疲れが黒い隈のように白い額に翳をつくっていた。

またある兵は腰の関節を弾片でうち砕かれていた。彼は手当をうけながら軍医に向かって言った。

「どの位たったら、また戦線へ出られるでしょうか」

軍医は②乱暴な言葉で、しかし大変に愛情をもった口調で答えてやるのであった。

「馬鹿なことを言え。この傷を見ろ」

「かたわ（注8）になりますか？」

「なるとも」

すると彼は失望してかすかに笑いをうかべ、やがて日本へ帰されて行くであろう自分の病衣を着た姿と、そして故郷の人々との有様を想像して見るのであった。けれどもそのときはまだ不具者になってから何十年の命を生きながらえて行かなければならないということについては全く考えてはいなかった。

まことに戦場にあっては、近藤一等兵がたびたび疑問を抱いているように、敵の命をごみ屑のように軽蔑すると同時に自分の命をも全く軽蔑しているようであった。それは身を鴻毛（注9）の軽きに置くというほどはっきりした意識をもって自己にその観念を強制したものではなくて、敵を軽蔑しているあいだにいつの間にか我とわが命をも軽蔑する気になって行くもののようであった。彼等は自分の私的生涯ということをどこかに置き忘れ、自分の命と体との大切なことを考える力を失っていたとも言えよう。それは一種の神経衰弱にちかい症状であって、彼等が無傷で戦っているあいだはどれほど戦友が斃れようとも覚醒するときのないはげしい c ムユウ状態のようであった。むしろ戦闘がはげしくなればはげしいほど彼等の昏迷はふかかった。そしてひとたび敵弾が彼等の肉体に穴をあけたとき、C 卒然として生きている自分を発見し死に直面している自分をさとるもののようであった。

平尾一等兵は翌日の常州城外の残敵掃蕩（注10）のとき、この不思議な覚醒を経験した。

城外の戦場は一面の畑であった。散兵線（注11）はこの畑の中の全く掩護物（注12）のない平面の上に布かれた。平尾は畑の畝（注13）の低みにころげ込んで銃を撃ちつづけていた。畝の高低の差は僅かに五寸（注14）である。からだがかくされる d ドウリはなかった。

そのとき鋭く彼の鉄兜をかすめた敵弾は背の上を水平に通過して靴の踵を貫き、右足は太腿のあたりまで強い衝撃を感じた。

「やられた！」

彼は全身ぞっと鳥肌立って頭髪がじんと痺れて来るのを自覚した。すると俄かに眼の前にひろがっている戦場の風景がいま始めて見る知らない土地であったように、忽然としてトンネルを出て新しく接した風景であるように感じられた。砲弾の音がはっきりと耳に聞え、小銃機銃の音が一つ一つ明瞭に区別して聞かれた。それらはいま突然に鳴りだしたものであって今までは何の物音もない所に自分が居たような不思議な覚醒の感じであった。彼ははじめてこの畑に寝そべっている自分を感じ、身のまわりに如何に多くの危険があるかを感じて身ぶるいした。

彼はできるだけ身を低めて足音を引き寄せて見た。靴の踵は斜めにうち抜かれて汚れた靴下が見えていたが、しかも全く傷のないことが分かった。彼は熱い吐息をついてずきずきと顳顬の痛む頭を土の上に横たえた。もう一寸だけ踵が高くなっていたなら彼の足は生涯歩行に苦しむことになったろう。もしも彼の頭がもう一寸高かったならば今は知覚をもたない死骸となってこの畑に横たわっていたであろう。

額と腋の下から③冷たい汗が流れていた。彼は何とも言えない恐怖を感じて一寸たりとも頭をあげることができなくなってしまった。このような恐怖はこの秋のはじめ太沽[注15]に上陸し天津[注16]を出て子牙河[注17]ᵉエンガンの最初の戦闘のころに幾度か経験したもので、その後はまったく知覚を失っていた、それが今はじめて卒然として甦って来たのであった。

（石川達三『生きている兵隊』による。本文を改めたところがある）

〔注1〕常州…一九三七年頃に占領した中国江蘇省南部の都市。
〔注2〕内地…ここでは日本本土のこと。
〔注3〕大連…中国遼東半島の南端に近い港湾都市。
〔注4〕慰問袋…出征兵などを慰めるため、中に娯楽物、日用品などを入れて送る袋。
〔注5〕ゲエトル…厚地の、すねを包む服装品。
〔注6〕外套…防寒、防雨のため洋服の上に着る衣類。
〔注7〕中隊…三、四個の小隊から成る軍隊編制の一つ。
〔注8〕かたわ…身体に完全でない所があること。現在は差別用語。あとの「不具者」も同じ。
〔注9〕身を鴻毛の軽きに置く…ここでは、国家のためならいさぎよく一身を投げ捨てるという意味。
〔注10〕掃蕩…（敵などを）討ちほろぼすこと。
〔注11〕散兵線…敵前で兵を密集させず、適当の距離を隔てて散開させた兵で形成した戦闘線。
〔注12〕掩護物…覆い守る物。
〔注13〕畝…畑に作物を植えつけるため、間隔をおいて土を筋状に高く盛り上げた所。
〔注14〕五寸…一寸の五倍。一寸は約三センチメートル。
〔注15〕太沽…「大沽」に同じ。渤海湾にのぞむ天津の外港。
〔注16〕天津…中国華北地区東北部の都市。
〔注17〕子牙河…中国の山西省東部から河北省中部を流れる河川。

問一、よく出る 基本 二重傍線部a・b・c・d・eのカタカナを漢字に改めなさい。

問二、基本 点線部A「とり止めもない」・B「酸鼻を極めた」・C「卒然として」のここでの意味として最も適切なものをあとの中から選び、それぞれ記号で答えなさい。

A「とり止めもない」
ア、おもしろくない　イ、書き残せない
ウ、黙っていられない　エ、まとまりのない
オ、むずかしくない

B「酸鼻を極めた」
ア、これまでになく珍しい
イ、たえきれないほど不快な
ウ、とてつもなく混乱した
エ、はなはだしく驚くべき
オ、むごたらしく痛ましい

C「卒然として」
ア、あきらかに　イ、あらたに　ウ、しずかに
エ、たしかに　オ、にわかに

問三、傍線部①「今はこの兵の顔をよく覚えておいてやろう」とありますが、それはなぜですか。最も適切なものを次の中から選び、記号で答えなさい。
ア、この兵がどこの中隊か軍の上司に報告しようと思ったから。
イ、この兵の最期に立ち会った人間としての責任だと考えたから。
ウ、この兵の死顔が疲れてはいるものの若くて美しかったから。
エ、この兵のように自分にも死が近づいていることを悟ったから。
オ、この兵をせっかく助けようとしたのに善意が無駄になったから。

問四、難 傍線部②「乱暴な言葉で、しかし大変に愛情をもった口調で答えてやる」とありますが、この時の軍医はどのような気持ちだと考えられますか。五〇字以内で答えなさい。

問五、傍線部③「冷たい汗が流れていた」とありますが、それはなぜですか。最も適切なものを次の中から選び、記号で答えなさい。
ア、終わりの見えない状況の中で、今後も戦い続けていかなければならないことに絶望したから。
イ、敵弾が靴の踵を貫き靴下が見えていたが、全く傷のないことがわかって冷静になったから。
ウ、敵弾に撃ち抜かれたことによって、死に直面している戦場にいるということを実感したから。
エ、砲弾を避けて土の上に頭を横たえたことで、より緊張感が増して全身の痛みが悪化したから。
オ、皆が死と隣り合わせの戦場で、戦闘中に逃げ出そうとした自分を恥ずかしく思ったから。

問六、思考力 「不思議な覚醒」とは、どのようなことですか。本文全体を踏まえて一〇〇字以内で答えなさい。

三 （古文）口語訳・動作主・内容吟味

次の文章を読んで、あとの問いに答えなさい。

山[注1]に、正算僧都[注2]といふ人ありけり。わが身いみじく貧しくて、西塔[注3]の大林といふ所に住みけるころ、歳の暮れ、雪深く降りて、訪ふ人もなく、ひたすら烟[注4]絶えたる時ありけり。京に母なる人あれど、①たえだえしき様なれば、なかなか心苦しうて、ことさらこのありさまをば聞かれじと思へりけるを、雪の中の心細さをやⁱおしはかりけん、もれ聞こえけん、ªねんごろなる消息あり。都だに跡たえたる雪の中に、雪深き嶺のすまひの心細さなど、常よりも細やかにて、いささかなる物を送りつかはされけり。

思ひ寄らざる程に、いとありがたくⁱⁱあはれに覚ゆる。中にも、この使ひの男の、いと寒げに深き雪を分け来たるがᵇいとほしければ、まづ火など焼きて、この持ち来たる物して食はす。今食はんとする程に、箸うち立て、②はらはらと涙を落して食はずなりぬるを、いとᶜあやしくてⁱⁱⁱ故を問ふ。答へていふやう、「この奉り[注5]給へる物は、③なほざりにて出来たる物にても侍らず[注6]。方々尋ねられつれども、叶はで[注7]、母御前のみづから御ぐしの下を切りて、人に賜びて、その替り[注8]を、わりなくして奉り給へるなり。ただ今これを食べむとつかまつるに、かの御志の深きあはれさを思ひ出でて、下臈[注9]にては侍れど、いと悲しうて、胸

ふたがりて、いかにも喉へ入り侍らぬなり」といふ。これを聞きて、④おろそかに覚えんやは。やや久しく涙流しける。

［　Ｉ　］

（『発心集』による。本文を改めたところがある）

〔注1〕山…比叡山のこと。
〔注2〕正算僧都…法性寺第二代座主（生年未詳～九九〇）。
〔注3〕西塔…比叡山の三塔の一つ。
〔注4〕烟…煮炊きする炊事の煙。
〔注5〕奉り給へる…差し上げなさった。「給へ」は尊敬の意味。
〔注6〕侍らず…ございません。「侍ら」は丁寧の意味。
〔注7〕賜びて…お与えになって。
〔注8〕つかまつる…いたします。
〔注9〕下臈にては侍れど…身分の低い者ではありますが。

問一、**よく出る** 二重傍線部a「ねんごろなる」・b「いとほしければ」・c「あやしくて」のここでの意味として最も適切なものをあとの中から選び、それぞれ記号で答えなさい。

a「ねんごろなる」
ア、息も絶え絶えの　イ、心のこもった
ウ、親しい仲の　エ、心配な様子の
オ、悩ましい

b「いとほしければ」
ア、いじらしいので　イ、驚いたので
ウ、感動したので　エ、気の毒なので
オ、ほしかったので

c「あやしくて」
ア、ありがたく思って　イ、かわいそうに思って
ウ、心惹かれて　エ、不思議に思って
オ、理由が知りたくて

問二、**よく出る** 点線部i「おしはかりけん」・ii「あはれに覚ゆる」・iii「故を問ふ」の主語を次の中から選び、それぞれ記号で答えなさい。同じ記号を何度使ってもかまいません。
ア、僧都　イ、母　ウ、使ひの男

問三、傍線部①「たえだえしき様」とありますが、ここではどのような様子を表していますか。最も適切なものを次の中から選び、記号で答えなさい。
ア、命が尽きようとしている様子
イ、食事も十分にできない様子
ウ、便りもあまり交わしていない様子
エ、長い間誰も訪れていない様子
オ、雪がたいそう深い様子

問四、傍線部②「はらはらと涙を落して食はずなりぬる」について、次の1・2の各問いに答えなさい。
1、主語を次の中から選び、記号で答えなさい。
ア、僧都　イ、母　ウ、使ひの男
2、それはなぜですか。四〇字以内で答えなさい。

問五、傍線部③「なほざりにて出来たる物にても侍らず」・④「おろそかに覚えんやは」の解釈として最も適切なものをあとの中から選び、それぞれ記号で答えなさい。

③「なほざりにて出来たる物にても侍らず」
ア、いつも手に入らずに困っているのです。
イ、いつもは手に入るはずのないものです。
ウ、簡単に出来たためしがございません。
エ、簡単に手に入れた物ではございません。
オ、決して手に入れることができません。

④「おろそかに覚えんやは」
ア、いい加減に思うだろうか。
イ、いい加減な対応に思われた。
ウ、劣っている人と思われてしまう。
エ、おろかだと思う人はいないだろう。
オ、おろかだと思わずにはいられなかった。

問六、［　Ｉ　］に入れるのに最も適切な一文を次の中から選び、記号で答えなさい。
ア、あらためて益なき事は、あらためぬをよしとするなり。
イ、すべて、あはれみの深き事、母の思ひに過ぎたるはなし。
ウ、自ら戒めて、恐るべく慎むべきは、このまどひなり。
エ、もののあはれも知らずなりゆくなん、あさましき。
オ、やがてめでたき人に思はれて、さいはひ人と言はれけり。

筑波大学附属高等学校

時間 50分　満点 60点　解答 P55　2月13日実施

出題傾向と対策

●論説文、小説文の二題構成。文章の量・難度ともに標準的。設問は標準的な内容吟味（選択／記述）や抜き出しが大半だが、設問文の指示確認も重要。昨年出題された資料比較問題は今年は出題されなかった。また漢字の読み書きや語句の意味は必出である。
●過去問の丁寧な演習が非常に効果的である。解答の根拠となる場所が傍線部や空欄から遠い設問も多く、設問周辺の内容だけではなく、話やテーマの流れ・構成を踏まえた読解が大切。記述もしっかり訓練しておくこと。

注意　字数制限のある設問は、句読点やその他の記号も一字として数えます。

一 （論説文）内容吟味・漢字の読み書き

次の文章を読んで、後の問いに答えなさい。

近代民主主義の基本原理は、代表制（代議制）である。しかし、選挙された特定の一人が大勢の人びとの利益を「代表する」という考え方自体、そもそも古代のデモクラティアには存在しなかった。

①ことばの成り立ちから考えてみよう。代表を意味する英語リプリゼンテイションは、ラテン語レプラエセンタレに由来する。それは本来、「あるものを別のあるものによっておき替えること」を意味するにすぎなかった。それが政治的な文脈のなかで、ある人物が別のある人物もしくは集団になり代わり、その代理人として行動すること、すなわち「代表する」という概念を指ししめすようになるのは、aメイチョ『代表の概念』で政治学者ハンナ・ピトキン*が明らかにしたとおり、ようやく近代初期になってからのこ

とである。それは、身分制議会（イギリス議会やフランスの三部会＊）の発展とともに、近世から近代のヨーロッパにはじめて出現した考え方であった。

多数者の利益を「代表する」と称する人物が現れれば、その人に権威や権力が集中することは避けられない。古代アテナイ＊人がもし今日の議会政治を目にしたならば、それを民主政ではなく、bキョクタンな寡頭政（かとうせい）＊と見なすであろう。彼らにとって統治の主体とは代議士ではなく、市民自身だったからである。

近代民主主義の基本が「代表する」ことにあるならば、古代民主政の基本とは何か。それは「あずかる＊」、あるいは「分かちあう」ことであると私は思う。

ギリシア人は政治に参加することを、国政に「あずかる（メテケイン）」と表現した。この語は「分かちあう」とも訳すことができ、大きな全体の一部、たとえば獲物の分け前などに、みんながあずかるときに使われる。市民にとって政治参加とは、ポリスの公共性という大きな全体に、一人一人が平等にあずかることを意味した。

参政権・市民権というものは、いわば大きな全体と考えられていて、めいめいの市民がその分け前にあずかる、というふうに理解されていた。参政権を個人の権利と考える近代的発想と、その点で根本的にちがう。

兵役や財政の負担も、（個々の市民の能力に応じて）公平に「分かちあう」ものであった。祭祀（さいし）もまた、市民たちが分かちあう大事な営みであった。アゴラ＊の掲示板で公共のできごとを告知し、碑文（ひぶん）や公文書館で過去の記録を公開したのも、市民が情報をひろく分かちあうためであった。

②生活を「分かちあう」ことは、包摂と統合にもつながった。「嫌いな人びとと共生する技術」でもあった民主政は、おのれを倒した三〇人政権＊の一派とさえ和解する道を必死で探った。目標としたのは分断や排除ではなく、統合と共存であった。「分かちあう」は、古代民主政を理解するためのキーワードである。

二一世紀に入ると、いわゆるポストコロニアリズム＊の影響下、民主主義を最初に発明したのは古代ギリシア人ではない、という論調が、以前にもまして目につくようになった。住民が集会での熟議によって意思を決定するという政治スタイルは、古代のエジプトやメソポタミア、インド、中国など世界各地に古くから見られるもので、民主主義を古代ギリシアだけの遺産と考えるのは、西欧中心主義的な偏見であるという主張である。

言われてみれば、日本中世にも惣村（そうそん）の自治組織というものがあって、村の集会で熟議がはかられていたことはよく知られている。また民俗学者の宮本常一（みやもとつねいち）が指摘したように、西日本の村落共同体には、成員の平等を原則とした「寄り合い」という集会の伝統があり、戦後の農地改革の問題などを何日もかけて話しあいながら解決したという。

しかし、ではこれらの集会を民主政と呼べるかというと、③それはまた別の問題である。民主政とは、たんなる集団的意思決定のことだけではないからである。

デモクラティアという語が「民衆の権力」を意味することから明らかなように、古代ギリシアでは民会が意思決定をするのみならず、その決定を実行するために、市民たちみずからが権力を行使した。市民団自身が権力者であり、少なくとも理念上は、王や領主やGHQのような上位の権力があってはならなかった。これはやはり他の古代文明にない、古代ギリシアに固有の特徴である。

何よりギリシア人は、民主政が君主政や貴族政とはことなる独自の政体であることをよく自覚し、それがなぜほかよりもすぐれているのか、どこがちがうのかというテーマをめぐり、さかんに知的な議論をかわした。彼らが民主政というものを意識化、制度化し、それについて（たとえ批判的にでも）豊かなテクストを古典として後世に遺（のこ）した世界史的な意義は大きい。

民主主義について考えたり話したりするとき、結局のところ私たちは、今なおデモクラティアを語源とすることばにたよるほかはない。「デモクラシー」にしても、その訳語である「民主主義」にしてもそうである。④それは、私たちがギリシア人の経験に負っているものの重みを、雄弁に物語っている。

プラトンは、国家を船にたとえた。そして統治の専門技術を知らぬ素人の民衆に国のかじ取りを、cユダねる民主政が、いかに危険で不合理かを説いた。統治は専門家のエリートにまかせればよい、と彼は信じた。

選挙の投票率は低迷し、政治には一般国民の手が届かぬものという諦めが漂う一方で、ポピュリズム＊や強権政治が幅をきかせるようになった現代の世界に、プラトンと同じ信念をいだく人びとがいたとしても、おかしくはない。「反民主主義の伝統」は、けっして過去のものではない。

しかしここで私は、碩学（せきがく）＊フィンリー＊のことばを借りたい。彼はプラトンのエリート主義に対し、アテナイの民衆を代弁してこう反論する。⑤むろん専門家は必要だ。船を雇うときには、私も船長に操船をまかせるだろう。だが、行き先を決めるのは私だ。船長ではない。

私たちの将来を決めるのは、私たちであって、政治家ではない。フィンリーは、「ファシズムとの戦い」に勝利したはずの現代民主政治が、実は政党や官僚のような専門家集団に牛耳られる偽物（にせもの）だと訴えたかったのだ。彼のことばが心を打つのは、民主政の生命を、まっすぐに言い当てているからである。

個人であれ集団であれ、自分の生き方を自分の意思で決めるということには、かけがえのない価値がある。そのことに、はやくから気づいたのがギリシア人であった。⑥彼らがエレウテリア（自由）と名づけたその価値は、今も色あせることがない。

（橋場弦（はしばゆづる）『古代ギリシアの民主政』による。一部改）

[注]

＊ハンナ・ピトキン…アメリカの政治学者（一九三一～二〇二三）。

＊三部会…フランスで一四世紀以降設置された身分制議会。

＊アテナイ…ギリシアの首都アテネの古い名称。

＊寡頭政…少数の者が権力を握って行う政治形態。

＊あずかる…関わりをもつ、の意。「与る」と書く。

＊アゴラ…都市国家ポリスの広場。市民総会である「民会」の会場でもあった。

＊三〇人政権…ペロポネソス戦争に敗れたアテナイで成立した寡頭政の政権。

＊ポストコロニアリズム…帝国主義、植民地主義に対する反

省的な態度。

＊ポピュリズム…大衆の権利こそ尊重されるべきだと主張する政治思想。
＊碩学…学問を広く修めた人のこと。
＊フィンリー…アメリカの歴史学者（一九一二〜一九八六）。

問一、傍線部①「ことばの成り立ちから考えてみよう」とあるが、そのような考え方をするのはなぜか。その説明として最も適切なものを次の中から一つ選び、記号で答えなさい。
ア、ラテン語レプラエセンタレの原義を考えれば、代議制がどのような過程を経て生じたのかが理解できるようになるから。
イ、ラテン語レプラエセンタレの由来を考えれば、代議制がヨーロッパで連綿と受け継がれてきたことが明らかとなるから。
ウ、ラテン語レプラエセンタレの変遷を考えれば、代表制がいつから当たり前のものとなったのかが分かるようになるから。
エ、ラテン語レプラエセンタレの意味を考えれば、代表制が近代以降に特有の考え方によるということがはっきりするから。

問二、傍線部②「生活を『分かちあう』ことは、包摂と統合にもつながった」とあるが、それはなぜか。その説明として最も適切なものを次の中から一つ選び、記号で答えなさい。
ア、分かちあうということは、人々がみな参政権を持つことであり、様々な情報を広く共有することが重視され、市民が集う大きな施設や大規模な集会の仕組みが形成されたため。
イ、分かちあうということは、持っている権力が等分されることであり、一部に権力が偏って階級差が生まれるということがなく、身分差による分断や対立が生じなかったため。
ウ、分かちあうということは、全体で公平に分け前を得ることであり、敵対する相手も含めて折り合いをつけようと努め、みな同じものを共有していると捉えることになったため。
エ、分かちあうということは、利益だけではなく負担についても分担することであり、多くの人で請け負う方が個人の負荷が減る上に、集団としての強い一体感が生まれたため。

問三、傍線部③「それはまた別の問題である」とあるが、民主政が「寄り合い」と異なる点は何か。わかりやすく説明しなさい。

問四、傍線部④「それは、私たちがギリシア人の経験に負っているものの重みを、雄弁に物語っている」とあるが、どのような意味か。その説明として最も適切なものを次の中から一つ選び、記号で答えなさい。
ア、民主主義についての議論は現代においても必要だが、その際には最初に「デモクラティア」の本質を検討する必要があり、ギリシア人が残してくれた古典が役に立つということ。
イ、民主主義という言葉は、ギリシア人によって生み出されたものであるため、その語源に遡って考えることで、彼らが世界史上に残した「民主主義」の意義が理解できるということ。
ウ、民主主義という訳語は、ギリシア人が経験してきた民主政への意識的な制度化を反映した言葉であり、その本質を知るには、ギリシア人の経験に頼る必要があるということ。
エ、民主主義について考えるとき、ギリシア人がいかにその本質を理解し、意識的に民主政を採用し、制度として洗練させてきたのかということが、改めて分かるということ。

問五、傍線部⑤「むろん専門家は必要だ」とあるが、「フィンリー」がそのように考えるのはなぜか。わかりやすく説明しなさい。

問六、傍線部⑥「彼らがエレウテリア（自由）と名づけたその価値は、今も色あせることがない」とあるが、そのようにいえるのはなぜか。その説明として最も適切なものを次の中から一つ選び、記号で答えなさい。
ア、古代ギリシア人が価値を見出した自由は、専門家集団に勝手に支配されかねない現代にあって、自分の生き方を自ら決めることの尊さに気づかせてくれるから。
イ、古代ギリシア人が価値を明らかにした自由は、日々大量の情報が飛び交う現代にあって、他人の意見に流されずに生きることの重要さに気づかせてくれるから。
ウ、古代ギリシア人が価値を高めた自由は、平和の維持が困難な現代にあって、自分で意思決定できることがいかに素晴らしいかという点に気づかせてくれるから。
エ、古代ギリシア人が価値を確かなものにした自由は、政治家の発言力が増す現代にあって、自分の意地を貫き通して生きることの大切さに気づかせてくれるから。

問七、本文の論じ方についての説明として適切でないものを次の中から一つ選び、記号で答えなさい。
ア、近代民主主義の基本について先に触れておくことで、その後に触れる古代民主政の基本が対比的に明らかになるようになっている。
イ、ポストコロニアリズムの影響による論調の変化に言及することで、民主政の概念が次第に変容していったことが暗示されている。
ウ、日本の惣村の自治意識という例を対比的に示すことで、古代ギリシアにおける権力の捉え方に見える民主政の本質を強調している。
エ、プラトンに反論するフィンリーの言葉を引用することで、現代民主主義の課題と古代ギリシアの民主政の価値を明確にしている。

問八、**よく出る** **基本** 二重傍線部a〜cのカタカナを適切な漢字に改めなさい。

二 （小説文）内容吟味・語句の意味

次の文章を読んで、後の問いに答えなさい。

（吉澤すぐるは役者をしているが、職業性ジストニア（意思に反して決まった動作ができなくなる疾患。イップスともいう。）のため休業している。）

実家がある浜松に帰ってきたのは約七年ぶりだった。七年前には美咲の結婚式があった。姉は二年前に苗字をもとに戻した。さすがにその話題に触れる勇気はない。

信号が青になった。車が発進すると、振動で鈴の音が鳴る。ダッシュボード＊の上に置かれた美咲のキーケースに、祖母の形見の〝身代わり鈴〟が結びつけられていた。

「おばあちゃんの十七回忌だから今年だけは絶対に帰ってきなさい」

母から二週間前に電話がきていた。

「なんとか、あんたが帰ってくる理由をつくりたかったんじゃないの、お母さんも」

「うん」

「うん……じゃねーわ。ほんと素直じゃないっていうか。親も子も。おたがいね」

月日だけが顔色を変えず、過ぎ去っていく。主だった親戚たちも、多くがもう^a^鬼籍に入った。集まる人間も少なくなって、祖母の法事はこれでひと区切りにするという。

美咲がハンドルを大きく右に切る。車が揺れて、またキーケースの鈴が鳴った。それに呼応するように今度はすぐるの膝上からも鈴の音が鳴った。

「あれ、あんたも持ってきたの？」

「うん、ばあちゃんの墓に行くのも久しぶりだから。①一応、持ってきた」

すぐるは膝上で折り畳んだコートのポケットから、手のひらに収まる小袋を取り出した。紺の紐をほどき、アイボリー色の袋から身代わり鈴を取り出す。

「そんな小綺麗な袋なんかに入れちゃって。そういうところ、変に几帳面よね」

すぐるが首を振る。白糸で上部が結びつけられ、さくらんぼのように垂れた銀色の鈴が一つと、大人の親指の爪先ほどの大きさの守り袋が一つ、並んで二つ取り付けられている。鈴は同色だが守り袋にはカラーバリエーションがあって、姉のものは桃色で、すぐるのものは薄水色だった。

祖母が入院する前に、母と祖母、美咲とすぐるの家族四人で熱海の温泉に行ったことがあった。当時、美咲は中学三年生、すぐるは小学六年生だった。

旅館の近くの土産物屋に陳列されていた身代わり鈴は、どこぞの神社の名前を冠した小さな説明書きが添えられていたが、まわりくどい古文調で^b^由緒はよくわからなかった。

御身に降りそそぐ、ありとあらゆる厄災を此の鈴が身代わりと為りまして……

姉に訊くと「なんか悪いものを引き受けてくれるってことでしょ。身代わりなんだから」とそっけなく返された。どちらが買おうと言い出したかは覚えていない。姉弟で別々の色を選び、旅館の部屋で横になっていた祖母に二つの身代わり鈴を手渡した。

もちろん、喜んでくれるとは思っていた。だが、その喜びを、祖母はあの快活な笑顔で表してくれたわけではなかった。しわくちゃの両手の中に二つの鈴を大事そうに収めて、小さく背を丸め、祖母はしくしくと泣いた。その姿に孫たちは声を失った。

隣にいた母だけが顔色を変えなかった。布団から起き上がった祖母の肩を支えながら「お母さんも②孫にこんなものもらったら、もうひと踏ん張りしなくちゃね」と言った。母が祖母のことを「お母さん」と呼んだのを見たのは、あのときだけだった。

「あの頃はこれが形見になるなんて思ってなかったよね。あんたなんかさ、僕がこんなもの買ったから、おばあちゃんが死んじゃったんだって泣いてさ」

「わざわざ形見になるようなものを、ばあちゃんに押し付けた気がしたんだよ」

姉は「そうね」と言って微笑むと、黙ってしまった。

母親に抱きしめてもらった回数よりも、祖母に抱きしめてもらった回数の方が多い。

学校から帰るといつも祖母が迎えてくれ、祖母がつくる夕飯を食べ、祖母が見てくれている居間で宿題をした。シングルマザーという言葉が当時からあったのかは知らない。祖母が怒った顔は少しも思い出せないが、一方で、いつも夜遅くに帰ってきて、ため息を吐きながら鞄をテーブルに置き、そのまま風呂に直行し、そこから出るなり「今日は学校で何があった？」「塾の課題はした？」と問い詰めてくる母の顔はよく覚えている。

父親という存在がどういうものなのか、すぐるはよくわからないまま育ったが、母がまとっていた厳しさがそれに似ているのではないかと、よく思った。

大学に行かず、上京して芝居の道に進みたいと言ったとき、母は「許せるわけないじゃない」と繰り返した。あまりに頑なに首を振るから、苛立って「ばあちゃんが生きていたら、応援してくれたはずだよ」と^c^口走った。あのとき母は視線をそらし、しばらくテーブルに乗せた自分の拳を見ていた。涙を流しはしなかった。何度か息を吐き、最後に「勝手にしなさい」とだけ、言った。

次の交差点を曲がり、しばらく道なりに進めば、祖母が眠っている吉澤家の墓がある寺に着く。そして久しぶりに会う、母が待っている。

「③あんたには黙ってたんだけどさ……」

「なんだよ。急に。こえーな。再婚でもするのか？」

「違うわ、アホ。あのとき、④もうひとつ、身代わり鈴を買ってきてって言われたの」

「え？　誰に？」

「おばあちゃんに」

声は出さなかったが、すぐるは思わず運転席の姉に顔を向けた。

「みーちゃん、おばあちゃんの代わりにお母さんにも買ってきてあげてって」

十六年も前に聞けなくなったはずの祖母の声が、頭のなかで蘇るから不思議だった。

「お母さんにだってお守りが必要なのよって、おばあちゃん、そう言ってた。次の日の朝にひとりで買いにいってさ、おばあちゃんに渡したの。でも、おばあちゃんがお母さんに渡したところは見てないのよ。本当に渡せたのかなって、ずっと思ってた」

姉はハンドルに肘をかけ、信号をみつめながら少し黙った。姉弟のあいだに生まれた刹那の沈黙のなかを泳ぐように、ウインカーの音がカチカチと鳴っている。すぐるは自分でも気づかないうちに、鈴を握りしめていた。指先に力が入る。

「あんたが初めて主演したドラマあるじゃない？　第一回

が放送されるとき、お母さん、テレビの前に座ってさ、なんか大事そうに握ってるなって思ったら、あの鈴を握ってたの。⑤まるで一生懸命に拝むみたいに両手で鈴をぎゅって握って、あんたのドラマ見てた」

手のひらを開き、視線を落とす。そこには見慣れた鈴がある。

初めて台詞が飛んだ*とき……いや、あれは飛んだのではなかった。頭では台本に書かれた文字が浮かんでいて、自分の肉体はちゃんと芝居のなかで脈を打ち、唇は声を待っていた。でも漏れるのは息ばかりで、台詞ではなく空白がこぼれて、しゃぼん玉のように目の前で膨らんだ。相手役の女優が、その無言のしゃぼん玉越しにこちらを見ていた。

現場に鈴を持っていくようになった。縁起担ぎなのか、お守りなのか、いい大人が祖母の思い出に甘えるようで恥ずかしかったが、芝居に向かう前に指先で鈴に触れて「頼む」と心のなかで呟くのが常になっていた。

それでも願いは叶わなかった。声は出なかった。

祖母の墓に、鈴を置いていこうと思っていた。祖母に返そうと思っていた。もう夢は終わりにするから。芝居の現場には戻らないから。

「思わず私、聞いちゃったよ。お母さん、それどうしたのって。そしたら、なんて言ったと思う？　すぐるのドラマをひとりで見るのが怖いのって。おばあちゃんに一緒に見てもらおうと思って……って、お母さん、そう言ったの」

また黙り込んでいる弟に、まるで言い聞かすように、美咲は話を続けた。

「お母さんにも必要だったんだよ。支えになるものがね。だって、あのひと、一生懸命ひとりで子どもたちを食わせてさ、それで最後には私たち、家を出ていっちゃうんだよ。おばあちゃんはそれをわかっていたんじゃないかな」

「姉貴は出戻ったけどな」

「やかましいわ」

すぐるはテレビの前に座る母親の後ろ姿を想像した。頭の中で一度も見たことのないはずのその背中を見つめながら、これは祖母が見せてくれているのだなと思った。

「おばあちゃんはずっと、お母さんの⑥〝お母さん〟だったんだよ」

「うん」

「ねぇ、すぐる。私の言っている意味、わかる？」

「ん？　なんだよ」

「お母さんもあんたの〝お母さん〟だってこと。あんたはひとりじゃないってことだよ。だからどうしたってわけじゃないけど、覚えておきな。私から言えるのは、それだけ」

「うん」

寺の駐車場は細い路地を入った坂の上にあって、斜面をつたって車を進めていくと表門にたどりつく。門の前で、母は待っていた。

「少し、老けたか」

「そりゃ、これだけ息子が悪ガキじゃ、心労で老けもするでしょう」

車が止まるとフロントガラス越しに母と目があった。どんな表情をすればいいのかわからないでいると、母が微笑んだので、途端に恥ずかしくなって下を向いた。

もう一度、顔をあげると、母の笑顔は前よりも少し、祖母に似ていた。

手のなかで、鈴が鳴った。

（水野良樹「誰がために、鈴は鳴る」による）

[注]

＊ダッシュボード…自動車の運転席の前のメーターやスイッチ類が並んでいる部分。

＊飛んだ…思い出せなくなった、の意。

問一、**思考力** 傍線部①「一応、持ってきた」とあるが、すぐるが鈴を持ってきた本当の理由は何か。わかりやすく説明しなさい。

問二、傍線部②「孫にこんなものもらったら」とあるが、「こんなもの」とはどのようなものか。その説明として最も適切なものを次の中から一つ選び、記号で答えなさい。

ア、身代わりに厄災を引き受けてくれるもの。

イ、家族四人の旅行の思い出となるもの。

ウ、孫の無邪気な愛情がこもったもの。

エ、死んだ後で形見となるもの。

問三、傍線部③「あんたには黙ってたんだけどさ……」とあるが、今まで黙っていた話をここですることによって、美咲がすぐるに最も伝えたかったことはどのようなことか。それを述べた部分を本文中から四〇字以内で抜き出し、はじめとおわりの五字ずつを答えなさい。

問四、傍線部④「もうひとつ、身代わり鈴を買ってきて」とあるが、「祖母」が美咲にこのように頼んだ理由は何か。わかりやすく説明しなさい。

問五、傍線部⑤「まるで一生懸命に拝むみたいに両手で鈴をぎゅって握って」とあるが、この鈴は「母」にとって、どのようなものだったか。その説明として最も適切なものを次の中から一つ選び、記号で答えなさい。

ア、自分の祈りを届けてくれるもの。

イ、息子の願いを叶えてくれるもの。

ウ、息子の身を守ってくれるもの。

エ、自分に寄り添ってくれるもの。

問六、傍線部⑥「〝お母さん〟」とあるが、美咲はここで「〝お母さん〟」をどのような意味で用いているか。本文中から一〇字以内で抜き出して答えなさい。

問七、点線部a「鬼籍に入った」・b「由緒」・c「口走った」について、それぞれの本文中の意味として最も適切なものを次の中から一つずつ選び、記号で答えなさい。

a「鬼籍に入った」

ア、連絡が取れなくなった　イ、代替わりをした

ウ、亡くなった　エ、隠居した

b「由緒」

ア、古くから言い伝えられた教え

イ、神様から与えられるご利益

ウ、事のおこりやいきさつ

エ、こまごまとした規則

c「口走った」

ア、たまりかねてつぶやいた

イ、うっかりと言葉にした

ウ、強い口調で言い放った

エ、早口でまくし立てた

東京工業大学附属科学技術高等学校

時間	満点	解答	
50分	100点	P56	2月13日実施

出題傾向と対策

●一古文を含む論説文、二小説文と論説文、という二題構成。構成はここ数年一定していない。一は和歌の理解および古典知識の問題を含む。二は二つの文章を論理的に関係づける問題、本文に記述のない論理を推論する問題などがあり、難度はかなり高め。

●今後も古文関連の出題を想定した対策を行っておく必要がある。また現代文・古文を問わず知識や文法、文学史や一般常識も重視すべき。対策は丁寧な過去問演習が基本。論理的思考に基づく思考力・記述力を鍛える。

一 （古文を含む論説文）漢字の読み書き・品詞識別・表現技法・内容吟味・文脈把握・古典知識

次の文章を読んで、後の問いに答えなさい（設問の都合で、一部省略・表記変更・補足を施している）。

『古今集』の四人の撰者は、高位高官の人ではない。最上位の紀友則の官職は「大内記」。朝廷の文書作成に携わる専門官で、位階は正六位相当である。平安朝において、ひととおりの貴族と認められるのは従五位下以上であり、五位と六位のあいだには大きなaケン隔があった。正六位の友則の立場は、中流の下といったところである。貫之の「御書所預」は宮中の書籍を管理する、いわば図書館司書のような官職。躬恒は「前甲斐少目」――甲斐国の四等官の任期を終えたところであり、忠岑は「右衛門府生」――宮中の警護などを行なう右衛門府の下級官人であった。勅撰集の格式に見合った身分よりも、編集作業への適性を重視した人選であったと見てよいであろう。四人それぞれの入集歌数は、貫之一〇二首（全体の一位）、躬恒六十首（同二位）、友則四十六首（同三位）、忠岑三十六首（同五位）で、合計すると二四四首にのぼる。撰者の歌が二割以上を占めるのは、あとにつづく平安時代の勅撰集には見られない特徴である。

この四人は、二人ずつのペアが二組あると捉えることができる。まず〈友則・貫之〉と〈躬恒・忠岑〉のペア。前二者は古代からの名族で大納言クラスの官人が輩出した紀氏の末裔で、従兄弟同士である。それに比べると、後二者はより低い身分の出であった。

また〈友則・忠岑〉と〈貫之・躬恒〉のペア。前二者は年長で、*1醍醐天皇の父である宇多天皇の時代（仁和三年〈八八七〉～寛平九年〈八九七〉在位）から、歌人としてのキャリアを積んでいた。宇多天皇は和歌に関心が①深く、その治世には「寛平御時后宮歌合」や「是貞親王家歌合」（いずれも寛平五年九月以前成立と推定される）などの催しが行なわれたが――後述のとおり両歌合は後日『古今集』の重要な撰集資料となる――②その中には友則や忠岑の歌が多く含まれている。それに対して後二者は若い世代であり、『古今集』以前の活躍はわずかであった。

貫之と躬恒は個人的にも親交を結んでおり、『古今集』にも二人の気の置けないやりとりが収められている。

月おもしろしとて、凡河内躬恒がまうで来たりけるによめる　紀貫之
かつ見れどうとくもあるかな月影のいたらぬ里もあらじと思へば（雑上・八八〇）

「月がきれいですね」と言って、躬恒が貫之の家を訪ねてきた。心の通う者どうし一緒に楽しみましょうというのである。出迎えた貫之はこのように歌う。

美しいと思うけれど、その一方で疎ましくも感じられるなあ、月の光が行き届かない場所はあるまいと思うと。

月は美しいけれど自分の家だけで独占でき③ないので不満だという歌であるが、④この「月」は［　※　］の比喩でもある。貫之の歌には次のような裏の意味がある。

お会いしているけれど、その一方で疎ましくも感じられるなあ、人気者のあなたは私の家だけでなくどこにでも訪ねていくのだと思うと。

せっかく訪ねてくれた友人に対してずいぶんな物言いである。どことなく恋人どうしの媚態めいた趣も感じられようか。本書の中でくり返し述べていくことになるが、『古今集』の歌人たちは自身の感情をそのまま真っ直ぐに歌うことはしない。感情はひとひねりされて、技巧的な「ことば」として表現される。この歌は『古今集』流の、屈折したbカン待のメッセージなのである。

こうしたペアのあり方から、編纂を主導したのは、⑤しかるべき地位にあり経験も豊富な紀友則であったかと思われるが、実はちがったらしい。友則は志半ばでこの世を去ってしまった。『古今集』には彼の死を悼む歌が収められているのである。

紀友則が身まかりにける時よめる　紀貫之
明日知らぬ我が身と思へど暮れぬ間の今日は人こそ悲しかりけれ（哀傷・八三八）

私の命だって明日はどうなるかわからない、そのような無常の世だとは思うけれど、日が暮れるまでの今日一日は、亡くなったあの人のことが悲しくてならないのだ。

貫之は友則と死に別れた悲しみを、「この世は無常である」という理法を持ち出して歌う。無常だとわかっている、わかっているのだが、今日はあの人を亡くしたことが悲しくてたまらないのだ、と。『古今集』は、死別の悲しみをも分析的な思考を経由して表現するのであった。そしてまた、xこの歌には「［⑥］」と「［⑦］」、「［⑧］」と「［⑨］」という対になることばがあることにも注意したい。三十一音の小さな詩型の内部に、緊密な「ことば」の照応が形成

されているのである。『古今集』歌を特徴づける「ことば」のメカニズムである。

紀友則は歌集の完成を見ずに亡くなった。編纂の中心を担ったのは紀貫之である。

紀貫之は『古今集』とどのように関わっているのだろうか。前述のとおり、彼の歌は一〇二首を数えるが、⑩単に数が多いというだけではなく、『古今集』全二十巻のうち集団的・口承的な性格を持つ最終巻（大歌所御歌）を除いたすべての巻に遍在するという、他の撰者には見られない特徴を示している。彼の歌は『古今集』の主要なテーマを網羅しているのである。貫之はまず、量的にも質的にも、『古今集』を代表する「歌人」であった。

全二十巻の組成自体も、貫之の発案を基礎にしているらしい。『古今集』の中には、貫之の「古歌奉りし時の目録の序の長歌」（雑躰・一〇〇二）という作品が収められている。撰集資料となる古い歌を集めて献上したときに目次として添えた歌であるが、この長歌の内容から、献上古歌群には「春、夏、秋、冬、賀、恋、離別、羇旅、哀傷、雑」という、のちの『古今集』の原型となる部類が施されていたことがわかる。貫之は、新しい歌集のもとになる〈型〉を立案した、すぐれた「編集者」でもあった。

疑問に思われるのは、『古今集』の編纂に携わる以前の貫之にどの程度の歌の蓄積があったのか、ということである。彼の一〇二首のうち、『古今集』前夜にあたる宇多天皇の寛平年間に詠まれた歌は、多めに見積もっても十首に満たない。『古今集』には詠作年次が判明する歌が少ないことを割り引くにしても、貫之にはさほど多くの歌の蓄積はなかったのではないだろうか。『古今集』に入集する貫之の歌は、編纂作業と並行して、新しい歌集のために集中的に詠まれたのではなかったか。論証することは簡単ではないものの、このような仮説を立ててみたい。

歌集を編むという行為――多くの歌を収集し、それらを読みこんで取捨選択を行ない、ふさわしい枠組みを作って分類し配列する――を通して、貫之は和歌についてのさまざまな知見を得たことであろう。たとえば新旧の歌に見られる史的変遷について、歌人たちの人生や個性について、歌のテーマや表現パターンの豊かな多様性について。⑪そして、新しい歌集はどうあるべきか、その歌集にふさわしい歌はどのようなものなのか、そもそも和歌とは何であるのか、c省サツを重ねたにちがいない。このような経験は、歌人としての貫之の成長をも促すものであっただろう。貫之は表現の〈型〉についてきわめて自覚的な文学者である。彼のこうした資質は、『古今集』の編纂作業の中で磨かれたものであり、また『古今集』の編纂を支えるものでもあった。「歌人」紀貫之と「編集者」紀貫之とは、不可分に結びついている。

そして貫之は仮名序を書いた。その内容は、和歌の本質と効用、和歌の起源、和歌の表現法、古代和歌の賛美、六歌仙の批評、『古今集』編纂の経緯、完成の⑫喜びなど多岐にわたっているが、ここでは有名な冒頭部分に目を通してみよう。和歌の本質と効用を説いた一節である。

やまと歌は、人の心を種として、よろづの言の葉とぞなれりける。世の中にある人、ことわざしげきものなれば、心に思ふことを、見るもの聞くものにつけて、言ひ出せるなり。花に鳴く鶯、水に住む蛙の声を聞けば、生きとし生けるもの、いづれか歌を詠まざりける。力をも入れずして天地を動かし、目に見えぬ鬼神をもあはれと思はせ、男女の仲をもやはらげ、たけき武士の心をも慰むるは歌なり。（仮名序）

やまと歌は――と貫之は起筆する。「やまと歌」とは「唐歌」つまり［⑬］に対する和歌をさす言葉で、仮名序に用いられたのが文献上で確認できる最初の例である。すでに指摘されているとおり、この冒頭部分には中国最古の詩集『詩経』「大序」の、

詩は志の之く所なり。心に在るを志と為し、言に発するを詩と為す。

詩は志が発現したものである。心の中にある状態を志といい、それが言葉に表現されたものを詩という。

（『詩経』大序）

という書き出しが踏まえられている。仮名序は、詩とは志の現われであるという「極めて普遍的な、根源的な詩の定義」を自らの立脚点に据えて、ここから和歌の本質について語り始める。

和歌というものは「こころ」と「ことば」からなる、と仮名序は言う。「こころ」は、大まかにいえば、感情や感動のこと。「ことば」は和歌の言語や表現のこと。この二つの関係は、生き生きとdハン茂する植物の比喩によって説明される。種は葉のもととなるものではあるが、そのままでは種にすぎない。それと同様に、「こころ」は「ことば」を生み出すものではあるが、「ことば」そのものではない。では、「こころ」はどのようにして「ことば」になるのか？そのメカニズムの一つとして、「見るもの聞くものにつけて」つまり外在する事物に託して、みずからの思いを表現する方法が挙げられている。

歌は人間だけのものではない。命あるものはすべて、例外なく歌を詠む。世界は万物の歌に満ちているのである。そして、歌には無形の力がある。歌の力は、［⑭］を動かし、［⑮］をも感動させる。もちろん人々のあいだでも自在に働き、男女の心を通わせ、荒々しい［⑯］の心さえもなごやかにするのだ――仮名序はこのように語っている。

仮名序は、和文で書かれた、最初の本格的な文学評論である。これによって、本来普通名詞であった和語「こころ」や「ことば」が、文学批評の用語として定位された。また、和歌を「こころ」と「ことば」の相関として把握する「心詞二元論」と称される考え方も、こののちの歌学や歌論の範型として、長くe継ショウされることになる。紀貫之は、日本古典文学における批評の〈型〉をも創造している。彼はすぐれた「批評家」でもあった。

（鈴木宏子『「古今和歌集」の創造力』NHK出版　二〇一八年）

【注】

＊1　醍醐天皇……（八八五～九三〇）治世中に『古今集』

を編纂させた。

問一、傍線部a～eについて、カタカナの部分と同じ漢字が使われているものを次の選択肢の中からそれぞれ一つずつ選び、記号で答えなさい。

a ケン隔
ア、研究　イ、賢明　ウ、点検
エ、派遣　オ、懸賞

b カン待
ア、歓声　イ、勧誘　ウ、観光
エ、循環　オ、果敢

c 省サツ
ア、冊子　イ、摩擦　ウ、察知
エ、印刷　オ、入札

d ハン茂
ア、帆船　イ、赤飯　ウ、搬出
エ、繁栄　オ、違反

e 継ショウ
ア、紹介　イ、承知　ウ、象徴
エ、弁償　オ、保証

問二、**よく出る** 傍線部①「深く」、②「その」、③「ない」、⑩「単に」、⑪「そして」、⑫「喜び」の品詞を次の選択肢の中からそれぞれ一つずつ選び、記号で答えなさい。

ア、名詞　イ、副詞　ウ、連体詞
エ、接続詞　オ、感動詞　カ、動詞
キ、形容詞　ク、形容動詞　ケ、助詞
コ、助動詞

問三、傍線部④「この『月』は［※］の比喩でもある」とあるが、空欄［※］に当てはまる語を本文中から二字で抜き出して答えなさい。

問四、傍線部⑤「しかるべき地位にあり経験も豊富な紀友則」とあるが、この時の「紀友則」の職責の内容を具体的に述べた部分を本文中から十四字で抜き出し、始めと終わりの三字ずつを答えなさい（句読点・記号は字数に含む）。

問五、点線部X「この歌には『［⑥］』と『［⑦］』、『［⑧］』と『［⑨］』という対になることばがある」とあるが、空欄に当てはまる言葉を本文中からそれぞれ抜き出して答えなさい。ただし、⑥、⑦は二字、⑧は三字、⑨は一字の言葉が入る。

問六、空欄［⑬］に当てはまる言葉を本文の内容から考え、二字で答えなさい。

問七、空欄［⑭］～［⑯］に当てはまる語を本文中から抜き出し、それぞれ答えなさい。

二 （小説文・論説文）語句の意味・文脈把握・内容吟味

次の［本文Ⅰ］、［本文Ⅱ］の文章を読んで、後の問いに答えなさい（設問の都合で、一部省略・表記変更・補足を施している）。

［本文Ⅰ］

春先とはいえ、寒い寒い霙まじりの風が広い武蔵野を荒れに荒れて終夜、真闇な溝口の町の上を哮え狂った。

七番の座敷では十二時過ぎてもまだ洋燈が耿々と輝いている。亀屋で起きている者といえばこの座敷の真中で、差し向かいで話している二人の客ばかりである。戸外は風雨の声いかにも凄まじく、雨戸が絶えず鳴っていた。

「この模様では明日のお立ちはむりですぜ」と一人が相手の顔を見ていった。これは六番の客である。

「なに、べつに用事はないのだから明日一日くらいここで暮らしてもいいんです」

二人とも顔を赤くして鼻の先を光らしている。そばの膳の上には煖陶[*1]が三本乗っていて、盃には酒が残っている。二人とも心地よさそうに体をくつろげて、胡坐をかいて、火鉢を中にして煙草を吹かしている。六番の客は袍巻[*2]の袖から白い腕を臂まで出して巻き煙草の灰を落としては、喫煙ている。二人の話しぶりはきわめて率直であるものの今宵初めてこの宿舎で出あって、何かの①口緒から、二口三口襖越しの話があって、あまりの淋しさに六番の客から押しかけてきて、名刺の交換がすむや、酒を命じ、談話に実が入ってくるや、いつしか丁寧な言葉と［X］言葉とを半混ぜに使うようになったものに違いない。

七番の客の名刺には大津弁二郎とある、べつに何の肩書もない。六番の客の名刺には秋山松之助とあって、これも肩書がない。

大津は三十にはまだ二つ三つ足らざる、すらりとして色の白い男である。秋山は二十五か六という年輩[*3]で、丸く肥満て赤ら顔で、眼元に愛嬌があって、いつもにこにこしているらしい。大津は無名の文学者で、秋山は無名の画家で不思議にも同種類の青年がこの田舎の旅宿で落ちあったのであった。

「もう寝ようかねエ。ずいぶん悪口もいいつくしたようだ」

美術論から文学論から宗教論まで二人はかなり勝手に②饒舌って、現今の文学者や画家の大家を手ひどく批評して十一時が打ったのに気がつかなかったのである。

「まだいいさ。③どうせ明日はだめでしょうから夜通し話したってかまわないさ」

画家の秋山はにこにこしながらいった。

「しかし何時でしょう」

と大津は投げだしてあった時計を見て、

「おやもう十一時過ぎだ」

「どうせ徹夜でさあ」

秋山はいっこう平気である。盃を見つめて、

「しかし君が眠けりゃあ寝てもいい」

「眠くはちっともない、君が疲れているだろうと思ってさ。僕は今日晩く川崎を立って三里半ばかしの道を歩いただけだから何ともないけれど」

「なに僕だってなんともないさ、君が寝るならこれを借りていって読んでみようと思うだけです」

秋山は半紙十枚ばかりの原稿らしいものを取り上げた。その表紙には「忘れえぬ人々」と書いてある。

「それはほんとにだめですよ。つまり君のほうでいうと鉛筆で書いたスケッチと同じことで他人にはわからないのだから」

といっても大津は秋山の手からその原稿を取ろうとはしなかった。秋山は一枚二枚開けてみてところどころ読んでみて、

「［Y］からすこし拝見したいね

エ」

「まアちょっとかしてみたまえ」

と大津は秋山の手から原稿を取って、ところどころあけてみていたが、二人はしばらく無言であった。④戸外の風雨の声がこの時今さらのように二人の耳に入った。大津は自分の書いた原稿を見つめたままじっと耳を傾けて夢心地になった。

「こんな晩は君の領分だねエ」

秋山の声は大津の耳に入らないらしい。返事もしないでいる。風雨の音を聞いているのか、原稿を見ているのか、*4はた遠く百里のかなたの人を憶っているのか、秋山は心のうちで、大津の今の顔、今の眼元は⑤わが領分だなと思った。

「君がこれを読むよりか、僕がこの題で話したほうがよさそうだ。どうです、君は聴きますか。この原稿はほんの大要を書き止めておいたのだから読んだって解らないからねエ」

夢から寤めたような目つきをして大津は眼を秋山のほうに転じた。

「詳細く話して聞かされるならなおのことさ」

と秋山が大津の眼を見ると、大津の眼はすこし涙にうるんでいて、異様な光を放っていた。

「僕はなるべく詳しく話すよ、おもしろくないと思ったら、遠慮なく注意してくれたまえ。その代り僕も遠慮なく話すよ。なんだか僕の方で聞いてもらいたいような心持ちに成ってきたから妙じゃあないか」

⑥秋山は火鉢に炭をついで、鉄瓶の中へ冷めた煖陶を突っこんだ。

「忘れえぬ人はかならずしも⑦忘れて叶うまじき人にあらず、見たまえ僕のこの原稿の*5劈頭第一に書いてあるのはこの句である」

大津はちょっと秋山の前にその原稿を差しいだした。

「ね。それで僕はまずこの句の説明をしようと思う。そうすればおのずからこの文の題意が解るだろうから。しかし君にはたいがいわかっていると思うけれど」

「そんなことをいわないで、ずんずん遣りたまえよ。僕は世間の読者のつもりで聴いているから。失敬、横になって聴くよ」

秋山は煙草を啣えて横になった。右の手で頭を支えて大津の顔を見ながら眼元に微笑を湛えている。

「親とか子とかまたは朋友知己そのほか自分の世話になった教師先輩のごときは、つまりたんに忘れえぬ人とのみはいえない。忘れて叶うまじき人といわなければならない、そこでここに恩愛の契もなければ義理もない、ほんのあかの他人であって、本来をいうと忘れてしまったところで人情をも義理をも欠かないで、しかもついに忘れてしまうことのできない人がある。世間一般の者にそういう人があるとはいわないが少なくとも僕にはある。⑧おそらくは君にもあるだろう」

秋山はだまってうなずいた。

「僕が十九の歳の春の半ごろと記憶しているが、少し体軀の具合が悪いのでしばらく保養する気で東京の学校を退いて国へ帰る、その帰途のことであった。大阪から例の瀬戸内通いの汽船に乗って春海波平らかな内海を航するのであるが、ほとんど一昔も前の事であるから、僕のその時の乗合の客がどんな人であったやら、船長がどんな男であったやら、茶菓を運ぶボーイの顔がどんなであったやら、そんなことはすこしも憶えていない。たぶん僕に茶を注いでくれた客もあったろうし、甲板の上でいろいろと話しかけた人もあったろうが、何にも記憶に止まっていない。

ただそのときは健康が思わしくないからあまり浮き浮きしないでもの思いに沈んでいたに違いない。絶えず甲板の上に出て将来の夢を描いてはこの世における人の身の上のことなどを思いつづけていたことだけは記憶している。もちろん若いものの癖でそれも不思議はないが。そこで僕は、春の日の閑かな光が油のような海面に融けほとんど漣も立たぬ中を船の船首が心地よい音をさせて水を切って進行するにつれて、霞たなびく島々を迎えては送り、右舷左舷の景色を眺めていた。菜の花と麦の青葉とで*6錦を敷いたような島々がまるで霞の奥に浮いているように見える。そのうち船がある小さな島を右舷に見てその磯から十町とは離れない処を通るので僕は*7欄に寄り何心なくその島を眺めていた。山の*8根がたの*9かしこここに背の低い松が小杜を作っているばかりで、見たところ畑もなく家らしいものも見えない。しんとして淋しい磯の退き潮の痕が日に輝って、小さな波が水ぎわを弄んでいるらしく長い線が白刃のように光っては消えている。無人島でないことはその山よりも高い空で雲雀が啼いているのがかすかに聞こえるのでわかる。⑨田畑ある島と知れけりあげ雲雀、これは僕の老父の句であるが、山のむこうには人家があるに相違ないと僕は思うた。と見るうち退き潮の痕の日に輝っている処に一人の人がいるのが目についた。たしかに男である。また小供でもない。何かしきりに拾っては籠か桶かに入れているらしい。二三歩あるいてはしゃがみ、そして何か拾っている。自分はこの淋しい島かげの小さな磯を漁っているこの人をじっと眺めていた。船が進むにつれて人影が黒い点のようになってしまった。そのうち磯も山も島全体が霞のかなたに消えてしまった。その後今日が日までほとんど十年の間、僕は何度この島かげの顔も知らないこの人を憶い起こしたろう。これが僕の『忘れえぬ人々』の一人である。」

（国木田独歩『忘れえぬ人々』角川文庫『武蔵野』より
*10二〇一六年）

本文Ⅱ

『告白録』のなかで、*11ルソーは、一七二八年アルプスにおける自然との合一の体験を書いている。それまでアルプスはたんに邪魔な障害物でしかなかったのに、人々はルソーがみたものをみるためにスイスに殺到しはじめた。⑩アルピニスト（登山家）は、「文学」から生まれたのである。もちろん日本の〝アルプス〟もまた外国人によって見出されたのであり、登山もそこからはじまった。*12柳田国男がいうように、登山は、それまでタブーや価値によって区分されていた質的空間を変形し⑪均質化することなくしてありえないのである。

風景がいったん眼に見えるようになるやいなや、それははじめから外にあるようにみえる。ひとびとはそのような風景を模写しはじめる。

近代文学のリアリズムは、明らかに風景のなかで確立する。なぜならリアリズムによって描写されるものは、風景または風景としての人間であるが、そのような風景ははじめから外にあるのではなく、「人間から疎遠化された風景としての風景」として見出されなければならないからである。

　たとえば、シクロフスキー*13は、リアリズムの本質は非親和化にあるという。つまり、見なれているために実は見ていないものを見させることである。したがって、リアリズムに一定の方法はない。それは、親和的なものをつねに非親和化しつづける⑫たえまない過程にほかならない。リアリズムとは、たんに風景を描くのではなく、つねに風景を創出しなければならない。それまで事実としてあったにもかかわらず、だれもみていなかった風景を存在させるのだ。明治二十六年に、北村透谷*14は次のように書いている。

　……写実は到底、是認せざるべからず、唯だ写実の写実たりや、自ずから其の注目するところに異同あり、或は特更に人間の醜悪なる部分のみを描画するに止まるもあり、或は更に調子の狂ひたる心の解剖に従事するに意を籠むるもあり、是等は写実に偏りたる弊の漸重したるものにして、人生を利することも覚束なく、宇宙の進歩に益するところもあるなし。吾人*15は写実を厭ふものにあらず、然れども卑野なる目的に因つて立てる写実は、好美のものと言ふべからず。写実も到底情熱を根底に置かざれば、写実の為に写実をなすの弊を免れ難し。（「情熱」）

　透谷が写実の根底にみる「情熱」が何を意味するかは明瞭である。それは彼のいう「想世界」、つまり内的なセルフの優位のなかではじめて写実が写実として可能だということである。

（柄谷行人『日本近代文学の起源』講談社　一九八八年*16）

【注】

＊1　煖陶……温めて飲む酒、また、そのための陶器。
＊2　袍巻……「搔巻（袖のついた着物上の寝具、防寒着）」のことと考えられる。
＊3　年輩……歳のころ。年齢のほど。
＊4　はた……ここでは「あるいは」の意味。
＊5　劈頭……まっさき。
＊6　錦……金銀色や鮮やかな色の糸を組み合わせて美しく織りなした高級な織物。
＊7　欄に寄り……欄（船の甲板を巡って立てられる柵・手すり）にもたれかかって。「欄」の読みは「おばしま」と考えられる。
＊8　根がた……根のあたり。ねもと。
＊9　かしここ……あちらこちら。
＊10　二〇一六年……国木田独歩（1871-1908）の『忘れえぬ人々』の発表は一八九八年。
＊11　ルソー……（1712-1778）スイス・フランスの思想家。
＊12　柳田国男……（1875-1962）日本の民俗学者。
＊13　シクロフスキー……（1893-1984）ソビエト連邦の言語学者、文芸評論家、作家。
＊14　北村透谷……（1868-1894）日本の評論家、詩人。
＊15　吾人……わたし。われわれ。
＊16　一九八八年……原本は一九八〇年初版。

問一、傍線部①「口緒」、②「饒舌って」について、その読みと意味の説明（意味の説明は（　）内）の組み合わせとして最も本文Ⅰに合うものを次の選択肢の中からそれぞれ一つずつ選び、記号で答えなさい。

ア、いとぐち（きっかけ、発端、手がかり）
イ、いりよう（必要となることや費用）
ウ、しがらみ（せき止めまとわりつくもの）
エ、くされえん（なぜか離れない関係）
オ、はびこって（生い茂って、幅を利かせて）
カ、かかずらって（こだわって）
キ、しゃべって（軽い流れで話をして）
ク、ためらって（決心がつかず）

問二、(i)、(ii)の問いにそれぞれ答えなさい。

(i)本文Ⅰ中、空欄 X に当てはまる語を次の選択肢の中から一つ選び、記号で答えなさい。

ア、ふにおちぬ　イ、おざなりな
ウ、たぐいまれな　エ、いさぎよい
オ、のどかな　カ、おもむきある
キ、ぞんざいな　ク、あでやかな

(ii)本文Ⅰ中、空欄 Y を埋めるのにふさわしい表現を次の選択肢の中から一つ選び、記号で答えなさい。

ア、一読した限り、スケッチの域を超えていたものだ
イ、それぞれの絵画は、それならではの深みをもったものだ
ウ、一読して、僕のイメージ通りの作風に見えた
エ、鉛筆を消すことはできても心に残るものは消せない
オ、スケッチにはスケッチだけのおもしろ味がある

問三、傍線部③「どうせ明日はだめでしょう」とはどういうことか。その言い換えとして最も本文Ⅰに合うものを次の選択肢の中から一つ選び、記号で答えなさい。

ア、今無理に話を続けたとしても、明日までに結論は出そうにない
イ、活発な議論をしたのだから、今更寝ても疲れは取れそうにない
ウ、準備や心構えに関係なく、暴風雨で出発できないだろう
エ、明日、暴風雨が落ち着いても、議論をする時間はないだろう
オ、明日旅立つのなら、この話ができるのも今日が最後になるだろう

問四、難 新傾向 (i)、(ii)の問いにそれぞれ答えなさい。

(i)傍線部④「戸外の風雨の声がこの時今さらのように二人の耳に入った」、⑥「秋山は火鉢に炭をついで、鉄瓶の中へ冷めた煖陶を突っこんだ」について、これらの文が本文Ⅰ中で示唆しているのはどういうことか。④については四十字以内、⑥については五十字以内でそれぞれまとめなさい（句読点・記号は字数に含む）。

(ii)またこれらの描写は本文Ⅱ中でシクロフスキーの考える「リアリズム」的な表現と言えるか。それを適切に述べているものを次の選択肢の中から一つ選び、記号で答えなさい。

ア、傍線部④・⑥のような表現は、ほぼ同様にシクロ

フスキーの「リアリズム」の典型的な実践例と言える。
イ、傍線部④のような表現は、シクロフスキーの「リアリズム」の明確な実践例と言えるが、⑥はそうとは言えない。
ウ、傍線部⑥のような表現は、シクロフスキーの「リアリズム」の明確な実践例と言えるが、④はそうとは言えない。
エ、傍線部④のような表現を、シクロフスキーの「リアリズム」の実践例と考えるなら、⑥はそれ以上に典型的なものと言える。
オ、傍線部④・⑥のような表現は、共にシクロフスキーの「リアリズム」の明確な実践例とは言えない。

問五、**難** 傍線部⑤「わが領分」とはどういうことか。最も本文Ⅰに合うものを次の選択肢の中から一つ選び、記号で答えなさい。
ア、大津自身が既に会話の流れや内容よりむしろ彼自身の内にのみ存在する時間感覚で動いているのが印象深いということ。
イ、画家である秋山自身が感じとったり表現欲を刺激されたりするような、またはそれを得意とするような分野であるということ。
ウ、普段なら、風景にとらわれ夢中になったような顔や眼元を指摘されるのはむしろ秋山自身の方だったはずだということ。
エ、大津自身が思いにふけっているのを邪魔せず、彼の望む通りにこの時間を過ごさせてやりたいと願うこと。
オ、こういう顔をするときにどんな風に話を継いでいくべきかを大津自身良く知っているはずだと信頼しているということ。

問六、傍線部⑦「忘れて叶うまじき人」とはどういうことか。最も本文Ⅰに合うものを次の選択肢の中から一つ選び、記号で答えなさい。
ア、恩も義理もなく、特に思い入れもない人
イ、忘れてしまったことによる不都合に手を焼く人
ウ、放っておくと収拾がつかなくなるような問題を抱えた人
エ、忘れるはずがない、忘れるべきではない人
オ、忘れてしまっても特に困るようなことのない人

問七、**新傾向** 傍線部⑧「おそらくは君にもあるだろう」について、「大津」がこのように考えた理由として、本文Ⅱを参考に導き得るものを次の選択肢の中から一つ選び、記号で答えなさい。
ア、秋山が文学論にも通じているということを、談義の中で既に認識していたから。
イ、画家として「風景」を意識する経験が秋山にあるはずだと類推したから。
ウ、秋山が、自分の単なる随想のような原稿にでも興味を持てる人だと知ったから。
エ、同世代ゆえに、自分と同じような純粋な感性があると確信したから。
オ、文学者と芸術論を交わすなど、目的性を持ったものの見方ができる人だと思ったから。

問八、傍線部⑨「田畑ある島と知れけりあげ雲雀」について、この句に表現される情趣のタイプとしてふさわしくないものを次の選択肢の中から一つ選び、記号で答えなさい。
ア、淋しさ　イ、希望　ウ、気づき
エ、雄大さ　オ、共感

問九、**難** 傍線部⑩「アルピニスト（登山家）は、『文学』から生まれた」とはどういうことか。その説明として最も本文Ⅱに合うものを次の選択肢の中から一つ選び、記号で答えなさい。
ア、障害物でしかなかった山とでも、一体化することによって文学的側面が見出され得るというルソーの指摘によって、単なる登頂より景観が重視され始めたということ。
イ、それを「障害物」ではなく「山」と認識するために必要な自然との合一によって、アルピニストも単なる「登山家」とは違った、文学的な素養を見出され得るということ。
ウ、自然のものであり意識される契機もほとんどなかった山に文化的経験対象としての側面を見出す認識が、ルソーの文章を読んで触発された人々からはじまったということ。
エ、近代の一般市民は文学によって初めて海外文化を疑似体験するのであり、そこで理解される習慣の一つが、景観とは切り離された純粋な意味での登頂であったということ。
オ、ルソーの文学的体験が前提とするような山への意識を見落とした登山家たちによる抑圧の歴史が明らかになって、アルピニストは初めてその本来性に立ち返ったということ。

問十、**難** 傍線部⑪について、山の空間を「均質化」するとはどういうことか。その説明として最も本文Ⅱに合うものを次の選択肢の中から一つ選び、記号で答えなさい。
ア、気候や気象などそれまでは人知を超えた領域とみなされていたものに対し科学的な視点を持ち込むことで、山を一つの「物」として考えられるようになったということ。
イ、それまでに危険とみなされた起伏や、急な傾斜など、登山者の進行を阻むものを排除したことによって、開発上の偏りがなくなったということ。
ウ、標高や斜面の向きなどによって進み易さの異なる登山道を、近代技術によって整備し条件を揃えることによって数値で把握できるようになったということ。
エ、それまでの価値観に潜在した人間の観点や目的性などを排したことで、まずすべてただの「物」「空間」として捉えるようになったということ。
オ、生物のあり方と密接な影響関係を持っていた日照や水資源などの条件の差をなくすことによって、偏りのない生態多様性が実現したということ。

問十一、**難** **思考力** 傍線部⑫「たえまない過程」とあるが、なぜその過程は「たえまない」のか。本文Ⅱに合うように、九十一字以上百十字以内で述べなさい（句読点・記号は字数に含む）。

大阪教育大学附属高等学校　池田校舎

時間 60分　満点 100点　解答 P57　2月12日実施

出題傾向と対策

●昨年同様、古典、論説文、小説文、条件作文の四題構成。文章のレベルは標準で設問もオーソドックス。昨年古典にあった漢文の設問は、今回論説文で出題された。また条件作文は昨年同様、資料分析力・思考力を踏まえたものであり、全体としては「やや難」と言える。

●過去問をきちんと演習することが必要。古典に関しては知識力や単語力を養っておく。ただ大問はあとになるほど時間がかかる構成になっているので、最後の条件作文に十分な時間を確保するための戦略を考える。

注意事項　字数制限のある問いは、句読点や記号も字数に含めて答えなさい。

一 (古文)仮名遣い・口語訳・内容吟味

次の文章は、『浮世物語』の一部である。よく読んで、あとの問いに答えなさい。

今はむかし、物ごと自慢くさきは①未練のゆへなり。物の上手の上からは、すこしも自慢はせぬ事なり。我より手上の者ども、広き天下にいかほどもあるなり。諸芸ばかりに限らず、侍道にも武辺(武芸)・口上(口のきき方)以下、さらに自慢はならぬものを、今の世は、貴賤上下それぞれに自慢して、声高に②荒言はきちらし、わがままをする者多し。その癖に、をのれが疵をかくさんとて、よき者を誹り笑ふ事あり。

③ある者、座敷をたてて絵を描かする。白鷺の一色(白鷺だけを描いた絵)を望む。絵描き、心得たりとて焼筆をあつる。亭主のいはく、いづれも良さそうなれども、この白鷺の飛びあがりたる、羽づかひがかやうでは、飛ばれまいといふ。絵描きのいはく、いやいやこの飛びやうが第一の出来物ぢやといふうちに、本の白鷺が四、五羽うちつれて飛ぶ。亭主これを見て、あれ見給へ、あのやうに描きたいものぢやといへば、絵描きこれを見て、いやいや④あの羽づかひではあつてこそ、それがしが描いたやうには、得飛ぶまいといふた。

問一、よく出る 基本 点線部「羽づかひがかやうでは、飛ばれまいといふ。」を現代仮名遣いに改めて、平仮名で書きなさい。(漢字と句読点はそのままとする)

問二、傍線①「未練」、②「荒言」とはどういうことか。最も適切なものをそれぞれ次から選び、記号で答えなさい。

傍線①「未練」
ア、謙虚な精神が足りないこと
イ、年が若いゆえに未熟なこと
ウ、心残りで諦めきれないこと
エ、技量が熟練していないこと

傍線②「荒言」
ア、偉そうで大げさなこと
イ、激しく悪態をつくこと
ウ、遠回しに非難すること
エ、全く筋の通らないこと

問三、傍線③「ある者」の発言が文中に二箇所あるが、二つ目の発言はどこか。最初と最後の三字ずつを抜き出して答えなさい。

問四、傍線④「あの羽づかひではあつてこそ、それがしが描いたやうには、得飛ぶまい」とあるが、このように非難したのはなぜか。本文全体をふまえて三十字以内で説明しなさい。

問五、この文章は、具体的な場面が描かれた段落と、作者が自分の考えを述べる段落とに分けられる。それらの段落の切れ目はどこか、前段の末尾三字を抜き出して答えなさい。

二 (論説文)漢字の読み書き・内容吟味・文脈把握・古典知識・語句の意味

次の文章は、穂村弘の『短歌の友人』の一部である。よく読んで、あとの問いに答えなさい。

いつだったか、永田和宏が、①歌人以外の人の歌の〈読み〉に心から納得できたことがない、という意味のことを書いているのを見た記憶があるのだが、基本的に私も同感である。

歌人の〈読み〉の場合、それが自分の〈読み〉と異なっていても、〈読み〉の軸のようなものを少しずらしてみれば理解はできることが多い。大きくいえばそれは個々の読み手の定型観の違いということになると思う。

それに対して、他ジャンルの人の短歌の〈読み〉については、定型観がどうとか〈読み〉の軸がどうとかいう以前に、「何かがわかっていない」「前提となる感覚が欠けている」というⓐインショウを持つことが多い。これはあまりにも一方的な云い方で、ちょっと口に出しにくいのだが、そんな感じは確かにあると思う。

「前提となる感覚が欠けている」とはどういうことか。これをうまく表現するのはなかなか難しいのだが、例えば、「歌というのは基本的にひとつのものがかたちを変えているだけ」という感覚の欠如、という捉え方はどうだろう。実作経験のない読み手には、この感覚もしくは認識が欠けているように思われてならない。

多くの歌人は、少なくとも近代以降の歌の〈読み〉に際して、その作者がどんな体感に基づいて何をやろうとしていたのか、ということを或る程度自分の中で復元できるはずである。作品がどの程度成功しているか、という判断は、その復元感覚の上に成立しているのだ。作品の成立年代や作り手としてのタイプの違いにかかわらず、そのような把握は可能だと思う。そして、それが可能となる根本的な理由が[X]だからとは云えないだろうか。歌人はみな無意識的にそのことをよく知っているように思われる。

それに対して実作の経験のない人は「短歌にも色々なものがある」と漠然と思っているのではないだろうか。これは一般の人が和歌に対して風流とか雅といったⓑキンイツなイメージを持っていることと一見②矛盾するようだが、少なくとも現在、短歌の鑑賞文や歌集の栞文を書くような他ジャンルの表現者たちは、「短歌にも色々なものがある」という認識を漠然と持っているように思う。

そして〈読み〉に際しては、その「色々なもの」の中からたまたま意味的心情的に自分が共感しやすい歌を選んでコメントしているだけなのだ。そこが歌人の〈読み〉とは明らかに違う。「短歌にも色々なものがある」と思ってしまうのは、「ひとつのものがかたちを変える」際のバリエーションの豊かさに幻惑された結果だと思う。そのような錯覚が起きるのは、「ひとつのもの」の絶対性に関する把握の弱さと、「かたちを変える」バリエーションの豊富さに関する経験不足に因っている。「歌というのは基本的にひとつのものがかたちを変えているだけ」という思いつきについて、もう少し具体的に考えてみたい。

正岡子規の連作に関して、私は次のように書いたことがある。

人皆の箱根伊香保と遊ぶ日を庵にこもりて蠅殺すわれは　正岡子規

明治三十一年作の正岡子規「われは」からの引用である。八首の連作はすべて「●●●●われは」という共通の結句をもっている。

人々が「箱根」や「伊香保」などの観光地で「遊ぶ日」も、病で起きあがることのできない自分はひとり「庵」にこもって「蠅」を殺している、というのである。一首における「人皆」と「われ」の間には、心理的には無限の距離がある。

一連には他に次のような作品がみられる。

吉原の太鼓聞えて更くる夜にひとり俳句を分類すわれは　正岡子規

富士を蹈みて帰りし人の物語聞きつつ細き足さするわれは　同

いずれも[Y]が対比的に詠われているのだが、その作品構造を通して、ひとつの実感を読みとることができる。それは、私の人生はただ一回きりの、他人の生とは決して交換できないものだ、という感覚である。「庵にこもりて蠅を殺」しながら、「ひとり俳句を分類」しながら、「細き足」をさすりながら、作中の「われ」はその事実をⓒツウカンしていたに違いない。このような生の一回性と交換不可能性を③端的に言い換えるならば、〈われ〉のかけがえのなさということになるだろう。「箱根伊香保」や「吉原」に遊べなくとも、「富士を蹈」むことが叶わなくとも、この生だけが子規にとっての〈われ〉のすべてなのである。

（『短歌という爆弾』）

私には、子規のこの一連で直接的に扱われているモチーフ、〈われ〉の「生のかけがえのなさ」こそが、近代以降の短歌における「ひとつのもの」だと思われる。

「生のかけがえのなさ」とは、表現のモチーフとしてあまりにも根源的すぎて、何も云ったことにならないようにすら感じられる。だが、子規の連作ほどには明確に言語化されていない場合であっても、およそ秀歌とされる作品の内部には、常に同じモチーフがありありと生きて存在していることを我々は経験的に知っていると思う。

かけがえのない〈われ〉が、言葉によってどんなに折り畳まれ、引き延ばされ、切断され、乱反射され、ときには消去されているようにみえても、それが定型の内部の出来事である限り、この根源的なモチーフとの接触は最終的には失われない。一人称としての〈われ〉が作中から完全に消え去っているようにみえても、生の一回性と交換不可能性のモチーフは必ず「かたちを変えて」定型内部に存在する。それこそが少なくとも近代以降の、短歌という詩型の特殊性だとは云えないだろうか。

先に述べた歌人の〈読み〉における「復元感覚」とは、このような「生のかけがえのなさ」が、一首の中でどのように「かたちを変えて」存在しているかを把握する働きに他ならない。

歌人はその〈読み〉において、それぞれの歌の表面的なモチーフや意味内容とは別に、一首の中でこの「ひとつのもの」がどのように扱われているかを必ずみようとする。反射的にまずそれをみにゆくⓓシュウカンがあると云ってもいい。それこそが一首を真に支えるものだということを経験的に知っているからである。

現代の秀歌から例をⓔアげてみる。

かの人も現実に在りて暑き空気押し分けてくる葉書一枚　花山多佳子

子規の歌にみられた「ひとつのもの」は、誌的に屈折増幅されたかたちで確かにここにも存在していると思う。それゆえに、極端な云い方をすれば、歌人ならば誰でもこの歌の良さが同じようにわかる、はずなのである。では、「ひとつのもの」は一首の中でどのように表現されているだろうか。

冒頭から「かの人も現実に在りて」という或る意味で当然のことがことさら詠われている。その理由は、それが当然だということが、作中の〈われ〉にはとても信じられないからである。なぜ信じられないのか。〈われ〉にとっては「現実」がマボロシそのもののように感覚されているからだ。

「生のかけがえのなさ」に対する感受の鋭さが、ただ一度だけ〈われ〉に与えられた〈今、ここ〉という時空間に対する恐怖とⓕキタイを無限に増幅させた結果、〈われ〉の心の中で「現実」とはマボロシそのもののような、信じられない時空間に変化してしまっている、というのが私の想像である。

「現実」はマボロシ、「かの人」はマボロシ、〈われ〉はマボロシ。すべてが不確かなマボロシとして感覚される一首の中で、ただ一つ確かなものとして存（あ）るのが「葉書」である。「現実」の暑き空気を押し分けて、命あるもののように〈われ〉の元へやって来た一枚の「葉書」。或（あるい）いはそれは平凡な暑中見舞であったかもしれない。

「現実」にまみれたただ一枚の「葉書」を手に、呆然（ぼうぜん）と〈われ〉は思う。「かの人」は「現実」のどこかに本当に存在していて、私にこれを送ったらしい。「葉書」には私の名前が記されてあり、それを〈今、ここ〉で私は手にしている。すると、それは、信じられないことだが、もしや、私もまた、この「現実」の中に本当に生きて存在しているということだろうか、と。

一枚の「葉書」こそが、「かの人」と〈われ〉とを繋（つな）ぐ絆（きずな）であり、［Z］ことのただ一つの証（あかし）なのである。

＊栞文…本に挟まれる薄い冊子で、その本の解説や紹介文が載っている。歌集に付けることが多い。
＊永田和宏…歌人・細胞生物学者。一九四七〜。
＊正岡子規…明治期の歌人・俳人。一八六七〜一九〇二。
＊庵…文人・茶人などの住居のこと。
＊花山多佳子…歌人。一九四八〜。

問一、**よく出る** 二重傍線ⓐ〜ⓕのカタカナを漢字に直しなさい。楷書で大きくはっきりと書くこと。

問二、傍線①「歌人以外の人の歌の〈読み〉」には、どのような特徴があるか。五十字以内で説明しなさい。

問三、空欄［X］に入れるのに適切な語句を、文中から三十〜三十五字で抜き出し、最初と最後の三字ずつを答えなさい。

問四、**よく出る** **基本** 傍線②「矛盾」は、故事成語の一つである。ある商人が、「この盾と矛は、どちらも最強の武器である」と言った。それに対して、ある人が言った内容が次の【漢文】である。この【漢文】を読み、あとの問い（Ⅰ）（Ⅱ）に答えなさい。

【漢文】　以子之矛、陥子之楯何如。

〈書き下し文〉子の矛を以て、子の楯を陥さば何如。

〈口語訳〉あなたの矛で、あなたの盾を貫いたらどうなりますか。

（Ⅰ）〈書き下し文〉を参考にして、傍線部に返り点をつけなさい。

（Ⅱ）「矛盾」の意味として最も適切なものを次から選び、記号で答えなさい。
ア、もともと強いものが、一層強くなること。
イ、道理にかなわないうそを、いましめること。
ウ、つじつまの合わないこと。
エ、本質を見極められること。

問五、空欄［Y］に入れるのに最も適切な語句を次から選び、記号で答えなさい。
ア、健やかな他者と病人である「われ」
イ、漠然とした他者と歌に生きる「われ」
ウ、孤独な「われ」とそれを哀れむ他者
エ、勤勉な「われ」と遊びたわむれる他者
オ、生を尊ぶ「われ」と凡人の他者

問六、**よく出る** 傍線③「端的」の意味として最も適切なものを次から選び、記号で答えなさい。
ア、明確にそれと分かるようなさま
イ、まのあたりに起こるさま
ウ、より正確ではっきりしているさま
エ、極端に抽象化しているさま

問七、空欄［Z］に入れるのに適切な内容を、文中の語句を用いて十五〜二十字で答えなさい。

問八、**思考力** 筆者が「正岡子規」と「花山多佳子」の作品を引用した理由を、六十字以内で説明しなさい。

問九、本文の内容説明として最も適切なものを次から選び、記号で答えなさい。
ア、多くの歌人は、「前提となる感覚」に基づいて近代以降の短歌を復元することができ、全く同じ〈読み〉にたどり着くことができる。
イ、歌人以外の人は「前提となる感覚が欠けている」ために、〈われ〉はかけがえのないものである、という気づきを得にくい。
ウ、「正岡子規」の連作における「人皆」と「われ」には心理的に大きな隔たりがあるため、「現実」の世界で交流することはない。
エ、「正岡子規」によって近代以降の短歌は「定型」を獲得し、「定型」の概念は以後の歌人たちによって今日まで受け継がれている。
オ、それぞれの表面的なモチーフや意味内容が違ったとしても、近代以降の短歌の中には、同一の「根源的なモチーフ」が必ず存在する。
カ、「花山多佳子」は、或る意味当然のことを詠うことで、「現実」を「マボロシそのもの」のように描くことに成功している。

三 （小説文）漢字の読み書き・文脈把握・慣用句・内容吟味

次の文章は、川内有緒（かわうちありお）『目の見えない白鳥（しらとり）さんとアートを見にいく』の一部である。筆者である「わたし」は、友人の紹介で全盲の「白鳥さん」と出会い、作品の説明をしながら、一緒にアートを鑑賞するようになった。本文は、「わたし」と「白鳥さん」が対話をする一場面である。よく読んで、あとの問いに答えなさい。

夕方の風が気持ちよかったので、カフェに向かった。スペイン風の赤を基調とした装飾のレストランのテラス席を見つけ、わたしはサングリア、白鳥さんはビールをオーダーした。まだ世の中ではステイホームが続いていて、路上に人影はなく、店の客はわたしたちだけだった。

「気持ちのいい日だねー」とわたしは言った。初夏を思わせる日差しでしばしコロナの閉塞（へいそく）感から解放された。

「そういえば、この間、ストリートビューでオルセー美術館に行ったの」

「あー、どうだった？　そこには周囲の音とか入ってるの」

「いや、音は入ってない。誰もいないから。ま、そこまで面白いものじゃなかった。いまコロナでどこにも行けない状況だから少し面白いけど、普段だったらやっぱり行かないかな。美術館はリアルで行くほうがいい。それがわかった」

「へー、そうなんだ」

「それにしても、白鳥さんはなんでバーチャル鑑賞に気が進まなかったの？」

すると、これまた実に予想外の答えが返ってきた。

「いや、それがさあ、俺はなんか自分が存在している感覚が希薄なんだよねー」

は？　どういうこと、とわたしは聞き返した。

「だってさあ。数年前の自分といまの自分が同じだって、不思議だと思わない？」

言葉の意味がつかめないまま、「そうかな？」と［X］を打った。

サングリアとビール、チーズが運ばれてきた。

「だってさあ、過去の記憶って思い返すたびに上塗りされているわけだから、どんどん変わっていくわけじゃない？　そういう意味では、自分の記憶だと思っているものは、常に新鮮な状態の〝過去の記憶〟じゃない？」

上塗りと聞いて絵の具の色が混ざっていく様が思い出された。

わたしは甘すぎるサングリアをすすりながらⓐ曖昧に頷(うなず)いた。世間話を始めたつもりなのに、まったく意外すぎる方向に話は進んでいた。とりあえずは白鳥さんが話すままに任せた。

「そんで、これは子どものころからなんだけど、俺はさあ、手元が落ち着かないわけよ」

白鳥さんは、よくテーブルに着くなり見えないピアノを弾くような動作をする。トントン、とかすかな音がする。気にしたことはなかったけど、確かに手元が落ち着かない、といえばそうだった。

「うん、それで？」

白鳥さんは指先を動かしながら話を続けた。

「こうしていると、ここに自分がいま存在していると確認できる。でもなにもせずにじっとしていると、周りとの関わりがわからなくなって不安になる……いや、不安っていうほどのものでもないんだけど」

――なにかに触ることで、自分が存在していることを実感できる。
①これと似たような話を読んだことがある。哲学者の青山(あおやま)拓央(たくお)は、著書の中で「少し恥ずかしいのだが、あまり共感を得られないであろう自分の癖を一つ書いてみる。日常生活のなかでふと、周囲に聞こえないくらいの声で『今』とつぶやく癖を私はもっている」と告白する。

その作業において、私はいわば、自分の人生に時間的なしおりを挟んでいる。ここまで読んだというしるしで本にしおりを挟むように、ここまで生きたというしるしで人生にしおりを挟むわけだ。そんなことがわざわざ必要なのは、人生全体をどこまで生きたかが何となくボンヤリしているからだが（後略）（『心にとって時間とは何か』）

人生でどこまで生きたかがぼんやりする。白鳥さんが言わんとすることはこれに近いだろうか。

いま、白鳥さんは細く目を開けている。その瞳にはわたしの顔が反射しているけれど、その光は瞳の向こう側にまでは届かない。

「だからさあ、こうして誰かと話したりしてれば、いま自分がここにいるというのは間違いないと思うんだけど」と白鳥さんは言った。

「――それってさ、目が見えないことと関係あるのかな？」

「いや、見えないからだけじゃない気がするんだよね。ひとによっては接触が過多なひともいるでしょ。あれと同じなんじゃないかな」

「うん、子どもとかやたらくっついてくる。あれもなにかを確かめようとしてるのかな。ひととの距離みたいなもの」

「そうそう。だから、自分の前にひとがいないバーチャル鑑賞だと、なんか距離のⓑ保ち方が難しい気がしてさ。俺はさあ、電話でも不自然になるときがあって」

「あれ、電話は苦手だった？」

「苦手だね、どっちかというと」

絶句した。次々と意外な話が出てくる日だった。白鳥さんは時おり電話をかけてくる。だから、むしろ白鳥さんは電話が好きなのだと思っていた。
②頭の中で小さな光が点灯した。わたしはなにか大きな勘違いをしてきたのだろうか。
「ねえ、それって実際に顔を合わせることで、いろんな情報を受け取っているってことだよね。ということは、鑑賞のときも言葉とか会話はひとつの情報でしかなくって、空気とか雰囲気とか、そういうものから多くのものを受け取ってるってことだよね」

「そうそう、そのひとがどっちに向いて話してるのかとか、声の大きさとか。距離とか」

「なるほど、大切なのは言葉とか耳からの情報だけじゃないってことか」

そっかー、そういうことか！　少し興奮して、身を乗り出した。

わたしは、自分の巨大な勘違いに気がついた。それまで、白鳥さんは言葉や会話から多くの情報を受け取っていると思い込んでいた。だから、美術鑑賞も、言葉さえ耳で聞くことができればなんとかなるだろうと思っていた。しかし言葉が運ぶものは「多くの情報」かもしれないが、「情報の多く」ではなかった。この違いは大きい。

ひととひとが一緒にいて、口から流れ出た空気で、わたしたちの間にある空気が震え、風になる。その風は暖かいかもしれないし、冷たいかもしれない。ビリビリするようなものかもしれない。そういう物理的な変化をすべてひっくるめての声であり、言葉だった。

「だから、オンラインじゃダメだったんだ」

「そうなんだよ。VRが進歩してほんとにそこで話しているようだったら違うのかもしれないけど。でもいまのオンラインって電話の延長線上じゃない？」

うん、うんとわたしは頷いた。

わたしたちの身体もまた多くのメッセージを発している。匂い、仕草、体温。それに白鳥さんはもともと誰かの肘に触れることで多くを感じとる。せっかちなのか、おっちょこちょいなのか、信頼できるひとなのか、そういう皮膚感覚や耳や鼻からの情報のすべてが重層的に重なり合ってひとつの記憶になる。

そして美術作品もまた物体としてのエネルギーを発している。ランプ人間の冷ややかさ、大竹伸朗（おおたけしんろう）が描く荒々しいタッチや紙の重なり。そういうすべてがただの物体だったものを作品たらしめる。そして、その作品と鑑賞者をまるごと包み込むのが美術館である。ああ、だから画面上でやりとりするバーチャル鑑賞には、美術鑑賞を「体験」に変えてくれるものが決定的に欠けているんだ。

そう考えている間にも、白鳥さんはビールのジョッキを空にし、指を軽くトントンと鳴らした。そうだよ、白鳥さんはことあるごとに言っていたではないか。③俺は美術が好きなんじゃなくて、美術館が好きなんだ、と。

目が見えない白鳥さんというひとが自分の実存を確かめる手段として美術館があった……そう言ったら言いすぎだろうか。

いや、彼だけじゃなく、わたしたちは、誰もがなんらかの方法で「いまの自分」を確かめている。日記を書いたり、SNSに写真をあげたり、誰かに電話したり。

唐突に白鳥さんが写真を撮る理由がわかった気がした。彼もまた「いま」という時間にしおりを挟んでいるんだ。

＊ストリートビュー…Googleが提供する、路上風景をパノラマ写真で閲覧することができるサービス。
＊サングリア…ワインにフルーツなどを漬け込んで作る酒。
＊オルセー美術館…フランス、パリにある、十九世紀美術専門の美術館。
＊青山拓央…哲学者。一九七五〜。
＊VR…バーチャルリアリティー（仮想現実）の略称。
＊誰かの肘に触れることで多くを感じとる…視覚障がい者は、誘導者の肘に触れることで進みたい方向に安全に行くことができる。
＊ランプ人間…フランスの現代美術家、クリスチャン・ボルタンスキー（一九四四〜二〇二一）の作品。
＊大竹伸朗…現代美術家。一九五五〜。

問一、二重傍線ⓐ・ⓑの漢字の読みを平仮名で書きなさい。

問二、本文からは、次の連続する二文が抜けている。補うのに最も適切な箇所を探し、補う直前の三字を抜き出して答えなさい。

> そうだ、例えば声。人間が発する声というのは、ただの言葉の乗り物ではない。

問三、**基本** 空欄 X にあてはまる語を次から一つ選び、記号で答えなさい。
ア、ひざ　イ、もんどり　ウ、こころ
エ、むち　オ、あいづち　カ、くさび

問四、傍線①「これと似たような話を読んだことがある」とあるが、「白鳥さん」の「動作」と「青山拓央」の「癖」とは、どういう点で似ていると言えるか。三十五字以内で説明しなさい。

問五、傍線②「頭の中で小さな光が点灯した」とあるが、どういうことか。最も適切なものを次から選び、記号で答えなさい。
ア、「わたし」は「白鳥さん」が電話が苦手だと知り、これまでの自分の対応が、本当は「白鳥さん」にとって負担になっていたのではないかと、少し心配になったということ。
イ、電話が苦手だと「白鳥さん」が言ったことで、「わたし」の今までの思いこみがくつがえされ、その意外性に「わたし」の頭の中が一瞬にして真っ白になったということ。
ウ、「わたし」は、「白鳥さん」が電話好きだと思っていたため、時おりかかってくる電話に応じていたが、実際には電話が苦手だと知ったことで怒りと混乱が込み上げたということ。
エ、「白鳥さん」が実は電話が苦手だという事実を知ったことで、「わたし」は、今まで「白鳥さん」の情報の受け取り方について誤解していたことに気づき始めたということ。
オ、「白鳥さん」が内心では電話が苦手であるのに、これまで「わたし」に合わせて電話をしてくれていたことに気づき、「わたし」は恥ずかしさで頭がいっぱいになったということ。

問六、傍線③「俺は美術が好きなんじゃなくて、美術館が好きなんだ」とあるが、「白鳥さん」が美術館を好きなのはなぜだと考えられるか。八十五字以内で説明しなさい。

四　条件作文　思考力

令和元年に「視覚障害者等の読書環境の整備の推進に関する法律」（読書バリアフリー法）が施行された。次の《資料》は、文部科学省・厚生労働省がこの法律に関する概要をまとめた資料から、一部抜粋したものである。《資料》から「視覚障害者等の読書」における課題を読み取ったうえで、あなたの身近な図書館で考えられる解決策を、あとの 条件 に従って書きなさい。

条件
①題名・名前は書かないこと。
②二百字以内で書くこと。
③二段落構成とする。前段には、《資料》から読み取った「視覚障害者等の読書」における課題を一つ取りあげて書くこと。後段には、その課題に対する、あなたの身近な図書館で考えられる解決策を書くこと。
④身近な図書館については、「中学校の学校図書館」か、「地域にある図書館」のどちらかを選び、書くこと。

《資料》
視覚障害者等の読書環境の整備の推進に関する法律（読書バリアフリー法）概要

目的（一条）
視覚障害者等（＝視覚障害、発達障害、肢体不自由等の障害により、書籍について、視覚による表現の認識が困難な者）の読書環境の整備を総合的かつ計画的に推進
↓
障害の有無にかかわらず全ての国民が等しく読書を通じて文字・活字文化の恵沢を享受することができる社会の実現に寄与

基本理念（三条）

・アクセシブルな電子書籍等（デイジー図書・音声読み上げ対応の電子書籍・オーディオブック等）が視覚障害者等の利便性の向上に著しく資することに鑑み、その普及が図られるとともに、視覚障害者等の需要を踏まえ、引き続き、アクセシブルな書籍（点字図書・拡大図書等）が提供されること
・アクセシブルな書籍・電子書籍等の量的拡充・質の向上が図られること
・視覚障害者等の障害の種類・程度に応じた配慮がなされること

国・地方公共団体の責務（四条・五条）

・国は、視覚障害者等の読書環境の整備の推進に関する施策を総合的に策定・実施
・地方公共団体は、国との連携を図りつつ、地域の実情を踏まえ、施策を策定・実施

基本的施策（九条～十七条）

①視覚障害者等の図書館利用に係る体制整備等（九条）
・アクセシブルな書籍・電子書籍等の充実
・円滑な利用のための支援の充実
・点字図書館における取組の促進　など
②インターネットを利用したサービス提供体制の強化（十条）
・アクセシブルな書籍・電子書籍等の利用のための全国的ネットワーク（サピエ図書館を想定）の運営への支援
・関係者間の連携強化　など
③特定書籍・特定電子書籍等の製作の支援（十一条）
・製作基準の作成等の質の向上のための取組への支援
※特定書籍・特定電子書籍等：著作権法三十七条により製作されるアクセシブルな書籍・電子書籍等
・出版者から製作者に対するテキストデータ等の提供促進のための環境整備への支援　など

④アクセシブルな電子書籍等の販売等の促進等（十二条）
・技術の進歩を適切に反映した規格等の普及の促進
・著作権者と出版者との契約に関する情報提供
・出版者から書籍購入者に対するテキストデータ等の提供促進のための環境整備に関する検討への支援　など
⑤外国からのアクセシブルな電子書籍等の入手のための環境整備（十三条）
・相談体制の整備　など
⑥端末機器等・これに関する情報の入手支援（十四条）
⑦情報通信技術の習得支援（十五条）
・講演会・巡回指導の実施の推進　など
⑧アクセシブルな電子書籍等・端末機器等に係る先端的技術等の研究開発の推進等（十六条）
⑨製作人材・図書館サービス人材の育成等（十七条）
※地方公共団体は、③のテキストデータ等の提供促進部分・④・⑤・⑧を除き、国と同様に施策を講ずる。

大阪教育大学附属高等学校　平野校舎

時間　60分
満点　100点
解答　P58
2月12日実施

出題傾向と対策

●論説文、小説文、古文の大問三題構成は例年どおり。漢字、文法、語句の意味、返り点などの国語知識問題はいずれも基礎力を問われている。その他の設問も標準的な難度のものが多い。課題作文は、論説文の本文とは関係なく記述する形式で、テーマについてまず自分で考察しなければならないため、難度が高い。
●品詞識別、重要古文単語などの知識問題は、学習を地道に積み重ね、確実に得点すること。課題作文は、設定した時間内に三百字程度を記述する練習をしておく。

一　（論説文）漢字の読み書き・文脈把握・品詞識別・内容吟味・課題作文

次の文章を読んで、後の問いに答えよ。

いまは、モノも人も、経済も情報も、国境をさまざまに行き交うようになりました。国の内から外へ、また国の外から内へ、往き来することがごく普通のことのようになってきた。けれども、言葉はどうだろうかと考えるのです。

言葉は人の生活の日常に深く結びついています。それだけに、おたがいの日常を親しく固く結び合わせるようになればなるほど、それぞれの人にはっきりとした限界を背負わせるのも、言葉です。それぞれの国にとっての国語のように、それぞれを深く結び合わせると同時に、言葉は、それぞれにその言葉の限界を背負わせずにいないのです。

言葉以上におたがいを非常に親しくさせる1ものはありません。にもかかわらず、その言葉を共有しないとき、あるいはできないとき、知らない国のアまるで知らない言葉がそうであるように、言葉くらい人をはじくものもありません。際立って［ A ］にもなれば、際立って［ B ］になるのも、言葉です。

けれども言葉には、[イ]もう一つの言葉があります。在り方も、はたらきも異なる、別の言葉。ないもの、ここにないもの、どこにもないもの、誰も見たことのないもの、見えないもの、そういうものについて言うことができる言葉です。

[ウ]たとえば、社会という言葉。社会という言葉は誰でも知っていますが、実際に、社会というものをこれが社会だと、机を指すように、草花を指すように、これが社会だと指すことはできません。世界という言葉もおなじです。世界ということを知っていても、世界というものを、この目で見たことはないのです。

そのように、心のなかよりほか、どこにもないものについて言うことのできる言葉があります。自由。友情。敵意。憎悪。そういった言葉は、誰も見たことがないけれども、そう感じ、そう考え、そう名づけて、そう呼んできた、そういう言葉です。

国境を越える言葉、あるいは越えられる言葉ということを考えるとき、じつは国境を越える言葉というのは、このないものについて言うことのできる言葉ではないだろうかと思うのです。国境を越えるというのは、外国の言葉をいくらか覚えるというのとは違う。[2]ないもの、見えないもの、その言葉でしか感得できないものを、国と言葉を異にするおたがいのあいだでどんなふうにもちあえるか、ということだと思うのです。

自由という言葉について思いめぐらすとき、わたしたちは自由という言葉はどこからやってきたか、考えます。自由を見た人はいない。机の上に転がっているものでもないし、公園にゆけばあるというものでもない。店で買えるものでもない。しかし、わたしたちは自由という言葉を知って、自由という言葉を通して、自由というものを感得し、そう感じられる感覚をそう呼んで、そう名づけて、その言葉を自分のものにしてきました。

そして思うことは、日本語の自由という言葉に表され、わたしたちがその言葉によって感じとることのできる感覚を、異なる国々で、違う土地で、いま、おなじように、それぞれの国の言葉、土地の言葉で、自由と呼び、自由と名づけて、おなじに感じている人びとがいるだろう、ということです。

そういう[a]カクシンを可能にするのが、国境を越える言葉のちからであり、そのようにそれぞれの言葉を通じて、おたがいを繋ぐべき大切な概念を共有することが、じつは言葉を異にするおたがいの[b]キョウセイを可能にしてゆくのだ、というふうに思うのです。

[エ]かつておなじ時代に、[3]おなじ思いを胸底に秘めて逝った二人の詩人がいます。

一人は日本の詩人、宮沢賢治（一八九六―一九三三）です。宮沢賢治の「烏の北斗七星」という[c]ドウワはひろく知られますが、それは敵の死骸を葬る烏の兵士の、星への祈りの言葉で結ばれています。［　C　］

もう一人は、宮沢賢治とほぼ同じ歳月を生き、パリで貧窮のうちに死んだペルーの詩人、セーサル・バジェッホ（一八九二―一九三八）です。バジェッホに、こういう詩があります（「群集」飯吉光夫訳）。

たたかいが終って、
戦士が死んでいた　男がひとりやって来て
言った。――《いけない　死ぬのは！　きみをこんなにも愛してる！》
けれどもその屍体は　ああ！　死につづけた

バジェッホを宮沢賢治は知らなかったでしょうし、バジェッホもまた宮沢賢治を知らなかったでしょう。二人の詩人は、いずれも二十世紀の二度目の大戦の前に世を去り、いずれも世に知られるのは戦争の後になってですが、しかし、二人の詩人の言葉に遺されているのは、そのときおたがいに知る由もなかった二人の詩人が国境を越えて共有していたと言っていい、死者への深い祈りと沈黙です。

その言葉によって、感じ、考え、受けとめるほかない言葉があります。そのように言葉でしか言い表せない大事なものを、国境を越えて、わたしたちはそれぞれの言葉のうちに、おたがいにもちあうことができるということを、二人の詩人の言葉は伝えています。

国境を越え、それぞれの違いを越えるのは、言葉でなくて、言葉が表す概念です。

概念は音楽に似ています。それぞれの言葉という楽器によって、わたしたちにとって大切な概念を、誰にむかって、どう[d]エンソウするか。なにより国境を越えた概念の共有が求められなければ、[オ]たやすく[e]アヤマつだろう。そう思うのです。

（長田弘『なつかしい時間』による）

問1、よく出る 二重傍線部a～eのカタカナをそれぞれ漢字に改めよ。

問2、空欄［　A　］［　B　］に入る語句の組み合わせとして、最も適当なものを次から選び記号で答えよ。

ア、A　開放的　B　閉鎖的
イ、A　固定的　B　変動的
ウ、A　民主的　B　独裁的
エ、A　親和的　B　排他的
オ、A　平和的　B　攻撃的

問3、基本 点線部ア～オについて、
(1)品詞が他と異なるものを一つ選び、記号で答えよ。
(2)(1)で選んだもの以外のものの品詞名を答えよ。

問4、よく出る 傍線部1「ものはありません」を例にならって品詞に分け、その品詞名を答えよ。

【例】

名詞	助詞	動詞
言葉	が	異なる

問5、傍線部2「ないもの、見えないもの、その言葉でしか感得できないものを、国と言葉を異にするおたがいのあいだでどんなふうにもちあえるか」とあるが、そのようなものをもちあうことを、どのように言い換えているか。それが書かれている部分を、本文中から十字以内で抜き出して答えよ。（句読点等も字数に含める。）

問6、傍線部3「おなじ思い」とあるが、それはどのような思いか。二十字以上三十字以内で記せ。（句読点等も字数に含める。）

問7、新傾向 次にあげたのは、空欄［　C　］に入る表現に関する【問題】と、正解を導いた過程を説明した生徒の【発表】である。【発表】の空欄に入れるべき語句を答えよ。ただし、［ ① ］～［ ③ ］は本文中の語句で、［ ④ ］はア～オの記号で答えるものとする。

【問題】次のうち、空欄［ C ］に入れるべき表現として最も適当なものを一つ選べ。

ア、ああ、あしたの戦でわたくしが勝つことがいいのか、山烏が勝つのがいいのかそれはわたくしにわかりません。ただあなたのお考えのとおりです。

イ、どうぞわたくしをあなたの所へ連れてってください。灼けて死んでもかまいません。わたくしのようなみにくいからだでも灼けるときには小さなひかりを出すでしょう。どうかわたくしを連れてってください。

ウ、ああ、どうか憎むことのできない敵を殺さないでいいように早くこの世界がなりますように。そのためならば、わたくしのからだなどは、何べん引き裂かれてもかまいません。

エ、わたくしは決心いたしました。もはやわたくしどもの運命は定まってあります。われわれもまた死ぬばかりであります。わたくしはその責任を負って軍法会議にかかり、また銃殺されようと思います。

オ、ああ、なんにもあてにならない。わたくしの心をごらんください。こんなにむなしく命をすてず、どうかこの次には、まことのみんなの幸いのためにわたくしのからだをおつかいください。

【発表】

この問題を考えるには、本文に出てくるもう一人の詩人、バジェッホの詩を読む必要があります。本文によれば、宮沢賢治とバジェッホは、お互いに［ ① ］ようですが、両者の作品に表現された思いは、［ ② ］という点で共通しているということです。バジェッホの詩の「きみ」は男の［ ③ ］であり、ア～オのうち、［ ③ ］について［ ② ］を述べているのは［ ④ ］ですから、これが正解だと考えられます。

問8、【難】【思考力】「言葉を自分のものにする」とは、どういうことだと思うか。あなたの考えを、二百五十字以上三百字以内で書け。（本文を参考にする必要はない。句読点等も字数に含め、原稿用紙〈20字詰×15行＝省略〉の使い方に従って書くこと。なお、本文は一行目から書き始めるものとする。）

二 （小説文）語句の意味・文脈把握・内容吟味

次の文章は、寺地はるなの小説の一節である。縫いものや刺繍が趣味の松岡清澄（キヨ）は、結婚を控えながらかわいいウエディングドレスはいやだと主張する姉の水青のためにドレスを手作りしようとしている。本文は、高校に入学して間もないキヨが、小学校時代からの同級生である高杉くるみに声をかけられて、一緒に下校する場面である。これを読んで、後の問いに答えよ。

「なにしてんの？」

「うん、石」

うん、石。ぜんぜん答えになってない。①入学式の日に「石が好き」だと言っていたことはもちろんちゃんと覚えていたが、まさか道端の石を拾っているとは思わなかった。

「いつも石拾ってんの？　帰る時に」

「いつもではないよ。だいたい土日にさがしにいく。河原とか、山に」

「土日に？　わざわざ？」

「やすりで磨くの。つるつるのぴかぴかになるまで」

放課後の時間はすべて石の研磨にあてているという。ほんまにきれいになんねんで、と言う頬がかすかに[a]上気している。

ポケットから取り出して見せられた石は三角のおにぎりのような形状だった。たしかによく磨かれている。触ってもええよ、と言われて手を伸ばした。指先で、しばらくすべすべとした感触を楽しむ。

「さっき拾った石も磨くの？」

くるみはすこし考えて、これはたぶん磨かへん、と答えた。

「磨かれたくない石もあるから。つるつるのぴかぴかになりたくないってこの石が言うてる」

石には石の意思がある。駄洒落のようなことを真顔で言うが、意味がわからない。

「石の意思、わかんの？」

「わかりたい、といつも思ってる。それに、ぴかぴかしてないときれいやないってわけでもないやんか。ごつごつのざらざらの石のきれいさってあるから。そこは尊重してやらんとな」

じゃあね。その挨拶があまりに唐突でそっけなかったので、怒ったのかと一瞬焦った。

「キヨくん、まっすぐやろ。私、こっちやから」

川沿いの道を一歩踏み出してから振り返った。ずんずんと前進していくくるみの後ろ姿は、[1]巨大なリュックが移動しているように見えた。

石を磨くのが楽しいという話も、石の意思という話も、よくわからなかった。わからなくて、おもしろい。わからないことに触れるということ。似たもの同士で「わかるわかる」と言い合うより、そのほうが楽しい。

ポケットの中でスマートフォンが鳴って、宮多からのメッセージが表示された。

「②昼、なんか怒ってた？　もしや俺あかんこと言うた？」

違う。声に出して言いそうになる。宮多はなにも悪いことをしていない。ただ僕があの時、気づいてしまっただけだ。自分が楽しいふりをしていることに。

いつも、ひとりだった。

教科書を忘れた時に気軽に借りる相手がいないのは、[b]心もとない。ひとりでぽつんと弁当を食べるのは、わびしい。でもさびしさをごまかすために、自分の好きなことを好きではないふりをするのは、好きではないことを好きなふりをするのは、もっともっとさびしい。

好きなものを追い求めることは、楽しいと同時にとても苦しい。その苦しさに耐える覚悟が、僕にはあるのか。

[2]文字を入力する指がひどく震える。

「ちゃうねん。ほんまに本読みたかっただけ。刺繍の本」

　ポケットからハンカチを取り出した。祖母にほめられた猫の刺繍を撮影して送った。すぐに既読の通知がつく。

「こうやって刺繍するのが趣味で、ゲームとかほんまはぜんぜん興味なくて、自分の席に戻りたかった。ごめん」

　ポケットにスマートフォンをつっこんだ。数歩歩いたところで、またスマートフォンが鳴った。

「え、めっちゃうまいやん。松岡くんすごいな」
　[3]そのメッセージを、何度も繰り返し読んだ。わかってもらえるわけがない。どうして勝手にそう思いこんでいたのだろう。
　今まで出会ってきた人間が、みんなそうだったから。だとしても、宮多は彼らではないのに。
　[4]いつのまにか、また靴紐(くつひも)がほどけていた。しゃがんだ瞬間、川で魚がぱしゃんと跳ねた。波紋が幾重にも広がる。太陽の光を受けた川の水面(みなも)が風で波打つ。まぶしさに目の奥が痛くなって、じんわりと涙が滲(にじ)む。
　きらめくもの。揺らめくもの。目に見えていても、かたちのないものには触れられない。すくいとって保管することはできない。太陽が翳(かげ)ればたちまち消え失(う)せる。だからこそ美しいのだとわかっていても、願う。布の上で、あれを再現できたらいい。そうすれば指で触れて確かめられる。身にまとうことだって。そういうドレスをつくりたい。着てほしい。すべてのものを「［　A　］」と遠ざける姉にこそ。きらめくもの。揺らめくもの。どうせ触れられないのだから、なんてあきらめる必要などない。［　A　］なんかじゃないから、ぜったい。

　どんな布を、どんなかたちに裁断して、どんな装飾を施せばいいのか。それを考えはじめたら、いてもたってもいられなくなる。

　それから、明日。明日、学校に行ったら、宮多に例のにゃんこなんとかというゲームのことを、教えてもらおう。好きじゃないものを好きなふりをする必要はない。でも僕はまだ宮多たちのことをよく知らない。知ろうともしていなかった。
　[5]靴紐をきつく締め直して、歩く速度をはやめる。

(寺地(てらち)はるな『水を縫う』による)

(注)　①入学式の日―式後のホームルームの時間に自己紹介があった。
　②昼―昼食時に、スマホゲームの話で盛り上がる宮多たち数人のグループの中から、話についていけないキヨは突然「見たい本があるから」と自席に戻った。

問1、**よく出る** **基本** 二重傍線部a「上気している」b「心もとない」の意味として最も適当なものを、それぞれ次から選び記号で答えよ。
　a「上気している」
　ア、興奮してほてっている
　イ、得意げに震えている
　ウ、恥ずかしそうに固まっている
　エ、不満げにふくれている
　オ、喜んでゆるんでいる
　b「心もとない」
　ア、心外である　　イ、しかたがない
　ウ、うわついている　　エ、やりきれない
　オ、不安である

問2、空欄［　A　］(二カ所)に共通して入る語を、次から選び記号で答えよ。
ア、無常　　イ、無謀　　ウ、無益
エ、無理　　オ、無二

問3、傍線部1「巨大なリュックが移動しているように見えた」とあるが、そのときのキヨのくるみに対する心情として最も適当なものを、次から選び記号で答えよ。
ア、理解できない世界を持っているくるみに対して、相容(い)れないことにいらだちを感じている。
イ、孤高の世界に没頭して周囲の理解を求めないくるみに対して、一種の哀れみを感じている。
ウ、確固たる自分の世界をもってぶれないくるみの強さに対して、たくましさを感じている。
エ、周囲との関係を断ち切って趣味に没頭するくるみのいちずさに対して、あせりを感じている。
オ、石の気持ちを考えるなどと言うくるみの豊かな感受性に対して、あこがれを感じている。

問4、傍線部2「文字を入力する指がひどく震える」とあるが、そのときのキヨの気持ちとして最も適当なものを、次から選び記号で答えよ。
ア、宮多ならば揺れ動いている自分の気持ちをわかってくれるだろうと、かすかに期待している。
イ、宮多に自分の趣味を正直に打ち明けることで、疎外感を味わうかもしれないと不安を抱いている。
ウ、自分の宮多への態度が曖昧でどうしたらいいのか迷っていることを、気恥ずかしく思っている。
エ、自分を偽ってでも孤独の苦しさから逃れたいと思う意志の弱い自分に、罪悪感をおぼえている。
オ、他人が迷わないようなことで葛藤している自分の気持ちを、宮多が理解できるかどうか疑っている。

問5、傍線部3「そのメッセージを、何度も繰り返し読んだ」とあるが、それはなぜか。その理由を、五十字以上六十字以内で答えよ。(句読点等も字数に含める。)

問6、傍線部4から傍線部5に至る状況の変化は、キヨの心に二つの前向きな決意が生まれたことを象徴している。一つは、傍線部5の直前にあるように「相手のことをよく知ろうとすること」だが、もう一つはどういうことか。それに当たる部分を、本文中から十五字以内で抜き出して答えよ。(句読点等も字数に含める。)

三 (古文)内容吟味・動作主・口語訳・古典知識

　次の文章を読んで、後の問いに答えよ。
　この男、いひすさびにける①に、［　A　］月になりにけり。さりければ、［　A　］日に川原にゆきて、遊びけるに、この男、夢のごと②あひて、見もえあはせで③、言の通ひは④、ときどきいひ通はす人の車ぞ、来て、川原に立ちにける。供なる人々見て、いふを聞きて、男、「かう近きことの[1]うれしきこと。これをば天の川となむ思ひぬる」などいはせて、［　X　］、
　　彦星(ひこぼし)に今日はわが身をなして⑤しか暮れなば⑥［　B　］
　　渡るべく
といはせたれば、女、見⑦には見て、㋐つつむ人などや⑧ありけむ、ただ、「暮れなば、かしこにを」といひて、い

にけり。されば、日や暮るると、aいつしかいきてあひにけり。またのbつとめて、男、

［　Ｂ　］今宵もわたる瀬もやあると雲の空にぞ身はまどふべき

返し、［　Ｙ　］、

七夕のあふ日にあひて［　Ｂ　］たれによりてか瀬をもとむらむ

といへり。いたく人に㋑つつむ人なりければ、わづらはしとて、男、やみにけり。

（『平中物語』による）

（注）①いひすさびにけるに―文をかわすうちに
②夢のごと―夢のように
③見もえあはせで―顔を見合わすこともできないで
④言の通ひは、ときどきいひ通はす―文だけは、ときどき通わす
⑤なしてしか―したいものだ
⑥暮れなば―日が暮れたら
⑦見には見て―その歌を見ることは見たのだが
⑧いにけり―去った

問1、**基本** 空欄［　Ａ　］（二カ所）に共通して入る漢数字を答えよ。

問2、空欄［　Ｂ　］（三カ所）に共通して入る語句を、本文中から抜き出して答えよ。

問3、空欄［　Ｘ　］［　Ｙ　］に入る主語を、それぞれ次から選び記号で答えよ。
ア、彦星　イ、織女　ウ、男
エ、女　オ、供なる人

問4、二重傍線部a「いつしか」b「つとめて」の意味として最も適当なものを、それぞれ次から選び記号で答えよ。
a「いつしか」
ア、気がかりに　イ、はやばやと　ウ、たちまち
エ、ひっそりと　オ、いつの間にか
b「つとめて」
ア、昨夕　イ、日中　ウ、翌朝
エ、翌日　オ、次の日の夜

問5、□で囲まれた㋐㋑「つつむ人」とあるが、「つつむ」は「遠慮する」と解釈できる。それぞれ「女」はどのような人に遠慮していると考えられるか。最も適当なものを、次から選び記号で答えよ。
ア、車中の人　イ、世間の人　ウ、男
エ、女　オ、読者

問6、傍線部1「うれしきこと」とあるが、うれしいのはなぜか。その理由を本文に即して、十五字以上二十五字以内で記せ。（句読点等も字数に含める。）

問7、**基本** 本文に関連して、日本漢文に次のような一節がある。書き下し文と意味を参考にして、漢文に返り点をつけよ。

仙　駕　度ル　潢　流ヲ

書き下し文「仙駕潢流を度る」
意味「織女の乗り物が川を渡る。」

広島大学附属高等学校

2月1日実施

時間	満点	解答
50分	100点	P59

出題傾向と対策

●論説文、小説文、古文の大問三題構成。論説文、小説文ともに文章は読みやすく、基礎学力を問うレベルの設問もある。語句の意味、四字熟語、行書の特徴などの知識問題がバランスよく配されている。古文の文章は短く設問数も少ないが、話のポイントを突く問題がある。

●解答時間に対して設問数が多いので、テンポよく解答していくことが大切。基本的な問題も多く、記述問題が合否を分けると考えられるため、記述対策を入念に。過去問を解き、添削を受けながら練習を繰り返すとよい。

注意　字数制限のある問題では、句読点や記号も一字として数えること。

一 （論説文）漢字の読み書き・内容吟味・文脈把握・熟語

次の文章を読んで、あとの問いに答えなさい。（問題作成にあたり、一部手を加えています。）

八歳の頃、私は毎日のように、自分の背丈よりも高いブロック塀の上によじ登っていた。ただ登るだけではない。自分の家と近隣の家々の間に張りめぐらされた塀の上を駆けまわり、塀から飛び降り、またよじ登って遊ぶのである。私たち家族はその頃、広島県佐伯郡の五日市町という町に住んでいた。この町は、一九八〇年代の半ばに広島市と合併されてなくなってしまったらしいのだけれど、私たちがそこで暮らしていたのはそれよりも前のことだ。ともあれ当時の私にとって、そこは塀に囲まれた家々の周りに柿や無花果の果樹園が点在し、たわんだ鉄条網で区切られた原っぱの広がる、そんな土地だった。

その頃の私や近所の子どもたちにとって、塀の上はスリ

リングな遊び場であり、通路でもあった。幅の狭い塀の上を猫のように伝って走りまわるうち、普段とは違う視点や足の運び、平衡感覚が身についてくる。塀という道を使うことで新しい身体感覚が培われると同時に、その上を駆けまわる私たちの身体を通して、塀のもつ道としての可能性が発見され、開拓されていったのかもしれなかった。

そんな記憶がよみがえってきたのは、二人の建築学者が共同で執筆した、ある論文を読んだときだ。その冒頭には、こんなエピソードが綴られていた。著者の一人はあるとき、共同研究者である文化人類学者と一緒に、ネパールの古都パタンのいりくんだ路地を歩いていた。そのときに①相手が口にした、「ここの人たちは路地的身体を生きているんだね」という言葉を、②彼女は「身体的路地」と聞き違え、その後もしばらくそのように思いこんでいたという。このエピソードを、彼女は空間を基点にものごとを考える建築学者と、人を基点としてものごとをみる文化人類学者の違いとして論じているのだが、いずれにしても両者がaチャクガンしたのは路地という空間と、そこに暮らす人びとの身体とが絡みあい、ともに形成されていくような状況である。

ある路地には、その場所に何世代も暮らしてきた人びとの記憶や歴史が堆積し、そこを通る人たちの足取りが刻みこまれていく。その一方で、毎日のようにその路地を歩き、道端にたたずみ、通りに面した石段に腰かける人びともまた、路地の空間に慣れ親しみ、そこを自在に使うわざや身ぶりを身につけていく。そこには、人の動きが場所や空間にさまざまな相貌※1を与えると同時に、空間のあり方が人の身体の動きを導いていくという、親密で相互的な関係がある。

③路地と身体をめぐるそんな思索をきっかけに、幼い頃の遊びに思いを馳せていたちょうどその頃、建築家の小渕祐介さんと書簡をやりとりする機会があった。小渕さんは、参加者が五感を通して空間づくりに参加できるような、さまざまな実験的プロジェクトを主催しているが、そのテーマのひとつは「④建築の民主化」であるという。

聴覚や触覚をはじめとする身体感覚を駆使して空間づくりに参加することが、「建築の民主化」にかかわっているとすれば、それは先にみたような路地と身体の絡みあいという事柄とも無関係ではないだろう。ある場所や空間をいくつもの身体が動きまわり、互いにやりとりしながら近づいたり離れたりし、そうした行為を通して空間の相貌が変化していくとともに、空間のかたちに即した独特な身体感覚や相互行為が生まれてくる。そうしたことが可能であることが、建築が「民主的」であるということなのかもしれない。人にとってそれは、ある場所や空間の形成と変容に自分が身をもってかかわっているという感覚をもつことであるだろう。

そうした場所や空間は、造られたものであってもどこか自生的で有機的であり、その地に馴染んでいながらも可変的なものだ。そんな場所や建築物は、ときに現代的な都市の中にも現れて、日常の風景の中にユニークなスポットをつくりだす。たとえば、環状交差点の真ん中につくられた菜園だったり、ウォール街※2の路上に出現した簡易キッチンだったり、大学の石垣の上に鉄パイプで造られたカフェだったり。

日常を動かすシステムが安定していて、それぞれの場所や空間の用途が決められているとき、そんな手づくりの居場所は既存の意味や機能からはみ出した奇妙なものにみえる。その一方で、大きなシステムがうまく働かなくなったとき、そうした場所はその相貌を自在に変え、空間の意味を組み替えながら[　　]に対応できる柔軟さを兼ね備えてもいるだろう。

そんな風に考えると、建築や場所や空間を「民主化する」ということは、いつのまにか押しつけられていた空間の一元的な意味や用途をカッコに入れて、自分たちの手でいっときの居場所をつくりだすことであり、そうした意味でややもするとアナーキー※3な様相を帯びてくるものなのかもしれない。⑤のっぺりとした、もう手を加える余地はないかのようにみえる都市の空間に風穴をあけて、身体を潜りこませる隙間をつくりだす。そんな即興的で冒険的な試みのひとつとして。

ところで、私の勤め先である京都大学の広大な敷地に立つさまざまな建築物の中でも、東大路通の西側に位置する西部講堂という建物はひときわ異彩を放っている。一九三七年に建てられたこの建物は戦後から現在にいたるまで、映画・演劇・舞踏・音楽・政治集会等々、ありとあらゆる表現活動の中心になってきたらしいのだが、ここでとりあげたいのは西部講堂の歴史ではなくて、その裏手の小さなスペースでここ三十年来、畑をつくっている山元さん（仮名）のことだ。だだっ広い講堂の暗がりから出て裏手にまわると、建物と建物の隙間にぽっかり開けた空間に光があふれ、さやさやと緑が揺れている。きれいに整えられた畝には茄子、ピーマン、青梗菜がそれぞれの色彩で輝いている。この土地を耕し、雑草を抜き、苗を植え、小さな畑を世話してきたのが山元さんである。

山元さんによれば、そこはひと昔前までゴミ置き場だった場所で、大学構内で出たゴミや、不法投棄された廃棄物が山と積み上げられていた。一九九〇年頃に、西部講堂で本物のブルドーザーが登場するパフォーマンスが上演されたとき、そのブルドーザーを借りてゴミの山をbイッキョに片づけ、跡地を畑にしたのが始まりだという。もとは京大の職員だったSさんという人がそこで野菜を育てていたのだが、彼の退職にともない、高校生の頃から西部講堂にかかわってきた山元さんが畑の世話を引き継ぐことになった。

「まあ楽しいですよね。ものができるとね。何かができたら楽しいというだけですね」

畑を案内してくれながら、淡々とした口調で山元さんは言う。

「こういう場所って、大事やと思うんですよね」

公的な管理や監視の目の届かないところに、有機的な空間が広がっている。そこには、それをとりまくシステムの論理や速度とは別な摂理とテンポで、さまざまな植物が育ち、蝶がたわむれ、虫が這い、猫が寝そべり、水が流れている。ゴミ置き場から菜園へ。路地と同じように、それもまた人の手でつくりだされ、人間や生きものの動きと絡みあいながら生成していく流動的な場所だ。

ふと、アジールということばが頭に浮かぶ。古都パタンの路地をめぐる挿話(そうわ)からはじまる論文の中で著者たちは、住民がなんとなく集まっておしゃべりする水場や中庭、木陰の休憩所といった場所を、地域の防災の拠点になりうる「レジリエントな空間」※4と名づけている。そこで主に注目されているのは、そうした空間のもつ物理的な避難所としての役割なのだけれど、それはどこか、より広い意味での避難所や聖域を意味するアジールとも重なりあっているように思われる。日常の規範やドミナント※5な力が完全には及ばない領域。日常を支える大きなシステムが機能しなくなったとき、代わりに中心となりえる場所。寺や教会といった聖域だけではなく、それは中庭や井戸端や縁(ふち)側のように、日常の風景の縁や隙間や端っこにある、どこか有機的で境界的(リミナル)な場所でもあるだろう。

ただし、そうした場所が都市や大学の中で存続しつづけるためには、支配的な力によってつぶされることなく黙認されていることが前提となる。そうした異質な場所を排除して、空間を一元的に管理し、コウリツ(c)的に利用しようとする流れのなかで失われていくものは、文字どおり「避難所」としてのアジールである。

すみずみまで整えられ、合理的に設計された機能的な空間は便利で快適だけれど、それを支えるシステムが動かなくなったときには融通がきかない。避難所をもつということは、単に空きスペースを確保しておくということではなくて、ひとつのシステムに包摂されることのない有機的で多義的な場所と、そこから醸(かも)しだされる異質なセンスやテンポを保ちつづけることだ。

そこはきっと、有象無象※6(うぞうむぞう)の客を受け入れ、集まってくる人や生きものたちとつながりあいながら変化しつづける、そんな場所であるだろう。ゴミ置き場の名残を留めながらもみずみずしい緑を茂らせ、虫や鳥や猫や人の居場所となった山元さんの菜園のように。そこは裏庭であり、避難所であり、街にありながら野良(のら)にひらけた縁側でもあるような、そんな場所だ。

塀の上にいるときは、オニにつかまらない。そういえばあの頃、私たちはそんなルールをつくって遊んでいた。そのとき私たちはそれと意識することなく、空間を分かちながら結んでいく塀というとくべつな道、あちらとこちらの境界を、アジールにしていたのだった。

(石井(いしい)　美保(みほ)『たまふりの人類学』による)

(注)
※1　相貌…物事のありさまや様子のこと。
※2　ウォール街…ニューヨークにある街の名前。
※3　アナーキー…秩序や規則がなく、混乱した状態のこと。
※4　レジリエントな空間…安全かつ回復力のある持続可能な空間のこと。
※5　ドミナントな…優位に立つ。
※6　有象無象…世にたくさんある、取るに足らないもののこと。

よく出る　基本
問1、……部a～cのカタカナを漢字に改めなさい。

問2、——部①「相手」、②「彼女」の職業を文中の言葉でそれぞれ答えなさい。

問3、——部③とありますが、筆者が気づいた塀と路地の持つ共通点について、六十字以内で説明しなさい。

問4、——部④「建築の民主化」を筆者はどんなことだと解釈していますか。文中から四十字以内で抜き出し、最初と最後のそれぞれ五文字を答えなさい。

問5、空欄□には、四字熟語が入ります。最も適切なものを次のア～エから選び、記号で答えなさい。
ア、適材適所　イ、縦横無尽
ウ、冷静沈着　エ、臨機応変

問6、この文章につけられたタイトルは次のア～エのうち、どれですか。最も適切なものを選び、記号で答えなさい。
ア、都市の思い出　イ、都市の縁側
ウ、都市の民主化　エ、アナーキーな都市

問7、——部⑤「のっぺりとした、もう手を加える余地はないかのようにみえる都市の空間」とは、どのような空間のことですか。その説明として最も適切なものを次のア～エから選び、記号で答えなさい。
ア、開発が全面的に進んでいるが、変化に乏しく表情に欠けるように見える都市の空間のこと。
イ、現代的で技術が発達しており、整然と落ち着いた雰囲気を持っている都市の空間のこと。
ウ、最先端の技術を使い整備されているのに、まだ開発の余地があるように見える都市の空間のこと。
エ、すべてがコンクリートで覆われてしまい、畑などを作る場所すらない都市の空間のこと。

問8、次の表は、書かれている内容をまとめたものです。（1）～（5）に入る漢字二字の言葉をそれぞれ文中より抜き出して、答えなさい。

都市	路地や菜園、塀の上
日常	（ 1 ）な場所
一元的・機能的・合理的	可変的・自生的・相互的・即興的・冒険的・有機的・（ 2 ）的・（ 3 ）的・（ 4 ）的
大きなシステムが支えている	（ 5 ）的な力が及ばない

問9、この文章の特徴として、最も適切なものを次のア～エから選び、記号で答えなさい。
ア、塀という身近で興味が引かれる題材を導入として、アジールという難しい概念をわかりやすく説明している。
イ、権威ある学術論文や様々な活動をしている専門家の意見を取りあげることで、自身の意見の根拠としている。
ウ、自身の体験や論文の中の挿話などから得た実感をベースとして、人間と空間との相互関係を述べている。
エ、「アナーキー」・「ドミナント」など外来語を多く使い、文化人類学者らしい専門的な概念を説こうとしている。

二 (小説文)漢字の読み書き・文脈把握・熟語・語句の意味・内容吟味・漢字知識

次の文章を読んで、あとの問いに答えなさい。(問題作成にあたり、一部手を加えています。)

小野葛根は父亡き後、自分と妹の後見人として世話になった伯父葛紘が大宰大弐（大宰府での実務官の最高位）として下ったのに伴い、大宰少弐（次の位）として赴任した。大宰府に左遷された菅原道真は、「菅三道」と身分を偽り、博多津（博多港の古名）の唐物商（外国人相手の店）橘花斎で目利き（鑑定）の真似事を始めた。葛根は道真に仕えつつも自由に動き回る道真に腹立ちを隠せなかったが、道真は唐物を巡る悪党を探し出す魂胆を持っていたのだ。都から来た葛紘の次男阿紀は幼い頃より葛根を兄さまと慕っていた。書で身を立てたいという阿紀を葛根が冷たくあしらった際、泣き出した阿紀に涙をふくのにとっさに与えたのが道真の投げ捨てた書であった。阿紀はその書のすばらしさに驚き、誰の書かと葛根に詰め寄ったが、博多津にいた男だという苦し紛れの返答を聞き、博多津へ一人でその男を探しに出かけてしまった。心配して探しに来た葛根は橘花斎に捜索を頼む。以下は阿紀が見つかった場面である。

「お子が見つかったぞ」
「なに、本当か」

急いで店に駆け戻れば、暴れる阿紀が小僧たちに手足を押さえられ、※1上がり框に座らされようとしている。

ここまでの道中でよほど抵抗したのか、その片足からは※2草鞋が失われ、下げみずらの髪はぼうぼうに乱れている。阿紀に引っかかれたと見え、麻の※3直垂に萎え烏帽子をかぶった奉公人の中には、頬に引っかき傷を拵えている者すらいた。

「栈橋近くの辻に立ち、道行く者に片端から何やら尋ね事をしていたそうじゃ。まあそれにしてもおとなしげに見えて、大変なお子でございますのう」

恩着せがましい※4幡多児の言葉を背に駆け寄れば、人さらいにでも襲われたと勘違いしていたらしく、阿紀の※5双眸は涙で大きく潤んでいる。葛根の姿にはっと安堵の表情を浮かべたが、次の瞬間、ぐいと唇に力を籠め、身体を強張らせた。

急におとなしくなった阿紀に、小僧たちが顔を見合わせる。葛根は片手を振って彼らを下がらせると、まっすぐこちらを仰ぐ阿紀の正面に立った。

その表情は頑なで、これが葛根の（a）サハイと知って、腹を立てているのが一目瞭然である。これまでの葛根であれば、その可愛げのない表情に苛立ち、頬桁の一つも張り飛ばしていただろう。しかしなぜか振り上げた右手は強張り、まるで自分のものではないかの如く小さく震える。打たれると感じたのか、阿紀が身を堅くする。葛根は一歩、阿紀に向かって歩み寄ると、髪を乱したその頭にばさりと手を置いた。

「——あまり勝手をするな。かような格好で博多津をうろうろするなぞ、人買いにさらってくれと申しているのも同じだぞ」

がばと顔を上げた阿紀から目を逸らし、葛根は壁際に立つ道真を振り返った。

この男に対する腹立ちが治まったわけではない。ただいくら左遷の身であろうとも、道真はれっきとした大宰権帥。葛紘を思うあまり、今後もこの地に暮らし続けるであろう道真の言動を無理やり封じるとは、およそ大宰少弐にはあるまじき行いと知っただけだ。

「おい、菅三道」

そう呼びかけた葛根に、道真の双眸がわずかに見開かれる。それには気づかぬ振りで、葛根は阿紀を軽く顎で指した。

「この子どもは大弐さまのお子でな。書で立身出世を志したいと思うていた矢先、おぬしの投げ捨てた寄進の※6目録を見て、これこそが己の志すべき書だと目を開かされたらしい。差し支えなければ、書の弟子にしてやってくれぬか」

何ですって、と叫んで、阿紀がその場に跳ね立つ。葛根を押しのけて道真に走り寄り、「あ——あなたが」と舌をもつれさせた。

「あなたがあの書を書かれたのですか。私はあれほど端正な楷書は見たことがありません。字形は端正、点画は豊潤にして温雅。その癖、些細な［Ⅰ］までゆるがせにせぬあれほど見事な字を、まさか都から（b）隔たった西国で目にするなんて——」

憧れの人物を目の当たりにした衝撃ゆえか、阿紀の声は完全に上ずっている。

葛根や※7保積がいることはもちろん、ここが商家の土間であることすら忘れ果てたような態度に、さすがの道真が困惑顔で四囲を見回す。

葛根がその眼差しを捉え、小さく一つうなずいて見せると、ようやく阿紀に向かって腰を折った。

「その……大宰大弐さまのお子となれば、おぬしは都のあちらこちらで数多の※8能書を見てきたじゃろう。たとえば宮城を囲む十二の諸門の額のうち、南の三門は弘法大師、西の三門はおぬしの従兄に当たる小野美材、北の三門は但馬権守たる故 橘 逸勢、東の三門は嵯峨の帝が※9垂露の点を下されたものじゃ」

こくりと※10頤を引く阿紀の顔は、師の言葉を［Ⅱ］聞き逃すまいとする弟子の如く真剣である。かつて見たことのないその表情に、葛根は阿紀がわずかな間にひどく遠い所に去ったような心地を覚えた。

「おぬし、あれらの字をいかが見る。そうじゃな。特に朱雀門を含めた南の三門なぞは」

「はい。いずれも弘法大師さまらしい※11気宇壮大な字ではございますが、あまりに筆勢を重んじられたばかりに、たとえば朱雀門の『朱』の字は『米』と見えてしまうほど字形が崩れているかと存じます」

内裏を取り囲む十二門の中でも、朱雀大路に面した朱雀門は日本の朝堂の正門にして、この国の顔とも呼ぶべき二層の大門。幅は東西七間、五枚の戸を持ち、緑釉の瓦を葺いた屋根には巨大な※12鴟尾まで乗せられている。

当然、その※13扁額の字は弘法大師空海の書の中でも抜群の出来と讃えられているだけに、全く（A）歯に衣着せぬ阿紀の図太さに、葛根は呆気に取られた。

だが①道真はそれを咎めるどころか、にやりと嬉し気な笑みを片頬に刻んだ。

「では、美福門はどうじゃ」

と、待っていたとばかりに畳みかけた。

「あの扁額は『福』の中の『田』の部分が広すぎます。ついでに申しますと、私は父に連れられ、一度だけ大極殿を拝した折がございますが、あそこに上げられている弘法大師さまの額も、『大』の字があまりに奔放すぎて、まるで『火極殿』と記されているかのようでした。なるほど、大師さまは世に名高き能筆でいらっしゃいます。されど私が見るに、その字はどうも調和というものに欠ける気がしてなりません」

阿紀の応えに、道真は忙しく両手をこすり合わせた。かと思えばその手を阿紀の両肩に置き、よし、と太い息を落とした。

「おぬし、気に入ったぞ。世の中には、誰かからあれは素晴らしいものだと教えられると、なんの疑いもなくそう信じ込んでしまう輩が多い。ましてや弘法大師の記した扁額ともなれば、なかなか否を言えぬ者も多かろうにな」

②しかも、と阿紀の顔を覗き込む道真の表情は、ひどく楽しげであった。

「おぬしは、字の勢いよりも形の美しさを尊ぶ質と見えるな。それはわしが書き物の折に心がけていることと、非常に近いわい」

「本当でございますか」

阿紀の表情が一度に明るむ。「とはいえ、じゃ」と前置きしながら、道真は土間に片膝をついた。

「わしを探そうとするあまり、大宰少弐さまにご迷惑をかけたことには諾えぬ。それゆえ向後※14はわしから大宰府にc赴き、おぬしに書の手ほどきをしてやろうと思うがどうじゃ」

そのためには、道真が北館を訪れるか、はたまた阿紀が南館に出向くしかない。つまりそれは、道真が自らの正体を阿紀に明かそうとしているに等しかった。

「③管三道、それは」

咄嗟に二人の間に割り込もうとして、葛根ははたと身動きを止めた。何か、と振り返る道真に小さく首を横に振る。

「④――いや、なんでもない。よろしく頼む」

阿紀が書で身を立てられるとは、葛根にはどうしても考え難い。しかしそれを頭ごなしに叱り付け、阿紀の将来を己が考えるように封じ込めることは、大宰少弐の任にありながら伯父たる葛絃の身だけを案じていたのと同じだ。一見筋は通っていても、その実は我意に満ちた行為でしかない。

どれだけ仲のいい相手や親族であろうとも、自分以外の者は結局は他人。己の意思をすべて押し付けられるものではない。そう思って見回せば、この世とは結局、赤の他人同士が折り合いを付け、小さな衝突を繰り返し続ける場。それにもかかわらず、阿紀を自分の理解のままに押し込めようなぞ、僭越極まりない行為でしかないのだ。

「よし、そうと決まれば今日は急ぎ、目利き仕事を片付けてしまうぞ。阿紀どのとやら、手伝ってくれるか」

「はい、喜んで」

大きくうなずいた阿紀が、箱の上の紙片を取り上げる。そこに走る道真の筆を覗き込む笑顔は、葛根が今まで見た事がないほど無垢で、子どもっぽい。

話が終わったと見た幡多児が、そんな二人に待っていたとばかり走り寄る。「おおい、管三道」と道真と阿紀の間に身を割り込ませた。

「先ほどの鯤鵬※15の瓶子※16じゃがな。確か店の倉のどこかに、鯨を描いた新羅の染付皿があったはずじゃ。ものの書によれば、海の鯨の中には、その丈が鯤鵬にも劣らぬものがおり、そのすべてを見るだけでも七日もの日数がかかるとか。どうせであればあの皿と揃いで売るとしようぞ」

⑤まあいいか、と葛根は胸の中で呟いた。

道真の如く癖のある男を師などと仰ぎ、阿紀の将来がますます案じられぬわけではない。だが今はあんな阿紀の表情を見られただけでも、幸いというものだ。

思いがけぬ成り行きに、橘花斎の奉公人や保積はB毒気を抜かれた面持ちをしている。葛根はこみ上げる苦笑を噛み殺して、慣れぬ手つきで木箱の蓋を払う阿紀を見つめた。

ふう、と保積がついた溜息が、やけに大きく店に響き渡った。

（澤田瞳子『吼えろ道真』による）

（注）

※1　上がり框…家の上がり口の床などの端に渡す横木のこと。
※2　下げみずら…髪を左右に分け、耳のところで八の字形に結んだ髪型。
※3　直垂に萎え烏帽子…袴と合わせて着る上の衣服と、漆で固めないしなやかな帽子。
※4　幡多児…唐物商・橘花斎のご隠居である老婆の名前。
※5　双眸…両方の瞳。
※6　寄進…寺社に自ら金品を寄付すること。
※7　保積…龍野保積。大宰少典。道真の見張り役を葛根から命じられていた。
※8　能書…筆跡の美しい書。
※9　垂露の点を下された…書かれた。
※10　頤…下あごのこと。
※11　気宇壮大…物事のスケールが大きい様。
※12　鴟尾…屋根の両端に乗る飾りのこと。
※13　扁額…室内や門戸にかける額のこと。
※14　向後…これから後。
※15　鯤鵬…『荘子』に出てくる想像上の大魚と大鳥。
※16　瓶子…壺の一種で、酒器として用いられた。

問1、**よく出る** **基本** ……部a～cのカタカナは漢字に改め、漢字は読み仮名を書きなさい。

問2、［Ⅰ］・［Ⅱ］には、どちらも「一」という漢字を使った四字熟語が入ります。それぞれ漢字で答えなさい。

問3、――部A・Bの意味として最も適切なものを、次のア～エからそれぞれ選び、記号で答えなさい。

A　歯に衣着せぬ
ア、飾らずにはっきりと言う
イ、ののしるような言い方の
ウ、人の事など気にせず言う
エ、ひどい物の言い方をする

B　毒気を抜かれた
ア、悪気が全くないような
イ、全く生気の感じられない
ウ、何も反論できない
エ、驚いてぼう然とした

問4、**思考力** ――部①・②からわかる道真の人物像を、五十字以内で説明しなさい。

問5、――部③について、葛根は何を言うつもりだったのですか。「それ」が指す内容も含めて「管三道、」の後のセリフを完成させなさい。

問6、阿紀と道真の会話の中で話題になった漢字を次の(1)～(3)のように行書で書いてみました。それぞれの行書の特徴は次のⓐ～ⓒのどれにあたりますか。その組み合わせとして、最も適切なものを次のア～エから選び、記号で答えなさい。

(1)福　(2)大　(3)朱

ⓐ点画の省略
ⓑ点画の連続
ⓒ点画の変化

ア、(1)ⓐ・ⓑ　(2)ⓑ・ⓒ　(3)ⓑ・ⓒ
イ、(1)ⓐ・ⓒ　(2)ⓑ・ⓒ　(3)ⓒ
ウ、(1)ⓑ・ⓒ　(2)ⓐ　(3)ⓐ・ⓑ・ⓒ
エ、(1)ⓐ・ⓑ・ⓒ　(2)ⓒ　(3)ⓐ

問7、――部④からわかる葛根の気持ちの説明として、最も適切なものを次のア～エから選び、記号で答えなさい。
ア、自分がいくら道真の素性が知られぬように苦心して動こうが、しょせんこの男は自分の好きなように動くことがわかっていたのであきらめている。
イ、自分がいくら阿紀のことを心配していても阿紀には通じないし、阿紀から反感を買うだけであるので言うのはやめようと我慢している。
ウ、自分がいくら阿紀の将来のことを考えて言ってやっても、それはしょせん自分の身分や役目を超えた、勝手な行為だと振り返っている。
エ、自分がいくら道真の行動を取り繕うためにあれこれ動き回ったとしても、それはしょせん自分ごときの役職の者がする仕事ではないと納得している。

問8、――部⑤「まあいいか、と葛根は胸の中で呟いた。」からわかる葛根の気持ちの説明として、最も適切なものを次のア～エから選び、記号で答えなさい。
ア、大変な騒動にまで発展したが、阿紀も道真も機嫌良くしているし、一件落着で自分の役目は果たせたと胸をなで下ろしている。
イ、もとはといえば自分の言葉が招いた騒動であったので、阿紀も無事であったし、道真に師事できることに喜ぶ姿を見て安堵(あんど)している。
ウ、自分が人にいろいろと指図して押さえ込むより、自由に思いのまま行動させた方がうまくいくと身をもって感じ入り、気分が軽くなっている。
エ、道真に師事するようになったことには一抹の不安はあるが、阿紀の純粋無垢な笑顔を見られてよい機会となったと少し気分が解放されている。

三 (古文)内容吟味・口語訳

次の古文を読んで、あとの問いに答えなさい。

ある池の中に、蛇(へび)と亀(かめ)、蛙(かへる)と知音(知り合い)にて住みけり。天下旱(ひでり)して、池の水も失せ、食物(じきもつ)も無くして、飢(う)ゑんとして、①つれづれなりける時、蛇、亀をもて使者として、蛙の許(もと)へ「②時のほどおはしませ。見参(げんざん)せん(お目にかかりたい)」と云(い)ふに、蛙、返事に申しけるは、「飢渇にせめらるれば、仁義(じんぎ)を忘れて食(じき)をのみ思ふ。情けも好(よし)み(親しくつきあうのも)も世の常の時こそあれ。③かかる比(よ)なれば、え参らじ(うかがえない)」とぞ返事しける。④げにもあぶなき見参なり。

(『沙石集(しゃせきしゅう)』による)

問1、――部①「つれづれなりける」とは本文の中でどのような状態を表していますか。説明しなさい。

問2、――部②「時のほどおはしませ。」の現代語訳として、最も適切なものを次のア～エから選び、記号で答えなさい。
ア、ちょっとでいいから来いよ。
イ、ちょっとおいで下さい。
ウ、しばらく会っていないなあ。
エ、時が経ちました、お会いしなくなって。

問3、――部③「かかる比」とはいつのことですか。最も適切なものを本文から抜き出した次のア～エから選び、記号で答えなさい。
ア、天下旱して　イ、仁義を忘れて
ウ、世の常の時　エ、返事しける

問4、――部④「げにもあぶなき見参なり」とありますが、何があぶないのですか。十五字以内で説明しなさい。

国立工業高等専門学校
国立商船高等専門学校
国立高等専門学校

時間 50分
満点 100点
解答 P61
2月11日実施

出題傾向と対策

●現代文大問三題構成であることと、設問が全て選択問題(マーク式)ということは例年どおり。全体的に文章は長く、選択肢は紛らわしいものも多い。今年は、一が俳句に関する説明文単独での出題、二は同じ出典からの文章と対談文の複数テキストという本文であった。語句の意味などの基本的な知識が必要な問いも多い。

●長い文章と、マーク式の選択問題に慣れる必要があるので、同種の問題演習を繰り返す。漢字や文法、慣用句や語句の意味などの基本的な知識も並行して蓄えておく。

一 (説明文)漢字の読み書き・品詞識別・内容吟味　(計33点)

次の文章を読んで、後の問いに答えよ。

俳句は和歌に比べて、現実に重みを置く。現実とは、生きていくこと。働き、食べて、次代へ命をつなぐ営みだ。ところが、俳句そのものは、現実に寄与しない。一片のパンによっても腹はふくれるが、一つの句では何も救えない。

この矛盾の中に生きるのが俳人だ。俳人といえば、(1)飄々(ひょうひょう)として霞を食(く)らいながら茅屋(ぼうおく)(注1)で句をしたためているイメージがあるが、その茅屋に至るまでにはさまざまな現実との確執がある。そして、茅屋に座してもなお、心中の確執は続いている。

つらつら年月の移り来し拙(つたな)き身の科(とが)を思ふに、ある時は仕官懸命の地をうらやみ、一たびは仏籬祖室(ぶつりそしつ)の扉(とぼそ)に入らむとせしも、たどりなき風雲に身をせめ、花鳥に情を労して、しばらく生涯のはかりごととさへなれば、つひに無能無才にしてこの一筋につながる。

(『幻住庵記(げんじゅうあんのき)』)

（つくづく、今までの愚かな自分の過ちを振り返ってみると、ある時は主君に仕え領地を得る身分をうらやましく思い、また一度は仏門に入り僧侶になろうかともしてみたけれど、行き先を定めない旅の風雲に我が身を苦しめ、花鳥風月を愛でることに心を費やして、ひとまずそれが自分の生活するための仕事にまでなったので、無能無才の身でただこの俳諧という一筋の道につながれることとなった。）

芭蕉(注2)が大津の小庵「幻住庵」でしたためた一文である。若き頃には、武家に仕官して働こうとしたり、仏道修行をしようと心づいたりしたこともあった。それもかなわAないで、(2)「夏炉冬扇」（「許六離別の詞」）のごとき俳諧に一生をかけることになったというのだ。

俳人とは高みの見物をきめこむ者、あるいは、みずからは①安全ケンにいて世の中を斜めに見る者の総称というわけではaないことが、この言葉からわかるだろう。

「幻住庵記」の末尾に、次の一句が掲げられている。

まず頼む椎の木もあり夏木立　芭蕉

頼るべきものといえば、人。そして、金。そのどちらも自分は持つことができなかった。そのかわりとして、夏木立の中の、ふとぶとした椎の木がある。

たとえば、別荘を買って、近くの木が気に入り、朝夕の眺めを楽しみ、ハンモックを吊ってみる……。そうした感覚ではないのだ。頼むものとして、樹木をまず挙げることになるという境遇は、現代人には理解しがたいものになっている。

では、そうした身の上に対する自虐なのかといえば、そう単純ではない。たとえばこの句の「夏木立」がもっと頼りbないもの——草花であったり、冬の枯れ木であったりすれば、これは「無能無才」を羞じている句であるというだけだ。あおあおと葉を茂らせ、どくどくと大地から養分を吸い上げている、夏の椎の木を知己(注3)としているということは、(注4)(3)俗塵を遠ざけたみずからの境遇を驕る気配さえある。

「椎の木」には、屹立(注5)する十七音の文芸が託されているとみるのは、深読みにすぎるだろうか。

『おくのほそ道』（元禄十五年（一七〇二）刊）の冒頭部が、(注6)李白の「夫れ天地は万物の逆旅にして、光陰は百代の過客なり。而して浮生は夢のごとし、歓を為すこと幾何ぞ」（「春夜宴桃李園序」）を意識していることは、あきらかである。

月日は百代の過客にして、行かふ年も又旅人也。舟の上に生涯をうかべ、馬の口とらへて老をむかふる物は、日々旅にして旅を栖とす。古人も多く旅に死せるあり。

これに先んじて、ある作家が、李白の詩を踏まえた文章を書いている。その名は、(注7)井原西鶴。

されば天地は万物の逆旅。光陰は百代の過客、浮世は夢幻といふ。時の間の煙、死すれば何ぞ、金銀、瓦石には劣れり。黄泉の用には立ち難し。然りといへども、残して子孫の為とはなりぬ。

（『日本永代蔵』貞享五年（一六八八）刊）

芭蕉と西鶴。ともに李白をパロディしながらも、(4)二人の人生観の相違がよく表れている。

芭蕉は、天地も時間もすべて刻々と変化していく旅人であるというのならば、自分もその中の一部として従おうとする。船頭や馬方に目をやるのは、俳諧の現実主義的な一面を表すとしても、芭蕉の心の中にあるのはあくまで「古人」であり、今昔や貴賤を超越して現世を眺めていることがわかる。

西鶴は、すべてが刻々変化するこの世は夢のようであり、いくら金をためても死んでしまえば何の役にも立たないといいながら、子孫のためになるという理由で、それを肯定する。「金銀を溜むべし。是、二親の外に命の親なり」（『日本永代蔵』）という言葉を吐く西鶴は、したたかな現実主義者だ。

そもそも、(5)芭蕉の旅そのものが、当時としては異質であった。

交通網の発達した江戸時代には庶民も旅をしやすくなり、多くの人々が五街道を行き来した。なんといっても伊勢への関心は高かったが、それは「伊勢参宮大神宮へもちよつと寄り」という川柳に詠まれているとおり、目的は物見(注8)遊山であり、日々の憂さを晴らして明日への活力を得るためのものだ。

しかし、芭蕉の旅は違った。もちろん、蕉風を伝え、俳諧師としての名声を得、生計の安定を図るためという現実的側面があったことは確かだ。だが、そこには古人の足跡に触れたい、歌枕(注9)の現状を知りたい、みずからの思索を深めたいという、形而上(注10)的な理由が大きいのであり、一般の人からみれば「無駄骨」としかいいようのcない旅であった。

芭蕉は忍者であったという説が生まれるのも、この旅が、いかに一般の人に理解されづらいものであったかを、証明しているだろう。諜報活動という現実的な目的もなく、なぜあえて②ヘン境の地をめぐる旅に出るのか。説明ができdないのだ。

芭蕉の旅が生んだ『おくのほそ道』という紀行文もまた、板坂燿子によれば「江戸時代の紀行としては異色作である」という（『江戸の紀行文』中公新書、二〇一一年）。それは③観コウガイドでもなければ、個人的な日記でもない。世の真理を、時間を超えて後世の人々にも示そうとした。

俳句は、複雑である。キメラ的(注11)である。短さゆえに作りやすく、大衆の詩であることも確かだ。市井(注12)に生きる無名の人々の述懐でもある。一方で、④超ゼンと高みから見下ろしての垂訓(注13)でもある。「高く心を悟りて俗に帰るべし」（『三冊子』）と語った(6)芭蕉は、この複雑さを受け入れて、苦しみながらも名句を生み出した。複雑さが、俳句という文芸を今に残してきたのだ。

（髙柳克弘『究極の俳句』中央公論新社　による）

（注1）茅屋＝みすぼらしい家。あばら家。
（注2）芭蕉＝江戸時代の俳人で、『おくのほそ道』『幻住庵記』『三冊子』の作者。「蕉風」は芭蕉とその一門の作風をいう。
（注3）知己＝自分のことをよくわかっていてくれる人。
（注4）俗塵＝俗世間のわずらわしい事柄。
（注5）屹立＝高くそびえたっていること。
（注6）李白＝中国の詩人で、『春夜宴桃李園序』の作者。
（注7）井原西鶴＝江戸時代の浮世草子作者、俳人。『日本永代蔵』の作者。

(注8) 物見遊山＝気晴らしにあちこち見物すること。
(注9) 歌枕＝和歌の題材とされた名所、旧跡。
(注10) 形而上的＝形がなく、感覚でその存在を認識できないこと。精神的。
(注11) キメラ的＝同じもののなかに異なるものが同時に存在すること。
(注12) 市井＝人が多く住んでいるところ、まち。
(注13) 垂訓＝教えを示すこと。教訓を後世の人に残すこと。

問1、**よく出る** **基本** 本文中の、①安全ケン、②ヘン境、③観コウ、④超ゼン のカタカナ部分の漢字表記として適当なものを、それぞれアからエまでの中から一つ選べ。(各2点)

①安全ケン　ア、間　イ、件　ウ、権　エ、圏
②ヘン境　ア、片　イ、辺　ウ、変　エ、返
③観コウ　ア、行　イ、港　ウ、光　エ、好
④超ゼン　ア、全　イ、然　ウ、漸　エ、禅

問2、**よく出る** **基本** 本文中の、かなわないA と同じ品詞の「ない」を、本文中のaからdまでの中から一つ選べ。(2点)

a、わけではない　b、頼りない
c、いいようのない　d、できない

問3、本文中に、(1)飄々として霞を食らいながら茅屋で句をしたためている とあるが、どういうことか。その説明として最も適当なものを、次のアからエまでの中から一つ選べ。(3点)

ア、世間と離れたところに身を置いて、人や金銭にとらわれず質素な生活を送りながら俳句を作り続けている。
イ、人並みの暮らしはどうにか保ちながら、定住することなく旅の中に身を置いて俳句を生み出し続けている。
ウ、俳諧師として高い評価を得ることだけを心の支えとして、日々世間の人に向けて俳句を発信し続けている。
エ、人々の好奇の目にさらされないよう郊外に住み、人間の愚かさを皮肉に眺めながら俳句を詠み続けている。

問4、本文中に、(2)「夏炉冬扇」のごとき俳諧 とあるが、どういうことか。その説明として最も適当なものを、次のアからエまでの中から一つ選べ。(3点)

ア、火鉢であぶられるような真夏の暑さ、扇であおがれるような真冬の寒さといった極限の環境に着想を得て作られるのが俳諧だということ。
イ、暑い夏に火鉢を取り出し、寒い冬に扇を持ち出すのが時季外れで意味のないことであるように、俳諧も現実では役に立たないということ。
ウ、夏に火鉢を使って暖まり冬に扇を用いて涼むといった、常識に縛られない自由な発想によってこそ俳諧は生み出されるものだということ。
エ、真夏に火鉢で体を熱したり、真冬に扇で体を冷やしたりするように、あえて苦境に身を置いて耐え忍ぶことで俳諧は磨かれるということ。

問5、本文中に、(3)俗塵を遠ざけたみずからの境遇を驕る とあるが、どういうことか。その説明として最も適当なものを、次のアからエまでの中から一つ選べ。(4点)

ア、現実生活では役に立たない「無能無才」の自分だが、世俗を離れ自然の中に身を置いたからこそ、地中からたっぷりと養分を吸い上げ葉を茂らせる「椎の木」の生命力に癒されて名句を生み出せたのだと自負している。
イ、世俗の汚れに染まらないために人との関わりを避けねばならず、清貧を保ち続けるために物欲を断たねばならなかった自分の身の上を恨めしく思い、「椎の木」を相手に俳句を詠むことで不満を解消しようとしている。
ウ、これまでは世俗を離れるしかなく人や金に縁がないまま俳句の道を極める日々を過ごしてきたが、そのおかげで「椎の木」の名句が生まれ、この句をきっかけに世俗での名声を得られるのではないかと野心に燃えている。
エ、自分が頼りとしたのは、現実に生活を営むうえで助けとなる人や金ではなく、堂々と立つ「椎の木」の存在であったと示すことを通じて、世俗に染まらず俳句に生涯を捧げた自らを誇らしく思う気持ちを述べている。

問6、本文中に、(4)二人の人生観の相違 とあるが、どういうことか。その説明として最も適当なものを、次のアからエまでの中から一つ選べ。(5点)

ア、芭蕉は、刻々と変化する時間や空間に身を任せていくことで、自らも「古人」になりきって創作をしていこうと考えたが、西鶴は、変化する時間と空間に流されないよう生きていくために、変わらない価値を持つお金をためようと考えた。
イ、芭蕉は、多くの時代を経てもなくなることのない船頭や馬方などの現実的な職業のなかに人生の意味を見いだしたが、西鶴は、永遠に価値が変化しないお金を子孫に残していくことだけが人生にとって意味のあることだと考えた。
ウ、芭蕉は、刻々と変化する時間と空間のなかで身分や時代を超えて現実の世の中を眺めるのが重要であると考えたが、西鶴は、移ろいゆくはかない世の中であっても、子孫のためになるのでお金をためることには意義があると考えた。
エ、芭蕉は、変化する世の中にあっても価値の変わらない「古人」を理解することこそが自らの人生にとって最も意味のあるものだと考えたが、西鶴は、世の中を不変と捉え、価値が変化しないお金を子孫に残すことに意味があると考えた。

問7、本文中に、(5)芭蕉の旅そのものが、当時としては異質であった。とあるが、どういうことか。その説明として最も適当なものを、次のアからエまでの中から一つ選べ。(4点)

ア、芭蕉の旅は、名声や収入を得る目的もあったが、それ以上に、かつて和歌に詠まれた場所を訪れ思索を深めるというものであり、娯楽のための旅を基本とする江戸時代の人々には理解しがたいものであった。
イ、芭蕉の旅は、現実的な側面が全くなく、自分だけの俳句の世界を作り出すために思索にふけるという哲学的なものなので、実用的な旅がほとんどであった江戸時代の人々には受け入れられないものであった。
ウ、芭蕉の旅は、名声や金銭を得るのが主要な目的であったが、そのやり方があまりにさりげなく、諜報活

動と疑われるほどであったため、のんびり旅を楽しんだ江戸時代の人々には理解されないものであった。
エ、芭蕉の旅は、金銭を得るためという側面もあったが、蕉風を伝え俳諧師としての名声を得ることが主な目的であり、それに向かう真剣さは、旅を娯楽とする江戸時代の人々には受け入れがたいものであった。

問8、本文中に、(6)芭蕉は、この複雑さを受け入れて、苦しみながらも名句を生み出した。とあるが、どういうことか。その説明として最も適当なものを、次のアからエまでの中から一つ選べ。（4点）
ア、世俗の生活を詠んだ過去の作品を題材としつつ新しい表現を得るという俳句の複雑さを受け入れて、芭蕉は試行錯誤しながら優れた俳句を生み出したということ。
イ、世俗の言葉で詠みつつ皮肉に満ちた態度を示さなくてはならないという俳句の複雑さを受け入れて、芭蕉は自問自答しながら俳句を詠んだということ。
ウ、世俗を超えた視点を持ちつつ世俗の心を詠むものであるという俳句の複雑さを受け入れて、芭蕉は悪戦苦闘しながら優れた俳句を生み出したということ。
エ、世俗の生活を詠むものでありつつ定住する人間には作れないという俳句の複雑さを受け入れて、芭蕉は東奔西走しながら優れた俳句を生み出したということ。

三 （対談文・論説文）文脈把握・語句の意味・内容吟味

次の文章【Ⅰ】は、人工知能（ＡＩ）の研究者（川村秀憲）と俳人大塚凱の対談で、文章【Ⅱ】は、文章【Ⅰ】で触れられている髙柳克弘の『究極の俳句』の本文である。この二つの文章を読んで、後の問いに答えよ。（計38点）

【Ⅰ】

川村　実際に人間が恋の句をつくるときは、キーワードだけが材料ではありません。恋にまつわることばが入っていなくても、二人の関係性が伝わる句、恋を匂わせる句というのがあります。

大塚　そうですね。例を挙げてみます。

寂しいと言い私を蔦にせよ　神野紗希
踊子の妻が流れて行きにけり　西村麒麟

神野の句は俳句界ではかなり人口に膾炙(注1)した句ですが、蔦という異形になり、離れることのないような関係たることを念じる、あるいは情念に近い祈りのような主体の趣があります。

西村の句は、むしろかなり即物的な組み立てです。盆踊りの輪に混じり、遠ざかっていく妻の姿を見送る。湿気を帯びた盆の夜、やがて二人にも訪れる死に別れのイメージを匂わせながら、恋慕の句としても解釈できます。

川村　その句が、恋の句かそうでないか。現状のＡＩは、キーワードを含むか含まないかで判断することはできます。一方、人間は、恋のキーワードを含まずに、恋を詠むことができ、読者も、それが恋の句だとわかる。

人間ができることなら、教師データ(注2)をつくれるはずで、それをもとにＡＩにディープラーニング（深層学習。脳を模したニューラルネットワークを用いた機械学習）をさせることもできます。けれども、それでＡＩの作句精度が上がっていくかというと、たぶん上がらない。課題ははっきりしているし、教師データもつくれる。ディープラーニングでも扱える。けれども、やってみると、精度が上がらない。

ここが人間とＡＩの現時点での大きなちがいです。人間は、俳句なり一文なりを見て、それが比喩的で、抽象度の高い表現によって二人の関係性を伝えていると理解できます。人の心の動き、愛とか恋とかを、経験的に知っているからです。自分の体験もそうだし、例えば、「映画にこの句とよく似たシーンがあった」などの記憶もそうです。それが「背景知識」(注3)です。

(1)夏目漱石が「I love you」を「月がきれいですね」と和訳したという逸話があります。これ、実話ではないともいわれていますが、それはともかくとして、「月がきれいですね」の原文が「I love you」であることを理解するのは、ＡＩにとってきわめて難易度が高い。「月がきれいですね」を告白と受け取るのは、人間にはできてもＡＩには難しいのです。

ＡＩが、ことばそのものの意味だけではなく、ことばの周辺にある意味、言語学でいうコノテーション（言外の意味）を知識として吸収し、理解するという課題は、まだ手つかずです。これだけ発展の著しい人工知能の研究にも、それを解決するための決定打はまだありません。

大塚　恋や愛が物理的なものではない以上、その俳句に恋情が含まれるのか含まれないのかという判断基準は、時代によって変わったりもします。コモンセンス（常識・良識）もそうです。「背景知識」は、人間の行動様式によっても変動します。行動様式は時代とともに変わっていくので、当然のことながら、恋の捉え方も時代によってちがってきます。

髙柳克弘の『究極の俳句』（中公選書、二〇二一年）に、

しら梅や誰むかしより垣の外(注4)　与謝蕪村

という句の解釈をめぐる話が出てきます。

この句、意味としては、「白梅が咲いている。この木はいつだれがその垣の外に植えたのだろう」ということ。もうすこしいえば、そこに住んでいた人、過去にそこに生活していた人の痕跡を見つけて、先人や過去に思いを寄せるということなんですが、後世になって、萩原朔太郎(注5)がその句を読んで、「恋の句」と解釈しているんです。

萩原朔太郎は、〈しら梅や〉で切れると解釈しました。白梅が咲いている。ここで文脈が切れる。〈誰むかしより垣の外〉の部分は、私（作者）が昔、つまり少年期・青年期に、だれかがその垣根越しにいたことを思い出し、今もその人の気配がずっと残っているような気がする、というわけです。〈垣の外〉には、白梅ではなく人がいると読んだ。これだと、恋慕の句、恋情の句、恋を叙情的に詠んだ句ということになります。

蕪村の時代、江戸時代中期を考えれば、あきらかに誤読ですが、朔太郎が生きた近代では、そういう読みもありえないわけではない。一種、魅力的な解釈ではあります。

同じ作品でも、読み手によって解釈の幅があって、そこには時代が反映する。その時代その時代のコモンセンスは変わっていくものであるからには、作品の解釈が大

きく変わっていくこともある。そのあたりは、文芸、より広くいえば、ことばに特有の問題だろうと思います。

川村　(2)情報のエンコード（符号化）とデコード（復元）という問題に関わってきますね。

　コンピューターで情報を伝えるとき、ミスが起こってはいけません。エンコードされた情報は、元の情報に正しくデコードされます。［①］、MP3というファイル形式にエンコードされた音楽が、デコードされて私たちの耳に届く。元の音源とちがうものになっては意味がありません。

　(3)音源データのMP3や画像データのJPEGは「不可逆圧縮」といって、元のデータとそっくり同じものには解凍できないのですが、それにしても、おおむね正しく復元されます。人間が耳で聴いたり目で見たりするぶんには、元の音源などと区別がつきません。

　デコードによって同じ情報に戻るということが重要。［②］、エンコードからデコードという一連の流れに齟齬(注6)がないことが、情報伝達の条件です。

大塚　とすると朔太郎の読みは、Aデコード時に齟齬が発生したような一例かもしれませんが、さらに広い脈絡で考えると、(4)蕪村の最初の意図と、朔太郎の読みは、恋慕という意味、何かを慕わしく思うという心の(a)機微という点では同等です。恋慕の情は、お互いに共有できているようにも思えます。

　西欧から「愛」の概念が入ってくる以前の蕪村と、それ以後の朔太郎で、意図と読みがくいちがってしまいましたが、異性愛に限定せず、人をしのぶ、人の手触りを感じる、人の息づかいや香りを感じるという点では情報を共有できています。

川村　俳句は、ことばを使って何かを表現します。(5)俳句やことばは「アナログ」的と思われているかもしれませんが、けっしてアナログではありません。デジタルな情報です。「あ」と「い」のあいだは連続でなく不連続。「離散的」と呼ばれる情報です。

　俳句は何度書き写しても、情報として劣化しません。一万回書き写しても、書き損じがなければ同じ情報です。アナログな情報は、昔のレコードや録音テープがわかりやすい例です。テープに音楽をコピーするたびに劣化します。元の情報をそのまま保存できないのがアナログです。

　コンピューターで扱うデジタル情報は、「必ず元に戻る」ということが、情報を正しく伝えることの(b)担保になります。ところが、俳句という情報は、もともとのテクストはデジタルで劣化したり変化したりしなくても、人間が「読む」という部分で、コンピューターで言うところのデコードとはちょっとちがったことが起こっています。

（川村秀憲、大塚凱『AI研究者と俳人　人はなぜ俳句を詠むのか』dZEROによる）

【Ⅱ】

　俳句は本当に、門外漢には理解されないのだろうか。過去に、俳句を知らない人間による俳句のすぐれた読みが、なかったわけではない。たとえば萩原朔太郎の『郷愁(注7)の詩人　与謝蕪村』は、子規派(注8)によって写生的とされた蕪村像を更新した、画期的な俳論だ。a蕪村の句の根幹に「郷愁」「母性思慕」を読み取り、その抒情性が強調されている。

　すぐれた鑑賞として評価されるとともに、そこにはいくつもの誤読も指摘されている。たとえば、

　しら梅や誰むかしより垣の外　　蕪村（『蕪村句集』）

の句について、朔太郎は、

　　昔、恋多き少年の日に、白梅の咲く垣根の外で、誰れかが自分を待っているような感じがした。そして今でもなお、その同じ垣根の外で、昔ながらに自分を待っている恋人があり、誰れかがいるような気がするという意味である。

（『郷愁の詩人　与謝蕪村』岩波文庫、一九八八年）

と解している。

　しかしこの句は「この梅の木はいったい誰が、いつの頃に植えたものであろうか」（栗山理一評釈『与謝蕪村集　小林一茶集』筑摩書房、一九六〇年）というように解するのが一般的であり、おそらくは蕪村の意図もこのとおりであったろう。bこの句に恋の主題を認めたのは、朔太郎の誤読であるといえる。

　［③］、ここに恋人の存在を感じ取るのは、けっして無理すじではない。専門家の解釈は「c誰むかしより」とぼかしたことのムードを評価するが、朔太郎の解釈はd一句に物語性を与え、より親しみやすい句になったともいえる。山下一海が「創造的誤解」（岩波文庫、巻末解説）という言葉で評したように、朔太郎の解釈のほうが専門的な解釈よりその句を豊かにみせている、ともいえるのだ。これを鑑賞の側からではなく、作品の側からいえば、「創造的誤解」を生むような多義性を持った蕪村の句に力があったというべきだろう。

（髙柳克弘『究極の俳句』中央公論社　による）

（注1）人口に膾炙（する）＝多くの人が口にし、広く知られる。
（注2）教師データ＝AIに学習させるために必要なデータ（情報）。
（注3）背景知識＝ある状況や問題を理解するために必要な情報。
（注4）与謝蕪村＝江戸時代の俳人。
（注5）萩原朔太郎＝大正から昭和にかけて活躍した詩人。
（注6）齟齬＝食い違うこと。
（注7）郷愁＝昔のことを懐かしむ気持ち。
（注8）子規派＝正岡子規を中心とする俳句の一流派。

問1、よく出る 基本 空欄［①］、［②］、［③］に入る語として適当なものを、それぞれアからエまでの中から選べ。ただし、同じ記号は二回使わない。（各2点）
ア、だが　イ、すると　ウ、例えば　エ、つまり

問2、基本 本文中の、(a)機微、(b)担保 の意味として適当なものを、それぞれ次のアからエまでの中から一つ選べ。（各2点）
(a) ア、内部でひそかに進行する事態や状況。
イ、表面からはわかりにくい趣や事情。
ウ、状況に応じて変化する感覚や感受性。
エ、好意と反感の間で抱く葛藤や苦悩。
(b) ア、負担となるもの　イ、保存するもの
ウ、保証となるもの　エ、促進するもの

問3、本文中に、(1)夏目漱石が「I love you」を「月がきれいですね」と和訳したという逸話があります。とあるが、語り手はこの逸話を紹介することでどんなことを説明しようとしているか。最も適当なものを、次のアからエまでの中から一つ選べ。（4点）

ア、ことばの周辺にある意味を理解することは、ＡＩにはもちろん普通の人にとっても決して容易ではないということ。

イ、比喩表現や抽象的な言語表現で表された意味を読み取ることは、人間には可能だがＡＩには極めて困難だということ。

ウ、月を恋人に見立てるなどの比喩を一つ一つ教えれば、ことばの周辺にある意味をＡＩに学ばせることが可能だということ。

エ、漱石の逸話のような例を背景知識として知らなければ、比喩表現や抽象的な言語表現を読み取ることはできないということ。

問4、本文中の、(2)情報のエンコード（符号化）とデコード（復元）という問題に関わってきますね。という一文は、この対話の中でどんな働きをしているか。その説明として最も適当なものを、次のアからエまでの中から一つ選べ。（4点）

ア、相手の意見に同意しながらも、異分野の専門用語を用いた新たな問題を提示し、質の異なる二つの議論を並行して進めようとしている。

イ、それまでの話題を総括しながらも、新たな学術用語を用いて話題を転換し、それまでと全く違う内容の議論を新たに始めようとしている。

ウ、斬新な意見を提示しながらも、その時点での互いの意見を改めて確認することによって、議論全体の最終的な結論をまとめようとしている。

エ、前の話題を受け継ぎながらも、異分野の専門用語を用いることで新たな角度からその問題にアプローチし、議論を発展させようとしている。

問5、本文中の、(3)音源データのＭＰ３や画像データのＪＰＥＧの性質を、語り手はどうとらえているか。その説明として最も適当なものを、次のアからエまでの中から一つ選べ。（4点）

ア、データを圧縮した側と解凍する側が異なるため、再生する際に情報の変質が起きて、それがかえって創造的な結果をもたらすことがある。

イ、実際は元のデータと異なるものが再生されているが、おおむね正しい上に利便性が高まるので、むしろより有益な伝達形式だと言ってよい。

ウ、元のデータをそのまま完全に再生することはできないため、個々人の解釈によって、受け取る情報の精度が変わってしまう危険性がある。

エ、厳密には元のデータと異なるものが再生されるが、人間の感覚ではその違いが区別できないので、情報を正しく伝える形式と見なしてよい。

問6、本文中の、(4)蕪村の最初の意図と、朔太郎の読みの説明として最も適当なものを、次のアからエまでの中から一つ選べ。（4点）

ア、蕪村は垣根の外の白梅にそれを植えた人の存在を感じ、朔太郎は白梅の植えられた垣根の外に詠み手の恋人がいると解釈しているが、両者ともに人の存在と懐かしさを感じているという点で共通している。

イ、蕪村は垣根の外の白梅にそれを植えた誰かの存在を感じたが、朔太郎は垣根の外の白梅を少年時代・青年時代の思い出をたどるきっかけと見ており、両者にとって白梅の持つ意味は大きく異なっている。

ウ、蕪村は垣根の外の白梅に親しかった人々の息づかいを感じ、朔太郎も白梅に詠み手のかつての恋人の姿を見ており、両者ともに故郷への郷愁と懐かしい人々への思いを抱いているという点では同様である。

エ、蕪村は垣根と白梅からかつてそこにいた人々に思いを巡らせたが、朔太郎は白梅を少年期から今に至るまでの詠み手の感情の象徴と考えており、他者への関心という点で両者は相反する解釈をしている。

問7、本文中に、(5)俳句やことばは「アナログ」的と思われているかもしれませんが、けっしてアナログではありません。とあるが、どういうことか。その説明として最も適当なものを、次のアからエまでの中から一つ選べ。（4点）

ア、俳句やことばの意味は曖昧なのでアナログ的だと思われがちだが、細部に違いはあっても基本情報が誤って伝わることは少ない。

イ、俳句やことばによる表現には古さが伴うのでアナログ的だと思われがちだが、現代社会でも有益な表現形式となる可能性は高い。

ウ、俳句やことばは解釈に幅があるのでアナログ的だと思われがちだが、それは解釈上の問題であって、元の情報が変化することはない。

エ、俳句やことばには誤解が生じるのでアナログ的だと思われがちだが、それは互いの知識が異なるためで、対話する上では支障がない。

問8、本文中に、Ａデコード時に齟齬が発生したような一例とあるが、これを文章【Ⅱ】で述べられている内容に当てはめる場合、「デコード時に齟齬が発生したような一例」に該当しないものはどれか。点線部ａからｄまでの中から一つ選べ。（4点）

ａ、蕪村の句の根幹に「郷愁」「母性思慕」を読み取り、その抒情性が強調されている。

ｂ、この句に恋の主題を認めた

ｃ、「誰むかしより」とぼかしたことのムードを評価する

ｄ、一句に物語性を与え、より親しみやすい句になった

問9、思考力 新傾向 文章【Ⅰ】と【Ⅱ】は、ともに蕪村の「しら梅や」の句に対する萩原朔太郎の解釈は「誤読」だと述べているが、そのように判断する根拠については、【Ⅰ】と【Ⅱ】で少し違いがある。その違いについて述べた次の説明文の□に当てはまる表現として最も適当なものを、アからエまでの中から一つ選べ。（4点）

〈説明文〉文章【Ⅱ】（髙柳克弘の『究極の俳句』）では従来の一般的な解釈をもとに朔太郎の解釈を誤読としているが、文章【Ⅰ】の対談では、これに加えて、□ことを根

拠として誤読としている。

ア、人の息づかいや香りを感じるという点では情報を共有できている

イ、西欧から「愛」の概念が入ってくる以前に詠まれた句である

ウ、エンコードからデコードという一連の流れに齟齬がない

エ、俳句は一万回書き写しても、書き損じがなければ情報が劣化しない

三 (小説文)語句の意味・内容吟味

次の文章を読んで、後の問いに答えよ。(計29点)

シングルマザーとして二歳の果穂(かほ)を育てている「わたし」は、電車内で知り合った宮下(みやした)さんが働く国立自然史博物館を訪れ、クジラの研究者網野(あみの)先生のトークイベントに参加した。その際、生物画を描く仕事をしている宮下さんに頼まれ、果穂とともに「人間の親子」の絵のモデルを引き受けた。後日、宮下さんに誘われて「わたし」と果穂は砂浜に埋められたクジラの骨の掘り出し作業を見学に来ている。

宮下さんが護岸の斜面に腰を下ろした。リュックからスケッチブックを取り出すと、開いて膝にのせる。頭の骨をスケッチするらしい。わたしは果穂と一緒に隣りに座った。

宮下さんはしばらく骨をじっと見た。初めて見るような真剣な表情。わたしたちを描いてくれたときとは違う。これも生物画の一種だからだろうか。

鉛筆を軽く握り、ひと息に美しい曲線を引く。たぶん、上顎の部分だ。一瞬のリズムで描くと言っていた意味が、わかった気がした。

宮下さんが、視線を骨に戻す。一本線を足す。そしてまた、骨を見つめる。

単にその形を目に焼き付けているだけではないと思った。よりリアルに再現したいというだけでもないだろう。

宮下さんはきっと、骨そのものではなく、それを超えて広がる自然と(注1)対峙(たいじ)している。

一つ一つの曲線に自然が込めた意味を、漏らすことなく写し取ろうとしているのだ。進化によってその形が生まれるまでの悠久の時を、鉛筆の先で刻もうとしているのだ。

わたしは、博物館で初めて宮下さんの絵を目にしたときのことを思い出していた。あのクジラたちを見て、(1)これこそ博物館にふさわしい絵だと感じた理由が、今やっとわかった。

作業の人たちのお昼休憩に合わせて、わたしたちも宮下さんと一緒にお弁当を食べた。

掘り出し現場から百メートルほど離れたところに、テーブルとベンチが置かれた(注2)東屋(あずまや)があったので、そこに陣取っている。護岸の上で見晴らしがいい。

小さなおにぎりを二つと卵焼きを一切れ食べたところで、果穂が「ねんねする。」と言い出した。初めてだらけの半日を過ごし、疲れてしまったのだろう。ベビーカーに乗せて背もたれを倒してやると、すぐに眠ってしまった。

食事を終え、隣りで水筒のお茶を飲んでいる宮下さんに、訊(たず)ねてみる。

「宮下さんはやっぱり、クジラを何度もご覧になってるんですか。生きて泳いでるところを。」

「何度もはないわよ。小笠原でマッコウクジラを一回、沖縄でザトウクジラを一回、かな。」

「へえ、ザトウクジラも。じゃあ、歌も聴いたんですか。潜ったりして。」

宮下さんは、「まさか。」と笑って(a)かぶりを振る。

「わたし、カナヅチなのよ。ダイビングなんて、とてもとても。あ――」掘り出し現場のほうにあごを突き出した。「何回も歌を聴いてる人が来たわよ。」

見れば、缶コーヒーを手にした網野先生だ。東屋まで来るとまずベビーカーをのぞき、「かわいいモデルさんはお昼寝か。」と言いながら、宮下さんの横に座った。

「何？　私の話？」先生が訊(き)く。

「ザトウクジラの歌の話ですよ。先生は直(じか)に何回も聴いてるって。ダイビングをして調査もなさるから。」

「録音されたものはイベントで聴かせていただきましたけど――」わたしが付け加える。「実際はどんなふうに聞こえるのかなと思って。」

「聞こえるというかね。」先生はひげを撫(な)でた。「音に包まれるっていうのかな。間近で潜ってると、全身に響いてくるんですよ。」

それから先生は、自身の経験談をいくつか披露してくれた。どれもわたしの息苦しい日常とはかけ離れた、別世界のような遠い海での話だった。その最後に、わたしは訊いた。

「クジラの歌を何度も聴いているうちに、彼らがどんなことを歌っているのか、感じるようになったりはしないんでしょうか。」

「なれたらいいですねえ。私はまだ修行が足りんようですが。」眉尻を下げた先生が、「そういえば。」とこちらに顔を向ける。

「こないだのトークイベントで、私、クイズを出したでしょ。ザトウクジラの声はどのぐらい先まで届くか、と。あのとき、『宇宙まで！』と答えた男の子がいたの、覚えてます？」

「ああ、いましたね。」

「実はあれ、いいとこ突いてるんですよ。NASAが一九七〇年代に打ち上げた惑星探査機に、『ボイジャー』というのがありましてね。ミッションはもうとっくに終えて、太陽系の外に出て行きました。この先はずっと、あてもなく宇宙をさまようわけなんですが。」

「はあ。」意識を宇宙に飛ばすのが得意なわたしにも、かなり急な話の展開だった。

「ボイジャーは、『ゴールデン・レコード』ってのを積んでることでも有名でしてね。世界中の言葉や音楽、自然の音なんかが録音されたレコードなんですが、その中に、ザトウクジラの歌も入ってるんですよ。」

「へえ、それはわたしも初耳。」宮下さんが目を瞬(またた)かせる。

「でも、なんでそんなものを探査機に――」わたしは、まさかと思いながら言った。

「もちろん、ボイジャーがいつか異星人と遭遇したときのためです。レコードを聴いてもらって、地球はこんなところですよ、とね。」

「やっぱり、ほんとにそうなんですね。」頭がいいのか無邪気なだけか、研究者という人種はよくわからない。

「ですからね。」先生はにやりとした。「その異星人が我々より高度な文明を持っていたり、我々とはまったく違った知性や思考パターンを持っていたりすれば、クジラの歌も読み解いてくれるかもしれませんよ。」

「(2)夢のある話、というか、夢みたいな話ねえ。」宮下さんが言う。

笑って缶コーヒーを飲み干した先生に、わたしは訊いた。

「わたし、あれからよく考えるんです。クジラやイルカの知性とか、頭の中について。先生は本当のところ、どう思ってらっしゃるんですか。」

「そうですねえ。」先生は腕組みをした。「こないだお話ししたように、わからない、わかりようがない、というのが研究者としての答えです。ですが、(3)ただのクジラ好きのオヤジとしてなら、なるほどなと思う考え方はあります。クジラやイルカを長年追い続けた、ある動物写真家が言ってることなんですがね。」

先生は、正面に広がる海に視線を向け、続ける。

「この地球で進化してきた悟性(注3)(ごせい)や意識には、二つの高い山がある。〝ヒト山〟と〝クジラ山〟です。ヒト山ってのはもちろん、人間を頂点とする陸の世界の山。クジラ山は、クジラやイルカが形作る、海の世界の山です。どんな山か、その高ささえわかりません。でもたぶん、その頂上には、ヒト山とはまったく違う景色が広がっている。」

「まったく違う、景色——」わたしも海を見つめてつぶやいた。

「人間は、五感を駆使してインプットした情報を発達した脳で統合して、即座にアウトプットする。言葉や文字、道具、技術を使って、外の世界に働きかける。ヒトが発達させてきたのは、言わば、外向きの知性です。

一方、光に乏しい海で生きるクジラたちは、おもに音で世界を構築し、理解している可能性がある。文字や技術を持たないので、外に向かって何かを生み出すこともほとんどありません。だったら彼らはその立派な脳を、膨大な数のニューロン(注4)を、いったい何に使っているのか。もしかしたら彼らは、我々とは違って、もっと内向きの知性や精神世界を発達させているのかもしれない——ということなんです。私なりの言葉で言うと、クジラたちは、我々人間よりもずっと長く、深く、考えごとをしている。」

クジラの、考えごと——。

わたしの意識は、海へと潜っていった。暗く、冷たく、静かな深い海に。

だがもうわたしは、プランクトンではない。この身長一五六センチの体のまま、その十倍はあるザトウクジラと並んで潜っている。

その姿を見てすぐにわかった。これは、さっき骨として掘り出されたあのクジラだ。わたしと一緒に海に還(かえ)って、また泳ぎ出したのだ。

突然、全身が震えた。低く太い音が体の奥までしみ込んでくる。横でクジラが歌い始めたのだ。わたしもそれを真似てみるが、何を歌っているのかはまるでわからない。

クジラの頭のところまで泳ぎ、その目をのぞき込んでみる。

感情の読めない澄んだ瞳は、わたしのことなど視界に入っていないかのように、微動だにしない。確かに、考えごとに集中しているようにも見える。

どんなことを考えているか想像しようとするのだが、何も浮かばない。人の頭の中をいつも妄想しているわたしなのに、まるで見当がつかない。

息が苦しくなってきた。クジラから離れ、海面に上がっていく。光が見え、空が見えた。

胸いっぱい空気を吸い込みながら、ああ、と思う。

わたしは、わたしたちは、何も知らない。

クジラは、わたしたちには思いもよらないようなことを、海の中で一人静かに考え続けているのだ。

そして、もしかしたら、すでにその片鱗(へんりん)を知っているのかもしれない。

生命について。神について。宇宙について。

(4)わたしは、何だかとてもうれしくなった——。

「さて、私はそろそろ。」

網野先生の声で、(b)我に返った。

現場に戻る先生を、宮下さんと見送った。作業はあと二、三時間で終わるそうだ。

果穂はまだ眠っていた。風が強くなってきたので、薄手のブランケットを掛けてやる。

「この子、さっき言ってました。」わたしは宮下さんに言った。「いつか、生きてるクジラに会いに行きたいって。一緒に泳ぐそうです。」

「そう。」宮下さんは優しく微笑(ほほえ)む。「そんなこと、きっと簡単に叶えちゃうわよ。わたしもお付き合いしたいわ。水泳教室に通おうかしら。」

「じゃあ、わたしも。」頬が緩んだ。「実はわたしも、泳げないんです。」

手をのばし、風で乱れた果穂の前髪を分けてやる。

(5)この子には、世界をありのままに見つめる人間に育ってほしい。わたしのように、虚(むな)しい空想に逃げたりせずに。

そうしたらきっと、宮下さんのように、何かを見つけるだろう。そしていつか、必ず何かが実るだろう。

わたしは——。

顔を上げて海に向け、ぼやけた水平線のまだ先を望む。何が見えるというわけではない。それでも、(6)還る海をさがすことは、もうないだろう。

いつの間にか、波の音がここまで響いてくるようになっていた。

心地よく繰り返されるその音の向こうに、ザトウクジラの歌声をさがした。

（伊与原新(いよはらしん)「海へ還る日」新潮社　による）

(注1) 対峙＝向き合って立つこと。

(注2) 東屋＝庭園や公園内に休憩、眺望のために設けられる小さな建物。

(注3) 悟性＝物事を判断・理解する思考力。

(注4) ニューロン＝神経細胞。

問1、**よく出る** 本文中の、(a)かぶりを振る、(b)我に返ったについて、ここでの意味として最も適当なものを、それぞれ次のアからエまでの中から一つ選べ。　(各2点)

(a)　ア、両肩を上下に振っておどけてみせる

　　イ、頭を左右に振って否定する

ウ、手を左右に振って慌てたそぶりをする
エ、帽子を上下に振って合図する

(b)　ア、普段の意識に戻った　イ、初心を思い出した
ウ、息を吹き返した　エ、自我に目覚めた

問2、本文中に、(1)これこそ博物館にふさわしい絵だと感じた理由 とあるが、宮下さんの絵を博物館にふさわしいと感じた理由とはどんなことか。その説明として最も適当なものを、次のアからエまでの中から一つ選べ。（4点）

ア、対象をじっくりと観察し、細かな部分も見逃さないで正確に写し取ろうとする宮下さんの真剣な態度から、博物館で展示される生物の絵を描く専門家としてのプライドを強く感じられたこと。
イ、とても難しいクジラの骨の絵を淡々と描く宮下さんの仕事ぶりを見て、発掘の現場をリアルに再現している博物館の絵に、世界中の注目を集めるほど、学術的な価値があると確信できたこと。
ウ、一瞬のリズムで美しい曲線を引く宮下さんのスケッチには圧倒的な技術の高さが表れていて、博物館に展示されていた絵にも、多くの人の鑑賞にたえうる芸術性がはっきりと見て取れたこと。
エ、単に生物の形を正確に写し取るだけではなく、生物が自然の中でその形態にたどり着くまでの時間さえも、宮下さんはその絵で表現しようとしており、それが博物館の絵にも表れていたこと。

問3、本文中に、(2)夢のある話、というか、夢みたいな話ねえ。とあるが、宮下さんがこう言ったのはなぜか。その理由として最も適当なものを、次のアからエまでの中から一つ選べ。（4点）

ア、とても実現するはずのない下らない話ではあるものの、想像だけなら楽しいだろうと感じたから。
イ、よく知られた有名な話ではあるものの、現実にあるとは信じ難い内容に行き着いてしまったから。
ウ、現実にあったら面白い話ではあるものの、実現する可能性はそれほどなさそうに思われたから。
エ、子どもの視点では希望にあふれた話ではあるものの、大人の立場では興味を持てない話だから。

問4、本文中に、(3)ただのクジラ好きのオヤジとしてなら とあるが、網野先生がこのようにことわったのはなぜか。その理由として最も適当なものを、次のアからエまでの中から一つ選べ。（4点）

ア、自分はまだ研究者として勉強が足りておらず、クジラの考えていることを十分に研究し理解できているという自信がないから。
イ、クジラやイルカの知性については十分に解明できていないため、研究者としては明言できず、想像力を働かせるしかないから。
ウ、クジラの知性に関する科学的なデータは得られているものの、発掘調査の仕事が忙しく、まだ十分に研究を進めていないから。
エ、研究者のキャリアよりクジラ愛好家として過ごした時間の方が長く、その立場からなら自信を持って説明できると感じたから。

問5、本文中に、(4)わたしは、何だかとてもうれしくなった とあるが、それはなぜか。その理由として最も適当なものを、次のアからエまでの中から一つ選べ。（4点）

ア、ヒトが発達させてきた外向きの知性では思いもよらないことを、クジラが内向きの知性で考え続けてくれている、と感じられたから。
イ、クジラとともに海へ潜る想像をすることで、ヒトとはまったく違うクジラの思考に触れ、その印象を深く心に刻むことができたから。
ウ、海で泳ぐクジラたちの音の世界に包まれることで、謎だった歌の意味を理解することができ、全身が震えるほどの感動を覚えたから。
エ、妄想の世界とはいえ、自分の息が続くかぎり静かな深い海のなかをクジラと自由に泳ぎまわって、この上ない満足感を得られたから。

問6、本文中に、(5)この子には、世界をありのままに見つめる人間に育ってほしい。とあるが、「わたし」は娘の将来にどんなことを期待しているか。その説明として最も適当なものを、次のアからエまでの中から一つ選べ。（4点）

ア、世間からの様々な評価にとらわれず、信念をもって自分の道を進んでいくこと。
イ、自分の好きなことに打ち込み、綿密な調査を重ねて自然の真理を発見すること。
ウ、自分の目に映った世界の姿を、作品として正確に写し取る芸術家になること。
エ、目の前の世界で自分にできることにめぐりあい、それを生かして生きていくこと。

問7、**思考力** **新傾向** 本文中の、(6)還る海をさがすことは、もうないだろう。という表現について、それがどういうことを表しているか、生徒たちが話し合っている。会話文の I に当てはまるものを、次のアからエまでの中から一つ選べ。（5点）

生徒1　「わたし」は、空想の世界に入り込むことが多いみたいだね。網野先生の話を聞きながら「わたしの意識は、海へと潜っていった。」とあるから、ここは海へ潜る空想をしているんだね。
生徒2　すぐ後で「だがもうわたしは、プランクトンではない。」とも言っているけど、どういうことだろう。
生徒3　この本文より前の部分に、こんな記述があったよ。

　プランクトンもいいな、とふと思った。わたしが海に還るとすれば、の話だ。深海魚、あるいは貝もいいと思っていたが、プランクトンが一番いいかもしれない。

　プランクトンに生まれて、海中を漂う。自分の意思や力で泳いだりしなくていい。ただ潮の流れに任せるだけ。喜びもないけれど、苦痛もない。生きていると実感することもないだろうが、それは今も同じだ。

　そのうちに、巨大な影が近づいてくる。シロナガスクジラだ。あっという間に飲み込まれる。

　束の間の静寂。気づけばまた、プランクト

ンとして生まれている。そして、クジラの餌になる。永遠にその繰り返し。最高だ。
本文には「わたしの息苦しい日常」とあるし、この文章には「自分の意思や力で泳いだりしなくていい。」「クジラの餌になる。永遠にその繰り返し。最高だ。」ともあるから、プランクトンになって「海に還る」というのは、日常からの現実逃避なんじゃないかな。

生徒2　じゃあ、「だがもうわたしは、プランクトンではない。」っていうのは、「わたし」の心境に何か変化があったってことだね。

生徒1　網野先生からクジラの歌や、人間には想像できないようなクジラの知性や精神の話を聞いた後では、空想の「わたし」はプランクトンじゃなく、自分の姿でクジラと泳いでいるよ。

生徒3　クジラが暗く、冷たい海で一人静かに深く考えごとをしていると知って、自分と似たものを感じたのかもしれないね。この場面では、そのままクジラと別れて、人間の姿で海面に上がってきているから、「わたし」は最後には［Ｉ］と感じられるようになったんじゃないかな。

生徒2　そうか、だからもう「還る海をさがす」必要はない、っていうことなんだね。

ア、空想に頼ってばかりいなくても、いつか誰かが自分を助けてくれると信じて生きていける
イ、現実に傷ついてばかりいなくても、嫌なことを全て忘れることで心地よく生きていける
ウ、空想に逃げ込んでばかりいなくても、自分なりに現実と向き合いながら生きていける
エ、現実にこだわってばかりいなくても、自分が本当に望むことを空想しながら生きていける

東京都立産業技術高等専門学校

時間 50分　満点 100点　解答 P61　2月15日実施

出題傾向と対策

●一漢字の読み取り、二漢字の書き取り、三漢文を含む国語知識、四小説文、五論説文の五題構成。一〜三までの設問にはやや難解なものも含まれる。特に三では文法を含め国語知識に関する幅広い分野が出題された。四と五は文章がいずれも長めだが、設問のレベルは標準的。

●漢字と国語知識は取りこぼしを減らすため問題集・用語集・文法ガイドなどに継続的に目を通す。ただし、こだわり過ぎないよう時間配分を意識した対策を行う。小説文と論説文は設問をよく読んだうえで解答する練習を。

注意　答えは、特別の指示のあるもののほかは、各問のア・イ・ウ・エのうちから、最も適切なものをそれぞれ一つずつ選んで、その記号を記入しなさい。また、答えに字数制限がある場合には、、や。や「などもそれぞれ一字と数えなさい。

一 漢字の読み書き　よく出る

次の各文の――を付けた漢字の読みがなを書きなさい。（各2点、計8点）

(1) 報酬の多寡によっては断らざるを得ない。
(2) 過去五年にわたり生産量が漸増している。
(3) 会心の一手で碁敵をあっと言わせる。
(4) 与えられた使命を全うするために努力する。

二 漢字の読み書き　よく出る

次の各文の――を付けたかたかなの部分に当たる漢字を楷書で書きなさい。（各2点、計8点）

(1) 春になり解け残った雪がカの子模様になっている。
(2) ボクヨウケンの代わりにドローンを使う。
(3) 春の空がホガらかに晴れ渡っている。
(4) ようやくイッパシの職人として認められた。

三 熟語・漢字知識・品詞識別・慣用句・漢字の読み書き・古典文を含む故事成語

次の各問に答えなさい。（計24点）

〔問1〕 次のア・イのそれぞれに漢字を一字ずつ入れると、例に挙げたように、熟語をつなげることができる。ア・イに当てはまる漢字を楷書で書きなさい。（完答で4点）

〈例〉 安定―定休―休養―養成
〈問題〉 勘ア―ア護―護イ―イ星

〔問2〕 難　「問」と同じ部首の漢字は次のうちではどれか。（4点）

ア、呈　イ、聞　ウ、聖　エ、閣

〔問3〕 次の各文の――を付けた「だ」のうち、品詞が他の三つと異なっているのはどれか。（4点）

ア、小さな頃からの夢をかなえるためにあなたに必要なのは勇気だ。
イ、窓ガラスを割ってしまったことを自ら名乗り出るなんて彼は正直だ。
ウ、商店街の福引きでハワイ旅行を見事に引き当てた母はラッキーだ。
エ、手を付けていなかった夏休みの宿題を一日で終わらせるのは無理だ。

〔問4〕 次の各文の――を付けた慣用表現の使い方として適切なのはどれか。（4点）

ア、アルコールは一日にビール一本までと肝に命じて日々過ごしている。
イ、彼は近年の日本映画界を代表する押しも押されぬスターである。
ウ、三か月前からしっかりと準備をしておけばよかったとほぞをかむ。
エ、彼女は絶体絶命のピンチを口先三寸でなんとかうまく切り抜けた。

〔問5〕 基本　次の各語を（　）の中にひらがなで書

いたとき、適切なのはどれか。　（4点）

ア、大通り（おおどうり）　イ、地面（ぢめん）

ウ、扇（おおぎ）　エ、身近（みぢか）

〔問6〕次の書き下し文を読んで、ここから生まれた故事成語の意味として適切なのは次のうちではどれか。（＊印の付いている言葉には、本文のあとに〔注〕があります。）　（4点）

孫子荊、年少き時、＊隠れんと欲す。王武子に語るに、当に石に枕し流れに＊漱がんとすべきに、誤りて曰はく、「石に漱ぎ流れに枕す。」と。王曰はく、「流れは枕すべく、石は漱ぐべきか。」と。孫曰はく、「流れに枕する所以は、其の耳を洗はんと欲すればなり。石に漱ぐ所以は、其の歯を礪かんと欲すればなり。」と。

〔注〕隠れん――隠居しよう
漱がん――ゆすごう

ア、昔は通用した方法を、時代や状況が変化しても続けること。

イ、言い間違いを訂正しないで、無理矢理にこじつけること。

ウ、前の失敗に懲りて、本来は必要でない心配をすること。

エ、目上の人の機嫌を損ねて怒りを買い、激しく叱られること。

四 (小説文)語句の意味・内容吟味

次の文章を読んで、あとの各問に答えなさい。（＊印の付いている言葉には、本文のあとに〔注〕があります。）　（計30点）

嫁入りの日は、暑かった。

家で＊白無垢に着替えた。帯には、母が絹糸で＊菱刺しをしてくれていた。出戻らないという意味がある矢羽根柄だ。動くとキラキラと輝く。

親戚や近所の人たちにごちそうをふるまっていると、昼前に婚家から嫁迎えの人たちがお酒を手にやってきた。当時は、婿の家で式を挙げるのが一般的だったのだ。彼らは、婚家に嫁入り道具も運んでくれる。

和箪笥、洋箪笥、整理箪笥、鏡台。この辺りでは女の子が生まれると、桐の木を植え、それで嫁入り箪笥を作るのが慣習で、より子の嫁入り道具もそのように調えた。

次々トラックに積み込み、最後に積まれた物を見て、より子は驚いた。

洗濯機である。ローラーに洗濯物をはさんで、ハンドルを回すと脱水された洗濯物がのしいかみたいに出てくるのだ。こんな物を買った覚えはない。

それもそのはず、父がこっそり用意した物だった。

父は炭焼きをやっていたからいつも真っ黒なのだ。焼き上げた炭を萱で編んだ「＊炭すご」に詰めて、馬に括りつけ里に下ろしていた。

年頃になったより子は真っ黒な父が恥ずかしかった。

学校の終業時間と仕事終わりが重なると、空っぽになった馬を引いて、学校に寄ってくれることがある。父も馬も真っ黒いままだ。校門の前に立つ父を見留めると、より子は「ひぇえ」と小さな悲鳴を上げてこっそり帰っていた。

父は置き去りにされたのを分かっていたのかいないのか、帰宅すると「＊おろ、より子は先に帰ってらったのか」と目を丸くする。おっぴろげた鼻の穴も真っ黒だ。

ある時、こそこそすることが理不尽に思えた。父が真っ黒に汚れているから自分はこそこそと帰らねばならないのだ、と憤る。「＊ダダはいつも汚ねくてしょしい」と罵った。しょしいというのは、恥ずかしい、という意味だ。

その時の父の顔をより子は忘れられない。深く傷ついた顔なのに、眉を八の字にして、情けないような笑みを懸命に浮かべていた。

まずいことを言ってしまったとより子はヒヤリとしたが、謝れなかった。

そういうことがあった上での洗濯機なのだろう。亭主に恥ずかしい思いをさせないために。

それが分かっても礼を伝えられないままに、洗濯機は運ばれていった。

嫁入り道具がすべて運び出されると、玄関先で盃を交わす。それがすむと、花嫁と両親、弟の亘以下関係者たちは待っているハイヤーに分乗するのがしきたりだ。

しかし父は、あとから行くと告げて家の前にポツンと残っていた。

(1)怪訝に思ったより子が視線を母に転ずると、母は物言いた気な顔つきをしている。

聞き出したところ、自分は真っ黒でみっともない。だから一緒には行けない。あとから馬で行く、と決めていたそうなのだ。

より子は発車しかけていたハイヤーから降りた。

夏の強い日差しの中に立つ父の輪郭は、何とも曖昧だった。足元の乾いた土にいびつな丸い影ができている。日が明るければ明るいほど、影は濃くなり存在感を増した。それはまるで、父の足元に深い穴があるように見えた。

玄関前に立つ＊紋付袴の父のもとへ行く。

「馬っこさ乗せてもらってもいい？」

より子の頼みに、父は目を丸くしたし、他の人たちも反対した。みったぐね、と。

みったぐない――。みっともない。ハイヤーがあるじゃないか。馬で嫁入りなど世間体が悪い。

より子は聞かなかった。

父は初めは戸惑っていたものの、白無垢姿で仁王立ちの娘を前にして、ついに折れた。

(2)裏の馬小屋から座布団を括りつけた馬を引っ張ってきた父は、戸惑い顔から、はにかみ顔になっていた。

普段は父ともども黒く汚れ、網目状に乾いた泥をお腹や脚にくっつけていた馬は、すっかり磨き上げられていた。栗色の毛が艶々と天鵞絨のようだし、鬣はサラサラと揺れる。薄汚れている時は長い睫毛の下ですまなそうに目を伏せていたが、今日は堂々と真っ直ぐにより子を見つめていた瞳は澄み切り、純粋無垢だった。

父が、前に座るよう言う。実際子どもの頃はそうしていたが、より子は父の後ろに横座りになった。

着物のため横座りにならざるを得ない今は、前に座ると自分の顔を見られるし父の顔も見なければならないから。

顔を見たら、道中、泣いてしまうかもしれないと思った。今生の別れではないが、それでも籍が抜けるのである。そして、盆と正月くらいしか帰ってこられなくなるのだ。いや、それすらも無理かもしれない。近所に嫁いできた人も泣いていた。だから自分も父の顔を見たら、泣くかもしれない。そんなのはみったぐない。だから、顔を見ることなく向こうまで行ける後ろがいい。

父は無理強いせずに、より子を後ろに乗せて馬の腹を踵（かかと）で軽く蹴った。

馬はグイッと一歩を踏み出す。

より子は父の脇腹につかまる腕に力を込めた。

青い空をトンビが鳴きながら旋回している。(3)おかしみと悲しみが入り混じった鳴き声が青い空に染み渡っていく。

向かう先の山並みが、霞（かす）んで見える。

馬の歩みは力強く、ポクポクとのどかな音を立てる。揺れに身をゆだねる。

リンゴ畑を貫く土の一本道は、乾いて白っちゃけていた。丸太の電信柱は少し傾いている。リンゴの木はびっしりと葉っぱを茂らせ、その下にまだ青い実をたわわにぶら下げている。大きな実にするために、摘果が進められていた。風に乗って、桃の香りもしてくる。

畑と道の境には蚕養（こがい）のための桑の木が植わっている。小さなぶどうのような黒っぽい実がぎっしり生（な）っていた。学校帰りに友だちと競うように採って食べたものだ。紫色になった舌を見せ合ってよく笑った。甘みも酸味も強かった。

両脇の畑はリンゴ畑から漆の木の畑に変わった。風がよく通るように間隔を空けて植えられた漆の木の畑も、秋になると真っ赤に紅葉して美しいが、うっかり触って自分まで紅葉したかというくらい真っ赤にかぶれたこともあったっけ。あの時は大変だった。臭くてえぐいドクダミ茶をしこたま飲まされたのだ。思い出して、ちょっと笑った。

背後から軽快なラッパの音がした。より子たちが路肩に寄ると、すぐそばをボンネットバスが走り抜けていった。乗客が注目している。より子は手を振った。客や車掌も手を振り返してくれた。その後に*オート三輪が続く。ラッパを、拍子をつけて三回鳴らしていった。

日差しは強く、何もかもが日を照り返している。舞い上がった土埃（つちぼこり）が眩（まぶ）しい。中でも白無垢の自分自身が最も眩しかった。

より子は歩んできた道を振り向いた。なだらかな*名久井（なくい）岳（だけ）が控えている。

生家がどんどん遠ざかる。

切なくなって視線を落とした。

白い足袋に引っかかる白い草履が、揺れている。その下を、白っちゃけた地面が流れていく。

「ダダ、馬っこは疲れねべか」

「こいつはぁ丈夫だすけ、大丈夫だ」

「休まねくていんだべか」

「なーも、大丈夫だ」

「そうかぁ……」

どんどん流れていく。

父の袴の裾から、下ばきがちらっと見えた。見覚えがある。

それはより子が子どもの頃に刺した菱刺しだった。父にあげたものの、一度もはいているのを見たためしがなかったもの。

当時は上出来だと思っていた縫い目は、今見るとガタガタ。

「やあねえ、なして今、それ、はいてらのよ」

照れくさくて嬉（うれ）しくて、どういう顔をしていいのか決めかねる。(4)やはり父の後ろに座っていてよかった。

「この菱刺しはよぉ、おめがわらしの時に最初に刺したもんだ。特別なもんだ。だすけ特別な日にはくべ、と決めてらった」

父が足を揺らす。馬が首を上下させた。首に下げた鈴が、いい音を出す。

「そった前から？　我まだ七つくらいだったべ」

「おめの嫁入り道具の桐箪笥はもっと早ぇど。おめが生まれてすぐに桐ば植えたんだおん」

親というものはどこまで考えているのだろう。

父の背中は、思ったより大きくないことに気づく。どちらかと言えば小柄なほうだ。そんな父は、真っ黒になってより子たちを養ってくれていた。自分はそんな父を、汚いだの恥ずかしいだのと批判してきたのである。

「ダダ、ごめんね」

やっと父に謝ることができた。

「何、謝ることがある」

「我、ダダさひどいこと言ってしまった」

父は深呼吸する。

「今日はめでてぇ日だ。めでてぇ日に『ごめん』は合わねえよ」

より子は頷（うなず）く。

「ありがっとう、ダダ」

鼻をぐずぐずさせながら、震える声で言い替えた。やだぁ、泣いでしまったじゃ。我みったぐねえ、と思った。

「泣ぐな泣ぐな。*あもこさなる」

父の声がからかっている。からかいながらも、その声は震えている。

「ダダってばひどい」

(5)より子は空を仰いで、あっはっはと大きな声で思い切り笑った。

父越しの空に薄い雲がたなびいている。鮮やかな虹色だ。

「彩雲」というものだ。生まれて初めて見た。

より子は父の袖を引っ張って、空を指す。

「ダダ、見で見で。あれぇ雲がきれぇだよ。天女の羽衣みてだごどぉ。いやあ、まんつきれぇだなぁ」

父は顔を上げなかった。ぐっと俯（うつむ）いてる。

雲はきっとすぐに消えてしまうと思った。見なきゃもったいない。

「ダダ、ダダ」

(6)いくら呼びかけ、空を指しても、父は顔を上げない。馬の手綱を握る手が真っ白になっている。

より子は腕を下ろして父につかまり直した。父の脇腹は硬い。

「ダダ、今日はいい日だね。こんなにきれぇなものば見れたんだすけ。今日は、特別な日だぁ」

豪農である大きな婿家の前で、新郎の諒二（りょうじ）と家族、親類縁者がずらっと並んで待っていた。馬で来たより子たちを見て呆気（あっけ）に取られている。

おまけにより子の顔と言ったらそれはひどかった。

狐（きつね）に化かされたみたいにぽかーんとしている面々がおかしくて、より子は大笑いした。ドロドロの顔で笑うのを目（ま）の当（あ）たりにした新郎の親類の子が、泣き出した。

かつて行商に来てくれていた姑（しゅうとめ）となる人が草履の音をさせて小走りに駆け寄って、＊手巾で目元を押さえてくれる。

それから藍染の＊手甲（てっこう）を渡された。

「こったにボロボロの物ばあげようかどうしようか迷ったんだどもね。だどもこれが、今日のおめでたい日の始まりだったような気がするんだよ。だすけ、お前さんに持っていでほしいの。お前さんがこんまい時に熱心に作ってけだ物なんだもの。オラァ、ほんとに嬉しかったんだぁ」

そう涙ぐんで、より子の手に握らせて両手で包んでくれた。

後のことだが、子どもに泣かれた前代未聞（ぜんだいみもん）の花嫁が馬で来たと噂（うわさ）になり、おかげでより子はすぐにご近所さんと打ち解けることができた。

父はより子を新郎に引き渡して、言った。

「あんたは幸せ者だ。娘ば頼む」

（髙森美由紀『藍色ちくちく——魔女の菱刺し工房』による）

〔注〕白無垢（しろむく）——白色で統一した和装の花嫁衣装。
菱刺し（ひしざし）——青森県南部地方の伝統的な刺し子の技法で、布の目に細かく糸を刺して布を補強したり模様を描いたりするもの。
炭すご——萱で作った炭を収納する俵。
おろ——「おや」などと感嘆を表す青森県南部地方の方言。
ダダ——「お父さん」を意味する青森県南部地方の方言。
紋付袴（もんつきはかま）——男性の第一礼装とされる家紋を付けた羽織と袴からなる和装のこと。
オート三輪——三輪のトラック。
名久井岳（なくいだけ）——青森県南東部の山。
あもこさなる——「お化けになる」という意味を表す青森県南部地方の方言。
手巾——手ぬぐいやハンカチのこと。
手甲（てっこう）——手首や手の甲までを覆うようにして装着する装身具。

〔問1〕(1)怪訝（けげん）に思ったより子が視線を母に転ずると、母は物言いた気な顔つきをしている。とあるが、ここでいう「怪訝に思った」の意味に最も近いのは、次のうちではどれか。（5点）

ア、父が慣例に従わないことを腹立たしく思ったということ。
イ、父が一人で家に残ることを嘆かわしく思ったということ。
ウ、父が置き去りにされることを心苦しく思ったということ。
エ、父が一緒に行かないことをいぶかしく思ったということ。

〔問2〕(2)裏の馬小屋から座布団（ざぶとん）を括りつけた馬を引っ張ってきた父は、戸惑い顔から、はにかみ顔になっていた。とあるが、この表現から読み取れる「父」の様子として最も適切なのは、次のうちではどれか。（5点）

ア、以前は汚くて見た目が悪いと馬を嫌っていたのに急に馬で行きたいと言い出した娘に困惑したが、いつもは真っ黒な炭すごを括り付けている馬の背に花嫁衣装の娘を乗せざるを得ないので、気まずくて合わせる顔がないと感じている様子。
イ、黒く汚れた自分と一緒に行くのは嫌だろうと思っていたのに世間体も気にせず馬で行くと言う娘に困惑したが、この日のために美しく立派に整えた馬に白無垢の娘を一緒に乗せて行くことになり、心の内で嬉しく誇らしく思っている様子。
ウ、日頃会話も少なく自分には関心がなさそうだったのに父の望むように馬で行きたいと懇願する娘に困惑したが、急いで泥を落として何とか乗れるように用意でき、子どもの頃のように自分の前に座らせることが照れくさくて仕方のない様子。
エ、一人で馬に乗って行くと宣言していたのに自分も父と馬で行くと主張する娘に困惑したが、周囲に説得されて渋々馬を引き出すと既に馬を洗って娘も乗れるように準備していたことが皆に知られてしまい、ばつが悪そうにしている様子。

〔問3〕(3)おかしみと悲しみが入り混じった鳴き声が青い空に染（し）み渡っていく。とあるが、この表現について述べたものとして最も適切なのは、次のうちではどれか。（5点）

ア、様々な声色を聞かせる鳥の声や頭上の晴れた空の色と共に遠くにぼんやりと見える故郷の山並みなど、郷愁を誘う情景を写実的に描き出している。
イ、縁起が良いというトンビの鳴き声が娘の結婚式を祝うかのように高らかに響き、思いが込み上げてきそうな父の心持ちを感動的に描き出している。
ウ、学校からの帰り道で漆の木に触れてひどい目に遭って辛かった時の思い出すらも、今となっては笑えてしまう娘の心情を象徴的に描き出している。
エ、のんびりとした田園風景の中を婚礼衣装の父と娘が馬に乗って行くという、滑稽な内にも哀愁が漂う嫁入り道中の雰囲気を印象的に描き出している。

〔問4〕(4)やはり父の後ろに座っていてよかった。とあるが、「より子」が「父の後ろに座っていてよかった」と思ったわけとして最も適切なのは、次のうちではどれか。（5点）

ア、生家から遠ざかっていく寂しさゆえに慣れ親しんだ光景から目を足下にそらしていたおかげで、幼い頃自分が作った菱刺しを父が身に付けていることに気付き、父の深い愛情を知ることができたから。
イ、横座りしていることで視界が広がり婚家までの道のりと美しい景色を楽しめる上に、馬の足が早くてぐんぐんと進んで行くため振り落とされそうになっても、父にしっかりとつかまっていられるから。
ウ、嫁いだら二度と帰って来られずこれが永遠の別れになると思うと悲しくてたまらなくなり、近所に嫁いできた人と同じように泣いてしまったのだが、そんな不格好な姿を父に見られなくて済んだから。
エ、子どもの時にプレゼントしてから折に触れ着ている下ばきの菱刺しが目に留まり、古びて縫い目がいびつになっているのに今でも使ってくれている父に、申し訳なくて顔向けができないと思ったから。

〔問5〕(5)より子は空を仰いで、あっはっはっはと大きな声で思い切り笑った。とあるが、この表現から読み取れる「より子」の気持ちに最も近いのは、次のうちではどれか。（5点）

ア、見ばえの悪いことは避けなければならないと気遣っていたにもかかわらず、涙で化粧の崩れた顔になってしまったことを自虐的に笑い飛ばしてしまいたいと思っている。

イ、これまで胸につかえていた悔いを言葉にすることができて感極まった自分を、わざとおどけて受け止めた父の言いように大仰に応えてあえて明るくしようと思っている。

ウ、小さい頃からの思い出話を楽しんでいたところで父が子どもじみたことを言って笑いをこらえているのを見て、あまりにもおかしくてもう我慢できないと思っている。

エ、長年にわたるすれ違いを経て今日というおめでたい日に素直に謝罪しているのに、面と向かって取り合おうとしない父にはあきれて開いた口が塞がらないと思っている。

〔問6〕(6)いくら呼びかけ、空を指しても、父は顔を上げない。とあるが、「父」が「顔を上げない」わけとして最も適切なのは、次のうちではどれか。（5点）

ア、上を向いて空の様子を眺めていては馬を引く手元が注意散漫になって危ないのに、勝手気ままにはしゃいでいる娘にいら立ち聞こえない振りをしているから。

イ、やっと本心で語り合えそうになったのに唐突に大笑いした上に雲を天女の羽衣みたいだなどと言うので、はぐらかされるものかとかたくなになっているから。

ウ、婿の家に無事に送り届けようと目の前の手綱に集中しながら自慢の娘を嫁がせる感慨をかみしめつつ、寂しさを押し殺して表に出すまいと我慢しているから。

エ、娘との別れが悲しくてたまらず嫁ぎ先には行かずにこのままどこかへ走り去ろうと考えを巡らせていることを、決して悟られないようにと警戒しているから。

五 （論説文）内容吟味・段落吟味

次の文章を読んで、後の各問に答えなさい。（計30点）

「行って帰る」という構造は、「行く」と「帰る」という反対方向への運動を時間の枠組みでとらえたものです。主人公は住み慣れた場所の外に出て行くことで、予期せず何者かと出会い、思わぬ事件に遭遇し、試練をへて経験を重ね、そしてふたたび故郷（ホーム）へともどってきます。言い換えれば、これは主体としての主人公の経験として物語をとらえた枠組みということができます。その意味で、この枠組みは近代に誕生した小説などを理解するときにも有効なものです。（第一段）

しかし、これをそのまま絵本に当てはめると、困ったことが起こります。それというのも絵本のなかでこの近代的な経験する主体としての主人公を見つけることが、それほど簡単なことではないからです。むしろ、多くの絵本では、「主人公」（本来の意味での主人公と区別するために、ここでは鍵括弧をつけておきます）は、意志をもった行為の主体でないだけではなく、どのような出来事に出会っても不思議なくらいその性格が変化したりしないのです。つまり絵本の「主人公」は、小説の主人公のような行為主体ではなく、そのため経験によって成長などしないのです。（第二段）

その理由を、絵本は幼児向きの短い読み物だから、人の成長につきものの複雑な心理を描写する文章や入り組んだ筋を表現することができず、そのために主人公の経験を描くことができないのだと考えるかもしれません。つまり、絵本は人間の経験を描くには不適当な表現媒体だという理解です。しかし、このような理解は小説のような大人のメディアを基準にした理解にすぎません。（第三段）

あるいはまた、絵本が昔話をもとに制作されているからであり、昔話では主人公は物語の媒介項にすぎないのと同様の理由によるものだと考えられるかもしれません。この考えは、絵本の「主人公」がなぜ小説の主人公のような行為主体でないのかを理解するためのヒントにはなりますが、なぜ昔話をもとにしていない創作絵本においても、小説のような主人公が登場しないかについて、うまく説明できるわけではありません。（第四段）

(1)理由は絵本というメディア自体に内在しているのです。これから明らかになっていくことですが、絵本というメディアの特質の内部から見れば、もともと絵本はそのような主体としての主人公の経験を表現する媒体ではないのです。（第五段）

北欧の昔話に、『おなかのかわ』というものがあります。これは、ネコが出会う相手をつぎつぎと見境なく呑（の）み込んでいくという、恐ろしくも不思議にユーモアのあるお話です。(2)友だちのオウムの家に招待されて、だされたごちそうをたいらげてしまったネコは、こともあろうにオウムを呑み込んでしまいます。そして、外に出たネコは、今度は出会ったおばあさんを呑み込み、さらに馬方とロバをも呑み込み、行列の先頭にいた王様にお后（きさき）様とその兵隊たち、行列に参加していたたくさんのゾウたちまで、ぺろりごくんと丸呑みしてしまいます。最後に二匹のカニを呑み込むのですが、このカニたちがネコのおなかの皮を内側からハサミで切り開き、そのおかげで呑み込まれた者たちは、みんな無事にネコのおなかから脱出します。その後、ネコは自分のおなかの皮を一日かけて縫い合わせたというストーリーです。（第六段）

この『おなかのかわ』が絵本になった、瀬田貞二（せたていじ）再話／村山知義（むらやまともよし）絵の『おなかのかわ』を例にとってみましょう。絵本としてこの作品をとらえたとき、この絵本の主人公は誰なのでしょうか。物語として言葉で表現されたときには、ネコを中心にして話が進みますし、ネコが主語になる「ネコはぺろりと〇〇を呑み込みました」といった文章がつづくために、一見するとネコが主人公のように思えます。しかし、本当にネコが主人公なのでしょうか。絵本としてみるとき、どうもこの絵本には正確な意味での主人公などいないようです。（第七段）

物語としてではなく、イラストレーションと物語とによって作られる世界として、この絵本世界を体験するとき、この絵本は主人公としてのネコが「行って帰る」絵本というよりは、人やら動物やらがネコの胃袋のなかにつぎつぎと呑み込まれ、呑み込まれた集合体がもうそれ以上耐えきれなくなり、その刹那に集合体が崩れて、元の状態にもどるダイナミックなプロセスを描いた絵本のようにみえます。（第八段）

(3)ガブリエル・バンサンの『アンジュール　ある犬の物語』のように文字のない絵本はあっても、絵のない絵本がないように、絵本をメディアの特質から理解するためには、イラストレーションによって空間が構成されていくプロセスにこそ着目する必要があります。「物語」からのアプローチを一度括弧に入れて、主人公という人間主義的な視点を外してしまったらどうでしょうか。そうすると、これまで物語のテーマから整理されてきた絵本群は、まったく異なった景色を示してくれます。（第九段）

絵本には、ただダイナミックな「空間構成のプロセス」だけが残ります。絵本では、人や動物たちが、つぎつぎと登場してきてどんどんと数が増えていって、一列の行列になったり、重なって塔のようになったり、山のようになったり、あるいは袋のなかに寄り添って入り込んだりします。さらに、ある出来事をさかいに急にカタストロフィー（破局・大団円）をむかえ、その人と動物たちの行列が、塔や山が、寄り集まった集合体が、一気に崩れたり爆発したりするように、空間構成における均衡と不均衡のダイナミックな運動のプロセスを、見ることができるでしょう。つまり、主人公の経験としてとらえるという近代の小説を読む視点を括弧に入れ、人間主義的な時間の枠組みから、非人間的で即物的な空間の枠組みへと視点を転換させてしまうのです。（第十段）

もちろんこの空間の枠組みの視点においても、均衡から不均衡へ、そしてまたふたたび均衡へ、という運動のプロセスを含んでいますから、当然、時間の観点が含まれています。それは「行って帰る」という構造のなかに、空間の移動がすでに入っているのと同じです。しかし、小説などとは異なり、絵本という視覚の側面が重要な要素をもつメディアを理解するために、あくまでも「空間構成のプロセス」の方に力点を置いてとらえてみたいのです。主人公という視点を括弧に入れて、「均衡回復」という抽象的で無機的な用語をあえて使用するのも、絵本世界に起こる出来事を、人間的な時間における経験としてではなく、力学的で即物的な「空間構成のプロセス」としてとらえるための工夫なのです。（第十一段）

このような観点から、あらためて絵本『おなかのかわ』を見直すと、この絵本は常識を超えたネコの恐るべき破壊力によって日常の秩序が崩れ、そしてまた予想外の小さき者の力によって秩序が回復される絵本、つまり不均衡の極限におけるカタストロフィーから均衡へといたる、均衡回復の絵本とみることができそうです。（第十二段）

ネコが出会う者を見境なく呑み込むことによって、それまでの世界の均衡が崩れはじめ、クライマックスでカタストロフィーに転じ、おなかから呑み込まれた者たちが出て元の世界に復帰することによって、世界の均衡が回復されます。しかし、このようないのちにかかわるような経験をへたにもかかわらず、登場人物たちはそのことによって自己観や世界観が変容したり成長したりするわけではありません。この絵本世界では、時間の形態は、一方向に直進し新しい出来事によって世界が非可逆的に変化する歴史の時間というよりは、円を描くかのように話がはじまるまえの元の状態に帰ってしまう神話の時間に、近似しているのだといえます。（第十三段）

子どもは「行って帰る」物語に安心感をもつといわれますが、それはどれほど驚くべきことや不思議なことに出会おうとも、元の世界にもどる（帰る）ことに理由があるからではないでしょうか。ネコに呑み込まれたものたちが、元の世界に生きてもどることなく、そのまま物語がエンディングを迎えたら、読者である子どもは不安に陥ってしまうかもしれません。子どもにとって重要なのは、「主人公」が元の場所に帰ってくることだけではなく、世界のバランスが元の状態にもどることなのです。ちょうどミステリーで、犯人が最後には捕まり、正義の天秤（てんびん）のバランスが回復されるようにです。（第十四段）

このように考えると、「行って帰る」物語というのも、この均衡回復の物語の一つのタイプとして、とらえることができるように思います。行って帰ってくる、失われたものが見つかる、贈与したものが巡り回ってもどってくる、呑み込まれた者たちが無事に元にもどる、喧嘩（けんか）した相手と仲直りする、……。(4)さらにこのように考えていくと、幼い子どもが喜ぶ絵本は、空間の構成のプロセスという観点からみれば、均衡回復型の絵本なのだと言い換えることができます。（第十五段）

もちろんこのような均衡回復には、完全に元の状態にもどる円環のものばかりではありません。むしろこれは極限の例で、多くの均衡回復型の絵本の元の状態への復帰は、より緩やかなものです。（第十六段）

（矢野智司・佐々木美砂『絵本のなかの動物はなぜ一列に歩いているのか』（一部改変）による）

［問1］**思考力** (1)理由は絵本というメディア自体に内在しているのです。とあるが、ここでいう「理由」とはどういうことの理由か。本文中の語句を用いて、「こと」に続くように三十字以上三十五字以内でまとめて書きなさい。（5点）

［問2］(2)友だちのオウムの家に招待されて、だされたごちそうをたいらげてしまったネコは、こともあろうにオウムを呑み込んでしまいます。とあるが、ここでいう「こともあろうに」の意味に最も近いのは、次のうちではどれか。（5点）

ア、頼もしいことに　イ、悲しいことに
ウ、驚いたことに　エ、不思議なことに

［問3］(3)ガブリエル・バンサンの『アンジュール　ある犬の物語』のように文字のない絵本はあっても、絵のない絵本がないように、絵本をメディアの特質から理解するためには、イラストレーションによって空間が構成されていくプロセスにこそ着目する必要があります。とあるが、筆者が「イラストレーションによって空間が構成されていくプロセスにこそ着目する必要があります」と述べたのはなぜか。次のうちから最も適切なものを選びなさい。（5点）

ア、多くの人々や動物がともに経験を積んでいく時間の流れという視点から絵本を捉えることで、絵本をメディアの特質から理解することができるから。

イ、さまざまな体験を通して主人公がどのくらい移動するかという視点から絵本を捉えることで、絵本をメディアの特質から理解することができるから。
ウ、登場人物が劇的な結末に至るまでの一連のストーリーという視点から絵本を捉えることで、絵本をメディアの特質から理解することができるから。
エ、登場する人々や動物が絵の中でどのように描かれていくかという視点から絵本を捉えることで、絵本をメディアの特質から理解することができるから。

〔問4〕この文章の構成における第十一段の役割を説明したものとして最も適切なのは、次のうちではどれか。　（5点）
ア、それまでに述べてきた内容について、留意すべき点に言及した上で自説の妥当性を強調している。
イ、それまでに述べてきた内容に基づいて、具体例を提示することで論旨を理解しやすくしている。
ウ、それまでに述べてきた内容を打ち消して、新たな視点から改めて問題を捉え直そうと試みている。
エ、それまでに述べてきた内容に対して、反対の立場から別の事例を示して話題の転換を図っている。

〔問5〕(4)さらにこのように考えていくと、幼い子どもが喜ぶ絵本は、空間の構成のプロセスという観点からみれば、均衡回復型の絵本なのだと言い換えることができます。とあるが、「幼い子どもが喜ぶ絵本は、空間の構成のプロセスという観点からみれば、均衡回復型の絵本なのだ」とはどういうことか。次のうちから最も適切なものを選びなさい。　（5点）
ア、幼い子どもが喜ぶのは、主人公が常識を超えた出来事に臆することなく立ち向かい、ついには遠く離れた故郷へと無事戻ってくる構造の絵本だということ。
イ、幼い子どもが喜ぶのは、「行って帰る」という展開の物語というよりも、視覚的側面から見て最終的に初めの状態へと収束していく構造の絵本だということ。
ウ、幼い子どもが喜ぶのは、登場する人や動物がさまざまな事件と出会いそれを解決していく過程で、徐々に成長を重ねていくという構造の絵本だということ。
エ、幼い子どもが喜ぶのは、昔話のようにカタストロフィーが生じることがなく、怖い思いをせずに最後まで安心して読んでいける構造の絵本だということ。

〔問6〕本文中に述べられている筆者の主張と一致するものを次のうちから二つ選びなさい。　（完答で5点）
ア、絵本はその構造上長い文章で説明することができず、登場人物の心情変化について十分に述べることができないため主人公の成長を描くことはできない。
イ、『おなかのかわ』に主人公はおらず、信じ難い事件が起きるものの最後には一度崩れてしまった秩序が元通りになるタイプの絵本と捉えることができる。
ウ、絵本は力学的で即物的な観点から捉えることが重要なのであり、その点に着目すれば絵本の類型の一つとして均衡回復型の絵本というものを見出せる。
エ、登場人物の活躍という点に注目してイラストレーションを見れば、絵本における時間構造は神話と同様に直線的で不可逆的な変化をするものだと言える。

私立高等学校

愛光高等学校

時間 60分　満点 100点　解答 P63　1月20日実施

出題傾向と対策

●論説文一題、小説文一題、古文一題の大問三題構成。全体の傾向として読解問題を重視する方向は例年どおりだが、論説文で生徒の意見を述べる形式の設問、小説文で表現や内容に関する設問が出題された。また、古文の設問数がやや減少した。

●選択問題も記述問題も、設問の意図を把握し、きちんと問いに答えることを求める設問が多い。設問の傍線部前後から解答する方法では正解にたどり着けない出題が多く、添削や間違い直しの根拠の追究が重要。

一 （論説文）漢字の読み書き・内容吟味・要旨

次の文章を読んで、後の問いに答えなさい。

「ぼくは、タヌキです」と、唐突に口走る人間が、あなたの眼前にいます。さて、あなたは、この人は何を言っていると考えるでしょうか。

自己紹介の一種？

何かの妄想に駆られた者の常軌を逸した発言？

この言葉は、ある会話の一部でした。その会話を再現すると以下のようになります。

「ぼくは、タヌキです」
「私は、キツネ」
「ぼくは、モリだ」

これはどんな会話でしょうか。やはり、何かの告白？　あるいは、自分を何かに喩（たと）えている？　それとも、学芸会の役決め？（それにしても、森の役とは、ちょっと哀れを催します）

どれも、もうひとつしっくりとこない解釈です。

ヒント。これは、特別の人が特別の場所で交わす会話ではありません。日本中いたるところで、ある時間になると交わされるものです。そう、これは蕎麦（そば）屋での会話です。つまり、蕎麦の注文をしている。きつね蕎麦、たぬき蕎麦、もり蕎麦ということです。

なぜ、このような奇妙な会話をここで取り上げたかというと、この三人の会話の意味を考えることが、実は文学作品を読み解くことに直接結びつくと考えたからです。

相手の話の内容、あるいは文章の意味を理解するには、そこで使われている語の意味を[a]はあくする以上に重要なことがあります。それは、その文章や会話を成立させている「コンテクスト＝文脈」を理解することです。会話や文章で使われている言葉に知らないものがなくても、このコンテクストの共有が成り立っていないと、文章や会話の意味がまるでわからないということにもなってしまいます。

実際、右で挙げた会話で使われた単語で、読者のみなさんが意味を知らないものはひとつとしてなかったでしょう。①にもかかわらず、この会話の意味をスムーズに理解できなかった方はかなりいたはずです。

忘れてならないのは、このコンテクストは多くの場合、文章や会話で示されることはむしろ少ないということです。蕎麦屋に入って、キツネだ、タヌキだ、モリだと注文するとき、いちいちここは蕎麦屋だということを確認などしないでしょう。

つまり、日常生活において、今はどういう状況で、どこにいるかなど、逐一明示してから会話することはありません。数年前からしばしば使われるようになった「空気読めよ」といった表現は、この明示されないコンテクストを理解するということに他なりません。

会話と同様に文章もまた、このコンテクスト抜きには語れないものです。そして、文学作品について語るとは、結局、その作品（テクスト）を特定のコンテクストと結びつけて語るということなのです。文学における特定のコンテクストとは、たとえば精神分析学的視点であり、あるいは社会学的視点、さらには記号論的視点などのことです。同じ作品でも、精神分析学的視点で読んだときと社会学的視点で読んだときとでは、当然その解釈は違ってきます。

文学について語る場合、人は、自分なりに作品の背景としてのコンテクストを設定し、それに作品を関連づけて語るのです。その解釈が説得的なものと感じられるのは、作品とコンテクストがなめらかに結びついているからです。また、作品についての新しい〈読み〉とは、今までにないコンテクストのもとで作品について語っているということです。

したがって、②文学作品について語るには、まずこのコンテクストの設定の仕方を知らねばなりません。そのコンテクストの設定に関する多くの方法を知っていれば、作品についてさまざまな読み方が可能となり、またこれまでにない[b]ざんしんな視点で作品について語ることができるようになります。

こうしたコンテクストの設定は、なにも文学について語る場合のみに限定されるものではありません。ある事件、事象について説明する場合、われわれはなんらかのコンテクストを設定して語ります。その際、その設定の仕方が巧妙であればあるほど、その説明は説得力を持つのです。

二〇一七年のアメリカのトランプ大統領就任、あるいはその前に起きたヨーロッパの国民投票における*ブレグジット可決以後、しばしば口にされるようになったのは、「ポスト・トゥルース（post-truth）」という言葉です。直訳すれば「真実以後」となりますが、トランプ前大統領が頻繁につぶやいた「フェイクニュース」という語に代表されるように、現在の社会において重要なのは、事実や真実よりも解釈であり、より多くの人を納得させる解釈が力を持ってしまうということをこの語は示しています。

たとえば、前回のアメリカの大統領選の勝者はトランプ前大統領ですが、総得票数ではヒラリー・クリントン候補が二〇〇万票以上彼を上回っていました。この数値に対してトランプ前大統領は、三〇〇万～五〇〇万の未登録移民がクリントン候補に投票した結果だと指摘しました。

もちろん、この発言は何の根拠もないものでした。しかし、少なくとも、移民排除を訴えたトランプ前大統領の支持者たちには、その発言の真偽よりも、彼らの投票行動の正しさを支持する言葉として彼の発言は心に響いたはずです。すなわち、不法移民によってアメリカの大統領選が左右されるというゆゆしき事態がありえたかもしれないからこそ、トランプのような、移民に厳しい姿勢で[c]のぞむ人物がアメリカの大統領に相応しいのだととらえられたのです。

二〇〇万以上の総得票数の差が、クリントン支持者やアメリカとは異なる選挙制度のもとで暮らすわれわれ日本人にとっては、トランプ候補の大統領選出の正当性への疑義につながるのに、トランプ支持者にとっては、その数値そのものがむしろ彼が大統領に選出されることの根拠になってしまうという矛盾した事態。それこそ、ある出来事は、その解釈によってまるで正反対の意味づけが可能だということの例証となるでしょう。

同様のことは、二〇二〇年の大統領選挙でも発生しています。今回の選挙ではトランプ前大統領は敗北し、民主党のバイデン候補が勝利したのですが、バイデン候補の勝利の要因の一つは、大量の期日前投票や郵便投票によるものでした。そうした投票方法がとられたのは、結果的に民主党に有利に働いたとしても、新型コロナ感染拡大の回避が主な目的でした。しかしトランプ前大統領は、それを選挙における不正の[d]おんしょうとして非難します。期日前投票や郵便投票について、まるで異なる意味付けが、今回の選挙ではなされました。

このように、③一つの出来事も、異なるコンテクストの設定によって、一八〇度違う相貌を呈することがあります。だからこそ、④コンテクストの設定について学ぶことは、きわめて現実的意義があるのです。

ポスト・トゥルースの時代と言われる今日、われわれに求められるのは、真実や事実は重要ではない、あるいは真実や事実などない、といった諦観を身につけ、そこから巧みな語りによって、いかようにも人を説得できるという香具師の口上のようなものを習得することではありません。むしろそうした相手にまんまと騙されないようにし、どこに真実や事実があるのかを見極めるためにこそ、多様な語りの技法に習熟する必要があるのです。

また、コンテクストを見抜きそれを設定する能力は、単に人に騙されないため、あるいは人を出し抜くためといった消極的・否定的な目的実現のみに資するものでもありません。

先に挙げたトランプ前大統領の就任やブレグジットのような事態の背後にあるのは、民族間、宗教間、階層間、政治的スタンス間にある分断です。人が話すという能力を身につけたのは、人と人を分かつためではなく、共にあるためです。そして、人と人とを結びつけるためには、なにより異なる立場にある人間のバックグラウンド、すなわちコンテクストを理解することが不可欠です。

それと同時に、異なる立場にある人に何かを伝え、さらに相手から自身の主張への同意を得るには、相手に受け入れられやすい語り口で語る必要があります。これこそ、その場にふさわしいコンテクストを設定することにほかなりません。

では、いかにして、このコンテクストの設定方法を学べばよいのでしょうか。⑤そここそが文学作品の出番です。

古典とは、時代を超えて残る作品ですが、それはいつの時代も同じような読み方がなされていたことを意味しません。むしろ、時代に応じ、さまざまな読みを受け入れるような作品が古典なのです。

古典とは、古い読みを駆逐し、新しい読みを受け入れつつ今日まで生き残ってきたものですが、どんな解釈でも受け入れてきたわけではありません。自分に都合のいいだけの解釈、一見巧妙に見えて実は恣意的な解釈、つまりコンテクストの設定は、長い解釈の歴史を持つ古典というテクストによって、逆に弾き飛ばされてしまいます。だからこそ、古典に向かうことは、自身のコンテクスト設定能力の試金石となるのです。

そうした一筋縄ではいかない作品に立ち向かうためには、われわれもさまざまな読みの技法に通暁する必要があります。本書で多様な〈読み〉の技法を提示するのはそのためです。種々の技法を駆使して古典作品の読解に立ち向かえる能力は、日常生活でも、多様なコンテクストを抱えた人々とのコミュニケーションにおいても役立つはずです。

本書は、文学作品や漫画、映画作品を読み解く際のコンテクストの設定方法について語るものですが、同時に、日常的な場面で役立つ実践的な意義を[e]こうりょしたものでもあるのです。

（千葉一幹『コンテクストの読み方　コロナ時代の人文学』）

（※本文を改めた部分があります。）

[注]　*ブレグジット……イギリスの欧州連合（EU）離脱。

問一、**よく出る** **基本** 二重傍線部a「はあく」、b「ざんしん」、c「のぞむ」、d「おんしょう」、e「こうりょ」を漢字に直しなさい。送りがなの必要なものはそれも書きなさい。

問二、傍線部①「にもかかわらず、この会話の意味をスムーズに理解できなかった方はかなりいたはずです」とありますが、なぜ「会話の意味をスムーズに理解でき」ないのですか。筆者の考えとして最も適切なものを、次の中から一つ選び、記号で答えなさい。

ア、三人の会話の内容を理解するには、「きつね蕎麦」や「たぬき蕎麦」などについての、前提となる知識が読者に必要とされるから。

イ、三人の会話のコンテクストを理解するには、かなり特殊な状況を設定する必要があり、多くの読者にとってはなじみがないから。

ウ、三人の会話は、会話の場所を示していない不完全なものであるため、読者がコンテクストを共有することが難しいから。

エ、三人の会話の内容を理解するためのコンテクストが、会話の中で明示されていないため、読者がそれを設定する必要があるから。

オ、三人の会話がありふれた内容であるため、読者が様々なコンテクストを想定でき、どれか一つに決定することができないから。

問三、傍線部②「文学作品について語るには、まずこのコンテクストの設定の仕方を知らねばなりません」とありますが、その理由の説明として最も適切なものを、次の中から一つ選び、記号で答えなさい。

ア、文学作品に対する多様なコンテクストの設定の仕方を知ることで、その中から正しいコンテクストを選び取ることができ、それに基づいた作品本来の解釈をすることができるから。

イ、文学作品を解釈する際にコンテクストを設定する必要があるが、その方法について知ることで様々な新しい読みが可能になり、より説得力のある解釈をすることもできるようになるから。

ウ、文学作品の背景として設定されるコンテクストは、読者が自分なりに設定するために多様なものであり、それぞれが独自の価値を持っている、尊重されるべきものだから。

エ、文学作品について語ることは作品をコンテクストと結びつけることであると意識することによって、何らかのコンテクストに縛られない説得力ある作品解釈ができるようになるから。

オ、文学作品の解釈は特定のコンテクストと結びつけてなされるので、コンテクストの設定について学ぶことで、精神分析学や社会学などの広範な学問的知見を得ることができるから。

問四、**難** 傍線部③「一つの出来事も、異なるコンテクストの設定によって、一八〇度違う相貌を呈することがあります」とありますが、その例として本文中に挙げられているアメリカ大統領選挙の説明として最も適切なものを、次の中から一つ選び、記号で答えなさい。

ア、ヒラリー・クリントン候補がトランプ候補を総得票数で上回っていたことは、クリントン候補が未登録移民から多くの票を得たという主張と結びつけられ、トランプ候補を選択した判断の正当性の根拠とされた。

イ、バイデン候補が多くの票を得た期日前投票や郵便投票は、新型コロナ感染拡大対策という本来の目的ではなく、選挙における不正と結びつけて語られ、選挙制度そのものへの批判にすり替えられた。

ウ、ヒラリー・クリントン候補が三〇〇万～五〇〇万もの未登録移民から得票した事実は、大統領が不法移民によって決定されうる危機感と結びつけられ、移民排除を訴えるトランプ候補を正当化する根拠とみなされた。

エ、バイデン候補がトランプ候補に勝利したことは、新型コロナ感染拡大と結びつけられることで、選挙における感染症対策が十分ではなかったという安全管理上の問題として非難された。

オ、トランプ候補がヒラリー・クリントン候補に勝利したことは、総得票数ではクリントン候補が二〇〇万票以上も上回っていたことと結びつけられ、トランプ候補の大統領としての正当性に疑いが生じた。

問五、**難** 傍線部④「コンテクストの設定について学ぶことは、きわめて現実的意義があるのです」とありますが、筆者の考える「現実的意義」とはどのようなものですか。説明しなさい。

問六、傍線部⑤「そここそが文学作品の出番です」とありますが、「文学作品」へのどのような行為によって「コンテクストの設定方法」を学ぶことができるのですか。筆者の考える「文学作品」とはどのようなものかを明らかにしつつ、説明しなさい。

問七、**思考力** 本文に基づいてAさん～Eさんが意見を述べています。本文の趣旨に合致しないものを、次の中から一つ選び、記号で答えなさい。

ア、Aさん――僕は自分の言っていることを人に理解してもらえないことがよくあるから、コンテクストの設定能力を磨いていく必要があると思ったよ。

イ、Bさん――物事を自分の都合の良いように解釈して、他の人を誘導しようとする人を見かけるけど、コンテクスト設定能力の望ましい使い方ではないよね。

ウ、Cさん――「空気を読め」という言葉はよく耳にするけれど、相手にコンテクストを読み取ることを強要するように感じて、良い表現だとは思わないなあ。

エ、Dさん――仲違いしている友達とも、その人がどうして怒っているのか、バックグラウンドを理解することで仲直りするきっかけがつかめるかもしれないな。

オ、Eさん――親しい間柄の友人同士でなかったとしても、いちいち会話の中で前提となるような状況の説明なんかしないのはよくあることだよね。

二 (小説文)語句の意味・内容吟味

次の文章は、山本周五郎「彩虹」の一節である。亡き父の後を継いで鳥羽藩の国家老に就任し、二十五歳の若さで藩政を指揮することになった脇田宗之助が江戸から数年ぶりに帰藩した。最も親しい友人であった筆頭年寄の樫村伊兵衛は、宗之助の様子が以前とやや異なることに戸惑いを覚えながらも、宗之助に頼まれて自分の幼なじみであるさえとの縁談をとりもった。縁談が決まってから半年の間、顔を合わせていなかったさえが伊兵衛のもとを訪れてきた。これを読んで、後の問いに答えなさい。なお、設問の都合で本文の上に行数を付しています。

「半年まえ、貴方様はわたくしに、脇田さまへ嫁く気があるかとお訊ねなさいました、あれは、おたわむれだったのでございますか」

「たわむれ……」伊兵衛は思いがけない言葉に眼を瞠った、「どうしてそんなことを云うんだ、脇田との間になにかあったのか」

「わたくし、『お受け申します』とお返辞を致しました」

「おれはその通り脇田へ伝えた」

「脇田さまはなんと仰せでしたの」

「すぐ正式に人を立てて縁組をすると云った」

「なんのおはなしもございませんわ、それらしいお人もみえず、そういうおとずれもございませんでした」

伊兵衛の脳裡に、その刹那ふと宗之助の逞ましい顔が思いうかんだ。*桃園の庭で自分を捻じ伏せながら、勝ち負けを執拗に追求した顔、それから忽然と変った不敵な笑い顔が、……その一種特別な笑い顔が、今なにかを伊兵衛の心に叩きつけるようだった。

「それは本当だな」

「それでわたくし、お伺い申しました」

①「家へ帰っておいで」「……あとでゆく」伊兵衛は抱き緊めるような眼でさえを見た、

「脇田さまへおいでになりますのね」

「他にも用があるんだ」

「こんどは」とさえは燃えるような眼で伊兵衛を見た、「……こんどは、お断わり申しても宜しゅうございますわね」

「いやそれは待って呉れ、おれが会って」

「いいえ」さえは*屹と頭を振った、「……わたくしあれからずいぶん色いろなことを考えました、そして半年のあいだ待っていましたのは、ただ脇田さまからの縁談だけではございませんでした、*頼三郎さま」

伊兵衛は体を躱わすとでもいうようにつと起った。それに続くべきさえの言葉の重大さが、光のように彼の感情へ反射したからである、②縋りつくようなさえの眼から外向きながら、彼はもういちど、「家へお帰り」と云った。

「あとでゆく、そのときあとを聞こう、おれからも話すことがある、いいか」

そして大股に居間のほうへ去った。

海のほうからなまぬるい風が吹いていた、夕立でも来そうな空で、*鼠色の断雲が低く北へ北へとながれていた。大手外にある脇田の家を訪ねると、「登城しております」ということで、そのまま城へ上った。宗之助は*勘定奉行役所で、うず高い書類をまわりに、筆を取ってなにか書き物をしていた。側には腹心の例の三人だけで、他には人がいなかった。

「もうすぐ済むから暫らく待って呉れ」伊兵衛を見ると彼はそう云って書き物を続けたが、やがて終った物から順に、「これは*作事方へ、これは御船方へ」と三人に渡し、かれらが出てゆくと、「待たせて済まなかった」と云いながら伊兵衛の側へ来て坐った。

「かけ違って暫らく会わなかった、なにか急な用でもあるのか」

「口を飾らずに云うから、*其許も言葉の綾なしに答えて貰いたい」伊兵衛は片手を膝に置いて云った、「……先頃から世間に妙な評判が立っている、*年貢、運上、半減。家臣一統の扶持を表高に復帰するという、あの風評が其許の手から出ているというのは事実か」

「ほう、来たな」宗之助はにやっと笑った、「……それは樫村伊兵衛の質問か、それとも筆頭年寄としての問かどっちだ」

「今のところは古い友人として訊くことにしよう」

「ではその積りで答えるが、ああいう評判を撒いたのはいかにもおれだ、それに就てなにか意見があるのかね」

「おれの意見はあとだ、風評が其許から出たとすると、あれにはそれだけの根拠があるのだな」

「ある」宗之助は頷いた、「……おれが国老の座に坐ればあのとおり実行する」

「それで藩の財政が成り立つと思うか」

「そうとう窮屈なことはたしかだな」

「然もなお実行する必要があるのか」

「そのこと自体は必要じゃない、寧ろ一つの手段だといっていいだろう」

「脇田政治の前ぶるまいか」

「痛いところだ」宗之助は平然と笑った、「……たしかにそれもある、活きた政治を行なうためにはまず家中の士、領民の人望と信頼を摑まなければならない、家中の士にとっては扶持、領民にとっては租税、この二つは直接生活に及ぶもので、政治に対する信不信も多くここに懸っている、おれはこの二つでおれの政治に対する信頼を獲得するんだ」

「わかった、それではおれの意見を云おう」と、伊兵衛はずばずばと云った、「……その得た人望に依ってどんな政治を行なうか知らない、然しまず人気を取るという遣り方には嘘がある。其許の政治が正しいものなら、敢て事前に人気を取る必要はない筈だ、おれは筆頭年寄として絶対に反対する」

「どこまで反対し切れるか見たいな」宗之助は上機嫌に笑った、「……脇田政治のうしろには家中一統と領民が付いているぞ」

③「それがどれだけのちからかおれも見せて貰おう、次ぎにもう一つ話がある」伊兵衛は区切りをつけるように咳をした、「……其許は半年まえに桃園の女を嫁に欲しいと云った、おれは頼まれてその仲次ぎをした、女は承知すると答えたので、おれは其許にその返辞をもっていった、覚えているか」

「ああそんなこともあったな」宗之助はわざとらしく眉を顰めた、「……そうだ、たしかにそんなことがあったっけ」

「そのとき其許は、すぐ正式に人を立てて申込をすると約束した、ところが人も立てず、女のほうへおとずれもしないという、……脇田、これをどう解釈したらいいんだ」

「実は嫁は定ったんだ」彼は具合の悪そうな顔もせずに云った、「……たしか知らせた筈だがな、相手は安藤対馬守家の江戸屋敷で」

「おれの問に答えて呉れ、桃園の女はどうする積りなんだ」

「どうするって、妻を二人持つわけにはいかないよ」

「それが返辞か」刺すような伊兵衛の視線を、宗之助はさすがに受けかねたらしい、眩しそうに脇へ外らしながら、「そうだ」と云った。

「よし、ちょっと立て」

伊兵衛はそう云いながら自分から立った。宗之助はちらと伊兵衛を見た、そしてしずかに立った。伊兵衛はその眼をひたと睨んでいたが、大きく右手をあげ、宗之助の高頬をはっしと打った。力の籠った痛烈な平手打である、宗之助の上身はぐらっと右へ傾いた。

「これが古い友達の別れの挨拶だ」伊兵衛は抑えつけたような声で云った、「……貴公は貴公の好むように生きろ、おれはおれの信ずる道をゆく、ひと言云って置くが、正さというものを余り無力にみ過ぎるなよ」

　そしてそのまま大股に去ろうとすると、うしろから宗之助が、「樫村」と呼んだ。伊兵衛は廊下に立止まって振返った。宗之助はじっとこちらを見た、なにやら色の動いている眼つきだった。

「……仕合せを祈るぞ」

　低い声でそう云うと、宗之助は元の席のほうに帰った、伊兵衛もそのまま踵を返した。

　城を下って大手へ出ると、*沛然とした雨が来た。伊兵衛はその雨のなかを、まっすぐに海岸のほうへ歩いていった。④昂奮している頬へ叩きつけるような雨のこころよさに、彼はなんども空を仰いでは大きく呼吸をした。……桃園へゆくと、待兼ねていたさえが迎えて、彼の濡れ鼠の姿を見ておどろきの声をあげた、なにか事があったと思ったらしい。「まあどうなさいました」

「いやなんでもない濡れただけだ」伊兵衛は手で制しながら脇へまわった、「……なにか着替えを貸して貰おう」

「はい、でもそのままではお気持が悪うございましょう、お召物をお出し申しますから、ちょっと風呂へおはいりあそばせ」

「そうしようかな」

　伊兵衛は縁先でくるくると裸になった。風呂を浴びて、着替えをすると、さえは海の見える離室へと彼を案内した。……雨はいまの間にあがって、午後の日ざしが明るく、座敷いっぱいにさし込んで来た。伊兵衛は窓の側へ座を占め、しずかにさえを近く招いた。

「脇田のほうは切をつけて来た、改めておれから訊く、さえ……樫村へ嫁に来ないか」

「はい」さえは思いがけないほどすなおに頷き、光を湛えた、美しい*しおのある眼で伊兵衛を見あげた、「……わたくし、よい妻になりたいと存じます」

「半年のあいだに色いろ考えたと云った、おれもそうだった。正直に云おう、さえが脇田の申出を受けると答えてから、おれは初めてさえというものをみつけたのだ、それまでは夢にもそんなことは思わなかったが、他人の妻になるときまってから、どうにもならぬほど大切なものに思われだしたのだ、おれはずいぶん苦しい思いをしたよ」

「わたくしが、同じように苦しんだと申上げましたら、bぶしつけ過ぎるでございましょうか」さえは大胆に伊兵衛を見た。

「ああ」と、伊兵衛は、微笑しながら頷いた、「……それ以上は云わないほうがいい、脇田が現われたお蔭で、おれがさえをみつけさえがおれをみつけたとすれば」

「いいえさえはもっと以前から……」そう云いかけた自分の言葉に自分でびっくりしたのだろう、さえはぽっと頬を染めながら立って縁先へ出た。そしてにわかに浮き浮きと明るい調子で叫ぶように云った。

「まあごらんあそばせ、美しい、大きな彩虹が」

　伊兵衛も立っていった。雨後の浅みどりに晴れあがった空に、大きく鮮やかに彩虹がかかっていた。

「美しいな」伊兵衛も眼のさめるような気持で声をあげた、「……あの雨があって、この彩虹の美しさが見られるんだ、⑤脇田宗之助はおれたちにとっての夕立だったな」

　そう云った刹那だった、彼の耳に、「仕合せを祈るぞ」という宗之助の別れの言葉が甦えってきた。

　――あっ。伊兵衛は思わず宙を見た。――脇田め、それを承知のうえか、自分がひと雨降らさなければ、二人の上に彩虹の立たぬことを。⑥……あいつはおれの気性を知っていた、そうだったか。

　平手打をぐっと堪えたときの、逞ましい宗之助の表情を思い返しながら、伊兵衛はふと自分の右手を見た。……さえはじっと彩虹を見あげていた。

（山本周五郎『彩虹』※本文を改めた部分があります。）

[注]
*桃園の庭……桃園はさえの両親が営む料亭がある場所。脇田の帰藩を祝う宴会を開いた際に、さえが見ている前で、脇田は伊兵衛に相撲の勝負を持ちかけた。その翌日、脇田はさえとの結婚の仲介を伊兵衛に願い出た。
*屹と……確固としていてゆるみがないさま。
*頼三郎……伊兵衛の幼名。
*勘定奉行役所……主に財政を担当する、藩の中枢を担う役所。
*作事方……建築、修理の工事を請け負う役職。
*其許……二人称。そなた。
*年貢、運上、半減。家臣一統の扶持を表高に復帰する……ここでは領民の税負担を減らし、家臣の収入を増やすことをいう。
*沛然とした雨……勢いよく降る雨。
*しおのある……愛嬌のある。

問一、**よく出る** **基本** 点線部a・bの語の本文中の意味として最も適切なものを、次の中からそれぞれ一つずつ選び、記号で答えなさい。

a「眼を瞠った」
ア、あわてて眼をそらした
イ、怒って眼をつりあげた
ウ、驚いて眼を見開いた
エ、笑って眼を細めた
オ、怪しんで眼を光らせた

b「ぶしつけ過ぎる」
ア、あまりにも厚かましい
イ、ひどく弱々しい
ウ、非常にふがいない
エ、たいそう憎たらしい
オ、ひときわ勇ましい

問二、傍線部①「『家へ帰っておいで』伊兵衛は抱き緊めるような眼でさえを見た、『……あとでゆく』」とありますが、このときの伊兵衛の心情の説明として最も適切なものを、次の中から一つ選び、記号で答えなさい。
ア、縁談が進まない焦りから脇田への恨み言をいうさえをなだめながら、縁談の成立のために脇田に結婚の意志を改めて確認しようと思っている。
イ、脇田にだまされたかもしれないと不安になっているさえに理解を示しつつも、脇田が人をおとしめるようなことをするはずがないと思っている。

ウ、仲介した身として脇田がさえと結婚したいと言い出したことの真意を問いただして、大切な存在である幼なじみのさえを守ろうと思っている。

エ、からかい半分でさえに縁談を持ちかけたとしか考えられない脇田の表情が思い起こされて、さえのために脇田への恨みを晴らしてやろうと思っている。

オ、脇田との縁談を仲介したに過ぎない自分がさえから責められることに疑問を感じたが、幼なじみとしての責任感からさえを安心させようと思っている。

問三、傍線部②「縋りつくようなさえの眼から外向きながら、彼はもういちど、『家へお帰り』と云った」とありますが、このときの伊兵衛の様子の説明として最も適切なものを、次の中から一つ選び、記号で答えなさい。

ア、さえが脇田よりも自分のことを好きであることに気づき、その気持ちに何としても応えたいと意気込んでいる様子。

イ、感情の高ぶったさえをやんわりと咎(とが)めつつも、さえの告白めいた言葉に対して動揺を抑えきれていない様子。

ウ、親友である脇田の機嫌を損ねることを恐れるあまり、ためらいながらもさえの気持ちを無視しようとしている様子。

エ、さえが伊兵衛に助けを求めていることに気づかず、脇田との縁談をもう一度自分で確認しようとしている様子。

オ、脇田への怒りだけではない、自分に向けられたさえの強い気持ちに今は正面から向き合うことができない様子。

問四、傍線部③「それがどれだけのちからかおれも見せて貰おう」と伊兵衛は述べていますが、ここで「脇田政治」について伊兵衛はどのように考えていますか。その説明として最も適切なものを、次の中から一つ選び、記号で答えなさい。

ア、自分が正しいと信じる政治なら堂々と方針を示すべきであり、領民にこびて真実を隠す政治のやり方は不誠実である。

イ、思い通りの政治を行うために、実現が容易ではないとわかっている政策を打ち出して人気を取ろうとするのは誤っている。

ウ、権力を背景にして領民を強引に従わせるやり方には偽りがあり、人望や信頼を得るために必要な正しさを軽視している。

エ、先に人気を得ることで政治を円滑に行おうとすることは悪いことではないが、家臣や領民をだますのは不適切である。

オ、周囲の意見に聞く耳を持たない脇田のやり方では家臣の信頼を得られず、領民の人気だけが先行するという欠点が生じる。

問五、傍線部④「昂奮している頬へ叩きつけるような雨のこころよさに、彼はなんども空を仰いでは大きく呼吸をした」とありますが、このときの伊兵衛についての説明として最も適切なものを、次の中から一つ選び、記号で答えなさい。

ア、屈辱的な扱いを受けたさえの代わりに平手打ちで一矢(いっし)報いたという達成感に酔うとともに、熱気を冷ましてくれる雨の心地よさに浸りながら、国家老を敵に回すことになった現実を冷静に振り返って自分とさえの行く末を案じている。

イ、藩の政治を私物化しようとしている脇田を翻意させられなかった無念さと、無意識にためこんでいた脇田への怒りを爆発させた爽快感を味わいながら、縁談を反故(ほご)にされたことをどのように伝えればさえが傷つかずに済むか頭を悩ませている。

ウ、さえを縁談で翻弄した上に政治的にも身勝手なふるまいをする脇田を勢いよく叩いてやった気持ちよさに加えて、意図せずしてさえに堂々と思いを伝えられる状況になったことをひそかに喜びながらも、慣れない告白を前に緊張している。

エ、脇田を平手打ちにした後の高ぶった気持ちを落ち着かせてくれる雨の心地よさだけではなく、それまで抑えていた自分の感情を解放させた快感のなかで、さえに対する思いを自分の中で確かめながら、どのように話をするか頭の中で整理している。

オ、一方的な暴力によって脇田との関係を断ってしまった罪悪感よりも、さえへの強い執着心を一気に表出することができた晴れやかな気分がまさったことで、自分でも気づいていなかった恋心をさえに打ち明ける覚悟が芽生えている。

問六、傍線部⑤「脇田宗之助はおれたちにとっての夕立だった」とありますが、伊兵衛はどういうことを言いたいのですか。説明しなさい。

問七、傍線部⑥「……あいつはおれの気性を知っていた、そうだったか」とありますが、このとき伊兵衛はどのようなことを理解したのですか。説明しなさい。

問八、この文章の表現や内容に関する説明として適切なものを、次の中から二つ選び、記号で答えなさい。

ア、「燃えるような眼」(24行目)や「縋りつくようなさえの眼」(34行目)、「光を湛えた、美しいしおのある眼」(152行目)といった表現から、嫉妬深さと冷静さを併せ持っているさえの複雑な心理が伝わってくる。

イ、「にやっと笑った」(59行目)や「平然と笑った」(76行目)、「上機嫌に笑った」(89行目)と笑いの表現を連続させることで、脇田が裏表のない、快活な人物であることを読者に印象づけている。

ウ、政争にばかり気を取られている伊兵衛と、「頼三郎」という幼名で伊兵衛を呼ぶなどして伊兵衛からの告白を待ちわびているさえとの間にあるすれ違いが滑稽さを生んで、物語に変化を与えている。

エ、「おれの問に答えて呉れ、桃園の女はどうする積りなんだ」(108行目)や「伊兵衛はそう云いながら自分から立った」(115行目)のようにさえのことに関しては自然と力が入る伊兵衛の様子が緊張感のある筆致で描かれている。

オ、「なまぬるい風」(40行目)・「鼠色の断雲」(41行目)から「沛然とした雨」(131行目)となり、「午後の日ざしが明るく」(147行目)、そして「彩虹」(172行目)が現れるに至るまでの天候の描写は、物語の展開と関連している。
カ、目的を達成するためには手段を選ばない脇田と世間の人々からの信頼を集めたい伊兵衛という対照的な両者の様子を描きながら、対立を乗り越えた末に互いへの信頼や友情が生まれてくる感動的な展開となっている。

三 （古文）動作主・語句の意味・口語訳・内容吟味

次の文章を読んで、後の問いに答えなさい。

昔、橘逸勢と云ふ人、事ありて東の方へ流されける時（謀反の罪に問われ、伊豆に流されることになったとき）、其のゆかりの人、嘆き悲しむ類ひ多かりける中に、情なき（悲嘆に暮れた）女子の、殊にとりわきさりがたく思ふありけり。主も（橘逸勢も、）、かくうき事にあへるをばさるものにて（このようなつらい目に遭ったことはともかくとして）、これに別れん事を思へり。娘は云はぬことを憚り忘れ（言ってはならぬことを慎むのも忘れて）、恥を捨てて、悲しみをたれて、もろともに行かんとす。

おほやけ使ひ（朝廷からの使い）、限りなくいとほしく（かわいそうだと）覚ゆれど、流さるる人の、X習ひにて、事の聞こえも便なかるべければ（そのことが知れ渡ったら都合が悪いので）、堅くいさめて a免さず。せめて思ひあまりけるにや、其の宿を b尋ねつつ、駅づたひに夜々なん行きける。身にたへたらん人だに（丈夫な人でさえ）、知らぬ野山を越えて夜な夜な尋ね行かん事は、①あるべき事にもあらず。まして、女の身なれば、おぼろけにて至りつくべくもあらねど、仏天やあはれとおぼしけん、Yからくして、つひにかしこに至りつきにけり。遠江の国の中とか、なかばなる道のほどに、形は人にもあらず、影のごとく痩せおとろへて、濡れしほたれたる様にて尋ね来たりける。②待ちつけて見けん親の心、いかばかり覚えけん。

さるほどに、行き着きて、いくほども経ず、父重き病ひをうけたりければ、此の娘、ひとり添ひて残りゐて、終日・終夜おこなひ勤むる（仏に一心に祈る）さま、さらに身命を惜しまず。これを見聞く人、涙を流し、あはれみ悲しまぬはなし。後には、③あまねく国の中こぞりて、尊みあへり。わざと（熱心に）詣でつつ、縁を結ぶ（仏道に入るきっかけを作る）類ひ、多くなんありける。

さて、ほど経て後、国の守に告げて、「帝に事の由を申し、許されを蒙りて、父のかばねを都へもてのぼりて、孝養の終りとせん」と請ひければ、其のありさまを c聞こし召して、驚きて、又ことなく④免されけり。悦びて、則ち、彼の骨をくびにかけ、帰り上りにけり。

昔も今も、まことに志深くなりぬることは、必ずとぐるなるべし。

（『発心集』 ※本文を改めた部分があります。）

問一、**よく出る** 点線部a「免さず」、b「尋ねつつ」、c「聞こし召して」は誰の動作ですか。最も適切なものを、次の中からそれぞれ一つずつ選び、記号で答えなさい。
ア、橘逸勢　イ、橘逸勢の娘　ウ、おほやけ使ひ
エ、国の守　オ、帝

問二、二重傍線部X「習ひ」、Y「からくして」とありますが、その意味として最も適切なものを、次の中からそれぞれ一つずつ選び、記号で答えなさい。
X　ア、手本　イ、人情　ウ、習性
　エ、心得　オ、慣例
Y　ア、辛抱して　イ、やっとのことで
　ウ、同情して　エ、思いがけず
　オ、たちまち

問三、傍線部①「あるべき事にもあらず」とありますが、この箇所の意味として最も適切なものを、次の中から一つ選び、記号で答えなさい。
ア、できることではない
イ、憐れまずにはいられない
ウ、都合が悪いわけではない
エ、恐ろしくないわけではない
オ、難しいことではない

問四、**難** 傍線部②「待ちつけて見けん親の心、いかばかり覚えけん」とありますが、「待ちつけて見」たとき親である逸勢はどういう気持ちだったと筆者は推測していますか。説明しなさい。

問五、傍線部③「あまねく国の中こぞりて、尊みあへり」とありますが、その理由を説明しなさい。

問六、傍線部④「免されけり」とありますが、ここで「娘」の申し出が許されたのはなぜですか。その説明として最も適切なものを、次の中から一つ選び、記号で答えなさい。
ア、橘逸勢を謀反の罪で流刑にしたことは間違っていたと、帝自らその非を認めたから。
イ、父を想う娘の姿に感動した国の守が、帝が許してくれるように、上手く取り計らったから。
ウ、父のなきがらを都に持って帰ろうとする娘の執念を感じて、帝が恐ろしく思ったから。
エ、父のために尽くし、その死後も名誉回復に努めようとする娘の姿に、帝が心打たれたから。
オ、流された父に対する娘の孝養の心に感心した周りの人々の思いが、帝の心を動かしたから。

市川高等学校

時間 50分　満点 100点　解答 P64　1月17日実施

出題傾向と対策

●論説文、小説文（省略）、古文、漢字の大問四題構成。論説文で本文（文章Ⅰ）に「事例」、設問に文章Ⅱを含む、複数の文章が出題された。生徒の対話型の設問も新課程を踏まえた出題傾向である。記述の指定字数も多く、読解の選択肢も長めである。古文は語彙がやや難解。

●例年、論説文と小説文では八十字程度の記述問題が一問ずつ出されている。該当字数の記述には慣れておく必要がある。古文は知識より読解が中心。全体の内容を端的につかめるようにしておくとよい。

【注意事項】　解答の際には、句読点や記号は1字と数えること。

一 （論説文）内容吟味・文脈把握

次の【文章Ⅰ】は、石原明子（いしはらあきこ）「生と死の現場に立ち現れる和解と赦（ゆる）し」の一部である。これを読んで、後の問いに答えなさい。なお、出題に際して、本文には表記を一部変えたところがある。

【文章Ⅰ】

熊本県南の水俣（みなまた）を中心とする地域は、チッソの工場排水に含まれた有機水銀中毒による水俣病に苦しめられた地域だ。原因企業であるチッソがこの地域で操業を始めたのは、明治期の一九〇八年のことであった。チッソの前身である曾木（そぎ）電気は水力発電を水俣から近くの大口（おおくち）につくり、その電気の活用先として、水の豊かであった水俣に、日本窒素肥料株式会社（のちにチッソと社名変更）を創立し工場をつくっていった。水俣病の原因となる有機水銀の発生にかかわるアセドアルデヒドの生産は一九三二年に開始された。水俣病患者が公式に確認されたのは一九五六年といわれているが、一九三〇年代にも、同様の症状の人がみられたことは地元の人によって語られている。

チッソの財力は、十五年戦争の前後の時期でみるならばきわめて大きく、終戦後はGHQによって日本の十五大財閥として、財閥解体の対象となった。チッソは戦時中、日本が朝鮮半島を植民地支配する中で、今の北朝鮮に大きな工場をつくっていた。一九四五年に日本が戦争に負けて、北朝鮮からも日本人工員は引き上げ、水俣のチッソの工場に合流した。戦後復興の時期、チッソは他の企業に先駆（さきが）けいち早く成果をあげ、一九五〇年代後半には、当時の日本の化学工業製品で唯一の輸出製品を生産していた企業であった。

そのような一九五六年、保健所にこれまでみたことのない症状の患者が報告された。公式確認された最初の水俣病患者である。当時は原因はわからず、「奇病対策委員会」が水俣市に立ち上げられた。一九五九年、熊本大学医学部は、この「奇病」の原因がチッソの工場排水の有機水銀であることを発見する。しかしこの熊本大学研究班を中心に原因究明にあたっていた厚生省食品衛生調査会の特別部会は、国の命令で突然解散させられた。同年、チッソ病院でも猫に工場排水をまぜたエサを食べさせて発症することが確認された。だがこれも、会社上層部に公表を止められてしまう。その後、国が公式に、この病気の原因がチッソの工場排水の有機水銀であることを公表したのは、それから九年後の一九六八年であった。技術転換で、有機水銀排出の原因となるアセドアルデヒドをチッソが生産する必要がなくなった四か月後のことであった。産業・経済を優先するために隠し続けた九年の間、この「奇病」については、様々な原因説が唱えられ、同時に、人々の間では伝染病だという誤ったイメージが固定化されていった。

原因を国が正式に公表した後、被害への補償が始まるが、それからも「患者は金欲しさに水俣病のふりをするニセ患者だ」とか「チッソをつぶす水俣の敵」というように、地域内で患者への差別は根強くあり、そのような中で、1闘う一部の患者やその支援運動家たちと、それ以外の一般市民の間で大きな※軋轢（あつれき）があり続けた。チッソを救うか、患者を救うかの二者択一のように語られた時代。その雰囲気が変わったのが一九九〇年代前半だと地元の人々はいう。一九九四年に新しく水俣市長になった吉井正澄（よしいまさずみ）氏が患者に公式に謝罪し、「水俣病の患者救済も、チッソを含む水俣市の経済も両方大事」という方針を打ち出し、地域再生と人間関係の再構築が開始された。その水俣の再生の精神的支柱となった一人が、杉本栄子（すぎもとえいこ）さんという水俣病患者であった。杉本栄子さんのストーリーを紹介したい。

〔事例③：水俣病患者　杉本栄子さん〕

水俣病患者の杉本栄子さんが、漁の船に最初に乗ったのは、三歳のころ。網元だった父親に連れられて、海と魚に囲まれて少女時代を過ごした。数十人の網子を抱える杉本家では、彼らと寝食も共にし人の出入りが絶えることがなかった。常に将来の網元としての帝王教育を受けた彼女は、小学校三年生のときには、父親の代わりに地域の網元同士の会議に出て、役割を果たすこともあったという。

彼女の母親が集落で最初の患者として水俣病を発症したのは、一九五九年のことであった。最初の患者としてメディアに報じられると、次の日から村人は杉本家に寄りつかなくなった。当時、チッソの工場排水が原因だという事実は隠されており、伝染する奇病と思われていたからである。寄りつかないばかりか、雨戸をあけるならば、窓をあけるなと石を投げられた。

こんなひどいことをされて「やり返したい！」といった小学生の栄子さんに、網元だった父は、「村人を憎んではいかん。彼らも前はいい人だった。漁も大漁のときと時化（しけ）のときがある。今は時化のときと思え。森に感謝して、山に感謝して、水俣病をのさりと思え」といった。のさりとは、水俣では「（天からの）授かりもの」「恵み」というような意味がある。大漁のときには「ああ今日はのさったなぁ」という。獲（と）れなかったときには「今日はのさらんじゃった。精進しよう」となる。人から何かいただきものをしたときも「のさった」という。

そんな網元だった父も、その後急性水俣病を発症して亡くなり、栄子さん自身も水俣病の症状に苦しめられる一生となった。結婚し、五人の子どもを授かるが、夫と共に水俣病で長期間入院したり、痛みなどで苦しみ続ける人生だった。子どものころから「こんな目にあって、水俣病をのさりと思うとはどういうことか。わからない」とずっと考え続けたという。

栄子さんは、長い年月、悶(もだ)え考え続けて、その意味がやっとわかるようになった、という。「この水俣病は、山や海を壊してしまった人間への神の怒り。みんなの代わりに私たち患者が病んでいる。水俣病が隣の人ではなく自分のところにきたことを、喜びとする。チッソの人たちも助かりますようにと祈り、人間そしてわが身の罪に侘(わ)びて祈る。チッソも、行政も、ゆるす」と、のちに語り部となった栄子さんは語るようになった。

実際、栄子さんとの出会いで変えられていった人も多い。水俣の対立構図の中では、大きくいえば、水俣病患者や漁民は、チッソの繁栄下で生活する大半の市民からは、初期には伝染病と差別を受け、原因がわかってからも「金欲しさに症状を訴えるニセ患者。彼らのせいで水俣のイメージが悪くなって経済も悪くなった」と敵意を向けられた。そのうえ実際の水俣病をめぐる闘争運動の激しさもあり、その傷つきと対立構造の中で患者の「敵側」の人たちは、仕事で患者の家を訪ねなければいけないときには、患者に怒鳴られるのではないか、殴られるのではないか、と負の思いとびくびくした感情で訪ねて行っていた、という。しかし、多くの人がいう。杉本家を訪ねると、「敵側」の人たちも「よく来たね。食べんね」と食卓に招かれた、と。拍子抜けしながら、食事に預かり、人間として友として話しているうちに、自然に互いの人生の話になり、そこではじめて生の患者の暮らしや苦難の体験を聞き、言葉を失った、という。

当時の地域内での対立は、水俣病へのきちんとした理解に基づいた対立ではない。例えば患者の多発地帯である漁村と町中は一〇キロの距離、車のない時代には歩いて二時間の距離であった。さらに水俣には、山に住む人たちもいる。今のようにインターネットがあるわけでもない。原因企業のみならず国など行政も一緒になって水俣病の原因を隠した時代に、声を奪われた患者たちのリアリティは知られていなかった。

杉本家で食卓に招かれ、そこで初めて患者の身に起こったことを知り、愕然(がくぜん)として、水俣病の問題に取り組んでいくための責任に押し出されていった、という話を、筆者は地元の方々から少なからず聞いている。彼らが共通していうのは、初めて知り驚いた、ということと同時に、赦された、と感じたということである。これまで全く水俣病の実態や患者の苦難を知らずに、無関心あるいは差別の対象としてきた自分に対して、栄子さんから「あんたの役割は、これからたい！」と背中を押され、責任に押し出されていった、という。

患者に市長として公式謝罪し、地域の人間関係の修復（「もやいなおし」）と水俣の地域再生に尽力した吉井正澄市長（当時）やその下で働く行政官たちにも、杉本栄子さんは、夫の雄(たけし)さんと共に大きな影響を与えたという。

二〇一五年の水俣病慰霊式の患者の祈りの言葉を担当したのは、杉本栄子さんの長男である杉本肇(はじめ)さんであった。杉本肇さんは「母はいった。国も、県も、チッソもゆるす、と。どういう気持ちでこれをいったのか」と今は亡き天の母に問いかけた。筆者は杉本肇さんに、この「ゆるす」の意味がどういう意味だったと思うか、ということを聞き、語り合ったことがある。「それは、水に流して無かったことにするという意味では決してない。赦す、私たちをこんな目にあわせたあなたたちを赦すから、人として受け入れるから、だから、同じ人としてこの痛みを理解し、二度とない未来をつくることに一緒に踏み出せ！という、[2]突き付けにも似た、最後の覚悟の祈りの行為であったろう」と杉本肇さんはいった（事例ここまで）。

水俣病公害事件の被害を受けた人の人数というのは、正確に把握されていない。というのは、市民すべての健康調査・疫学調査は一度もされていないからだ。水俣病患者である、あるいは、水銀中毒の影響を受けた可能性が高いとして制度的救済の対象となった人だけでも六万人以上、それ以外に、水俣病公害事件の初期には何の認定も救済も受けずに苦しみ亡くなり行政による被害者のリストに入ってこない人もいる。また、申請をしても救済対象にされなかった人、水俣病の症状があっても偏見を気にして申請できない人、自分の考えとして申請しない人、実際には影響を受けたが健康被害を自覚していない人もいる。

数えるほどかもしれないが、水俣病の患者の中には、この問題の苦難と怒りに向き合った末に「赦す」といった人が杉本栄子さん以外にもいる。緒方正人(おがたまさと)さんは「私はチッソだった。チッソがこの世で最も赦されなければならない」といった。緒方正実(まさみ)さんは「行政も向き合って、最後は過ちを認めた。そのことに対してきちんと受け入れなければ、人としての道に反する。彼らが向き合いしてくれたそのことに対して、私は行政を赦す」という。赦すという意味、その理由は人によって違うのだが、この向き合った末に「赦す」といった人たちの周辺から、水俣病をめぐっての敵味方の壁がとけ、共に、二度と水俣病を繰り返さない新しい社会づくりをすることに向かった変化が起こってきたことは事実である。※ここにも「[3]いざないとしての赦し」がある。

※軋轢…人間関係が悪くなること。

※ここにも…筆者は、問題文の前節「ルワンダ」の中で、内戦地での加害・被害関係における「いざないとしての赦し」の事例について述べており、「ここにも」は、この事例を受けた表現である。

問1、――線1「闘う一部の患者やその支援運動家たちと、それ以外の一般市民の間で大きな軋轢があり続けた」とあるが、「闘う一部の患者やその支援運動家たち」を、「それ以外の一般市民」は、どのように見ていたのか。「それ以外の一般市民」をA、「闘う一部の患者やその支援運動家たち」をBという記号に置き換え、A・Bの記号を用いて、80字以内で説明しなさい。

問2、――線2「突き付けにも似た、最後の覚悟の祈りの行為であったろう」とあるが、肇さんは、母である栄子さんの言葉をどのように受け取ったと考えられるか。最も適当なものを次の中から選び、記号で答えなさい。

ア、母の言葉は、水俣病の実態や患者の苦難を知らない人々への最後の抵抗であり、自己の無念を押し殺してでも人間関係を修復しようという強い意志に貫かれた発言である。それは生まれながら罪を背負った人間に赦しを与えるという思想に支えられたものであり、母はこの言葉によって、人々に新しい社会づくりへ向けての協働を要請しているのだ。

イ、母の言葉は、産業・経済を優先させて水俣病を隠し続けた行政への告発であり、被害者と加害者双方の救済を祈ることでしか終着に向かっていけない患者としての苦しみがにじんだ発言である。それは水俣病の事実が忘れ去られていくことへの危惧を示したものであり、母はこの言葉によって、歴史の風化を許さない断固とした決意を表明しているのだ。

ウ、母の言葉は、水俣病患者を差別し敵視してきた一般市民への怨念を最終局面において克服したものであり、人間とわが身の罪に侘びる祈りの中から生まれた悟りの発言である。それは解決を見出せない困難を前にした人間に進むべき方向を指し示したものであり、母はこの言葉によって、人間が自己への執着から脱却することの尊さを主張しているのだ。

エ、母の言葉は、水俣病の発生によって分断された地域の人間関係の修復と産業・経済の再生に大きな影響を与えたものであり、原因企業や行政が聞き流してはならない発言である。それは水俣病の痛みへの理解を同じ人間として加害者にも求めるものであり、母はこの言葉によって、現実には困難なこの理解を連帯に不可欠な条件として要求しているのだ。

オ、母の言葉は、水俣病の原因企業や行政と向き合い続けた末に述べられたものであり、抜き差しならない決意を込めた発言である。それは、加害者・被害者という関係性を超えた人間の罪への自覚をもって初めてなし得るものであり、母はこの言葉によって、二度と水俣病を繰り返さない未来へ向けてともに歩み出すことを強くうながしているのだ。

問3、――線3「いざないとしての赦し」とあるが、それはどういうことか。その説明として最も適当なものを次の中から選び、記号で答えなさい。

ア、被害者と加害者が、「赦す」「赦される」という関係性の実現をめざして向き合い続けた結果、和解してともに責任ある行動へ向かっていく、という現象のこと。

イ、加害者が被害者と向き合った末に、過ちを認め謝罪することで敵味方を超えた関係性が生まれ、両者が手を携えて社会的責任を果たしていく、という現象のこと。

ウ、被害者が苦難と怒りを経た後に、加害者は「赦されなければならない」という認識に達し、新しい社会づくりの責任を担いつつ加害者に向き合っていく、という現象のこと。

エ、被害者が加害者を「赦す」ことによって、加害者は自分がしたことに向き合えるようになり、その後、加害者が責任ある行動を起こしていく、という現象のこと。

オ、被害者が苦難の末に、加害者に対して被害の実態にきちんと向き合うことをうながし、そのうながしに導かれて加害者が責任を自覚していく、という現象のこと。

問4、難 思考力 次の【文章Ⅱ】は、石牟礼道子『花びら供養』の一部である。生徒A～Eは、【文章Ⅰ】を読んだ後に【文章Ⅱ】を読んで、話し合いを行った。これを読んで、後の（一）～（三）に答えなさい。

【文章Ⅱ】

　ここに杉本栄子という患者さんがいる。この人の口から、「水俣病は守護神ばい」という言葉が飛び出した時には、まじまじとその顔をみた。御主人の雄さんともども私たち『本願の会』の柱になって下さっている仲でもある。せっぱつまった声音で、「あのな、わたしどもはな、今、今日、祈らんことには、今夜ば生きられんとばい。人間の罪に対して祈らんば」と打明けられたのはその二、三週間前だった。祈る、ということには命がかかっているのだとわたしも覚った。

「命とひき替え」というほど毎日を思いつめて生きている人の口から出た「水俣病は守護神」という表現の逆説とその気迫。

　すさまじい迫害の体験を言葉少なく語って、「それでもやっぱ茂道が好き」といつも言いそえる時、潮風にうるむようなまなこがきっと宙を見て、涙声になられる。こんなに情の深い人をわたしはほかに見たことはない。

　後ろすざりしてゆく背後を絶たれた者の絶対境で吐かれたどんでん返しの大逆説がここにある。かねてこの人はこうもいう。

「知らんちゅうことは、罪ぞ」

　光に貫ぬかれた言葉だと思う。現代の知性には罪の自覚がないことをこの人は見抜いたにちがいない。不自由きわまる体で、あらためて、水俣病とそこに生じる諸現象の一切を、全部ひきうけ直します、と栄子さんは宣言したのだ。皆が放棄した「人間の罪」をも、この病身に背負い直すぞとも言っているのではないか。自分にむかって、迫害する者たちにむかって、世界にむかって仲間たちに対して。

※茂道…杉本栄子が生まれ育った水俣市最南部に位置する集落。

生徒A　【文章Ⅱ】で、筆者は、杉本栄子さんが言った「水俣病は守護神」という言葉を「どんでん返しの大逆説」ととらえているけれど、たしかにすごい表現だね。

生徒B　そうね。【文章Ⅰ】に出ていた「　ア　」と似たような意味の逆説だと思うよ。

生徒C　【文章Ⅱ】で、筆者は、知らないということは罪なのだ、という意味の杉本栄子さんの言葉を、「光に貫ぬかれた言葉だ」と言っているね。次に続く「現代の知性には罪の自覚がない」というのが、そもそも生き物の命のつながりに無自覚で、しかもそのつながりが破壊されている事実に気づかない現代人への批判だとしたら、この「光」に「貫ぬかれた」という表現は、そんな人間の罪を見抜いていた栄子さんの洞察力の鋭さを述べているのかなあ。

生徒D　たしかに、罪の自覚がない人間は、この「光」

に「貫ぬかれた」のだと思うけれど、それだけではなくて、この「光」は、その人間が罪を知った後にまで、射程を延ばしているような気がする。その意味で、【文章Ⅰ】に出ていた「 イ 」は、罪を知った後の人間を照らし出す言葉なのではないかと思う。

生徒E　「光に貫ぬかれた言葉だ」は、さまざまな解釈ができそうな表現だよね。【文章Ⅰ】に出ていた「 ウ 」という言葉は、【文章Ⅱ】の「宣言」と同じことを表現していると思う。この考えに基づいて生きようとすること自体を、筆者は、「光」に「貫ぬかれた」行為としてとらえているのかもしれないよ。

(一)　ア に入る最も適当な箇所を、【文章Ⅰ】の中からさがし、10字以内で抜き出しなさい。

(二)　イ に入る最も適当な箇所を、【文章Ⅰ】の中からさがし、15字以内で抜き出しなさい。

(三)　ウ に入る最も適当な箇所を、【文章Ⅰ】の中からさがし、20字以内で抜き出しなさい。

二 (省略)曽野綾子「無名碑」より

三 (古文)内容吟味・口語訳

次の文章は、松平定信『花月草紙』の一部である。これを読んで、後の問いに答えなさい。なお、出題に際して、本文には表記を一部変えたところがある。

あるくすしが、「君はかならずこの秋のころ、何のいたづきにかかり給はん」といふを、むづかりて、「いかでさることあらん」と秋まではいひぬ。つひにいたづきにかかりてければ、いひあてしくすしにあはんも、おもてぶせなりとて、1よそのくすしまねきてけり。さまざま薬あたへたるが、2しるしもみえず、初のほどはうちのそこねし※なるべしとて、うちとのふる薬なりければ、むねのあたりいよいよくるしく、ものもみいれねば、くすしも心得て、そのくすりはやめつ。こたびは汗にとらんとしても、しるしなく、くださんとすれば、はらのみいたみて、いよいよくるし。せんかたなくて、こころみにふとてうぜし薬、そのやまひにあたりやしけん、のみくだすより、むねのうちここちよく、つひに其やまひ癒えにけり。いのちたすけしひとなりとて、3家傾けてもむくいまほしく思ひしとなり。さるに、「こん秋は、かならずこのやまひ出づべし、このくすり今よりのみ給へ」といふを、4いまひとりのをのこ、「いかでさあらん。されどさいひ給はば、のみてまゐらすべし」とて、ひとごとのやうにのみ居たるが、つひにそのやまひもおこらず、つねにかはりし事なかりしかば、さればこそかくあるべけれと思ひしを、あの薬のまでもあるべきものをといひきとや。

※うちのそこねし…腹をこわしたこと。

問1、**難** ──線1「よそのくすしまねきてけり」とあるが、このようなことをしたのはなぜか。その理由として最も適当なものを次の中から選び、記号で答えなさい。

ア、ある医者から「あなたは今秋、何かの病気にかかる」と言われたが、具体的な病名が指摘されなかったことに不信感を抱いたため、予告どおり秋になって病気にかかった時も、本当にこの医者は自分の病気を治すことができるのかと不安に思ったから。

イ、ある医者から「あなたは今秋、何かの病気にかかる」と予告されたが、そのとおり病気にはかかったものの、秋ではなく冬であったため、この医者には正確に診察する能力がなく、処方される薬も効かないのではないかと不信感を募らせてしまったから。

ウ、ある医者から「あなたは今秋、何かの病気にかかる」と言われて腹を立てていたが、本当に病気にかかったので、医者に診てもらおうとしたものの、自分の病気を予告した医者に今さら世話になるのは恥ずかしいと思い、会いたくなかったから。

エ、ある医者から「あなたは今秋、何かの病気にかかる」と根拠のない予告をされたことに納得できなかったが、秋になって本当に病気にかかってしまったので、医者にかかろうとしたものの、医者は自分の話を信用しなかったことを理由に診察を拒絶したから。

オ、ある医者から「あなたは今秋、何かの病気にかかる」と言われたことを忘れていたが、病気にかかってしまったため、予告をした医者にかかろうとしたところ、予告を気にとめなかったことを不快に思った医者の態度があまりにも横柄で腹立たしかったから。

問2、**よく出る** ──線2「しるしもみえず」の本文中の意味として最も適当なものを次の中から選び、記号で答えなさい。

ア、効果が現れず　イ、指示に従わず
ウ、原因がわからず　エ、理解ができず
オ、方針が決まらず

問3、──線3「家傾けてもむくいまほしく思ひし」とあるが、このように考えるに至った医者の行動を説明したものとして最も適当なものを次の中から選び、記号で答えなさい。

ア、医者は病気が何であるかの判断ができず、必要な薬を見つけられなかった。

イ、医者はさまざまな薬を試したが、長きにわたり病気で苦しめてしまった。

ウ、医者は適切な薬を見つけられずにいたが、試しに与えた薬によって回復させた。

エ、医者はつぎつぎ現れる症状に、それぞれふさわしい薬を与えて病気を治した。

オ、医者は症状から素早く病気を特定し、適切な薬を投与して命を助けた。

問4、──線4「いまひとりのをのこ」の様子について説明したものとして最も適当なものを次の中から選び、記号で答えなさい。

ア、医者から病気を予告されて薬を処方されたが、健康な自分は病気にかかるはずはないと気にもとめずに薬を飲まないでいたので、予告どおり病気にかかってしまった。

イ、医者から病気を予告されて薬を処方されたが、予告をした医者の言うことはあてにならないとのうわさを聞いていたので、薬を飲もうとは思わなかった。
ウ、医者から病気を予告されて薬を処方されたので、予告を信じて薬を飲み続けたところ、予告された病気にかかる気配がなかったため、途中で薬を飲むことをやめた。
エ、医者から病気を予告されて薬を処方されたので、指示どおり薬を飲み続けたところ、病気にもかからず体調の変化もなかったため、そもそも薬を飲む必要性はなかったと考えた。
オ、医者から病気を予告されて薬を処方されたので、素直に医者の言うことを聞いて薬を飲み続けていたところ、まったく病気にかからなかったため、医者に心から感謝した。

問5、本文全体から読み取れる内容として最も適当なものを次の中から選び、記号で答えなさい。
ア、人は苦しいときに助けてくれる人を信用する傾向にあるので、人助けは本当に苦しんでいる人にのみ行うのがよい。
イ、人はたとえ専門家の言うことが正しいことであったとしても、素直にその指摘を受け入れられないものである。
ウ、人は他者の忠告を聞き入れないことが多いので、相手に聞き入れてもらえる方法を考えるのがよい。
エ、人は自身の健康を維持するために、むやみに他者に頼ろうとせず、自己管理に徹することが肝要である。
オ、人は結果を残せたかどうかで評価されるので、よい結果が出せるよう最大限の努力をする必要がある。

四　漢字の読み書き　よく出る　基本

次の各文の――線のカタカナを漢字に直しなさい。
1、ケイガイ化した制度に異を唱える。
2、男は、くやしさのあまりコブシを握りしめた。
3、さわやかなアイサツは、人を笑顔にする。
4、刻苦ベンレイの末に医者になった。
5、カンゼン懲悪の物語を好む。

大阪星光学院高等学校

時間　60分
満点　120点
解答　P65
2月10日実施

出題傾向と対策

●小説文（省略）、論説文の二題構成は例年どおり。文章はレベル・長さともに標準的である。設問は漢字の書き取り、語意、内容吟味、文脈把握が中心。設問数はそれほど多くないが、選択問題に難しいものがあり、またやや長めの記述問題が各大問ごとに二題ずつ出題された。

●過去問の演習を中心に、現代文に特化した標準～やや難レベルの問題集をこなしておくことが重要。記述問題の難度もやや高めなので、自分で書いたあとに添削を受けて練習をするとよい。

一　（省略）恩田陸「チョコレートコスモス」より

二　（論説文）漢字の読み書き・文脈把握・内容吟味

この文章は雑誌『ちゃぶ台⑨』に掲載された文書を抜粋したものです。次の文章を読んで後の問いに答えなさい。（設問の都合上、省略した部分があります）。

カーシェアリング[*1]やワークシェアリング[*2]という言葉にみられるように、シェアという言葉にはなにか人をつないでいくような前向きなニュアンスが含まれている。

私たちがシェアに可能性を感じるのは、現在の日本社会で「分かち合い」「お互いさま」「おすそわけ」の精神がaスイジャクしているからだろう。あらゆるものが個人消費の対象になり、個人の地位と財産は個人の責任に還元され、それゆえに、社会的孤立に追い込まれる無縁社会が広がっている。それと踵[*3](きびす)を接するように、ものとの縁も薄くなっている。一度使ったら捨てることが多くなり、それが地球の分解機能に負担をかけている。いま、シェアの意義が頻繁に語られる背景には、人間と人間のあいだ、人間と自然のあいだの「無縁」の広がりがあるのだと思う。

そう考えると、シェアの復権は必要だ。しかし、他方で「シェア」の源流をさかのぼっていくと、それはそんなにやさしくて、あたたかくて、美しいものではないことがわかる。ここで私はシェアの思想を鍛え直してみたいと思う。一度、そのマイナスの面を凝視することで、bリンカクを溶かし、床で再び打ち直してみよう。そんなにシェアは甘いもんじゃないですよ、というところから始めたい。

たとえば、ケーキを八等分したり、リンゴを四等分したり、焼き芋を半分にしたり、食べものを分かち合うことは、ホモサピエンスをほかの動物と分ける根幹的な行為だし、快楽をともなうことだが、集団食中毒事件にみられるように、同じお店や学校で食べたものが、その利用者の多くを苦しめることにもつながりうる。シェアするつもりのない微生物やウイルスや毒物までもシェアする危険性にたちまちさらされてしまう。

そして、シェアは紛争の根源のひとつである。ケーキや焼き芋の分配の失敗ならばせいぜい喧嘩(けんか)ですむが、地球の表面と大気をシェアする国際社会のありかたは、大急ぎで世界の歴史をふりかえってみても、残念ながら、やさしくて、あたたかくて、美しい感じとはほど遠い。［ I ］、流血をもたらし、家族を引き裂き、憎悪を掻(か)き立ててきた。

英語のshareとは、もともとは「分ける」という意味である。一体だったものを分割する。分割するからグループが生まれる。ドイツ語のSchar、つまり「集団」を意味する言葉と同源であるのもうなずける。

「分かち合い」を核とした経済システムの可能性を論じた神野直彦(じんのなおひこ)[*4]の『「分かち合い」の経済学』が「現在の危機は『分かち合い』を『奪い合い』とされていることから生じている」という現状認識から出発しているように、共有は収奪と隣り合わせである。要するに、①「シェアする」は「巻き込まれる」と「奪い合う」という動詞と表裏一体なのである。

シェアを、過剰に美しいものとして論じてはならないと思うもうひとつの理由は、私たちが原則として身体をシェアできないからである。原則として、と留保をつけたのは、皮膚移植や輸血などのように、他人の体に自分の体の一部を使うことも、自分の体に他人の体の一部を使うことも、現在の医学では可能だからだ。［Ⅱ］、身体とはつねに外の自然世界との物質交換がなされつづけてようやくかたちをなす動的なものだから、輸血は、身体の共有というにはややあっさりした行為である。［Ⅲ］、もっとも良質な栄養を要求するわがままな臓器である脳は、私たちの精神生活と身体生活の中枢なのだが、現時点の医学では移植はできないし、それをシェアすることなど今後も不可能であろう。

だから、感情、感覚、認識などは、厳密にいえばシェアできない。似たような嗜好(しこう)を持った者が同じ映画を観(み)た場合、直後の感想では意気投合していたとしても、言葉を重ねていくうちに、それぞれが違ったとらえかたをしていることに気づき始めるだろう。

ということは、シェアとは、身体感覚の根源から揺るぎなく発せられる人間の本性ではない。どこかで作為が入ってくる。探り合いである。あえて挑発的な言いかたをすれば、それは化かし合いであり、ごまかし合いであり、[c]ダキョウの産物であり、自分をだますことでもあるのではないか。

そして、もうひとつ確認しておかなければならないのは、近代社会を生きる私たちは前提として、それぞれ誰にも代え難(がた)い、かけがえのない存在として規定されている、ということだ。

自分の私有財産が市場との結びつきが強くなることで、おいそれと共有できず、心も通い合わせることが難しい近代社会の中で、理性を行使して、超越者のまなざしや迷信を排しつつ、大きなものや強いものへの依存状態から脱しようとする近代のプロジェクトを「啓蒙(けいもう)」という。

そして、そのような自律した人間を「市民」と呼び、市民たちが、理性を用いて議論をする場を哲学・思想用語で「公共圏」と呼ぶ。この近代西洋市民モデルを教育課程で学びつつ、私たちは「いっぱしの市民」になろうと努力してきた。私たちは自律した人間になるべく、教育を受けてきた。計算を学ぶことによって、だれか[d]カシコそうな人に情勢の分析と判断を頼るのではなく、自分自身で考え判断できるようになる。読み書きを学ぶことで、誰かに代筆や代弁を頼むのではなく、自分の口と文で誰かに言いたいことを伝えることができるようになる。成人後も、言論空間を尊重して、他人と意見を交わし、怒りではなく、理性によって事が進むように努力する。

力を持つ者の暴力や言論が肥大化し、言論空間の歪(ゆが)みが著しくなりつつあるいま、啓蒙のプロジェクトが依然として必要であることはいうまでもない。いやむしろ忘れてはならない。依存先が複数あることが自律の証(あかし)である、というのはそのとおりであるが、誰かに依存しやすい状態にするためにも、お互いに「自律しようとしている（がなかなかうまくいかない）人間だ」と認め合うことが必要であろう。人間の自律性を無視して、あからさまに権力を行使し意見を封殺するような人間に、自律した人間として他人と協力しながらきちんと立ち向かわなければ、みずからの生存が危うくなるような時代が、残念ながら私たちの生きている時代である。

個人の自律を無視したり軽視したりするシェアの思想、つまり、②シェアを試みる複数の人間が一体化してしまいすぎる考え方は、「力を過剰に持つ者」や「暴力に訴える者」に対して抵抗力が弱いと考える。

ここまで、シェアがいかに難しいかについて論じてきた。シェアは運命を共にするような覚悟が多かれ少なかれ担(にな)い手に求められるし、そもそものシェアが成功していると確信することは、ほとんど不可能に近いと考える。

けれども、人びとはシェアをやめられない。微生物による汚染のリスクや集団感染のリスクがどれほどあっても、シェアの調整が失敗して気まずい空気が流れる危険性がどれほどあっても、あるいは暴力に発展するかもしれないという予感が頭をかすめても、私たちはシェアをあきらめない。

それはなぜか。実は、その危険性そのものにシェアの本質があるのではないだろうか、と私は考えている。

少し話が逸(そ)れるが、前号の『ちゃぶ台8』で私は、世の「民営化」のほとんどが私営化にすぎず、本当の民営化は到来していない、と書いた。「民が営む」ことを、公共サービスを私企業に任せるという意味に歪曲(わいきょく)してはならない、と主張した。民はそれだけでは国民ではない。「国民」として軍隊に入隊したり、国家の緊急事態に対して労働をしたりすることは、民が歴史的になしてきた行為であるが、民とは「国民」である以前に、誰かを誰かの命令で殺す謂(いわ)れのない文民 civilian である。丸腰である。丸腰は、武器で[e]イカクする人がまわりにいる場合、無力であると思われがちだが、そうではない。基本は、トラやオオカミや台風や竜巻や洪水や地震や王様のご乱心など、危険なことや危険なものにいつも囲まれてきたので、よほどの権力者の家系でないかぎり、危険に対抗するための丸腰なりの知恵を蓄積してきた。現在のリスク管理社会が危険を民に感じさせないように試みているが、そうならないのはここ数年の世界的危機が私たちに示しているとおりだろう。いつもある大きな危険に対して、相対的に弱い危険（仲違(たが)いの危険や腹を壊す危険や風邪をうつし合う危険）をみんなで分かち合うことで防御する術(すべ)を、民は学んで伝承してきたのである。

人間は、いまから口に入れるものは絶対に安全だ、という意識を持たずとも、食べものを料理したり、食べたりすることができる。毎回、冷蔵庫に入っているものや食卓に上がる食べものの毒味を、別の動物や支配下の奴隷にさせたり、微生物検査をさせたりはしない。そんなことより早く食べたい。家族の効能のひとつはこれではないか。食べものを毎回シェアすることで、毎回の毒味や検査や人への疑義を省略できる。まさに運命のシェアといえる。

一種の運命共同体として寄り添って定住することとそれによって生まれる富の一カ所への集中（つまり、生きる空間のシェア）は、感染症の危険性を高めるし、外部からの攻撃にさらされやすい。それでも、家族にせよ、村人にせよ、寄り添って住みたくなるのは、根源的には、シェアする喜びを味わうよりも③もっと消極的な（しかし根幹におよぶ）意味があった、ということに私は戻って考えたいと思う。大きなリスクから自分を逸らして誰かに受け取ってもらいつつ、場合によっては脱文脈化[*5]して納得し、笑い、悲しむ。そんな消極的で不安たっぷりのシェアの感覚の上乗せとして、シェアの実践が有する快楽や社会変革の可能性が存在するのではないか。

　私が言いたいのは、シェアの実践や思想の否定ではない。その逆である。シェアの思想の、「この状況ではシェアせざるをえない」「シェアは面倒だが、しておけば将来なにかの役に立つかも」という、大きな厄災を前提としたしたたかな感覚を経てようやく、シェアの持つ可能性をもっと大きく見積もることができると考える。

（藤原辰史「シェアの痛みから考える」より）

＊1　カーシェアリング…登録を行った会員間で車を共同で使用するサービスのこと。
＊2　ワークシェアリング…労働者の負担を減らし、仕事を分け合うこと。
＊3　踵を接する…つぎつぎと続くということ。
＊4　神野直彦…日本の経済学者。
＊5　脱文脈化…状況や背景から切り離して考えること。

問1、**よく出る** **基本** ――線部a～eのカタカナを漢字に直しなさい。

問2、Ⅰ～Ⅲに入る言葉として最も適当なものをそれぞれ次の中から選び、記号で答えなさい（ただし、同じ記号は二度使えません）。

ア、そして　イ、そもそも　ウ、しかし
エ、なぜなら　オ、むしろ

問3、――線部①『シェアする』は『巻き込まれる』と『奪い合う』という動詞と表裏一体なのである」とありますが、どういうことですか。それを説明した次の文の空欄に合う内容を、五十字程度で答えなさい（句読点も一字に数えます）。

「シェアする」ことには、人々の孤立が進む社会で人をつないでいくような肯定的な面がありつつも、［五十字程度］という否定的な面もあるということ。

問4、**難** ――線部②「シェアを試みる複数の人間が一体化してしまいすぎる考え方は、『力を過剰に持つ者』や『暴力に訴える者』に対して抵抗力が弱い」とありますが、どういうことですか。その説明として最も適当なものを次の中から選び、記号で答えなさい。

ア、自律するための教育を受けた人間からなる今日の社会であっても、人々が意見を統一することにこだわるあまり、他人の意見を論破しようとするような人間が増え、それを恐れた人々が自分の意見を言えなくなってしまうということ。

イ、言論空間の歪みが著しくなりつつある今日の社会において、人々が他人と同じ意見ばかり持とうとすると、自分自身で考えて判断できなくなり、他人の意見を抑圧しようとするような人間に反発する力が弱まってしまうということ。

ウ、権力者の暴力や言論が肥大化する今日の社会において、人々が結束を深めようとしすぎると、かえって不安や恐怖までも共有することになり、他人の意見を弾圧しようとするような人間に対して立ち向かえなくなってしまうということ。

エ、自律した人間によって構成されている今日の社会であっても、人々が互いの権利を尊重しようとしすぎるあまり、本音で議論することが減り、他人の意見を抑圧しようとするような人間の影響を受けやすくなってしまうということ。

オ、お互いの心を通い合わせることが難しい今日の社会において、人々が意見の多様性を認めるあまり、自分自身の正当性を疑わなくなるだけでなく、他人の高圧的な意見であってもそのまま受け入れてしまうようになるということ。

問5、**難** **思考力** ――線部③「もっと消極的な（しかし根幹におよぶ）意味があった」とありますが、どういうことですか。九十字以内で説明しなさい（句読点も一字に数えます）。

問6、この文章の内容についての説明として最も適当なものを次の中から選び、記号で答えなさい。

ア、シェアの価値が頻繁に語られるようになってきたのは、あらゆるものが個人消費の対象になり、その結果地球に負担をかけていることに対して個人の責任が大きくなってきたからだ。

イ、現在の医学では体の一部を移植することはできるものの、身体感覚に根ざした体験をシェアすることが可能になる脳の移植は、いまだ実現するまでに時間がかかるとされている。

ウ、強大なものへの依存状態から脱するよう、近代において啓蒙された理性ある人間が、同じ言論空間をシェアすることで、再び近代以前のように超越者への依存状態に戻ってしまう。

エ、歴史的にみると、常に危険にさらされてきた人間は、国のために入隊や労働を行い見返りを受けてきたが、今後は危険から身を守るために国ではなくシェアという知恵に頼るべきだ。

オ、現在の社会ではシェアに含まれる可能性が注目されているが、その本質にある危険性にも着目して、人間の根幹に関わる意義を検証しない限り、シェアの思想を肯定することはできない。

開成高等学校

時間 50分　満点 100点　解答 P65　2月10日実施

出題傾向と対策

●論説文、小説文、漢詩の大問三題構成。漢字の読み書き、口語訳、返り点、古典知識問題以外は全て二十五～七十字程度の記述問題。今年の論説文は比較的分かりやすく、設問も要約型で取り組みやすい。しかし小説文はかなりの長文で、設問は良問にして難問ぞろいである。漢詩は読みやすく、いずれも基礎力を問うレベルの問題である。

●漢字、古典知識対策は着実に。記述対策が最も重要である。答えの見当はついても指定字数以内でまとめるのが難しい。書く→添削→再記述、で力を養おう。

一 (論説文)内容吟味

次の文章を読んで後の問に答えよ。

不要不急と名指されたものを排除するのを厭(いと)わない。必要を超え出ること、目的をはみ出るものを許さない。あらゆることを何かのために行い、何かのためでない行為を認めない。あらゆる行為はその目的と一致していて、そこからずれることがあってはならない。――いま僕が描き出そうとしている社会の傾向ないし論理とはこのようなものです。ここでは目的の概念が決定的に重要な役割を果たしていることが分かります。では目的とは何でしょうか。あまりにも日常的によく用いられる言葉ですから、この言葉の本質はいったいどこに考察を加えるべきところがあるのだろうかと不思議に思われるかもしれません。しかし、このように自明と思われる言葉について掘り下げて考える手助けをしてくれるのが哲学なんですね。

ここではハンナ・アーレントに助力を求めることにしましょう。アーレントこそは、目的の概念を徹底的に思考した哲学者の一人に他なりません。まずは彼女の哲学的主著と言うべき『人間の条件』がこの概念について述べているところを見てみましょう。

　目的として定められたある事柄を追求するためには、効果的でありさえすれば、すべての手段が許され、正当化される。こういう考え方を追求してゆけば、最後にはどんなに恐るべき結果が生まれるか、私たちは、おそらく、そのことに十分気がつき始めた最初の世代であろう（アーレント『人間の条件』志水速雄訳、ちくま学芸文庫、一九九四年、三五九～三六〇ページ）。

〈中略〉

アーレントによれば、「必ずしもすべての手段が許されるわけではない」などという限定条件にはほとんど意味がありません（同書、三六〇ページ）。そんな限定条件を付けたところで、目的を立てたならば人間はその目的による手段の正当化に至るほかない。なぜならアーレントによれば、手段の正当化こそ、目的を定義するものに他ならないからです。

　目的とはまさに手段を正当化するもののことであり、それが目的の定義にほかならない以上、目的はすべての手段を必ずしも正当化しないなどというのは、逆説を語ることになるからである（同書、三六〇ページ）。

非常に印象的で鋭利な言葉です。目的はしばしば手段を正当化してしまうことがあるのではない。目的という概念の本質は手段を正当化するところにある。アーレントはそう指摘しているわけです。何らかの強い道徳的信念をもった人物が、「どんな手段も認められるわけではない」と考えて、目的による手段の正当化を回避することは確かに起こりうるでしょう。しかし、この事態を回避するためになぜ強い道徳的信念が必要であるかと言えば、そもそも目的という概念に、手段の正当化という要素が含まれているからです。それが①アーレントによる目的の概念の定義が言わんとしていることであり、この定義は事柄の本質そのものを捉える、すぐれて哲学的な定義だと言うことができます。目的の本質とは手段の正当化にある。そしてアーレントはこの本質から目を背けない。哲学者だからです。

目的のために効果的であるならばあらゆる手段が許されるという考えを追求していくと、最後には「恐るべき結果」が訪れるとアーレントは述べていました。更に、「私たちは、おそらく、そのことに十分気がつき始めた最初の世代であろう」とも。『人間の条件』は一九五八年に刊行されています。第二次大戦の終結はわずか一三年前。ここで改めて紹介するならば、アーレントはドイツ出身のユダヤ系の哲学者です。大戦前、ナチス・ドイツの手を逃れるためにフランスを経由してアメリカに亡命。戦後、かの地で活躍しました。『全体主義の起源』という大著でその名を知られるようになったアーレントは、まさしく全体主義との戦いを生涯の課題とした哲学者です。「恐るべき結果」や「最初の世代」といった表現は、この彼女の経験から読み解くことができます。

人が贅沢(ぜいたく)をするのは、それがよろこびをもたらすからです。美味(おい)しい食事を食べるのは、それが美味しいからです。贅沢は何らかの目的のためになされるのではありません。ですから、「人間らしい生活をするために、私は贅沢をしなければならない」と考え、そのような目的を立てて贅沢をしようとしたら、それは贅沢ではなくなってしまうでしょう。贅沢はそもそも目的からはみ出るものであり、それが贅沢の定義に他ならないからです。

実はアーレントによれば、いま贅沢という例で説明したものこそ、全体主義が絶対に認めないものに他なりません。アーレントはこんな風に言っています。

　全体的支配はその目的を実際に達しようとするならば、「チェスのためにチェスをすることにもはやまったく中立性を認めない」ところまで行かねばならず、これと全く同じに芸術のための芸術に終止符を打つことが絶対に必要である。全体主義の支配者にとっては、チェスも芸術もともにまったく同じ水準の活動である。双方の場合とも人間は一つの事柄に没入しきっており、まさにそれゆえに完全には支配し得ない状態にある。ヒムラー〔＝ハインリヒ・ヒムラー。ナチス親衛隊の指導者〕がSS隊員〔＝ナチス親衛隊隊員〕を新しい型の人間として定義して、いかなる場合でも「それ自体のために或る事柄を行なう」ことの絶対にない人間と言ったのは間違っていない（アーレント『新版　全体主義の起源　3――全体主義』前掲書、三七ページ）。

決定的に重要な一節だと思います。②全体主義においては、「チェスのためにチェスをする」ことが許されない。全体主義が求める人間は、いかなる場合でも、「それ自体のために或る事柄を行なう」ことの絶対にない人間である。だから芸術のための芸術も許されない。もちろん、食事のための食事も許されない。

衝撃的なのは、〈いかなる場合でもそれ自体のために或る事柄を行なうことの絶対にない人間〉という言い回しは、「ヒムラー」や「SS隊員」への言及を取り除いてしまったら、現代ではむしろ肯定的に受け止められる言い回しではないかということです。どんな無駄も排し、常に目的を意識して行動する。チェスのためにチェスをすることも、食事のために食事をすることもない。あらゆることを何かのために行い、何かのためでない行為を認めない。必要を超え出ること、目的からはみ出ることを許さない。不要不急と名指されたものを排除するのを厭わない……。

もちろん、何度でも繰り返しておかねばなりませんが、コロナ危機においては、感染の拡大を避けるために我々の様々な行動が一定期間制限されなければならなかったことは間違いないでしょう。不要不急と判断されたことを諦めねばならなかった場面があったことは間違いないでしょう。けれどもそこで実現された状態は、コロナ危機においてはじめて現代社会に現れたものだったのでしょうか。不要不急と名指された活動や行為を排除するのを厭わない傾向などとは無縁だった数年前の現代社会に、この傾向が、コロナ危機によって無理やり埋め込まれたのでしょうか。コロナ危機だから、不要不急と名指されたものが断念されているのでしょうか。

もしかしたらコロナ危機において実現されつつある状態とは、③もともと現代社会に内在していて、しかも支配的になりつつあった傾向が実現した状態ではないでしょうか。不要不急と名指された活動は、コロナ危機だから制限されただけでなく、そもそもそれを制限しようとする傾向が現代社会のなかにあったのではないでしょうか。

（國分功一郎『目的への抵抗』より）

問一、傍線部①「アーレントによる目的の概念の定義」とはどのようなものか。二十五字以内で答えよ（句読点も一字と数える）。

問二、傍線部②「全体主義においては、「チェスのためにチェスをする」ことが許されない」とあるが、それはなぜか。四十字以内で説明せよ（句読点も一字と数える）。

問三、難 傍線部③「もともと現代社会に内在していて、しかも支配的になりつつあった傾向」に対し、筆者はなぜ危機感を抱いているのか。六十字以内で説明せよ（句読点も一字と数える）。

二（小説文）漢字の読み書き・内容吟味

次の文章は岩城けいの小説の一節である。日本人である「僕」は小学生の時に家族でオーストラリアのシドニーに住むようになったが、大学生になった今は、家族と離れてメルボルンに住んでいる。これを読んで後の問に答えよ。なお、文章中の〔＝　〕はその直前の部分の注である。

僕と並んでアビーが座った。彼女が通う工科大学は州立図書館の目の前にある。予測不可能な相手に、僕はドギマギしてしまう。

「このあいだの打ち上げパーティー、どうして来なかったの？　みんな、待ってたのに」

小児病院の公演〔＝「アビー」が所属する人形劇劇団の公演〕は大盛況だった。この街のイースター〔＝キリストの復活を祝う祭〕は、伝統的に病院へ寄付をするのが習慣になっている。特に、小児病院のファンドレイザー（資金集め）は大掛かりなキャンペーンを行い、イースターの週末だけでも巨額の寄付が集まる。劇団の資金も、そこからほんの少し[a]チョウダイしているとのこと。

「いや、なんとなく」

僕が言葉を[b]ニゴすと、アビーはそれ以上尋ねようとはしなかった。僕はそんな彼女をなぜか不満に思った。沈黙が僕の不機嫌を炙り出す。

「……だって、アンザック・デー〔＝第一次世界大戦で戦ったオーストラリア・ニュージーランド軍の兵士を追悼・称揚する記念日〕だっただろ、あの日」

パーティーはイースターが終わった後のアンザック・デーの休日、公園でBBQ〔＝バーベキュー〕をするとのことだった。アビーがこちらに向き直った。

「アンザック・デーがどうかした？」

琥珀色の目が大きく見開かれる。好奇心全開で見つめてくる。好奇心と常にセットでついてくる猜疑心は、彼女の場合、不思議と見当たらない。僕は相手をしばし見つめ返した。彼女の顔は、彼女の作る人形になんとなく似ている。木の皮のように乾いて、硬く引き[c]シまった表面。だけど目だけは、人形の目にはない[d]ウルオいで輝いていた。一瞬、何もかもぶちまけてしまいそうになった。でも、そうしたところで何になる？　ゼイド〔＝「僕」が親しくしているルームメイト〕じゃあるまいし、わめきちらしたところで、甘ったれだと思われるだけかもしれない。

「ちょっと、いろいろ」

火傷の痕がじわじわと痛み出した。昨年のアンザック・デーの出来事。ハイスクールの友だちのテオとスカッシュをしたあと、パブに飲みに行った。店の中も外も、退役軍人のパレードを見物し終えた酔っ払いで溢れていた。カウンターで立ち飲みしていたら、「おい、そこのチンク（中国人）！人の国で何してるんだ？　目障りなんだよ！」と中年のオヤジに酒臭い息で絡まれた。テオが割って入って、僕のことを日本人で子どものころからここにいると律儀に説明すると（だいたい、友だちとパブで酒を飲むためだけに、なんで見ず知らずの人間を相手にあんな説明をしなきゃならないんだ!?）、相手は血相を変えて、「ジャップ!?　あんな残酷なやり方でオージー兵〔＝オーストラリアの兵士〕を殺したジャップが、よりによって今日みたいな日になんで酒が飲めるんだ!?」。テオが逆上して、オヤジと激しい怒鳴り合いになった。最終的には、僕らは揃って店を追い出された。言いがかりをつけてきたのはあっちなのに、なんでおれたちだけ追い出されるんだ、店中、あのクソオヤジの肩を持ちやがって！　と、テオは猛烈に悔しがっていた。

「……ほっといてくれよ」

「OK」

アビーが立ち上がった。荷物を抱えて八角形の床の角まで歩いていく。①これだからイヤなんだ。特に、ああいう、なんでも直球でくるやつ、と僕はため息をついた。次に室内を見回したときには、彼女の姿はどこにもなかった。スマホでテキスト〔＝文章〕を送る。

「ごめん。怒るつもりはなかった」

どこかで着信音が聞こえた。吹き抜けの八角形の天井を見上げると、彼女が階上のバルコニーからこちらを見下ろしているのが見えた。

図書館を出て、二人で並んでスワンストン・ストリートを歩いた。あたりはもう真っ暗で、店の明かりが目に眩しかった。

アビーは肩に大きな荷物を担いでいる。その中身は愛用の道具類と「卒業制作」だという。学校のスタジオで揃わない道具は家にあるので、毎日持ち運びして（ガレージをワークショップに改造しているそうだ）作業するとのこと。思えば、この子が身軽そうなのは見たことがない。

雨が降ってきた。僕はナイロンのジャケットのフードを頭から被った。

「メルボニアンは、冬はフード付きのジャケット」

「ん？」

「わたし、ハイスクールのときに、シドニーからこっちへ移ったの」

「それまでは、ずっとシドニー？」

「一応、そうね」

「一応？」

雨に降られて歩くのはここでは当たり前だけれど、それは自分一人のときに限る。僕は雨宿りできそうな店先を探して早足になった。

「生まれ育ちはそうなんだけど、生粋のシドニーっ子かって言われると、ちょっと」

「ああ、わかった。親がどこからか来た人とか？」

出店の果物屋の軒下で僕は立ち止まった。店先では、オレンジの上に水滴が弾けていた。フードを取る。アビーも荷物をどさりと置いて、濡れた前髪を額から払った。

「どこの国の人？」

僕がそう訊くと、アビーは肩を竦めた。しまった、と思う。相手によっては、この質問はタブーになることがあるから。

「教えてもいいけど、絶対に知らないと思うわ。だって、今まで、誰も知らなかったから」

「……なら、当ててみようか？」

彼女が僕をまじまじと見つめてきた。

「超難問だから、ヒントをあげる。一応、アジアに分類もできるわよ」

「アジア!?　その顔からアジアっていうのは想像できないな。アジア人っていうのは、おれみたいなのをいうんだよ」

「あら、どちらかというと、ヨーロッパよりもアジア寄りだと思うんだけど？」

「じゃ、まずおれがどこの人間か当ててみろよ」

「あなた、ここの人じゃないの？」

「よく言われるんだけど、違うんだ。小学生のとき、親とこっちに来た。ま、おれの場合はすぐに間違えられるから、ヒントをやるよ。中国人じゃない。韓国人でもない」

「アメリカ人！」

大真面目な表情で彼女が答える。この顔とこのオージー・アクセントで、「アメリカ人！」だなんて言われるのは初めてだった。黙って彼女を見つめる。どこにでもいそうな感じに見えて、なかなかいないタイプかもしれない。なんか、素数みたいな子だ。2、3、5、7、11、13……。独立していて、でも割り切れない、わだかまりのような素数は無限にあるけれど、その数自体は唯一。だいたい、素数って一体何なのか、僕はよくわからない。だけど、僕は素数を見つけると、「なんだこいつ？」と思いながら、そこから目が離せなくなってしまう。

僕が日本人だと判明したあとも、「あら、いいじゃない。いっぱいいるし。隠すほどでもないでしょ」とだけ彼女は言い、お決まりの、お気に入りの日本食や、アニメやポップカルチャーの話題で質問攻めにしたり、片言の日本語が続くこともなかった。僕の方では、ヨーロッパとアジアの境目あたりにありそうな国を思いつくだけ口にした。イラン。イラク。パキスタン。アフガニスタン。ハンガリー。ルーマニア。マケドニア。ブルガリア……。実は、あのあたりの国ってよく知らないんだよな……。

「トルコ！」

「惜しい！」

「ロシア！」

「近い！」

「チェコ？」

「ハズレ！　そこはわたしが行ってみたい国」

「なんで？」

「チェコのプラハはマリオネット〔＝操り人形〕で有名なの」

彼女が正解を口にする。そして、ほら、やっぱり知らないでしょ、と、したり顔で僕に念を押す。

「聞いたことある」

「ウソ」

全然信じていない顔。僕はちょっとムキになって言い返す。

「ウソじゃない！『System Of A Down』〔＝メンバー全員がアルメニア系アメリカ人のメタルバンド〕とか！」

「何、それ？」

「知らねえの？　有名なバンドだぜ？」

彼女が荷物を肩にかけようとし、ずり落ちた。僕は手を伸ばして、リュックサックのかかっていない自分の反対側の肩にかけた。ズシリときた。

「返して。自分で持つから！」

トラムストップ〔＝路面電車の停留所〕が見えてきた。横断歩道に跨る線路を挟んで、プラットホームが両側にある。

僕の乗る手前側でも、アビーが乗る向こう側でも大勢の人が待っていた。

『オタマトーン』〔＝日本のアーティストが開発した電子楽器〕って知ってる？　大学の友だちが持ってるのよ、この前、パーティーで弾いてくれたんだけど、すっごく面白かったわ、とアビーはぼそっと言った。

「何、それ？」

「知らないの？　あなた日本人でしょ？」

青信号に変わった。

僕は彼女に声もかけないまま、手前のプラットホームに続くスロープを上がった。猛烈に腹を立てていた。僕が知っていることと、彼女が知らないことに。僕が知らないことと、彼女が知っていることに。反対側のプラットホームにはもうトラムが到着している。アビーはそちらに向かって駆け出したかと思うと、こちらのホームに向かって猛スピードで引き返してきた。僕の真正面に腕組みをして立った。

「あなたって失礼ね、「知らねえの？」って、すごく不愉快だわ」

「きみこそ！　「知らないの？　あなた日本人でしょ？」って、なんだそれ？」

「あなたの真似をしただけよ。とにかく、自分の国のこと、「知らねえの？」って言われたみたいで不愉快だったのよ。わたし、これでもアルメニア人なのよ！」

彼女がそう声高に叫ぶのを聞いて、僕は僕の小さい弟のことをふと思い出してしまう。母さんが日本に帰った後、父さんと新しいパートナーのアナベルの間に生まれた弟の丈治は五歳。この前の年末年始、弟は父さんに連れられて日本に初めて行った。親戚中に可愛がられて、特別に一週間ほど通わせてもらった幼稚園でも、九州の田舎ってことで、「ウェイジアン（白人とアジア人の混血）」の弟は、地元の人にしたら「珍しいお客さん」。そんなわけで、会う人会う人に大切にされる。クリスマスと正月のフェスティバル・シーズンだったせいもあってか、どこへ行っても皆ウキウキしていて、お土産やプレゼントもたくさんもらった。だから、弟にとっては、日本はディズニーランドみたいなところであるらしい。まだ小さいということもあるんだろうけど、楽しい思い出しかないせいか、日本は世界で一番いい国だと信じ切っている。きっとこれからも、数年ごとに遊びに行って、楽しい時間を過ごせる国でしかないのだろう。父さんも父さんで、弟のそんな様子に嬉しそうに相槌なんか打つもんだから、ますます、夢幻の国になってきている。最近では、「My dad is Japanese! I am Japanese too!（ぼくのお父さんは日本人！　ぼくも日本人！）」と、ヘンな自慢の仕方を始めた。そんな弟の顔が、目の前の彼女の顔になぜか重なってしまった。僕は我にかえると、反撃に出た。

「だったら初めからそう言えよ！　勿体ぶって隠すほどのことじゃないだろ！」

「隠してなんかいないわよ！　でも、ほとんどの人はアルメニアなんて国、聞いたこともない。アルメニアなんて、誰も知らない。わたしたちの言葉もカルチャーも、ここでは特別じゃなくて、特殊で絶滅危惧種！」

アビーはそこでふと口籠もると、一気に吐き出すように言った。

「日本だったら、誰でも知ってるじゃない？　日本なんて、食べ物でもアニメでも、ここじゃあ大きな顔してるじゃない？　よその国でまるで自分の国みたいに生きていけるじゃない？　この国に飼い慣らされて、この国の人間みたいに振る舞って、そんなにオージーになりたいの？　コソコソ隠してるのは、あなたの方よ！」

②自分の弱点を一気に引き摺り出されたような気がして、僕は一瞬口がきけなくなった。ゼイドともここまでやりあわない。

「だったら、きみはその逆だ！　レアもののきみは、数が少なくて目立たないから標的になることも、攻撃の的になることもあまりない。それに、きみのどこがアジア人なんだよ!?　白人にしか見えないね！　きみは、その見てくれで生まれつき『オージーの基本セット』をクリアしてるじゃないか!?　自分でも気づかないまま天然の地元人を装えるから、おれに向かって偉そうな口を叩けるんだよ！　参考までに、アンザック・デーにおれが外を出歩かない理由を教えてやろうか？　おれが日本人だからだ！」

そう大声で言い返しながら、自分は一体いつまで日本人をやらなきゃならないのだろうかと、腸が煮えくりかえりそうになる。大学の交換留学で、一ヶ月ほどゼミの連中とイギリスに行ったときも、そこでも、イギリスの学生たちは、インド系も含めて他のやつにはオーストラリアのことを訊くのに、僕には日本のことしか訊いてこなかった。この見てくれのせいで、何年ここに住もうが、どこへ行こうが、自分は地元の人間とは見なされない。

「日本人だから？　何があったか知らないけれど、日本人なんて、ここじゃ、チヤホヤされているじゃない！　日本人なんて立派なマジョリティー！　これ以上甘やかされたいの？　それとも、これ以上注目されたいの？　人気者にでもなりたいの？　だったら、うちのデザイン科に来ればいいわ！　まさに『ウィアブー（日本かぶれ）』〔＝日本文化を偏愛する人を侮蔑する語〕の巣窟なんだから！　このあいだも、「最近の学生は、何を描かせても日本のアニメとマンガになる」って、うちの教授が嘆いていたわ！」

アビーは少し黙ったかと思うと、大声になった。

「いつまで、そんなふうにこの国のお情けにすがっているわけ？　それに、あなた、さっきわたしのこと白人って言ったけど、白人が一番偉いって、あなたこそ、偏見を持っているんじゃない!?」

彼女の叫ぶセンテンスの一つ一つが、僕のそこかしこを容赦なく刺し貫いていった。

「みんな、口ぐせみたいにダイバーシティー〔＝多様性〕って言うけど、実際のところは、あなたたちみたいな目立ちたがり屋と人気者の寄せ集め！　ダイバーシティーなんて、わたしから見たら、新種のマジョリティーのパレードみたいなもんよ！　『白人』のわたしよりも、見た目で簡単にわかってもらえる『エイジアン』のあなたの方がずっと得してるんじゃない!?」

彼女は最後にそう喚いて僕の心臓を撃ち抜くと、スロープを駆け下りた。やって来たトラムに僕は乗り込んだ。席に座るとトラムが動き出した。思わず、窓の外の反対側のホームを見た。すると、アビーが真っ赤な顔をして、こちらを睨みつけていた。

トラムの鐘が鳴った。火傷の痕がズキズキする。彼女の姿がレールの向こうに遠のいていく。③――あれは僕だ。

（岩城けい『M』より）

問一、よく出る 基本 二重傍線部a〜dのカタカナを漢字に直せ。

問二、難 傍線部①「これだからイヤなんだ」とあるが、「僕」は「アビー」のどのような態度を「イヤなんだ」と感じているのか。説明せよ。

問三、傍線部②「自分の弱点を一気に引き摺り出されたような気がして、僕は一瞬口がきけなくなった」とあるが、それはなぜか。説明せよ。

問四、難 思考力 傍線部③「――あれは僕だ」とはどういうことか。説明せよ。

三 （漢文）口語訳・古典知識・内容吟味

次の漢詩は、江戸時代後期の学者・詩人である広瀬淡窓の作である。これを読んで後の問に答えよ。

桂林荘雑詠示諸生

休道他郷多苦辛
同袍有友自相親
柴扉暁出霜如雪
②君汲川流我拾薪

桂林荘雑詠（けいりんそうざつえい）　諸生（しょせい）に示す

道（い）ふを休（や）めよ　他郷苦辛多しと
同袍（どうはう）友有り　自（おのづか）ら相（あひ）親しむ
柴扉（さいひ）暁に①出（い）づれば　霜　雪のごとし
君は川流（せんりう）を汲め　我は薪（たきぎ）を拾はん

（『遠思楼詩鈔』より）

（注）桂林荘＝作者の開いた私塾。大分県日田市にあった。塾生たちはそこで共同生活を営みながら学んだ。
雑詠＝心に浮かんだことを、題をつけずに詠んだ詩。無題詩。
諸生＝多くの塾生たち。
他郷＝故郷を離れた異郷の地。
同袍＝一つの綿入れ（はんてん・どてら。いずれも厚く綿を入れた防寒着）を共用すること。また、そこから親友を意味する。
柴扉＝細い木の枝を束ねて作った粗末な門。

問一、基本 傍線部①「出づれば」を現代語に改めよ。ただし、接続助詞の「ば」を用いずに訳すこと。

問二、よく出る 基本 傍線部②は「君は川流を汲め　我は薪を拾はん」と訓読する。これを参考にして、傍線部②の文に返り点を付けよ（送り仮名は不要）。

問三、基本 この詩の詩形を、漢字四字で答えよ。

問四、この詩のように、四句からなる漢詩は、起承転結の構成を取るのが原則である。

さて、次の俗謡は、それを教えるために江戸時代からよく用いられてきたものである。これを起承転結の順に並べ替え、記号で答えよ。

ア、諸国大名は弓矢で殺す
イ、姉は十六妹は十四
ウ、糸屋の娘は目で殺す
エ、大阪本町糸屋の娘

問五、作者が塾生たちに伝えたかったことを、詩全体の内容を踏まえて、五十字以内で説明せよ（句読点も一字と数える）。

関西学院高等部

時間 60分　満点 100点　解答 P66　2月10日実施

出題傾向と対策

●論説文二題（一題省略）、古文の大問三題構成。随筆文が出たこともあるが、近年はほぼこの構成で変わらない。問題形式は記述が中心。字数指定がない点が特徴で、解答欄の大きさからどの程度の文字数の解答が求められているのかを判断する必要がある。古文は基礎知識より内容読解を問うものが中心だった。

●過去問を中心に、特に指定字数のないタイプの記述問題に慣れておきたい。また、出題傾向から、論説文（説明文）と古文の対策には念を入れておきたい。

一 （論説文）漢字の読み書き・内容吟味・文脈把握・要旨

次の文章を読んで問に答えなさい。ただし、出題の都合上、一部改変しているところがあります。

多くの人は「自分だけは偏見を持っていない」と考えています。バイアスがかかっている、と言われるより、偏見を持っている、と言われるほうがより責められているような感じがするのは、バイアスも偏見も同じことを指す言葉なので論理的には意味は変わらないはずなのに、偏見を持っている人はよくない（もしくは頭がよくない）人である、という一般的な認識があるからでしょう。

この「一般的な認識」というのも、考えようによってはバイアスの一部をなしているものかもしれません。驚くべきことに、大学の教授たちや、学者と言われる人たちのような、知的だと世間からもみなされ、自分でも自信を持っている人であっても、人間である限りはバイアスの影響から自由ではありません。もちろん、こう書いている私自身も例外ではなく、Ａ気をつけていなければ、その影響のもとにゆがんだ判断を下してしまうかもしれないという可能性を持っています。知能の高さ（どちらかと言えば単にテストが得意だったかどうか、かもしれませんが）は実は、バイアスを持っているかどうかとは関係がありません。知能の高さが関係しているのは、自分がバイアスを持っているかもしれないから気をつけておこう、自分はこういう見方で世界を捉えているのだと、いつも客観的に注意しておくことができるかどうかという能力の高さです。これは、バイアスを持っていないということとは違います。自分が何色のガラスを通して世界を見ているのか、いつも気をつけていて、今どんな状態かを知る努力を怠らない、ということです。

人間の脳の性質として、これは面白いところでもあるのですが、きっかけがあるごとに自分で注意して気をつけているのでなければ、「自分だけは【　X　】のガラスを通して物を見ている」と勘違いするようにできてしまっています。そうでなければ計算量が多くなりすぎて、人間の残念な脳では処理できなくなってしまうからです。人間の脳は、ほかの生物と比べればかなり大きいほうで、相対比（体重のうちのどれくらいの割合が脳の重さか）という尺度で見れば、地球上で最も脳の相対比が大きい生物になります。けれども、それでも、認知能力や計算速度には限界があるのです。人間は、自分が思っているよりずっと頭が悪い、と言ってしまえばそれまでなのですが、ここで言う頭が悪いというのは、この項目で言及してきたような、努力によってなんとかできるレベルの頭の良し悪しであったり、人間の到達できる①ハンイ内での知能の高低といった話ではありません。そもそも頭が悪いということは、いいことでも悪いことでもありません。ただ能力の限界がそのようである、というだけのことです。

あなたも偏見に満ちています、と言われると、一定数の人は激怒して逆ギレするというような場面をしばしば見かけます。これは、あなたの頭は悪いですね、と言われたことに不快感を覚えた人が、②タンラク的にキレてしまうのだと思います。けれども、繰り返しになりますが、人間の脳は自分たちが思っているほど性能がよいわけではなく、努力でカバーできる部分には限界があるのです。人並みよりはずっと頭がよく、頑張ることが苦にならず、努力でカバーしてきた人ならなおさら、そのことをにわかには信じられず、こんなことを言われたらそれこそキレてしまうかもしれません。

想像してみましょう。あなたの頭はご自分が思っているほどよくありませんよ、と言われたら、どんな気持ちか。自分のこれまで頑張ってきたことや、頭の良さを自分の精神的な支えとしていやなことにも耐えてきたこと、それを誇りとして生きてきたことすべてを否定されたような気になってしまうかもしれません。B自信を持っていればいるほど、不快な感情が爆発し、より激しくキレてしまうかもしれません。

でも、まことに残念なことながら、人間の頭はそもそもそんなによくはないのです。地球上の生物の中ではいいほうかもしれませんが、たとえば、足の速さで考えてみましょう。新幹線と競争して、自分の足だけで東京から大阪まで2時間半で走れる人がいるでしょうか？　努力しても走り始めの数十秒間を頑張れるかどうかくらいが③セキの山でしょう。認知能力も、それと同じことです。計算もよっぽど機械にやらせたほうが速いし、もはや文章も、絵も、プログラムも、AIが一定の④スイジュンで素晴らしいものを出力できる能力を持つようになりました。

そういう時代になったのです。私たちは、考え方を変えてみる必要があります。たった1・5kgぽっちの、この限られた能力しか持たない脳で、ギリギリまで頑張ってこれだけのことをやってのけているのが、驚くべきことなのだと。計算能力や容量、認知能力に限界があるため、生き延びるために、私たちには工夫が必要でした。なるべく致命的になるような諍いを起こさず、しかも悪意ある他者から自分たちを守りきり、仲間たちの中に生じかねないあらゆる＊1擾乱のタネを処理して、なんとか、死に絶えるのを防いでいかなければならない。そのためには、実に膨大な計算が必要になります。人口が増えれば増えるほど変数の数は指数関数的に増え、計算しているのでは判断が状況の変化に追いついていけなくなり、私たちの社会は破綻してしまう。

致命的な衝突に発展する前に、C破綻をどうにかして回避しなければならない。望ましくない状況を中途で食い止め、望ましい状況へ変えていく必要があった。そうでなければ、すでに私たちは死に絶えてしまっていたでしょう。

別に、死に絶えてしまうからなんとかしよう、とは、私たちの先祖は考えていなかったかもしれません。もしかしたら自発的なプロセスとして、全面衝突よりもさらに得な方法があるのではないかと考えた人がいたかもしれないとは思いますが、不明です。もっと自然な考え方としては、こういうことが言えるだろうと思います。死に絶える方向へと向かう物事の致命的な流れを回避するための機構を、発見または活用できなかった集団は、本当にとっくの昔に死に絶えてしまっていて、単純に今はもう生き残っていないというだけのことなのだと。少なくとも、今、私たちは生き延びてきた者たちの子孫としてここにいます。この、残念な、計算の遅い、能力に限界のある脳でどうやって生き延びてきたのかを考えるとき、余計な計算を省き、できるだけ迅速に融和を図るには、おめでたい思い込みや、幸せな勘違いをもたらすようなバイアスに、実は意味があった、という考え方はできないでしょうか。

私たちは「今自分たちが幸運にも生き延びている」という事実を軽視すべきではないと思うのです。私たちが持っている、あらゆる側面がその事実に⑤キヨしてきたということを考えるとき、D私たちがときには捨ててしまいたくなるような残念な部分にも、本当は大きな価値があり、長い目で見れば、重要な機能を果たしていたということが、のちに明らかになるかもしれません。

（中野信子『「バイアス社会」を生き延びる』）

＊1　擾乱――乱れ騒ぐこと。入り乱れること。

問一、よく出る　基本　――線部①～⑤のカタカナを漢字になおしなさい。

問二、傍線部A「気をつけていなければ」とあるが、どのようなことに気をつけるべきだというのか、説明しなさい。

問三、空欄【　X　】に入るのにふさわしい言葉を漢字四字で答えなさい。

問四、傍線部B「自信を持っていればいるほど、不快な感情が爆発し、より激しくキレてしまうかもしれません」とあるが、それはなぜか説明しなさい。

問五、〈思考力〉傍線部C「破綻をどうにかして回避しなければならない」とあるが、社会の破綻を回避するとはどういうことか、説明しなさい。

問六、傍線部Dとあるが、本文では「バイアス」をどのように捉えているか、「人間の脳」という表現を必ず用いて説明しなさい。

二（省略）小林武彦「なぜヒトだけが老いるのか」より

三（古文）口語訳・内容吟味

次の文章を読んで問に答えなさい。

かくて年月を経るほどに、姫君十三と申せし年、母上例ならず風邪の心地とのたまひて、一日二日と申せしほどに、①今を限りに見えければ、姫君を近づけて、緑のかんざし*1を撫であげ、「あらむざんやな、心やすく見おき、十七八にもなし、いかなる縁*2にもつけおき、とにもかくにもならずして、②いとけなき有様を捨ておかんこと、あさましさよ」と、涙を流し給ふ。姫君も、もろともに涙を流し給ひける。母上は流るる涙をおしとどめ、そばなる手箱を取り出し、中には何をか入れられけん、よに重げなるを姫君の御髪にいただかせ、Aその上に肩の隠るるほどの鉢を着せ参らせて、母上、かくこそ詠じ給ひける。

さしも草*3深くぞ頼む観世音誓ひのままにいただかせぬる

かやうにうちながめ給ひて、つひにむなしくなり給ふ。父おほきに驚き泣き給ひて、「いとけなき姫をば何とて捨ておき、いづくとも知らずかくなり給ふ」と泣き給へど、かひぞなき。かくて、さしてあるべきならねば、名残尽きせず思へども、むなしき野辺に送り*4捨て、華の姿も煙となる。月のかたちは風となり、③散りはつるこそいたはしけれ。かくて、父御前、姫君を近づけ参らせて、いただき給ひたる鉢取らんとしけれども、吸ひつきてさらに取られず。父おほきに驚きて、「いかがはせん、母上にこそは離れ参らせめ、かかる片端のつきぬることのあさましさよ」と、B嘆き給ふこと限りなし。

『鉢かづき』

*1　緑のかんざし——黒くてつやつやした髪。

*2　縁にもつけおき——「縁につく」は、結婚させる。嫁入りさせること。

*3　さしも草——よもぎ草のこと。観世音が「なほ頼め標茅が原のさしも草われ世の中にあらむ限りは」という和歌を詠んだとの言い伝えが広く知られている。ここでは、以前、母上が病に伏せた時に観世音から鉢を賜り、願いを叶えるためには「鉢をうち着せ候ふべし」と告げられたことを踏まえて「さしも草」を詠んでいる。

*4　野辺に送り——「野辺に送る」は、死者を見送るために火葬場（埋葬地）へ行くこと。

問一、傍線部①～③の内容として適当なものをそれぞれ次の中から選び記号で答えなさい。

①　ア、今日もまだ体調が悪い
　　イ、今日にも風邪が治る
　　ウ、今日だけ面会できる
　　エ、今日が臨終である

②　ア、体調が悪く、幼い姫の面倒を見られないこと
　　イ、まだ幼い様子の姫を遺して逝くこと
　　ウ、花嫁修業を十分にできなかったこと
　　エ、若くて美しいうちに姫を結婚させられなかったこと

③　ア、強風のため粉塵が散ってしまうのは困ったことだ
　　イ、風で髪が乱れるのははしたないことだ
　　ウ、花が散り、月も見えない風景はさみしいものだ
　　エ、煙となって風に消えるとは気の毒なことだ

問二、点線部A「その上に肩の隠るるほどの鉢を着せ参らせて」とあるが、母上が姫君に「鉢を着せ」たのはなぜか。後に続く和歌の内容を踏まえて理由を説明しなさい。

問三、点線部B「嘆き給ふこと限りなし」とあるが、父御前が娘の姫君に対して嘆いていることを二点、箇条書きで答えなさい。

共立女子第二高等学校

時間	満点	解答	
50分	100点	P67	2月10日実施

出題傾向と対策

●例年どおり、論説文、小説文、古文の大問三題構成。本文の長さや内容は標準的と言える。小問は、選択問題、抜き出し問題、補充問題、記述問題がバランスよく出題されている。記述問題は三十～六十字の字数指定で、傍線部周辺だけでなく、全体の読み取りが必要となる。

●まずは、漢字の読み書きや歴史的仮名遣いなど、基本的知識を固める。次に、問題演習を繰り返して選択肢を吟味する力を身につけること。補充問題と記述問題対策として、本文全体の流れを把握する練習もしっかりと。

一（論説文）漢字の読み書き・文脈把握・内容吟味

次の文章を読んで、後の各問いに答えなさい。（本文には一部改めたところがある）（計40点）

①わたしたちの「つながり」は、大きく「愛情空間」「友情空間」「貨幣空間」の三層に分かれている。愛情空間は親子や配偶者、パートナー（恋人）との親密な関係、②友情空間は「親友」を核として最大で150人くらいの「知り合い」の世界、貨幣空間はその外側に広がる、金銭のやり取りだけを介してつながる茫漠*とした世界だ。

愛情空間は愛憎入り混じる関係で、友情空間は権謀術数*の「政治空間」でもある。会社の派閥抗争からママ友のマウンティングまで、そこではさまざまな権力闘争が繰り広げられる。「親友」が重要なのは、魑魅魍魎*の政治空間を生きⓐノびるには「ぜったいに裏切らない仲間」がどうしても必要だからだ。それに対して貨幣空間はネットで商品を購入するような関係で、愛憎もなければ連帯や裏切りもなく、ルールどおりにすれば決められた結果が返ってくる。

この図式で考えるなら、現代社会で起きているのは、愛情空間の肥大化と友情空間の縮小、それにともなう貨幣空間の拡大だ。

なぜこのようなことになるのか。それは、ネットワークのひろがりに人間の認知能力が適応できないからだろう。

人類が進化の歴史の大半を過ごしてきた旧石器時代では、独自の共通言語（または方言）と葬儀などの文化的慣習を共有する1000人ほどが「社会」を構成していたとされる。だが食料確保の制約のため、全員が同じ場所で暮らすことはできず、日常的には30～50人の「バンド（野営集団）」と呼ばれる小集団で活動し、150人程度で構成される結束の強い共同体（メガバンド）が生活の中心になった。

これが脳のスペックを決める要因で、一人ひとりの個性を見分けることができるのは50人（バンドのサイズ）が上限で、顔と名前が一致するのはせいぜい150人だ。学校の1クラスの上限が50人で、アイドルグループが48人なのも、年賀状をやり取りする人数や企業の一部門の上限がおよそ150人なのもこれが理由だろう。

この法則がよくわかるのが軍の編成で、最大1500人の大隊（トライブ／民族集団）を60～250人の中隊（メガバンド／共同体）、30～60人の小隊（バンド／野営集団）、8～12人の分隊（ファミリー／家族）に分け、生死を共にする分隊のメンバーは「＊義兄弟」にも似た強いつながりをつくる。世界じゅうの軍隊がこのような階層構造になっているのは、西洋式軍制の影響ではなく、脳の認知構造に合わせているからだ。

このように、③脳が人間関係を把握する能力には強い制約がある。それにもかかわらず、短期間に世界がいきなり拡張してしまったらどうなるだろうか。

生まれてからずっと小さな世界で暮らしていたら、人間関係はものすごく濃密なものになるだろう。狩猟採集生活から近代以前の農耕・ⓑボクチク社会まで、人類はずっと「濃い関係」のなかで生きてきた。そんな世界を描いたのが中上健次の小説で、あらゆる出来事が「路地」と呼ばれる小さな部落のなかで起きるが、それが神話や伝説と絡みあって巨大な宇宙（コスモス）を形成する。

だがいまでは、こうした小説世界は成立しなくなってしまった。もはや濃密な人間関係がなくなってしまったからだ。

カナダの社会学者バリー・ウエルマンは、その理由をテクノロジーによってひとびとの世界が大きく広がったからだと考えた。徒歩や馬に比べて、電車やバスなどの公共交通ⓒキカンが整備されればひとびとの物理的な移動範囲は拡大する。明治時代はもちろん戦前までは海外旅行はごく一部の特権層しかできなかったが、旅客機の登場でいまでは（感染症がなければ）誰でも気軽に海外に行けるようになった。

それに加えて、電話やインターネットで世界じゅうのひとと会話やメッセージをやり取りできる。新型コロナの新常態では、Zoomのようなウエブ会議サービスを使って世界各国のスタッフとミーティングしたり、海外の大学の授業を受けたりすることが当たり前になった。

その結果、身近なひとたちで構成されるせいぜい150人程度の世界は、理論的には78億人まで5000万倍以上に拡張した。これは大げさだとしても、Facebookの「友達」の上限は5000人で、認知の上限の④倍以上だ。そのうえネットワークを介した「友達」は世界じゅうに散らばっているのだから、伝統的な人間関係は環境に合わせて変容せざるを得ない。

ウエルマンは、これを「ネットワーク個人主義」と名づけた。そこでは、「村」「学校」「会社」のような共同体に全人格的に所属する必要がなくなり、ひとびとは多様で分散したコミュニティに部分的に所属することが可能になった。その結果、重層的で密着した「濃い」人間関係が減少する一方で、⑤アドホックな（その場かぎりの）人間関係が広がっていく。【A】

テクノロジーの進歩によってわたしたちは社会的に孤立するようになったといわれるが、これは現実に起きていることを取り違えている。実際には、わたしたちはより多くのひとたちとつながるようになり、人間関係は過剰になっている。それがなぜ「孤独」と感じられるかというと、広大なネットワークのなかに溶け込み、⑥化しているからだ。【B】

人種、国籍、性別、性的指向などを問わず、多様なひとたちが「自分らしく」生きる社会では、当然のことながら、それぞれの主張や利害が対立し、人間関係は⑦化する。江戸時代は身分制社会で、相手が武士なのか百姓・商人なのかの身分さえわかれば、どのように振る舞えばいいかが自動的に決まった。【C】

近代になってこうしたルールが撤廃され、すべてのひとが平等になると、一人ひとりの「個性」に合わせて最適な振る舞いをしなければならなくなった。これは大きな認知的負荷をともなうので、人間関係を「面倒くさい」と思うひとが増えてくる。【D】

人生において政治＝他者との関係が占める割合が小さくなれば、そのぶんだけ愛情空間が拡大し、家族や恋人との関係、すなわち性愛が重要なものとして意識されるようになる。最近の小説やマンガ・アニメは半径10メートル（あるいは5メートル）以内の世界をひたすら描くものばかりだが、これはひとびとの「つながり」の範囲が小さくなっていることに対応しているのではないか。

それと同時に、政治（友情）空間が縮小すれば、その外側にある貨幣空間が拡大するはずだ。子どもの面倒をみてもらうことからペットの世話まで、これまで共同体の濃密なつながりに依存していたことを、わたしたちはどんどん貨幣経済でⓓダイタイするようになってきた。「濃いつき合い」は大きな心理的⑧コストをともなうので、それを金銭的⑧コストで済ませようとするのだ。

産業構造のサービス化によって友情空間が貨幣空間にアウトソースされ、それによって愛情空間が肥大化すれば、友情はいずれ⑨なものになってしまうだろう。

（橘玲『無理ゲー社会』による）

（注）＊茫漠＝果てしなく広々としているさま。
＊権謀術数＝たくみに人をあざむく策略。
＊魑魅魍魎＝いろいろな化け物。さまざまな怪物。転じて私欲のために悪だくみをする者のたとえ。
＊義兄弟＝兄弟同様の関係を持つと約束した間柄。

＊中上健次＝日本の小説家。『岬』で芥川賞(あくたがわしょう)を受賞。

問一、**よく出る** **基本** 二重傍線部ⓐ「ノ（びる）」・ⓑ「ボクチク」・ⓒ「キカン」・ⓓ「ダイタイ」を漢字に改めなさい。（楷書ではっきりと大きく書くこと）（各1点）

問二、傍線部①「わたしたちの『つながり』は、大きく『愛情空間』『友情空間』『貨幣空間』の三層に分かれている」とあるが、この三層の空間の現代社会における関係性を図式化するとどうなるか。本文全体をふまえて、最も適切なものを次より選び、記号で答えなさい。（4点）

ア、「愛情空間」の肥大化・「友情空間」の縮小 → 「貨幣空間」の拡大

イ、「愛情空間」の肥大化 → 「友情空間」の縮小 → 「貨幣空間」の拡大

ウ、「友情空間」の縮小 → 「愛情空間」の肥大化・「貨幣空間」の拡大

エ、「友情空間」の縮小 → 「貨幣空間」の拡大 → 「愛情空間」の肥大化

問三、傍線部②「友情空間は『親友』を核として」とあるが、なぜ「『親友』を核と」する必要があるのか。その理由を述べた一文を本文中より抜き出し、最初の五字を答えなさい。（句読点や記号も一字とする）（4点）

問四、傍線部③「脳が人間関係を把握する能力」を具体的に述べた一文を本文中より抜き出し、最初の五字を答えなさい。（4点）

問五、空欄④に入る数字として最も適切なものを次より選び、記号で答えなさい。（4点）

ア、5　イ、30　ウ、100　エ、500

問六、次の一文が本文中より抜けている。【A】～【D】のどこに戻せばよいか。記号で答えなさい。（4点）

> これが政治（友情）空間が縮小するもうひとつの理由だろう。

問七、傍線部⑤「アドホックな（その場かぎりの）人間関係が広がっていく」のはなぜか。本文中の言葉を用いて六十字以内で説明しなさい。（4点）

問八、空欄⑥・⑦に入る言葉を次より選び、それぞれ記号で答えなさい。（各2点）

ア、希薄　イ、単純　ウ、濃密　エ、複雑

問九、傍線部⑧「コスト」（二箇所）を本文中の漢字二字の言葉で言い換えなさい。（4点）

問十、空欄⑨に入る言葉を自分で考えて答えなさい。（4点）

二 （小説文）漢字の読み書き・文脈把握・内容吟味

次の文章を読んで、後の各問いに答えなさい。（本文には一部改めたところがある）（計40点）

街は夕暮れの光の中で、淡い金色に輝いていた。その光を浴びながらコンビニエンスストアの前を過ぎまっすぐに歩く。

ふっといい匂いがした。焼きたてのパンの匂いだ。

「あら、千穂(ちほ)ちゃん、お久しぶり」

『ベーカリーYAMANO』のドアが開いて、白いエプロン姿の女の人が出てきた。丸い顔がにこにこ笑っている。優しげな笑顔だ。同級生の山野真奈(やまのまな)の母親だった。笑った目もとが真奈とよく似ている。小学生の時から真奈とは仲よしで、この店でよく焼きたてのパンやクッキーをごちそうになった。千穂は特に食パンが好きだった。窯から出されたばかりのほかほかの食パンは、バターもジャムも必要ないぐらいおいしいのだ。しかし、

「他人(ひと)さまのおうちで、たびたびごちそうになるなんて、はしたないわよ。もう、やめなさい。欲しいなら買ってあげるから」

母の美千恵(みちえ)にそう言われてから、『ベーカリーYAMANO』に寄るのをやめた。

美千恵はときどき、食パンやケーキを買ってきてくれる。有名な店の高価なケーキをおやつに出してくれたりもする。けれど、そんなにおいしいとは思えない。どんな有名店のケーキより、真奈たちとくすくす笑ったり、おしゃべりしたりしながら、口いっぱいに頬張(ほおば)ったパンのほうがずっとおいしい。

もう一度、ほかほかの食パンにかじりつきたい。

そんなことを考えたせいだろうか、キュルキュルとおなかが音をたてる。頬がほてった。

やだ、恥ずかしい。

しかし、山野のおばさんは気がつかなかったようだ。千穂の提(さ)げている布製のバッグをちらりと見やり、尋ねてきた。

「これから、塾？」

「はい」と答えた。バッグの中には塾で使う問題集とノートが入っている。

「千穂ちゃん、偉いわねえ。真面目(まじめ)に勉強して。それに比べて、うちの真奈ったら、受験なんてまだまだ先のことだって涼しい顔してるのよ。塾にも通ってないし。ほんと、千穂ちゃんをちょっとでも見習って、しっかりしてほしいわ」

そんなこと、ありません。

【A】

千穂は胸の内で、かぶりを振った。

真奈は偉いと思います。しっかり、自分の将来を考えてます。あたしなんかより、ずっと……。

「千穂、これ、まだ誰にも言ってないんだけど……あたし、お父さんみたいになりたいなって思ってるんだ。パン職人」

【B】

今日のお昼、一緒にお弁当を食べていた時、真奈がぽそりとつぶやいた。昼食の前、四時限めに、来年にひかえた受験に向けて志望校をどう決定していくか、どう絞(しぼ)っていくか、担任の教師から説明を受けたばかりだった。

「……高校受験というのは、ただの試験じゃない。きみたちの将来につながる選択をするということなんだ。具体的な職業までは無理としても、自分は将来、何がしたいのか、あるいはどんな人間になりたいのか、そういうことをじっくり考えて進路を選択してもらいたい。自分の意志が必要

なんだ。自分の将来を自分自身で選択するという意志を持ってもらいたい」

　いつもはのんびりした口調の担任が、生徒一人一人の顔を見やりながら、きっぱりと言いきった。

　意志をもってもらいたい。

【C】

「なんかさ、うちのお父さん、普通のおじさんなんだけど、パンを作ってる時だけは、どうしてだかかっこよく見えるんだよね。作ったパンもおいしいしさ。お客さん、すごく嬉しそうな顔して買いに来てくれるんだよね。なんか、そういうの見てるといいかなって、すごくいいなって。もちろん、大変なのもわかってる。朝なんてめちゃくちゃ早いしさ、うちみたいに全部手作りだと、ほんと忙しいもの。嫌だなあって思ってた時もあったんだけど……実はね、千穂」

「うん」

「この前、お父さんと一緒にパン、作ってみたの」

【D】

「へぇ、真奈が？」

「うん。もちろん、売り物じゃなくて自分のおやつ用なんだけど、すごく楽しくて……あたし、パン作るの好きなんだって、本気で思った。だからね、高校卒業したらパンの専門学校に行きたいなって……思ってんだ」

　少し照れているのか、頬を赤くして真奈がしゃべる。そこには確かな自分の意志があった。

　真奈って、すごい。

　①心底から感心してしまう。すごいよ、真奈。

　真奈が顔を覗き込んでくる。

「千穂は画家志望だよね。だったら、やっぱり芸術系の高校に行くの？」

「え……あ、それはわかんない」

「だって、千穂、昔から言ってたじゃない。絵描きさんになりたいって。あれ、本気だったでしょ？」

「……まあ。でも、それは……」

　夢だから。口の中で呟き、目を伏せる。うつむいて、そっと唇を噛んだ。

　山野のおばさんに頭を下げて、また、歩きだす。さっきより少し足早になっていた。

　花屋、喫茶店、スーパーマーケット、ファストフードの店、写真館……見慣れた街の風景が千穂のⓐ傍らを過ぎていく。

足が止まった。

　香りがした。とてもいい香りだ。焼きたてのパンとはまた違ったⓑ芳しい匂い。

　立ち止まったまま視線を辺りに巡らせた。写真館と小さなレストランの間に細い道がのびている。アスファルトで固められていない土の道は緩やかなⓒ傾斜の上り坂になっていた。この坂の上には小さな公園がある。そして、そこには……。

　大きな樹。

　枝を四方に伸ばし、緑の葉を茂らせた大きな樹がある。小学校の三、四年生まで真奈たちとよく遊びに行った。みんな、大樹がお気に入りで、競って登ったものだ。

　あれは、今と同じ夏の初めだった。幹のまん中あたりまで登っていた千穂は足を踏み外し、枝から落ちたことがある。かなりの高さだったけれど奇跡的に無傷ですんだ。しかし、その後、大樹の周りには高い柵が作られ簡単に近づくことができなくなった。木登りができなくなると、公園はにわかに退屈なつまらない場所となり、しだいに足が遠のいてしまった。中学生になってからは公園のことも、大樹のことも思い出すことなどほとんどなかった。

　それなのに、②今、よみがえる。

　大きな樹。卵形の葉は、風が吹くとサワサワと優しい音を奏でる。息を吸い込むと、緑の香りが胸いっぱいに満ちてくる。

　千穂は足の向きを変え、細い道を上る。③どうしても、あの樹が見たくなったのだ。塾の時間が迫っていたけれど、我慢できなかった。ふいに鼻腔をくすぐった緑の香りが自分を誘っているように感じる。大樹が呼んでいるような気がする。

　だけど、まだ、あるだろうか。とっくに切られちゃったかもしれない。切られてしまって、何もないかもしれない。

　心が揺れる。④ドキドキする。

「あっ！」

　叫んでいた。大樹はあった。四方に枝を伸ばし、緑の葉を茂らせて立っていた。昔と同じだった。何も変わっていない。周りに設けられた囲いはぼろぼろになって、地面に倒れている。だけど、大樹はそのままだ。

　千穂はカバンを放り出し、スニーカーを脱ぐと、太い幹に手をかけた。あちこちに小さな洞やコブがある。登るのは簡単だった。

　まん中あたり、千穂の腕ぐらいの太さの枝がにゅっと伸びている。足を滑らせた枝だろうか。よくわからない。枝に腰かけると、ⓓ眼下に街が見渡せた。金色の風景だ。光で織った薄い布を街全部にふわりとかぶせたような金色の風景。そして、緑の香り。

　そうだ、そうだ、こんな風景を眺めるたびに、胸が⑤ドキドキした。この香りを嗅ぐたびに幸せな気持ちになった。そして思ったのだ。

　あたし、絵を描く人になりたい。

　理屈じゃなかった。描きたいという気持ちが突き上げてきて、千穂の胸を強く叩いたのだ。そして今も思った。

　描きたいなあ。

　今、見ている美しい風景をカンバスに写し取りたい。

　画家なんて大仰なものでなくていい。絵を描くことに関わる仕事がしたかった。芸術科のある高校に行きたい。けれど母の美千恵には言い出せなかった。母からは、開業医の父の跡を継ぐために、医系コースのある進学校を受験するように言われていた。祖父も曽祖父も医者だったから、一人娘の千穂が医者を目ざすのは当然だと考えられているのだ。芸術科なんてとんでもない話だろう。

　絵描きになりたい？　千穂、あなた、何を考えてるの。絵を描くのなら趣味程度にしときなさい。夢みたいなこと言わないの。

　そう、一笑に付されるにちがいない。大きく、深く、ため息をつく。

　お母さんは⑥あたしの気持ちなんかわからない。わかろうとしない。なんでもかんでも押しつけて……あたし、ロボットじゃないのに。

　ざわざわと葉が揺れた。

そうかな。

かすかな声が聞こえた。聞こえたような気がした。耳を澄ます。

そうかな、そうかな、本当にそうかな。

そうよ。お母さんは、あたしのことなんかこれっぽっちも考えてくれなくて、⑦命令ばかりするの。

そうかな、そうかな、よく思い出してごらん。

緑の香りが強くなる。頭の中に記憶がきらめく。

千穂が枝から落ちたと聞いて美千恵は、血相をかえてとんできた。そして、泣きながら千穂を抱きしめたのだ。

「千穂、千穂、無事だったのね。よかった、よかった。生きていてよかった」

美千恵はぼろぼろと涙をこぼし、「よかったよかった」と何度も繰り返した。

「だいじな、だいじな私の千穂」そうも言った。母の胸に抱かれ、その温かさを感じながら、千穂も「ごめんなさい」を繰り返した。ごめんなさい、お母さん。ありがとう、お母さん。

思い出したかい？

うん、思い出した。

そうだった。この樹の下で、あたしはお母さんに抱きしめられたんだ。しっかりと抱きしめられた。

緑の香りを吸い込む。

これから家に帰り、ちゃんと話そう。あたしはどう生きたいのか、お母さんに伝えよう。ちゃんと伝えられる自信がなくて、ぶつかるのが怖くて、お母さんのせいにして逃げていた。そんなこと、もうやめよう。お母さんに、あたしの夢を聞いてもらうんだ。あたしの[⑧]であたしの[⑨]を決めるんだ。

大樹の幹をそっとなでる。

ありがとう。⑩思い出させてくれてありがとう。

樹はもう何も言わなかった。

風が吹き、緑の香りがひときわ、濃くなった。千穂はもう一度、深くその香りを吸い込んでみた。

（あさのあつこ「みどり色の記憶」による）

問一、よく出る 基本 二重傍線部ⓐ「傍（ら）」・ⓑ「芳（しい）」・ⓒ「傾斜」・ⓓ「眼下」を平仮名に改めなさい。（各1点）

問二、次の一文が本文中より抜けている。【A】～【D】のどこに戻せばよいか。記号で答えなさい。（4点）

> その一言を千穂が心の中で反芻（はんすう）していた時、「パン職人」という言葉が耳に届いたのだった。

問三、傍線部①「心底から感心してしまう」とあるが、その理由として適切でないものを次より一つ選び、記号で答えなさい。（4点）

ア、自分とはちがい、家業を継ぐという宿命と向き合っているから。

イ、将来のことをしっかり自分の意志で選択しようとしているから。

ウ、まだ中学生だというのに高校卒業後のことまで考えているから。

エ、照れくさい内容の話なのに、ちゃんと言葉にできているから。

問四、傍線部②「今、よみがえる」とあるが、そのきっかけとなったものは何か。本文中より四字で抜き出しなさい。（4点）

問五、難 思考力 傍線部③「どうしても、あの樹が見たくなったのだ」とあるが、それはなぜか。本文中の言葉を用いて三十字以内で説明しなさい。（4点）

問六、傍線部④・⑤「ドキドキ」とあるが、この二つはそれぞれどういう心情を表しているか。その組み合わせとして最も適切なものを次より選び、記号で答えなさい。（4点）

ア、④期待　⑤焦り　　イ、④緊張　⑤高揚

ウ、④動揺　⑤驚き　　エ、④恐怖　⑤感動

問七、傍線部⑥「あたしの気持ち」とはどういう心情か。本文中の言葉を用いて四十字以内で説明しなさい。（4点）

問八、傍線部⑦「命令ばかりするの」とあるが、お母さんが千穂に命令したこととして適切でないものを次より一つ選び、記号で答えなさい。（4点）

ア、医系コースのある学校を受験すること。

イ、パンをごちそうになるのをやめること。

ウ、開業医の父のように医者を目指すこと。

エ、絵を描くのを趣味程度にしておくこと。

問九、空欄[⑧]・[⑨]に入る言葉の組み合わせとして最も適切なものを次より選び、記号で答えなさい。（4点）

ア、⑧理屈　⑨仕事　　イ、⑧意志　⑨仕事

ウ、⑧意志　⑨未来　　エ、⑧理屈　⑨未来

問十、傍線部⑩「思い出させてくれてありがとう」とあるが、大樹が思い出させてくれたこととして最も適切なものを次より選び、記号で答えなさい。（4点）

ア、母が自分のことをちゃんと大切に考えてくれているということ。

イ、小学生の時に大樹の枝から足を踏み外して落ちてしまったこと。

ウ、これまでは母のせいにしてぶつかることから逃げていたこと。

エ、自分は何よりも絵描きになりたいという夢を持っていたこと。

三 （古文）仮名遣い・内容吟味・口語訳・古典知識

次の古文を読んで、後の各問いに答えなさい。（計20点）

むかし、①男ありけり。身はいやしながら、*1 母なむ宮な*2りける。その母、長岡といふところにⓐすみたまひけり。子は京に宮仕（みやづか）へしければ、*3まうづとしけれど、ⓑしばしばえまうでず。ひとつ子にさへありければ、②いとかなしうしたまひけり。さるに、十二月（しはす）ばかりに、③とみのこととて文（ふみ）あり。おどろきて見れば歌あり。

老いぬればさらぬ別れのありといへばいよいよ見まく*4
ほしき君かな

かの子、いたううち泣きてよめる。

④世の中にさらぬ別れのなくもがな千代*5もといのる人*6
の子のため

（注）＊1　身はいやしながら＝官位はまだ低いままであったが

＊2　母なむ宮なりける＝母は天皇の娘であった
＊3　まうづとしけれど＝参上しようとしたけれど
＊4　見まくほしき＝会いたく思う
＊5　もがな＝願望の意味を表す終助詞
＊6　千代＝千年

問一、**よく出る** **基本** 二重傍線部ⓐ「すみたまひけり」・ⓑ「しばしばえまうでず」を全て平仮名・現代仮名遣いに改めなさい。（各2点）

問二、傍線部①「男」のことを表している語を本文中より二つ、ともに漢字一字で抜き出しなさい。（各2点）

問三、傍線部②「いとかなしうしたまひけり」・③「とみのこと」の解釈として最も適切なものをそれぞれ次より選び、記号で答えなさい。（各2点）

②「いとかなしうしたまひけり」
ア、体調のすぐれぬ日々を過ごしていた
イ、いつもたいへんうれしく思っていた
ウ、とてもかわいがっていらっしゃった
エ、たいそう元気にしていらっしゃった

③「とみのこと」
ア、いつものこと　イ、いそぎのこと
ウ、ゆたかなこと　エ、めでたいこと

問四、傍線部④「世の中にさらぬ別れのなくもがな千代もといのる人の子のため」の和歌に込められた心情として最も適切なものを次より選び、記号で答えなさい。（4点）
ア、親の死の知らせを聞いて、もっと孝行をしておけばよかったと後悔している。
イ、年をとってしまったので、生きている間にあなたと会いたいと切望している。
ウ、死別を避けることはできないので、できるなら一緒に死にたいと思っている。
エ、親との死別は避けられないものの、少しでも長く生きてほしいと願っている。

問五、**よく出る** 本文は『伊勢物語』の一節であるが、この作品が成立したのはいつの時代とされているか。その時代を漢字二字で答えなさい。（4点）

久留米大学附設高等学校

時間 60分　満点 100点　解答 P68　1月21日実施

出題傾向と対策

●論説文、小説文（省略）、古典文の三題構成。古典文は昨年どおり古文からの出題。設問は正確な読解力を確認するものが多く、選択肢の判別や記述においても「明確な根拠に基づく論理的な推論」が重視されている。一方で単純な知識確認の設問は減少傾向にある。

●文章内容の正確な読解と論点整理を重視されるので、日頃から現代文・古文・漢文についてのかたよりのない学習を心がける。また記述も重視されているので、過去問演習できちんと訓練しておくとよい。

注意　設問で、字数を指定している場合は、句読点などを含んだ字数である。

一 （論説文）漢字の読み書き・漢字知識・内容吟味・文脈把握

次の文章を読んで、後の問いに答えよ。

幸福とは何か。

考え始めるとすぐに気がつくのは、答えのレパートリーがものすごく少ないことです。

「幸福ですか?」と問われても、「はい、幸福です」と答えるか、「いいえ、不幸です」と答えるか、あるいはその中間をとって「まあまあ」とか「ほどほど」と答えるか、それくらいしか答えようがない。

実際、心理学には幸福を研究する分野があって、人々がどれくらい幸福であるのかをアンケートを使って測定するのですが、そのとき用いられる代表的な尺度は「人生への満足度」です。つまり、自分の人生についてどれくらい満足しているか、どの程度ポジティブな感情を抱いているかと問うことで、幸福の度合を測るわけです。

これは正直、「はい」「いいえ」「ほどほど」というさきほどの答え方とほとんど変わりません。

僕らの幸福をめぐるボキャブラリーはひどく貧しい。

国語の勉強が足りないせいではないはずです。

「幸せな家庭はどれもみな同じように見えるが、不幸な家庭にはそれぞれの不幸の形がある」

よく知られたトルストイの名言です。人間を描写する言葉を探し続けたロシアの大[A]ブンゴウですら、幸福は単調に見えていて、豊かな言葉を見つけられずにいるようです。

書店にずらりと並ぶ「幸せになるための本」を読んでみても、事情は変わりません。

幸福に「なる」ためのメソッドにはさまざまなバリエーションがあります。体を動かすとか、お金を[B]カセぐとか、周りに感謝するとか、さまざまなことが語られています。

だけど、[C]カンジンの幸せがどういうものであるのかについては、「ポジティブな気分でいる」くらいの[D]トラえ方がほとんどです。

ふしぎなことです。

世の中にはさまざまな幸福があるはずなのに、それら一つ一つに対して「なぜそれが幸福といえるのか?」と突き詰めていくならば、結局のところ「だって、うれしいから」とか「楽しいから」とか「気分がいいから」という単純な言葉でしか表現できなくなる。

幸せか否かは心に問いかけるしかなく、心に問いかけてみると、シンプルな答えしか返ってこない。

シンプルな幸福論。①これが問題です。

幸福のことを考え始めると、言葉が貧しくなり、思考がシンプルになっていく。

だからこそ、ここが補助線の引きどころです。シンプルな幸福論に補助線を引いて、複数の幸福を見出さなくてはいけない。幸福論を複雑にする必要がある。

さあさあ、お立合い！

幸福には何と何があるのだろうか。

気持ちよく、スッパーンと補助線を引いてみる。

煙がモクモクと立ち込めて、そこからドロンと現れたのは、ポジティブとネガティブ。

　こいつら、いったい何者だ？

　ポジティブな幸せとネガティブな幸せ。

　と書くと、結局ポジティブは幸せなのか！　と突っ込まれてしまいそうですが、そりゃそうです。当たり前じゃないですか。

　青空が広がっていたら気持ちがいいし、くじ引きで大当たりしたらハッピーな気持ちになります。未来に希望があるのなら、そりゃ幸せです。

　ポジティブは当然幸福と結びつきます。ですから、シンプルな幸福論が間違っているわけではありません。それは幸せの形の一つを確かにとらえている。これを利用しない手はない。

　ただし、それだけが幸福のすべてではない、というところがミソです。幸福にはまた別の形「も」存在している。

　問題は「ポジティブ」という言葉が幸福と強く結びつきすぎていることです。だから、次の二つの命題にチャレンジする必要がある。

　命題①　ポジティブな不幸せを発見すること。

　命題②　ネガティブな幸せを発見すること。

　まず命題①から。ポジティブな不幸せ。論理的にはおかしい気もするのですが、直感的にはわからないこともないはず。

　学校のクラス目標に「明るい子、元気な子」と書かれていると、いやあ暗くったっていいじゃんと思いますし、就職活動で大事なのが「笑顔で前向きなこと」と言われると、人物評価って結局そこなのかと複雑な気持ちになります。いつでもポジティブ・シンキングな人を見ると、無理していないかなと心配になります。

　ポジティブであることは、普通に考えて幸せなはずなのに、そこに押しつけがましさや息苦しさを感じてしまう。

　ポジティブに含まれている「幸福とはいいがたいもの」、これを明らかにする必要がある。

　次に命題②を。シンプルな幸福論では②ネガティブが不幸と固く結びつけられていることも問題です。

　ポジティブが増えれば幸福で、ネガティブが増えると不幸。これが幸福を考えるときの基本想定です。感じられているポジティブの総量を最大にすると同時に、ネガティブの総量を最小にすること。世間では幸福についてそういう風に考えられている。

　わからないこともない。人生にネガティブなことは少ない方がいいでしょう。

　しかし、生きていればネガティブなことは起こり続けるわけですから、ネガティブが不幸なだけであるならば、僕らの人生は防戦一方になってしまう。そのとき、幸福は温室で育てなきゃいけない、か弱い植物のようです。

　実際にはそうではない。僕らはネガティブなことに圧倒され、絶望することもあるけれど、そこから何かを得ること「も」ある。

　ネガティブにも「不幸とはいいがたいもの」が含まれているのではないか。悪しきものの中にある善きものこそ発掘されなくてはいけない。

　こういうことです。

　本当はポジティブには幸福も不幸も含まれているはずで、ネガティブにもその両方が含まれているはず。

　それなのに、「ポジティブとネガティブ」という補助線を引くと、自動的に前者に幸福が、後者に不幸が割り当てられてしまう。この補助線だけだと、幸福と不幸が分断されすぎてしまう。

　おそらく、「ポジティブとネガティブ」の補助線は濃すぎるのだと思います。この補助線は病んでいる。今のままではこの補助線は幸福をシンプルにするばかりで、複雑に考えるためのツールにはなっていません。

　③治療が必要です。病んでしまった補助線を癒さないといけない。

　濃い補助線。それは複雑な世界に高い壁を打ち立てて、国境線を引きます。お前はあっち側なのか、こっち側なのか、敵か味方か、と二者択一を迫る。

　たとえば、アンパンマンを思い浮かべてみてください。「愛と勇気だけが友達」と歌われているように、彼はポジティブすぎるヒーローです。憎しみとか臆病は友達にしてもらえません。ポジティブの純粋形のような正義の味方、それがアンパンマン。

　アンパンマンが住む村はポジティブです。そこは清潔で、平和です。ときどき、お腹が減るというネガティブなことも起きるけど、すぐにアンパンマンが飛んできて、顔を分け与えてくれます。そして、無残にも欠けてしまったアンパンマンの顔も、ジャムおじさんが即座に新しい顔に取りEカえてくれる。

　④なんと幸福な世界！　まるでオギャアと泣けば、すぐに授乳してもらえ、おむつをFカえてもらえる赤ちゃんの世界です。

　ただし、⑤この幸福な村には致命的な欠陥があります。

　ポジティブな村から排除されたばいきんまんは、荒涼とした山奥で暮らしながら日夜恨みを募らせ、虎視眈々と勢力を蓄えています。兵器を開発し、テロの計画を練る。準備が整うと、食べ物をよこせといって、幸福な村を襲撃する。最終的にはアンパンマンの暴力もとい正義の鉄槌によって、ばいきんまんは再び排除され、平和は維持されますが、その幸福はいつ崩れるかわからない。

　ここに濃い補助線が引き起こす心のメカニズムが見て取れます。

　濃い補助線は強力な作用で純粋な状態を作り出します。広大な灰色のエリアを白と黒に分け、白の中にあった黒い部分を追放し、黒の中にあった白い部分を消去する。

　そのせいで、アンパンマンにも臆病な部分があったかもしれないのに、彼は勇気だけを友達にしなくてはいけなくなり⑥（つまらん友達です）、ばいきんまんにだって綺麗好きなところがあったかもしれないのに、かびるんるんと暮らさざるをえなくなってしまいます。

　加えて、無理に成立させた純粋な状態は、排除したものたちからのしっぺ返しに、絶えず脅かされます。純粋さを保つために、アンパンマンはより一層強力な治安維持対策を取らなくてはいけなくなる。これでは堂々巡りです。ともすると、徐々に緊張が高まっていき、互いを殲滅（せんめつ）するような大戦争になってしまいかねない。

　濃い補助線には強力な排除の力が働いている。

　そう考えると、ポジティブに含まれていた押しつけがましさと息苦しさを理解できるのではないでしょうか。

　ポジティブを純粋な状態で維持するためには、ネガティブなものを不断に排除し続けなくてはいけません。ですから、ポジティブすぎる人と一緒にいると、息苦しくなる。ネガティブな気持ちの置き場所がなくなってしまうのです。「ポジティブとネガティブ」の濃すぎる補助線に必要なのはグレーゾーンです。「白か、黒か」と綺麗に分けすぎない方がいい。そうじゃないと、灰色の濃淡が続いている複雑な現実が見失われてしまう。

　⑦病んだ補助線を治療するためには、白と黒のあいだに、あいまいな灰色のグラデーションを作り出す必要がある。

（東畑開人『なんでも見つかる夜に、こころだけが見つからない』）

問一、よく出る 基本 傍線部A～Dのカタカナを漢字に直せ。

A、ブンゴウ　B、カセぐ

C、カンジン　D、トラえ

問二、難 傍線部EおよびFの「力」を漢字に直すと、次のア～オのうちどれが適当か。それぞれ記号で答えよ。

ア、変　イ、代　ウ、替　エ、換　オ、易

問三、傍線部①「これが問題です」とあるが、筆者はどのようなことを言おうとしているのか。次のア～オの中から最も適当なものを一つ選び、記号で答えよ。

ア、幸福について考え始めると、その単純さゆえに心が貧しくなっていくと感じられてしまうので、その解決方法を探す必要があるということ。

イ、幸福とはどういうものなのかを考えても、その単純さのために答えが出せる見通しが立たず、やがて考えることを放棄してしまうということ。

ウ、幸福になるにはどうすればいいのかについては、その方法が語られることが多いのに、幸福とはどういうものなのかについては語られることが少ないということ。

エ、幸福とはどういうものなのかを考えるとき、人生の満足度でその度合いを測ることがあるが、それは欺瞞（ぎまん）に過ぎず新たな尺度が必要だということ。

オ、幸福とはどういうものかということを考えるとき、単純な言葉でしか表現できないので、何らかの方法によって複数の幸福を見出す必要があるということ。

問四、傍線部②「ネガティブが不幸と固く結びつけられていることも問題です」とあるが、どういうことか。それを説明した次の文の空欄Ⅰ・Ⅱ・Ⅲをそれぞれ埋めて答えよ。ただしⅠは二十字以上二十五字以内、Ⅱは十字以上十五字以内、Ⅲは二十字以上二十五字以内とする。

　本当は［Ⅰ］はずなのに、［Ⅱ］と考えてしまうと、［Ⅲ］ということ。

問五、傍線部③「治療が必要です」とあるが、なぜか。その理由を説明した次の文の空欄Ⅳ・Ⅴ・Ⅵを埋めて答えよ。ただしⅣ・Ⅴは十五字以上二十字以内、Ⅵは五字以上十字以内とする。

　幸福について考えるとき、［Ⅳ］の導入は、［Ⅴ］ため、［Ⅵ］が必要になるから。

問六、傍線部④「なんと幸福な世界！」および傍線部⑥「(つまらん友達です)」という表現には、筆者の何に対するどんな心理が働いているか。「～な心理。」につながるように簡潔に答えよ。

問七、難 傍線部⑤「この幸福な村には致命的な欠陥があります」とあるが、「致命的な欠陥」とはどういうことか。次のア～オの中から最も適当なものを一つ選び、記号で答えよ。

ア、ポジティブを純粋な状態で維持しようとしても、ネガティブな要素によってその状態は常に脅かされ、いつ幸福な状態が崩壊してもおかしくないということ。

イ、ポジティブを純粋な状態で維持し続ける必要性から、ネガティブな要素の存在自体を認めず、単純かつ排他的な思考に陥ってしまっているということ。

ウ、ポジティブを純粋な状態で維持するために、ネガティブな要素を不断に排除し続けねばならないという負の堂々巡りに陥ってしまうということ。

エ、ポジティブを純粋な状態で維持しつづけ、ネガティブな要素を排除してしまうと、ポジティブな状態に息苦しさを感じるようになってしまうということ。

オ、ネガティブな要素を排除するためには手段を選ばないゆえ、強者の論理が優先され社会的弱者の存在が軽視される状態になってしまうということ。

問八、思考力 傍線部⑦「病んだ補助線を治療するためには、白と黒のあいだに、あいまいな灰色のグラデーションを作り出す必要がある」とあるが、筆者はどういうことをすべきであると言っているのか。わかりやすく説明せよ。

二 （省略）辻村深月「この夏の星を見る」より

三 （古文）口語訳・動作主・文法・内容吟味

次の文章を読んで、後の問いに答えよ。

成通卿（なりみち）、ⓐ年ごろ鞠（まり）を好み給ひけり。その徳や至りにけむ、ある年の春、鞠の精、懸り（かか）の柳の枝にあらはれて①見えけり。みづら結ひたる小児、十二三ばかりにて、青色の唐装束して、いみじくうつくしげにぞあり［Ⅹ］。

なにごとをも始むとならば、底をきはめて、かやうのⓑしるしをもあらはすばかりにぞ、せまほしけれど、②かかるためし、いとありがたし。

されば、

　学ぶ者は牛毛のごとし。得る者は麟角（りんかく）のごとし

ともあり。

また、

　③することかたきにあらず。よくすることのかたきなり

ともいへる。げにもとおぼゆるためしありけり。

（『十訓抄』）

（注）懸りの柳…蹴鞠（けまり）場の四隅に植えられた柳。

みづら…平安時代の少年の髪型。

牛毛…牛の毛。数が多いことをしめす。
麟角…麒麟（きりん）の角。きわめて珍しいもののたとえ。

問一、点線部ⓐ「年ごろ」・ⓑ「しるし」の意味として最も適当なものを、それぞれ次のア〜オの中から一つ選び、記号で答えよ。

ⓐ「年ごろ」
ア、以前　イ、年若い頃　ウ、長年
エ、最近　オ、一時期

ⓑ「しるし」
ア、心象　イ、利徳　ウ、目印
エ、効果　オ、一念

問二、傍線部①「見えけり」の主語を本文中から五字以内で抜き出して答えよ。

問三、**基本** 空欄Xに入る語として最も適当なものを次のア〜オの中から一つ選び、記号で答えよ。
ア、けれ　イ、けら　ウ、ける
エ、けり　オ、けめ

問四、傍線部②「かかるためし、いとありがたし」を現代語訳した次の文の空欄A・Bを埋めよ。
成通卿のように、［　A　］という例は、実に［　B　］ことである。

問五、**思考力** 傍線部③「することかたきにあらず。よくすることのかたきなり」とは、どういうことを言おうとしているのか。分かりやすく説明せよ。

慶應義塾高等学校

時間 60分　満点 100点　解答 P69　2月10日実施

出題傾向と対策

●現代文二題は例年どおりだが、文の種類は毎年さまざまである。過去には、評論文や随筆文だけでなく、近代文語文や、詩とその鑑賞文などが出題されたこともある。小問は、字数制限のある記述、空欄補充、選択問題を中心に、漢字の書き取りや知識問題もある。

●さまざまな文章に触れ、また、問題演習を繰り返し、対応力を磨いておこう。記述対策として、指定字数に合わせた解答を構成する力も養っておきたい。漢字などの基本的な知識もおろそかにしないこと。

注意　字数制限のある設問については、特に指示のないかぎり、句読点・記号等すべて1字に数えます。

一（論説文）文脈把握・内容吟味・漢字の読み書き

以下は、言語学者である筆者がタイやラオスの山岳民族であるムラブリの言語について述べたものです。文章を読んで後の問題に答えなさい。

感情を表す表現は、大きく分けて2つある。ひとつは語彙だ。日本語で言うと「うれしい」とか「悲しい」などになる。もうひとつは[1]迂言（うげん）的な表現だ。「[2]心が躍る」とか「気分が沈む」などがそうだ。ほとんどの言語で両方の表現方法を用いることが知られている。ムラブリ語もそうだ。

感情表現は、とくに翻訳が難しい。日本語の「幸せ」と英語の「happy」のニュアンスが異なることからも、その難しさを想像できると思う。だから、研究者は感情表現の意味を「好／悪」と「動／静」の2軸を用いて、平面上にマッピングすることで表現する。

次の図の右上が「動的に好ましい」、右下が「静的に好ましい」、左上が「動的に悪い」、そして左下が「静的に悪い」の領域だ。

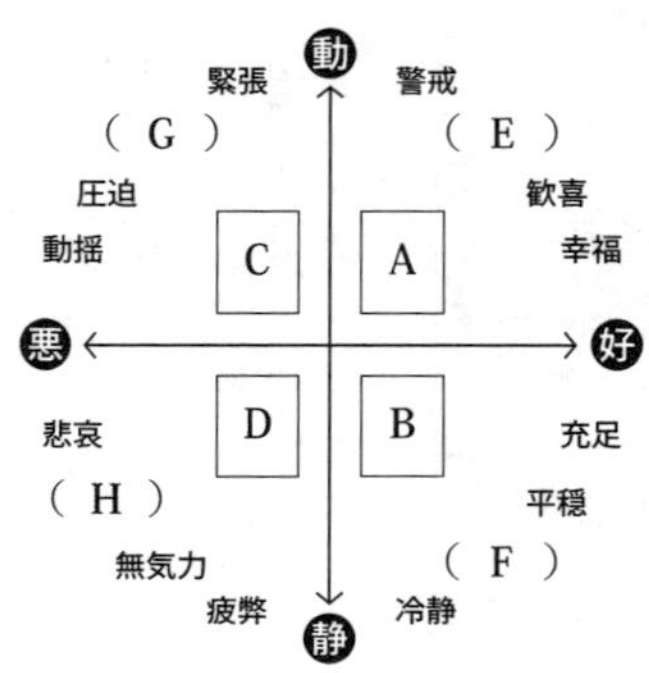

たとえば、日本語の「幸せ」はポジティブで、英語の"happy"と共通するが、英語よりも少し静的なので下に位置づけられる。このような違いは、逐語訳では見落とされがちだが、図示することで、細かいニュアンスの違いを①ザヒョウの位置によって表現することができる。

ここで注目したいのが、ムラブリ語の迂言的な感情表現だ。ムラブリ語は「クロル（心）」を用いて感情を表すのだが、そのなかでも「[3]クロル　クン（心が上がる）」と「[4]クロル　ジュール（心が下がる）」という感情表現がおもしろい。

直感的には「心が上がる」はポジティブな意味で、「心が下がる」はネガティブな意味に聞こえるだろう。しかし、実際は逆で、「心が上がる」といえば「悲しい」とか「怒り」を表し、「心が下がる」は「うれしい」とか「楽しい」という意味を表す。

認知言語学という分野では、世界の言語にみられる普遍的な特徴として、「上がる」ことは「よい」こと、つまり"Up is GOOD"が主張されている。これは概念メタファーと呼ばれ、とくに"Up is GOOD"は世界中で見つかるため、もっとも普遍的な概念メタファーのひとつと考えられている。しかし、ムラブリ語の「心が上がる」はネガティブな感情を表すため、普遍的だと主張される"Up is GOOD"の例外となり、とても珍しい。

あまりによく見られる〝Up is GOOD〟だから、ムラブリ語の分析が誤りである可能性もある。ぼくも「心が上がる／下がる」は上下運動ではなく、別の意味ではないかとも考えた。しかし、「心が上がる／下がる」というときのジェスチャーを見ると、胸のあたりの前で手を上下に動かしている。やはり、「心臓の辺りが上がる／下がる」という感覚経験にこの表現の源があるようだ。

感情の評価軸は「好／悪」と「動／静」だったが、「心が上がる」は「好／悪」というより、「動／静」に左右されるのではないか、と考える人もいるかもしれない。ぼくも初めはそう考えた。しかし、ぼくたちのおこなった実験によれば、「心が上がる／下がる」は「動／静」に関係なく、「好／悪」を表すのだ。

結果として、動的か静的かにかかわらず、心理学的に良い感情に結びつくものは「心が下がる」、悪い感情に結びつくものは「心が上がる」と表すことから、ムラブリの感性には、〝UP is UNHAPPY〟と〝DOWN is HAPPY〟の概念メタファーがあると言えるかもしれない。

また、ムラブリ語には「興奮」などに相当する語がない。狩りや性交、祭りなどで感じる感情は、ぼくたちからすれば「興奮」と呼べるものだろう。しかし、ムラブリはそれらの感情を言葉で表すことをしない。「狩りに行くときの感情はなんという？」と質問しても、ぼくの意図がよくわからないようだった。（ x ）「ジャック クェール（狩りに行く）」という言葉に、行為も感情もひっくるめて表現されていると言わんばかりだ。

ムラブリ語には「感情」も「興奮」もない。ムラブリが行為から感情を分離する感性がないとも捉えられる。[5]「心が上がる／下がる」も、ある種の身体的な行為に近い感覚として見るべきなのかもしれない。

これは[6]ムラブリの感性を紐解く大きなヒントになる。感情は直接観察することができない。しかし、ムラブリ語という②タイケイを通して、彼らの感じている世界を想像することはできるかもしれないのだ。

そもそも、ムラブリは自分の感情を表すことがほとんどない。森に生きていた時代、彼らは他の民族との接触をできるだけ避けてきた。森に身を潜めて暮らすなかで、必然的に感情を表に出すことを慎むようになったのかもしれない。実際、まだ森の中で遊動生活しているラオスのムラブリは、タイのムラブリに比べて表情がずっと乏しく見えた。大きな瞳は黒く深く、一見なにを考えているかわからない感じがして、少し怖いと感じることもあった。

こんなエピソードがある。教員時代に大学の学生をムラブリの村に連れて行ったときのことだ。旅行気分があったのだろう、学生たちが盛り上がって少しうるさい夜があった。そんなとき、1人のムラブリの男性が（ y ）とぼくに近寄ってきて、こう言った。

「わたしは怒っているわけではない、本当だよ。けれどあなたたちが大声を出すと、村の子どもたちが怖がるかもしれない、怖がらないかもしれない。わたしは怒っているわけではないよ、本当だよ」

彼はぼくらに「静かにしてほしい」と伝えようとしているのは明らかだ。しかし、その言い方はとても繊細で、臆病にさえうつる。遠回し過ぎてなにが言いたいのかわからないほど、ささやかな訴えになっていた。繰り返し、「わたしは怒ってはいないよ、本当だよ」と挟みながら、言いたいことを伝えようとする光景は、ムラブリと暮らしていると珍しいものではない。ムラブリ同士でも、相手になにかを主張するときには、この言い回しをたびたび聞くことができる。[7]ムラブリにとっては、なにかを主張したり感情を相手に向けることは、よっぽどの一大事であることが窺い知れる。

感情を表すのをよしとしないなら、「心が上がる」、いわば感情が迫り上がってくる③ジタイは、避けるべきこと、悪いことと捉える感性があっても不思議ではないだろう。

【そんな感情を表に出さず、「心が下がる」ことをよいとするムラブリと長年一緒にいて、ぼく自身も感情の表し方が変化している。たとえば、友人と出かけていると、突然「怒ってる？」と確認されることが増えてきた。そんなときはたいてい真逆で、ぼくはむしろ機嫌よくすごしている。友人が言うには、「顔に表情がないから、怒ってるのかと思った」ということらしい。楽しいときに、ニコニコしていないと、怒っていると思われるようだ。ぼくはその期待とは反対に、気分がいいと口数が少なくなり、表情もぼーっとしてくるようになった。それが日本人の感性では「不機嫌」とみなされることがあるのだろう。ムラブリの「心が下がる」は、少し[8]日本人の感性から離れているかもしれない。ただ最近では「チルい」という言葉が日本で流行していた。「脱力した心地よさ」は、ムラブリの「心が下がる」に通じるところがあるように思える。森の中でタバコを吸うムラブリの姿は、最高に「チルい」。】

ファイホム村でムラブリと住むウドムさんから聞いたおもしろい話があるので紹介しよう。

タイのムラブリは現在いくつかの村に分かれて生活しているため、親族と離れて暮らすムラブリは多い。別の村に行くときは、歩いて行くのは遠いため、車の運転できるウドムさんに「会いに行きたいから連れてって欲しい」とお願いしてくることがよくあるそうだ。何度も何度もお願いされるので、ある日ウドムさんは仕事を休んで、車を出すことにした。ピックアップトラックの荷台に、老若男女、たくさんのムラブリを乗せて、3時間ほどかけて北にあるターワッ村へ遊びに行った。散々「会いたい会いたい」と言っていたから、さぞ喜ぶだろう、ウドムさんはそう思ったらしい。

ターワッ村は小さく、3つの家族だけが住んでいたから、その村④ソウデで歓迎された。けれど、あれだけ会いたいと騒いでいたムラブリたちが、いざ再会してみると、ちっとも喜んでいるように見えない。少なくとも外側から見える⑤シグサや言動からは、うれしそうに見えない。ハグなどの身体接触がないのは予想できたけれど、一緒にご飯を食べたりもしないし、会話が盛り上がる様子もない。ただ一緒に横にいて、顔も見ずに座っているだけ。1時間もしないうちに、会いに行きたいと言い出したムラブリ男性が「いつ帰るんだ」と言い出す始末。結局、その日は着いて1時間程度で帰ったそうな。

ウドムさんとしては、久しぶりの再会に喜ぶムラブリの姿を期待していたのだろう。けれど、ムラブリの感性は

「DOWN is HAPPY」だ。自分の視界の端に会いたかった人がいる。その距離感で十分なのだろう。そのときの「心が下がる」気持ちを、わざわざ他人にもわかるように表に出す必要を感じない。それどころか、それを表に出すのは「心が上がる」こととして、慎んでいるのかもしれない。そう考えると、このエピソードも微笑ましく思えてくる（往復で6時間も運転したら違うかもしれないけれど）。

現代人の感性として、一緒に笑い、騒ぎ、抱き合って、ポジティブな感情を表現して認め合うことが幸せであり、感情は外に出してこそ、誰かに知られてこそ、より幸福を感じられると信じられているようだ。人々のSNSに対する情熱を見れば、それは明らかだ。仲間とはしゃいだときに感じる楽しさはぼくも知っている。けれど、それはひとつの信仰でしかない。感情のあり方や表現の仕方に、絶対の正解はない。ぼくらが「幸福」だとありがたがるものは、ごく最近にはじまった一時的な流行りに過ぎないのかもしれない。

＊本文には伊藤雄馬『ムラブリ　文字も暦も持たない狩猟採集民から言語学者が教わったこと』（集英社インターナショナル　二〇二三）の「第3章　ムラブリ語の世界」の「「上」は悪く、「下」は良い？」「ムラブリの幸福観」を用いた。

問一、**基本** 空欄（ x ）（ y ）に入る適切な語をそれぞれ選択肢から一つ選び、記号で答えなさい。

（x）ア、しかし　イ、だから　ウ、それでも　エ、あえて　オ、あたかも

（y）ア、そろそろ　イ、いらいら　ウ、ずんずん　エ、よろよろ　オ、ぐいぐい

問二、――1の言い換えとして最も適切な言葉を選択肢から一つ選び、記号で答えなさい。

ア、抽象的　イ、具体的　ウ、比喩的　エ、象徴的　オ、直接的

問三、――2「心」について、古く日本語では「こころ」という語で「（　）」という具体的意味を表したが、問題文を読むとムラブリ語の「クロル」も同様の意味を持つと推測できる。（　）に入る語を問題文中から二字で抜き出しなさい。

問四、筆者の考えによるならば、――3は図の領域A～Dのいずれに該当する感情表現と考えられるか。当てはまるものを全て選び、記号で答えなさい。

問五、図中の（E）～（H）に入る適切な語を選択肢から選び、記号で答えなさい。ただし、同じ記号を二回以上用いてはならない。

ア、陰鬱　イ、弛緩　ウ、不安　エ、興奮

問六、――4に適合する例を選択肢から一つ選び、記号で答えなさい。

ア、困難な仕事をようやく成し遂げて、ひとり喜びに浸った。

イ、何気ない日々の生活の楽しさを家族で分かち合った。

ウ、こみあげる不安を抑えられず友人に愚痴をこぼした。

エ、アップテンポの曲を聴いてうれしくなり、思わず踊りだした。

オ、報われなかった努力に虚しさを感じ、無気力となった。

問七、――5について、ムラブリにとって「心が上がる」という感覚は、どのような「身体的な行為」と密接に結びつくと考えられるか。「～という行為」という言い方に続くように十五字以内で答えなさい。

問八、――6について、「ムラブリの感性を紐解く」ことは、現代人にとってどのような意義を持つと筆者は考えているか。四十字以上五十字以内で答えなさい。

問九、**思考力** ――7について、「よっぽどの一大事」でありながら、タイのムラブリが「なにかを主張したり感情を相手に向けること」を避けられないのはなぜか。十五字以内で答えなさい。

問十、――8に対する筆者の軽い皮肉の込められている語を本文中の【　】内から漢字二字で抜き出しなさい。

問十一、次の選択肢の中から、本文の内容説明として最も適切なものを一つ選び、記号で答えなさい。

ア、ムラブリにも感情を表す語彙はあるものの、それらの語彙を用いることは極めてまれである。

イ、ムラブリの「クロル　クン（心が上がる）」は英語の"happy"と同様、もっぱら動的な感情について用いられる言葉である。

ウ、多少なりとも現代人の感性にとらわれていた筆者は、ムラブリとの生活を通して彼らの感性を体得していった。

エ、ファイホム村のムラブリたちは久しぶりに親族に会ったのにもかかわらず、全く喜ばなかった。

オ、現代人の感情表出の在り方より、心の中での仲間や家族との結びつきを大切にするムラブリの感性のほうが優れている。

問十二、**よく出る** **基本** ――①～⑤のカタカナを漢字に改めなさい。

二 （論説文）漢字の読み書き・国語知識・文脈把握・内容吟味

次の文章を読んで、後の問題に答えなさい。

森鷗外の自分探し、いかがだったでしょうか。歴史上の偉人だと思っていたけれど、意外に現代を生きる私たちと共通の悩みを抱えていたんだな、なんて感じていただけると、少しは鷗外のことが身近に思えてこないでしょうか。「舞姫」の裏側の事情を知ると、作品の見えかたも変わってくるかもしれません。ここで本書の最後に、鷗外の存命中に世間の注目を集め、彼自身も耳にしたであろう、一つの事件をご紹介しておきましょう。

A一九一七年三月七日夕、一組の男女が千葉駅近くを走る総武線の列車に飛び込みました。結果的に、男のほうは亡くなり、女は重傷を負いながらも命を取り留めています。悲しい出来事ではありますが、それだけなら数ある心中事件の一つとして、さして注目を浴びることもなかったでしょう。しかし、二人にとって不幸だったのは、その身分でした。

女は芳川伯爵家の夫人鎌子で、男は当家運転手の倉持陸助。【 1 】な規範が現在よりはるかに強く信奉されていた時代、そんな二人が起こした恋愛スキャンダルに世間がどう反応したか、だいたい想像がつきますよね。二人の関係から事件の状況、鎌子の退院とその後の動静まで、根掘り葉掘り調べあげた報道合戦。その報道内容に、勝手な

憶測をつぎ足した無遠慮な論評。そして、生き残った鎌子への激烈なバッシングです。特に上流①カイキュウの人で、しかも女であった彼女への攻撃は、書くのもためらわれるすさまじさでした。

鎌子の実父である芳川顕正伯爵は、あの山県有朋の側近であり、当時は天皇の諮問機関である枢密院において、議長だった山県の下で副議長をつとめていました。鷗外は一九一三年一月二十六日、小田原にあった山県の別荘、古稀庵で会ったこともありますから、この事件も耳には入っていたはずです。とはいえ、もともと世上の事件に反応することの少ない鷗外は、この時も手紙や日記まで含め、何も書き残していません。かつて一九一一年には、恐怖小説の形を取って結ばれぬ男女の心中を描いた、その名も「心中」という小説を発表していて、[X]そうした心の動き自体に関心はあったはずですが、具体的な事件に即してとやかく述べるのは避けたようです。

この事件に関し、当時出された様々な言説のなかで、特に印象深いのは長谷川時雨の「芳川鎌子」です。『新編近代美人伝』上（岩波文庫）に②シュウロクされており、またインターネット上の電子図書館、[B]青空文庫でも読むことができます。劇作家として活躍し、また様々な女性たちの評伝「美人伝」でも知られる彼女は、そうした世間の③フウチョウに激しく憤りました。「他人の欠点を罵れば我身が高くでもなるような眺めかたで、彼女を不倫呼ばわり」し、「名門であり富有であったから、一種妙な、日頃の鬱憤をはらしたような、不思議な反感と侮蔑をもって、【　２　】だった」という世間に対し、時雨はこんなふうに書くのでした。

　その事実！　その事実は私もなんにも知らない。やっぱり新聞紙によって知っただけにしか過ぎない。けれどもそれだけで彼女の一生を片付けてしまおうとするのはあんまり残酷ではあるまいか？（中略）私は何時でも思うことであるが、人間はその人自身でなければ、なんにも分らない。ある点までの理解と、あるところまでの心の交渉はあるが、すべてが自分の考え通りにゆくものでない、自分自身すら、心が思うにまかせずかえって反対に逸れてゆくときのある事を知っている。推察はどこまでも推察に過ぎないゆえ、独断は慎まなければならないと思っている。

時雨はこう述べて、鎌子の心情をていねいに思いやりつつ、当時の社会通念や沸き立つ世間によって苦しめられた彼女の足跡を綴ってゆきます。事件の④ハイケイと当事者たちの心の動きを、「至極ありふれた解釈」で簡単に断定する人々について、「その人自身の(1)心の生活ほど貧しいものはない」とする彼女の批判が、百年後の現代社会においてもまったく鋭さを失っていないのは、むしろ残念なことと言うべきかもしれません。

ぼくは鷗外のありかたに、こういう時雨の姿勢とどこか[1]重なるものを感じます。

もちろん、同時代人の生涯や事件を積極的に書いていった時雨と、文芸時評や欧米文化の紹介以外、同時代について発言することさえ少ない鷗外とでは、題材の選択からして大きく異なります。特に、時代のなかで苦しみながら闘った女たちに共感し、その生涯をドラマチックに記してゆく時雨の情熱は、[2]抑制のきいた鷗外の文筆とは対極にあるようです。でも、彼がけっして目前の事件を見すごしていたわけではないことは、「鼠坂」や「沈黙の塔」に即してお話ししてきたとおりです。鷗外の抑制は、その裏側に激しい感情の動きを秘めているからこそ必要だった抑制なのです。

一九〇九年の作品に「鶏」という短篇小説があります。小倉に赴任した石田少佐が、馬丁や使用人に食料などを横領されながら、咎めずに黙許する物語です。鷗外の小倉時代の日記や手紙に同様の事件が記されていますので、自身の体験が題材だったとわかります。ところが、彼が小倉を離れたのは一九〇二年ですから、身辺の腹立たしい出来事を作品とするのに、七年以上の時間を置いたのです。

しかも、彼は作中に登場させた使用人たちに怒りをぶつけるのではなく、庶民のしたたかさに「少からぬ敬意」さえ記しています。ごまかされても気づかない石田を「馬鹿」と[a]戯画化し、使用人たちの視点で彼らのたくましさを描き出すその態度は、他者を単純に断罪することの対極にあります。「舞姫」や「鼠坂」もそうでしたが、目前の題材をすぐに書いてしまうのではなく、時間をかけて他者に向きあい、心情への理解を重ね、共感であれ批判であれ、その人間性と丹念に向きあってゆく。時雨の姿勢が共感と思いやりに支えられていたところ、鷗外は抑制と理知によって心の機微に分け入ろうとしていたのであり、それゆえ時には[3]題材が大きく形を変え、まったく別の物語に結実したりもします。

鷗外が自作解説である「歴史そのままと歴史離れ」に記した、歴史小説だけでなくすべての作品において、「(2)観照的ならしめようとする努力」をしてきたという言葉は、いかにも【　３　】です。

とはいえ、鷗外だって人間ですから、その努力がつねに⑤ソウコウするとはかぎりません。嫁姑関係に追いつめられて書いた、「半日」のような例もありました。いつものように、［C］を置いたうえで［D］的に解剖してみたら、作中の「奥さん」や「母君」の描きかたはまた違っていたのかもしれません。しかし、とてもそうはできずに書いてしまった裂け目に、鷗外の抑制と感情の葛藤が見え隠れしているのであり、この時の煩悶はそれほど深かったとも言えるのかもしれません。

そしてそうした葛藤は、本書でお話ししてきたとおり、自分探しにも[b]通底するものでした。自分とは何か。他者との関係や立場のなかで、自分はどうあるべきか。どうしても譲れない自分らしさはどこにあるのか。みずからの激しい思いと、それを許さない周囲の環境との葛藤のなかで、自省と理知によってあるべき自分を探そうとしたその視線が、他者に向けられた視線の裏側には貼りついているのです。

文学が人間の描く芸術である以上、鋭敏な人間理解は不可欠です。それを直観や感性で行う人もいますし、抑制しない感情の【　４　】な吐露が文学性を生む場合だってありますが、鷗外は徹底して自己を見つめ、その反照として他者も慎重に見つめようとすることで、人間という存在に向きあった文学者だったのでした。

　自分を探す森鷗外。でも鷗外は、けっして自己だけを見つめていたのではありません。先のわからない新しい時代のなかで、自己を深く見つめることによって他者を知り、他者への理解があるからこそ自身のありかたも見えていたのです。そう考えると、森鷗外は過ぎ去った時代の古くさい作家などではなく、すぐれて【　5　】な存在であり、だからこそいまでも読まれ続けているのでしょう。

＊出口智之「森鷗外、自分を探す」（岩波ジュニア新書）より。
問題作成にあたり、一部表記を改変した。

問一、よく出る　基本　――①～⑤のカタカナを漢字に改めなさい。

問二、……Aを和暦で表記しなさい。元号も含めすべて漢字を使用すること。

問三、【1】～【5】に入る最も適切なものを次の選択肢からそれぞれ選び、記号で答えなさい。ただし、同じ記号を二回以上用いてはならない。

ア、逆説的　イ、爆発的　ウ、牧歌的
エ、実用的　オ、示唆的　カ、社会的
キ、現代的　ク、感動的　ケ、嘲弄的
コ、多元的

問四、……Bとは、「【　ア　】権の保護期間を過ぎた作品や、公開を許諾された作品を集めて電子化し、インターネットで無料公開するサービス」のことである。【　ア　】に入る最も適切な語を二字で答えなさい。

問五、[C]・[D]に入る最も適切な語をそれぞれ本文から抜き出しなさい。

問六、……a・bの語の説明として最も適切なものを次の選択肢からそれぞれ一つ選び、記号で答えなさい。

a　ア、おかしく、不思議なとらえ方をすること
　イ、おかしく、誤ったとらえ方をすること
　ウ、おかしく、斬新なとらえ方をすること
　エ、おかしく、皮肉なとらえ方をすること

b　ア、見えないところで一貫性があること
　イ、見えないところで類似性があること
　ウ、見えないところで有用性があること
　エ、見えないところで依存性があること

問七、……(1)を別の表現に置き換えた場合、最も適切なものを次の選択肢から一つ選び、記号で答えなさい。

ア、他者に同調する力に乏しいこと
イ、集団の中で行動する力に乏しいこと
ウ、物事の深層を看破する力に乏しいこと
エ、自己の感情を抑制する力に乏しいこと
オ、明日に向かって前進する力に乏しいこと

問八、……(2)の表現に最も近い四字熟語を次の選択肢から一つ選び、記号で答えなさい。

ア、泰然自若　イ、初志貫徹　ウ、一視同仁
エ、沈思黙考　オ、虎視眈々　カ、不言実行

問九、――1とは具体的にどのようなことか。「～と…が重なるということ」という形式で、次のかたちに従い、それぞれ二十五字以上三十字以内で答えなさい。

[　　　　]描いた時雨の姿勢と、[　　　　]鷗外の姿勢が重なるということ。

問十、――2とは具体的にどのようなことか。それを最も適切に表している部分の、はじめと終わり五字（句読点は除く）を抜き出しなさい。

問十一、思考力　――3に関連して、短篇小説「鶏」が「題材が大きく形を変え、まったく別の物語に結実」した作品であるとした場合、「別の物語に結実」しなかった場合の作品の内容はどのようなものであったと考えられるか。二十五字以上三十字以内で説明しなさい。

問十二、――Xの理由を六十字以上七十字以内で述べなさい。

慶應義塾志木高等学校

時間 60分　満点 100点　解答 P70　2月7日実施

出題傾向と対策

●小説文（省略）、論説文、古文、文学史を問う大問四題構成。問題構成は年度により大きく変わることがあるので注意。記述は読解問題・古文で十五～二十五字前後の問題が出題され、毎年、短めのものが出題される傾向がある。文学史を問う問題では、慶應義塾に関連する作家が取り上げられた。

●基礎的な問題も多いが、問題数が多く、時間配分に注意して手際よく解いていく力が試される。特に空欄補充が多く出される傾向があるので対策を立てておきたい。

注意　字数指定のある設問においては、句読点などの記号をすべて1字と数えること。

一 （省略）モーパッサン（太田浩一訳）「車中にて」（『宝石／遺産』モーパッサン傑作集」所収）より

二 （論説文）漢字の読み書き・文脈把握・内容吟味・熟語・要旨・短文作成

次の文章を読んで、後の問に答えなさい。

子供たちを非科学的な人間にしないようにするには、どうすれば良いか、ということを少し考えてみよう。歳を取れば、経験を積むことで、ある程度は非科学的なものを信じない、いわゆる免疫みたいなものができてくる。それに比べて、子供や若者は「染まり」やすい。超自然的なものを信じやすい傾向がある。特に、同年の友人たちの間でこういった「神秘」の話は盛り上がりやすいし、なかには、そういう体験談を[A]やかに話して注目を集めようとする者もいる。また大人が否定すればするほど反発するというのも若者の特徴である。だから、そうならないうちに、

もっと小さいときから、「科学」の基本的な姿勢を、大人の責任としてしっかりと教える必要があるだろう。

たとえば、親は「神様」「ご先祖様」などと軽々しく口にしない方が良い。子供を脅かそうと、真剣な顔で言わないことだ。[1]大人は、自分ではその「眉唾」加減を知っているけれど、言葉や態度だけを見ている子供は、それを信じてしまうかもしれない。そういう言葉が出たときには、きちんと説明する必要がある。お墓参りをするとき、「ここに死んだ人がいるわけではない。死んだ人は生きている人が思い出すだけのもので、このお墓は、それを思い出すためにあるのだよ」と説明すれば良い。

「悪いことをすると、バチが当たるよ」という言葉は、[2]子供にいうことをきかせるための手っ取り早い方法ではあるけれど、このように責任を神様に［B］していると、神様がいないとわかったときには、なにをしても見つからなければ叱られない、と考える子になるかもしれない。親は自分が悪者になりたくないから、神様に叱ってもらおうという心理が働く。しかし、はっきりと「私が許しません」と言えば済むことであり、悪いことをすれば不利益が自分自身に訪れることを教えれば良い。その不利益は、親が子供に与えることで感じさせるしかない。それが教育である。不利益というのは、なにかを取り上げられる、ということである。悪いことをしたから、今日はTVを見せてもらえない、くらいの感じか。「バチが当たりますよ」よりは、科学的であるし、これは、[3]社会の秩序維持の仕組みを教えることにもつながるだろう。

犬だってそうだが、人間ならばなおさら、自分の利益になるよう、できるだけ得をするように行動する。だから、科学的であることが得になる、ということがわかれば、子供は自然に科学的になるはずだ。「お父さんは算数ができなかったけど、こんなに立派になれたよ」というように、（そんなつもりはなくても）つい逆の指導をしてしまい、子供の才能を[a]ツブすことがあるから気をつけたい。

子供の好奇心というのは、本当に大事な才能の表れだ。絶対にこれを無視してはいけない。子供の心は、好奇心として表れる。これを受け止めることでコミュニケーションが成り立つといっても良いくらいだ。

子供の質問に、大人はなかなか精確には答えられないだろう。そういうときには、いい加減なことを言わず、「わからない」「知らない」ということを正直に伝えることが大切である。そして、「わかったら、教えてね」とつけ加えれば良い。子供は、それをますます知りたくなるだろう。一所［C］に考えて、大人に教えてあげよう、と思うかもしれない。「そんなこと、どうだって良い」「そんなことを知って、どうするつもりか」という態度を絶対に取らないことが重要だ。

どうも、大人は子供に対して、「無邪気に自然の中でのびのびと走り回ってほしい」というような[b]カタヨったイメージを抱きすぎているのではないか、と僕は感じる。部屋の中で本を読んでいる子供に、もっと外で遊ぼう、と[c]ウナガす。知らず知らずのうちに、自分の不得意なものを子供から遠ざける。たとえば、ちょっとした都市にはたいてい科学館の類の施設がある。そういったところへ行くよりは、海へ魚を捕りにいく方がワイルドで望ましい、というイメージでつい強制してしまう。父親は特に、自分が子供のときに夢中になったものを自分の子供に押しつけがちだ。（Ⅰ）

ゲームは科学教育的にどうだろう？　この頃は、学習的な方向性のゲームが少なくない。大人向けのものでも、頭を使って「脳の老化を防ごう」というコンセプトのゲームが流行っている。でもたいていは、単に記憶する、計算が速い、といった、いわゆるテスト感覚のものばかりだ。テストは、どうしても「言葉」の処理になる。言葉でなくても「図形」あるいは「記号」の処理能力が要求されるだけである。こういったものでは、基本的に新しい好奇心は生まれないので、（大人には良いかもしれないけれど）子供の科学教育には向かない、と僕は思う。（Ⅱ）

ではどうすれば良いのか？　僕たちが科学少年だった時代のように、これからの子供が科学に[d]ミリョウされることは、おそらく無理だろう。それはそれで良いと思う。ただ、それを完全に無視しないこと。自分たちの生活のすべてが科学の上に成り立っていることを知ることが重要だ。数字をよく認識し、［D］性を見出し、そして、自分だけの判断ではなく、他者とコミュニケーションを精確に取り、その中で一つずつみんなで確かめながら、正しい情報を選択するという基本的な仕組みを教えなければならない。[e]チュウショウ的だが、それが科学教育だと思う。（Ⅲ）

人間にはいろいろなタイプがある。全員が同じことに興味を持つなんて状況は不自然だ。それは子供でも同じであり、むしろ子供の方が大人よりもバラエティに富んでいる。幼稚園児を大勢部屋に集めれば、それがわかるだろう。みんなで一緒に遊ぶことはない。ある子は本を読み、ある子は走り回る。ほかの子が気になる子もいれば、周りはまったく目に入らず、自分の世界に没頭している子もいる。こういったところへ、「言葉」を持ち込み、全員が一緒になって行動する連帯感を育てることは、教育の一つの要素である。全員で歌をうたったり、踊ったり、劇をしたり、話し合ったり、という活動は、［E］性を養うためにも、集団の統制を取るためにも不可欠だ。（Ⅳ）

子供たちの時間の半分は、自由に好きなことをさせる。さらに、それぞれの子が勝手なことをしている状況を認識させる。そういった自由と他者の尊重から科学の心が生まれる。そして科学を推進させるために必要な［F］性、そして発想力というものも、やはりこの自由さから生まれるのではないか、と僕は感じる。（Ⅴ）

科学は発展しすぎた、科学が環境を破壊し、人間は本当の幸せを見失っている、という指摘はよく聞かれるところである。しかし、この場合の「科学」とは、そのまま「社会」や「経済」と言い換えてもほぼ同じ意味であり、単に諷刺的姿勢で、警告を発している気になっているだけの物言いである。言葉は何とでもいえる。しかし、言葉では何一つ解決しない。

科学の存在理由、科学の目標とは、人間の幸せである。したがって、もし人間を不幸にするものがあれば、それは間違った科学、つまり非科学にほかならない。そして、そうした間違いを防ぐものもまた、正しい科学以外にないのである。

（森博嗣『科学的とはどういう意味か』より。一部の表現を改めている。）

問一、よく出る 基本 二重傍線部a～eのカタカナをそれぞれ漢字に直しなさい。

問二、[A]に入る適切な言葉をひらがな四字で答えなさい。

問三、傍線部1「大人は、自分ではその『眉唾』加減を知っている」のはなぜか。その理由について述べている部分を本文中から五十字以上六十字以内で抜き出し、その最初と最後の五字を答えなさい。ただし、「～から。」につながるように抜き出すこと。

問四、難 傍線部2「子供にいうことをきかせるための手っ取り早い方法」とあるが、それを文意に沿って言い換えるとどのような語句になるか。最も適切なものを漢字二字で答えなさい。

問五、[B]・[C]に入る最も適切な語句をそれぞれ漢字二字で答えなさい。

問六、傍線部3「社会の秩序」とあるが、筆者はどのような考え方を身に付ければそれを維持できると思っているか。それを端的に述べている箇所を本文中から二十字以上二十五字以内で抜き出し、その最初と最後の五字を答えなさい。ただし、「～ということ。」につながるように抜き出すこと。

問七、[D]～[F]に入る最も適切な語句を次の選択肢から一つずつ選び、記号で答えなさい。

ア、一回　イ、緊急　ウ、偶然　エ、芸術
オ、国民　カ、社会　キ、生産　ク、特殊
ケ、独創　コ、法則

問八、次の一文は本文中の（Ⅰ）～（Ⅴ）のどこに入るのが適切か。記号で答えなさい。

「しかし、教育のすべてがそこにあるわけではない。」

問九、本文から読み取れる内容として合っているものを次の選択肢から一つ選び、記号で答えなさい。

ア、子供たちを非科学的な人間にしないようにするために、疑わしいことについて、親は責任を持って説明し教えなければならない。
イ、筆者の少年時代に科学への憧れが強かったのは現在よりも経済的発展が見込まれたからである。
ウ、「脳の老化を防ごう」というコンセプトのゲームは大人の科学教育には一定の効果がある。
エ、好奇心を持った子供の質問に対して大人が精確には回答できないとき、コミュニケーションを大切にするために印象をしっかり伝える方がいい。
オ、「神様」「ご先祖様」などについて子供に教える場合は宗教の専門家に任せるべきである。

問十、次の文章は、筆者の考えている「正しい科学」についてまとめたものである。[ア]～[エ]に入る最も適切な語句を本文中からそれぞれ抜き出して答えなさい。ただし、[ア]は二字、[イ]は八字、[ウ]と[エ]はそれぞれ五字で抜き出すこと。

私たちは、生活全般が[ア]を礎にして成立していることを知り、その上で[イ]によって豊かな科学精神が育まれることを自覚すべきである。そして、お互いに対話し検証し合いながら[ウ]を適切に選びとることによって、[エ]を目指し続けるのが正しい科学の姿である。

問十一、思考力 筆者の挙げていない「言葉」の効用を自分で一つ考え、二十字以内でわかりやすく述べなさい。ただし、「言葉は～できる。」につながるように答えること。

三（古文）口語訳・内容吟味

次の文章を読んで、後の問に答えなさい。

心源上人※1語りて云はく、文覚上人※2は西行を憎まれけり。その故は、遁世※3の身とならば、一筋に仏道修行のほか他事あるべからず。数寄※4を立ててここかしこにうそぶき※5ありく条、憎き法師なり。いづくにても見合ひたらば頭を打ちわるべきよし、常のあらまし※6にてありけり。

弟子ども「西行は天下の名人なり。もしさることあらば珍事たるべし」と嘆きけるに、或時、高雄法華会※7に西行参りて、花の陰など眺めありきける。A弟子どもこれかまへて上人に知らせじと思ひて、法華会も果てて坊へ帰りけるに、庭に「物申し候はむ」といふ人あり。上人「たそ」と問はれたりければ、「西行と申す者にて候ふ。法華会結縁※8のために参りて候ふ。今は日暮れ候ふ。一夜この御庵室に候はんとて参りて候ふ」と言ひければ、上人内にて手ぐすねを引いて、B思ひつる事叶ひたる体にて、明り障子を開けて待ち出でけり。しばしまもりて「これへ入らせ給へ」とて入れて対面して、年頃承り及び候ひて見参に入りたく候ひつるに、御尋ね悦び入り候ふよしなど、ねんごろに物語して、非時※9など饗応※10して、Cつとめてまた斎※11などすすめて帰されにけり。

弟子たち手を握りつるに、無為に帰しぬる事喜び思ひて、「上人はさしも西行に見合ひたらば、頭打ち割らむなど、御あらまし候ひしに、ことに心閑かに御物語候ひつること、日ごろの仰せには違ひて候ふ」と申しければ、「あら言ふかひなの※12法師どもや。あれは文覚に打たれんずる者の面様か。[　]をこそ打たんずる者なれ」と申されけると云々。

（頓阿『井蛙抄』より）

※1　心源上人…鎌倉時代初期の僧だとされる
※2　文覚上人…平安時代末期から鎌倉時代初期にかけての僧
※3　遁世…俗世を捨てて仏門に入ること
※4　数寄…風流、特にここでは和歌
※5　うそぶきありく…詠んでまわる
※6　あらまし…心づもり
※7　高雄法華会…高雄山神護寺での法華経法会
※8　結縁…仏の教えに触れ、仏と縁を結ぶこと
※9　非時…僧侶の食事
※10　饗応…酒食を出してもてなす
※11　斎…※9に同じ
※12　言ふかひなの…言う甲斐のない

問一、傍線部A「弟子どもこれかまへて上人に知らせじ」の内容として最も適切なものを次の選択肢から一つ選び、

記号で答えなさい。

ア、弟子たちは西行に気付かれずに上人に引き渡そうと待ち構えていた

イ、弟子たちは上人が西行に決して気付かないようにしようとした

ウ、弟子たちは西行が来たことを暗に知らせようと上人に合図を送った

エ、弟子たちは上人に罪を負わせぬよう自分たちで制裁を加えようとした

オ、弟子たちは西行が警戒していることを上人は知らないと思っていた

問二、傍線部B「思ひつる事」とはどんなことか。十五字以内で答えなさい。ただし、「〜ということ。」につながるように答えること。

問三、**基本** 傍線部C「つとめて」とはどのような時間帯か。最も適切な語句を漢字二字で答えなさい。

問四、[　]に入る最も適切なものを次の選択肢から一つ選び、記号で答えなさい。

ア、西行　イ、心源　ウ、弟子ども
エ、法師ども　オ、文覚

問五、**思考力** 文覚上人は西行と対面して、実際の西行がどのような人物だと思ったか。自分で具体的に考え、二十五字以内で答えなさい。ただし、「〜だと思った。」につながるように答えること。

四 文学史

以下の会話文は、二〇二三年度の収穫祭に遊びに来た本校のある卒業生と在校生とのやりとりである。後の問に答えなさい。

在校生「先輩、お久しぶりです。僕たちの代から新カリキュラムになったんですよ。」

卒業生「どんな科目になったの？」

在校生「国語だと二年からは「文学国語」と「古典探究」。三年自由選択科目も「ことばと文学」という独自路線ですね。」

卒業生「文学は大事だよ。例えば小説は、時代や社会の中で生じる問題や葛藤について、登場人物の試行錯誤を通して具体的に表すから、同じテーマを考えるにしても、数値を分析する手法とは異なる論理や、ニュアンスに分け入る気付きがあるよ。」

在校生「確かに、[A]の『こころ』を読むと、日露戦争後に不安や空虚さを抱いていた学生たちが、先行する世代の登場人物たちから何かメッセージを受け取ろうとする感覚が伝わってきたかも。」

卒業生「そうそう。一九一〇年には、社会主義運動を弾圧する当局側の思惑から幸徳秋水たちが冤罪で処刑される大逆事件が起こった。当時、慶應義塾大学文学部教授だった[B]は、フランス国家が関わった冤罪事件であるドレフュス事件の際にはゾラが亡命してまで反対の論陣を張ったのに、同じく文学者でありながら告発に身を投じなかったことを恥じ、後に『花火』で大学を辞職する理由の一つに数えている。」

在校生「背景を知ると、大正期の文学も違って見えてきますね。短篇の旗手だった[C]には時代と距離を置くスマートな印象があるけど、社会に関わる発言もあるんですか。」

卒業生「今年は関東大震災から百年。直後には多くのデマが軍も関わって流れ、無辜(むこ)の朝鮮人や大杉栄・伊藤野枝たちの虐殺があった事実が知られている。[C]は連載中の『侏儒(しゅじゅ)の言葉』の中で、ある自警団員がそうした犯行を仄(ほの)めかしつつ核心に触れないようにする心理を巧みに書き残しているよ。本人も自警団に関わったからリアル。最近、森達也監督の『福田村事件』が公開されＮＨＫも特集を組んだし、今こそ考え続けたい問題かな。」

在校生「大学に進んで、縁を感じる文学者はいますか。」

卒業生「生誕百五十年を迎えた[D]の資料を図書館が多く所蔵していて、母から贈られた水晶の兎をはじめ遺品が展示されることもある。今、坂東玉三郎主演で『高野聖』等のシネマ歌舞伎が上映中。本当に美しく幻想的だった。」

在校生「出身作家だと、どうですか。」

卒業生「フランス文学科卒の遠藤周作が生誕百年で、長崎にある文学館からは記念論集が出た。代表作『[E]』は、キリスト教禁教後の宣教師と信者の苦悩を描いて国際的評価も高く、二〇一六年にはスコセッシが映画化したね。ノーベル賞候補にもなっていたそうだよ。」

在校生「三月には、ノーベル賞作家の[F]が亡くなりましたね。」

卒業生「民主主義を護持しつつ世界水準の作品に生涯打ち込んだことにまず驚嘆するし、障がいのある長男をモデルにした登場人物や出来事を取り上げ続けたことの意義は大きかったと思う。現在は多様なマイノリティに光を当てる機会がジャーナリズムや学問の場でも増えたけれど、先駆的で普遍的な試みだった。」

在校生「そうですね。文學界新人賞受賞で脚光を浴びた市川沙央(さおう)のデビュー作『[G]』は、先天性ミオパチーの当事者としての視差から、健常者の本好きに「読書文化のマチズモ」という一文を突き付け、読者をめぐるバリアフリーについて問題提起していました。」

卒業生「市川さんは、十代後半から[F]に傾倒していたって。文学の歴史を繙(ひもと)いてみると、差別や格差への憤りや深い悲しみ、変革への意志に言葉を与えていく果敢なプロセスでもあったんだと気付かされるよ。」

在校生「先輩、文学部でしたっけ。」

卒業生「志木高に入学して、お互いに刺激し合って、半学半教の気持ちで色んなことに手を伸ばせば、学部の垣根なんか関係ないよ。」

在校生「収穫できるんですね。」

卒業生「柿みたいにね。そういえば義塾は一貫校も含めマンドリンクラブが盛んだけど、口語自由詩を確立した萩原朔太郎は、予科在学中にマンドリンを習って清新な音楽性を詩に持ち込んだ。詩集『月に吠える』には『[H]』という詩が二篇収められていて、志木高にも馴染み深い風景を想起するよ。」

問一、[B]〜[D]に当てはまる作家名を次の選択肢から一つずつ選び、記号で答えなさい。

ア、芥川龍之介　イ、有島武郎　ウ、泉鏡花
エ、志賀直哉　オ、島崎藤村　カ、太宰治
キ、谷崎潤一郎　ク、永井荷風　ケ、樋口一葉
コ、宮沢賢治

問二、[E]・[G]に当てはまる作品名を選択肢から一つずつ選び、記号で答えなさい。

ア、神神の微笑　イ、塩狩峠
ウ、沈黙　エ、野火
オ、焼跡のイエス　カ、インストール
キ、シンセミア　ク、セバスチャン
ケ、ニムロッド　コ、ハンチバック

問三、[A]・[F]・[H]に当てはまる作家名・作品名を答えなさい。ただし、[A]は漢字四字、[F]は漢字五字、[H]は漢字一字で書くこと。なお、『[H]』の詩（二篇のうちの一篇）を以下に掲げる。

[H]

ますぐなるもの地面に生え、
するどき青きもの地面に生え、
凍れる冬をつらぬきて、
そのみどり葉光る朝の空路に、
なみだたれ、
なみだをたれ、
いまはや懺悔をはれる肩の上より、
けぶれる[H]の根はひろごり、
するどき青きもの地面に生え。

慶應義塾女子高等学校

時間 60分　満点 非公表　解答 P71　2月10日実施

出題傾向と対策

●古文を含む随筆文一題、論説文一題の大問二題構成。古文が独立した大問として出ない年は、古文や短歌などを含む現代文が出題される傾向がある。漢字や語句、文学史などの知識問題、品詞分解の出題は例年どおり。選択問題もあるが、記述問題が出題の中心。

●設問は「どういうことか」「どういうものか」「なぜか」などのシンプルなものが多い。日頃から文章を読む際にも、「どういうことか」「なぜか」を考えながら読む習慣をつけるとよい。漢字や文法問題は得点源としたい。

一 （古文を含む随筆文）漢字の読み書き・文脈把握・慣用句・内容吟味・文学史・口語訳

次の文章は、一九二三年九月一日の関東大震災を体験した筆者が、そこから約二週間の見聞をまとめたものである。これを読んで、あとの設問に答えなさい。

東京は私の住む郊外でさえ、日のうちは蟬(せみ)も鳴かず、鳥さえ飛ばなくなってしまった。初秋(はつあき)の夜のただ寂しいに、Aさすがに虫も、音(ね)を忍んで鳴いている。震災以来蚊もあまり出なくなった。（中略）

灰色の東京を見下ろして、最も心づよく眼にうつるものは、緑の立木である。上野公園、芝公園、日比谷公園、山王の森、愛宕山(あたご)、宮城等を見渡すとき、これ等(ら)の森の木が、どんなに猛火と戦ったかを、今更のように感ぜずにはいられない。Bそれにつけても、新しく造られる大東京は、緑の都市でなくてはならない。

清水公園を宅地に開放したり、弁慶橋を1テッパイして堀を埋(うず)めて住宅を造るという議があったが、そんなにまで人間が、自然の風光を無視して、利殖のために、ただださえ住みにくい東京をもっと狭苦しく、2趣きのないものにしようとした3俗吏達も、いまは思い知ったであろう。

戦勝以来一躍して世界の日本帝国になって、その商業主義、唯物主義が所謂(いわゆる)文化の絶頂を示した観があったが、自然の一揺(ゆす)りに、一瞬にしてぴしゃんこになってしまった。しかし破壊されたのは建築物に過ぎない。所謂C文化はまた再び栄えるに違いない。あやしげな文化建築、文化風俗、文化何々と。それにしても、こん度の災害はまだまだ我々の祖先が経験した、たとえば*一朝にして富士山が近江の国から飛んだり、中禅寺湖から妙義山がけし飛んだような、地理的変動に比べれば、やさしいものだ。人畜の損傷の多かったのは、電気、瓦斯(がす)、水道、油等(とう)など謂(あら)ゆるD文明の利器が生んだ機械文明が力をかしたことも間接の原因になっている。

山の手の方から下町の被害地を見物に出かける婦人達は、みんな親の仇(かたき)を打つような格好で、襷(たすき)がけに4足袋はだしだ。一番悪い着物をきて歩くというのも世間への遠慮であろう。大東京建設のために、失った家庭を再興するために、婦人達が生活を簡素に、衣食住を[X]にすることは好(よ)いことに違いないが、東京の若い女達が、喪(も)に逢(あ)った未亡人のように、断髪にしたり、色彩のない着物をきたりするにも及ぶまい。どんな質素な衣服は作るにしても、優雅と趣きを失わない心掛けはもってほしい。金の高いものを身に着けなければ三越、*白木で流行と称するものを持っていなければ、肩身を狭くおもっていたような、つまりE商業主義の犠牲になっていた婦人達も、これからは、金で品物を買わないで頭で買わなくてはならない。つまり自分の趣向を持って生活する時がきたわけだ。

幾日かのテント生活の経験は、私達に原始的な素朴な勇敢な気性と、同時に、F最も進歩した未来の生活を暗示した、善き教訓を与えた。私達は多くの家族と、種々の家庭が、急造のテントの下で、相扶(たす)け相励まして、一つ釜で一つの火で食事をした。一つの火を中心に幾家族かが、生活することは、やがて来(きた)る時代を暗示しているとおもう。火

の用心から言って、主婦の能率増進の上から、社交和楽の点から、この得がたい経験を生かしたいものだとおもう。

G方丈記の昔にも「勢ひあるものは貪慾（どんよく）深く、ひとり身なる者は人に軽しめらる。H宝あれば恐れ多く、貧しければ歎（なげ）き切なり。頼めば身他の奴（やつこ）となり、人をはごくめば心恩愛（おんあい）につかはる。世に従へば身苦し、また従はねば狂へるに似たり。Iいづれの所をしめ、いかなる業をしてか、暫（しば）しこの身をやどし、玉ゆらも心をなぐさむべき」と書いてある。

幾千（いくばく）もない私の交友の中でさえ、人の心が荒（すさ）み尖（とが）って、ある人は、その温情が、堪（た）えぬばかり5カンショウ的になり、絶望的な厭世（えんせい）を起こしたものがあり。またある人は、ただもう眼前の生活の6イカクに、持っている物は放すまいとし、取れるものならみんな自分の物にしようとするのだ。命ばかりを取りとめて、すべてを失ったものは、すべての欲がなくなったようだし、少しでも被害の少ないもの、何がしを取り残したものは、いやが上にも、所有しようとしているのを私は見た。（中略）

私達にとって欧州戦争は、対岸の[Y]ほどの実感もなかったが、こん度の震災で、ほんとうに、世界思想の推移をはっきりと見たようにおもう。我等は何を成すべきかを、私どもは、ことに新しく考えねばならない。

（竹久夢二『新方丈記』より）

＊たとえば一朝にして～…琵琶湖を掘った土を盛って一夜にして富士山ができたとするような話は近江八幡に伝わる伝承や『三才図会』『近江輿地誌』など江戸期の文章にも残る。妙義山の伝承は典拠不明だが、類似の伝承があったものと思われる。

＊三越、白木…いずれも日本橋にあった百貨店の名

問一、よく出る 基本 点線部1～6のカタカナを漢字で、漢字の読みをひらがなで書きなさい。

問二、[X]に最もよくあてはまる語を次の中から選び、番号で答えなさい。

1、豪華
2、質実
3、粗末
4、適当
5、平滑

問三、基本 [Y]に最もよくあてはまる語を漢字二字で記しなさい。

問四、思考力 傍線部Aについて、筆者にはなぜこのように聞こえたのか、説明しなさい。

問五、傍線部Bについて、筆者がこのように考えるのはなぜか、次の中から最も適切なものを一つ選び、番号で答えなさい。

1、復興の象徴として街に植樹していこうと思ったから
2、世界思想に先駆け都市緑化に向かう好機となったから
3、防災林として緑が重要であることが明らかになったから
4、利殖のために木を伐採したことで街が狭苦しくなったから

問六、難 傍線部Cについて、筆者はどのような文化が「再び栄えるに違いない」と考えているか、筆者がその文化をどう評価しているかも含めて説明しなさい。

問七、傍線部Dとは、どういうことか、説明しなさい。

問八、傍線部Eとは、どういうことか、説明しなさい。

問九、傍線部Fとは、どういうものか、説明しなさい。

問十、よく出る 基本 傍線部Gについて、この作品と共に三大随筆と称される古典作品の名を二つ、それぞれひらがなで記しなさい。

問十一、傍線部Hについて、これはなぜか、説明しなさい。

問十二、傍線部Iの現代語訳として、次の中から最も適切なものを一つ選び、番号で答えなさい。

1、どのような所を占有し、どのような仕事をすれば、少しの間でも身を落ち着け、心をなぐさめられるだろうか
2、どのような所を閉ざし、どのような技術を用いれば、少しの間でも理想的な家に住み、心をなぐさめられるだろうか
3、どのような所を惜しみ、どのような技を持てば、少しの間でも蓄えを持ち、心をなぐさめられるだろうか
4、どのような所をひきしめ、どのような性格でいれば、少しの間でも恋人と過ごし、心をなぐさめられるだろうか

二 （論説文）漢字の読み書き・文脈把握・内容吟味・語句の意味・品詞識別

次の文章を読んで、あとの設問に答えなさい。

まだ言葉も十分には話せない小さな子どもが、何かを見て興味を持ったとしよう。その子はどうするだろう？ そちらを指さしたり、手を伸ばしたりしながら、あーあー、などと発声し、一緒にいるおとなの顔を見るに違いない。おとながそちらを見てくれなければ、かなりしつこく、おとなの注意をそちらに向けさせようとするだろう。これは、実によくある光景だ。

その声や動作に気づいたおとなは、子どもがさしている方向を見て、何が子どもの興味を引いたのかを理解すると、子どもと顔を見合わせ、「そうだね、〇〇だね」と話しかける。その言葉を子どもが理解できなくてもかまわない。それでも、動作や表情、視線によって、子どもは、おとなが同じものを見て興味を共有してくれていることを確認する。そして、それは、子どもにとってもおとなにとっても楽しいことなのだ。

今こうやって描写したのが、三項表象の理解である。つまり、「私」と「あなた」と「外界」という三つがあり、「私」が「外界」を見ていて、「あなた」も同じその「外界」を見ている。そして、互いに目を見交わし、互いの視線が「外界」に向いていることを見ることで、両者が同じ「外界」を見ていることを、了解し合う。「外界」に関する心的表象を共有していることを理解し合う、ということだ。

このように描写すると非常にややこしいが、先に述べたように子どもでもやっていることだ。「外界」をイヌとすると、子どもがイヌを見て指さし、「ワンワン」と言う。そして母親もそちらを見て、また子どもと顔を見合わせ、「そうね、ワンワンね、かわいいわね」と言う。

あまりにも普通のことに思われるが、これが、どれだけ[1]シンエンな意味を含んでいることか。

ヒトの心の中で行われているこのプロセスを描写すると、「私は、あなたがイヌを見ているということを知っている」、「あなたは、私がイヌを見ているということを知っている」、そして、「お互いにそのことを知っている」となる。しかし、これを一文で表そうとすれば、「私は、あなたがイヌを見ているということをあなたは知っている、ということを私は知っている」となる。この文章を理解するよりも、実際に子どもと目を見合わせながらイヌを見るほうが、ずっと簡単だ。しかし、この簡単なことは三項表象の理解であり、実は[A]非常に高度な認知能力の結果なのである。

言語とは、対象をさし示す記号であり、それらの記号を文法規則で組み合わせて、さらなる意味を生み出すことのできるシステムである。そして、対象をさし示すために使われる記号は、その対象物の性質とは無関係な表象である。たとえば、イヌを「イヌ」と呼ぼうと、「dog」と呼ぼうと、何でもよい。それらは、イヌという動物の性質とは関係なく、[B]任意に選ばれている。

そして、様々な記号を結びつけて、さらなる意味を生み出すための文法規則がある。だから、「ヒトがイヌを噛む」と「イヌがヒトを噛む」とでは意味が全く異なるのだ。このような任意の記号と文法規則を備えたコミュニケーションシステムを持つ動物は、ヒト以外にはいない。

そこで、ヒトの言語の進化をめぐって、様々な議論が行われてきた。ヒトと最も近縁な動物であるチンパンジーがどこまで言語を習得できるのかを探るために、チンパンジーに対する言語訓練の実験も何十年にわたって行われてきた。その結果、チンパンジーはたくさんの任意な記号を覚えるが、文法規則は習得しないことがわかった。その他にもいろいろなことがわかった。しかし、最も重要な発見は、言葉を教えられたチンパンジーが別に話したいとは思わない、ということではないだろうか。

数百の単語を覚えたチンパンジーたちが自発的に話す言葉の九割以上は、ものの要求なのである。「オレンジちょうだい」「くすぐって」「戸を開けて」など、教えられたシグナルを使って他者を動かし、自分の欲求を満たそうということである。「空が青いですね」「寒い」など、世界を描写する「発言」はほとんど[2]カイムだ。ひるがえって、言葉を覚え始めたばかりの子どもの発話の九割以上がものの要求ということはない。もちろん要求もするが、「ワンワン」「お花、ピンク」「あ、〇〇ちゃんだ」「落ちちゃった」など、世界を描写する。単に世界を描写して何をしたいのか。先ほど述べたように、他者も同じことを見ているという確認、思いを共有しているということの確認である。つまり、三項表象の理解を表現しているのだ。

チンパンジーの認知能力は非常に高度である。彼らは、かなり高度な問題をも解くことができる。しかし、どうやら彼らに三項表象の理解はない、というか[3]乏しい。一頭一頭のチンパンジーは世界に対してかなりの程度の理解を持っているのだが、その理解を互いに共有しようとしないのである。高機能のコンピュータがたくさんあるが、それらどうしがつながっていない、というような状況だろうか。だから、世界を描写してうなずき合おうとはしないのである。[C]チンパンジーが時代を超えて蓄積されていく文化を持っていないのは、このためだろう。

三項表象の理解があり、互いに思いを共有する素地があれば、そこから言語が進化するのは簡単であるように思う。言語獲得以前の子どもたちがやっているように、思いの共有さえあれば、あとはその対象に名前をつけていくのは簡単なはずだ。

また、三項表象の理解があれば、目的を共有することができる。私が外界に働きかけて何かしようとしている。その「何か」をあなたが推測し、同じ思いを共有することができれば、「せいのっ！」と共同作業をすることができる。言語コミュニケーションはその共同作業をずっとスムーズに促進させてくれるが、言語がなくても共同作業はできる。言葉の通じない外国でも、表情や身振り手振りで人々は意思疎通することができる。それは、とりもなおさず、先ほどの「私は、あなたが何を考えているかを知っている、ということをあなたも知っている、ということを私は知っている」からだ。

チンパンジーは、みんなでサルを狩るなど、共同作業に見えることをする。しかし、本当に意思疎通ができた上での共同作業ではないらしい。他者が何をしているかを推測することのできる高度なコンピュータが、その知識をもとに［X］というほうが、彼らの行動をよりよく描写していると私は思う。

私たちは、外界についてそれぞれが自分自身の表象を持っている。いわば個人的表象だ。それを表現するのが言語である。言語で表されたものは公的表象となる。その公的表象を受け取った他者は、それについて独自の個人的表象を持つ。誰も他者の心を見ることはできないので、個人的表象はあくまでもその個人しか理解できないものである。「リンゴ」という言葉で表される公的表象は、秋冬の赤い果物、少しすっぱい、青森や長野が有名、アップルパイのもと、などである。しかし、「リンゴ」という言葉で何を思うかは、人それぞれに異なる。

「自由」「勇気」「繁栄」「正義」など、もっと抽象的な概念になると、公的表象とそれぞれの個人的表象の間には、「リンゴ」のような具体的なものの表象よりもずっと多くの、微妙な違いが生じるに違いない。それでも人々は、言語で表される公的表象でコミュニケーションを取り、共同作業を行わねばならない。その公的表象が[D]各個人の持つ表象の最大公約数としてうまく機能している限り、共同作業はうまくいくだろう。実際、かなりうまくいっているからこそ、この社会は動いている。

しかし、本質的に、それは共同幻想なのだろう。何か探しているような[4]素振りを見せる人に対し、「何かお探しですか？」と聞くのは、本質的にはおせっかいなのだろう。人の心なんて本当は計り知れないものなのだから。それでも大方は当たっている。相手も、そう察してくれることを期待している。それが外れた時に誤解が生じ、「あなたは何もわかってくれない」という恨みが生じる。この何やかやにもかかわらず、E共同幻想こそがヒトを共同作業に邁(まい)進させ、ここまでの文明を築いてきたのだろう。そして、互いの思いを一致させることは、相変わらずたいへん難しい作業であり、それができた時、できない時に伴う様々な感情を私たちは備えているのである。

（長谷川眞理子『進化的人間考』より）

問一、よく出る 基本 点線部1～4のカタカナを漢字で、漢字の読みをひらがなで書きなさい。

問二、[X]に最もよくあてはまる表現を次の中から選び、番号で答えなさい。
1、共同作業を促進している
2、最終目標を共有している
3、自己欲求を満たしている
4、互いに勝手に動いている

問三、傍線部Aとは、どのようなものか、文中から句読点を含み三十字以内で抜き出しなさい。

問四、基本 傍線部Bの対義語を次の中から選び、番号で答えなさい。
1、依頼
2、強制
3、自由
4、従順
5、秩序

問五、傍線部Cについて、筆者はなぜこのように考えているのか、本文のことばを用いて説明しなさい。

問六、難 思考力 傍線部Dについて、これはどのようなものか、説明しなさい。

問七、傍線部Eについて、これはなぜか、説明しなさい。

問八、次の中から本文の内容に合致するものには○、合致しないものには×を記しなさい。
1、子どもが楽しそうに何かをしているのを見るのは、おとなにとっても楽しいことである。
2、「私」と「あなた」が「外界」を見て、存在を理解し合うことが、三項表象である。
3、文法によって記号の並びに意味を持たせ、コミュニケーションの手段とするのが言語である。
4、対象を指し示す記号で意味を見出すことは、人間にしかできない能力である。
5、言語は意思疎通をスムーズにしてくれるものなので、言語がなくては共同作業は成立しない。

問九、よく出る 本文中の═の部分を、例にならって品詞分解し、それぞれの品詞名を答えなさい。ただし、活用のあるものは文中での活用形も答えなさい。

	名詞	助詞	名詞	助詞	名詞	助動詞 終止形
(例)	これ	は	今年	の	試験問題	です

國學院高等学校

時間 50分　満点 100点　解答 P72　2月10日実施

出題傾向と対策

●論説文、小説文、古文、漢字の大問四題構成は例年どおり。全問マークシート方式である。本文はいずれもやや長めだが読みやすさは標準レベル。選択肢には紛らわしいものはほとんど見当たらない。空欄補充や脱文挿入といった文脈把握問題が複数見られるのも特徴である。

●設問数が多いので、速読の力と迅速かつ的確な問題処理能力を養う。漢字、慣用句、四字熟語などの国語知識を確実に身につけておくことも大切。選択肢を読む前に、まず本文をもとに答えを想定するという練習を積む。

一 （論説文）文脈把握・熟語・内容吟味

次の文章を読んで、後の問いに答えなさい。

たとえば長い歴史を顧みて、日本人は音楽家であるよりむしろ美術家であったといえそうである。美術家としての日本人は、絵画・彫刻・建築・造園また各種の工芸のあらゆる領域にわたって、中国の強い影響を受けながらも、独特の境地をきりひらき、固有の様式を洗練した。もとより昔の美術を論じるときには、保存の度合を考慮に入れなければならないし、今残っている美術品が貧しくても、ただちにその国のその時代が貧しかったということはできない。しかしとにかく現在知られているかぎりにおいて、京都と奈良を中心とする日本は、世界中に類の少(すくな)い美術の国である。その質において、その量において、建築から工芸・衣裳(しょう)に及ぶその拡(ひろが)りにおいて、また千年以上に及ぶその連続の長さにおいて。これは単に保存が比較的よく行われてきたというようなことではない。造型美術に対する感覚に民族固有の鋭さがあったとしか考えられないことであろう。

[W]

言葉と生活に直接にむすびついたこの自己表現の結果を、他の言葉や他の生活を前提としている他の文学と比較することは困難である。たとえばイリヤ・エーレンブルク氏がソ連の文学のなかでいちばん優れているのは詩だといったときに、[A]ロシア語を知らない私は成程という他はなかった。私が日本語の詩をもち出したとしても同じことになったであろう。エーレンブルク氏と私はロシア語でも日本語でもなく、フランス語で話していたからである。もし他国との比較が問題であるとすれば、詩文はあきらかに適当な領域ではない。

しかしまた、民族あるいは国民を大別して、ある種の国には(1)形而上学的・神秘的な思想の栄える傾向があり、他の国には経験主義的・実際的な思想の栄える傾向があるということもできるだろう。ものの考え方を中心としていえば、日本人はあきらかに第二の型に属すると思われる。外来の宗教または哲学を直接の背景としないで、この国に、形而上学的思考の発展した例や、神秘思想の育った例はない。日本思想を代表するのは、［X］や政治思想である。あるいは技術に結びついた美学であろう。

日本人の精神構造は、まず非［Y］的な原始宗教を背景として成立したにちがいない。後から来た仏教の［Y］的な面は、日本の人口の大部分において、その精神構造を根本的に改造するまでには到らなかったと私は考える。仏教が日本へ入って来て、変ったのは日本人ではなく、仏教であった。もちろん宗教の問題そのものは、この小論の範囲を超えるが、日本人の思想の実際的・経験的な面に傾く強い傾向の歴史的な背景をもとめるとすれば、どうしても宗教殊に仏教の問題にゆく他はない。ここではただその要点を示唆しておきたいと思うだけである。

とにかく造型的な感覚の鋭さと、ものの考え方の日常生活に則して経験的であるという著しい傾向と、その二つの条件のもとに、たとえば[B]日本人と「自然」との独特の関係が生じたといえるだろう。『万葉集』の歌人から、日常生活のあらゆるところに花を飾る現在の娘たちに到るまで、「自然」との親近（または「なじみの深さ」というべきか）をこれほど広くその文化のあらゆる段階に示している国民はない。地震と台風が外国では有名であるが、少くとも日本の文化の長い歴史がつくられた地方、京都と江戸の間には、南国の沙漠の激しい太陽もなければ北国の吹雪につつまれた長い冬もない。自然は本来怖るべき相手でもなく、闘うべき敵でもない、むしろ親しみ易い友だちであり、不都合といえば「男心」のように、（または女心のように）気まぐれだということにすぎなかった。そこに一種の自然宗教（おそらくシャーマニズム、アニミズム、また多神教に似た神道の源流）があったのだ。この宗教に超越的な面がないということは、感覚的、または日常経験的世界が、唯一の世界であり、唯一の現実であるということだ。その感覚的なものの全体が「自然」であり、その経験の行われる舞台が「自然」である。すなわち日本人の「自然」は、超越的宗教の神のように、唯一にして、遍在し、それによって人間を人間たらしめる根拠だといえるだろう。人間の行為の規範は、自然に超越する権威に由来するのではなく、自然に内存する権威に由来する。本居宣長はこう書いた、

「すべて神の道は、儒仏などの道の、善悪是非をこちたくさだせるやうなる理窟は、露ばかりもなく、ただゆたかにおほらかに、雅たる物にて……」（『うひ山ふみ』、刊行会全集四巻六一四頁）

「おほらかに、雅たる物」は自然のなかにあった。

京都・奈良を中心とした地方の、低い丘陵にかこまれた自然は、季節の変化に富んでいる。何百年の文化がここに栄えて、詩人や画家、建築家さえもが、季節に敏感にならなかったとすれば不思議である。「[C]秋来ぬと眼にはさやかにみえねども」微妙な風の肌触りに秋を予感するほど、季節の感覚が研ぎすまされていたのは、俳人が季題に執しはじめるよりもはるかにまえのことであった。短詩型は日本に固有のものではない。しかし秋の予感というただそれだけのことで、一篇の詩を書きつけるのに充分だと考えたのは、おそらく日本の詩人だけであったろう。画家が詩人と共に紅葉や柿一枝に敏感であったことはいうまでもない。中世から江戸時代初期にかけて京都に建築し、庭をその周囲に配した何人かの芸術家が、秋の移り易い光線の変化を、あらかじめ周到な計算のうちにとり入れていたであろうことに、ほとんど疑いの余地はない。しかし秋ばかりではなく、春には花と霞、夏には螢と夕立、冬には枯木と雪があり、それぞれの季節にそれぞれの風俗があった。絵巻物から浮世絵版画まで、『古今集』から天明の俳人まで、いや、さらに時代を降って今日まで、季節に対する敏感さは、ほとんどすべての日本人を特徴づけているといってもよい。日本の自然は美しい、と日本人がいう。他の国にくらべて美しいという意味ならば、客観的判断として少しも正確な言分ではなかろう。［Z］はこの国にかぎらない。荒い自然の大きさからいえば、島国の風物は箱庭の域を出ない。しかし一度観光宣伝の立場をはなれるとすれば、第三者の立場からの比較検討ほど無意味なことはない。日本の自然が美しい、と日本人がいうのは、比較の問題ではなく自然への愛の告白である。その意味で、[D]この言葉ほどよく日本人を語るものはないのだ。

（加藤周一『日本人とは何か』による）

〔注〕(1)形而上学…感覚を通してその存在を知ることができないものについて追究する学問。

問一、空欄［W］には、①～④の選択肢を並べ替えた文章が入る。これらを最もふさわしい順番に並び替え、その二番目・四番目の番号を答えなさい。

①すぐれて文学者でない民族は、むしろ少いと思うからだ。

②私は日本人がすぐれて美術家であるという。

③固有の生活があり、風俗習慣があり、気候風土があり、文化があるところには、必ず固有の文学がある。

④しかしすぐれて文学者であるとか、詩人であるとか、いうつもりはない。

問二、空欄［X］に当てはまる語句として最もふさわしいものを、次の選択肢の中から選び、番号を答えなさい。

①実践的な倫理　②神秘的な思想

③形而上学的な自然観　④普遍的な論理

⑤原始的な仏教

問三、空欄［Y］に当てはまる語として最もふさわしいものを、次の選択肢の中から選び、番号を答えなさい。

①科学　②日常　③合理　④超越　⑤現実

問四、空欄 Z には「自然の風景が清浄で美しいこと」という意味の四字熟語が入る。その熟語として最もふさわしいものを、次の選択肢の中から選び、番号を答えなさい。

①深山幽谷　②無為自然　③千山万水
④三寒四温　⑤山紫水明

問五、傍線部Ａ「ロシア語を知らない私は成程という他はなかった」とあるが、それはどういうことか。その説明として最もふさわしいものを、次の選択肢の中から選び、番号を答えなさい。

①詩はその国の政治の特色が反映されているため、その土地の生活や文化や政治を詳しく知らない者は、自国の言語の詩と同じ基準で比較することができず、相手の発言をただ受け流すしかできないということ。
②詩はその土地の生活や風俗に結びついて表現されているため、その言語を詳しく知らない者は、客観的に他国語の詩と比較するのは困難であり、相手の発言をただ受け止めるしかできないということ。
③詩はその土地の思想が色濃く反映されているため、その土地の生活や文化を詳しく知らない者は、自国の言語の詩と同じ視点で評価できず、相手の発言を根拠なく批判するしかないということ。
④詩は表現する者の個性によって大きく異なるため、その言語の利用の有無に関わらず、客観的に詩と比較するのは困難であり、相手の発言を評価する立場にはないということ。
⑤詩は表現する者の生活環境に影響を受けるため、その土地に居住してその言語を利用している者しか詩の良さを理解することができず、相手の発言を尊重するしかないということ。

問六、傍線部Ｂ「日本人と『自然』との独特の関係」とあるが、どういう関係か。その説明として最もふさわしいものを、次の選択肢の中から選び、番号を答えなさい。

①日本人は自然を親しみ易い友だちとして見つつ、超越的宗教の神と同じように人間に人間らしさを与える存在となっている、という独特の関係。
②地震などの災害が絶えない自然を敵視しつつも、自分たちに恵みをくれる親しみのある友人のような存在にもなっている、という独特の関係。
③自然宗教のような超越的な神道を持ちつつ、日常生活を豊かにしてくれるような身近な存在にもなっている、という独特の関係。
④自然に対して警戒心を持ちつつも、万葉集の時代から現在に至るまで、日常生活のいたるところに自然が身近な存在となっているという独特の関係。
⑤自然に対する神秘的な思想を持ちつつも、自然に内在する権威に人間らしさを支えてもらう存在でもある、という独特な関係。

問七、傍線部Ｃ「秋来ぬと眼にはさやかにみえねども」は『古今和歌集』の中の歌の一部であるが、どのような例として用いられているか。その説明として最もふさわしいものを、次の選択肢の中から選び、番号を答えなさい。

①「目に見えないために秋が来たのかわからない」という歌を用いて、日本人の視覚に頼りすぎる感覚を懸念している。
②「目に映るような秋がなかなか来ない」という歌を用いて、日本人の季節の移ろいに対する嘆きを指摘している。
③「目に見えないが秋の訪れを感じる」という歌を用いて、日本人の季節に対する敏感な感覚を指摘している。
④「目に映らない程のささやかな秋がやってきた」という歌を用いて、日本の四季の美しさを見出している。
⑤「目に見えないさわやかな秋風を感じる」という歌を用いて、日本人の俳句と自然への理想を提示している。

問八、傍線部Ｄ「この言葉ほどよく日本人を語るものはない」とあるが、どういうことか。その説明として最もふさわしいものを、次の選択肢の中から選び、番号を答えなさい。

①自国の自然への愛を宣言する言葉には、自然を日頃から身近な存在に感じ、季節ごとに風俗があるほど季節に対する感覚が研ぎすまされている日本人の特徴がよく表れているということ。
②自国の自然への愛を宣言する言葉には、西欧の険しい自然よりも、京都・奈良を中心とした穏やかな自然に誇りを持っている日本人の特徴がよく表れているということ。
③自国の自然への愛を宣言する言葉には、俳句における季題へのこだわりにみられるように、豊かな自然を魅力的に描写しようとする日本人の特徴がよく表れているということ。
④自国の自然への愛を宣言する言葉には、優れた芸術家たちの作品を通して、なじみ深いものとして表現された自然の魅力を享受しようとする日本人の特徴がよく表れているということ。
⑤自国の自然への愛を宣言する言葉には、自然を超越的宗教の神のように絶対的な存在と見なし、日頃から自然への畏敬を忘れない姿勢を持つ日本人の特徴がよく表れているということ。

二 (小説文)語句の意味・慣用句・文脈把握・内容吟味

次の文章は、辻原登(つじはらのぼる)の小説『家族写真』の一節である。玉緒は大阪に就職が決まり、出発する前日に父親から町の写真館へ記念写真を撮りに行こうと言われ、家族で写真館へ行くことになった。これを読んで、後の問いに答えなさい。


館主すなわち写真師が、カメラの暗布に頭を突っこんで何かごそごそやっていたかと思うと、カメラの前にとび出してきて、肩や顎の上げ下げ、顔全体の角度、肱(ひじ)や手の位置を細かく直してゆく。再びカメラのうしろにもどった。

「はい、お目目はこの指先をみて!」

写真師は左手を挙げた。六人はいっせいにその人差指をみた。

「だめです。そんなひきつった顔つきではだめです」

と暗布をはねのけた。

「そうだ、チーズっていえばいいんだよ」

智がいった。

「チーズなんて、うわべだけじゃだめ。これは、大事なお姉ちゃんの記念ですからね。まじめに、いい顔をしなくっちゃ。それに母さんはチーズが大嫌いだってこと、知ってるでしょ」

母親が智を振り返った。

「まだ硬いんだなあ。みなさん、いいですか」

館主が教室の先生のように説教調で呼びかけた。

「心のなかで、わたしはしあわせ、といってみてください。さあ」

みんなはためらって、互いに［ a ］を見合せた。

「さあ、早く」

写真師はせっついた。

「ひとこと、たったひとこと、心のなかでつぶやくだけなんですよ」

写真師の顔は笑っていなかった。声に有無を言わさない調子がある。

「そう、それでいいんです」

また暗布の中に頭を突っこんだ。左手を、さっきと同じようにさっと挙げた。

「もう一度、わたしはしあわせ。はい」

レリーズを握りつぶす。シャッターの快い音が響く。乾板を入れ替え、同じことが三度繰り返された。

外に出ると、もう何日もスタジオに閉じこめられていたもののようにみんなほっとして、背伸びとくしゃみを繰り返した。港を歩いて、漁船をみた。ブイに止ったかもめと、下の子供たちは視線を交した。

「こんにちは！」

祐加がかもめに向かって声を張りあげた。

帰りのバスの中ではみんな黙りこくってしまった。

「海のあるところって、疲れるわ」

と母親があくびをかみ殺した。智と祐加は折り重なって眠っていた。

「あんな言葉は、ほんとうに口にしたら、ろくなことがない。もし、悪魔にでも聞かれてみろ……」

と父親はいった。しかし、母親にも玉緒にもはっきり聞こえなかった。繰り返すのが腹立たしげに、声をもう一度、充分通るように押し出した。

「あれをほんとうに口に出したりしたら、ふしあわせになるような気がする」

玉緒と母親は顔を見合せ、いぶかしそうにふたりで睫毛（まつげ）をふるわせた。

「わたしらはどんなふうに撮れているだろうか。たのしみで、心配だな」

ひとりごとのようにつぶやくと、父親は目を閉じた。昇は英語の暗記カードをめくっている。玉緒はガラスの曇りを指先でぬぐって、川の流れをみた。淀（よど）みの緑青色と、むこうの川原に近い白く光る浅瀬にくっきり分れている。七曲りの崖に来ると、事故の車は脇に寄せられて、バスは停らなくてもよかったが、運転手同士がまだたばこを吹かしながら静かに話していた。玉緒は、彼らがいったい何を話しているのか知りたくてたまらなかった。

翌日、玉緒は記念写真と同じ明るいグレーのスカートとブレザー姿で、下り列車に乗って発った。その夜、無事寮に落着いた、とはずんだ声で電話をかけてきた。

写真が届いた。祐加がまっさきに、胸のへんのケチャップのしみの有無をたしかめた。きれいに消えている。祐加は［ b ］をなでおろした。智は背筋を伸ばし、上を向きかげんにして館主の指先をにらんでいた。昇は笑っていた。スカイライトが、玉緒の柔らかな髪の数本を光らせる。玉緒の左手の先が父親の右肩にそっとかかっているのを、父親はいまはじめて発見した。

「みんないい顔してるよ。撮ってよかった」

夕食中も食卓の端の、味付海苔（のり）の缶にたてかけておかれ、みんなが寝る段になってやっと母親がそれをタンスの抽斗（ひきだし）にしまった。

「あれ、写真館に飾ってもらえないかなあ」

智がふとんの中で昇に囁（ささや）いた。

「むりだよ」

昇は智の野望をせせら笑った。

手札判の一枚は玉緒に送られた。古田写真館から電話がかかってきた。谷口の写真を展示したいというのだ。久しぶりに撮れた完璧な家族写真だ。谷口は即座に断ろうとしたが、これまでも何かあるとみんなと相談して決めてきたことを思い出し、考えさせてくれといって電話を切った。話をきくと、三人の子供は興奮した。母親は特に意見をいわない。電話で玉緒に問い合せると別にかまわないという。多数決で、谷口の家族写真は古田写真館の窓を飾ることになった。

子供たちは、早く町へ、自分たちの写真が飾られているところをみに行こうとせがんだが、父親は急がなかった。何かのついででよい。それを最初にみてきたのが、昇の同級生の兄で、青年団長の吉井徹だった。写真館の前を通りかかると、ふとどこかで見覚えのあるものが視野の端を横切った。暗がりで花束がたった一本の花にみえるように、六人がなじみのひとりの顔として映った。立ち止って、引き返し、それが写真館の窓の中にあることを発見した。近づくと、谷口の家族だった。

村中に知れ渡った。町に出た者は、わざわざ古田写真館まで回り道をしてみてき、みてきたことを村人に吹聴（ふいちょう）した。一カ月もたつと、村の半分以上の人間がその写真をみていた。役場で、職員や、やってきた村人にそのたび写真のことを口にされると、谷口は、A写真館が勝手に飾ってしまって、困ったことだ、と言い訳をした。

谷口の子供たちは［ 甲 ］した。何度も子供たちだけで行くという冒険計画が練られたが、思い切ることはできなかった。

収入役はできればあんなものはみないうちに展示窓から消えてほしかった。三十キロ以上も離れた町の写真館の小さな窓から、いつも自分の家族が覗（のぞ）きこまれているような気がしてならなかった。【 ① 】

しかし、収入役はどうしても仕事で町に出なくてはならなくなった。ひとりで行って、写真はみないで帰ってくるつもりだったが、家族のだれもそれを信じない。みんなには禁止しておいて、ひとりだけこっそりみてくるつもりだろうが、そんなことは許せない。父親はしかたなく、役場のマイクロバスに家族を便乗させることにした。【 ② 】

写真の前に立ったとたん、三人の子供は歓声をあげた。送られてきたものより、それは三倍に引き伸ばされて窓を飾っていた。全員が、ちょうど写真と向かいあう形に並んだ。鏡に映したのと同じだ。しかし、完全な対称ではない。向かいの写真の中、父親の背後、昇の隣にいる玉緒は、こちら側にはいなかった。【 ③ 】
　明るい、優しそうな、えくぼのある顔を玉緒はこちらに向けていた。この表情の瞬間、いま、わたしはしあわせよ、と彼女は念じたのだ。収入役は思わず、しあわせになれよ、と写真の中の娘に向かって呼びかけた。そのとき、彼女の指がそっと自分の肩に触れたように感じて、振り返った。もちろん、そこに玉緒はいなかった。そのあたりの地面で、雀（すずめ）が光を浴びて騒いでいた。【 ④ 】

《 中　略 》

　古田写真館は記憶通りの場所に、覚えていた通りのようすでたっていた。家族の写真はあった。玉緒が先にみていたのは、送られた手札の一枚だった。写真の中のみんなは小さくて、通りいっぺんのなつかしさしか覚えなかった。しかし、いま目の前にしているのは、その十倍もの大きさだ。みんなまるで生きているようだ。半年前手にした手札とこの大きな展示写真との間には、玉緒の新しい日々が過ぎていた。展示窓のガラスと、額縁のガラスの二枚にしっかり守られて、鮮やかな青い背景の中に昇、智、祐加、両親、そして玉緒自身がこちらに向かってほほえんでいる。あのときはみんな写真師の左の人差指をみていた。それが、いまこちらにいる者にほほえみかけているようにみえる。

【 ⑤ 】

　玉緒は、写真の中の自分とぴったり向かい合せになる位置に立った。そのとき、通りすがりの男がいぶかしげに玉緒の横顔をのぞきこんで行ったので、脇に寄り、見えなくなるとまた元の位置に戻った。そして、今、自分が立っているこちら側にも写真の配置通りに、ひとりひとりを呼び出していった。

「さあ、みんなでもう一度、写真を撮ろう。昇はわたしの左よ。祐加は右でしょ。だめよ智、そんなに前に出ちゃ。ちゃんと祐加と並びなさい。またコップを割ったりしたら承知しないわよ。まあ、お母さんったらどうしてそんなに首を曲げるの？　もっと背筋を伸ばして。ほら、わたしの左の人差指をみて！」

　と左手を挙げた。

　しかし、玉緒は父親の姿をどうしても呼び出すことができない。呼ぼうにも、悪い夢の中みたいにもどかしく、声にも言葉にもならないのだ。父親が坐（すわ）った椅子はかんたんに呼び出せた。玉緒の胸は灼（や）けるように苦しくなった。……もうこの世にいないということは、空想の場面からも排除されなくてはならないのだろうか。

　所用で海岸の町まで出かけた収入役の乗った車が、七曲りの崖で、むこうからきた小型トラックを避けようとしてハンドルを切り損ね、三十メートル下の川に転落した。昇が松川の工場へ電話を入れると、玉緒は休暇を取って、小旅行に出かけていた。父親の死を知ったのは、その三日あと、つまりゆうべのことだ。葬式はきのう済んだ。事故の現場があの七曲りの崖だと聞いたとき、玉緒は、そこでふたりの運転手が長々と話していた光景を思い出した。口の動きだけがみえて、声が聞こえなかったもどかしい感覚がよみがえった。あれは父親の死について打ち合せをしていたのではないか。玉緒ははっとなって顔をあげた。

　展示写真をみんなが五月に揃（そろ）って見物にきたことを、当時の昇からの葉書で知った。昇は普通高校への進学を諦めると書いてあった。あの時は、ここに彼女が欠けていた。そして、いまは父親が決定的に欠けている。

「よくきてくれた、玉緒。これでまたみんな揃ったね」

　突然、父親の声がきこえた。

　玉緒は軽く目を閉じた。その瞬間、左手の先が父親の肩に触れた。あの朝の、毛糸の手袋の先からしみてきた霜がよみがえった。涙が溢（あふ）れ出た。

「しあわせになりなさい」

　優しすぎる声で父親が娘に語りかけた。

　玉緒は、たしかに父親の肩に触れたし、その声も聞いた。死んだ人間が排除されているわけではなかったのだ。むしろ、ここからいなくなったのは父親ではなく、自分のほうなのだという思いが、玉緒の心に熱くこみあげた。

「遅くなってごめんなさい」

「いいんだ。しあわせになりなさい」

「……だめ。わたしは、B父さんの言いつけを破ってしまった。もう決してしあわせにはなれない。だって、あんなにはっきり口にしてしまったんだもの」

　それを初めて口走ったのは、小旅行で男といっしょの時だった。そっと、しかしありったけの力をこめて。それを聞いたのは、あの男ひとりだ。Cあの男が悪魔だったのかもしれない。玉緒の周辺から家族は消え、そのあとに、五、六羽の雀が強い日ざしを浴びて騒いでいた。


（辻原　登『家族写真』による）

問一、**基本**　二重傍線部「いぶかしげに」の本文中での意味として最もふさわしいものを、次の選択肢の中から選び、番号を答えなさい。
①不審そうに　②興味深そうに
③馬鹿にするように　④さびしそうに
⑤もどかしそうに

問二、**よく出る** **基本**　空欄 a ・ b に当てはまる語の組み合わせとして最もふさわしいものを、次の選択肢の中から選び、番号を答えなさい。
①a 顔　b 肩　②a 面　b 髪
③a 頭　b 肩　④a 額　b 髪
⑤a 顔　b 胸　⑥a 面　b 肩
⑦a 頭　b 胸　⑧a 額　b 胸

問三、**基本**　空欄 甲 に当てはまる語句として最もふさわしいものを、次の選択肢の中から選び、番号を答えなさい。
①ずるずる　②はらはら　③ぐずぐず
④じりじり　⑤よろよろ

問四、傍線部A「谷口は、写真館が勝手に飾ってしまって、困ったことだ、と言い訳をした」とあるが、この時の父親の思いとして最もふさわしいものを、次の選択肢の中から選び、番号を答えなさい。
①家族の意思に反して写真が飾られてしまったことに困惑し、写真館の館主を憎んでいる。
②家族との相談の結果、写真を飾ることとなったが、やはりやめておけばよかったと後悔している。

③家族の全員の同意が得られぬ間に写真が飾られてしまったので、家族に申し訳ないと反省している。
④家族と相談をして写真を飾ることを承諾したが、素直に認めるのは気恥ずかしくなっている。
⑤家族と十分話し合う時間を確保できずに写真が飾られてしまい、館主に不信感を抱いている。

問五、傍線部B「父さんの言いつけを破ってしまった」とあるが、具体的にはどういうことか。その内容として最もふさわしいものを、次の選択肢の中から選び、番号を答えなさい。
①自分の気持ちを偽る言葉を口にしたこと。
②男と一緒に旅行に行くことを黙っていたこと。
③家族写真を撮ろうと言ってしまったこと。
④家を出て働きに出ると言ってしまったこと。
⑤しあわせだと口にしてしまったこと。

問六、傍線部C「あの男が悪魔だったのかもしれない」とあるが、このように思ってしまう玉緒の心情の説明として最もふさわしいものを、次の選択肢の中から選び、番号を答えなさい。
①家族と自分が離れ離れになってしまったのは、この男のせいであると激しく恨んでいる。
②新しい生活の中で、いつのまにか家族から心が離れていた自分に自責の念を感じている。
③父親の死は男が原因であると考え、この男と付き合い、家族を離れたことを後悔している。
④家族を捨てて、男との旅行を優先した自分に対して、強い嫌悪感と罪悪感を抱いている。
⑤あの男が自分と家族を引き離す恐ろしい存在であると気付いて、恐怖心を抱いている。

問七、**思考力** 本文中の表現の特徴としてふさわしいものを、次の選択肢の中から二つ選び、番号を答えなさい。
①短い会話の連続により、家族の関係性がうまく出来ていないことが暗示的に表現されている。
②指先の表現を用いることで、玉緒と家族のつながりが薄いということが効果的に表現されている。
③「雀」が家族写真を見る場面で描写されることで、その場にいない家族が暗示的に表現されている。
④一貫して一人の人物の視点から語られることで、物語の展開が分かりやすく伝わるよう表現されている。
⑤ある人物に複数の呼称を使うことで、その人物が生活の中で様々な役割を担っていることが表現されている。

問八、次の文章を補うのに最もふさわしい箇所を本文中の【①】～【⑤】の中から選び、番号を答えなさい。
《脱文》窓の中では、玉緒の左手の先が、そっと父親の右肩にかかっている。五人の胸に、玉緒のいない淋(さび)しさが募った。

三 (古文)古典知識・仮名遣い・動作主・内容吟味

次の文章を読んで、後の問いに答えなさい。

ある所に強盗入りたりけるに、［ある所に強盗がよく入ったので、］弓とりに法師をたてたりけるが、［弓を持っての見張り役に法師を立てたところ、］ a秋の末つかたのことにて侍りけるに、［秋の末頃のことでありましたが、］門のもとに柿の木の有りける下にこの法師かたて矢はげて立ちたる［弓に一本の矢をつがえて立っていた］うへより、［ところそのうえから、熟した柿が］うみ柿の bおちけるが、この弓とりの法師がいただきにおちてつぶれてさんざんにちりぬ。［ぐちゃぐちゃに散った。］この柿のひやひやとしてあたるを cかいさぐるに、［手で探ってみると、］なにとなくぬれぬれと有りけるを、「はや射られにけり」［「もはや射られてしまった」］とおもひて臆してけり。かたへの輩(ともがら)に云(い)ふやう［かたわらの同輩に言うことには］「はやく痛手を負ひていかに［とても］ものぶべくも覚えぬに、［助かりそうもないので、］この頸(くび)うて」と Aいふ。「Bいづくぞ」と問へば、「C頭を射られたるぞ」といふ。さぐれば、 dなにとはしらずぬれわたりたり。手にあかく物つきたれば、［手に赤いものがついたので、］「げに血なりけり」［「ほんとうに血だよ」］と Dおもひて、「さらんからに［「だからといって、］ eけしうはあらじ。 Eひきたててゆかん」［大したことはなさそうだ。連れて行ってやろう」］とて、肩にかけて行くに、「いやいやいかにものぶべくもおぼえぬぞ。 fただはやくびをきれ」と頻(しきり)にいひければ、いふにしたがひてうちおとしつ。［打ち落とした。］

さてそのかしらをつつみて大和国へ F持ちて行きて、この法師が家になげ入れて、しかじかいひつることとてとらせたりければ、［言いおいたことを伝えて、頸を受け取らせると、］妻子なきかなしみて見るに、さらに矢の跡なし。［頸を見ると、まったく矢の傷がない。］「むくろに手ばしおひたりけるか」［「からだの方に手傷を負ったのですか」］と Gとふに、「しかにはあらず。このかしらの事ばかりをぞいひつる」といへば、 Hいよいよかなしみ悔(くゆ)れどもかひなし。をくびやうはうたてき物なり。 Iさ程の心ぎはにて、 Jかく程のふるまひしけん愚かさこそ。

（『古今著聞集』による）

問一、**基本** 点線部a「秋の末つかた」とあるが、旧暦(陰暦)では何月か。ふさわしいものを、次の選択肢の中から一つ選び、番号を答えなさい。
①七月　②八月　③九月　④十月　⑤十一月

問二、**基本** 点線部b「おちけるが」・c「かいさぐる」・d「なにとはしらず」・e「けしうはあらじ」・f「ただはやくびをきれ」のうち、現代仮名遣いに改めた際に表記が変わるものを一つ選び、番号を答えなさい。
①b「おちけるが」
②c「かいさぐる」
③d「なにとはしらず」
④e「けしうはあらじ」
⑤f「ただはやくびをきれ」

問三、**よく出る** 傍線部A「いふ」・D「おもひ」・F「持ちて行き」・G「とふ」の主語の組み合わせとして最もふさわしいものを、次の選択肢の中から選び、番号を答えなさい。
①強盗—法師—輩—妻子
②法師—輩—輩—妻子

③法師—法師—輩—妻子
④強盗—法師—輩—妻子—輩
⑤法師—強盗—輩—妻子

問四、傍線部B「いづくぞ」とあるが、どのような意味か。最もふさわしいものを、次の選択肢の中から選び、番号を答えなさい。
①頭はどこだ　②大丈夫か
③怪我はどこだ　④強盗はどこだ
⑤怪我は痛むか

問五、傍線部C「頭を射られたるぞ」とあるが、なぜそのように思ったのか。その理由として最もふさわしいものを、次の選択肢の中から選び、番号を答えなさい。
①自分の頭を触ってみたところ、手が赤い血に染まっていたから。
②柿の実を射ったはずの強盗の矢が、自分の頭を目掛けて飛んできたから。
③側にいた輩が、法師のただならぬ様子を見て慌てふためいていたから。
④頭がひやりとし、触ってみるとぬるぬるとしたものが手についたから。
⑤張り詰めた状況下で、敵味方の区別もつかないほど気が動転したから。

問六、傍線部E「ひきたててゆかん」と判断したのはなぜか。その理由として最もふさわしいものを、次の選択肢の中から選び、番号を答えなさい。
①致命的な重傷を負っていたとしても、妻子のもとまで連れて帰ろうという強い責任を感じていたから。
②どれほど深刻な怪我を負っていても、僧侶である法師を助けなければ、自分が罪を背負うことになるから。
③致命的な場所に傷を負っているようだが、受け応えができている様子から、大怪我ではないと考えたから。
④たとえこのまま死んでしまったとしても、人として最低限の情けはかけてやるべきと考えたから。
⑤たった一人で強盗に立ち向かった勇敢な法師に対して、敬意を示さなければ失礼になると考えたから。

問七、傍線部H「いよいよかなしみ悔れどもかひなし」とあるが、なぜこのようになったのか。その理由として最もふさわしいものを、次の選択肢の中から選び、番号を答えなさい。
①遠方にいる夫に別れを告げることもできないまま、この世を去ってしまったから。
②夫がつまらない勘違いによって大切な命を失ってしまったから。
③夫の同僚の一方的な誤解によって、無惨にも殺されてしまったから。
④夫を殺した強盗を捕らえてもらおうとしてもとっくに逃げてしまっているから。
⑤夫の怪我は体にあったのに、輩は頭だけを妻子の元に届けたから。

問八、傍線部I「さ程の心ぎは」とはどのような心の様子か。その説明として最もふさわしいものを、次の選択肢の中から選び、番号を答えなさい。
①滑稽　②責任　③残忍　④悲哀　⑤臆病

問九、傍線部J「かく程のふるまゐしけん愚かさ」とはどのようなことか。その説明として最もふさわしいものを、次の選択肢の中から選び、番号を答えなさい。
①当人の心持ちひとつで大切な命を落とす結果になってしまったこと。
②友人に対して自らの亡骸を運ばせるという無理なお願いをすること。
③立派に勤めを果たしたのに、あえなく命を落としてしまったこと。
④当人のわがままな振る舞いによって家族を悲しませることになったこと。
⑤人から認められようとするあまり、友人や家族を失ってしまったこと。

四 漢字の読み書き　よく出る

次の傍線部と同じ漢字を含むものを、それぞれ後の選択肢の中から一つずつ選び、番号を答えなさい。

(1) 新しい靴をハく。
①思い出がノウリによみがえる。
②駅までのキョリは短い。
③エイリな刃物。
④期日までに契約をリコウする。
⑤ケイリ業務を効率化する。

(2) 家業をツぐことにした。
①彼はチョッケイの弟子だ。
②環境保護のケイハツ活動。
③失敗が成長のケイキとなる。
④ケイゾクは成功の鍵だ。
⑤学校と地域がレンケイする。

(3) 古新聞を紐でククる。
①名声をカツボウする。
②組織をトウカツする責任者。
③学級委員としてカツヤクする。
④遺産をブンカツして相続する。
⑤エンカツに組織を運営する。

(4) キテイに従って手続きする。
①評判のリョウテイで食事する。
②作業コウテイを見直す。
③エンテイの花壇の手入れをする。
④敵の動きをナイテイする。
⑤祖母はテイシュクな女性だった。

(5) ケイセキが残っている。
①古いセキショのあとが残る。
②大学をシュセキで合格する。
③自分のショクセキを全うする。
④彼のヒッセキは美しい。
⑤優れたコウセキが認められる。

(6) 動物ギャクタイを防止する。
①結婚式にショウタイする。
②問題にタイショする。
③毎朝タイソウする。
④弟はニンタイ強い。
⑤国外にタイキョする。

(7) 新人社員をサイヨウする。

①鮮やかなシキサイの絵だ。
②事業のサイサンが合わない。
③長い道がサイゲンなく続く。
④経済的なキュウサイを求める。
⑤大学と企業がキョウサイするイベント。

(8) 論文にチュウシャクを付ける。
①謝罪とシャクメイを行う。
②先生のペンをハイシャクする。
③評価のシャクドを明確にする。
④友人とバンシャクを楽しむ。
⑤有名なハクシャクの邸宅を訪れる。

渋谷教育学園幕張高等学校

時間	満点	解答	
60分	100点	P73	1月19日実施

出題傾向と対策

●論説文、小説文（省略）、古文の大問三題構成。選択肢は長文だが、本文を根拠にして正誤が明確であり比較的選びやすい。漢字や文学史も標準難度。各大問に一問ずつ配された字数指定なしの記述問題が、いずれも難問にして良問。この記述の完成度が合否を分けるだろう。

●各大問の記述問題はいずれも、それまでの選択問題を踏まえて出題されており、受験生が段階を踏んで考察できるように配慮されている。過去問を解く際にはこれを意識し、選択問題をヒントに記述することを心がける。

一（論説文）漢字の読み書き・熟語・内容吟味・文学史

次の文章を読んで、後の問いに答えなさい。

近代の自己論は、一つには自己は、合理的な自己意識として完全に理解しつくせると考え、もう一つには社会を作る主体として、個人として確立していると考える。僕たちも、自己というと、この個体であることを当然とし、しかも、これは自分だという自己意識があるからこそ、自分が自分でありうると考えがちだ。けれども、この前提はそれほど自明ではない。

今日、自分で自分のことを完全に分かりきっていると思う人など、いないであろう。自分の中には、自分でも理解しきれない(a)ショウドウがあり、欲望がある。それがいつ、どのような形で噴出するのか、自分でも制御できない。逆に、思いもかけない才能が自分の中に潜んでいるかもしれないが、それもまた自分の自由になるものではない。そう考えれば、自分もまた、自分で了解しきれない他者的な要素を大きく持つ。というか、自分に関しても、「顕」の領域に収めうる了解可能の部分は、ごく一部分に過ぎないのかもしれない。

そうだとすれば、(*1)デカルト的な明瞭な自己意識が自己の本質だとは言えないことになる。意識は、言ってみれば、自己の自己に対する情報であって、それによって適切な行動が取りやすくなるということはあるが、それこそが自己だとは言えない。例えば、満腹感は、もう食べなくてもよいというサインであり、それによって食事をストップする。それは、必ずしも明瞭に意識しなくても可能なことで、動物たちもまた、満腹になれば自然に食事を止める。ただ、意識が明瞭化すれば、自覚的な行動を取りやすくなる。

また、痛みは、身体のその部位に異常があるという警告信号である。犬や猫であれば、痛みがあれば、じっとしているか、舐めて治そうとするかもしれない。人間の場合も、古代にはそれと大差なかったであろうが、医学が発達し、痛みによって部位の異常の様子を知り、医学的に対処できるようになってきた。とりわけ頭痛や内臓の痛みは、外から知られない身体内部の貴重な情報源となる。

このように、①意識は大事ではあるが、それが自己の中核というわけではない。痛みなどなくて、身体の部位が意識されないほうが、より好ましい状態であろう。意識はいわばスポットライトであり、自己の一部にのみ光を当てて、そこを理解するのに役立つが、それで自己のすべてが分かるわけではないのである。

それならば、自己の個体性はどうであろうか。自己は自己として、個人として独立していると考えるかもしれない。自己は身心の統合体であり、他なるものとははっきり境界線をもって区別される、と考えられるであろう。たとえ無意識領域に了解不可能なところがあるとしても、それでも個体として統一体をなし、ある程度は意識をもって了解され、統御可能でなければならない。

しかし、自己の個体性も、それほどはっきりと確定したものではない。例えば、この身心が自分だというかもしれないが、それならば、丸裸にならないと自分とはいえないのであろうか。そうだとすれば、ファッションで自分らしさを作り出すなどということは不可能となる。それはおかしい。身心をはみ出し、衣服や装身具までを含めて自分と考えるべきであろう。もっと単純な例で言えば、車を運転するとき、自分の身体の幅ではなく、車と一体化して、車幅を自分の幅として運転する。そのとき、車までを含めて自分と考えられる。

②もっと過激に考えてみよう。自己は単一の存在ということができるであろうか。どうもそれも怪しい。同じ一人の人間が、会社では一社員であり、家では夫（妻）であり、父（母）であるというのは、ごくふつうのことである。そのとき、相手に応じて人はルールを使い分ける。多重人格などという特殊な例を挙げるまでもなく、今日の社会では、人はさまざまな自己を使い分けている。

それでも、それは一人の自己に統合されるではないか、と言われるかもしれない。しかし、これも怪しい。例えば、僕が外務大臣として（ありえないことだが）、外国との条約に署名したとする。署名したのは僕であるが、その条約には日本国全体が従わなければならない。署名の主体としての僕は、この個人としての僕とは言えない。国家あるいは国民の意思を体現しているのである。もっと身近でありそうな場面で言えば、セールスマンが、「当社としては、この製品が絶対お勧めです」と顧客に勧めるとき、そのセールスマンは「当社」を代弁しているのであって、セールスマン個人の意見を述べているわけではない。

あるいは、プラトン(＊2)という哲学者を考えてみよう。僕たちが知るのは、プラトンの作品であって、その作品から抽出されるプラトンの思想である。プラトンという人の個体的な身心を知るわけではない。それならば、僕たちは本当のプラトンを知らないのであろうか。そうとも言えないであろう。プラトンを深く読み込んだ人は、プラトンをよく理解していると言ってもかまわない。身心的な自己がすべてとは言えないのである。

自己は分裂するばかりでない。③他者と融合していくこともある。

（中　略）

例を挙げるならば、阪神(＊3)ファンが球場でみんな一体となって応援する時、やはり個は吹っ飛んで、「みんな」の中に解消してしまう。もっと危険な例で言えば、戦争の時には「国民」が個別性を失って一体化してしまうこともある。こうした場合、「私」や「我」は、たやすく「私たち」や「我々」になるのである。他との障壁がなくなることは、それだけ個の背負っている責任が軽くなることであり、それだけ安心感を与える。

自己をすべて投げ出すのでなく、自己の一部分を他に委ねることもありうる。自動車に乗るというのも、足の機能を機械に委ねる単純な例であるが、記憶力の一部をパソコンに委ねることも、今日では当たり前のことである。そればかりでなく、会社員であれば、社の決定にはそれぞれのレヴェルがあり、最高の意思決定は個々の社員ではなく、社長なり、あるいは取締役会なりに委ねられることになる。確かに平社員は苦労は多いが、会社の決定の責任を取る必要はない。一人で生きるより、共同体のほうが楽なのは、このように機能を分割して、自分がしなければならないことを減らすことができるからである。

近代の哲学は、自己を単独者としてイメージしてきたので、「我と汝」というように、単数的な個体としてしか自己や他者を見ることができなかった。というよりも、単独者的な個を理想化し、融合したり分裂したりするような自己の捉え方を否定してきた。自己が他と一体化したり、融合するようなことは、個の責任(b)ホウキであり、倫理的に許されないことと考えられた。それ故、神と自己が一体化するような神秘主義の立場は異端視され、批判されることになった。個は徹底的に個として絶対視されることになる。

このような立場は、すでに繰り返し述べたように、近代西洋的な特殊な立場であり、普遍化できるわけではない。しかし、それがあってはじめて、近代的な民主主義が確立したのであり、そのことを軽視することはできない。④夏目漱石が、健全な個人主義の確立を訴えたのは、きわめて重要なことであり、それは今日でもまだ、確立したとは言えない。

そうではあるが、それを絶対視するわけにはいかない。仏教が、個としての自己の絶対性に対して無我説を唱え、自己に固着することを批判することにも、X耳を傾けなければならない。私はかけがえのない存在であるかもしれないが、もしかしたら、それほどのものではないかもしれない。自己は分裂したり、融合したり、アメーバのように動き、始末におえない厄介者だ。そのことをきちんと認識して、はじめて謙虚に、⑤「他者」としての自己に向かうことができる。

（末木文美士『哲学の現場　―日本で考えるということ―』による）

《注》＊1　デカルト……フランスの数学者・哲学者（一五九六年～一六五〇年）。
＊2　プラトン……古代ギリシアの哲学者（紀元前四二七年頃～前三四七年頃）。
＊3　阪神……日本野球機構（NPB）に属する球団「阪神タイガース」のこと。

問一、**よく出る** **基本** ＝＝部（a）・（b）のカタカナを漢字に直しなさい。

問二、**基本** ……部X「耳を傾けなければならない」とあるが、「耳を傾ける」と対義的な意味を持つ四字熟語として、最も適当なものを選びなさい。

ア、片言隻語　イ、唯唯諾諾　ウ、生殺与奪
エ、美辞麗句　オ、馬耳東風

問三、――部①「意識は大事ではあるが、それが自己の中核というわけではない」とあるが、なぜそのように言えるのか。その説明として最も適当なものを選びなさい。

ア、意識は自己の中に身体を統制しつつ複数存在しているが、定期的に不調和や不具合が生じてしまうことがあるから。
イ、意識は自己を知るうえでの有用な情報を伝え、行動を方向付けるが、自己には意識で了解しきれない部分が多くあるから。
ウ、意識は自己に関する重要な情報を提供し続ける一方で、欲望のままに存在している身体感覚と対立することがあるから。
エ、意識は自己の貴重な情報源となるが、自己意識には

他者的な要素が含まれるため、自己理解に時間がかかってしまうから。
オ、意識は自己を知るために必要不可欠であるが、スポットライトの役割でしかなく、統合された自己は別に存在するから。

問四、――部②「もっと過激に考えてみよう」とあるが、ここで述べられている「もっと過激に」考えるとはどういうことか。その説明として最も適当なものを選びなさい。
ア、自己の中に自己意識では了解できないところがあったとしても、自己は明確な輪郭を持つ存在であり、さらに、他者をはじめとする自己ではないものを取り込みながら、個人としての自己を強化していると考えること。
イ、自己には、一つの身体に一つの意識が宿るがゆえに、他者との境界線が明確に存在するという考えに対して、身心の延長する感覚が生じることを根拠に、明確な輪郭を持った自己という概念自体が存在しないと考えること。
ウ、一人の人間が状況に合わせて、複数の自己を使い分けているように思われるが、実はそれは見せかけで、自己と身心とが強固な関係性で結ばれているため、独立した単一の自己として成立していると考えること。
エ、自己は個体としての自己を超えて、身心が拡張する感覚を持つと考えるばかりか、その人の持つ複数の社会的役割や、作品から読み取ることができる思想など、自己の身心以外のものも含めて自己の範囲と考えること。
オ、たとえ自己意識では理解できない部分があったとしても、他者とは異なる独立した自己は存在すると考えるばかりでなく、身心からはみ出した衣服や装身具、車幅などの、自己とはかけ離れた無関係なものですら自己と考えること。

問五、難 ――部③「他者と融合していくこともある」とあるが、その具体例として適当でないものを一つ選びなさい。
ア、ハロウィンの仮装をした若者たちが集団で盛り上がることで、個人としての責任感を失い、物を破壊する。
イ、上司の指示に従って仕事を進めていたところミスが判明したが、部下の責任が問われることはなかった。
ウ、文学作品を読む時に、作品に登場する主人公とそれを書いた作家自身を同一視しながら内容を楽しむ。
エ、寝坊のため遅刻しそうになり、集合時間に間に合わせるため、タクシーを使って目的地まで移動した。
オ、下校時刻によって乗る電車が変わってしまうため、写真に撮って保存していた駅の時刻表を参照した。

問六、基本 ――部④「夏目漱石」の作品を一つ選びなさい。
ア、「和解」　イ、「坑夫」　ウ、「舞姫」
エ、「河童」　オ、「雪国」

問七、難 思考力 ――部⑤「『他者』としての自己」とあるが、どのようなものか。それと対比的に述べられている「自己」との違いがわかるように、本文全体をふまえて説明しなさい。

問八、本文の構成についての説明として、最も適当なものを選びなさい。
ア、筆者は常識となっている近代の自己論に対して、それとは異なる自己像の具体例を述べつつ、近代西洋的な自己論を相対化している。
イ、筆者は近代西洋的な自己論の立場に拠って立ちつつ、その優位性を強調する例を挙げ、東洋的な自己像を唱える人々を批判している。
ウ、筆者は自らの体験を具体例として紹介し、現実の世界に近代的な自己と仏教的な自己が併存しているという事実を指摘している。
エ、筆者は誰にでも理解できる身近な例を挙げて、自己の中に近代的な自己とそうではない自己が対立していることを指摘している。
オ、筆者は近代的なものの見方に一定の評価を与えているが、非近代的なものの見方の例を取り上げつつ、最終的には否定している。

二 (省略)岡本かの子「家霊」より

三 (古文)内容吟味・古典知識

次の文章は「太平記」の一節である。後醍醐天皇の倒幕計画が露見した後、鎌倉幕府は天皇をとらえ、流刑に処することにした。このとき、天皇の息子である恒良親王（第九宮）は、藤原宣明(のぶあきら)に預けられることになった。これを読んで、後の問いに答えなさい。なお、出題の都合上、本文の左側に、注釈および現代語訳を付したところがある。

この宮(※第九宮)、今年は八歳にならせ給ひけるが(おなりになったが)、御心さかさかしくて、常の人よりけな気に渡らせ給(たま)ひしが、宣明卿を召されて、

「誠やらん(本当かしら)、主上は人も通はぬ隠岐国とかやへ流され給ふ(流されなさると)なる(聞く)。さもあらば、我独り都に残り留まりても何かはせん。せめては外(よそ)ながら、君の御座(いらっしゃる)さん国の辺へ流し遣はせかし。これに付けても、君のおしこめられて、いまだ御座なる(いらっしゃると聞く)白河は、これよりり近き所とこそ聞くに、御座の程もなど宣明は(いらっしゃる間にどうして宣明は)、我をつれて御所へは参らぬぞ。昼こそあらめ、夜に交(まぎ)れては何か苦しかるべき(昼は人目もあるだろうが夜にまぎれて行くことは問題なかろう)」と、仰(おほ)せ出だされければ、①宣明卿泪(なみだ)を押へて、しばらくは物を申し得ざりけるが、ややあつて、皇居程近き由を申さば、日夜御参(ごさん)あらんと、責め仰せられれば、御労(いたは)しきと思ひければ、

「さん候ふ(それでございますが)、主上の御座す(いらっしゃる)白河は、程近き所にてだに候はば(さえございますならば)、朝夕御共仕(つかまつ)るべく候(さうら)へども、かの白河と申す所は、都よ

り数百里を経て下る路にて候ふ。その支証には、能因法師が歌にも、

都をば　霞と共に立出でて　秋風ぞ吹く　白河の関

と、詠み候ふなり。この歌を以て、道の遠き程、人を通さぬ関ありとは、思し召し知らせ給ひ候へ」と申したりければ、宮つくづくと聞こし召し、御泪を押し拭はせ給ひて、仰せありけるは、「うたての宣明やな。我を具足して参らじ（私をつれていくまいと）と思ふ故に、かやうには申すか。

かの古曾部能因（※能因法師のこと）が、白河関と詠みたりしは、②全く洛陽（都にある）滑川の白河にあらず（白河ではない）。これは東関奥州の名所なり。それをいかにといふに（どうしてかと）、近来津守国夏がこれを本歌にて、（※津守国夏という人物が能因法師の歌を下じきにして左の歌を作ったということを言う。国夏の和歌には能因法師の和歌のイメージも内包されていると考えられる。）

白河の　関まで行ぬ　東路も　日数経ぬれば　秋風ぞ吹

と詠めり。また、最勝寺（※都にある寺の名称）の懸かりの桜の枯れたりしを（蹴鞠の庭の桜が枯れていたのを）、植ゑかふるとて（植え替えるときに）、雅経朝臣（※藤原雅経。新古今集の選者の一人で、蹴鞠の達人でもあった。）が、

③なれなれて　見しは名残の　春ぞとも　など（どうして）白河の　花の下影

と詠めり。④これ皆、名は同じうして所はかはれる証歌なり。よしや、今は心にこめて思ふとも、謂ひ出ださじ」と、宣明を恨み仰せられて、その後は書き絶え（きっぱりと）恋しやとだにも、仰せ出だされず。常に御泪をおし拭はせ給ひて、打ちしほれ、中門に立たせ給ひたりける（玄関にお立ちになっていた）折節、烟寺（※遠くの寺の）の晩鐘の幽かに聞えけるを、物あはれに思し召しけるにや、

つくづくと　思暮て　入相の　鐘を聞くにも　君ぞ恋しき

と、情中に動き、言外に彰るる御歌の、をさなをさなしさ、中々あはれに聞えしかば、この比京中の僧俗、男女推し双べて、畳紙の端、扇の裏に書き付けて、これこそ八歳の宮の御歌とて、翫ばぬ物もなかりけり。誠に貴きも賤しきも、親子の昵び程あはれに悲しき事はあらじと、皆袖をぞぬらしける。

問一、――部①「宣明卿泪を押へて、しばらくは物を申し得ざりけるが」とあるが、これはなぜだと考えられるか。その説明として最も適当なものを選びなさい。

ア、白河が遠い場所だと知らず、近くにあると思いこんでいる幼い宮が、父帝に会えるのではないかと期待している様子を見た宣明が宮をあわれに感じたから。

イ、父帝が遠方に流されることを理解し、せめて離れ離れになる前に、父帝に一度だけでも会いたいと懇願するけなげな宮の姿に触れて、宣明が心を動かされたから。

ウ、隠岐近くに自身も流されたいとか、幽閉された父帝に会いたいので白河まで連れていってほしいと言う幼い宮の姿を見て、宣明が宮をあわれに感じたから。

エ、都から白河までの距離がつかめていないために、父帝のいる白河まで連れていけと強要してくる宮の幼さに困惑した宣明が、己の立場を辛く感じたから。

オ、父帝の居所は近くにあるなどと言えば、宮が一日中、そこへ連れていけとしつこく言ってくるに違いないと考えた宣明が、己の立場を辛く感じたから。

問二、――部②「全く洛陽滑川の白河にあらず。これは東関奥州の名所なり」とあるが、このような認識を示す上で、宮は何を根拠にしていると考えられるか。適当なものを二つ選びなさい。

ア、能因法師の歌から読み取れる、都から白河まで行くには長い時間がかかるという情報。

イ、能因法師の歌から読み取れる、白河関を越えるのは不可能であるという情報。

ウ、能因法師の歌に示された、白河という場所には春が訪れないという情報。

エ、津守国夏の歌に示された、白河に行くには、一年以上かかるという情報。

オ、津守国夏の歌に示された、白河が、東路の先の場所であるという情報。

カ、津守国夏の歌に示された、白河が、関東以上に極寒の場所であるという情報。

問三、――部③「なれなれて　見しは名残の　春ぞとも　など白河の　花の下影」の大意を示したものとして最も適当なものを選びなさい。なお「白河」には「しらかは（理解できるか、いや理解できない）」の意味がかかっている。

ア、白河の桜花の下に何度も立ち、長年慣れ親しんできたが、今年の春がその桜木との別れの春になるとは理解していなかった。

イ、白河の桜木の下から花を何度も見て、慣れ親しんできたので、桜の木を植えかえるという暴挙には理解しがたいところがある。

ウ、白河の桜花を下から何度も眺めてきたので、もはや名残惜しいとも思わないし、植え替えに反対する人の気持ちが理解できない。

エ、白河の桜の木は何度も見てきたが、東関奥州の桜の花は、下から見たこともなく、理解できないものなので、別れても惜しくない。

オ、下から何度も見て慣れ親しんだ白河の桜は枯れてしまったが、代わりの木として東関奥州の木を選んだことは理解しがたい。

問四、難 ――部④「これ皆、名は同じうして所はかはれる証歌なり」とはどういうことか。三つの歌の内容をふまえて簡潔に説明しなさい。

問五、本文全体の内容を説明したものとして適当なものを次の中から二つ選びなさい。
ア、宣明は、宮に真実を伝えたが、宮は和歌に基づいた誤った認識をもっており、宣明の指摘を信じなかっただけでなく、その指摘を嘘と断じた。
イ、宮を慮る宣明は宮に嘘をついたが、宮は幼いながらも和歌の教養を身につけており、その教養に基づき、宣明が嘘をついたことを指摘した。
ウ、宣明の発言には嘘も含まれていることに、教養ある宮は気づいたが、宣明の嘘を嘘と断ずることまではせず、宣明を気づかう姿勢を見せた。
エ、宣明を信じられなくなった宮は、心を閉ざし、屋敷の外に出がちになったが、その際聞いた鐘の音に心動かされ、父と宣明への思いを和歌にして詠んだ。
オ、晩鐘の音を聞いた宮の作った歌は、父への思いを抑制したものだったが、なお思いが言外にあふれ出ており、都の多くの人はその幼さに悲しみをおぼえた。
カ、心にこめていた父への思いがあふれて作られた宮の和歌は、親子の情愛の悲しさを感じさせるものとして、都の全ての人の心を揺さぶり涙を誘った。

問六、**基本**　「太平記」に関連した次の文章の空欄 A ～ D に入る言葉を漢字で答えなさい。

「太平記」は、いわゆる軍記物語の一つとして知られているが、軍記物語の中で最も高名なものは、「祇園精舎の鐘の声 A の響きあり」の一節で知られる、「 B 」である。「太平記」も「 B 」も、やがて能や浄瑠璃、歌舞伎の題材として好んで取り上げられるようになり、現代にいたるまで、大きな影響を与え続けてきた。たとえば、能の世界では「風姿花伝」で知られる C も「 B 」を題材として「清経」などの作品を残している。また、近世浄瑠璃の世界では、 D が「 B 」に登場する「俊寛」や「景清」を題材としたことで知られている。

十文字高等学校

時間　50分
満点　100点
解答　P75
2月10日実施

出題傾向と対策

●例年どおり、漢字の読み書き、論説文、古文の三題構成。論説文では指示内容を丁寧に読み取る力や、本文内容から推測される具体例を記述させる問題が多く問われた。また、語句の意味や古典文法知識などの基礎知識を必要とする問題も多い。
●読解力だけでなく知識力や思考力も求められるため、演習に加えて知識の整理や、論理的思考力を十分に鍛えること。また論説文は問題数が多い。時間内に終わるよう、ペース配分の訓練も十分に行っておきたい。

◎文中からそのまま抜き出して答える場合、句読点や記号は一字とすること。また、ふりがなのある漢字は、ふりがなをつけなくてよい。
◎設問の関係で、一部省略した部分がある。

一　漢字の読み書き　よく出る　基本

次の①～⑩の――線部について、カタカナは漢字に直し、漢字はその読みを平仮名で記せ。（各2点、計20点）
①国民の意思を政治にハンエイさせるべきである。
②工事の騒音に安眠をボウガイされる。
③一対一のキンコウを破る満塁ホームラン。
④道路を封鎖し、犯人の逃げ道をフサぐ。
⑤感情をオサえた主役の演技に魅了される。
⑥武力による威嚇が外交だとは認められない。
⑦強敵には気を締めてかからねばならない。
⑧監督の仕事は選手を掌握することから始まる。
⑨閲覧時間に間に合うように図書館に駆け込む。
⑩会議に支障を来すような言動は慎むように。

二　（論説文）慣用句・語句の意味・文脈把握・内容吟味

次の文章を読んで、後の問いに答えよ。（計50点）

「お上にお任せ」(注1)といった姿勢と共に、日本人の特徴と言えるのが「謝罪すれば水に A 」といった姿勢である。

それは、ある意味では日本文化に根づく美学の一種とも言えるが、これも性善説(注2)の文化のなかでは通用したかもしれないが、相手があくどい場合は逆手に B れることになりかねない。

政治家や企業経営者などの ⓐ不祥事が明るみに出て、「これはとんでもないことだ」とメディアで大騒ぎになっても、謝罪会見がきちんと行われると、それで一件落着といった感じで、多くの国民は関心を失っていく。そのせいで似たような不祥事が繰り返されることになる。
①謝罪した者に対する態度は、欧米と日本ではまったく正反対と言える。
そもそも海外の人々はあまり謝らない。それに対して、日本人はすぐに謝る。それは、日本では謝罪と責任が分離されているからである。

大雑把な言い方をすれば、欧米では謝罪が「処罰」につながるのに対して、日本では謝罪が「許し」につながる。そのため、欧米人はよほど追い詰められない限り謝らないが、日本人はすぐに謝るのである。

個人主義の欧米社会では、相手が悪いとなれば徹底的に攻撃し、勝利すれば敗者を徹底的に糾弾し、搾取する。相手が非を認めて謝ったからといって許しはしない。謝罪と責任の追及が密接に結びついているのである。

うっかり謝ってしまうと、責任が全面的にかかってくる。賠償責任をどこまでも追及される。ゆえに、身を守るためにも安易に謝れないのだ。アメリカの一部の州でアイムソーリー法が制定されたことが、そうした事情を ⓑ端的に示している。

法学者佐藤直樹は、「すみません」で良好な雰囲気の「場」ができあがると、それを壊すような態度はとりにくくなり、「いえいえ」と言わざるを得ない雰囲気が醸（かも）しだされ、「いえいえ」と言うことでさらに良好な雰囲気が強化されるという私の論考（『「すみません」の国』日経プレミアシリーズ）を引用した上で、つぎのように言う。

ところが欧米の場合、謝罪は自分の非を認め、法的責任を認めることになるために、たとえ自分が悪くても絶対に謝らない。たとえばアメリカの保険会社は、自動車の賠償責任保険に加入するドライバーとの契約書に、「事故現場では自分はどう考えるかコメントしない」という条項を盛り込んでいるという。現場で謝罪すれば、一〇〇パーセントの責任を問われかねないからである。

さらに、カリフォルニア州をはじめとする多くの州では、病院で患者が死亡した場合に医師が、患者の家族などに、「手は尽くしたが力が及ばなかった。お気の毒です。」といっても医療過誤訴訟の証拠にはしないという「アイムソーリー法」を制定している。うっかり「すみません」といっても、医者が責任を問われないようにするためである。

およそ日本では考えられない。これを日本でやったら「角が［C］」ことになるだろう。

（佐藤直樹『なぜ日本人は世間と寝たがるのか』春秋社）

このような②アイムソーリー法がわざわざ制定されなければならなかった事情をみても、アメリカがいかに自己正当化を必要とする社会であるかがわかるだろう。

一方、間柄を大切にする日本社会では、非を認めて謝っている人物をそれ以上責めるのは、弱い者イジメみたいで「みっともない」といった感受性がある。謝罪した者の責任を徹底的に追及する欧米社会と違って、謝っている者をさらに責め立てるのは無粋である、つまりカッコ悪い、みっともないといった、世間体を介した感受性があるため、日本社会ではだれもが警戒心なしに謝ることができるのである。

さらに言えば、許すことが自分の人間としての器の大きさにつながるようなところがある。［D］、日本人は、謝罪があるとそれ以上責め立てることができなくなり、すぐに許すのである。

このように、謝罪と責任の追及が分離されているため、自己正当化にこだわらずにすむし、謝罪したり許したりすることで思いやりの心の交流が促されるわけだが、ときにこれを悪用する者が出てくる。許されることを狙って、形だけの謝罪、いわば自己呈示としての謝罪をするのである。

価値観の（注5）グローバル化が進行しつつある今日、そうした文化的背景を意識しておく必要があるだろう。そこを踏まえておかないと、うっかり騙されるなど、気づかぬうちに思考停止に陥ってしまう恐れがある。

企業など組織の不祥事が明るみに出るたびに、多くの人が疑問に思うのは、現場の人間が勝手にやったわけではなくちゃんと会議で承認を得ている、③なぜそんなことが組織のなかでまかり通るのかということである。

［E］、日本の組織では、じつによくあることのようだ。

［F］、会議で議題として出された案件についての説明を聴きながら配布された資料を読んでいて、よくわからないこと、疑問に思うことが出てきたとする。そこで、Ⓒ率直に疑問を口にすると、［G］だれか他の人が質問し追及すると、提案者はうまく説明できず、いつの間にか場の雰囲気が悪くなっている。そんな場面に遭遇したことがあるのではないか。

会議で意見のやりとりを聴いていて、どうも嚙み合っていない、双方の論点がずれていると感じ、議論をもっと有効に進めようと思い、嚙み合っていないことを伝えると、気まずい空気が漂う。そのようなことがたびたびあるためか、「あの人は理屈っぽくて困る」と言われているのが耳に入ってくる。そんな経験をした人もいるのではないか。

そこでわかるのは、日本的組織は理屈で動いてるわけではなく、④空気で動いているということだ。ゆえに、理屈で考えたらどうにも納得いかないおかしなことが、ごくふつうに起こっているのだ。

このように理屈が嫌われ、会議でほんとうの議論ができないというのは、組織を健全に運営する上では⑤致命的な欠点と言わなければならない。他者の気持ちに気をつかいすぎて、率直に意見の応酬ができない。言うべきことも言わない。そのため誤った結論に至ることも珍しくない。

おかしいと思っても疑問を口にできない。「何を言ったか」より「だれが言ったか」を気にする。結局、だれも正しいことを口にできない。

このように、日本流の会議の進め方は、正解の追求より、気まずくならないことを重視することになるため、ほんとうの議論ができない。ゆえにチェック機能も働かないわけだ。まさに組織としての思考停止である。

そこで問われるのが組織風土である。不祥事を防ぐために組織の改革が行われても、たいていは組織の構造や制度をいじるばかりで、⑥風土を変えるまでには至らない。いくら組織の構造や制度を変えたり整備したりしたところで、そのなかでどう動くか、制度をどう活かし規則をどう適用するか、会議をどう運営するかなどは、すべて組織風土しだいと言える。

いわゆる空気による支配を脱するには、組織風土を変革する必要がある。組織風土が不祥事を生み出す温床になっている、などと言われても、自分たちの組織風土に問題があるのかどうかは、そう簡単に判断できないのかもしれない。そこでチェックすべきは⑦属人思考だ。

組織的違反の主要な原因は、規定等の整備不良などではなく、属人思考であることが心理学的調査によって明らかになっている。

（注6）コンプライアンス重視などといって規定等をいくら整備したところで、その運用面に属人思考が無意識のうちに入り込むのだ。

たとえば、財務の健全性について検討したり、新規案件の収益見通しやリスクについて審議したりする際に、本来はその事案そのものについて検討したり議論したりすべきなのに、だれが責任者か、だれの提案か、だれの実績になるか、だれの落ち度になるかなど、人間関係に大きく左右されてしまう思考のことを指す。事案の評価に人間関係的な要素が入り込んでしまうのだ。

その結果、組織にとって（注7）リスクの大きい事案が可決されたり、見過ごすべきでない事柄が黙認されたり、あるいは大きなチャンスとなり得る事案がつぶされたりする。

人間関係が重視される日本社会では、気まずくなるのを避ける心理が働くため、どんな組織にも属人思考はつきものと言える。

そのせいで理屈抜きにものごとが決まる空気支配が行われ、組織全体が思考停止に陥ってしまう。組織風土を改善するには、ひとりひとりが自分自身に染みついている属人思考に気づくことが必要である。

（榎本博明『思考停止という病理』）

（注1）お上…古くは天皇・朝廷のことを、現代では政府や役所のことを称したもの。
（注2）性善説…中国の思想家孟子の唱えた、人の本性は生まれながらにして善であるという説。
（注3）賠償責任保険…交通事故を起こした際の損害賠償のために入っておく保険。
（注4）医療過誤訴訟…医療上の事故について、その過失を問い法的責任を求める裁判。
（注5）グローバル…世界的な規模であるさま。
（注6）コンプライアンス…企業や組織が、その活動において社会規範や倫理を守ること。
（注7）リスク…損害の可能性。

問一、よく出る 基本 [A]～[C]に入る語をそれぞれ次の中から選び、適当な活用形に直して答えよ。（各2点）

立つ　浮かべる　ひねる　折れる
出る　流す　取る

問二、よく出る 基本 ……線ⓐ「不祥事」・ⓑ「端的に」・ⓒ「率直に」の意味として最も適当なものをそれぞれ次の中から選び、記号で答えよ。（各2点）

ⓐ不祥事
ア、公にすべきではない出来事
イ、怪しくて判断に迷う出来事
ウ、嘆かわしく不名誉な出来事
エ、めったに起こらない出来事

ⓑ端的に
ア、明白に
イ、性急に
ウ、容易に
エ、詳細に

ⓒ率直に
ア、ずうずうしく
イ、分かりやすく
ウ、ためらわずに
エ、ありのままに

問三、よく出る 基本 [D]～[G]に入る語として最も適当なものをそれぞれ次の中から選び、記号で答えよ。（各2点）

ア、ただし　イ、ゆえに　ウ、それから
エ、ところで　オ、たとえば　カ、あるいは
キ、だが

問四、思考力 ――線①「謝罪した者に対する態度は、欧米と日本ではまったく正反対と言える」について、次の(1)・(2)の問いに答えよ。

(1)欧米と日本における「態度」の違いについて三十字以内で述べよ。（4点）

(2)日本人の「態度」がそうなるのはなぜか。その理由を述べよ。（4点）

問五、――線②「アイムソーリー法がわざわざ制定されなければならなかった」とあるが、それはなぜか。その理由を示す次の文の[　]に当てはまる部分を本文中より二十五字で抜き出し、最初と最後の四字ずつで答えよ。（3点）

アメリカでは、[　　　]から。

問六、――線③「なぜそんなことが組織のなかでまかり通るのか」について、次の(1)・(2)の問いに答えよ。

(1)「そんなこと」とはどういうことか。その内容として最も適当なものを次の中から選び、記号で答えよ。（3点）

ア、道理に合わないことが会議で承認されること。
イ、会議の決定を無視して現場が勝手に動くこと。
ウ、会議の目的を明確にしないままで議論が進むこと。
エ、意見が噛み合わないまま会議が進行していくこと。

(2)「まかり通る」のはなぜか。その理由として最も適当なものを次の中から選び、記号で答えよ。（3点）

ア、日本の組織は会議での対立を避けて、効率的に業務をこなすべきだと考えているから。
イ、日本の組織では、全体の会議に入る前にすでに各部署で意見の調整が行われているから。
ウ、日本の組織では、現場第一という考えから、会議での承認は儀礼的なものに過ぎないから。
エ、日本の組織はその場の空気で動いているので、会議で遠慮のない意見の応酬ができないから。

問七、――線④「空気」について、次の(1)・(2)の問いに答えよ。

(1)同じ意味で用いられている語を本文中より抜き出して答えよ。（2点）

(2)対照的な意味で用いられている語を本文中より抜き出して答えよ。（2点）

問八、――線⑤「致命的な欠点」とあるが、それはどういうことか。その説明として最も適当なものを次の中から選び、記号で答えよ。（3点）

ア、ほんとうの議論ができなくなると、思ったことを口にできないまま時間だけが過ぎていき、会議自体が無意味なものとなってしまうということ。
イ、ほんとうの議論ができなくなると、他者の立場を気遣うことができなくなり、各自が身勝手な考えを述べるばかりで結論が出なくなるということ。
ウ、ほんとうの議論ができなくなると、組織が思考停止に陥ってしまい、チェック機能が働かないことから不祥事を防ぐことができなくなるということ。
エ、ほんとうの議論ができなくなると、自分の意見を主張しないで他者に責任を委ねる者ばかりになり、組織を動かすエネルギーが失われてしまうということ。

問九、――線⑥「風土を変える」とはどういうことか。その説明として最も適当なものを次の中から選び、記号で答えよ。（3点）

ア、組織の気風が出来上がった当時のメンバーをすべて入れ替えるということ。
イ、組織に属する人たちに影響を及ぼしている思考や意識を改めるということ。
ウ、組織の置かれている現状を理解した上で今後の展望を修正するということ。

エ、組織における会議の進め方やチェック機能を細かく検討し直すということ。

問十、――線⑦「属人思考」とはどのような思考か。その内容を示す部分を、次の文に合うようにここより後の本文中から二十五字以内で探し、最初と最後の六字で答えよ。(3点)

[　　　　]～[　　　　]思考

三 (古文)口語訳・古典知識・動作主・内容吟味

次の文章を読んで、後の問いに答えよ。(計30点)

武則、公相といふ随身(注1)父子ありけり。右近(注2)の馬場の賭弓(注3)、わろく射たりとて、子を勘当(注4)して、①晴にて打ちけるに、逃ぐることもなくて、あ打たれければ、見る人、「いかに逃げずして、かくは打たるるぞ」とい問ひければ、「もし逃げ退かば、衰老の父追はむとて、倒れなむどしなば、きはめて②不びんなりぬべければ、かくのごとく、心のゆくかぎり打たるるなり」とう申しければ、世人、「いみじき孝子なり」とて、世のⓐおぼえ、ことのほかなり。聖徳太子、③用明(注5)の杖の下にしたがはせ給ひけるを、思ひ入りたりけるにや。

孔子、弟子に曾参といひけるは、父のいかりて打ちけるに、逃げずしてえ打たれたりければ、孔子聞き給ひて、「もし打ち殺されなば、父の悪名をたてむこと、ⓑゆゆしき不孝なり」といましめ給ひける。これもⓒことわりなり。親の体(注6)によるべきにや。

(『十訓抄』)

(注1) 随身…貴人の外出の際、刀や弓矢を用いて護衛した役人。
(注2) 右近…宮中の警護などに当たった役所。
(注3) 賭弓…朝廷で行われた弓射の儀式。
(注4) 勘当…責めとがめること。
(注5) 用明…第三十一代とされる天皇で、聖徳太子の父にあたる人物。
(注6) 体…ようす。ありさま。

問一、**基本** ═線ⓐ「おぼえ」・ⓑ「ゆゆしき」・ⓒ「ことわり」の意味として最も適当なものをそれぞれ次の中から選び、記号で答えよ。(各2点)

ⓐおぼえ　ア、記録　イ、記憶　ウ、非難　エ、評判

ⓑゆゆしき　ア、いまいましい　イ、大変な　ウ、すばらしい　エ、大仰な

ⓒことわり　ア、道理　イ、理由　ウ、誤解　エ、過失

問二、本文中にある「孔子」と最も関わりの深いものを次の中から選び、記号で答えよ。(2点)

ア、論語
イ、白氏文集
ウ、方丈記
エ、三国志

問三、**よく出る** ……線あ「打たれけれ」・い「問ひけれ」・う「申しけれ」・え「打たれたりけれ」の動作の主体にあたるものをそれぞれ次の中から選び、記号で答えよ。(同じ記号を何度用いてもよい)(各2点)

ア、武則
イ、公相
ウ、聖徳太子
エ、用明
オ、孔子
カ、曾参
キ、見る人

問四、――線①「晴にて打ちける」とあるが、それはなぜか。その理由として最も適当なものを次の中から選び、記号で答えよ。(3点)

ア、我が子が自分より弓に優れていることを世間に知られたから。
イ、我が子が儀式の場で使用する高価な弓を雑に扱ったから。
ウ、我が子が大事な儀式の場で弓を射るのを失敗したから。
エ、我が子が親である自分に向かって弓を引いたから。

問五、――線②「不びんなりぬべければ」とあるが、その解釈として最も適当なものを次の中から選び、記号で答えよ。(3点)

ア、父が転倒したりすると、きっと気の毒なことになってしまうだろうから。
イ、父が年老いてしまうと、周囲から同情されてしまうかもしれないから。
ウ、父がこの場から逃げてしまうと、おそらく自分も非難されることになるから。
エ、父が人々に笑われでもしたら、自分の将来に傷がついてしまうはずだから。

問六、――線③「用明の杖の下にしたがはせ給ひける」とあるが、その解釈として最も適当なものを次の中から選び、記号で答えよ。(3点)

ア、用明天皇が使う杖のように、常に天皇の側近くにいた。
イ、用明天皇が愛用した杖を、後の世まで伝えようとした。
ウ、用明天皇の杖を使うことで、天皇の権威に頼ろうとした。
エ、用明天皇の振るう杖に、逆らいもしないで打たれた。

問七、次の文は、第二段落の出来事に対する「孔子」の態度について説明したものである。[A]・[B]に入

る語をそれぞれ後の中から選び、記号で答えよ。（A３点、B２点）

孔子は［A］かもしれないと考えて、［B］。

A
ア、父が悪人として世間の評判になる
イ、父の汚名を晴らすことができる
ウ、父が名を上げる絶好の機会になる
エ、父の評価は子の悪行の鏡である

B
ア、子の願いを聞き届けた
イ、子の思いに胸を痛めた
ウ、子の行いの非を諭した
エ、子の迷いを取り除いた

城北埼玉高等学校

時間 50分　満点 100点　解答 P75　1月22日実施

出題傾向と対策

●小説文、漢字の読み書きや敬語や熟語などの知識問題、論説文の大問三題構成。小説文、論説文ともに文章は読みやすい。抜き出しは字数が指定され、記述問題も指定された語句をつなぐ形なので解きやすい。小説文の設問中に、読解と知識とを組み合わせた問題がある。

●漢字、四字熟語、敬語、熟語の構成、文法などの国語知識分野をこつこつともれなく学習し、万全を期しておくこと。読解問題は、字数や語句など指定された条件を見落とさずに、注意深く解答すること。

注意　字数に制限がある記述式の問いに関しては、句読点や記号等を含めること。

一（小説文）内容吟味・品詞識別・文脈把握

次の文章を読んで、あとの問いに答えなさい　（計36点）

『中止だって、コンクール』

電話の向こうで、美琴（みこと）がそう言った後、①どう答えるのが正解だったのか。

通話を終えた今も、溪本亜紗（たにもとあさ）はまだずっと考えている。

正解――なんてたぶん、ない。だけど、あの瞬間の美琴にとって欲しかった言葉、一番、心に寄り添う言葉が何かきっとあった。だけど、電話は唐突で、咄嗟（とっさ）に受け答えをするには心の準備ができていなさすぎた。

「え、そうなの？」

亜紗が反射的に尋ね返すと、美琴が『うん』と言った。静かな声だった。泣いたり、怒ったり、大騒ぎする感じがまるでなくて、それが美琴らしくない。

『まあ、仕方ないよね。②合唱って今、一番やりにくいことになっちゃったし』

「や、でもさ」

『覚悟してたし。インターハイだってなくなって、なっちゃん、泣いてたじゃん。ダブルス組んでた先輩、今年がラストチャンスだったから』

「あ――うん」

亜紗と美琴と、今名前が出たなっちゃん――菜南子（ななこ）は小学校から一緒の幼馴染（おさななじ）みだ。高校でも、クラスこそ違うけど、昼休みは去年まで中庭か音楽室に集まって一緒にお弁当を食べていた。

――去年まで、というのは「今年」がまだないからだ。

今年――正確には、今年度。つまり、二〇二〇年度。

三月、新型コロナウイルス感染症（COVID-19）が世界的に流行したことに伴い、日本では感染予防のため小中高の学校は全国一斉休校の措置が取られた。新型コロナウイルス感染症の主な症状は発熱やせき、喉（のど）の痛み、急性呼吸器疾患等。重症化し死亡する例も世界的に多い。そのため、高齢者や持病を持つ人は特に注意が呼びかけられている。

感染予防のための休校で、亜紗たちの学校は「三月」と「四月」がごそっと消えた。いつの間にやら一年生が終わり、亜紗たちは茨城県立砂浦（すなうら）第三高校の二年生に進級したらしい。五月になっても、まだ限られた登校日にしか学校に行っていないから、全然実感が湧かないけれど。

『バド部はさ、うちの高校強豪だし、特になっちゃんは去年、一年だけど県大会で結構いいところまで行ったから、悔しくて当然だと思う。それに比べたら、うちの部は別に強豪ってわけじゃないし、コンクール、出られたとしても上位には食い込めなかったと思うから、③こんなことで落ち込むのも図々（ずうずう）しいのかもしれないけど』

「そんなことないでしょ。だって」

『あ、あと、さっき、うちの先輩がクラスのグループLINEで中止のこと書いたら、放送部の子に、めっちゃクールなこと書かれたって言ってた。「私たちにとったら、〝コンクール〟って放送コンクールの意味なのに、合唱は扱い大きくていいよね」って』

「え！　それ、クールっていうか……」

『放送コンは先月にはもう中止の決定、出てたんだよね』

「そうだったんだ」

　電話の向こうから、美琴の小さなため息が聞こえた。

『まー、仕方ないよ。放送コンと合唱コン、主催団体が一緒だからさ。放送の方は早々に中止が決まったのに、なんで合唱だけ特別なの？　って思ってたんじゃないかなぁー。同じこと、甲子園とかも言われてるよね。インターハイ中止になったのに、野球だけ特別なのか？　みたいな』

「うちは野球部、ないけどね」

『うん。でも、あったら、そういうこと、言われたりしてたのかな』

　亜紗たちが通う砂浦第三高校は五年前まで女子校だった。五年前から、県の学校再編だとかで共学化され、男子の入学も可能になったのだ。――と言っても、それまで長く女子校だったイメージが強いせいか、男子生徒は全校でもたった十二人で、亜紗の学年にも三人しかいない。甲子園を目指す野球部もない。

「いつになったら、学校、普通に毎日行けるのかな」

　亜紗が思わず言うと、それまで沈んだ雰囲気だった美琴が、④かかっと笑った。

『なんかうちら、後の世に〝コロナ世代〟って呼ばれるのかもって、テレビで言ってたよ。コロナで休校になって、勉強も遅れちゃう世代だから』

「後の世って、美琴さぁ」

『ねえ、知らんよね。この後にどう歴史になるかなんて関係ない。うちらには今しかないのに』

　言葉に詰まった。美琴が軽い声で『あー、あー』と呟く。

『なんで、うちの代なんだろ』

　美琴は気づいているだろうか。たったその二音だけなのに、美琴の長い『あー、あー』は、亜紗や菜南子や、他の子たちと違う。発声練習でずっとそうしているくせなのか、腹式呼吸のおなかから出ている感じがする。歌うようなその感じが、亜紗は好きだ。好きだと思っている自覚すらなかったけど、今、気づいた。

『天文部はどうなの？　学校再開したら、活動ありそう？』

　美琴からふいに聞かれ、亜紗は「わかんない」と答える。

「綿引先生とも新学期はまだ一度も会えてないし。夏の合宿までにコロナが収まっててくれるといいけど」

　言いながら、なんだか後ろめたい気持ちがこみ上げてくる。コンクールがなくなった美琴にしてみたら、天文部の合宿なんて、遊びみたいに思えるかもしれない。

　けれど、美琴が言った。

『できてほしいな。天文部、屋外だし』

　呟くような言い方だった。亜紗はまた言葉に詰まる。思いがけない言葉だったからだ。うまく返せずにいると、電話の向こうで、美琴が誰かに呼ばれる気配がして、『はあーい』と返す声が聞こえた。

『ごめん、ママだ。亜紗、急に電話してごめんね。また今度』

「あ、うん」

『次の登校日にまた話そうねー。あ、会ってもあんまり話しちゃダメなんだっけか。ま、いっか』

　電話越しに美琴が笑う気配がして、ＬＩＮＥの音声通話が切れる。トゥン、という音がした。

　通話を終えてからも、スマホをベッドに投げ出して、亜紗は仰向けになり、ずっと考え続けた。どんな言葉をかけたら、よかったんだろう。

　亜紗はもともと、すぐに言葉が出てくるタイプじゃない。その場で気の利いたことを言える瞬発力が高い同年代の子もたくさんいるけど、ＬＩＮＥでも返事にゆっくり時間をかける方だ。だから今も、文章で来てたら、何か気の利いたことを返せたんじゃないか、と考えてしまう。だけど――。

　クリーム色の天井を見つめながら、気づいた。

　普段は文章のやり取りが中心で、電話も「かけていい？」ってまずはＬＩＮＥで聞いてくるはずの美琴が、急に電話してきた。それこそが、美琴の今の気持ちそのものなんじゃないか。

　電話で聞いたばかりの、親友の言葉を耳の奥から拾い集める。

　――まあ、仕方ないよね。

　――覚悟してたし。

　――うちの部は強豪ってわけじゃないし、

　――こんなことで落ち込むのも図々しいのかもしれないけど。

　思い出したら、そうか、と思った。図々しい、の前。美琴は、たぶんものすごく落ち込んでいる。

　自分に言い聞かせるようにしていたたくさんの言葉は、ひょっとすると、合唱部の他のメンバーとの会話の中で出たものもたくさんあるのかもしれない。みんなが、互いの言葉を言い聞かせるように自分のものにして、無理矢理にでも納得しようとしている。

　合唱だけ特別、甲子園だけ特別、という話題が出たのもそうなのかもしれない。特別なんてないって、言い聞かせている。だけど、美琴も――今、この瞬間、うちの高校にはないけれど、どこかにいる全国の野球部の人たちだって――、誰も自分たちが特別かどうかなんて考えてないはずだ。そんなことを思う間もなく、三月からはもうずっと、私たちは決められたことに従うしかなくて、考える自由なんてなかったのに。

「分断が進むなぁ……」

　口から勝手に呟きが出た。分断。この言葉も、三月以降、テレビとかネットで多く使われるようになって、亜紗の日常に降りてきた言葉のひとつだ。学校が休校になっていたのと同じ時期、世界のあちこちでも【　A　】があり、さまざまなイベントが中止、延期を余儀なくされた。国と国とが入国制限を行い、皆が家にこもる日々は、これまで誰も経験したことがない【　B　】で、つまり、今いる人類の誰もどうしていいのかわかっていない。正解がない中で、さまざまな意見があり、対立もまたある。

　胸がぎゅっとなる。天文部の合宿は、亜紗が、とても楽しみにしているものだった。夏と冬、年に二回あって、茨城県北の天文台を有する研修センターで行われる。亜紗の家の周辺や学校の屋上でも星は見られるけれど、山の上の研修センターからの眺めは格別に素晴らしくて、去年初めて参加できた時には、心の底から天文部に入ってよかった、と思った。

ベッドに寝転んだまま顔を横に向けると、勉強机が見えた。座ると目に入る高さに、望遠鏡の設計図が貼ってある。亜紗たちが去年から取り組んでいる望遠鏡作りのプロジェクトは、順調にいけば、今年のうちに完成するはずだった。天文部の活動は確かに屋外だけど、望遠鏡作りは地学室でやる屋内作業だから、今後どうなるかはまだわからない。

屋内作業で密閉状態になるのがダメとか、飛沫(ひまつ)が飛ぶ活動が最もよくないとか、今年の初めには誰も知らなかった"常識"が、この身に沁(し)み込んでいる。距離を取るとか、マスクをするとか、人と会わない、とか、初めは、「嘘でしょ?」って思うくらい【　C　】だと思った。だって、相手も自分も感染していないかもしれないのに、それなのに互いを避け合ってるって、なんかシュールでおかしくない？　って。

だけど、それくらいしか、自分たちが今できることはないらしい。あとは、アルコールによるこまめな消毒。手洗い。大真面目な話、感染してるかどうかが自分たちですらわからないこの病気を前にしては、そういう地道で【　D　】で対抗するしかないらしい。

集まらないこととか、歌わないことも、そこでは重要になる。起こらないかもしれないけれど、起こってしまう可能性を最初から潰(つぶ)すことができるのなら、それに越したことはないから。

ゆっくりと時間をかけて考えて、次の瞬間、がばっと跳ね起きる。

コンクールが中止になった友達に、かけたい言葉。

電話しようかと思ったけど、残る形になってほしくて、美琴にLINEを送る。

『悲しみとかくやしさに、大きいとか小さいとか、特別とかないよ』

すぐには返せなかったけど、たぶん、亜紗はこういうことが言いたかった。強豪だから悲しむ権利があるとかないとか、そういうことでもない。だって、誰とも比べられない。

すぐに言えなくてごめん、と念じていると、すぐに、美琴から既読がついた。返事が来る。

『ありがと』

それからすぐにもう一文。

『亜紗に会いたいな』

会いたい、という言葉が、こんなに意味を持つようになるなんて、スマホを握りしめて、亜紗は静かに深く、息を吸い込む。

学校に行きたい、なんて気持ちが自分の中にあるなんて夢にも思わなかった。

(辻村深月(つじむらみづき)著『この夏の星を見る』による。文章は一部手を加えている。)

問1、①どう答えるのが正解だったのか。とありますが、亜紗が出した答えを本文から二十九字で探し、そのまま書き抜きなさい。(句読点などの記号がある場合はそれらも一字と数えます。)　(6点)

問2、②合唱って今、一番やりにくいことになっちゃった　とありますが、その理由を次のようにまとめました。空欄にあてはまる内容を本文中から三十五字で探し、そのまま書き抜きなさい。(句読点などの記号がある場合はそれらも一字と数えます。)　(6点)

> ［　　　　　　］いわれているから。

問3、③図々しいのかもしれないけど　とありますが、これは美琴の気持ちです。これと似たような亜紗の気持ちを本文中から八字で探し、そのまま書き抜きなさい。　(6点)

問4、④かかっと笑った　とありますが、このときの美琴の気持ちを説明したものとして最も適切なものを次のア～エから一つ選び、その記号を書きなさい。　(6点)

ア、今の状況を受け入れられず、もうあきれて笑うしかないといった気持ち。

イ、わざと明るく振る舞ってこの先のことを不安に思う亜紗を元気づけようとする気持ち。

ウ、今のどうしようもない状況をまともに受け止めている亜紗をこっけいに思う気持ち。

エ、今どうなるかわからないのに後の世のことを考えている人をおかしく思う気持ち。

問5、**思考力** 本文で使われている、ある一つの助動詞の表現上の効果を次のようにまとめました。空欄にあてはまる内容を、納得できていない、実感が湧かないの二つの語句を使い、さらに、その本文中で使われている助動詞を具体的にあげて、二十五字以上、三十字以内で書きなさい。ただし、二つの言葉と助動詞を使う順序は問いません。　(6点)

> 新型コロナウイルス感染症の世界的に流行したことに伴って、感染予防のため全国の小中高の学校が一斉休校となった中で、亜紗がいまの状況を［　　　　　　］という助動詞を使って表現している。

問6、本文中の空欄ABCDにあてはまる語句の組み合わせとして、最も適切なものをア～エから一つ選び、その記号を書きなさい。　(6点)

ア、A　未曾有(みぞう)の事態　B　大規模なロックダウン　C　シュールな方法　D　ナンセンスな対策

イ、A　未曾有の事態　B　シュールな方法　C　大規模なロックダウン　D　ナンセンスな対策

ウ、A　大規模なロックダウン　B　未曾有の事態　C　ナンセンスな対策　D　シュールな方法

エ、A　大規模なロックダウン　B　ナンセンスな対策　C　未曾有の事態　D　シュールな方法

一 漢字の読み書き・敬語・品詞識別・活用・熟語

次の設問に答えなさい。（計30点）

問1、よく出る 基本 次の――部の漢字には読みがなをつけ、かたかなは漢字に改めなさい。（各2点）

①問題点をシテキする。
②人の真似ばかりでソウゾウ性に欠ける。
③実力を十分にハッキする。
④責任の一端を担う。
⑤技術の著しい進歩。
⑥基礎力を培う。

問2、次の文について後の①～③の各問いに答えなさい。（各2点）

昨日先生からいただいた卒業記念品をそっと袋から丁寧に出した。

①文中に含まれる「敬語」を一単語で探し、終止形にして書きなさい。
②①で答えた敬語の「品詞」を漢字で書きなさい。
③次のア～オの中から文中で使われている表現として最も適当なものを一つ選び、記号で答えなさい。
ア、倒置　イ、音便　ウ、暗喩
エ、対句　オ、擬声語

問3、次の①～④の四字熟語の空欄にあてはまる漢字を書きなさい。（各2点）

①自【　】自賛　自分でしたことを自分でほめること。
②自【　】自足　自分に必要なものを自分で生み出したり、調達したりすること。
③自【　】自棄　思い通りにならなくて、もうどうでもよいという気持ちになること。
④自【　】自縛　自分の言動が自分を制限して、かえって自由に振る舞えず苦しむこと。

問4、基本 次のAB各群のア～エの熟語の中で、一つだけ他と異なる性質のものがある。それぞれ一つずつ選び、記号で答えなさい。（各2点）

A、ア　頭痛　イ　日没　ウ　地震　エ　転職
B、ア　青空　イ　帰郷　ウ　主食　エ　新居

二 〈論説文〉内容吟味・要旨

次の文章を読んで後の問いに答えなさい。（計34点）

学問には文科系と理科系というふたつの大分類がある。それにあわせて、大学受験のための準備もふたつのグループにわかれる。文科系を受験する生徒には国語や英語が集中的におしえられ、いっぽう理科系の受験生は数学や物理学に専念する。学問の分野が専門化しつづければ、このような二分法はさらにつよまってゆくだろうし、それはそれでやむをえない部分もある。しかし、その結果として、たとえば日本の歴史や芸術をまったくしらない科学者だの、あるいは天文学だの電気についての基礎知識さえもたない文学者だのが出現しはじめた。いうなれば、基礎教養のない専門家がふえてきたのである。そういう視野のせまい学者が「専門バカ」ということばで学生たちから攻撃されたことは一九七〇年代の学園紛争を記憶している関係者の記憶にまだあたらしいはずだ。C・P・スノーが『二つの文化と科学革命』のなかでのべたように、文科系と理科系とのあいだにはおおきな溝がうまれ、その溝の橋わたしさえむずかしい状況がいまわれわれの目のまえにある。もしひろい視野と知的好奇心をもった人物を「知識人」とよぶことができるなら、現代世界では「知識人」があまりにもすくなく、①専門家がやたらにふえてしまった、といってさしつかえあるまい。

それとおなじように、「専門家」たちがあらゆる組織にふえはじめた。製造業などのばあいには、求人募集の段階から「技術系」と「事務系」を区別している。あたりまえといえばあたりまえだ。大学でスペイン文学を専攻した人間にロボットの設計をもとめることはできないし、また電子工学を勉強した青年に営業を命ずる、というのもいささか無理なところがある。それぞれのもっている背景と訓練がちがうのだから、それはしかたがない。会社のなかでも「技術屋さん」「事務屋さん」とおたがいが分業をちゃんと意識するのもあたりまえだろう。

しかし、はたしてそれでよいのだろうか。じぶんは理科系だから組織運営はできない、とかあるいは文科系だからオートメーションのことはわからない、とかいっていたのでは組織のなかでの会話さえできなくなってしまう。小売・流通業だってそうだ。食品売り場での仕入れ担当は生鮮食品からワインの銘柄まで熟知していなければならないが、家具売り場にゆくとそこにならべてある品物の名前さえわからない。

これには一長一短がある。ひとむかしまえの経営学用語でいえば、これはスペシャリストとジェネラリストの関係、ということになるのかもしれないが、あまりにもスペシャリストがそれぞれの「専門」に専念しすぎるとそもそも組織の根幹をなす組織内コミュニケーションが寸断されて意思の疎通がうまくゆかなくなる。ということは、とりもなおさず、組織がスペシャリストのたんなる集合体になってそもそも②組織のていをなさなくなる、ということを意味する。他方、たいていのことはわずかながらこなすことのできるジェネラリストだけで組織ができあがると、その組織は停滞することになるだろう。組織内コミュニケーションはうまくゆくかもしれないが、このはげしい技術革新の時代のなかでは「落ちこぼれ」になってしまうかもしれない。

この矛盾を解決するためにはどうしたらよいのだろうか。それは、おそらく異質なものの交流をふかめることであろう。スペシャリストはそれぞれの「専門」をもっているが、そのたくさんの「専門家」をたがいにまぜあわす機会をつくることだ。いや、まぜあわせることが組織の生命を維持発展させてゆく原動力なのである。そのひとつの例として自動車の製造業をとりあげてみよう。そこにはまず、最高水準の技術をもった技術者たちがいる。エンジンの設計、車体のフレームの構造と強度の計算、風洞のなかでの流体力学にもとづく実験、そして集積回路やセンサーの開発と応用、とにかく自動車というもののなかには現代の先端技術が結集しているのである。

だが、自動車をつくるのは技術者集団だけではない。そこにはデザイナーという、もうひとつの専門家たちがいる。かれらは、ボディーのかたちをゆたかな想像力によって描きつづけている。会社のデザイン室では三次元のボディー

の細部にわたってさまざまな曲線がいりみだれている。このごろでは、コンピューターによってこの三次元の物体を解析したりもする。いままでになかった斬新なデザインで世の中をあっといわせてやろう、という意気込みがそこにはみなぎっている。

しかし、デザイナーがえがく自動車はかならずしも技術者からうけいれられるとはかぎらない。たとえば、極端に前面のエンジンルームが低いデザインが提示されたりすると、こんなせまい空間にエンジンをいれることはできない、という反論が技術者からでてくることもあろう。逆に車体の安全性を重視して計算されたフレームをみて、こんな不格好な車はみっともない、とデザイナーが批判することもあろう。ここではふたつの「専門家集団」が激論をたたかわせながら、つぎに市場に登場すべき新車のモデルのことで交流しているのである。

そこに、こんどは営業部門のベテランがあらわれる。競争相手の会社の自動車のカタログだの、その販売台数の推移だのを説明しながら消費者の嗜好がどのように変化しているかを論じる。こんな車をつくってもらっても、売る自信はない、というのがかれの結論であるかもしれない。技術、デザイン、販売、とまさしく三つ巴になって議論がはてしなくつづく。こうした物語はスローンの回顧録『GMとともに』などをよんでみても随所にでてくる。そして、この種の交流の結果として自動車という商品ができあがってゆくのだ。

このような事例は、③ひとつの組織のなかでのスペシャリストたちの交流がどれだけたいせつであるかをしめしてくれる。じっさい、スペシャリストたちというのはそれぞれの「文化」をもっている職業人であるから、ここでの相互コミュニケーションは組織内での「文化交流」であるといってもよいだろう。文化交流だの、文化摩擦だのというと、われわれはすぐに国際関係を連想してしまうけれども、じつはわれわれそれぞれが所属している組織のなかにも摩擦があり、そしてそれを解決してゆくための交流の場を用意する必要がありそうなのである。

そうしたこころみは組織が必要とするだけでなく、スペシャリストとよばれているひとびとを、いつのまにかジェネラリストにしてゆく方法でもありうる。技術者もセールスの名人でありうるかもしれないし、営業のプロがデザインについて一家言をもつ人物に変身してゆくかもしれないのである。ほんとうのジェネラリストというのはなんでもすこしずつ器用にこなしてゆく「なんでも屋」なのではない。どこかの分野でスペシャリストである人間が異質なものとのまじわりをつうじて、だんだんとその間口をひろげてゆくときにすぐれたジェネラリストが誕生してゆくのだ。組織内のおつきあいとしての麻雀やゴルフもよかろうが、知的な交流こそが、これからの組織にとってたいせつなのではないか。

それはさらにひろがって、こんどは異業種間交流にまで展開してゆく。現代のわかいサラリーマンたちのあいだでは自発的にことなった業種のひとびとと毎月一回あつまって情報を交換することがはじまっている。むかしのように同業者だけのギルドで業界の交流や懇親をはかっているだけでは時代の変化に追いついてゆくことはできない。薬品、繊維、鉄鋼、運輸、電気……じつにさまざまな業種が日本の産業をささえている。だが、これらの諸業界のあいだの相互依存関係はますますたかまってきたし、ことなった業種のひとびとしりあいになることは勉強になる。そこでできあがった人間関係は、しごとのうえでも有効にはたらくだろうし、また私的にもあたらしい友人をつくってくれるにちがいない。ここでも、あきらかに従来型の組織は流動的になりはじめているのだ。

（加藤秀俊著「人生にとって組織とはなにか」による。）

（注）※学園紛争……ベトナム戦争や日米安保条約改定にたいする反対運動が沸き起こるなか、日本全国の大学で大学の権威主義に対して学生たちが行った反対運動。

※C・P・スノー……チャールズ・パーシー・スノー。イギリスの物理学者および小説家。

※スローン……アルフレッド・スローン。ゼネラルモーターズ（GM）で長年社長を務め、全米のみならず世界最大級の製造業企業へと成長させた。

※ギルド……中世より近世にかけて西欧諸都市において商工業者の間で結成された職業別組合。

問1、①専門家がやたらふえてしまった、とありますが、筆者はどういう点を問題視しているのですか。その説明として最も適切なものを、次のア～エの中から一つ選び、その記号を書きなさい。（6点）

ア、学問の分野が専門化し続けていくと、大学受験の段階から文系・理系がより明確に分化してしまい、早い段階からジェネラリストを目指す者がいなくなってしまう点を問題視している。

イ、自分の専門外を知らないどころか、一般常識や教養さえも欠落した専門家ばかりが世の中にあふれ、会社組織だけでなく社会全体がいつか崩壊してしまう点を問題視している。

ウ、組織内にスペシャリストばかりが増えると、企業の発展に不可欠な何でも器用にこなすジェネラリストが育ちにくくなり、企業にとってマイナスであるという点を問題視している。

エ、専門外の人間と積極的に交流することなく、自身の専門分野ばかりに埋没し、異種分野に興味を示さずに結果として視野が狭くなってしまう点を問題視している。

問2、②組織のていをなさなくなる、とありますが、その理由として最も適切なものを、次のア～エの中から一つ選び、その記号を書きなさい。（6点）

ア、組織の中がスペシャリストだけで占められてしまうと、それぞれの専門分野にのみ専念し、その組織全体が他の分野に目を向けることがなくなってしまい、機能不全に陥ってしまうから。

イ、組織がスペシャリストの単なる集合体になってしまうと、狭い視野にとらわれ、斬新かつ先進的な製品が生まれず、競争の厳しい国際社会の中で組織は衰退の一途を辿ってしまうから。

ウ、それぞれの専門分野に専念するスペシャリストだけで占められ、組織内のコミュニケーションが断ち切られてしまうと、意志の疎通を図ることができなくなり組織は機能しなくなるから。

エ、組織がスペシャリストで占められてしまうと、全体を俯瞰（ふかん）し、機能的、効率的に組織を運営していくジェネラリストの能力は十分にいかされず、組織内で機能しなくなってしまうから。

問3、③ひとつの組織のなかでのスペシャリストたちの交流がどれだけたいせつであるかをしめしてくれる。とありますが、どういう点から「たいせつである」ことが分かるのですか。それを説明した次の文の空欄Ⅰ、Ⅱにあてはまる内容を、空欄Ⅰは本文中から八字で探し、そのまま書き抜きなさい。空欄Ⅱは、後のア～エから最も適切なものを一つ選び、その記号を書きなさい。（各5点）

技術者・デザイナー・営業という、組織内の専門家同士がⅠ［　　　］ることで、Ⅱ【　　　】が生まれるという点。
ア、より質の高い、洗練された斬新なアイデア
イ、それまでに存在しなかった新しいスペシャリスト
ウ、どのようなことでも無難にこなすことのできるジェネラリスト
エ、自動車という商品

問4、本文の内容に合致するものを、次のア～エの中から一つ選び、その記号を書きなさい。（6点）
ア、文系・理系に分けた現在の日本の教育システムは、受験勉強の激化を招き、早い段階から専門性の高い勉強をしなければ対応できなくなってきてしまった。
イ、一企業内で専門家同士が積極的に交流し、コミュニケーションを図ることで、組織としての風通しがよくなり、一人一人が働きやすい環境になる。
ウ、企業の中でさまざまな専門家が増えたことにより、高水準、高品質の製品を生み出すことができるようになり、日本の産業界の発展に寄与してきた。
エ、現在、異業種間での交流が進みつつあり、幅広く意見および情報交換をすることで、時代の変化に対応できる能力を個々が磨いていくことができる。

問5、本文の構成及び主題について次のようにまとめました。空欄にあてはまる内容を、視野を広げる、異分野間のコミュニケーション、重要の三つの言葉を使って、四十字以上、五十字以内で書きなさい。ただし、三つの言葉を使う順序は問いません。（6点）

組織内において、専門家をいかにしてジェネラリストに育て上げるかを、豊富な具体例をあげ、［　　　］ことを述べ、ひいてはそれが企業の活性化・発展の重要な鍵になっていることを論じており、これから社会に出ていく人間にとって何が大切かを分かりやすく解説している。

昭和学院秀英高等学校

時間	満点	解答	
50分	100点	P76	1月18日実施

出題傾向と対策

●漢字の読み書き、論説文、小説文、古文の大問四題構成は昨年どおり。選択問題の吟味が紛らわしいが、各選択肢の長さは例年より短くなった。記述は論説文と小説文に各一問で、指定字数も比較的長く、結論に至る過程を丁寧に説明する必要がある。
●本文が長く、記述問題、空欄補充、歴史的仮名遣い、古語の意味など幅広く出題され、設問数も多めなので、時間配分に気をつけたい。選択肢が紛らわしく、本文を丹念にたどりながら、選択肢と照合する必要がある。

＊　字数制限のある場合は、句読点・記号なども字数に含めます。
＊　設問の関係上、原文を一部省略しています。

一　漢字の読み書き　よく出る

次の1～5の傍線部のカタカナは漢字に直し、漢字は読みをひらがなで答えなさい。（各2点、計10点）
1、リタの心を持つことが世界をよい方向に進める。
2、ジャッカン二十歳での偉業に世界がおどろく。
3、新しい対策をチクジ行ってゆく。
4、地域の昔話が現代にクデンで残っている。
5、メイン・コンピュータがシステム全体を統御する。

二　（論説文）内容吟味・文脈把握

次の文章Ⅰ・Ⅱを読んで後の問いに答えなさい。（計36点）
【文章Ⅰ】
①アドボカシーは社会としての変化をめざして働きかける大きなものもあれば、日常生活の中で感じるモヤモヤを解

消しようと、望む変化に向けて誰かに対して働きかける個人的で小さなものもあります。

例えば、私の子どもたちが通う学校で、学校側から保護者への連絡手段はメールにしてほしいとお願いしたり、生徒のひとりが遊具でケガをしてしまったとき、安全に作り直してほしいと保護者たちが学校に要請したり、あるいは学校の運営に問題を感じた保護者たちが理事会に働きかけ、その結果理事長が解任されたりしたこともありましたが、これは親として学校に働きかけるアドボカシーでした。

でも、アドボカシーは対立姿勢を鮮明にしたり怒ったり、ケンカしたりすることとは違います。学校の運営の件について言えば、校長先生や運営に関わる先生たちと相互にコミュニケーションできる雰囲気の中で、あくまで「こうしてほしい」という日常会話として伝えることができていました。

要望が聞き入れられる場合もあれば、聞き入れられない場合はなぜできないのかの説明がある。これも親子※の間における「同意」と同じで、学校と保護者との間に日々のコミュニケーションがあることが基盤になっています。その基盤があるからこそ、いざというときに臆さず意見を伝えられ、また意見を受ける側は聞き入れるか否かにかかわらず、その意見を受け止めるという姿勢が成立するのだと思います。

前に語ったように真※の意味での「同意」とは、「自分の身体や意思は自分のもの」という自分を尊重する力を与えてくれるものであると同時に、「相手の身体や意思は相手のもの」と相手をリスペクトすることです。そのような自分と相手へのリスペクトを持ちながらのコミュニケーションこそがアドボカシーの本質なのだと思います。

私はマサチューセッツ※総合病院の小児うつ病センター長として、企業におけるインターンのようなポジションである、研究のアシスタントを雇うことがありますが、彼ら彼女らと接するなかでも、早期からのアドボカシー教育の力を感じることがあります。

リサーチアシスタントは大抵大学を卒業したばかりの若者で、近い将来、大学院の心理学の博士課程や、医師になるためのメディカルスクールなどへの進学を志している人たちです。精神医学に関わる研究の仕事をした経験、履歴が大学院やメディカルスクールの選考過程で加味されるために、こうした職に就くことが多く、私の研究はこのようなリサーチアシスタントに支えられており、我がセンターには必要不可欠なポジションです。

歴代のリサーチアシスタントと接するなかで、何度も「凄（すご）いなぁ」と感心させられることがあったのですが、それは大学を卒業したばかりの若さで、ボスである私にためらわずに意見を言うところ、また、自分のために臆さずアドボカシーをすることです。

私の研究に関して、「ここはこういうアプローチのほうがいいのではないか」と※サジェスチョンがくることもあれば、任せている論文添削などの仕事量に関して「今やらなければならないことが多すぎると感じる」などと相談に来ることもあります。その際には、一緒にタスクへ優先順位をつけたり、他の人を頼って配分できるタスクはないか、効率化できる部分はないかなどを話し合います。

もちろん上司として要望を聞き入れられない場合もあり、私から彼らの仕事のやり方を変えるようお願いすることもありますし、彼らの研究へのサジェスチョンに反対する場面もあります。しかし、それでも研究に関する意見にしても、仕事に関する相談にしても、［　A　］。

こういった意見を、抗議や文句の形ではなく、普通の会話の中で当たり前の相談事として持ちかけられる能力というのは、子どものころから自分の意見を主張し、それがリスペクトされる経験を積んだ結果、身につくのだろうなと感じています。

こうして「アドボカシー」が自然に身についている若い人たちに接していると、それは「オーナーシップ（ownership）」とも深く関係していることを実感します。「オーナーシップ」とは直訳すると「所有」という意味で、自分に関わる選択、行動、そして結果を「自分のもの」として「所有」することを意味します。

親子間、あるいは上司と部下の関係などで、上の立場と捉えられる側から下に付く人たちに決断のオーナーシップを持たせてあげることも、弱い立場にいる人が周りに意思を伝えることも勇気がいることです。しかし、②スポーツチームなどでも監督の決断にプレイヤーが唯々（ただただ）従うスタイルよりも、プレイヤーが意見を出して戦略や判断に関わる方が、勝っても負けても皆がその結果を「自分のもの」として受け止め、それぞれの個人が、また長期的にチームが前進するきっかけになることも多いのです。

もちろんそれをまとめるだけの監督やキャプテンのリーダシップと、「自分の意見は受け入れられることもあれば受け入れられないこともある」と選手たちが納得できるようなサポートが必要ですが、そのようなオーナーシップが機能したときのチームの爆発力は目を見張るものですし、なによりも個々人の精神状態や選手間の関係にも良い影響を与えるものです。

近年この素晴らしい例だと感じたのが、２０２２年のサッカーワールドカップで日本中を熱狂させた日本代表チームでした。自分たちの運命は自分たちでコントロールするという意思の共有、年齢やポジションに関係なくチームとしての戦い方に意見を出し合い、その意見が採用されうる環境があったこと。それを可能にした監督と選手間の信頼も素晴らしいと感じましたし、そのプロセスを促しサポートするベテラン選手の存在も大きかったと思います。

私の仕事の臨床現場でも、アメリカの患者さんのオーナーシップとアドボカシーに感心させられることが多くあります。

たとえ子どもであっても、多くの場合、自分の症状がこうであるとか、日常生活でどんな不都合が生じているかについて自分の言葉で説明しようとします。中高生であれば、「〇〇の効果は感じるが、××の症状には効いていないから△△のような治療を試してみたい」といったように、治療方針に関しても主体性をもって診察に関わる子どもも多いのです。そのような患者さんに関わると、それまでの治療経過も含めて患者さんがどう感じ、何を求めているのかが明確なため、提案できる治療法もより精度を上げることが可能になり、医師の私自身もありがたいと感じています。

一方で私自身が患者になった場合には、どこか患者側から医療者に対して意見してはならないような気がしてしまって、自分の身体の治療に関して未だにうまくアドボケートできないところがあります。医師側に立ったときには患者さんの主体的な意見がとてもありがたいと感じるのだから、と不調を感じる機会も多かった妊娠中などは自分で自分の背中を押して意見するようにしていましたが、③私にとっては、日常の中で何かを要求することや、他者へ意見することへのハードルがやはりまだ高く感じられることもあるのです。

　自分のコントロール下にない他人の判断が自分の状態、成績や評価などに影響した場合、その人への怒り、また「あのとき自分はこう思っていたのに」と消化しにくい思いが湧くこともありますし、自分には自分の世界をコントロールする力はないと無力感を抱いてしまうこともあります。

　逆に最終的に上手く行かなかった場合に、その責任を問う相手が自分しかいない状況は辛いこともありますが、自分で考えて、自分のコントロール下でできることをやり尽くした結果の成功はもちろん、失敗もまた「自分のものなんだ」と思えて納得しやすいものです。

　だから私自身もどんなにハードルが高く感じられても、自分のことは少しずつでも自分の判断でオーナーシップを持ってアドボカシーをしていかなければ、と頑張ってみようと思っています。そして私の息子たちには、どんな状況であっても自分のことは自分で判断し、それを主張し、自分のためにアドボカシーをしてもいいと感じてもらいたい。そのために、日常の小さな決断や問題解決に、子どもたちも参加させるよう意識して、子どもたちの考えを聞き、アイディアを募り、共に決断していくことで、④「親に言われたから」という他人任せの姿勢でいては得ることができない自己肯定感をもってほしいと願っています。

（内田舞『ソーシャルジャスティス　小児精神科医、社会を診る』　文春新書　より）

【文章Ⅱ】

　大学で保護者に対する個別面談が行われていることを知ったときは、さすがに度肝を抜かれた。現に全国の多くの大学で開催されている。耳を疑うような話であるが、「大学の保護者面談」などというキーワードでインターネット検索をしてみれば、その多さに驚くだろう。

　※わが大学でも例に漏れず開かれているが、大学当局からお叱りを覚悟で個人的な考えを言えば、私は、このような大学の小学校化には反対である。ある大学のホームページには、保護者と大学が連携しながら学生をサポートすることを謳っているし、ある大学では成績通知書持参を求めていて、こうなるとなんともハヤと言うしかない。

　つまり如何に大学が、学生の面倒をしっかり見ているかが、セールスポイントとなっているようなのである。落ちこぼれのないように、単位が取れていないと保護者にも通知し、低単位指導というものを行って留年防止に努める。そのような大学の手厚い保護、面倒見の良さをアピールすることが学生獲得につながるようなのである。大学と保護者が一体となって、お子様の学業を支えましょうと謳っているホームページもあり、やれやれである。

　これだけしっかりとわが子を監視してくれ、その面倒を見てくれる大学になら、安心して子を預けられるという親の心理を慮っての制度設計なのであろう。

（永田和宏『知の体力』より）

※　親子の間における「同意」・真の意味での「同意」…文章Ⅰの前に、筆者は、「さまざまな関係において、安心と信頼をベースに自分の意思を伝え、互いの意思を尊重すること」を「同意」だと述べている。

※　インターン…インターンシップの略。学生が企業の中に一定期間在籍し、自分の将来に関連のある就業体験を行える制度のこと。

※　サジェスチョン…ここでは「提案・提言」のこと。

※　わが大学…文章Ⅱの筆者は現在、ある大学で教授を務めている。

1、傍線部①「アドボカシー」とは何かを説明したものとして適当なものを次のア～カから二つ選び、記号で答えなさい。（各3点）

ア、アドボカシーとは自分と考えの異なる他者に対して不満を伝えることである。

イ、アドボカシーとは自らや組織をより良く変えるために意見を発信することである。

ウ、アドボカシーとは自らの要望を他者に伝えるために公的に働きかけることである。

エ、アドボカシーとは日常的な会話の中で自然なやりとりとして行われることである。

オ、アドボカシーとは意見の異なる他者だけでなく自らに対しても行われることである。

カ、アドボカシーとは対立姿勢を鮮明にせずに相手の意見を受け入れることである。

2、空欄Aに当てはまる内容として最も適当なものを次のア～エから選び、記号で答えなさい。（4点）

ア、私が上司としてのあり方を考えるきっかけとなることがほとんどです。

イ、私は彼らが深く考えずに意見することは認められないと感じています。

ウ、私は彼らが臆せず上司に意見できるほど成長したことに喜びを感じます。

エ、私は彼らが率直に言ってくれて良かったと感じることがほとんどです。

3、**基本** 傍線部②「スポーツチームなどでも監督の決断にプレイヤーが唯々従うスタイル」とあるが、筆者はこのスタイルを望ましくないととらえている。筆者がこのようなスタイルを望ましくないと考える理由が最もよく表れている一文を本文中から抜き出し、その最初の5字を答えなさい。（4点）

4、**難** 傍線部③「私にとっては、日常の中で何かを要求することや、他者へ意見することへのハードルがやはりまだ高く感じられることもあるのです」とあるが、筆者がこのように感じるのはなぜだと考えられるか。その理由として最も適当なものを次のア～エから選び、記号で答えなさい。（5点）

ア、医師としての自分の経験に自信がないことから、自分の意見が治療を誤った方向に進めてしまうかもしれないという不安にさいなまれるから。

イ、自分の意見を主張することは望ましいことであり、かつそれが他者から尊重されるという経験を、子どものころからは積めていなかったから。

ウ、他者に対して主体的に意見することが、自分だけでなく他者にとっても望ましいことであるか否かについて自信を持っては判断できないから。

エ、他者の意見に対して、主体的に意見を述べることは特別なことであると感じており、日常の中でそれを行うことは難しく感じられているから。

5、**思考力** 傍線部④「『親に言われたから』という他人任せの姿勢でいては得ることができない自己肯定感をもってほしい」とあるが、筆者は、子どもたちが「自己肯定感」を持つことによって、どのようなことが可能になると考えているか。本文全体を踏まえて、「ことが可能になると考えている」に続くように80字以内で説明しなさい。（9点）

6、**新傾向** 次に示すのは【文章Ⅰ】と【文章Ⅱ】を読んだ生徒が話し合っている場面である。これを読んで後の問いに答えなさい。

生徒A…【文章Ⅰ】と【文章Ⅱ】を比べると、親子の関わりについて述べている部分があるということが共通しているね。

生徒B…そうだね。でもその述べ方には違いがあるようだよ。

生徒C…本当だ。［ X ］。

生徒A…なるほどね。ところで、二つの文章には違いがある一方で、両者を関連させるとわかることもありそうだよ。

生徒B…［ Y ］と考えられるということだね。

生徒C…そうか。関連するテーマの文章を比較するというのは面白いことだね。

（1）空欄Xに入る発言として最も適当なものを次のア～エから選び、記号で答えなさい。（4点）

ア、【文章Ⅰ】では海外の事例を取り上げながら、より望ましい親子の関わり方を模索しているのに対し、【文章Ⅱ】では現在大学で起きていることを取り上げて、保護者の子どもへの関わり方が望ましくない方向に進んでいることを指摘しているよ

イ、【文章Ⅰ】では海外と日本の教育を比較して、日本の教育の問題点を指摘しているのに対し、【文章Ⅱ】では現在の大学における保護者の関わりを取り上げて、現在の保護者の関わり方は学生の成長にとって問題があることを主張しているよ

ウ、【文章Ⅰ】では筆者の海外での経験を踏まえて、日本における親子の関わり方のあるべき姿を提案しているのに対し、【文章Ⅱ】では筆者の国内での経験に基づいて、現在は大学と保護者が協力して学生の支援にあたるべきだと述べているよ

エ、【文章Ⅰ】では海外と日本の親子関係の違いに焦点を当てて、それぞれの強みを考察しているのに対し、【文章Ⅱ】では現在の大学で発生していることを確認しながら、筆者が感じる親子関係の問題点をわかりやすく説明しているよ

（2）空欄Yに入る発言として最も適当なものを次のア～エから選び、記号で答えなさい。（4点）

ア、【文章Ⅰ】の内容に基づくと、【文章Ⅱ】で述べられた過度な学生への支援が生じる背景には、保護者と子どもとの間にくつがえすことのできない力関係が存在する可能性がある

イ、【文章Ⅰ】の内容に基づくと、【文章Ⅱ】で述べられた大学の小学校化が生じる背景には、保護者から子どもへの過度な働きかけによって子どもの主体性が育たないことがある

ウ、【文章Ⅰ】の内容に基づくと、【文章Ⅱ】で述べられた過度な保護者の関わりが生じる背景には、保護者が自身の子どもを独立した他者として尊重することに馴(な)れていないことがある

エ、【文章Ⅰ】の内容に基づくと、【文章Ⅱ】で述べられた大学への過度な保護者の要求が生じる背景には、子どもを自らの所有物だと考えてしまう誤ったオーナーシップのとらえ方がある

三（小説文）文脈把握・内容吟味

次の文章を読んで、後の問いに答えなさい。（計36点）

> 「俺」（富山一志(かずし)）は、友人関係のもつれがもとで心を閉ざし、大学を一年間限定という約束で休学して、自分でコンビニバイトを決め、一人暮らしを始めた。バイトリーダーの鹿沢、一志と同じ深夜ラジオ好きの佐古田、旧友の永川と交流するうちに、心情に変化が生まれてきていた。次の場面は、一志がひさしぶりに実家に一時帰省した場面である。

親、こんな顔してんだなって思った。兄貴もね。普通、顔なんか見ねえし。久しぶりに帰ると、うっかり見る。よく知ってるのに、ぜんぜん知らない気がする、真逆のダブル感覚で、めっちゃ混乱する。緊張する。

兄貴がよくしゃべるヤツで助かった。この感じも忘れてたな。親父(おやじ)が無口で、俺はしゃべんないし、オフクロのトークを兄貴がサポートして場がもってるんだよ。誰もが知ってる大学を卒業して、大多数が知ってる企業に勤めてる二十五歳って偉大だな。親父もそうだし、ここんチじゃ、それが基本線。俺が今ハズれてても、単に［ A ］なエラーと見なされてる。※復活デフォルトなわけよ。そういう前提で、すべての会話が進む。この①ヒトゴト感すげえよ。前はしんどいって思ったけど、今は、なんかぽかーんとする。え？　って感じ。

親父は、俺の考えてること聞こうとしないくせに、顔色だけは見るんだよな。「一志も少し落ちついたんじゃないか」なんて言う。俺、自分のファーストネーム忘れかけてたよ。カズシだっけね。カズシ、フー？　って、うすらおかしくなってたら、オフクロが「笑うようになったわね」って。兄貴が真剣にうなずく。

ちょっと待て。これ、いいとこ探し？　俺の回復の無理やり証明？　ていうか、ガチで心配されてるなあ。そうだったな。それもイヤだったんだよな。

「笑うよ、普通に」

と俺は言った。

「そうかあ。よかったなあ」

兄貴、真剣にうなずくのをやめろ。

俺、そんなに笑ってなかったか？　笑う要素なくね？　実家に。それ普通じゃね？

バイトはどうだという話になり、俺がコンビニのことをほそぼそしゃべり、鹿沢のことに触れるとオフクロに色々質問される。ほとんど答えられなくて、自分でビックリした。

鹿沢は、年末年始もシフト入れてたな。実家に帰らないのかな。そもそも、出身どこだよ。ほんとに何も知らねえな。家族構成も、出身も、最終学歴も。鹿沢、訛りはないよな。

佐古田の家族構成も知らない。永川は同級生でうちに来てたりしたから、さすがにわかるけど、あとの二人のことを何も知らないし、知らないことに気づいてすらいなかった。

ちょっとビックリ。

②でも、いいんだよ。

鹿沢がどんなふうに※スウィーティー・ポップな曲を歌うのか知ってるし。どんなふうにレイヤーの彼女にはっ倒されるか知ってるし。スネ出したカラフルな私服知ってるし。

佐古田がどんな※やべえネタ書くか知ってるし。小動物みたいな目がピカピカするの知ってるし。女子高でギリいじめられてないの知ってるし。

いいんだよ。

永川は、思ってたより、四倍くらいいいヤツだし。

【中略　一志は、結局進路の話をまったくしないまま、自分のアパートに戻る。】

二日の金曜日にバイトに行くと、鹿沢じゃなくて※アニさんがいた。俺の親父とは違うタイプの、この無口な男は、実家はどうだった、正月はどうだったでもなく、相変わらずもくもくと働き、働かされる。アニさんが自分チの大掃除も徹底してやるのか聞いてみたかった。でも、話しかける隙なんかなくて、離婚して一人暮らしの男に家事のことを聞くのもどうかと思った。ていうか、俺、どんな相手でも、自分から世間話をしかけるのって、たぶん無理。

「あの……俺、三月末に、東京、帰ることに」

自分のことを口にした。別に、今、ここで、副店長に言う必要はなかった。店長に正式に辞める意志と時期を伝えればいい。でも、なんか、ふっと口をついて出てきたんだ。

富山家では、既定路線が当たり前のように遂行され、俺が拒否らなければ、そのままって感じ。話題に出して、ゴネられるのがイヤで、両親も兄貴も黙ってるんだろう。黙ってれば、自動的に、俺がハズれた道から戻ってきて、めでたしめでたし、丸くおさまるって。

その目に見えない圧のある家庭の空気を、実家の空気を、NO！　とぶち破るほどの意志も理論も方向性も、俺は持ってなかった。ある意味、その程度には回復していた。絶対ダメなら、ダメって言う。どっかで、しょうがねえかって思ってる。もともとそういう流れで、流されるしかないかって。でも、ＯＫって気分には程遠くて、［B］不安はあるけど、その不安を口にする根拠がない。

なんか怖い。

なんかイヤ。

ほんとは、ここでバイトしてたい。※荒井さんみたいなモンスターにイビられてつらくても、身体がしんどくても眠くても、それでも、ここがいい。

でも、言えないよ、ここがいいとか。

「そうなのか」

アニさんは、もっさり答えた。

バイトは一年縛りという話を面接の時、店長にしてない。鹿沢にも言ってない。

「大学を休学中でしたけど、復学することになりました」

俺は事務的に報告した。家族がみんな沈黙を守っていただけなのに、口に出すと、こんなに立派な話になっちゃう。

「店長にはちゃんと伝えます。ご迷惑かけることになって、すみません」

辞めるってことは、どんな理由でも喜ばれないだろうと思う。

一年って時間は、コンビニ的に、どうなんだ？　長いのか短いのか？　バイトの入れ替わりは激しい。鹿沢クラスになると致命的な戦力ダウンだけど、俺くらいだと流動する雑多なコマの一つに過ぎない。もちろん、トロいミスる使えない時間を我慢して育ててもらい、やっとちょっとマシになると辞めるわけで、店的には……。

俺がごちゃごちゃ考えていると、

「問題は解決したのか？」

アニさんは俺のほうを見ずにいきなり尋ねた。

「え？」

そんなこと聞かれると思ってなくて、驚いて聞き返す。

「何かわけがあったんだろう」

アニさんは、怒った口調になる。この口調だからって怒ってるとは限らないことは、学んだ。

わけ？　理由？　休学の理由。

「はい」

俺は緊張して答えた。これだけで済ますわけにもいかなくて、

「わけはあったんですが、解決したかどうかは、よくわからなくて」

口ごもりながらつぶやく。

「大丈夫なのか？」

家族に聞かれなかったことをアニさんに質問されて、なんだか頭が白くなっちまった。

「わ……かんないんですけど」

声がかすれる。

わかんない、大丈夫かどうかなんて。でも、その質問が欲しかった。強烈に欲しかった。実際に聞かれてみて初めて気づいた。

「副店長、ありがとうございます」

その質問をしてくれて、を省くと、なに言ってるんだかわかんねえだろうな。

アニさんはしばらく黙っていた。もう、この会話は終了と思ったくらいのタイミングで、

「やり直しがきかないこともあるが、君の年だと色々なチャレンジができる。何度でもできる」

相変わらず、こっちを見ないが、強い声ではっきりと言った。

「金が必要になったら、また、ここで働けばいい」
③俺はしばらく口がきけなかった。
「ありがとうございます」

やっと、それだけ言って頭を下げた。

アニさんに言ってもらったことに意味があった。この人は、いらないヤツに来いとは言わない。アニさんのコンビニ人生の中の小さなワンピースにすぎない俺でも、信頼してくれた。気にかけてくれた。

両親や兄の心配や思いを軽く考えるわけじゃない。口にしたくてもできないこと、口にしないほうがいいと判断すること、むしろ身内だから色々あるんだ。もともと、俺は親に甘えて、ここでの一年を与えてもらってる。

でも、アニさんが俺を心配してくれた気持ちは、ありがたかった。心から。本当に。

三月末にバイトを辞めて実家に帰ることを鹿沢にも話すと、「そう」とうなずいたあと、「さびしくなるね」と言われた。

さびしいという気持ちを俺はこれまで感じたことがあるのかなと、ふと思った。さびしくなるねと言われて心に浮かんできた思い、未知のもののようにも、既知のもののようにも感じる。

俺は、一人でもけっこう平気だ。

ただ、世の中の、一人はいけないという空気に負ける。ダメなヤツだと、ミジメだと思わされる。どうでもいいといくら意地を張っても、どっかで頭を垂れてしまう。

孤独でもいいのにね。

でも、本当に孤独を愛する人間なら、夜の闇から響いてくる明るい声に、こんなに心を揺さぶられるものかな。人の声、明るい声、笑い、笑いを作る人々のざわめき。深夜ラジオ。

鹿沢に、彼の人生のことをあれこれ聞いてみたくなったよ。同時に、[X]。ここを離れて、ラインしたり、ライブを聴きに行ったり交流することはあっても、深夜の八時間、十時間を、夜の中に浮かぶ奇妙に明るいコンビニで一緒に働くこととは違う。

俺は感傷的になってるのかな。普通に忙しい、昼夜逆転で、きつい仕事だよ。しゃべったりもするけど、ほとんど黙ってそれぞれ働いてる時間ばっか。特別な時間とか、そんなこと言ったら※センチすぎる。

ただ、俺、二人で長い時間一緒にいて、イヤじゃない相手って、めったにいない。共通点とかなんもないようなヤツなのに。


（佐藤多佳子『明るい夜に出かけて』より）

※　復活デフォルト…ここでは「復活して当然」の意味。
※　スウィーティー・ポップな曲…音楽のジャンルの一種。
※　やべえネタ…佐古田も一志同様、ラジオで話す人の話のネタになるメールを送っているが、その内容が過激なものであることを示す。
※　アニさん…バイト先の副店長。
※　荒井さん…バイト先の同僚の一人。
※　センチ…センチメンタル。感傷的。

1、**よく出る** 空欄A・Bに入る言葉として最も適当なものを次のア～オからそれぞれ選び、記号で答えなさい。（各2点）
A　ア、悲観的　イ、客観的　ウ、内向的　エ、根本的　オ、一時的
B　ア、空虚な　イ、神妙な　ウ、漠然と　エ、つつがない　オ、ひなびた

2、傍線部①「ヒトゴト感」とあるが、これについて後の問いに答えなさい。
(i)「ヒトゴト感」の説明として最も適当なものを次のア～エから選び、記号で答えなさい。（4点）
ア、自分の進路ではあるものの自分ではどうしたら良いか分からず、結局親や兄のいうような進路に進んでいくだろうことを思うと、自分のことのように思えないということ。
イ、自分としてはちゃんと大学に復帰できるか分からないのに、復帰するのが当たり前として家族の話が進むため、自分についての話をしているように感じないということ。
ウ、自分の考えていることを聞こうとしないくせに自分のことを分かっているように話す家族の会話のテンポについていけず、自分は何なのか分からなくなってきたということ。
エ、自分のことを自分で決めさせてくれないことにはがゆさやしんどさを感じ、家族が当たり前とすることについていけず、もうどうにでもなれと感じているということ。
(ii) なぜこのように感じたと考えられるか。その説明として最も適当なものを次のア～エから選び、記号で答えなさい。（5点）
ア、コンビニバイトで精神的・身体的に大変な思いをしてきたことで、かつて苦しめられてきた家族からのプレッシャーにも動じない心を手に入れることができたから。
イ、少し実家を離れて一人で生活してみた結果、家族の顔すらおぼつかないほどに家族を忘れることができ、何を言われても第三者から言われているようにしか感じなくなったから。
ウ、一度道を外れたことで、兄貴のように「大多数が知ってる企業」への道が閉ざされたからこそ、後はもうどうなっても親の思い通りにはならないと高(たか)をくくれるようになったから。
エ、家族と共に生活していた時は自分の苦しさばかりに気が向いていたが、一度家を離れたことで心に多少なりと余裕が生まれ、家族や自分を客観視できるようになったから。

3、傍線部②「でも、いいんだよ」とあるが、これはどういうことか。その説明として最も適当なものを次のア～エから選び、記号で答えなさい。（5点）
ア、今の彼らが自分にとってすべてなのだから、過去にどんなことが彼らにあって、どんなふうに彼らをつくりあげてきたかは知らなくてもいいのだ、ということ。
イ、友人とは自分が一緒に居て心地よい人間なのだから、母親が友人としてふさわしいと考える性質に、彼らが当てはまるかどうかなどどうでもいいのだ、ということ。

ウ、普通知っているような相手の情報を知らず母親の質問に答えられなくても、彼らがどういう人間なのか自分はちゃんと知っているからそれでいいのだ、ということ。
エ、一緒にコンビニで働いてきた仲間なのに知らないことがたくさんあったものの、何も問題なく一緒に働き続けることができたのだからこれでいいのだ、ということ。

4、**難** 傍線部③「俺はしばらく口がきけなかった」とあるが、この時の一志の心情を100字以内で答えなさい。（9点）

5、空欄Xに入る語句として最も適当なものを次のア～エから選び、記号で答えなさい。（4点）
ア、孤独だって気持ちが湧き上がってきた
イ、鹿沢のさびしい気持ちも分かった
ウ、知ってても仕方ないって感じた
エ、もう知らなくてもいいとも思った

6、登場人物の心情・人物像に関する説明として適当ではないものを次のア～エから一つ選び、記号で答えなさい。（5点）
ア、一志は、基本的に一人でいることを好んでおり、誰かと一緒に何かをすることが得意なタイプではない。
イ、一志の家族は、この一年黙って一志を見守ってきたものの、彼自身の未来を思うと、そろそろここで立ち直って欲しいと考えている。
ウ、一志は、家族が自分のことを真剣に考えてくれているとは分かっているが、やはり父母や兄のテンポと自分のそれは合わないと感じている。
エ、アニさんは、寡黙であり少し誤解されるような口調で話すが、相手の気持ちをくむことのできる人間である。

四 （古文）仮名遣い・口語訳・内容吟味・動作主・古典知識

次の文章を読んで、後の問いに答えなさい。（計18点）

> ある尼が仏を絵に描いてもらい、それを山寺に安置し、つねにその山寺に詣でて礼拝していた。

しかる間、尼いささかに身に営むことあるによりて、しばらく寺に詣でざるほどに、その絵像盗人のために盗まれぬ。尼これを悲しび嘆きて、たふるに随ひて東西を求むといへども、尋ねうることなし。しかるに、このことを嘆き悲しむで、また、知識※を引きてはうじやう※を行ぜむと思ひて、摂津の国の難波のほとりに行きぬ。川のほとりに徘徊する間、市より帰る人多かり。見れば、担へる箱を植木の上に置けり。主は見えず。尼聞けば、この箱の中にくさぐさの生類の声あり。「これ、畜生の類を入れたるなりけり。」と思ひて、「必ず①これを買ひてはなたむ。」と思ひて、暫く留まりて、箱の主の来たるを待つ。やや久しくありて、箱の主来たれり。尼これに会ひていはく、「この箱の中にくさぐさの生類の声あり。我はうじやうのために来たれり。これを買はむと思ふ故に汝を待つなり。」と。箱の主答へていはく、「これ、さらに生類を入れたるにあらず。」と。尼なほ固くこれを乞ふに、箱の主、「生類にあらず。」と争ふ。

その時に、市人ら来たり集まりて、このことを聞きていはく、「すみやかにその箱を開きて、②その虚実を見るべし。」と。しかるに、箱の主aあからさまに立ち去るやうにて箱を棄て失せぬ。尋ぬといへども行き方を知らず。「bはやく逃げぬるなりけり。」と知りて、その後箱を開きて見れば、中に盗まれにし絵仏の像まします。尼これを見て涙を流して喜びかなしむで、市人らに向かひていはく、「我さきにこの仏の像を失ひて、日夜に求め恋ひ奉るに、今思はざるに会ひ奉れり。うれしきかなや。」と。市人らこれを聞きて、尼をほめたふとび、箱の主の逃げぬることを、「ことわりなり。」と思ひて、にくみそしりけり。尼これをよろこびて、いよいよはうじやうをおこなひて帰りぬ。仏をばもとの寺に③率て奉りて安置し奉りてけり。

（『今昔物語集』より）

※ 知識を引きて…寄付を募って
※ はうじやう…捕らえた生き物を逃がしてやること。

1、**よく出る** 二重傍線部「はうじやう」を現代仮名遣いに直しなさい。（2点）

2、**難** 傍線部a「あからさまに」・b「はやく」の本文中の意味として適当なものを次のア～オからそれぞれ一つずつ選び、記号で答えなさい。（各2点）
a　ア、あらわに　イ、ちょっと　ウ、公式に　エ、だんだん　オ、明瞭に
b　ア、もともと　イ、急に　ウ、とっくに　エ、かならず　オ、おそらく

3、**基本** 傍線部①「これ」が指すものを本文中の語句（3字～5字）で答えなさい。（2点）

4、傍線部②「その虚実を見るべし」の説明として最も適当なものを次のア～オから選び、記号で答えなさい。（3点）
ア、箱の中に何か入っているのか、それとも空っぽなのか調べてみようということ。
イ、箱の中に実際には何も入っていないことを開けてみて確かめてみようということ。
ウ、箱の中に生き物が入っているのか、いないのか開けて見てみようということ。
エ、箱の中に本当に仏様の絵が入っているか、開けて調べてみようということ。
オ、箱の中身についてどちらがうそを言っているのか、はっきりさせようということ。

5、**よく出る** 傍線部③「率て奉りて」の主語を次のア～オから一つ選び、記号で答えなさい。（2点）
ア、箱の主　イ、尼　ウ、市の人々　エ、作者　オ、山寺の僧

6、次のア～オのうち、本文の内容と合致するものを一つ選び、記号で答えなさい。（3点）
ア、文中の尼は信仰心が強かったので、絵の仏が盗まれるまでのあいだ、欠かさずお参りをしていた。
イ、文中の尼は盗まれた絵の仏が摂津国、難波あたりにあるらしいと聞いて、探すために出向いていった。
ウ、文中の尼は市場で見つけた箱の中に盗まれた絵の仏があると知って、箱の主を捕まえようと待っていた。

エ、文中の尼は箱の中からさまざまな生き物の声がしたので、それを買って逃がすために箱の主を待っていた。
オ、文中の尼は、絵の仏が動物の鳴き真似をして居場所を教えてくれたのだと悟って一層信仰心が高まった。

7、よく出る『今昔物語集』と同じジャンル（文学形態）の作品を次のア～オの中から一つ選び、記号で答えなさい。（2点）
ア、平家物語　イ、徒然草
ウ、竹取物語　エ、宇治拾遺物語
オ、おくのほそ道

巣鴨高等学校

時間 60分　満点 100点　解答 P77　2月12日実施

出題傾向と対策

●論説文一題、小説文一題（非公表）、古文一題の大問三題構成。例年、論説文は哲学、思想に関するものが多く、小説文は近代文学から出題される。論説文、小説文ともに五十字を超える記述問題があり、古文も理由説明の記述がある。
●論説文の選択肢はかなり精巧に作られているので、吟味をする訓練をしたい。古文は比較的解答しやすいので、古文からの解答をすすめたい。現代文の文章量が長いので、早く丁寧に読むことを心がけたい。

注意事項　字数指定のある問題は、句読点やかぎかっこなどの記号も字数に含めます。

一 （論説文）漢字の読み書き・文脈把握・内容吟味

次の文章は近現代ドイツの哲学者フリードリヒ・ニーチェの友情論について論じたものである。これを読んで、後の問いに答えよ。

ニーチェは同質性に基づく友情を否定する。「私」が他者と友達になるのは、「私」が友達と似ているからではない。では「私」は何を理由に他者と友達になるのだろうか。

アリストテレス(注1)もカントも、友情をもたらす感情を、愛のうちに見出していた。では愛とは何か。カントはその一つのあり方として「同情」を挙げていた。私たちは、友達が何かに苦悩しているとき、その友達と同じように苦しみ、共感する。友情を成り立たせる愛は、友達への同情となって表れるのである。

ところで同情とは何だろうか。それは、「私」が友達の苦悩を、自分の苦悩のように感じることである。それはある意味において「私」と友達を同一視することを意味する。しかしそうであるとしたら、ニーチェの発想に従う限り、そうした同情もまた誤解に基づくことになるだろう。同情するということは、「私」には本来知りえないはずの他者の苦悩を、あたかも「私」が経験したことのある苦悩であるかのように理解し、わかった気になることを意味するからだ。ニーチェによれば、「他人の苦悩から、真に個性的なものを取り去るというのは、同情という感情の本質に属する」のであり、それは他者の苦悩に対して行われる「上辺だけの解釈」に過ぎないのである。

たとえばあなたが、一年間付き合った恋人と別れ、それによって深い苦悩に陥ったとしよう。それに対して、友達があなたのそばに近寄ってきて、「うんうん、わかるよ、辛（つら）いよね」と言うとしよう。このときあなたの友達が心からあなたに同情しているかも知れない。しかし、あなたはきっと、「お前に何がわかるのか」と思うのではないだろうか。なぜなら、あなたと恋人の関係は、あなたと恋人の間でしか生じないものであり、［1］それを失ったことによる苦悩は、あなたにしかわからないからだ。そのときあなたの友達が理解しているのは、「人間は失恋をしたら悲しむ」程度の一般論でしかないかも知れない。しかし、あなたを苦しめているものは一般論ではない。あなたの脳裏には、その恋人と過ごした日々や、一緒に見た景色や、交わした約束が浮かんでいるのであって、そうした具体的なaキオクが、あなたに苦悩をもたらしているのだ。

このように、①同情は常に誤解であるが、しかしそれは、単なる誤解よりもさらに性質が悪い。なぜなら同情はその誤解によって、同情されるものから苦悩を解消しようとするからである。苦悩が解消されるならいいじゃないか、と思われるかも知れない。しかしニーチェはそうは考えない。彼によれば、［2］苦悩には「個人的必要」というものがあるのだ。つまり、苦悩に陥っている人は、その苦悩を苦しみ抜き、そして自らの力で苦悩を乗り越えなければならない。②苦悩は、単になくなればよいものではない。人間には、あるときには、自分の人生のために苦悩と戦わなければならないときもあるのである。

たとえば、失恋で苦悩しているあなたは、そのことに切実に苦しんでいるし、毎晩眠れなくなり、日常生活にも支障をきたしてしまうかも知れない。しかしその苦悩を苦しみ抜くことは、きっとあなたの人間性を今までよりも深くするだろう。あなたは今までよりも[b]センサイになり、賢くなるだろう。[c]シンチョウに言葉を選ぶことができるようになり、相手の表情から多くのことを感じられるようになるだろう。同じことが再び起きたとしても、きっと今と同じようには苦しまなくなるだろう。それは[d]マギれもなくあなたにとって成長である。あなたはその苦悩を経由することで、より強く、より深い人間にもなれるのである。

友達はそうした成長の機会をあなたから奪う。友達はあなたに同情し、毎晩電話に付き合い、居酒屋で朝まで飲み明かしてくれるかも知れない。友達はあなたがその失恋の苦悩と向き合わないように[e]バンサクを尽くしてくれるかも知れない。それによって、たしかにあなたの気は晴れ、新しい恋に向かって再出発できるかも知れない。しかし、そのときあなたは何も成長しないまま、何も学ばないまま、その苦悩を手放してしまうことになる。そしてその結果、また同じように傷つくかも知れないし、あるいは同じように他者を傷つけるかも知れないのである。

同情もまた、友達同士の間の同質性を前提とする。しかしそうした同質性は、実際には、存在しない。だから同情は誤謬（ごびゅう）なのだ。友情を成り立たせるものが愛であるとしても、それは同情をもたらすものであってはならない。ではその愛はどのようなものなのだろうか。苦悩している友達を前にして、同情することなく、しかしその友達を愛するということは、どのようにして可能になるのだろうか。

ニーチェは、そうした愛について、次のように説明している。

――しかし場合によっては、持続する愛なるものも世の中には生じうる。二人の人間相互の所有願望が、新たな欲求と所有欲に場所を空け、③彼らを超えた理想を目指す共通の気高い渇望（かつぼう）に道を譲るようなこともありうるのだ。――しかし、このような愛を知っている者があるだろうか？　このような愛を経験した者があるだろうか。その真の名は、友情である。

（『喜ばしき知恵』（注2））

すなわちニーチェによれば、友達同士が、単に互いを愛するのではなく、互いにより高い「理想」を目指す関係こそが、「友情」と呼ばれるに値するのだ。

注意するべきことがある。それは、このように友情を成り立たせる「理想」が、あくまでも「彼らを超えた理想」であり、友達同士の関係を成り立たせること自体にあるのではない、ということである。ニーチェにとって友情とはそれ自体で価値があるものではない。友達といつまでも関係を継続することが、友情の理想なのではない。そうではなく友情は、その友情を超える理想へと、友達同士を導くものなのだ――彼はそう考えるのである。

もう少し普通の言葉で言い換えるなら、次のように表現できるだろう。私たちが他者と友情を交わすのは、それによって互いに高め合い、成長するためである。そのように、その他者とともに理想へと近づいていきたい、そう願うことが、友情という名の愛に他ならない。

このような意味で他者と友情を交わすとき、「私」がその友達とわかり合えているかどうか、ということは、そもそも問題ではない。友達がどんな人間であろうが、それは友情にとって関係ない。ニーチェはこのようにして、同質性に基づく伝統的な友情観とは異なる、別の友情の形を提示するのである。

ニーチェの友情論は、裏を返すなら、自分の成長を阻害するような関係を、友情として認めない。だからこそ、互いを同情し合う関係は友情に値しないのである。友達が苦悩しているとき、「私」が本当にその友達を友達として愛しているのなら、④その苦悩を肯定し、それを乗り越えようとしている姿を励ますべきだ、ということになるだろう。

それだけではない。ニーチェは、ある時には私たちは友達と敵対しなければならない、とまで言う。なぜなら、人間は敵と戦うことによって、より大きな困難と立ち向かい、成長することができるからだ。彼によれば、私たちが本当に友達のことを愛しているのなら、「友のなかにおのれの最高の敵がいなくてはならない」。ただしそのことは、決して、敵として戦うために友情を解消しなければならない、ということを意味するのではない。むしろ、「⑤君が彼に逆らうとき、君の心がもっとも彼に近づいていなくてはならない」のである。

友達と敵対することは、友情を否定することを意味しない。私たちは友達を愛しながら、愛しているがゆえに、友達と戦うことができる。そうした敵対こそが、互いを成長させ、理想へと近づけさせるからである。

（戸谷洋志（とやひろし）『友情を哲学する』による）

（注）1　アリストテレスもカントも……アリストテレスは紀元前の古代ギリシャの、カントは十八世紀のドイツ（プロイセン）の哲学者。

2　『喜ばしき知恵』……ニーチェの著作（村井則夫（むらいのりお）訳、河出文庫、二〇一二年）。

問1、**よく出る** **基本** 点線部a～eのカタカナを、それぞれ漢字に改めよ。

問2、**よく出る** **基本** 空欄［1］・［2］にふさわしい言葉を、次のア～エから一つ選び、記号で答えよ。

1　ア、もしくは　イ、というのも　ウ、だからこそ　エ、しかしながら

2　ア、なぜなら　イ、やはり　ウ、むしろ　エ、言うまでもなく

問3、**難** 傍線部①「同情は常に誤解である」とあるが、このように言えるのはなぜか。七十字以内で答えよ。

問4、傍線部②「苦悩は、単になくなればよいものではない」とあるが、その理由としてふさわしくないものを、次のア～エから一つ選び、記号で答えよ。

ア、人から単純にその苦悩を取り除くと、その人はいずれ同様の苦しみを味わうことになりかねないから。

イ、苦悩に傷つきながらも耐えることにより、人は自己の内面を磨くことができるから。

ウ、苦悩との戦いは自己の人生のために必要な試練であり、それを友達とともに超えることで友情が深まるこ

ともあるから。

エ、人は苦悩に向き合い、苦しみ抜くことによって他者を思いやれることもあるから。

問5、傍線部③「彼らを超えた理想を目指す」の説明としてふさわしくないものを、次のア～エから一つ選び、記号で答えよ。

ア、友人関係を結ぶ際に相手の立場や性格等は考慮しない。

イ、友人への途切れることのない愛を意識して付き合う。

ウ、自分と友人双方が相手に良い変化をもたらす存在になろうと努める。

エ、友達との友人関係の継続自体にはこだわらない。

問6、**思考力** 傍線部④「その苦悩を肯定し、それを乗り越えようとしている姿を励ますべきだ」とあるが、これは苦悩をどういったものとして捉えることで生じる考えだと言えるか。「もの」につながる二十字以内の言葉で答えよ。

問7、傍線部⑤「君が彼に逆らうとき、君の心がもっとも彼に近づいていなくてはならない」とはどういうことか。その説明としてふさわしいものを、次のア～エから一つ選び、記号で答えよ。

ア、自分が友人にとって障害となるときには、最も友人を思いやる存在であらねばならないということ。

イ、自分が友人と敵対するならば、そこには友人と相通じる思いがなくてはならないということ。

ウ、たとえ友人と争うことになったとしても、友人との今までの交友関係を否定するような気持ちになってはならないということ。

エ、自分が友人にとって最高の友となりえた場合には、友人のために迷わず最高の敵として立ちはだかるべきだということ。

問8、ニーチェの友情観の説明としてふさわしいものを、次のア～エから一つ選び、記号で答えよ。

ア、本当の友情をもたらすものとしての愛が存在するとしても、そうした愛を成り立たせる要素は不可欠である。

イ、人は友人との関係を同情に基づくものから、それに頼らない、より高次の友情へとつなげていく必要がある。

ウ、他者と友情を交わした後は、その友人が自分を理解しているかどうかは重要ではない。

エ、価値ある友人とは、自分の苦悩に対して単に共感するのではなく、いかなる場合でも、変わらぬ愛を抱いてくれる存在のことである。

二 （省略）

三 （古文）仮名遣い・動作主・内容吟味・文法・古典知識

次の文章を読んで、後の問いに答えよ。

ある山寺に、所の習ひとして、法華・仁王の二経(注1)、僧ごとに、暗に誦みつけたる中に、文字にも向はで覚えたる愚僧多し。その中に、ある若きア僧、師の譲り与へたる大般若を、虫払はんとて(注2)、取り広げたるを、隣の坊(注3)の若きイ僧来りて、「何経ぞ」と問ふ。「①いさ、何経やらむ。先師が譲りて侍るなり」とA云ふに、「I給べ、②その経十巻。③法師が法華経持たぬに、法華経にせむ」と云へば、「疾く取り給へ」と云ふ。一帙(注4)取りて帰りぬ。隣の坊のウ僧来りて、この経を問ふに、「隣の某房(注5)がもとにIIあまた見えつるを、法華経にせむとて、取りて来れり」とB云ふ。「法華経は八巻こそ[あり]。給べ、二巻。法師が仁王経持たぬに、仁王経にせむ」と云ふに、「疾く取り給へ」とC云ふ。さて、二巻取りてけり。

（中略）

ある在家(注6)に、大般若誦ませける中に、愚僧ありて、経を逆さまに持ちたるを、奉行しける俗(注7)、「あの御坊の、持ち給へる経の、逆さまに候ふは」と云へば、能く持ちたるエ僧、取り直して逆さまに持ちてけり。さて、逆さまに持ちたるオ僧は、我れはよく持ちたる気色にて、そばの僧を嗚呼がましく思ひて、「④さ見候ひつる」と言ひけり。

（『沙石集』による）

（注）
1 法華・仁王・大般若……いずれも仏教の経典。
2 虫払はんとて……虫干ししようとして。
3 坊……僧の住まい・寺院。
4 一帙……ひと包み。
5 隣の某房……「房」は僧のこと。
6 在家……出家しないで仏教に帰依している人の家。
7 奉行しける俗……法事を取り仕切っていた俗人。

問1、**よく出る** **基本** 点線部「習ひ」の読み方を、現代仮名遣いのひらがなで答えよ。

問2、**よく出る** 傍線部A・B・C「云ふ」の主語としてふさわしい人物を、二重傍線部ア・イ・ウ三人の「僧」から一人ずつ選び、記号で答えよ。

問3、傍線部①「いさ、何経やらむ」の意味としてふさわしいものを、次のア～エから一つ選び、記号で答えよ。

ア、さあ、何経だと思うか

イ、さあ、何経をあげようか

ウ、さあ、何経であろうか

エ、さあ、何経にしようか

問4、**基本** 点線部I「給べ」・II「あまた」の意味を、それぞれ五字以内の現代語で答えよ。

問5、傍線部②「その経十巻」は、結局どうなってしまったか。その答えとなる次の文の空欄[a]・[b]にふさわしい言葉を、後のア～エから一つずつ選び、記号で答えよ。

二巻は「[a]」にされ、残りの八巻は「[b]」にされてしまった。

ア、大般若経　イ、法華経

ウ、阿弥陀経　エ、仁王経

問6、傍線部③「法師」とは、誰のことか。ふさわしい人物を、二重傍線部ア・イ・ウ三人の「僧」から一人選び、記号で答えよ。

問7、**よく出る** **基本** [あり]を、ふさわしい形に改めて答えよ。

問8、傍線部④「さ見候ひつる」の意味としてふさわしいものを、次のア～エから一つ選び、記号で答えよ。

ア、あなたは逆さまにご覧になっていますよ

イ、あなたと同列に見られたくありませんよ
ウ、あなたは私の持ち方を見習うべきですよ
エ、あなたが逆さまだと気づいていましたよ

問9、二重傍線部ア・イ・ウ・エ・オ五人の「僧」は、どういう点において共通していると作者（編者）は述べているか。三十字以内で、具体的に答えよ。

問10、基本 本文の出典である『沙石集』は、鎌倉時代に無住（むじゅう）という僧によって書かれた仏教説話集である。この『沙石集』と同じく、出家した人によって書かれたことが確かな古典作品を、次のア～エから一つ選び、記号で答えよ。

ア、『土佐日記』　イ、『枕草子』
ウ、『徒然草』　エ、『奥の細道』

高田高等学校

時間 40分　満点 50点　解答 P78　1月28日実施

出題傾向と対策

●論説文、小説文（省略）、古文の大問三題構成。設問は全て選択式で基本的なものが多く、論理の展開を正確に追っていく力が試される。出題内容は漢字、接続語、語句の意味、内容把握、古典知識など多岐にわたり、的確な読解力と語彙力が要求される。

●問題演習をしっかりと積み、論理の展開を意識しながら読み進めること。設問は全てが記号式なので、正答以外の選択肢が不正解である根拠を考えながら解く。国語知識（特に和歌・俳句）は必須なので、充分な準備が肝要。

一（論説文）文脈把握・内容吟味・熟語・語句の意味

次の文章を読んで、あとの問いに答えなさい。

筆者が、生活苦から路上で金銭の施しを求めてきた女性を避けたことに対して、一緒にいた小学三年生の息子が「なぜ、かわいそうな人にあんな仕打ちをするのか」と泣きながら強く主張したことを受けて、次の文章が書かれている。

「困っている人がいたら助けましょう」。これが小学生の頭の中にある行動規範*です。なぜなら学校の授業でそう習ってきたし、そうすべきだと自分でも心がけてきたからです。世界は、困っている人が当然のように助けられる場所だと思っていた。

それなのに、その絶対的なルールを、一番身近な大人である母親が目の前でやぶったのです。パニックになるのも無理はありません。

［Ⅰ］、私も「困っている人は助けるべきだ」ということは理解していたつもりです。［Ⅱ］、あの状況でそれに従うことはできなかったし、従うのが最善ではないかもしれないということ、［Ⅲ］この規範がそれほど絶対的ではないということも、いつの間にか知っていました。「困っている人は助けるべきだ」は「タテマエ」であって、「ホンネ」は別にある。そんなふうに考えていました。

要するに、私と息子は、①道徳と倫理のあいだで引き裂かれていたのでした。小学校の道徳の授業で習うような、「〇〇しなさい」という絶対的で普遍的な規則。これに対し倫理は、現実の具体的な状況で人がどう振る舞うかに関わります。相手が何者か分からず、自分の身を守る必要もあり、時間やお金の余裕が無限にあるわけではない今・この状況で、どう振る舞うことがよいのか。あるいは少しでもマシなのか。倫理が関わるのはこういった領域です。

哲学者のアラン・バディウ*は、その名も『倫理』という本のなかでこう述べています。「倫理を抽象的範疇*（はんちゅう）（人間、権利、他者……）に結びつけるのではなく、むしろさまざまな状況へ差し戻すことにしよう」。そしてバディウは言います。倫理に「一般」などというものはない、と。なぜなら状況が個別的であるのに加えて、判断をする人も、それぞれに異なる社会的、身体的、文化的、宗教的条件のなかに生きており、その個別の視点からしか、自分の行動を決められないからです。「②倫理『一般』などないとすれば、それは倫理『一般』で自己を武装せねばならない抽象的な主体などないからだ」。

哲学や倫理学のような学問の領域に限らず、社会生活のさまざまな場面で、私たちはものごとを一般化して、抽象化して捉えてしまいがちです。「人間」「身体」「他者」という言葉。ほんとうは、そんなものは存在しません。それぞれの人間は違うし、それぞれの身体は違うし、それぞれの他者は違っています。

けれどもついついその差異を無視して「人間一般」「身体一般」「他者一般」について語り、何かの問題を扱ったような気になってしまう。もちろん、道徳が提示する普遍的な視点を持つことも重要です。そうでなければ、人は過剰に状況依存的になってしまい、その場まかせの行動をすることになってしまうでしょう。けれども、「一般」として指し示されているものは、あくまで実在しない「仮説」であることを、忘れてはなりません。なぜなら「一般」が

通用しなくなるような事態が確実に存在するからです。そして、③倫理的に考えるとは、まさにこのズレを強烈に意識することから始まるのです。

さて、[A]が具体的な状況に関わるということをさらに一歩進めて考えるならば、そこでは「できるかできないか」ということが問題になるということを意味します。この点に関しては、哲学者・倫理学者の古田徹也*の議論を参照しましょう。古田は、倫理と道徳の違いを、いくつかの観点から非常に分かりやすい表の形にまとめています（表）。

表　道徳と倫理の区別（古田徹也『それは私がしたことなのか』エピローグより）

道徳（moral）	倫理（ethics）
画一的な「正しさ」「善」を指向する →万人に対する義務や社会全体の幸福が問題となる	「すべきこと」や「生き方」全般を問題にする →「自分がすべきこと」や「自分の生き方」という問題も含まれる
非難と強力に結びつく →「すべき」が「できる」を含意する	非難とは必ずしも結びつかない →「すべき」が必ずしも「できる」を含意しない
人々の生活の中で長い時間をかけて定まっていった答えないし価値観が中心となる	X
価値を生きること	価値を生きるだけでなく、価値について考え抜くことも含まれる

表のうち、一番上の行は、先に確認した「道徳＝普遍」「倫理＝個別」に関するものです。「できるかできないか」に関わるのは、次の上から二つ目の行。道徳が、「困っている人がいたら助けるべきである」「嘘(うそ)をつかず、どんなことも包み隠さず話すべきである」等、その人の能力や状況によらない正しさを示すとき、その「[B]」は、「すべきだができない」というジレンマが発生する可能性を前提にしていません。つまり、「すべき」が問答無用の「[C]」を含意している。だからこそ、なすべきことをしなかった人は「なぜしなかったのか」と非難されることになります。

これに対し、倫理においては「すべき」とは別に「できるかどうか」という審級*があります。「嘘をつくべきではないことは分かっている。でも、真実を伝えることは彼女を傷つけることになるから、少なくとも今の私にはできない」。まさにこうした、「すべきだができない」状況に、人はしばしば陥ります。「すべきことができる」ならば、それは道徳でよいのです。けれども、それでは解決できないとき、逡巡(しゅんじゅん)*しながら、人は自分なりの最善の行為を選ぼうとします。論理が問題になるのは、この迷いにおいてです。

倫理に「迷い」や「悩み」がつきものである、ということは、④倫理が、ある種の創造性を秘めているということを意味しています。なぜなら、人は悩み、迷うなかで、二者択一のように見えていた状況（「女性に施しをするか否か」）にも実は別のさまざまな選択肢がありうること（「⑤ジゼン団体に寄附をすること」「格差や貧困について研究すること」「子供がアメリカ社会について学ぶ機会をつくること」）に気づき、⑥杓子定規(しゃくしじょうぎ)に「〜すべし」と命ずる道徳の示す価値を相対化することができるからです。もちろん、それは定まった価値の外部に出ること、明確な答えがない状態に耐える不安定さと隣り合わせです。しかし、この迷いと悩みのなかにこそ、現実の状況に即する倫理の創造性があるといえます。

先の表では、三、四行目がこのことを指摘しています。道徳は、定まった答えや価値をなぞること、つまり「価値を生きること」が中心になるのに対し、倫理は「価値について考え抜くこと」をも含むのです。

（伊藤亜紗(あさ)『手の倫理』より）

（注）＊規範…判断や行為を評価する基準。ルール。
＊アラン・バディウ…フランスの哲学者（一九三七〜）
＊範疇…区分。カテゴリー。
＊古田徹也…日本の倫理学者・哲学者（一九七九〜）
＊審級…ここでは判定のこと。
＊逡巡…決断をためらうこと。

問一、**基本** 空欄Ⅰ・Ⅱ・Ⅲに入る語句の組み合わせとして最も適当なものを、次のア〜オから選びなさい。

ア、Ⅰ—だから　Ⅱ—しかし　Ⅲ—それゆえ
イ、Ⅰ—すなわち　Ⅱ—よって　Ⅲ—けれども
ウ、Ⅰ—もちろん　Ⅱ—けれども　Ⅲ—つまり
エ、Ⅰ—しかし　Ⅱ—だから　Ⅲ—もちろん
オ、Ⅰ—そのときは　Ⅱ—もちろん　Ⅲ—しかし

問二、傍線部①「道徳と倫理のあいだで引き裂かれていた」とありますが、どのようなことですか。最も適当なものを次のア〜オから選びなさい。

ア、目の前で起こったことに対してその時の心情のままに行動するか、状況に即して振る舞うかで食い違っていたということ。
イ、困っている人を誰かが助けてくれると考えるか、自分が助けなくてはならないと考えるかについて迷っていたということ。
ウ、学校で学ぶルールを厳格に守っていくべきか、むしろ積極的に破っていくべきかをめぐって葛藤していたということ。
エ、困っている人を助けることは絶対の規範であるか、その場の状況に応じて行動するべきかで対立していたということ。
オ、ルールを守る理由は他人を助けるためであるのか、自分が利益を得るためであるのかについて争っていたということ。

問三、傍線部②「倫理『一般』などない」とありますが、なぜですか。最も適当なものを次のア〜オから選びなさい。

ア、人間は異なる社会、身体、文化、宗教に縛られて生きており、倫理を守って生活することは不可能だから。
イ、人間はそれぞれの状況を生きなければならず、個別の場面すべてを解決するようなルールは存在しないから。
ウ、人間はお互いの立場の違いを理解しきれないので、独自の判断を他人にも押しつけてしまうことがあるから。
エ、人間は建前と本音の二つの側面を持っているため、すべての振る舞いが倫理的判断によるとは限らないから。
オ、人間は個人ごとの差異を持たない同質の存在であるため、一般的な倫理という考え方自体に意味がないから。

問四、傍線部③「倫理的に考える」とありますが、どうすることですか。最も適当なものを次のア～オから選びなさい。
ア、「すべき」とされていることをしなかった人を批判し、能力や状況は理由にならないことを示して、反省を促すこと。
イ、社会全体の幸福が最優先であるとしたうえで、相手の立場や自分の状況に応じて、できる限り相手を思いやること。
ウ、道徳による解決を最優先としながらも、多様な考え方を尊重するために、他の解決方法も考えて用意しておくこと。
エ、「すべき」とされていることと、自分の身の周りで起こった事象とを照らし合わせ、より善いものを創造すること。
オ、個別の具体的な状況について、「できるかどうか」を含め検討することによって、多角的な解決方法を考えること。

問五、**よく出る** 空欄A・B・Cに入る語句の組み合わせとして最も適当なものを、次のア～カから選びなさい。
ア、A—倫理　B—すべき　C—できる
イ、A—倫理　B—できない　C—しなくてはならない
ウ、A—倫理　B—すべき　C—せよ
エ、A—道徳　B—できない　C—しなくてはならない
オ、A—道徳　B—すべき　C—せよ
カ、A—道徳　B—できない　C—できる

問六、傍線部④「倫理が、ある種の創造性を秘めている」とありますが、どのようなことですか。最も適当なものを次のア～オから選びなさい。
ア、社会を優先するため対応できない事例がある道徳とは異なり、倫理は個人を尊重してすべての事例に対応できるということ。
イ、非難を避けたいという圧力を社会に生じさせる道徳とは異なり、倫理は状況に応じた徹底的な反省を求めてくるということ。
ウ、単一の価値観に基づいた二者択一を迫る道徳とは異なり、倫理は複数の価値観に基づくため自然と答えは定まるということ。
エ、正しさに基づいた明確な答えしか出せない道徳とは異なり、倫理は状況に応じた最善の行為を考える余地を持つということ。
オ、普遍的価値に基づき思考停止を引き起こす道徳とは異なり、倫理は自由を求めて普遍的価値を否定するよう促すということ。

問七、**基本** 傍線部⑤「ジゼン団体」の「ジ」と同じ漢字を含むものを、次のア～オから選びなさい。
ア、シュクジを述べる。
イ、ぜんそくのジビョウに悩む。
ウ、ジシンに満ちた態度。
エ、旅を終えてイエジにつく。
オ、ジアイに満ちたまなざし。

問八、**よく出る** 傍線部⑥「杓子定規に」の意味として最も適当なものを、次のア～オから選びなさい。
ア、そっけない様子　　イ、無神経な様子
ウ、融通のきかない様子　　エ、利己的な様子
オ、冷静沈着な様子

問九、表中のXに入ることばとして最も適当なものを、次のア～オから選びなさい。
ア、定まっている答えを否定する、新たな価値観を創造することが目的となる
イ、答えが定まっていない、現在進行形の重要な問題に対する検討も含まれる
ウ、定まっている答えや価値をなぞり、万人が納得のいく答えを見つける
エ、長い年月をかけて定まり、多くの人々が従っている価値観を尊重する
オ、相手の立場になって、相手の気持ちを考えながら最善の選択肢を選ぶ

問十、本文の内容を踏まえると、次のⓐ～ⓒの行為はそれぞれ道徳的判断によるものと倫理的判断によるもののどちらですか。組み合わせとして最も適当なものを、あとのア～カから選びなさい。

ⓐ初対面の人物に名前や住所を聞かれて正直に答える。

ⓑ末期がんで助かる見込みがない患者に「必ず助かる」と嘘をついて励ます。

ⓒ自分が今後生活できなくなるような金額を、貧しい人たちのために寄附する。
ア、ⓐ道徳的判断　ⓑ倫理的判断　ⓒ道徳的判断
イ、ⓐ道徳的判断　ⓑ倫理的判断　ⓒ倫理的判断
ウ、ⓐ道徳的判断　ⓑ道徳的判断　ⓒ倫理的判断
エ、ⓐ倫理的判断　ⓑ道徳的判断　ⓒ倫理的判断
オ、ⓐ倫理的判断　ⓑ道徳的判断　ⓒ道徳的判断
カ、ⓐ倫理的判断　ⓑ倫理的判断　ⓒ道徳的判断

二 （省略）武田綾乃「青い春を数えて」より

三 （古文）内容吟味・口語訳・古典知識

次の文章を読んで、あとの問いに答えなさい。

天明元年に＊酒井雅楽頭(うたのかみ)、台命(たいめい)を蒙(こうむ)り（幕府の命令を受けて）上京ありしが、雅楽頭はいまだ壮年にて常に＊狆(ちん)を愛しけるが、右の内（それらの中で）最愛の狆は在所往来(ざいしょおうらい)（領地と江戸の行き来）にも召連給(めしつれたま)ひしが（召し連れなさっていたが）、此度(このたび)おほやけの重き御用故(ゆえ)（今回は朝廷の重要な用務なので連れては

連まじき由の所〔いけないと思っていたところ〕、出立(しゅったつ)の日に至り駕籠(かご)を離れず。*近習(きんじゅう)のもの[①]へ入れじと防ぎしに、或(ある)ひは吠(ほ)え或ひは喰(く)ついて手に余りぬれば、②品川の駅より返しなんとて品川まで召連、右駅に至りける故〔その宿場町に着いたので〕是(これ)より返しなんと色々なしぬれど、兎角(とかく)に屋敷にての通(とお)り故、是非なく〔仕方なく〕上方(かみがた)まで召連けるに、よき犬にや有(あり)けむ、京にも其沙汰(そのさた)ありて〔京でもそのことが評判となり〕、天聴(てんちょう)に入りぬれば〔天皇がお知りになったので〕、「畜類ながら其主人の跡を追ふ心の哀れなり〔心打たれることだ〕」とて、*六位を賜(たま)はりしとかや〔お与えになったということだ〕。是を聞きて事を好む*殿上人(てんじょうびと)の口ずさみしや、または*京童(きょうわらべ)の申しけるや、

③くらひつく犬とぞかねてしるならばみな世の人のうやまわんわん

(『耳嚢(みみぶくろ)』より)

(注) *酒井雅楽頭…姫路藩第二代藩主。
*狆…小型の犬種のひとつ。
*近習…主君のそば近くに仕える家来。
*六位…官職の等級のひとつ。
*殿上人…天皇の御殿への昇殿が許された貴族。
*京童…他人のことを言いふらすのを好む京の若者たち。

問一、空欄①に入る語句として最も適当なものを、次のア~オから選びなさい。
ア、在所　イ、駕籠　ウ、屋敷
エ、品川　オ、天聴

問二、傍線部②「品川の駅より返しなん」とありますが、どういうことですか。最も適当なものを次のア~オから選びなさい。
ア、品川の宿場町にたどり着きさえすれば、確実に帰すことができるだろうということ。
イ、とにかく品川の宿場町までは連れて行き、そこからどうにかして帰そうということ。
ウ、品川の宿場町まで連れて行き、そこから引き返すよりほかに仕方がないということ。
エ、たとえ帰すにしても、品川の宿場町まではどうにかして連れて行きたいということ。
オ、品川の宿場町まで連れて行ってしまうと、帰すのがいっそう難しくなるということ。

問三、〈思考力〉傍線部③の和歌についての説明として最も適当なものを、次のア~オから選びなさい。
ア、主人を守ろうとする犬の忠義と飼い主とのきずなの深さに感動し、ほうびとして官職を授けた天皇を敬っている。
イ、酒井雅楽頭の飼い犬が官位を得るほどの名犬であることを、天皇より先に知っていたことを誇らしく思っている。
ウ、人にかみつく犬を都に連れてきてしまった酒井雅楽頭の、無責任な愛情と非常識さに対する怒りを表現している。
エ、自分の犬の素晴らしさを京の人々に知ってもらうために、苦労して連れてきた酒井雅楽頭の愛情に感動している。
オ、犬が飼い主を困らせたことでかえって人間と同じ官位を授かることのこっけいさを、面白おかしく表現している。

問四、〈難〉傍線部③の和歌に最も関係が深いものを、次のア~オから選びなさい。
ア、季語　イ、句切れ　ウ、掛詞
エ、倒置法　オ、字余り

拓殖大学第一高等学校

時間 50分　満点 100点　解答 P79　2月10日実施

出題傾向と対策

●例年どおり、漢字の読み書き、論説文、古文の大問三題構成。論説文では、頻出の資料に関する問題が出題された。古文の難度は標準的。小問は基本的な問いも多く、選択、空欄補充、記述など多岐に渡る出題形式である。
●漢字の読み書きで確実に得点できるようにしておきたい。単なる読み書きだけでなく、漢字知識も必要なので、広範囲に準備しておく。文章が長いので、長文読解の演習は必須。古文も記述問題があるので、単語や文法をしっかりと押さえておきたい。

注意事項　本文からの抜き出し問題および記述問題については、句読点やかっこもそれぞれ一字に数えます。

一　漢字知識・漢字の読み書き・熟語　〈よく出る〉〈基本〉

次の各問いに答えよ。
次の傍線部と同じ漢字を用いているものを後の選択肢から選び、記号で答えよ。
(1) 人工衛星のキドウを修正する。
ア、キセイの脚本を文化祭で上演する。
イ、反撃のキカイを伺う。
ウ、試験の合格をキガンする。
エ、文書にキサイされた内容を確認する。
オ、先人のキセキをたどる。
(2) 特定の人に利益をキョウヨする。
ア、刃物でキョウハクする。
イ、容疑者が犯行をジキョウした。
ウ、キンキョウを報告する。
エ、キョウイテキな打率を残した。

オ、大きなハンキョウを呼んだ記事。
(3) より良い方法をモサクする。
ア、敵のサクリャクにはめられる。
イ、雇い主から賃金をサクシュされる。
ウ、会社の経費をサクゲンする。
エ、本にサクインをつける。
オ、さまざまな感情がコウサクする。
(4) 彼女の活躍でハえある優勝を手にした。
ア、エイリを追求する。
イ、自然とのキョウゾンキョウエイを図る。
ウ、地球をボウエイする。
エ、エイサイ教育を受ける。
オ、スイスはエイセイチュウリツ国だ。

次の傍線部の読みをひらがなで答えよ。
(5) 悪条件の中で試合を敢行した。
(6) 今の時代、日常的に足袋を着用する人はほとんどいない。
(7) 彼は疲れていたので、私は彼に休みを取るように促した。

次の空欄に入る漢字一字を答えよ。
(8) 大会に出場したが、最下位という（　）酸をなめる結果となった。
(9) 「平家物語」を読んで諸行無（　）を知る。

次の傍線部と異なる意味を持つものを後の選択肢から選び、記号で答えよ。
(10) 即興
ア、即決　イ、即位　ウ、即応
エ、即座　オ、即席

二 (論説文)内容吟味・文脈把握・要旨

次の文章を読んで、後の問いに答えよ。

不思議なのは、戦後の家族史において、質量ともに、これほどまでに大きな変化があってもなお、「ごはんは女性(お母さん)がつくるもの」という漠然としたイメージが様々な形で残り続けているということである。女性自身もそのイメージを内面化している場合もあり、共働きでありつつ、主に女性が家事に奮闘している姿を描くコマーシャルも存在する。一見すると、「活躍する女性を応援する」というメッセージに見えるものでも、冷静に考えてみると、いくつもの違和感が見えてくるコマーシャルもある。

ジェンダー論を専門とする瀬地山角(せちやまかく)が注目した①調味料メーカーのコマーシャルはまさにその一つであろう（二〇一二年に放送され、その後、放送中止となっている）。そのコマーシャルに使われたオリジナルソングのタイトルは「日本のお母さん」。歌詞は次のような内容であった。

「日本のお母さん」

毎日毎日　ごはんをつくる
何十万年も　お母さんが　続けてきたこと
誰にきめられるわけでもなく　ごはんをつくる
何十億人もの　お母さんが　続けてきたこと
ひとつひとつの　ごはんを　受けついで
わたしたちは　生きている
そんな今も　どこかで
お母さんが　ごはんをつくっている
ただ　あなたの幸せを　願いながら

短い歌詞の中に「お母さん」が三回登場し、「何十万年も」ごはんをつくってきたと歌われている。そればかりでなく、対応する映像では、石器時代や土間でごはんを炊く農村の場面でも、お母さんが一人、肉を焼いたり、ごはんをつくったりしているシーンが流れる。お母さんが太古の昔からずっと変わらずにごはんをつくり続けてきたことになっているわけである。

家族の中で女性が、もっといえば「お母さん」が食事をつくるというのは普遍的なことではなく、農山漁村では家族の分担によって、都市部では女中などがそれを担当することも少なくなかった。それをふまえると、[A]お母さんがごはんをつくってきたというメッセージには大きな誤りがあるといわざるを得ない。それに気がつけば、このCMは一種のパロディのようにも見えてくる。

（中略）

このCMをジェンダー論から分析した瀬地山によれば、「性役割分業意識の強化」と、「母の愛＝手作り料理」という手づくり信仰が含まれている点に留意すべきであるという。興味深いのは、この手づくり信仰が高度経済成長期に形成された「新しい家族」※注と「専業主婦」の誕生によって助長されてきた傾向にあるという点である。

（中略）

おふくろの味を「幻想」と解釈した大野雅子は、「おふくろの味」が回顧の経路となることが多いこと、例えば「肉じゃが」を「おふくろの味」とするのはごく最近の物語であると指摘した。とりわけ次の主張は、女性たちにとっての「おふくろの味」を考える際、示唆に富んでいる。女性にとって「おふくろの味」が単なるノスタルジーであることにとどまらず、郷愁でありつつも呪縛であるのはなぜなのか。その鍵として、ここではひとまず、②次の文章を引用しておきたい。

「母」は記憶の中で全き人間として人々を呪縛する。息子たちは記憶の中に母を呼び戻す行為を通じて[B]母親像を創り出す。「母」とはその[C]によってその存在を大きくし、記憶の中でその母性を輝かせる。「母」とは日本の近代が構築した幻想の物語なのである。

この文章を読むと、初恋の記憶、失ったものの記憶が、時間がたつほど美化され、理想化されていくのと同じロジックであることがわかる。「遠きにありて思う」がゆえに、郷愁の念は「おふくろの味」という幻想へと転じていくことになる。

（中　略）

読売新聞社と中央公論新社が醤油・調味料メーカーのキッコーマンの協賛を得て募集した「あなたの『おいしい記憶』をおしえてください。」コンテストの第一回入賞作品に「〝おふくろの味〟の概念に関する一考察」（東京都・高橋克典）という作品がある。「おふくろの味」が実体ではなく、ある種のイメージ、もしくは幻想であるということが自覚される具体的な出来事の描写が興味深いので、その一部を以下に紹介しよう。

魯山人でもあるまいし――二〇年連れ添った妻にそう言われて、カッとなった。お父さん、いい加減にしたほうがいいよと娘も言う。まるでおれが悪いみたいなことになっている。それでまた腹を立て、とうとうケンカになった。五七歳にもなって、ポテトサラダで夫婦喧嘩はみっともないと思うが、悪いのはおれじゃあない。

夕の食卓にポテトサラダが出てきたから、それをつまみにビールをやり始めたら、

「どうよ、今日の味は」

質問してきたのは妻のほうだ。

「やっぱりポテトサラダだけは、おふくろのほうが上手いな」

訊かれたから③素直に答えたまでのことで、他意はなかった。今年で八〇歳になる田舎のおふくろが作ったほうのが、旨いんだからしょうがない。すると、そんなはずはないと妻が言い出した。うちのおふくろに教わったとおりに作っている。だから、少なくとも同じ味のはずで、不味いわけはない――と。

「不味いと言ってない。違うなと言ってるんだ。④同じ味じゃない。おれには分かるんだ」

（中　略）

男性にとって、結婚し、核家族を形成するということは、自分が食事をつくらない限り、自分の「おふくろの味」は永遠に失われる構造になっている。にもかかわらず、そうした日常の中で無邪気に「おふくろの味」を求めようとすると軋轢（あつれき）が生まれる。高度経済成長期に増幅した少なからぬ家庭の中で、こうした会話が展開することがしばしばあったのには、それなりの理由があったわけである。

（中　略）

象印マホービン株式会社が二〇一四年に実施した「夫と妻の料理に関する意識調査」というインターネット調査によるデータがある。サンプル数は八六九四、首都圏在住を調査地域と設定し、二〇歳以上の既婚男女に対して実施された料理に関するアンケートである。その結果を概観すると、自宅で料理をする頻度は、妻「毎日する」が七〇％以上、夫は「ほとんどしない」「まったくしたことがない」が三八％、逆に男性で「毎日する」は八・五％であった。

最近では男性も料理をするようになったとは言われているものの、データを見る限りは女性が多くを負担していることがわかる。この状況を国際比較の視点から相対化するために、内閣府の男女共同参画局のデータも合わせて検討してみよう。

⑤図版1は二〇〇九～二〇一八年を調査期間として、男女別にみた生活時間（週全体平均）について有償労働と無償労働の時間割合を指標に、日本を含むOECD一四か国で比較したものである。有償労働時間の男女比はほかの国とほとんど差がない一方、無償労働、つまり家事育児を担当する男女比は、日本は女性が男性の［D］倍と飛びぬけて高い。韓国がそれに続いている。国際比較してみると、日本では驚くほどに男女の差が大きいことがわかる。

無償労働の内訳を示した図版2は、六歳未満の子どもを持つ夫婦の家事・育児関連時間（週全体平均、一日当たり）について日本を含む七か国で比較したものである。いずれの国の男女と比べても、日本の妻が相当する七時間三四分という時間が最も長い。育児時間を差し引いた「家事・育児関連時間」の中に料理時間が含まれており、その時間は妻だけでみると、各国の差はそれほど大きくはない。ところが、男性に着目してみると、日本の夫が［E］分と極端に低いことが明らかである。

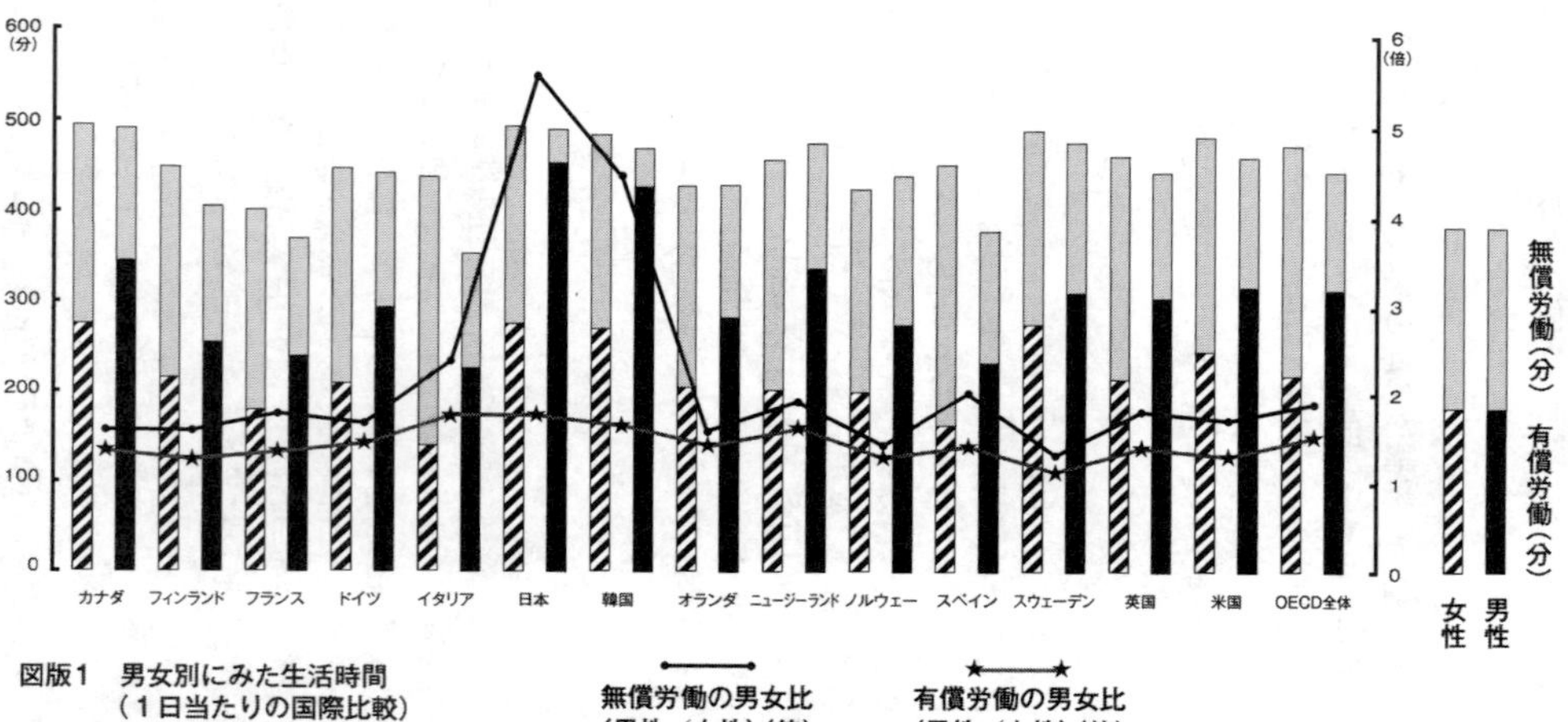

図版1　男女別にみた生活時間（1日当たりの国際比較）
※資料：内閣府男女共同参画局資料より作成

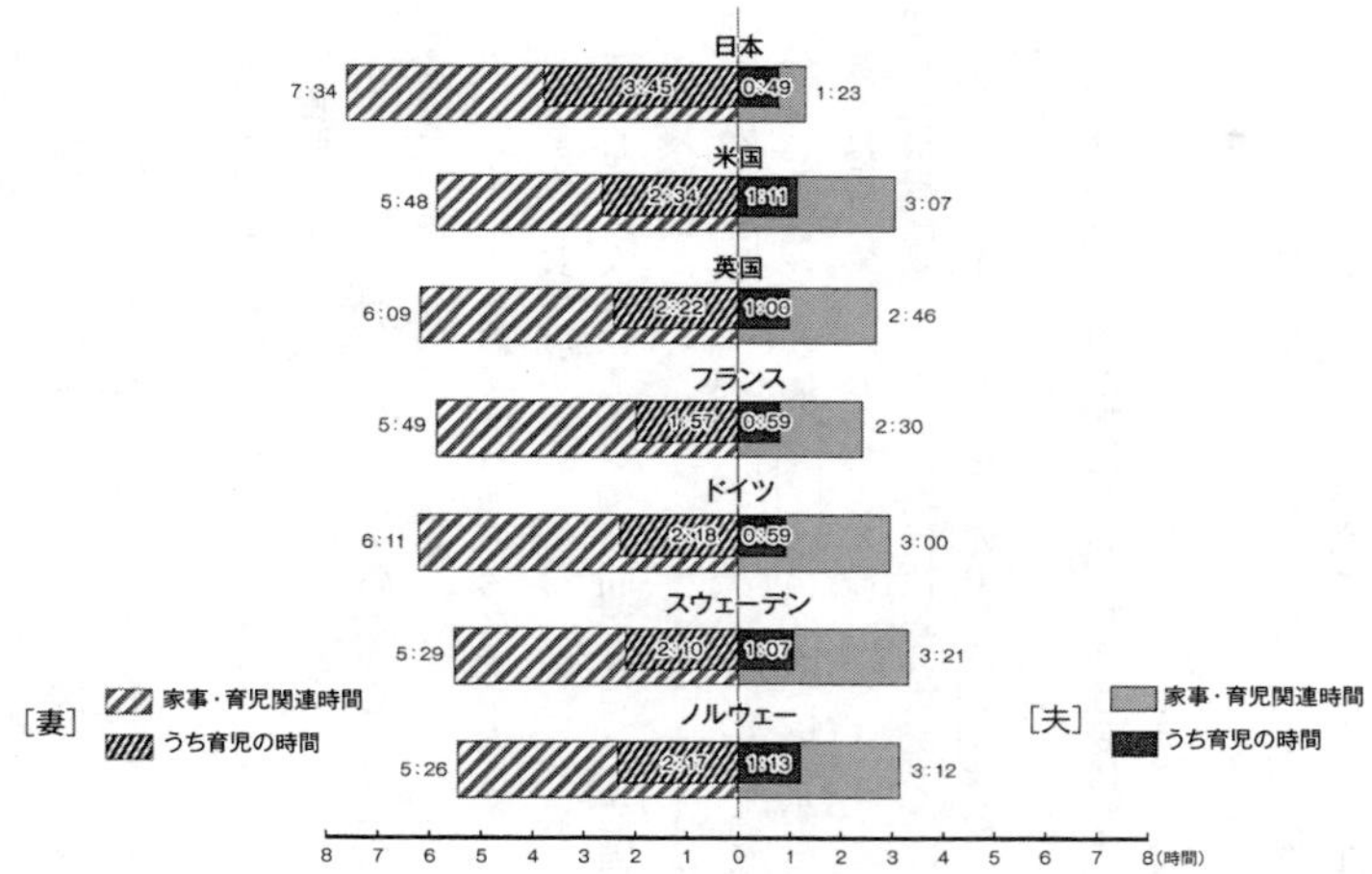

図版2　６歳未満の子どもを持つ夫婦の家事・育児関連時間（週全体平均、１日当たり）
※資料：総務省「社会生活基本調査」（平成28年）、男女共同参画局資料より作成

つまり、日本の場合、高度経済成長期以降に強化され、定着した、家事担当者としての妻という位置づけが、データで見る限り、現在に至るまでほとんど変化していないことになる。

しかし、その一方で、この間、大きく変化した数値がある。それは、女性の就業率と共働き世帯数である。いずれも増加傾向にある。特に共働き世帯は、一九八〇年代以降、ほぼ継続的に増加傾向にあり、一九九〇年代後半に専業主婦世帯の数を超え、二〇〇〇年代以降は、専業主婦世帯を大きく引き離して増加の一途をたどっている。

世帯や女性の就業に関するデータを合わせて考えると、日本では働く女性が増加したにもかかわらず、家事・育児に関わる性別分担率がほとんど変わっていないことが明らかになる。毎日、日常的に料理を担当するのは女性たちであるという状況は、今なお続いており、それは国際的な比較からみれば、かなり特殊な状況であるといえるのである。

そうしたジレンマに直面しながらもなお、女性たちは夫や社会から「おふくろの味」の担い手としての役割を求められることがある。一九八八年に出版された『図解亭主の好きな全国おふくろの味――栄養士がすすめる郷土料理141』は、そのタイトルに表れているように、妻が夫のために料理する「おふくろの味」のつくり方の指南書である。「序にかえて」には「祖母から母へ、母から娘へと伝えられてきた、あたたかいぬくもりを感じることができるでしょう」とあり、味の継承は女性たちの双肩にかかっていることが強調される。

しかし、もし仮に、女性たちがその役割を果たそうとした場合、求められている「おふくろの味」のつくり方や味の加減は新しい家族形態の中では経験知として得ることは難しいという、もう一つのジレンマに直面することになるのである。「おふくろの味」はこうした状況の中では女性たちにとっての重荷でしかなく、呪縛のように感じられることも多分にあるだろう。おそらく、「だけど、私はあなたのおふくろじゃない」と言い返したかった少なからぬ女性たちもいたに違いない。

本書の冒頭で、「おふくろの味」は男にとってはノスタルジーであったとしても、女にとっては、夫婦喧嘩や軋轢の導火線になり得ると述べたのは、女性を取り巻く⑥こうした現代社会の状況をやや風刺的に捉えたかったからである。

（湯澤規子『「おふくろの味」幻想』による）

※注…親とその未婚の子供から成るような、小規模の家族のこと。核家族。

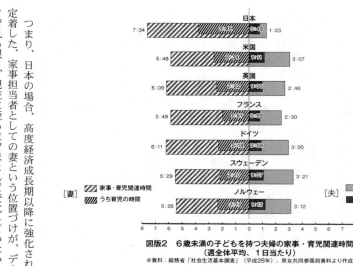

問一、傍線部①「調味料メーカーのコマーシャル」について、筆者はこのコマーシャルをどのようなものの例として紹介したのか。その説明として最も適当なものを次の中から選び、記号で答えよ。

ア、母親がご飯を作ってくれることを幸せなことだとし、そうした現実を描写するもの。
イ、女性自身が内面化しているイメージを、コマーシャルとして具体的に紹介するもの。
ウ、事実とは異なるメッセージを発信して、それを見た人に疑念をもたせるようなもの。
エ、母親を称賛しているように見えて、実は根拠なく役割を押し付けているといえるもの。

問二、空欄［Ａ］に当てはまる表現を「日本のお母さん」の歌詞中より五字以内で抜き出せ。

問三、傍線部②「次の文章」について以下の（1）（2）の各問いに答えよ。

（1）点線部にあるように、引用文の主語が娘ではなく「息子たち」になっているのはなぜか。引用した意図と合わせて説明したときに正しいものを選び、記号で答えよ。

ア、自身の母と離れた後にその料理を純粋に懐かしみ、最上の思い出として惹かれるのは料理をするという役目を負わない男性だけであり、そのことが女性を苦しめる原因となっていることを説明しようとしているから。
イ、母親を懐かしく思って惹かれてしまうのは男性だけであり、女性は同性である母親に対してさまざまな葛藤を抱いてしまい、その葛藤があるがゆえに苦しむものであるということを説明しようとしているから。
ウ、女性も母親の料理を懐かしく思うことはあるものの、男性とは違って自分の母の味を継承しなければいけないプレッシャーがあり、そうした義務を負わされている女性の苦しみを説明しようとしているから。
エ、男性は自分を愛してくれる母親と、その愛情がこもった料理を記憶の中でたどり、この上ない思い出として美化してしまうが、女性はそのような男性に嫌悪感を抱くということを説明しようとしているから。

(2) 空欄[B]・[C]に適する語を後の選択肢から選び、記号で答えよ。

B　ア、空白の　イ、完璧な　ウ、過去の　エ、新しい

C　ア、実体　イ、食事　ウ、不在　エ、時間

問四、傍線部③「素直に答えたまでのことで、他意はなかった」と同じ意味になる単語を本文中から三字で抜き出せ。

問五、思考力 傍線部④「同じ味じゃない。おれにはわかるんだ」とあるが、同じレシピでつくった妻の料理の味が、おふくろの料理の味と同じにならないのはなぜなのか。その理由を本文中の語句を用いて二十字以内で簡潔に説明せよ。

問六、傍線部⑤「図版1」について、図から読み取れることを説明したものとして最も適当なものを次の中から選び、記号で答えよ。

ア、各国とも男性の方が女性よりも一〜二倍程度有償労働時間が長い。

イ、各国とも無償労働と有償労働を合わせた労働時間は男女の差がない。

ウ、日本のみ有償労働時間の男女差が大きく、飛びぬけて男性が長い。

エ、日本の女性は無償労働時間が長い分、他国より有償労働時間が短い。

問七、空欄[D]・[E]を埋めよ。ただし漢数字を用いることとし、空欄[D]については、小数点以下の数字は〇（零）か五のみとする。

問八、傍線部⑥「こうした現代社会の状況」とはどのようなものか。正しいものを次の中から二つ選び、記号で答えよ。

ア、共働き家庭の増加に伴い、料理は愛情をこめて手作りするものであり、かつその味は継承されるべきものとする価値観が揺らいでいる状況。

イ、働く女性が増加しているのに、家事分担率は専業主婦が大半を占めていた時代と変わらず、女性が毎日料理することを要求されている状況。

ウ、女性は社会に出て働くよりも家事育児を主として担い、日常的に料理をするべきだとされる、国際的にみてかなり特殊な状況。

エ、妻は、夫の母親の料理の味という、自分が経験していない味を再現・継承するように一方的に求められるという理不尽な状況。

オ、男性が女性におふくろの味という困難なものを求めることで、夫婦喧嘩の発生や、関係性がぎすぎすするきっかけになっている状況。

問九、この文章を読んだ拓大一高の生徒たちは、問題点と改善策について話し合った。文章（図や表を含む）の内容から妥当だと判断できる発言を、次の中から二つ選び、記号で答えよ。

ア、文章では女性が料理を担当して、男性は担当しないことが当然のように描かれているけれど、こうしたことは今は一般的ではないよね。実際に僕の家では父親が料理を担当しているし、男女が協力すればいいんだよ。

イ、いや、やはり全体としてみれば文章と同じく女性が料理を担当している割合が圧倒的に多いよ。だからこそ、有償労働時間を考慮した上で料理の担当についてきちんと家庭で話し合えば、女性の負担の問題は解決すると思うな。

ウ、そうなのかな。結局共働きだと料理の負担は大きいから、家庭での手作りにこだわるのをやめて、外食やデリバリーなどの利用も選択肢に入れると料理の負担が減って、女性も今より楽になるよ。

エ、そもそも国際的にみて日本の男性は有償労働時間が長すぎるから、少し短くして無償労働を増やせる余地をつくるように社会的に取り組むというのはどうかな。そうすれば多少は女性の負担が軽減されると思うよ。

オ、たしかに社会が働きかけることは必要だね。たとえば男性が料理をすることを評価するようなコマーシャルを作ったりして、料理は女性ではなく男性が担当するものだという意識をもつよう促すべきじゃないかな。

三（古文）内容吟味・動作主・仮名遣い・古典知識

次の文章を読んで、後の問いに答えよ。

今は昔、阿蘇のなにがしといふ史（さくわん）ありけり。長け（た）[注1]短かりけれども、魂はいみじき盗人にてぞありける。

家は西の京にありければ、公事[注2]ありて内に参りて、夜更けて家に帰りけるに、東の中の御門より出でて、車に乗りて大宮下りにやらせて行きけるに、着たる装束をみな解きて、片端よりみなたたみて、車の畳の下にうるはしく置きて、その上に畳を敷きて、史は冠をし襪（したうづ）[注3]を履きて、①裸になりて車の内に居たり。

さて、二条より西様にやらせて行くに、美福門のほどを過ぐる間に、盗人、傍ら（かたはら）よりはらはらと出で来ぬ。車の轅（ながえ）[注4]に付きて、牛飼ひ童（わらは）を②打てば、童は牛を捨てて逃げぬ。車の後に雑色[注5]二、三人ありけるも、みな逃げて去にけり。盗人寄り来て、車の簾を引き開けて見るに、裸にて史居たれば、盗人、「③あさまし」と思ひて、「こはいかに」と問へば、史、「東の大宮にてかくのごとくなりつる。④君達寄り来て、己（おのれ）が装束をばみな召しつ」と笏（しやく）[注6]を取りて、よき人にもの申すやうにかしこまりて答へければ、盗人[X]捨てて去にけり。その後、史、こゑを上げて牛飼ひ童をも呼びければ、みな出で来にけり。それよりなむ家に帰りにける。

さて、妻にこの由を⑤語りければ、妻のいはく、「その盗人にも増さりたりける心にておはしける」と言ひてぞ笑ひける。まことにいと恐ろしき心なり。装束をみな解きて隠し置きて、⑥しか言はむと思ひける心ばせ、さらに人の思ひ寄るべきことにあらず。

この史は⑦極めたる物言ひにてなむありければ、かくも言ふなりけり、となむ語り伝へたるとや。

（『今昔物語集』より）

（注1）長け…身長。
（注2）公事…公務。
（注3）襪…足袋（たび）。
（注4）轅…牛車の前に長く並行して出た二本の棒。
（注5）雑色…雑事に携わる従者。

（注6）笏…正装のとき右手に持つ薄い板。

問一、傍線部①「裸になりて車の内に居たり」とあるが、なぜか。三十五字以内で説明せよ。

問二、よく出る 基本 傍線部②「打てば」、⑤「語りければ」の主語を本文中から抜き出してそれぞれ答えよ。

問三、傍線部③「あさまし」の意味を漢字で表した場合、最も適当なものを次の中から選び、記号で答えよ。

ア、浅薄　イ、悲哀　ウ、奇異　エ、驚喜

問四、傍線部④「君達」とはここでは誰のことか、最も適当なものを次の中から選び、記号で答えよ。

ア、盗人　イ、別の盗人　ウ、貴族　エ、主人

問五、空欄 X に入る言葉として最も適当なものを次の中から選び、記号で答えよ。

ア、怒りて　イ、笑ひて
ウ、泣きて　エ、憤りて

問六、傍線部⑥「しか（そのように）」が指すものを本文中から抜き出し、最初と最後の三字を答えよ。ただし、句読点は含まないものとする。

問七、傍線部⑦「極めたる物言ひ」とはどういうことか、最も適当なものを次の中から選び、記号で答えよ。

ア、弁舌が巧みで機転の利いた発言をする人物
イ、先の展開を予測し常識的な発言をする人物
ウ、極論で相手を納得させる発言をする人物
エ、一途で相手の情に訴える発言をする人物

問八、本文の表現と内容に関する説明として最も適当なものを次の中から選び、記号で答えよ。

ア、「魂はいみじき盗人」、「よき人」、「極めたる物言ひ」などの比喩表現により、「史」が特異な人物であることが強調されている。
イ、「装束」や「笏」など「史」が身に着けるものが具体的に描写されることで、「史」が職務に忠実な官吏であることが示されている。
ウ、「いと恐ろしき心なり」、「人の思ひ寄るべきことにあらず」という表現は、語り手が「史」の機知を評価していることを表している。
エ、「みな逃げて去にけり」や「みな出で来にけり」という表現には、「史」以外の人物が主体的に欠けることへの批判が含まれている。
オ、「下にうるはしく置きて」、「傍らよりはらはらと出で来ぬ」などの擬態語を含む表現を多用することで読み手に臨場感を与えている。

問九、よく出る 基本 二重傍線部「こゑを上げて牛飼ひ童をも呼びければ」をすべて現代仮名遣いの平仮名に直せ。

問十、基本 『今昔物語集』は平安時代末期に成立した説話集である。次の中から平安時代の作品ではないものを選び、記号で答えよ。

ア、枕草子　イ、源氏物語
ウ、竹取物語　エ、徒然草

多摩大学目黒高等学校

時間 50分　満点 100点　解答 P80　2月10日実施

出題傾向と対策

●漢字の読み書き、資料の読み取り、古文・論説文、小説文（省略）の大問五題構成。資料の読み取りはグラフ内容の理解が鍵となる。古文では文法事項の出題はなく読解中心。論説文では指示語に着目させる設問が目立つ。

●資料をもとにした多様な読み取りの演習を普段から重ねておくとよい。また、平易な古文に数多く触れておくと有効である。論説文ではキーワードを捉えながら、表現を変えて繰り返される主張に着目して、段落内容や要旨を的確につかめるようにする。

注意事項　句読点、「」も一字と数えます。

一 漢字の読み書き 基本

次の①～⑩の――線部について、漢字をひらがなに、カタカナを漢字に改めなさい。（各1点、計10点）

①偉大な政治家だ。
②感情を制御する。
③遺跡の発掘作業。
④近況報告をする。
⑤優勝を祈願する。
⑥おカシ作りが趣味だ。
⑦インエイに富んだ文章。
⑧記者をハケンする。
⑨ユウエツ感にひたる。
⑩ハイリョが足りない。

三 資料の読み取り・文脈把握

次にあげた資料は「社会人の学び直しの実態把握に関する調査研究」（文部科学省）の一部です。この資料をもとに、高校三年生の四人の生徒が話し合いをしています。資料と話し合いの記録を見て後の問いに答えなさい。（計8点）

A　大学入試まであと半年。来年の四月からは大学生か……。

B　合格すればね。大学ではどんな出会いがあるんだろう。たくさん友達が出来ると良いな。

C　お姉ちゃんに聞いたんだけど、大学って高校までとは友達作りの感覚が違うんだって。様々な年齢の人がいるから面白いみたいだよ。

D　今は「学び直し」をする社会人も増えてるって話だよ。

資料1

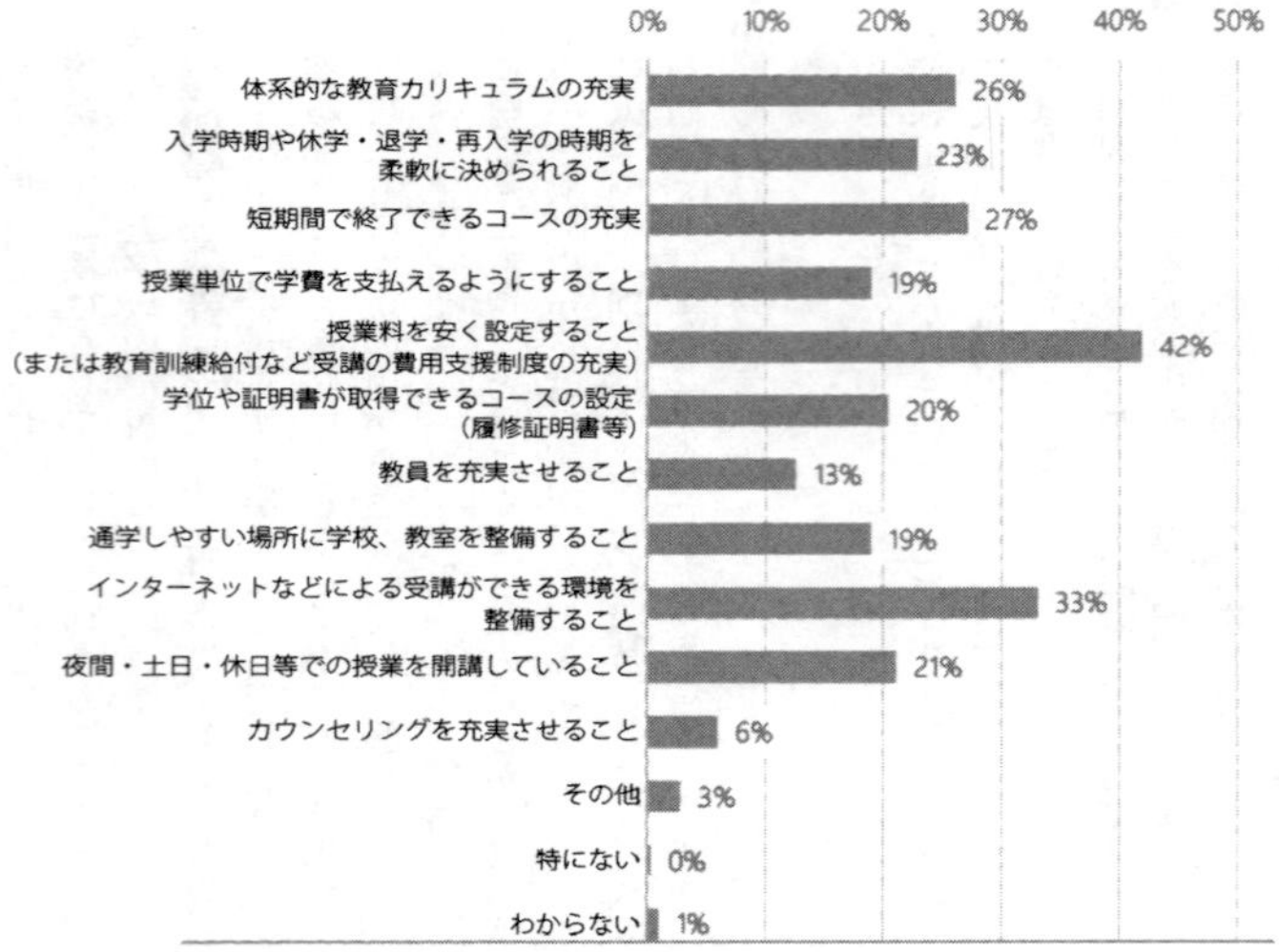

この前調べていたらこんな資料があったよ。「学び直し」をする人が大学に求めることと、その人達の年収を表したグラフだね。このnというのは回答した人数のことだよ。資料1で九十人以上が答えている「［あ］」という項目といくつかの項目を総合して考えると、業務に支障をきたさないように学びたいと考えている人が多いみたいだね。

A　なるほどね。社会人でも勉強をするのか。何のために勉強するのかな。

D　それはこの二つのグラフの関係性を読み取ればわかるはずだよ。

B　うーん……。資料1の「［い］」の項目と「授業単位で学費を支払えるようにすること」の項目、資料2の［う］の項目の多さから考えると、［え］かな。

D　そういうふうに捉(とら)えられるよね。

C　昔、お父さんに「勉強は一生続く」って言われたけど、まさにその通りなんだね。私たちも受験勉強だけじゃなく、その後も自分を高めていけるようにしていかないといけないね。

資料2

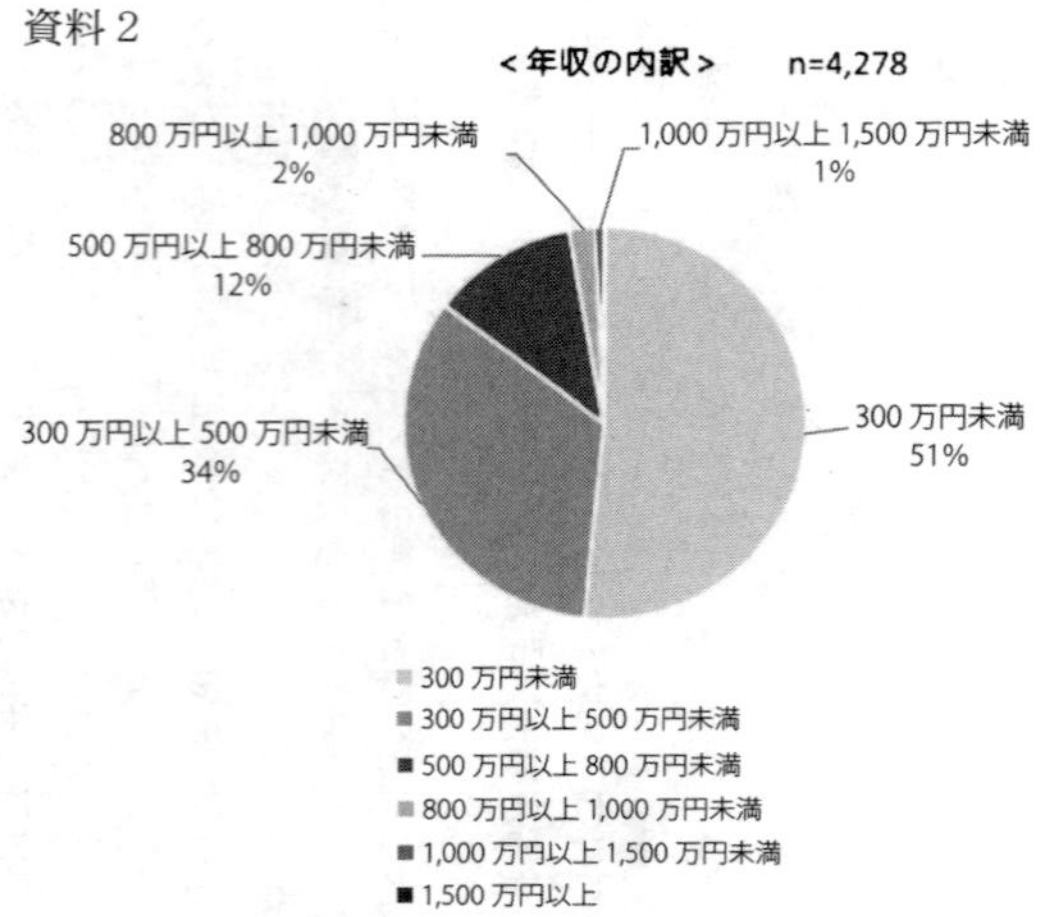

問一、資料1・2から読み取れるこの調査の説明として、最も適当なものを次の1～5から選び、番号で答えなさい。（2点）

1、この調査は地域を絞って実施されたものである。
2、調査ターゲットの年収に偏りがある。
3、この調査は十分な対象人数が確保出来ていない。
4、この調査は短い期間に行われた。
5、資料1・2の調査は共に複数回答が可能である。

問二、思考力　［あ］～［え］に入れるのに、最も適当なものをそれぞれ次の1～5から選び、番号で答えなさい。（各1点）

あ　1、体系的な教育カリキュラムの充実
2、短期間で終了できるコースの充実
3、授業料を安く設定すること
4、インターネットなどによる受講ができる環境を整備すること
5、教員を充実させること

い　1、体系的な教育カリキュラムの充実
2、短期間で終了できるコースの充実
3、授業料を安く設定すること
4、インターネットなどによる受講ができる環境を整備すること
5、教員を充実させること

う　1、300万円未満
2、300万円以上500万円未満
3、500万円以上800万円未満
4、800万円以上1000万円未満
5、1000万円以上1500万円未満

え　1、自分の知識欲を満たすため
2、時間が余っているため
3、給料アップを目指すため
4、大学教授に転職するため
5、IT知識を身につけるため

問三、資料1・2から読み取れることとして、最も適当なものを次の1～5から選び、番号で答えなさい。（2点）

1、年収1000万円以上の人は、大学に授業内容の改

善を求めている。

2、年収300万円以上500万円未満の人は、150人以上いる。

3、資料1の一番多い項目と少ない項目では、110人以上の差がある。

4、資料1と2の一番多い項目はどちらも半数を超えている。

5、「授業料を安く設定すること」と答えた人は、「教員を充実させること」も求めている。

三 (古文)仮名遣い・口語訳・動作主・内容吟味・文学史

次の文章を読んで後の問いに答えなさい。(計14点)

京にも田舎にも鳩の戒といふ者有りて、万の事の問を合わせ(万事にわたって適当に調子よくごまかし)、さながら其の根に入りたることはひとつもなけれども、又知らぬこともなし。あれ是に成り替へなりかへ(あれこれに姿を変えてはまた姿を変えて)嘘をつきて世を渡る。是を鳩の戒と名付くる事、鳩は人里近く住むものにて、雨の降り晴れを兼てよく知りて、雌の雄を追ふ時は雨ふり、雄の雌を追ふ時は雨晴るるとかや。それにとつて鶯は、巣を作る事、①はなはだうつくしく、篠の葉を人のア髪筋にてまとひ、その形は、まろくして底ふかく、餌ふごの形に似たり。鳩、これをならはんとて、鶯に近付きて、巣のイ作りやうを見るに、ほそき竹ぎれ・柴の折を下にわたし、その上に巣をかくる。それまでも見とどけず、竹・柴をわたしたるばかりを見て、②もはや心得たりと思ひ、をのれ巣を作る時は、木の枝に柴の折四五本を渡し、その上に木の葉をしきて卵を生む。卵、柴の折を渡したるあひだよりもれ落ちて、打ちくだけて生立ちがたし。

口伝も師伝も受けずして、只見及び聞き及びたるにまかせて、根に入らぬわざどもを、知らぬ事なくおぼえ顔なるは、③鳩の巣にたとへたり。

(『浮世物語』「鳩の戒の事」より)

注　○鳩の戒…さまざまに姿を変えて人をだます者のこと。
○根…正しい根拠のあること。
○餌ふご…飼鳥のえさを入れる壺形の竹籠。
○折…ちぎれた物。
○口伝…最も大切なことの秘密を口頭で教えること。
○師伝…師匠から最も大切なことを教え伝えられること。

問一、よく出る ……ア「髪筋にてまとひ」・イ「作りやう」の読み方をそれぞれ現代仮名遣いに直し、すべてひらがなで記しなさい。(各2点)

問二、――①「はなはだ」の本文中における意味として、最も適当なものを次の1～5から選び、番号で答えなさい。(2点)

1、非常に　2、手早くて　3、丁寧で　4、華々しくて　5、大胆で

問三、――②「もはや心得たりと思ひ」について、次の(1)・(2)の問いに答えなさい。(各2点)

(1)だれがなにを「心得」たのか。それを説明した次の文の空らんに入る言葉を、十字以内で説明しなさい。

［十字以内］をわかったと思った。

(2)(1)の結果どうなったか。最も適当なものを次の1～5から選び、番号で答えなさい。

1、卵を産むことができなくなった。
2、親鳥がひなを育てることをやめてしまった。
3、無事に育つ卵が少なくなってしまった。
4、親鳥がひなを落として殺してしまった。
5、卵が割れて一つも残らなかった。

問四、――③「鳩の巣にたとへたり。」とあるが、どういうことか。最も適当なものを次の1～5から選び、番号で答えなさい。(2点)

1、見たり聞いたりしただけで全てを理解できる人のことを鳩の巣に例えたということ。
2、正しいかわからないことをうわさ話として広める人のことを鳩の巣に例えたということ。
3、知っていることでも知らないふりをすることを鳩の巣に例えたということ。
4、真に理解したと本人が思い込んで得意そうな顔をすることを鳩の巣に例えたということ。
5、見たり聞いたりしただけでわかったような顔をすることを鳩の巣に例えたということ。

問五、本作品は江戸時代に成立したと考えられる『浮世物語』である。江戸時代の作品ではないものを次の1～5から一つ選び、番号で答えなさい。(2点)

1、おくのほそ道　2、おらが春
3、平家物語　4、南総里見八犬伝
5、曽根崎心中

四 (論説文)文脈把握・内容吟味・段落吟味

次の文章を読んで後の問いに答えなさい。なお、設問の都合で本文には一部省略した部分がある。(計32点)

古来、人間は「親は、自分の子どもの性格や身体的な特徴を選ぶことはできない」ということを当然のこととして受け入れてきました。それはよくわからない仕組みになっていて、授かり、恵まれたものである。だから自分で選べるものではない、そう考えてきたのだと思います。

実際、「男の子がほしい」と熱望していても女の子が生まれたとか、「背の高い、八頭身の子どもを」と思っていたら、どちらかというとずんぐりむっくりした子だったとか、「聡明で、出世する子を」と願ったけれどもそうはならず、でも気立てがよくやさしい性格の子を授かった――そのようなケースは数限りなくあったわけです。なかには短命であるとか、病気や障害をもって生まれてくるということもあれば、長じてから親子で対立したり不幸な人生をたどる、ということもあったでしょう。

このように、子を授かるとはまさに「［I］」だったのです。では、そのことを親は、「こんなはずではなかった」

とひたすら嘆くものでしょうか。また、生まれてきた子どもがしゃべり始める、立って歩けるようになるなど、「こうあってほしい」という特徴が現れたとき、親は大いに喜び、安心するところがあると思います。では、そのような期待した特徴が失われているとわかったとき、その子に対する愛はなくなるものでしょうか。そうではなく、その子を深く気づかい、その子をありのままに受け入れ、何とかその子なりに幸せを得てほしいと願うでしょう。そして、その子自身が生まれもってきた特徴を含めて、その子そのものへの愛をより深めていくのではないでしょうか。

「いのちとは授かりものである」という言葉が指し示そうとしているのは、①このような生き方、考え方です。注サンデルはその著書 *The Case Against Perfection*（邦訳書名は『完全な人間を目指さなくてもよい理由』）のなかで〝giftedness of life〟という言葉を使っています。邦訳書での「被贈与性」という訳は、この言葉が含む多様な側面を意識させてくれるものだと思いますが、これを「授かりもの」とか「恵み」という言葉で捉えると、より日本語を使う人の生活感覚に即した理解ができるのではないでしょうか。

「神様の恵み」「神様のおかげ」などという言い方から感じられるように、「恵み」とか「おかげ」という言葉は、明るく楽観的なものとして、神や自然の恩恵を表現するものと理解できるかもしれません。一方、「授かりもの」という言葉は、まさに今あげた「いのちとは授かりもの」という使い方で、「幸せ／不幸」というような表面的な価値観や感覚を超えた次元で、「神から与えられた尊いものを受けとめる」ものだと言えるでしょう。そこにはやや厳粛な、ある種の無常観や諦観のようなニュアンスも含まれているかと思いますが、「恵み」や「おかげ」という言葉についても、同様に②そんな側面があるものと捉え直してみると、より深い理解にたどり着くことができるのではないかと思います。

この「授かりもの」という感覚のなかに、人類がこれまで大切にしてきた知恵が存在しているのではないか、とサンデルは言います。それは「思い通りにならないようなことをも喜んで受け入れる」という、人が生きていくための知恵です。生きているということは、人の思い通りにはならない物事と日々ともにあるということ。［あ］、苦しい、つらい、悲しいと感じることも多々あるでしょう。しかし、それゆえにまた豊かさが、愛が、喜びがあり、そこに生きる意味の大きな源があるのではないでしょうか。奇しくもこれは、『すばらしい新世界』において、主人公ジョンが魂を込めて訴えかけたことでした。

また、サンデルは「予期せざるものを受け入れる姿勢（openness to the unbidden）」ということの意義も説きます。これはウィリアム・メイ（一九二八－二〇一四）という現代のプロテスタントの神学者が、主に親子関係を念頭において組み立てた用語ですが、「子どもを授かり育てる」ということに関わる言葉としてすぐに理解できますね。新しいいのちを受け入れることができなければ、家族、そして社会という人類の共同生活は成り立ちません。また、子どもは親の思うようになるわけではない――そう受け入れる経験は、人が子どもを育てるときに避けがたいものであり、それを通して親自身も成熟していきます。

［い］、これは子をもつ親に限られることではありません。人は人とともに生きるとき、思うようにならないことをたくさん抱えながらも、それをお互いに認め合い、むしろそこに恵みを感じながら生きていきます。親子に限らず、多様な関係を包含する家族とは、そのような経験の典型的な場であり、偉大な学びの場だと言えるでしょう。

［う］、常に家族が理想的な場になりうるかというと、必ずしもそうではありません。家族という集団が、そこに属する個人を抑圧するものとして働いてしまうことは、これまで何度も経験されてきました。とくに現代社会では、家族が社会から孤立して閉鎖的な場となり、子どもや女性といったより弱い立場に置かれた人たちに対する暴力の場となってしまうことも少なくありません。【　A　】

［え］、「予期せざるものを受け入れる姿勢」は、家族のなかに限らず、それ以外の場でも養われます。地域社会や職場、さまざまな仲間や団体など、私たちが生きていくなかには多様な〝開かれたつながり〟があり、そうした人びとの集いでは、「予期せざるものを受け入れる姿勢」が尊ばれていることも多く存在しています。

そして、その一つとして〝宗教〟が形づくる共同性にも大いなる可能性があると、長くその実態を研究してきた経験から、私は考えています。これまでの歴史のなかで、数々の開かれた宗教集団というものが、「予期せざるものを受け入れる姿勢」を大切なものとして共同体に教え、育てる機能を担ってきました。日々の糧を恵みとして受け取りなさい。今日の食事をもったいないものと思い手を合わせ、感謝の気持ちとともにいただきましょう。人は自分の力で生きているわけではなく、生かされている――こういったことを、宗教は人びとに説いてきたわけです。【　B　】

これは組織化された宗教に限られた考え方ではなく、聖典も聖職者もない民俗宗教のなかでも尊ばれてきた事柄でしょう。人類が長い経験のなかで学び取り、世代を超えて伝え、培ってきたことです。組織化された宗教はそれを教祖や宗祖や聖人などの「教え」として定式化し、尊んできました。

［お］日本では、食事をするときに「いただきます」と言い、食べ終えたときには「ごちそうさま」と言いますね。このときに「手を合わせなさい」という親もいるでしょう。これは何に対して感謝の言葉を述べ、手を合わせているのでしょうか。一つには、目の前にあるごはんや野菜をつくってくれたり、魚をとってくれた人たちへの御礼があります。また米や魚そのものへの感謝、それらを養ってくれた太陽や水や土や空気（仏教語でいう「地水火風」）を含めた大自然への感謝もあるでしょう。さらに、このような自然からの恵みをこれまで養い受け継いできてくれた先人たち、先祖や過去の人たちに対する感謝も含まれているでしょう。

それらは自分だけのための恵みではないと受けとめられることも多いですが、まさに自分にとって〝恵まれたもの〟と強く意識されることもあるでしょう。おてんとうさまの「恵み」や「おかげ」などとも言いますし、自分のいのちがこのように恵まれてこそあることに、「ありがたい」「もったいない」という感覚をもつこともあります。

「食」を題材に話を進めてきましたが、もちろん③こうしたものの受けとめ方は、食に対してだけではなく、私たちの生活のあらゆる事柄に広がっています。衣食住すべてが、目に見えない〝恵み〟があってこそ成り立っていると感じられます。また、家族や友人といった身近な人、さらにそれを超えた社会の多くの人びととともにあることを、直接・間接に「お世話になる」ことと受けとめてきたのです。そのように、自分があらゆるものから多くのものをいただいて生きているという感じ方・考え方が、親や先祖を通して、また、先人たちを通して受け継がれてきました。そういうことを感じられるのが社会性の根本であり、人といのちを分かち合っていく姿勢を身につけるために欠かせないことであり、かつその人自身幸せに生きることの基にもなるのでしょう。このようにして感謝や謙虚さの意義が伝えられ、受け継がれてきているのです。

「選べないもの、思うようにならないもの」を受け入れる開かれた姿勢、そこにいのちの働きを理解する重要な鍵があるのではないか――これがサンデルの立場です。［Ⅱ］に沿ってすべてを選び、変えていこうとするならば、この姿勢から遠ざかっていくことになり、「思うようにならないからこそ深く理解されるいのちの尊さ」を理解する力とともに、人間がもつ三つの徳、あるいは価値観が困難に見舞われるだろう、とサンデルは述べています。【 C 】

一つ目は「謙虚」。自分の力で何かを成しうる、という意識は生きていくうえでとても大事なことです。ただ一方で、その人の努力の多寡(注)にかかわらず、人には自分の力だけではどうにもできないこともあり、だからこそ今、与えられているものをありがたく受けとめることができる、という意識も大切です。もし、自力でできる、ということばかりに価値を置いてしまうと、自分自身の欠点・限界・弱さというものを引き受けつつ、身の回りの自然や他者を通して得られる恵みが感じ取れなくなってしまいます。自己への過信のために、自然や他者から受け取ったり、ともに力を合わせていく姿勢、すなわち謙虚さが弱ってしまいます。④「生きていることの喜び」も自己中心的なものになってしまうでしょう。

二つ目は「責任」という観点です。すでに見たように、サンデルも参加していた大統領生命倫理評議会では、エンハンスメント(注)の問題点について、「個人の主体性を失わせる」、つまり自分の力で何事かを成し遂げるための力が失われる、というところに力点を置きました。ところが、サンデルはむしろ、「個人が負わされる責任が大きくなりすぎる」ことが問題ではないかと述べます。以前であれば、運命や偶然など「人間の手ではコントロールできないもの」と考えられてきたことまでも意図的にコントロールできるような社会になると、好ましい結果が得られなかった場合の責任は、すべてその「個人」に負わされることになります。

病気にかかるということは、かつては「人知ではどうにもならない、よくわからないことだから仕方ない」と考えられてきた側面があり、また「だから、みんなで助けてあげなければ」というふうに理解されてきたのだと思います。ところが、これが「自分が（あるいは、子どもに対してはその親が）取るべき十分な対策を怠ったから病気になったのだ」ということになると、個人に負わされる責任の範囲が拡大していき、やがて個人では担いきれなくなるほど肥大化します。それに加えて、何か望ましくないことが訪れる度に、「自分が判断を誤ったためではないか」という悔恨の念に苦しめられるようになるでしょう。【 D 】

そして三つ目の価値観は「連帯」です。人生の幸や不幸、病気や障害の有無、寿命などが、その人が自ら選び取ったもの、つまり自業自得であるということになれば、苦境にある他者を助けよう、ともに助け合っていこうという動機は当然小さくなります。

しかし実際は、家族関係や社会的立場、その他さまざまな要因によってたまたまそのように定められたために違いが生まれるのであって、必ずしも個人の努力によって好条件を得たり、努力が足りないために不利な境遇に陥るわけではありません。だからこそ人びとは、弱い立場にある人をかばい、「人助け」に重きを置き、困ったときには助け合うことに生きがいを感じてきました。また、中世以来の「講」、あるいは現在の保険の仕組みのような、苦境にある人をみんなで支える、相互扶助的な関係を築いてきたのです。【 E 】

今日の社会では、そのような個々の違いを「個人の責任」に回収させようとする傾向が次第に強まってきているようです。たとえば貧困という問題をとってみると、「その人が努力しなかったから貧困に陥っている。ならば助ける必要はない」というように。昨今、「自己責任」という言葉がこれほど頻繁に使われるのもその一面と言えるでしょう。そうして、生まれながらの身体的条件や環境までも、その人自身（や親）が自分で選んだもの、ということになってくると、他者の苦しみや悩みに共感してお互いに助けようとする、という動機はどんどん小さくなっていってしまうのではないでしょうか。

謙虚、責任、連帯。この三つの倫理性の根本には、人間の自らの「限界」に対する意識というものが大きく関わっています。バイオテクノロジーを用いて人為的に〝生〟を拡大していくような医療のあり方は、そうした限界への自覚を見失わせてしまうのではないでしょうか。

（島薗進『いのちを〝つくって〟もいいですか？――生命科学のジレンマを考える哲学講義』より）

注　○サンデル…アメリカの哲学者、マイケル・サンデル。
○邦訳書…日本語に翻訳した本。
○諦観…あきらめ、悟ること。
○多寡…多いことと少ないこと。
○エンハンスメント…医学や科学の力を使って人間の能力を増強すること。

問一、［Ⅰ］に入れるのに、最も適当な言葉を次の1〜5から選び、番号で答えなさい。（3点）
1、その子の幸せを願うこと
2、苦しくつらく悲しいこと
3、よくわからないこと
4、表面的には幸せなこと
5、思い通りにならないこと

問二、――①「このような生き方、考え方」とあるが、ど

ういうことか。最も適当なものを次の1～5から選び、番号で答えなさい。（3点）

1、どんなに辛いことや悲しいことがあったとしてもいのちは素晴らしいものであり、授かったいのちは神様の「恵み」や「おかげ」であると明るく受け止めるべきだということ。

2、いのちを授かることには多様な側面があり、表面的な価値観や感覚を超えた次元で、その子そのものへの愛をより深めていくことが最も大事であるということ。

3、「被贈与性」という言葉はわかりにくいので、「授かりもの」や「恵み」という言葉で捉えるほうが、日本語を使う人の生活感覚により即しているということ。

4、子どもを授かるということは、自分の希望や選択を超えたことであり、神から与えられた尊いものを表面的な幸・不幸を超えた次元で受けとめるものだということ。

5、「授かりもの」という感覚には、人間が長い経験の中で学び取り世代を超えて伝え培（つちか）ってきた知恵が、日本人の宗教に根差した形で存在するということ。

問三、——②「そんな側面」とあるが、どういうことか。最も適当なものを次の1～5から選び、番号で答えなさい。（3点）

1、神や自然の恩恵を、明るく楽観的なものとして表現する側面。

2、「被贈与性」という言葉が持っている生活感覚に即した側面。

3、やや厳粛な、ある種の無常観や諦観のようなものも含む側面。

4、幸せか不幸せかという表面的な感覚や価値観を理解する側面。

5、人類が大切にしてきた親子で生きていくための知恵という側面。

問四、よく出る［ あ ］～［ お ］に入れるのに、最も適当な言葉をそれぞれ次の1～5から選び、番号で答えなさい。ただし、同じものを二度以上用いてはいけません。（各2点）

1、たとえば　2、ただ　3、そして
4、だから　5、しかし

問五、本文中には次の文が抜けている部分がある。その場所として、最も適当なものを本文中の【 A 】～【 E 】から選び、記号で答えなさい。（3点）

本来、そんなことはありえないはずなのにもかかわらず。

問六、——③「こうしたものの受けとめ方」とあるが、どういうものか。本文中から三十五字以上四十字以内で探し、最初の五字と最後の五字を抜き出しなさい。（3点）

問七、［ Ⅱ ］に入れるのに、最も適当な言葉を次の1～5から選び、番号で答えなさい。（3点）

1、人間の意図　2、自然の摂理　3、宇宙の真理
4、社会の規則　5、両親の考え

問八、——④『生きていることの喜び』も自己中心的なものになってしまうでしょう。」とあるが、「自己中心的」ではない「生きていることの喜び」とはどういうものだと考えられるか。適当でないものを次の1～5から一つ選び、番号で答えなさい。（4点）

1、自己の力を信じ過ぎず、謙虚な姿勢で他者や自然から受け取ったり、それらとともに力を合わせたりする生き方から得られる喜び。

2、人間には誰にでも欠点や限界、弱さがあるのだから、それらには目をつぶり、今生きていることを全身全霊で楽しむことで感じられる喜び。

3、開かれた姿勢で、選べないものや思うようにならないものを受け入れ、いのちの尊さを深く理解することで感じられる生きる喜び。

4、努力の多少に関わらず限界や欠点はあるのだと自分の弱さを引き受けて、自然や他者を通して得られる恵みを感じ取る生き方に基づく喜び。

5、自分の力だけではどうにもできないこともあるからこそ、今、与えられているものをありがたく受けとめて生きていく中で得られる喜び。

五（省略）宮本輝「星々の悲しみ」より　（計36点）

中央大学杉並高等学校

時間 50分　満点 100点　解答 P81　2月10日実施

出題傾向と対策

●漢字の読み書き、資料分析、古文、要約、論説文の五題構成。昨年出題された係り受けの設問が無くなり、資料分析のみの大問となった。漢字、要約、資料分析がそれぞれ独立で出題されているのが特徴。知識問題は少なめ。

●どの大問も難度は標準的だが量が多く、制限時間内できちんと解答するためには速やかに解くことが必須である。資料分析・要約は時間がかかるので、漢字・古文・論説文で時間をかけ過ぎないように過去問演習の際には時間配分に注意したい。

一　漢字の読み書き　よく出る　基本

次の1～6の文中の——線部(a)～(h)について、漢字はひらがなで読み方を示し、カタカナは漢字に改めなさい。

1、何人も、損害の救済、公務員の(a)罷免、法律、命令又は規則の制定、廃止又は改正その他の事項に関し、平穏に(b)セイガンする権利を有し、何人も、かかるセイガンをしたためにいかなる差別待遇も受けない。

（日本国憲法第十六条より）

2、今までは床の中に(c)ガマンして聞いていたが、聞く声の遠ざかるに連れて、わが耳は、釣り出さると知りつつも、その声を追いかけたくなる。細くなればなるほど、耳だけになっても、あとを(d)シタって飛んで行きたい気がする。

（夏目漱石『草枕』より）

3、私達はそれから三ツ葉を摘みはじめた。あの(e)芳しい春から二番芽の三ツ葉は、庭一面に生えていた。姉が籠をもって来た。庭は広くいろいろな植込みの日向の柔らかい地には、こんもりと太く肥えた三ツ葉がしげってい

た。

（室生犀星『或る少女の死まで』より）

4、ひとよ
いろいろなものがやさしく見いるので
唇を噛(か)んで　私は(f)イキドオることが出来ないようだ

（立原道造「わかれる昼に」より）

5、現職の市長は選挙演説で、任期中に力を入れてきた町おこし事業の(g)イジ・強化に向けて、さらに具体的な取り組みを示すことで支持を集めた。

6、デジタル庁は、ほかの行政機関に対してデジタル化の推進や整備・是正を求めることのできる「(h)カンコク権」を有している。

【編集部注】5、6の実際の問題は、新聞記事による。編集上の都合により、文を変更した。

二 内容吟味

次の問1、問2に答えなさい。

問1、左の《料金一覧表》は、ある運送会社を利用して東京から大阪まで荷物を配送する際のものです。この《料金一覧表》を踏まえ、ア～オから正しいものを一つ選び、記号で答えなさい。

《料金一覧表》

サイズ（以内）	重量	配送料金（税込）
60 サイズ	2kg まで	1000 円
80 サイズ	5kg まで	1300 円
100 サイズ	10kg まで	1600 円
120 サイズ	15kg まで	1900 円
140 サイズ	20kg まで	2200 円
160 サイズ	25kg まで	2500 円　★
180 サイズ	30kg まで	2800 円
200 サイズ	30kg まで	3100 円

※1…「サイズ」は荷物の３辺の長さの合計値を表します（単位は cm）。
※2…「サイズ」と「重量」では、大きい方の値で値段が決まります。
※3…上記表を超える大きさのお荷物は「お手軽引越し便」をご利用ください。
※4…スーツケースは 140 サイズまでは表の料金を適用し、それ以上のサイズは重さ 30kg 以内であれば★の料金が適当されます。

ア、3辺を合計した大きさが185㎝で重さ25kgのスーツケースを送るので、料金は３１００円だ。
イ、3辺の合計が110㎝で重さ18kgの小包を送るので、料金は１９００円だ。
ウ、重量がオーバーしていないのであれば、60サイズの箱を3個送るよりも200サイズの箱にまとめて入れた方が安い。
エ、70㎝×80㎝×90㎝で重さ5kgの荷物を送るので、料金は３１００円だ。
オ、配送料金を２０００円以内におさえたいので、3辺が40㎝×50㎝×30㎝の箱に詰め込んだ（重量は3kg程度）。

問2、令和5年5月8日より、新型コロナウイルス感染症の法律上の位置付けが5類に移行することに伴い、江東区教育委員会は「基本的な考え方」として、《資料》のような文書を通達した。《資料》を読んだ上で、この文書の内容に沿った対応をしているものをア～オから一つ選び、記号で答えなさい。なお選択肢内にある日付は全て「令和5年」のものとする。

《資料》
5月8日以降の学校（園）における新型コロナウイルス感染症対策等について（抜粋）

令和５年５月８日　江東区教育委員会

2　出席停止措置等の取扱いについて
(1)　出席停止の期間は、「発症した後５日を経過し、かつ、症状が軽快した後１日を経過するまで」とする。
(2)　「症状が軽快」とは、解熱剤を使用せずに解熱し、かつ呼吸器症状が改善傾向にあることを指す。
(3)　「発症した後５日を経過」や「症状が軽快した後１日を経過」については、発症した日や症状が軽快した日の翌日から起算する。
(4)　出席停止解除後、発症から 10 日を経過するまでは、当該児童生徒等に対してマスクの着用を推奨する。ただし、児童生徒等の間で感染の有無やマスクの着用の有無によって差別・偏見等がないよう、適切に指導を行う。
(5)　令和５年５月８日以降は、濃厚接触者としての特定は行われないことから、同居している家族が新型コロナウイルスに感染した児童生徒等であっても、新型コロナウイルスの感染が確認されていない者については、直ちに出席停止の対象とはしない。
(6)　登校（園）するに当たっては、学校（園）に陰性証明を提出する必要はない。
(7)　児童生徒等が授業を十分に受けることができないことによって、学習に著しい遅れが生じることのないよう必要な配慮を行う。
(8)　学校（園）の臨時休業については、感染が拡大している状況に対して、児童生徒等の学びの保障の観点等に留意しつつ、必要な範囲、期間において機動的に対応を行う。基本的には季節性インフルエンザ流行時と同様の対応とし、学校（園）医や教育委員会事務局と学級閉鎖等の協議を行う。

ア、〔児童保護者〕小5の長男が7月1日（土）に発症し、3日（月）には軽快したので、1日経過を待って4日（火）から登校させた。
イ、〔中3生徒本人〕6月1日（木）に発症し、今日が7日（水）だ。咳の症状はかなりひどいがマスクを着用して出席することにした。
ウ、〔中学校教諭〕6月1日（木）に発症したという生徒が「5日経過した」ということで本日6日（火）朝から登校するというので、これを認めた。
エ、〔児童保護者〕小3の長女は出席停止解除後から7日しか経っていないが、マスクを着用せずに登校させた。
オ、〔小学校教諭〕担任している児童の兄が新型コロナウイルス陽性という連絡があったため、念のために欠席した自分のクラスの児童（弟の方）を出席停止の扱いとした。

三 （古文）内容吟味

次の文章は江戸時代の随筆『北遊記』の一節です。本文を読んで後の設問に答えなさい。

同じ国羽咋(はくひ)の七郎右衛門といふ人身代※1よく、さて［A］(1)怪しき絹に包みたるものにて撫(な)づれば、いかなる年久しき病にても一両度にて治せずといふことなし。その辺りの人の言へる、七郎右衛門若き時、玉子問屋なりしが、夏の頃になれば夜々卵を盗むものあり。七郎右衛門さまざま気をつけるに、ある夜三尺※2ばかりの蛇、梁(はり)※3の上より来て卵の箱をおしわけ、十四五ばかり呑(の)みて帰りけり。七郎右衛門怒つて、明くる日、木を削りて卵のごとくにし三四十ばかり卵箱の上に入れ置き、さて夜に入りて、いかにするぞとうかがひ見けるに、果たして、蛇また来て、呑むこと前夜のごとし。(2)いかにするぞと見るに、外へ出て石垣の内へ入らんとして、木の卵消えざれば、身をもみけるが、それより庭の内を這(は)ひまはり、何やら求める体なり。ほどなく一本の草に尋ねあたり、これを啣(くは)へて、かの卵の所を撫でねぶり※4、終(つひ)にその草を呑みたりしが、たちまち木の卵消えて(3)平生の腹のごとく細り、石垣へ入りける。七郎右衛門怪しく思ひ、かの草を取り置きて、食傷※5などしたる人の胃の辺りを撫づるに、たちどころに効あり。それより万（よろづ）の病を療治するに、手に随（したが）ひて癒（いえ）ずといふことなしとぞ。かの草は蛇含草といふよし。

※1　身代よく…暮らし向きがよく
※2　三尺…一メートル弱の長さ
※3　梁…建築物の柱の上に掛け渡す水平材
※4　ねぶり…なめる、しゃぶる
※5　食傷…食あたり

問1、――線部(1)「怪しき絹に包みたるもの」とありますが、何が包まれていたのですか。本文中から最も適当な語句を抜き出して答えなさい。

問2、――線部(2)「いかにするぞと見るに」とありますが、蛇はどのようなことをしたのですか。空欄に当てはまるように、本文中から適当な語句を抜き出しなさい。

蛇は［Ⅰ（2字）］の間に入ろうとしたものの、［Ⅱ（3字）］が消化できていなかったため、腹がつかえて入ることができず、身をくねらせていた。

問3、――線部(3)「平生の腹のごとく細り」とありますが、蛇が腹をもとのようにもどすための一連の行為を示したものとして、適当でないものを次の中から二つ選び、記号で答えなさい。
ア、庭の中である草を探した。
イ、身をよじって草をもみほぐした。
ウ、腹の辺りを草でなでた。
エ、その草を呑みこんだ。
オ、異物を吐き出した。

問4、空欄［A］に当てはまる最も適当な語句を次の中から選び、記号で答えなさい。
ア、病　イ、卵　ウ、商　エ、医　オ、蛇

問5、本文の内容と合致するものを次の中から一つ選び、記号で答えなさい。
ア、七郎右衛門はもともと玉子問屋を営んでいた。
イ、七郎右衛門は卵を呑んだ蛇を生け捕りにした。
ウ、七郎右衛門は食あたりの専門医として有名になった。
エ、七郎右衛門が治療に草を用いることは誰一人知らなかった。
オ、七郎右衛門は蛇を使ってその草を探すようになった。

四 （論説文）要旨　思考力

次の文章を①～③の条件にしたがって、八十字以上百字以内に要約しなさい。

① 三文で要約すること
② 第二文の書き出しを「しかし」、第三文の書き出しを「つまり」で始めること
（………。しかし………。つまり………。）
③ 解答欄（20字詰×5行、原稿用紙=省略）の一マス目から書き始め、句読点も一字に数えること

人生一〇〇年時代と言われ、「心身ともに健康で過ごしたい」という人々のニーズは、コロナ禍を経てますます高まっている。街を歩けばウォーキングやジョギングをしている人々に遭遇し、ふと気づくとスポーツジムが新設されている。スーパーの棚は健康にいいと言われる食品で埋め尽くされ、身体にどのようにいいのか分からない機能性食品が発売される。健康管理は自分の幸せのためには必須条件のようだ。

さて、人々を健康志向につき動かすきっかけの一つに、企業での健康診断があげられるだろう。事業者は労働安全衛生法に基づき、労働者の健康診断を実施する義務があり、労働者は事業者が行う健康診断を受けなければならない。多くの人は、体重や血圧の値を気にし、ウェアラブル端末でさまざまな身体のデータをチェックしている。もし、何か気になるような数値が示されれば、たとえ自覚症状がなかったとしても、病院に行くように紹介状が渡され、より詳細に自分の身体の状態が数値化され、何が正常値より低いのか高いのか、微に入り細に渡り検証される。

このように政府が企業に対し健康診断を義務化し、国民の健康管理をしてくれるのはなぜなのだろうか。日本は国民全員を公的医療保険で保障し、国民から徴収する保険料の他に多くの公費を投入している。しかし、高齢化や医療技術の高度化による医療費の増大、不景気と労働人口の減少による保険料収入の減少は日本の財政を圧迫し、医療費の抑制は日本にとっては大きな課題である。私たちが健康であろうとしている涙ぐましい努力は、実は政府ひいては日本の社会全体の利益につながることなのだ。

実際、政府は国民が健康であるための努力を怠らない。日本の二〇一九年における平均寿命は男性八十一歳、女性八十七歳であり、健康寿命とはそれぞれ約九年、約十二年の差があった。健康寿命とは生存期間を「健康な期間」と「不健康な期間」に分け、前者の平均値を求めることで表すものである。従来は平均寿命が用いられてきたが、生きている状態を勘案することが重要だという認識が高まり、健康寿命という考え方が取り入れられるようになった。二〇一九年に策定された「健康寿命延伸プラン」は、二〇一六年に男性七十二歳、女性七十五歳だった健康寿命を、二〇四〇年までに男性七十五歳以上、女性七十八歳以上にすることを目指している。健康寿命延伸プランは、「誰もがより長く元気に活躍できる社会の実現」のための三本柱の一つとして、「雇用・年金制度改革等」や「医療・福祉サービス改革プラン」とともに発表された。政府は人々に健康になってもらわなければならないのである。

暑くても寒くても一日八〇〇〇歩歩き、塩分と糖分と脂分を減らした食事をする。このように人々が健康のために節制する行為は国家の意志の内面化といえる。もちろんそれが多少癪（しゃく）に障るからといって、あえて不健康な生活をする必要などない。食事と運動と睡眠に気を配り、健康で長生きできればそれにこしたことはないのである。

（本文は本校で作成した）

五 （論説文）内容吟味

次の文章を読んで後の設問に答えなさい。

倫理学とは、人は何をするべきか、何をしてはいけないかといった「善悪」「正義／不正」といった問題を追求す

る哲学の一部門である。

　通常われわれは、「やっていいこと」「やってはいけないこと」を漠然と了解しながら、日々を暮らしている。「遅刻してはいけない」「約束を破ってはいけない」「嘘をついてはいけない」「人を傷つけてはいけない」「人を殺(あや)めてはいけない」などといった(ア)倫理的規範は、いちいち説明しなくても了解されるのがふつうだ。倫理的規範は直観的に了解されるとし、そのリストを作ることですませようとする立場を「直観主義」とよぶ。

　けれども、(1)直観主義では解決できないことがある。たとえば、冤罪(えんざい)を着せられた友人を救うために裁判の証人台に立たなければならない朝、裁判所に向かっていた途中、道ばたの川に子どもがおぼれていたとする。まわりにそれを助けられそうな人は自分しかいないが、その子を助けていると友人の裁判に遅れ、かれを刑から救ってやることはできない。こうした状況で、人命救助と友情のどちらを優先すべきかという問題の答えは直観主義からはでてこない。

　複数の規範を同時に満足できず、そのどちらかを選ばなければならない状況を(イ)「モラルジレンマ」とよぶ。複数の倫理規範があるからジレンマは生じるのだから、それを回避するためには〈唯一の倫理原理〉を見いださなければならない。

　そのとき提案されるひとつは〈(2)功利主義〉であり、もうひとつが〈規範主義〉だが、カントが取るのは後者の立場である。認識の形式的構造によって存在が説明されるのと同様、行為の倫理的規則（何をおこなってもいいか）も(ウ)行為主体の構造から導かれる。いま、カントの考えの理解に必要な範囲内で功利主義を見てみよう。

　功利主義とは、〈「できるだけ多くのひとができるだけ幸福になる」（(エ)「最大多数の最大幸福」）ような行為はおこなうべきであり、それに反する行為はおこなうべきではない〉というものであり、ベンサムやミルによって唱えられた。

　十人中八人を幸福にする行為は、十人中二人を幸福にする行為よりよい。たとえば、喫煙者二人、非喫煙者七人というオフィスで、わたしが喫煙することで仲間が増えて幸福になるのは二人で、わたしが禁煙することで幸福になる七人よりも少ない、といった場合、わたしは禁煙すべきである。また、おなじく十人中五人ずつを幸福にしても、全体の幸福度がより高い方を選択するべきである。たとえば、喫煙者と非喫煙者が同数だった場合、仲間が増えるという喫煙者の幸福より、健康が損なわれないという非喫煙者の幸福の方が、幸福としてはより大きい、と判断される場合、やはり禁煙すべきである。

　この考えは、公共事業の運用などについて、現在でも有用だ。たとえば高速道路を、ほとんど人口も産業も観光資源もない地域に造るよりは、首都圏に造った方が、物流コストの低下などに結びついて結局は国民総生産全体のかさ上げに通じる、といった場合である。

　しかし功利主義は重大な問題を帯びている。たとえば、野中の一軒家が火事になっており、二人の人間が助けを求めているが、それを救えるのは自分だけであり、しかも迫り来る火のためどちらか一人しか救えないとする。ただし、助けを求めている一人は世界的脳外科医であり、もう一人は脳外科医の身の回りの世話をするわたしの母親だった。このときどちらを救うかという問題で、人情としては母親を助けたいと思う人が多いだろう。だが、功利主義者からすれば、この場合助けなければならないのは迷う余地なく脳外科医なのである。なぜなら、脳外科医が生き延びた方が、それによって手術を受け幸せになる人の数が、圧倒的に多いからだ。功利主義には(オ)人格的関係が顧みられないという欠陥がある。

　一方、カントの考えを理解するには、われわれが行為の選択をするメカニズムを検討するのがよい。先の例で、母親を救うのは「愛情」「人情」によって行為する結果であり、医師を救うのは「公共の福祉」を優先する結果といえる。具体的な行為の選択とは、実はそれぞれの行為を正当化する(3)一般的行為原則のどれを選択するかの問題なのである。行為を正当化し、もしくは選択するための一般的行為原則には、今あげたほかに、「節約する」「約束を守る」「うそをつかない」「不公平はいけない」「人に喜んでもらう」などもあるだろうし、あるいは「手を抜けるところは抜く」といった原則もありうるだろう。こう考えたとき、直観主義とは、一般的行為原則のうち推奨するに値するものをリストアップしたものといえるし、功利主義はそのうちの〈 A 〉〈 B 〉だけを選択したものといえる。一方、(4)カントの考えとは次のようなものだ。

　ある状況において、一般的行為原則としてなにを選択し、具体的にどの行為を選択するかは、その都度行為主体が判断しなければならない。その結果、同じタイプの選択肢を与えられても、なにを行為原則として選択するかは人によって異なるし、当然、選択結果も異なる。その限りで誰もが自由である。だが、そのとき、ひとつだけ守らなければならない行為原理があり、それがカントにおける最低限の義務、規範である。それは、「いま自分が選択しようとしている一般的行為原則を、自分だけでなく、社会の全員が選択した場合に、なにか困った事態は生じないか、そのことをつねにチェックせよ」という規範だ。たとえば、「人が見ていないとき、他人の持ち物を持ち去っていい」という原則を考えてみよう。それを自分一人がおこなう分には、本人はつかまって罰せられるかもしれないが、社会全体に深刻な問題が生じることはない。けれども、同じ一般原則を、社会に属する行為主体全員が行った場合、安全確保のために多大なコストがかかる社会が生まれる。そのような一般原則は選択してはならない、というのである。

　いいかえれば、「自分だけ得するのは間違い」「自分だけをえこひいきしない、自分を例外にしない」（エゴイズムの否定）というのがカントの考えである。とはいえカントによれば、「自分だけ得するのはいけない」ばかりでなく、(5)「自分だけ損するのもいけない」（自己犠牲の否定）。それはなぜだろう。

　さきにあげた行為原理をカントは定言命法とよぶ。「健康でいたいならタバコは吸わない方がいい」など、一定条件もしくは仮定のもとである行為を推奨するものを「仮言命法」とよぶが、これは、その条件や仮定に同意するひとにとってしか拘束力がない。定言命法とは、一切の条件や仮定を前提することなく、あらゆる行為主体に当てはまる命法である。その内容が先に挙げた〈自分を例外としない〉

というものだ。

　対人関係について考えた場合、この命法は自分の利益ばかり追求して、他人を自分の目的追求の道具、手段として「のみ」あつかうことの禁止につながる。カントによれば各人は、それぞれの希望や生き甲斐、人生の目的を持ちながら暮らしており、だからこそ具体的状況下における行為の選択は多様でありうる。また、それぞれが各人なりの目的を持って暮らしていることをお互い認知し、配慮しあって行為することにより、自ずから共同体の秩序は成立する。各自が自分の目的を追求するからこそ共同体は成立するのである。

　ところが、自己犠牲によって自分を例外扱いする者がいると、各自が自分の目的を追求するという、共同体成立の大前提が崩れてしまう。だからそれは禁じられるのだ。

　こうした条件を守ったうえで、行為はすべて各自の責任においておこなわれる。自分の判断に基づいて行為を選択し、その結果に対する責を負うことにおいて、各自は責任ある人格（「理性的人格」）たりうる。カントによれば、それが精神の成熟にほかならない。未熟な精神は、何をおこない、何を決めるにも他人の意見に頼るだろう。たしかに、ひとははじめは他人のすることを見習いながら成長する。だが、やがてすべてを自分で判断しなければならなくなるときが来る。精神の歩みを補助してくれる「歩行器」から自由になるとき、はじめて(6)人は成熟したと言える。これが達成されることをカントは「啓蒙」といった。絶対主義王権から市民革命への移行を導く思想だった啓蒙思想は、ロックなどイギリスの思想家にはじまり、ルソーなどフランスの思想家をへて、カントにいたって確固とした定式を与えられたことになる。

（貫成人『哲学マップ』より）

問1、――線部(1)「直観主義では解決できないことがある」とありますが、その理由を次のように説明しました。空欄に当てはまる語句を、本文中からそれぞれ抜き出しなさい（句読点や「」などの記号も一字に数える）。

　［Ⅰ（20字）］という倫理学の中心課題を考える際に、直観主義ではうまく解決できない事例があるのは、［Ⅱ（2字）］の規範があることによって［Ⅲ（4字）］が発生するからである。

問2、――線部(2)「功利主義」の説明として正しいものを次の中から一つ選び、記号で答えなさい。

ア、功利主義はどれだけ多くのひとを幸福にできるかという幸福の享受者数を重視するものであり、全体の幸福度を顧みることはない。

イ、功利主義も直観主義と同様、「愛情」と「人情」のような複数の規範のうちどちらを選択すべきかといった判断基準を示すことはできない。

ウ、功利主義はできるだけ多くのひとをできるだけ幸福にするために何をおこなうべきかを考えるものであり、してはいけないこととは何かを定めるものではない。

エ、功利主義はあくまで最大多数の最大幸福を求めるものであり、助けを求めている人が誰で、そのひとを助けるのが誰かといった関係性を考慮することはない。

オ、功利主義は首都圏などのひとが多い地域において何をすべきかを考える際には現在でも有効だが、人口が少ない地域において何をすべきかを判断することはできない。

問3、――線部(3)「一般的行為原則」とありますが、それと同じ意味で使われている語句を本文中の……線部(ア)～(オ)の中から一つ選び、記号で答えなさい。

問4、空欄［A］・［B］に当てはまる語句の組み合わせとして最も適当なものを次の中から選び、記号で答えなさい。

ア、A　精神性　B　思想性
イ、A　公平性　B　有効性
ウ、A　直観性　B　論理性
エ、A　関係性　B　人間性
オ、A　主体性　B　規則性

問5、――線部(4)「カントの考え」とありますが、功利主義とカントの考えとではどのような点において異なっていると筆者は考えていますか。その説明として最も適当なものを次の中から選び、記号で答えなさい。

ア、功利主義が全体の幸福量を重視するのに対し、カントの考えは個人の幸福量を重視する点において異なっている。

イ、功利主義が公共の福祉を重視するのに対し、カントの考えは愛情や人情などの感情を重視する点において異なっている。

ウ、功利主義が行為主体の判断を重視しないのに対し、カントの考えは行為主体の判断を重視する点において異なっている。

エ、功利主義が社会全体の自由を重視するのに対し、カントの考えは社会全体の自由を重視しない点において異なっている。

オ、功利主義が人々の幸福の質を重視しないのに対し、カントの考えは人々の幸福の質を重視する点において異なっている。

問6、――線部(5)「自分だけ損するのもいけない」とありますが、その理由を次のように説明しました。空欄【a】～【d】に当てはまる語句の組み合わせとして最も適当なものを後のア～オの中から選び、記号で答えなさい。

【a】はそれぞれ【b】を持った人々が生活し、人々は各人が【b】を有して生活していることを知っている。それゆえ各人は他者に対して【c】するような行動を取り、それが【a】の【d】を形成することになる。このような【d】は【b】を持つ個人がいて初めて成り立つものであり、だからこそ自分だけ損をするという行為をカントは禁じるのである。

ア、a　社会　b　目的　c　認知　d　条件
イ、a　共同体　b　自由　c　遠慮　d　利益
ウ、a　社会　b　愛情　c　認知　d　規範
エ、a　共同体　b　目的　c　配慮　d　秩序
オ、a　社会　b　自由　c　拘束　d　基盤

問7、――線部(6)「人は成熟したと言える」とありますが、どのようになれば「成熟した」人になったと言えますか。それを説明したものとして最も適当なものを次の中から選び、記号で答えなさい。

ア、「愛情」や「人情」よりも「公共の福祉」を優先するようになること

イ、「モラルジレンマ」を回避し、〈唯一の倫理原理〉を見出すようになること
ウ、できるだけ多くの人ができるだけ幸福になるように行動するようになること
エ、他者の存在を踏まえつつ、自分が判断した結果起こった責任を引き受けること
オ、仮言命法を前提とし、どのような条件下で生きていくかを考えるようになること

問8、本文の内容と合致しないものを次の中から一つ選び、記号で答えなさい。
ア、「善悪」の基準とは特段考えずとも分かるものであり、その基準を列挙していく立場のことを倫理学では直観主義という。
イ、功利主義も規範主義も〈唯一の倫理原理〉として提出されたという点において共通点を見出すことができる。
ウ、カントは複数の倫理規範のうちどちらを選ぶかは、具体的な場において行為主体が決定すべきであると述べている。
エ、定言命法に基づくと、自己の利益だけを追い求め、他者を自己のためにのみ使役することは人間関係においてあってはならないということになる。
オ、理性的人格とは、理性にしたがって論理的、かつ合理的に行動できるというものであり、そのような状態になることをカントは「啓蒙」と呼んだ。

東海高等学校

時間	満点	解答	
50分	100点	P82	1月23日実施

出題傾向と対策

●論説文、小説文（省略）の大問二題からなる。漢字や慣用句などの基本的な知識問題に加え、読解に関する応用問題が組み合わされている。論説文は、同調することの弊害をテーマに自分と現代社会との関わりについて問う。昨年同様、現代社会の問題を扱う高度な問題である。

●漢字や慣用句は国語の基本的な知識として着実に習得しておくこと。論説文は論理の展開を押さえて筆者の主張を把握し、小説文は本文の表現に着目して登場人物の心情を読み取る力を身につけておこう。

【注意】字数が指定されている場合は、句読点やカッコなども文字として数えること。設問等の都合で表記を改めた箇所がある。

一（論説文）漢字の読み書き・熟語・ことわざ・内容吟味

次の文章Ⅰ・Ⅱを読んで後の問いに答えなさい。

【文章Ⅰ】

Ⓐみんな、つまり「多数派」がそうしているから、自分もそうする、という同調行為は、視点を変えて見れば、思考や行動の「自由」を自ら手放す行為でもあります。

我々は、人は誰でも自由を望んでいるはずで、それを自ら手放すことは基本的にない、という前提で考えがちです。でも、それは本当に正しい前提でしょうか？

いや、Ⓑ人間はしばしば、自発的に「自由」を手放すものだ。そこには理由がある。

そんな風に人間の心理を研究した人が、過去にいました。エーリッヒ・フロムという、ユダヤ系ドイツ人の心理学者で、一九四一年に書き上げた著書『自由からの逃走』（日高六郎訳、東京創元社、初版一九五一年、新版一九六五年）は、刊行から八〇年以上が経過した今もなお、世界中で読まれている名著です。

フロムがこの本で考察した重要な論点は、自分たちユダヤ人を迫害しただけでなく、非ユダヤ人のドイツ人からも「自由」を取り上げるⒸナチスの「全体主義（権威主義）」を、ドイツ国民はなぜ自らの意思で支持したのか、その理由をさぐることでした。

彼は、第一次大戦の敗北により、帝国から民主主義の共和国（いわゆるワイマール共和国）へと政治体制が変革されたドイツで、国民の多くが自発的に「自由」を捨てた理由について、一般的に信じられている「ヒトラーとナチスのⓐボウリャクや強圧的支配によって自由を捨てることをⓑシいられた」というイメージは間違いだと書いています。

フロムの心理分析によれば、ドイツの人々が自らの意思で「自由」を捨てて「全体の秩序」を選んだ大きな理由は、孤独感からの解放でした。

第一次大戦後、ドイツ国民は皇帝を頂点とする窮屈な国家体制から解放されて「自由」になり、人々はその「自由」を謳歌（おうか）しました。しかし、一人一人の人間が何をしてもいいという「自由」は、人々の心から「大きな集団に帰属している」という一体感や安心感を取り去り、孤独感や孤立感を味わわせるという、マイナスの心理的効果ももたらしました。

そんな中で、大恐慌やインフレなどの経済危機によって生活環境が悪化し、将来の見通しが立たなくなると、ドイツの人々は不安を解消する手段として「大きな集団に帰属している」という一体感や安心感をもう一度得たいと思うようになりました。

その結果、国民から「自由」を取り上げる代わりに「大きくて強い偉大な国家に自分も帰属している」という一体感や安心感をドイツの国民に与えてくれる、ナチ党（国民社会主義ドイツ労働者党）が絶大な支持を集めたのでした。

フロムは、自発的に自己を捨てて「力」や権威に服従する道を選び取る、こうした受動的な心理状態を「マゾヒズム的」と呼び、次のように説明しました。

マゾヒズム的努力のさまざまな形は、けっきょく一つ

のことをねらっている。個人的自己からのがれること、自分自身を失うこと、いいかえれば、自由の重荷からのがれることである。このねらいは、個人が圧倒的に強いと感じる人物や力に服従しようとするマゾヒズム的努力のうちにはっきりとあらわれる。〔略〕

ある条件のもとでは、Ⓓこのマゾヒズム的追求は相対的に成功する。もし個人がこのようなマゾヒズム的努力を満足させる文化的な型をみつけることができれば（たとえばファシストのイデオロギーにおける「指導者」への服従のように）、かれはこの感情をともにする数百万のひとびとと結びついているように感じて、安定感をうるのである。

この分析は、日本人がなぜ同調圧力に弱いのか、自発的に同調する道を選ぶ人がなぜ多いのかを考える上でも、有益なヒントになると思います。

そして、我々が改めて考えるべきなのは、こうした「傾向」が国民の間に広まることを望むのは誰なのか、ということです。

同調圧力に弱い国民、個人として物事を考えず自発的に「多数派＝みんな」と同調することを選ぶ国民が増えれば増えるほど、利益を得るのは誰でしょうか。

【文章Ⅱ】

二〇一九年六月十九日、ＯＥＣＤ（経済協力開発機構）は加盟各国――日本を含む三八か国が加盟する国際機関――の学校と教育の環境、学校での指導状況、教員が持つ意識などに関する調査結果をまとめた「国際教員指導環境調査（ＴＡＬＩＳ）」の２０１８年版を公表しました。

それによると、学校で「児童生徒の批判的思考をⓒウナガす」教育をしているかという問いについて、「非常に良くできている」と「かなりできている」、「いくらかできている」、「全くできていない」の四択で最初の二つと答えた教員の割合は、参加四八か国の平均では82・2％でしたが、日本の中学校では24・5％、小学校では22・8％でした。

また、生徒に「批判的に考える必要がある課題を与える」という問いでは、「いつも」と「しばしば」、「時々」、「ほとんどなし」の四択のうち最初の二つと答えた教員の割合は、参加四八か国の平均は61・0％でしたが、日本の中学校で12・6％、小学校では11・6％でした。この二つの問いの両方において、日本は参加四八か国中、四七位に大きく離された、ダントツで最下位の数字でした。

ここで問われている「批判的思考（クリティカル・シンキング）」とは、物事を鵜呑みにせず、上位者から与えられた説明や解釈がⓓダトウであるか否か、ウソをついていないかを自分の頭を使って、さまざまな角度から検証する思考能力を指す言葉です。

日本では、「批判」という言葉は「否定的」と混同して使われることも多いですが、批判的思考は必ずしも対象を否定的に捉える思考ではなく、論理的に問題点の洗い出しを行うことで、対象の完成度を高めるという効果が得られる場合もあります。

日本の小学校や中学校で、Ⓔ批判的思考力を育てない理由はいくつか考えられます。

その一つは、集団に属する一人一人の人間が自立的に物事を考えて行動することよりも、むしろⒻ集団の「秩序」を乱さず、集団内での地位が上の人間の言葉に疑問を抱かずに黙って服従することが、日本の社会では優先されやすい、という現実です。

全員が同じ歩調で同じ方向を向き、全体行進のようにⓔイッシ乱れず、手や足の動きまで揃えた方が、集団の秩序が保たれてよい結果を残しやすい。日本の学校教育では、大日本帝国時代はもちろん、戦後の日本国になっても、こんな「秩序」優先の考え方が主流のようです。

また、一人一人の子どもが批判的思考を持たず、先生の言うことに従順である方が、先生にとってもラクで仕事がやりやすい、という「統治上のメリット」もあります。

こうした「批判的思考力の弱さ」は、日本人はなぜ、諸外国と比べて同調圧力に弱いのか、という問題を考える上でも、大きなヒントになるように思います。批判的思考力が貧弱なら、身の回りにある同調圧力に自分が従うべきかどうかを疑う力も当然弱くなり、ほとんど自動的に「従う」という選択肢をとってしまうからです。

教師や企業の上司、政府トップなどの「統治者」から見れば、批判的思考力が貧弱で、同調圧力に対する抵抗力も弱い人間ばかりになれば、統治をしやすくなります。

けれども、そんな「従順すぎる人間」が多数派となった国が、活気に溢れて繁栄したり、画期的なイノベーションを生み出したりするでしょうか？

むしろ、じり貧のような形で少しずつ、さまざまな分野で国際的なランキングの順位を落とし続ける「かつては先進国だったが今は衰退国」になっていく可能性が高いでしょう。

（山崎　雅弘著『この国の同調圧力』による）

問1、**よく出る** **基本** 点線部ⓐ〜ⓔのカタカナを漢字に改めなさい。

問2、**よく出る** **基本** 傍線部Ⓐ「みんな〜同調行為」Ⓕ「集団の〜服従すること」とあるが、それぞれを表す四字熟語・ことわざとして最適なものを次の中から一つずつ選び、番号を答えなさい。

Ⓐ＝1、付和雷同　2、唯々諾々　3、一蓮托生
4、優柔不断　5、異口同音

Ⓕ＝1、寄らば大樹の陰
2、泣く子と地頭には勝てぬ
3、出る杭は打たれる
4、郷に入れば郷に従え
5、長い物には巻かれろ

問3、傍線部Ⓑ「人間は〜ものだ」とあるが、どういう理由からか。本文の内容を踏まえて、端的に表す語句を十字以内で文章Ⅰから抜き出しなさい。

問4、傍線部Ⓒ「ナチスの『全体主義（権威主義）』を……支持したのか、その理由」についての説明として最適なものを次の中から選びなさい。

1、大きな集団として人々に安心を与える帝国が瓦解し、さらに大恐慌などの経済危機によって生活環境が悪化していた人々にナチスは自由と引き換えに経済的に自立する手段を提供したから。

2、帝国崩壊後自由を謳歌していた人々に経済危機による将来の不安が生じていたが、ナチスは心の奥底に抱え込む孤独感を必要以上に誇張することによって不安

をさらに募らせたから。

3、経済危機による将来不安のなか、人間が何をしてもいいという自由によって逆に安心感が失われていた人々からナチスは自由を奪うことで負担感を取り除いたから。

4、帝国から解放され自由を得た人々が大きな責任を伴う自由の重荷に不安を抱えていたが、ナチスは人々に自由の放棄を求めて全体主義の下での「秩序」が持つ一体感を感じさせたから。

5、帝国という大きな集団に帰属する一体感を失って孤独感を抱き、加えて経済危機によって将来の不安が募っていた人々に、ナチスは強大な集団に帰属する安心感を与えたから。

問5、傍線部Ｄ「このマゾヒズム～成功する」とはどういうことか。

1、他への服従を選ぶくらいならむしろ自発的に自己を捨てること。

2、自発的に自己を捨てることよりも他への服従の方を選ぶこと。

3、より積極的な方法で自己を捨てて他へ服従するようになること。

4、自発的な自己の放棄と他への服従が蔓延(まんえん)するようになること。

5、やむをえず結果的に自己を捨てて他への服従をしてしまうこと。

問6、難 思考力 傍線部Ｅ「批判的思考力を育てない理由」として、文章Ⅱで挙げられている内容を二つに要約しなさい。

問7、文章Ⅰ・Ⅱを読んだ後に生徒たちが話し合って出された次の意見の中で、本文の趣旨に合致していないものを一つ選び、番号を答えなさい。

1、国民の大多数が同調圧力に弱く、自発的に「みんな」と同調しようとする状況は、民主主義に価値を認めず、国民全員を自らの支配下に置きたいと思うタイプの政治指導者にとっては大変都合が良い状況だと思うな。

2、民主的な国の指導者は、例えば道徳教育などの名目で教育内容に介入して、自分たちに好都合な、自発的に「みんな」と同調する国民を増やすような「改革」を積極的に行おうとするだろうね。

3、権威主義の抑圧から解放されて「自由」になったはずの第二次大戦後の日本でも、「自由」より全体の秩序を優先する考え方は廃れることなく、社会のあちこちに残って継承されていたようだね。

4、先生の「みんなも我慢しているんだから、お前も我慢しろ」「みんなに禁止しているのに、お前だけ許可するわけにはいかない」という言葉は、明らかに「自由」より秩序優先の考え方に基づくものだね。

5、日本では、「批判」という言葉を「非難」と混同している人が多いんだよ、きっと。だから批判的思考は対象を「否定的」考えだとマイナスイメージで捉えてしまうんじゃないかな。

二 (省略)寺地はるな「どうしてわたしはあの子じゃないの」より

同志社高等学校

時間 50分 ／ 満点 100点 ／ 解答 P82 ／ 2月10日実施

出題傾向と対策

●昨年、一昨年は論説文と随筆文だったが、今年は論説文(省略)と小説文の大問二題構成であった。記述問題が減少し、全体で一問(小説文)のみになった。その記述問題は標準的な難度だが、選択問題の難度は高くなり、本文のポイントを鋭く突く設問のため深い読みを要する。

●小説文(随筆文)対策として、明治から昭和中期あたりまでの作品を意識的に数多く読み、文体や用語に慣れておくとよい。精読を必要とする問いが多いので、集中力を高めて細部まで速く正確に読むことを常に心がける。

一 (省略)池上嘉彦「ことばの意味と意味作用」(『文化記号論 ことばのコードと文化のコード』所収)より

二 (小説文)文脈把握・内容吟味・漢字の読み書き

次の問題文を読んで、後の問いに答えなさい。

小学校から私立に通っていた「私」は、戦後、経済的な苦境に追い込まれ、公立高校へ進学することになる。そこで「秋葉」と知り合う。ある日、図書室の隅で本を読む彼を見かけた「私」は声をかける。

「年中、本ばかり読んで、よく飽きないね」

「ああ」

秋葉は区切りの所まで眼(め)を離さずに読み、栞(しおり)を挟んでから、漸(ようや)く私の方を見た。

「飽きるくらいなら、初めから読まないよ。君、本が嫌いかい」

「いや、ぼくだって好きだけどさ」

私は寝床に本を持込(もちこ)み毎夜遅くまで読んだが、周りに人のいる図書室では、気が散って読めなかった。

「蘆花の自然文はいいなあ」

秋葉は伸びをし、歌うように言った。私は、彼の読みさしの古く黄ばんだ小型本を手に取ってみた。「自然と人生」であった。

「退屈じゃないのかい、こんなもの」

「通り一遍に読めば退屈だろうね。でも、ゆっくり時間をかければ、こういうのが本当の面白さだって解るよ」

「何だい、本当の面白さって」

「何というのかなあ、口に出すとどうも感じが違って来ちゃうんだけど、君、天気のいい日なんか道を歩いていて、ああ今日は長閑だって思った事ないか。あの感じに似ているんだがな」

「知らないね、そんな気分は。［A］若々しくないじゃないか」

「若々しさなんて、何の価値があるんだ。早く年を取ってしまいたいと思うね、ぼくは」
①私は口を噤んだ。彼と議論をしても、はぐらかされるばかりだと思ったのである。秋葉もそれ以上は言わず、両手を頸筋の後ろで組み、仰向いて天井を瞶めていた。
図書室と言っても、普通の教室に会議用の広い机を六脚置き、壁際の書架に千冊に満たない本を並べただけの部屋である。窓の外は直ぐに運動場で、その日はサッカー部の生徒が練習をしていた。**フエ**の音や喚声が、私たちの他にもう三人しかいない部屋を生なましく貫き、受け損ねたボールが何度も羽目板や金網を張った窓に打ち当たった。

「俺、帰るよ」

と私は言った。秋葉はまだ仰向いたまま頷いたが、私が立とうとした時、不意に思いがけぬ事を問いかけた。

「君、戦争中、疎開はしたかい」

「疎開、それがどうかしたのか」

私は戸惑って、秋葉の滑らかな顔を見返し、この表情が皆の反感をそそるのだと、［B］思った。

「集団疎開か」

「ああ、変な事を訊くね」

「集団ならいいや。住む場所が変るだけで、友達は変らないんだから」

「莫迦言え。食い物の奪い合いで毎日大変だったんだぞ。友達なんて綺麗事で済むような環境じゃなかったよ」

「ぼくは縁故疎開をしたんだよ。四国の田舎へね。小学校の五年から中学一年までずっとだった」

秋葉は、私の方を顧みず、独り言のように続けた。

「田舎の学校では、一人残らず運動部に入らされたんだよ。それも好きな部を自分で選ぶんじゃない、体操の教師がお前はどの部に入れって勝手に決めるんだ。ぼくの他にも、疎開して来た一年生が四人いたけど、皆一緒に剣道部行きさ。剣道で鍛えて疎開っぺの**ショウネ**を入れ替えるなんて言われてな」

剣道部へ入った最初の日、疎開の四人は、二人ずつ二組に分かれて、防具も付けずに竹刀の打ち合いをやらされた。剣道は小学五年から正課ではあったが、小学校で習っていたのは、木刀を構えての基本練習に過ぎない。秋葉たちは、自分が打たれる事よりも、相手を傷つけるのを怖れて躊い、おずおずと打ち合った。

「何しとる。竹刀みたい柔いものを怖がる奴があるか。相手なんぞ藁人形と思って打ち込め」

道場の隅で見ていた教師の罵声が飛び、それに駆り立てられて、秋葉と対していた相手が激しく胴を入れて来た。秋葉は受け損ねて腰骨をしたたかに打たれ、床に転がった。周りから笑声が起り、

「何じゃ、女より弱いわ」

と嘲るのが聞えた。②よろめきながら起き上った秋葉は、先刻まで自分の仲間だと思っていた相手が、彼を蔑む笑いを浮かべ、胸を張って立っているのを見た。

「一日の休みもなく、同じ事の繰返しだったな。日曜日には暁稽古と称して、朝五時から駆り出されるんだ。上級生までぼくを目の敵にしてね。何とか泣かせてやろうとしてるのがよく判ったよ。だから、どんなにみっともない恰好をしてもいいから、泣き顔だけは見せたくないと意地を張り通したんだ。必死だったな」

私は、体に比して鉢の開いた頭が異様に大きい彼が、泣くまいと耐えているさまを思い浮かべた。それは、田舎の中学生でなくとも、苛めてみたくなる表情なのに違いなかった。

「③滑稽だよね」

と秋葉は、遠くを見るように細めた眼を私の方に向けた。

「仲間から苛められた経験なんて、別に**メズラ**しくもありやしない。だけども、あの当時のぼくは、世の中に友達なんてものがあると考えるのが間違ってる、四方からこづき廻されて、痛む傷を抱えて一人きりで生きて行かなくてはならないんだなんて、深刻に考えてたな。もちろん感傷だよ。疎開で、それまで親しくしてた人たちから急に切り離されたのが淋しいものだから、自分を慰めるために、そんな風に思い込もうとしていただけの話さ」

「切り離された淋しさか」

私はそう呟いて窓の外を眺めた。日暮近い寒い色が拡がり始めた運動場に、胸に赤い横縞を入れたサッカー部のユニフォームが入り乱れていた。新しい学校へ移って既に七箇月が経つのに、私は、授業が終ってから誘い合って帰る程度の友人をさえ、まだ作ってはいなかった。前の学校との間に、［C］校風の差があったわけではなく、私が意地の悪い眼に曝されたのでもない。しかし私は、若し戦争さえなければ、こんな学校へ来なくてもよかったのだと常に思い、こだわりなく近付いて来る仲間とも打解けられず、頑なに自分を鎧っていた。

「この頃学校はどう。お友達は出来たの。家へ連れて来れば歓待してあげるわよ」

と、母は、私の機嫌を窺うように何度も言ったが、私はその度に言葉を濁し、一間きりの間借りの家に人を連れて来られるものかと、蔭で反撥していた。

「今になってみれば、本当に滑稽だ」

秋葉は繰返して言った。彼もまた一人だけの思いに捉われていたに違いない。

「だけど、滑稽だったからって笑って済ませられるものじゃない。時々、怖いような気もするんだけど、④あの頃一所懸命考えた事は、そのまま、ぼくに染みついてしまったみたいなんだ。そりゃぼくだって年中授業をさぼって遊び歩いてる奴等みたいに、毎日を面白く過せたらどんなに

いいかって考えたよ。でも、それは出来ないんだ。たまにだべっていても、こいつだって、あの田舎の連中とそう変っているわけがない、何時敵になって向って来るか判らないと思うと、とても親しい付合いにまで進めなくなってしまうんだ。そういう自分が嫌でね、苦しんだなあ。**シンケイシツ**だから、余計苦しんだ。今では、もうそれ程ではなくなったけどね」

「"自然と人生"があるからか」

⑤こう言った私に、揶揄の気持はなかった。私もやがては、私自身の「自然と人生」を探さなくてはいけないのかも知れなかった。

「蘆花のような生活が、今の時代に出来るとはぼくも思わないさ。それでも、あの文章はいいなあ。君も読んで御覧よ。［D］何か感じるものがあるから」

この時、ボールがまた金網に当り、所どころ破れて紙を貼った窓硝子をゆるがせた。ボールを追って来た生徒が、爪先立って中を覗き、私と眼が合うと、微かな笑いを遺して駆け去って行った。遅くまで図書室などにいて、奇妙な連中だと思ったのであろう。

私たちは暫く**ダマ**って凝としていた。話に気を取られている間に部屋には誰もいなくなり、西側の窓際に淡い陽の影が漂う部屋は、天井や壁の茶色の汚斑が目立っていた。運動場の声の響きも間遠になって、学校の一日は終りかけているようであった。

「君、こんな話、誰にでもするわけじゃないだろう」

と私は訊ねてみた。何となく先刻から気に掛っていた事であった。

「どうして、ぼくに話す気になったんだい。君流に言えば、ぼくだって、何時君の敵になるか判らないのに」

「さあ、何故だろうな」

秋葉は私から眼を逸らせて笑いを浮かべた。幼い子のようにはにかんだ彼の笑いを、私は初めて見た。⑥微暗さでよく見えなかったが、顔を赧らめていたであろうと思う。

高井有一「谷間の道」

【語注】
蘆花―徳富蘆花、明治時代の小説家で「自然と人生」の作者。
疎開―戦火を逃れるために地方都市に移住すること。学校単位で行う「集団疎開」と親戚のもとに身を寄せる「縁故疎開」とがあった。

問一、**基本** 空欄A～Dに入る語として最も適切なものを次より選び、それぞれ記号で答えなさい。
ア、きっと　イ、さして
ウ、およそ　エ、ふと

問二、**難** 傍線部①とあるが、その理由として最も適切なものを次より選び、記号で答えなさい。
ア、価値観のずれが会話を続けることで深刻になると思ったから。
イ、会話が一向に深まらないことに対していらだちを覚えたから。
ウ、対等な会話を拒もうとする相手の人間性に疑念を抱いたから。
エ、会話を迷惑に思う相手の気持ちを読み取って、遠慮したから。
オ、会話がかみ合わず、これ以上話すことが無駄だと思えたから。

問三、傍線部②とあるが、この時の秋葉の心情として最も適切なものを次より選び、記号で答えなさい。
ア、自分もまた恐怖を捨てて打ち込む勇気を持たねばならないと思い知った。
イ、大勢の生徒の中で打ち負かされ、見下されている自分の弱さを悲しんだ。
ウ、相手を傷つけることをともに恐れていた仲間のひょう変に怒りを感じた。
エ、遠くから浴びせた罵声一つで中学生達を奮起させた教師の権力を恐れた。
オ、仲間達が保身のため、地元の中学生達に取り入ったことにぼう然とした。

問四、傍線部③とあるが、何が「滑稽」だったのか。その説明として最も適切なものを次より選び、記号で答えなさい。
ア、相手を傷つけまいと思いやったことでかえって自らの心に傷を負ったこと。
イ、自尊心を保つために周囲を見下した結果、孤独な状況に追い込まれたこと。
ウ、不恰好であっても泣き顔だけは見せたくない一心で意地を張り通したこと。
エ、疎開先での淋しさが意地を張り通すことによってより深まっていったこと。
オ、疎開先でのありふれた出来事を深刻に受け止めて感傷にひたっていたこと。

問五、傍線部④とあるが、それはどのようなことか。問題文中の語句を用いて説明しなさい。

問六、傍線部⑤とあるが、その理由として最も適切なものを次より選び、記号で答えなさい。
ア、私も自分の殻に閉じこもっており、人間への不信や臆病な自分への嫌悪から心をかたく閉ざして来た秋葉に共感を覚えているから。
イ、私も境遇への不満を抱いており、疎開によりそれまでの人間関係を引き裂かれた悲しみが未だ癒えることない秋葉に同情したから。
ウ、私も母との間に緊張関係が続いており、一度染みついてしまった考え方から抜け出すことのできない秋葉の心理を推察できたから。
エ、私も不本意な日常に耐えており、小説の世界に逃避することによって現実から目を背ける秋葉の弱さを責めることができないから。
オ、私も苦悩を知らぬ同級生に反感を持っており、遊興にふける彼らを見る度に疎開先での辛い経験を思い出す秋葉を理解できたから。

問七、**難** 傍線部⑥とあるが、私は秋葉の心情をどのように推察したのか。その説明として最も適切なものを次より選び、記号で答えなさい。
ア、相手はいつ敵になるかわからないという本音を語ったことが恥ずかしかったのだろう。
イ、私は敵にはならないと思っていることを見透かされたようで恥ずかしかったのだろう。
ウ、私の問いかけに対して、自分の応答が的を射ていないことが恥ずかしかったのだろう。

エ、私の冷静な問いかけによって我に返り、心を開いた自分が恥ずかしくなったのだろう。
オ、私が秋葉に示した深い共感に気がつき、戸惑っている自分が恥ずかしかったのだろう。

問八、思考力　問題文を説明した次の文章の空欄に適語を入れなさい。
※「　」は問題文中より抜き出し、[3]、[4]は漢字一字で答えなさい。

> この場面では、いくつかの対比的表現が読み取れる。例えば、「1」と「2」の空間的な対比である。それらは、[3]と[4]の象徴と言える。また、「5」と「私と秋葉」の対比も同様に解釈できる。一方、時間の経過を示す描写も見逃せない。最初に、「私と秋葉」と三人がいた「2」は気がつけば「6」だけとなる。その時、「西側の窓際に淡い陽の影が漂う」より、[7]になっていたことがわかる。こうした空間と時間の描写から二人の間に結ばれる[8]が際立ってくるのである。

問九、よく出る　基本　問題文中のカタカナを漢字にあらためなさい。
フエ　　ショウネ　　メズラしく
シンケイシツ　　ダマって

桐朋高等学校

時間 50分　満点 100点　解答 P83　2月10日実施

出題傾向と対策

●小説文、随筆文（省略）の大問二題構成。記述問題の出題が多く、字数指定はない。一問三、問五、問十一に各五十～百五十字程度の解答欄が設けられている。選択問題、脱語脱文補充問題も多くはないが出題される。漢字や語句の意味、ことわざなどの出題もある。
●本文が長く、記述量も多いので、読解の速さと正確さが求められる。出題の意図をしっかりと理解したうえで、必要な箇所を漏らさないように記述の練習を繰り返すとよい。基本的な知識も取りこぼさないようにすること。

一 （小説文）語句の意味・内容吟味・文脈把握・漢字の読み書き

次の文章を読んで、後の問に答えなさい。

観ることもなくつけているテレビからは朝のワイドショーが流れ、昨日やおととい、一年前と代わりばえのしない事件がつぎつぎに映しだされていく。殺人。未成年者の犯罪。幼児虐待。政治家の汚職。他国の紛争や戦争。このところ暗い話題が多くて気が滅入りますねえ。本当に始末に負えない事件ばかりで。滑舌の悪いコメンテイターが昨日やおととい、一年前と代わりばえのしない①繰り言をくりかえす。まったく始末に負えない。さらに悪いことに、話題性に富んだこれらは相次ぐ事件のごく一部で、実社会ではニュースにものぼらない無数の悲劇が日ごと人々を苦しめている。不慮の事故。リストラ。中小企業の倒産。自殺。たしかに、犬になどかまけていなくても、救いの手をさしのべるべき対象は②ごまんと存在する。

「犬助けとは、まったく優雅なもんだ」

さっきの男の声を思いだすと、だからこそ③恵利子の胸はうずく。自分は正しいことをしているのだと言いきることはできないし、そもそも正しいことをしたいわけでもない。

では、なんのために？

ここ二年間、つねに頭のどこかにあった問い。

一言でいえばなりゆきかな、と多少、肩の力が抜けてきた今の恵利子は思っている。

④長く閉ざしていた瞼（まぶた）を開いたとき、恵利子の前に現れたのは虐待に苦しむ子供でも遠い国の難民でもなく、人間に捨てられ人間に捕らえられた無数の犬たちだった。その瞳が、その咆哮（ほうこう）があまりにもリアルだったから、恵利子は見ないふりをして通りすぎることができなかったのだ。

犬猫の収容センター――捨て犬や迷い犬、飼育を放棄した飼い主に持ちこまれた犬猫が拘禁されている施設を恵利子が訪ねたのは、ちょうど二年前の春先だった。

きっかけは、尚美からかかってきた一本の電話だ。

「このまえ話したボランティアの件だけど、本当にやる気があるんなら、ちょっとつきあってほしいところがあるの」

尚美は大学時代から快活なリーダー肌で、恵利子はひそかにそんな彼女に憧れもしていたが、卒業後は片や専業主婦、片や独身の薬剤師という境遇の差のせいか、長らく年賀状だけのやりとりが続いていた。再び交流がはじまったのは、尚美が恵利子の近所に越してきた数年前。二人はときどきお茶をするようになり、恵利子は尚美が学生時代と変わらぬ精神の若さを維持していることに驚いた。ある日、尚美からボランティア活動の話をきいた恵利子は、反射的に「私もやりたい」と口走っていた。

よほどの犬好きでなければ務まらない仕事だ、とその場では諭されて終わったものの、尚美もどこかで気にかけていたのだろう。

「[Ⅰ]。あれこれ説明するより、とにかくその目で見てもらおうと思って」

「見るって、なにを？」

「センター。俗にいう保健所の犬たちよ」

今にして思えば、⑤あれは一種の通過儀礼だったのだろう。尚美はテストをしたのだ。気ままな主婦の恵利子にこのボランティアが務まるのか。

　実際、その時点での恵利子にはなんの覚悟もなかった。一体そこにはなにがあるのかと、少しばかりの興味を胸に尚美のあとについて電車を乗り継ぎ、八幡山という見慣れぬ駅に降り立っただけだ。そもそも収容センターがどのような施設であるのかもろくに知らずにいた。

　八幡山の駅から徒歩十五分ほどの国道沿いにあるその施設は、一見したところはごく普通の四角い建物にすぎず、その内側に犬たちの咆哮が轟いているとは思えない。が、敷地内に一歩踏みこめば、そこには殺処分された犬たちを弔う慰霊碑や、⑥「ふれあい広場」なる犬の放し飼いスペース、犬猫の運搬用キャリーケースなど、意味ありげな物影がつぎつぎと目に留まる。職員用とおぼしき自転車置き場にはなぜだか巨大なサンドバッグが吊されている。動物のみならずここには人間のストレスまでもが滞っているのかと怖気づく恵利子に、「去年はここに一万五千匹近くの犬と猫が収容されたの」と尚美がささやいた。

「そのうちの一万二千匹が殺処分された」

「殺処分？」

「ここに収容された犬に残された時間は、七日間だけ。そのあいだに飼い主が引きとりにこなかったら、べつのセンターに移されて、炭酸ガスで殺されるのよ」

　しかし中にはまだ若かったり、性格が温厚だったりと、家庭犬としての再出発が見込める犬もいる。一定の基準をもとに職員がその可能性を認めた犬にかぎっては七日間をすぎてもセンターに残され、一般家庭への譲渡を前提としたしつけ訓練をほどこされることになる。※仮宿クラブを含む保護団体もセンターと連携し、譲渡先探しに協力をしたり、再出発をはたせるか否かの微妙なライン上にいる犬を引きとったりしている――。

　尚美の話に耳を傾けているうちに、所内の事務室から一人の職員が姿を現した。

「こんにちは」

「ああ、いつもお世話さまです」

　犬を捕らえる側と、解きはなつ側と――理屈上は敵同士のようでもある女性職員と尚美とは、しかし無闇な殺生はしたくないという一点で通じあっているらしく、顔みしりの親しさで言葉を交わしている。尚美はしばしばここを訪れているようだ。

　それでも、実際に犬たちの収容場所へと足を踏みいれる段になると、尚美は急にひどく頼りなげな顔をして、その鼓動が伝わるほどに大きな深呼吸をした。ただならぬその様子を前にして、恵利子はそのとき、少々aフキンシンな高ぶりを感じたのを憶えている。

　このドアの向こうにドラマティックな悲劇が待ちうけている。普段の日常からは及びもつかないような、自分という人間を底辺から揺さぶり変質させるような、そんな決定的な衝撃がひそんでいるのではないか、と。

　しかし実際、そこにあったのは日常の至るところに影を落とす悲劇の一部にすぎなかった。多くの人々が目をそむけ、あるいは見なかったふりをして通りすぎるたぐいの後ろ暗い現実。自分の理解を超えるほどの惨劇がそこにあったなら、逆に恵利子は一時的にbギョウギョウしくうろたえて終わりにできたかもしれない。

　総じて清潔な場所ではあった。空調が整っているため、糞尿の臭気が鼻をつくこともなく、温度も適切に保たれている。ひんやりとした薄ら寒さは、だから肌ではなく別の器官を通じて心に忍び入ってくるのだろう。不安げな犬の遠吠え。なけなしのcキョセイをふりしぼるような威嚇。収容施設へのドアをくぐって最初に現れたのは小型犬や老犬、傷ついた犬などが隔離されている犬舎で、その日は八匹の犬がいた。鉄柵からのぞくどの顔もおびえ、ここから出たいとdコうている。ある犬はなぜ自分がここにいるのかわからずに混乱して吠えつづけ、ある犬は自分がここにいるわけを悟った恐怖から吠えつづける。吠え疲れたのか諦念の目を宙にさまよわせる犬も、恵利子たちにむかって必死に尾をふり愛想をふりまく犬もいる。

　犬にも感情があるのだ。ごく当然のその事実を、よりによってこんな場所で恵利子は初めて突きつけられた。

　生き物を飼ったことのない恵利子は、これまで人間以外の命にうとかった。犬は犬だと思っていた。猫もインコも、縁日の金魚も同じこと。自分とは関係のないところで生まれ死んでいく。ふにゃふにゃとした異質の存在――。けれども今、自らの運命を予期したような犬たちの表情を目の当たりにしていると、人間以外の命もまた人間同等に生々しいのだ、と認めずにはいられなかった。

　にわかに重くなった足を動かし、さらに通路を進んでいく。その先に現れたのは中型犬や大型犬用の広い犬舎で、六畳ほどに仕切られたいくつかの舎内に、数匹ずつの犬がまとめて収容されていた。ラブラドールやセッター犬などの純血種もいる。恵利子たちの気配を感じるが早いか、彼らはこぞって甲高い遠吠えを響かせ、舎内をそわそわとうろつきだした。自分はここにいるのだと、こうしてたしかにいるのだと、生い先の不透明なその存在を懸命にアピールしている。どの犬も全身で待っている。信じていた飼い主を。安らげる場所を。自由を。

「東京にはもうほとんど野良犬はいないから、ここにいるのはみんな捨て犬か迷い犬よ。ときどき、飼い犬をもてあました飼い主が自分で持ちこむケースもあるけどね」

　尚美はもはやこの情景に心を慣らしたのだろうか。こちら側とあちら側とを隔てる鉄柵の前に膝をつき、尾を揺らして歩みよってくる犬に「飼い主はどうしたの？」などとささやきかけている。

「保護活動とか言ってもね、私たちが救いだせるのはこの中の一割にも満たないの。ぜんぶを救うには人手も資金もとうてい足りないし、そんなことしてたらすぐに活動自体が破綻しちゃう。だから、私の中にいつもあるのは、自分はこの犬たちの一割を救ってるんだって思いじゃなくて、ここにいる［Ⅱ］んだって思いなの」

［Ⅱ］。そんな思いを背負いつづける覚悟があるのなら、どうか私たちの仲間になってちょうだい――。

　そんな言葉を恵利子に投げかけた尚美は、内心、さしたる期待を抱いてはいなかっただろう。恵利子には無理だ。務まるわけがない。瞳がそう語っていたし、恵利子自身もそう思っていた。私には無理だ、できるわけがない。そもそも他人の捨てた犬がどんな最期を迎えようと自分には関係のないことじゃないか、と。

けれどもその夜、眠れないまま鉄柵越しに見た犬たちの姿を頭によみがえらせていくうちに、恵利子ははたと思ったのだ。いや、私はすでに関係してしまったのだ、と。もしかしたら生まれて初めて自ら進んで関係することを選んだのだ、と。

テレビをつけるたび、新聞をめくるたび、そこには無数の事件や活路の見えない難題がぞろめいている。その多くが恵利子の理解を超えている。自分になにができるのかと考えることは、自分の無力さと向かいあうことだ。だから恵利子は長いことそれを放棄していた。ただの主婦である自分になにができるでもない、と。学生時代はただの学生である自分に、と思っていた。

そうして目をそむけてさえいれば、恵利子の毎日はそこそこ平穏に、波風もなくゆるゆると通りすぎていった。独身時代は両親に守られ、結婚してからは夫に守られ、家庭という王国でふんぞり返っていられた。

それでも心のどこかに、本当にこれでいいのかと、こうしてゆるゆると年だけを重ねていくのだろうかと、形にならない疑問がうごめいてもいた。

⑦転機は、よくある一齣(こま)のような顔をして恵利子の日常にもぐりこんだ。

恵利子はその日、今では犬の散歩コースとなった川沿いにあるイタリアンレストランを訪れた。そこは比較的リーズナブルな料金でランチのミニコースを供する店で、一人でも落ちつけるカウンター席があるせいか、ランチタイムはいつも恵利子のような主婦たちでにぎわっている。恵利子の真後ろのテーブル席にいたのも、恐らく三十代の半ばと思われる主婦の二人づれだった。

「どうして私たちの税金で、無分別な日本人の尻ぬぐいをしなきゃいけないのよねえ」

二人は食事のあいだじゅう、米軍による攻撃下のイラクで拉致され、解放された日本人三人の話題で白熱していた。

「正義だとか、平和だとかって、そりゃあ本人たちは立派なことをした気でいるんでしょうけど、なにも危ない国にわざわざ行かなくたって、ねえ」

「売名よ、売名。今の若い子たちはね、なにかをやって有名になるんじゃなくて、まずは有名になってからなにかしようって考えるんですって」

「日本政府はイラクへの入国は危険だって勧告してたわけじゃない。なのに勝手に入って、捕まって、身代金は私たちの税金から……なんて、いい迷惑よねえ。自己責任でなんとかさせればいいのよ」

「そうそう、自己責任よ」

それは当時の日本を支配していた論調であり、恵利子自身、その流れに便乗して解放された三人にどこかしら批判的な目を向けていた。税金を納めている自分には無分別な日本の若者を裁く権利がある、とでもいうように。内心はその志や行動力が妬(ねた)ましくもある彼らのことをふんぞり返ってながめていた。

が、しかしそのとき唐突に、同じようにふんぞり返っている⑧背後の声がひどくグロテスクな冗談のように響いたのだ。この麗(うら)らかな昼下がり、グラスワインを片手にカラフルな前菜をつつきながら、自分以外の誰かのためになにかをしようとした若者たちを弾劾する。それは自分ではなく、自分とよく似た誰かの声であるにもかかわらず、恵利子はなんとも言いがたい羞恥の念に襲われた。――いや、それがあまりにも自分とよく似た誰かの声であったが故かもしれない。

自分には関係ない、と目をそむければすむ誰かやなにかのために、私はこれまでなにをしたことがあるだろう？

デザートを待たずに席を立った帰りの道で、恵利子は初めてそんな問いを自分自身へ投げかけた。

尚美の口から「ボランティア」の一語を聞いたのは、その数日後――恵利子があの羞恥をかろうじて意識の表層に留めていた頃だった。

（森絵都「犬の散歩」による）

※仮宿クラブ……尚美が所属する、犬の保護団体の名称。

問一、――線部①・②の意味として最もふさわしいものをそれぞれ次の中から選び、記号で答えなさい。

①「繰り言」
ア、（繰り返し口にする）愚痴
イ、（繰り返し口にする）不安
ウ、（繰り返し口にする）批判
エ、（繰り返し口にする）説教

②「ごまんと」
ア、明らかに　イ、残念ながら
ウ、非常に多く　エ、どこの場所にも

問二、――線部③について。その理由の説明として最もふさわしいものを次の中から選び、記号で答えなさい。
ア、男の言葉は、犬ではなく人を助けたい恵利子の気持ちを鋭く見抜き、皮肉な言い方でからかうものだったから。
イ、男の言葉は、はっきりとした目的もなく過ごす恵利子の日常を暴き出し、その怠惰を糾弾するものだったから。
ウ、男の言葉は、無意味なことだと自覚しつつ活動を続けている恵利子の良心を厳しく責め立てるものだったから。
エ、男の言葉は、恵利子が答えを見つけられず、つねに頭の中にあった問いを目の前に突きつけるものだったから。

問三、――線部④について。「瞼」を「長く閉ざしていた」とはどういうことか、簡潔に説明しなさい。

問四、空欄 I を補うのにふさわしいことわざもしくは格言を考え、十字程度で答えなさい。

問五、――線部⑤とはどういうことか、説明しなさい。

問六、**思考力** ――線部⑥について。「ふれあい広場」と「」をつけて表記したのには、それが固有名詞であることを示す外にも意味があると考えられる。その意味を説明しなさい。

問七、次の一文は、もともと「それでも、実際に…」で始まる段落から、「にわかに重くなった…」で始まる段落の前までの中にあったものである。戻すのに最もふさわしい箇所をさがし、その箇所の直後の五字を抜き出して答えなさい。

・が、下手に理解の範疇(はんちゅう)にあったからこそ、その痛ましさ、救いのなさに足下をすくわれ、身動きがとれなくなっていた。

【編集部注】編集上の都合により、設問を一部変更した。

問八、空欄［Ⅱ］（二箇所ある）を補うのにふさわしい言葉を考え、十字程度で答えなさい。

問九、――線部⑦について。その「転機」によって、じっとしてはいられない気持ちになった恵利子の様子が最もはっきりとうかがえる十五字以内の表現を、――線部⑦よりも後の本文中からさがし、抜き出して答えなさい。

問十、――線部⑧は、恵利子にとってどのような意味をもつものであったか。その説明として最もふさわしいものを次の中から選び、記号で答えなさい。

ア、社会のありように失望させるという意味。
イ、主婦たちへの怒りをつのらせるという意味。
ウ、自分のありようを省みさせるという意味。
エ、若者たちへの理解を深めさせるという意味。

問十一、難　思考力　……線部について。本文全体をふまえると、「では、なんのために？」に対する答えはどのようなものだと考えられるか。わかりやすく説明しなさい。

問十二、よく出る　基本　――線部a～dのカタカナを漢字に改めなさい。

二（省略）キム・ホンビ（小山内園子訳）「私たちのグラウンドを広く使う方法」（「エトセトラVOL.6」所載）より

灘高等学校

時間 70分　満点 100点　解答 P84　2月11日実施

出題傾向と対策

●例年どおり、現代文二題と古文一題の大問三題構成であった。主な出題形式は、解答枠で行数が指定される記述問題である。漢字の書き取りや選択問題も多くはないが出題される。現古ともに出題の難度は高い。なお、模範解答は一行十六字から二十字程度を目安に作成した。

●記述問題の練習は必須。時間内に、本文全体の要旨と、小問で問われている内容を理解し、必要な箇所を探して自分の言葉も使いながらまとめていくトレーニングを繰り返そう。添削指導を受けるのも効果的である。

◎解答に字数制限のある場合、句読点などの記号も字数に数える。

一（論説文）漢字の読み書き・内容吟味

次の文章を読んで、後の問いに答えよ。

私がとても好きな研究者に、シェリー・タークルというMIT（マサチューセッツ工科大学）の心理学者がいるのですが、彼女は2011年に出された本で興味深いエピソードを紹介しています。

それほど前の話ではないが、私が教えている大学院生の1人が、ある体験を話してくれた。彼が友人とMITのキャンパスを歩いていたとき、その友人が携帯にかかってきた電話に出たというのだ。彼はそれが信じられなかったと言う。怒りをにじませた口調で、「彼は僕の話を保留にしたんですよ。どこまで話したか僕が覚えていて、彼の電話が終わったら、そこから始めろということですか？」と言った。当時は、彼の友人の行動は無礼で周囲を戸惑わせるものだった。だが、それからほんの2、3年で、それは当たり前の行動になった。

携帯電話が急速に普及した当時、対面での会話を保留して、モバイル端末で「ここにいない人間」の対応を優先することに当時の人は驚愕（きょうがく）し、戸惑っていたということです。[1]もうすっかり忘れて久しい感覚かもしれません。

タークルが[A]ケイカイ心を示すのは、画面の向こう側のやりとりや刺激を優先して、対面の関係性や会話を保留するという新しい行動様式をモバイル端末が可能にしたことです。家で映画を観ていても、誰かと会ったり話したりしていても、テキスト*や電話、動画やスタンプ、ゲームやその他の様々な何かで中断してしまう。

つまり、複数のタスク（マルチタスク）と並行して、対面でのやりとりや行動を処理することに現代人は慣れてしまったのです。あるいは、対面・現実の活動も、「マルチタスキング」の一つとして組み込まれてしまうと言うべきでしょうか。並行処理すべきタスクの一つとして、現実の会話を捉える習慣がここにはあります。

[2]物理的にある場所にいても、実際には別のところにいることは珍しくありません。信号待ちをしたり、スーパーのレジを待ったり、会議に出席していたりするとき、興味を惹（ひ）くものがなくて退屈するなら、私たちはスマホを焦（あせ）ったように取り出して、音楽を聴き、SNSを開き、誰かにテキストを送り、動画や記事をシェアしています。

このくらいならなんてことはありませんが、次の事例はどうでしょうか。

最近のティーンエージャーは、公園に向かって歩きながら携帯で話したりテキストを読んだりする親に育てられた。親は片手でテキストを打ちながら、もう一方の手でブランコを押していた。ジャングルジムの子どもを見上げながら電話をしていた。ティーンエージャーたちは、送り迎えの車中でも、家族でディズニーのビデオを見ているときも、親たちがモバイル機器を使っていたという話をする。

同じく２０１１年のタークルの本からです。電話というのがピンとこなければ、ＳＮＳや動画サイトなどと置き換えてください。

　もちろんこれは[B]イチガイに責められるものではないでしょう。例えば、大人が観るにはいささか単調な同じ映画を、一緒に観てくれと何度も何度もせがまれることが[C]ビミョウな気持ちにさせることは想像するまでもありません。思わずスマホを取り出したくもなるはずです。それに、親しい人との食事中にスマホを触るなど、今日ではもはやよくあることですよね。

　持ち歩けるデバイスを使って、ここではないどこかで別の情報を得たり、別のコミュニケーションに参加したりすることが可能になった状況を、タークルは「常時接続の世界」と呼びました。スマホ時代の哲学のキーワードは、「常時接続」です。常時接続の世界において生活をマルチタスクで取り囲んだ結果、何一つ集中していない希薄な状態について、特に人間関係の希薄さを念頭に「[3]つながっていても一人ぼっち（connected, but alone）」と彼女は表現しています。

　メディア論では、「人の感覚がテクノロジーによって書き換えられていく」という考え方をすることがよくあります。「[4]技術は中立的なものだ」と語る人がたまにいますが、これは実状に反しています。実際には、新たなテクノロジーは普及するにつれて、行動様式、感じ方や捉え方、ものの見方を具体的に変えていくのです。

　技術が感性のあり方を左右していくのだとすれば、スマホを手にした私たちはどう変わってしまったのでしょうか。問題点について考えるわけなので、この変化によって失われたものにフォーカスしてみましょう。技術について考える中で、私たちは原理的な問い、平たく言えば「そもそも論」に巻き込まれていくとタークルは言います。「私たちは本当に重要なものは何かという疑問に立ち返っていく」ことになるのだと。スマホの先にある「本当に重要なもの」とは何でしょうか。

　常時接続の世界で失われたもの。いろいろな論者の見解を私なりに整理して総合するなら、それは二つの観点から説明できます。それは、〈孤立〉と〈孤独〉です。それぞれについて言い換えれば、他者から切り離されて何かに集中している状態と、自分自身と対話している状態のことです。

　常時接続の世界の行動について立ち止まって考えればわかることですが、私たちは、反射的なコミュニケーションを積み重ねています。いろいろなものを保留しながら、短いテキストやアクションで表面的な返答を順次していく。

　例えば、こんな光景はありふれたものでしょう。対面で誰かと話しているときに、スタンプと短いテキストで４人にLINEを返し、フリマアプリが表示してくるお知らせをスルーして、早送り機能でソシャゲのストーリーを進め、Twitterでいくつかの記事を[D]ジュクドクせずにリツイートし、Instagramで気に入ったインフルエンサーの薦める服を保存しておく。

　ここで失われているのが〈孤立〉です。何か一つのことに取り組み、それに集中するにはあまりに気が散っていて、いろいろなコミュニケーションや感覚刺激の多様性が、一つのことに[E]ボットウすることを[F]サマタげてしまっています。ここで念頭に置かれている「[5]〈孤立〉の喪失」は、マルチタスキングによる注意の分散のことであり、これは、メディア技術が可能にした「アテンションエコノミー（注意経済）」の一つの[G]キケツでもあります。

（中略）

　〈孤立〉は、注意を分散させず、一つのことに集中する力に関係するのに対して、〈孤独〉は、自分自身と対話する力に関わっています。

　やはりタークルが、印象深い事例を挙げているので、これを手がかりにしましょう。

　先日、仲がよかった友人の追悼式に出席したとき、プログラムが書かれたクリーム色のカードが用意されていた。そこには弔辞を述べる人の名前、音楽を演奏する人の名前や曲名、そして若く美しかったころの友人の写真が載っていた。私のまわりの何人かは、そのプログラムで携帯電話を隠し、式のあいだにテキストを送っていた。

　その中の１人、60代後半とおぼしき女性が、式のあと私のそばに来て、当たり前のような口調で「あんな長い時間、電話なしで座っているなんて無理ね。」と言った。式の目的は、時間をとってその人に思いをはせることではないのか。この女性は、手にして10年にも満たないテクノロジーのせいで、それができなくなっているのだ。

これが〈孤独〉を欠いた状態の一例です。心当たりのある人もいるでしょうか。

　実は私自身そうです。祖母の[H]ソウシキに出て遺体が焼かれるのを待っているとき、スマホを触りたくて仕方がなかったことがあります。そのときの私は、「[6]うまく言えないけど、そうしないほうがいいだろう。」と思って、電源を落とし、鞄（かばん）の奥にしまいました。

　代わりに、外の風景をただ眺めたり、近くにいる[I]シンセキと何でもない話をしたり、ただ沈黙したり、頭の片隅に浮かんだことを手帳に書いて整理したりしました。ただ、そうしている間も、スマートフォンの電源をつけようか、あるいはテレビのあるところにでも行こうかという思いが頭によぎっていました。

　ここで失われ（かけてい）たものが、〈孤独〉です。退屈に耐えきれず、何か刺激やコミュニケーションを求めてしまう。自分自身と過ごすことができないということです。〈孤独〉という言葉を通して、刺激を求めたり他者への反応を優先したりすることなく、自分一人で時間を過ごすことの重要性が語られているわけですね。

（谷川嘉浩（たにがわよしひろ）『スマホ時代の哲学――失われた孤独をめぐる冒険』による）

注　＊テキスト……文書によるメッセージ。

問一、よく出る　基本　点線部Ａ～Ｉのカタカナを漢字に改めよ。

問二、傍線部１「もうすっかり忘れて久しい感覚」とあるが、その感覚が忘れられたのはなぜか。本文中の言葉を用いて理由を答えよ。

問三、傍線部2「物理的にある場所にいても、実際には別のところにいる」とはどういうことか、答えよ。

問四、傍線部3「つながっていても一人ぼっち」とはどういうことか、答えよ。

問五、傍線部4「技術は中立的なものだ」とはここではどのような考え方か。その説明として最も適当なものを次のア～オから選び、記号で答えよ。

ア、技術自体はすぐれた価値をもっているのに、多くの人々はそれを活かす使い方ができていないという考え方。

イ、技術自体はもともと良いものでも悪いものでもなく、その価値の判断は人間にはできないという考え方。

ウ、技術は生活を便利にするただの道具であり、技術が人々に根本的な影響を与えることはないという考え方。

エ、技術はつねに発展をつづけているものであり、その性格を固定的にとらえることはできないという考え方。

オ、技術は人と人とをつなぐはたらきを持っているので、使い方しだいでは社会を良いものにできるという考え方。

問六、傍線部5「〈孤立〉の喪失」とはどういうことか、答えよ。

問七、**難** **思考力** 傍線部6「うまく言えないけど、そうしないほうがいいだろう」とあるが、このときの筆者の思いを表現するならば、どのように言えるか。本文の内容を踏まえて答えよ。

三（随筆文）内容吟味

次の文章は、水俣病（チッソを原因企業とする公害病）に取材した著作のある石牟礼道子に関する文章である。これを読んで、後の問いに答えよ。

　石牟礼さんの著作を私がちゃんと読むようになったのは、ここ数年のことだ。それまでは、昔買った何冊かの本を、ときどき本棚から引き抜いてはおっかなびっくり目を通し、また戻すことを繰り返していた。

　石牟礼さんの文章からは、私が読んできたどんな作家とも違う、異世界からの声が響いていて、引きずり込まれるようで怖かったのだ。ではなぜ、石牟礼作品をつぶさに読むようになったのか。

　取材をして書く、というのが私の仕事だが、文章にするとき、1多くのことをふるい落とす。語ってもらった言葉も、そのときの表情も、訪れた土地の風景も、最終的に文章となって残るのはほんのわずかである。

　二十年近く書いてきて、昔の取材ノートを見返すと、原稿にしなかったことの多くを忘れてしまっていることに気づいて愕然とする。「書かなかったこと」を、いつのまにか「なかったこと」にしているのだ。それらは、取材という名目のもとに、与えてもらい、あるいは奪ってきたもので、もともと自分のものではなかったのに。

　2ばらばらに存在する出来事や言葉や風景を結んで星座をつくるのが、ものを書くということだと思ってきた。すっきりと美しいかたちの星座にするためには、不要な要素を間引かなくてはならない。だが、そうやって捨ててきたものが、あるときから急に押し寄せてきて、思うように原稿が書けなくなった。石牟礼さんの著作を少しずつ読み直すようになったのはその頃からだ。

　受け止め、背負い、何も捨てずに書き尽くす覚悟が、石牟礼さんの文章からは感じられた。それは命を削る行為だが、石牟礼さんは生きのびて書き続けた。どうして、そんなことができたのだろう。

　生前に会うことは叶わなかったが、石牟礼さんを育み、石牟礼さんがそこで闘った土地を踏むことで、私も彼女の文学に近づきたいと思った。

　奥田夫妻が暮らすのは、一九八六年に石牟礼さんの夫の弘さんが水俣川の河口に近い白浜町に建てた家だ。

　石牟礼さんは一九七〇年から熊本市内に仕事場を設け、亡くなるまで執筆は熊本で行った。生活の場も、次第に熊本に移っていく。

　奥田順平さんがカライモブックス発行のフリーペーパー「唐芋通信」に書いた文章の中に〈（道子さんは）水俣にいたかった。だけど、水俣では書けなかった。〉という一節がある。

　石牟礼さんが身を投じた水俣病闘争は、長くチッソに依存してきた水俣市にとって市の根幹をゆるがす問題で、住民の多くがチッソを擁護する立場に立った。患者とそれ以外の住民は対立関係となり、患者側に立った石牟礼さんは、水俣で仕事をすることができなくなったのだ。

　3それは現在まで尾を引いている。水俣を訪れて驚いたのは、石牟礼道子という作家の存在がほぼ消されていることだった。駅などに置かれた水俣市のパンフレットには、水俣ゆかりの人として、徳富蘇峰・蘆花、高群逸枝、淵上毛錢、江口寿史が載っているが、石牟礼道子の名前はない。水俣駅が新しくなったときに作られた石牟礼さんを紹介するコーナーは、数日もたたないうちに撤去されたと聞いた。

　後半生を実質的に熊本市で暮らした石牟礼さんだったが、白浜町の家にしばしば帰り、料理をした。『食べごしらえおままごと』という美しい本が石牟礼さんにはあるが、ここに載っている料理はこの家の台所で作り、撮影されたものだ。

　同じその台所で、順平さんが鱧の天ぷらを揚げてくれた。びっくりするほど沢山の鱧を持ってきてくれたのは、もとは水俣病の患者支援のためにこの地にやってきて、その後、漁師になったという人だ。

　不知火海でとれる鱧の量は全国でも有数で、おもに京都に送られるそうだ。だが水俣産だと知って食べている人はほとんどいない。積極的に明かされることはないからだ。

　4水俣という地名はいまも負のイメージを背負っている。水俣出身だというと差別を受けることもあるという話を今回の旅で何度か耳にした。水俣駅の近くでは「水俣病は差別用語　メチル水銀中毒症へ病名改正を求めます」と書かれた看板を見た。

　水俣病を大ごとにしてほしくないという人たちの思いには、こうした事情もある。その痛みを十二分にわかりながら、石牟礼さんは、患者のために闘ったのである。

　米本浩二さんの『水俣病闘争史』に、晩年の石牟礼さんが、病気（パーキンソン病）になってよかったと思っていた、と話す場面がある。「病気になったから、これでもう、すっかり忘れていいのだ、と思っていました。」と石牟礼さん。忘れて楽になりたかったのは、住民を分断した水俣病闘争のことだった。それぞれの立場にそれぞれの事情があり、苦しみがあった。あれほどの闘いを繰り広げながら、自分たちだけが正義だとは石牟礼さんは思っていなかったのだ。

このときの石牟礼さんは、夢うつつの中で、チッソの島田社長がやってくる幻を見ている。島田社長は、患者側に譲歩したとして会社から批判された人物だ。苦しい病を得ても、石牟礼さんはかつての闘争を忘れることはできなかった。

水俣は複雑な土地である。その複雑さを引き受けることは、自身が引き裂かれることだった。5引き裂かれつつ書き続けたのが、石牟礼道子という人だった。

（梯久美子「水俣、石牟礼さんへの旅」による）

問一、傍線部1「多くのことをふるい落とす」とあるが、ここではどういうことを表しているのか、答えよ。

問二、傍線部2「ばらばらに存在する出来事や言葉や風景を結んで星座をつくる」とあるが、ここではどういうことを表しているのか、答えよ。

問三、傍線部3について、次のA・Bの問いに答えよ。

A、「現在まで尾を引いている」とはどのようなことか、答えよ。

B、Aで答えた事態になったのはなぜか。理由を答えよ。

問四、傍線部4「水俣という地名はいまも負のイメージを背負っている」とあるが、どういうことか、答えよ。

問五、難 思考力 傍線部5「引き裂かれつつ書き続けた」とあるが、どういうことか。本文全体の内容を踏まえて答えよ。

三（古文）口語訳・内容吟味

次の文章を読んで、後の問いに答えよ。

中ごろの事にや、山城国に男有りけり。あひ思ひたりける女なん侍りける。何とか侍りけん、Aうとうとしきさまにのみぞなりゆきける。この女うちくどき、「かくのみなりゆけば、世の中も浮き立ちておぼゆるに、誰も年のいたう言ふかひなくならぬ時、おのが世々になりなんも、ひとつの情なるべし。」といひけり。この男1驚きて、「Bえ去らず思ふこと、昔につゆちりも違はず。ただしひとつの事ありて、うとうとしきやうにおぼゆることぞある。過ぎにしころ、ものへ行くとて、野原のありしに休みしに、死にたる人の頭の骨のありしを、つくづくと見しほどに、世の中あぢきなくはかなくて、『誰も死なん後は、2かやうに侍るべきぞかし。この人もいかなる人にか、Cかしづき仰がれけん。ただいまは、いとけうとくいぶせき髑髏にて侍るめり。今よりわが妻の顔のやうをさぐりて、このさまに同じきかと見んよ。』と思ひて、かへりてさぐり合はするに、さらなり、3などてかは異ならん。それより何となく心も空におぼえて、かくおぼし咎むるまでになりにけるにこそあなれ。」と言ひけり。

かくて、月ごろ過ぎて妻にいふやう、「出家の功徳によりて仏の国に生まれば、必ず帰り来て、友を誘はん時、4心ざしのほどは見え申さんずるぞ。」とて、かき消つやうに失せぬとなん。5ありがたく侍りける心にこそありけれ。

（『閑居友』による）

注　＊世の中……一か所目は「あなたと私の関係」の意。二か所目は「人の一生」の意。
＊おのが世々になりなんも……それぞれ別々の生活をするならばそれも。
＊けうとくいぶせき……恐ろしく気味の悪い。
＊心も空におぼえて……ぼんやりと上の空になって。
＊出家の功徳によりて仏の国に生まれば……仏門に入るという善行によって極楽往生したら。
＊友……生前深い縁のあった人。ここでは妻を指す。

問一、点線部A〜Cの語句の、本文における意味として最も適当なものをそれぞれア〜オから選び、記号で答えよ。

A「うとうとしき」
ア、うっとりするような　イ、きらっている
ウ、眠そうな　エ、よく知らない
オ、よそよそしい

B「え去らず」
ア、あなたと別れることにはならないと
イ、あなたに立ち去ってほしくないと
ウ、あなたのもとから離れられないと
エ、決してあなたのもとから去るまいと
オ、この家から立ち去りたくないと

C「かしづき仰がれけん」
ア、祈られ崇拝されたのだろう
イ、貸しを作って恐れられたのだろう
ウ、最期を看取られほうむられたのだろう
エ、大切にされ愛されたのだろう
オ、つかず離れず暮らしていたのだろう

問二、傍線部1「驚きて」とあるが、男が驚いたのはなぜか。理由を答えよ。

問三、傍線部2「かやうに侍る」とあるが、どういうことか、答えよ。

問四、傍線部3「などてかは異ならん」は「全く同じだ」という意味であるが、何と何が同じであるというのか、答えよ。

問五、傍線部4「心ざしのほどは見え申さんずるぞ」の説明として最も適当なものを次のア〜オから選び、記号で答えよ。

ア、自分が妻を極楽へ導かなければ、妻と自分との間の愛情の深さは決して分からないということ。
イ、自分が妻を極楽へ導くかどうかで、自分に対する妻の愛情が深かったかどうか分かるということ。
ウ、自分が妻を極楽へ導くことによって、妻に対する自分の愛情が深かったことが分かるということ。
エ、自分が妻を極楽へ導けたなら、自分が強い意志で仏道修行に取り組んだことが分かるということ。
オ、自分が妻を極楽へ導けるかどうかで、仏道修行に妻が真剣に取り組んだかどうか分かるということ。

問六、傍線部5「ありがたく侍りける心にこそありけれ」とあるが、男の心のどのような点を「ありがたく」と評価しているのか、答えよ。

西大和学園高等学校

時間 60分　満点 100点　解答 P85

2月6日実施

出題傾向と対策

●例年どおり論説文、小説文（省略）、古文の大問三題構成。二は随筆文の年もある。現代文の文章量はどちらも多めである。古文は、「源氏物語」が二年連続で出題されるなど、本文が長く難解で、設問も難しい。四十字～八十字程度の記述問題、選択問題、語句の意味などの基本問題、漢字の書き取りがバランスよく出題されている。

●古文の対策が必須。単語、文法事項ともに、しっかりと覚えておきたい。現代文は、読解の正確さとスピードを意識して、選択問題、記述問題演習を繰り返そう。

〔注意〕　各問題とも特に指定のない限り、句読点、記号なども一字に数えること。

一 （論説文）漢字の読み書き・文脈把握・内容吟味

次の文章を読んで、あとの問いに答えよ。

インターネットでは、広告や利用者の囲い込みなどをベースに成り立っているビジネスが多いですが、アテンションエコノミーは、そうした環境で成り立つ経済のあり方のことです。具体的には、情報の内実や質よりも、[X]が価値を持つことを指しています。

アテンションエコノミーにおいては、コンテンツ、広告、製品、サービス、ウェブプラットフォーム、オンラインサロン、YouTubeチャンネル、インフルエンサーなどのいずれも、どれくらいの人がそれに注目し、クリック数や購入者数、登録者数、売上などがどれくらい具体的に動いているかという、数量的な「動員」（エンゲージメント）こそが問題になります。

あらゆる人間やイベント、商品などがアテンション（＝注意）を奪うことに最適化していて、それらが私たちの注意を奪い合うだけでなく、私たち自身もＳＮＳの発信を通じて、そうした注意を奪い合う競争に参加しています。

こうした消費環境は明らかに注意の分散に貢献していますが、別に企業や技術だけのせいでもありません。私たち自身が、日夜スマホを通じて注意を分散させる試みに喜んで参加していることを進んで認める必要があるでしょう。

スマホを触りながらの対面コミュニケーションでは、相手の会話は薄く聞くだけ、小難しい内容は無視する、何か聞かれたら生返事、そんなやりとりが関の山でしょう。こんな環境で、「消化しきれなさ」「モヤモヤ」「難しさ」の類を抱えておくなんてやってられないとしか思えないはずです。

残念ながら、注意の分散によっておろそかになるのは、対面のコミュニケーションだけではありません。マルチタスク的に処理しているあらゆることが、同時並行している分だけおろそかになっています。漫画を読むことも、電話をすることも、音楽を聴くことも、誰かとテキストをやりとりすることも、全部です。

さらに悪いニュースとして、タークル(注1)が危惧（きぐ）する以上のことが起こっています。つまり、スマホを通じて注意を分散することに慣れた私たちは、スマホを使っていないときでさえ、気もそぞろで対面のやりとりをしているらしいのです。

いくつかの研究がａシサするところでは、スマホを触っていなくても、そこにスマホがあるという事実が、対面の会話に影響を与えている可能性があります。[A]には、会話での共感レベルが下がり、話題がスマホに左右される恐れがあり、自他の感情や心理状態への注意が削がれてしまいかねません。

恐らくこのことの背景には、注意の分散があるのでしょう。一つのことに十分注意を向けて、それについてあれこれ考える習慣そのものが衰退しているのだとすれば、やはり〈孤立〉が重要になってきます。

いろいろな事柄や相手に注意が分散しているわけですから、対面での会話が作業するようにこなされてしまうのは当然です。[B]なコミュニケーションで自分を取り巻くことは、相手の人格や心理状態を想像しないようにと日夜練習を積み重ねているようなものです。マルチタスク化した生活がもたらす①〈孤立〉の喪失は、なかなか問題がありそうです。

常時接続の世界では、〈孤立〉だけでなく〈孤独〉もまた失われつつあるという話でした。〈孤立〉は、注意を分散させず、一つのことに集中する力に関係するのに対して、〈孤独〉は、自分自身と対話する力に関わっています。

やはりタークルが、印象深い事例を挙げているので、これを手がかりにしましょう。

先日、仲がよかった友人の追悼式に出席したとき、プログラムが書かれたクリーム色のカードが用意されていた。そこにはｂチョウジを述べる人の名前、音楽を演奏する人の名前や曲名、そして若く美しかったころの友人の写真が載っていた。私のまわりの何人かは、そのプログラムで携帯電話を隠し、式のあいだにテキストを送っていた。

その中の1人、60代後半とおぼしき女性が、式のあと私のそばに来て、当たり前のような口調で「あんな長い時間、電話なしで座っているなんて無理ね」と言った。式の目的は、時間をとってその人に思いをはせることではないのか。この女性は、手にして10年にも満たないテクノロジーのせいで、それができなくなっているのだ。

これが〈孤独〉を欠いた状態の一例です。心当たりのある人もいるでしょうか。

実は私自身そうです。祖母の葬式に出て遺体が焼かれるのを待っているとき、スマホを触りたくて仕方がなかったことがあります。そのときの私は、「うまく言えないけど、そうしないほうがいいだろう」と思って、電源を落とし、鞄の奥にしまいました。

代わりに、外の風景をただ眺めたり、近くにいる親戚と何でもない話をしたり、ただ沈黙したり、頭の片隅に浮かんだことを手帳に書いて整理したりしました。ただ、そうしている間も、スマートフォンの電源をつけようか、あるいはテレビのあるところにでも行こうかという思いが頭によぎっていました。

②ここで失われ（かけてい）たものが、〈孤独〉です。退屈に耐えきれず、何か刺激やコミュニケーションを求めてしまう。自分自身と過ごすことができないということです。〈孤独〉という言葉を通して、刺激を求めたり他者への反応を優先したりすることなく、自分一人で時間を過ごすことの重要性が語られているわけですね。

ただし、〈孤独〉といっても、これは「自分自身と過ごすこと」をフラットに指す言葉なので、［C］な含みがないことに留意する必要があります。そうはいっても、悪い印象を持ってしまう人も多いでしょう。その疑問を払拭するためにも、どうして〈孤独〉が必要なのかという問いに、ハンナ・アーレントという哲学者の想像力を借りて迫ってみたいと思います。

アーレントは、「一人であること」を三つの様式に分けています。それが、〈孤立（isolation）〉、〈孤独（solitude）〉、〈寂しさ（loneliness）〉です。この補助線を引けば、多少見通しがよくなり、〈孤独〉と〈孤立〉の関係も見えてきます。順に見ていきましょう。

アーレントは、他の人とのつながりが断たれた状態を〈孤立〉と呼びました。言い換えると、〈孤立〉は、何らかのことを成し遂げるために必要な、誰にも邪魔されずにいる状態を指しています。ソウゾウ(c)的・生産的なことでなくても、何かに集中して取り組むためには誰かがカイザイ(d)してはなりません。例えば「何かを学んだり、一冊の書物を読んだりする」ときなどに、「他の人の存在から守られていることが必要になる」ように。

要するに、何かに集中して取り組むために、一定程度以上求められるのが、この物理的な隔絶状態です。この意味で、〈孤立〉は、何かに集中的に注意を向けるための条件になっていることがわかります。

それに対して〈孤独〉は「沈黙の内に自らとともにあるという存在のあり方」だと説明されます。ちょっとおしゃれな言い方でニュアンスを酌みにくいと思いますが、〈孤独〉にあるときの私たちは、心静かに自分自身と対話するように「思考」しているということです。〈孤独〉とは、私が自分自身と過ごしながら、「自分に起こるすべてのことについて、自らと対話する」という「思考」を実現するものなのです。葬式の最中にデジタルデバイスを触りたがる老女は、悲しみを受け止める場を退屈に感じ、「沈黙の内に自らとともにある」ことができていなかったのです。

しかし、人から話しかけられたり、余計な刺激が入ったりすると、自己との対話（＝思考）は中断されてしまいます。この意味で〈孤立〉は、〈孤独〉とそれに伴う自己対話のための必要条件にほかなりません。〈孤立〉抜きに〈孤独〉は得られないということです。

より興味深いのは、「一人であること」の三様式の残りの一つである〈寂しさ〉です。アーレントは、〈孤独〉と〈寂しさ〉を区別するとき、〈孤独〉が〈孤立〉（＝一人でいること）を必要とするのに対して、〈寂しさ〉は、「他の人々と一緒にいるときに最もはっきりあらわれてくる」と述べています。

〈寂しさ〉は、いろいろな人に囲まれているはずなのに、自分はたった一人だと感じていて、そんな自分を抱えきれずに他者を［D］に求めてしまう状態です。どうにも不安で、仕事が虚しくて、友人や家族とうまくいかないのが苦しくて、誰にも理解されない感覚があって、退屈を抱えきれなくて他者や刺激を求めてしまう。これに心当たりがない人は恐らくいませんよね。

実際、〈寂しさ〉は［E］な共同体が崩壊した都市社会に生きる現代人に、宿業（しゅくごう）のようにのしかかるものだとアーレントは考えていました。私たちはみな、③どこにいてもアットホームな気持ちになれない余所者（よそもの）（故郷喪失者）のような心理になる素質を持っており、その気持ちを忘れるために、何かや誰かと一緒にいたいと望む寂しがり屋なのです。

スマホという新しいメディアは、〈寂しさ〉からくる「つながりたい」「退屈を埋めたい」などというニーズにうまく応答してくれます。スマホは、いつでもどこでも使えるだけでなく、スマホを含む様々な情報技術が、私たちのタスクを複数化し、並行処理を可能にしています。コミュニケーションも娯楽もその他の刺激も流し込み、自己対話を止めて感覚刺激の渦に巻き込んでくれるマルチタスキングは、つながりへの欲望も、退屈や不安も覆い隠してくれます。

しかし、〈寂しさ〉からくるマルチタスキングは、いろいろな刺激の断片を矢継ぎ早に与えるものなので、一つ一つのタスクへの没頭がありません。そうすると、ふとした瞬間に立ち止まったとき、「あれは何だったんだ」と虚しくなったり、つながりの希薄さ（つながっていても一人ぼっち）を実感したりすることになります。

常時接続が可能になったスマホ時代において、④〈孤立〉は腐食し、それゆえに〈孤独〉も奪われる一方で、〈寂しさ〉が加速してしまうにもかかわらず、私たちはそうした存在の仕方の危うさに気づいていないように思えます。これまで論じてきた問題点に、スマホというメディアの特性を重ねると、〈寂しさ〉という問題がゼンケイ(e)化してくるということです。

（谷川嘉浩『スマホ時代の哲学』による）

【語注】
（注1）タークル…シェリー・タークル。マサチューセッツ工科大学の心理学者。

問一、**よく出る** **基本** 二重傍線部a～eのカタカナを漢字に直せ。楷書で丁寧に書くこと。

問二、空欄［A］～［E］を補うのに最も適当なものを次の中からそれぞれ一つずつ選び、記号で答えよ。ただし、同じ記号を繰り返し用いてはならない。

ア、依存的　イ、旧来的　ウ、具体的
エ、反射的　オ、否定的

問三、本文中の空欄［X］に当てはまる語として最も適当なものを次の中から一つ選び、記号で答えよ。

ア、発信される頻度
イ、人の注目それ自体
ウ、他の広告との差別化
エ、どうやって金を稼ぐか

オ、いかに短時間で伝えるか

問四、傍線部①「〈孤立〉の喪失は、なかなか問題がありそうです」とあるが、筆者がこう考えているのはなぜか。その理由を四十字以内で説明せよ。

問五、傍線部②「ここで失われ（かけてい）たものが、〈孤独〉です」とあるが、「〈孤独〉」とはどういうことか。その説明として最も適当なものを次の中から一つ選び、記号で答えよ。

ア、誰の助けもなくただ一人でいること。
イ、俗世間から離れ自分の志を守ること。
ウ、一人で心を落ち着け自問自答すること。
エ、他から離れて自分だけで生活すること。
オ、他人に適切な距離を取って関わること。

問六、傍線部③「どこにいてもアットホームな気持ちになれない余所者（故郷喪失者）のような心理になる」とあるが、このような「心理になる」のはなぜか。その説明として最も適当なものを次の中から一つ選び、記号で答えよ。

ア、慌ただしい都会の生活の中で仕事や人間関係に悩み、自分が友人や身近な人たちから理解されないような感覚に陥ってしまうから。
イ、情報技術が発達した現代社会では、どこにいてもオンラインで繋がることが出来るため故郷と呼べる場所が消失してしまったから。
ウ、他者と繋がることが容易になったことで、コミュニケーションが表面的なものになってしまい皆が他人行儀になってしまっているから。
エ、地域での連帯が失われ、人と人との直接的な繋がりも希薄になってしまった都会では、否応なく自分がたった一人だと感じてしまうから。
オ、常時スマホに触れていないと平静を保てなくなってしまった現代人は、どこにいても自分の居場所でないように感じるようになったから。

問七、難 思考力 傍線部④「〈孤立〉は腐食し、それゆえに〈孤独〉も奪われる一方で、〈寂しさ〉が加速してしまう」とはどういうことか、八十字以内で説明せよ。

問八、本文の内容を説明したものとして最も適当なものを次の中から一つ選び、記号で答えよ。

ア、スマホの発達により、様々な情報を得ることがたやすくなり疑問をすぐ解消できる良い環境ができあがった。
イ、葬儀は参列者にとって大切な時間であるので、スマホを使用せず皆で会話をする時間をつくるべきである。
ウ、いつでもオンラインで他者と繋がることが出来る社会だからこそ、自分一人で過ごす時間は重要といえる。
エ、われわれは他者と繋がりを求めて、SNSなどを利用し続けている今の状況を乗り越えなければいけない。
オ、現代人は情報技術の発達に伴い、同時に二つ以上の物ごとを素早く適切に処理することが可能となった。

二 （省略）瀧羽麻子「虹にすわる」より

三 （古文）仮名遣い・文法・動作主・口語訳・内容吟味

次の文章は、光源氏を愛する「六条御息所（ろくじょうみやすんどころ）（知らない間に魂が体を離れ物の怪となる）」が、光源氏の正妻である「葵の上（源氏の子を懐妊している）」に憑（と）りついて、出産を妨げようとする場面である。これを読んで、あとの問いに答えよ。

ⅰまださるべきほどにもあらず、と皆人もたゆみたまへるに、にはかに御気色ありて悩みたまへば、いとどしき御祈祷（きとう）数を尽くしてせさせたまへれど、例の執念き御物の怪ひとつさらに動かず。やむごとなき験者ども、めづらかなりともてなやむ。Aさすがにいみじう調ぜられて、心苦しげに泣きわびて、

（葵の上）「すこしゆるべたまへや。大将にX聞こゆべきことあり」
（加持祈祷をすこしゆるめてください）（光源氏）

とのたまふ。《中略》御几帳の帷子ひき上げて、a見たてまつりたまへば、いとをかしげにて、御腹はいみじう高うて臥したまへるさま、ⅱよそ人だに見たてまつらむに心乱れぬべし。まして惜しう悲しう思す、ことわりなり。白き御衣に、色あひいと華やかにて、御髪のいと長うこちたきをひき結ひてうち添へたるも、かうてこそらうたげになまめきたる方添ひてをかしかりYけれと見ゆ。《（光源氏が葵の上の手をにぎり、葵の上は涙をこぼす）という文章が入るが、省略した。》

あまりいたう泣きたまへば、心苦しき親たちの御ことを思し、またかく見たまふにつけてb口惜しうおぼえたまふにやと思して、

（光源氏）「何ごともいとかうな思し入れそ。さりともけしうはおはせじ。ⅲいかなりとも必ず逢ふ瀬あなれば、対面はありなむ。大臣（父上）、宮（母宮）なども、深き契りある仲は、めぐりても絶えざなれば、あひ見るほどありなむと思せ」

と慰めたまふに、

「①いで、あらずや。身の上のいと苦しきを、しばしやすめたまへと聞こえむとてなむ。cかく参り来むともさらに思はぬを、もの思ふ人の魂（たま）はBげにあくがるるものになむありける」

となつかしげに言ひて、

（物の怪）なげきわび　空（そら）に乱るる　わが［Z］を　結（むす）びとどめよ　したがひのつま

とのたまふ声、けはひ、その人にもあらず変りたまへり。いとあやしと思しめぐらすに、ただかの御息所なりけり。

《中略》

すこし御声も静まりたまへれば、隙おはするにやとて、宮の御湯持て寄せたまへるに、かき起こされたまひて、②ほどなく生まれたまひぬ。うれしと思すこと限りなきに、ⅳ人に駆り移したまへる御物の怪どもねたがりまどふけはひいともの騒がしうて、後のことまたいと心もとなし。《（験者たちの加持祈祷によってことなきを得た）という文章が入るが、省略した。》院をはじめたてまつりて、親王たち、上達部残るなき産養どものCめづらかに厳しきを、夜ごとに見ののしる。男にてさへおはすれば、そのほどの作法にぎははしくめでたし。

v かの御息所は、かかる御ありさまを聞きたまひても、ただならず。かねてはいとあやふく聞こえしを、たひらかにもはた、とうち思しけり。（怨霊になっているとは知らない御息所は）あやしう、我にもあらぬ御心地を思しつづくるに、御衣などもただ芥子（注1）の香にしみかへりたる、D あやしさに、御泔参り、御衣着替へなどしたまひて試みたまへど、なほ同じやうにのみあれば、わが身ながらだにうとましう思さるるに、まして人の言ひ思はむことなど、人にのたまふべきことならねば、心ひとつに思し嘆くに、③いとど御心変りもまさりゆく。

（『源氏物語』による）

【語注】
（注1）芥子の香にしみかへりたる…自身は加持祈祷などしていないのに、加持祈祷に使う芥子の香りが衣に香っているということ。

問一、太線部X「聞こゆ」は、「申し上げる」と訳をするヤ行の動詞「聞こゆ」の「終止形」であるが、古文での五十音図の「ヤ行」を、例のように答えよ。
例　サ行（さ・し・す・せ・そ）

問二、太線部Y「けれ」は、何形であるか活用形を正しく漢字で答えよ。

問三、二重傍線部a「見たてまつりたまへ（見申し上げなさる）」、b「口惜しうおぼえたまふにや（名残惜しいと思われなさるのだろうか）」、c「かく参り来（このように葵の上のもとに参上する）」の主体（主語）は誰か。次の中からそれぞれ一つずつ選び、記号で答えよ。
ア、光源氏　イ、六条御息所（物の怪）
ウ、葵の上　エ、親たち
オ、験者

問四、傍線部A、B、C、Dについて、訳として最適なものを次の中からそれぞれ一つずつ選び、記号で答えよ。
A「さすがにいみじう調ぜられて」
ア、そうは言うもののやはり、ひどく祈り伏せられて
イ、そうは言ってもやはり、たいそう調伏しなさって
ウ、それだけのことはあり、すぐれた加持祈祷を行い
エ、それだけのことはあり、ひどく加持祈祷が行われ
オ、それだけのことはあり、たいそう加持祈祷を行い
B「げにあくがるるものになむありける」
ア、たいそう悪い病気が身体から出る人であったなあ
イ、たいそうあこがれのものになれたのであったなあ
ウ、ほんとうに体を離れさまよい出るものであったよ
エ、ほんとうにあこがれのものとなったのであろうよ
オ、とてもあこがれられる人であり続けたいものだよ
C「めづらかに厳しきを、夜ごとに見ののしる」
ア、珍しくひどいことを、怨霊の出た夜ごとに見てうわさを立てる
イ、珍しくひどいことを、怨霊の出た夜ごとに見て悪しざまにいう
ウ、珍しくりっぱなことを、そのお祝いの夜ごとに見ては罵倒する
エ、珍しくりっぱなことを、そのお祝いの夜ごとに見て騒ぎ立てる
オ、珍しくりっぱなことを、怨霊の出た夜ごとに見て大声をあげる
D「あやしさに、御泔参り、御衣着替へなどしたまひて試みたまへど」
ア、疑わしいので、御息所は髪をお洗いになり、お召物を着替えなどなさって汚れがとれるか、試しなさったが
イ、疑わしいので、御息所は髪をお洗いになり、お召物を着替えなどなさって匂いが消えるか、試しなさったが
ウ、身分が低いので、御息所は髪をお洗いになり、お召物を着替えなどなさって汚れがつくか、試しなさったが
エ、いやしいが、御息所は髪をお洗いになり、お召物を着替えなどなさって匂いがつくよう、試しなさったので
オ、いやしいので、御息所は髪をお洗いになり、お召物を着替えなどなさって匂いが消えるか、試しなさるので

問五、傍線部①「いで、あらずや（いえ、そうではないです）」と、光源氏の推測は違うと言っているが、葵の上に憑りついた物の怪は、どうしてほしいと伝えようとしているのか、「…と伝えようとしている。」に続くように、十五字以内で説明せよ。

問六、**難** 空欄 Z に当てはまる漢字を、本文中から抜き出し一字で答えよ。

問七、傍線部②「ほどなく生まれたまひぬ」を、主語を明らかにして、口語訳せよ。その際、傍線部に含まれるは「生まる」で、「生む」とは違う動詞であることに注意すること。

問八、**難** 傍線部③「いとど御心変りもまさりゆく（いっそう御心が変になっていく）」とあるが、六条御息所がそのようなつらさを感じているのは、何を知ったからか。五十字以内で説明せよ。

問九、点線部i～vについて、正しくない解釈がある。次の中から一つ選び、記号で答えよ。
ア、i　まだ物の怪が去る時ではないと皆が気を引き締めていると、物の怪が悩み始めたので加持祈祷をして動けるようにした。
イ、ii　他人でさえ葵の上の姿を見たら心乱れるのだから、ましてよく知った人が葵の上を見れば、心乱れるのは当然のことだ。
ウ、iii　たとえどうなろうとも、前世からあなたは、父上と母宮と縁のある間柄なので、めぐり逢う折も必ずあると思いなさい。
エ、iv　人にのり移らせた物の怪どもが、お産を妬んで大騒ぎをする様子はまことに騒々しくて、後産のことが気がかりである。
オ、v　御息所は、葵の上出産の知らせを耳にし、前は危篤だとの噂だったのによくもまあ無事に、と苦々しく思うのであった。

法政大学国際高等学校

時間	満点	解答	
50分	100点	P87	2月12日実施

出題傾向と対策

●論説文と小説文の二題構成。小説文の代わりに論説文や随筆文が出題される場合もある。文章は長めで内容もやや重厚。設問は正確な読解を踏まえた内容吟味が大半で、漢字の読み書き、語意なども入る。解答はほぼマーク式。文章の長さと設問数から難度は高めである。

●文章を読み解く力を非常に重視しているという印象である。よって過去問だけでなく中学生向けの評論・小説アンソロジー（質の高いものを集めた本）を読むことを勧める。語彙知識も辞書引き等で継続的に補充する。

一 （論説文）漢字の読み書き・内容吟味・文脈把握・慣用句 （計48点）

次の文章を読んで、後の問に答えなさい。

明治以後のわが国の文化は翻訳文化である。西欧の文物を摂取して、これを消化するのに懸命の努力が払われてきたが、翻訳とはどういうことかという問題が最近までほとんどとり上げられないでいたのは興味ある事実である。

まず、翻訳といっても、すべてのものが翻訳されるわけではないが、このことがあまりにもしばしば忘れられている。ヨーロッパの言葉と日本語とのように言語の性質がいちじるしく異なっている二国語間において、翻訳されうる部分は普通に考えられているよりもはるかに小さなものでしかない。

そのうち、もっとも翻訳しやすいのは、パラフレイズ[注1]を許容する、思想内容、論理、事実などであろう。かならずしも妥当な考え方とはいえないが、かりに、言語を内容と形式に二分するならば、翻訳とは形式を犠牲にして内容を伝えようとする作業にほかならない。翻訳そのものがすでにそのような前提に立つ以上、[A]翻訳文化において、内容が尊重されるのは当然なことである。形式とか形式的というのはつねに否定的な意味合いにおいてのみ使われる語であった。

ヨーロッパ文化は優秀であるとなると、ヨーロッパの言語に含まれている思想内容もすべてすぐれているのだと決めてしまう。それがどういう表現形式をとっているかは問題にされない。思想中心の書物においてそうであるばかりではなく、文芸においても思想がもっとも重視されるという傾向が固定する。文学においては、思想が大切であっても、それはなまの思想ではなく、表現という衣裳[注2]をまとったものであることは理屈でわかっていても、その衣裳を訳出するのは不可能である。また、表現の微妙な味わいまで感得することは翻訳文化の草創期[注3]にあっては期待し難いことでもあった。

まず、かいなで[注4]の翻訳でわかるところだけで満足するほかはなかったのである。それが思想内容というわけだ。そしてこの思想が何よりも重視されるのである。芸術においてすら思想が最優先し、すぐれた芸術作品であっても、いわゆる思想がはっきりしていないという理由で斥けられるということも珍しくない。

思想があればよい作品だというのは、どんなにひどい料理をしてあっても材料に栄養があれば、おいしく食べるべきだというのにも似た乱暴な考え方である。いかにおいしいものでも料理の仕方がまずければ食べものにならない。そんな素朴なことでさえ、[B]翻訳文化に埋没した時代の人たちにはわからなくなってしまっていたのであろうか。

それでも、まあ、思想だけはとにかく移植し得たようにわれわれは考えてきたのだが、果して思想を本当に翻訳し得たのであろうか。思想はきわめてしばしばそれを表現する言語と密接不可分である。言語の形式を捨ててしまっては、思想だけを正しく訳出することすら困難なのではないか。わが国では明治になるまでいわゆる翻訳――原語の形式をすてて意味を伝える転換方式としての翻訳をほとんどしたことはなかったことが思い合わされるのである。

たとえば、中国大陸から①トライした文化を理解するのに、翻訳にはよらずに、原文を生かしながら読む訓読法[注5]を案出したのである。これは語順のいちじるしく違う二言語間の理解のための処理としてきわめて賢明なものであるということができよう。訓点読みが原語の形式、音声を大きく歪めているのは言うまでもないが、それでもなお、原語の一部分は保たれているから、形式がまったく［　C　］ことはない。それだけ[D]いわゆる翻訳よりはすぐれているとも考えられるのである。

欧米の学術書の翻訳など、論理と思想が伝わればよいような場合において、きわめて難解な訳文になっていることがすくなくない。原文を見ると達意の文章になっていてすこしのよどみもないのに訳文では何のことかわからないということがおこるのである。そういう例を見るにつけても、翻訳可能なはずの内容も、日本語とヨーロッパ語のような構造の異なる言語の間では充分に移し切れないのではないかということを考えさせられる。

思想を中心とした書物が案外うまく翻訳できないのに対して、形式を重んずるはずの文学ではありながら、小説がかなりよく翻訳に堪えるのはおもしろい現象である。哲学書よりも小説の方がかえってすぐれた翻訳が生まれているのではあるまいか。同じ文学でも、演劇と詩は小説とはまったく事情が違う。翻訳不可能論が詩の翻訳を②ケイキとしておこるのが常であることをもってしても、詩が翻訳になじまないことは理解されるのであるが、演劇もまたまことに翻訳が困難なのではないかと思われる。

演劇は詩と違って散文で書かれていることが多いから、もし、[E]小説がある程度翻訳に堪えるのなら戯曲[注6]もすぐれた翻訳を生んでよさそうに思われる。ところが、詩と並んで演劇は翻訳においてもっとも［　F　］ジャンルになるのである。詩にファンがあり、演劇にファンがあるのは事実だが、一般の読者はどういうものか外国文学の影響を受けた新しい詩や演劇から生々しい感動を味わうことがすくない。すぐれた芸術だといわれるから理解しようと努力する。その結果感動することもあろうが、すこし力を抜くとたちまちおもしろさがわからなくなってしまう。したがって、新しい詩と演劇は中年以上の愛好者をもつことが難しいのである。

これはこの両ジャンルが、形式ということを思いのほか大切にしているのに、翻訳では思想中心にならざるを得ないからであろう。詩はもちろんのこと、演劇も思想や内容だけでなく、もっと言葉に神経を使わなくてはならない。それでなくては芸術と言えるかどうかすら疑問である。

文学が海外の文学的思潮によって左右されるかぎり、思想が重視され、言葉への配慮が欠けるのは止むを得ないことかもしれない。それを翻訳文化体制のもとでわれわれは文学と考えてきたわけだが、翻訳されていたのがあまりにも小さな部分でしかないことをもう一度はっきり見すえておく必要があるのではなかろうか。思想内容は翻訳が可能なはずであるのに、実際はかならずしもそれすら満足すべき程度には訳されていなかった。そうだとすれば、はじめから翻訳を断念していた形式についてはまったく学びとることをしなかったとしても不思議ではないであろう。

文章や表現の様式は外国語へ移すことができない。スタイルをパラフレイズすることは不可能である。言葉の意味は何とか翻訳できても、声はまったく翻訳不能なのである。明治以後の近代文学はヨーロッパ先導型であったためにGいつしか声を失ってしまった。それが、詩とともに演劇がどうもわれわれのH心の琴線に触れにくいものになっている理由である。西欧で詩を詩たらしめ、ドラマをドラマたらしめている声を翻訳できないために、いたずらに思想が露(あら)わになってしまう。翻訳文化、ことに初期の翻訳文化の宿命というべきであろう。

われわれに比べて欧米人は話し言葉を重視する。講義とか講演がほとんどそのままの形で高度の学術書として通用するというのはそのひとつの例にすぎない。それに対してわれわれは話されたものよりも書かれたものに価値ありと考える傾向がつよい。したがって、プラトン[注7]のように、生きた人間のふれ合いから生ずる言葉、問いと答との間に交わされる生きた言葉の対話こそ哲学の唯一の方法であり、書かれた言葉は生きた言葉の影にすぎず、せいぜい記憶の代用でしかないというような考えに接するとI衝撃を覚えるのである。

日本の言語文化はヨーロッパ文化にふれる以前からすでに無声の性格がはっきりしていたのである。だからこそ、翻訳に当(あた)って外国文化を沈黙の思想として摂取することにさして抵抗を感じなかったのだとも考えられる。そして、翻訳文化の歴史を経ているうちに、日本文化は文字中心の性格を強化してますます音声を失ってきたと見られる。もともと声を大切にする西欧の文化はそれだけ大きく歪められてとり入れられることにもなった。

アリストテレス[注8]が知っていた文学は叙事詩[注9](じょじし)、抒情詩[注10](じょじょうし)、演劇の三つのジャンルである。これらはいずれも声をもった文学という共通性をもっている。読むべきものではなくて、耳で聴くものであった。耳のジャンルである。これが文芸の基本をなしていることは現在も変わりがない。

しかし、印刷術の発達が、アリストテレスの知らなかった二つのジャンルを追加した。小説とジャーナリズムである。これは受け手に印刷物を読む読者を想定していたから、アリストテレス以来の古典的ジャンルに比べると声の要素がいちじるしくあいまいである。目のジャンルであった。もっとも、当分の間、小説もジャーナリズムも耳のジャンルほどの権威を与えられなかったが、印刷が文化の中核的推進力となるにつれて、すこしずつ目のジャンルの地位も高まり、文学の中で小説の占める比重も大きくなった。

ヨーロッパ文学の歴史において、活字印刷の普及にともなっておこった目のジャンルの誕生、それにつづくJ在来の耳のジャンルが目のジャンルに〝翻訳〟されるという変動はきわめて大きな価値の転換をともなったのである。そして、その結果生れたのが、現在われわれがその中にいる近代芸術の世界である。

もともとは耳のジャンルであった演劇に戯曲の読者が生じて、レーゼ・ドラマ[注11]の可能性がでてくるが、これは演劇だけのことではなく、詩においても、テクスト[注12]を読む読者[注13]が増加してくれば、好むと好まざるとにかかわらずレーゼ・ポエトリーともいうべきものへの③センザイ的傾向をつよめないわけには行かない。印刷文化が文芸からすこしずつ声を奪っていたのである。そういう文学は書物を黙読する読者によって成立しているが、K黙読という伝達様式が作者の絶対的優位を不動なものにするという点も見逃すことができない。

明治の日本が見出(みいだ)したヨーロッパ文学はこの近代芸術化のかなり進んだ段階にあった。小説もすでにかつてのように軽蔑されるジャンルではなくなっていた。その小説が翻訳にうまく乗るものであることは、実際によってたちまち明らかになった。ヨーロッパではようやくその価値を認められつつあったとは言え、まだ文学の主流を占めるまでには至っていなかった小説が、わが国の近代文学でははじめからいち早く文学の中心におかれることになったのは、このように考えてくるならばむしろ自然の成り行きであったと考えられるであろう。

詩歌が源流にあって、そのあとから目のジャンルである小説が加わったという順序はまったく無視されて、すべてのジャンルが並列的に存在し、そのうちでもっとも翻訳に適した小説がまず移されて文学の中心になったというわけである。それによって、小説はヨーロッパにおいて目の文芸様式であった以上に、声の要素の稀薄(きはく)なものになってしまった。日本の近代文学はヨーロッパの近代文学以上に読まれる芸術（レーゼ・アート）の性格がつよいのである。

このような状況の中で詩もまた移植されようとしていたのであるから、はっきりレーゼ・ポエトリー的なものであったとしてもすこしも不思議ではない。しかも、ヨーロッパの詩が、たとえ、レーゼ・ポエトリーの性格を帯びてきたにしても、なお、根では耳のジャンルであったことを忘れてはいないのに対して、わが国へ入って来た翻訳文学の近代詩にはそういう声の伴奏がなくて、詩はふかい沈黙につつまれていたのである。声を失ってしまえば、はじめから黙読のジャンルとして生れた小説と本質において変わるところがなくなるはずで、詩においてもやはり思想がうんぬんされることになる。

もちろん、わが国の現代詩といわれる作品でも朗読されることがないとはいえないが、耳で聴いてただちに理解され、さらに感動を呼びおこすような作品は例外的であろう。聴いて楽しいような詩はそれだけで［ L ］ときめつけられるかもしれない。これは現代劇が見ていて素直におもしろいと思われるものがすくないのと[M]を一にしている。ともに声を失ってしまったからにほかならない。それが翻訳文化の中の思考によるものであることはすでにのべた通りである。

目の言葉と耳の言葉とではかなり本質的な差異が認められる。ことに文学的効果についてはその差が大きいといってよい。目で読むための言葉はどうも耳に残らない。ヨーロッパの人が好きな詩文をいくらでも口ずさむことができるのに、われわれは、こういう意味のことをのべた詩があったとか文章があるというようなことをいっても、原文そのままの形が出てこないことが多い。言葉が耳に残りにくいからであろうが、あるいは、読むときに、言葉そのままを心に留めないで、主として意味にだけ注意しながら理解しているのかもしれない。

こういう文学的風土の中では詩がたくましい生命をもつことは困難である。そしておよそ真に強靭（きょうじん）な活力を内蔵するものでなくては国民的支持を受けることは期待できない。詩が比較的年少の読者によってかろうじて支えられ、したがっていつまでも円熟ということとム④エンであるのは当然のこととしてよいであろう。

（外山滋比古『省略の文学』より。
出題の都合上、本文の一部を改変しています。）

注1　パラフレイズ　パラフレーズ。語句の意味を分かりやすく別の言葉で述べること。
注2　衣裳　「衣装」と同じ。
注3　草創期　初期。
注4　かいなで　表面をなでただけで、ものの奥深いところを知らないこと。
注5　訓読法　漢文を日本語の文法に従って読む方法。
注6　戯曲　演劇の脚本。
注7　プラトン　古代ギリシャの哲学者。
注8　アリストテレス　古代ギリシャの哲学者。プラトンの弟子。
注9　叙事詩　歴史的事件、英雄の活躍などをうたった詩。
注10　抒情詩　詩人の感情や情緒を表現した詩。
注11　レーゼ・ドラマ　上演を目的とせず、読まれることを目的として書かれた戯曲のこと。「レーゼ」はドイツ語で「読む」という意味。
注12　テクスト　ここでは「書かれたもの」という意味。
注13　レーゼ・ポエトリー　「ポエトリー」は「詩」の意味。

問1、**よく出る** 二重傍線部①～④に相当する漢字を含むものを、それぞれの選択肢の中から一つ選び、番号で答えなさい。（各2点）

①トイ
1、この会社は発展トジョウだ
2、法令でトバクを規制する
3、改革のカト期をむかえる
4、イト的に悪事を行う

②ケイキ
1、ケイヤクを更新する
2、ケイケンを積む
3、ケイセイが逆転する
4、ケイショウを鳴らす

③センザイ
1、センデン活動を行う
2、センリャクを立てる
3、センモン的な知識を学ぶ
4、センスイ艦を製造する

④ムエン
1、エンシン力が作用する
2、介護シエンを受ける
3、エンコ者を採用する
4、試合がジュンエンされる

問2、傍線部Aとあるが、それはなぜか。その理由としてもっとも適当なものを次の中から選び、番号で答えなさい。（3点）
1、他国の言語を構造や表現の特徴を活かして翻訳することは難しいが、思想内容、論理、事実などは比較的容易に翻訳できるから。
2、表現はあくまで衣裳としてまとったものにすぎないため、なまの思想にこそ味わいがあると考えられているから。
3、明治の人々は、他国の文化の表層的な部分にはそれほど関心がなく、それを作り出している人々の内面の方に関心があったから。
4、明治の人々は、ヨーロッパ文化の優秀さを賞賛し、優れた思想内容を取り入れることで、おのずと表現形式も洗練されると考えていたから。

問3、傍線部Bとあるが、どういうことか。もっとも適当なものを次の中から選び、番号で答えなさい。（3点）
1、作品の内にある思想を訳出するために、文章の形式的な部分を重視した翻訳を作ることに力を注いでいたこと。
2、形式が犠牲になってしまうことを悔やみながらも、作品の思想を伝えることに重点を置いた翻訳を次々と行っていたこと。
3、翻訳とはどういうことかを考えることなく、多くの書物を次々と日本語に訳し、西欧の思想を取り入れようとしていたこと。
4、西欧の言語表現の微妙な味わいを、異なる性質を持った日本語で表現するために、試行錯誤を繰り返していたこと。

問4、空欄Cに入るもっとも適当なものを次の中から選び、番号で答えなさい。（2点）
1、白日の下にさらされる
2、疑問を呈される
3、一杯食わされる
4、不問に付される

問5、**難** 傍線部Dとあるが、なぜそのように言えるのか。もっとも適当なものを次の中から選び、番号で答えなさい。（3点）
1、訓点を施す工夫によって日本語として読むことができるだけでなく、原語の語順を保持することで中国語の表現そのものを目にすることができるため。
2、漢字が表記の中に出てくることから、中国語は欧米の言語よりも親しみやすく、それらを手がかりとして意味の理解も容易であるため。
3、原語である中国語の形式や音声を忠実に保存しながら、日本語としても意味を理解することができるようなさまざまな工夫が施されているため。
4、原語に訓点を施すことで日本語との構造的な違いが見えるようになり、それによって中国人と日本人とのものの見方の違いについても理解できるため。

問6、傍線部Eとあるが、これは具体的にどういうことか、もっとも適当なものを次の中から選び、番号で答えなさい。（3点）

1、小説の翻訳にあたっては形式の部分を無視して内容のみが訳されるために、思想重視の書物よりもずっとわかりやすくなっているということ。

2、翻訳作業においては、形式が重視される小説の方が他の思想中心の書物と比べても、単語や用語の置き換えに齟齬(そご)がないということ。

3、形式を重んじる文学のなかでも小説だけは例外的に内容が重視されるジャンルで、したがって翻訳の出来映えもよいということ。

4、内容を伝えることが重視される翻訳作業において、形式重視の文学の中でも、小説の翻訳だけが思いのほかうまくいっているということ。

問7、空欄Fに入るもっとも適当な語句を次の中から選び、番号で答えなさい。（2点）

1、不可解な　2、不毛な
3、不当な　4、不便な

問8、難 傍線部Gとあるが、ここで筆者はどういうことを言おうとしているのか。もっとも適当なものを次の中から選び、番号で答えなさい。（3点）

1、西欧の文化をそのまま取り入れることで近代化を成し遂げようとした日本だったが、外国語を真に理解し自在に操るだけの能力はついに身に付かず、文学の領域においても結局は西欧の作品が持つ表現形式を模倣するにとどまってしまったということ。

2、西欧文化を取り入れるにあたって翻訳可能な思想内容を重視して表現形式を軽んじたのが日本の近代化であったが、文芸創作の分野においてもこれに倣ったために、長く伝えられてきた言葉や表現を十分に理解し使いこなす力もなくしていったということ。

3、明治以降の近代文学は西欧の文学作品こそが優秀なのだと決めつけ、近世以前の日本の文芸作品を否定し近代化を進めたが、そのために長く育まれ継承されてきた伝統的な言葉や表現形式の特徴や魅力さえ忘れ去ってしまったということ。

4、明治の近代化は西欧思想の摂取を優先し、翻訳可能な小説までは重視されたが、声に出して味わう詩や台詞(せりふ)の発声が必須の演劇などは第二義的な文芸として取り扱われ、その後も表現形式が問題とされることはなかったということ。

問9、傍線部Hとあるが、これは「詩や演劇」がどういう状態にあると言っているのか。もっとも適当なものを次の中から選び、番号で答えなさい。（2点）

1、繊細さを失って、粗雑なものとなっている
2、時代遅れのものとなってしまっている
3、感動し共鳴する対象ではなくなっている
4、音楽的な調べやリズムを失っている

問10、思考力 傍線部Iとあるが、それはなぜか。その説明としてもっとも適当なものを次の中から選び、番号で答えなさい。（3点）

1、書かれた言葉に基づいた哲学を作り上げてきたのに、その無効性を突き付けられたから。

2、欧米の文化伝統との比較によって、自分たちの文化伝統の自明性が突き崩されたから。

3、他者との対話を遮断して、書く行為のみにのめり込んできたことの弊害に気づかされたから。

4、欧米と比べてみて、自分たちの文化の進化が大いに遅れている現状を知らされたから。

問11、傍線部Jとはどのようなことを言っているのか。その説明としてもっとも適当なものを次の中から選び、番号で答えなさい。（3点）

1、「耳のジャンル」の作品が、必ずしも聴かれることを前提としなくなり、そのジャンルの中に、黙読に見合った表現の特質が取り込まれていくこと。

2、「耳のジャンル」の作品が、小説に書き改められて、印刷技術を通じてより広い範囲に行き渡り、多くの読者を得るようになったこと。

3、「耳のジャンル」の作品は、原文に即してヨーロッパの言語から日本語に移しかえられていく中で、「声」を完全に失ってしまったこと。

4、「耳のジャンル」の作品は、口から出た言葉がそのまま活字化されているわけではなく、新聞や雑誌の雰囲気に合わせて表現が改変されていること。

問12、傍線部Kとあるが、このように言えるのはなぜか。その理由としてもっとも適当なものを次の中から選び、番号で答えなさい。（3点）

1、耳から入る言葉は表層だけが理解されることになりがちだが、目から入る言葉は、作者の込めた深い意味までもが読者の心に深く刻まれるから。

2、黙読に一番適した文学ジャンルである小説は、近代芸術の中で主流の位置にあるので、小説の作者という存在は、近代社会において尊敬の対象となっているから。

3、「耳のジャンル」である詩とは異なり、「目のジャンル」である小説においては、年長者であるところの作者の人間性の円熟が、作品世界の支柱になっているから。

4、黙読において読者は、作者と直に向き合い、作者の思想をまるごと享受しているかのような感覚を覚えるので、そこでの両者は主従の関係に固定化されていると見なせるから。

問13、空欄Lに入るもっとも適当な語を次の中から選び、番号で答えなさい。（2点）

1、粗野　2、卑小　3、豪放　4、通俗

問14、空欄Mに入るもっとも適切な漢字一字を次の中から選び、番号で答えなさい。（2点）

1、帰　2、期　3、軌　4、着

問15、次の文の中から、筆者の考えと合致するものを二つ選び、番号で答えなさい。（各3点）

1、構造の異なる言語間の翻訳においては、形式さえ犠牲にすれば、内容をそのまま移し切ることができる。

2、日本の言語文化は、もともと「耳の言葉」より「目の言葉」を重視していたので、翻訳における「声」の抑圧に違和感を持たなかった。

3、詩の言葉そのものを軽んじて、内容ばかりを重視し

ていると、詩というジャンルを十分に生かすことはできない。

4、日本の近代文学における小説の地位の高さは、小説が主流であり続けたヨーロッパの文学史の反映である。

5、西洋の文化は優秀であると決めつけていた日本人は、西洋の文化を摂取するにあたって、原形を歪めることがなかった。

三（省略）小林多喜二「飴玉闘争」より　（計52点）

明治大学付属中野高等学校

時間	満点	解答	
50分	100点	P88	2月12日実施

出題傾向と対策

●例年どおり四題構成で、今年も**一**に長文の論説文が出題された。論説文では指示内容を丁寧に読み取る力や本文中から適切な語句を抜き出す問題が多く問われる。**二**〜**四**は慣用句と国語知識や漢字の読み書きが出題された。

●読解能力だけでなく思考力や知識力も求められるため、論理的思考力を十分に鍛えたい。キーワードを見つける能力も求められる。また、長文の読解では段落ごとの内容とともに、文章のテーマとなる要点を押さえ、全体の内容の流れを確認することが必要である。

一（論説文）文脈把握・内容吟味・品詞識別・語句の意味・要旨

次の文章を読んで、後の問いに答えなさい（字数指定がある問いでは、句読点・記号なども一字として数えます）。

私たちは多くの場合、自律性こそが大切だと教えられて育ちます。私も小学生のころは「自分で考え、自分で行動しよう」と先生にいつも言われていました。何かがわからなくて答えを聞こうとすると、「まずは自分で考えてみなさい」と怒られたものです。

［Ⅰ］、自律性と他律性が、まるで水と［①］のように、決して交わることなく対立するものとして捉えられるなら、そうした考え方には疑問の余地があります。たとえば「自律的であるためには他律的であってはならず、また他律的であるならば決して自律的ではない」という考えは、おそらく私たちの現実を反映したものではありません。なぜなら②人間は、自分ひとりの力では、自分のアイデンティティを形成することも、認識することもできないからです。

アイデンティティとは、言い換えれば「自分は何者なのか」「自分にはどんな可能性があるのか」ということについての自分なりの理解です。［Ⅱ］子どもは、大人からさまざまな可能性を提示され、それを一つ一つ試していくことによって、自分を少しずつ知っていくことになります。

ある子どもが歌をうたったとき、そばにいた大人がそれを聞き、うれしそうに微笑（ほほえ）んだとしましょう。するとその子は、「自分には歌をうたうことができるんだ。そしてそれによって、他の人を喜ばせることもできるんだ」と気がつきます。そうした、他者とのかかわりからもたらされる気づきの蓄積が、「自分は何者なのか」「自分には何ができるのか」というアイデンティティの形成には欠かすことがでⒶきないのです。

子どもは、まわりの大人から世話や関与を受けることなしに生きていくことはできません。その意味で、子どもは自分を育ててくれる大人たちに対して他律的です。［Ⅲ］、その他律性は、子どもの人生から自律性を奪い去ることを決して意味しません。むしろ反対に、自律性とはそうした他律性のなかからしか育まれてこⒷないものなのです。

つまり、自律性と他律性はつながっています。私たちは、自分が何者であるかを知り、自分のアイデンティティを確立するために、どうしても他者の力を借りなければならⒸないのであり、それは決してよくⒹないことではなく、むしろ人が成長していく上で自然なあり方なのです。

たとえばみなさんは、受験や、クラブなどへの申し込み、何かの活動などのために、自分の性格や長所を書類に書いて提出しなければならなくなったとき、何を書いたらいいのかわからなくなることはありませんか。そんなときに有効な対処法の一つは、友達に③アイデアを書いてもらう、という方法です。そうして書かれたものを見て、「なるほど、自分にはこういう長所があるのか」と、はじめて自分の個性に気づかされることはよくあることです。

反対に、私が友達に長所を書いてあげたことも何度かあります。私としては、その友達の長所としてはあまりにもあたりまえなことを書いているつもりなのに、それを読んだときの友達の顔は、たいていの場合は④うっすらとした驚きに包まれています。それくらい、私たちは自分のことをよくわかっていないのです。

おそらく、⑤ここに「承認」の持つもっとも基本的な働きが表れています。すなわち、「自分が他人にどのような人として見られ、受け入れられているかを知ることによって、自分が何者であるかを知る」ということです。そうした形で「自分が何者であるのかを知りたい」と望むことこそ、承認欲求にほかならないのではないでしょうか。

とはいえ、承認欲求は⑥依存・不安・疎外の泥沼に人をひきずりこんでいく力も持っています。そのなかで苦しみ、疲れ果ててしまって、自分のアイデンティティがわからなくなり、自律性を奪われ、自尊心を傷つけられている人も多いかもしれません。

ここに、別の問いが立ち現れることになります。

私たちは生きていく上で他者からの承認を必要とします。しかし、承認欲求はときとして有害なものになります。では、私たちは「他者からの承認」という事柄に対して、どのような態度をとるべきなのでしょうか。自分の承認欲求をどのようにコントロールしていけばよいのでしょうか。

実はこの問いは、SNSが登場するずっと前から、哲学の世界では大問題として論じられてきたものでした。ここでひとりの哲学者を⑦召喚したいと思います。近代ドイツの哲学者、フリードリヒ・ヘーゲル（1770―1831）です。彼は、主著『精神現象学』のなかで、人はどのようにして自分自身を確信するのか、と問いかけました。

「自分自身を確信する」とは、言い換えるなら、自分に関して漠然としたイメージを持つだけではなく、「よし、これが自分なんだ！」と自信を持って断言できるような、そうした状態になることです。ヘーゲルによれば、人間は自分ひとりでは自分のことを確信することができません。⑧そうした確信を得るためには、他者から承認されることが必要なのです。

たとえば、まわりの人が「私」を「キラキラした人」として承認するとしましょう。すると「私」は、そのように承認されることで、自分が「キラキラした人」だということを確信します。ところが、そのように確信することは、同時に「私」を⑨疎外された状態に陥らせてしまう、と彼は言います。なぜでしょうか。

理屈は単純です。この場合、「私」は他者からの承認に基づいて、自ら「キラキラした人」であろうとします。実際には「キラキラした人」としてではない生き方もできるはずなのに、まわりの人から認めてもらえる「キラキラした人」を演じようとするのです。このとき「私」は、「キラキラした人」以外でもありえる自分と、他者から承認されている「キラキラした人」としての自分との間で、引き裂かれることになります。そして、いつの間にか自分を偽り、見失うことになってしまうのです。

このようにして承認欲求は［a］に挫折します。ところがこの挫折は、これだけでは終わりません。

他者による承認によって自分自身を確信しようとすることは、他者を、自分自身を確信するための手段として、いわば道具として扱うことを意味します。このとき、相手は「私」にとって「私をキラキラした人として認めてくれる人」としてのみ現れ、それ以上の存在ではなくなってしまいます。

しかし、ある人による承認が「私」にとって有効であるためには、その人は自由でなくてはいけません。自由な相手が、自分自身の意志で「私」を承認してくれるのでなければ、「私」は満足できないのです。しかし、そうだとすると、「私」が相手を、自分の承認欲求を満たすための手段として――つまり、相手の自発性や自由を無視する形で――扱っている限り、「私」は相手から満足のいく承認を得られない、という矛盾に陥ることになります。つまり⑩「私」は、他者に承認を求めることで、その欲求が満たされるために必要な条件を自ら掘り崩してしまうのです。

それだけではありません。ヘーゲルは「承認」の問題を、あくまでも［b］な関係の問題として捉えていました。つまり、「私」が他者に承認を求めるとき、その他者もまた「私」に対して承認を求める、ということです。

Instagram*1やTwitter*2におけるファボ*3を例にとってみましょう。「私」は自分の投稿にファボがつくと、自分が認められている気持ちになります。そして、その気持ちをもっと味わいたくて、多くの人にファボをつけてもらうために、自分も他者の投稿に積極的にファボをつけていきます。このとき「私」は、「私」にファボをつけてくれるように相手に働きかけているのであり、相手を自分の承認欲求を充足させるための手段として扱っているのだと言えます。そして、相手もまた、自分の投稿にファボをつけてほしいから、「私」の投稿にファボをつけてくるのです。

このとき「私」は、自分に寄せられるファボが、「私」の存在を承認するためにつけられたものではなく、相手が「私」に承認してほしくて（＝その人の投稿にファボをつけてほしくて）つけられたものだということに気づきます。そのとき「私」は、自分が他者の承認欲求を満たすための道具に成り下がっていると感じ、自尊心を傷つけられることになります。――ここに、承認欲求の陥る⑪根本的な矛盾があるのです。

このような関係に本人たちが納得しているなら、それはそれでよいのかもしれません。しかしヘーゲルは、少なくともこのような形では承認が実現されることはなく、自分自身を確信することもできない、と考えていました。とはいえ、だからといって他者との関係を断ち、ひとりぼっちになれと言ったわけでもありません。

ヘーゲルによれば、承認をめぐる矛盾を乗り越え、承認を実現させるためには、「私」は他者から見えている「私」のイメージを自ら捨てなければなりません。つまり、それまで他者から認識されている「私」のイメージを通して自分を確信しようとしていた「私」が、その「私」のイメージにこだわることから、自分を解放するということです。

たとえば、⑫Instagramのなかでキラキラしている自分は自分のすべてではない。それは一つの可能性にすぎないということを、自ら積極的に受け入れるということです。

そしてそれは、自分だけではなく、他者を自由にすることをも意味します。「私」は、他者からどう見られているかを気にしなくなることで、「自分をこう見てほしい」「自分を認めてほしい」という他者への期待や要求を放棄し、他者をも解放することができるのです。

ヘーゲルはここで、一方的な承認欲求のぶつけあいではない⑬「相互承認」という承認のあり方を提案しています。相互承認において「私」が相手（他者）に伝えるのは、「自分をこういう存在として認めてほしい」という［⑭］ではありません。そうではなく、「⑮あなたは私にとって、単なる便利な存在ではない」というメッセージであり、「役に立つかどうかは関係なく、私はあなたとかかわっていたい」というメッセージです。

相互承認というかかわり方において、まず「私」は相手（他者）の自由を認めます。そのとき「私」もまた、自分があくまでも自由であることを、はじめて他者から承認されることになります。「私」は自由であり、相手にどう見られるか、相手に承認されるかどうかを気にすることなく、自分の感じ方や考え方を⑯尊重してよいのであって、それでも「私」は他者とのかかわりのなかにいることができるのです。それが、相互承認によって得られる承認にほかなりません。

では、SNSにおいて相互承認はどのように実現できるのでしょうか。

そのためには、まず、SNS上の自分が実際の自分とイコールではないということを、受け入れることでしょう。その上で、あなたが友達にSNS上の自分を承認するように求めることをやめるなら――つまり、ファボや即レス*4を期待することをやめるなら――、それは友達の自由を尊重することにつながります。そしてその尊重はブーメランのように跳ね返ってきて、あなたもまた友達から、あなた自身の自由を尊重されることになるのです。

「承認欲求を捨てろ」と言っているのではありません。相互承認を求めることもまた、承認欲求であることにはちがいないからです。重要なのは、相手の自由を尊重し、相手からも自由を尊重されるという形での承認を求めることです。私たちには、そうしたワンランク上の承認欲求をめざすこともできるのではないでしょうか。そしてそれが、「SNS疲れ」から距離をとり、風通しのよいSNSとのつきあい方を可能にする――そう考えることもできるように思います。

（戸谷洋志『SNSの哲学　リアルとオンラインのあいだ』による　なお、出題の都合上、本文を一部改めた部分があります）

＊1　Instagram…SNS（ソーシャル・ネットワーキング・サービス）の一つ。
＊2　Twitter…SNSの一つ。現在の名称は「X」。
＊3　ファボ…SNSで「いいね！」を押すこと。
＊4　即レス…すぐに返事を送ること。

問一、よく出る　基本　［Ⅰ］～［Ⅲ］に当てはまる言葉の組み合わせとして最も適切なものを、次の（ア）～（エ）の中から選び、記号で答えなさい。
（ア）Ⅰ、たとえば　Ⅱ、しかし　Ⅲ、ただし
（イ）Ⅰ、しかし　Ⅱ、ただし　Ⅲ、たとえば
（ウ）Ⅰ、ただし　Ⅱ、たとえば　Ⅲ、しかし
（エ）Ⅰ、たとえば　Ⅱ、ただし　Ⅲ、しかし

問二、基本　［①］に当てはまる言葉を漢字一字で答えなさい。

問三、――線②「人間は、自分ひとりの力では、自分のアイデンティティを形成することも、認識することもできない」とありますが、「自分のアイデンティティを形成する」ために必要なことを、本文中から二十五字以内で抜き出し、その最初と最後の五字を答えなさい。

問四、基本　――線Ⓐ～Ⓓの「ない」のうち、働きが他と異なるものを一つ選び、記号で答えなさい。

問五、――線③「アイデア」とは、何についての「アイデア」ですか。それが具体的に述べられている部分を、本文中から十字以内で抜き出して答えなさい。

問六、――線④「うっすらとした驚き」とは、どのようなことに対する「驚き」ですか。本文中から二十字以内で抜き出して答えなさい。

問七、――線⑤「ここ」の指示内容として最も適切なものを、次の（ア）～（エ）の中から選び、記号で答えなさい。
（ア）自分が友達に長所を書いてあげることが、友達にとって大切だということ。
（イ）性格や長所は自分ではわからないので、友達に教えてもらうとよいということ。
（ウ）私たちは、ほんとうに自分のことをよくわかっていないのだということ。
（エ）友達に書いてもらった長所を見て、自分の長所に気づくことがあるということ。

問八、――線⑥「依存・不安・疎外の泥沼」を抜け出すためには、どのようなことが必要なのですか。その内容が述べられている形式段落を一つ本文中から抜き出し、その最初の五字を答えなさい。

問九、基本　――線⑦「召喚」の言葉の意味として適切なものを、次の（ア）～（エ）の中から選び、記号で答えなさい。
（ア）人を招き入れること。
（イ）人を呼び寄せること。
（ウ）適役の人を呼ぶこと。
（エ）故人を思い出させること。

問十、――線⑧「そうした確信」と同じ内容を指している言葉を、本文中から八字で抜き出して答えなさい。

問十一、――線⑨「疎外された状態」とは、どのような「状態」のことですか。その説明として最も適切なものを、次の（ア）～（エ）の中から選び、記号で答えなさい。
（ア）「自分」が自信を持って断言できるような自分自身と、「他者」から承認された自分自身とが全く異なっている状態。
（イ）「他者」が「自分」の漠然としたイメージを認めようとせず、そのために「自分」の自尊心を傷つけられている状態。
（ウ）「自分」にとっての「他者」を、自分自身を確信するための存在としてしか捉えることができなくなっている状態。
（エ）「他者」からの承認に基づいた「自分」を演じようとして、本来の「自分」のあり方との間で引き裂かれている状態。

問十二、［a］・［b］に当てはまる言葉として最も適切なものを、次の（ア）～（エ）の中からそれぞれ選び、記号で答えなさい。
（ア）必然的　（イ）現実的
（ウ）大局的　（エ）相互的

問十三、――線⑩「『私』は、他者に承認を求めることで、その欲求が満たされるために必要な条件を自ら掘り崩してしまう」とありますが、「必要な条件」とは、どのよ

うなことですか。本文中の言葉を用いて、三十字以内で答えなさい。

問十四、――線⑪「根本的な矛盾」が生じる理由を、「から。」に続くように本文中から四十字以内で抜き出し、その最初と最後の五字を答えなさい。

問十五、――線⑫「Instagram のなかでキラキラしている自分は自分のすべてではない」と同じ内容が述べられている部分を、本文中から二十五字以内で抜き出し、その最初と最後の五字を答えなさい。

問十六、――線⑬『相互承認』という承認のあり方」とありますが、「相互承認」が成立するために大切なこととはどのようなことですか。その内容が述べられている部分を、本文中から四十字以内で抜き出し、その最初と最後の五字を答えなさい。

問十七、⑭に当てはまる言葉を、本文中から四字で抜き出して答えなさい。

問十八、――線⑮「あなたは私にとって、単なる便利な存在ではない」とありますが、「私」が「あなた」を「単なる便利な存在」として見ているとき、「あなた」をどのようなものとして捉えているのですか。本文中から二字の熟語で抜き出して答えなさい。

問十九、**基本** ――線⑯「尊重」の「重」の意味と異なる意味で使われているものを、次の（ア）～（エ）の中から一つ選び、記号で答えなさい。

（ア）重要　（イ）重箱
（ウ）重鎮　（エ）重視

問二十、**思考力** この文章の内容として適切でないものを、次の（ア）～（エ）の中から一つ選び、記号で答えなさい。

（ア）人には誰でも承認が必要であり、「自分が何者かを知りたい」というのも承認欲求の一つである。
（イ）承認欲求はときとして有害なものとなるが、生きていく上では不可欠なものである。
（ウ）自律性と他律性は対立するものではなく、大きな影響を及ぼし合いながら存在しているものである。
（エ）人は、他者に頼らなければ自分自身のアイデンティティを確立することはできない存在である。

問二十一、次の形式段落は本文中から抜いたものですが、どこへ入れるのが適切ですか。その直後の五字を答えなさい。

> 同じことが、子どもだけでなく大人についても言えます。大人もまた、他者の影響を受けながらアイデンティティを形成するのです。そして、大人にとってのそうした他者の代表例が、友達です。

二 ことわざ　よく出る　基本

次の①～⑤のことわざと同様の意味を持つ言葉を、後の語群からそれぞれ一つ選び、その〔　〕に当てはまる漢字一字を答えなさい。

①ペンは剣より強し　②善は急げ　③寝耳に水
④ぬれ手で粟（あわ）　⑤絵に描いた餅

〈語群〉

〔　〕の下の力持ち　文は〔　〕に勝る
的を〔　〕る　〔　〕上の空論
灯台〔　〕暗し　思い立ったが〔　〕日
〔　〕夫の利　〔　〕天の霹靂（へきれき）

三 語句の意味　よく出る　基本

次の①～⑤の言葉と同様の意味を持つ言葉を、後の語群からそれぞれ一つ選び、漢字に改めて答えなさい。

①ファンタジー　②ハーモニー　③シンメトリー
④レトリック　⑤ノスタルジー

〈語群〉

たいしょう　しゅうじほう　きょうしゅう
ちょうわ　げんそう

四 漢字の読み書き　よく出る　基本

次の①～⑦の――線部を漢字に改め、⑧～⑩の――線部の読みをひらがなで答えなさい。

①建設計画がトウケツされるおそれがある。
②係長から課長にショウシンした。
③そこに松尾芭蕉のクヒがあった。
④電子ゴミから貴金属をチュウシュツする。
⑤ホウシ活動に参加する。
⑥森林のバッサイを禁じていた。
⑦種田山頭火はヒョウハクの旅を続けた。
⑧適切な措置を講じる。
⑨穏やかで如才ない振る舞い。
⑩克己心を合い言葉に練習に励む。

明治大学付属明治高等学校

時間 50分　満点 100点　解答 P88　2月12日実施

出題傾向と対策

●昨年同様、長めの論説文一題と漢字の書き取りの大問二題構成。論説文は文章の構造や文脈を把握する問題を主とし、語彙問題、比喩の内容を問うもの、正誤問題もあり、バラエティに富んでいる。

●語彙や漢字の問題で時間を取られないよう基本知識の定着を。論説文は記述問題が多いが、基本的には本文の言葉を抜き出し組み合わせることで対応可能である。全体の論旨把握が鍵となるため、普段から接続詞や言い換え表現に着目して文章を読むようにしておく。

注意　字数制限のある問題については句読点・記号を字数に含めること。

一（論説文）内容吟味・文脈把握・語句の意味

次の文章を読んで、あとの問いに答えなさい。ただし、【　】は語句の意味で、解答の字数に含めないものとします。（計80点）

「アイアムソーリー、アイキャンノットスピークイングリッシュ」

二〇〇八年一二月八日、ストックホルム大学大講堂におけるノーベル賞受賞講演会で、益川敏英(ますかわとしひで)京都大学名誉教授は冒頭、きれいな英語でこう話された。そしてそのあと、日本語で素晴らしい講演を披露されたのだった。①日本語による受賞講演は、作家の川端康成(かわばたやすなり)氏以来ではなかろうか。

南部陽一郎(なんぶよういちろう)博士、小林誠(こばやしまこと)博士とともにノーベル物理学賞を受賞された益川博士は、一躍、時の人となったが、多くの人々を惹(ひ)きつけたのは、その本音で語る態度だった。受賞が決まって「たいしてうれしくない」と言ってみたり、「三六年前の過去の仕事ですし……」と話したりしたが、こうした発言には、それまでの月並みな絶讃(さん)型・全肯定型のノーベル賞報道にない、正直さや人間としての温かさがにじみ出ていたと思う。そうした点で、益川博士は、科学の素晴らしい広報マンを演じてくださった。

一九八〇～九〇年代に日本で開催された国際会議でも、この「アイキャンノットスピークイングリッシュ」をたびたび聞いた記憶がある。ただ、これを聞いて隣の外国人が怒り出したことがあった。英語で断っている、英語で話せるじゃないかというのだ。もちろん冗談なのだが、日本人のこのニュアンスを伝えるには、たぶん、「アイキャンノットスピークイングリッシュ・ウェル（あるいはフルーエントリー）」と言う必要があるのであろう。蛇足ながら、益川博士はきちんと英語をお読みになることができる。なぜなら、あのノーベル賞講演でも、英語で書かれたいくつもの研究論文を引き合いに出されていたからだ。

英語を話すのが苦手なことを益川博士は隠さなかった。それゆえに、一般の日本人にも、いったい科学と英語はどのような関係にあるのか、改めて考える機会を与えてくれたのではないか。当たり前の話だが、英語のスピーチなど流暢(りゅうちょう)にできなくても、日本語による精密な思考や議論を通じて、人類が迫りうる最も深遠な理論や考察はできるのだ。益川博士はそのことを、改めて教えてくれたのである。科学においては、英語なんかより、日本語の数学や物理学が大事だということである。

なぜ日本人は英語で科学をしないのか？　なぜ日本人は日本語で科学するのか？　その答えは明快だ。英語で科学する必要がないからである。私たちは、十分に日本語で科学的思考ができるからである。益川敏英博士も、二〇一四年一一月二六日付朝日新聞「耕論」欄において、英語入試改革に関するコメントの中で次のような意見を表明されている。

「ノーベル物理学賞をもらった後、招かれて旅した中国と韓国(かん)で発見がありました。彼らは「どうやったらノーベル賞が取れるか」を真剣に考えていた。国力にそう違いはないはずの日本が次々に取るのはなぜか、と。その答えが、日本語で最先端のところまで勉強できるからではないか、というのです。自国語で深く考えることができるのはすごいことだ、と。

彼らは英語のテキストに頼らざるを得ない。なまじ英語ができるから、国を出て行く研究者も後を絶たない。日本語で十分に間に合うこの国はアジアでは珍しい存在なんだ、と知ったのです。」

まさにこのことを、私は本書に書いた。私たち日本人は日本語で科学することができるのだ。［１］、それは自然にそうなったわけではない。

日本人は特に一五〇年前の江戸末期に、［Ａ］に必死になって西欧文明を取り入れた。概念そのものが、それまでの日本文化に存在しないものも多かった。そこで、言葉がなければ新たに言葉を作ったりしながら、学問や文化や法律などあらゆる分野について、近代としての日本語（知識）体系を作り上げてきたのである。そのような新しい日本語を使って、現在の日本人は、創造的な科学を展開しているのだ。そしていまや、多くのノーベル賞受賞者を輩出する実力ある社会を作り上げた。だから、［Ｂ］に、英語で科学をする必要がないのである。先人に感謝しても、しすぎることはないだろう。

私たち日本人は、日本語で科学することにより、二一世紀に入ってほぼ毎年一人のノーベル賞受賞者を出す科学文化を創り上げた。技術の世界においても、ここ二〇年、従来存在しなかった［Ｃ］な新技術・新製品の大半を、日本から生み出してきた。このように、日本語による科学技術が大きく花開いたのは間違いのない事実である。

それなら、「日本人は日本語で科学を展開したがゆえに、これだけ多くの偉大な成果を得ることができた」と言えるのだろうか？　実際日本語には、くりこみ群（統計力学、場の量子論）、棲(す)み分け論（進化論）、すだれコリメーター（X線天文学）、ミウラ折り（宇宙工学）といった日本独特の科学用語があり、その可能性を暗示している面がある。

しかし、②この命題をいくら追いかけても、それを証明することはできない。事実として、日本人は日本語でしか科学をしてこなかった。でも、その日本語で科学や技術を展開したという特別の理由ゆえに、ここまで日本の科学技術が大きく花開いたとは言い切れないのだ。［D］に証明不能だからである。

［2］、本書で「日本語で科学や技術を展開したから」と書く時、それは理由を言っているのではなく、他に選択肢のなかった事実のみを語っている。この点は間違えないでほしい。ただ、本音を言えば「日本語主導で独自の科学をやってきたからこそ、日本の科学や技術はここまで進んだのではないか」と思うところはある。これについては、あくまでも「状況証拠」でしかないが、様々な具体例をあげてみたいと思っている。

この文脈上での話であるが、韓国ではハングル優先で漢字を棄ててしまったために、多くの同音異義語が区別しきれなくなり、重要な知識や概念を失うだけでなく、厳密な議論もできなくなった。せっかく、漢字用語に基づく科学知識体系を、中国とともに明治期の日本からまるごと導入したのに、実にもったいない話である。③これは私の立てた問題を考える際の、明らかな反例である。

もっとも、日本も韓国を笑えない部分がある。［3］、歴史を振り返ってみると、日本語や漢字を棄てることになったかもしれない危ない暴論や、怪しげな著名人による妄論【でたらめな議論】が、たびたび顔を出しているからである（森有礼や尾崎行雄による英語国語論、志賀直哉によるフランス語国語論など）。こういう議論があったことを忘れてはいけない。

私は、一九七五年に日本経済新聞社に入社してすぐに「日経サイエンス編集部」に配属された。「日経サイエンス」という科学雑誌は、アメリカを代表する「サイエンティフィック・アメリカン」の日本版である。この雑誌はニューズウィーク誌などとも並び称され、知性あるアメリカの文化人や経済人に多くの固定ファンを持っている。

科学に関して、日本語と英語の違い、共通点、ものの考え方の差など、実に多くのことを考えさせられたからである。日経新聞社を円満退社してから少し経って、今度は世界最高の科学論文誌とされる英国ネイチャー誌のニュース記事に本格的にかかわることになった。適切な記事を選び出し、日本語に翻訳編集する月刊誌「ネイチャー・ダイジェスト」の実質的な編集長を四年半ほど務めたのである。

二つの仕事の間に一〇年近い時間間隔はあるが、合わせて約三〇年間、私は、科学という分野において、日本語と英語の間に身を置いてきた。「［4］」という問いかけは、実は、私がいつも仕事机の横に掲げてきたテーマなのである。

生意気だが、だから益川博士の気持ちもよくわかる。片言の英語なら、話せと言えば話せないことはないけれど、「科学者の責務として、科学的に正しく、また発想や考え方や論理をきちんと伝えることは、日本語だって大変なのに、とても英語で流暢に語ることはできません」。それがたぶん益川博士の本意であろう。もちろん、ストックホルムに集まった人だけでなく、世界中の科学者は、この益川博士の真意を十分に理解していたと思う。

別の言い方もできる。益川博士の日本語講演は、会場では英語に同時翻訳されたが、おそらく、最初の個人的エピソードや体験談を除き、理論物理学を学んだことのない聴衆には、肝心の内容はほとんどチンプンカンプンだったに違いない。つまり、科学的な知識や思考力のない人には、英語であっても日本語であっても、その本質を理解するのは簡単ではないのだ。

ともかく、海外の多くの物理学者は、益川博士の講演を好奇心たっぷりで待ちこがれていたに違いない。というのは、益川博士の海外渡航は、この時のノーベル賞授賞式が初めてだったからだ。海外に行かなくても、MASKAWAの名前は世界に轟いていた。だから、たとえ日本語であっても、益川博士の話しぶりを、じっくりと味わうことができる初めての機会となった。地球上を航空機が飛び交う二一世紀文明社会において、益川博士のような存在は希有である。④"生きている化石"、それゆえに科学界のアイドル的存在になったと言ってよい。

次に、いくら英語ができても科学はわからないという話をしたい。最近、『伝える極意』（集英社新書）を書かれたことを知って懐かしく思い出されたのが、当時、サイマルインターナショナルにおられた同時通訳者の長井鞠子さんだ。長井さんにお願いした仕事は、日本国際賞の受賞者講演会の同時通訳だった。一九八五年から数年間、毎年だったと思う。

日本国際賞は松下幸之助さんが基金を拠出して国際科学技術財団を作り、そこから、工学分野でノーベル賞級の業績をあげた人を顕彰【表彰】するということで、国をあげて始まった事業だった。私たちの編集部がたまたま内幸町のプレスセンター【報道関係者の詰め所】にあったこともあり、財団のお手伝いをすることになった。その過程で、受賞者講演会を開くための一切の作業を私たちが委託され、同時通訳をサイマルにお願いすることになったのだった。

同時通訳者というのは非常に優秀である。なにせ、皇族や王族関係の会であれば独特の決まり表現が必要だし、外交交渉であれば、一つ言葉が違えば国益を損ねることにもなりかねない。⑤そういう修羅場で仕事をされてきたのが、例えば長井さんだった。

私たちの依頼仕事は科学技術分野なので、そこまでシビア【厳密】ではないのだが、それでも、サイマルの人は、事前に細かく内容を聞いてきた。科学技術の同時通訳は経験があるということだったが、たぶん、こちらが若くて聞きやすかったからであろう、一つ一つ、まず用語について確認してきた。レベルの低い通訳だと、英語をそのまま使ってごまかしてしまうケースも多いが、少なくとも当時のサイマルは、日本語の正式用語がある場合は、できるだけそれを使おうという姿勢だった。

それだけでなく、話の筋道や内容についても、細かく確認してきた。「これはこういう意味ですか？　こういう意味ではないのですか？」「こういう表現をして間違いないですか？」という形で、聞いてこられたのである。当時の私の知識は決して完璧ではなかったので、マゴマゴしてしまい、当日までに確認する、という宿題になったこともあった。最初は事前打ち合わせだったが、だんだんと信頼してもらえるようになり、当日の打ち合わせで済むようになった。

　長井さんたちとのやり取りで再確認できたのは、英語で意味は理解できたとしても、科学技術の知識として日本語表現することは別だ、ということだった。例えば「プロデュース」という言葉はとても便利で、一般用語としても専門用語としても使われる。意味は「つくる、生み出す」であるから、英語の文でこの言葉が出てくれば、素直に意味を汲むことができる。でも、生物学では「産生する」というような言い方があり、そこから出てくる「抗体産生」といった大事な名詞があって、免疫学の話であれば、いくら理解しやすいとはいっても、やはり「産生する」と日本語にしなければならないのだ。

　サイマルの長井鞠子さんは、⑥そういうことがきちんとわかる人だった。こちらも鍛えられて、血肉となったのである。

　英国人、米国人、フランス人、ドイツ人、スウェーデン人、ロシア人、日本人、中国人、韓国人と、みんなそれぞれの母国語で何らかの形の科学を展開しているのは間違いない。ただ、ヨーロッパ言語系は、ゲルマン系（蘭学のオランダ語もその仲間）としての共通性があり、またラテン語系にも別の共通性が見られる。そういう意味では、日本語をリーダーとする漢字文化圏系の科学は、まったくの別世界である。しかもそれぞれの国の違いも大きい。このユニークさは大切であり、われわれの「売り」でもある。

　このことがなかなか理解してもらえないのだが、科学という知識体系について、我々日本人は「科学」と呼び、あちらの人は「サイエンス」とか「ヴィッセンシャフト」と呼ぶのである。こちらが「陽子」「電子」「細胞」と呼ぶものを、あちらでは「プロトン」「エレクトロン」「セル」と呼ぶのだ。［5］というのが暗黙の了解事項かもしれないが、そうはいかない。そもそも言葉が違うのだから、同じはずはない。基本要素が違っているのに、それらから構成されるサイエンスと科学が、完全に同じものだと言える保証など、どこにもないではないか。

　ある講演会で、⑦養老孟司博士が話された。ご承知のように、養老博士の言葉の世界は多様で奥深く、そこから紡ぎ出される世界は、ちょっとしたことでも⑧含蓄に富んでいる。優れた日本語表現が、いかに大きな世界を生み出すことができるか、よいお手本だと私は思っている。実はその講演を、英国生まれのユダヤ人で、仕事で日本に長期駐在していた男が、私の隣で聞いていた。そして、終わったあと「おもしろいなあ」とつぶやいたのである。

　それで、私は彼に聞き返してみた。では、もし、この養老博士の話を全部英語に翻訳したとしたら、この日本語のような広い豊かな世界を表現できるだろうか？　すると彼はうなってしまった。「翻訳できるかできないか、ということではなく、もし養老先生の話を英語に翻訳してしまったら、とてもつまらない話になると思います。日本語のニュアンスというより、ある種の世界観とか話の進め方も含めて独特で豊かな世界が表現されているのだと思う」というような答えだった。彼の奥さんは日本人で、日本語がとても堪能ゆえの答えであった。

　養老博士は、日本語による科学表現の重要性を強く認識している。あるときから〝英語論文の断筆宣言〟までされて、日本語で科学を語ることに全力で取り組みはじめた。『ヒトの見方』（ちくま文庫）の「あとがき」に次のように書いている。

　「……私は使い慣れた日本語で書くことで、「科学」の内容を何とか変えていけないかと思ったのである。……自然科学の基礎は、およそいまでも、⑨なおざりにされているように私は思う。研究費や待遇の問題ではない。何より基礎的な考えの問題である。ことばの問題も、とうぜんその一つである。」

　そして、次のように提案する（以下、筆者の責任で大幅に〝翻訳〟すると、こういう内容になる）――科学論文を日本語で書こうとしても、公式の研究費は出ない。このような愚かな慣習はやめるべきである。日本人の読者は日本語の科学を必要としており、その内容が日本語で書かれれば、たとえお金を払ってでもそれを受け入れる。それだから、もういい加減、下手な英語で論文を書く習慣は考え直そうではないか。

　日本の生物物理学を作り上げた⑩大沢文夫博士とは、『飄々楽学』という単行本を作ったが、その時も、「英語では表現しきれない概念があるのですよ」という話が出てきた。その一例が「生き物らしさ」だという。これは「生物のような」という意味ではなく、「生物の生物たる根本の欠くことのできない必須条件でありながら、ある種のしなやかな漠然とした一面も含んだ特徴」とでもいうようなことだ。大沢博士は、「生き物らしさという日本語表現は、英語では決して表現できない。それを追い求めるのが真の生物物理学だ」とおっしゃられていた。

　これだけ書くと、国粋主義者と間違われそうだが、私は愛国者ではあっても国粋主義者ではないと思っている。英語だって素晴らしい言語表現であり、あるときは、日本語を超える可能性を持っていることもある。茂木健一郎博士の処女作『脳とクオリア』（日経サイエンス社）の編集を担当したとき、かなり早い段階から、書名に「クオリア」を使うことを意識した。当時、この言葉は一般にほとんど知られていなかったので、引き立て役として「脳」を持ってきたのだ。それがピタリとはまった。よい言葉は外国語でもどんどん日本語に取り込んで、［E］（［F］）していけばいい。それが日本語文化一五〇〇年の伝統なのだ。

　「なぜ日本語で科学をするのか」という問いを立てた理由が、少しはご理解いただけたと思う。次に、日本語の科学が、世界の科学にどんな形でインパクトを与えうるのか考えてみたい。

　科学者の共通語は、私の見る限り、ブロークン英語からどんどん普通の英語に変わりつつあるように思う。日本人科学者の英語も、本当に上手になったと思う。インターネットの普及もあるが、世界共通語としての英語の重みはますます大きくなっているようにも見える。しかし、科学にとって、⑪これがよいこととは限らない。なぜなら、これまでの歴史を見るとわかるが、科学の大展開は、異文化の衝突、混合によって起こるケースが多いからだ。

世界が平坦化して、先鋭化した個性が消えたとき、混ざり合うものなど、たかが知れている。現に、私が見る限り、世界の科学は急速につまらなくなっている。毎週のネイチャー誌を見ればそれがわかる。誰もがすぐに論文を読めるようになって、コツコツと独自の世界を真面目に追いかける人間が少なくなったのかもしれない。

⑫こういう時代になればなるほど、私は「日本語の科学」はおもしろみを発揮すると思っている。ますます重要性を持ってきたと思っている。養老孟司博士や大沢文夫博士が指摘されるように、日本語ゆえに表現できるユニークな世界を、科学という方法論で開拓していけるのは日本人だけだ。事実として、現実としてである。もちろん、フランス人はフランス語でしか表現できない世界を追い求めていけばよい。

再認識すべきは、少なくとも日本の創造的な科学者にとって、英語は必要ではあっても十分な武器ではない、ということだ。最大の武器、それは日本語による思考なのだ。このきわめて当たり前の事実を、当たり前と思わないでかけがえのないチャンスと見ること、そこに、日本の科学の未来があると私は思う。

一言断っておくと、科学が創造的であるというのは、大前提である。元東北大学総長の西澤潤一博士はかつて、「画家が他人の作品を真似たら、それは贋作【にせもの】と言うでしょう。科学者だって同じなんですよ」と話してくださった。つまり、科学というのは、前提となる知識を習得した上で、さらに一歩踏み出して、新しいことを創造する行為なのだ。科学の最も大事な根幹部分において、創造的でない成果は本質的に無意味なのである。

だから私は、科学者を志す人たちに「科学は、受験勉強の延長線上には絶対に存在しないのですよ」と申し上げてきた。昨今の科学者による不正行為事件を見ると、創造的能力を鍛えることなく研究者になった人には、やはり科学をするのは無理だと感じる。贋作・盗用が減って偽作・捏造が増えているのは、創造力を欠いた人たちが科学界に迷い込んで、うめき苦しんでいる姿と言えるかもしれない。

ともあれ、母国語が日本語の人で、きちんと日本語で文章表現できない人が、英語できちんと科学を表現できるはずがない。日本語で論理的に考えられない人は、英語でも論理的に考えられない（ネイチャー誌の日本特派員スウィンバンクス氏も、そう言っていた）。この当たり前の事実に立てば、逆に、日本語による素晴らしい発想や考え方や表現は、英語が持ちえない新しい世界観を開いていく可能性が高い。それこそが日本の科学だ。そう私は思う。

（松尾義之『日本語の科学が世界を変える』より・一部改変）

問一、――部①「日本語による受賞講演」はどのようなことが可能であると示したか、答えなさい。（4点）

問二、文中から次の一文が抜けています。どの形式段落の直後に入れるのが適当か、その段落の最後の十字を答えなさい。（3点）

この仕事に二五年間かかわり、私は「たかが翻訳、されど翻訳」という感慨を持つに至った。

問三、よく出る 基本 文中の[1]、[2]、[3]にあてはまる最適な言葉を、次のア～オから選び、記号で答えなさい。ただし、同じ記号は二度使えません。（各2点）

ア、もしくは　イ、なぜなら　ウ、したがって
エ、ところで　オ、でも

問四、文中の[A]、[B]、[C]、[D]にあてはまる最適な言葉を、次のア～カから選び、記号で答えなさい。ただし、同じ記号は二度使えません。（各2点）

ア、論理的　イ、技術的　ウ、集中的
エ、基本的　オ、画期的　カ、批判的

問五、よく出る 基本 ――部②「この命題」、③「これ」、⑤「そういう修羅場」、⑥「そういうこと」、⑪「これ」の指示内容をそれぞれ答えなさい。（②③⑤⑥各4点、⑪3点）

問六、[4]、[5]にあてはまる内容を考え、[4]は十八字以内、[5]は十二字以内で答えなさい。（各3点）

問七、――部④「"生きている化石"、それゆえに科学界のアイドル的存在になった」とはどういうことか、答えなさい。（4点）

問八、――部⑦「養老孟司博士」、⑩「大沢文夫博士」の科学に対する共通した態度を、二五字以内で答えなさい。（3点）

問九、――部⑧「含蓄に富んでいる」の意味として最適なものを、次のア～エから選び、記号で答えなさい。（2点）

ア、意味内容が豊かで味わいがある。
イ、意味内容が革新的で強烈である。
ウ、表現のユーモアがあり斬新である。
エ、意味内容が正確で信頼できる。

問十、――部⑨「なおざりに」の使い方として最適な例文を、次のア～エから選び、記号で答えなさい。（2点）

ア、好意的な感想を聞いて、なおざりに嬉しい。
イ、これは大切な行事だからなおざりに準備すべきだ。
ウ、明治時代から続いている家業をなおざりにする。
エ、なおざりに力を尽くすのは、勝利を目指しているからだ。

問十一、文中の[E]、[F]にあてはまる同音異義語として最適なものを、次のア～シから選び、記号で答えなさい。ただし、解答の順は問いません。（完答で3点）

ア、成長　イ、吸収　ウ、使用　エ、消化
オ、清聴　カ、旧習　キ、昇華　ク、飼養
ケ、急襲　コ、生長　サ、唱歌　シ、私用

問十二、思考力 ――部⑫「こういう時代になればなるほど、私は「日本語の科学」はおもしろみを発揮すると思っている」と筆者が考える理由を九十字以内で答えなさい。（8点）

問十三、次のア～カのうち、本文の内容に関する説明として適切なものには「○」を、不適切なものには「×」を答えなさい。ただし、全て同じ記号の解答は無効とします。（各2点）

ア、日本人は日本語で科学を展開したため、独自の科学用語を生み出し、科学技術を大きく発展させてきたことは証明できる事実である。
イ、科学者はそれぞれの母国語で科学を展開しているが、ヨーロッパ言語系、ラテン語系、漢字文化圏系に繋がる共通性を重視することを忘れてはならない。

ウ、「生き物らしさ」という日本語表現は、「生物のような」という意味を表すが、英語では表現することができない概念であり、それを追い求めるのが真の生物物理学である。
エ、日本の創造的な科学者にとって、英語は必要であっても十分な武器ではないことを認識し、日本語による思考を重視し、英語が持ちえない新しい世界観を用いて科学を展開していくことが望ましい。
オ、多くのノーベル賞受賞者を輩出する現代の日本の科学文化は、江戸末期の西欧文明の輸入と新たな日本語による知識体系の創造によって成り立っている。
カ、免疫学における「抗体産生」は、日本語でしか表現できない専門用語であるため、同時通訳をする際には「プロデュース」を用いることが推奨される。

三 漢字の読み書き　よく出る

次の1～10の文中の（カタカナ）を漢字で書きなさい。

（各2点、計20点）

1、（レイホウ）に登る。
2、初志（カンテツ）する。
3、花火の（ヨイン）に浸る。
4、（カクリョウ）を任命する。
5、組織の（スウジク）を担(にな)う。
6、（チンコン）の祈りをささげる。
7、（バイシン）制度について学ぶ。
8、（ゴバン）の目のような街並み。
9、誰もが（ウラヤ）む生活。
10、（ネバ）り強く努力する。

洛南高等学校

時間 60分　満点 100点　解答 P89　2月10日実施

出題傾向と対策

●小説文、論説文（省略）、古文の大問三題構成。出題形式は、漢字、語句の意味、読解問題（記述・選択）などである。古文は主語、内容に加え、和歌の修辞に関する出題があった。基本的な語句の知識から八十字の記述まで幅広く出題されている。
●語句の意味だけでなく慣用句に関する設問も出題されるので、新聞や本を読むなどして普段から言語体験を増やすとよい。記述問題は、字数が多いが、ポイントを的確に押さえて解答すること。

一 （小説文）漢字の読み書き・文脈把握・内容吟味

次の文章を読んで、あとの問いに答えなさい。

佐々野円華(ささのまどか)は長崎の五島列島に住む高校生である。海岸の堤防で一人考え事をしていると、同級生の武藤柊(むとうしゅう)が声をかけてきた。円華の家は旅館を営んでいるのだが、新型コロナウイルス感染症の緊急事態宣言下で世間が揺れる中も営業を続けており、そのことが島内で様々にうわさされているという。


「知ってるの？　そんなふうに言われてること」

「……知ってるよ」
①観念して頷(うなず)くと、空の青さが沁(し)みるようにまた目の奥が痛んだ。②あわてて唇を引き結び、首を振る。
「知ってる。こんな時なのにまだ客を泊めてるのかって、うちが、周りから相当思われてそうなこと。さすがに、小山(こやま)くんたちがそんな③とばっちりを受けてるってことまでは、想像もしてなかったけど」

立地が近いというだけの理由で寮の子たちまでそんなふうに言われるのだとすれば、小春(こはる)の言い分は、やはり仕方がないのかもしれない。

学校が再開され、いつも通り、円華は今日、幼馴染(おさななじ)みの福田(ふくだ)小春と下校しようとした。そんなに長い距離じゃないけれど、校門から並んで出て、小春の家の近くの分かれ道まで一緒に歩くのは、二人にとってはいつものことだった。

だけど放課後になって、言われたのだ。

「ごめん、円華。しばらく、別々に帰ってもいい？」

どうしてか、最初は全然わからなかった。だから、純粋に「え？」と口にすると、小春が少しだけ早口になった。

「円華と一緒に帰ってるところ見て、うちのおじいちゃんとかおばあちゃんがちょっと心配になったみたいで。ほら、うちら、話しながら帰ってるから、マスクしてても、距離が近くて心配なんだって。お母さんとかも、うちのお姉ちゃんが施設で働いてることもあって、気になったみたい」

心配になったみたい、気になったみたい、というそれが、④何を「気にして」のことなのか、円華にもだんだんわかってきた。でも、嘘(うそ)でしょ？　と思った。頼むから、そんな理由からじゃないって否定してほしい。だけど、小春は話し終えると、それ以上は何も言わずに円華の方をただ見た。その目を見て、⑤体の芯が一瞬で冷たくなっていく。

小春とは、小学校からずっと一緒だ。中学から吹奏楽部なのも一緒。

小春の家のおばさんやおじさんとも小さな頃から顔見知りだし、おじいちゃんやおばあちゃんにだって会えば挨拶してきた。家にも何度も遊びに行って、ごはんだってご馳走(ちそう)になったことのある小春の家の食卓やリビングを思い出したら、その中で、自分のことが——自分の家族や旅館のことがどう話題にされたのか、まざまざと想像できてしまって、何も言えなくなった。

「あー、わかった」

どうしてそんなふうに言ってしまったのかわからない。傷ついてることを悟られまいとそうしたんだと気づくと同時に、あ、私、傷ついたのか、と気づく。

小春は何度も「ごめんね」と謝っていた。

「ほんと、ごめん。［　　　　　　］」

「あ、うん」

「じゃ、先に行くね」

去っていく小春に、吹奏楽部の別の女子が駆け寄っていく。二人が何か話し、肩を並べて同じ速度で歩き始めるのを見た瞬間、円華はなるべくさりげないふうを装いながら、近くのトイレに駆け込んだ。二人がこっちを振り向きもせずに行ってしまうのも胸が苦しかったし、こちらを向いて意識されるのもそれ以上に嫌だった。

小春の姉が働いている「施設」とは、高齢者が入居する介護施設のことだ。島は、人口に対して、医療や介護に従事する人の割合がとても高い。テレビでこのところさかんに言われる「医療従事者」の言葉が、今更のように胸を締めつける。小春の姉は、特に気をつけていて、家族みんなが大皿の料理を一緒につつくようなことすら今はできずにいるのだと、そういえば少し前に聞いていた。

そっか、私、嫌がられてるのか。大好きな、小春の家のおばさんやお姉ちゃんたちから、警戒されてるのか。

誰にも、自分の姿を見られたくなかった。顔を伏せるようにして校門を出て、足元を睨むようにしながら家までの道を急いだ。誰も円華のことなど見ていない、気にしていない、と言い聞かせても、心臓がすごく大きく鳴っていて、足に⑥ぎこちない力が入るのを止められなかった。

小春の声が、耳の奥で響き続けていた。

――帰ってるとこさえ見られなかったら、学校では喋っても大丈夫だから。

なんだそれ、と思う。

学校ならいいけど、帰り道は一緒にいられない。家族や、周りの目が気になるから。そう突きつけられて、明日からも教室で普通に小春と笑顔で接することができるとは到底思えなかった。別の子と一緒に帰る小春の背中。他の子とは一緒に帰れても、円華はダメ。それって。

差別じゃないか――。

⑦差別、という言葉の大きさに、思ってしまった後から気持ちが怯む。高い場所から急に下を覗き込んだ時のような足が竦む感覚があった。

円華の家がやっているつばき旅館は、小さいが、曾祖父の⑧ダイから続いている古い旅館だ。そして、コロナのあれこれが騒がれ始めてだいぶ減ってしまったけれど、今も、それまでと変わらずにお客さんを泊めている。そのほとんどが島外のお客さんだ。長崎市内や福岡など九州本土からの人が多いけれど、中には、東京や大阪から泊まりに来る人もいる。うちを気に入って、東京から毎年来ている⑨ジョウレンさんのひとりは、⑩リ□ー□□ークになって出社しなくても仕事ができるようになったから、と確かに今も長期で滞在しているようだ。

休業するか、お客さんからの予約を取り続けるか。祖父母も両親も⑪葛藤していた。円華には悟られまいとしていたようだったけれど、円華が自分の部屋に引き上げると、大人が皆で話し合っている気配を感じた。消毒用のアルコールがなかなか手に入らなくて、どこか販売しているサイトがないか、円華も両親と一緒に探した。お客さんが安心して来られるようにって。

そういうことの葛藤の全部を、円華も見ていた。

休業を選ばず、営業し続ける選択をした家族のことを、円華もできる限り応援したいと思ったけれど、家族の間でも、話さないこと、聞けないことがだんだん増えていった。たとえば、泊まりに来たお客さんが、どこから来た人なのか。これまでは、何気なく両親に聞けていたけれど、今は構えないと聞けない。両親も、必要以上に明かさない。

――今だけ、ほんと、ごめん。

また、小春の声が蘇る。

今だけ、というその「今」は、いったいいつまで続くのだろうか。

政府が日本全国に出した緊急事態宣言は、月末までには解除されるのではないかと言われている。円華はこれまで気安く「早く元通りになればいい」と思ってきたし、口に出してきた。母たちも、お客さんが減っても、「今は我慢だね」とか「今は仕方ない」と口癖のように話しているけれど、テレビでこの間、「新しい生活様式は下手するとあと二、三年は続く」と話す人がいて仰天した。だって、そんなに待てない。まだ一学期なのに、私の二学期も、三学期もどうなるのだろう。卒業するまで小春とは一緒に帰れないのか。マスクなしで生活することも、もう、高校に通う間は無理なのか。

吹奏楽部では、円華はホルンを吹いている。息を吹き、音を出す。たったそれだけのことが、今は危険とされる。

楽器の演奏はしばらく難しいかもしれないけれど、かわりの活動を何か考えよう、と顧問の浦川先生がみんなに話してくれた。でも、部活が再開されたところで、円華はもう、自分が参加できる気がしない。帰り道、自分を置いて去っていく小春たちの後ろ姿が瞼の裏から消えない。小春でさえああなのだから、円華が参加することを嫌がる子はもっといるかもしれない。みんな、きっと怖いのだ。だから、「今だけ」遠ざける。日常が戻ったら、また円華とも戻れると思っているのかもしれないけれど、そこで置き去りにされた円華の気持ちはどうしたらいいのだろう。

一度にいろんなことを考えて、気持ちはぐちゃぐちゃだった。

円華は、大人の決断があまりに早すぎないか、ということにも怒っていた。みんな、すぐにあきらめすぎる。

夏から始まる吹奏楽コンクールや、インターハイとか、いろんな大会が中止になる決断はあまりに早すぎないだろうか。その頃までに状況が変わっている、という可能性だってゼロじゃないのに。なのに、先のことがどんどん決まってしまう。

思い出すのは去年のコンクールのことだ。部員みんなで本土にフェリーでわたり、佐世保のホールで演奏したこと。集まったたくさんの吹奏楽部の中で、九州から全国に行ける学校は三校だけ。行けるかどうかわからないけれど、練習してきたこの曲をこれから先もまだこのメンバーで演奏し続けたいというそれだけの理由で皆、優勝したいと願った。あの瞬間、私たちの心ははっきりひとつだと感じた。なのに――。

円華の未来はどこにゆくのだ。

俯きながら家に帰り、鞄を置いて、飛び出すようにしてこの堤防に来ると、そこで限界を迎えたように涙が一気に溢れた。海と空、二つの青が涙で⑫ウルんで溶けだし、混じり合っていく。⑬悔しかった。とても、とても悔しかった。一番悔しいのは、そんなにも悔しいし、理不尽だと思っているのに、小春に何も言い返せなかったことだった。何でも話せる親友だと思っていたのに、今は、親友だからこそ、本当の気持ちは絶対に明かせない。

　泣いてるところを見られたのは、あまりに不意打ちだった。しかも、武藤にだなんて。

「ごめん」

　円華の口から、途切れるような細い声が洩れた。

「泣いてたこと、他の人に言わないで」

　思わず言ってしまうと、そんなふうに頼まなきゃいけないこともなんだか惨めになって、言葉の最後がちょっと掠れた。武藤が困るかもしれない、と思ったけれど、彼がすんなり「わかった」と頷いてくれて、ほっとする。

「邪魔してごめん」

　そう言って、また元通りイヤフォンを耳に入れ、あっさりとランニングに戻っていく。その背中を見つめながら、円華はおかしくなって少し笑った。邪魔してごめんって、なんかズレてる。元通り、また好きなだけ泣いていい、という意味なのだろうか。

　乾いた声で、ふっと笑い、それからまたなぜかこみ上げてきた涙を拭う。

　小さくなっていく武藤柊の姿を見つめながら、うん、あの人がモテるの、なんかわかるな、とこっそり思った。


（辻村深月『この夏の星を見る』）

問一、**よく出る** **基本** ——線⑧⑨⑫のカタカナをそれぞれ漢字に改めなさい。

問二、**基本** ——線①「観念して」⑪「葛藤して」はどういうことを言っていますか。それぞれあとのア～オの中からふさわしいものを一つ選び、記号で答えなさい。

①観念して
ア、決めつけられる様子に逆らうのも面倒になって
イ、そう思われているならそれでいいと開き直って
ウ、否定する余地もないと感じしぶしぶ認めて
エ、モヤモヤした考えが一言聞いてすっきりまとまって
オ、返事の内容がどう影響するか先行きを考えて

⑪葛藤して
ア、悩むことに疲れわずらわしくなって
イ、意見がそろわず対立してしまって
ウ、その時々で心が揺れ対応が混乱して
エ、相反する気持ちの間で決断できなくて
オ、明確な答えが出せずいらいらして

問三、——線②「あわてて唇を引き結び、首を振る」とありますが、次のア～オの中から、ここでの円華のようすの説明としてふさわしいものを一つ選び、記号で答えなさい。
ア、心が痛くなって泣きそうになるのを必死にこらえている。
イ、返答した上でそれ以上の指摘を受け付けまいとしている。
ウ、事情の伝わりそうな相談相手を得て心強くなっている。
エ、思わぬ言葉かけに戸惑う一方でなるほどと納得している。
オ、悪い評判を聞きつけてとっさに怒りがこみ上げている。

問四、**よく出る** **基本** ——線③「とばっちり」⑥「ぎこちない」について、それぞれあとのア～オの中から、ここでの意味としてふさわしいものを一つ選び、記号で答えなさい。

③とばっちり
ア、まきぞえ
イ、あとくされ
ウ、さしつかえ
エ、はたらきかけ
オ、めぐりあわせ

⑥ぎこちない
ア、不安定な
イ、不案内な
ウ、不可解な
エ、不完全な
オ、不自然な

問五、——線④「何を『気にして』のことなのか、円華にもだんだんわかってきた」とありますが、円華に「わかってきた」のは、どういうことだと考えられますか。それを説明した次の文の□にあてはまる内容を、三十字以内で答えなさい。（句読点などは一字とします）
　小春の家族は□ということを気にしている。

問六、——線⑤「体の芯が一瞬で冷たくなっていく」とありますが、円華がこのように感じたのはなぜですか。次のア～オの中からふさわしいものを一つ選び、記号で答えなさい。
ア、小春の目にあからさまに円華を敬遠する悪意がうかがえ、自らの存在がつきはなされていることを知ったから。
イ、小春は事の深刻さをわきまえておらず、いつも通り円華との会話を楽しんでいるようにしか見えなかったから。
ウ、小春は家族に言われたことを無心に伝えるばかりで、円華の立場が度外視されているかのように思えたから。
エ、小春は大事な問題を軽々しく伝えており、ふだんから自分を見下していたのかと思い知ることになったから。
オ、小春は自分の言い分の正しさを確信しているようすで、自分さえ良ければかまわないようなそぶりだったから。

問七、**思考力** □で、小春はどのようなことを言ったと考えられますか。あてはまる形で答えなさい。

問八、——線⑦「差別、という言葉の大きさに、思ってしまった後から気持ちが怯む。高い場所から急に下を覗き込んだ時のような、足が竦む感覚があった」とありますが、これはどういうことを述べたものですか。次のア～オの中からふさわしいものを一つ選び、記号で答えなさい。
ア、これこそが差別というものだと実感して、当事者となってしまった自覚から心は高ぶり怒りで身も震えそうだ。
イ、何でもないはずのことを差別と考えてしまう自分に驚き、自分たちが直面している事態の深刻さに緊張し

てしまう。

ウ、差別という言葉に結びつくくらいに心は動揺し、初めて自分は傷つけられたのだと気づいてなんだか恐ろしい。

エ、自分がいま差別に見舞われているのではないかと思うと、あらためて不安は募り心も身体も硬直してしまうようだ。

オ、差別され厳しい批評にさらされた家族のことを思うと心は痛み、この現実にいたたまれずすぐにも逃げ出したい。

問九、**基本** ――線⑩「リ□ー□□ーク」について、□を補いことばを完成させなさい。

問十、――線⑬「悔しかった。とても、とても悔しかった」とありますが、次のア～オの中から、円華の感じる悔しさとしてあてはまらないものを一つ選び、記号で答えなさい。

ア、納得のいかない理由で小春が自分から離れていってしまうこと。

イ、緊急事態宣言の最中にも旅館を営業しなければならないこと。

ウ、出口の見えない状況で自分の学校生活が損なわれていくこと。

エ、どのような活動であれ部活動に自分の居場所が見えないこと。

オ、大人の判断には自分たちの思いが軽視されていると感じること。

問十一、次のア～オの中から、この文章における表現や構成の特徴を説明したものとしてふさわしいものを一つ選び、記号で答えなさい。

ア、それぞれの場面で短い会話文が具体的に重ねられて、過去の出来事を語りつつもリアリティがあり、主人公が活き活きと描かれている。

イ、回想を重ねて多くの人物を登場させ、それぞれに苦しい思いがあることを伝え、悲惨な一時期の社会的苦悩を主題として表している。

ウ、冒頭部分に聞き手役の人物を配置することで、主人公の語りが独りよがりに流れることなく、一つ一つの出来事に客観性を与えている。

エ、海岸の場面を軸に、それまでの出来事の断片が次々と連想されていき、主人公の抱える不安な気持ちが重層的に浮き彫りにされている。

オ、堤防のシーンを皮切りに、描かれる場面が止めどなく切り替わり、主人公の揺れ動き定まらない心が効果的に印象づけられている。

二 （省略）御田寺圭「ただしさに殺されないために」より

三 （古文）動作主・内容吟味・口語訳

次の文章を読んで、あとの問いに答えなさい。

今は昔、木こり、山守（やまもり）注一に斧（よき）注二をとられて、「わびし、心うし」と思ひて、頬杖（つらづゑ）うちつきてをり。山守見て、「①さるべき事を申せ。とらせむ。」と②いひければ、

あしきだになきはわりなき世の中によきをとられて我いかにせん

と③詠（よ）みたりければ、山守、「返しせむ」と思ひて、「うう、うう。」とうめきけれど、④えせざりけり。さて、斧返しとらせてければ、うれしと⑤思ひけりとぞ。

人はただ歌をかまへて注三よむべし、と見えたり。

（『古本説話集』）

注一　山守……山の番人

注二　斧……小形の斧（おの）、手斧

注三　かまへて……常日頃心がけて

問一、**よく出る** **基本** ――線②「いひ」③「詠み」⑤「思ひ」の主語を、文章中からそれぞれ抜き出して答えなさい。

問二、――線①「さるべき事を申せ」とはどういうことを表していますか。次のア～オの中から最も適当なものを選び、記号で答えなさい。

ア、立ち去るべき理由がわかる和歌を詠め

イ、斧をとられた弁明を述べた和歌を詠め

ウ、今の心情を表す気のきいた和歌を詠め

エ、山守への謝罪の意をこめた和歌を詠め

オ、罰を与えられた訳を伝える和歌を詠め

問三、次の一文は、文章中の和歌の現代語訳です。X・Yにあてはまることばを、漢字を用いて答えなさい。ただし、この和歌には一つのことばに二つの意味をもたせる「掛詞（かけことば）」が用いられており、X・Yにはその二つの意味があてはまります。

悪い物でさえ無いと困ってしまう世の中で、ましてX物、すなわちYを取り上げられて、私は今後どうやって生きればよいのでしょうか。

問四、――線④「えせざりけり」とは、何をすることができなかったのですか。それを説明した次の一文の□にあてはまることばを、五字以内で考えて答えなさい。

□ことができなかった。

ラ・サール高等学校

時間 70分　満点 100点　解答 P90　1月28日実施

出題傾向と対策

●論説文一題、小説文一題、古文一題の大問三題構成。昨年度は論説文ではなく、随筆文が出題されている。漢字の読み書きや口語文法などの基本的な問題は例年どおり。毎年、百字を超える記述問題が出題されていたが、今年度は最大八十字の出題であった。

●漢字・文法問題は頻出なので、確実に得点したい。古文は選択問題を採用する学校が多いなか、記述問題が多いので、記述演習を数多くこなしたい。全体的に文章量が多いので、短時間で文意をつかめるようにしておく。

一（論説文）内容吟味・要旨・漢字の読み書き

次の文章を読んで、後の問いに答えよ。（字数制限のある問題については、句読点も一字に数える。）（計40点）

自然と社会を含む[A]シンラバンショウが一九世紀にいたって数値で測られるようになった。そして、この数値化は、統計学の支配という形を取ってきた。たとえば現在、医療の世界では「エビデンス（根拠）に基づく医療（EBM）」が絶対的な価値を持つ。これは統計学的に病態を分析し、統計学的に有効であると認められた治療法を選択するという営みだ。一九九一年にカナダの医師ゴードン・ガイアットが[B]テイショウした考え方である。

医療のエビデンスにはいくつかのグレードがある。もっとも確度の高いエビデンスは、患者を、ランダムに薬を投与する群と薬を投与しない群というように二つの群に分けて有効性を検討するランダム化比較試験（RCT）を、さらに複数比較し、メタ分析した結果である。RCTの根っこには統計的な妥当性の評価がある。統計的に検討された複数の試験を組み合わせることで、妥当性を上げていく。

エビデンスによって有効な診断方法や治療法が整備されるということには異論がないし、私自身も①エビデンスにもとづく医療を選ぶ。しかし病の経験は、エビデンスにもとづく選択だけでは語り切れない。

再発がんが進行しているので「急に具合が悪くなる」可能性があるから、と緩和ケアを探すことを主治医から勧められた哲学者の宮野真生子は、エビデンスにもとづく医療において常に問題になるリスクについて次のように述べている。

> リスクと可能性によって、〔がんが再発した〕私の人生はどんどん細分化されていきます。しかも、病と薬を巡るリスクはたくさんありますから、そのなかで、良くない可能性が人生の大半の可能性を[C]シめるように感じ、何も起こらず「普通に生きてゆく」可能性はとても小さくなったような気がしています。（中略）
>
> でも、このリスクと可能性をめぐる感覚はやっぱりどこか変なのです。
>
> おかしさの原因は、リスクの語りによって、人生が細分化されていくところにあります。そのとき患者は、いま自分の目の前にいくつもの分岐ルートが示されているように感じます。それぞれのルートに矢印で行き先が書かれていて、患者たちはリスクに基づく良くないルートを避け、「普通に生きていける」ルートを選び、[D]シンチョウに歩こうとします。
>
> けれど、本当は分岐ルートのどれを選ぼうと、示す矢印の先にたどり着くかどうかはわからないのです。なぜなら、それぞれの分岐ルートが一本道であるはずがなく、どの分岐ルートもそこに入ってしまえば、また複数の分岐があるからです。

エビデンスによって有効とされる治療を選ぶプロセスには際限がない。病が進行していくプロセスのなかで、効果が出る確率が高い治療法が選ばれることが多いだろう。しかし確率が高いといっても「四〇％の人にはこの治療法が有効であった」という意味であり、残りの六〇％の患者には効かない。つねに数値をめぐって患者は「効かないかもしれない」と不安な状態に置かれることになる。宮野はこの手紙から半年ほどのちに四〇代前半で亡くなったが、②エビデンスに基づくリスク計算に追われてしまうと、人生の残り時間が確率と不安に支配されるものになってしまうだろう。

科学哲学者のイアン・ハッキング（一九三六―）は、世界そのものが数学化したときに、世界は統計（確率）によって支配されることになったと書いている。

世界が自然法則によって支配されているとみなす決定論的な自然科学の展開のなかで統計学は発達し、社会および人間は統制可能で予測可能なものとなっていく。

> アメリカのゴールデンアワーのテレビでは、（中略）[E]ロコツな暴力シーンよりも、確率について語られることの方が多いのである。新聞をにぎわせる恐怖が、確率を使って繰り返し語られる。その可能性〔偶然・確率〕chanceがあるのは、メルトダウン、癌（がん）、強盗、地震、核の冬、エイズ、地球温暖化、その他である。恐怖の対象は（たぶん）これらではなくて、実は確率そのものなのである。（中略）
>
> このような確率の支配は、世界そのものが数学化されたところでのみ起こり得たものである。我々は自然に対して、それがどんなものであり、またどんなものであるべきなのか、根底的には量的な感覚を持っている。これは当たり前のことではなく、いくつかのささいな理由もあってたまたまそうなったのである。

統計学が力を持つ現状は、自然と社会のリアリティの在処（ありか）が具体的な出来事から、数字へと置き換わったことの象徴である。当初、統計は世界のリアリティについてのある程度の傾向を示す指標と見なされていたが、次第に統計が世界の法則そのものであると考えられるようになった。統計は事実に近い近似値ではなく事実そのものの位置を[F]カクトクするのだ。先のハッキングはいう。

たとえば一九八八年、日本が遂(つい)に世界一の長寿国になったことが注目を集めた。我々は、ちょうど日本企業が投資のための可処分資本を世界一Gチクセキしているのと同じくらいリアルに、平均寿命の伸びを日本人の生活や文化の現実的な姿と感じてしまうのである。

このように、③「平均寿命」という単なる数字が日本を構成する事実そのものとなる。一人ひとりの日本人は早く亡くなることも長寿のこともあるのだから、「世界一の長寿国」というラベルが個人の余命を説明するわけではない。ましてや一人ひとりの高齢者が具体的にどのような暮らしをしているのかを示すわけではない。独居なのか、病院で寝たきりなのか、認知症なのか、もしかしたら元気なのか、同じ九〇歳でもさまざまだろう。

さきほどエビデンスに基づく医学が患者を追い詰める様子を、がん患者であった宮野真生子の言葉で確認した。宮野の場合は自分で自分の病にかかわるリスクを気にしてしまうことが問題だった。

医療現場においてのみ、リスクが息苦しさをもたらすわけではない。学校や会社といった組織、そして社会全体は、リスクを予防するという視点でメンバーの行動を決め、行動を管理し、しばりつけようとする。「そんなことしたら危ないよ」という注意を子どもの頃に受けたことがない人は少ないだろう。④学校の生活はさまざまな校則でしばられていることが多いが、これらは大人が外部からなにか非難を受けないために、生徒をあらかじめしばりつけるものである。子どものためと見せかけて、大人が自分の不安ゆえに子どもの行動を制限しようとしている。リスク計算は自分の身を守るために他者をしばりつけるものなのだ。

そもそもリスク計算を重んじる社会が生まれる前提として、社会学者のウルリヒ・ベックは、経済活動における個人主義、自己責任論による支配の問題点を挙げている。現代人はコミュニティによって守られることなく自分一人で自分の生活のHイジに責任を負っているのであり、失敗があっても自分のせいなのだ。社会は個人を非難こそすれ守りはしない。自己の責任だけではない。「そんなことをしたら責任とれるんですか」という言葉を投げるときには他者を非難し、規範にしばりつけている。

個々人が責任ある行為(こうい)者とみなされ、行為がもたらすネガティブな結果のリスクが計算される。さらには、そのリスクに責任を負うのは、国やコミュニティといった集団ではなく個人である。このような社会では、未来のリスクを見越して個人個人が備えることが、合理的な行動となる。

このことは、人は外から強制されるのではなく自ら進んで、社会規範にしたがっていく身振りにつながる。高校生に規範意識を問うた大規模な調査でも、社会学者の平野孝典によると、現代の高校生は校則を守り、規則違反にはIアコガれを持たないという結果が出た。社会の実質が変化して「不確実でリスクに満ちた社会」になったというよりも、数値化されたことで社会や未来がリスクとして認識されるようになった。ともあれ、数値による予測が支配する社会、そして個人に責任がJキされる社会は不安に満ちており、社会規範に従順になることこそが合理的なのだ。弱い立場に置かれた人ほど、上からやってきた規範に従順になることでサバイブしようとするだろう。

（村上靖彦『客観性の落とし穴』より）

問一、**基本** 傍線部①「エビデンスにもとづく医療」とあるが、これはどのようなものか。端的に説明された部分を本文中から四十字以上四十五字以内で抜き出し、初めと終わりの五字を答えよ。

問二、傍線部②「エビデンスに基づくリスク計算に追われてしまうと、人生の残り時間が確率と不安に支配されるものになってしまうだろう」とあるが、それはなぜか。四十字以内で説明せよ。

問三、傍線部③「『平均寿命』という単なる数字が日本を構成する事実そのものとなる」とあるが、これはどういうことか。六十字以内で説明せよ。

問四、**新傾向** 次に示すのは、本文を読んだ五人の中学生が、傍線部④「学校の生活はさまざまな校則でしばられていることが多いが」の部分をきっかけにルールについて交わした会話である。本文中の筆者の主張に合致するものを次のア～オの中から選び、符号を記せ。

ア、生徒A　最近、ある学校の理不尽な校則が変更されたのをニュースで見かけたよ。かつては当たり前だと疑わなかったルールが無くなることで、社会が少しずつ良い方向に変化していってるのを感じるなあ。

イ、生徒B　父に聞いたんだけど、昔は、部活の練習中に水を飲んではいけないというルールが常識だったみたいだね。科学的根拠も無しに他者の行動を縛りつけることはあってはならないことだよ。

ウ、生徒C　私達(たち)の社会は、妥当性のあるルールを作ることで、社会に悪影響を及ぼす存在を抑制している。ルールから逸脱した責任を個々人が負うからみんながルールを守ることになり、不安を抱えずに日常生活を送れるんだよね。

エ、生徒D　妥当性の高いルールも、そのルールを守る人のためにあると思っていたけれども、本当はルールを守らせる人のために用いられているのかな。僕達が気づいていないだけで誰(だれ)かのために自分の行動を制限されているのかもしれないよ。

オ、生徒E　社会規範があることで、誰が得をしているのかを常に考えておかないといけないね。大人だけにとって都合のいいルールももちろんあるけれど、校則の中にも僕達の利益になるものがあることを忘れてはいけないと思う。

問五、**思考力** この文章は『客観性の落とし穴』の一節である。本文の内容を踏まえて、「客観性の落とし穴」とはどういうことであるかを、八十字以内で説明せよ。

問六、**よく出る** **基本** 点線部A～Jのカタカナを漢字に改めよ。

二　（小説文）内容吟味・品詞識別・文節

次の文章を読んで、後の問いに答えよ。（字数制限のある問題については、句読点も一字に数える。）　（計40点）

思いがけない場所で、菊池さんを見かけた。菊池さんは、わたしの後ろの席の女子だ。新学期がはじまったばかりなので、貝藤、菊池、と苗字(みょうじ)の五十音順で並んでいる。ただし菊池さんがその席に座ったことはない。中二の秋くらいから学校に来なくなり、中三に進級して半月が経っても、教室へは一度も顔を出していなかった。だからこそ、わたしは驚いたのだ。

まさかこんな場所――病院の屋上で会うとは。

病院のエレベーター内でフロア案内に〝屋上庭園〟の文字を見つけ、うっかり興味を持ってしまったのが、運命の分かれ道だった。

R階のエレベーターホールからさらに細い階段をのぼってスチールドアをひらくと、あっけなく屋上に出られる。この病院の屋上が開放されていることを、わたしは初めて知った。といっても、冬の名残の冷たい風が吹いているせいか、人影は見当たらない。

傾きはじめた太陽が照らす屋上は、レンガタイルの敷き詰められたプロムナードがどこまでもつづいていた。道は適度に高低差が設けられ、階段とスロープが等しく設置されている。プロムナードの途中には、色とりどりの花が揺れる花壇と座りやすそうなベンチがいたるところで見られた。庭園と呼ぶにふさわしい眺めに気を取られ、わたしはすぐ近くのベンチに座っていた人を見落としてしまう。

「あなた、滝庭中の三年？」

突然かわいらしい声がして、わたしは飛び上がった。驚かせてごめん、と一人の女の子がベンチから立ち上がり、深々とかぶっていたパーカーのフードを取る。

すらりと高い背を引き立たせるストレートデニムとオーバーサイズのパーカーのシンプルなコーデ、涼やかな目元、りりしい眉毛と、ボーイッシュの極みのようなその子を見て、わたしはすぐに菊池さんだと気づいた。

一年のときから校内でも目立つ存在で、男子にも女子にも先輩にも後輩にも人気があった菊池さん。わたしの記憶の中の潔いショートカットの彼女に比べ、目の前の菊池さんの髪はだいぶ長くなり、まぶたや耳やうなじを覆い隠している。目指す髪型があって伸ばしているのか、うっかり伸びすぎただけなのか、わたしは知らない。後ろの席の菊池さんのことを、まだ何も知らない。

「滝庭中の三年、だよね？」

もう一度聞かれたので、わたしはA観念してうなずいた。

「やっぱり。制服と校章の色で、わかっちゃった。私も同じ三年なんだけど――」

そこで言葉を区切り、菊池さんは試すような眼差しでわたしを貫く。自分の名前や顔そして不登校について、わたしが知っているかどうか探ろうとしているらしい。菊池さん自身の表情に変化はない。新しいクラスの前の席が誰かなんて知らないのだろう。

わたしはどう返せばいいのかわからず、そっかあと曖昧にうなずいた。菊池さんとは教室の前と後ろの席で、「はじめまして」と自己紹介し合うのが夢だったのに。

「変なところで会っちゃったね」

自分の心の声が漏れたかと思ったら、菊池さんだった。わたしは「本当に」と今度は首がもげるほど深くうなずく。

「今日は予防接種か何かで？」

「あ、うん。き――」

「菊池さんは？」と聞き返しそうになって、わたしはあわてて「きみは？」と誤魔化す。その呼び方がおかしかったのか、菊池さんは微かに笑って答えた。

「〝きみ〟は、お見舞い」

屋上に来たのははじめて？　とつづけられ、わたしは前のめりになる。

「うん。病院にこんな秘密の屋上庭園があったなんて、びっくりした」

「別に秘密じゃないし」

菊池さんは鼻に皺を寄せて苦笑すると、わたしをベンチに手招きした。

「おいでよ。ほら早く」

「――うん」

①わたしは強い既視感にめまいを覚えながら、ふらふらとベンチに向かう。隣り合って座ると、菊池さんは前を向いたまま話しだした。

「ここの屋上、昔はもっと殺風景だったらしいよ。ベテランの看護師さんが言ってた。地面はコンクリートだし、入院患者とその付き添いが使える共同物干し台くらいしかなかったって」

「へー。ずいぶん素敵になったんだね」

菊池さんは「素敵」と平坦な声で繰り返し、バラらしき植物の蔓を這わせたアーチに貼られた禁煙マークを指さした。

「昔の屋上は、喫煙もオーケーだったみたい」

「病院で？　ありえない」

②わたしはそう言って笑ってみせたが、菊池さんは笑わない。顔を空に向けて、煙草の煙を吐き出すように唇を突き出し、息を吐いた。

「私はそれを聞いたとき、昔は病院にも逃げ場があったんだって思った」

「逃げ場？」

「病院で息が詰まったときの逃げ場。どこを歩いてもいいし、どこに座ってもいいし、煙草だって吸える場所」

わたしは歩く場所と座る場所のしっかり決まったプロムナードと〝立ち入らないでください〟〝花を摘まないでください〟など注意書きの多い花壇を交互に眺める。

突然、菊池さんが立ち上がった。とっさに身構えたわたしを置いて、歩き出す。デニムに包まれた長い足がプロムナードを大きく逸れて、花壇を飛び越え、鉄柵の方へと直進していった。屋上庭園のルールをすべて無視してやろうという、強い意志を感じる動線だった。わたしはあわてて追いかける。

庭園の美しい雰囲気を崩さないようにするためか、高い鉄柵は白いペンキで塗られていた。すぐ横の〝のぼらないでください〟という注意書きが、やたら目立つ。

わたしが追いつくのを待って、菊池さんは言った。

「屋上からだと、けっこう遠くまで見渡せるでしょ」

「本当だ」

わたしは夢中で鉄柵にかじりつく。柵の間から町が見えた。

東京タワーやスカイツリーからの眺めには遠く及ばないけれど、わたしたちの学区の住宅街やスーパー、県道沿いのショッピングモールくらいは視界におさまっている。県道を走る車や通りを歩く人々の動く様は、ジオラマのコマ撮りみたいだ。滝庭中の校舎とグラウンドを見つけて、わたしは思わず[B]歓声をあげた。

「滝庭中まで見えるんだ」

うん、と答えた菊池さんの声はやけに冷めていて、わたしは口をつぐむ。不登校の人の前で学校の話題はよくなかったかと反省した。

「ここから見下ろしてると、あっちは別世界だな、って思う」

「別世界って」

「あっちは生きている人の世界。何の苦労もなく、当たり前に健康な人の世界」

「――じゃ、③こっちは?」

意外な流れになった会話に戸惑い、わたしはおそるおそる尋ねる。菊池さんはわたしに向き直り、長い前髪の向こうから見透かすような眼差しで言った。

「その逆の世界」

思わず絶句するわたしを切れ長の目の端に入れて、菊池さんは鉄柵の間から細い腕を伸ばす。病院の隣に建った、二階建ての四角い建物を指さした。

「私のお母さん、今あそこに入ってんの。去年の秋からずっと呼吸器科に入院してたんだけど、三日前にあの病棟に移った」

「あそこ、病棟だったんだ」

「うん。パッと見、普通の家みたいだけどね。れっきとした緩和ケア病棟だよ」

わたしは息をのみ、菊池さんを見つめる。緩和ケアとは何であるかを、わたしはよく知っていた。がんという病に伴う精神的、肉体的苦痛をやわらげる処置を施すことだ。ときにそれは、医療以外のサポートだったりもする。患者本人はもちろん周りの家族を含めてのケアだったりもする。半年近く入院してから科を転じて緩和ケア病棟に移ることが、どういう意味を持つのか、嫌というほどわかった。

わたしの表情を見て、菊池さんは肩にこもっていた力を抜く。泣きだすのか、笑いだすのか、よくわからない表情を作り、結局どちらにも転ばないまま話しだした。

「私、本当は見舞いに来るのが苦痛なんだ。お母さんのことは大好きだけど、今は正直、怖い。死んでいく人って、すごく怖いの。だから、こっちの世界は大嫌い。暗いし、寂しいし、つらいし、逃げだしたくなる。せめて屋上くらい逃げ場にさせてほしいのに、目に入ってくるのは人工的で窮屈なものばかり。もううんざりだよ」

鉄柵からあっちの世界を覗(のぞ)くことが私の気晴らしだと、菊池さんは語った。そしてすぐに付け加える。

「屋上から見下ろすくらいの距離感がいいんだよね。今の自分が参加するには、生きている人の世界はうるさすぎるから」

だから、学校にも来なくなったの? その質問は発せられることなく、わたしの胸の中でサイダーの泡のように弾けて消えた。

それからずいぶん長い時間、わたしも菊池さんも喋(しゃべ)らなかった。

死が濃密に取り巻く環境は、元気潑剌(はつらつ)って言葉が似合いすぎるほど似合っていた菊池さんをも弱らせてしまうのだと、わたしは驚いていた。屋上から見下ろす馴染(なじ)みの町やそこで暮らす人々が「別世界」に思えるくらい、菊池さんは今、孤独に追い込まれている。どれだけ長い前髪で隠しても、その目に生気のないことは、すぐにわかる。

ふいに、お腹(なか)が熱くなった。何これ、とうろたえている間に、熱さはどんどん場所を移し、みぞおちから肩甲骨に回り込み、うなじから頭にのぼっていく。たぎる熱が後頭部から頭頂に達したとき、わたしはようやくそれが怒りだと気づいた。

菊池さんに怒っていたわけじゃない。人を――あんなにかがやいていた菊池さんまでを――たやすくくすませ、濁らせ、弱らせてしまう死というモノに、怒りがこみ上げていた。やり場のないそれに足を取られ、ズブズブとその場に埋まりそうになる。この感覚、懐かしい。忘れようとしたし、実際やっと忘れかけていた感覚だった。

「別々の世界じゃないよ」

わたしは怒りの沼で必死にもがき、声を絞り出す。

「④死ぬことは生きることの中に入ってると思う。逆に、死ぬことの中に生きることが入ってると言ってもいい。とにかく別々じゃない。二つの世界はつながってるんだよ」

「どうして、そんなことが言いきれるの?」

菊池さんの声は虚(うつ)ろだ。それは、とわたしは言いよどみ、次の瞬間、覚悟を決める。

「ついてきて」

菊池さんは、そこではじめてわたしという存在に気づいたように、目を丸くして何か言いたげな顔をしたけれど、黙ってうなずいた。

わたしは菊池さんを伴って、エレベーターを使わず階段でおりていく。三階の廊下を渡り、奥まで進むと、血液腫瘍外来の受付があった。〝本日の受付は終わりました〟と書かれたプレートのあるカウンター前で立ち止まり、わたしは人気のない待合室を見回す。

「嘘(うそ)ついてごめん。本当はね、わたし、今日ここに来てたんだ。予防接種じゃなくて、診察に来た。正確には経過観察ってやつなんだけど」

「どういうこと?」

菊池さんは怯(おび)えきった目をしていた。わたしは言いたいことが頭の中でこんがらがったりしないよう、深呼吸して心を落ち着かせる。

「わたしは小学二年生のときに、小児白血病という病気になったんだ。入院や治療で二年くらい学校に行けなくて、治療が終わってからも、体は疲れやすいし心は不安定だしで、授業や行事にフルで参加できないまま、小学校を終えたんだよね」

菊池さんは[C]神妙にうなずく。長い前髪の下の目は、まだ少し泳いでいた。

「だからわたし、死についてはよく考えたよ。治療が終わったあとも、二年は再発の恐れがあるって言われたし、そのあとの二年も通院と検査がつづいたし、この間やっと〝再発の可能性は九十九パーセントありません〟ってお医者さんから言われたけど、残りの一パーセントが気にならないって言ったら嘘になる。晩期合併症に備えて経過観察もつづく。本当に死って怖いし、ムカつくって思ってた」

わたしの物言いがおかしかったのか、菊池さんが表情をやわらげて同意してくれる。

「マジそれな。本当に怖いし、ムカつく」

「うん。で、頭がおかしくなりそうなくらい考えて、辿り着いた答えが、さっき言ったことだよ」

「〝死ぬことは生きることの中に入ってる〟、〝死ぬことの中に生きることが入ってる〟、〝二つの世界はつながってる〟」

菊池さんは、わたしの言葉をそのままくり返してくれた。わたしはうなずき、一番言いたかったことを伝える。

「だから結局、生きるしかないんだって思う。死が向こうからやってきている人も、健康で何不自由なく暮らしてる人も、等しく〝生きている人〟なんだよ。同時に、昨日より今日、今日より明日のほうが確実に死に[a]近づく〝死んでいく人〟でもある。だったらどんな状況であっても、毎日は生きる自分を味わうためにあるのかなって」

菊池さん[b]は何も言わない。わたしは心細くなったが、一人で喋りつづけた。

「菊池さんのお母さんだって、〝生きている人〟だ[c]よ。屋上から見える町の人といっしょだよ。その強さと尊さを、菊池さんには感じてほしい」

菊池さんはゆっくりまばたきをした。びっしり生え揃った睫毛が前髪を揺らす。

「菊池――」

「え」

「『菊池さん』って今呼んだよね？　私のこと知ってたの？」

頰が[d]さっと冷たくなった。血の気の引いたまま「[e]えっと」と「[f]あの」を交互に繰り出すわたしを見下ろし、菊池さんは笑って肩をすくめる。

「まあいいや。その代わり、[g]そっちの名前も教えてよ」

「――貝藤。三年二組十番の貝藤瀬里[h]です」

か細い声だ。こんな自己紹介になるはずじゃなかったのに、情けない。

菊池さんはわたしの名前を口の中で何度か転がし、「覚えた」と言って微笑んだ。わたしはたまらず目線を落とす。指先が白くて、自分がまだ動揺していることを知る。

「じゃあ、私そろそろお母さんの病室に戻るね。貝藤さん、今日はありがとう」

思いがけず感謝の言葉が降ってきて、わたしは顔をあげる。考える前に口が動いていた。

「わたしのほうこそ、ありがとう」


二年前の春、わたしは滝庭中学校に入学した。いろいろ躓いた小学校生活を挽回できるよう、友達作りも勉強もがんばろうと思っていたけれど、そんなに[i]うまくいくのか不安でもあった。知らないうちにプレッシャーが心の許容量を超えていたらしい。入学式の朝、わたしの足は中学の校門前でピタリと止まってしまった。

やっぱりダメだと諦めかけたとき、後ろから快活な声がかかった。

――遅刻しちゃうよ。

振り向くと、ショートカットで背のすらりと高い女の子が笑いながら、わたしを追い抜いて立ち止まる。同じ新入生だという彼女に「おいでよ。ほら早く」と手招きされ、わたしの足と心は嘘みたいに軽くなった。もたつきながら懸命に前へ進みだしたわたしといっしょに、彼女は体育館まで走ってくれたのだ。

わたしは「菊池さん」と呼ばれているその子に、生きぬく勇気を分けてもらった気がした。

一年も二年も違うクラスだったけれど、菊池さんの名前と顔は忘れなかった。中二の秋、菊池さんが突然不登校になったと知ったときは、ずいぶん動揺したものだ。人気者で友達も多く、勉強もできて、部活でも活躍しているあの子がなぜ、と。ただどんなに心配しても、友達でもクラスメイトでもない自分の声は、菊池さんには届かない。三年で同じクラスになれたときは、本当に嬉しかった。ずっと空いている後ろの席が、本当に寂しかった。
⑤だから菊池さん、次は教室で会おうよ。前の席で待ってる。

（名取佐和子「後ろの席の菊池さん」）

問一、**基本** 二重傍線部Ａ「観念して」、Ｂ「歓声」、Ｃ「神妙に」の意味として最も適切なものを次のア～オの中からそれぞれ選び、符号を記せ。

Ａ「観念して」
ア、同意して
イ、深く考えて
ウ、意識に浮かべて
エ、覚悟して
オ、了解して

Ｂ「歓声」
ア、誘い出そうとあげる声
イ、驚いてあげる声
ウ、喜びのあまりあげる声
エ、低く抑えられた声
オ、取り繕ったような声

Ｃ「神妙に」
ア、素直に
イ、立派に
ウ、丁寧に
エ、訝しげに
オ、不安げに

問二、傍線部①「わたしは強い既視感にめまいを覚えながら」とあるが、なぜ「既視感」を覚えたのか。具体的に説明せよ。

問三、傍線部②「わたしはそう言って笑ってみせたが、菊池さんは笑わない」とあるが、このときの両者はそれぞれどのように考えているか。最も適切なものを次のア～オの中から選び、符号を記せ。
ア、「わたし」は一緒に座るように誘ってくれたのに急に反応が冷たくなった菊池さんへの戸惑いをごまかそうとしているが、菊池さんは「わたし」にはお構いなしに昔の病院の屋上へのノスタルジーを語ることで「わたし」の嘘を暴こうとしている。
イ、「わたし」は管理の行き届いた今の病院の屋上からすると昔は喫煙が許されていたことが信じられないように感じたが、菊池さんは殺風景だった昔の屋上を理想化し、花や注意書きで埋め尽くされてしまった今の屋上に怒りを抱いている。
ウ、「わたし」は大人の目が光っている今の病院の屋上からすると昔はこっそり喫煙できたということが想像できないと思ったが、菊池さんは花壇やベンチが見られる屋上が素敵だと認めつつ、喫煙も許されない厳しさにやりきれなさを感じている。

エ、「わたし」は不機嫌そうな菊池さんの気持ちが分からず、忖度するように笑って場の空気を和まそうとしたが、菊池さんは「わたし」の反応に安易な追従を読み取り怒りを深めると同時に、現状に違和感を抱かない「わたし」に不満を抱いている。

オ、「わたし」は昔は病院で健康を損なう喫煙が可能だったということが現代の常識から外れていると考えたが、菊池さんは自由な屋上が逃げ場になっていた昔の病院に比べて注意書きが多くなり窮屈になった現代の病院にうんざりしている。

問四、傍線部③「こっち」とあるが、これは菊池さんにとってどのような世界か。簡潔に述べよ。

問五、傍線部④「死ぬことは生きることの中に入ってると思う。逆に、死ぬことの中に生きることが入ってると言ってもいい。とにかく別々じゃない。二つの世界はつながってるんだよ」とあるが、「二つの世界はつながってる」とはどういうことか。五十字以内で説明せよ。

問六、**思考力** 傍線部⑤「だから菊池さん、次は教室で会おうよ。前の席で待ってる」とあるが、「わたし」はなぜこのように考えているのか。八十字以内で説明せよ。

問七、**よく出る** 点線部a「近づく」、b「は」、c「よ」、d「さっと」、e「えっと」、f「あの」、g「そっち」、h「です」は次のア～スのどれに該当するか。それぞれ適切なものを選び、符号を記せ。なお、同じ符号を二度以上使ってもよい。

ア、名詞　イ、動詞　ウ、形容詞
エ、形容動詞　オ、感動詞　カ、接続詞
キ、連体詞　ク、副詞　ケ、助動詞
コ、格助詞　サ、接続助詞　シ、副助詞
ス、終助詞

問八、**よく出る** 点線部i「うまくいくのか不安でもあった」を、例にならって単語に分けよ。

例　私／は／中学生／だ。

三 (古文)動作主・古典知識・内容吟味・口語訳・漢字知識

次の文章を読んで、後の問いに答えよ。(計20点)

今は昔、修行者のありけるが、津国まで行きたりけるに日暮れて、竜泉寺とて大きなる寺の古りたるが人もなき、ⅰありけり。これは人宿らぬ所といへども、そのあたりにまた宿るべき所なかりければ、いかがせんと思ひて、笈打ちおろして内に入りてけり。

不動の呪をとなへてゐたるに、「夜中ばかりにやなりぬらん」と思ふ程に、人々の声あまたして来る音すなり。ⅱ見れば、手ごとに火をともして、百人ばかりこの堂の内に来集ひたり。近くて見れば、目一つつきたりなどさまざまなり。人にもあらず、あさましき者どもなりけり。あるいは角生ひたり。頭もaえもいはず恐ろしげなる者どもなり。恐ろしと思へども、すべきやうもなくてゐたれば、おのおのみなbゐぬ。①一人ぞまた所もなくてえゐずして、火をうち振りて我をつらつらと見ていふやう、「我がゐるべき座に新しき不動尊こそゐ給ひたれ。今夜ばかりは外におはせ」とて、片手して我を引き下げて堂の縁の下に据ゑつ。さる程に、「c暁になりぬ」とて、この人々dののしりて帰りぬ。

「まことにあさましく恐ろしかりける所かな、とく夜の明けよかし。往なん」と思ふに、からうじて夜明けたり。うち見まはしたれば、ありし寺もなし。はるばるとある野の来し方も見えず。人の踏み分けたる道も見えず。行くべき方もなければ、あさましと思ひてゐたる程に、まれまれ馬に乗りたる人どもの、人あまた具して出で来たり。いとうれしくて、「ここはいづくとか申し候ふ」と問へば、「②などかくは問ひ給ふぞ。肥前国ぞかし」といへば、「③あさましきわざかな」と思ひて、事のさま詳しくいへば、この馬なる人も、「いと希有の事かな。肥前国にとりてもこれは奥の郡なり。これは御館へ参るなり」といへば、修行者悦びて、「道も知り候はぬに、さらば道までも参らん」といひて行きければ、これより京へ行くべき道など教へければ、舟尋ねて京へ上りにけり。

さて人どもに、「かかるあさましき事こそありしか。津国の竜泉寺といふ寺に宿りたりしを、鬼どもの来て『所狭し』とて、『新しき不動尊。しばし雨だりにおはしませ』とⅲいひて、かき抱きて雨だりについ据ゆと思ひしに、肥前国の奥の郡にこそゐたりしか。かかるあさましき事にこそあひたりしか」とぞ、京に来て語りけるとぞ。

(『宇治拾遺物語』巻第一―十七)

《注》 津国――摂津国。
笈――荷物を入れて背負う箱。
不動の呪――不動尊(不動明王)の加護を願う呪文。
御館――国の庁舎。
雨だり――軒下。

問一、**基本** 傍線部ⅰ「ありけり」、ⅱ「見れば」、ⅲ「いひて」の主体を、三文字以内でそれぞれ本文から抜き出して記せ。

問二、**よく出る** **基本** 点線部a「えもいはず」、b「ゐぬ」、c「暁」、d「ののしりて」のここでの意味として最も適切なものを、次のア～オの中からそれぞれ選び、符号を記せ。

a「えもいはず」
ア、感情を揺さぶるほどに
イ、仮装と気づかぬほどに
ウ、言葉にできないほどに
エ、絵にも描けないほどに
オ、衣服も妖しげなほどに

b「ゐぬ」
ア、いなくなった
イ、行ってしまった
ウ、眠りはじめた
エ、いたたまれなくなった
オ、腰を下ろした

c「暁」
ア、夜明け前
イ、昼前
ウ、昼過ぎ
エ、日没頃
オ、真夜中

d「ののしりて」
ア、悪態をついて
イ、尻込みをして
ウ、勝ち誇って
エ、大騒ぎをして
オ、粛然として

問三、傍線部①「二人ぞまた所もなくてゐずして」とあるが、それはなぜか。説明せよ。

問四、**よく出る** 傍線部②「などかくは問ひ給ふぞ」を現代語訳せよ。

問五、傍線部③「『あさましきわざかな』と思ひ」とあるが、それはなぜか。説明せよ。

問六、この文章の題名は「修行者、〇〇〇行にあふ事」であり、[　　]部には、二重傍線部「この人々」のことを指す四字熟語が入る。その四字熟語を記せ。なお、四字熟語を構成する漢字は、四文字とも本文中に用いられている。

立教新座高等学校

時間 60分　満点 100点　解答 P92　2月1日実施

出題傾向と対策

●論説文二題と小説文一題（省略）の三題構成。文章のレベルは標準的だがやや長め。設問は選択問題を主とした内容吟味と、抜き出しを主とした文脈把握を中心とした構成。いずれも傍線や空欄の近接部分だけでなく、広範囲の文脈把握を要求するものもあり、難度は高め。

●出題パターンが独特なので過去問の演習が有効。文章読解に関しては設問の要求や空欄前後の記述を先に確認したうえでキーワードを意識して行うと解答の際に有利。漢字・国語知識に関しても事前に準備しておく。

二（論説文）漢字の読み書き・文脈把握・内容吟味

次の文章を読んで、後の問に答えなさい。

コロナ[イ]カが広がり始めた二〇二〇年の春まで、わたしはバークレーに滞在し、ファーマーズマーケットの麹製品を売る店で働いていた。食の現場では、良い／悪い、オルタナティブ／現行の、ファスト／スローなど二項対立的なカテゴリにあてはまらない多様な倫理の競合とポリティクスが活発に繰り広げられている。何が食に関して倫理的とみなされるのかは、ハイエンドレストランに勤めるシェフや、シェフが取引する生産者たちの振る舞いに現れる。シェフや生産者にとって、倫理的に振る舞うことが美食の意味と経験の一部となっているからだ。

初夏の土曜日、休憩時間中に、いつものように魚屋の前でメモを取っていると、顔見知りのシェフ、マーク（仮名）がシェフ専用カートを引いてやってきた。魚屋には、ちょうど漁期を[ロ]ムカえたばかりの、サンフランシスコ周辺で獲れた天然もののキングサーモンが並んでいた。その魚屋は養殖も扱っているが、天然もの、ローカルな魚介類がウリだ。

マークが隣に立ってわたしのメモをのぞき込み、おもむろに養殖のトラウトサーモンを指で示した。三倍体。〇〇養殖場。オーガニックではない。そう答えると、隣のキングサーモンを指さした。〇〇で獲れたもの。雄。

マークはキングサーモンの雄を買った。店番のジャック（仮名）が鼻を鳴らした。

「トラウトサーモンだってうまいぜ。味にブレもないし、良い脂のり。これじゃなきゃだめなシェフだっているぞ」

ジャックに手を振って歩き出すと、マークも店を離れた。これから別の店に野いちごを探しに行くと言う。わたしは野いちごなら、駐車場のフェンスの所でみたよ、と言った。

「ちがうちがう。野生の、在来種のイチゴ（Fragaria virginiana）だよ。この前、売っているのを見かけたんだけど、ちょっと高くて買わなかったんだよ」

なるほど、わたしたちが普段食べているイチゴ（オランダイチゴ属）の原種か。確かに食べられるが、そんなに美味しいものではない。ただ、野生であるということが食材の価値を[ハ]ハね上げさせる。聞けば、小指の先ほどの一粒で一ドル。良い値段である。

「ほんものの野生だからな。それが大事だから」

マークの話がとりわけ野生を強調したものに思えたのは、その前日、わたしが細胞農業の潜在顧客ローザ（仮名）と話をしたばかりだったからだ。ギンザケの細胞をとり、培養して肉にする。化学汚染やマイクロプラスチックを気にして天然ものが食べられない、土がついているのを考えるよりも、自分の部屋で水耕栽培した葉物を好んで食べるという彼女は、細胞農業のサーモンを心待ちにしていた。植物由来肉は香料も含め様々なものが入った合成食品だが、細胞農業のサーモンは細胞を増やしただけと聞くから、どこまでも純粋な食品に近いと感じると言う。

「やっと安心してちゃんと食べられる魚ができるのよ。うれしいわ」

ほんものの、ちゃんと食べられる。近しい言葉を使いながら、①なんと対照的な二人の言葉だろうと思ったのだった。

純粋性の高い食材を探すテクノロジーは道具としてもう揃っている。成分分析を通じて、あなたの目の前のソーセージがどのくらい、何の肉で出来ていて、デンプンや大豆由来の成分がどのくらいなのか、明らかにするのは序の口だ。常にモニタリングとシミュレーションで生物群を[ニ]カンシし、遺伝子データを蓄積して、その生きものがどこの出身なのか、ゲノム解析によって明らかにすることが出来る。だが、マークやローザが求める「②であること」は、純粋性を求めることでは満たされない。

二人に共通していることがある。二人とも、食、身体、自己の関係性に関する特定の思考と、それに基づくほんものらしさの診断基準を持っていることだ。二人とも、身体が常に環境に対して開放系であること、食はその開放を調整する主要な弁だと認識している。そしてこう考えている。食べることで、わたしたちは外部のものを内に取り込み、取り込んだものが身体の一部となること、あるいは身体を介して排されていくことでわたしを更新している。しかもわたしたちは日に何度も食べるから、何度もそれを繰り返す。ゆえに、自分の身体の内なる声に耳を澄ませて、何に自分の身体の境界を超えさせ、何を身体と混じらせるのかについて注意深く診断しなければならない。食べることが身体の様態を変えることは、平生の生活でも体重の増減や吹き出物の出現などが常に教えてくれている。それは経験的真実だ。

だから、マークは野生を求める。人工物化で日常の世界が[ホ]オオわれていく現在にあって、野生という純粋な自然を身体に入れることは、自分の身体を再び自然的なものに近づけることだ。マークは浄化、解毒という言葉で食品を表現する。平生に暮らしているだけでどこまでも人工物と混じる（人工香料から医薬品まで）のをリセットするに良い食品というわけだ。

マークには十分な理由がある。一つは職業のための予防ケアだ。現在三〇代のマークは、健康保険を購えなかった二〇代、見習いシェフの頃、競争ゆえに休めず厳しい労働に耐える日々が続いた。身体が資本で、味覚が鈍ればすべてが終わる。免疫を高めるには自然であることが重要だ。

もう一つの理由は、野生が自己の内在的価値のみならず、自分の社会的価値を高めてくれるからだ。野生にこだわった食を展開することで、シェフとしても、私人としても、人的ネットワークが広がり、「思ってもみなかった著名な人たちも含むグループ」（自分より階層性が高いとマークから見える）から尊敬を寄せられるようになった。健康イデオロギー、野生への信奉、生物多様性という価値、新しい統治と市場を制すフレーミングとなったサステナビリティ、どの道徳プロジェクトとも相性良く自己を位置づけられる。

他方、ローザは現在五〇代で、よりよく、健康に生きたいと常に求めてきた。彼女はウェブ・エディターとして生計を立ててきた。親族をあいついでガンでなくしたこともあり、若い頃はヴェジタリアンだった。「その頃から、どうすれば身体のことについて、本当に安心して生きられるかって考えてきた」。土壌や水など、気になることを一つ一つ確かめていったら、人工的であることにむしろ純粋さを感じるようになった。南極にすら、海からも空からも汚染物質は到達していて、わたしたちがリスクや汚染から逃れる術はほぼない。わかったのは、「地球がもうわたしたちの健康をまかなえないこと」だった。

ちょうどその頃、科学技術が追いついてくれた。彼女は自分が納得した人工物に身体の境界を超えさせることにポジティブだ。もっとよくなる可能性があるなら、安心できる身体になる可能性があるなら、試したい。今一番気になっているのは、遺伝子治療の安全な技術確立とその一般化だ。自分にも可能性はあるかもしれない。わくわくするわね。インタビュー中、彼女は何度もそう繰り返した。彼女もまた、たやすく③自己を他の道徳プロジェクトと連関させることができる。健康イデオロギー、（細胞農業など食の新産業が謳う）生物多様性という価値、サステナビリティ、よりよい世界をもたらす科学技術。

内なる身体の声に忠実に、ほんものになる術を探した結果、二人は一見、対極にたどり着いた。マークは人工物から離れ、ローザは人工物化していくことを選んだ。

近代固有の価値としての、ほんものという倫理について思考した哲学者のC・テイラーは、自己の内なる声に忠実であろうとすることが、ほんものの倫理の核だと論じた。同時に彼は、忠実であろうという営みが、自己を超えた重要性を持つ意味の地平に接続し、参照しながら自己を位置づけることが同時に行われるからこそ、ほんもの性を獲得できると指摘した。テイラーの内なる声とは理性のことだ。この二人にとって内なる声との対話は、他者が混じれない自己の場である身体との対話だ。二人は違う意味の地平にそれぞれ自分を位置づけている。マークは野生を生み出す地球を、人間を位置づけるに足るものとして地球を見いだした。ローザは、人間に安心どころかリスクしかない非完全になった地球ではなく、地球にもはや囚われない超越的な科学技術に意味の地平を見いだした。

しかし、実は④二人の選んだ道はそれほど違わないかもしれない。ローザが理解したように、今や地球は人間活動によって荒廃状態にある。マークが求めるような、野生を生み出し続ける地球であるためには、科学技術による補完とエンハンスメントが必要だ。それはローザが未来に見ている地球の姿と遠くない。今や偶然性すら組み込むことが可能なプログラミングによって、人工物化するテクノサイエンスは、オオカミが闊歩し、ドードーが走り回るテラフォーミングさえ可能にするかもしれないのだ。

（福永真弓「弁当と野いちご」）

問一、**よく出る** **基本** 傍線部イ～ホのカタカナを漢字に直しなさい。

問二、**思考力** 傍線部①「なんと対照的な二人の言葉だろう」について。

〔Ⅰ〕「ほんものの野生」を「大事だ」と言うマークの考えを以下のようにまとめた。空欄 A ～ C に当てはまる表現を文中からそれぞれ抜き出しなさい。

> A（十九字） ことによって、 B（六字） ことができる。それだけでなく、 C（八字） を高めることができる。

〔Ⅱ〕「安心してちゃんと食べられる」と言うローザの考えを以下のようにまとめた。空欄 D ・ E に当てはまる表現を文中からそれぞれ抜き出しなさい。

> わたしたちは［D（六字）］から逃れることができないが、［E（四字）］によって作られた食品は、それらを軽減してくれる。

問三、空欄［②］に当てはまる語を文中から抜き出しなさい。

問四、傍線部③について。「自己」を「連関させることができる」とほぼ同じ意味の表現を文中から十五字以内で抜き出しなさい。

問五、傍線部④「二人の選んだ道」が端的に述べられている一文を文中から探し、最初の五字を抜き出しなさい。

三（論説文）文脈把握・内容吟味・慣用句

次の文章を読んで、後の問に答えなさい。

いまは、「知っている」ことへのリスペクトが急速に低下している時代なんじゃないでしょうか。「いろいろ知っていてたしかにすごいけど、それって調べればわかることだよね」という批判の仕方がその典型です。知識だけあってもダメ、地頭のよさで勝負しましょうよというわけです。

「知識より意見を」とか、「理論より実践を」とか、あの手の物言いには一理あります。知識偏重型の知性は限界をはらんでいて、過去にさまざまな弊害すらもたらしてきたわけですから。だけど、その物言いじたいがとっくにテンプレと化していて、いまとなっては不勉強や怠慢の言い訳として便利に使われているにすぎない。「ゼロからオレが考えた」式の意見を素手でぶちまけあうことも、閉塞状況を打破するうえで、ときには効力を発揮するのかもしれない。ですが、たいていは歴史上のあまりに凡庸なパターンにはまっていて、議論を無邪気に巻き戻してしまう。せっかくの「歴史」のリソースを素どおりして、脳内で解をひねくり出すのは端的に非効率なんですよ。害悪ですらある。

自分のセンスだけを頼りに、おなじ場所をぐるぐるぐるぐる巡り続けるくらいなら（歴史を知らない当人はその循環に気づきようがないわけですが）、迂遠に見えても、先人たちが時間と労力と資金をかけて導き出した解や失敗をきっちり補助線として導入する。そうすることで、一歩でも二歩でも前に進めたほうがよっぽど有益だと思うんですけどね。［A］、立ち止まったり、議論を意識的に巻き戻したりすることも大事です。が、それはいろいろ知ったうえでなければ機能しない。

かつての教養、とりわけ教養主義的な教養は、どちらかというと、知っている状態それじたいに意味が見出されてきました。けれど、①「知っている」は課題解決や議論の前進のためにどんどん「使う」。功利的でいいんです。そのために読書するし勉強もする。先人たちが最終的に示した結論だけではなくて、そこにいたる思考のプロセスじたいも知っておく。それは読書によってしか知りえないことです。未来予想を可能にする材料は現在や過去にしかありません。そして、過去は文字や書物というかたちでストックされてきました。必要なのはそれを解読する力です。

日本は「知識蓄積型」から「意見発信型」へと学習のモデルを転換しないとダメだとよくいわれます。けれど、あまりにいわれすぎたために、知識を欠いた薄っぺらな意見発信ばかりになってしまった。ここでも極端から極端へと振りきってしまう。個々の意見を尊重する相対主義的な教育が②ねじれて浸透した結果でしょう（多様性を尊重する教育はまったく否定しません。問題はそれが形式化の道へと堕落する瞬間にある）。情報発信の敷居を劇的に下げたインターネットの負の影響でもあります。いまの学生は放っておいてもプレゼンはうまいんです。だけど、形式ばかりで中身がともなわない。自分の意見を組み立てるには、まず知らないといけないんですよ。「知る」と「意見」の適正バランスが見えなくなりつつある。

そもそも、「調べればわかる」式の反応をする人は、調べるためのレファレンスツールも知らない。たいていインターネット一択でしょう。調べるときに必要となる的確な単語も知らない。そう、調べるにはまずツールとワードを「知る」必要があるんですよ。そこが抜け落ちているから、いざというときほんとうは調べられない。入口を知らなければ、たとえ情報が存在したとしても、いつまでもたどりつけません。それがインターネットの基本構造です。だから、東浩紀さんは『弱いつながり』で、キーワードを探す旅に出る、［B］ネットからときには離れて外側のリアルの世界に身をさらす重要性を強調したわけですね。

書籍とネット、現場とデジタル、それぞれの構造的なちがいを把握したうえで、状況に応じて使いわける。そして、有機的に組み合わせる。それができるかどうかでしょう。デジタルアーカイブを使いこなす能力は不可欠だけれど、なにをキーワードに設定するのかは、アーカイブの外部で培うほかない。新しいメディア環境における教養のあり方の一つは、そうした複数のレイヤーに同時対応しうるリテラシーにある。

いまでは、膨大な知識やデータがネット上に転がっています。しかも無料で。そうした快適な環境が安易な「調べればわかる」式の発言につながっている。ですが、ネットではカバーしきれない領域はいくらでもある（パソコンの前に座ってネットを巡回して作成された「調べてみた」系のまとめサイトが現実世界といかに乖離しているか）。いうまでもなく、ネットに保存されないものが世の中の大半です。だけど、③ネットを自然環境として生きはじめているわたしたちは、油断するとついそのことを忘れてしまう。

もっというと、「いつでもそこにあるわけだから……」という安心感が、実際には「調べる」作業を永遠に先延ばしにする。「調べればわかる」と［④］をくくってしまう人間は結局のところ、調べやしないんですよ。いつ調べればよいのか、そのタイミングも知らない。だから、おそらく「わかる」が来ないまま一生を終える。いろいろなものがアーカイブされる時代だから、それらがすべて自分の知識や能力であるかのように錯覚する。いつでも調べられるのだから、自分はもう知っているも同然だ、そんな勘違いの全知全能感をもってしまう。むろん、「そこにある」と「知っている」とのあいだには無限の懸隔があります。テクノロジーの発達がわたしたちを錯覚させる。

この問題はアーカイブ論一般にも接続できます。無限にアーカイブすることが可能なデジタルの世界では、「解釈留保でかたっぱしから保存」が基本方針であるべきです。というのも、無価値にしか思えないゴミが、未来では貴重なものになっていたなんてことはいくらでも起こりうるからです。とすれば、判断抜きでとにかく保存しておき、文脈や価値は後世の人間が必要に応じて発見すればいい。

　C、他方でこうもいえてしまう。適切にタグ付けされていない膨大な情報たちは自己目的的にストックされるだけで、将来的にも使えないんじゃないか。使えないというより、わたしたちはそれを使わないんじゃないか。「いつでも調べられる」とおなじで、「調べる」や「使う」が永遠に先延ばしにされてしまう。「いつでも」の「いつ」がちっとも来ない。膨大に存在するがゆえに、ひとつも存在しないのと変わらない。そんな皮肉な事態になりかねない。これは日々スマホやデジカメに保存している大量の写真なり映像なりの行方を思い浮かべると感覚的にも理解できるはずです。そのつど撮ることには熱心だけど、整理する機会はほとんどなく、膨大すぎるあまり、見かえすこともない。

　これは数百年単位の文明論的なスケールでもいえることです。定期的にタグ付けや分類だけでもしておかないと、膨大な情報が無に帰す危険性がある。情報を解読するためのコードやコンテキストやシステムは時間とともに変化します。すぐ解読不可能になる。だから、そのつど注釈や装置をアップデートし続けないといけない。『源氏物語』でも古文書でもなんでも、いまなお鑑賞可能であるのは先人たちが代々注釈を連鎖的に残してくれたおかげです。批評にはそういう役割もあるんですね。文学なんて……と思う人もいるかもしれませんが、D東日本大震災以降、古い文献に何気なく記載された地震の情報ががぜん機能しはじめたことをわたしたちはよく知っています。

　なかば思いつきのように、〝「拡散型読書」の時代から「放置型読書」の時代へ〟と整理した理由がわかってもらえたと思います。「どこかにはあるから……」という安心感のために、実際にはちっとも読まない時代になっている。読んでいないのに、読んだも同然とおごりたかぶる。

　そこで、おそらしく反動的で素朴きわまりない結論をいうようですが、知識や情報はいちどはこの「身体」を通過させないと使いものにならないんじゃないでしょうか。「調べればわかる」ではなくて、いちどは「知っている」にしておくこと。完璧には知らなくていい。「ある程度知っている」状態が重要なんです。その「ある程度」こそが、「あたりをつける」ことを可能にする。キーワードがわかるということです。くわしくは知らなくても、関連ワードやジャンルの見取図ぐらいは頭に入っている。だから推測できる。「I」こともできない人間が、「II」といってしまう。滑稽でしょう。

（大澤 聡『教養主義のリハビリテーション』）

問一、**よく出る** **基本** 空欄A～Dに当てはまる語を次の中から選び、それぞれ記号で答えなさい。
ア、つまり　イ、ところが　ウ、しかも
エ、もちろん　オ、たとえば

問二、傍線部①について。「知っている」を「使う」とはどういうことか。文中から四十字程度で探し、最初と最後の五字を抜き出しなさい。

問三、傍線部②「ねじれて浸透した結果」どうなったと筆者は述べているか。適当なものを次の中から選び、記号で答えなさい。
ア、プレゼンテーションの内容を最優先に考えるようになった。
イ、インターネットから得た知識を優れた意見だと考えるようになった。
ウ、調べることが重要で意見の有無は問題でないと考えるようになった。
エ、とにかく自分の意見を発信すればいいと考えるようになった。

問四、**思考力** 傍線部③「ネットを自然環境として生きはじめているわたしたちは、油断するとついそのことを忘れてしまう」ことで、「わたしたち」はどのように考えるようになるのか。「…と考えるようになる。」に続くように答えなさい。

問五、空欄④に当てはまる語を答えなさい。

問六、空欄I・IIに当てはまる表現を文中からそれぞれ抜き出しなさい。

問七、次のア～オそれぞれについて、本文の内容に当てはまるものには○、当てはまらないものには×をつけなさい。
ア、これまでの「歴史」にこだわらずに議論をすることは、行き詰まった状況を打破するうえで効力を発揮する効率的で有益な方法だといえる。
イ、先人たちが示した結論とそこにいたる思考のプロセスをふまえて未来について考えるには、過去の文献を読み、それらを解読する力が必要である。
ウ、今はデジタルアーカイブを使いこなす能力が不可欠な時代で、デジタルの情報をどれだけ使いこなせるかが新しいメディア環境での教養だといえる。
エ、テクノロジーの発達は、いつでも調べられることと知っていることとは別のことだとわたしたちに勘違いさせ、そこに無限の懸隔があると錯覚させる。
オ、無限にアーカイブすることが可能なデジタルの世界においても、古い文献のように継続的に注釈や装置をアップデートし、定期的に整理する必要がある。

三 （省略）パウロ・コエーリョ「アルケミスト」より

早稲田大学系属早稲田実業学校高等部

時間 60分　満点 100点　解答 P92　2月10日実施

出題傾向と対策

●小説文、論説文（省略）、古文の三題構成。論説文は漢字の読み書き以外は記述式。近年の傾向としては小説文・古文が標準レベルで論説文がやや難レベル。設問は読解力や思考力を重視しており、難度はやや高めと言える。

●語彙知識や表現技法の知識、古典文法・古典常識の習得と過去問の演習が前提となる。設問は工夫されており、設問の指示を正確に把握する習慣づけも重要。文章の長短や難度にある程度対応できるように、過去問の演習だけでなく小説文や論説文の読書経験を積んでおく。

一 （小説文）内容吟味・文脈把握

次の文章を読んで、後の問いに答えなさい。

子供の時の出来事で、いまになっても私自身に不思議なままのものがあります。私は七歳か八歳でした。家の下の川を、とくに増水していなければどこでも自由に泳ぎ渡れるようになっていたのですから。

裏口から川岸に向かって降り、竹藪を通りぬけて川ぞいに登って行くと、村にやって来ていたバスを見るたびに思ったことですが、それを二台タテに重ねた大きさとかたちの、青みがかった岩がありました。

上流から早い瀬をなして来た水流が、この岩にぶつかり、深い淵になります。その淵の、岩に接している部分が、子供たちに怖れられていました。水のなかでは岩が船腹のように削られていて、深く潜ると人の身体は吸いつけられるというのでした。その奥には、岩にあたった水流がトンネルを作っていて、引き込まれると出て来ることはできない、とも……

ところがもうひとつ話があって、私はそれに引きつけられていたのです。岩のちょうどなかほどの、水面から三十センチほど下にくびれたところがある。上流から岩にそって流れくだり、くびれのあるところまで来ると、水が逆流している。そこでくびれの、手のかかる部分につかまって身体を安定させ、それから水に潜ると、岩の裂け目が見えてくる。子供の頭ならそこに差し込むことができる幅で、裂け目の向こうは、水族館の水槽のようになっている。

そして、どこから光がやって来るのか、そこは明るく、数十尾ものウグイが、水の流れと同じ速さで、川上に向かって泳いでいる……

話を聞いて、私は数十尾のウグイの群れを見たいものだ、と考えました。それからは、教室にいても、運動場で遊んでいても、家で本を読んでいてすら、頭が熱くなるようで、ほかのことはなにも考えられなくなりました。

そして、夏休みの始まった朝早く――水面はキラキラ光り、川向こうの林は露に濡れて青あおとしていました――年上の子供たちも川に降りて来ない早い時間に、私はヨモギの葉をつぶしたもので水中眼鏡の曇りを取りながら、浅瀬のツルツルした石を踏んで、ひとりその岩まで上って行ったのです。

[1]私は決心していました。子供がその岩の周りで泳ぐのは危険だ、といわれています。日頃私は、臆病なほど注意深くふるまう子供でした。［1］、ひとり考えていて、ある決心をすると、家族や友達から、風変りなやつだとあきれられることをする性格でもあったのです。たいてい自分でもなぜそんなことをしたのか、つくづく後悔しました。それでも性格はあらためられず、森のなかで雨にふりこめられ、三日たって消防団に助けられたりもしました。この場合、発熱もしていて、ひとりでは降りて来られなかったのです。しかし、夜になるまでひとりぽっちで森に入っている、というようなことは、やはり普通ではありませんでした。

この朝早く、私はどうしても、くびれの水面下の岩の裂け目に頭をさしこんで、ウグイの群れを見てやろう、と決心していたのです。そして私は、自分がいったん決心してしまうと、身体のなかから勇気がグングン湧いて来て、もう考え方をあらためることはできないのを知っていました。

［2］、この決心には自分として正しいところがあるのだと、はっきり言葉にして、頭のなかでいってみたり、紙に書きつけてみたりすることができないのを、私はずっと気にかけていました。（中略）

私は浅瀬からの急流の端の方に乗っかって、あまり強い力では岩にぶつからないように、しかし岩から離れはしないように何度も流れくだりました。そのうち、とうとう岩のくびれの端につかまることができたのです。そこには、話に聞いていたとおり、小さい逆流があって、岩から手を離しても流されることはありませんでした。私は水に頭を沈めては、岩の裂け目を「偵察」しました。戦争中のことで、子供たちは「戦争ごっこ」をやり、敵の陣地を「偵察」する、というように、よくこの軍隊用語を使っていたのです。

それから、私は大きく息を吸い込んで深く潜り、裂け目に頭を入れました。しかも、できるかぎり奥深く。そして私は、話に聞いていたとおり、すぐ目の前に、静かに泳いでいる数十尾のウグイを見ました！

ウグイはそろって私のひろげた手のひらよりも長く、すべすべした銀灰色でした。エラ呼吸して、ゆっくり動くウグイの頭のこちら側の、黒い点のような目が、いっせいに私を見ました……

その光景は、いまも鮮やかに、私の心にきざみつけられています。ところが、私にはそれに自分がどのように反応し、どういうふるまいに出たかということが、思い出せないのです。いろんな情景がバラバラに浮かんでくるだけです。

あれから、何回となく、よく思い出そうとしました。夢のなかでその光景を見て、ああ、こうだったんだと発見して喜んで、目がさめてから夢にすぎないと失望したこともあります。

そのようにして、後から私が組み立てて行った情景の初めは、ウグイの群れに少しでも近づこうとして、岩の裂け目に頭を突っ込んでいるところです。下半身が水の流れにあおられて、前へ押し出されたようにも思います。続いて、もっとよく見ようとしたとたん、頭とあごとが、岩にガッキとはさまれました。頭を引こうとしますが、動きません。このままでは溺(おぼ)れ死んでしまうと、私は驚き、恐れています……

ところが、私にはもうひとつの情景が——いわば、心のなかの情景が——忘れられないのです。それこそ、夢に見たような思い出なのですが……

苦しくても、このままじっとしていればいい。そうすると、自分にもエラ呼吸ができるようになって、水のなかで生きて行くことになる。身体も銀灰色になり、黒い点の目をして。

そして、数十尾のウグイの一尾になった自分の目に、男の子が岩の裂け目に引っかかっているのが見える、とも感じていました……

[2]続いてこちらは確かな記憶があります。水の流れに揺れている私の両足を、強い力の手がつかんで、私を裂け目に深く突き入れてから、横にねじり、そして乱暴に引っぱり出したことです。自分の頭から出た血が、煙のように水に立ちのぼるのを見ました。

そして気を失っていた私が、気がつくと、淵からの水が広い瀬になった浅いところに運ばれていました。私の身体は流れのせいで斜めになって、引っかかっていました。あお向いているので呼吸はできるのですが、よじれた水中眼鏡が目を圧迫して、青い空がチラリと見えただけでした。

その私の脇から、浅瀬の底の砂利(じゃり)をザッ、ザッと踏んで立ち去って行く足音が、水につかっている側の耳に聞こえました。

これからが、私の経験したことのなかで、なにより不思議なところなのです。私にはいまも、左耳の上に痕(あと)が残っている傷をつけて、岩の裂け目から引きずり出してくれたのが、誰だったかわからないのです。

まだ父が生きていた時のことですから、この人であったかも知れません。いつも裏座敷に坐(すわ)って仕事をしている父が、一息入れようと川の側の縁側に立ち、風景を眺めていて、私のおかしなふるまいに気がついた。それはありえます。しかし、それから川に駆け降りたとして、私の救助には間にあわなかったのじゃないでしょうか?

朝早く、なにか思い立ってひとりで川へ降りて行く私に、どこか普通じゃないものを感じとり、後をつけてきた母親が助けてくれたのかも知れません。母は小柄な人でしたが、手は大きく、なにかの際には、とても敏捷(びんしょう)に立ち働く人でした。

それでも、父か母が私を救ってくれていたのであれば、そのことが家庭の話題になったはず。そう皆さんは思われるでしょう。ところが、そうしたことがあったとして、両親には子供の私になにもいわないままでいることがありえた、という気もするのです。そういう人たちだった、と私は感じています。

とくに父が、子供じみた冒険のせいで死にそうになった息子を救わねばならなかったのだとしたら、おそらく私にはなにもいわなかったろう、と思います。

私は実際に死ぬほど苦しい目にあったのです。そして［ 3 ］のです。それに対しては、黙っている——日頃も、あまり子供たちに話しかけない人でした——。それが父親にはふさわしい態度だったように思います。そして、二、三年のうちに父が死ぬまで、私はあのことについて質問する勇気がありませんでした。

母親にも、私はなにもたずねませんでした。頭にけがをしていたのですが、そのことも言い出すことができず、富山から来る薬売りが置いて行く薬袋から、塗り薬を取り出して、自分で塗りました。そのために化膿(かのう)して傷痕が残ったのだったかも知れません。私は心配している妹にも手を出させないで、せっせと薬を塗ったものです。私のせいなのですから。

そして、私には、[3]母親に正直にいえなかった理由があったのです。私は裂け目の向こうの水のなかにきれいなウグイの群れを見ながら、自分の考えたことを気にかけていました。苦しくてもこのままにしていれば、自分も一尾のウグイになって水のなかで生きて行くことができる。私はそう思ったのでした。

それだけでなく、

——［ 4 ］ように感じられたのです。

岩に頭をはさまれて溺れようとしていながら、自分で何とか生き延びられるよう努力するどころか、その反対のことをねがっていたのです。そして、あの強い力の手が引き出してくれなかったとしたら、私はバス二台を重ねたような岩の下に潜って溺死(できし)した子供として、村の新しい伝説になっていたはずなのです。

私を助けてくれたのが母親だったなら、浅瀬へ連れ戻してはくれたでしょうが、そこに引っかかり、呼吸できているのを見とどけると、そのまま強く川底を踏む音をたてて遠ざかったのも母です。私がほんのしばらく前に考えていたことを見ぬいて、怒っていたからこそ、母はそうしたのじゃないでしょうか?

自分の失敗で溺れそうになりながら、[4]夢のようなことを考えて、自分を助ける努力をしなかった子供に、母親は失望してしまったのだろう。私には、その思いがあったのです。それならばどんなに謝っても、母が許してくれることはありそうにないと、私は恥ずかしい気持であきらめていたようにも思います。

（大江健三郎「数十尾のウグイ」による）

問1、——線1「私は決心していました」の内容を具体的に説明したものとして、最もふさわしいものを次の中から選び、記号で答えなさい。

ア、たとえ母の怒りに触れることになろうとも、他の村の子供たちに先んじて水中の岩の裂け目にたどりつきたい。

イ、日頃から子供たちに怖れられているがゆえに、岩にあたった水流が作ったとされるトンネルに近づいてみたい。

ウ、岩のくびれに手をかけて身体を安定させ、水が逆流している場所から深く潜り、裂け目の向こうに進み出たい。

エ、岩のくびれの端の逆流に近づいて裂け目の向こう側に入り込み、自分も一尾のウグイのように生きて行きたい。

オ、話に聞いていた水の逆流している場所を何とかして探り当て、水に頭を沈めて裂け目の向こう側を偵察したい。

問2、[1]・[2]に、共通して当てはまる言葉を次の中から一つ選び、記号で答えなさい。
ア、それどころか　　イ、それゆえに
ウ、それでいて　　エ、それはそうと
オ、それ以上に

問3、――線2「続いてこちらは確かな記憶があります」とあるが、「確かな記憶」に当てはまらないものを次の中から二つ選び、記号で答えなさい。
ア、ウグイの一尾になった自分の目に、男の子が岩の裂け目に引っかかっているのが見える。
イ、私の両足を強い力の手がつかんで私を裂け目に突き入れてからねじり、引っぱり出した。
ウ、引っぱり出された瞬間、自分の頭から出た血が、煙のように水に立ちのぼるのが見えた。
エ、呼吸している私を見届けた後、怒りを露わにしてその場を立ち去る母の足音が聞こえた。
オ、気を失っていた私が、気がつくと、淵からの水が広い瀬になった浅い所に運ばれていた。

問4、**難** [3]に当てはまる言葉として適当なものを次の中から一つ選び、記号で答えなさい。
ア、誰が自分を助けたのか、しつこく問いただしている
イ、自分が失敗したことを反省して、しょげこんでいる
ウ、自分を助けた人が誰なのか、お互いがわかっている
エ、自分の決心には正しいところがある、と話している
オ、自分のとった軽率な行動が、母親を失望させている

問5、――線3「母親に正直にいえなかった理由」として最もふさわしいものを次の中から選び、記号で答えなさい。
ア、溺れかかり、慌てふためく一方、助かろうともがくこともせず死に身を任せようという思いがあったから
イ、朝早くなにか決心した顔つきで川へ降りて行った時から、一日中ずっと自分に注意を向けさせてきたから
ウ、夢にまで見たウグイの群れを、裂け目の向こうについに見いだし、このまま死んでも本望だと思ったから
エ、岩の裂け目から助け出してくれたものの、そのまま浅瀬に置き去りにされたことで母に失望していたから
オ、溺れかかっているうちに、生来の無気力な側面が頭をもたげ、このまま死んでも構わないと決心したから

問6、[4]に当てはまる言葉として適当なものを次の中から一つ選び、記号で答えなさい。
ア、誰かが両足をつかんで、引っ張り出そうとしていた
イ、このままでは溺れ死んでしまう、と取り乱していた
ウ、よし、このままでいよう、と決心したのでもあった
エ、このまま溺死すれば、村の伝説として語り継がれる
オ、自分の風変わりな性格が、またしても災いを招いた

問7、**思考力** ――線4「夢のようなこと」の説明として最もふさわしいものを次の中から選び、記号で答えなさい。
ア、岩の裂け目を偵察し、ウグイにまつわる噂(うわさ)話が本当なのかこの目で確かめてみたい。
イ、一尾のウグイとなって裂け目の向こう側に進み出て、群れに紛れ込んでしまいたい。
ウ、岩の裂け目の向こう側にあるという、水族館さながらのウグイの群れを見てみたい。
エ、ウグイに生まれかわり、裂け目に引っかかっている、以前の自分の姿を目にしたい。
オ、このままウグイとして生きていくと決心した以上、母の怒りに触れても仕方がない。

問8、この文章における「私」の説明として最もふさわしいものを次の中から選び、記号で答えなさい。
ア、日頃は臆病であるにもかかわらず、一度決心すると、無謀な計画であっても決行しようとする奇妙な性格が淡々とした口調で語られている。
イ、村の子供たちの間で怖れられていた深い淵に自分だけが接近し、死の危険と隣り合わせの偵察に身を投じた武勇伝が回想的に語られている。
ウ、頭の傷痕にまつわる記憶から、後に当時の情景を再構成してみたものの、それでもなお残る謎が出来事の核心として印象深く語られている。
エ、悠々と泳ぐウグイの群れに同化したいという幼少期からの願望を抑えきれず、ついにそれを果たした瞬間の達成感が鮮やかに語られている。
オ、死の危険に直面した際、両親のどちらが自分を救ってくれたかという問いに、執拗(しつよう)にこだわる自己の煮え切らなさが自嘲的に語られている。
カ、村に言い伝えられている禁忌を犯し、ウグイの群れに近づいたことで、家族との会話もよそよそしくなっていく過程が詳細に語られている。

二 （省略）國分功一郎「目的への抵抗　シリーズ哲学講話」より

三 （古文）内容吟味・古典知識・口語訳

次の文章を読んで、後の問いに答えなさい。

> 京都の伏見の辺りの樋集(ひつめ)橋から、ある日牛車が落ちそうになった。その車を牽(ひ)いていた牛（黄斑の牛(あめまだら)）は足を踏ん張ってそれに耐え、ついに鞅(むながい)（車と牛を連結する帯）が切れて車は転落してしまったが、牛はそれに引きずられることなく無事だった。それを見た人々は、牛の怪力ぶりを称賛した。

その牛を労(いたは)り飼ひける程に、いかにして失せたりとも無くて、その牛失せにけり。*河内禅師(かうちのぜんじ)、「1これはいかなる事ぞ」とて求め騒ぎけれども、無ければ、「離れて出(い)でにけるか」と近くより遠きまで尋ねさせけれども、遂(つひ)に無ければ、*求め繚(あつか)ひてある程に、河内禅師が夢に、かの失せにし*佐大夫(さだいふ)が来たりければ、河内禅師、「海に落ち入りて死にきと聞く者は、いかで来たるにかあらむ」と夢心地にも、「2怖(おそろ)し」と思ふ思ふ出で会ひたりければ、佐大夫がいはく、「己は死にて後、この[A]の角の方になむはべるが、それより日に一度樋集の橋の許(もと)に*行きて苦しびを受けはべるなり。それに、己が罪の深くて極めて身の重くはべれば、3乗物の堪へずして、4かちより罷(まか)り行くが極めて苦しくはべれば、この黄斑の御車(おほむくるま)牛の力の強くて乗りはべるに堪へたれば、5暫く(しばら)借り申して乗りて罷り行くを、いみじく求めさせたまへば、今五日ありて六日と申さむ[B]ばかりに返し申してむとす。あながちに6な求め騒がせたまひそ」といふ、と見る程に、夢覚めぬ。河内禅師、「かかる怪しき夢をこそ見つれ」と人に語りて止みにけり。

その後、その夢に見えて六日といふ[B]ばかりに、こ

の牛俄(にはか)に＊いどこより来たれりとも無くて、歩び(あゆ)入りたり。この牛、いみじく大事(だいじ)したる気にてぞ来たりける。

＊河内禅師…牛の飼い主。
＊求め繚ひて…探しあぐねて。捜索したものの、思うような結果が得られずに困っている様子。
＊佐大夫…河内禅師の親類。
＊苦しび…「苦しみ」と同義。
＊いどこ…「いづこ（どこ）」と同義。

問1、――線1「これ」が示す内容として、最もふさわしいものを次の中から選び、記号で答えなさい。
ア、大切に飼っていたにも関わらず、牛がある日突然死んでしまったこと。
イ、牛が一生懸命に牽いていた車が、平坦な橋から落下してしまったこと。
ウ、佐大夫が亡くなると共に、牛も忽然(こつぜん)と姿をくらましてしまったこと。
エ、河内禅師が飼っていた牛が、理由も分からずどこかに姿を消したこと。
オ、怪力の牛を飼おうとしたものの、どこで買えるのかが分からないこと。

問2、――線2「怖し」とあるが、河内禅師がこのように思った理由として最もふさわしいものを次の中から選び、記号で答えなさい。
ア、海に落ちて死んでしまった佐大夫が、夢に現れた理由が分からなかったから。
イ、牛車の事故で死んでしまった佐大夫が、夢の中で何かを話そうとし始めたから。
ウ、海辺で行方不明になっていた佐大夫が、平然とした様子でどこからか現れたから。
エ、牛と共に失踪(しっそう)していた佐大夫が、夢の中で自分がいつ帰るのかを語り始めたから。
オ、海で殺したはずの佐大夫が、何食わぬ顔で現れた経緯(けいい)が分からなかったから。

問3、**基本** 古方位・古時刻の規則について、次の問いに答えなさい。
（1）［A］には北東に相当する古方位が入るが、この空欄を埋める語句として最もふさわしいものを次の中から選び、記号で答えなさい。
ア、甲子　イ、辰巳　ウ、丑寅
エ、庚午　オ、戌亥
（2）［B］には午前一〇時に相当する古時刻が入るが、この空欄を埋める語句として最もふさわしいものを次の中から選び、記号で答えなさい。
ア、子の時　イ、卯の時　ウ、巳の時
エ、未の時　オ、酉の時

問4、――線3「乗物の堪へずして」とあるが、なぜ乗り物は佐大夫が乗ることに耐えられないのか。その理由として最もふさわしいものを次の中から選び、記号で答えなさい。
ア、罪の報いとして川に投げ込まれ、水でずぶ濡(ぬ)れになった服が非常に汚らしいから。
イ、自分が犯した罪の重さに応じ、死霊(しりょう)となった体は重くなってしまっているから。
ウ、生前に犯した罪の報いとして、体が重い牛に生まれ変わってしまったから。
エ、重大な罪を犯した罰として、重たい石を背負い続ける刑に処せられているから。
オ、犯した罪の重大さのために、誰からも忌み嫌われる怨霊(おんりょう)になってしまったから。

問5、――線4「かち」とあるが、本文の内容を踏まえて適切な漢字二字に直しなさい。

問6、――線5「暫く借り申して乗りて罷り行く」とあるが、なぜ佐大夫はこのような行動を取ったのか。その理由として最もふさわしいものを次の中から選び、記号で答えなさい。
ア、黄斑の牛を飼う河内禅師だけは、重罪を犯した自分を乗せることに応じたから。
イ、怪力で知られた黄斑の牛は、怨霊である自分に対しても怖気(おじけ)づかなかったから。
ウ、黄斑の牛が牽く牛車は、自分が乗っても壊れるような様子ではなかったから。
エ、黄斑の牛の飼い主は、川の水でずぶ濡れになった自分が乗ることを許したから。
オ、河内禅師が飼っている黄斑の牛は、体の重い自分を乗せることができたから。

問7、――線6「な求め騒がせたまひそ」の解釈として、最もふさわしいものを次の中から選び、記号で答えなさい。
ア、牛を返してほしいからといって、強引な手段を用いるべきではない。
イ、亡くなった者の罪を責めて大騒ぎするのは、見苦しいからやめなさい。
ウ、自分が犯してしまった罪を大々的に追及するのは、もう勘弁してほしい。
エ、いなくなった牛を探して大騒ぎするのは、もう終わりにしなさい。
オ、大切にしていた牛が死んだことを嘆くのは、いい加減やめなさい。

問8、本文から読み取れることとして、ふさわしくないものを次の中から一つ選び、記号で答えなさい。
ア、黄斑の牛が見当たらなかった河内禅師は、近隣の地域のみならず、遠方まで捜索させた。
イ、佐大夫は、自分が犯した罪のために死後樋集橋の袂(たもと)に毎日赴いて、罰を受けている。
ウ、黄斑の牛は、佐大夫が夢の中で告げた通りの日に、河内禅師の元へ帰ってきた。
エ、佐大夫と夢で出会った河内禅師は、その不思議な夢を誰かに話そうとして、結局話さなかった。
オ、黄斑の牛は、大仕事をしてきたような様子で、どこからともなく夢のお告げ通りに帰ってきた。

問9、**基本** この文章の出典である『今昔物語集』は、和文と漢文両面の要素を合わせ持った「和漢混交文」の先駆けとして知られているが、この文体で書かれた文学作品を次の中から一つ選び、記号で答えなさい。
ア、『竹取物語』　イ、『枕草子』
ウ、『源氏物語』　エ、『平家物語』
オ、『論語』

〔国語　問題〕終わり

MEMO

MEMO

CONTENTS

2024解答／国語

公立高等学校

北海道

問題 P.1

解答

一 問一、(1)こうけん (2)さと 問二、(1)尊敬 (2)就職 問三、(1)イ (2)Ⅰ群イ Ⅱ群ケ 問四、(1)①軽すぎる ②重すぎる (2)カ (3)ウ

二 問一、1こころよ(くて) 2おく(する) 問二、イ 問三、ひる 問四、①正しく伝えようとし続けていた(14字) ②口訣集を受け取ってもらえない(14字) 問五、エ 問六、医術は人が生きるか死ぬかに関わるものであるため、みんなが最新の成果を明らかにし、試し、認め合い、互いにたたき合うことを繰り返し、医術を進歩させること。(75字) 問七、(例)庶民が寝転んで本を読んでいたことは、ソファなどでリラックスして読むことがある現代と共通しているが、本が大量に印刷できず貴重であったことは、図書館や電子書籍等、たくさんの本がある現代とは異なる。

三 問一、② 問二、エ 問三、(1)ア (2)鍾子期の死後、生涯二度と琴を弾かなかった(20字)

四 問一、ウ 問二、イ→ウ→ア 問三、(例)(この彫刻は、)黒御影石を素材とした滑り台でもあり、札幌市の大通公園に設置されている。(35字) 問四、(例)Aらせん状に逆巻く水流がそのエネルギーを失うことなく、次のらせんに手渡され、連綿と引き継がれていく　B「怒涛図」には、小さな渦状の波が無数に描かれており、消えることなく次から次へと押し寄せてくる波の勢いが、ずっと続いていくような印象を受けた。(70字)

解き方

一 問三、(1)「枯野」は冬の季語。イの「炭」も、火のついた炭で体を温めることから冬の季語。(2)Ⅰ群「てらてら」は石に日の照る様子を表現している擬態語。実際に音がしているわけではないため、擬声語ではない。Ⅱ群カは直喩、キは擬人法、クは擬声語、ケは擬態語。問四、(1)①「書記だと役不足……会長が合っている」とあることに着目。②「生徒会役員なんて、私には無理」とあることに着目。(2)上田さんは「生徒会役員なんて、私には無理」と言っているため、自分の力が不足していると考えていることが分かる。(3)まず、直前の上田さんの「心配で……。」という気持ちを「不安だったんだね」と受容している。次に「上田さんがリーダーだと安心する」という自分の考えを「話し合いの人数に関わらず……みんなの意見のよいところを上手にまとめてくれるから」と具体的な理由を示して伝えている。

二 **青山文平「本売る日々」**より。問二、「折り入って」とは、特別に、ぜひとも、という意味。問四、①傍線部前の「さぞ、お疲れになったでしょう。それだけ正しく伝えようとしつづけるには…」を踏まえる。②傍線部直前の「これは持ち帰ってください」と傍線部直後の「やはり、受け取っていただけませんか」を踏まえて記述をまとめる。問五、「唖然」とは、驚いたりあきれたりしてものが言えなくなる様子。傍線部前後に「この口訣集を西島晴順に戻すのは……自分を貶める必要はないという徴です。」「口訣というのは秘伝ではないのですか。」とある。「秘伝」とは、特定の人にしか伝えない特別な教えのことであり、「私」の発言にも「淇平先生にしか伝えないものではないのですか」とある。問六、設問文の「先生が、医術とはどのようなものであると考えているか」に該当する記述(「医は一人では…」「残念ながら…」で始まる段落の先生の二つの発言)を踏まえて、先生の願いをまとめる。問七、まず「異なるところ」については「印刷はどうしていたの?」「全部手作業だよ。」「高価」に着目。一度に大量に印刷できないから本は貴重だった「高価」に着目。現代の本は大量印刷が基本で、図書館に行けば無料でいくらでも読めて、最近では電子書籍も普及していることなどを考える。次に「共通するところ」については「読みながらつれづれ草や肘枕」に着目。「肘枕」とは、自分の肘を曲げて枕のかわりにすること。現在でも私たちが寝転がって本を読む時などにとる姿勢で、昔の人もそのような姿勢で本を読んでいたということ。こうした点を踏まえて記述をまとめる。

三 **李瀚「蒙求」**より。問一、「伯牙琴を鼓き、志、高山に在り。」の「高山」が「流水」に代わったものが②の直後にある。問二、傍線部までの内容から、伯牙が演奏に込めた思いを、子期は音から理解できていることを押さえる。問三、(1)「断琴」は下の字が上の字の目的語となる熟語である。(2)設問の「断琴」と空欄直前の「伯牙」を手がかりに「鍾子期死し、伯牙琴を破り絃を絶ち、終身復た琴を鼓かず」に着目し、この部分を踏まえて記述をまとめる。

通釈 伯牙は上手に琴をひき、鍾子期は上手に(伯牙の琴を)聴く。伯牙は琴をひいて、高い山を心に思い浮かべる。子期はこう言う、「いいなあ、高くそびえて泰山のようだ。」と。伯牙は琴をひいて、流れる水を心に思い浮かべる。子期はこう言う、「いいなあ、広々として江河のようだ。」と。伯牙が(琴をひいて何かを)思い浮かべると、子期は必ず(伯牙が)思い浮かべたことを悟った。

呂氏春秋によると、鍾子期が亡くなって、伯牙は琴をこわして弦を切り、生涯二度と琴をひかなかった。(伯牙が)思ったことには(その人の)ために(琴を)ひく価値がある(ような)者は(もう)いない、と。

四 問一、アとウで迷うが、アは「企画内容を説明」が誤り。「アート×渦」はテーマであって企画内容ではない。問二、ウの「そのなかでも巻き貝や水流……『渦』に注目」の「その」がイの「自然界……多くの形や構造、動き」である。そこからアの「人間が創り出すものにも」という話題に展開している。問三、ウェブページから、設問文の「作品の素材」「鑑賞以外の用途」「設置場所」に対応する記述を探してまとめる。問四、A自分の着目したところを抜き出す際には「怒涛図」と資料とのつながりを意識して選ぶとよい。B「怒涛図」の様子と、資料を踏まえた印象や考えの説明を簡潔にまとめる。

青森県

問題 P.5

解答

二 (1)アすんか イきょうこく ウきんこう エながオこと カ登録 キ破損 ク縦断 ケ筋道 コ済 (2)4

三 (1)ア謂二晏子一曰 イ1 ウ常に行動し、常に進む(10字) (2)アとびちがいたる イ2

四 (1)おっしゃる (2)いつの間にか身にまとってしまった (3)次に何を言えばいいのかわからないのに、朔のもとに走った(27字) (4)3 (5)正反対の気持ちでも裏と表でつながっているからどっちも持っていい(32字)

五 (1)2 (2)3 (3)うすいプラスチック板の上にまかれた

砂が作る模様　(4)時代によってことなる　(5)Aブラックホールが存在すると仮定する(17字)　B目に見えず可視化できないが存在すると認識する(22字)　(6)4

六 (例)

「図書館に行きます」と「図書館に行きません」では反対の意味だが、実際に違うのは最後の「す」と「せん」だけだ。少しの違いしかないのに、私たち日本人は、特別に意識しなくても使い分けて会話をしている。

　しかし、外国の方にとっては分かりにくいと思うので、私が外国の方と日本語で話すときには、助詞や文の最後を意識して、相手に意味がきちんと伝わるように心がけようと思う。

解き方

三 **「説苑」・清少納言「枕草子」**より。(1)ア「晏子→謂→曰」の順で読む。二字以上返って読むときは一・二点を用いる。イ注から、夫子とは晏子のことと分かる。私は晏子に及ばない、と言っているのは誰なのかを捉える。ウ晏子は自分について「常に為して置かず、常に行きて休まざる者なり。」と言っている。この部分を、注も参考にしながら指定字数でまとめる。(2)ア歴史的仮名遣いを現代仮名遣いにするときは、語頭と助詞以外の「は・ひ・ふ・へ・ほ」は「わ・い・う・え・お」に直す。イ夏はなにがよいのかを読み取る。1は「他の季節はよくない」が不適。2は「闇もなほ、蛍の多く飛びちがひたる」と合致する。3は、空に光っているのは蛍なので不適。4は「雨など降るもをかし。」とあるので不適。「をかし」は趣がある、風情がある、という意味。

通釈 [漢文]　梁丘拠は晏子に言った、「私は死ぬまで晏子先生に及ばない。」と。晏子は言った、「このように聞いた、行動する人物は必ず成功し、進む人物は必ず到達する、と。私に人と違うところがあるのではない。(私は)常に行動して放置せず、常に進んで休まない人間である。だから人は私にはなかなか及ぶことができないのだ。」と。

[古文]　夏は夜(がよい)。月の(出ている)ころはもちろん(よく)、闇夜でもやはり、蛍が多く飛び交っている(様子がよい)。また、ほんの一匹二匹が、かすかに光って飛んで行くのも趣がある。雨が降るのも趣がある。

四 **額賀澪「ラベンダーとソプラノ」**より。(1)尊敬語は、相手の行動や物を高めて表現することで、相手への敬意を示す表現。(2)空欄直前に「自分から望んだものではなく」とあるので、それとは反対の内容が入ると考えると、傍線部のあとに「大人びた雰囲気を、いつの間にか身にまとってしまったのかもしれない」とある。(3)傍線部前後の真子の行動を確認すると「何を言えば言えばいいのかわからな」いけれど「朔くんのもとに走った」とある。この内容を指定字数に合うようまとめる。(4)1朔が「自分ののどを優しくなでた」のは、声変わりについて話しているときなので「病弱」が不適。「声変わりがきたらなくなるのに、むなしいじゃん。」と言っており、もうすぐボーイ・ソプラノが出せなくなることにむなしさを感じていることが読み取れる。2朔は、鍵盤をもう一度布でふいたあとで「ピアノの蓋を閉め」ているため不適。3これ以上背がのびないように朔が牛乳を飲むのをやめたことを真子は知っており、話がどんどん深刻になりそうだったので、笑って雰囲気を変えようとしたのである。「成長期には勝てなかったね」と笑ったあと、家に帰ろうとしたことからも、朔がこの話を切り上げたかったことが読み取れるため合致する。4朔が呼ばれて足を止めたのは「礼儀正しく対応しようと」したからとは書かれていない。(5)朔は「自分の歌声が好き」だが、もうすぐ消えてしまうのに大勢に聞いてもらうことは「むなしい」と言っている。その一方で、「消える前に誰かに聴いてほしい」という気持ちも持っている。それに対して真子が、「正反対だけど、裏と表でちゃんとつながってるんだと思うよ。だから、どっちも持っててもいいんだよ」と言っていることを押さえる。それと同じように「もったいない」という言葉は「残念って気持ち」と「愛しいなって思う気持ち」という、反対だがつながっている気持ちが表れた言葉なのだと、真子は言っているのである。

五 **八木沢敬「ときは、ながれない 『時間』の分析哲学」**より。(1)点線部は動詞「できる」+助動詞「ない」の形。1は「わかる」+「ない」、3は「起きる」+「ない」、4は「言う」+「ない」なので、点線部と同じ。2は形容詞「少ない」の仮定形の一部である。(2)「百聞は一見にしかず」は、人から百回聞くよりも、たった一度自分の目で実際に見るほうが物事がよく分かる、という意味なので、視覚にくらべて聴覚は「劣る」があてはまる。(3)「可視化」とは目に見えるようにすること。地球や磁石の磁場を「見える」ようにするのは何なのかを捉える。傍線部を含む段落に「うすいプラスチック板の上に……磁石の磁場が『見える』と言えたりする」とある。(4)傍線部直前に「どの仮説が受けいれるに値するかも、時代によってことなるのは不思議ではありません」とある。また、それより前の部分で、天動説が『最良の説明』と見なされていたが、16世紀以降になると「地動説が『最良の説明』としてひろく提唱され受けいれられ」たとある。(5)A「周辺の宇宙空間内に起こる直接観測できる現象」についての説明ができる仮説は何かを考える。宇宙について述べているのは二重傍線部直前の段落。「ブラックホールがそこに存在することを仮定すれば、周辺の宇宙空間内に生起する直接観測できる現象に、最良の説明をあたえられる」とある。B空欄直前の上田さんの発言に着目。「知覚だけがものの存在を信じる理由ではない」と言っていることから、目に見えなくても存在する、という内容が入ることが分かる。「もし…」で始まる段落で「時間は、肉眼でも科学機器を使っても見えないので、存在しない」という主張は「受けいれがたい」とあるのも参考にしてまとめる。(6)1は「個人が信じるかどうかは説明できない」が不適。2は『肉眼で…』で始まる段落に「三種類の視覚モードだけに特定」するとさらなる反例をまねく可能性をおおきくのこしている」とあるので不適。3は「ゆで卵についての情報の正しさを確認できる」が不適。4は「天動説対地動説…」で始まる段落で「最良の説明」の日常的な例として「火曜日にゆでた卵を、水曜日に食べたらお腹をこわした」ことについて述べているため、内容と合致する。

六 日本語の会話について「最後まで聞いてはじめて肯定の文か否定の文かがわかる」点や、助詞の違いから「あとに続く言葉を予測」できるという点などに着目するとよい。解答例では、日本語のこうした点を踏まえて、外国人と日本語で話すときに心がけたいことを述べた。

岩手県

問題 P.10

解答

一 (1)イ　(2)エ　(3)ア　(4)今までなにげなくやってきた作業の意味に気がつき、ワコに言葉で具体的、論理的に教えることができてうれしかった(から。)(53字)　(5)本物の菓子職人を目指して、全身で学ぼう(19字)

二 (1)ウ (2)エ (3)他者とのか (4)よくわかっていなかった自分の個性に気づき、アイデンティティを形成する(こと。)(34字) (5)ア
三 (1)ウ (2)エ (3)イ
四 (1)おのずから (2)うるはしくうちある人 (3)イ (4)a周囲の環境　b本来の性質
五 (1)ウ (2)(例)
　私は、職業を選ぶにあたって自分の興味や好みに合っているかを重視したい。自分が興味のある内容の仕事ならばやりがいを持って働けると思うからだ。
　私は将来を考えるうえで、職業体験に積極的に参加したい。その目的は、体験を通して仕事の良さや大変さを学び、職業についての理解を深めることだ。
六 (1)えつらん (2)さと (3)なだれ (4)歓迎 (5)営 (6)週刊

解き方

一 **上野歩「お菓子の船」**より。(1)「一心に」は、そのことだけに心を傾ける様子を表している。(2)「身を小さく」するは、気まずさに恐縮することを表す。行動や心情には、それに至ったきっかけがあるので、傍線部の前を確認すると、浅野は曽我から「後輩にはきちんと教えてやれ」と指示されて身を小さくし、さらに「言葉で説明できるようになれ」と言われている。つまり、後輩に技術を伝えていないことと、作業の意味を説明できていないことを注意されて「ますます身を小さくした」のである。(3)「時代遅れの慣習」とは、技術を教えないで盗めという慣習である。曽我はそういう慣習を否定して「先輩職人は具体的、論理的に後輩に教えろ」と述べている。(4)浅野が笑ったきっかけを探すと、浅野が饅頭の包餡の方法を具体的かつ論理的にワコに説明できたことと、直後の台詞にあるように、今までなにげなくやってきた作業の意味に気づいたことである。「笑った」とあるので、うれしい、喜びを感じたなどの心情表現を用いる。(5)点線部Bの「はい！」は曽我の言葉に同意していることを表しているので、直前の「本物の職人を目指して」「全身でお菓子づくりを学べ」を抜き出し、決意を表す言葉に言い換える。

二 **戸谷洋志「SNSの哲学 リアルとオンラインのあいだ」**より。(1)「まったく」は「ない(形容詞)」という用言にかかるので副詞である。ウも「ない(助動詞)」という用言にかかっている。アは連体詞、イは動詞、エは形容詞。(2)「自律性」とは「はい、また…」で始まる段落に「他者に頼らないでいられること」とあり、「自分で考え」、「行動し」、「物事を決められる」ことを意味している。(3)「自分なりの理解」とは「自分は何者なのか」「自分にはどんな可能性があるのか」に気づくことを意味する。傍線部から二つあとの段落の「アイデンティティの形成には欠かすことができない」に着目すると、その主語の部分に「他者とのかかわりからもたらされる気づきの蓄積」とある。(4)傍線部直前の「ここ」とは手前の具体例から分かるように、他者の視点によって自分の個性を知ることで、自分のアイデンティティが形成されるということである。(5)冒頭にアイデンティティに関する一般的な考えと、「自律性」「他律性」の意味について述べてある。イは「大人と子ども……説明している」が、ウは「用語をすべて説明し」と「最後に一般的な世間の考え方に……付け加えて」が、エは「冒頭で筆者の考えを述べ」と「後半で……対比させて」が、それぞれ誤り。

三 (1)Aは「線路のかがやき」、ウは「一ひらの雲」で終わっているので、ともに体言止めになっている。(2)Aは「青春とは……日の光を受けて輝くようなもの。」と青春を明るく肯定的に捉えている。アは「青春のはかなさ」が、イは「大人に対する反発心」が、ウは「若者の迷いと焦燥感」が、それぞれ誤り。(3)Bでは虹が「小さな僕」を超える存在として描かれており、Cでは「広やかな」で開放感が詠まれている。

四 **「十訓抄」・「呻吟語」**より。(1)歴史的仮名遣いの「ぢ」「づ」は「じ」「ず」に直す。(2)本文では蓬と麻が対比されており、枝が真っすぐ伸びない蓬は「心の悪しき人」に、真っすぐ伸びる麻は「うるはしくうちある人」にたとえられている。(3)草と木が対比されているので、草が「柔」であれば、木は「剛」となる。(4)Iでは、蓬が麻に混じると真っすぐ伸びるように、人間の成長は環境によるものであると述べていて、IIでは万物の成長を決定するのは本性(本来の性質)であると述べている。

通釈 《I》蓬は枝の伸び方が、真っすぐではない草だが、麻に混じっていると、曲がって伸びていく場所がないために、不本意ながら、真っすぐ伸び育っていくのである。心が悪い人ではあるけれども、きちんとしている人の中に交わっていると、そういう人でもやはりあれこれと気遣うことが多くなり、自然と正しくなるものである。
《II》全てのものを発育させるのはその本性である。草はそれにより柔らかくなり、木はこれによって固くなる。草を木のようにさせたり、木を草のようにさせたりすることはできない。そのため、君子はそれぞれの素質に従って人を治めていくのであり、自分の意思により強引に治めるのではない。

宮城県

問題 P.15

解答

一 問一、①つつ ②す ③りんかく ④垂 ⑤綿密 ⑥仲裁 問二、簡潔 問三、エ
二 問一、ア 問二、ウ 問三、取り組むのであれば 問四、イ 問五、エ 問六、それてしまった話題を元に戻す(14字)
三 問一、ウ 問二、(一)腕も気立て (二)男が人の髪を結うことは、変な目で見られ、からかわれることだ(29字) 問三、ア 問四、いくらなんでも先走りすぎだ 問五、信念を持って床山の仕事に取り組み、よく知らない自分にも誠実に向き合う床芝への憧れが強まったから。(48字)
四 問一、(一)エ (二)画風が似ている 問二、目の網膜に映ったままの、世界の光景を光と色の点に分解した(28字) 問三、五感で感じる世界 問四、自分の脳にも未知の可能性があり、芸術家と同じように、世界をとらえることができるということを知った驚き。(51字) 問五、ウ
五 問一、たまいける 問二、イ 問三、エ 問四、暦どおりに、夏のはじまりの日に鳴くことをやめた(23字)
六 (例)
　グラフから、新聞から情報を得ている人は50パーセント以下ということが読み取れる。私の家では、祖父や両親、そして私も新聞を読んでいるので驚いた。新聞は、テレビやSNSのように流行の情報が多く載っているわけではないので、つまらないと感じる人もいるかもしれない。しかし、新聞を読めば、政治や世界で起こっていることなど、世の中の大切なことを知ることができるので、いろんな人に新聞を読むことをすすめたい。

解き方

一 問二、「完結」は「完全に終わる」、「簡潔」は「表現が簡単でむだがない」という意味。問三、「湯」のaはさんずいなので、楷書では三画だが、行書

では連続している。「茶」のbはくさかんむりで、楷書では横棒が一画めだが、行書では筆順が変化している。

二 問一、「アンケートがさらによいものになるよう」と話し合いのねらいを述べ、「質問に入る前の文章の表現はどうかな」と話し合う際の話題を提示している。問二、②体育委員会が運動の時間を設けることにした理由を伝えるために、全国調査の結果の資料の一部を示そう、という趣旨でCさんは発言している。③「引用」するときは資料の「出典」を示す。「出典」とは、引用の出所となる書物のこと。問三、話し言葉になっているので、書き言葉に改める。問四、傍線部直前で「一年生には難しいかもしれない」と述べていることに着目する。難しい言葉を使うと、一年生がアンケートにきちんと答えられないかもしれないので、誰もが分かる言葉を使おうと提案している。問五、「私も……賛成だよ。」と賛成したうえで、「記述欄を設けるというのはどうかな」と、さらに工夫できることを提案している。問六、傍線部直後で、「二人の意見を踏まえて……検討していこう」と、BさんとCさんの発言によって、それてしまった話題を元に戻している。

三 **鈴村ふみ「大銀杏がひらくまで」**（「小説すばる」'22年5月号所載）より。問一、傍線部前に「変なこと言ってしまったかも。」とあるので、そのことについて謝ろうとしていることが読み取れる。前の会話で靖成は「床芝さんが毎日……あの人も優しくなったのかなって。」と、若関の変化を床芝の影響だと言っている。しかし、「若関だけでなく床芝のことも、靖成はほとんど知らない。」とある。そんな何も知らない自分が、わかったようなことを言ってしまったことに対して、靖成は謝ろうとしたのである。問二、(一)傍線部あとに「昔、床山の仕事に惹かれたのは、……腕も気立てもいい、床芝に憧れたからだ。」とある。(二)Bの前後をヒントにして、本文から、昔、靖成がなぜ床山への関心を捨てたのかを捉える。「『変』とからかわれるのが嫌」「男性なのに髪を結ぶ仕事に就くの？　みたいな、変な目で見られる」とある。問三、傍線部の「相槌を打つのも忘れて」からは、床山の仕事について語る床芝の言葉に、一心に聞き入る靖成の様子が分かる。また、この文章は「床芝が…」「靖成は…」という三人称の視点から描かれている。イは「あぜんとする」が、ウは「床芝の苦しさに共感」「床芝の視点から」が、エは「反発する」「床芝の視点から」が、それぞれ本文と合わない。問四、靖成は、思わず口から飛び出した「床山になるには、どうしたらいいんですか？」という自分自身の言葉に対して、傍線部のあとにあるように「いくらなんでも先走りすぎだ」と驚いている。問五、傍線部④のあとで、床芝の仕事に対する思いを聞いて「かっこいいとか、自分もこうありたいとか思った」とあり、信念を持って仕事に向き合う床芝のような床山になりたいと思っていることが読み取れる。そして、まだ二回しか会ったことがない靖成に、床芝が自分の電話番号を書いたメモを渡し「俺が面倒見てやるから。」と言ってくれたことは、床芝の誠実な人柄を感じさせるものであった。床芝の仕事に向き合う姿勢だけでなく、人柄の誠実さを感じ取ったからこそ、靖成は「この人と一緒に働きたい」と思ったのである。

四 **布施英利「はじまりはダ・ヴィンチから　50人の美術家を解剖する」**より。問一、(一)「いわば」とあるので、傍線部はこれより前の部分を言い換えている。前の部分には「人間は世界を『どう見ているか』ということだ」とある。(二)モネとセザンヌについては「このふたりの画家は、ほぼ同時代に活動したせいか、画風が似ている。」とある。問二、モネがどのように見える絵を描いているかを捉える。傍線部の二段落あとに「モネは、世界を光と色の点に分解する……たしかに網膜に映るのは、そんな光景である。」とある。問三、セザンヌの描く絵については、傍線部より前の、「いっぽうセザンヌが描くのは…」で始まる段落で説明されている。「『視覚』だけ取り出して、それを絵にするのは不自然ではないか。五感で感じる世界を、絵という視覚表現に集約する。」とある。問四、傍線部の段落冒頭に「美術館で、画家の『ものの見方』を……知った驚きでもある。」とある。この「驚き」＝「感動」であることを捉え、まとめる。問五、まず、絵画についての筆者の見解。次に、モネの描く絵について。さらに、セザンヌの描く絵について。最後に、人がなぜ芸術作品に感動するかについて。こうした論の構成に着目。また、「では、脳とはいったいなにか？」「では人はなぜ、芸術作品に感動するのだろうか。」「その『なにか』とは、なにか。」と、問いかけを積み重ねている。

五 **「万葉集」・「大和物語」**より。問一、歴史的仮名遣いを現代仮名遣いにするときは、語頭と助詞以外の「は・ひ・ふ・へ・ほ」は「わ・い・う・え・お」に直す。問二、「特定の語を導き出す」のは「枕詞」である。ア「擬人法」は、人間以外のものを人間にたとえる技法。ウ「体言止め」は、文や句を体言で終わらせる技法。エ「掛詞」は、一つの語に二つの意味を持たせる技法。問三、「春が来る」と「山にも野にもうぐいすが鳴くよ」とある。問四、和歌の「鶯のかぎれるごとも」が何を表しているのかを捉える。本文左の現代語訳に「うぐいすが決めているかのように」とある。「卯月のついたちの日」は夏がはじまる日であり、春が終わったので、春の鳥である鶯は鳴くのをやめた、と捉えているのである。Yさんが「春と鶯は強く結びついていた」と言っていることにも着目してまとめる。

六 グラフの読み取りでは、特に目立った数値に着目すると作文を書きやすい。一般的な事柄であっても、グラフから読み取れないことは書かないよう注意すること。このグラフから読み取れる目立った傾向としては、十六歳以上の多くの人がテレビやスマートフォン・携帯電話から情報を得ているということなどである。自分の考えを述べるときは、なぜそう考えるのか、理由や根拠が分かるようにする。

秋田県

問題 P.21

解答

一 1、①燃　②う　③深刻　④さくげん　2、イ　3、連用形　4、ウ

三 1、a歯車　b役に立てる　2、社会が全く存在しない　3、(1)能力や運　(2)自分の血統だけでなく他の人（13字）　4、イ　5、(1)エ　(2)他者を認識する知能や気持ちを察する共感能力を備え、非血縁個体との大規模な協力関係を築くことができる（49字）

四 1、エ　2、ウ　3、技術を発揮し、恵三らしさが表現された木像を彫る（23字）　4、(1)a粋で格好いい仏師　b照れ屋　(2)c自信がない　d成し遂げると覚悟を決めた目標に、妥協することなく取り組む（28字）

五 1、①なお　②よろず　2、a心が満たされる　b不安な気持ち　c寿命が延びる　3、(1)めでたき物　(2)イ　(3)心を通わせる

六 (例)

私が言葉の使い方で意識していきたいことは②だ。家で祖母と話していたときに、友達と話すときと同じように話

していたら、「外国語を聞いているようで、何を言っているか全然分からない」と言われてしまった。流行語や新しい言葉をたくさん使っていたからだ。近くでそのやりとりを聞いていた父に、「仲間同士なら流行語を使って楽しく話すのもいいけれど、言葉は相手に伝わらなくては意味がないよ」と言われた。流行語や新しい言葉を使うと楽しいし格好がよいけれど、話す相手に合わせて、適切な言葉を選ぶことが大切だと思った。

解き方

二 2、イは「大きなことを成し遂げるには、目の前のことから着実に進めることが大切である」という意味。3、「重要に」は、終止形が「重要だ」となる形容動詞で「だろ／だっ（で・に）／だ／な／なら」と活用するので連用形である。4、点線部の「ない」は、「ぬ」に置き換えられるので助動詞。同じように「ぬ」に置き換えられるのはウである。他は形容詞。

三 **市橋伯一「増えるものたちの進化生物学」**より。1、傍線部直後で「むしろ社会の歯車になることで……みんなの役に立てるのだと思います。」とある。2、「この」という指示語は、多くの場合それより前に出てきた内容を指す。傍線部より前を見ると、[2]段落で「社会が全く存在しない状況」の例として、3人家族だけで無人島で暮らすとどのようになるかを述べている。3、⑴人間以外の生物について書かれているのは[4]段落。「細菌も線虫も……増えることができるかどうかは自分の能力や運によって決まっていました。」とある。⑵表のなかでⅡに対応する内容は、人間以外の生物の「増える単位が自分の血統だけ」であり、Ⅱには血統に関する内容が入ると推測できる。すると、[6]段落に「人間以外の生物が非血縁個体と協力することは、特殊なケースを除いてほとんどありません。」とある。つまり、人間は非血縁個体と協力しているということである。4、[1]段落の内容を指定字数に合うようにまとめる。この内容は筆者の主張である。[2]段落ではその主張を説明するために「社会が全く存在しない状況」の例を挙げ、[3]段落は「私たちの社会」について[2]段落と対比しながら述べている。[4]段落ではそれまでの内容と関連させながら「生物が増える単位」という新たな話題を挙げて述べている。[5]・[6]段落は、人間以外の生物と対比しながら、人間について述べている。[7]・[8]段落でこれまでの内容をまとめながら、人間は「『やさしい』生物」であると結論づけている。5、⑴傍線部直前に「いわば」とあることに着目する。「いわば」は、たとえたり言い換えたりするときに使う副詞なので、「私たち人間」が「地球上の他のどんな生物よりも協力的な」ことを「『やさしい』生物」と表現していることが分かる。他の生物とは違うことを強調するために「やさしい」と「 」がついている。⑵筆者は、人間が「地球上の他のどんな生物よりも協力的な」ことを「『やさしい』生物」と表現している。このような人間の特徴を述べている箇所を探すと、[6]段落に「このような大規模な協力関係は人間ならではの特徴」とあり、それは、「非血縁個体と協力すること」を指している。また、[8]段落に「人間には他者を認識する知能……共感能力も備わっています」とあるので、これらの内容をまとめる。

四 **森沢明夫「夏美のホタル」**より。1、傍線部直後の「お前、そういう覚悟はあんのか」に着目する。また、そのあとに「ふたりに人生を問われている気がした」とあることも踏まえて選択肢を選ぶ。2、傍線部前の「なら、金の問題はクリアだ」に着目。問題だと思っていたことを、急に問題ではなくなったと言われて驚いたのである。アは「どこまでも」が合わない。雲月は才能にこだわってはいるが、慎吾が「覚悟は、します」と答えると才能について問い詰めることを終わらせている。イは「仏像の代金を割り引く」が、エは「直面した新たな問題」が、それぞれ不適。3、雲月は仏師であるから、恵三をモチーフとした仏像を彫ることで、仏像として恵三を生き返らせるのである。4、⑴a直後に「見直した」とあるので、雲月が依頼を承諾したあとの場面から、慎吾が雲月のことを褒めている表現を探すと「この無愛想な男は、粋で格好いい仏師だった」とある。b直前に「大事なことを教えるときに気恥ずかしそうにする」とあることに着目する。慎吾にアドバイスをしたあとに「照れ屋な仏師は……右手を振った。」とある。⑵c「いつもより大股で歩いていた」からは、自信に満ちあふれている様子が読み取れる。一方、本文前半の「え、だって……」や他の「……」が使われた会話からは、慎吾が言葉をにごしており、自信がない様子が読み取れる。d直前の「雲月の教え」に着目し、雲月が慎吾に言った言葉を探すと、「命を懸ける覚悟を決めて……後々になって天才って呼ばれてる」「爪の先ほどでも妥協はするな」とある。これらを指定字数に合うようにまとめる。

五 **北村季吟「枕草子春曙抄」**より。1、①歴史的仮名遣いを現代仮名遣いにするときは、語頭と助詞以外の「は・ひ・ふ・へ・ほ」を「わ・い・う・え・お」に直す。②「ぢ・づ」は「じ・ず」に直す。2、a「相手にまだ届いていな」いときの気持ちなので、「あしこまでも行つかざるらめど、こころゆく心ちこそすれ」から読み取る。b「こまごまとかきておきつれば、おぼつかなさをもなぐさむここちする」とある。c「まして返事見つれば、命をのぶべかめる」から読み取る。3、⑴Ⅰ直前で「本文では、はじめに」とあることに着目すると、一文めに「文こそなほめでたき物なれ」とある。⑵本文には「はるかなるせかいにある人の…」とあり、相手と自分を隔てているものは「距離」である。「無名草子」の現代語訳では、「昔のまま、その当時の感情が」とあるので、隔てているものは「時間」である。⑶本文では、手紙を書くことで距離が離れていても「こころゆく心ち〔心が満たされる気持ち〕」がすると述べられている。「無名草子」の現代語訳には「人の交わりは、ただ向かい合っている間の感情だけ」だが、手紙は「まったく昔のまま、その当時の感情が少しも変わることがない」とあり、これらのことを表す言葉を考える。

通釈 目新しいというほどのことではないけれど、手紙はやはりすばらしいものである。遠く離れた地方にいる人が、たいそう気にかかりどうしているであろうと思っているときに、手紙を見ればちょうど今向かい合っているように思われるのは、すばらしいことであるよ。こちらが思うことを書いて送れば、先方には着いていないだろうが、心が満たされる気持ちがするものだ。手紙ということがなかったら、どんなにかゆううつで晴れ晴れしないことであろうに。あらゆることを考えながらその人のもとへ、と思ってこまごまと書いて送れば、不安な気持ちも晴れる気がするが、まして返事を見たならば、寿命を延ばす気がする。本当にそのとおりであることだ。

山形県

問題 P.25

解答

一 問一、a ただよ(い)　b ぐうぜん　問二、イ　問三、自信を失っては周りに支えられて立ち直る(19字)　問四、ヤマメとサクラマスの話を始めた

意図(17字)　問五、Ⅰ大逆転　Ⅱ悪いことだと思わなくてもいい(14字)　問六、ウ　問七、ア

二 問一、aかく(れ)　bけいしょう　問二、①・④　問三、天災や人災によって消滅する危機に備える(19字)　問四、Ⅰ現代の製作　Ⅱ古代の文献史料　問五、再現模造において、実技者は個性を表現するのではなく、天平工芸の特性を手に覚えさせて、おおらかで力強い趣を再現する必要があるから。(64字)　問六、ウ　問七、オ

三 問一、ととのうる　問二、エ　問三、油断のやうなる心持ち　問四、失敗を防ぐ

四 問一、1胸　2束(ねる)　3看板　4圧縮　5俳句　問二、(1)イ　(2)エ

五 (例)

Aの結果から今の高校生は、社会で働くにあたり必要だと思う力として最も必要なのは、「物事に進んで取り組む力」だと感じていて、その力はまだ備わっていないと感じる高校生が多いことも分かる。一方で、Eの結果から、他人に共感する力は持っていると感じているようだ。

このことから、物事に進んで取り組む力を育むことができれば、みんなで協力して大きな事業を成功させられる可能性が高まることが予想され、社会全体がよりよい方向に進んでいくことができるのではないかと考える。

解き方

一 **藤岡陽子「リラの花咲くけものみち」より。** 問二、「熱を帯びる」の「熱」は、段々感情が高ぶっていく意味で用いられている。アの「熱戦」、ウの「情熱」、エの「熱望」は、それぞれ感情が高ぶる意味での「熱」として用いられている。問三、傍線部直前の段落に「この一年と二か月間、そんなことの繰り返しだ。」とある。「そんなこと」とは、その前の一文の「自信を失い、でも周りに支えられて立ち直って。」である。問四、夏期実習や大学のことと、ヤマメとサクラマスの話では、違いすぎてどのようなことが言いたいのかがすぐには見えず、聡里はなぜ一馬がヤマメとサクラマスの違いについて話しているのかがわからず戸惑っているのである。問五、Ⅰ川では小さかったサクラマスが、海で大きくなって川に還ってくることを、聡里は「大逆転」と表現している。Ⅱ「その通り。…」で始まる一馬のせりふに着目。「逃げるのは悪いことじゃない。」というところを、空欄部直前の「自分の弱さを」のあとにつながるようにまとめる。問六、最終段落に「この人はどうしていつも自分が欲しい言葉をくれるのだろう。」とあることから、アの「寡黙な人物」、イの「あえて厳しい言葉を投げかけて」、エの「動物のことになると周りが見えなくなる」は、それぞれ不適。問七、前後の二人の状況を確認する。一馬は涙をこぼしていないし、雨も降っておらず、気候が厳しいわけでもないので、イの「涙をこぼす『一馬』の姿」、ウの「再び降り始める雨の描写」、エの「気候の厳しさとそれに耐える人間の強さ」が、それぞれ不適である。

二 **西川明彦「正倉院のしごと　宝物を守り伝える舞台裏」より。** 問二、①の「選ぶ」はバ行五段活用。②の「加工する」はサ行変格活用。③の「受ける」はカ行下一段活用。④の「学ぶ」はバ行五段活用なので、①と④が同じ活用である。問三、傍線部あとに「文化財は天災や人災によって消滅する危機に常に晒されており、正倉院宝物といえども例外ではなく、危機意識をもって備える必要がある。」とある。「必要がある」の前の内容を指定字数内でまとめる。問四、Ⅰ空欄部直前の「科学的な調査……できず」に着目すると、傍線部の段落冒頭に「科学的な調査に制約が生じ、究明しきれないことがある。その場合には現代の製作者が習得した伝統的な手法や経験に依るところが多く」とある。ここから指定字数内で、文意が通じるように抜き出す。Ⅱ空欄部に続く「の中に記されている」に着目すると、傍線部あとに七字の「古代の文献史料」が見つかる。問五、三つの言葉を手がかりに、同じ段落の「個性を表現する『作家』……再現模造では極力創意を働かせず」、「天平工芸の特性を手に覚えさせ」、「おおらかで力強い……趣を再現する」に着目し、「工人」に徹しなければならない理由を指定字数内でまとめる。問六、アは「実技者の言葉を引用して」が、イは「敬体を用いて」が、エは「擬声語(擬音語)や擬態語を用いることで」が、それぞれ不適。問七、Xの段落は模造の目的が書かれているから、イ・エ・カが不適。Yの段落は模造することの価値について述べられているから、残ったもののうちウが不適。Zの段落は、模造する人がどのような人かについて述べられているので、さらにアが不適となる。

三 **辻原元甫「智恵鑑」より。** 問一、語頭と助詞以外のハ行は「わ・い・う・え・お」に直す。「ととのふる」の「ふ」を「う」に直す。問二、「教へ示されし」は地の文。話している部分ではないので、アとイは不適。「し侍るなり」の直後、「なんぢら」とあり会話文が続いているので、ウは不適。問三、弟子の話から、「緩」の字が「何事をなすにもながくゆるやかにせよ」と言っており、これが「油断のやうなる心持ち」になると言っている。問四、張観が、「緩」の心を持っていれば何事も失敗しないと述べている。

通釈 宋の張観が、弟子をお招きになり、教え示されたことは、「私は、勤、謹、和、緩の四字(の漢字の持つ内容)を守って、自分の戒めとしているのです。あなたたちも、この四字の心持ちで、自分の行動を慎むのがよい」というものだった。弟子のなかに、(その内容について)不審に思う人がいて、(張観に)申し上げることには、「只今、お示しになった四字のうち、勤はつとめる、謹はつつしむ、和は物やわらかに整える徳であるので、どれも極めて道理に合った教えであります。最後の緩という一字は、何事をなすにも長くゆるやかにしなさいといった意味なのでしょう。そうであれば、これは油断のような心持ちなので、この一字は、全く理解できません。」と非難した。張観は、お答えになった、「失敗することが起こるのは、だいたいは全て、急ぎ慌ててなすから起こることではないか。万事はよくよく後先を考えて思案して、心を静め、ゆっくりと取り組むことが、失敗がなくなることだろう。」とおっしゃった。

四 問二、(1)小林さんは、大野さんの意見に「賛成です。」と言っていることや、大野さんの意見に、自分の意見を付け加えながら述べていることから考える。(2)会話の最後の部分で、山原さんは「企画を知らせる方法については、あとで話し合いましょう」と言っており、あくまでも読書会の内容について話し合うように進めていることが分かる。よって、アの「新たな考えを提示している」、イの「意見の根拠を示すよう促している」が、それぞれ不適。

福島県

問題 P.29

解答

一 1、(1)はげ　(2)いこ　(3)しゅうかく　(4)おんけい　(5)秘　(6)貸　(7)優勝　(8)模造　2、エ

二 1、C　2、B　3、(1)手のひら　(2)よろこび

三 1、こう　2、(1)工皆以て調へりと為す。(2)音が正確

にわかる人に鐘の音程が合っていないことを見抜かれる(29字)　(3)ウ

四　1、オ　2、エ　3、好きなものがほしいという理由で努力しようと決心し、まじめに陸上に取り組むことで、六花に胸を張れる自分に近づけたから。(58字)　4、(1)自分の痛み　(2)陸上部のみんなに追いつけず、走ることもそれほど好きではない(29字)　5、イ

五　1、オ　2、現象の中から見抜いた法則に基づいて事象の変化を見通す方法。(29字)　3、人類の歴史は常によい方向に進歩するわけではなく、また予想外の革命的な出来事によって希望が生まれることもあるという見方。(59字)　4、ア　5、(1)ウ　(2)未来世代に対する倫理的な配慮

六　(例)

私は、Cさんと同じように、案内文書などを作って全校生徒に配り、ボランティア活動の内容を案内したほうがいいと思う。

皆に伝える内容には、日時・集合場所・注意事項など、かなり細かい情報がふくまれている。校内放送は音声なので、その場でしか聞くことができない。だが、文字で書かれた案内文書はあとから何度も見返して確認できる。そのため、案内文書のほうが便利であり、正確に情報が伝わると思う。

解き方

一　2、楷書で「閣」は十四画。アは十二画。イは十画。ウは十六画。オは八画。

二　1、「円錐形の蕾」という、視覚的なものを示したあと「ざぶざぶと」という水音で、鍬を洗う作業の様子を描いているCが適切。2、絵日傘を岸の向こう側に投げる軽やかな動作、小川の水の「ぬる」さで、春の明るい気分やあたたかさを表現しているBが適切。3、(1)鑑賞文の前半は、四万十川に反射する日ざしを「光の粒」と印象的に表現し、風が川の上を吹き過ぎる様子を描写している、Aについて述べていると分かる。Aは、風が川の上を吹き過ぎていく様子を、川面を風が「手のひら」でなでていく、とたとえている。(2)鑑賞文の後半は、春のおたまじゃくしの誕生などを「よろこび」という言葉で祝福している、Fについて述べていると分かる。Fは「よろこび」というひらがなの言葉を反復し、軽やかなリズムを生み出している。

三　**「呂氏春秋」**より。1、語頭と助詞以外のハ行はワ行に直す。2、(1)Iには、鐘の音程が合っていないと言う師曠に対する平公の返答が入る。(2)師曠が平公に伝えた「予想」を考える。(3)師曠は、後世の音が正確にわかる者に、鐘の音程が合っていないのを見抜かれ、鐘を作らせた平公が恥をかくことを心配したと考えられる。ここから、師曠は「先々のことまで配慮」し、「しっかり意見する」ような人物と分かる。

通釈　晋の平公が、鋳造して大鐘を作り、楽工たちに鐘の音を聴かせた。皆、音程は合っていると答えた。(しかし、)師曠は言った、「音程が正しくありません。どうかもう一度鐘を鋳なおしてください。」と。平公は言った、「楽工たちは皆音程は合っていると答えた。」と。師曠は言った、「後世に音を(正しく)わかる者がいたら、きっと鐘の音程が合っていないのを見抜くでしょう。私は内心であなたのためにこれを恥じるのです。」と。(後に)師涓(の時代)に至って、やはり(師涓が)鐘の音程が正しくないのを見抜いた。このように師曠がよく鐘の音程を合わせようとしたのは、後世の音を(正しく)わかる者(に、音程が合っていないと見抜かれること)を思ったからである。

四　**村上雅郁「きみの話を聞かせてくれよ」**より。1、六花は、自分の思いを打ち明けてくれた早緑の口から、思いがけず「黒野」の名前を聞いた。そこで、自分と早緑のなかなおりに、彼が自分の知らないところで大きな役割を果たしているのではないかと「見えていなかった」事実に気づき始めたのである。2、傍線部を含む回想部分で、早緑は部活動を辛く感じている。そんなとき、六花が美術部でがんばっていることをほめる黒野の言葉を聞き、「自分と六花の差を感じておもしろくなかった」ので、つい「とげとげ」した声で返事をしてしまったのである。3、回想部分と、傍線部前の早緑の言葉に着目する。早緑は、黒野の「好きなものがほしい。……じゃあ、そのために努力すればいい」という言葉をきっかけに、自分も六花のように「好きなもの」を手に入れようと、陸上部の活動に真剣に打ちこみ始めた。その結果、六花に「胸を張れるような自分」に近づけた気がして「自分のこと」を好きになれたのである。4、(1)空欄には「早緑にわかってほしかった」六花の思いが入る。傍線部のあとで、六花は自分が「自分の痛みにとらわれて」「ずっと……気づいてほしかった。」と思い返している。(2)回想部分での早緑の思いを踏まえて考える。早緑は、陸上部の「みんなに追いつけ」ず、走ることも「それほど、好きじゃな」いために、部活をがんばれないでいた。六花は自分の気持ちを早緑にわかってほしいと思うだけでなく、そうした早緑の気持ちに自分も気づくべきだったと思っているのである。5、この文章は主に六花の視点で描かれているが、途中で早緑の視点の回想が入る。この回想が、二人の関係が変化する重要な出来事として強調されていることに着目する。

五　**戸谷洋志「未来倫理」**より。1、「未来倫理で」の「で」とオは格助詞。アは断定の助動詞「だ」の連用形。イは形容動詞「さわやかだ」の連用形の一部。ウは並立を表す接続助詞。エはあとに補助用言を続ける接続助詞。2、[4]・[5]段落に着目。[4]段落では、「科学的な実証性に基づいて未来を見通すことを、『予測』と呼」び、「予測」は「法則性に基づく」と述べている。さらに[5]段落で、現実の気象から見抜いた「法則」に基づき、天気の変化を見通す「天気予報」という「予測」の例を挙げている。この、特定の現象から見抜いた「法則」に基づいて事象の変化を見通す方法を、一般に「シミュレーション」と呼ぶのである。3、傍線部直後で筆者は、人類の「歴史はよい方向に進歩する」という「法則性」があるという考えに対し、「人類は、愚行を繰り返したり、道徳的に退行したり」し、常によい方向に進歩するわけではない一方「誰にも予想できなかった革命的な出来事が起き……希望を抱かせることも起きる」と言っている。4、[12]段落では、人間は「複数性」により「ある法則性のもとに還元することができない」とし、「人間の活動は予想不可能」だという筆者の意見を補強している。5、(1)[13]段落で、筆者は、未来について「予測することは、そもそも不可能」だということを出発点にすべきだと述べている。「想像力を使う予見の結果のみを出発点にするべき」とは述べていないので、ウは不適。アは[1]段落など、イは[2]段落、エは[5]段落、オは[14]段落などの内容と、それぞれ合致する。(2)筆者は、[2]段落で「未来世代が直面し得る脅威に対応する」ために「未来の予見」は必要不可欠であると述べている。この「未来世代」のための考えは、[3]段落で「未来世代に対する倫理的な配慮」だと言い換えられている。

六　【会話】の内容から、状況の背景をつかみ、【メモ】の内容に基づいて、BさんとCさんの意見を踏まえて自分の意見を書く。Bさんは「校内放送」という情報を「音声」で伝える方法を、Cさんは「案内文書」という情報を「文字」で伝え

る方法を、それぞれ提案している。これを踏まえ、前段で自分の意見を書き、後段でその理由を説明すること。

茨城県

問題 P.35

解答

一 (一)(1)イ　(2)エ　(3)山本様には、いかがお過ごしでしょうか(18字)　(4)ウ　(二)ウ　(三)(1)しんぎ　(2)そむ　(3)救急　(4)易　(四)エ　(五)(1)ア　(2)イ　(3)ウ

二 (一)エ　(二)イ　(三)封印していたはずのコンプレックス(16字)　(四)ウ　(五)ア

三 (一)エ　(二)イ　(三)エ　(四)A物質としての建物そのもの　Bある価値を実現するために意図をもってつくられた建物　(五)イ　(六)ア

四 (一)イ　(二)ア　(三)イ　(四)ウ　(五)(1)1ア　2エ　3キ　(2)雪は野原を

解き方

一 (一)(1)「拝啓」と「敬具」は目上の相手、「前略」と「草々」は親しい相手に用いる。(2)手紙の末尾に「十月二十日」とあるので、それにふさわしい季節のものを選ぶ。(3)「いかがお過ごしでしょうか」という表現が必要。「山本様におかれましては」などの表現でもよい。(4)傍線部「行く」の主語は「わたしのグループのメンバー」なので、謙譲語がふさわしい。ア・イは「来る」の尊敬語である。(二)ア・イ・エは十二画、ウのみ十三画。(四)(1)不安があったこととうまくできたことは、内容としては逆である。よって逆接。(2)電車で行くこととバスで行くことは並列。(3)「外国語から日本語に取り入れられた語」と「外来語」は同じ内容である。まとめの接続詞が適切。(五)(1)「骨が折れる」という慣用句にも通じる表現。努力が必要なさま、困難であるさまを指す。

二 **濱野京子「シタマチ・レイクサイド・ロード」**より。(一)Iの冒頭で「公園で花を見る。雨に遭う。商店街でにおいを感じる。そんな瞬間を言葉にしてみたいと思う。けれどそれは、物語ることではない。」と語られているため、この内容を説明しているア・イは不適。IIの点線部では、人間関係ではなく自分自身に悩みがあることが示されているので、「他の部員」との関係性に触れているウも不適。(二)「さえ」は添加の副助詞で、なにかに加えてそのものも、というニュアンスで使われる。傍線部では、文芸の才能もなければ、それを好きだと思える気持ちもないことを表している。ア・エのように考え方が変わる場面は本文にはない。ウは「自分を好きだと思える」が不適。(三)Iの第二段落でも最終段落でも、希和子の「コンプレックス」について語られている。「どこかでコンプレックスがあったという自覚はある」「封印していたはずのコンプレックス」と、繰り返されている言葉には着目したい。(四)点線部の前に「ちょっと待って。」と述べているとおり、それまでの話の流れを変える発言である。直前に発言した明子と一郎は、希和子と一年生との関係に焦点を当てていたが、それに異議を唱えている。(五)Iは「文芸部などやめてしまえばいいのだ。でも……。それを押しとどめるものはなんなのだろう。」と考える一文で終わっているので、アの「文芸部での自分のあり方について考える姿」が合致する。イの「精神的に成長していく姿」、ウの「新たな出発をしようとする姿」、エの「自分にしか書けない物語を書こうと試みる姿」は、いずれも本文からは読み取れない。

三 **光嶋裕介「ここちよさの建築」**より。(一)①の直前に「さきほど空間という言葉を定義する際に」とある。「『空間』と『場所』…」で始まる段落に「『空間』は簡単に言うと、……それを人間が知覚することで成立します。」とあるとおり、①に入るのは「人間」。(二)③を含む文は、「頭で……科学して、心で……芸術する」という対比になっている。「感性的に」と対になるのはイの「理性的」。そもそも、科学はウの「感情的」や、エの「主体的」な営みではない。アの「慢性的」は意味が通らなくなるので不適。(三)脱文は順接の「だから」から始まっている。よって、補う箇所の直前にも「自然」に関する内容があるはずである。(四)「建物」と「建築」の違いについて定義しているのは、Iの「『建物』は…」で始まる段落である。IIの「ある価値を実現するための意図によって顕在化する考え方」にも着目。(五)「美」について説明しているのは、Iの「一方で、『美』…」で始まる段落。「何を美しいと感じるかは、人によって異なり、美しさの基準は曖昧」と説明しながらも、「誰にとっても美しいと感じられるもの」についても説明しているので注意。アは「誰もが美しく感じることが必要である」が不適。そうでない美もある。ウの「反復性や再現性」が求められるのは科学なので不適。エは「建築」の説明なのでこれも不適。(六)Iの冒頭で、建築がどのような要素から成り立っているのか、建築家はどのような視点に立って設計をおこなっているのかを紹介すると述べられている。これはアの「中心となる話題を提示」している部分である。

四 **「平家物語」・韓非「韓非子」**より。(一)「iu」の母音の連続がある部分は「yuu」と読む。(二)傍線部の前に「峰の雪むらぎえて、花かと見ゆる所もあり」、つまり雪が花に見えるとある。「松の雪だに消えやらで」とあることも踏まえる。(三)空欄を含む一文は「深山にまよひたらん時」にどうするのがよいか、という話題である。また、空欄のあとに「雪は野原をうづめども、老いたる馬ぞ道は知るといふためしあり」とある。深い山に迷った時、老いた馬を走らせれば道に出るだろう、ということ。(四)一つ下の字から上の字に返って読むときにはレ点を用いる。二字以上返って読むときには一・二点を用いる。(五)(1)1平家物語は「平曲」。「連歌」は和歌の上の句と下の句を複数人で分担して詠みあう形式のこと。「狂言」は舞台芸術。2「琵琶の演奏」や「躍動感」に関する話題に続く部分である。3直後に「色の対比」とある。(2)老いた馬の知恵を借りるべきだ、という故事成語を意識しているのは、義経の「雪は野原をうづめども、老いたる馬ぞ道は知るといふためしあり」というせりふである。

通釈　I　また武蔵国の住人・別府小太郎清重という、十八歳になる小冠が進み出て申したことには、「父でありました義重法師が教えましたのは、『敵に襲われるにせよ、山越えの狩りをするにせよ、深い山で迷ってしまったときには、老馬に手綱を結んで、先に追い立てて行け。必ず道へ出るぞ』と教えました」。源義経は「立派なことを申されたものだな。雪が野原を埋めても、老いた馬は道は知るという例がある」と言って、白葦毛の老馬に鏡鞍を置き、白轡を嚙ませ、手綱を結んで鞍にかけ、先に追い立てると、知らない深山に入られた。季節は二月初めのことなので、峰の雪はまばらに消えて、花かと見えるところもあった。谷の鶯が訪れて、霞に迷うところもあった。登れば白い雲が白く光り輝いてそびえ、下れば青々とした山が険しくそびえ立って高い崖をなしている。松のこずえの雪さえ消えずに残り、苔の細道ははっきりしない。嵐に吹かれたときには、(雪は)梅の花かと疑われる。東に西にと馬に鞭をあて、足を速めて行く間に、山道で日が暮れたので、皆馬か

ら降りて陣を構えた。
Ⅱ　韓非子に言うことには、管仲と隰朋が斉の桓公に従って孤竹を征伐したことがあった。春出陣し冬になって引き上げて来る時、まごついて道に迷った。管仲が言うことには、老馬の知恵を借り用いるべきである、と。そこで老馬を放ってこれについていき、そのまま道を見つけることができた。

栃木県

問題 P.41

解答

一 1、(1)そうかん　(2)しゃそう　(3)た(4)うなが　(5)ほかく　2、(1)照　(2)順序　(3)限(4)破損　(5)沿革

二 1、イ　2、ア　3、主石がほかの石を求めているという関係があり、それを作庭者が理解しているという関係。(41字)　4、ウ　5、(Ⅰ)X実用的な機能　Y水そのものの美　(Ⅱ)イ

三 1、ウ　2、ア　3、不要なものを抱えた凜に、咲き終わり枯れた花を身に付けた花が重なったから。(36字)　4、自分の言葉で凜を傷付けるかもしれないと不安だったが、いつも通りの明朗快活な凜の姿に安心し、重く考える必要はないと緊張が和らいだ。(64字)　5、エ

四 1、ならい　2、イ　3、人にまさらむ勝たむの心　4、(Ⅰ)確実な根拠をとらえ、論旨を一貫させる(18字)　(Ⅱ)ウ

五 1、(1)ア　(2)ウ　(3)エ　(4)イ　(5)エ　2、(例)
私はAのポスターを選ぶ。なぜなら、このポスターを見た人に積極的に自然を守る行動を取るように促すものとなっているからだ。自然を守るためには、Bの標語のようにポイ捨てをなくすことも大切だが、それだけでなく、落ちているゴミを拾うなどの積極的な行動が重要だ。Aのポスターは豊かな自然の中で生物と共存する素晴らしさが表現されていて、見た人の感情に訴えかけ、それぞれが自然を守るための積極的な行動を考えるきっかけを与えるものになっていると思う。

解き方

二　**原瑠璃彦「日本庭園をめぐる　デジタル・アーカイヴの可能性」**より。1、空欄前の一文で「日本庭園の…」とここまでのまとめがなされ、直後には「それによって…」と話題の転換がなされていることに着目する。2、イとエは本文に該当する記述がない。ウは第二段落に「素材は自然石であり加工はしない」とあるので、「削った石」が不適。3、「この『ごはん』…」で始まる段落に、石どうしの関係は「すなわち、主石が求めている…」と、石と作庭者の関係は「作庭者はその状況を理解し…」と説明されている。後者の「その状況」とは直前の、「石が石を求めているという状況」であり、つまり石どうしの関係を指していることを踏まえて解答をまとめる。4、アは「すべての庭園に共通した配列」が不適。すべての庭園で石の配列が共通しているとは書かれていない。また、「石は基本的に…」で始まる段落に、石は「形状、位置関係を保ち続ける」とあるので、形状が変わると記述のあるイとエは不適。5、(Ⅰ)傍線部直後からあてはまる言葉を探す。(Ⅱ)「表象する」とは、考えや抽象的なものごとを、形にしたり別の具体的なものごとによって表すという意味。

三　**真紀涼介「勿忘草をさがして」**より。2、傍線部のあとに凜は「他人に優しく、自分に厳しい。」とある。この性格ゆえに花の世話を自分がしても「たいしたことじゃない」と考える一方、同じ行動を航大や他の人がしたら「たいしたこと」であり「普通」じゃない、すごいことだと思ってしまう。その矛盾をつかれて、凜は言葉に詰まってしまったのである。3、プランターの花は「枯れた花」を付け「重苦しく、辛そうだ。」とある。このような花の姿が思い浮かんだのは、同じように「不要なもの」を抱えて悩んでいる今の凜の姿と重なったからだと考えられる。4、航大は最初は「自分の行動は凜にとって迷惑なんじゃないかって不安」な気持ちだったとある。しかし、凜の「明朗快活な姿」を目にして「そのことにホッとした。」というように気持ちが変化したことが読み取れる。5、ガザニアが花を閉じる理由がそのまま航大が凜に休息を勧める理由になっている。最後の一文にあるように「美しく咲き続けるために、体を休める」ガザニアと同じく、凜も休息をとれば、凜の言葉にあるように「良い芝居」ができるなど、凜の良い部分が輝くのではと航大は考えている。

四　**本居宣長「玉勝間」**より。3、まとめの文は、本文の「いまだしき……ひがことのみなり」の部分にあたる。4、(Ⅰ)「よく確かなるよりどころをとらへ……動くまじきに」までの内容をまとめる。(Ⅱ)空欄あとの生徒Bの「本居宣長の教訓からも読み取れるね」という発言に着目。本文の宣長の主張に合う内容の選択肢を選ぶ。ア・イ・エともに本文の宣長の主張とは無関係。ウは、本文の、多くの学者が人よりまさろうとして、思いつくままに発表したものは間違いばかりだという指摘や、宣長自身でさえ自信満々で出した学説をあとから見たときに良くなかったと思うことがある、という記述などから読み取れる。

通釈　近頃、学問の方法が進歩して、大体において様々なことの取り扱いが、理解が早く賢くなったから、様々に新しい学説を発表する人が多く、その学説が少しよければ、世の中でもてはやされるので、一般の学者は、(学説が)まだ十分に整わずまとまっていないうちから、他人に劣るまいと、世の中(にある説)とは異なる珍しい説を出して、人々を驚かせることが、今の世の習慣となっている。中には、相応によい説も、まれに出てくるようだが、おおかたは未熟な学者の、焦って言い出すことは、ただ、他人にまさろう勝とうという心持ちで、軽々しく、前後をも考え合わさずに、思いつくままに発表するゆえに、多くは中途半端なたいへんな間違いばかりである。総じて新しい説を発表するのは、たいそう難儀である。何度も繰り返し考えて、確実な根拠をとらえ、どこまでも筋が通り、食い違うところがなく、揺れ動かないようでないならば、簡単には出してはいけないことである。(発表した)その時には、自信満々で良いと思っても、しばらくたった後に、もう一度よく考えると、やはり良くなかったと、自分でさえそういう気になることが多いのであるよ。

五　1、(3)栃木県のホームページに書かれているのは、海洋プラスチックごみの問題は海に近い場所のみで考えられるべき問題でなく、山や川といった海につながっている地域でも考えられるべきだという内容である。

群馬県

問題 P.46

解答

一 (一)ⅰ泳ぐのが速い　ⅱ多様性　(二)ウ　(三)生き残りやすい性質が次世代に受け継がれ、集団内に広がり、より環境に適したものに変化していくという特徴。(四)エ　(五)イ　(六)ア・ウ・エ

二 (一)エ　(二)イ　(三)ア・オ　(四)宇宙を旅するだけではなく、まるでカッシーニの時代に自分がいるような時間的な旅もしたという感覚。

三 (一)ウ　(二)もうしたまいて　(三)イ　(四)イ　(五)①Ⅲア　Ⅳイ　②大井の行幸

四 (一)Ⅰウ　Ⅱウ　(二)(例)A
私たちが生きる上で、食べることはとても重要です。世界の国々にはその国特有の食文化があり、私はとても興味深く感じています。食は私たちの生活の一部であるため、私は、日本の食文化について発表してみたいと考えます。私は毎年、年越しそばを食べながら一年を振り返りますが、海外の方に、食事に込められた意味についても知ってもらえると、日本のよさがより伝わるだろうと考えます。

五 (一)①借　②旗　③批判　④登録　(二)①いちじる　②けいこ　③するど　④きせき　(三)過チテハ則チ勿カレ憚ルコト改ムルニ。

解き方

一 **市橋伯一「増えるものたちの進化生物学」・更科功「若い読者に贈る美しい生物学講義　感動する生命のはなし」**より。(二)傍線部直前に「進化が起こるには増える能力が……必要」とあり、進化する生物と対照的に、自ら増えないために進化が起きない岩石の例を挙げている。アの内容は本文中に見つからない。イは「進化にかかる時間の長さを述べるため」が、エは「生物にも様々な性質があることが明らかになる」が、それぞれ不適。(三)前の段落に書かれている「増えないもの」の特徴とは違って「増えるもの」は進化し、変化するのだということが説明されている。(五)アは『です』『ます』を用いて」が文章Ⅱにあてはまらない。ウは「従来の一般的な考え方」に対応する「新たな視点」に該当する内容がどちらの文章にもない。エは「比喩」「読者が……配慮している」が、「共通している表現」として不適。(六)イは文章Ⅰの第二段落に「進化の原理はとても単純」とあることから不適。

二 **辻村深月「この夏の星を見る」**より。(一)直前に「食い入るように」とあるので、じっと見るという意味のエ「目をこらした」が合致する。アの「目を奪った」は、美しさ素晴らしさに見とれさせ、夢中にさせるという意味。一見適切なように思えるが、亜紗たちは星に夢中になった(目を奪われた)のであって、誰かを見とれさせているわけではない。(二)アは「土星の輪」が、ウは「責任感の強さ」が、エは「偉業を乗り越えたい」が、それぞれ本文からは読み取れず、不適。(三)「空気望遠鏡は…」で始まる段落に「金属のメインフレームを……支えていて」「フレームはあるけれど、筒がない」とある。(四)亜紗がカッシーニの時代の望遠鏡で土星を見ていた点に着目する。土星を見ることは宇宙の旅であると同時に、亜紗の見たものは「カッシーニが三百年前に見た視界と同じ」とあることから、それがカッシーニの時代までさかのぼる時間的な旅のようにも感じられたことが読み取れる。

三 **「大和物語」**より。(一)もみじを人に見立て「もみじよ、お前に心があるならば」と呼びかける表現。(三)「おもしろし」は古文では「趣がある」「すばらしい」という意味。もみじが小倉山で見頃を迎えているということ。(四)すでに見事に紅葉しているもみじを宇多法皇とともに見たことが読み取れるので、ア・ウは不適。また、この歌がもみじに「行幸を待っていてほしい」と願う歌であることを踏まえれば、エも不適。(五)①Ⅲおほきおとど(忠平)が歌を詠んだのは、亭子の帝(宇多法皇)のお供をしたとき。Ⅳ「いと興あることなり。」は、おほきおとどが「天皇に申しあげなさった」ことに対する答えなのだから、この言葉は天皇(醍醐天皇)のものである。

通釈　宇多法皇のお供で、藤原忠平が、京都の小倉山で(色づき)様々な色あいでたいそう美しかったのを、この上なくお褒めになったときに、もみじが、大井川においでになって、「天皇の行幸がありましたら、とても趣深い場所でありますよ。必ず(このことを)醍醐天皇に申しあげて(行幸を)実現させるつもりです。」などと申しあげなさって、そのときに、

　小倉山のもみじよ、お前に人のような心があるならば、もう一度の天皇の行幸を(紅葉しているままで)待っていてほしい

と詠んだのだった。そうして(都へ)お帰りになって、天皇に申しあげなさったところ、(天皇は)「とても趣深いことだ。」と言って、大井の行幸ということをお始めになったのだった。

四 (一)Ⅱ空欄直前に「あまり選ばないだろうと思ったけれど」とあるので、選んだ割合が高いことが分かる。アは「マンガ、アニメーション映画」の割合が「伝統芸能」「日本の伝統音楽」より高いため不適。イ・エは文脈にそぐわない。(二)設問文に「そのジャンルに関する自分の経験等を踏まえ」とあるので、そのジャンルを発表したいと考える理由を、自分の経験等を引き合いに出しながら論理的に書くこと。

埼玉県

問題 P.52

解答

一 問1、イ　問2、エ　問3、物理のセンスがあるから物理部に入ったと思われた(23字)　問4、スポーツの世界を離れて、答えがないことが楽しくて物理部で研究や観測をしている(38字)　問5、ウ・オ

二 問1、(1)はんぷ　(2)かいじゅう　(3)ぬぐ　(4)就任　(5)危　問2、ア　問3、ウ　問4、(1)エ→ア→ウ→イ　(2)イ　(3)採れるからです

三 問1、エ　問2、元の所有者などのアイデンティティが付帯することにより、再び商品化されるときに価値が変わる(44字)　問3、ア　問4、イ　問5、元の所有者がモノを媒介として受け手に働きかけているならば、そのモノはまだ元の所有者に帰属している(48字)

四 問1、近衛殿に一休の歌をささげる(13字)　問2、ア　問3、きょうじたまいて　問4、エ

五 (例)
　資料①から、SDGsに「とても関心がある」「関心がある」と答えた人は全体の約六割にとどまっていることが読み取れる。
　私は小学生の時に、学校の授業でSDGsについて勉強してから、世界の貧しい地域のことや、ごみの分別やリサイクルについて興味を持って調べるようになった。だから、学校や地域でSDGsについて知る機会が増えれば、もっと多くの人が関心を持つようになると思う。

解き方

一 **辻村深月「この夏の星を見る」**より。問1、傍線部直前に『宇宙船』がイメージされる」とあり、直後には「だけど、何も確認できない。」とあることから、真宙が宇宙船を見つけようとして空を見上げたことが分かる。また、傍線部に「当惑して」とあり、とまどっている様子も読み取れる。アに「とまどい」とあるが、このとき真宙は「ウチュウセン」を「宇宙船」だと思っているので不適。問2、傍線部直前で、真宙の「陸上部は?」という言葉に柳くんはびっくりしたような反応をしており、それを見

た真宙の反応であることを捉える。柳くんの「平淡な声」から、あまり触れてほしくない話題であったことに気がつき、不安になって体温が下がったように感じたのである。問3、傍線部の前で天音が、物理はセンスがある人には理解できるが、ない人にはまったくわからないので「皆さん、すごい」と言っており、柳くんを物理のセンスがある人だと思っていることが読み取れる。しかし、柳くんは「そんなこともないよ」と答えており、自分に物理のセンスがあるとは思っていないため、「すごい」と言われたことが気まずかったのだと読み取れる。問4、「柳くんの答え」が何なのかを捉える。傍線部の前で、天音の「物理の研究とか観測って、どういうところが楽しいですか。」という問いに、柳くんは「答えがないっていうか……そこが楽しい」と答えている。真宙にとって小学校のサッカーチームの先輩である柳くんが、高校生になった今では、スポーツとは違う物理部で楽しそうに活動し、それについて語っていることに衝撃を受けたのである。問5、ウの「真宙は、えっと目を見開いた」という表現は、柳くんが高校で物理部に所属していることに驚いたときの反応であり「天音が初対面の柳くんに気軽に話しかけている様子」に「戸惑いや驚きを感じている」わけではないので不適。オは、真宙が小学校時代の柳くんのことを思い出している描写はあるが、「『過去』の場面」が描写されているわけではないので不適。

二 問2、「読まない」→「読まぬ」と言い換えられるので助動詞。「しない」→「せぬ」と言い換えられるアが同じ用法である。イは形容詞「頼りない」の一部。ウは形容詞「ない」。エは「涼しくはない」と「は」を入れることができるので形容詞。問3、アは「到る」と「達する」、イは「災い」と「難」、エは「破る」と「壊す」で、それぞれ似た意味の漢字を組み合わせた熟語。ウは「濁った流れ」で、上下で修飾・被修飾の関係になる熟語。問4、(1)空欄直前で「どのような意味でしょうか」と問いかけているので、その答えとなるエが最初にくる。残りの三つは、アは「その地産地消」と「次の二点」、イは「次に」、ウは「まず」に着目し、ア→ウ→イと並べると文意が通る。(2)イの「原稿から目を離さずに一定の速度で話す」は、内容が相手に伝わりにくいので不適。間違えずに原稿を読むことよりも、相手を引き込むような話し方を心がけるとよい。(3)理由を述べるときは「…のは……から…」という形になるので、「採れるからです」と改める。

三 **小川さやか「手放すことで自己を打ち立てる――タンザニアのインフォーマル経済における所有・贈与・人格」**(「所有とは何か」所収)より。問1、傍線部直前の段落に着目する。タンザニアでは、中古品が「消費生活において重要なウェイトを占めて」おり、「贈られたり」「転売されたり」しているとある。問2、「モノの社会的履歴」とは、万年筆の例で説明されているように、どのような人がどのようにそのモノを所有していたかということ。指定語句の「付帯」を手がかりに読み進めると、この「履歴」を「個人化・人格化」と言い換え、さらに「アイデンティティ」とまとめていることが読み取れる。誰かの所有物であったモノが、再び「交換」=「商品化」されるときに、その「社会的履歴」=「アイデンティティ」が「付帯」して価値が変わることを説明するとよい。問3、傍線部直後で「それは、そのマフラーに……感じられるから」と理由を述べている。また「別れた恋人の贈り物を捨てる……決別するという儀式になる」とある。イの「人格そのものを否定」したり、ウの「慣習的にも法的にも不当」であるから忌避するのではない。エは「『魂と魂との紐帯』によりそもそも手放すことができなくなる」わけではないので不適。問4、傍線部直後に「すなわち」とあることに着目する。「すなわち」は、前に述べたことを別の言葉で言い換えるときに用いる接続語。「すなわち、法的な権利とはべつに……その贈り物の所有権を放棄したと言えるのだろうか。」と述べ、傍線部の考え方に疑問を投げかけている。問5、筆者は「モノや財を手放す」ことは「『私的所有の失敗』のように見える」が、そうではないと述べていることを捉える。筆者は、「所有(私的所有)と他者への贈与や分配を対立するもの」とはみなしておらず、贈与や分配をしたとしても「元の所有者がモノを媒介として……働きかけている」と考えているのである。

四 **「一休ばなし」**より。問1、「かかる事」は、「このような事」という意味。このような事をしても年貢のお許しを多くくださるとは思えない、という文脈なので、傍線部の前に着目し、何をしようとしているのかを捉える。問2、一休が帰ったあとに、集まって相談をしている人を指す。問3、「けう」は「きょう」に、語頭と助詞以外の「は・ひ・ふ・へ・ほ」は「わ・い・う・え・お」に、それぞれ直す。問4、「月」と「むら雲」、「花」と「風」という組み合わせが何を表しているのかを捉える。むら雲は月を隠し、風は花びらを散らしてしまうもの、つまり「妨げ」となるものである。これらと同様に「左近」が「近衛殿」を妨げるものであると分かる。

通釈 農民たちが一休を招き、「この訴状をお書きください。」と頼んだところ、「たやすいことだ。どのようなことか。」とおっしゃるので、「これこれのことでございます。」と申し上げたところ、「非常に長い書状は必要ない。これを持って近衛殿にささげなさい。」と歌を詠んで遣わしなさる。

　世の中には、月にかかる群雲と桜の花に吹きつける風(のように妨げるものがある)、そして近衛殿には左近(のように妨げるもの)がいることだよ

と詠んで、これをお与えになったので、村の農民たちは、「このような事によって、年貢のお許しを多くくださるとは思いもしない。」と申し上げたところ、一休は「ひたすらこの歌だけをささげなさい。」とおっしゃってお帰りになったので、それぞれ集まって相談したが、もともと土のついている(百姓の)男たちで、一筆歌などを詠むことはできないので、しかたなく、(一休の詠んだ)あの歌をささげたところ、近衛殿がご覧になって、「これはどのような人がしたことだ。」とおっしゃった。百姓は、「たき木の一休が詠んだ歌でございます。」と申し上げたところ、「そのふざけたことをする人以外には、このような事をいうような人は今の世にはいない。」と面白がりなさって、年貢のお許しを多くくださったということだ。

五 グラフの読み取りでは、最大・最小など特に目立った数値に着目する。

千葉県

問題 P.58

解答

二 (1)ねば　(2)せきべつ　(3)しさ　(4)はか

三 (1)束　(2)染　(3)往来　(4)千秋

四 (1)ア　(2)ウ　(3)Ⅰア　Ⅱア　Ⅲエ　(4)イ・オ　(5)(a)エ　(b)政治や社会に主体的に参加する自己をつくりあげ、他者に対してその姿を示す(35字)　(6)イ

五 (1)ウ　(2)イ　(3)エ　(4)ア　(5)イ　(6)(a)Ⅰ仕事に対する誇り　Ⅱほどこしを　(b)貧しい人に頼まれてもいないのに情けをかけることは、逆に相手を見下すことになる(38字)

六 (1)みえたり　(2)エ　(3)ウ　(4)ウ　(5)(a)イ　(b)取り上げた布施の中身は、実はろうそく二丁であり、自分の百文を失う(32字)

七 (例)
　私は、「知恵」とは、「知識」を活用し、生活をより便利にする力のことだと考える。
　私は小学生の時、育てていた植物が元気をなくしたので、太陽が東から昇り、西に沈むという「知識」を生かし、窓辺の植木鉢を二時間ごとに移動させた。植物を常に日光に当てるための「知恵」だ。この結果、植物は元気を取り戻した。このように「知恵」は、学んだ「知識」を生活に役立てようと意識し、進んで使うことで生まれると考える。

思考力を問う問題

1 (1)ウ　(2)Ⅰ対象　Ⅱ誰もが経験している　Ⅲ個人の経験の差異で、自分と他者では意味が微妙に異なるため同じ考え方だと決めつける(40字)　(3)(例)
「友情」を知的に理解するには、自分とは意見の違う相手について、知識や事実を積み重ね、対話などを行い、その人の生活や感覚を理解することが必要だ。すると、多くの人が共有できる「友情」の意味を見つけることができる。このように、「共通了解」できる意味を見つけるという知的な理解をしておくと、相手の多様性や個別性を無視することがないので、情緒的共感をうまく働かせることができる。

解き方

四 **好井裕明「『今、ここ』から考える社会学」**より。(1)「はっきり」は活用がない修飾語で、用言を修飾するので副詞である。イは形容詞、ウは助動詞、エは形容動詞。(2)傍線部の次の段落に「語る言葉も生活習慣も文化も異なる人々が同じ街で暮らす」とある点を踏まえて選択肢を選ぶ。(3)傍線部直後に「ミードはこの問いに対して、他者の態度を内面化することによる社会化」と「自己の形成」という答えを出し」たとある点に着目する。「圧倒的な…」で始まる段落にあるように、「社会的な存在」となるのは、「他者の態度を引き受け、期待される役割をその場で判断し、適切に役割を演じ、上手に他者との関係性を維持していく」ことによってである。(4)傍線部と同じ段落に「最も親密な他者との出会いから始まり」「一度も出会うことがない圧倒的多数の他者」まで「グラデーションがある出会いを繰り返しながら成長し、社会化し、老いていく」とある。(5)(a)「ミードの…」で始まる段落に「『社会性』を守ること以上に」「新しい何かを創造するその力が大切だ」とある点を踏まえる。(b)「批判する力」を持つことは、政治や社会に参加する「主体」をつくりあげるうえで欠かせない「力」である。本文の最後から二段落めでそれを「さまざまな問題や歪みをいったん受容し、そのうえでより気持ちよい『社会性』を実現するために、その中身を修正し変革し、あらたな形として、他者へと示していける力」と説明している。(6)本文の前半では人間はどのようにして「社会的な存在」となるのか、後半では「I」という「自己」がもつ側面について論が展開されている。アは「『I』と『me』を比較することで社会の問題点を明らかにしている」が、ウは「『me』の重要性を説いている」が、エは「創造性・創発性を欠いた日本人を問題視している」が、それぞれ誤りである。

五 **山本一力「銀しゃり」**より。(1)このあと、女は「三年も寝たっきりの、おとっつあんがいる」ことを明かし、「(おとっつあんが)食いてえと?」という新吉の問いに「こくりとうなずいた」とある。さらに、柿を渡されたあと「おとっつあんが、どんなに喜ぶことか……」とも言っている。(2)女の身なりは貧しそうであり「もう三年も寝たっきりの、おとっつあんがいるんです。」という事情を知ったうえで「新吉は受け取るかどうかを、つかの間思案した。」のである。(3)「粗末な着物だが……汚れた感じはしなかった。」や「身なりは貧しそうだが……調えられていた。」といった女の様子から、貧しいながらも人に恥じることがないようにきちんと暮らしを営んでいることがうかがえる。このような女の人物像に合う選択肢を選ぶ。(4)イは「自分自身をひどく責めていた」が、ウは「職人としての未熟さを感じていた」が、エは「柿の添え物のように鮨を求める女に対して腹立ちを覚えていた」が、それぞれ誤りである。(5)傍線部あとに「なにかのときのために、ずっと蓄えてきた差しにちげえねえ……。」とある。アは「事前に父親から預かっていた」が、ウは「使う暇がなくそのまま古くなってしまった」が、エは「銭売りから買うことのできるのは安価で汚れた細縄だけだ」が、それぞれ誤りである。(6)(a)話し合いに「新吉は自分の仕事にまっすぐに向き合っている」とある。この内容を踏まえ、空欄の前後につながるよう適切にまとめる。(b)「情け」「見下す」という言葉を踏まえて、代金を受け取らないことがどういうことを意味するのかを考えるとよい。

六 **露の五郎兵衛「軽口露がはなし」**より。(1)歴史的仮名遣いの語頭と助詞以外の「は・ひ・ふ・へ・ほ」は、現代仮名遣いでは「わ・い・う・え・お」に直す。(2)「不審」は、疑わしいこと・いぶかしいことを意味する。傍線部直前に、長老の前に百文、同宿の前に二百文を置いた、とある。長老である自分よりも、同宿のほうが布施の額が大きかったことを不審に思ったのである。(3)傍線部直前の長老の言葉に着目する。長老は同宿のものと自分のものを取り替えようとしているのである。(4)「同宿めいわくなるふりをする」のを見て、相手の取り分がますますほしくなったのは長老だと分かる。(5)(a)一つ下の字から上の字に返って読むときにはレ点を用いる。二字以上返って読むときには一・二点を用いる。(b)最後に「二百文つゝみを取あげて見たれば、ろうそく二丁ありけり」とある。自分の持ち分の百文を投げ出して欲張った結果、ろうそく二丁しか得ることができなかったのである。

通釈　欲の深い住職が、下位の僧を引き連れて修行のために食物をもらいに出かけた。(そこの家人が)僧の食事のために金銭や品物をつつんで子どもにもたせて、住職の前に置き、これは百文のつつみに見えた。のちに家の主人が二百文を包んだものを持って出て、同宿の前に置いた。住職は、「ああ不思議だ、前後を間違えたのであろう」と、寺に帰って、同宿に向かって、「さきほどの布施は、家の主人が間違えたと思われる。私のものをそちらに与え、お前のものをこちらにもらおう」と言った。同宿が不快に感じるふりをするので、いっそう欲しいと思い、自分の布施を投げ出して、あの二百文のつつみを取り上げて見たところ、ろうそくが二丁あったのだった。

七 言葉の意味に着目すると、「知識」は学んで得た情報や事実のことを指すのに対して、「知恵」は学んだ知識を生かす力のことである。解答例では、前段で「知恵」とは何かを述べ、後段でそれを実生活にどのように役立てたかという具体例をあげて「知恵」についての自分の考えを書いている。前段に書く内容は、「知恵」と「知識」との違いに着目して考えるとよい。後段に書く具体例は、自分自身の経験や見聞を振り返って「知恵」を生かした例や、「知恵」を得たできごとなどがないかを思い返してみるとよい。

思考力を問う問題

1 **谷川嘉浩「人は本当に対話したいのか、どうすれば対話したいと思うのか」**(「フューチャー・デザインと哲学」所

収）・山竹伸二「共感の正体　つながりを生むのか、苦しみをもたらすのか」より。(1)設問文の「共感」を手がかりにして文章Ⅰの本文を見ると、第二段落に「共感は偏る」「身近な人や似ていると感じる人への共感を強く働かせる」「そうでない人に……ラベルを貼りかねない」とある。ここから、「共感」とは自分に近いと感じるものに強く働き、遠いものには働きにくいというように「偏る」ものだということを理解する。これを傍線部の「多様性を尊重」に重ね合わせると、「共感」はともすると多様性の尊重をはばむものになる、ということになる。こうした点を踏まえてウを選ぶ。イも同様の結論となっているが、「想像よりも事実を重要視」の部分が不適である。(2)Ⅰ空欄直前の「本質直観」と直後の「不安」を手がかりに、文章Ⅱを見ると、第三段落に「本質直観は……実在的な物だけではなく、「不安」……のような対象に関しても成り立つ。」とある。Ⅱ空欄直前の「不安」「自由」と直後の「『安易にわかろう』としてしまいがち」を手がかりに、文章Ⅱを見ると、「しかし…」で始まる段落に「誰もが不安や自由を経験しているし、その一般的な意味を把握しているため、……意味のズレを感じることも少ない」とあるので、これを誰もが経験しているためわかった気になってしまう＝安易にわかろうとしがち、と理解し、記述をまとめる。Ⅲ空欄Ⅲと空欄Ⅱが「だが」という逆接でつながっていることに着目。先ほど確認した、誰もが経験している＝意味のズレを感じないということとは、逆の内容が空欄Ⅲに入る。そこで、「しかし…」で始まる段落を見ると「『不安』や『自由』といった……意味は、個人の経験に左右され、微妙に異なっている」「やはり考え方の違いは存在する」とある。また、空欄Ⅲ直後に「危険だ」とあることにも着目する。これは、意味が異なっているのに考え方が同じだと考えるのは危険だということを言っているのだと分かる。これらを踏まえて記述をまとめる。(3)傍線部の「知的」「理解」という語句を手がかりにして、まず文章Ⅰを見ると、第一段落に「事実に基づく理解」「知識を得て事実を積み上げることで……相手の生活や感覚を理解」、第二段落に「知識や事実を丁寧に積み上げて『理解』することが必要」「相手が十分に対話相手たりうるということを頭で理解」とある。ここから「知的な理解」とは、知識を得て事実を積み重ね、相手と十分に対話を行い、相手の生活や感覚を理解することだと分かる。次に条件②の「共通了解」に関する記述を文章Ⅱで探すと、最後の二段落に「共通する意味は必ず存在する」「多くの人が共有している意味があり」「多くの人が共通了解できる意味」とある。これらを文章Ⅰで確認した内容と重ねると、知的な理解＝知識を得て事実を積み重ね、相手と対話を行い、相手の生活や感覚を理解することを通して、共有できる意味を見いだし、共通了解を得る、ということになる。そうしたことが文章Ⅰの第一段落の「多様性を尊重する」ことにつながり、傍線部の「情緒的な共感」につながる。これらを踏まえて記述をまとめる。なお、条件①に関しては、人間生活に関する感情について思いつく対象を考える。例えば「優しさ」「思いやり」「価値観」「幸福」など、自分の身近な生活、人間関係において違いが生じる状況を想定すると具体例が出しやすくなる。

東京都

問題 P.65

解答

一 (1)さ　(2)こんきょ　(3)す　(4)ちんれつ　(5)じゅんすい

二 (1)洋館　(2)育　(3)客室　(4)売店　(5)桜

三 〔問1〕ア　〔問2〕ウ　〔問3〕エ　〔問4〕イ　〔問5〕ア

四 〔問1〕エ　〔問2〕ア　〔問3〕ウ　〔問4〕イ　〔問5〕（例）

　私は以前、電車で立っている御高齢の方を見かけたので席を譲ろうと思い、声を掛けました。すると、その方は「健康のためにこのまま立っていたい」と笑顔で話されました。

　筆者は「互いの思いを一致させることは、相変わらずたいへん難しい」と述べていますが、たとえ難しくても他者の心を推し量ることはとても大切なことだと思います。そのため、私は他者との違いを受け止めながら、思いやりのある行動を心掛けていきたいです。

五 〔問1〕イ　〔問2〕ウ　〔問3〕ア

解き方

三　**辻村深月「この夏の星を見る」**より。〔問1〕傍線部の前後に「ありがとう、バイバイ。」「というどこかの声を聞」いて、凛久が「転校、したくねえーなー！」と叫んだとあることを押さえる。イは「凛久の転校に様々な感情を抱いていることを表現している」が、ウは「星座と飛行機の光の強弱の変化を明確に描く」が、エは「観測したISSの姿に凛久が大いに感動している」が、それぞれ誤りである。〔問2〕傍線部の前で深野が「凛久先輩も泣いてません？」と普通は指摘しないことを素直に伝えたことに着目する。〔問3〕傍線部直後に着目すると、涙がこみ上げてくるのは、「平然として見えた凛久が、本当はずっと不安だったのかもしれない」と考えたからである。〔問4〕傍線部の前で「転校って、大変？」と心細そうに聞く凛久に晴菜先輩が傍線部のあとで「みんながずっと私のことも仲間だって思ってくれてる」と励ましている。〔問5〕傍線部前で「画面のあちこちから拍手が聞こえ」、「たくさんの声がこだま」したため、全国の中高生を集めた観測会は大成功だと実感している。イは「目標となる星を早く決めよう」が、ウは「ISSを観測できたか心配であった」が、エは「自分のことを一斉に賞賛してくれている」が、それぞれ誤り。

四　**長谷川眞理子「進化的人間考」**より。〔問1〕「三項表象」とは、傍線部前で述べられているように「言葉を……理解できなくても」「同じものを見て興味を共有してくれていることを確認する」ことである。選択肢の「外界」は自分をとりまくまわりの世界、「心的表象」は心のなかにおけるその外界のイメージである。〔問2〕第十一段の「そこで」に着目する。「そこで」は前述の事柄を受けて次の事柄に話を展開する言葉である。イは「共通点を挙げる」が、ウは「事例に即して仮説を立てる」が、エは「議論の内容を要約して紹介する」が、それぞれ誤りである。〔問3〕傍線部の「この」とは、傍線部前の「理解を互いに共有しようとしない」から「世界を描写してうなずき合おうとはしない」ことである。〔問4〕傍線部の「それ」は、直前の段落の「公的表象が各個人の持つ表象の最大公約数としてうまく機能している限り、共同作業はうまくいく」ことである。つまり「共同幻想」とは、実際には第十八段にあるように「ずっと多くの、微妙な違いが生じ」ているにもかかわらず、各個人が心に抱くイメージが公的表象として機能していることである。〔問5〕「『外界』に関する心的表象を共有していることを理解し合う」（第六段）、「公的表象とそれぞれの個人的表象の間には……ずっと多くの、微妙な違いが生じる」（第十八段）、「互いの思いを一致させることは、相変わらずたいへん難しい作業であり、それができた時、できない時に伴う様々な感情を私たちは備えている」（第十九段）を踏まえ、ここから

「この何やかやにもかかわらず、共同幻想こそがヒトを共同作業に邁進させ」(第十九段)ることになる、というのがこの文章のポイントである。このことを「具体的な体験や見聞」を含めて、「互いの思いを一致させること」というテーマに沿ってまとめていく。

五 **久保田淳・俵万智「百人一首　言葉に出会う楽しみ」**(「心あひの風　いま、古典を読む」所収)・**馬場あき子「埋れ木の歌人　源頼政論」**より。〔問1〕傍線部(1)の直前に「たくさん作り溜めておく」「それで題に応じて持ち歌の中からあれこれ選んで」、傍線部(4)の直後に「準備された歌をもっていれば、題に合わせて詠みかえることもできる」とあることに着目。〔問2〕「そういう」は傍線部前の「いろいろ思いつくままに楽譜に書きかけておいて、それをだんだんかたちにしていく」ことである。また、傍線部直後に「何かこういう感情を歌いたいのだけれどどうも適切な表現が得られない、それでしばらく寝かせておく。」「何かの瞬間にひょっとぴったりした表現が思い浮かぶ」とある点も踏まえる。〔問3〕直前の久保田さんの「一つの好みの表現ないしは似たような発想というのが繰り返し繰り返し出てくるのだろう」という発言を受けて、俵さんが「ある景色や物を見て、いろいろ感じることがあって、こんな歌を作った」「いろんな言葉のストックや気持のストックを持っているからこそ、すっと、その場で出てくる」と発言している。イは「自分の体験談を紹介する」が、ウは「反対の意見を述べる」が、エは「新たな問題を提起しようとしている」が、それぞれ誤り。

東京都立　西高等学校

問題 P.72

解答

一 (1)ちゅうしん　(2)すいだん　(3)うる　(4)ろう

二 (1)証左　(2)失当　(3)間遠　(4)天眼鏡

三 〔問1〕イ　〔問2〕エ　〔問3〕自信作である和菓子を評価されることは、和菓子職人として認めてほしいワコにとって、自分が評価されるより誇らしいことだから。(60字)
〔問4〕イ　〔問5〕ア　〔問6〕ウ

四 〔問1〕エ　〔問2〕ウ　〔問3〕ア　〔問4〕ウ　〔問5〕イ
〔問6〕エ　〔問7〕(例)
(題名)対等の立場で
　現代は多様性の時代とも言われ、さまざまな考え方が許容されているが、そういう時代であるからこそ他者理解の重要性が増している。その際、従来の人類学が批判されたように、上位の立場から一方的な解釈をしてはならない。他者の環境や文化のなかに視点を置き、力関係を排除した形で他者のさまざまな声を聴くことで、ありのままの姿を理解でき、それらの積み重ねによって客観的で包括的な他者理解に至るのだと思う。

五 〔問1〕ウ　〔問2〕イ　〔問3〕ア　〔問4〕エ　〔問5〕イ

解き方

三 **上野歩「お菓子の船」**より。〔問1〕傍線部直後に着目する。「おまえがそう思うなら」の「そう」は傍線部直前に書かれているワコの発言のこと。曽我は、季節の捉え方が人それぞれであることに気づいたのなら、ワコ独自の感性で和菓子を作ってみろと言っているのである。アは「コンテストで……感じている」が誤り。コンテストに鶴ヶ島が参加することを曽我が知っていたという描写はない。ウの「驚いている」は本文に描かれていない。エは「大きな進歩は感じられない」が誤り。ワコは曽我の言葉によって、理解を深めている。〔問2〕「感性を発露させた」は、自分独自の季節の捉え方を和菓子に表現したことを表している。アは「喜びや充実感を活用する」が誤り。活用したのはワコ独自の感性である。イは「和菓子をどういうものだと理解したのか」が誤り。「和菓子」ではなく「季節」である。ウは「二ヵ月……見つけ出すことができた情景」「正しい感性」が誤り。ワコは情景を見つけたのではなく、感性を磨いたのであり、その感性に正しいや正しくないという基準はない。〔問3〕この場面ではスクリーンにワコの作った和菓子が映っており、自分が賞賛されるよりも、自分の作った和菓子が評価されることがうれしかったのである。〔問4〕傍線部前で鶴ヶ島は「出場する理由は、自分の技術の確認のためだ」と述べており、ワコにほめられても、喜びもせず立ち去っていることから、和菓子作りに対する自信がうかがえる。アの「強い対抗心と優越感」は描かれていないので誤り。ウは「味を追求し」が誤り。「どちらの菓子もとてもおいしそうだ」という表現はあるが、結果としてそう見えるだけで、味を追求したかは判断できない。エの「他者を見下す心情」は描かれていない。〔問5〕曽我はワコの作った和菓子を「説明」にすぎないと述べている。これはアの「テーマを象徴する風物を写実的にお菓子に表現している」と合致する。イは「どのように説明するかで感性が問われる」が誤り。ウは「自然そのものを」が誤り。傍線部あとの曽我の説明に「景色が目に浮かんでくる」とあるように、テーマをイメージさせることが大切なのである。エは「自然の変化……多様な瞬間」が誤り。自然に対する感じ方を表現するのである。〔問6〕アは「ワコの内面を……工夫されている」が誤り。内面を視覚的に理解させる場面はない。イは「写実的に説明」が誤り。ワコの心情を表す主観的な描写も多い。エは「それを見て……配慮されている」が誤り。

四 **松村圭一郎「旋回する人類学」**より。〔問1〕「解釈学的転回」とは、第一段落にあるように「人類学が……科学であることに疑問が呈されるようになった」ことである。その結果は、傍線部の直後に「人間の行為は意味を帯びた記号である。……意味をさらに解釈する。」とあり、「人類学者が…」で始まる段落の最後には「具体的な脈絡をたどり、その意味を探る『厚い記述』をする」とある。アは「更新されていった」が誤り。「更新(前の状態を改めること)」ではなく、「実験科学とは全く異なる」ものとしたのである。イは「実証的に解釈し」が誤り。傍線部を含む段落に「人類学の『科学性』や『実証性』が揺さぶられる」とある。ウは「解釈学的研究の中立性」以降が誤り。これは「解釈学的転回」を主導したギアツによるものではなく、ギアツの考えを否定するなかで起きたことである。〔問2〕ジャワでは「二面性をもった自己が概念化されて」おり、バリでは「演劇性」があり、公的な自己の役割を演じている。アは「公的演劇性を帯びた内外が不可分な自己の概念をもつ」が誤り。「イスラム化…」で始まる段落に「仮面の下にある個人性が表に出てとても恐れている」とある。イは「ジャワの人々は……内面の部分を重視している」が誤り。「たとえば…」で始まる段落に「二面性をもった自己が概念化されている」とあり、一方が重視されているわけではない。エは「それぞれに二面性のある」が誤り。内と外という二面性があるのであって、内と外の双方に二面性があるわけではない。〔問3〕「ときに矛盾…」で始まる段落に「実験的民族誌では……さまざまな声が提示されるようになった」とある。イは「極力科学的な……学問的潮流のこと」が、ウは「被調査者の原住民……学問的潮流のこと」が、それぞれ誤り。原住民の声を、矛盾するものを含めて調査するのは、従来の民族誌を再解釈した結果、生じた批判を乗り越えるための試みである。エは「原住民の側からの解釈を明らかにしようとする」が誤り。「人類学者の一方的解釈だけでなく、さまざまな声が提示されるようになった」とあり、人類学者の解釈も含まれている。〔問4〕傍線部あとの「西洋による植民地主義的な『知』の支配がいまも継続している」、最終段落の「文化を書くことには非対称な力関係が潜んでいる。」に着目する。アは「自らも研究対象になりうる……欠落していた」が、イは「現地の人々が自由に生きる権利……調査されたもの」が、エは「現地の人々が……強制的に踏襲させられる」が、それぞれ誤り。どれも本文には書かれていない。〔問5〕傍線部はギアツの解釈人類学を批判する文脈にある。傍線部(3)の前に、ギアツの擁護する人類学は「人びとの表現様式や象徴体系を読みとり、解釈する」とあり、それは傍線部(5)直前の段落に「人類学者の一方的解釈」と書かれている。アは「事前にこしらえた……単純な解釈」が、ウは「人類学者の期待を押しつける」が、それぞれ誤り。どちらも本文にない。エは「現地人に感情移入する」が誤り。「マリノフスキ…」で始まる段落にあるようにギアツは「感情移入や仲間意識はかならずしも必要ない」としている。また「人類学者の願望が反映された近代的な解釈」という記述はない。〔問6〕アは「この解釈が人類学の根底的な概念になる」「多様性が重視されるようになった」が誤り。ギアツの考えは否定されるようになり、「多様性」ではなく「多声性」が重視されるようになった。イは「ギアツを中心とした人類学者……解釈しなおした」が、ウは「ギアツと若い世代の人類学者の解釈を比較しながら」が、それぞれ誤り。〔問7〕設問文に「現代において」「本文の内容を踏まえ」とあるので、現代はどのような時代かを述べ、本文の内容として従来の人類学が否定された理由などを入れる。

五 **揖斐高「江戸漢詩の情景——風雅と日常」**より。〔問1〕「鳶(鴟)や…」で始まる段落に「見立て好きな江戸人は空を海に……見たのであろうか」とある。〔問2〕傍線部直前の「やがて鼾をかくようになったのを幸いに……というのである」に着目する。〔問3〕如亭と子規はともに庭に落ちる凧を見ている。そして子規は「病床に臥せりがち」であり、如亭は「不如意」であった。〔問4〕「頰杖をつく」とは「頤(顎)」を手で「搘(支)える」動作である。〔問5〕最終段落に「一本の糸で……人間存在の頼りなさというものを感じさせるからかもしれない」とある。

東京都立　立川高等学校

問題 P.79

解答

一 (1)ひとく　(2)うる　(3)さいえん　(4)あいまい　(5)たきぼうよう

二 (1)腹話術　(2)迷宮　(3)苦　(4)梅肉　(5)下馬評

三 〔問1〕イ　〔問2〕エ　〔問3〕ア　〔問4〕ウ　〔問5〕エ

五 〔問1〕相奪　〔問2〕ウ　〔問3〕エ　〔問4〕イ　〔問5〕ア

解き方

一 (5)「多岐亡羊」とは、方針が多すぎてどれを選ぶべきか迷う、という意味。

三 **逸木裕「風を彩る怪物」**より。〔問1〕直前の「作業机に向かい、材木をカンナで削っている。」と直後の二段落の「一切の無駄が削ぎ落とされた、機能美すら感じさせる所作。」「朋子さんはこの作業を、数え切れないほど繰り返しやってきている。」という記述を踏まえる。ウは「自分自身と重なり」に対応する記述が本文にない。〔問2〕まず傍線部前の「朋子さんは突き放すように言って」「棘のある口調」「私が何か、しただろうか?」「なぜこんな態度を、取られなければいけないのか。」という記述から「朋子」の「私」に対する拒絶、そしてそれに伴う両者の緊張・対立関係を読み取る。この関係が両者の間に作り出されている状態が傍線部の「気まずい空気」で、これが「芦原さん」によって「攪拌され(=かき混ぜられる・和らぐ)」たことで「ほっと息をつく(=緊張が解けて少し安心した)」ことになったのである。アは「一方的に無視」が、イは「朋子が望む距離感」が、ウは「朋子を非難する『私』の発言」が、それぞれ不適。〔問3〕直後の「いままで……楽器は改良に改良を重ねられていまの最終形になったのだと思っていた。」「まだ楽器は発展途上で、様々な可能性を切り落としてしまっているように思える(=まだ可能性がある)」を踏まえて選択肢を選ぶ。イは「改良の余地のない」が、ウは「気候に深く関係して」が、それぞれ不適。エは全体の内容が問いの答えになっていない。〔問4〕本文の最初の部分に描かれた朋子の集中した仕事ぶりや、陽菜に対するつっけんどんな態度や発言から、他人に対して不愛想、人間関係が好きではない、こつこつ技術を磨いている、という人物像を把握する。アは「絶対に許さない」が言い過ぎ。「朋子」は「私」の問いかけに対して一応答えている。ただ答えるときの言い方・口調に棘があるのである。〔問5〕本文の最後の部分を見ると「いま作っているオルガンは、高さ五メートル程度の、小さいオルガンです。」「嬉しそうに、説明をはじめる。」とある。ここから分かるのは、嬉しそうにオルガンの説明をしているということであり、エの「神経質な一面」を読み取ることはできない。

五 **齋藤希史「漢文ノート　文学のありかを探る」**より。〔問1〕直前の「情愛と道義」に対応する部分を漢詩から探す。「恩義有相奪」の「恩義」が「情愛と道義」に対応するので、そのあとの「相奪」が「両立しがたいところ」に該当する。〔問2〕「読書の秋」をキーワードにあとの文章を確認する。直後の段落に「『読書の秋』が近代以降に登場した言い回し」、「人任せ…」で始まる段落に「明治大正期の文献」に「読書の秋来たる」とあることが述べられている。さらに、「著者は…」で始まる段落には「読書は生活を拡張して、之を広くし之を長くする。」もので、「『読書』は韓愈の『読書』とはすでに異なっている」という佐々木秀一の主張が書かれている。これらを反映した選択肢を選ぶ。〔問3〕直後の段落に「なぜ……なじみの句だったのかについては、明確な理由がある。『古文真宝』の……『勧学文』に収められているからだ。」とあり、さらにそのあとに「日本にも室町期に将来され……多くの和刻本が明治に及ぶまで出版された」「漢詩文の入門書としてよく用いられた」とある。これらがヒントとなる。アは「由緒正しい」が不適。イは「中国で広く読まれていた漢詩文の入門書」が不適。「古文真宝」が入門書として使われたのは日本でのことだとある。ウは「暗誦教材」が不適。「勧学文」は標語に近いものだとある。〔問4〕二重傍線部とイの「られ」は尊敬の意。アは可能もしくは受け身、ウは自発、エは受け身となる。〔問5〕本文最後の二段落を見ると「真宗の『勧学』は「おそらく、もともとどこかの誰かが作った作」であり、「真宗以外の『勧学文』もまた『どこかの誰か』が作ったもの」だとある。一方、「韓愈の『符読書城南』は、まぎれもなく韓愈がその子のために作った詩」とある。また、アの「漢詩Aが、学ぶことの……えん曲的に述べた」が本文冒頭の二段落の内容に合致していること、「漢詩B、Cは、『勧学』の成果や姿勢を啓蒙に重きをおいて述べた」がB直後の「訓読だけ…」で始まる二段落の「勉強さえすれば何でも手に入る。（＝成果）」「勉強しなさい（＝啓蒙）というトーン」に対応している。イは「教養ある人間となることの重要性」が不適。教養のための読書はむしろ近代のもので、韓愈の詩のそれとは異なるとある。ウは「将来の功績を直接的に……啓蒙する」が不適。Cでは、勉強によって得られる功績については直接書かれていない。エは「その態度を賞賛」がAの詩の「躊躇を勧ます」に合わない。また、B、Cの詩に「学問の意義だけを啓蒙する」ような「直接的な表現」があるわけではない。

東京都立　八王子東高等学校

問題 P.85

解答

一 (1)のが　(2)せいれん　(3)はんぷ　(4)しょうそうかん　(5)としゅくうけん

二 (1)帰　(2)鳴動　(3)照準　(4)短兵急　(5)起死回生

三 〔問1〕イ　〔問2〕お茶会の席の掛け軸として、通常は使わない日用品が飾られていることに驚き、なぜなのか不審に思う気持ち。（50字）　〔問3〕ウ　〔問4〕エ　〔問5〕ウ

四 〔問1〕イ　〔問2〕ア　〔問3〕エ　〔問4〕イ　〔問5〕（例）

日本と西洋の文化の違いとして伝統的な建築のつくりの違いが挙げられる。

日本の伝統的な建築は、主に木材で作られていた。そして、風通しのよい、開放的な構造になっていた。これに対して西洋の建築は、石材を多く使い、かべで四方をかこんだ密閉型のつくりをしていた。

この違いはおそらく気候や風土の違いによるのだろう。日本は高温多湿な気候なので、適度に湿気を吸収する木材や風通しのよい構造が合っていた。西洋では湿気が少なく冬は寒いので密閉型のつくりになったのだろう。

五 〔問1〕ア　〔問2〕ア　〔問3〕ひやうふつと口よりながれ出て、（15字）　〔問4〕エ　〔問5〕ウ

解き方

三 **恩田陸「なんとかしなくちゃ。青雲編」**より。〔問1〕直前の「ユッコのテーマ、面白い。さすがユッコだね。」に着目する。前の方で渡は「ユッコの考えることって、かなり独創的だと思うぞ。俺もユッコのお茶会、楽しみにしてるからね。」と言っている。そして、ユッコの考えたテーマが実際に期待どおりのものだったので、嬉しくなったのである。〔問2〕前の方の「喜一郎と美登利は、怪訝そうな顔になった。」に着目。二人が「怪訝そうな顔」をしたのは、床の間に「幾何学模様の織り込まれた赤い絨毯」が掛かっていたからである。二人は店の「電話台の下に敷いてあった」絨毯が、通常は画や書である掛け軸の代わりに床の間に飾られていたことに驚きや不審を感じたのである。〔問3〕傍線部あとの「融通無碍。ええ言葉やな。」「なんか、この子は面白いことやってくれそうやな。」「商売にとどまらない、えらいおっきいこと、やりそうや」に着目する。「融通無碍」とは、考えや行動が自由でのびのびとしているさま。玉枝は結子の自由な発想に、思いも寄らないことをやりそうな、枠に収まらないスケールの大きさを感じたのである。判断に迷うのはアだが、「その言葉通り世界を舞台に活躍」が不適。結子は世界で活躍したいとは言っていない。〔問4〕豊の心情についてはどの選択肢の内容も大差がないので、結子の考えた「雄大なこと」の内容で正誤を判断する。傍線部前で結子は「古来世界中を行き来したものが、今、当たり前の風景になっている」が、その「当たり前でちょうどいい、っていう世界を造る手伝いをしたい」のだと述べている。アは「便利な」「豊かで暮らしやすい」が、イは「この世のすべてのものは互いに繋がり影響し合っている」が、ウは「人類の努力の長い歴史」が、それぞれ本文からは読み取れない。〔問5〕本文最後の「この時の人生の所信表明が、意識するしないにかかわらず、その後の彼女の指針になっていくのである」に着目する。つまり、これは、その後の物語の展開を知る「語り手」の視点で語られているということになる。ここから、「作者が物語の全てを知る語り手として」とあるウが合致する。

四 **多木浩二「生きられた家　経験と象徴」**より。〔問1〕直前の段落に、座布団を裏返して差し出すという行為の意味について、「この操作でいままでかれに敷かれていた経過は消滅し、座布団は新しい物になった。」と説明されている。座布団が裏返されることで、それまで他人が座っていたものではない、新しい座布団になるというのである。そして、この行為の意味がお互いにすんなり「了解」されるのは、それが「文化的なコード」として共有されているからだと述べられている。エは「来客用の座布団という価値が新たに付加される」が誤り。座布団はもともと「先客」が座っていた来客用のものであり、また、それを裏返すことでそれまでの意味が「断ち切れ」るのだとある。〔問2〕前の段落では、日本では座布団を裏返して差し出すなどといった象徴的な「しぐさ」や「出来事」が建物の空間を意味づけるという説明だった。これに対して傍線部の段落では、西洋では「二元論的構造」にもとづく「中心性のある教会のドーム」のように、建物の空間そのものが意味を表すという説明になっている。〔問3〕傍線部の前の部分に、日本の場合は空間と物の結びつきが弱く、「そこに出現する」物や、それによって生じる「出来事」によって部屋の機能や意味が変わるとある。その点で「劇場」に似ているというのである。アは「空間の機能に合った大きな道具を固定して」が、物が空間の機能を規定するという本文の内容とは逆である。イは「物が空間の主役になるように」が本文からは読み取れない。ウは「部屋の機能に応じた物」がアと同様の理由で不適。〔問4〕傍線部あとの「かれの心があるときには宗教に、あるときには楽器にたわむれるであろうさまが、ひとつひとつの物によって感じられる。」に着目。ひとつひとつの物によって作者の生活がひとつながりの出来事として思い描かれるのである。エは「鴨長明の人柄」が誤り。思い描かれるのは「人柄」ではなく「生活」である。

五 **復本一郎「俳句と川柳　『笑い』と『切れ』の考え方、たのしみ方」**より。〔問1〕傍線部あとの「まず、紹巴の句…」で始まる段落で、筆者は傍線部の句についての論評をしている。「五月雨の頃の川辺の様子を『やさしき詞』だけで素直に詠んだ作品である（それだけにあまり面白くはない）。」とある。ここで言う「やさしき詞」とは「美しい歌語」と訳され、ここからアが適切だと分かる。〔問2〕直前の段落から貞徳の句についての解説を読み取る。この句は、「人々を鬱陶しくさせる梅雨の長雨ではあるが、それによって井戸の水は溢れ、蛙（見聞の狭い人間）は、大海を知ることになる」意味だとある。「井の中の蛙大海を知らず」ということわざの「内容を逆転させた」ところに「笑い」があるのである。イは「表現の新鮮さ」に「笑い」があるわけではないので不適。ウは「連歌の伝統を踏まえ」が不適。この句は連歌では伝統的に使われない「俗言」や「俳言」が使われている。エは『やさしき詞』を用いながら」が不適。〔問3〕「即興的」とは、その場

で思いつくままに詩歌などがついて出る様子。〔問5〕傍線部あとで、芭蕉は「笑い」について「藤原俊成、そして西行の和歌だけは、ほんの口ずさんだような滑稽の作品であっても、そこには『あわれ』の情が濃厚に漂っている。」と書いているとある。ここから、芭蕉の求めた別種の「笑い」とは、「あはれ」、つまり、しみじみとした風情と融合し広がる笑いだということが分かる。

東京都立　国立高等学校

問題 P.92

解答

一 (1)たんもの　(2)とうかつ　(3)わずら　(4)ばんしょう　(5)へんげんせきご

二 (1)不世出　(2)通底　(3)元手　(4)序破急　(5)海千山千

三 〔問1〕イ　〔問2〕エ　〔問3〕ア　〔問4〕エ　〔問5〕ウ　〔問6〕ⅰイ　ⅱミライの明るい声が、温かな光になってぼくを満たす。

四 〔問1〕ウ　〔問2〕1できる限り広い範囲の多様な視点　2それまでとは異なった考えを持てる　〔問3〕ア　〔問4〕イ　〔問5〕(例)

体育祭についての話し合いをした時、私は体育祭を「チーム同士の対抗戦」だと考え、他のチームとの競争に勝つためにもっと練習をするべきだ、と主張した。しかし別の人が「体育祭はお祭りだから、いろいろな人が楽しめる工夫をする必要がある」と主張するのを聞いて、体育祭では「楽しめる」ことも大事なのだと初めて気がついた。そしてそこから今度は「練習の時から楽しめる体育祭」ということを考えるようになった。

五 〔問1〕ウ　〔問2〕ア　〔問3〕イ　〔問4〕ア　〔問5〕オ　〔問6〕イ　〔問7〕ウ

解き方

一 (1)「反物」は、着物一着分の長さにまとめられた織物のこと。(4)「万障」は、いろいろな不都合のこと。(5)「片言隻語」は、ほんのわずかな言葉のこと。

二 (5)「海千山千」は、世の中の裏も表も知ってしぶとくなっていること。

三 **川端裕人「てのひらの中の宇宙」**より。〔問1〕傍線部直前の「生き物に興味津々なのか」と直後の「仕事の忙しさにかまけて、息子の興味を刺激してやることを怠ってきた」を手がかりにして選択肢を選ぶ。〔問2〕直前の「気がついたらぼくも……靴のまま池の中にいた」ことが傍線部の「大人げなく」に対応する。また、傍線部直後に「生き物が豊か」「種類が多い」「多様性が高い」とあるので、これらを踏まえて選択肢を選ぶ。〔問3〕傍線部前後の「ミライの明るい声が……ぼくを満たす。」「ぼく自身……こんなふうに網をふるう少年だった」「これも昔のことだが……クサガメがいて……持ち帰って」を踏まえて選択肢を選ぶ。「甘酸っぱい気分」は、うれしさや楽しさ、恥ずかしさなどが入り混じった気分のこと。〔問4〕傍線部の「またも」を手がかりにして、最初に「心臓が強く脈打った」場面を探すと、「ぼくは鼓動が次第に高まってくる」「こんな場所で、希少な野生種のリクガメに出会うなんて！」とある。次に傍線部直後に「ミライのタモ網の中で……小さなカメ」とあるので、これらを踏まえて選択肢を選ぶ。〔問5〕直前の「ガサガサに満足」と傍線部の「晴れ晴れとした」がヒント。「晴れ晴れ」は、心がすっきりとすること。アは「父親と探していた希少生物」が誤り。〔問6〕ⅰ1直後の「雰囲気」という語を手がかりにしてあとを見ると、Dの最後の発言に「ゆったりした雰囲気」とある。2と3の間には「でも」があるので、両者は対立の関係。「ぬうっと」は、音を立てずにゆっくりと現れる様子のこと。気持ち悪さ・不気味さを表すが、本文では「ドームの下から、ぬーっと顔があらわれた……リクガメなんだ。」と、カメの動作に対する親しみを込めた表現として使っている。ⅱ「隠喩表現」とは、「ような」といった表現を使わずに何かを別の何かにたとえる表現のこと。傍線部(3)の前の「ミライの明るい声が、温かな光になって」という表現は、「ような」を使わずに声を光にたとえている。

四 **河野哲也「人は語り続けるとき、考えていない　対話と思考の哲学」**より。〔問1〕傍線部の一段落前の「通常の話し合いでは、人はどうしても持説に固執」「自分の深いところにある考え……を検討し合うことはしない」および傍線部直前の「哲学対話で重要とされるのは、相手の話を傾聴して……自分自身の考えを検討し」という記述を踏まえて選択肢を選ぶ。〔問2〕1空欄直後の「無意識に自分の思考をせばめていた」が傍線部前の「自覚のないままに狭い前提や限られた文脈」に対応すると考え、その前を確認する。2傍線部の「自己束縛を解いて自由になる」が直前の「他の考え方の可能性もあることを理解する」に対応し、空欄の内容に合致するが、字数を踏まえ同じ内容の他の部分を探す。「それは、新しさ…」で始まる段落に該当する部分がある。〔問3〕各選択肢の冒頭が「言葉というものは」となっているので、「言葉」という観点から傍線部の前を見ると「言葉の定義」「複数の概念と比較対照」「具体的な人物名や振る舞いの事例」「言葉が使用される文脈や場面も論じられる」とある。これらから、言葉を定義しようとすると、複数の概念との比較、具体的な人物・事例、使用される文脈や場面などが論じられるので、限定は不可能である、ということを読み取る。〔問4〕傍線部の「それゆえに」という指示語を手がかりにすると、同じ段落に「対話では……あらゆる意見が相対化される」「一定の位置づけ、すなわち意味づけを得る」「参加者のグループが分かち合うのは、この意味の全体像である。」とあるので、これらを踏まえて選択肢を選ぶ。〔問5〕まず設問の「筆者の主張の意図」にあてはまるものを探すと、傍線部を含む段落に「グループでの対話が新しい意味と目的を創発して、個々人にとってもそれまでとは異なった考えを持てる場所となる。」「それまでの自分から自由になることができるならば、その対話は成功」とある。そして、この考え方に従って、「新しさ」に関する自分の体験を書く。〔問6〕傍線部の「対話の目的」を手がかりにすると、あとに「対話の目的……新しさを追求」とある。今度は「新しさを追求」を手がかりにすると、傍線部前に「他者との交流……さらに新しい経験」とある。これらを踏まえて選択肢を選ぶ。〔問7〕この文章は、まず「哲学対話の特徴」について「通常の話し合い」との比較で論じている。そして「思考」と「対話」の比較を行い、最終段落の「対話は……その過程には終わりがない。」「対話には特定の目的地があってはならない」という結論に向けて論が進められている。

五 **久保田淳「藤原俊成」**より。〔問1〕設問の「俊成の判詞にはどのような特徴があるか」を踏まえて傍線部あとを見ると「古代から近い時代までのおびただしい数の和歌に精通」「歌論で重要な……用語」とある。〔問2〕三河の和歌のあとに「風体は幽玄」「歌としての姿は奥深く感じられて趣があり」とあるので、この記述を踏まえて選択肢を選ぶ。〔問3〕傍線部前を見ると、「右の歌」に関しては「古歌の表現をあれこれと取り入れて」「自身の意志をはっきりと表明した点を」「情趣が足りない」と述べていることが分かる。また「左の歌」に関しては、一段落前に「見立てることには無理がある」、傍線部前に「格調の高さが右の歌よりも勝っている」とあるので、これらの記述を踏まえて選択肢を選ぶ。〔問4〕傍線部直前の「それ」は、その直前の「古い名歌を巧みに取ること」である。一段落前に「古歌の趣向や表現を取り入れながら自身の歌を創出することの可否や難しさ」とあるので、この記述を踏まえて選択肢を選ぶ。〔問5〕オは「基俊の教えに左右されず」が合致しない。最終段落に「師として仰いだ基俊の影響も考えられる」とある。

東京都立　新宿高等学校

問題 P.100

解答

一 (1)ぞうすい　(2)るいらん　(3)こうてつ　(4)がんろう　(5)裏腹　(6)朗報　(7)師事　(8)一陽来復

二 〔問1〕①エ　②ア　〔問2〕ウ　〔問3〕エ　〔問4〕イ　〔問5〕ア　〔問6〕ウ　〔問7〕ウ

三 〔問1〕エ　〔問2〕歴史の変化・発展についての視野を持ち、その上で出来事を読み解き評価していく　〔問3〕イ　〔問4〕ア　〔問5〕イ　〔問6〕エ　〔問7〕(例)

私は「進歩」を「パースペクティブ」として認めてよいと考える。つまり歴史の道筋としての「進歩」を歴史の見方の基準にするということである。たとえば乗り物の歴史を考えてみると、馬が乗り物だった時代があってその後汽車や電車、車が乗り物となり、今では飛ぶ車まで計画されている。より早く、より大量に、より効率的に物を運ぶことが「進歩」であるなら、それを歴史の方向性として認めることができるのだ。

四 〔問1〕エ　〔問2〕エ　〔問3〕たおやめのそでかもみじかあすかかぜいたずらにふくきりのおちかた　〔問4〕ア　〔問5〕『万葉集』の年代を知るためには、『万葉集』そのものに当たるべきであるという　〔問6〕イ

解き方

二 **木内昇「かたばみ」**より。〔問2〕傍線部の前で悌子は「自分が歩んできた道は、きっと誰にも真似できない尊いものなのだという妙な自信」を感じている。また、さらに前に、家族や知り合いと食卓を囲み、息子たちの様子を見て胸が「光の粒でいっぱいになる」とも書かれている。現在の生活に幸せを感じていることが分かる。アは「明るく引っ張っている自分自身のことを誇らしく思い」が、イは「後悔を感じつつも」が、エは「過去の自分に別れを告げることができた」が、それぞれ不適。〔問3〕傍線部「頭をハッと起こした」は、何かに気づいた、何かを思いついた行動と考えられる。傍線部の前で、練習を再開しようとしている清太に対して、悌子は、軽く体を動かすことを提案しようとしている。また、傍線部のあとで悌子は視線を権蔵に向けてうながし、権蔵は清太にキャッチボールを提案する、という流れになっている。そして、権蔵が清太に内緒で野球の練習をしていたことが描かれる。つまり、この場面の悌子は、権蔵が清太に練習の成果を見せるチャンスだと思いついたのである。〔問4〕傍線部の「こそばゆそうに」は、くすぐったそうに、という意味で、ここでは照れくささを表す。傍線部の前では、キャッチボールに他の人たちも呼ぼうか、という悌子に対して、権蔵は「親子でしっかり投げ合いたい」と言い、また、傍線部のあとでは「これから清太とまた、ぶつかったり、喧嘩したり、泣いたり笑ったりするための、最初の一歩だから」と言っている。〔問5〕傍線部の前にあるのは、権蔵が「虚勢を張る」姿に、清太が「笑って、ちらとこちらを見た」場面である。肩をすくめる動作には様々な意味があるが、ここでは笑いながら言っているので、権蔵の軽口に対しておかしさを感じ、その思いを清太と共有しようとしていると考えられる。〔問6〕傍線部「もうちょっと、父さんとキャッチボールしたい。」は、練習の支度をするよりも、父と過ごしている時間を大切にしたいという気持ちのあらわれ。アは、父の上達に合わせてこちらも投球速度を上げよう、という内容が不適。イは「一所懸命早朝練習の成果を出している姿を見て感動し」が、エは「母に反発を感じ」「父と共に自分も上手くなっていきたい」が、それぞれ不適。〔問7〕アは「様々な登場人物の心の動きを詳しく描くことで」が、エは「カタカナ表記を用いることで、戦後の解放感がいきいきと描かれている」が、それぞれ不適。イの「茶々を入れて」は、清太ではなく権蔵の行動である。

三 **池上俊一「歴史学の作法」**より。〔問1〕傍線部に「それ」とあるので、指示内容の「普遍性と抽象性を獲得し、……『記憶の共同体』へと登録される」を確認する。また、さらに前には「それぞれの人間が想い起こすのは過去の一面的な相にとどまるが、……調和的に統一されるとき、歴史的事実が確定するのだろう。」ともある。〔問2〕歴史家が歴史を描く方法として筆者が示しているのは、第七段最後の「それでも……歴史の変化・発展についての視野を持ち、その上で出来事を読み解き評価していくしかない」である。〔問3〕傍線部の前に「全体の方向については何も語らないからである。また女性史や民衆史もそうである。」「発展史において、無視されたり阻害要因と位置づけられたりした人々、……文化や日常の生活・習慣、それらを主題にするのが、そもそも女性史や民衆史の目標だった」とある。女性史や民衆史は、政治や経済の発展のような方向性のなかで語られるものではなかったということである。〔問4〕リューゼンの主張は、傍線部のあとに詳しく述べられている。「歴史はいつの時点を取っても偶然性に満ちて」いるが、「そうしたものを……方向性と関連性を認識できるように、……互いに結びつけられるよう叙述し、……その叙述によって組織化しなければならない。」としている。〔問5〕傍線部直前に「それは一筋の糸ではなく、もろもろの糸が諸段階を経て進むときの相互関係、その繋がりを見失わずにパースペクティブの中で出来事の意味と価値を吟味する」とある。アは「中国で発明された……技術が広まったという国境を越えた歴史観」が、ウは「相互に関係していない点に注目する」が、エは「それぞれの共通性のみを取り出して」が、それぞれ不適。〔問6〕アは「個人の具体的な例を挙げ」が、イは「歴史家に共通している見方としての『歴史観』というものを否定し」が、ウは「歴史を『道筋』とする考え方にも難点があって成立しない」が、それぞれ不適。

四 **小川靖彦「万葉集と日本人　読み継がれる千二百年の歴史」**より。〔問1〕傍線部の「多様となった『万葉集』」とは、本文AやBから分かるように、『万葉集』の解読、解釈が変化することで多様になることを意味している。それを「意識的に選び取」ることで一つの姿に「整定」するということは、しかるべき一つの解釈を示した、ということ。〔問2〕「定家の〈古代〉像」は、傍線部のあとに「本歌の世界をはるか遠いものとして詠んでいます」とあり、また本歌取りについて書いている部分の最後では「定家にとって、〈古代〉の情景ははるか遠くにあって偲ぶものであった」とある。〔問4〕傍線部に「つまり」とあるので、直前の一文を見ると「定家の手を経た本」とあり、さらに前の段落を見ると「常にその時の自分の最新の見解を加えて」とある。〔問5〕傍

線部直後の一文に「原典(『万葉集』)に当たるべきであると主張」したとあるので、同じ内容で指定字数に合う部分を探す。〔問6〕アは「日本最古の勅撰和歌集であるという正当性を……主張したい」が、ウは「『万葉集』が徐々に改変されて」が、エは「かつての歌道の名門貴族として、『万葉集』を和歌の標準的なスタイルとして残したい」が、それぞれ不適。

神奈川県

問題 P.108

解答

一 (ア) a 3　b 4　c 4　d 2　(イ) a 1　b 4　c 2　d 3　(ウ) 1

二 (ア) 3　(イ) 3　(ウ) 2　(エ) 1　(オ) 4　(カ) 4

三 (ア) 1　(イ) 2　(ウ) 4　(エ) 1　(オ) 4　(カ) 1　(キ) 2　(ク) 2　(ケ) 3

四 (ア) 1　(イ) 2　(ウ) 4　(エ) 3

五 (ア) 3　(イ) 人間が自分で何かを達成するための手助けとし、人間の偶有性が確保される(34字)

解き方

一 (ウ) 第四句の「瀑布」は滝のこと。「ごとく」は「ように・みたいに」と同様に直喩。2は「夜は人々でにぎわい」が、3は「滝を見に行った」が、4は「次から次へと降りてくる人々」が、それぞれ誤り。

二 **髙森美由紀「藍色ちくちく　魔女の菱刺し工房」より。**
(ア) まず、傍線部直前の「しょしいというのは、恥ずかしい、という意味」から、2・3が残る。次に傍線部あとの「笑みを懸命に浮かべていた」から、3の「無理に笑おうとする」が適切。1は「汚れた姿を気にしていた」「からかうような言動」「深く傷ついている」が、2は「本心ではない」「必死に傷ついていないふりをする」が、4は「傷ついた顔」が、それぞれ誤り。(イ) 傍線部の「はにかみ顔」とは恥ずかしそうな素振りや表情をした顔のことだが、4の「馬で嫁入りをする……恥ずかしさでいっぱい」という説明では、直後の一文の「馬は、すっかり磨き上げられていた」という、相棒を誇らしく思う父の行動に矛盾する。1は「晴れやかな気持ち」が言い過ぎ。2は「娘が慣例どおりに行動しないことを恥じる」が誤り。(ウ) 傍線部前の「生家がどんどん遠ざかる。切なくなって」に着目する。1は「気持ちが落ち込んでしまい困惑」が、3は「新しい場所で生活するしかないと諦めた」が、4は「故郷のよさに初めて気づき」「疑問を感じている」が、それぞれ誤り。(エ) 傍線部直前の「照れくさくて嬉しくて」の、両方の感情を含んだ選択肢を選ぶ。2は「大切にし続けている」が、3は「喜び」や「満足感」しか説明できていない点が、4は「安心感を覚え」が、それぞれ不適。(オ) 嫁入り道具の「洗濯機」や「桐箪笥」の話、傍線部前の「父の背中は……養ってくれていた。」に着目し、父の愛情に対する感謝の気持ちを読み取る。1は「気に留めていなかったことを知って安心」が不適。2は「わだかまり」や「自分を許してくれた」が言い過ぎ。3は「気持ちが通じなかったと勘違いして」が誤り。(カ) 1は「幼い頃の思い出を『父』とともに振り返る」が、2は「再び言葉を交わすようになる」「複数の登場人物の視点」が、3は「会話以外の場面でも方言を交えて」が、それぞれ誤り。

三 **井上雅人「ファッションの哲学」より。** (ア) A前後を比較すると、直前の「不都合に縛られてしまう」という事例に、あとの「検証できなくなっている」が、否定的な見解を添加している。B直前の段落で「衣服は……言語とは違うシステムであり」と述べながらも、空欄のあとで「必ず言葉が添えられる」と、衣服の言語性を認めている。(イ) 点線部は直後の「意味」という名詞を修飾する助詞の連体修飾格。1は「作った」という動詞と主述関係を作る助詞の主格。3は逆接の接続助詞「のに」の一部。4はあとに助詞「が」「は」「を」などが続いて「もの・こと」という意味を表す準体格。(エ) 2は筆者の考えと正反対。3は全ての「衣服に書かれている文字」が「品質を保証する」わけではないため不適。4の「情報量の違い」は傍線部の「普遍的」とは無関係。(オ) 傍線部前の「文字に置き換えることができる……妥当かどうか」を簡潔に言い換えた表現である。1は「文字や音声と組み合わせる」が、2は「文字を書いたり音声を発したり」が、それぞれ誤り。3は「表現することが不可能な感情や感覚を、正確に伝える」が、前の「言語化できない感情や感覚を伝えているのではなく」と矛盾している。(カ) 傍線部直前の段落に「結局……ただ『新しい』という社会的な合意しか見つからない」とある。2・4は「新しい」に言及していない。3は「だけに注目して行われ」が誤り。(キ) 直前の「同じ対象に、いくつもの意味を読み出せる……歴史上に何度も現れ」に着目。1・4は「歴史上」に言及していない。3は「意味を想像する」「歴史上のファッションについて意見を交わしあう」が誤り。(ク) 傍線部あとに「言語活動によって……社会とより深い繋がりを持つ」とある。1・4は「社会とより深い繋がりを持つ」に言及していない。3の「有効である」は本文にない。(ケ) 本文は「ファッションと言語の関係性」を論じている。1の「言語特有の性質……果たすべき役割」は論じられていない。2は「歴史的に……分析する」が誤り。4も「流行に惑わされない方法」は論じられていない。

四 **「古事談」より。** (ア) 「理非」は道理・条理(筋道)・正否、「顕然」は明白・自明、という意味。2・3・4はこの二語の説明がないので不適。(イ) 注釈より、顕季が争っている相手「義光」が源氏、つまり武士であることに着目する。白河法皇の「武士……出来せんずらん」という深謀遠慮に対して「匠作零涙に及」んだと推測する。1・3は「武士……出来せんずらん」に言及していない。4は「武士を恐れるあまり」や「強制的に取り下げられ」が誤り。(ウ) 第二段落の記述に着目。顕季はこの時初めて義光の「御計らひ」に気づいたのである。(エ) 1の「武士として忠義を貫く人物」だと分かったのは最終文なので誤り。2は「不服だった……納得した」が、傍線部2に矛盾している。4は「様子を見た『白河法皇』……褒めたたえた」という記述が本文にはない。

通釈 六条修理大夫顕季卿が、刑部丞義光と領地を争った。白河法皇は、とりたててどうと言うこともなく裁判をしない。顕季が心中で恨み申し上げる間に、ある日たった一人で法皇の前に参上した。(法皇が)仰って言うことには、「あの義光の疑いをかけている件はどうなのか。」と。(顕季が)申し上げて言うことには、「そのことでございます。争いの慣例として、両者とも自分がもっともであると思うことでございますが、このこと(義光との領地争い)については正否が分かりきっているのです。御決裁がない状態は困ったことでございます。」と言う。また(法皇が)仰って言うことには、「つくづくこのことを思案すると、お前は例の領地が一箇所なくなっても、全く(生活に)こと欠くはずはない。彼(義光)はただ一箇所の領地に命がけである旨を、私はお聞きになっている。道理に従って(お前の主張の正しさを認める)裁許をさせるると、事情をわきまえずに、もしかしたら武士が邪念を起こしたりしないだろうか、と思って(安全を考慮して)猶予しているのだ。ただ例の領地を(お前が義光に)譲ってあげよと思っているのだ。」と言う。そこで顕季は涙を流して謹み申し上げて退出したあと、義光をお呼びになって謁見させて言うことには、「あの領地のこと、つくづく思い申し上げると、私は他に領地も少々ありますし、領国もあります。貴殿は一箇所の領地をあてになさる、と言う。気の毒ですので、譲り申し上げようと思うのだ。」と言って、即刻文書を書き、権利書を取り添えて、義光に与えて終了した。義光は喜悦の表情を浮かべる。席を立って侍所に移り座って、すぐに名前を記してこれを差し上げて退出し終了した。その後、特に出入りすることはない。

一、二年後、顕季が白河法皇の宮殿から夜になって退出する時に、お供がいない。わずかに雑用をする者が三人ほどである。作道の方から鎧甲を装着している武士たち五・六人ほどが、車の前後にいる。怖れ恐がる気持ちに堪えられずに、雑用をする者を使って尋問させたところ、武士たちが言うことには、「夜になって御供の人がいなくて御退出する。よって義光殿から御送りのためにお供し申し上げる次第である。」と言う。そこで(義光の)心中にご配慮が特別であったことを深く考える。

五 **長谷川眞理子「ヒトの原点を考える　進化生物学者の現代社会論100話」・大澤真幸「無意識が奪われている」**(「私たちはＡＩを信頼できるか」所収)より。㈠Ⅰ直後の「だけでなく」に着目。文章1第二段落の「研究者の側から何ができるかを追求していくだけではなく」と同じ内容の選択肢を選ぶ。Ⅱ直後の「失われないようにする」に着目。文章2第三段落の「留保されている」や、最終段落の「確保されている」が該当するので、その主語を考える。㈡空欄あとの表現に着目すると、空欄にはＡＩを使うことが「充実感」や「自由」につながるような「心がけ」にあたる内容が入ると分かる。指定語句も手がかりにすると、文章1にあるように、あくまでもＡＩは「人間が自分で何かを達成する」ための「手助け」として用いるべきだという内容が入る。さらに文章2の「偶有性」=「他でもあり得た」ということ、という説明も手がかりにすると、『他でもあり得た』ことが留保されていることがすごく重要」や「『他でもあり得た』部分が確保されているから自由」などの表現から、偶有性が保たれていることが心がけとして重要だ、という内容も読み取れる。この二点を指定字数に収まるようにまとめる。

新潟県

問題 P.116

解答

一 ㈠1、うやま　2、くわ　3、かいこ　4、のうむ　5、しんぼう　㈡1、盛　2、授　3、予兆　4、戦略　5、翌週

二 ㈠ア　㈡エ　㈢解答なし　㈣イ　㈤イ

三 ㈠つたえ　㈡エ　㈢ア　㈣イ　㈤ウ　㈥資業の漢詩が数多く採用されたことを義忠がねたみ、民部卿が資業から金品を受け取って採用したという無責任な発言をしたから。(59字)

四 ㈠ウ　㈡ア　㈢人類の数が増え続ける一方で、人類より下に位置する無数の生物の数と多様性が減っていくこと。(44字)　㈣頂点の少数～えていく。㈤エ　㈥技術発展の方向性を決める快適さや便利さ、効率性を追求する心、金銭的な利益が幸福と直結しないことを知り、生き物が個別の特殊性を持ち、それが全体としては多様性となる一方で、互いに生物としての普遍性を持っているという知識が広がって行く必要がある。

解き方

二 ㈠ここでの「立てる」は「はっきり定める」という意味である。㈡設問文の「あなた／と／再び／会え／て／うれしい」とエの「借り／た／本／を／いったん／返す」は単語の数が六である。㈣「花鳥風月」とイの「起承転結」は四つの漢字が対等な関係にある。㈤Aの「一にも二にも」は「何を置いてもまず」、Bの「一から十まで」は「全て・初めから終わりまで」、Cの「百聞は一見に如かず」は「何度も聞くより、一度実際に自分の目で見るほうがまさる」という意味。

三 **「今昔物語集」**より。㈠語頭と助詞以外の「は・ひ・ふ・へ・ほ」は「わ・い・う・え・お」に直す。㈡現代語の「心得る(理解する)」から類推する。「ず」に続くので「打消(～ない)」の意味になるものを選ぶ。㈢和歌の直前に「義忠或る女房に付、和歌をぞ奉ける」とあり、義忠の和歌であることが分かる。「うらみをとかで」と詠んでいることに着目する。㈣民部卿は人望のある人だったので、宇治殿は義忠を叱ることで、民部卿が私情を交えるという評判を取らないようにしようと考えて、その名誉を守ったのである。㈤資業の漢詩について説明している部分なので「漢詩に難点」があるという「非難」である。㈥Aから、義忠の良くない行為を整理してまとめる。

通釈　B　民部卿はこのことを伝え聞いて、激怒して、これらの漢詩は、皆立派な辞句であって、選定するところに私情は交えていないことを申されたので、宇治殿は、非常に義忠の言ったことを納得がいかないとお思いになって、義忠をお呼びになって、「どういうわけで、あのようなでたらめを申して事態を混乱させようとするのか」と、叱責しておっしゃった。義忠は恐縮して家にこもってしまった。翌年の三月に許された。ところが義忠はある女房に託して、和歌を(宇治殿に)差し上げた、

資業の色糸の詩句を非難したためおとがめを受けたうらみを晴らさないまま春が終わってしまった

と。そのあと、これといった(宇治殿の)お言葉もなくて終わってしまった。

これを考えてみると、義忠も非難するべき理由があって非難したのであろう。ただ民部卿が当時人望のある人であるので、「(民部卿が)私情を交えるという評判を取らないように(しよう)」として、(義忠に)おとがめがあったのであろうか。また資業も人の非難を受ける漢詩はよもや作らなかったであろうよ。

これもただ才を競うことから起きた事件である。ただ義忠が民部卿に対して無責任な発言をするのはよくないことだ、と人々は言って、義忠を非難した、と語り伝えているということだ。

四 **浅島誠「生物の『安定』と『不安定』　生命のダイナミクスを探る」**より。㈠Aのあとに具体例が続いている。㈡アの「実質的」は実質について言うさま、イの「自発的」は自ら進んで行うさま、ウの「共同的」はともに行うさま、エの「対照的」は違いが際立っているさま。㈢傍線部の前に「ピラミッドの下部をやせ細らせること」とあり、それは、その前にあるように「今は、頂点に位置する……減っている」ことである。㈣三角形は上部が少数で下部の数が多い。その説明は「本来、食物連鎖…」で始まる段落に書かれている。㈤傍線部を含む段落の「つまり、ヒトという種の健全な存続……破綻してしまうであろう」に着目。「つまり」の前後は同じ内容なので、ピラミッドが「三角形をなさず、いずれ倒れてしまう」ことが「ヒトという種の健全な存続が危ぶまれる」ことになる。ウはピラミッドに言及されておらず、

また「生命システム全体を破綻させた」わけではないので不適。(六)設問は「どのようなことをヒトが知り、どのような知識が広がって行く必要がある」のかという二つの要素を問うている。Ⅱの第二段落の「そうしたことをヒトが知り、ナチュラル・ヒストリーについての知識が広がって行けば」に着目し、その前からヒトが知るべき内容を探す。そして、Ⅰの最後から二番めの段落からナチュラル・ヒストリーに関する説明を探し、これらをまとめる。

富山県

問題 P.119

解答

一 アくっしん　イしぼ　ウたいざい　エ守備　オ群　カ模型

二 1、誰もが～ること　2、(1)時間を～させる　(2)時間を精度よく測れる時計の発明と改良　3、目指した　4、(1)太陽の位置と高さで時間を決める方法　(2)権力者　5、エ　6、時間幅は季節によって異なるが、正確な時間を示す和時計を作ろうとしたということ。7、複雑な時間調整が必要な和時計を簡易に調整できるように開発された様々な技術が、現代の技術に活用されていると考えるから。8、Ⅰア　Ⅱア　Ⅲウ

三 1、自分以外の人は誰もいなくなった状況　2、エ　3、いつも五感を研ぎ澄まして、どんな時もお菓子づくりのことを考えろということ。4、イ　5、ウ　6、満開の一本桜が思い浮かんだ　7、桜餅を食べたことで思い出した過去のほろ苦い記憶を桜餅の甘さによって、自分の中で肯定的に受け止めることができたということ。8、よいお～見える　9、和菓子職人を目指す原点となったものであり、追い求める目標としてあるもの。

四 1、いえる　2、みぞれ　3、イ　4、にはかに降る雨　5、エ

五 (例)
(あなたの好きなもの)バスケットボール
　バスケットボールの魅力は、躍動感だ。キュッキュッと鳴るシューズの音、ハアハアという選手の息づかいがコートに満ちる。選手たちは、パスをつないで、ゴールを決める。選手たちの汗がキラキラと光る。観客は、選手の一つ一つの動きに歓声をあげる。
　私はコート上の一瞬一瞬を視覚や聴覚でとらえ、短い文を連ねてスピード感を表した。試合の様子を生き生きと思い浮かべることができ、文章のリズム感とともに、躍動感を効果的に伝えることができると思ったからだ。

解き方

二 **池内了「江戸の好奇心　花ひらく『科学』」**より。1、1段落の最後の一文に着目。「誰もが一致して行動すること」ができると述べられている。2、(1)「時間を支配」するとは、続く一文で「時間を正確に測って人々に知らせ、時間に沿って行動させる」ことだと言い換えられている。(2)2段落の「そのために時間……改良されてきた。」の一文に着目し、その内容を簡潔にまとめる。3、「ひたすら」は「目指した」と続けて読むと意味が通るので、「目指した」を修飾していると分かる。4、(1)直前に着目。「定時法」が「時計の進みによって客観的に時間が決まる」とあるので、それと対比的な時間の決め方としてまとめ、文末を「方法」で締めくくる。(2)3段落に「権力者も庶民も自然の時間に合わせて生きていた」と述べられている。江戸時代の人々は皆「自然の時間に合わせて生きていた」ため、太陽の位置と高さで時間を決める「不定時法」を使うのが当然だと考えていたのである。5、「往」は行き、「復」は帰りという意味で、同様に反対の意味の漢字を組み合わせているエ「送迎」が合致する。6、その季節によって異なる時間幅を、「和時計」によって正確に表現しようとしたということ。7、5段落に着目。江戸時代は「複雑な時間調整を必要とする和時計」を使っていたため、「調整の手間をかけず、……正確に時刻を測」るための技術開発の努力が行われていた。筆者は、この複雑な調整が必要だった「和時計」に関する技術の蓄積が「現代の技術」に活かされ、豊かさを生み出したのではないかと考えているのである。8、Ⅰ1段落では、時間を話題として提示しているのであり、問題の提起ではない。Ⅱ2・3段落では、西洋と江戸時代の日本の時の刻み方などを対比して論じている。Ⅲ5段落まで、時間とはどういうものか述べてきたということから考える。本質ではなく概念的説明であることに注意する。

三 **上野歩「お菓子の船」**より。1、「人け」は、人の気配のこと。よって、自分以外の人の気配がない状況であると考えられる。2、「殺風景」は、情趣に欠けていて飾り気がないさま。アの「清新」「近代的」、イの「軽妙」、ウの「感傷的」は、それぞれ「殺風景」に合わず不適。3、曽我の発言に着目する。「常に耳目を働かせ」て「全身でお菓子づくりを学ぶ」、つまり、いつも五感を研ぎ澄ましてお菓子づくりのことを考えるように促されたワコは、曽我に「いいんですか？」と確認している。ワコは、曽我の許しを確認したあと、思い切って覚悟を決めて、つまり「意を決して」、桜餅を食べたのである。5、直後の「ようだった」にかかる副詞を選ぶ。6、傍線部あとの内容を押さえる。ワコが桜餅を食べると、頭の中に「一本の満開の桜」のイメージが浮かびあがったのである。7、直前の二段落に着目。桜餅を食べたワコは、小学校時代のほろ苦い記憶がよみがえってきたが、桜餅の甘さが包みこみ、慰撫してくれたように感じたのである。8、傍線部の直後で、言い直して繰り返している「よいお菓子を味わうと、風景が見えるのですか？」に着目する。9、最後の段落に着目。ワコは、徳造のどら焼きを食べたことで「自分の人生は決定づけられ」たと考えている。つまり、徳造のどら焼きを食べて和菓子職人になろうと決意したということである。また最後の一文に「強く心が求める」ともあるので、徳造のどら焼きは人生の出発点であり、目標でもある。

四 **源俊頼「俊頼髄脳」**より。1、語頭と助詞以外の「はひふへほ」は、現代仮名遣いでは「わいうえお」に直す。2、直前の内容を押さえる。筆者は、「みぞれ」は雪まじりの雨を指すので、冬または春のはじめに「詠むべきにや」と述べている。3、笠が用意できないので、肘を頭の上にあげ、着物の袖をかぶるのである。4、突然なため肘を頭の上にあげて笠代わりにする必要があるような「にはかに降る雨」を「肘笠雨」というのである。5、雨やどりを口実として恋しい人の家に寄るため、家の門を通り過ぎるのが難しいほどの肘笠雨が降ってほしいと詠んでいるのである。

通釈 みぞれと言っているものは、雪がまじって降っている雨(のこと)をいうならば、冬または春のはじめなどに、(和歌に)詠むのがよいだろうか。肘笠雨というのは、突然に降る雨(のこと)をいうべきであるようだ。突然に(雨が降って)笠も用意できない場合であって、袖を(笠の代わりに)かぶるのだ。それゆえ、肘笠雨というのである。
　恋しい人の家の門を通り過ぎるのが難しいほどの肘笠

雨も降ってほしいものだ、(それを口実に、恋しい人の家に)雨やどりをしよう

五 自分の好きなものの魅力と、魅力を効果的に伝える工夫について、二段落構成で書く。解答例では、第一段落でバスケットボールの魅力として「躍動感」を挙げ、第二段落では、第一段落での「躍動感」を表す表現の工夫として、擬態語、擬音語による視覚、聴覚の表現、スピード感を伝える短文の繰り返しを説明している。

石川県

問題 P.123

解答

一 問1、(1)はこ (2)しゅうろく (3)びちく (4)ほころ 問2、(1)毛布 (2)単純 (3)幹 (4)染

二 問1、埋まった。 問2、エ 問3、音訓索引・「ザ」または「すわる」で調べる。(または部首索引・「广(まだれ)」で調べる。または総画索引・十画で調べる。) 問4、なかったが 問5、イ 問6、勝手にたい焼き屋を始めたことを責められると思っていたところ、娘が新しい味のたい焼きの話をし始めたことに驚いたから。(57字) 問7、父の不安や迷いに今まで気づかず、自分の生活だけを憂いていたことを後悔し、今後はたい焼き屋の成功に向け、進んで親の手助けをしようとすること。(69字)

三 問1、イ 問2、現代社会の協力関係は洗練されており、個人の好き嫌いにはあまり影響を受けなくなっているから。(45字) 問3、ウ 問4、エ 問5、ア 問6、人格者 問7、X学習 Y本能 Z悩む価値があるかどうかを吟味し、現代社会を生きる上で悩む必要のない問題だと理性によって判断する(47字)

四 問1、エ 問2、うけたまわり 問3、ウ 問4、われら横～ありきか 問5、A横走り B言葉なふて Cエ

五 (例)

　私は、分からない言葉があったとき、なるべく紙の辞書を引きたい。なぜなら、検索サイトで調べた内容は、根拠のはっきりしないものがあるからだ。63%の人がインターネット検索で分からない言葉の意味を調べている。便利なので私も検索サイトを使ったことがあったが、調べた言葉の意味は、本来の意味とは全く違うものだったという経験がある。だから、より根拠がはっきりしている紙の辞書を引いて言葉の意味を調べ、間違った情報に流されないようにしたいと思う。

解き方

一 **阿部暁子「たぬきとキツネと恋のたい焼き」**(『とっておきのおやつ。5つのおやつアンソロジー』所収)より。問1、本文の前半は学校、後半は藍の自宅の場面である。問2、傍線部前に「思い切って声をかける」「何とか噛まずに言えた」とあるので、傍線部はうまくできたことへの喜びを表していることが分かる。問3、漢和辞典で漢字を調べる方法は主に「音訓索引」「部首索引」「総画索引」の三通りある。問4、文節とは、自立語で始まる言葉のまとまりのことで、「ネ」や「ヨ」などで区切ることができる。「まだ」以降を文節で区切ると、彼女と/話した/ことが/なかったが/となる。「まだ」は「ない」にかかるので、「なかったが」の文節にかかる。問5、「声が飛び交う」は、さまざまな人がさまざまな意見をあちこちで言い合っている様子。アの「一人一人、藍に答えている」、ウの「意見をとりまとめた」、エの「意見を出し終わった」が、それぞれ不適。問6、藍に改めて話があると切り出されたときは、「ぎくりと緊張した面持ちになった」とあるとおり、父は藍に責められるのではないか、と感じていた。しかし藍の話は、たい焼き屋を応援する内容だったので、父は驚いたのである。問7、父と話している場面に「後悔に胸が痛んで、藍は必死で父にかける言葉を探した。」とある。この前に「自分の生活だけを憂いて、父にも心があることを忘れていた。」とあることに着目。また、傍線部の前の「たい焼き屋を成功させる」「わたしもがんばるから、一緒にやろう」などを踏まえて「この手をさし出せる」をわかりやすく説明する。

三 **市橋伯一「増えるものたちの進化生物学」**より。問1、Aの直後に「現代社会は人と人との協力関係によって成り立っています」とある。この内容は前の段落を受けているので、「たしかに」が入る。Cは、前後が反対の内容になっているので、逆接の「しかし」が入る。問2、傍線部前の段落で「現代社会の協力関係は……影響を受けなくなっています。」とある。問3、第五段落は、前の段落で言及した「狩猟採集社会」がどのようなものかを説明している。アの「前段落の内容からいったん離れて」、イの「前段落の内容に反論する例を挙げ」、エの「次段落で新たな話題を示す」は、それぞれ不適。問4、「育児」とエの「遅刻」は上の字が動詞、下の字が「…を」「…に」と目的語や補語として働く構成である。アの「展開」は似た意味の漢字を重ねる構成。イの「清濁」は対になる意味の漢字を重ねる構成。ウの「海底」は上の字が下の字を修飾する構成。問5、空欄の前後から、「平等性は群れのメンバーが安定して生き残るために」必要なものである、という筆者の主張をつかむ。イの「楽観的」は、どんな状況でも明るく前向きな考え方を表すので、この文脈では不適。問6、傍線部の二段落あとに「偉ぶらず謙遜している人の方が人格者として評価されます」とある。問7、最終段落の「人間は学習によって本能を超えた……唯一の生物」に着目し、「そして」以降の内容を用いて、学ぶことが悩みの解決につながると筆者が考える理由をまとめる。

四 **「伊曽保物語」**より。問1、アは「子を持つ」ことから、主語は母。イは子に話しかけているので、主語は母。ウは子から歩くように言われて先に歩いているので、主語は母。エは母が歩いているのを見ているので、主語は子。問2、語頭と助詞以外のハ行の字は「わ・い・う・え・お」に直す。問3、「形」を「かた」と読んでいることに着目。「型」は、一定の決まった形態や性質のこと。問4、「子笑ひて申しけるは、」のあとから子の言葉が始まる。「と」の前までが会話文である。問5、A母と変わらない子の行動が入る。B最終的に母がどうなったか、と言っているので、本文からその部分を探せば、「言葉なふて」となる。C伊曽保物語は、登場人物を動物にして人間の行動を風刺し、教訓を与える内容。本文でも最終段落において、人の過ちを指摘するには、まず一歩引いてよく考えるべきだと書かれている。アの「丁寧に分析」、イの「独自に解釈」、ウの「早急に確認」は、それぞれ不適。

通釈 あるがざみは、たくさん子どもを持っていた。その子が癖で横走りするのを、母がこれを見て、注意して言った、「あなたたちはどうして横向きに歩くのか」と申したところ、子はかしこまってお聞きして、「(これは)一人(だけ)の癖ではありません。私たち兄弟は、皆決まった習性に従っているのです。それならば、お歩きください。それをまねしましょう」と言ったので、「それならば」と先に(母が)歩いたのを(子どもたちが)見たところ、自分の横走りに少しも違わない。子が笑って申し上げた、「私たちは横歩きで

すか、母のお歩きなさるのは、縦歩きなのですか」と笑ったので、(母は)なにも言えずにいた。
そのように、自分の身の癖を顧みず、他人の過ちを言うものである。もしこのように人が笑うような時は、一歩退いて他人の善し悪しを見るべきではないだろうか。

福井県

問題 P.126

解答

一 問㈠春に種を播いて、秋に作物を収穫する(という技術。)(17字)　問㈡イ　問㈢自然を観察し、技術へと落とし込むという考え方ではなく、自然を理解するために、自然に対して技術によって働きかける(という考え方。)(55字)　問㈣人々は時刻表に合わせて生活することを余儀なくされ、「遅刻」が社会における許されない悪徳として浸透するようになった。(57字)　問㈤エ　問㈥①模倣　②ウ

二 問㈠①わざわ　②あ　③くったく　④きてき　⑤燃　⑥祝　⑦豆乳　⑧満潮　問㈡福・統

三 問㈠エ　問㈡門外不出の、秘伝(の本。)　問㈢口訣集を返さないことで、自分を貶める必要はないということ。(29字)　問㈣ウ　問㈤しかし、そ　問㈥医を進歩させ、患者を救うためには、口訣集を本にして広めるのがよいと考えたから。(39字)

四 問㈠不レ如レ愚カニ　問㈡ウ　問㈢人から受ける教育が不十分だったから。　問㈣①才能のある人ではなくなる(12字)　②b努力　c教育　③ア

五 (例)C
資料Cより、現在、AIは作業を効率化したり情報を集めたりすることに優れていると考えている人が多く、正しい判断ができると考えている人は約三割にとどまっていることがわかる。
今後、AIがもっと進化していけば、正しい判断ができるようになるかもしれないが、あくまでもAIは道具の一つであり、それを使いこなすのは私たち人間であることを忘れないようにするべきである。そうすれば、AIは私たちの生活をより便利にし、社会を発展させていくと思う。

解き方

一 戸谷洋志「未来倫理」より。問㈠傍線部の前で、技術が「自然の模倣」であることを、伝統的な農業を例に挙げて述べている。また、「春に種を播いて、秋に作物を収穫する。これは自然界における植物のあり方を模倣した技術」とある。「自然界における植物のあり方」と「自然の摂理」が同じ内容を指していることに着目する。問㈡傍線部直後に、「重たいものほど……反駁するために」とある。アは、実験の方法であり目的ではないので不適。ウは、傍線部の次の文「彼は単に自然を観察することによって知識を得たわけではない」に反するので不適。エは、ガリレオが行ったことだが、実験の目的ではなく手段なので不適。問㈢「観察」「技術」が出てくる箇所に着目しながら本文を読んでいくと、傍線部の前で「実験は、自然を理解……技術によって働きかけること」「自然をただありのままに観察して……できない。」「可能にするのは実験という技術の営み」が見つかる。「自然ファーストではなく」とは、「自然をただありのままに観察していても、自然を理解することはできない。」ということ。「技術ファースト」とは、「それ(=自然を理解すること)を可能にするのは実験という技術の営み」ということである。問㈣傍線部の前の段落に「鉄道が普及する前、人々は日が昇ってから……帰っていた。しかし、鉄道が普及し…」とあることに着目する。つまり、日が昇ったり沈んだりする自然に合った生活リズムではなくなったというのである。「人々は鉄道の時刻表に合わせて生活することを余儀なくされてい」き、それによって「『遅刻』が社会における許されない悪徳として浸透するようになった」のである。問㈤「余儀なくされる」とは、「やむを得ず、そうせざるを得ない」という意味。ウは「そうせざるを得ない」という表現が入っているが「意図していたよりも良い結果を得た」の部分が誤り。問㈥①「たとえば、十五世紀の…」で始まる段落に着目する。「レオナルド・ダ・ヴィンチは、人間に空を飛ぶことを可能にする機械を構想し」、そこには「『自然の模倣』という技術観の反映が見られる」とある。また、「自然において空を飛んでいるものを観察し、それを模倣しようとした」ともあることから考える。②アは、アリストテレス的な技術観は、技術を「自然の模倣」と考えており、レオナルド・ダ・ヴィンチとモンゴルフィエ兄弟の考えも同様なので、合致する。イは、ガソリンエンジンは、ガリレイの例にあったように「自然には存在しない人工的な」ものであり、本文と合う。ウは、「社会のあり方の変化によって技術革新が進んだ」のではなく、技術革新が進んだことによって社会のあり方が変化したので、不適。エは、文章Aの最後の段落で「『自然の支配』を可能と見なす」、文章Bの冒頭で「技術が社会を決定する」と、それぞれ本文で述べられている。

二 問㈡Aは楷書体、Bは行書体で書かれている。行書体では点画の省略や筆順の変化が起こることがあるので注意する。行書体で書いたとき「福」のしめすへんは三画になり筆順が変化する。「統」のいとへんは下の部分を左から右につなげて書くため筆順が変化する。

三 青山文平「本売る日々」より。問㈠先生の顔を見つめている様子なので、「じっと見つめる」という意味の言葉が入る。問㈡傍線部のあとの方の「称東堂には口訣集が溢れ返っています」という佐野の言葉に「私」は「そう、なのか。門外不出の、秘伝ではないのか。」と驚いている。問㈢傍線部のあとで、「私」の「やはり、受け取っていただけませんか。」という問いかけに佐野は「そういうことではありません」と答えており、佐野が西島に対して怒っているから受け取らないのではないと分かる。さらにあとで「この口訣集を西島晴順に戻すのは、もう、このことで自分を貶める必要はないという徴です。」と言っている。問㈣傍線部の前に「先生の労いで、その甲斐はあったのかと期待したのだが、しかし、…」とあることに着目する。「私」は、本と一緒に西島の気持ちを届けられたと思ったが、本を受け取ってもらえなかったことで、西島の願いが届かなかったとがっかりしたのである。「落胆」とは、がっかりして気持ちが落ち込むという意味。アは、「逆に『私』への皮肉を感じて緊張」が合わない。イは、西島へ「言い訳しよう」とは思っていないので不適。エは、佐野は「私」の態度を賞賛してはいるが、傍線部は本を持ち帰るよう言われた場面であり「真意が伝わった」と「私」は思っていないので不適。問㈤佐野が「この国のありのまま」を良く思っていないことを捉える。傍線部直後に「残念ながら、この国では、一子相伝とか……そういう仕組みが根を下ろしています。」とあり、続く部分で「そういう仕組み」による害が述べられている。問㈥佐野の答えが何に対するものかを捉える。傍線部の前で「私」が「この口訣集を私が本にして、広めてもいいことになりますね」と言っており、それに対して佐野が「もちろんです！」

「願ったりです。」と答えている。また、佐野は「称東堂の門人はいくらでも口訣集を写していい」「仲間の医者に見せて回るのも自由」と言っている。そうすることが医を進歩させることにつながるからである。「私」は称東堂の門人ではないが、本にして広めれば、さらに多くの人の力で医が前に進み、それによって救われる患者もまた増えると考え、佐野は歓迎していることを読み取る。

四 **木戸孝允「偶成」・王安石「仲永を傷む」**より。問㈠傍線部は「愚→如→不」の順番で読む。一つ下の字から上の字に返って読むときにはレ点を用いる。問㈡ウ以外は「才能」を、ウは「教育」を指している。問㈢「つひにこれ衆人となるは、すなはち……至らざればなり。」の現代語訳をまとめる。理由を問われているので文末を「…から」などの表現にする。問㈣①Ⅰでは才能がある人について「才能をあてにして努力せず」「何もしなければ愚者にかなわなくなる」と、Ⅱでは「人から受ける教育が不十分」であれば「凡人」になるとそれぞれ述べている。どちらの文章も、もともとの才能を磨かなければ、その才能は生かされず、才能のある人ではなくなると述べている。②Ⅰでは、「人一倍努力」した愚者に、何もしなかった才子はかなわなくなるとある。一方、Ⅱでは「教育が不十分」だと凡人になると述べている。似たような事柄だが、才能を生かすために何をすべきかが異なるので注意して読み取る。③「愚守愚」は〔解釈〕によると「愚者は己の愚かさを知って人一倍努力する」である。つまり、人一倍努力した愚者のほうが、才能を持っていても磨かなかった者よりも、最終的には成功するというのである。

通釈 文章Ⅱ　仲永の幼少時の才能は、天から受けたものであった。その才能を受けたものは、(他の)才能のある人よりもはるかに優れていた。(それなのに)結局、凡人となってしまったのは、つまり人から受ける教育が不十分だったからである。彼は天から受けたその才能により、幼少時の賢さは大変優れたものであった。(しかし)教育を人から受けないので、かえって凡人となった。

今そのような才能を天から受けない人は、もともと凡人である。しかもその上、教育を人から受けなければ、凡人になることさえできなくなってしまうのである。

五 資料から読み取れることを具体的に示しながら、それに基づいて自分の意見を組み立てる。グラフの読み取りでは、特に目立った数値(最大・最小など)に着目してまとめる。「理想とする未来の社会」というテーマと選んだ資料をうまく関連づけられるよう注意すること。

山梨県

問題 P.131

解答

一 一、アしょうれい　イみんよう　ウくったく　エかか　オそで　二、ア約束　イ鉄棒　ウ宝庫　エ預　オ鹿　三、うかがいます

二 一、ウ　二、エ　三、(そのために、)ぶどうの研究を継続し、栽培管理のポイントを記載した手引きを更新しています。(37字)

三 一、ア　二、エ　三、イ　四、相手の立場、状況、理解力、知識の違いに応じて、相手が理解できる働きかけを適切に行うこと。(44字)　五、B想定外を想定　C「弱い人工知能」　D人との相互作用を通して知能の本質に迫る(19字)

四 一、わたらい　二、何ぞ必ずしも安道に見えんや　三、A戴安道と一緒に月を眺めよう(13字)　B夜も明けて月も傾いてしまった(14字)　四、イ

五 一、エ　二、身体をどこ　三、ア　四、A視線が交わっている　Bこの人には負けたくないという闘争心(17字)　五、ウ　六、(例)

私は保健委員会に入り、学校をきれいで安全な場所に保つ活動に取り組みました。私の役割は、手洗い場のせっけんや学校中に置かれた消毒液の補充を行うことです。はじめは有志の委員で週一回の補充をしていましたが、それでは追いつかず、週の途中で空になってしまうことが課題でした。そのため私は毎日の休み時間の見回りを全委員で担うことを提案し、担当表を作りました。自分の役割をまっとうするためには、自分から動くことはもちろん大切ですが、そのうえで周りに協力してもらうこともとても重要だと考えます。

解き方

一 三、「参ります」などでもよい。

二 一、アは「繰り返して紹介している」が不適。イは具体的な数値の引用はあるが両品種とも同程度で「相違点」ではないため不適。エは録画した紹介の内容に参考資料の記載がないため不適。二、アは[1]がBさんの考えではなく、サンシャインレッドの紹介であるため不適。イはこの紹介が、サンシャインレッドに「多くの人が興味を」もてるよう作られたものであることから、相手の反応を促す「呼びかけや問いかけ」によって自分の主張に「納得」してもらうという説明は不適。三、ノートの一部の「現状」の項目に着目。「話すように書きなさい」という指示に注意。

三 **川村秀憲・山下倫央・横山想一郎「人工知能が俳句を詠む　AI一茶くんの挑戦」・高橋宏知「生命知能と人工知能　AI時代の脳の使い方・育て方」**より。一、空欄前までは俳句や句会の話題であり、空欄以降は俳句を扱う人工知能を作る理由へ話題が変わる。二、第二段落の終わりに「人と人との相互作用こそが俳句の真髄」とあり、続く段落では「人に交じって人と対等に句会に参加できる人工知能を開発することがゴール」とある。三、筆者の求める「強い人工知能」に必要な要素を、傍線部の前の段落から次の段落までを踏まえて捉える。イは傍線部の次の段落の内容と合致する。ウは傍線部を含む段落にあるように、筆者は俳句を客観的に評価できる人工知能を作りたいのではなく、俳句を通して「本質的な知能」をもった人工知能を作りたいと考えているため不適。四、俳句の評価や批評のためにできる必要があることが傍線部の次の段落で説明されている。五、B資料の第二段落の内容。Cメモの「人との相互作用に耐えられない」人工知能については、本文の第三段落に「弱い人工知能」とある。Dメモの「これからの人工知能」については、本文の最後の二段落で述べられている。

四 **浅井峯治「唐物語新釈」**より。三、Aは歌の前半部分に着目。Bは「夜も明け……立ち帰りける」とあることを踏まえ、王子猷にとって何が不本意だったかを説明する。四、アは「雪よりも」が不適。ウは問いかけた内容が不適。エは本文にない。

通釈 昔、王子猷は、山陰という所に住んでいた。世の中の暮らし向きのことに縛られないで、ただ春の花や、秋の月などにだけ心を寄せながら、多くの年月を過ごしていた。何かにつけて情趣を深く解する人だったので、空一面を覆うようにして降り続いていた雪がやんでようやく晴れ、月の光が澄みきって白々とした夜に、一人起きていて心が抑えがたく思ったのであろうか、高瀬船に乗り棹を水底に突き刺して船を進めながら、自分の心の思うままに戴安道

を訪ねて行くが、その道のりが長くて、夜も明け月も傾いてしまったのを、不本意に思ったのであろうか、ここまで来たとも言わないで、門のところから引き返したのを、なぜ(帰るのです)と言う人がいたので、

(戴安道と)一緒に月を眺めようと思いましたが、何としても人(戴安道)に逢うという必要はありませんとだけ言って、しまいに帰ってしまった。どれほど風流の心が深かったかは、これで十分理解できるにちがいない。この人(王子猷)の数戴安道は剡県という所に住んでいた。年来の友人であった。同じように風流に心を寄せていた人であったといいます。

五 **万城目学「十二月の都大路上下ル」**(「八月の御所グラウンド」所収)より。二、傍線部三段落あとの「…ような」に着目。三、イは、咲桜莉の言葉が助言ではないこと、そして傍線部直後の「私も楽しまないと」という坂東の気持ちが「友人のために頑張ろう」という選択肢の記述と合わないことから不適。ウは、本文に咲桜莉のフォームが「自分にはできない動きでうらやましく」とあるので不適。エは本文に記述がない。四、傍線部前後から、視線を交わす描写と、そこで湧き上がる「私」の心情を押さえる。五、アは「情景描写に色彩」が、イは「時間の……魅了」「一文を短く」が、エは「一喜一憂している」が、それぞれ不適。六、「自分の役目や役割を意識して取り組んだこと」について適切な材料を集め、具体的な取り組みと考えを書く。

長野県

問題 P.137

解答

一 (1)①さけ　②おとず(または おとづ)　③いったん(または ひとはし)　④もうまく　⑤じゅんじ　⑥さいげん　(2)Aイ　Bオ　(品詞)接続詞　(3)エ　(4)証明の核心を直観的につかむこと　(5)無意識的な形成過程を経ている　(6)(例)自分の好きな文学作品を読み深めようと、繰り返し読んでいるうちに、話の中の出来事やストーリーを思い浮かべるのではなく、作品に込められたメッセージを一挙に捉えることができる。(85字)

二 (1)エ　(2)ア　(3)iウ　iiエ　iii充実感は、何かに一生懸命取り組んでいる中で感じるもので、達成感は、活動の効果や成果を実感することだと、私たちは考えています。(62字)

三 ①(誤)日　(正)干　②(誤)再　(正)採　③(誤)誌　(正)史

四 (1)①とらえて　②くちおしけれ　(2)ウ　(3)i草の下には従者が歩くと跳ね上がるほど、思いもよらないくらいたくさんの水がある(38字)　ii屏風の絵　iiiCよもぎ　D香り　(4)ア・エ

五 (1)ウ　(2)イ　(3)私に聴かせ(または 私に聴か)　(4)エ　(5)ひとりの子どもの声から、応援の声が次第に広がっていく情景(28字)　(6)ア　(7)言い訳をし、課題から逃げようとしていた自分を乗り越え、ずっと憧れていた名晋の音楽を表現することができ、満足した気持ち。(59字)

解き方

一 **信原幸弘『「覚える」と「わかる」 知の仕組みとその可能性』**より。(3)アは、[3]段落が[2]段落の具体例ではあるが「否定」ではないので不適。イは「疑問を解決し」が不適。ウは、[5]段落が「筆者の個人的体験」ではなく、証明問題を解くなかで一般的に体験する事柄なので不適。(4)[4]段落から[5]段落の「本当にわかる」ことについての話題のうち、[5]段落の「証明の本当の理解には…」の一文に着目する。(5)知覚と直観どちらにも共通することが入る。[8]段落のはじめに「知覚と同様のことが、直観でも生じている。」とあり、そのあとの「さきほど述べたように…」以降、および直前の[7]段落の内容に着目。(6)条件が複雑だが、最終的に「条件1を繰り返していると、条件2ではなく条件3を一挙に捉えることができる。」という形になる。

二 (1)「僕もだよ。」から共感していることが分かる。発言の終わりに「どんなものなのだろう」とあるので結論は出していない。(2)直前の川原さんの「二人の体験で……つまり…」に着目。(3)i発表原稿の第二段落に着目する。ii発表原稿のエ直後に「アンケートで聞きたいことについてお伝えします」とある。iii話し合いの、川原さんの二、三番めの発言に着目する。「つまり」の直後で充実感と達成感についてそれぞれまとめられている。これらを踏まえて、発表原稿の形式に合わせて記述する。

四 **清少納言「枕草子」**より。(1)歴史的仮名遣いを現代仮名遣いに直す問題。①語頭・助詞以外のハ行はワ行に直す。②助詞以外の「を」は「お」に直す。(2)牛車の中に入り、折ろうとして「はづれ」たものである。(3)i平山さんの、作者は「意外性を感じて心動かされている」という発言をヒントに文章Iを見る。草が生い茂っている下に「思いもよらないほどの水」があった点に作者の驚きを読み取る。ii文章IIで作者の見ている情景を「屏風の絵に似て」とすることから、屏風の絵が情報源であったことが分かる。iii文章Iではよもぎの視覚的な様子に心を奪われた作者だが、文章IIIではその「かをり(=香り)」に心ひかれている。(4)イは、体言止め、擬人法ともに使われていないので不適。ウは「第三者の立場から」が不適。

通釈 〔文章I〕　五月頃に山里を(牛車で)動きまわるのは、たいそう趣がある。草葉も水もあたり一面たいそう青く見えているが、表面は変わった様子がなくて、草が生い茂っているところを、長々と、縦一列に(たどって)いくと、その下には思いもよらないほどの水が、深くはないけれど(あって)、従者などが歩くと、(その水が)跳ね上がるのが、たいそう趣深い。

左右にある垣根にある何かの枝などが牛車の屋形に入り込むのを、急いでつかんで折ろうとするときに、さっと過ぎて外れてしまったのは、たいそう残念だ。よもぎで、牛車に押しつぶされたのが、車輪の廻るのに(くっついて)、近くにかかるのもたいそう趣がある。

〔文章II〕　四月の月末に、長谷寺に参詣し、(渡し船で川を渡る)淀の渡りというものをしたところ、舟に牛車を置いて乗せて行くと、菖蒲、菰などの先が(水面から)短く見えたのを、取らせたところ、(実際は)たいそう長かった。菰を積んだ舟が行き来する様子は、たいそう趣があった。「高瀬の淀に」と(いう和歌)は、これ(この情景)をよんだようだと見えて。五月三日に帰ったところ、雨が少し降ったなかで、(五日の端午の節句のために)菖蒲を刈るといって、笠でたいそう小さいのをかぶりながら、すねを長々と出している男、子どもなどがいるのも、屏風の絵に似ていて、たいそう趣がある。

〔文章III〕　節句は、五月(の端午の節句)に及ぶ月はない。菖蒲、よもぎなどが香っているのは、たいそう趣深い。

五 **オザワ部長「空とラッパと小倉トースト」**より。(1)「抑揚」は反対の意味の字を組み合わせた熟語であり、同じ構成はウの「凹凸」。アの「摩擦」はいずれも「こする」の意味。イの「佳作」は上の字が下の字を修飾している。エの「観劇」

は動詞と目的語の組み合わせ。(2)傍線部の「素直に表現する」「正直な」が、イの「歯に衣着せぬ」と合致する。(3)アリスは全国大会で演奏する夢は破れたが、「決意」を胸に子どもたちに向けて演奏するのである。(4)アリスは1回目のソロを終えたあと「ホッとして」安堵する。その直後に「問題は……出せるかな」とあることから、アリスが「不安」になっていることが分かる。2回目のソロで「表情は明らかに緊張していた」「緊張感から手に汗が…」とあることから「緊張」が読み取れる。(5)「小さなロウソクの炎」は声援のきっかけとなった「ひとりの子ども」の声をたとえている。それが「まわりのロウソク」、つまり周囲へと広がっていったのである。(6)アリスの2回目のソロの場面で「アリスは……現実から逃げようとした」が、美森がトランペットを吹くことでアリスに力を与え、立ち直らせたことを捉える。(7)付せん1からは幼い頃から抱いている名晋の演奏に憧れる気持ち、付せん2からは「指は動かないし…」と言い訳をして課題から逃げようとする様子を捉える。それらを経て、傍線部の幼いアリスが「拍手していた」ことから、アリス自身が自分に満足のいく演奏ができたことを読み取り、これらをまとめる。

岐阜県

問題 P.143

解答

一 ①あわ　②きょだく　③たくえつ　④はんぼう　⑤いこ　⑥似　⑦演　⑧警察　⑨勤勉　⑩束

二 問一、エ　問二、エ　問三、ウ　問四、(咲桜莉が、)自分の走りを楽しそうと感じてくれていることを思い出し、足に勇気が宿ったような(感じを受けたから。)(38字)　問五、A二度と経験できないかもしれない　B味わわないともったいない

三 問一、ア　問二、イ　問三、A一方的　B人間的なかかわり　C科学の対象　Dいつくしむ　問四、ウ　問五、(接触面を通して)相手の自分に対する「態度」を読み取り、さまざまな接触的動作に移行する(こともあるため。)(34字)

四 問一、いわれけり　問二、ア　問三、A過ぎゆく秋　B趣がある

五 問一、くださった　問二、(例)

私は候補Aのちらしがよいと思う。

なぜなら、発表原稿に「雑がみのうち九割以上が家庭ごみとして捨てられています」とある点に着目したからだ。これはX市の取り組みが、全く市民に浸透していない結果だと思う。確かにBは誰が見ても分かりやすいかもしれないが、今回のちらしは市民の意識改革が最重要課題だと考えるので、具体的な数値を前面に打ち出したAがよいと思う。

解き方

二 **万城目学「十二月の都大路上下ル」**(「八月の御所グラウンド」所収)より。問一、傍線部は、二つの行為が同時に行われる様子を表す接続助詞「ながら」で、同じ意味のものはエ。アは「にもかかわらず」の意味の「ながら」。イは副詞「さながら」の一部。ウは「のまま」の意味。問二、傍線部は、上の字が下の字を修飾する構成の熟語。問三、このときの坂東の気持ちは、傍線部あとの段落にある。アとイは「留学生選手の走る姿を見続けていられない」が、エは「落ち着いている」が、それぞれ誤り。問四、設問文の「思い出し」と「足に」に着目し、「咲桜莉」に関連する記述を探す。傍線部3の三段落あとの「私は好きだよ……感じがして。」という「咲桜莉」の言葉を「思い出し」たのである。次に「足に」受けた感じについては、傍線部4の直前に「勇気が太ももに……宿ったように感じた」とある。問五、A空欄直前の「都大路のような大舞台」に着目する。B空欄直後の「図々しい気持ち」とは何かを考える。

三 **伊藤亜紗「手の倫理」**より。問一、傍線部は打ち消しの助動詞。イの「ない」は形容詞、ウとエの「ない」は形容詞の一部。問二、「抽象的」の対義語は「具体的」。問三、A「相互的」の対義語が入る。B「物的なかかわり」の反対概念が入る。C患者の体を「さわる」という場合、医師は患者の体をどのようなものとして見ているのか。「もっとも…」で始まる段落に「患者の体を科学の対象として見ている」とある。D「一点物のうつわ」に「ふれる」場合については、「同じように…」で始まる段落に説明がある。「いつくしむようにかかわる」と書かれている。問四、傍線部直前の「この出会いの相互性」に合致する選択肢を選ぶ。アとイは相互性として述べられている「気体側のアプローチ」がない。エは「人の意志がなくても」が誤り。問五、傍線部を含む一文の指示語「こうしたこと」に着目し、傍線部の前の部分から、接触面を通して「読み取」ることと「すること」を捉え、指定字数でまとめる。

四 **「十訓抄」**より。問二、「後京極摂政、宮内卿を召して……御尋ねありける」とあるので、後京極摂政が宮内卿(家隆)に対して尋ねた場面である。問三、A直後の「惜しむ心情」に着目し、十五夜の名月以外に惜しむものを、民部卿の和歌の現代語訳から抜き出す。B前後の「前々からこの歌を……と考えていた」に着目し、和歌のあとから同じ内容の現代語訳を探す。

通釈　近頃の和歌の名人には、民部卿(藤原)定家、宮内卿(藤原)家隆といって、名人の双璧といわれた。その頃、「私も、私も」と好んで歌に打ちこむ人は多いけれど、誰も、この二人には及ばなかった。

ある時、後京極摂政が、家隆をお呼びになって、「この世に歌人が大勢知られる中で、誰が優れているか。心に思っていることを、正直にお話しなされ」とお尋ねがあったので、(家隆は)「誰も優劣のつけようがございません」と申し上げたが、心に思っていることがありそうなのを、(後京極摂政が)「さあ遠慮なく、遠慮なく」と、ひたすらお尋ねになったので、(家隆は)懐から畳紙を落として、そのまま退出してしまった。(後京極摂政が)その紙をご覧になると、

この十五夜が明けると、秋の半ばが過ぎてしまうだろう。傾く名月が惜しいだけではない。過ぎゆく秋も惜しいのだ

と書いていた。

これは定家の和歌である。前々から、このようなお尋ねがあるとは、どうして分かろうか(、いや分かるまい)。もともと、この歌を趣があると思って、紙に書いて持っていたのだろう。

静岡県

問題 P.147

解答

一 問一、あはば　い察　問二、ウ　問三、名前のもとになった灯台が、地球のまん中にあると思ったから。(29字)　問四、ア　問五、イ　問六、出口のないトンネルにはいっていこうとしているみたいに感じていたが、島のひとたちが歓迎してくれている様子を

見たから。(57字)

二 問一、㋐おお ㋑宇宙 ㋒のうしゅく ㋓働 問二、ア・エ 問三、増える能力を持った物質が生命の元となっている点。(24字) 問四、ウ 問五、個体ごとに少しずつ遺伝子が違い、少しだけ能力にも違いがあって、子孫を残しやすい性質が集団内で増えていく現象。(54字) 問六、イ・ウ

三 問一、お客様によく質問されました 問二、ア 問三、来られた(**または**いらっしゃった) 問四、3 問五、商品の種類が非常に多く、売り場面積もかなり広い(23字)

四 問一、かたわら 問二、イ・エ 問三、利休が気に入らない茶入れはつまらない。問四、(利休は)割れて継目が合わないから興味深く感じており、そのままにしておくのがよい。

五 (例)
春は新学年を迎え「新たな友」との生活が始まる、つまり「道」をともに歩き始める季節だ。私は、春にはいつも、新しい友とうまくやっていけるだろうかという不安を感じつつ、それ以上に希望に胸ふくらませているように思う。桜の咲く頃の、明るく曇っている空の様子を表した「花曇り」という季語は、この入り混じった心情をうまく表現した語であると考えるので、私はBが適切だと考える。

解き方 **一** **杉本りえ「地球のまん中 わたしの島」**より。問二、「圧倒的」は「圧倒」(二字熟語)に「的」(接尾語)がついた熟語である。問三、二段落めに「灯子の名前のもとになった灯台が、地球のまん中にあると思うのはわるくない気分」とある。問四、空欄直前に「あそびにいくとき」とある。また、空欄直後の「冒険心をくすぐった」や「もどるところがあるから楽しめる」という表現を手がかりにする。問五、「祖母は大柄」で「背筋をしゃんとのばし堂々と立っている」のに対して「父は祖母のさらに後方で」「ひとりでぽつんと立っていた」とあることに着目する。問六、空欄を含む段落に「不安でたまらない」「出口のないトンネルにはいっていこうとしているみたい」とある。また、傍線部直前に「ここにくるのがいやでしかたがなかったわたしを、歓迎してくれている」とあり、自分をあたたかく迎えてくれている島のひとたちを見て胸がいっぱいになっている様子を読み取る。

二 **市橋伯一「増えるものたちの進化生物学」**より。問二、ア「おそらく」とエ「いまだに」は副詞、オ「しくみ」は名詞。イ「なる」は動詞、ウ「しかし」は接続詞。問三、「いずれにせよ…」で始まる段落に「増える能力を持った物質が生命の元となっているのはほぼすべての仮説で共通する」とある。問四、自然選択を受け、集団の性質がどんどん変わっていくことが生物的な進化である。空欄直前の「生物学的な進化」を言い換えて説明し直しているため「すなわち」が適切。問五、空欄の次の段落に、能力の多様性について「生物は同じ種であっても個体ごとに少しずつ遺伝子が違っていて、その能力にも少しだけ違いがある」とある。その二段落あとにも「子孫を残しやすい性質が集団内で増えていく現象が『自然選択』」とある。これらを踏まえてまとめる。問六、アは「地球の大陸では」が誤り。二段落めに「生命が生まれる前の原始地球の環境は、まだ大陸はなく、ほとんどが海」だったとある。エは「単細胞生物の中には進化をしないものもいる」かどうかは説明されていないため誤り。

三 問一、受け身の表現は「れる・られる」を用いる。問二、傍線部前の「お客様が困らないように……商品名と商品の置いてある場所を覚えることが必要でした」という「森さん」の発言を言い換えている。イは「新しい話題につなげる」が、ウは「疑問があることを伝える」が、エは「自らの見解との差異を明らかにする」が、それぞれ誤り。問三、目上の人を立てる時には尊敬語を使う。「来る」の尊敬語は「来られる」や「いらっしゃる」である。問四、「この店員の方のように」に着目。本文中から、店員が行った対応を具体例として挙げている箇所を見つける。問五、「商品名と商品の置いてある場所を覚えること」が大変だった点を押さえる。「商品の種類が非常に多い」や「売り場の面積にはかなりの広さが必要」といったメモの内容を踏まえてまとめる。

四 **藤村庸軒・久須美疎安「茶話指月集」**より。問一、語頭や助詞以外の歴史的仮名遣いの「は・ひ・ふ・へ・ほ」は、現代仮名遣いでは「わ・い・う・え・お」に直す。問二、文脈から主語を見つける。イの「催し」、エの「(秘蔵せられよとて)戻し」たのは「かたはらに有りける知音の人」である。一方「雲山といへる肩衝」を「所持」していたのは堺の人である。また「茶入れ見事なれ」と「称美」したのは千利休であるため、アとウが他と異なる。問三、傍線部直前に「休が気に入らぬ茶入れおもしろからず」とある点を踏まえる。問四、「継目も合はぬにてこそ利休もおもしろがり」「そのままにておくがよく候ふ」とある点を踏まえ、設問の条件に合うようにまとめる。

通釈 雲山という肩衝を、堺の人が所持していたが、利休などを招いて、はじめて茶の湯に出したところ、利休は、まったく気に入らない様子であった。亭主は、客が帰ったあと、今の世の中で、利休が気に入らない茶入れはつまらないと思って、五徳に投げつけ割ったのを、そばにいた知り合いの人がもらって帰り、自らつなぎ合わせて、茶会を催し、ふたたび利休に見せたところ、これでこそ見事な茶入れだと言って、とりたててほめたたえた。だからこのことをもとの持ち主に伝えて、茶入れを大切にしまっておきなさいと言って返した。
その後、前述の肩衝は、丹後国の領主が、大金でお買い求めになりまして、昔の継目がところどころ合わなかったので、つなぎ合わせ直しましょうかと小堀遠州へ相談しましたところ、小堀遠州は、この肩衝は割れまして、継目も合わないからこそ利休も興味深く感じており、評判高く世間に知られています。このような物は、そのままにしておくのがよいですよと申し上げなさった。

五 これまでに見聞した印象に残る具体的な体験や事柄を思い出し、どちらかの季語を入れた俳句から読み取った風情や情景をまとめる。

愛知県

問題 P.151

解答

一 (一)ア (二)ウ (三)イ (四)エ (五)二番目ア 四番目オ 六番目エ (六)エ・カ

二 (一)①ウ ②イ (二)エ (三)ウ

三 (一)ア・エ・オ (二)ウ (三)イ (四)ウ・オ (五)ア・オ

四 (一)エ (二)イ (三)イ (四)ウ

解き方 **一** **若林幹夫「社会学入門一歩前」**より。(一)傍線部前に「仮説は、それらと合致する事実があり、そしてそれらを否定する事実が見いだされないかぎりで……認められる」とある。イは「実験や観察によってすでに証明されている理論と矛盾しないように説明すること」が、ウは「ある仮説の真偽を実験や観察によって確かめ」が、エは「ある仮説を支持する事実が実験や観察によっ

て見いだされる」が、それぞれ不適。実験や観察によって否定する事実が見いだされないことが重要。㈡Aの前に「それに反する事実によっていつ否定されないともかぎらない」とある。「科学的な知」は完璧ではないと述べているのである。㈢傍線部直後に「現代の日本語では合理的……は、『効率的』や『効率化』という言葉とほぼ同じ意味で使われることが多い。だが……もっと広範かつ複雑なニュアンスがある。」とある。よってエの「合理的であるとは効率的である」は不適。また、筆者は合理的を「理にかなっている」ことだと述べ、「理」はそれぞれの価値観によって違うとも述べている。よってアの「合理的であるとは……公平であること」、ウの「大多数の人々にとって納得できる」は不適。㈣脱文に着目。「私たちは科学とその合理性を自らの判断において信じているのではない」と述べている。では、どうしているかというと、専門家や機関に自分の判断をゆだねているのである。㈤ア「そのように」、イ「そのような」、エ「要するに」、オ「確かに」、カ「しかし」のような、前の発言の内容を受ける語を含まないウが会話文の最初であることが分かる。アの「そのように」は、ウのよく分からないのに科学技術を使っているのが怖いという内容を受けているので、二番目はア。アを受けて、合理性の内容を話している力が三番目。その力を受けてオは、中身を理解しないまま信じることは不透明さをもっているということを指摘している。それを受けて、イは「便利だが理解できない不透明な領域の増大」とある。エは「要するに」と、全体をまとめて発言している。㈥アは「対立する……それぞれの考えがもつ欠点を明らかにし」が不適。欠点を指摘しているわけではない。イは「共通点を取り出して」が不適。ここでは合理性の違いを述べている。ウは「個人的な体験談をくわしく紹介しながら」が、オは「想定される反論に答えることを繰り返している」が、それぞれ不適。

二 ㈡「著」には、あらわす・いちじるしい、などの意味がある。㈢「泰然自若」とは「ゆっくりと落ち着いているさま」を表す四字熟語。

三 **辻村深月「この夏の星を見る」**より。㈠第4段落に「悔しい」「亜紗は、気づけなかった。」「いよいよ気持ちのやり場がなくなって」とある。イの「うそをつかれた」やウの「凛久との関係の悪化」は不適。㈡第6段落は、後輩の二人が亜紗を訪ねてくる場面である。二人が密かに行動していた内容を聞いて、亜紗はとても驚いているので、驚いている表現がないイとエは不適。アは「緊張しながら聞いている」が不適。この場面は緊張しているわけではない。㈢②の直前に「一年生たちのたくましさがあまりにまぶしい。」と肯定的な表現が使われている。アの「口をつぐむ」は、口を閉じて何も言わないこと。ウの「耳をそばだてる」は、よく聞こうとして注意を傾けること。エの「目を覆う」は、直視できなくて目をふさぐこと。㈣第4段落に「亜紗ちゃん、と晴菜先輩が呼んで、こちらを見ている気配がする。」とあるので、ウの「亜紗の気持ちには、気付くことができていない」は不適。また、オの「望遠鏡作りを完全に一年生に任せ」という内容は本文にない。㈤イは「回想場面を挿入して」が、ウは「思い出を語ることで、凛久のために何かをしたい」が、それぞれ不適。エは、「――」や「……」が、亜紗、晴菜、先生以外の会話にも使われているので不適。

四 **呉兢「貞観政要」**より。㈠「忠正」はまじめで正しい行い、「公清」は清廉潔白な、の意味。「当に須く……べし」で「ぜひとも……なければならない」の意味。アは「主君と家臣の信頼関係を大切に」が、イは「高位高官を目指すべきではない」が、ウは「役人が清貧の生活に甘んじる必要がある」が、それぞれ不適。㈡「禍福」はわざわいと幸せのこと。それは人の行為によってのみもたらされると述べている。アは「仕える主君による」が、ウは「家柄とは関係がない」が、エは「人の誘いに乗ることは、不幸を招く原因になる」が、それぞれ不適。㈢前半で例として出てきた欲深い鳥と魚の話を踏まえる。高い地位について多額の報酬をもらっておきながら正しい行いをしないのは、欲深い鳥や魚と同じである、と述べている。アは「弱肉強食」が、ウは「自分より強い者には逆らえない」が、エは「獲物を逃してしまう」が、それぞれ不適。㈣家臣がどのようにすれば長く富や地位を守れるかということについて、太宗が鳥や魚のたとえ話を用いて説明している。アは「鳥と魚を対比させながら」が不適。対比ではなく、同じもののたとえとして例に挙げている。イは「理想の主従関係を示した」が不適。この文章では、主従関係のことについては述べていない。エ「家臣との結束を強めるために昔の失敗談を語って」が不適。家臣を戒めるために話したのであって、結束を強めるものではない。また、鳥や魚のたとえ話は、昔の失敗談ではない。

通釈 太宗が、そばに控える家臣に言うことには、「昔の人がこのように言った、『鳥が、林にすんでも、それでもなお(その木が)高くないことを恐れて、さらに高い木の枝に巣を作る。魚は、水に隠れても、なお(その場所が)深くないことを恐れて、また水中の洞穴に住んでいる。それにもかかわらず人間に捕らえられてしまうのは、皆、餌をむさぼり食うからである。』と。今、家臣は、任を受けて、高い位にいて、多額の報酬を得ている。(そうであるからには)ぜひともまじめで正しい行いをし、清廉潔白な生き方でなければならない。そうすれば災禍や失敗もなく、長く富や地位を守ることができるだろう。昔の人は言う、『幸せになるか不幸になるかはどの家に来るという一定の入り口はない。ただその人の行動によって招かれてやってくるものだ。』と。だから自分の身を不幸にする者は、皆、財産や利益をむさぼるためである。あの魚や鳥と、何が異なるだろうか、いや同じである。お前たちは、この言葉を十分に味わって、これを戒めとするのがよい。」と。

三重県

問題 P.157

解答

一 ①いとな　②うなが　③かくちょう　④ぎょうしゅく　⑤短　⑥鳴　⑦看板　⑧若干

二 ㈠イ　㈡イ　㈢ウ　㈣心から夢中になれるものを持ち、それをひたむきに追いかけている那彩たちがうらやましかった(ことに気づいたから。)(43字)　㈤エ

三 ㈠②　㈡エ　㈢警戒心が強い　㈣D　㈤信仰の対象である高山に生息するため、狩猟の対象とならなかった(30字)

四 ㈠おなじように　㈡ウ　㈢家貧不常得油　㈣ア

五 ㈠イ　㈡(例)

私は、中学生と老人クラブの皆さんが一緒に歌いたい曲を話し合い、皆で合唱できるとよいと思います。なぜなら、「中学生と一緒に歌うことができて楽しかった」や「中学生と話ができず、残念だった」という意見があるからです。だから、中学生と老人クラブの皆さんが班になって好きな歌や思い出の歌を出し合い、一緒に話し合って合唱する歌を決め、それを歌う活動を行えば、老人クラブの皆さんに楽しんでもらえると思います。

㈢エ

解き方

二 瀧羽麻子「ひこぼしをみあげて」より。㈢傍線部のあとの方に「千春に、無理させてないかなって」「天文部、あたしが強引に…」とある。那彩は自分の過去の苦い経験から、友だちに自分の趣味を押しつけていないか気にしている。㈣点線部直後の「ああそうか」以降で千春が気づいた自分の気持ちが述べられる。㈤アは「相反する姿勢を示していた」が誤り。イの「過去の自分と向き合う」のは千春ではなく那彩である。ウは「語り手の目線で…」が不適。多くの描写は千春の目線で書かれている。

三 中村浩志「二万年の奇跡を生きた鳥　ライチョウ」より。㈠「登り」と②が四段活用、①は下一段活用、③はサ行変格活用、④は上一段活用。㈢傍線部のあとの二段落で、日本と外国のライチョウを比較したうえで、外国のライチョウの特徴を説明している。㈣脱文は「今日の里」が話題である。Dのあとの「それに対し、里に隣接した里山…」より、直前の段落の里がつくり出された経緯から里山の話題に移っている。㈤日本のライチョウが人間を警戒しない直接の原因として、「一体なぜ…」で始まる段落に、日本ではライチョウが「狩猟の対象とならなかった」ことが書かれている。その理由を筆者は、最終段落において「高山」というライチョウの生息域が日本文化では「信仰の対象」であったからだとする。以上の二点をまとめる。

四 本居宣長「玉勝間」・李瀚「蒙求」より。㈡一つ下の字から上の字に返って読むときにはレ点を用いる。二字以上返って読むときには一・二点を用いる。㈢車胤が夏に蛍を集めたのは、夜、暗いなかでも書物を読みたいが、家が貧しくて火を灯すための油を手に入れられなかったからである。㈣筆者は、もし油が手に入らなければ、近くの家に行き「ともし火」を借りなさいと言っており、そのともし火がたとえかすかだとしても、①よりまさっていると述べている。したがって、イ・エは不適。また②は、それ(雪や蛍)がない間は書物を読まなかったのか、という文脈である。ウの「冬夏」は「ない間」といえないため不適。

通釈　Ⅰ　中国に、むかし(いた)孫康といった人は、ひどく学問を好んでいたが、家が貧しく、(灯りをともすための)油を買うことができなかったので、夜は雪に反射する光で書物を読み、また同じ国の車胤といった人も、ひどく書物を読むことを好んでいたけれども、この人も(孫康と)同じようにたいそう貧しくて、油を得ることができなかったので、夏の頃には蛍を数多く集めて(書物を)読んでいた。この二つの昔あった事がらは、非常に名高く、知らない人がおらず、和歌にまでも数多く詠まれているものなのだ。

Ⅱ『孫氏世録』にいうことには、孫康は家が貧しくて(灯りのための)油がなく、いつも雪に照らして書物を読んだ。

Ⅲ　晋の車胤、通称は武子、南平の人である。(車胤は)まじめに学業にはげみ、ひろくたくさんの書物に目を通していた。家が貧しくていつも油を手に入れられるわけではなかった。夏になるとねり絹のふくろにたくさんの蛍を入れ、そのあかりで書物を照らして読み、夜も勉強した。

㈣　もし油が手に入らなければ、毎夜、近所の家に行って、ともし火の光をたのんで借りても、書物は読めるだろう。たとえその灯りが思うようにならず、かすかであるとしても、雪や蛍よりは格段にまさっているだろう。また一年のうちに、雪や蛍のある時期は、少しの間であるのに、それがない間は、夜は書物を読まないでいたのであろうか、まことに変である。

五 ㈠アは資料2で課題曲より童謡の回答のほうが多いので不適。ウは「九十五パーセント以下」が、エは「八割以下」が、それぞれ誤り。㈡具体的な交流会の項目はどれを取り上げてもよいが、そう考える理由と工夫の内容を、資料4と会話を踏まえて書く。解答例では合唱を取り上げ、前回の交流会のよいところと考えられる「一緒に」歌えたことは継続し、「話ができず、残念」という回答を踏まえて、皆で歌う歌を話し合いながら選ぶ、という工夫が書かれている。

滋賀県

問題 P.162

解答

一 1、エ　2、対象個体～のだろう　3、イ　4、チンパンジーが十分に鏡像自己認知ができたと考えられる状態を作り出すため。(36字)　5、鏡の中に他個体がいると認識すれば鏡を触るはずだが、実験前は鏡を知らないチンパンジーが、迷うことなく、一匹残らず鏡を見て自分の額の印に触れ、自分の指についた赤いものを調べようとしているから。(94字)

二 1、「風光る」は春の輝く日差しを表現するのに対して、「風冴ゆる」は冬の大気の冷たさを表現する点。(46字)　2、切れ字　3、夏　4、エ　5、(例)以前、本を読んでいて「運命の赤い糸」という言葉を知った。将来結婚する二人は、本人たちの知らない間に赤い糸で結ばれているという。私はこの言葉を知り、驚きを感じるとともに、人間の運命は偶然によるものではなく、大きな神のような存在に支配されているのではないかと思うようになった。

三 1、①胃腸　②裁判　③幕　④修　⑤製品　2、①たいせき　②こうけん　③しずく　④した　⑤あいまい　3、①ウ　②イ　4、①幸くあれ　②においける　③ア

解き方

一 幸田正典「魚にも自分がわかる――動物認知研究の最先端」より。1、空欄直後の段落の「迷わず自分の額を触るのは、鏡像は自分であると認識している」に着目し、「迷わず」の意味になる熟語を選ぶ。アの「自問自答」は自分で問いを出して自分で答えること、イの「東奔西走」はあちこち忙しく駆け回ること、ウの「四苦八苦」は苦労に苦労を重ねることで、どれも不適。2、「擬人化」とは、人でないものを人のように表現することである。猿の鏡像自己認知を擬人化した解釈は、二段落めの「対象個体に感情移入をして…」が該当する。3、チンパンジーが鏡を見たときの反応は、直後の段落に書かれている。「威嚇や攻撃的な振る舞い」、「腕を振ったり体を揺すったり」する「不自然な行動」、「口を開いて中を調べたり」自分の体を調べる行動の順になる。4、傍線部直前の「どうやら自分だと認識できるようになったようだ」を参考にする。5、最後から二番めの段落以降に着目する。すべてのチンパンジーが、鏡に映った額の印を見て、鏡像の印を触るのではなく、迷わず自分の額を触った。さらに、指についたものが何かを調べている、という要素を抜き出してまとめる。

二 神野紗希「俳句部、はじめました　さくら咲く一度っきりの今を詠む」より。1、直前の段落に、「風光る」は「輝く日差しに……春の光量を言いとめた季語」とあり、「風冴ゆる」は「大気が澄んでさえざえと吹き渡る風」とある。「さえざえ」は、「寒い寒いと耐える」とあるように、冬の寒さが身にしみる感じを表している。つまり「風光る」は春のまばゆい光、「風冴ゆる」は冬の冷たさを表している。2、俳句で句の切れ目に使われる「や」「かな」「けり」「よ」「ぞ」は「切れ字」という。3、「麦秋」とは、麦の穂が実り、収穫期を

迎えた初夏の頃のこと。4、傍線部②を「歳時記の言葉と現実の風景がつながる」と「世界の解像度がぐっと上がる」の二つに分けて考える。前者は、季語と現実の風景が重なることなので、イの「俳句で表現すること」、ウの「体験不足を補う」は、それぞれ誤り。後者は、「風一つとっても…」で始まる段落に「季節によってまったく違う表情が見えて」くるとあるように、アの「新たな俳句を生み出」すことではない。

三　3、**滝沢武久「子どもの思考力」**より。①Cの「つまり」は「発音したことば」を「発音できるようになったことば」と言い換えているため「転換」ではない。②「このやりとりで…」で始まる段落に「母親が子どものことばにたえず注意を向けて……機会あるごとにまねしてみせて」とある。アの「たまらず」とウの「おもわず」では、事前に意識していた行動とはならず、エの「たゆまず」では気を抜かずに努力して行う行為となるため、それぞれ不適。4、①「頭かき撫で」と「て言ひし言葉（と言った言葉）」を抜けば発言部分となる。②語頭と助詞以外の「は・ひ・ふ・へ・ほ」は「わ・い・う・え・お」に直す。③Aは「父母が私の頭をなでながら『無事でいなさい』と言った言葉が忘れられない」という意味。防人に行くことになった作者が、父母に「達者でいなさいね」と言って送り出してもらったことを思い出して詠んだ歌である。Bは、「あなたの心は、さあ、どうだか分かりません。でも、昔なじみのこの場所の梅の花は、昔と変わらない香りで咲いている」という意味。久しぶりに長谷寺に行った作者がなじみの家に立ち寄ったが、その家の主が「このように宿はちゃんとありますのに、あなたは長い間おいでにならなかったですね」と話しかけたことに対して「梅の花と同じように私の気持ちも変わりません」という気持ちを詠んだ歌である。イは「両親の長寿を願う」と「人の世の辛さ」が、ウは「梅の花の香りのかぐわしさを詠んでいる」が、エは「他人の過去の体験」が、それぞれ誤り。

京都府

問題 P.166

解答

一　(1)エ　(2)ウ　(3)おわしましけり・ウ　(4)㈠イ　㈡エ　㈢はるかに程へて

二　(1)ア　(2)ウ　(3)Ⅰイ　Ⅱカ　(4)灰（色）　(5)1　(6)す（んだ）　(7)イ　(8)Ⅰエ　Ⅱケ　(9)Ⅰア　Ⅱキ　(10)イ　(11)㈠感覚の～起こす　㈡ア　㈢美を求～とする　㈣Ⅰカ　Ⅱス

解き方

一　**橘成季「古今著聞集」**より。(1)傍線部は直前の「その相なし」を受けて「おぼつかなく」なったので、ア・イは誤り。ウは「一度も」が誤り。(2)A直後に「その相なし」とあるので、傍線部a直前の「鏡をとりて見給ひければ、その相なし」に着目する。B直後には「丞相の相あり」とあるので、一文めの「后町の井を……丞相の相見えける」に着目し、「鏡」と「井」の遠近を考える。(3)ウは助詞なので、現代仮名遣いで書いた場合でも同じ。(4)㈠「之を誉めて」は、一つ下の字から上の字に返って読むのでレ点を用いる。「陥すもの莫き」は、二字以上返って読むので一・二点を用いる。㈡傍線部aのあとの「その後しづかに案じ給ふ」に着目する。アは「宇治の大臣に……見てもらう」が、イは「位の低かった頃をなつかしんで」が、ウは「いくつかの井戸に確認」が、それぞれ誤り。㈢空欄直後の「大臣になった」に着目し、傍線部bの直前から九条の大相国が、どういう経緯で「大臣になった」のかを考える。

通釈　九条の大相国（藤原伊通）が（まだ）位の低かった頃、なにげなく后町の井戸を、立ち寄って底をおのぞきになった時に、大臣の人相が見えた。うれしくお思いになって（邸に）お帰りになって、鏡を取ってご覧になったところ、その大臣の人相はない。（見えたはずの大臣の人相が見えなくなったとは）どういうことかと不審に思って、また内裏に参上して、あの井戸をおのぞきになると、さっきのように大臣の人相が見えた。その後冷静に思案なさると、鏡で（顔に）近く見る時にはその人相はない。井戸で（顔を）遠くに見る時にはその人相がある。この事は、大臣になるということは遠い先のことに違いない。いずれは必ず大臣になれるのであろう、とお思いになった。はたしてずっと時がたってから（大臣に）おなりになった。この大臣は、すばらしい人相見でいらっしゃった。宇治の大臣（藤原頼長）も、特に依頼して人相を見てもらいなさったとかいうことだ。

二　**宮内勝「音楽の美の戦いと音楽世界」**より。(1)傍線部の前は「日常の事物は熟知されているはず」なのに「細部まではっきり思い出すことができない」ということ。細部とは、さらに前の「何色でどのような模様」かということである。(2)傍線部を単語に分けると「それ／に／深く／かかわる／の／が」となる。(3)「形のない事柄」＝抽象的な事柄を表すために作られた漢字は指事文字。カの「本」は「もと」と読み、形のない抽象的なものである。象形文字の「木」に、横棒を一本足して表したものが「本」である。キは会意文字、クは象形文字、ケは形声文字。(5)本文は、2段落の「意味の支配」と、4段落以降に述べられている「先意味的世界」の二項対立であることを捉える。脱文の「意味にとらえられている」状態は「意味の支配」であるので、4段落以降には入らない。(7)傍線部の「その」は、直前の「意味的同一的認識で済まされる」を指す。(8)Ⅰ傍線部は、直後に「出来事」という名詞（体言）があるので連体形。Ⅱ直後に名詞「こと」があるケが適切。(10)2段落では「言語」という具体例を挙げているのでアは適切。4段落では、これまでの「意味の支配」に対立する「先意味的世界」という新たな論を展開しているのでイは不適。5段落では「意味の衣」や「裸身」という比喩を用いているのでウは適切。7段落では二文めに「つぎのような……開かれるのではないか」と考察を述べているのでエも適切。(11)㈠空欄直後に「日常性は支えられている」とあるので、3段落冒頭「この事態が日常性を支えている」に着目する。指示語「この」が指す、直前の「感覚の……起こす」を抜き出す。㈡空欄の主語は、「先意味的世界」ではなく「意味の衣に覆われた世界」なので「意味の支配」に合致する選択肢を選ぶ。イは「感覚がざわめく」が不適。㈢空欄直後の「強い思いをこらえられなくなる」に着目し、同じ内容の表現を探すと、7段落五文めに「衝動を抑えることができなくなった」とある。直前の「美を求……とする」を抜き出す。㈣Ⅰ新聞を編集する際、「実際に起こった出来事を伝えるとき」には「自分が感じたこと」や「自分の考え」を表現してはいけない。よって、空欄Xが報道文、Yが随筆、Zが意見文である。

大阪府

問題 P.170

解答

A問題 一 1、(1)こうかい (2)あいさつ (3)こころ (4)あつか (5)弓 (6)重 (7)資格 (8)背景 2、ウ

二 1、ア 2、a都合の悪い環 b変えたり、広げたりする(11字) 3、イ 4、a同じ年に同じ株にできた b全滅する危険

三 1、イ 2、かえば 3、aイ bア

四 1、ウ 2、a抽象的で漠然 b回答の糸口さ 3、エ 4、完全に示したことにはならないが、部分的に明らかにする(26字) 5、イ

五 (例)

私が、新しいことに挑戦するときに大切にしたいと考えているのは、一気に目標達成することを無理に目指さないことです。私は昔、本を一冊読み切るのが苦手でした。しかし、一気に読み切るのではなく、一日に一章だけ読んでいこうと決めたら、少し気が楽になり、最後まで読み通せるようになったのです。目標のハードルを少しだけ下げると、新しい挑戦をたくさんしやすくなると思います。

B問題 一 (1)はさ (2)へだ (3)ゆうきゅう (4)げんしゅく (5)柱 (6)巣穴 (7)案外 (8)夜半

二 1、ア 2、ウ 3、イ 4、a明白なる達成を刻印する(11字) bさっぱりと

三 1、といていわく 2、ウ 3、イ 4、a手本 b相手のせりふを聞いた時に思い出してせりふを言う(23字)

四 1、A 2、ウ 3、(詠み手が、)情景や心に感じたことを十七音の言葉の組み合わせに変換し、読者が、それを読み取って自分の頭の中に詠み手の感じた情景や気持ちを再現する(こと。)(65字) 4、ウ

五 (例)

私が合意の形成に向けての話し合いを行う際に心がけたいと考えているのは、最終的な議論のゴールを見失わないようにすることです。話し合いではいろいろな意見が出るので、参加者が対立したり、感情的になったりして、迷走することがよくあります。しかし、初めに、最終的な問題解決の条件として何が必要なのかをはっきりさせ、それに沿うように意見をすり合わせていけば、皆が納得できる結論が出やすいと思うからです。問題解決のゴールに対する認識を一致させたうえで、話し合いの参加者全員が幸せになれる合意が形成できればと思います。

C問題 一 1、エ 2、鶯が春まだ浅いのに雪の降りかかる梅の枝で鳴いているという事実を、春になったので鶯が雪を梅の花と見まちがえているのだろうかという理屈の枠組みのなかにあてはめる(78字) 3、イ 4、ウ

二 1、ア 2、Aエ Bウ Cウ 3、同じような体験をした(10字)

三 1、(1)こと (2)てい (3)ちょうそ (4)反 (5)報 (6)骨子 2、水濁(レバ)則(チ)無(二)(シ)掉(レ)(フ)尾(ヲ)之魚(一)。

四 1、C 2、イ 3、ウ 4、(歴史が)自立したイメージ的な全体性をもち、現在と断ちきられたものとなり、自分たちの時代や社会を総体的、多角的に映し出す(ものになるということ。)(55字) 5、エ

五 (例)

私は、資料Aの言葉に、とても共感しました。なぜなら、私もおもしろい本にめぐりあえたときは、いつも新しくすてきな友人ができたように感じるからです。読書をすると、友人と話しているときのように、新しい価値観や知識を知ることができます。また、本が小説や漫画の場合は、読んでいると自分が登場人物と同じ体験ができているような感覚になり、まるで友人と遊んでいるときのように楽しい気分になります。これは、本の内容には、筆者の価値観や体験、気持ちが投影されているため、一人の人間の分身のような面を持っているからだと思います。私は、これからも読書を続けることで、たくさんの「新しい友」と出会いたいです。

解き方

A問題 一 2、ある物事に熱中する、という意味の四字熟語は「無我夢中」である。

二 **田中修「植物はすごい 七不思議篇」**より。2、二・三段落めで、「タネの大切な役割」は、「暑さや寒さなどの都合の悪い環境を耐えしのぐ」ことや、「生育する場所を変えたり、生育地を広げたりする」ことだと述べられている。3、直後の二段落の内容を押さえる。タネは「発芽したあとに根を張りめぐらせる」ため、「十分な水があることを確認して、発芽」する。さらに、種皮を分解する「多くの微生物」を必要とするとある。4、直前の段落に「同じ年に同じ株にできたタネ」が一度に発芽してしまうと「全滅する危険性」があり、アサガオのタネはいろいろな場所で何年にもわたりバラバラと発芽することが全滅する危険性を避けるのに役立っている、と述べられている。

三 **江島其碩「咲顔福の門」**より。1、直後に「焼炭は夏買へばやすし」とあるので、値段の話をしていると分かる。必要なときに物を買おうとすると値が張るが、必要とならない時期なら(誰も欲しがらないので)安く買えるということを言っているのである。3、傍線部の直前と直後の内容を押さえる。ある物をそれが必要とならない時期に買えば、「何によらずやすい」というが、ロウソクは昼も夜も「同じね」だったという内容になっている。

通釈 総じて物を買うなら、その時々に至っては高価な物であるから、焼炭は夏に買えば安く、晒などは冬買えば大分下値な(ものである)。万事に気をつけて、春いるものは秋買えば安い。冬いるものは夏買えば、何によらず安い。いやいやそうおっしゃるな。この間ロウソクを昼買いにやったけれど、夜買うのと同じ値段だった。

四 **金杉武司「哲学するってどんなこと?」**より。2、傍線部の前後に着目。「抽象的で漠然とした大きな問い」に対し、「回答の糸口さえつかめない」ときは、問いを「具体的な小さな問いへ置き換えて」みると「役に立つことがあります」とある。3、空欄前の「時間を直線で表す」のはある種の比喩だという内容に対して、空欄のあとで、この比喩を「どこまで文字どおりに理解してよい」のかと疑問を示しているので、逆接の「しかし」が入る。4、傍線部あとの内容を押さえる。「時間が空間に類するものであるかどうか」という問いに答えるだけでは、時間の本質を「完全に示したことにはならない」が、「部分的に明らかにする」ことはできるとある。5、直前で、「『時間』という主題に『空間』という対比物をあてがう」と、問いが具体化し「考える糸口」が生まれると説明されている。これは二段落めの「問いをより具体的な小さな問いへ置き換えて考えてみる」という筆者の勧める思考法の具体例として示されたものであることを押さえる。

B問題 二 **原研哉「白百」**より。2、前後の内容に着目する。「古い歌を下敷きにし、……詠む」という「本歌取り」という技法は完全な「独創」ではない。よって、「独創を是とする」という考えに立つなら創造性がない、ということに

なる。3、二段落めの最後の一文に、本歌取りは「時代を経て人々の意識の中に残ってきたものに、自分という個を重ね合わせていくことで見えてくる差異の中に、創造性を見出そうという着想」とある。これに合致するのはイ。4、a一段落めに、「創造や創発」には、「明白なる達成が……刻印される」という「人跡未踏」の地を踏むような手応えのイメージがあると書かれている。b最後の段落に、日本文化の中に育まれてきた創造性には「さっぱりと個を始末し、普遍に手を伸ばそうとする姿勢」もある、と述べられている。

三　金子吉左衛門「耳塵集」より。2、脱文の「答へて」は、ある芸者の「どのような心構えがあるのかお聞きしたい」という問いに対するものだと考えられるので、芸者の問いのあとのウの部分に入る。3、前後の文脈に合う言葉を考える。寄り合いや口論などのとき、「前もって言うことを考える」のではなく、相手の発言を聞いてはじめて返答が心に浮かぶのだと藤十郎は言っている。4、藤十郎の返答の内容を押さえる。狂言は日常が「手本」なので、けいこでせりふを覚えたうえで、初日に忘れ、舞台では日常と同じく「相手のせりふを聞き、其の時おもひ出だしてせりふを云ふ」ようにしているというのである。

通釈　ある芸者が、藤十郎に聞いて、私も人も、初日にはせりふがうろ覚えであるためか、うろたえてしまうのです。あなたは(初日でも)十日二十日も、やり慣れた狂言をなさるようです。どのような心構えがあるのかお聞きしたいです(と言う)。(藤十郎が)答えるには、私も初日は(あなたと)同じく、うろたえるのです。しかしながら、他人の目にやり慣れた狂言をするように見えるのは、けいこの時、せりふをよく覚え(たうえで)、初日には、もとから忘れて、舞台で相手のせりふを聞き、その時思い出してせりふを言うのです。その理由は、常々人と寄り合い、あるいは喧嘩や口論をするのに、前もって言うことを考えるということはない。相手の言う言葉を聞き、こちらも初めて返答が心に浮かぶ。狂言は日常を手本と思うので、けいこ(の時)にはよく(せりふを)覚えて、初日には(せりふを)忘れて(舞台に)出るのです(と言う)。

四　川村秀憲・山下倫央・横山想一郎「人工知能が俳句を詠む　AI一茶くんの挑戦」より。2、脱文は「文字で表現された内容」も「デジタルな情報」であると言える理由の直後に入ると考えられる。よって、直前に「デジタルとは飛びの値しかない整数のような値によって表現される情報のことを意味」する、と述べられているウに入る。3、傍線部の段落と直前の段落の内容に着目。エンコーダーは「アナログな情報をデジタル情報に変換する」もの、デコーダーは「デジタル情報から……アナログな情報を復元する」ものである。これを踏まえると、俳句は、詠み手が「情景や心に感じたアナログな情報」を、エンコーダーを使ったように「デジタル情報である十七音の言葉の組み合わせ」に変換したものと言える。逆に、俳句の鑑賞とは、読者が俳句という十七音のデジタル情報をデコーダーで変換するように、「自分の頭の中」に詠み手の感じた「情景や気持ち」というアナログ情報として再現していると言える。これらを、前後に合うように指定字数内でまとめる。4．最終段落に、「季語を用いることを条件」とし、読み手と鑑賞者双方に「季語の本意本情を理解しているという共有知識」があることで、十七音の俳句で「正確で効率の良いコミュニケーション」が成り立つと述べられている。

C問題　一　鈴木日出男「古代和歌の世界」より。1、「梅の花…」の歌が「感動をそのまま表そうとする(第一段落)ことを特徴とする『万葉集』の歌の例であることを押さえる。2、直前の段落で、Ⓧの歌は「事実」を「……なので……なのだろうか」という理屈の枠組みにあてはめて「再構成」している、と説明している。Ⓧの歌のなかでは、「鶯が春まだ浅いのに雪の降りかかる梅の枝で鳴いているという事実」を、理屈の枠組みにあてはめて、「春になったので鶯が雪を梅の花と見まちがえているのだろうか」と再構成しているのである。3、空欄直前に着目。「のどけき」はのどかな、「静心なく」は静まる心がなく、という意味なので、双方は「対照的」なひびきの言葉といえる。4、「従来…」に続く段落で、『古今集』の歌の表現」は「理屈っぽいという意味で理知的」「感動の間接的な表現とか、あるいは観念的な表現」と言われてきたが、その表現に感動がこもっていないわけではなく、「『万葉集』と『古今集』とでは、歌における感動のしかたが異なっているにすぎない。」と述べられている。

二　清水浜臣「泊洦筆話」より。1、「さまで」は、それほどまで、「おもはざりしに」は、思わなかったが、という意味。筆者は師の「こころあてに…」の歌を、それほどまでは秀逸な歌だと思っていなかったのである。2、A「不二は……見ゆる」と「ともなへる人(同行者)」に聞いたのは筆者である。B筆者に聞かれて、はるか遠くを指さしたのは同行者である。C遠くを指さして「あしこの雲のうちにこそ」と筆者に言ったのは同行者である。3、筆者は、見当で指さした場所より、実際の富士山の頂ははるか高くにあったという、師の歌と同じ体験をしたことで、師の歌をすばらしいと思ったのである。

通釈　私の師の歌に、

　(頂があると思って)見当をつけて見た白い雲(のあった
　場所)は(実際は)ふもとで、思わぬ上空に(現れたことだ
　よ。)晴れて富士山の頂が

この歌は、それほどまで秀逸であるとも思わなかったが、去る文化四年、自分が伊豆の温泉に入りがてら、熊坂の里の竹村茂雄のもとへ目指して旅立った頃、熱海の温泉を出発し、弦巻山の頂にさしかかったところ、浮き雲が西の空に立ち重なっていたので、同行者に向かって、富士山(の頂)はどこの雲の向こう側(にある)かと思われるのか聞いたとき、ずっと遠くを指さして、あそこの雲のなかに(あるだろう)と言ううちに、いつしか浮き雲が晴れて退くと、その指さして教えた雲よりははるかに高く、空にそびえてふり仰ぎ見るほどになったので、そうしてその時、師の歌を思い出して賞賛し申し上げた。

三　2、一つ下の字から上の字に返って読むときにはレ点を用いる。二字以上返って読むときは一・二点を用いる。

四　中村雄二郎「哲学の現在——生きること考えること」より。2、①空欄前の、歴史は現在と断ちきられたことで「特別な様相」をもつという事実を踏まえ、それは歴史が「益のないものとする根拠」とされたと空欄あとで認めているので、指摘されればそのとおりだと認めていることを表す「たしかに」が合う。③直前の、過去の事実の扱い方についての話題に対し、空欄あとでは歴史が「特別な様相をもった」理由という、異なる話題が続いているので、前の内容と比べつつ別の話題を示す「それにしても」が合う。3、直前の段落に着目。近代の「科学に範をとった実証主義的な方法」により、過去の事実や出来事を「科学の対象である物体と同じように明確に、しかしまったく対象化されておよそイメージ的全体性を失ったもの」ととらえたと述べている。4、同じ段落の内容を押さえる。筆者は、歴史は社会を「総体的」かつ「多角的に映し出す」鏡のようなものであり、歴史がそうあるためには「自立したイメージ的な全体性」をもち、

「現在とはつながらずにはっきり断ちきられた過去」であることが必要だと述べている。これらを指定字数内でまとめる。5、アは「歴史が、空想によって着色され、歪められているからではなく」が、イは「歴史は、想像力は用いず」が、それぞれ不適。ウのような内容は述べられていない。エが四段落め最後の二文と合致する。

五 解答例では資料Aの言葉を踏まえて、本は筆者の価値観などが投影されていて、人間の分身のような面を持っているため、良い本との出会いは新しい友人を得たことに通じる、という考えをまとめている。

兵庫県

問題 P.178

解答

一 問一、つわもの　問二、ア　問三、ウ　問四、イ　問五、(1)イ　(2)エ　問六、ウ

二 問一、エ　問二、命ジテ二門人ニ一鑽セシムレ火ヲ。　問三、aア　bイ　問四、イ

三 問一、イ　問二、エ　問三、増す　問四、ウ

四 問一、③す(け)　⑤あら(い)　⑧ほどこ(し)　問二、4　問三、④ア　⑥ウ　問四、イ　問五、エ　問六、ア　問七、気に入　問八、イ

五 問一、Aウ　Bイ　Cア　問二、成熟し　問三、ア　問四、エ　問五、家や村　問六、エ　問七、ウ　問八、集団の効用　問九、イ

解き方

一 問一、Ⅰは松尾芭蕉の有名な俳句。空欄部には「兵」が入る。歴史的仮名遣いは「つはもの」だが、設問に現代仮名遣いで書くとあるので注意。問二、「切れ字」は俳句における表現技法。「や」「かな」「けり」などを用いて強調や詠嘆を表したり、リズムを作ったりする。イの「置き字」は漢文を訓読するときに読まない文字、ウの「接尾語」は語尾につくもの、エの「接続語」は前後の文や語句をつなぐ言葉である。問三、Ⅱの「春雨」は冬から春への移り変わりにしとしとと降る細かい雨のこと。春雨が「降るとも知らず」、つまり「降っているのかわからない」とある点に着目。問四、Ⅲの句とその意味に着目して、事の経緯が省略され、結末だけが詠まれていることを読み取る。問五、(1)会話文のなかで、生徒Cが「『雨』が降って『傘』が開くという景色は、月並みなものだから、句に深みを生む表現とは言えない」と指摘していることに着目。同じように、生徒Dの句も「春風」と「たんぽぽ」が月並みな組み合わせになっている。(2)ありきたりの情景にならないように、句を改善する。問六、アは「生徒Aの説明」ではなく、切れ字の「や」が「間」についての解説の根拠となっているため不適。イは「知識の深さが賞賛される」が、エは「助言を求めた」が、それぞれ誤り。

二 邯鄲淳「笑林」より。問一、「暴かに」は「急に」という意味である。アは「激しい」を、イは「度を越す」を、ウは「あばく、さらす」を、それぞれ意味する。問二、一つ下の字から上の字に返って読むときにはレ点を用いる。二字以上返って読むときには一・二点を用いる。問三、a「之を催すこと急なり。」とは、「これ(火を起こすこと)を急きたてる」といった意味。門人に火を起こすことを急かしているのは、アの「某甲」。b「求」の主語は「我」。「火具」(火をつける道具)を求めている「我」とは、火をつけることを某甲に命じられているイの「門人」である。問四、孔文挙の発言に着目。火があるなら火を起こせと命じるはずがないので、召し使いの意見が状況と矛盾していることを読み取る。

通釈 ある人が夜に突然重い病になり、召し使いに火を起こすよう命じた。その夜はとりわけ暗く、急げとひどく急き立てた。召し使いは激しく怒って言うことには、「ご主人さま、そんなにお責めになっても無理です。今晩は漆のように真っ暗ですから。どうして火を持って私を照らしてくださらないのですか。(そうすれば)きっと火を起こす道具を探せます。そのあとであれば容易に火を起こせます。」と。孔文挙がこれを聞いて言うことには、「人を急き立てるにも正しい道理を教えるべきだなあ。」と。

三 「古本説話集」より。問一、古文では一月から三ヶ月ごとに季節が変化する。したがって、四月から六月は夏。問二、「手」は「筆跡・文字」を、「をかし」は「美しい・優美だ」を意味する。問三、日頃使っていた鏡を今日限りで手放すことに対して、売主である女がどのように涙を流すかを考える。問四、女の和歌をうけて、三河の入道が「いみじくあはれに覚えて、打ち泣」いたとある点に着目する。アは「三河の入道は恐ろしく感じた」が、イは「生活のために鏡を手放したことを人には言わないで欲しい」が、エは「昔から慣れ親しんだ鏡と別れる気持ちは言葉にできない」が、それぞれ誤り。

通釈 今となっては昔のことだが、大ききんで世の中がひどくすさんでいた年の、五月の長雨の頃、鏡の箱を、一人の女が、売りにきたときに、三河の入道のもとに、持ってきたので(呼び入れてみると)、金や銀の粉を散らして装飾した箱であった。(鏡の箱の)内側にある薄紙の紙を引き破って、美しい筆跡でこう書かれていた。

(使い慣れたこの鏡も)今日までと思うと、いっそう涙がこぼれて増すばかりだ。真澄の鏡よ、これまで見慣れた私の顔を、人には語らないでおくれ。

(三河の入道は)これを見て、ちょうど出家を考えている頃でもあったので、とても気の毒に思えて、たいそう涙を流し、米十石を車に入れて、鏡は売主に返してやった。召し使いの男が帰ってきて、「五条町のあたりの、荒れ果てたところに、そのまま置いてきた」と語った。誰の家だとも知らなかった。

四 髙森美由紀「藍色ちくちく　魔女の菱刺し工房」より。問二、「た・の・を・て」が付属語である。問三、④「ろくに」は、あとに打ち消しの表現を伴って、ある事柄がほとんど行われないさまを表す副詞。⑥「寸法」は、事を運ぶ順序・仕方のこと。問四、傍線部直後のより子さんの発言に着目する。アは「綾にはぜひ自分と同じ道を歩んで欲しい」が、ウは「寛大さに頭が下がる」が、エは「厳しい練習に励んだ日々が報われた」が、それぞれ誤り。問五、傍線部前後の流れを読み取る。「家族や大切な人に温かな着物を着せたい。」という家族を思いやる気持ちに気づき、「お父さん、パワハラ」や「ガッチガチの頭してると」と言った言葉を投げかけてしまったことに対して謝りたいと思っている。問六、傍線部前に父親に贈る菱刺しを完成させた「余韻が残った」とあること、傍線部あとで「八戸の工業大学で伝統デザイン勉強しようと思う」と父親に宣言したことを踏まえて選択肢を選ぶ。問七、綾の「素直に自分の気持ちを言えない。」性格を表している発言を探す。問八、アは「父親の過去の言動を許す気持ちを伝えられた」が、ウは「日頃の苦労をねぎらう気持ちを伝えられた」が、エは「夢の実現に向かって歩み出せる喜びを抱く」が、それぞれ誤り。

五 佐藤仁「争わない社会　『開かれた依存関係』をつくる」より。問二、「やがて」は副詞で、主に用言を修飾する。問三、

「市民権を得る」は、ある行為や考え方が広く知られ、一般的なものとして根づく様子をたとえた表現。問四、傍線部前から、指示語が何を指しているのかを読み取る。「国家を強大にし、人々に豊かさをもたらす」だけでなく「社会における個人の役割を大きくする一方」、「社会の中の共同的な要素を抑制する傾向をもつ」という流れに着目する。問五、傍線部直前に「江戸時代までの社会は『～家の～助』や『～村の～太郎』などという形」で自分の共同体に所属していたとある点を押さえ、これを言い換えている箇所を探す。問六、「前景化」とは、ある部分に焦点が当たること。問七、前後の内容に着目。「個人を真ん中におく発想」とは「個人の成功を、外部に頼らずに、内なる努力と工夫による独立した精神で成し遂げる」考え方のことである。つまり、直後の段落にあるように「個人の成功を『個人の努力』に還元し、国家の成功はそうした個人的な努力の積み重ねに過ぎないと考え」、「個々人の意思が国家の性質を決定する」ことである。問八、傍線部は直前の「合理的な個人は、なぜ自分の利益を犠牲にしてまで互いに協力することがあるのだろうか」という問いである。その二文前で「自分の利益」は「自分自身の効用」と言い換えられていることに着目する。問九、傍線部を含む一文の指示語「このように」が指す内容を直前の二段落から整理する。「競争の相手が自分の属する共同体の外に見出されるとき」「協力が強く促進され」「より上位レベルの競争に勝つことを目的に、下位組織のレベルで『協力』が促される」とある。

奈良県

問題 P.184

解答

一 (一)Aすで(に)　Bてんれい(な)　C勤勉(な)　D深(い)　(二)イ　(三)エ　(四)イ　(五)部族の寄合の場で、話し合いを平和裏に進めるために使われる杖。(30字)　(六)エ　(七)ウ

二 (一)ウ　(二)食料生産を減らすという意味。　(三)イ・オ　(四)ア　(五)生産—消費—廃棄という物質の循環自体が、環境のもつシンク・ソースの機能に負荷をかけない(経済システム。)(43字)　(六)ウ　(七)エ

三 (一)イ　(二)いいける　(三)ウ

四 ウ

五 (一)イ　(二)ウ　(三)(例)　私がすすめたい場所は、家の近くの高台にある、見晴らしのよい公園である。

　特に、そこから見る朝日の美しさは格別だ。うまくいかない時や沈んだ気分の時も、そこから朝日を見ると気分が明るくなり、またがんばろうと元気がわいてくるのだ。元気をくれる場所として、ぜひ友達にすすめたい。

解き方

一 **黒田未来雄「獲る　食べる　生きる　狩猟と先住民から学ぶ"いのち"の巡り」**より。(三)傍線部の前に、「ビーバーの歯を……彫刻刀として使っていた」「よく出来た刃物を上下の顎に生やしているビーバー」とある。「刃物」とは「歯」のこと。アは「剝がしてしまう」が、イは「簡単に倒す」が、ウは「大きな歯をもっている」が、それぞれ誤り。(四)「あやかる」とは、めでたいもの、幸福な人に似て自分も幸福を得たいと願うことを意味する。筆者は、木を齧って大きなダムを作るビーバーのひたむきさや強さを自分のものにしたいと願っている。アは「巨大な木をそのまま運び」が、ウは「ダムを美しく仕上げる」が、エは「ビーバーの賢さ」が、それぞれ誤り。(五)傍線部の段落に、「部族の寄合の場で使われる。」「話し合いを平和裏に進めるために大切な要素が全て詰まっている」とある。(六)筆者はビーバーについて「彼らは…」で始まる段落で、「辛抱強く、勤勉な生きもの」、続く段落で「ひたむきに打ち込む。絶対に諦めない。」と述べている。これはエの「不屈の精神」と合致する。アは「自然と共生している」が、ウは「自然の象徴である」が、それぞれ誤り。イは「北米先住民の風習に倣って……ビーバーの姿を彫る」が誤り。ビーバーの姿を彫るのはキースのアドバイスによるものである。(七)『できない…』で始まる段落は「…語りかけてくる」「…打ち込む」「…信じる」「…流木を彫る」と文末に現在形を用いることで、リズム感を生み出している。アは「倒置を用いる」が、イは「言葉を省略し」が、エは「筆者の感情の変化」が、それぞれ誤り。

二 **宮永健太郎「持続可能な発展の話——『みんなのもの』の経済学」**より。(一)動詞の連用形に接続助詞「て」を介してつく「いる」は補助動詞である。アとイは動詞、エは「感じいる」という動詞の一部。ウは「読ん(読み)」という撥音便についているので、「て」が「で」になっている。(二)「手を緩める」は、ゆるやかにすること。食料生産をゆるやかにするとは、食料生産を減らしたり、怠ったりすることである。(三)傍線部直前の「以上のように考えるならば」については、前の段落にまとめられている。つまり、ごみ問題とは「能力を超える量のごみが生じ」ることと「自然に還らないごみが生じ」ることである。(四)「現象面だけに注目した表現」とは「ごみがたくさん出ること」であり、筆者はそれを「帰結を表しているに過ぎず」と述べ、その原因が抜け落ちていると考えている。イは「キーワードとして用いることにとどまっている」が、ウは「解決策について言及していない」が、エは「原因のみを強調しており」「結果に触れていない」が、それぞれ誤り。(五)傍線部直後の段落に、循環型社会を実現するために「①物質が循環する」と「②物質循環の輪が自然循環に収まる」の二点を意識することが大切だとある。①については続く段落に「生産—消費—廃棄という円に沿って循環するような経済システム」が欠かせないとある。②については、「そして…」で始まる段落とそのあとの段落で「環境がもつシンク・ソースの機能に負荷をかけ続けるシステム」の問題点を指摘している。つまり、筆者は、環境がもつシンク・ソースの機能に負荷をかけない経済システムが望ましいと考えている。これらをまとめる。(六)I冒頭に「それに対して」とあるように、直前の段落にある「循環型社会」とは対照的な「非循環型社会」について述べている。アは「仮説を立てる」が、イは「多様な視点を示している」が、エは「内容を詳しく説明する」が、それぞれ誤り。(七)傍線部あとに「ごみ(問題)を議論することでもある」とあるように、筆者は「ごみ(問題)」と「資源(問題)」は同一であると考えている。アは「対極に……対照的である」が、イは「個別に循環して……それぞれ独立している」が、ウは「欠かせないもの……補い合っている」が、それぞれ誤り。

三 **紀貫之「土佐日記」**より。(一)傍線部直後で「土佐の泊。」と答えているので、ア・ウのように仮定形ではない。また、エのように逆接でもない。(二)語頭と助詞以外の「は・ひ・ふ・へ・ほ」は「わ・い・う・え・お」に直す。(三)「あはれ」とはしみじみと深く心に感じたことを表す。女は「昔、しばしありしところのなくひにぞあなる〔昔、しばらく住んでいた所と同じ名であるようだ〕。」と言って歌を詠んでいるように、以前暮らしていた地を思い出して懐かしんでいるのである。アは「景色が……似ていた」「安心」が、イは「景色

が……連想させる」「後悔」が、エは「人と同じ名」「悲しむ」が、それぞれ誤り。

通釈 景色のいい場所に船を寄せて、「ここはどこか。」と、尋ねたところ、「土佐の港だ。」と言った。昔、土佐といったところに住んだ女が、この船に乗り合わせていた。その人が言うことには、「昔、しばらく住んでいた所と同じ名であるようだ。ああ(懐かしい)。」と言って、詠んだ歌、

長年住んだ所を名に持っているので、寄せ来る波もしみじみと感慨深く見る

と言った。

四 糸へんを行書で書く場合、下の部分は左から順に書く。

五 (一)メモに「話に合わせて写真を表示する。」「間をおいて強調する」とある。(二)「二つの素敵な出会いがあります」と述べたあと、「一つ目は」「二つ目は」と順に説明している。アは「何度も問いかけながら」が、イは「たとえを用いながら」が、エは「接続する言葉」と「筋道立てて」が、それぞれ誤り。

和歌山県

問題 P.188

解答

一 〔問1〕①養　②拾　③報道　④看板　⑤おが　⑥かえり　⑦ぼんよう　⑧りんかく　〔問2〕カ　〔問3〕いらっしゃいますか(**または**おいでになりますか)　〔問4〕(1)ア　(2)欲レ窮メント二千里ノ目ヲ一

二 〔問1〕ウ　〔問2〕お互いの生存　〔問3〕皆が自分以～を送ること　〔問4〕(社会が全く存在しない状況を例として挙げることによって、)社会が存在する方が、個性を発揮して、活躍できる場が見つかる可能性が高いということを強調するため。(48字)　〔問5〕Ⅰア　Ⅱイ　〔問6〕自分の能力や運で自分だけの子孫を増やすのではなく、自分や他の人の能力を生かし合い、お互いの命を大事にしながら協力し、社会全体で子孫を増やしていくということ。(78字)

三 〔問1〕ウ　〔問2〕エ　〔問3〕愉快な気持ちから落ち着いた気持ちに切り替えて、黙禱に備えること。(32字)　〔問4〕エ　〔問5〕亡くなった人を思いつつも、過去は変えられないから、みんなが楽しむことを考えて、いまを明るく生きていこうと祈っていた。(58字)

四 (例)

制服姿の学生が校庭でクラウチングスタートの構えをしている。写真の真ん中に袖をまくった学生の手が写っており、写真の手前から奥に向かって白線が引かれている。ピントは学生の手に合わせられ、顔は写っていない。背景にはぼんやりと校舎が見える。

この写真を見て、私は、制服姿では校庭でクラウチングスタートを普通はしないこと、袖をまくっていることなどから「未知へのチャレンジ」を表現していると感じた。

解き方

一 〔問2〕Aの「清」は十一画、Bの「納」は十画、Cの「補」は十二画、Dの「棒」は十二画。〔問4〕(1)四句の詩は絶句。八句の詩は律詩。(2)一つ下の字から上の字に返って読むときにはレ点を用い、二字以上返って読むときには一・二点を用いる。

二 市橋伯一「増えるものたちの進化生物学」より。〔問1〕aの直後は具体例がでており、bの直後は「敵対していたら」と仮定になっているところに着目する。〔問2〕[5]に「協調的な行動が有利に働く」理由が述べられている。「協力し合うほうがお互いの生存に有利なっています」に着目。〔問3〕傍線部の次の段落に「これは大きな協力関係です」とある。「これ」は「職業」の具体的内容を指している。その直後に、皆が仕事をすることでできる内容が述べられている。〔問4〕傍線部は、直前の内容の具体例として述べられている。傍線部直前の「ほとんどの人は個性を発揮して、みんなの役に立てるのだと思います」に着目。社会が全く存在しない例を挙げることによって、社会が存在する方がより有利に生きられるという状況を示しているのである。〔問5〕Ⅰあとに続く文章は、いかに人間が協力して生きているか、ということについて述べられている。Ⅱ最終段落の「このようなやさしさの進化は……必然だったように思えます。」に着目。「やさしさの進化」がキーワードになっている。〔問6〕傍線部直前の内容に着目。人間以外は自分の力で自分だけを増やしてきた。人間はそうではなく、自分が生き残って増えるためには他の人の能力も重要だと考え、自分も他の人が生き残って増えることに貢献している。これらの内容をまとめる。

三 岸田奈美「飽きっぽいから、愛っぽい」より。〔問1〕「しっくり」とは、よく調和して落ち着く様子。その意味で使われるのは「ぴったり」である。〔問2〕空欄直前の「来たこともないのに、実家のような場所だ。」に着目。〔問3〕傍線部直後に「この愉快な気持ちを、外から来たわたしが引きずってはだめだ。」とある。黙禱が始まるまでは愉快な気持ちでいたが、黙禱が始まるので気持ちを切り替えて、落ち着いた気持ちでいようと考えたのである。〔問4〕傍線部直前に「わずかに鳴っていた波の音も、風の音も、あっという間に消えた」とある。サイレンに耳をゆだねたことによって全ての音が消え、本来なら聞こえるはずの自分の呼吸の音も聞こえなくなったのである。〔問5〕一代さんに話を聞いた場面に着目。「過去は変えられないから、いまを明るく生きる」「みんなが楽しめることだけを考えて、それで忙しくする」の二つを軸にしてまとめる。

鳥取県

問題 P.193

解答

一 問一、(1)とどこお　(2)べんぎ　(3)専ら　(4)容易　問二、③　問三、ア　問四、(1)御覧になって(ください)　(2)ない　問五、不レ知ルヲ為レ不レ知ラ

二 問一、イ　問二、ア　問三、創作した自分でさえもあまり読まなくなっていた『森の王国』を、きちんと読んでおもしろいと言ってくれる人がいたから。(56字)　問四、エ　問五、菊池さんに会って話ができなくなること。問六、菊池さんが自分の創作について心から称賛したことを、とてもうれしく思っている。(38字)　問七、イ

三 問一、Ⅰ環境負荷　Ⅱ財政負担　問二、ウ　問三、B　問四、日本は国土　問五、コンパクト＋ネットワーク　問六、政府や自治体が、自然災害リスクの低い土地へ立地誘導を進めることで実現する、環境、経済、社会が一体となった持続可能な都市。(60字)

四 問一、いえば　問二、ウ　問三、オ　問四、エ　問五、腹黒なる心

五 問一、イ　問二、ア　問三、(例1)

私は、「芸術」は私たちが普段当たり前のものとして見過ごしているものを、新しい視点で見せ、喜びや感動を与え、生活を豊かにしてくれるものだと考えます。

先日、地域の文化祭で、家の近くの風景を描いた絵画が

展示されていました。いつも見ている風景なのに、丁寧に描かれたその絵にとても感動しました。それ以来、その風景と、そこで営まれている私たちの生活が、愛おしいものに感じられるようになりました。

(例2)

「芸術」は、人を目の前のことに集中させ、心を落ち着かせる。

　美術の時間に、粘土で作品を作ったことがある。粘土をこねたり形を作ったりしているうちに、他のことはすべて忘れ、自分の世界に没頭していくような感覚になった。実はその日、朝から少しイライラしていたのだが、作品を作ったことで、心がすっきりしたのを覚えている。

解き方　**一**　問二、「体裁」とは、すがた・かたち、見かけ・外観、見栄・面目、という意味。問三、筆の穂先がどのように通ると下の白抜き文字で示された「の」がきれいに書けるかを、「筆の返し」を意識して比較するとよい。問四、(1)「見ること」の尊敬語は、「御覧」。(2)傍線部は打ち消し表現に呼応する。問五、読み仮名と送り仮名を参考に「知らざ(不)る」で一文字返るのでレ点。次に「知らず(不)と為す」も、末尾から一文字ずつ返るのでそれぞれレ点をつける。

二　**あさのあつこ「ハリネズミは月を見上げる」**より。問一、傍線部の「胸に落ちる」は「腑に落ちる」の類義語で、納得する、という意味。問二、直前の「父の何気ない一言」に着目。父の「母さんはそういうのに疎いからなあ」という一言は、擁護でも冗談でも諭すでもなく非難である。問三、傍線部の「だから」は、前の事柄を原因理由とすることが次に来ることを表す接続語。直前の段落で「わたし自身……めくることもなくなった。」のに、直後では菊池さんが『森の王国』をちゃんと読んで、おもしろいと言ってくれ」たから驚いたと解釈する。問四、傍線部4は「顔が赤くなる」の類義語で、恥ずかしさが表情にあらわれること。問五、「取り返しがつかない」とは、元通りに戻せない・どうにもならない事態に陥る、という意味なので、これより前の文章から最悪の事態を読み取り、具体的に説明する。問六、直後の「おざなりじゃない称賛」や、そのあとの「忘れずにいてくれて嬉しい。」に着目し、指定字数以内でまとめる。問七、本文中に擬態語は使われているが、一度も「擬音語」は使われていない。

三　**宇野仙「ＳＤＧｓは地理で学べ」**より。問一、Ⅰ「ヨーロッパ」についての説明は、第二段落の「背景にあったのは……開発による森林破壊や……二酸化炭素の排出量の増加……環境負荷が小さい公共交通機関を整備していこう」である。空欄直後の「軽減」に着目し、類義語の「小さい」の主語を導く。Ⅱ「日本」についての説明は、傍線部直前に「つまり日本の……行政の財政負担の軽減のため」とある。問二、「定義」とは、傍線部前の「具体的には、出産可能年齢の……以下に減る自治体」であり、よって「たった一つのデータのみが指標にされている」ことになる。問三、脱文の「自然災害の被害が少ない土地」に、日本人が生活してきた理由を述べている段落を探す。問四、図1「白い部分が可住地」に着目し、ヨーロッパと比較した一文を抜き出す。問五、空欄を含む一文に『防災』という観点を入れました」とあるので、図2の「防災のため」という観念から矢印が伸びている先が、これまでの「コンパクトシティ」の概念である。問六、図2の「限られた資源の集中的・効率的な利用で持続可能な都市」が基盤となる。さらに、「そしてもうひとつ…」で始まる段落に「日本独自の『コンパクトシティ』を志向する理由、それが自然災害です」とあるので、自然災害リスクにも必ず言及する。

四　**石川雅望「しみのすみか物語」**より。問二、「いかで」は、文末が命令形＋念押しの「かし」なので、なんとかして〜ほしい、という意味になる。問三、文末の「けれ」は已然形なので「こそ」が入る。問四、直後の「忘れて行きぬ」に着目し、旅人が忘れた物を考える。問五、妻は「旅人の包」を自分のものにしたいと思って「人を謀り」て「損をした」という内容を踏まえる。

通釈　地方をあちこち回って、絹の行商をする商人が、日が暮れたので、ある家の戸を叩いて、「宿を貸してほしい」と言ったところ、了承して、戸を開けて(商人を)入れた。家主の妻は、恐ろしい心を持っている人で、この旅人の荷物が重そうなのを見て、「なんとかして、この包みを忘れて行ってほしいよ。自分のものにしたい」と思って、家主に囁いて言うと、「茗荷を食べた人は、心がはっきりしない状態になって、物忘れをするものだ」と言うのを聞いて、おかずに、皆、茗荷を入れて食べさせた。さて商人は、夜明け方の頃に起き出して、出発して行った。妻は、旅人が忘れた物を見ようと思って、寝た所に入って見ると、何一つない。「食わせた茗荷は、きき目がなかった」と言うと、家主が、「いいや、茗荷は、きき目があった。大事なものを忘れて行った」と言う。妻が、「何を忘れたのか」と尋ねたところ、「私に払う宿賃を、忘れて去って行った」と(家主が)言うと、妻は、「その通りだ」と言って、ますます腹が立った。人をだまして、物を取ろうとして、かえって、自分が、損をしてしまった。腹黒い心は、使ってはいけないものであることよ。

五　問一、自分の意見や感想を発表せずに、他の人が発言しやすいように促している人を選ぶ。問二、Dさんの発言の最後の「発表しませんか」は提案である。

島根県

問題 P.199

解答　**一**　問一、1あお　2す　3きせき　4こうせつ　問二、1預　2除　3看板　問三、エ　問四、ウ　問五、ア

二　問一、イ　問二、鏡で自分を見るという行為　問三、1私たち人間　2特定の他者　3できるだけ多くの複数の意見を参考にし、さらに、他者の意見に流されないために、他者に共感できる自分の思いに正直であること。(60字)　問四、自己関係を組み込むことによって次々に変化　問五、エ

四　問一、ころおい　問二、香り　問三、青い葉・白い花　問四、朝露にぬれている明け方の桜(13字)

五　問一、ウ　問二、ア　問三、(例1)
私は友人との会話の中で花いかだを使ってみたい。この言葉を使えば、春の終わりの雰囲気を友人と一緒に味わうことができるからだ。この言葉は流れる桜をいかだにたとえてあり、散った花が流れる美しさを表している。これまでは、春の終わりの雰囲気を上手に表現できなかったので誰かに伝えることはなかった。これからは、この言葉で春の終わりの美しさを友人と共有したい。

(例2)

私は「せみ時雨」を自分で撮った夏山の写真の題に使いたい。その理由は、写真を見る人に、たくさんのせみの鳴き声を感じながら見てもらいたいからだ。以前、雨の降る景色を

写した「夕立ち」という題の写真を見たが、題から自然と雨音を想像できて、自分が写真の中にいるような気持ちになった。私も「せみ時雨」という題で、写真を見る人に、夏山にいるような気分になってもらいたい。

(例3)

「山よそおう」を選ぶ。私は俳句を作る際にこの言葉を使ってみたい。この言葉から、山が色とりどりの紅葉を身にまとっているイメージがわく。俳句に使えば紅葉に彩られた山の鮮やかさを表現できると思う。以前、クラスの句会で「山笑う」を使った俳句を作り、クラスメイトに春の山の明るさを上手に表現していると評価された。次は「山よそおう」を使って、秋の山の鮮やかさを表現したい。

(例4)

私は冬化粧を選びます。学級日誌を書くときに使いたいです。「校庭が冬化粧した」と書けば、本格的な寒さの到来を伝えると共に、校庭一面に真っ白な雪が降り積もった美しい情景を表現することができるからです。以前、友人が学級日誌に「若葉の季節となった」と書いていましたが、新緑を想像してさわやかな気分になりました。私も冬化粧で、雪の降った冬の情景の美しさを伝えたいです。

解き方

一 問四、「決して」のあとは文の終わりが「〜ない」となる。これを副詞の呼応という。問五、イは「しめすへん」で楷書だと五画、行書だと三画。ウは「いとへん」で楷書だと六画、行書だと四画。エは「くさかんむり」で楷書だと三画、行書だと二画。

二 **芦名定道「他者との関わりをバネに豊かな自分になる——キルケゴールの語る自己」**(「扉をひらく哲学」所収)・**今北純一「自分力を高める」**より。問一、この格言は、三日間というわずかな時間でも人間は変わることができるという意味。問二、「自己関係は鏡で自分を見るという行為が例として挙げられます」とある。問三、1A直後の「他者の意見に影響されることは自己形成にとって必要だから」に着目。Yで同じような表現をしている部分を探す。「他者からの影響は自己形成にとって欠くことができない」とある。2Yの「問題は…」で始まる段落に着目。「特定の他者への過剰な依存が自己の成長・形成を抑圧する場合」とある。3Yの「それに対する一つの答え」のあとに着目。「できるだけ多くの複数の意見……を参考にする」とある。また「さらに……他者に共感できる自分の思いに正直であることも大切」ともある。問四、Xのポイントは、人間は「常に変化のうちにある」ということ。これを踏まえて探す。問五、I・IIはどちらも、自分を見つめることについて述べており、IIはそれに加えて、自己形成における他者の関わりについても述べていることを押さえる。

四 **「建礼門院右京大夫集」・「和漢朗詠集」・清少納言「枕草子」**より。問一、語頭と助詞以外の歴史的仮名遣いは「は・ひ・ふ・へ・ほ」を「わ・い・う・え・お」に直す。問二、Aの「強く香ってくる」、Bの「よい香りを放っている」が共通点である。問三、「橘の葉の濃く青きに、花のいと白う咲きたる」とある。問四、「朝露にぬれたるあさぼらけの桜におとらず」とある。橘と比較されているのは桜。

通釈 C　四月の月末、五月の月初めの時節、橘の葉が濃く青くなり、花がたいそう白く咲いているのだが、雨が降っている早朝などは、またとないほど風情がある様子で趣深い。花と花の間から黄金色の宝石のように見えて、たいへんくっきりと実が見えているのなどは、朝露に濡れている明け方の桜に劣らない。

五 問一、この話し合いは、自由に意見を出すことが重要であって、結論を決める必要はないので、誰かの意見を優先しなくてもよい。問二、「木枯らし」という言葉を聞けば、季節特有の情景を想像することができる。ウは「誰もが知っているので全員に全く同じ印象を与える」が不適。季節特有の情景を想像することはできるが、それが全員同じ情景であるとは限らない。イは「好きな季節」が、エは「文字にすることでその言葉が一層魅力的になる」が、それぞれ不適。そのような内容はこの話し合いにない。

岡山県

問題 P.203

解答

一 (1)ⓓ包　ⓔ囲　(2)X感謝　Y手伝いや話すことを避けてきた(14字)　(3)ウ　(4)イ　(5)Xアイディアを出し合って自作弁当を食べる(19字)　Y友だちも斬新な弁当を作ること(14字)　(6)ウ

二 (1)恵み　(2)争わず　(3)ア　(4)①時間　②イ

三 ①ⓐみが　ⓒひんぱん　(2)C　(3)X誰かの真後ろに隠れるようにして　Y科学的知識　(4)①イ　②様々な種類の知識を学び、その知識を用いて「体」が収集した情報を分析して法則を導く(40字)　(5)エ

四 (1)食べられない部分　(2)エ　(3)ウ　(4)(例)食品廃棄物に占める食品ロスの発生割合が約62%と最も高いため、外食産業に着目しました。例えば、レストランで食べ残しをしないために、一度にたくさん注文せず、足りないときに追加で注文することを提案します。(99字)

解き方

一 **角田光代「明日の家族」**(「ゆうべの食卓」所収)より。(2)X傍線部の二つ前の段落で、理名は自分と母について「母に感謝している」けれど「なかなか感謝の言葉は言えず」と述べている。Y「実際に手伝ったりもしていない」「母と話すのもおっくうなのだ」に着目する。ここから空欄には、手伝ったり話したりしていなかったという内容が入ると分かる。(3)傍線部は二度めの「マジか」である。一度めの「マジか」は、予想とは違い、お弁当や食べ物が全く用意されていなかった状況に対しての言葉。二度めについては、直前で「時計を確認し」とあり、直後で「速攻で制服に着替え…」と急いで学校へ行く支度をしているので、学校へ行く時間が迫っていることが読み取れる。その状況に対して「マジか」と言っているのである。(4)「ぽつり」は擬態語である。擬態語とは、物事の状態・身ぶりを、それらしく表した語のこと。アの「体言止め」は、文や句を体言で終わらせること。ウの「倒置」は、語順を普通とは逆にすること。エの「擬人法」は、人間以外のものを人間にたとえること。(5)X傍線部前のお昼休みにお弁当を広げている場面で「アイディアを出し合いながら自作弁当を食べる。お昼休みが前よりだんぜんたのしくなった。」と述べていることに着目する。Y母からカレー弁当を「斬新ね」と言われて、玲佳の「おっかしなお弁当」としてつけ麺を紹介している。(6)アの「あらためて萌衣の弁当を見」たのは、萌衣が自分で作っているとは思えないような彩りも栄養もいい弁当で驚いたからであり、「萌衣のお弁当を参考にしようと」したわけではないので不適。イは「理名たちが普段……複雑な人間関係を強調」が不適。理名たちは楽しそうにお弁当について話しており、仲が良い様子が読み取れる。エは「母との会話をきっかけにお弁当のおかずのヒントを得たことを喜び」が不適。ウは、本文全体の内容に合致する。初めは「母と話すのもおっくう」に感じていた理名だが、お弁当作りをすることになり、玲佳や萌衣と自作弁当を見せ合う

のが楽しくなってきて「今度ママにも作ってあげるよ。」と話している。ここからは初めの頃とは違う、成長した理名の様子が読み取れる。

二　山田史生「哲学として読む　老子　全訳」より。(1)『利』のない」を直後で「イヤがる」と言い換えていることから、「利」は逆に「都合がよいこと」「得になること」といった意味であると考えられる。これと似た意味の言葉を二字で探す。(2)「水のような」生きかたとはどのような生きかたかを捉える。現代語訳に「水はあらゆる……争うことがない。」とある。この「争うことがない」にあたる言葉を書き下し文から探す。(3)傍線部あとで、水は「いちいち先を争わず、わざわざ場所をえらばない」とある。これが老子の考える水のようなありかたである。アの「与えられた役割」を「引き受け」ることは、つまり「場所をえらばない」ということである。(4)①資料に、「人も世も自然も不可逆的に推移する時間とともに」流れていくとあるので、「時間」を川の流れにたとえていることが分かる。②資料に「昼も夜も一刻もとどまることがない。」とあることに着目する。

三　町田樹「若きアスリートへの手紙――〈競技する身体〉の哲学」より。(2)Cのみが接続詞で、他は副詞。(3)X傍線部あとに「集団で競争状態にあるとき……誰かの真後ろに隠れるようにして走ろうとする傾向にある」と述べられている。Y空欄あとの「技術」とは「誰かの真後ろに隠れるようにして走」るという技術のこと。こうした技術が、何を根拠として習得されるのかを読み取る。傍線部の次の段落で「この技術(＝法則)は、空気抵抗や抗力に関する科学的知識がないと習得できない」とあることから、「科学的知識」を根拠として習得されるのだと分かる。(4)①イは、第三・四段落で「法則(＝コツ)をつかむためには」「実際に何度もパフォーマンス……情報を収集する」と述べられている内容に合致する。アは情報の収集だけにふれていて、『体』の修練と役割」についてふれられていない点が不適。ウは「各感覚器官を発達させるための」が、エは「場所や時間に関係なく」「肉体派になるための」が、それぞれ不適。②「心」の修練の内容が空欄に入ることを前後の内容から押さえる。「心」の修練については、第四段落で「体」によって「収集された情報を分析して法則を導き出すのは、『心』(知性)の役割」と述べられている。よって、この内容を指定字数に合うようまとめる。(5)冒頭の段落で「精神力」「技術」「体力」を同列のものとして論じる一般論に対して異議を述べたあとに、まず「心」と「体」があって「技」が生まれるのだという筆者自身の考えを、マラソンの例や筆者の大学時代の例を具体的根拠として示しながら説明するという展開になっている。

四　(1)「食品廃棄物」の中に「食品ロス」が含まれていることを捉える。空欄直後で『食品ロス』ではない」と述べていることに着目すると、空欄には、全体の食品廃棄物のうちの「食品ロス」には含まれないものがあてはまると考えられる。これを踏まえて資料Ⅰを参照すると、最後で「食品廃棄物には、食品ロスのほか……食べられない部分が含まれます。」とある。(2)空欄直後に「つまり、スーパーマーケットやレストラン……影響する」とあることに着目。この内容と資料Ⅱから読み取れることを正しく関連づける内容の選択肢を選ぶ。(3)友子さんは一回めの発言で、直前の康太さんの発言に対して「それは『食品廃棄物』の全体の数字だよ。」と誤りを指摘している。友子さんは二回めの発言でも「…提案として不十分だよ」と指摘している。(4)「条件」で書くことが細かく指定されているので、しっかりと押さえて書く内容を考える。解答例では、食品廃棄物に占める食品ロスの「発生場所」のうち、食品廃棄物に占める食品ロスの割合が約62％と最も高い「外食産業」に着目している。資料Ⅲからは、外食産業における食品ロスの発生要因は「作り過ぎ」や「急な予約キャンセル」「食べ残し」であることが読み取れる。そこで「食べ残し」を解消するための提案をしている。

広島県

問題 P.208

解答

一　1、㋐層　㋑静　㋒とうだん　㋓あこが　㋔とうじょう　2、イ　3、顔なじみ　4、ウ　5、「大人」の都合でとりあえずされるもので、回答者や子どものことを考えていない(37字)　6、Ⅲ近い距離で同じ空間にいることが奇跡のように思えた(24字)　Ⅳ遠い存在だと感じていた尊敬する人が、視線を向けながら、自分たちに向けた言葉を送ってくれた(44字)

二　1、性質　2、イ　3、ウ　4、気候変動に伴ってある生物の分布や性質が変化すると、それによりその生物と関係して暮らす他種の生物に、衰退や、時に絶滅を引き起こすほどの影響が及びかねないから。(78字)　5、(1)環境の変化に対する生物の反応　(2)イ

三　1、わく　2、エ　3、見ルニレ之ヲ　4、賜の行動を手本とすると、魯の国の人が自国の人を金を払って救っても、国からの金を受け取れず、自国の人を救うためには、自ら金を負担しなければならないことになる(77字)

解き方

一　辻村深月「この夏の星を見る」より。2、空欄前の「全員が顔を輝かせて」という表現に着目すると、気分が高まるという意味のイ「高揚感」がふさわしい。「本物の宇宙飛行士に会える」ことにわくわくしていたのである。3、綿引先生の親しげな態度に対し、「部員はみんなハラハラした」が、花井さんは驚いたり不快に思ったりする様子もなく、明るい表情になっていることに着目する。傍線部のあとを読んでいくと、綿引先生が「花井さんが登壇したイベントや著作のサイン会」に通って、「顔を覚えてもらった」とあり、深野が「要するに、熱心すぎる……それで顔なじみになるって相当…」と言っている。「顔なじみ」とは、よく見知っている間柄、という意味。4、空欄直前から、かなり驚いて叫んでいることが読み取れるので、驚きに目を見張る様子のウ「目をまん丸にして」が合致する。5、傍線部直後の二文に着目すると、「そういう質問」の説明として「大人がとりあえずする質問だ、という気がする」「花井さんのことも、当の子どものこともちゃんと考えていない気がする」とあるので、この内容を指定字数に合うようまとめる。6、Ⅲ④は、花井さんを見ている亜紗の様子である。空欄には、花井さんの話を聴いたり姿を見られたりしたこと以外の「ぽーっとなった」理由が入ると分かる。Ⓐのあとに、本物の宇宙飛行士である花井さんを目の前にして「そんな人とこの距離で同じ空間にいることが奇跡のように思えた」とある。ⅣⒶとの違いを押さえる。Ⓑの前で、花井さんは亜紗たちに向けて自分の経験や思いを語りかけていて、そのことにすっかり感動した様子を「あまりにぽーっとなりすぎた」と表現している。

二　西廣淳「気候変動に対する生物の反応」(気候変動適応情報プラットフォームHP所載)より。1、生物の何が「環境条件にうまくあっている」ことを「生物が環境に適応している」というのかを捉える。空欄前の「生物がおかれた環境

のもとで上手く暮らせる性質をもったものが生き残り」から読み取る。2、空欄前後の内容を確認する。前では、マルハナバチとエゾエンゴサクの例を挙げて、「温暖化のような気候変化」によって「生物は絶滅してしまうかもしれません」と述べており、あとでは、「気候変動が常に生物の絶滅をもたらすわけではありません」と述べている。空欄の前後が反対の内容であることに着目。3、選択肢の内容から、「進化の速度」と「世代時間」に着目する。空欄前の段落で、「進化」について、世代時間が短い生物は「高速に進み」、世代時間が長い生物は「速度が遅い」と述べられている。このことと、「気候変動は急速に…」で始まる段落の「生物が長期にわたって存続するため……進化する」を踏まえて選択肢を選ぶ。また、空欄の次の段落で、「過去の地球で生じた気候変動よりも速度が速い」ため「多くの生物にとっては存続を脅かす危機」だとあり、この内容と合っているウを入れるとうまく文章がつながる。アは、進化の速度と気候変動の速度の関係が逆なので不適。イは、「世代時間が短く」なることで「絶滅」するとは述べていないので不適。エは、「生物の世代時間が長ければ、遺伝子の変化が世代を超えて生じ」の部分が不適。生物の世代時間にかかわらず、遺伝子の変化が世代を超えて生じること、つまり「進化」は起こる。4、傍線部直前の「気候変動がもたらしうるこれらの変化は、間接的に別の種の衰退をもたらすかもしれません。」に着目する。また、三段落前でも、「気候変動に伴って……絶滅をもたらす」と述べており、このことに筆者が危機感を抱いていると読み取れる。5、(1)「変化、順応、進化」については第三段落で述べられている。(2)まずは会話の流れを捉える。田中さんが「気候変動による海水温の上昇によって魚が小型化する」という記事の内容をレポートに引用しようと提案している。しかし、木村さんが「魚が小型化しているのは、人間がかつてある時期にその魚の大型の個体を乱獲したからだ」という説を聞いたことがある、と記事の内容に反論している。そこで和田さんが、記事を引用するためには、この内容を裏付けるデータがあればいいと言っている。つまり、気候変動による海水温の上昇によって魚が小型化することを示すデータという内容が空欄Ⅱに入る。アは、「乱獲された時期に関係して、魚が小型化していることを示すデータ」があると、海水温の上昇とどちらが魚の小型化に影響があったのか分からなくなるので、不適。「海水温の上昇」だけが、魚の小型化に影響しているというデータでないと、記事の裏付けにならない。

三 **「呂氏春秋」**より。1、歴史的仮名遣いを現代仮名遣いにするときは、語頭と助詞以外の「は・ひ・ふ・へ・ほ」を「わ・い・う・え・お」に直す。2、「そのひと」と読み、前に出てきた人を指す。謝礼をする人なので、子路に助けられた溺者である。3、一つ下の字から上の字に返って読むときにはレ点を用いる。4、孔子は、賜が人を救ったときではなく、そのあとで金を受け取らなかったことを「間違っている」と言っている。賜が人を救って金を受け取らなければ、今後誰かを助けた人も同じように金を受け取れず、救出に使った金を自ら負担しなければいけなくなるので、人を助ける人が出てこなくなってしまう。そのようによくない影響を与えるので、孔子は賜を批判したのである。

通釈 孔子が言うことには、「賜はこれを間違っている。今からのち、魯の人は、(自国の)人を救出しなくなるだろう。その(国から支払われた)金を受け取っても、善行を損なうことはなく、その金を受け取らなければ、二度と(自国の)人を救出しない。」と。

子路は、溺れている人を救助した。救助されたその人はその謝礼をするのに牛を贈り、子路はそれを受け取った。孔子が言うことには、「魯の人は必ず溺れている人を救助するだろう。」と。

孔子はこのような物事を見るのに小さなことも気にして、成り行きを遠くまで見通していた。

山口県

問題 P.213

解答

一 (一)6　(二)4　(三)3　(四)あきらめずに工夫しながら、互いに伝えたいメッセージを伝え合うことができ、うれしく思う(42字)　(五)ころころ転～わっていく　(六)1　(七)2

二 (一)c　(二)3　(三)1　(四)対象によって満足感や感動を与えられている自分の状態を楽しむことはできる(35字)　(五)4　(六)2

三 (一)おおせ　(二)3　(三)Ⅰ多く仮名をもつてこれを書くⅡ草花の名前を漢字で書くと、人々が読めないだろうと予想していた(30字)

四 (一)幼稚園の先生の意見を反映させる(15字)　(二)他のクラスが行っていない創作活動であるうえに、交流活動の記念になるものを残せる(39字)　(三)4

五 (一)1おごそ　2かんきゅう　3陽光　4愛護　5承
(二)ア1　イ相 送 臨二高 台一　ウ4

六 (例)

私は、冒険という言葉がふさわしいと考えます。冒険には、未知の世界に飛びこみ、新たなものにふれる楽しさがあります。それと学ぶことの、新たな知識や考え方に出会う楽しさが似ていると思ったからです。

例えば、国語であれば、新しい言葉に出会うことによって、世界が広がります。また、その言葉に関連する疑問が新たにわいてきて、それを知るためにまた学びたくなります。

このように、私は、学ぶことは新たなものと出会い、わくわくする冒険のようだと思ったので、この言葉を入れました。

解き方

一 **眞島めいり「バスを降りたら」**より。(三)「不意を突かれる」とは、予期しないことが起こること。1の「泣きっ面に蜂」は、悪いことが起こっているときにさらに悪いことが起こること。2の「猫に小判」は、ありがたみの分からないこと。4の「渡りに船」は、必要なものや望んでいることが偶然そろうこと。(四)バスの中で伝えたいことが伝わったときの気持ちであることがポイント。ほとんど聞き取れなくて焦ったが、それでもあきらめずジェスチャーと日本語で乗り切り、最終的にはお互いに意思疎通ができたことがうれしかったのである。(五)傍線部直前に、ことばに関する説明をしている部分がある。(六)「奈鶴」は「奏」がドイツの大学院に合格したことを喜んでいる。2の「別れがより辛くなり」や、4の「引き続き家庭教師を続けてほしい」は不適。3は「『奏』が『奈鶴』との会話を通じてドイツ語の魅力に気づき」が不適。(七)奏先生にほめられてうれしかったという記述があるのだから、この物語は奈鶴の視点である。常体は、文末が「だ」「である」などの、敬語を使わない文体。敬体は「です」「ます」で終わる丁寧な文体。敬体で話していた奈鶴が、話に夢中になって「ことばって、なんか、おもしろいかも」と常体に変わっている。

二 **源河亨「『美味しい』とは何か　食からひもとく美学入**

門」より。㈠a「応じ」は上一段活用、b「感じる」は上一段活用、d「考え」は下一段活用。㈡「多種多様」は、種類や性質、状態、現象などがさまざまであること。1の「適材適所」は、その人の適性や能力に応じて、ふさわしい地位・仕事に就かせること。2の「絶体絶命」は、どうしても逃れられない困難な場合・立場にあること。4の「再三再四」は、何度も繰り返すこと。㈢「同じこと」とあるので、傍線部直前に着目。「ラーメンが他とどう違うか……という対象の価値が楽しめ、さらに、それに気づけたという経験の価値も楽しめる」とある。2は「すべての芸術作品に共通する価値を見出すことができ」が、3は「対象の価値が分からなくなる」が、4は「対象の価値を自分で生み出すことができるようになる」が、それぞれ不適。㈣傍線部のあとに「ラーメンによって満足感を与えられている自分の状態、自分の経験をポジティヴに評価することができる」とある。この部分を参考にまとめる。㈤傍線部のあとに「多くの人が『まずい』という食べ物や『ひどい』という作品を、自分は『おいしい』『素晴らしい』と思っている」とある。つまり、自分が素晴らしいと思っていても、他の人は悪い評価をしている例を考えればよい。㈥X段落の最後に「知識が増えると、……対象の価値に気づけるようになり、それが楽しみを増やすことにもなる」とあるように、ここでは経験の価値が対象の価値に与える影響について述べている。1は「共通点と相違点を解説している」が、3は「優劣について明確に述べている」が、4は『経験の価値』が『対象の価値』に含まれている」が、それぞれ不適。

三「**古事談**」より。㈠語頭と助詞以外の八行は「わ・い・う・え・お」に直す。㈡傍線部直前に「花の目録を書かしめて」とある。書かせたのは醍醐天皇である。㈢Ⅰ人々にからかわれたのは、前庭に植える草花の名前をひらがなで清書したからである。Ⅱ傍線部直前に「人一草の字をも知らず」とある。漢字で草花の名前を書いたら、誰も読めなかった。維時はそのことを予想して、わざと漢字で書かず、ひらがなで書いたのである。

通釈　維時中納言が、初めて蔵人に任命された当時、醍醐天皇が前庭に草花を植えさせるために、花の名前を下書きなさった。維時が、ひらがなをたくさん使ってこれを清書した時、(人々は)これをからかった。維時が、このことを聞いて言うことには、「もし漢字で書けば、誰がこれを読めるだろうか(いや、誰も読めない)」と言った。後日、醍醐天皇が、維時をお呼びになって花の目録を書かせて、これをご覧になって、漢字を用いるようにおっしゃった。維時がすぐにこれを書いて差し上げた時、人はどの草花の字かも知らなかった。競いあってこのことを質問した。維時が言うことには、「このようなことが理由で、先日はひらがなを用いたのです。どうしてからかいなさったのか」と言った。

四㈠「自分たちの考えだけではなく」に着目する。データ2は、幼稚園の先生の意見である。㈡空欄前の話し合いに着目。また、データ3からも「かるたづくり」を予定している他のクラスがないと分かる。

五㈡**王維**「**王右丞文集**」より。ア絶句は四句、律詩は八句で構成される。イ一つ下の字から上の字に返って読むときにはレ点を用いる。二字以上返って読むときには一・二点を用いる。ウ第四句に「君は歩みを止めずに去っていく。」とあるように、主題は友人との別れである。1は「すがすがしい気持ち」が、2は「自由に飛ぶ鳥たちの姿に憧れを抱いている」が、3は「豊かな土地が荒れ果ててしまったことを悲しんでいる」が、それぞれ不適。

徳島県

問題 P.218

解答

一(1)(a)はず　(b)もよお　(c)かんきゅう　(d)ひんぱん　(2)(a)放　(b)寄　(c)簡易　(d)提案　(3)荷　(4)ウ

二(1)全国大会で演奏する(こと)　(2)突然演奏を始めた美森が、アリスのソロをすべて覚えていたから。(30字)　(3)ⓐ名晋の音楽を聴かせてあげる(13字)　ⓑ自分の演奏に満足している(12字)　(4)イ

三(1)ウ　(2)エ　(3)Aどんなことにも自信をもって対処できる強さ(20字)　B勉強の仕方を勉強しておくこと(14字)　(4)5　(5)ⓐ過去の多くの時間に出会う　ⓑ他者との関係性を築く基盤(12字)

四(1)おおいて　(2)(a)半天にかかりて群山に越えたり　(b)色　(c)雪が積もっている　(3)イ

五(例)

(選んだ記号)ア

中学一年生のとき、授業中、うまく発表できなかった友達を笑ってしまうことがあった。しかし、自分自身が、部活動の試合で失敗を笑われたとき、悔しい気持ちでいっぱいになり、自分も友達に同じような思いをさせていたのだと気がついた。

このような経験から、自分がしてほしくないことは決して人にもしないと心に決めた。自分の何気ない行動が、人を傷つけているということを意識しなくてはならない。学校でも社会でも、相手を思いやった行動が増えると、誰もが安心して生活できる。これからも、相手の気持ちを考えて生活していきたい。

解き方

一(3)行書のくさかんむりは、本来の一画めをあとで書く。(4)傍線部の「みる」は本来の意味が薄れ、前の文節「考えて」に補助的な意味を添えている。「あげる・ある・いる・おく・くれる」などと同様に、補助の関係をつくる動詞。アは主語と述語の関係。イの「じっくりと」は副詞なので、動詞「見る」を修飾している。エは二つの形容詞を、助詞「て」でつなぐ並列の関係。

二 **オザワ部長**「**空とラッパと小倉トースト**」より。(1)傍線部直前に「そんな夢」とあり、その内容となる「全国大会のステージで……演奏する」をまとめる。(2)傍線部直前の「美森の……演奏に驚いていた」が理由である。その前の「美森はアリスの……覚えてしまっていた」にも着目する。(3)ⓐ空欄前の「今回のコンサートは特別」な理由は、リード文後半にあるように「保育園児だったアリス自身が……思い出深いコンサート」だからである。そしてアリスは「夢は……」で始まる段落にあるように「あのころ、名晋に憧れ、寂しい心を名晋の演奏でいっぱいにした幼い女の子」だった。だからこそ、「私に聴かせてあげるんだ、名晋の音楽を！」という気持ちで臨んだのである。ⓑ最後から二番めの段落の「アリスは十三年間の……音を吹き鳴らした。」に着目し、続く「両手を広げ、お辞儀をする」というパフォーマンスと併せて、アリスの心境を読み取る。(4)アは「心の声を交互に挿入」が誤り。イは、響のソロの場面の「とても一年生とは思えない……実力を見せつけた。」に合致する。ウは、アリスの二回めのソロで「頑張れって言われたって……頭の中はもう真っ白なんだよ」とあるように「子どもたちの声援

がきっかけ」で「落ち着きを取り戻し」てはいないので不適。エの「音楽用語」は、曲の難しさを説明しているだけで、「演奏技術の高さを鮮明にしている」わけではないので不適。

三 **池内了「なぜ科学を学ぶのか」・永田和宏「知の体力」**より。(1)点線部直後の「真偽・善悪を見抜き、知的に物事を認識する」に着目して、同義語を選ぶ。(2)アは「一定の結論を導き出す」が、イは「思いついたことを自由に」が、ウは「質疑応答を繰り返し」が、それぞれ誤り。(3)A空欄を含む発言の「スポーツを使った説明」が書かれている段落を本文から探す。空欄直前の「長い人生」も手がかりにすると、第三段落冒頭に「これからの長い人生……育てるために勉強している」という筆者の主張にあたる部分があり、これをまとめる。Bまず、空欄前の『いざ』勉強しようとしても間に合わない」ということが述べられている段落を本文から探す。次に、空欄直後の助詞「も」に着目し、『いざ』ってとき…」で始まる段落から、同様の働きをする助詞「も」を探すと、『勉強の仕方を……意味もあるのです」とある。(4)脱文の「生じた事象には必ず原因があり……結びついているという繋がり」と、同じ内容が書かれている段落を探す。(5)ⓐ空欄直後の接続語「つまり」に着目する。「つまり」は言い換えてまとめる関係をつくる働きの接続語なので、直後の「人生の先輩である……成果を学ぶこと」と同じ内容の「…こと」という表現が用いられている箇所を補足資料から探す。ⓑ空欄を含む一文の「それにより」の「それ」は、直前の「複数の視線を得ること」を指し、それを手がかりに補足資料見ると、第一段落に「複数の視線を得るために……それを欠くと……他者との関係性を築くことができない」とある。つまり、「それ」を身につけると「他者との関係性を築くこと」ができるということである。

四 **菅原孝標女「更級日記」・「海道記」**より。(2)(a)空欄直前の「他の山とは比べものにならない大きさ」に着目し、富士山の「大きさ」を具体的に表現した箇所を抜き出す。(b)空欄直後の「文中にちりばめ」られ、かつ「視覚的な感動」を描く語句とは「紺青」・「雪」・「色濃き」・「白き」・「煙」・「火」であり、色彩を連想させるものである。当時の富士山は火山活動が活発だったことを、古典常識として知っておく。(c)空欄前後の「山頂」や「白い」に着目し、「雪」の比喩表現であることを読み取る。(3)アは江戸時代、ウは鎌倉時代、エは奈良時代の作品。

通釈　[文章Ⅰ]富士山の様子は、たいそう世に比類なき様子である。格別な山の姿が、鮮やかな青色を塗ったようであるところに、雪が消える間もなく積もっているので、濃い紫色の衣に、白い丈の短い衣服を着ているように見えて、山の頂上の少し平らになっているところから、煙が立ち上る。夕暮れ時は火が燃え立つのも見える。

[文章Ⅱ]富士山を見ると、都で聞いていたとおり、空の中ほどにかかって多くの山々を越えている。峰は鳥の飛来経路で、麓は獣の通る道だ。人の足跡は歩みが絶えて唯一高くそびえる。雪は布製のずきんに似ていて、頂上を覆って白い。雲は腹帯のように、山の腰の辺りにめぐって長い。高さにおいては天にはしごを立てているようで、登る人は登り切れずに下山する。長さにおいては麓を巡るのに幾日もかかり、通り過ぎる人は山を背負うようにして行く。

香川県

問題 P.222

解答

一 (一)aりんかく　bけわ(しく)　cくわ(しく)　dしんちょう　(二)2　(三)岳より登山に興味を持つ学生もいるはずなのに、半ば無理矢理連れてきた岳と一緒にいることが愉快そうな穂高の様子を不可解だ(と思って見ていた)(58字)　(四)4　(五)1　(六)ア楽しそう　イ過去を懐かしんでしまう(11字)　(七)2　(八)4

二 (一)くいて　(二)4　(三)ア飯を食べる　イ菓子を食べる　(四)1　(五)2

三 (一)a昔　b位置　c寒　d経験　(二)3　(三)ア人間の力は小さなもの(10字)　イ真っ向から取り組む(9字)　(四)3　(五)2　(六)人間社会の近くにあって、人の心を慰め、疲れを癒やしてくれるものであり、それをみんないっしょに、同じ美しさを感じて、同じように見る(ことで安心感を得ていた)(64字)　(七)4　(八)8　(九)1　(十)2

四 (例)

私はCの意見に着目した。なぜかというと、運動会というのは、クラス対抗のリレーや組体操のような学年ごとのパフォーマンスなど、連帯感が必要なものが多いからだ。

連帯感を高めるためには、全員がチームの一員として参加するという意識が大切だ。運動が苦手な人も、競技種目に出場する人の応援をしたり、準備の手伝いをしたりして、自分が役に立てそうなことに積極的に参加するとよいと思う。そうすることで、クラス全体や学年全体の連帯感が高まり、楽しかったと思える運動会になるのではないだろうか。

解き方　**一** **額賀澪「風は山から吹いている Why climb mountains with me?」**より。(二)傍線部の前で、「視界が開けた」あと、木々の様子や野鳥の鳴き声に気づいている。また、傍線部直後に「それほど視界の中の情報量が多い。」とある。(三)傍線部前の「ははっと笑って、再び歩き出す。えらく楽しそうだ。」が穂高の様子。それに続く「普段、一人で登山するときもこうなのだろうか……後輩が一緒にいることが、そんなに愉快なのか。」と、傍線部直後の「新入生……には岳よりずっと登山に興味を持つ学生がいるはずなのに。」は、そんな穂高の様子を見た岳が思ったことである。これらをまとめる。(四)傍線部の前で、岳はバランスを崩し、咄嗟の行動を取っているが「その感覚がスポーツクライミングに似て」いたとある。つまり、スポーツクライミングについて質問されたときに、そのことを思い出すような行動をしていたため、つい答えてしまったのである。(五)「闇雲に」は、先の見通しもなく・むやみに、という意味。ここではスポーツクライミングについて、ただ上に登るのではなく、登り方を考えないといけないと述べている。(六)スポーツクライミングについて話す様子を、穂高に「楽しそうに話すんだね」と言われ、岳は「面食らっ」て、「……そんなつもりはないんですけど」と答えている。ここから岳の不本意だという気持ちを読み取る。また、傍線部のあとに「胸の奥で勝手に過去を懐かしんでしまう自分を非難しながら」とある。大学ではもうクライミングをやらないと決めたのに、山登りをすると楽しくなって、つい過去を懐かしんでしまう自分に気づき、それを認めたくなくてムキになっているのである。(七)山の中の様子は、傍線部直後に「前後を歩く……野鳥の声はもちろんするが……思考や感情を侵食してこない。」とある。そして岳はそれを「心地のいい、とても透明感のある孤独」と表現している。(八)傍線部で、岳は自分自身の気持ちと向き合おうとしている。登山で感じたり考えたりしたことを「腹の底から湧き水のように勝手に流れ出る筑波岳の心根」と表現していることを捉える。また、傍線部の「それ」は、直前の段落を指しており、この内容が4の「落ち着いて向き合おう」に合致する。

二 「**雨窓閑話**」より。㈠語頭と助詞以外の「は・ひ・ふ・へ・ほ」は「わ・い・う・え・お」に直す。㈡「類なし」は、他に並ぶものがないという意味。主君があなたのことをお思いになることが、他に並ぶものがない、となる。㈢曽呂利に「明日より飯をやめて、うまき甘き所の菓子計くひて居給ふべし」と言われ、それには賛成できないと言っていることを捉える。㈣「菓子」は特別なことを、「飯」は特別ではないことを、それぞれたとえている。㈤曽呂利は近習のしていることを「大いに了簡違へり」と言っている。「飯」と「菓子」という日常生活のたとえを用いることで、今の考え方が間違っていることを分かりやすく説明しているのである。

通釈 太閤のそば近くに仕えていた近習が、曽呂利新左衛門にお尋ね申し上げて、「あなたが主君から大切にされることは他の者ではとうてい及ばないほどだ。どのようにしてこのように大切にされるのか。」と言ったので、曽呂利が言うことには、「飯の風味はどのような物なのか。」と尋ねる。(近習は)答えて言う、「こうと決まった味はないが、ただおいしいものである。」と。曽呂利はまた「菓子はおいしいものであるか。」と(尋ねた)。(近習は)答えて言った、「おいしくて甘い。」(と。) 曽呂利は「それなら、明日から飯を食べるのをやめて、おいしくて甘い菓子だけ食べていなさるのがよい。」(と言った。)その者はそれを聞いて「それは全くできないことである。」と言う。曽呂利はたいそう笑って「そうだからである。あなたは菓子を主君にすすめて、私は飯を主君にすすめるので、いつまでも飽きられることがなく、甘いものは時と場合によっては悪く、飯はいつであっても良いものである。あなたは心に甘いもののような(特別な)ところをもって、主君の役に立ちなさろうと期待するため、大きく考えが違っているのだ。私は飯の評判ほどの風味もないものであるが、(主君が)退屈しなさるということがないよう)気遣いをすることを仕事としている。」(と言った。)

三 **鈴木克美「金魚と日本人」**より。㈡[2]段落で「金魚は『花鳥風月的な生きもの』だが、「人が飼ってきた」ものなので、『天地自然の美しい景色』ではあるまい」と述べていることに着目する。つまり、筆者は日本人の考える「花鳥風月」の意味が辞典とは異なるのではないかと考えている。㈢「明治以来の議論」は[7]〜[11]段落で具体的に述べられている。

[8]段落にあるように日本の自然は「西欧の自然に比べると、ずっと荒々し」く、続く[9]段落には、「そういう風土では、人間の力は小さなものである。」とある。また、[11]段落では、そんな「荒々しい自然」と「真っ向から取り組むのは避けて……都合よく改変してきた」ことを「人々の生活の知恵」と述べている。㈣「めまぐるしい」と、言い切りが「い」になる活用語なので形容詞。㈤傍線部の「られる」は「(相手から)〜される」という意味なので受身。1は「〜できる」という意味で可能、3は「自然と〜」という意味で自発、4は「お〜になる」または「ご〜になる」という意味で尊敬。㈥傍線部直後の「それがすなわち、花鳥風月だった。」に着目する。つまり、江戸時代の日本人にとっての、安心できる「美しい自然」が「花鳥風月」だったことを押さえる。[14]段落の終わりから[15]段落で「みんないっしょに、同じ風景に……むしろ安心に思う気持が、日本人にあるのではないか。」「日本人のいう『美しい自然』は……疲れを癒してくれるものであった。」と述べている。これらの内容をまとめる。㈦傍線部直前に着目する。「びいどろの金魚玉の金魚も、植木花卉園芸も」江戸の町方で求められたミニサイズの「自然」であった。このように、日本人は自然で日々の生活をいろどっていたことが、これまでの問いからも読み取れる。㈧脱文の内容から、自然の厳しさについて述べている段落を探すと、[8]段落で日本の自然の厳しさについて述べており、続く[9]段落でも「自然の強大な力……天災に対する」とある。㈨筆者の主張は、本文の最初または最後で述べられていることが多い。この文章では[1]段落で「金魚は花鳥風月なのかどうか」と問いかけ、最終段落で、「金魚はやっぱり、花鳥風月の一部だったのではないか。」と結論を述べている。㈩「日本人のつくり上げてきた自然とのつきあい方」がどのようなものかを押さえる。[14]段落にあるように、日本人は自然を「形に当てはめて眺め」、日々の生活をいろどってきたのである。2の「気候に合った農業の方法を追求」は、形に当てはめることとは異なり、また「自然の変化に対抗する」も本文の内容と合わない。1・3・4はそれぞれ自然を「形に当てはめて」楽しんでおり、本文で述べている「日本人のつくり上げてきた自然とのつきあい方」と合致する。

愛媛県

解答 問題 P.227

一 1、イ 2、ウ 3、(1)エ (2)ア 4、a庭全体を漫然と捉えると同時に、ほかのことに考えをめぐらす(28字) bぼんや〜ている 5、配置を象徴的に解釈したり芸術性を云々する(こと。) 6、a至高の視点 b「見る」ための庭 c庭園の一部 7、十五個の石全てを視界に入れることはできず、庭のそれぞれの要素を集中的に「見る」ことができない(から。)(46字) 8、エ

二 1、エ 2、イ 3、a咲桜莉〜ている b勇気 c都大路は二度と経験できないかもしれない大舞台だから、味わわないともったいない(38字) 4、互いの口か 5、ウ

三 1、かっさい 2、せんさく 3、おろ 4、わず

四 1、損益 2、旅券 3、焼ける 4、刻む

五 1、(1)たわぶれしに (2)鳥類に〜となり 2、a心よきこと bうずらを放してやる c鳴くとまた捕まるので、決して鳴いてはいけない(22字)

作文 (例)

資料にあるように、現代は価値観が多様化し、共通の基盤が見つけにくい時代だが、集団で何かを行う際には、みんなの考え方が違っていては何もできない。

私は三年生のときにクラスの文化祭実行委員をしていたが、クラスの中には行事が好きではない人や、受験勉強のため行事に参加したくない人たちもいた。

そこで私は、まず積極的ではない人たちと個別に話し合い、その気持ちや事情を理解するとともに、学校生活における行事の重要性に気づいてもらうために、私の経験を語ったり先輩たちの体験談を読んでもらったりした。

その結果、乗り気でなかった人も次第に理解してくれるようになり、それぞれの事情に合わせて負担を調整することで、最後にはみんなが納得して行事に取り組むことができた。

このことから、言語コミュニケーションによって共通理解を深めるには、相手を理解し、相手の気持ちになることが大切だと思った。

解き方

一 原瑠璃彦「日本庭園をめぐる　デジタル・アーカイヴの可能性」より。1、重箱読みとは、上の漢字を音読み、下の漢字を訓読みで読むこと。2、A前後に着目。「一意的に解釈が定められるものではない」が、それよりも「深み、絶妙な構成を有していることにこそ注目すべきだ」とある。これらを比べると、こちらのほうがよいという気持ちを表す「むしろ」が入ると分かる。3、「される」は動詞(用言)の「さ」と受身の助動詞「れる」であり、「しばしば」は用言を修飾する副詞。4、a「二重の状態」については、3段落の「その全体を……考えをめぐらし」に着目する。「その全体」とは「庭全体」のこと。b空欄前後に「そのときの意識は…」「…状態にある」とあるので、「意識」に着目して上田氏の文章からポイントになる部分を抜き出す。5、「意味を問う」は「黙ってながめる」と反対のことなので、4段落の「配置を象徴的に解釈したり芸術性を云々するより、『黙ってながめる』ためもの」に着目する。6、a西洋の庭園については5段落で説明されている。c日本の庭園は6段落で説明されている。7、石庭は「十五個の石全てを視界に入れることはできない」ため「一つ一つの要素……集中的に『見る』ことはもはやできない」のである。7段落の「白砂のエリアが長方形という整形である」ことは、縁側の中央が至高の視点であるかのように感じさせる要因であり、「ただ座って『ながめ』るほかない」要因ではない。また、8段落の「漫然と視野に入れることしかできない」は『ながめ』るほかない」と同じ意味であり、要因とはならない。8、アは「庭園の西洋化によって薄れつつある」が、イは「古語の『ながむ』の意味が……中心的な要因」が、ウは「日本の文化の優位性」が、それぞれ誤り。どれも本文にない。

二 **万城目学「十二月の都大路上下ル」**(『八月の御所グラウンド』所収)より。1、アの「膝を進める」は、体を前に進めて相手に近づくこと。イの「話を進める」は、話を先の段階へ進めること。ウの「席を進める」は、話に興じて前に乗り出すこと。2、留学生のランナーは「談笑していた」「足のマッサージを受けていた」のに対して、「私」は「緊張のしすぎで……置き去りにしてしまった」「やることもなく……私とはエラい違いだ」とある。3「私」は、留学生の走りを見たあと、「私は好きだよ……楽しそうな感じがして。」という「咲桜莉に突然告げられた言葉が耳の奥で蘇った」とある。「咲桜莉が私の走りを見て楽しそうと感じてくれている」のである。b咲桜莉の言葉を思い出した「私」は「不思議なくらい勇気が太ももに……宿ったように感じた」とある。c傍線部前の「ずうずうしい気持ち」は、空欄あとの「今の状況を肯定的に捉えた開き直りとも取れる大胆な気持ち」と同じなので、「そうだ、私も楽しまないと」以降に描かれている心情をまとめる。4、隣の選手に負けたくないと初めて意識したのは視線が交わった瞬間である。その部分には「何かが『バチンッ』と音を立てて弾けるのを聞いた」と比喩が使われている。5、アは「自分が嫌で納得できないこと」が誤り。第二段落に「このまま家の前まで走って帰ってくれないかな」とあるが、これは緊張で怖気づいている気持ちを表している。イは「真に受けてしまった」「簡単に口車に乗せられてしまう」が誤り。「私」は咲桜莉の言葉を理解したうえで行動しており、菱先生や先輩からの評価に対して「買いかぶり以外の何物でもない」と、真に受けてはいない。エは「後悔してばかり」が誤り。最終文に「私は両手を大きく頭上で振った」とあるように、「私」は満足感を抱いている。

五 **根岸鎮衛「耳嚢」**より。1、(1)現代仮名遣いでは、語頭と助詞以外の「は・ひ・ふ・へ・ほ」は「わ・い・う・え・お」となる。(2)「かのうづらに向かひて」以降が糀崎何某の言葉。2、a空欄前の「あなた自身がそのような場所に置かれたら」は「御身を入れ置かば」と対応しているので、それに続く部分を抜き出す。b籠に入れたうずらをどうしたのかを書く。c空欄直後に「という教え」とあるので、本文の「と教化して」に着目して、うずらにどう教えたのかをまとめる。

通釈 野州糀崎郷のうずらは鳴くことがない。その隣の村(のうずら)は鳴き声をあげるということだ。その土地に住む老人が言ったことには、いつの頃からか、糀崎何某といった人が、その土地を治めて、うずらを好んでたくさん飼っておいて、金銀を散りばめた籠に入れて特に大切にしてかわいがっていたが、ある時、あのうずらに向かって、鳥類でもお前は幸せものだ。金銀を散りばめた籠に入れて心を尽くして飼っておくのは、うれしいことだろうとおどけて言ったところ、その夜の夢にうずらがやって来て、「どういうわけでこのように理解なさったのか。金銀を散りばめた牢を作ってあなた様を入れておくならば、心地が良いことだろうか、いや、そんなことはない。」と言うと見えて、夢がさめた。糀崎何某は、感じ入り心を改めて、うずらを愛することを思いとどまって、飼っておいた鳥を残らず籠から出し、「お前は絶対に声を立てて鳴いてはいけない。声を立てれば、また捕らえられるだろう。」と教えて放したが、それよりこの村のうずらは、声を立てないと語ったということだ。

高知県

問題 P.232

解答

一 (一)1さくいん　2すこ　(二)1貯蔵　2盛　(三)イ　(四)1連体詞　2エ　3ア　4ウ　5何度も改行して動詞を継続させている　6後ろの方に置く　7ア

二 (一)代わり　(二)エ　(三)さまざまな音楽的要素を一致させると、かえって味気のない音になったことを面白いと捉え、オーケストラサウンドの魅力は奏者の奏でる音が一致しないところにある(75字)　(四)イ

三 (一)文学研究者には、名作に目を向けてもらう努力をするという使命があり、人々を読みたい気持ちにさせるように作品の価値を明らかにし、味わうための読み方を示す必要がある。(80字)　(二)(例)

筆者は、文学を読むことで別の誰かの目で世界を見ることができ、人間に対する関心を深め、想像力を広げることができると述べている。私も文学を読むことで、人間の心理や社会のしくみなどを知ることができたので、文学は視野を広げてくれると考える。

四 (一)つかいよう　(二)エ　(三)イ　(四)ウ

解き方

一 (三)「神」の部首はしめすへん、エはころもへん。(四)**黒田三郎「海」・小林真大「詩のトリセツ」**より。2傍線部の「くれる」は、前の文節「かえして」に補助的な意味を添えているので「あげる・ある・いる・おく」などと同様に、補助の関係をつくる動詞。3「使われる」の主語は「連用形」なので「れる」は受け身。4空欄直前の「根源的な」に着目し、連続して登場する5つの動詞から連想される言葉を考える。5空欄直後の「ので」に着目すると「一行一行が速く読める」理由が入ることが分かる。6空欄直前の「主語を」に着目し、この詩の主語である「海は」について説明している文を【会話】から探し、「こと」に続くようにする。7アは「単語ごとに改行する」が誤り。

二 **大嶋義実「演奏家が語る音楽の哲学」**より。㈠空欄を含む文が、続く「ほかでもないあなたを必要としている」と同じ内容になるようにする。空欄直後の「いない」に着目すると、直前の段落に「その奏者に代わる者はいない」とあるので「代わる」の名詞形を探すと、「もしも…」で始まる段落に「(誰かの)代わり」という語句が見つかる。㈡傍線部の前に「ひとり一人の奏者は……異なるのだから」とある。アは「正しい音にこだわって」が誤り。イ・ウは「奏者の解釈」ではない。㈢筆者が「面白い」と捉えたのは、傍線部あとの「すべての要素をぴたりと一致させて……という音楽が聞こえてくる」こと。筆者の考察は、二段落あとに「一致することよりも、一致しない……魅力は隠されていると想像するほかはない」とある。㈣「手触りの…」で始まる段落とその次の段落で、オーケストラと社会のあるべき姿との共通点を述べている。アは「相違点に触れ」が、ウは「役割の違い」が、エは「理想と現実の音のずれ」と「共通する孤独」が、それぞれ誤り。

三 **廣野由美子「物語に描かれている『人間』とは？」**(「スタディサプリ　三賢人の学問探究ノート　人間を究める」所収)より。㈠設問の「使命」とは「自分に課せられた任務」のこと。「私は文学に…」で始まる段落を読むと、筆者は「それ(=偉大な作品が誰の目にも触れないこと)を何とか」することを「使命」だと考えていることが分かる。また、その具体的な方法として「作品の価値を……読み方を示していく」ことで、人を「読みたい気持ち」にさせるべきだとも感じていることが分かるので、この内容をまとめる。㈡設問の「養われる」の同義語を文章から探すと、「物語を読む…」で始まる段落に「別の誰かの目で世界を見ることができる」とある。傍線部直前の段落の「文学は実用的……ではありません。人間に……ものなのです。」を踏まえて、自分の考えを述べる。

四 **本居宣長「排蘆小船」**より。㈡傍線部直前の「もはや先輩にことごとく……詞を換へて詠むまで」に合致するものを選ぶ。アは「組み合わせて詠む」が、イは「新しい詞で詠む」が、ウは「ただつないで詠む」が、それぞれ誤り。㈢空欄直後の「甚だ新しくおもしろくなる」に着目して前を見ると、「一字二字の分かち……新しく取りなさるる」が同じ内容だと分かる。よって、空欄には「ちょっとした・ささいな」という意味の言葉が当てはまる。㈣アは「当時の人の思いを想像」が、エは「新しい詞を用いることが好ましい」が、それぞれ誤り。イの「まねることで上達」と「繰り返し用いて詠む」は本文にない。

通釈 (世間の人が)尋ねて言う。昔から数え切れないほど(たくさん)詠んだ歌のことなので、今となっては風情も趣向も全てこれまで言い尽くして、趣深く目新しい歌は出て来ない。特に和歌の言葉は至って少ないものなので、もはや先輩にことごとく詠み尽くされて、今の和歌はその先例を少しずつ言葉を換えて詠むだけのことで、自分の作品とは思われない。何の意味もないようである。

(私、宣長は)答えて言う。これは和歌を知らない。未熟この上ない質問である。総じて歌は古い言葉を用いることを本来の詠み方とし、もともと用いる言葉は定まっていて、代々みな同じ言葉の範囲内を用いて来た。たとえ今まで詠まない言葉だったとしても、良い言葉が出て来たなら構わずに用いて詠むべきだが、昔から詠まない言葉で麗しい言葉は、今詠み出すということは並ひととおりでないことである。だからただ古い言葉であっても、一字二字の区別、(助詞の)「て」・「に」・「は」の使い方などで、格別に新しく詠み出すべきである。趣向も現代風に格別に詠み出そうとすると、ふつうとは異なって卑俗になってたいそう敬遠することである。ただ古くから詠んで来た風情を、趣深く新しく詠むのが名人である。歌を知らない人は、言葉も情もおおよそ古い歌に似ているので、何の変哲もない平凡な歌と思うけれど、そうではない。続け方、使い方によって、言葉も情もほんの少しのことでたいそう目新しく趣深くなることである。

福岡県

問題 P.236

解答

一 (1)問一、2　問二、世界と自分を　問三、3　問四、数学や　問五、A誤った　Bエラーの中から新発見を生み出し、何かを成し遂げる(24字)　(2)問一、世界中　問二、2・3　問三、なぞ　問四、4　問五、3　問六、ア4　イ1

二 問一、朝月先輩から　問二、ア不安や迷い　イ瞳の奥に秘めた強い光　問三、(1)比喩　(2)絞り出すように答える　問四、2

三 問一、おりて　問二、ざらんや　問三、3　問四、及(ビテハ)レ至(ルニ)ニ安楽一　問五、(1)4　(2)イ寛怠　ウ憂危　(3)緊張し、警戒しなければならない(15字)

四 (例)

Aを見ると、32・7%の人が月に一冊も本を全く読まないことが分かる。またEを見ると、月に一冊も本を読まない人の48・6%が「読書は好きですか」という質問に「どちらでもない」と答えていることが分かる。

私は図書室の入り口に「おすすめの本」とその面白さを伝えるポスターを貼る、という提案をする。コンビニの入り口におすすめの商品が貼ってあれば興味を持つように、Eで「どちらでもない」と答えた人たちもおすすめの本の情報が図書室の入り口に貼ってあれば興味を持つと考えたからである。

解き方

一 **小林康夫「学ぶことの根拠」**(「中学生からの大学講義1　何のために『学ぶ』のか」所収)より。(1)問一、空欄前後より、「いくつものことを積み重ねて」、その結果、「ジェット機が一機、空を飛べる」という関係を理解する。問二、空欄直前の「言葉を用いて世界を名づけ」を踏まえて傍線部前を見ると、「人間は言葉を用い、……名づけた。」とあるので、そのあとの記述が入る。問三、「閉じこめられている」を、そうするしかない・それしかできない、と理解して傍線部前を見ると「自分が生きる世界を絶えずつくり替えていかなければならない」とある。問四、直前の「自然を学んだ人間がつくり出したもの」に着目すると同じ段落の冒頭に「数学や物理学、工学は……人間が自然を学びながらつくり出した体系」とある。問五、A直後の「多い」を手がかりにして本文を確認する。最終段落に「誤った理解をすることもしばしばある」とある。B直後の「力」を手がかりにして本文を確認すると、最終段落に「新発見は……エラー……と呼ばれる事態の中でなされる」「人間が何かを成し遂げる力は、エラーにこそある。」とあるので、これらを踏まえて解答をまとめる。(2)問一、(1)の文章の点線部の「同じ研究に取り組む」「研究チームは世界におよそ一〇〇」に着目して探すと、資料Iの「世界中の脳科学者……研究活動を続けています。」があてはまる。問二、「文節」とは文を区切ったときの単位で、切って伝えても不自然にならないことがポイントとなる。ここでは「身体と」「心を」の二つの文節がつながって連文節を形成している。文節どうしは「身体」と「心」を並列でつなぐ関係になっている。問五、「好きな」は形容動詞「好きだ」の連体形。3の「急に」だけが「急だ」の形に変化できる。問六、ア「石」の二画めが「はね」に変化している。イうかんむりの二画めの点からつながるように三画めが書かれている。

二 **天沢夏月「ヨンケイ!!」**より。問一、直後の「時間経ってない」に着目すると、「調子どうだ…」で始まる段落に「この夏、朝月先輩から……部長を引き継いだこと」とある。問二、ア空欄前の「リレーのときと同じ」を踏まえると傍線部あとに「リレーのときだけは……不安そうな、迷っているような」とあるので、これをまとめる。イ空欄直後の「揺らいで見えている」を踏まえると傍線部の段落の最後の一文に「瞳の奥に秘めた強い光に……揺らいで見える」とある。問三、(1)あるものを、別のあるものを用いてたとえる用法を「比喩」という。今回は「バトン」を「一本の糸」を用いてたとえている。(2)本文中盤の「……確かに、受け取りました」という会話の直後にある「絞り出すように答える」の「ように」が「みたい」と同じ役割を持つ表現である。ここでは声を出すという行為が、ものを絞り出す、という行為にたとえられている。問四、傍線部前の「切れることなくここまで届いた」「その先端を、俺は今、握りしめている。」に着目して選択肢を選ぶ。

三 **呉兢「貞観政要」**より。問一、ワ行の「ゐ・ゑ・を」は現代仮名遣いの「い・え・お」に置き換える。問二、【A】の文章末尾の「と」に着目。「と」の役割の一つに、直前までが「会話文」であることを示す、というものがある。問三、問二で触れた「と」の役割を踏まえて「太宗曰く」のあとを見ると「賢能に任じ……何ぞ難しと為すと謂はんと。」とあるので、ここまでが太宗自身の考えであると理解して【B】で該当する部分を確認する。問四、一つ下の字から上の字に返って読むときにはレ点を用いる。二字以上返って読むときには一・二点を用いる。ここでは「及至」の間に「レ点」を付け、「安楽」の下に「一」、「至」の下に「二」を付けることで書き下し文どおりの読み方になる。問五、(1)空欄直前の「初めに」を踏まえて【A】を確認すると、二重傍線部の「徴曰く」の直後に「古よりの帝王」とある。(2)イ空欄直前の『安楽』のときに生じる」を手がかりにして【A】を見ると「安楽に至るに及びては、必ず寛怠を懐く。」とある。ウ一つめの空欄直前の[ア](=古よりの帝王)と直後の『危亡に至る』ことのないように行動」を踏まえて【A】を見ると「古よりの帝王……憂危の間に在るときは、則ち賢に任じ諫を受く」とある。(3)空欄前の「聖人」とあとの「意識して行動していた」を踏まえて【A】を見ると「聖人……危きを思ふ……能く懼る。」とある。この部分に該当する【B】の訳をまとめる。

四 複数の資料の関係を正確に把握しながら、それを自分自身に引きつけて考えたうえで、解決策を提案する作文である。まず資料のAを見て分かることは、月に本を3冊以上読む人が全体の2割強、1、2冊読む人が全体の4割強、全く読まない人が全体の3割強いる、ということ。設問は「読書量を増やす取り組みについて考える」ということなので、Aを踏まえてこの取り組みを考えるなら、月に3冊以上読む人にもっと読んでもらう、月に1、2冊読む人にもっと読んでもらう、全く読まない人に本を読んでもらう、の三つが考えられる。次にBを見ると、読書が好き、という人が全体の約6割、どちらでもない人が3割弱、嫌いな人が1割強という結果になっている。その細かい内容をC・D・Eで確認すると、Cでは月に本を3冊以上読む人はほぼ全て、本が好きな人であることが分かる。Dでは月に本を1、2冊読む人も7割5分が本が好きな人であり、それ以外の人は少数派である。Eでは本を全く読まない人の約1割5分が本が好きな人、5割弱がどちらでもない人、約3割5分が本が嫌いな人となっている。以上から、「読書量を増やす取り組み」は、現在すでに本を多く読んでいる層よりも「月に1、2冊本を読む人で、読書が好きな人」や「本を全く読まないが、読書は好きでも嫌いでもない人」に向けて行うのが有効であると考えられる。解答例では第一段落でAとEを比較したうえで、第二段落で、本を読んでいないけれど、本が好きな人、本は好きでも嫌いでもないけれど、本を読んでいない人に、どうやって本を手にしてもらうきっかけを作っていくか、という観点から「おすすめの本を紹介するポスターを図書室に貼る」という提案を行った。他にも「本を3冊以上読んでいる人に本を紹介する時間を作ってもらう」「図書室以外に、教室の隅にコーナーを作って、授業や部活動の合間や昼休みに気軽に本が読めるようにする」といった提案を行ってもよい。

佐賀県

問題 P.241

解答

一 問1、aつの　b告　c額　dせいそう　問2、Xなっています　Yウ　問3、(例1)

私は、「ちょい活」がよいと考えました。理由は、短い活動時間で気軽に参加できるからです。アンケート結果では、「参加する時間がない」という理由が一番多いですが、部活動前の三十分という短い時間であれば、参加者が増えるのではないかと思いました。

(例2)

私がよいと考えた活動は、「ともボラ」だ。なぜなら、一緒に参加する人がいないという理由で参加しなかった人も、班活動であれば、参加しやすくなると思うからだ。また、事前に参加者同士が顔を合わせるので、一人で参加する不安が少なくなると思う。

二 問1、エ　問2、ア　問3、X自分自身の善良さを眺めること(14字)　Y他者の姿を通して、自分自身が幸福であることを客観性をもって認識することができる(39字)　問4、ウ　問5、Ⅰ○　Ⅱ×　Ⅲ×

三 問1、少し　問2、イ　問3、父の手伝いをしなくてもよくなったという嬉しさを父に隠す(27字)　問4、③エ　④ウ　問5、イ

四 問1、ゆえに　問2、ウ　問3、(1)エ　(2)罪もない蛙を踏み殺した(11字)　(3)イ

解き方

一 問2、Xこの文章は「です・ます調」で書かれているので、二文に分けたときは「なっている」ではなく「なっています」とする。Y前の事柄を理由・根拠として、あとの結論・結果を述べる言葉を入れる。アは逆接、イは例示、エは理由なので、それぞれ不適。問3、どちらの活動を選んでもかまわないが、それぞれの活動をする理由が明記されているので、書くときは、それを間違えないようにすること。「ちょい活」は参加する時間がない人のための活動、「ともボラ」は、一緒に参加する人がいない人のための活動である。

二 **戸谷洋志「友情を哲学する　七人の哲学者たちの友情観」・石田光規「『人それぞれ』がさみしい　『やさしく・冷たい』人間関係を考える」**より。問1、文章Aの第二段落に「他

者に依存することなく、常に自分自身であり、また自分自身のために生きることができる」ことが「幸福である」と述べられている。ここでは他者のことは関係がないので、他者との関係について述べられているア・イ・ウは不適。問2、傍線部の前の段落の「私たちには、活動をしている最中に、そのように活動している自分自身を反省することができない」、傍線部直前の「認識するということは……対象から距離を取って、それを眺めること」に着目する。ウは「自分自身だけを友達としている状態でのみ」が、エは「活動に集中することによってのみ」が、それぞれ不適。イの「客観的に」をより分かりやすく述べたものがアの「距離を取って、自分で自分を対象として見る」であり、イの「その活動が善良さを発揮するのにふさわしいものかどうか……見る」も不適。問3、X傍線部のあとに「その(自分と同じ善良さをもった)他者を眺めることは、自分自身の善良さを眺めることと同義である」とある。Y同じく傍線部のあとに「自分自身が幸福であるということを、その他者を鏡にして、認識することができる」とある。鏡が比喩なので「自分を客観的に認識できる」と言い換えて、指定字数内でまとめる。問4、「このような」は指示語なので、傍線部の前に着目。「何かを『やる』『やらない』の判断は、個々人にゆだねられます」とあるので、アは「所属する集団の規範によって決定する」が、イは「お金を持っているかどうかが価値基準となった」が、エは「閉鎖的な集団に同化し埋没することによって」が、それぞれ不適。問5、Ⅱ「地域社会との関わりは変化していない」が不適。文章Bに「会社やクラスの懇親会への参加はもはや強制される時代ではありません。地域の……加入も任意性が強くなりました。」とある。Ⅲ「生活の維持に関する他者との関わり方について述べている」が不適。

三 **高森美由紀「藍色ちくちく　魔女の菱刺し工房」**より。問1、「わざわざ」は副詞。副詞は活用がなく、用言を修飾する。同じく副詞なのは「少し」である。問2、傍線部直前に「あたしも……家でごろごろしていられればそれでよかった。」とあるので、アは「家で仲の良い友だちを呼んで遊びたい」が、ウは「家にいるよりキャンプや旅行に行きたい」が、それぞれ不適。また、父はノックをして部屋に入ってくるので、エは「父が勝手に部屋に入ってきて」が不適。問3、渋面をこしらえるのは、嬉しさを隠すためである。本当は父の手伝いをしたくないから、手伝いができなくなるのは嬉しいことだけれども、それを表情に出したら怒られそうだから渋面をこしらえたのである。問4、③傍線部直後で「大変よく頑張ったと思う。」と父の行動に対して感動していることを押さえる。④傍線部の「完遂した」に着目。与えられた仕事をやり遂げたと自分で思っているのである。問5、「父は不器用だ」「父は不器用なのだ」に着目。二回描写するということは強調しているので、二番めにAがくることが分かる。最初の部分は「父の指と重なった」とあるので、高校二年生の「綾」が指に針を刺したことで、かつて父も指に針を刺したことを思い出しているのだと分かる。

四 **江島為信「身の鏡」**より。問1、「ゑ」は現代仮名遣いでは「え」である。問2、ナスを踏んだだけなのに、蛙を踏み殺したと思い込んでいるから、蛙の夢を見たという流れをつかむ。それを踏まえて空欄を見ると、ナスと知っていたら、蛙の夢を見るか、いやそうではない、ナスの夢を見るはずだ、という流れになる。問3、Ⅰ「わづらひなどする」の直前の「ゆゑに」に着目する。「ゆゑ」とは「…のために」「…によって」という意味で理由、原因を示すので、その前の内容を手がかりに考える。アは「他者の意見も聞かずに思い悩むから」が、イは「寝食を忘れて仏神に祈りをささげ続けるから」が、ウは「ひたすらに呪いをかけ続けるから」が、それぞれ不適。Ⅱナスを踏んだのに、蛙を踏み殺したと勘違いしたのである。Ⅲ人は霊のしわざと言うけれど、「心の罰」「心ゆゑ」とあるように、自分自身の思い込みによるものなのだ、ということをつかむ。アは「常に誠意を持って他者に接するべきだ」が、ウは「霊の存在を心から信じてしまう」が、エは「自分の悪い行いによって」が、それぞれ不適。

通釈　愚かな人は皆同じく、「死霊の罰、生き霊の罰」などと言うようだ。これは生き霊や、死霊の罰ではなく、皆自分の心の罰である。たとえば自分をうらやみ憎む人がいて、仏や神に向かって自分の悪口を言い、呪いをかけていると伝え聞き、もはや分別もつかず、恐れおののいて、たたりがあるはずだと思う気持ちがあるために、病気になる人が多いのだ。これは皆(自分の)心の罰と分かっておくべきだ。

　昔唐土にも、ある人が用事があって、暗闇の夜に出かけた途中で、何であろうかと足に触れたものを踏んだところ、「ぐい」と鳴った。この人は心の中で、蛙を踏み殺してしまったと思い行き過ぎ、用事を終えて、帰って寝入ったところ、夢の中に蛙たちがたくさん集まって、罪もない蛙を踏み殺したといって、一晩中驚かしていたのだった。そうして夜が明けて、その場所に行って見たところ、蛙ではなくてナスであった。その踏んだときに、ナスだと知っていたら、どうして蛙のことを夢に見ることがあろうか、ナスの夢を見るはずだ。蛙を踏み殺してしまったと思った心があるために、夢の中で蛙に襲われたのだ。このことから先ほどの死霊や、生き霊の罰というのも、皆(自分の)心のせいだと知るべきなのである。

長崎県

問題 P.247

解答

一　問一、aかわ(いた)　b鳴(らした)　cとびら　問二、イ　問三、空良のバレーへの熱い思いが、果たされないまま残っていること。(30字)　問四、エ　問五、ウ　問六、バレー部を途中でやめてしまったことへの後悔が、もう一度コーチとしてがんばりたいという思いにつながった(という経験。)(50字)　問七、エ

二　問一、もうす　問二、威を以て位に居給ふ　問三、ウ　問四、ア　問五、Aア　B仁佐を呼び戻して、正しい政治を行った(18字)

三　問一、a共通　bちゅうしゅつ　c演算　問二、イ　問三、お姉さんは、人形が箱Bに移されたことを知らないので、人形は箱Aに入っていると思っていると理解した。(49字)　問四、時代を超えて変わらない意味を伝える(17字)　問五、エ　問六、ウ　問七、イ

四　問一、ウ　問二、Ⅰ名所・旧跡の間の徒歩での移動時間を示す(19字)　Ⅱバリアフリートイレの有無を記号で区別する(20字)　問三、ア

解き方

一　**高田由紀子「金色の羽でとべ」**より。問三、傍線部の「胸の奥の火」とは、チームが県大会に出場できなかったことで、完全燃焼できなかった気持ちの比喩である。また「くすぶっている」とは、状態が発展せず停滞している・内部で問題が解決しないままでいる状況を表す。問四、傍線部の原因は、直前の「太一監督に声をかけられ」たことである。監督の「よく来たね」という言葉

は肯定表現なので、イの「無神経さ」や、ウの「練習を休もうとしたことを見透かすような」は不適。アは監督の言葉に言及していないため不適。問五、傍線部あとの、監督の「こんな日も、ちゃんと……ずっとやっていたんでしょう?」「みんなわかっていたと思いますよ」に着目する。アは「勝てないと分かっている」が誤り。イは「一度決めたことを曲げない」が、リード文最後の「練習を休もうかと考えている」と矛盾している。エは「新しい目標を与えてくれる」が不適。問六、傍線部の「とりもどせない過去」が「未来につながる」具体的な事例を、監督の経験から引用する。問七、アは「誇らしげに思い」が不適。イは「落胆するあまり」が傍線部①の前の「やっ……た」と矛盾している。ウは「確信している」とまでは断言できないため不適。

二 無住「沙石集」より。問二、仁佐の発言は二箇所しかない。そのうち「理由」にあたる発言は後者。問三、傍線部の「らる」は、尊敬の助動詞「らる」の終止形。主語は、家来に否定された文王と考えるのが自然である。また、後半の「仁佐召し返し」からも、文王が「仁佐を追放した」と解釈することができる。問四、傍線部の現代語訳「おっしゃる」は尊敬語なので、登場人物の中で最も身分の高い人が主語。問五、Bの主語は文王なので「郭課の言葉」を聞いた文王が「感動し」たあとに、実行に移したことを指定字数以内でまとめる。そして、後半の「この詞を感じて、仁佐召し返し」に着目し、仁佐という臣下を説明したアがAに入る。

通釈 昔、魏の国の文王が、自分は立派な王であると思って、家来に対して、「私は、賢王であるか」とお尋ねになったところ、仁佐という大臣が、「文王様は賢王ではいらっしゃいません」と申し上げる。「なぜか」と(文王が)おっしゃると、「天が与える王位を受けるなら賢といいますが、力によって王位にいらっしゃる(から)、これは賢王の行いではありません」といった。(これは、文王が)伯父の王位を追い落として、伯父の后を奪って自分の后となさったことをいったものです。それで怒って(文王は仁佐を)大臣の座から追放なさった。次に郭課という大臣に、「私は賢王であるか」とお尋ねになったところ、「賢王といえるでしょう」と申し上げる。「どうしてか」とおっしゃると、「賢王には必ず立派な家来が生まれます」と申し上げたので、この言葉に感動して、仁佐を呼び戻し、政治を正しく行い、賢王と称賛されたという話だ。君主も臣下も優れている世が望ましいことです。

三 養老孟司「ものがわかるということ」より。問二、バ行五段活用動詞「呼ぶ」の未然形＋受身の助動詞「る」の連用形＋丁寧の助動詞「ます」の終止形。問三、実験の後半「なぜならお姉さんは、お母さんが人形を移したのを見ていないから」に着目する。見ていないから、お姉さんは人形が箱Aに入ったままだと思い込んでいる、という推論が成り立つ。問四、傍線部は同じ段落の「不変性をもっている」を具体的に言い換えた表現である。先生の発言に「百年」とあるので、時間軸に言及するとよい。問五、空欄あとの「変わり続ける現実を言い表した言葉」に着目する。問六、傍線部の次の段落にある「現実は千変万化して……不変である記号のほうがリアリティをもち……私たちのほうがリアリティを失っていく」に着目する。アは「人間は情報を記憶できなくなっていく」が誤り。イは傍線部の次の段落にある「私たち自身も同じ状態を二度と繰り返さない」と矛盾している。エの「仮想空間での人間関係」は、本文に記述がない。問七、アは「歴史的な過程」が誤り。ウの「記号を生み出してきた理由」は、本文に記述がない。エは「相違点を説明」が誤り。

四 問一、ウ「70歳代以上と10歳代の旅行先での過ごし方」で、「割合の差が他の項目に比べて最も小さい」のは「温泉や露天風呂」である。問二、資料3にはなくて、資料4で新たに付け加えられたことを、指定字数以内で書く。問三、イは「活動の成果を検証」が、ウは「立場や役割をはっきりと決め」が、エは「似た取組や先行事例と比較する」が、それぞれ誤り。

熊本県

問題 P.253

解答

一 1、(1)①柱　②つらぬ　③印象　④きょうい　(2)ウ　2、エ　3、オ　4、入り込みます　5、イ

二 1、誤った情報　2、6　3、インターネット上でもやってはいけない(18字)　4、A他者とコミュニケーションを図る(15字)　Bさまざまなことについての情報を得る(17字)　5、(例)源氏物語についてインターネットで調べると、あらすじや成立、作者に関することなどがさまざまなサイトにまとめられていた。イラストを多用したサイトや動画もあり、本を読むよりも楽しく知識を得ることができた。また、源氏物語を好きな人が集まる交流サイトもあり、疑問に思ったことにすぐに答えてくれたので、源氏物語に関する理解がさらに深まった。

三 1、Ⅰ交わる　Ⅱ外側　2、どんな一人称的な視点からでも、世界の現れ方や、世界への働きかけ方を想像する(37字)　3、傍観者のままでは、行動を起こせない　4、エ　5、イ

四 1、エ　2、みんながついてきてくれるような存在になりたい(22字)　3、Aア　Bぎらぎらと　4、日々乃の力を認めることで、自信を持たせたいという思い。(27字)　5、ウ　6、イ

五 1、かいて　2、②ア　③ウ　3、言葉を短くしようとしたのに、説明のために、かえって文が長くなった点。(34字)　4、オ

解き方

一 2、「師事」とは「相手を師として仕える」という意味。3、「純」とオは十画。イは九画、ア・ウ・エは十一画である。4、「共に」は副詞なので、用言を含む一文節を修飾している。5、イの終止形は「生まれる」で、「ない」を付けると「生まれない」となりエ段音に続くので下一段活用である。アは「振り返らない」、ウは「守らない」、エは「知らない」、オは「尽くさない」とア段音に続くのですべて五段活用。

二 1、宮本さんは①直後に「拡散してしまう危険性」と述べているので、拡散すると危険なのは「誤った情報」である。2、池田さんがリスクに対応するためのヒントを探そうと思ったのは、松永さんが[6]で「リスクがたくさんありすぎて、何に注意すればいいかわからなくなってしまいそうだ」「どんなことに注意して利用すればいいのか知りたい」と述べたからである。3、発表原稿の展開部分で「情報モラルの大半が日常モラルである」の具体例として「インターネットを使用する時には……日常モラルが非常に大切だ」とある。空欄を含む文はそれを言い換えている。4、グラフにおける日本は「趣味や身近な……情報を得ることができた」「社会や経済等……情報を得ることができた」という「情報を得る」ことに関する割合が高く、「新しい友人」「相

談相手」「家族や友達」「しばらく連絡を取っていなかった人」という他者とのコミュニケーションに関する割合が他国に比べて低い。5、複数の具体例を入れて書くとよい。

三 **信原幸弘『覚える』と『わかる』　知の仕組みとその可能性**」より。1、Ⅰ[2]に「一人称の世界というのは……世界と交わることによって」とある。Ⅱ[3]に「三人称の世界は、自分を世界の外に置き、その外側の視点から……眺めた世界」とある。2、傍線部直前の「これ」が示すのは「想像のなかで、どんな一人称的な視点からでも世界を眺めることができるようになる」ことである。「世界を眺める」とは前の「世界がどう立ち現れるか……世界にどう働きかけるかが想像できるようになる」ということ。これらを指定字数内にまとめる。3、[5]で椅子や机の具体例を述べたあと、理由が説明されている。4、アは「具体例を交えながら主題を提起する」が誤り。[1]の具体例は「情動」に関する説明である。イは「原因となる事柄を説明」が誤り。[2]で述べているのは「一人称の世界」の説明である。ウは[4]段落は……問題を提起」が誤り。三人称の客観的世界に関する説明をしている。オは「主張の根拠を提示している」が誤り。[6]の「体験の世界は一人称の世界である。」という主張の根拠はこれより前の段落で述べられている。5、アは『『感じ(クオリア)』を記憶すること」が誤り。[6]に「世界を知覚的・情動的に感知し……世界に身体的に働きかける」とある。ウは「互いを本当の意味で理解する」が、エは「三人称の視点をもとにして」が、オは「人類は文化的に大きな発展を遂げる」が、それぞれ誤り。どれも本文にない。

四 **天沢夏月「17歳のラリー」**より。1、傍線部あとに「男子部にはさすがに聞こえただろう。微妙に裏返っていて……からかわれた」とあるので、その声を川木に聞かれたのが恥ずかしかったのである。2、これまでの思いを吹っ切って、エースとして頑張ろうと思ったことがうかがえる。その気持ちは傍線部④の前の「みんながついてきてくれるような背中になれたら」から読み取る。3、A「～みたいだ(な)」「～ようだ(な)」と、他のものに直接たとえるのは直喩。B傍線部の前に「川木の目はぎらぎらとしている。」とある。4、「私も、私なりにやってみるよ」と言った日々乃に対して、川木は「日々乃のテニスは……綺麗だと思ってるから」と実力を評価して、自信を持たせようとしている。5、傍線部あとに「誰も届かない場所に……届くだろう。」「海の向こうまで……届くのだろう。」「あんたはきっと、プロになって戻ってくる。」とあるように、単にボールが高いことだけではなく、川木が海外で活躍するであろうことを示唆している。アは「対抗意識を持つのはやめよう」が、イは「川木の才能に嫉妬していたことを反省し」が、それぞれ誤り。エ・オは全文が誤り。どれも「私には届かない」からは読み取れない。6、イの「重苦しい空気」が内容と合っていない。日々乃の心情描写に重苦しさは表現されていない。

五 **室鳩巣「駿台雑話」**より。1、現代仮名遣いでは、語頭と助詞以外の「は・ひ・ふ・へ・ほ」は「わ・い・う・え・お」となる。3、「滑稽」とは、ばかばかしいこと、おかしいこと。省略したのに、その説明が長くなってしまい、省略した意味がなくなることを筆者は滑稽だと思っている。4、本文では、良いと思って行動した結果が、逆になっていることを述べている。アの「一石を投ずる」は「ある事柄について新たな問題や意見を提示し、世間や周囲の反響を呼ぶ」こと。イの「水をさす」は「邪魔をする」こと。ウの「しのぎを削る」は「激しく争う」こと。エの「恩を仇で返す」は「恩義に対して、かえって相手に害をなして返す」こと。

通釈　ある人がみみずくを飼って、それを囮にして鳥を捕らえ(てい)たが、同じく狩りをする友達のもとから、みみずくを借りに(人を)寄越したが、その手紙に、「みみずく」を略して、「ずく」と書いて、その最後に「ずく」とは、「みみずく」のことである。「みみずく」と書くと、文字数が多く言葉が長くなるので、「ずく」と書くと長々と説明した。それならばはじめから「みみずく」と書けよと滑稽だと思う。文字を縮めようとして、多くの文字を添えて、言葉を短くしようとして、かえって長くなることを知らない。世間のことを見るとこのような例が多い。

大分県

問題 P.258

解答

一　問一、(1)収支　(2)貯蔵　(3)退　(4)とぼ　(5)ひめん　問二、(1)エ　(2)イ　(3)ウ

二　問一、ア　問二、物語は簡単に作れる　問三、(1)一筋に打ちこめるもの　(2)取り上げた本の舞台に自分が知る風景を重ね、自分の文章を練ることが己にとっての表現(40字)　(3)エ　問四、ウ

三　問一、人生哲学や守りたい価値観　問二、エ　問三、(1)知的謙虚さをもって学びつづける人　(2)イ　(3)自分の中に蓄積された知識や視点が組み合わさって、世界を見る目を養うことができる(39字)　(4)ウ

四　問一、ア　問二、計ノ無シレ所レ出ツル。　問三、(1)長竿　(2)使えない状態にして　(3)疑わずに信じてしまう(10字)　(4)ア

五　問一、イ　問二、ウ　問三、(例) 私は②の「土足禁止」という言葉が外国人にとってわかりにくい日本語表現だと思います。「体育館に入る時には、くつをぬいでください。」と書きかえることで、外国人の方にも体育館の中では靴を脱がなければいけないことがきちんと伝わると思います。

解き方

一　問二、(1)点線部とエは形容詞。アは副詞、イは形容動詞、ウは動詞。(2)Aさんの最初の発言に「今日は、全体的なレイアウトについて、意見をもらいます。」とあるので、空欄直前のCさんの「目立つといえば……英単語の方がよかった」は本筋から外れている。(3)ウは「進行役の生徒」が「二人の意見を総括して」いるわけではないので誤り。

二　**濱野京子「シタマチ・レイクサイド・ロード」**より。問一、傍線部は希和子が菜月の練習試合を見る場面。傍線部の前で「見とれた」希和子の「胸の中がざわついた」理由は、傍線部のあとで述べられている。菜月と自分に「雲泥の差」を感じたのである。問二、場面X後半の、絵茉の「物語のタネなんて、どこにだって転がってる」や、梨津の「物語の一つや二つ、だれでも作れますよ」に着目する。つまり、二人とも簡単に書けると言いたいのである。問三、(1)ランボーの詩に心を打たれた希和子が欲しているのは、「わたしは何を…」で始まる段落の最終文「これが……実感できるもの」である。それを簡潔に言い換えた表現を探す。(2)空欄直後の「自信をもてるようになった」と同様の表現を探す。本文最終文に「堂々と口にできそうな気がした」とあるので、その直前の「これが、己にとっての表現なのだ」が、現在の希和子の心境である。今回のエッセイで自信を得た書き方を、同じ段落の「根津や上野界隈を舞台とする本に……風景を重ねた。」や「言葉を選んで……文章を練る。」の部分に言い換えてまとめる。(3)アは「時系列にまとめる」が、イは

「言葉を引用して締めくくる」が、ウは「語句や言い回しを工夫」が、それぞれ誤り。問四、本文の語り手「わたし」とエッセイの著者はいずれも希和子である。よってウの「語り手とは異なる人物が書いているエッセイを挿入」が誤り。

三 **斉藤淳「アメリカの大学生が学んでいる本物の教養」・出口治明「なぜ学ぶのか」**より。問一、「教養とは、本質的には…」で始まる段落の「『自分の中心』を構成する何か」の直後を指定字数で抜き出す。問二、アは「最初と最後に筆者の意見を述べ」が、ウは「本文の初めに筆者の意見を示す」が、それぞれ誤り。本文の冒頭は問題提起である。イは「段落ごとに……読者の疑問を解決」が不適。問三、(1)空欄には「教養のある人」の定義が入る。文章一の「何が正解か…」で始まる段落の「『教養のある人』と呼ぶのです」に着目し、その直前を抜き出す。(2)アは「教養が……助けとなる具体例を挙げた」が、ウは「対話的に答える形式」が、エは「科学的な学力を高めるため」が、それぞれ誤り。(3)文章二で述べられているのは、「教養のある人」とは「教養を身につけること」のできている人ということである。したがって、この点について言及する最終段落を指定字数内でまとめる。(4)ウは文章一の末尾に「知識……をアップデートしつづける必要があります」とある点や、文章二の四段落めに「すぐに何かの役に立つ……わけではありません」とある点と合致する。アは、文章一の「おもしろくはない…」で始まる段落と続く段落で「自分が『おもしろい』と思ったことをずっと追究している人……いずれでもありません。」とあるので不適。イの「専門的な知識をより多く学んで」は、それだけでは文章二の三段落めにある「世界の見方が広がったり、深い洞察ができる」ようにはならないので不適。エは「今後必要になりそうな知識」が不適。

四 **「太平広記」**より。問二、一つ下の字から上の字に返って読むときにはレ点を用いる。問三、(1)空欄直後の「を切った」に着目し、書き下し文の最終文「遂に依りて之を截る。」の「之」が指すものを抜き出す。(2)空欄あとの「笑い話」に着目し、主人公が空欄Ⅰを切ったことで、何が「面白い」のかを捉える。長さに価値があるものを、自ら短くしてしまったのである。(3)「物事をよくわかっていそうな人」の言葉を聞いて主人公がとった行動は、最終文の「遂に依りて之を截る。」である。この「依り」は判断の拠り所にするという意味。男は老父に従い、そこには疑いもためらいもない。(4)空欄前の「自分自身の行動を振り返るきっかけにしたい」と同じ内容を選ぶ。

通釈 魯(の国)に長いさおを持って城門に入ろうとする人がいる。初め縦にしてこれ(さお)を持ったけれど、入ることができない、横にしてこれ(さお)を持っても、また入ることができない、計略を思いつくことは無い。そこへ通りかかった老父がいて言うことには、私は聖人ではない、ただ見聞は多い。どうしてのこぎりを使って(さおを)切って(城の中に)入らないのかと。結局(老父の助言に)従ってこれ(さお)を切る。

五 問一、アは「相手の表情……身振りや手振りで」が誤り。ウの「外国人が日本語を段階的に学ぶ」はリーフレットに書かれていない。エは「感覚的な言葉を用いて」が誤り。問二、ウは「テーマに擬人法を用いて」が誤り。

宮崎県

問題 P.266

解答

一 問一、a しない　b けむ　c 浴　問二、イ　問三、エ　問四、好きなものや得意なものがほしいのならば、努力を続ければいい(29字)　問五、Ⅰ照れた　Ⅱまっすぐに　問六、エ

二 問一、召しあがってください(10字)　問二、社会全体で考えよう　言葉の使い方　問三、ア　問四、ウ　問五、(例)

Aは、年代が上がるにつれて、課題だと思う人の割合が高くなる。先日、食事中に私がおいしいという意味で「やばい」と言ったら、祖父母にとても驚かれた。相手と言葉の意味や使い方の認識が違うことを意識しながら、言葉を使うように気をつけたいと思う。

問六、エ

四 問一、ア　問二、ウ　問三、たたずまい　問四、泣いている　問五、不ㇾ知 秋 思 在㆓誰 家㆒　問六、(一)月　(二)月を眺めながら物思いにひたっている人々(19字)

解き方

一 **村上雅郁「シロクマを描いて」**(「きみの話を聞かせてくれよ」所収)より。問二、空欄あとの「目がぎらぎらしてて」から、一生懸命に取り組む様子を読み取る。問三、傍線部直前の「自分の声が、どこかとげとげしてる」に着目。「自分の声」とはその前の「六花は、絵を描くのが、ほんとうに好きだから」で、ほめる声がとげとげしいのだから、素直にほめることができないでいるのだと分かる。問四、「黒野の言葉」に着目して傍線部前を見ると「好きなものがほしい。得意なものがほしい。……そのために努力すればいいだろ。」とあるので、この部分をまとめる。問五、傍線部直後の「そう言った早緑の瞳」を手がかりに、早緑の態度や瞳の様子が描かれている箇所を探し、本文前半の「早緑は照れたように」と「私をまっすぐに見て、言った」に着目する。問六、アは「会話が途切れがち」が、イは「過去にとらわれて身動きがとれないでいる」が、ウは「次のステップへ進む軽快な場面」が、それぞれ不適。エの「私」と「あたし」はそれぞれ六花と早緑を指し、異なる人物を表現していて本文と合致する。

三 問一、空欄前の「食べてください」を「尊敬語」に直す。問二、空欄前の「体言止め」とは、文末を体言で終わらせる修辞法。また「倒置法」とは、文章の語順をあえて普通とは逆にする修辞法。問三、「報道」とは、出来事を広く告げ知らせること。自分の感想や考えを述べるものではない。問四、春奈さんの発言の共通点を確認すると「決めていきましょう」「見出しを考えましょう」「資料を載せましょう」「編集後記を書きましょう」と、みんなに提案して物事を進行する意図があることが分かる。問五、まず条件の1を確認する。Aに関する部分を表で見ると、年代が上がるにつれてAを社会全般の課題だと思う人の割合が大きくなっていることが分かる。次に条件の2について、自分が使っている言葉(流行語)が、より高い年齢層に通じない、などの例を考え、体験があればそれを書く。また「これからあなたが気をつけたいこと」については、自分の使っている言葉が、高い年齢層の人に正しく理解されているか、などを考える。こうした点を押さえて、記述をまとめる。問六、楷書における「折れ」とは、方向を変える部分で一度止めて書く画のこと。「曲がり」とは、方向を変える部分を止めないでカーブさせて書く画のこと。両方の筆使いを含んでいるのは「記」の右側の部分。

四 **「古今和歌集」・「建礼門院右京大夫集」・「唐詩選」**より。問一、安倍仲麿という日本人が唐土(唐の国＝中国)で月を見て「あの月は、奈良の春日にある三笠の山に出た月と同じなのだなあ」と故郷を思い出す、という観点から選択肢

を選ぶ。問二、「ゆくへもなき旅の空」「いかなる心ちならむ」を踏まえる。どこにいるのか分からない、旅をしている人（ここでは恋人）の気持ちを考えて、つらい気持ちになっている。問三、語頭と助詞以外のハ行は「わいうえお」に置き換える。問四、人は泣くときに袖で涙をぬぐうので、たくさん泣くと、涙で袖がびしょびしょになってしまう、ということ。比喩としてこうした表現を用いる。問五、一つ下の字から上の字に返って読むときにはレ点を用いる。二字以上返って読むときには一・二点を用いる。問六、(一)Aに「いでし月かも」、Bに「こよひの月に」、Cに「今夜月明」とあるように、いずれも「月」が詠まれている。(二)空欄直前の「転句」とは第三句、「結句」とは第四句のこと。第一句から順番に起句、承句、転句、結句となる。書き下し文につけられた訳を手がかりにして記述をまとめる。

通釈 B　いいようもないほどつらい気持ちでいるうちに、秋が深くなっていく景色を眺めると、なおさら耐えて生きていけるような気がしない。月の明るい夜、空の様子、雲のありさま、風の音がとりわけ悲しみをそそるありさまを眺めては、（あの方が）行き先のあてがない旅の空（の下を）、どのような気持ちでおいでになるかとばかり思いやられて、つい涙で目の前が暗くなってしまう。

　どこでどのようなことを思いながら、（あの方は）今夜の月（を眺めて、涙）に濡れた袖をしぼっているのでしょうか

C　中庭の地面は（月の光で）白く輝き、樹上ではからすがねぐらについている。

冷たい露がひっそりと降りて、木犀の花をしっとりとぬらす。

今夜は月が明るく誰しも（その月を）眺めていることであろう。

その中でも最も秋の物思いにひたっているのは誰であろうか。

鹿児島県

問題 P.270

解答

一　1、(1)唱　(2)温厚　(3)忠誠　(4)ふか　(5)きゅうかく　(6)すた　2、十（画）

二　1、ウ　2、ア　3、Ⅰ察する　Ⅱ聞き手に誤解を与えない　4、様々なシグナルを通して会話に積極的に関わり、話し手と相互にコミュニケーションを構築することで、人間関係の根幹を支え豊かにする（62字）　5、ウ

三　1、いう　2、猪のやうなるもの　3、イ　4、Ⅰどのようなものか見てみたかった（15字）　Ⅱ禍といふもの求めてまいらせよ　Ⅲウ

四　1、エ　2、Ⅰ慌てた様子で否定　Ⅱいつも通り　Ⅲ明朗快活な姿は偽りではない（13字）　3、イ→ウ→ア　4、部員の反発を恐れて自分の思いを伝えるかどうかを決められずにいたが、航大の励ましによって、迷いがなくなった様子。（55字）

五　（例）

　鹿児島県の在留外国人が年々増えており、その多くが、「どのような活動が行われているか知らない」と感じている。

　私は、SNSを通じて多くの在留外国人に社会活動を知らせたい。その際、難しい日本語は使わず、やさしい日本語を使って活動内容を伝えれば、より社会活動の内容が伝わると感じている。

解き方

二　**村田和代「優しいコミュニケーション――『思いやり』の言語学」**より。1、a直前の「絶対採用間違いないよ」から、イの「懐疑的」、エの「否定的」は不適。また、b直前に「コミュニケーションの様々な場面や状況や人間関係が複雑に絡み合いながら多様に変化する」とあるので、アの「一貫性」も不適。2、重箱読みは「重」が音読み、「箱」が訓読みであることから、熟語が音訓の構成になっているものを表す。イの「秘密」は、秘と密ともに音読み。ウの「手本」は、手が訓読み、本が音読み。エの「砂場」は砂も場も訓読み。3、Ⅰ日本語のコミュニケーションについて、傍線部直後の段落で、聞き手の責任が重く、聞き手が話し手の意図を「察する」ことが期待されるとある。Ⅱ英語のコミュニケーションについて、傍線部直後の段落で「話し手の責任が重く、話し手は聞き手に誤解を与えないように言葉を尽くすことが期待される」とある。4、スライドの考察1～3に対応する内容として「日本語教育学者…」で始まる段落の「聞き手が会話に積極的に関わりながら」、続く段落の「相互的なコミュニケーションにおいては、聞き手のもつ役割は話し手のそれと同じくらい重要」、最終段落の『聞き手』は、話し手に対する単なるサポート役ではなく、人間関係の根幹を支える大きな存在である」に着目し、この部分をまとめる。5、筆者は、聞き手は相手に共感し、積極的に関わることが重要と述べている。ア・イ・エはスピーチの内容に耳を傾け、共感する姿勢を取っているが、ウだけ一方的に話している。

三　**平康頼「宝物集」**より。1、語頭と助詞以外のハ行は「わ・い・う・え・お」に直す。2、傍線部前を確認すると「猪のやうなるもの」とある。3、傍線部の主語は「けだもの」である。ここではけだものは「禍」であるから、主語が「国王」であるウ・エは不適。けだものは食べる物を欲しがって荒れているので、アも不適。4、Ⅰ本文中に禍が「どのようなものなのか」「探し求めて私の元に持ってきなさい」とある。Ⅱ国はせっかく平和であったのに、国王の興味本位で禍が「どのようなものか」などと言ったために、結果的に国が滅んでしまったのである。Ⅲ国王の命令は、あとのことを考えない軽々しく浅はかなものであった。

通釈　天竺に国があった。天下が治まり、人民は楽しくして、少しの心配事もない。国王は、楽しんでいることに得意になって、穏やかな暮らしに飽きてしまい、「禍というものは、どのようなものか、禍を探し求めて私の元に持ってきなさい」という宣旨がお下りになったところ、宣旨が非常に重大で、大臣や公卿から人民や農民にいたるまで、禍を求めるうちに、猪のようなものを一つ見つけ出して、「これが禍であるよ」と言ったので、喜んで国王に差し上げたところ、国王は気に入ってこれを飼いなさると、（禍は）鉄より他に食べるものがない。

　だんだんと年月が経ち、国中の鉄がなくなった。けだものは、食べる物を欲しがって荒れたので、国王は「うち殺すのがよい」という宣旨をお下しになったけれども、矢は刺さることなく、切っても刀で切れることもない。火で焼いたところ、鉄のようであって、けだものが立ち寄った所は全て焼失した。国の城をはじめとして、一国に残る所はない。一つの国がどう見ても滅亡している。

四　**真紀涼介「勿忘草をさがして」**より。1、傍線部のあとに「凛の声には、突き放すような刺々しさがあった。」とある。また、そのあとに凛は「他人に優しく、自分に厳しい。」ところがあるとあり、航大の言葉に対して刺々しい返事をしたが、言われたこと自体は否定していないことが分かる。よって、アは「なげやりな様子」が、ウは「悲しげな様子」が、

それぞれ不適。刺々しい声は凜の本心なので、イの「照れくさそうな様子」も不適。2、Ⅰ傍線部直前の段落に着目する。凜は航大の言葉を「慌てた様子」で「否定」したとある。Ⅱ航大にとって、凜の大袈裟な仕草は「いつも通り」であったと述べられている。Ⅲ凜の言う「本当の自分ではない」とは、傍線部を含む段落の「明朗快活な姿」のこと。それを航大は「でも、咄嗟に…」以下で「偽りではない」と見ている。3、最初の段落に「本当に彼女のためになるのだろうか」とあり、「いまの自分に…」で始まる段落では「それも、彼女の力になるということ」とある。続いて「肩の力が抜ける…」で始まる段落に「軽口のキャッチボールをするみたいに……すればいい」とある。そして「適度に休まないと…」という、凜がかつて言った言葉をあえてぶつけて、挑発しながら鼓舞するのである。4、凜は最初は自分の思いを伝えるかどうかを決められずにいた。しかし航大の励ましによって迷いがなくなり、すっきりとした気持ちになったのである。これらを踏まえてまとめる。

沖縄県

問題 P.275

解答

二 問1、イ　問2、イ　問3、ビジュアル化　問4、ア・オ　問5、ア　問6、ウ　問7、Ⅱ負傷を原因　Ⅲ戦地の衛生　問8、(例)私は一般的な中学生三年生の三分の一しかおこづかいがなく、彼らと同様のおこづかいの使い方ができない(48字)

三 問1、とじて　問2、イ　問3、ア　問4、エ　問5、エ　問6、顔が明るくなる　問7、Ⅱ恐れ　Ⅲ鏡

四 問1、必要ですか　問2、ウ　問3、イ　問4、エ

五 問1、(例)

私は一人でいる時間のほうが自分自身を成長させることができると考える。例えば私なら一人でいる時間を本を読むことに使う。本を読むといろいろな知識や物の見方を知ることができる。それらを自分のなかにある知識や物の見方に組み込み、吸収することで、自分の考え方の枠を広げ、物事を多面的に捉えられるようになる。だから一人でいる時間のほうが成長につながると私は考える。

解き方

二 **瀧本哲史「ミライの授業」**より。問1、「複製」は元のものと同じものを別に作ることで、「オリジナル」とは正反対の意味である。問2、直後の「そうでした」の指示語を踏まえて戦死＝負傷のイメージを押さえる。問3、傍線部の「イメージ」は像として見えるもの、という意味。問4、「客観的」とは誰にとっても正しい様子で「論理的」という要素を含む。アはトラブルの事例を収集→適切な利用を促す、オは着用の有無による事故時の重傷度の違いの確認→ヘルメット着用を促す、という因果関係がいずれも「論理的」である。イ・ウ・エにはこうした論理性がない。問5、この文章は第一段落の主張を、第二～第四段落で具体例を通して説明し、最終段落で第一段落の主張を繰り返すという構成になっている。問6、最終段落の内容を確認。「善良なだけの看護師だったなら…」「統計学者としてのナイチンゲール」という記述を踏まえる。問7、Ⅱ空欄直前の「兵士の感染症による死者数」を手がかりにして本文を確認する。第三段落に「感染症による死者」とあるので、そのあとの記述を押さえる。Ⅲ空欄前の「ナイチンゲールの主張」を手がかりにして本文を確認すると、第二段落後半に「彼女としては……『戦地の衛生状態を改善してほしい』と訴えなければなりません」とある。問8、設問の「説得力が増す」を手がかりにして、ナイチンゲールは説得力を増すために何を行ったかという観点から設問を振り返る。ナイチンゲールは統計学者として客観性、とりわけ具体的なデータを重視した。Aさんは、資料①から自分のおこづかいが平均額より少ないといえるが、単に少ないではなく、解答例で「三分の一」としたように、どの程度少ないのかを数値を使って示すとよい。また、おこづかいが少ないので、資料②で示されたような使い方ができないという因果関係を示すと、これも説得力を増すことにつながる。こうした点を踏まえて、解答例では資料①・②を用いて記述を行った。

三 **無住「沙石集」**より。問1、「ぢ」は現代仮名遣いでは「じ」となる。問3、a直前を確認。bノートより、天照大神が岩戸を少し開いたことが分かる。c「抱き出だし」を踏まえて前を見ると「天手力雄尊……抱き奉りて」とある。d現代語訳「天下を照らしていらっしゃる」から、天照大神が主語になると分かる。問4、傍線部前の「隠れ給ひしかば」を踏まえる。問5、直後の「御覧じける」を踏まえる。問6、「面白」は心が明るくなる・つい笑いたくなる、という意味。「面」の①、「白」の⑥があてはまると考え、簡潔にまとめる。問7、Ⅱノートの2に「素戔烏尊を恐れ」とある。Ⅲノートの6に「鏡を差し出したので戸から出て」とある。

四 問1、「必要ないです。」が返事になるような質問の仕方を考える。問2、直後の「だから、こんなに勉強熱心だったんだ。」という会話から、勉強熱心であることが納得できるような理由を直前で聞いたことが分かる。問3、「お父さんは何してるの」と「お父さんはどんな仕事をしているのか」の違いに着目。「どんな仕事を」と目的語をはっきりさせている。問4、アは「40代以上の人だけで全体の6割」が、イは「ほとんどの世代で5割近くの人が使用」が、ウは「令和に入って急激に使用者が増えた」が、それぞれ資料から読み取れない。

五 問1、設問の「具体的にどのように時間を使えば自分自身が成長できると考えるか」「そう考える理由も含めて」の二点を押さえる。例えば「一人でいる時間」の方を支持するなら、一人でいる時間のほうが自分自身を成長させる→読書に時間を使う→いろいろなものの見方を知り、物事を多面的に捉えられるようになる、といった構成を考えることができる。また「他者と過ごす時間」の方を支持するなら、他者と過ごす時間のほうが自分自身を成長させる→部活動に時間を使う→一緒に何かを成し遂げる時の人間関係の大切さや努力の大切さを学べる、といった構成を考えることができる。いずれにせよ、誰と過ごすか、何をして過ごすか、どんな成長か、を自分の経験や身の回りのことにあてはめて考えて、記述の手がかりにすることが重要である。解答例では「一人でいる時間」を支持する立場で、「読書」を具体的な例として取りあげ、「多面的なものの見方ができるようになる」という理由を根拠にして記述を行った。

国立高校・高専

東京学芸大学附属高等学校

問題 P.281

解答

一 〔問1〕ⓐ肥料　ⓑとぼ　ⓒ推定　ⓓ宇宙　ⓔ天敵　〔問2〕ア②　イ④　〔問3〕③　〔問4〕①　〔問5〕④・⑤　〔問6〕③　〔問7〕②　〔問8〕⑤　〔問9〕①・⑤

二 〔問1〕④　〔問2〕③　〔問3〕⑤　〔問4〕①　〔問5〕②　〔問6〕⑤　〔問7〕③　〔問8〕⑤

三 〔問1〕ア④　イ③　〔問2〕⑤　〔問3〕③　〔問4〕ⅰ⑥　ⅱ④　〔問5〕①　〔問6〕なにご　〔問7〕②　〔問8〕①

解き方

一 **市橋伯一「増えるものたちの進化生物学」**より。〔問3〕ⅰのあとは、前の文を受けて最初に説明を述べようとしているので「まず」が入る。ⅱのあとは、前の文がどういうことなのか、ということを説明しているので「つまり」が入る。ⅲ以降は、具体例を述べているので「たとえば」が入る。〔問4〕傍線部直後の文に着目。少子化が問題になっているが、人口は増えている、と述べているので、傍線部の「それ」には、前の段落の「餌が足りなくなったり、ウイルスにやられたりして再び減って」いくという内容は含まれない。よって②の「自滅する」や③の「増殖と減衰の波をくり返す」という内容は不適。④は前の段落に「餌の量などの条件に生息数を限定される」といった内容はないので不適。⑤は傍線部以降の内容なので、「それ」の説明としては不適。〔問5〕④は、4段落に、シアノバクテリアが大繁殖した結果、酸素濃度が上昇してしまった、とあるので誤り。⑤は、5段落に、シアノバクテリアが酸素濃度を上げたおかげで「巨大な節足動物が繁栄できた」とあるので誤り。〔問6〕傍線部直後の12段落に「今の生物の姿を考えると、進化というしくみなしでは達成できないはずで、そして進化を起こすためには『増える能力』がどうしても必要」とある。〔問7〕泳ぐのが速いミジンコが、泳ぐのが遅いミジンコよりも子孫を残せる、という内容を受けての文である。②以外は、泳ぐのが速いミジンコについて触れていないので不適。〔問8〕21段落の「どんなに生き残りやすい丈夫な性質を持っていたとしても、その性質が次世代に受け継がれることはありませんし、集団内に広がることもありません」に着目。①は「自分の力で変化していくことができず」が、②は「進化に特有の自然選択が生じないから」が、③は「風化して消滅してしまうから」が、④は「特定の性質の個体ばかりが残って、多様性が回復しないから」が、それぞれ不適。〔問9〕ここで述べられている「恐ろしい」には「驚くほどすぐれている」と「危険で不安だ」という二つの意味がある。筆者は全体を通して、増える能力を持ったことで進化が起こり、複雑で多様な生物が生まれたことを詳しく説明している。これが「驚くほどすぐれている」点である。しかし、その増える能力によって環境破壊が推し進められてしまうから、筆者は「危険で不安だ」とも思っている。②は「原始地球の過酷な環境下でも生命をつないだ神秘的な能力であることは間違いないから」が不適。③は「他の仮説を駆逐してしまうほどの絶対的なものだから」が不適。設問と内容がずれている。④は「選ばれなかった生物は死滅するという悲惨な運命をたどるから」が不適。これも設問と内容がずれている。⑥は「この先どんな存在になるか想像もつかないから」が不適。筆者はそのようなことを「恐ろしい」と言っているわけではない。

二 **川上弘美「真面目な二人」**（「猫を拾いに」所収）より。〔問1〕ⅱに着目。ⅱのあとに「しんとした感慨深い気持ちになった」とあるのだから、②の「ふつふつ」や③の「いらいら」は入らない。ⅲは「頷いた」につながる語を考える。①の「ぼそりと」、⑤の「しんしんと」は不適。〔問2〕傍線部前に「じっと見ているあたしに気づいたのだろう」とある。じっと見ていたから、「女の子」から何か言われるのではないか、と「あたし」は思っているのである。①は「教授から注意されるのではないか」が、②は「カウンター機を、大学の講義でいったいどのように使うのだろうか」が、④は「つまらない日常を変えてくれるのではないか」が、⑤は「周りから責められる」が、それぞれ不適。〔問3〕「新緑」は、初夏に見られるみずみずしい緑色の若葉のこと。よって、①の「寂しさ」や④の「不快」は不適。ここでいう「目に痛い」は「まぶしい」という意味。つまり強い印象を与えられているのである。よって、②の「拍子抜け」や③の「違和感」も不適。〔問4〕傍線部前に「せっかくハルオとつきあっても、前とは何かが違ってしまっていた。好き。でも、もどかしい。」とある。「あたし」はハルオに対する自分の違和感に気づいているが、はっきりとした気持ちは分からずにいた。そして、カウンター機でハルオへの気持ちを数えた結果、自分が思っていた以上に黒い気持ちが多かったことに気づいたのである。②の「ハルオのことを言っているので不適。③は「やっとハルオと別れる口実ができた」が、④は「自分の存在価値を認めてもらいたいがために」が、⑤は「浮気して自分を傷つけた彼を出し抜くことができる」が、それぞれ不適。〔問5〕なぜ「照れたように」と表現しているのか考える。「あたし」の真面目さを見て、上原菜野は自身も真面目だと感じ、共感を伝えたいから「照れたように」となるのである。①は「気まずさを取り消す」が、③は『あたし』を諭すため」が、④は「自分を卑下するため」が、それぞれ不適。⑤は「母親の言葉には従わなくてよい」が不適。ここでのやりとりに母親は関係がない。〔問6〕「片方の」カウンター機を机にしまったということは、気持ちの分類をやめたということ。自分の気持ちをそう簡単に分類できないと考えたのである。①は「数えたり……するのはやめよう」が、②は「ハルオのことがどうしても許せなかった」が、③は「カウンター機の示す数字には頼らず」が、④は「諦めきれない気持ちを、いっそのこと封印してしまいたい」が、それぞれ不適。〔問7〕①は「本当の意味での友人」が不適。本文中でこのようなことは述べられていない。②は「上原菜野と親しくなることで、結果的にハルオと別れることに成功した」が不適。親しくなったから別れたわけではない。④は、恋愛相談できない状況から解放されたきっかけが上原菜野だという記述が不適。きっかけはカウンター機である。⑤は、上原菜野の真似をしたことがハルオとの別れにつながっているわけではないので不適。〔問8〕①は「不真面目でも学生生活を謳歌していた親世代との価値観の衝突が示されている」が、②は「一風変わった主人公の名字……性格の違いを表現」が、③は、「色の違う目をしていることは……原因として機能している」が、④は「自分の至らないところをすぐ他人のせいにしてしまう……性格」が、それぞれ不適。

三 **「十訓抄」**より。〔問2〕直前に、長年鞠が好きだったという記述がある。「徳」は、ここでは鞠に対する思いや取り組み。「いたる」は「極致に達する」の意味である。①は「生まれもった性格や人柄」が、②は「神仏を信じる気持ちの強さ」が、③は「神様に会いたいという強い願い」が、④は「周囲であまりにも評判になっていた」が、それぞれ不適。〔問3〕「かやう」は「このようなこと」という指示語。「しるし」は「徴」や「験」と書き、前兆や霊験、ききめや効能という意味。ここでは、成通の蹴鞠に対する思いが素晴らしかったので鞠の精が現れたことを指す。①は「美しい少年が」が不適。鞠の精であることを説明していない。②は「春の精」が、④は「蹴鞠がうまくいかない」が、⑤は「たくさんの少年」が、それぞれ不適。〔問4〕学ぶ者はたくさんいるが、極致に達する者はほんのわずかだ、ということを牛毛と麟角で表現している。〔問5〕「げに」はほんとうに、いかにもという意味。「ほんとうに」のニュアンスのない③は不適。「おぼゆ」は自然に思われる、思い出される、似るなど多様な意味があるが、文脈を考えて判断する。「ほんとうに」に続いているので、自発の意味の「思われる」が妥当。②は「不思議に感じられる」、④は「当てはまる」、⑤は「あり得ない」が、それぞれ不適。〔問6〕成通が鞠の精に会ったという出来事は「いみじくうつくしげにぞありける。」で終わるので、次の「なにごとをも」からが筆者の感想である。〔問7〕成通が蹴鞠に真摯に取り組んだ結果、鞠の精に会えた、という内容から一般化した内容が選択肢となっている。ポイントは成通が徹底的に鞠をやったこと、やり通して極致に達する人はめったにいないことである。①は「おのずと才能や努力は認められる」が不適。そのような記述はない。③は「才能を持った人物は世間にはなかなかおらず」が不適。才能を持った人物がいないのではなく、学びを極致に達せられる人がいないのである。④は全体が不適。⑤は「思いがけず頭角を現す」が不適。思いがけず、ではなく、最初から学び通せる人の話をしているのである。〔問8〕②は「徳が積もり……才能として現れる」が、③は「来世でも諸芸に秀でた人物として生まれ変わる」が、④は「一つのことに執着するのは罪である」が、それぞれ不適。⑤は「自らの力量を周囲に誇示しさえしなければ」が不適。周囲に誇示するかどうかはここでは問題になっていない。

通釈 成通卿は、長年の間、蹴鞠を好まれていた。そのおかげがあったということなのか、ある年の春、鞠の精が、懸りの柳の枝に現れてすがたを見せた。精はみずらを結った十二、三歳ほどの子どもで、青色の唐装束で、その姿は口では言えないほど美麗なものであった。

何事についても始めようと思うならば、奥義を極めて、このような奇瑞(きずい)を現すまでにしたいものであるが、このような例は、めったにないことで、簡単にはできないことである。

そのようなことなので、

学ぼうとする者は牛の毛のごとく多い。達する者は麟角のごとくめったにいない

と言われている。

また、

なすのが難しいのではない。よくなすのが難しいのだ

とも言われている。本当に、そのとおりだと思われることは世間にいっぱいあるのだ。

【資料】人の身には一日のうちに数え切れない欲望があり、それはみな罪である。(しかし)鞠をお好みになっていらっしゃる人は、庭に立っていらっしゃると、鞠の事以外にお思いになる事がないので、自然と後世への縁となり、功徳が増すので、必ず(蹴鞠を)お好きになるのがよいのである。

お茶の水女子大学附属高等学校

問題 P.289

解答

一 問一、Ⅰウ　Ⅱア　Ⅲイ　Ⅳエ　Ⅴオ　問二、絵画は言語や文化に関係なく視覚的に理解できるが、オノマトペは特定の言語の枠組みの中で聴覚的に理解するものだから。(56字)　問三、抽象絵画は、何が描かれているのかがよくわからないということ。(30字)　問四、オノマトペの音形と感覚イメージの間に類似性があるということ。(30字)　問五、1ⅰ非母語話者　ⅱ文化　ⅲ一部分　ⅳ母語話者　2音声で写し取れない部分は換喩で補う必要がある(22字)

二 問一、a呼気　b生前　c夢遊　d道理　e沿岸　問二、Aエ　Bオ　Cオ　問三、イ　問四、重傷を負った体で戦場へ戻ろうとする兵を強くいましめつつ、命を大切にしてほしいと願い、いたわる気持ち。(50字)　問五、ウ　問六、激しい戦闘の間は夢遊状態であったが、肉体に強い衝撃を受けた瞬間、視覚や聴覚をはっきりと取り戻し、自分が生きていることを実感すると同時に、死に直面しているという恐怖がよみがえってきたということ。(96字)

三 問一、aイ　bエ　cエ　問二、ⅰイ　ⅱア　ⅲア　問三、ウ　問四、1ウ　2自分の髪を切って我が子に食べ物を用意した僧都の母の深い愛情を思い出したから。(38字)　問五、③エ　④ア　問六、イ

解き方

一 今井むつみ・秋田喜美『言語の本質　ことばはどう生まれ、進化したか』より。問一、Ⅰ直前に「非常に細密に対象を切り取った」とあり、またすぐあとに「他方、抽象絵画は…」と対比的に述べられていることを考えれば、「具象的」が適切。Ⅱ空欄直後に「他方、……視覚ではない。」とあるので、「アイコン」は「視覚的」が適切。Ⅲ直前に「音声という」とあるので「聴覚的」が適切。Ⅳ直前の「ギクッ」とはイヌやネコの「ワンワン」「ニャー」に比べると具体的にどういう様子なのか多少わかりづらいので「抽象的」が適切。Ⅴ空欄のあとで「『オノマトペは言語である』という性質である」と言い換えているので、「根本的」が適切。問二、四つあとの段落の終わりで、絵画とオノマトペの違いが「絵画は原則……理解される」と説明されている。しかし、言語や文化に関係なく理解できる絵画とは異なり、オノマトペは言語の枠組みのなかで理解するものなので、非母語話者にとってはわかりにくいのである。問三、傍線部を含む文とその前の文では「具象的な絵画」と「抽象絵画」とが対比的に説明されている。よって、「その対象が誰にでもよくわかる」の反対になる。問四、傍線部の直前の「音形が感覚にアイコン的につながっているという点で」に着目。「アイコン的」とは、この段落の最初にあるように「類似性がある」ということ。「ニャー」が「ネコの声」に「似ている」、「ピカピカ」が「明るい点滅」に「似ている」、「ぶらり」が「気軽なお出かけ」に「似合っている」というように、「似ている」とつながりを感じられる点が「身体的」だというのである。問五、本文の要旨が会話の形でわかりやすくまとめられている。1ⅰ・ⅱは先の問二の解き方を参照。ⅲは「他方、オノマトペが…」から始まる段落と、その次の段落を読むとわかる。ⅳはBさんが冒頭の一文とほぼ同じ内容を述べている。2Xの直後の「なるほど。換喩って連想のことだよね。」から、Xには「換喩」という語句が入ることがわかる。オノマトペの理解と換喩については、「つまり、視覚的…」から始まる段落とその次の段落に書かれている。音声で写し取れるのは物事の一部分でしかないので、残り

の部分は連想、つまり換喩で補いながら、オノマトペを理解することになる。

二　**石川達三「生きている兵隊」**より。問三、傍線部の「今」とは、「隣の兵」の最期の時である。ある人間の死の瞬間に偶然立ち合い、人としての尊厳を保つことができるよう、彼の死を自分が見届けてやろうと思ったのである。傍線部直前に「どこの中隊の何という兵であるかも知らない」とあるので、アにあるように「軍の上司に報告しよう」と考えたわけではない。また、ウにあるように「若くて美しかった」から「よく覚えておいてやろう」と思ったわけでもない。「若くて美し」いことは、その死に顔を眺めたのちに気付いたことである。問四、「乱暴な言葉で」からは、驚きと怒りを込めて、戦場に戻ることを思いとどまらせようとする気持ちがうかがえる。また、その「乱暴な言葉」には軍医の深い愛情といたわりも込められており、せっかく失わずに済んだ命を大切にしてほしいと願う気持ちが感じられる。問五、直前の「もう一寸だけ……横たわっていたであろう。」と直後の「彼は何とも言えない恐怖を感じて」という部分をあわせて考えれば、肉体への衝撃とともに死への恐怖が急激に襲ってきたことがわかる。問六、「まことに戦場…」で始まる段落から、最終段落までの部分を読んでまとめる。まず、戦場で激しく戦っている間は、「一種の神経衰弱にちかい」精神状態であり、「自分の命と体との大切なこと」すら考えられないような、ぼんやりとした「夢遊状態」にある。それが、肉体への衝撃を受けた瞬間、視覚や聴覚などの感覚を取り戻すと同時に、まだ生きている自分を実感し、「最初の戦闘のころ」に「経験」したが、その後は「失っていた」命を失うことへの強烈な恐怖がよみがえってきたのである。

三　**鴨長明「発心集」**より。問一、a形容動詞「ねんごろなり」は、情愛がこまやかだ、こまやかに心を配っている、という意味。b形容詞「いとほし」は、かわいそうだ、つらく気の毒だ、の意味。c形容詞「あやし」は、不思議だ、妙だ、不審だ、よくない、という意味。問二、i我が子の「雪の中の心細さ」を推測したのは「母」である。ii母からの思いも寄らない手紙と品物に、しみじみと心を打たれたのは「僧都」である。iiiはらはらと涙をこぼして食べなくなった男の様子を、たいそう不思議に思ってわけを聞いたのは「僧都」である。問三、直後に「なかなか心苦しうて、ことさらこのありさまをば聞かれじと思へりける」とある。母にあまり便りを送っていないので、わざわざ今のありさまを伝えるのは心苦しいと思ったのである。問四、「使ひの男」が僧都の問いに対して答えた内容を読み取る。僧都の母の「御志の深きあはれさ」を思い出すと胸がいっぱいになり、食べ物がのどを通らないのである。問五、③形容動詞「なほざりなり」は、いいかげんだ、おろそかだ、の意味。また「侍り」はラ行変格活用の動詞「あり」の丁寧語で、ございます、と訳す。④形容動詞「おろそかなり」は、いいかげんだ、粗末だ、という意味。動詞「覚ゆ」は、思われるの意味。「ん」は推量の助動詞「む」。「やは」は反語を表す係助詞なので「どうして…か(、いや…ない)。」と訳す。問六、本文は、子を思う母の慈愛の深さについて語られている文章である。

通釈　比叡山に、正算僧都という人がいた。自分はたいそう貧しくて、西塔の大林という所に住んでいたころ、年の暮れに、雪が深く降り積もって、訪れる人もなく、全く(炊事の)煙が途絶えた(人が暮らしていないように思える)ほどひっそりしている)時があった。京の都に母である人がいるが、(便りも)途切れ途切れの状態なので、(便りをするのも)かえって心苦しくて、わざわざこの(貧しい暮らしの)ありさまを聞かれたくないと思っていたが、雪の中の心細さを想像したのだろうか、ひょっとしてまた、物事のついでに、伝え聞いたのだろうか、(母からの)心のこもった便りがあった。都でさえ人通りがなくなった(ほどの)雪の中、雪深い山の住まいの心細さなどが(思いやられることなど)、いつもより心がこもった様子で(書かれて)、ちょっとした品物をお送りになった。

(僧都は)思いも寄らないことで、たいそうめったにないほど貴いとしみじみ思われる。中でも、この使いの男が、たいそう寒そうに深い雪をかき分けて来たのが気の毒なので、まず火などを焚いて、この男が持参した物を与えて食べさせる。(使いの男が)さあ食べようとするときに、箸を立て、はらはらと涙を落として食べなくなったのを、(僧都は)たいそう不思議に思ってわけを聞く。(この男が)答えて言うには、「この(母上があなたに)差し上げなさった物は、簡単に手に入れた物ではございません。あちこちお尋ねになったけれども、(手に入れることが)叶わず、母上がご自身の髪の毛の先の方を切って、人にお与えになって、その代わり(に手に入れた物)を、無理をなさって差し上げなさったのです。今これを食べようといたしましたが、あの(母上の)お心の深い慈しみを思い出して、身分の低い者ではありますが、たいそう悲しくて、胸がいっぱいになり、どうしてものどに入らないのでございます」と言う。(僧都は)これを聞いて、いい加減に思うだろうか、いや、思わない。(僧都も)しばらく涙を流したのだった。

あらゆる慈悲深いこと(の中で)、母の(子への)思いにまさるものはない。

筑波大学附属高等学校

問題 P.293

解答

一　問一、エ　問二、ウ　問三、たんなる集団的意思決定だけでなく市民たちみずからが権力を行使した、という点。問四、エ　問五、統治の専門技術を知らない民衆が国のかじ取りをすると危険が生じるおそれがあるから。問六、ア　問七、イ　問八、a名著　b極端　c委

二　問一、すぐるは役者をしていたが、職業性ジストニアになり、役者を続けることができなくなったので、お守り代わりに持っていた鈴を祖母に返そうと思ったから。問二、ア　問三、「お母さん～ことだよ。問四、自分の娘である「お母さん」にもお守りが必要だと考えたが、自分は寝たきりで買いに行けないから。問五、エ　問六、支えになるもの　問七、aウ　bウ　cイ

解き方

一　**橋場弦「古代ギリシアの民主政」**より。問一、傍線部前後の「近代民主主義の基本原理は、代表制」「しかし……『代表する』という考え方自体、そもそも古代のデモクラティアには存在しなかった。」「ラテン語レプラエセンタレ……は本来、『あるものを別のあるものによっておき替えること』を意味するにすぎなかった」という記述を押さえる。問二、まず傍線部の「分かちあう」を手がかりにすると、三段落前に「『分かちあう』……大きな全体に、一人一人が平等にあずかることを意味した」とある。次に傍線部の「包摂と統合」を手がかりにしてあとを見ると「『嫌いな人びとと共生する技術』……和解する道……統合と共存」とあるので、これらのヒントを踏まえて選択肢を選ぶ。問三、傍線部直後の「民主政とは、たんなる集団的意思決定のことだけではない」と、次の段落の「意思決定を

するのみならず……みずからが権力を行使した」という文を踏まえて記述する。問四、傍線部「ギリシア人」を手がかりにすると、前の段落に「ギリシア人は、民主政が……独自の政体であることをよく自覚し……意識化、制度化し」とある。ウは「経験に頼る」が誤り。傍線部直前に「ことばにたよる」とある。問五、傍線部の「専門家」を手がかりにすると、二段落前に「統治の専門技術を知らぬ素人の民衆に国のかじ取りを……いかに危険で不合理か」とある。問六、傍線部「今も」に着目すると、一段落前に「現代民主政治が、実は政党や官僚のような専門家集団に牛耳られる偽物だと訴えたかった」とある。問七、イは「民主政の概念が次第に変容」が不適。「ポストコロニアリズム」を手がかりにすると、傍線部②の次の段落に「ポストコロニアリズムの影響下」「住民が集会での熟議によって意思を決定するという政治スタイルは……世界各地に古くから見られるもの」「民主主義を古代ギリシアだけの遺産と考えるのは、西欧中心主義的な偏見」とある。ここでの問題は世界各地にあったものを「ギリシアだけ」だと考えること、つまり「場所」の問題で、「次第に変容」という「時間」の問題ではない。

三　**水野良樹「誰がために、鈴は鳴る」**（モノガタリプロジェクト編「モノガタリは終わらない」所収）より。問一、本文の後半に「現場に鈴を持っていくようになった。縁起担ぎなのか、お守りなのか」「祖母の墓に、鈴を置いていこうと思っていた。……芝居の現場には戻らないから。」とある。また、リード文には「役者をしているが、職業性ジストニア……のため休業している」とある。問二、この鈴がどのようなものかを確認すると、二段落前に「姉弟で……祖母に二つの身代わり鈴を手渡した」とある。問三、設問文の「美咲がすぐるに最も伝えたかったこと」という指示を踏まえて本文を見ると、終盤に「私から言えるのは、それだけ」とある。問四、傍線部のあとに「お母さんにだってお守りが必要なのよって、おばあちゃん、そう言ってた。」とある。また、傍線部②の直前には「布団から起き上がった祖母の肩を支え」とあるので、祖母は体が弱っていて自分で鈴を買いに行くことができない、ということを読み取る。問五、母にとっての鈴の意味を本文で確認すると、傍線部⑤の前に「お母さん……あの鈴を握ってたの」とあり、さらにそのあとに「すぐるのドラマをひとりで見るのが怖いの」「おばあちゃんに一緒に見てもらおう」とある。問六、傍線部の前に「お母さんにも必要だったんだよ。支えになるものがね。」とある。問七、a「鬼籍」とは、死者の名前や死亡年月日などを記した帳簿のこと。b「由緒」とは物事の起こりやいきさつ、立派な歴史、という意味。c「口走った」とは無意識に言葉に出す、うっかり口にする、という意味。

東京工業大学附属科学技術高等学校

問題 P.298

解答

一　問一、a オ　b ア　c ウ　d エ　e イ
問二、①キ　②ウ　③コ　⑩イ　⑪エ　⑫ア
問三、躬恒　問四、朝廷の～専門官　問五、⑥明日　⑦今日　⑧我が身　⑨人　問六、漢詩　問七、⑭天地　⑮鬼神　⑯武士

二　問一、①ア　②キ　問二、(i)キ　(ii)オ　問三、ウ　問四、(i)④その時まで戸外の風雨の声が聞こえないほど、二人は話に熱中していた、ということ。（39字）　⑥これからたくさん話をするという大津の言葉を受けて、それをじっくり聞こうと準備している、ということ。（49字）　(ii)イ　問五、イ　問六、エ　問七、イ　問八、オ　問九、ウ　問十、エ　問十一、リアリズムの本質は非親和化だが、リアリズムが親和的なものを非親和化すると、非親和化されたものは時間がたつと必ず親和的なものになり、リアリズムはそれをまた必ず非親和化しようとする、という過程が繰り返されるから。

解き方

一　**鈴木宏子『古今和歌集』の創造力』**より。
問三、直前の「月」「自分の家だけで独占できない」「不満」と、直後の現代語訳の「疎ましく」「あなた」「私の家だけでなくどこにでも訪ねていく」が対応している。問四、冒頭に着目。設問文の「職責」とは「仕事で生じる責任」だが、転じて「責任を持って果たす仕事や役割」という意味でも用いる。問五、⑨の「人」は、和歌では自分以外の特定の誰かを表す語として用いられることが多い。よって、⑧と⑨は自他という「対」の関係になっている。問六、空欄の前後より「やまと歌＝和歌」「唐歌＝⑬」という対比を読み取る。問七、⑭直後の「を動かし」、⑮直後の「をも感動させる」、⑯前後の「荒々しい」「なごやかにする」が、それぞれ仮名序の「天地を動かし」「鬼神をもあはれと思はせ」「たけき武士の心をも慰むる」に対応している。

二　**国木田独歩「忘れえぬ人々」**（「武蔵野」所収）・**柄谷行人「日本近代文学の起源」**より。問二、(i)空欄直前の「丁寧」と対立の関係を持つ語句が入る。キの「ぞんざいな」とは、言葉や態度が丁寧でなく、なげやりで乱暴な様子。(ii)大津は「スケッチと同じことで他人にはわからない」と言いながら、秋山の手から原稿を取り戻そうとしていない。これは、画家であるお前に原稿の価値は分からないだろうが読みたければ読め、というひねくれた態度と読み取れる。これを受けて発せられた、空欄に入る大津の返答も素直ではない評価をしているオが入る。二人が直前で眠いかどうかについて意地の張り合いのような会話をしていることも手がかりになる。問三、傍線部の「明日はだめ」に着目する。冒頭近くに「風雨の声いかにも凄まじく、雨戸が絶えず鳴っていた」「明日のお立はむりですぜ」とある。問四、(i)傍線部④直前の「二人はしばらく無言であった」に着目。無言になったら戸外の風雨の声が耳に入った、ということは、それまでは戸外の風雨の声が聞こえないほど、二人は話に熱中していたと分かる。傍線部⑥直前の「僕はなるべく詳しく話すよ」という大津の発言と傍線部の関係を考える。大津はこれから「詳しく話す」と宣言している。それに対して秋山は「火鉢に炭をついで、鉄瓶の中へ冷めた燗陶を突っこんだ」、つまり、酒を温め直して、秋山の話を酒を飲みながらじっくり聞こうと考え、その準備をした、と考えることができる。(ii)シクロフスキーの考える「リアリズム」とは、「非親和化」つまり「見なれているために実は見ていないものを見させること」にあると説明されている。本文Ⅰの傍線部④は「戸外の風雨」（＝見なれていて見ていなかったもの）が、二人の耳に入り、大津が「夢心地」になるきっかけになり、以降の文学談義が始まるきっかけを描いた（＝そのようなものとして読者に見させた／非親和化された）場面になるので、「リアリズム」にあてはまる。傍線部⑥はこのような変化を描写していないので、イが合致する。問五、「領分」とはここでは「自分の得意とする範囲」という意味。秋山は少し前で雨音に耳を傾けて夢心地になっている大津を見て、「君の領分」と言っている。このような雨の晩は文学者としての心を刺激されるような領分だと言っていることを踏まえると、この「わが領分」とは、大津の表情が秋山本人の画家としての表現欲を刺激されるものだと言ってい

ることが分かる。問六、「忘れて叶うまじき人」は、傍線部あとの「親とか…」で始まる大津の発言のなかに「恩愛の契もなければ義理もない、ほんのあかの他人」とは異なる、「親とか子とか……教師先輩のごとき」人だと説明されているので、エが合致する。問七、傍線部「君にもあるだろう」は、忘れても全然構わないのに、結局忘れられない人がある、という意味。この内容に対応する記述を本文Ⅱで探すと、傍線部⑫の前後に「見なれているために実は見ていないものを見させる」「それまで事実としてあったにもかかわらず、だれもみていなかった風景を存在させる」とある。この二つを根拠にすると、それまで事実としてあったにもかかわらず、見なれているために見ていない（だれもみていなかった）風景を存在させる（見させる）となる。これを本文Ⅰで確認したことと重ね合わせると「忘れてしまったところで義理も人情も欠かない赤の他人」＝「事実としてあるにもかかわらず見なれているために見ていない風景」、「ついに忘れてしまうことのできない人」＝「その風景を忘れずに心の中に存在させる」ということになる。秋山は画家であり、画家とは見慣れた風景を見慣れないものとして描き出し、私たちの前に見せる存在なので、大津は秋山に「君にもあるだろう」と言ったのである。問八、一見「淋しく」見える島の上空で雲雀が飛んでいるのを見て、田畑（＝人の暮らし）が存在するという「希望」に「気づいた」という句であり、その描写の仕方から作者が島の外から島全体を眺めて詠んだ「雄大な」句であると分かる。問九、傍線部の「文学」は前の『告白録』を指す。そしてそのあとに「ルソーは……アルプスにおける自然との合一の体験を書いている」「それまでアルプスはたんに邪魔な障害物でしかなかった」「人々はルソーがみたものをみるためにスイスに殺到しはじめた」とある。つまり、もともとアルプスは登る必要のないもの・意識の対象外でしかなかったのに、ルソーがアルプスでは自然との合一という体験が得られると書いたために、それを読んだ人々が、自分もそのような体験をしてみたいと考えてアルピニストになった、ということ。問十、このようにさまざまな性質を持っていた個々の山を、単に自然に存在する「物」や「空間」として等しく扱うようになったことを「均質化」と言っている。問十一、傍線部の前の「親和的なものをつねに非親和化しつづける」がなぜ成り立つのかを考える。それは非親和的なものも、時間がたてば「見なれたもの」になるからである。つまり、親和的なものがリアリズムによって非親和化されても、やがて見なれることで親和化され、またリアリズムによって非親和化される、という過程がずっと続くのである。

大阪教育大学附属高等学校　池田校舎

問題 P.304

解答

一 問一、（羽）づかいがかようでは（、飛）ばれまいという（。）　問二、①エ　②ア　問三、あれ見～のぢや　問四、絵描き自身が白鷺の飛ぶ様子を上手に描けないのをごまかすため。（30字）　問五、あり。

二 問一、ⓐ印象　ⓑ均一　ⓒ痛感　ⓓ習慣　ⓔ挙　ⓕ期待　問二、「短歌にも色々なものがある」という認識を漠然と持ち、共感しやすい歌を選んでコメントするという特徴。（49字）　問三、「歌と～だけ」　問四、（Ⅰ）以㆓子之矛㆒、陥㆓子之楯㆒何如。（Ⅱ）ウ　問五、ア　問六、ア　問七、二人がこの「現実」に生きて在る（15字）　問八、近代以降の短歌は〈われ〉の「生のかけがえのなさ」が「かたちを変えて」表現されたものであることを分かりやすく説明するため。（60字）　問九、オ

三 問一、ⓐあいまい　ⓑたも　問二、きい。　問三、オ　問四、ここに自分がいま存在していることを確認するためのものであるという点。（34字）　問五、エ　問六、目の見えない「白鳥さん」にとって美術館は、美術作品と鑑賞者の発するエネルギーをまるごと包み込むことで、鑑賞を「体験」に変え、自分の実存を確かめることができる場所だから。（84字）

四 （例1）中学校の学校図書館

肢体障害者には、手が不自由なために自分で本のページをめくれない、または椅子に座ることが困難なために読書ができない、といった問題により、視覚による表現の認識が通常の状態では困難になるという課題がある。

これらの課題に対して、学校図書館にタブレット端末を設置し、データ化した書籍をインストールして音声指示でページがめくれるようにする、またその端末を車椅子等に直接設置可能にするなどの解決策が考えられる。

（例2）地域にある図書館

視覚障害者は目が不自由なので、図書館に置いてある本を、視覚を通して認識することが不可能もしくは困難である。よって彼らには読書を通じた文字・活字文化の恵沢の享受において不平等が生じるという課題がある。

この課題に対して、図書館に音声化した本の入ったタブレットを設置し、画面も点字が浮き出る、または音声指示でAＩが自動処理する形にして扱いやすくし、ヘッドホンで聞ける状態にするなどの解決策が考えられる。

解き方

一 浅井了意「浮世物語」より。問二、①未練には「未熟なこと」「あきらめきれないこと」という二つの意味がある。今回は直後の「物の上手」との対比から意味を判断する。②「こうげん」と読む。問三、あとの内容から「ある者」＝座敷をたてて絵を描かする（者）＝亭主」と読み取る。「亭主」の発言は「いづれも……飛ばれまい」と「あれ見給へ……描きたいものぢや」の二箇所。問四、傍線部③「ある者……」から先の具体例が、その前の「声高に荒言はきちらし、わがままをする」「をのれが疵をかくさんとて、よき者を誹り笑ふ」という主張の説明である。問五、この文章は、前半の主張を後半の具体例で説明するという構成になっている。傍線部③の「ある者」は具体的な人物だが、その前の「わがままをする者多し」は特定の人物ではなく、一般的な人を指している。

通釈 今となっては昔のことだが、物事を自慢げに言うのは（その人の）技量が熟練していないことが理由である。物事に熟練してしまえば、少しも自慢はしないのである。自分より熟練した人など、広い世界にどれほども（大勢）いるのである。いろいろな芸術の分野に限らず、武士の道でも武芸・口のきき方をはじめ、まったく自慢してはならないはずなのに、今の世は、身分の上下に関係なくそれぞれ自慢して、大きな声で偉そうで大げさなことを吐き散らし、自分勝手なことをする人が多い。そのくせに、自分の弱点を隠そうとして、正しい人を非難して笑うことがある。ある人が、うたげの場を設けて（絵描きに）絵を描かせる。（そこで絵描きに）白鷺だけを描いた絵を希望する。絵描きは「了解した」と言って下書き用の筆を当てた。亭主が言うには「どれも良さそうだが、この白鷺が飛び上がっている様子は、羽使いがこの様子では、飛べないだろう」と言う。絵描きが言うには「いやいやこの飛び方が最も素晴らしい出来ばえです」と言う時に、本物の白鷺が四、五羽連なっ

て飛ぶ。亭主はこれを見て「あれをごらんなさい、あんなふうに描いて欲しいものだ」と言うと、絵描きはこれを見て「いやいやあのような羽の使い方だから、（白鷺は）私が描いたようには、飛ぶことができないのでしょう」と言った。

二 **穂村弘「短歌の友人」**より。問二、傍線部の「歌人以外」は、第六段落の「実作の経験のない人」と同じである。よって、傍線部の「読み」に関する部分をその近くで探す。第六段落「短歌にも色々なものがある」とその次の段落「そして〈読み〉に際しては、その『色々なもの』の中から……コメントしているだけなのだ。」を踏まえて記述をまとめる。問三、直後の「歌人はみな無意識的にそのことをよく知っている」と一段落あとの「それに対して実作の経験のない人は『短歌にも色々なものがある』と漠然と思っている」が対立の関係になっている。このことを押さえたうえで前を見ると、第四段落に「歌というのは基本的にひとつのものがかたちを変えているだけ」とある。問四、(Ⅰ)一つ下の字から上の字に返って読むときにはレ点を用いる。二字以上返って読むときには一・二点を用いる。(Ⅱ)「つじつま（辻褄）」とは、きちんと合うはずの物事の道理や筋道のこと。問五、空欄直後の「対比」を前から探すと「人々が……『遊ぶ日』も、病で起きあがることのできない自分は」とある。問六、「端的」とは、手短でわかりやすいこと、要点や本質を簡潔かつ明白に述べていること。問七、空欄直前の「『かの人』と〈われ〉」を手がかりにして前を見ると「『かの人』は『現実』のどこかに本当に存在していて……私もまた、この『現実』の中に本当に生きて存在している」とある。問八、『歌というのは基本的にひとつのものがかたちを変えているだけ』という思いつきについて、もう少し具体的に考えてみたい。」という主張のあとに「正岡子規」の具体例が始まっていることから、「正岡子規」や「花山多佳子」の作品は「ひとつのもの」が何なのかを具体的に説明するために引用されたと分かる。そして「正岡子規」に関しては、「私には、子規の…」で始まる段落に「〈われ〉の『生のかけがえのなさ』こそが、近代以降の短歌における『ひとつのもの』だ」とある。また「花山多佳子」を引用する前に「歌人は……『ひとつのもの』がどのように扱われているかを必ずみようとする。」とあり、引用のあとには「子規の歌にみられた『ひとつのもの』は……確かにここにも存在している」とある。問九、問八で確認したことが、オにあてはまる。

三 **川内有緒「目の見えない白鳥さんとアートを見にいく」**より。問二、抜けている二文の「例えば声」「声というのは、ただの言葉の乗り物ではない」に着目。「声」が何かの主張の例として出ていること、そして「声」が言葉の乗り物以外に何であるかが書かれている箇所があることを推測し、該当する部分を探す。問三、「あいづち（相槌）を打つ」とは、相手の話に調子を合わせて受け答えをすること。問四、「白鳥さん」の動作の意味については「こうしていると、ここに自分がいま存在していると確認できる。」「なにかに触ることで、自分が存在していることを実感できる。」とある。一方「青山拓央」の癖については「ここまで生きたというしるしで人生にしおりを挟む」とある。両者の共通点をまとめる。問五、傍線部前後の「あれ、電話は苦手だった？」「苦手だね、どっちかというと」「実際に顔を合わせることで、いろんな情報を受け取っている」「大切なのは言葉とか耳からの情報だけじゃない」を踏まえて選択肢を選ぶ。問六、傍線部「美術館が好き」を手がかりにして前後を確認する。まず傍線部前には「美術作品も……エネルギーを発している」「作品と鑑賞者をまるごと包み込むのが美術館である」「美術鑑賞を『体験』に変えてくれる」とある。さらに傍線部あとには「目が見えない白鳥さんというひとが自分の実存を確かめる手段として美術館があった」とある。

四 まず「目的」を見ると「視覚障害、発達障害、肢体不自由等の障害」によって「視覚による表現の認識が困難な者」の「読書環境の整備」とあるので、こうした障害がある人が、なぜ視覚による表現の認識が困難なのかを具体的に考える。次に「基本理念」と「国・地方公共団体の責務」を見ると「デイジー図書」「音声読み上げ」「オーディオブック」などの聴覚を重視した本や、「点字図書」、「拡大図書」を重視した本を読書環境に整備することがめざされていることが分かる。そして「基本的施策」を見ると、こうした「アクセシブルな書籍」の充実とそのための「環境整備」が重視されていることが分かる。これらの点を踏まえて、障害者の抱えている問題と考えられる解決策を考えて記述をまとめる。

大阪教育大学附属高等学校 平野校舎

問題 P.309

解答

一 問1、a確信　b共生　c童話　d演奏　e過　問2、エ　問3、(1)オ　(2)副詞　問4、

名詞	助詞	動詞	助動詞	助動詞
もの	は	あり	ませ	ん

問5、概念を共有すること（〔または〕概念の共有）　問6、敵の死を悼み、誰も殺さずにすむ平和な世界の訪れを祈る思い。(29字)　問7、①知らなかった　②死者への深い祈りと沈黙　③敵　④ウ　問8、(例)

「言葉を自分のものにする」とは、言葉を自分でじっくりと探すことだと思う。

例えば、自分の中にある気持ちを表現したいと思ったときに、最もよく当てはまる言葉は何か、もどかしくても時間をかけて考え、探すのである。他の誰かが言った言葉を借りるのではなく、本や映画からのコピーではなく、自分で探す。あなたに会えて今、私は幸せなのか、それとも心が躍るのか、晴れやかなのか、満ち足りているのか、あるいは愛おしすぎて切ないのか。あらゆる言葉を思い浮かべ、比べた末、ついに今の気持ちをもっともよく表現できる言葉を探し当てられたら、そのときその言葉を「自分のもの」にできたと感じるのではないだろうか。

二 問1、aア　bオ　問2、エ　問3、ウ　問4、イ　問5、刺繍が趣味であることを打ち明けても、わかってもらえるかどうか不安を感じていたので、宮多がほめてくれてうれしかったから。(59字)　問6、そういうドレスをつくりたい。

三 問1、七　問2、天の川　問3、Xウ　Yエ　問4、aイ　bウ　問5、㋐ア　㋑イ　問6、一度逢ったきり逢えずにいた女が近くにいたから。(23字)　問7、仙駕度ル㆓潢流ヲ㆒

解き方

一 **長田弘「なつかしい時間」**より。問2、空欄A・Bの前に「言葉以上におたがいを非常に親しくさせるもの」はないとあり、また「言葉くらい人をはじくもの」もないとある。エの「親和」とはたがいに親しみ、仲良くすること、「排他」とは自分の仲間以外の者を全てし

りぞけること。問3、点線部オの「たやすく」は、形容詞「たやすい」の連用形で、他は副詞。形容詞は活用するが副詞は活用しない。問4、まず単語に区切ってからそれぞれの品詞を考える。「は」は副助詞、「あり」はラ行五段活用の動詞「ある」の連用形、「ませ」は丁寧の助動詞「ます」の未然形、「ん」は打ち消しの助動詞「ぬ(ん)」の終止形。問5、「たとえば…」で始まる段落以降に傍線部の「ないもの」の具体例として「社会」「世界」「自由」「友情」「敵意」「憎悪」が挙げられ、それらは傍線部三つあとの段落で「概念」という一語にまとめられている。また傍線部の「もちあう」は「共有する」に言い換えられている。問6、「バジェッホを…」で始まる段落に、おたがいを知らなかったはずの二人の詩人が共有していた思いとは「死者への深い祈りと沈黙」だったとある。宮沢賢治の童話の「憎むことのできない敵を殺さないでいいように」という部分と、バジェッホの詩の「いけない　死ぬのは！　きみをこんなにも愛してる！」という部分に共通するのは、敵であった死者を悼む思いである。「敵」と定められているから戦わねばならないが、相手を憎むことはできない。また、バジェッホの「けれどもその屍体は　ああ！　死につづけた」からは、祈りむなしく敵の「戦士」が死んでいることへの静かな嘆きが、宮沢賢治の「早くこの世界がなりますように」からは、平和への切実な祈りが感じられる。問7、C直前に「敵の死骸を葬る鳥の兵士の、星への祈りの言葉」とあるので、宮沢賢治の童話とバジェッホの詩に共通しているのは、敵の死であると分かる。したがってバジェッホの「きみ」は「男」の「敵」である。問8、「言葉を自分のものにする」とはどういうことかについての自分の考えを、具体例を示しながらまとめる。

二 **寺地はるな「水を縫う」**より。問1、「上気する」とは、興奮などで頭に血がのぼって、顔がほてること。「心もとない」とは、どこか頼りなくて不安に思うさま。問2、Aを含む段落では、「きらめくもの。揺らめくもの。」は「触れられない」「保管することはできない」と、「できない」ことが並べられ、それが「姉」に重ねられている。「姉」は「すべてのもの」を「できない」＝「無理」と遠ざけてしまっているからである。それに対してキヨは、「あきらめる必要などない」と心の中で言っている。つまり、キヨは「無理」などではないと思っているのである。問3、傍線部のあとでキヨは、石の話はよくわからないが「わからなくて、おもしろい。」と思い、くるみと話していると「楽しい」と感じている。くるみの「巨大なリュック」とは、ウにあるように、くるみの「確固たる自分の世界」そのものであり、その大きなものと一体となって「ずんずんと前進していく」くるみの後ろ姿からは、好きなものを好きだと貫ける確かな強さが感じられる。キヨのくるみに対する心情は、アの「いらだち」や、イの「一種の哀れみ」ではない。エは「周囲との関係を断ち切って」が不適。くるみはキヨに声をかけて一緒に帰っている。オは傍線部からは読み取れない。問4、傍線部の「文字」とは、自分が好きなことを好きだと打ち明けるための「文字」である。なぜキヨは刺繍が趣味だと打ち明けることに「震える」のか。傍線部のあとにあるように、「今まで出会ってきた人間」がみんなわかってくれなかったため、「わかってもらえるわけがない。」と思いこんでいたからである。その不安から「指がひどく震え」ていることを読み取る。問5、勇気を振り絞って打ち明けたことを、宮多が間を置かずすんなりと受け止め、ほめてくれたことがキヨには「涙が滲む」ほどうれしかったのである。問6、キヨは、姉のために「きらめくもの。揺らめくもの。」を布の上で再現するようなウェディングドレスをつくりたいと心に決める。「靴紐をきつく締め直」すことで、その決意を固めているのである。

三 **「平中物語」**より。問1、本文に「天の川」「彦星」「七夕」とあるので、七月七日の話だと分かる。問2、最初の歌にも二番めの歌にも「渡る(わたる)」があるので、「川」を渡るのだろうと見当がつく。また、「瀬」は川の流れの浅い所という意味で、川に関連する語句である。最初の歌の直前の「これをば天の川となむ思ひぬる」に着目すると、「天の川」に見立てていること分かる。問3、Xの直後の歌は「彦星」に自分を重ねているので「男」が詠んだもの。また、Y直前に「返し」とあるので、三番めの歌は「女」による「男」への返歌だと分かる。問4、a「いつしか」は、ここでは「(いつかいつかと待ちかねた結果、すぐ行動するという気持ちで)さっそく、すぐさま」という意味。b「つとめて」には、早朝のほかに、翌朝という意味がある。問5、㋐直後に「などやありけむ」(などがいたのだろうか)とあるので、車に乗っている「女」のそばに「女」が気がねする人が同乗していたと分かる。㋑の「いたく人につつむ人」というのは、ここでは「女」が世間体を非常に気にする人であるということ。問6、傍線部直前から「かう近きことの」(このように近いことが)」うれしいのだと分かる。なぜ遭遇したことをうれしく感じるのかを「夢のごとあひて、……車ぞ、来て」を踏まえてまとめる。問7、二字以上返って読むときには一・二点を用いる。

通釈　この男が、(ある女と)文をかわすうちに、七月になってしまった。そこで、(男が)七日に(賀茂の)川原に出て、そぞろ歩きをしていると、この男が、夢のように(一度だけ)逢って、顔を見合わすこともできないで、文だけは、ときどき通わす女の車が、来て、川原に(車を)止めたのだった。(男の)供の人々が見つけて、(あのお方のだと)言うのを聞いて、男は、「このように近いことがうれしいことだ。こういうのこそ(七夕の逢瀬の)天の川というものだと思いました」などと(供の者に)言わせて、

(今日は、一年に一度、彦星が織姫に逢う夜ですが、あれ以来あなたにお逢いできなかった私も)今日は彦星になりたいものです。日が暮れたら、天の川を渡ってお逢いすることができるでしょうから

と伝えさせたところ、女は、その歌を見ることは見たのだが、(そばに)気がねする人でも乗っていたのだろうか、(返歌は詠まずに)ただ、「日が暮れましたら、あそこに」と言って、去った。そこで、(男は)日が暮れるかと、はやばやと出かけていって(女と)逢った。その翌朝、男は、

今夜もまた天の川を渡れないか(あなたに逢えないか)と、天の川の浅瀬を探して大空を迷うように、いい方法がないかと思い乱れて、心もそぞろになりそうです

と(詠むと)、返して、女は、

七夕の逢う日にかこつけて逢ったうえに、八日の夜、今度は誰にかこつけて逢おうと言うのですか

と詠んだ。たいそう人に遠慮する人だったので、面倒に思って、男は、(逢うのを)やめたのだった。

広島大学附属高等学校

問題 P.313

解答

一 問1、a着眼　b一挙　c効率　問2、①文化人類学者　②建築学者　問3、人の身体の動きが場所や空間にさまざまな相貌を与えるとともに、

場所や空間のあり方が人の身体の動きを生み出していくという点。(60字) 問4、ある場所や～をもつこと 問5、エ 問6、イ 問7、ア 問8、1異質 2流動 3境界 4多義 5支配 問9、ウ

二 問1、a差配 bへだ(たった) cおもむ(き) 問2、Ⅰ一点一画 Ⅱ一言一句 問3、Aア Bエ 問4、世間の評価や名声を鵜呑みにせず、自分の目で見て、自分の頭で判断したことを率直に語ることを尊ぶ人物。(49字) 問5、(管三道、)おぬしが大宰府に赴くというのはやめた方がいいのではないか(。) 問6、ア 問7、ウ 問8、エ

三 問1、水も食べ物もなく、ただ餓死することを待つばかりで、何もすることのない状態。問2、イ 問3、ア 問4、飢えた蛇を目の前にした蛙の命。(15字)

解き方 **一** **石井美保「たまふりの人類学」**より。問2、相手は「路地的身体」と言い、彼女はそれを「身体的路地」だと思いこんでいた。「路地的身体」は、「身体」つまり「人を基点としてものごとをみる」捉え方であり、「身体的路地」は、「路地」つまり「空間を基点にものごとをみる」捉え方である。問3、筆者によれば、二段落前で述べられているように「塀」と「路地」はともに「空間と、そこに暮らす人びととの身体とが絡みあい、ともに形成されていくような」空間である。本文には、これとほぼ同じ内容を表している箇所がある。直前直後の段落中の「人の動きが場所や空間にさまざまな相貌を……導いていく」「ある場所や空間をいくつもの身体が動きまわり、……生まれてくる。」から空間と身体の「親密で相互的な関係」を説明する。問4、傍線部の次の段落の最後に「人にとってそれは、…」とある。この「それ」は、直前の「建築が『民主的』であるということ」を指している。問5、空欄の直前に「そうした場所はその相貌を自在に変え、空間の意味を組み替え」るとあり、直後には「柔軟さ」とあるので、「臨機応変」が最もふさわしい。問6、この文章で取り上げられているのは「塀の上」「路地」「菜園」「アジール」「避難所」である。これらはすべて同じ意味合いを持つものとして語られる。つまり、「公的な…」で始まる段落で分かるように日常の大きなシステムが機能しなくなったときに拠点となるような「流動的な場所」である。これらはさらに続く段落にあるように「日常の風景の縁や隙間や端っこ」にある「中庭や井戸端や縁側」にも置き換えられる。すなわち本文は、都市という空間における「縁側」的な場所について考察した文章なのである。問7、傍線部の「のっぺりと」とは、一面に平らで変化に乏しいさま、顔の造形などが平板に感じられるさまである。この語句の意味を踏まえている選択肢はアのみ。問8、本文の構造を、二項対立によって明らかにする表である。1は「日常」に対する語である。非日常的な場所を表す表現として、「ユニークなスポット」もあるが、漢字二字という指定なので「異質」が適切。2・3・4は順不同。「塀の上」や「路地」や「菜園」を表す全ての表現に線を引いてみるとよい。5は本文の「ただし、そうした場所が…」で始まる段落の最初の一文に、「支配的な力によってつぶされることなく」とある。問9、本文は、アの「アジールという難しい概念」を説明しようとした文章ではない。また、エの「外来語」を特に多用しているわけでもない。イの「権威ある学術論文」や「専門家の意見」を「根拠」にしているというよりはむしろ、ウの自分の「実感」をもとに考察を進めている。

二 **澤田瞳子「吼えろ道真――大宰府の詩」**より。問2、Ⅰ直後の「ゆるがせにせぬ」とは、物事をいいかげんにしないさま。漢字を構成する一つの点と一つの線、という意味の四字熟語がふさわしい。Ⅱ直後に「聞き逃すまい」とあることから、ひとことひとこと、という意味の四字熟語が適切。問3、A「歯に衣着せぬ」とは、相手に遠慮せず、思っていることをつつみかくさずに言うこと。B「毒気を抜かれる」とは、対抗心や気負った気持ちがそがれて呆然とすること。問4、傍線部①の「それ」とは、直前の段落にある通り、名高い弘法大師の「抜群の出来と讃えられている」「扁額の字」を阿紀が欠点も含めて遠慮なく批評したことである。道真がなぜそれに対して「にやりと嬉し気な笑み」を浮かべたのかは、そのあとの道真の「おぬし、気に入ったぞ。世の中には、……多かろうにな」という言葉から分かる。道真は、阿紀が人に流されず、自分の目で確かめ、自分で感じ、自分の頭で考えたことを率直に述べたということを大いに嬉しく思ったのである。道真が、阿紀を子ども扱いせず、同じ価値観を有する者同士として尊重していることは、「土間に片膝を」つき、阿紀と目の高さを合わせて話しかけているところや、「阿紀どの」と呼びかけているところからもうかがえる。問5、傍線部の「それ」とは、道真が大宰府に赴くことである。葛根が直後で「咄嗟に」それを止めようとしたのは、道真の素性が阿紀に知られてしまうと思ったからである。しかしこのときの葛根のセリフとしては、例えば「おぬしの正体を明かすことになるので」などの言葉は入らないことに注意する。その場には阿紀もいるからである。問6、⑴「福」は、しめすへんの部分に「点画の省略」があり、「口」の部分には「点画の連続」がある。⑵「大」は、一画めと二画めに「連続」が見られ、右払いが「変化」している。⑶「朱」は、一画めの左払いから横画への「連続」が見られ、四画めの縦画が「はね」になるなどの「変化」も見られる。問7、傍線部直後から葛根の心情が語られている。葛根は「阿紀の将来を己が考えるように封じ込めること」は「我意に満ちた行為」であり、「僭越極まりない行為」だと気づく。自分の考えを押しつけず、阿紀の意思を尊重しようと思い至るのである。問8、傍線部の「まあいいか」の「まあ」からは、完全によしというわけではなく、引っ掛かりがあることが読み取れる。その引っ掛かりとは、直後にある「道真の如く癖のある男を……案じられぬわけではない。」という点である。また「いいか」からは、とりあえずは満足している気持ちがうかがえる。傍線部のあとに「だが今はあんな阿紀の表情を見られただけでも、幸いというものだ。」とあるが、「あんな阿紀の表情」とは、「葛根が今まで見た事がないほど無垢で、子どもっぽい」「笑顔」である。葛根のこうした二つの心情が説明されているのはエのみ。

三 **無住「沙石集」**より。問1、「つれづれなり」とは、何もすることがなく退屈なこと。本文では、日照りで水も食料も尽き果てて、もはや何もすることがなく餓死を待つしかないという極限状況を表している。問2、「おはしませ」は、尊敬語「おはします」の命令形。「おはします」は「おいでになる・お出かけになる」と訳す。問3、「かかる」とは「このような」、「かかる比」とは「世の常の時」(普通の時・何事もない時)に対して「このような時節」ということ。ここでは世の中が日照りに見舞われている時を指す。問4、なぜ蛙にとって「あぶなき」訪問なのか。飢えに苦しむ蛇が「仁義を忘れて食をのみ思ふ」からである。「仁義」とは、人として守るべき道徳。蛙が恐れているとおり、おそらく蛇の「仁義」は、飢えの前では忘れ去られる。蛇にとって蛙は知り合いではなく、えさになってしまうのである。

通釈 ある池の中に、蛇と亀が、蛙と知り合いで住んでいた。世の中が日照りに見舞われ、池の水も消え失せて、食べ物もなく、飢え死にしそうになり、他に何もすること

がないときに、蛇が、亀を使者として、蛙のもとへ(行かせ)「ちょっと(の間)おいで下さい。お目にかかりたい」と言うと、蛙は、(その)返事で申したことには、「(あなたは)飢えに苦しんでいるから、仁義を忘れて食事のことばかり考えている。思いやりも親しくつきあうのも世間が普段どおりのときのことだ。このような時節なので、うかがえない」と返事したのだった。なるほど(命が)危ない訪問である。

国立工業高等専門学校
国立商船高等専門学校
国立高等専門学校

問題 P.318

解答

一 問1、①エ ②イ ③ウ ④イ 問2、d 問3、ア 問4、イ 問5、エ 問6、ウ 問7、ア 問8、ウ

二 問1、①ウ ②エ ③ア 問2、(a)イ (b)ウ 問3、イ 問4、エ 問5、エ 問6、ア 問7、ウ 問8、c 問9、イ

三 問1、(a)イ (b)ア 問2、エ 問3、ウ 問4、イ 問5、ア 問6、エ 問7、ウ

解き方

一 髙柳克弘「究極の俳句」より。 問2、「かなわない」の「ない」は、「ぬ」と言い換えられるので、助動詞の「ない」である。問3、「霞を食ら」うとは、仙人が霞を食って生きるといわれるところから、浮世離れした生活のたとえである。問4、「夏炉冬扇」とは、夏の火鉢と冬の扇、ということで、季節外れで役に立たないもののたとえである。問5、「驕る」とは、ここでは、自らの地位・権力・財産・才能などを誇ること。自分が俗世間を離れ、俳句に専念したことを誇っている、ということである。問6、傍線部のあとに二人の人生観が説明されている。芭蕉は「今昔や貴賤を超越して現世を眺めている」、西鶴は「いくら金をためても……子孫のためになるという理由で、それを肯定する」と書かれている。問7、傍線部の二段落あとの「しかし、…」から、「芭蕉の旅」について、「みずからの思索を深めたいという、形而上的な理由が大きい」と述べられている。対して「庶民」の旅の目的については、傍線部のあとに「物見遊山」と書かれている。問8、傍線部の「この複雑さ」とは、同じ段落に、俳句は「市井に生きる無名の人々の述懐」でありながら「超然と高みから見下ろしての垂訓」でもある、と説明されている。

二 川村秀憲・大塚凱「AI研究者と俳人 人はなぜ俳句を詠むのか」・髙柳克弘「究極の俳句」より。 問1、空欄前後がそれぞれ、①は具体例、②は言い換え、③は逆の内容となっている。問3、傍線部の前の部分で、人間には「背景知識」があるので「比喩」や「抽象度の高い表現」を理解できると述べられている。これが、AIには「きわめて難易度が高い」ことであり、「人間とAIの現時点での大きなちがい」である。傍線部はそのことを説明するための逸話である。問4、傍線部の前までは、俳句における「読み手」の「解釈の幅」の話であったが、傍線部は、前の話題を受けて、語り手自身の研究分野につながるデータ処理の話題に発展させている。問5、傍線部の前には「エンコードされた情報は、元の情報に正しくデコード」される、とあり、傍線部のあとに「元のデータとそっくり同じものには解凍できない」が「おおむね正しく復元」され、「人間が耳で聴いたり目で見たりするぶんには、元の音源などと区別」がつかない、とある。厳密には異なっているが、元のデータと同じものとして扱っていることが分かる。問6、「蕪村の最初の意図」と「朔太郎の読み」の内容は、傍線部(1)と(2)の間の大塚氏の話から読み取る。両者の違いは垣根の外の存在が梅を植えた人であるか、恋人であるかにあるが、傍線部直後に「恋慕という意味、何かを慕わしく思うという心の機微という点では同等」とある。さらにそのあとには「人をしのぶ、人の手触りを感じる、人の息づかいや香りを感じるという点では情報を共有」できている、と書かれている。この相違点と共通点の両方を押さえているアが合致する。問7、傍線部のあとに、俳句は「デジタルな情報」で「連続でなく不連続」であり「情報として劣化」しない、とある。ただ、最終段落にあるように「テクストはデジタルで劣化したり変化したり」しないが、「人間が『読む』という部分で」デコードとは「ちがったことが起こって」いる、つまり元の情報と同じものに復元されない可能性があり、そこが「アナログ」的だと思われる理由である。問8、点線部Aは「朔太郎の読み」のことを指している。選択肢で「朔太郎の読み」についてのものでないのは、本文で「専門家の解釈は」から続くcだけである。問9、傍線部(4)の次の段落に「西欧から『愛』の概念が入ってくる以前の蕪村と、それ以後の朔太郎で、意図と読みがくいちがって」しまったと述べられている。

三 伊与原新「海へ還る日」(「八月の銀の雪」所収)より。 問2、傍線部の直前に「一つ一つの曲線に自然の込めた意味」や「進化によってその形が生まれるまでの悠久の時」までも写し取ろうとしていたとある。アは「専門家としてのプライド」が、イは「発掘の現場をリアルに再現」が、ウは「多くの人の鑑賞にたえうる芸術性」が、それぞれ本文からは読み取れない。問3、「夢のある話」は、興味深く、実現するとうれしい、というような意味で用いられている。また「夢みたいな話」は、実現可能性が低い、という意味で用いられていると考えられる。問4、傍線部直前に「わからない、わかりようがない、というのが研究者としての答えです」とあるので、「研究者」の立場を離れた発言であることが分かる。問5、傍線部の前の部分で「わたし」は、網野先生の、クジラが「内向きの知性」で「考えごとをしている」という発言を受けて、空想を広げている。そして、その「内向きの知性」を使って「思いもよらないようなこと」を考えているのかもしれないと想像し、うれしくなったのである。イは「クジラの思考に触れ」が、ウは「歌の意味を理解することができ」が、それぞれ不適。エの「クジラと自由に泳ぎまわっ」た「満足感」も、傍線部のうれしさの理由としては不適である。問6、傍線部のあとの「虚しい空想に逃げたりせずに」「宮下さんのように、何かを見つけるだろう」「必ず何かが実るだろう」から考える。アは「世間からの様々な評価にとらわれず」が、イは「綿密な調査を重ねて自然の真理を発見する」が、ウは「作品として正確に写し取る芸術家になる」が、それぞれ不適。問7、生徒たちの会話文に「『海に還る』というのは、日常からの現実逃避」ではないか、とある。これを踏まえると、傍線部の「還る海をさがすことは、もうないだろう」は「現実逃避」しなくても生活をしていける、ということ。

東京都立産業技術高等専門学校

問題 P.327

解答

一 (1)たか (2)ぜんぞう (3)ごがたき (4)まっと

二 (1)鹿 (2)牧羊犬 (3)朗 (4)一端

三〔問1〕ア弁　イ衛　〔問2〕ア　〔問3〕ア　〔問4〕ウ　〔問5〕エ　〔問6〕イ

四〔問1〕エ　〔問2〕イ　〔問3〕エ　〔問4〕ア　〔問5〕イ　〔問6〕ウ

五〔問1〕絵本の「主人公」は行為主体ではないため経験によって成長しない(こと)(30字)　〔問2〕ウ　〔問3〕エ　〔問4〕ア　〔問5〕イ　〔問6〕イ・ウ

解き方　**三**〔問2〕「問」の部首は「くち」、アも「くち」、イ・ウは「みみ」、エが「もんがまえ」。〔問3〕アは断定を表す助動詞、イ〜エは形容動詞。形容動詞は「だ」を「な」に置き換え可能。アは置き換えができない。〔問4〕アは「肝に銘じて」、イは「押しも押されもせぬ(押しも押されもしない)」、エは「舌先三寸」が、それぞれ正しい。〔問5〕アは「おおどおり」、イは「じめん」、ウは「おうぎ」が、それぞれ正しい。〔問6〕**劉義慶「世説新語」**より。設問にある話から生まれたのは「漱石枕流(そうせきちんりゅう)」。

通釈　孫子荊が、若い時、隠居しようとした。王武子に(そのことを)語る時に、「当に石に枕し流れに漱がん(きっと石を枕にして川の流れで口をすすぐだろう)」と言うべきなのに、間違って言うには、「石に漱ぎ流れに枕す(石で口をすすいで川の流れを枕にする)」と。王が言うには、「川の流れは枕にすることができ、石は口をすすぐことができるだろうか。」孫が言うには、「流れを枕にする理由は、(俗世間で汚いことを聞いた)その耳を洗いたいからである。石で口をすすぐ理由は、(俗世間で汚れたものを食べた)その歯を磨きたいからである。」と。

四　**高森美由紀「藍色ちくちく　魔女の菱刺し工房」**より。〔問1〕「怪訝」とは、いぶかしく思う・あやしく思う・不思議に思う、という意味。〔問2〕直前に「父は初めは戸惑っていた」とあるので、何に戸惑っていたのかを確認すると傍線部前に「馬っこさ乗せてもらってもいい?」「より子の頼み」「みっともない。」「世間体が悪い」とある。ここから、より子がみっともなさや世間体も気にせずに馬に乗りたいと言ってきたことから父が戸惑っていることが分かる。次に傍線部の「はにかみ」が、ほめられたり、評価されたりしたときに嬉しい気持ちから恥ずかしそうにすること、という意味であることを踏まえて傍線部あとを見ると、「馬は、すっかり磨き上げられていた。栗色の毛が艶々と天鵞絨のようだし、鬣はサラサラと揺れる。」とあるので、この馬に娘と一緒に乗っていくことに対する嬉しさや誇らしさ、恥ずかしさが「はにかみ」につながったのだと分かる。〔問3〕傍線部の「おかしみ」と「悲しみ」の両方の意味を反映した選択肢を選ぶ。エの「滑稽」と「哀愁」があてはまる。〔問4〕傍線部前の「より子」の様子を確認すると、「生家がどんどん遠ざかる。」「切なくなって視線を落とした。」「父の袴の裾から、下ばきがちらっと見えた。」「それはより子が子どもの頃に刺した菱刺しだった。」「照れくさくて嬉しくて」とあり、これが「父の後ろに座っていてよかった」につながっている。〔問5〕傍線部前で「より子」の様子を確認すると「ダダ、ごめんね」「我、ダダさひどいこと言ってしまった」「ありがっとう、ダダ」「鼻をぐずぐずさせながら、震える声」「泣いでしまったじゃ」とある。ここから、父への過去の自分の言動をようやく謝ることができ、それを明るく受け止める父への感謝から涙する様子を読み取る。次に「泣ぐな。あもこさなる」「父の声がからかっている。」という記述から、父のおどけてからかう様子を読み取る。そして、その意を汲んでより子も大きく笑うのである。〔問6〕直後の「馬の手綱を握る手が真っ白になっている。」に着目。手綱を力いっぱい握りしめる様子から、何かを我慢していることを理解する。また、その我慢は、婿の家が近づき、いよいよ娘と離れ離れになる時が近づいている父の気持ちから考える。

五　**矢野智司・佐々木美砂「絵本のなかの動物はなぜ一列に歩いているのか　空間の絵本学」**より。〔問1〕直前の段落より、話題は絵本と小説の主人公の相違である。ここから傍線部が絵本の「主人公」についての理由説明であることが分かる。絵本の「主人公」については第二段の末尾の文で論じているので、ここを踏まえてまとめる。〔問2〕「こともあろうに」とは、想定される候補のなかから非常に好ましくないものを選択している状態を指す言葉。驚きやあきれといった感情につながる。〔問3〕傍線部において「絵本を……理解する」という目的に対して、「イラストレーションに……着目する」ことはそれを達成するための手段となる。したがって、傍線部後半は「イラストレーションによって空間が構成されていくプロセスに着目することによって、絵本をメディアの特質から理解することができる」とも表すことができる。エは、この「イラストレーション」による「プロセス」を、「どのように描かれていくか」と言い換えているのである。〔問4〕第十一段にある「もちろん……しかし」という接続語に着目。譲歩と呼ばれる技法で、自説と対立する意見をいったん取り入れ、それを否定することで自説の正しさ(妥当性)を強化するという役割を持つ。〔問5〕傍線部の「均衡回復型」については、第十二段から第十六段までで繰り返し説明される。特に第十三段で絵本世界の形態について、「話がはじまるまえの元の状態に帰ってしまう」とある。〔問6〕イは第八段、ウは第十一段の内容にそれぞれ合致する。アは第三段で否定されている。エは第十三段に着目。「円を描くかのように……元の状態に帰ってしまう神話の時間」とある。

私立高等学校

愛光高等学校

問題 P.334

解答

一 問一、a把握　b斬新　c臨む　d温床　e考慮　問二、ウ　問三、イ　問四、ア　問五、真実や事実を見極めることや、異なる立場の人間のバックグラウンドを理解し相手に理解しやすい語り口で語ることに活かすこと。問六、長い解釈の歴史を持ちつつ恣意的な解釈を拒んできた古典に対して、さまざまな〈読み〉の技法を駆使して読解を試みるという行為。問七、ウ

二 問一、aウ　bア　問二、ウ　問三、オ　問四、イ　問五、エ　問六、宗之助の不誠実な態度があったからこそ、結果的に伊兵衛とさえが結婚することができたということ。問七、さえを愛する気持ちを表現できない伊兵衛の性格を知る宗之助が、あえて不義理を働くことで、さえへの思いを素直に表すように促したのだということ。問八、エ・オ

三 問一、aウ　bイ　cオ　問二、Xオ　Yイ　問三、ア　問四、想像を絶する苦しみに耐えながら、自分を追いかけてきた娘の思いの強さに感動している気持ち。問五、重い病にかかった父の回復のために、自分の身をかえりみず、昼も夜もひたすら仏に祈る娘の様子に感銘を受けたから。問六、エ

解き方

一 千葉一幹「コンテクストの読み方　コロナ時代の人文学」より。問二、傍線部の段落では、文章の意味を理解するためにコンテクストの共有と理解が必要だと述べている。「この会話」とは、単語を知っていてもコンテクストを共有し理解できないと意味が通じない例のこと。また続く段落にコンテクストは多くの場合、文章や会話で明示されないとある。問三、「文学作品について語る」際にコンテクストの設定の仕方を知る理由は、そこに重要な要素や利点があるからで、これを踏まえ、傍線部直後の文を見るとイの内容と合致する。問四、イは「選挙制度そのものへの批判」が、ウは「ヒラリー・クリントン候補が……得票した事実」が、エは「選挙における感染症対策」が、オは「クリントン候補が……結びつけられ」が、それぞれ本文の内容と合わない。問五、「コンテクストの設定について学ぶ」意義は、傍線部に続く四段落で述べられる。これらの段落から、騙されないための真実の見極め、バックグラウンドの理解、相手との相互理解への活用の三点を押さえる。「多様な語りの技法に習熟する」ことは「コンテクストの設定について学ぶ」ことの言い換えなので、解答に含めなくてよい。問六、筆者の考える「文学作品」は、傍線部直後で話題にする「古典」。「古典とは…」で始まる段落から古典作品の性質を捉え、その古典に対してどのような行為を取るべきかを述べているのが、「そうした一筋縄で…」で始まる段落。ここから「種々の技法を駆使して古典作品の読解に立ち向か」うという姿勢を読み取る。問七、ウ「コンテクストを読み取ることを強要するように感じて」とあるが、本文で筆者は真実や事実を見極め、異なる立場の人間を理解するためにコンテクストを読み取ることの重要性を主張しているので、これが本文の趣旨に合致しない。アとエは「それと同時に…」で始まる段落に、イは「ポスト・トゥルースの時代と…」で始まる段落に、オは「つまり、日常生活…」で始まる段落の内容にそれぞれ合致する。

二 山本周五郎「彩虹」より。問二、冒頭から傍線部までの部分で、伊兵衛は宗之助の縁談の放置を知り「眼を瞠」るように驚き、相撲の際の「不敵な笑い顔」の真意をつかみかねている。さえに対しては「抱き緊めるような」視線を送っている。問三、傍線部直前で伊兵衛はさえの言おうとする言葉の「重大さ」に気づきつつ、「体を躱わす」ように話題をそらしている。問四、宗之助は、家中の士の削減された扶持の復帰と領民の租税の軽減を約束することで人気を集めて「活きた政治」を行おうとしている。一方、伊兵衛は藩の財政的に困難な政策やそれによる人気取りには否定的である。問五、「雨」は宗之助とのやりとりにより高ぶっていた伊兵衛の気持ちを冷ます働きがあり、伊兵衛は帰路の先にいるさえのことを思っている。ウが迷うが、「ひそかに喜び」が不適。問六、「夕立」とは短時間で激しく降る急な大雨のこと。直前の伊兵衛のせりふに「あの雨があって、この彩虹の美しさが見られるんだ」とある。「雨」は宗之助がさえとの縁談をあいまいなままにしていたことや、伊兵衛とは異なる政治的行動を取ろうとした結果、二人が仲たがいしてしまったことを、「彩虹」は伊兵衛とさえの結婚を意味する。問七、伊兵衛は「仕合せを祈るぞ」という宗之助の言葉から、伊兵衛がさえを愛していながらその気持ちを行動に移せていないことを見抜いた宗之助が、あえて「ひと雨降ら」せること、つまり意図的に不義理を働くことで、伊兵衛の行動を促したのだと気づいたのである。問八、アは「嫉妬深さ」が、イは「快活な人物」が、ウは「政争にばかり気を取られている伊兵衛」と「さえとの……すれ違い」が、カは「信頼を集めたい伊兵衛」「対立を乗り越えた……生まれてくる」が、それぞれ不適。

三 鴨長明「発心集」より。問一、a逸勢の娘の同行を認めなかったのは「おほやけ使ひ」。b毎夜宿を探して旅をしたのは逸勢の娘。c事情を聞いて許したのは帝。問三、傍線部前後の「身にたへたらん人だに」「まして、女の身なれば」より、丈夫な人でも非常に困難で、女の身であればなおさらだという文脈となる。問四、遠い地まで苦しみつつ歩んできた娘の姿を見た親の心情である。すっかり痩せおとろえた姿に対する驚きや、自分を思って追いかけてきたことへの感激などが推測できる。問五、傍線部の直前で、娘が父のために仏へ祈る姿に人々が感動している様子が描かれる。これが国中に広がったのである。問六、「孝養の終り」を願い出たのは娘、それを聞き入れたのは帝。

通釈 昔、橘逸勢という人が、謀反の罪に問われ、伊豆に流されることになったとき、橘逸勢に縁があるものに、嘆き悲しむものが多かったなかで、悲嘆に暮れた娘で、特に去りがたく思う娘がいた。橘逸勢も、このようなつらい目に遭ったことはともかくとして、この娘と別れるようなことを（つらく）思った。娘は言ってはならぬことを慎むのも忘れて、恥を捨てて、悲しみ（の涙）を流して、一緒に（伊豆へ）行こうとした。

朝廷からの使いは、（娘を）この上なくかわいそうだと思うが、流される人の慣例として、そのことが知れ渡ったら都合が悪いので、堅く制止して（同行を）許さなかった。（娘は）痛切に恋しさにたえきれなくなったのだろうか、（橘逸勢の）宿を探しながら、宿場を伝って夜々追って行った。丈夫な人でさえ、見知らぬ野山を越えて毎晩尋ね行くようなことは、できることではない。まして、（丈夫ではない）女性の身であるので、並一通りでは到着することはできないが、仏が気の毒に思われたためだろうか、やっとのことで、ついにそこ（＝橘逸勢のところ）へたどり着いた。遠江

の国(静岡県)のなかだったか、(伊豆への)半ばである道のあたりで、容貌は人ではないようで、影のように痩せおとろえて、ひどく濡れそぼった様子で尋ねてきた。待ち受けて会った親の心は、どれほどのことだったろうか。

　さて、(娘が)到着して、それほど時が経たないうちに、父(橘逸勢)が重い病を受けたので、この娘は、一人付き添って残っていて、一日中夜通しで仏に一心に祈る様子は、全く(自らの)身や命を惜しまないものだった。これを見聞きする人は、涙を流し、同情し悲しまないものはなかった。のちには、広く国中のものが誰もかれも、みんな(娘を)尊敬した。熱心に詣でて、仏道に入るきっかけを作るものたちも、多くあった。

　さて、時が経ったあと、(娘が)国の守に告げて、「帝に(橘逸勢について の)事の事情を申し上げ、(罪の)許しを受けて、父の亡骸を都に持って上り、親孝行の終わりとしたい」と請うたところ、(帝は)その有り様をお聞きになって、驚いて、格別にお許しになった。(娘は)喜んで、すぐに、彼(橘逸勢)の骨を首にかけ、都に向かって帰った。

　昔も今も、本当に意志が深くなったことは、必ず実現するのであろう。

市川高等学校

問題 P.341

解答

一 問1、Aはチッソが水俣にもたらす雇用や経済への影響の大きさを知っているため、そのチッソの存在や業績を否定したり補償金を支払わせようとしたりするBを理解できなかった。(79字)　問2、オ　問3、イ　問4、(一)水俣病をのさりと思え(10字)　(二)あんたの役割は、これからたい!(15字)　(三)人間そしてわが身の罪に侘びて祈る(16字)

三 問1、ウ　問2、ア　問3、ウ　問4、エ　問5、イ

四 1、形骸　2、拳　3、挨拶　4、勉励　5、勧善

解き方

一 **石原明子「生と死の現場に立ち現れる和解と赦し」**(「生と死をめぐるディスクール」所収)・**石牟礼道子「花びら供養」**より。問1、地域の市民の立場は直前の「患者は金欲しさに…」「チッソをつぶす水俣の敵」と患者を差別するもので、直後の「チッソを救うか、患者を救うかの二者択一」とあるうちの前者である。チッソのような大企業であれば、そこで働く従業員やその家族、それらの人々の生活と関わる店舗や経済圏など、地域への経済効果は大きく、市民の受ける恩恵も少なくないのである。一般市民は、チッソの姿勢を糾弾する患者や支援者により、チッソが水俣を撤退したときのマイナスの効果をおそれたのである。問2、筆者は杉本栄子さんの「ゆるす」という言葉の意味を肇さんと語り合い、そこで「水に流して無かったことにするという意味では決してない。……同じ人としてこの痛みを理解し……一緒に踏み出せ!」という意味で捉えている。アの「最後の抵抗」、イの「行政への告発」「祈ることでしか終着に向かっていけない患者としての苦しみ」、ウの「自己への執着から脱却することの尊さ」、エの「現実には困難なこの理解」が、それぞれ不適。問3、「いざない」とは、誘うこと、勧めることの意。傍線部直前に「向き合った末に『赦す』といった人たちの周辺から……変化が起こってきた」とあることから、「向き合った末に『赦す』」ことが加害者と被害者の両者による新たな社会づくりを誘導し、進展させたのである。これは杉本栄子さんと肇さんの「ゆるす」ことにも重なっている。アは『赦す』『赦される』という関係性の実現をめざして」が、ウ・エ・オは加害者もしくは被害者のいずれか一方の働きを述べている点が、それぞれ不適。問4、(一)空欄あとの「逆説」とは、一見真理に背いているようで、よく考えると一種の真理を言い表している表現。「水俣病」が生物に及ぼす影響はマイナスのものだが、「のさり」とは「(天からの)授かりもの」「恵み」の意味である。(二)空欄直後の「罪を知った後の人間」については、文章Iの「杉本家で食卓に…」で始まる段落で「水俣病の実態や患者の苦難を知らずに、無関心あるいは差別の対象としてきた」地元の人たちが、杉本栄子さんのもとで「患者の身に起こったことを知り」、「水俣病の問題に取り組んでいくための責任に押し出されていった」という話が紹介される。その際に、栄子さんから「あんたの役割は…」と言われるのだが、この言葉は「知った後」の人間のやるべきことを示したものである。(三)文章IIから、「宣言」とは「水俣病とそこに生じる諸現象の一切を、全部ひきうけ直します」ということである。この考えと同じことを表すのが、文章Iで栄子さんが「水俣病をのさりと思うとはどういうことか」を考え続けた結果として語られる内容である。文章IIの「皆が放棄した『人間の罪』をも、この病身に背負い直す」という解釈も参考にする。

三 **松平定信「花月草紙」**より。問1、冒頭から傍線部までの内容を押さえる。医者に秋までに病気になると言われながら、それを信用せず、結局病気になってしまうのである。それが別の医者を呼ぶ理由となっている。ア・イのように医者への「不安」や「不信感」はない。エは「拒絶」、オは「横柄」が、それぞれ不適。問2、「しるし」は「(薬の)効き目」の意味。問3、傍線部1以降から二番めの医者の行動を捉える。「家傾けても」は「家の財政が悪くなっても」、「まほしく」は「…したい」の意味。お礼をして診察に報いたいのは、医者の薬で回復したからである。問4、「いまひとりのをのこ」については傍線部から末尾までの内容を押さえる。一人めの男の話との対比にもなっている。ア・イ・ウは医者の薬を飲まない点が、オは「医者に心から感謝した」点が、それぞれ不適。問5、一人めの男は腕の良い医者の話を聞かずに、腕の悪い医者の偶然調合した薬に必要以上に感謝する。二人めの男は腕の良い医者の話を聞き入れたものの、結局医者の技量への感謝の意識は薄い。

通釈 ある医者が、「あなたは必ずこの秋頃に、何らかの病気におかかりになるだろう」と言うので、腹が立って、「どうしてそのようなことがあろうか、いや、ないだろう」と秋までは言っていた。とうとう病気にかかってしまったので、言い当てた医者に会おうにも、恥ずかしいことだと思って、別の医者を招いた。(その医者は)さまざまな薬を投与したが、効果が表れず、はじめの頃は腹をこわしたのだろうと言って、(腹の調子を)ととのえる薬であったので、胸のあたりがますます苦しく、物も見ることもできないので、医者も察して、その薬はやめた。今度は汗をかかせようとしても、効果がなく、(腹を)下させようとすると、腹だけが痛く、ますます苦しい。どうしようもなくて、試みに偶然に調合してあった薬が、その病に合っていたからだろうか、飲み下すやいなや、胸のうちが心地よくなり、ついにその病が癒えてしまった。命を助けた人であると思って、家が貧しくなってもその恩に報いたいと思った。そうこうするうちに、「この秋は、必ずこの病気が生じるだろう、この薬を今からお飲みください」と言ったが、もう一人の男が、「どうしてそうであろう。しかしそのようにおっしゃるならば、飲み申し上げましょう」と言って、他人事のよ

うに飲んだが、ついにその病も生じず、いつもと変わったことがなかったので、やはりこのようにあるべきであろうと思ったが、あの薬を飲まなくても(問題なく)いたはずだったのにと言ったとかいうことだ。

大阪星光学院高等学校

問題 P.345

解答

一 問1、a衰弱　b輪郭　c妥協　d賢　e威嚇　問2、Iオ　IIウ　IIIイ　問3、微生物やウイルスなどの有害なものまで共有したり、資源や土地などの分配をめぐって争ったりする危険をはらむ(51字)　問4、イ　問5、単に喜びを分かち合うのではなく、生きる空間を分かち合い運命を共にし、仲違いや感染が広がるといった相対的に弱い危険を分かち合うことで、結果的に大きな厄災に備えられるということ。(87字)　問6、オ

解き方

一 **藤原辰史「シェアの痛みから考える」**(「ちゃぶ台⑨」二〇二二年春／夏号所載)より。

問2、I直前の「やさしくて……とはほど遠い」と直後の「流血を……憎悪を掻き立ててきた」から読み取る。II直前の「輸血……現在の医学では可能」とは、身体のシェアは可能ということ。空欄あとの「輸血は、身体の共有というにはややあっさりした行為」とは、身体のシェアとは言い難いということ。よって、対立・逆接を表す語が入る。III空欄を含む段落の「私たちが原則として身体をシェアできない」を、「脳」の例を使って強調している。問3、傍線部の「巻き込まれる」が、「たとえば…」で始まる段落の「シェアするつもりのない微生物やウイルスや毒物までもシェアする危険性」に、「奪い合う」が、傍線部直前の段落の「地球の表面と大気をシェアする……流血をもたらし……憎悪を掻き立ててきた。」に対応している。「地球の表面と大気」とは、土地・資源・環境などを指す。これらをまとめる。問4、傍線部の「力を過剰に持つ者」「暴力」を手がかりにして前を見ると、直前の段落に「力を持つ者の暴力や言論が肥大化し、言論空間の歪みが著しくなりつつあるいま、啓蒙のプロジェクトが依然として必要」とある。「啓蒙」に関しては、「自分の私有財産が…」で始まる段落に「理性を行使して……大きなものや強いものへの依存状態から脱しようとする近代のプロジェクト」とあり、続く段落には「そのような自律した人間」「自律した人間になるべく……自分自身で考え判断できる」とある。つまり、力を持つ者の暴力や言論が肥大化し、言論空間の歪みが著しくなりつつあるいま、理性を行使して自分自身で考え判断できる自律した人間となり、大きなものや強いものへの依存状態から脱する啓蒙は依然として必要なのである。「シェアを試みる複数の人間が一体化してしまいすぎる」は、傍線部直前の「個人の自律を無視したり軽視したりするシェア」を踏まえて考えると、自分自身で考えたり判断したりせず、お互いが他人と意見を同調させるようなことばかりしている状態であることを理解する。「抵抗力が弱い」は力を持つ者の肥大化した暴力や言論に抵抗する力が弱いということ。問5、傍線部直後の「大きなリスクから自分を逸らして誰かに受け取ってもらいつつ」を手がかりにして前を見ると、「少し話が…」で始まる段落に「大きな危険に対して、相対的に弱い危険(仲違いの危険や……風邪をうつし合う危険)をみんなで分かち合うことで防御する」とある。また、最終段落には「大きな厄災を前提としたしたたかな感覚」とあり、これらを傍線部直前の「シェアする喜びを味わう」という積極的な意味と対比させながら記述をまとめる。問6、アは「地球に負担をかけていることに対して」が、イは「脳の移植は……時間がかかる」が、それぞれ誤り。ウは「同じ言論空間をシェアすることで、……超越者への依存状態に戻ってしまう」に該当する記述が本文にない。エは全体として該当する記述が本文に見当たらない。

開成高等学校

問題 P.348

解答

一 問一、目的のために効果的なすべての手段を正当化するもの。(25字)　問二、チェスに没入しきってしまうため、その人間を完全に支配することができなくなるから。(40字)　問三、目的のために行動する傾向が支配的になると、目的のためにすべての手段が正当化され無駄が排除されて、全体主義を招くから。(58字)

二 問一、a頂戴　b濁　c締　d潤　問二、白人であるがゆえに、日本人に対する敵意や差別の存在など知ることもなく、好奇心のままに遠慮なく接してくる態度。問三、日本人であることに劣等感を抱き、日本人であることを隠してオーストラリア人を装いたいと思っていることを、アビーに鋭く見抜かれ強い衝撃を受けたから。問四、自らのルーツについての悩みを抱え、心の痛みをわかってもらえないことに憤りながら傷ついているという意味で、アビーと「僕」は同じだと感じているということ。

三 問一、出ると　問二、君 汲二 川 流一 我 拾レ 薪　問三、七言絶句　問四、エ→イ→ア→ウ　問五、勉強がつらくても苦労を分かち合う親しい仲間がいればきっと楽しくなるから一緒にがんばろう、ということ。(50字)

解き方

一 **國分功一郎「目的への抵抗」**より。問一、一つめのアーレントの『人間の条件』からの引用部分に「目的として……効果的でありさえすれば、すべての手段が許され、正当化される。」とある。またそのあとの本文に「手段の正当化こそ、目的を定義するものに他ならない」とある。問二、「全体主義」とは、諸個人を全体の目標に総動員する思想および体制のことである。個人の自由や権利よりも、国家全体の利益を優先する思想および体制である。なぜ全体主義の支配者は、チェスのためのチェス、芸術のための芸術、食事のための食事を許さないのか。アーレントによれば、そのとき人間はチェスや芸術や食事に「没入」しきってしまうため、支配者はその人間を「完全に「支配」することができなくなるからである。「全体主義」が求める人間とは、常に「目的」のために行動し「目的」のためでない行為を絶対に行わない人間なのである。問三、アーレントの言葉に「こういう考え方を追求してゆけば、最後にはどんな恐るべき結果が生まれるか、…」とある。そして、最終的に訪れるこの「恐るべき結果」とは、「彼女の経験」から読み解けば「全体主義」である、と本文に示されている。筆者が、「現代社会に内在し」、しかも「支配的になりつつ」あるのではないかと危惧している「傾向」とは、「常に目的を意識して行動」し、そのためには「不要不急」を排除し、目的のためのあらゆる手段を「正当化」する「傾向」である。この「傾向」がより支配的になっていった結果、もたらされるものは「恐るべき結果」、すなわち「全体主義」ではないかと、筆者は危機感を抱いているのである。

二 **岩城けい「M」**より。問二、「僕」はアビーのどの言葉に対して「イヤ」だと感じたのか。傍線部前の「このあいだの

打ち上げパーティー、…」と「アンザック・デーがどうかした？」である。アビーのこの問いと「好奇心全開」の視線を受けて、「僕」の「火傷の痕」が「じわじわと痛み」出す。「火傷の痕」とは心の傷のことであり、本文の最後にも出てくる。「アンザック・デー」で受けたこの心の傷を思い出していることから考えて、傍線部に言葉を補うとすれば「これだから(白人は)イヤなんだ」となるだろう。そしてその白人のなかでも「特に、ああいう、なんでも直球でくるやつ」が「イヤ」なのだと「僕」は感じる。「直球」とはまっすぐ率直に接してくることを指す。では「白人」らしいと感じさせる、アビーのどういう態度が「僕」は「イヤ」だったのか。「アンザック・デー」が日本人にとっては敵意を向けられ差別を受ける可能性がある日であることを知らない態度、差別される側の痛みに気づきもしない態度に着目する。問三、アビーに「引き摺り出された」「弱点」とは、直前の「この国に飼い慣らされて、……あなたの方よ！」から分かるように、日本人であることに「僕」が劣等感を抱いていること、そのため日本人ではなく、オーストラリア人に見られたいと思って振る舞っていることである。心の奥に隠してあったはずの「弱点」をアビーに鋭く言い当てられ、真実を突きつけられて、言葉を失ったのである。問四、猛烈に腹を立て、大声でやりあう二人。レールを挟んで対峙する二つのプラットホーム、また反対の方向へ進んでいく路面電車は、二人の間の距離やすれ違う心と重なり合う。アルメニア人としてのアイデンティティーを守ろうとするアビーと、日本人であることにコンプレックスを抱く「僕」。オーストラリア人と見分けがつかないアビーと、「見てくれ」が明らかにアジア人である「僕」。二人は確かに全く違う。しかし、傍線部の「あれ」とは、直前の描写の「レールの向こうに遠のいていく」「彼女の姿」に象徴されているように、実は、二人とも自分のルーツについての悩みを抱え、焦燥、いら立ち、孤独を感じている。二人とも、分かってもらえないことに激しい憤りを覚えつつ、傷ついている。アビーと自分は違うように見えて、実は同じなのだと、アビーは自分の姿を映し出している鏡なのだと、「トラム」に乗って遠ざかりながら「僕」は気づくのである。

三 **広瀬淡窓「遠思楼詩鈔」**より。問一、「出づれ」はダ行下二段活用の動詞「出づ」の已然形。已然形＋接続助詞「ば」は、「…ので」「…と」「…といつも」と訳す。この場合は「…と」が適切。問二、一つ下の字から上の字に返って読むときにはレ点を用いる。二字以上返って読むときには一・二点を用いる。問三、一句の文字数が五文字の場合は「五言」、七文字の場合は「七言」という。また、一編の句数が四句の場合は「絶句」、八句の場合は「律詩」という。これらの組み合わせによって詩形を表す。問四、起句で「糸屋の娘」について言い始め、承句でその「糸屋の娘」について展開し、転句で全く関係のない「諸国大名」を出して変化を与え、結句で起句・承句と転句を一つにまとめ、締めくくる。ちなみに「目で殺す」とは、美しい眼とまなざしで心を射止めるという意味。問五、起句と承句では、勉学に励むなかでつらいことや苦しいことがあっても、共に学ぶ仲間と親しく交わるうちに、苦労もきっと楽しみに変わる、と塾生たちに諭している。さらに、早朝、扉を開くと真っ白な世界が広がっているという転句からは、新たな気持ちで新しい一日を始めよう、という希望が感じられ、結句からは、一緒に働き、生活を営み、学んでいこうという励ましの思いが汲み取れる。

通釈 桂林荘で心に浮かんだことを詠んだ詩　多くの塾生たちに示す

故郷を離れた異郷の地での勉学には苦しいこと、つらいことが多いと言うことはやめなさい

(そこには)一つの綿入れを共用するような、(苦労を分かち合う)仲間がいて、自然と仲良くなるのだから

明け方に細い木の枝を束ねて作った粗末な門から(外に)出ると、霜は雪のように(白く)降りている

さあ、君は川に行って水を汲むのだ、僕は(山で)薪を拾ってこよう(朝食のしたくに取り掛かろう)

関西学院高等部

問題 P.352

解答

一 問一、①範囲　②短絡　③関　④水準　⑤寄与　問二、自分はどんなバイアスを通して物を見ているのかということ。問三、無色透明　問四、自分の精神的な支えとしてきた過去の努力や頭の良さをすべて否定されたような気になってしまうから。問五、悪意ある他者から自分たちを守りつつ、仲間内で起こる混乱の原因を処理し、致命的な衝突を防ぐこと。問六、バイアスは、能力に限界のある人間の脳が、致命的な衝突を回避して生き延びていくための重要な役割を果たすものだった可能性があると捉えている。

三 問一、①エ　②イ　③エ　問二、鉢をかぶせれば願いが叶うという観世音のお告げに従ったから。問三、・母上と死に別れてしまったこと。・頭にかぶった鉢が取れなくなってしまったこと。

解き方

一 **中野信子『「バイアス社会」を生き延びる』**より。問一、②「短絡的」は、深く考えずに物事の原因と結果を簡単に結び付けてしまうさま。③「関の山」は、精一杯に頑張ってできる限度のこと。昔、「関」という地の山車がたいそう立派で、それ以上のものは望めなかったことに由来するとされる。「積」などとしないように注意。⑤「寄与」は、役に立つこと。類義語に「貢献」がある。問二、傍線部の二文あとの「自分がバイアスを持っているかもしれないから……客観的に注意しておくことができるか」や、段落の最後の「自分が何色のガラスを通して世界を見ているのか、……知る努力を怠らない」に着目する。ここでいう「ガラス」とはバイアスのこと。つまり、自分がどんなバイアスを通して世界を見ているのか、気をつけなければならないというのである。問三、前後の文脈から、空欄を含む部分は、自分だけは何のバイアスも持たずに物を見ている、という意味になると推測できる。傍線部Aを含む段落の終わりで、バイアスを持つことを「何色のガラスを通して世界を見ているのか」と述べていることに着目。ここからバイアスを持たない＝色のない透明なガラスを通して物を見る、と考えられる。問四、傍線部の前に着目。自信のある人ほど、自分はバイアスなど持っておらず「これまで頑張ってきたことや、頭の良さ」で物事を処理してきたと思い込み、自らの精神的な支えにしているので、それを否定されるようなことを言われると余計に怒りを感じてしまうのである。問五、前の段落の「なるべく致命的になるような諍いを起こさず、……防いでいかなければならない。」に着目してまとめる。問六、傍線部の前の二段落に着目。人間の脳は「能力に限界」があり、「生き延びる」ためには「工夫」が必要だった。「おめでたい思い込みや、幸せな勘違いをもたらすようなバイアス」が、「余計な計算を省き、できるだけ迅速に融和を図」り、一定の役割を果たしてきたからかもしれないというのである。長い歴史を通し

て結果的に生き残ってきた私たちの誰もがバイアスを持っているという事実が、そのことを示していると筆者は見ているのである。

三 **「御伽草子」**より。問一、①母上のおかれていた状況を踏まえて傍線部の意味を捉える。母上は病気にかかっており、このあと間もなく亡くなってしまう。つまり、ここでいう「限り」とは、命の終わりを意味していることが分かる。②「いとけなき」は「幼い」という意味。母上は幼い娘を残してこの世を去ってしまうことを嘆いているのである。③傍線部の前の「野辺に送り捨て、華の姿も煙となる」に着目する。母上は火葬場に送られ、その華のような姿も煙になってしまった。そして、その煙も風に散ってしまったということが痛ましく思われたのである。問二、「さしも草…」の和歌に、姫君に鉢をかぶせた母上の真意が詠みこまれている。この歌の注に「(観世音から)願いを叶えるためには『鉢をうち着せ候ふべし』と告げられた」とある。つまり、娘の姫君の行く末を心配した母上は、その幸せを願い、その願いが叶うようにと観世音のお告げのとおりに鉢をかぶせたのである。問三、点線部の直前の「いかがはせん、母上にこそは離れ参らせめ、かかる片端のつきぬることのあさましさよ」という父上の言葉に着目する。ここから、父上が嘆いていることの一つは、姫君が母上と死別してしまったことであり、もう一つは、「かかる片端のつきぬること」、つまり、姫君が鉢をかぶって取れないままの姿になってしまったことだということが分かる。

通釈 こうして年月を経るうちに、姫君が十三になりました年に、母上はいつもと違って風邪をひいた気分だとおっしゃって、一日二日となりました頃、今にも亡くなりそうに思われたので、姫君を近くに呼んで、黒くてつやつやした髪をなであげ、「ああ、嘆かわしいなあ、十七、八歳にもなって、どなたかに嫁入りさせて、安心してあとのことを処置しておき、なにもかも実現できないで、幼い様子(の姫)を遺して逝くことは、嘆かわしいことだ」と、涙を流される。姫君も、一緒に涙を流された。母上は流れる涙を抑え、そばにある手箱を取り出し、中には何を入れられたのだろうか、たいそう重たそうなのを姫君の頭に載せさせ、その上に肩が隠れるほどの鉢をかぶらせ申し上げて、母上は、このように詠まれた。

　これほど深く頼みとしていますます観世音様にお誓いしましたとおりに(この鉢を姫君に)かぶせますよ

　このように口ずさまれて、とうとう亡くなられた。父上はたいそう驚き泣かれて、「幼い姫をどうして遺して、どことも知らずにこのようになられる(=亡くなりなさる)」とお泣きになるが、どうしようもない。こうして、そのままにしておくこともできないので、名残は尽きないと思ったが、さびしい火葬場に送って、華のような姿も煙となった。月のような姿が風となって、(母上の)煙となって風に消えることは痛ましかった。さて、父上は、姫君を近くに寄せ申し上げて、頭に載せなさった鉢を取ろうとしたが、吸いついて全く取れない。父上はたいそう驚いて、「どうしよう、(亡くなった)母上に別れ申し上げたのはまだしも、このような不都合なものがついたことの嘆かわしさよ」と、嘆かれること限りがなかった。

共立女子第二高等学校

問題 P.354

解答

一 問一、ⓐ延 ⓑ牧畜 ⓒ機関 ⓓ代替 問二、ウ 問三、「親友」が 問四、これが脳の 問五、イ 問六、D 問七、テクノロジーの進歩によって、ひとびとが多様で分散したコミュニティに部分的に所属することが可能になったから。(53字) 問八、⑥ア ⑦エ 問九、負荷 問十、(例)不要

二 問一、ⓐかたわ ⓑかんば ⓒけいしゃ ⓓがんか 問二、C 問三、ア 問四、緑の香り 問五、進路のことで悩んでいる今の自分には大樹が必要だと感じたから。(30字) 問六、イ 問七、芸術科のある高校に進学して、絵を描くことに関わる仕事がしたいという気持ち。(37字) 問八、エ 問九、ウ 問十、ア

三 問一、ⓐすみたまいけり ⓑしばしばえもうでず 問二、子・君 問三、②ウ ③イ 問四、エ 問五、平安

解き方

一 **橘玲「無理ゲー社会」**より。問二、本文終盤に「人生において政治=他者との関係が占める割合が小さくなれば、そのぶんだけ愛情空間が拡大し」とあり、次の段落には「政治(友情)空間が縮小すれば、その外側にある貨幣空間が拡大するはずだ」とある。「友情空間」の縮小が「愛情空間」の肥大化と「貨幣空間」の拡大につながっていると分かる。問三、「親友」の重要性については、第二段落に『親友』が重要なのは、魑魅魍魎の政治空間を生き延びるには『ぜったいに裏切らない仲間』がどうしても必要だからだ。」と述べられている。問四、「具体的に述べた一文」という指示なので、脳が把握する人数について具体的に述べている、傍線部の前の部分を探す。すると、「一人ひとりの個性を見分けることができるのはせいぜい50人」「顔と名前が一致するのはせいぜい150人」という記述が見つかる。問五、5000を150で割ればよい。問六、挿入文に、「これ」が「もうひとつの理由」であると書かれているので、まず「友情空間」が縮小する一つめの理由を探していく。本文中盤から、現代における「友情空間」の変化について述べられており、【A】の前の段落には「重層的で密着した『濃い』人間関係が広がりすぎて薄まってしまっている」とある。人間関係が減少するということである。また、【B】のあとから【D】の前までの部分は、多様性に対応するのが「面倒くさい」という別の話題になっている。これが「もうひとつの理由」といえる。問七、傍線部を含む文の頭に「その結果」とあるので、直前の一文を確認すると、「ひとびとは多様で分散したコミュニティに部分的に所属することが可能になった」が見つかる。そしてその原因として、三段落前から、現代の「テクノロジー」の進歩の影響であると述べられている。問八、問六で確認したように、「友情空間の縮小」は「人間関係の拡大、希薄化」と「人間関係の多様化、複雑化」が原因である。問九、「コスト」は一般的に「費用、代償」という意味で用いることが多いが、ここでは「負担」というような意味で用いられている。類義語として二段落前の「負荷」が見つかる。問十、「友情空間」が「貨幣空間」にアウトソースされ、代替されてしまうということは、「友情空間」が必要のないものとなってしまうということを意味する。

二 **あさのあつこ「みどり色の記憶」**(「1日10分のぜいたく」所収)より。問二、挿入文の「その一言」が何を指すのかを考える。「反芻」とは繰り返し考えることなので、挿入候補箇所の前に千穂にとって印象深い言葉があるか探す。担任が「来年にひかえた受験」に向けて言った、「意志を持ってもらいたい」という言葉は、本文全体のテーマにもなっており、印象的であったといえる。問三、アの「家業を継ぐという宿命」が本文にない内容。問四、設問文に「きっか

け」とあるので、大きな樹がある小さな公園を思い出した場面までさかのぼると、街を歩いていたときの「香り」が見つかる。指定字数に合わせて、傍線部あとの「緑の香り」を抜き出す。問五、直接的に理由を述べている箇所は見つからないので、その部分までの千穂の心情や行動を考える。千穂は、パン職人になりたいという真奈のように、絵を描く人になりたいと言い切れない自分にもどかしさを感じている。また、母親と進路の話をすることもできていない。そんな進路の悩みを抱えているからこそ、「塾の時間」を差し置いてでも大樹が見たくなったと考えることができる。大樹から見える美しい風景は、千穂が「絵を描く人になりたい」という思いを持ったきっかけでもある。問六、④の「ドキドキ」は大樹があるかないかわからない心配、緊張で、⑤の「ドキドキ」は樹の上から風景を見渡した興奮、高揚感と考えることができる。問七、「お母さん」にわかってもらえないと思っているのは、進路のことである。医者を目指すのではなく、芸術科のある高校に進学して、絵を描くことに関わる仕事がしたいと思っていることを、わかってもらえないと思っているのである。問八、エの「絵を描くのを趣味程度にしておく」が不適。確かに本文中にはあるが、実際に言われたことではなく、千穂の想像である。問九、本文前半にある担任の言葉の「自分の将来を自分自身で選択するという意志を持ってもらいたい」がヒント。問十、千穂が思い出したのは、千穂が「枝から落ちた」ときの母親の様子である。母親が自分を大事にしてくれていることを思い出したのである。

三 **「伊勢物語」**より。問二、「男」について、「母は天皇の娘であった」という内容の文があるので、四文めの「子」は「男」のことである。また、一首めの和歌は「母」の詠んだ和歌であるので、「会いたく思う」相手の「君」も、「男」である。問三、②「かなしうす」はかわいがるという意味であり、③「とみなり」はいそぎだ、急だ、という意味の古語である。問四、傍線部の和歌には、死別は避けられないけれども、親に少しでも長生きしてほしいという男の気持ちが込められている。問五、「伊勢物語」は、平安時代に成立した歌物語である。

通釈 むかし、一人の男がいた。官位はまだ低いままであったが、母は天皇の娘であった。その母は、長岡というところに住んでいらっしゃった。子(である男)は都で宮仕えをしていたので、(母のところへ)参上しようとしたけれど、たびたびは参上することができない。(そのうえ男は)一人っ子でもあったので、(母は)とてもかわいがっていらっしゃった。そうこうしているうちに、十二月ほどに、いそぎのことと言って(母から)手紙がある。(男は)驚いて(手紙を)見ると歌がある。

　年老いてしまうと避けられない別れ(死別)があるというのでますます会いたく思うあなたであるなあ

その子(である男)が、ひどく泣いて詠んだ(歌)。

　世の中に避けられない別れ(死別)がなければいいなあ。千年も(親に長生きしてほしい)と祈る子のために

久留米大学附設高等学校

問題 P.359

解答

一 問一、A文豪　B稼　C肝心(**または**肝腎)　D捉　問二、Eウ　Fウ　問三、ウ　問四、Ⅰネガティブにも幸福と不幸の両方が含まれている(22字)　Ⅱネガティブは不幸なだけである(14字)　Ⅲ人生は起こり続けるネガティブを避けるだけになる(23字)　問五、Ⅳ「ポジティブとネガティブ」という補助線(19字)　Ⅴ幸福と不幸が分断されすぎてしまう(16字)　Ⅵグレーゾーン　問六、濃い補助線が作り出す純粋さに対する否定的(な心理。)　問七、ウ　問八、ポジティブに含まれている不幸とはいいがたいものや、ネガティブに含まれている幸福とはいいがたいものを発掘し明らかにして、それらが入り混じる複雑な現実を直視すべきであると言っている。

三 問一、ⓐウ　ⓑイ　問二、鞠の精　問三、ウ　問四、A蹴鞠の道を極めて鞠の精と会う　B珍しい　問五、何かをするだけなら簡単だが、それを極めるのは難しいということ。

解き方

一 **東畑開人「なんでも見つかる夜に、こころだけが見つからない」**より。問三、直前の「シンプル」という言葉を手がかりにして前後を見ると、前の方に「幸せがどういうものであるのかについては……くらいの捉え方がほとんどです」「『なぜそれが幸福といえるのか？』と突き詰めていくならば……単純な言葉でしか表現できなくなる」「幸せか否かは……シンプルな答えしか返ってこない。」、直後に「幸福のことを考え始めると、言葉が貧しくなり、思考がシンプルになっていく。」とあるので、これが「問題」である。問四、Ⅰ空欄直前に「本当は」、直後に「はずなのに」とあり、傍線部の七段落後を見ると「本当はポジティブには幸福も不幸も含まれているはずで、ネガティブにもその両方が含まれているはず。」とある。これを「ネガティブ」を軸にまとめ直す。Ⅱ Ⅰの答えを踏まえると、両方が含まれているはずなのに、そうではない、という言葉がⅡに入る。Ⅲ Ⅱが「ネガティブ」＝不幸の話であることに着目。それがもたらす影響を傍線部のあとで確認すると「生きていればネガティブなことは起こり続ける」「ネガティブが不幸なだけであるならば、僕らの人生は防戦一方になってしまう」とあるので、ここから「防戦」＝起こり続けるネガティブなことを避け続ける、と理解してこの部分をまとめる。問五、Ⅳ・Ⅴ傍線部直後の「病んでしまった補助線を癒さないといけない。」は傍線部の「治療が必要です。」と同じ意味。これを踏まえ、「病んでしまった補助線」の問題点が書かれている場所を探すと、二段落前に「『ポジティブとネガティブ』という補助線を引くと」「自動的に前者に幸福が、後者に不幸が割り当てられてしまう」「幸福と不幸が分断されすぎてしまう」とあるので、これらをまとめる。Ⅵ空欄あとの「…が必要になる」を手掛かりにこの補助線に足りないものを読み取ると最後の二段落に「濃すぎる補助線に必要なのはグレーゾーン」「灰色のグラデーションを作り出す必要がある」などの表現が見つかる。問六、傍線部④は問五でのアプローチを踏まえて考えれば、濃い(シンプルな・病んでしまった)補助線によって分けられたポジティブ(幸福)な世界に対する皮肉(遠回しの批判)である。また傍線部⑥も、直前の段落の「濃い補助線」が引き起こす「純粋な状態」の一例である、「勇気」だけを友達にすることへの否定的な気持ちを表す言葉である。これらを踏まえる。問七、傍線部の「致命的」とは、命を失いかねないさま・損害や失敗などが取り返しのつかないほどひどい様子、という意味なので、これを「幸福」にあてはめて考えると、幸福であろうとすると幸福でなくなる状態、幸福であること自体が幸福でないという状態、だと理解できる。これを各選択肢にあてはめて考える。「幸福」で「純粋」な村を守るためにはネガティブを排除せねばならず、そのことで生じるネガティブとの「緊張」や「大戦争」を回避しようとすれば、

さらにネガティブを排除しなければならないという、幸福とは言い難い状況に置かれるというのが、この「幸福な村」の「致命的な欠陥」の内容である。問八、まず「病んだ補助線」の内容を確認する。傍線部③の直前の二段落に「『ポジティブとネガティブ』という補助線を引くと、自動的に前者に幸福が、後者に不幸が割り当てられてしまう」「この補助線は病んでいる。」とあるので、ここから「病んだ補助線」とは「ポジティブ」＝「幸福」、「ネガティブ」＝「不幸」という線のことだと分かる。これを傍線部の「白と黒」に重ねると「白」＝「ポジティブ」＝「幸福」、「黒」＝「ネガティブ」＝「不幸」となる。これに対して「あいまいな灰色のグラデーションを作り出す」とは具体的に何をすることなのか確認すると、傍線部①と傍線部②の間に「『ポジティブ』という言葉が幸福と強く結びつきすぎている」「だから、次の二つの命題にチャレンジする必要がある。」とあり、続いて「ポジティブな不幸せを発見すること。」「ネガティブな幸せを発見すること。」とあるので、これが「灰色のグラデーション」の中身である。また、これら二つの事柄について、傍線部②の前後でも「ポジティブに含まれている『幸福とはいいがたいもの』、これを明らかにする必要がある。」「ネガティブにも『不幸とはいいがたいもの』が含まれているのではないか。悪しきものの中にある善きものこそ発掘されなくてはいけない。」と具体的に説明されているので、これらも重ね合わせて考える。傍線部直前に「灰色の濃淡(グラデーション)が続いている複雑な現実が見失われてしまう。」とあるので、これを逆にして、複雑な現実を直視することの重要性を強調する形でまとめる。

三 「**十訓抄**」より。問一、ⓐ「年ごろ」には「長年」の他に、ここ何年の間、という意味もある。ⓑここでの「しるし」は「験」という字で示される言葉。意味はイ・エが候補となるが、直前の「かやうの」が「鞠の精……見えけり」を示しているので「利徳(鞠の精と会う、という利益)」という意味が妥当。問二、成通卿に「見えた」ものは何か、という問い。問三、直前の「ぞ」は係助詞で、結びは連体形となる。問四、A空欄直前の「成通卿」、直後の「例」を踏まえて、第一段落をまとめる。ただし傍線部直前の「底をきはめて、かやうのしるしをもあらはす」に対応する形にする。B「ありがたし」には、めったにない・珍しい、の他に、すぐれている・感心である、難しい・困難だ、という意味もある。ここでは「牛毛」＝多い、「麟角」＝少ない、という対比に着目する。問五、「すること」とは、単に何かを行うこと、「よくすること」とは、何かをきちんと行うこと、非常に高いレベルで行うこと。両者の対比が分かるように説明する。

通釈 東京学芸大附高 **三**(54ページ参照)

慶應義塾高等学校

問題 P.362

解答

一 問一、xオ yア 問二、ア 問三、感情 問四、C・D 問五、Eエ Fイ Gウ Hア 問六、ア 問七、迫り上がってくる感情を表現すること(という行為)(15字) 問八、異なる感性の存在を知ることで、普遍的で絶対だと思い込んでいる現代人の感性を相対化させる意義。(46字) 問九、他の民族と接触し交流するから。(15字) 問十、期待 問十一、ウ 問十二、①座標 ②体系 ③事態 ④総出 ⑤仕草(**または**仕種)

二 問一、①階級 ②収録 ③風潮 ④背景 ⑤奏功 問二、大正六年 問三、1カ 2ケ 3オ 4イ 5キ 問四、著作 問五、C時間 D理知 問六、aエ bイ 問七、ウ 問八、エ 問九、同時代人の生涯や事件を、ていねいな共感と思いやりをもって(描いた時雨の姿勢と、)(28字)抑制と理知をもって時間をかけて他者の心情を理解しようとした(鷗外の姿勢が重なるということ。)(29字) 問十、徹底して自～とすること 問十一、石田少佐の視点で、横領した使用人たちを単純に断罪する作品。(29字) 問十二、鷗外は、目前の題材を単純に作品化しようとはせず、時間をかけ自省と理知により徹底して自己を見つめ他者と向き合って人間理解に努めようとしたから。(70字)

解き方

一 **伊藤雄馬「ムラブリ 文字も暦も持たない狩猟採集民から言語学者が教わったこと」**より。

問一、x文末の「言わんばかり」は、そう言ってはいないが、あたかもそう言っているかのようである、という意味で用いる。y「ムラブリの男性」は、二つあとの段落にあるように「とても繊細で、臆病」に見える様子である。問二、「迂言」とは、ここではある語句を、全体として同じ意味を持つ別の表現を用いて間接的に表現することである。「間接的」とは、遠回しで、具体的ではないことと考える。問三、日本語の「心」を含む慣用表現も、ムラブリの「心が下がる」「心が上がる」などの表現も全て「感情」を表す。問四、「結果として…」で始まる段落に「動的か静的かにかかわらず、……悪い感情に結びつくものは『心が上がる』と表す」とある。問五、それぞれの言葉の意味を考え、好悪、動静に振り分ける。問六、「結果として…」で始まる段落に「心理学的に良い感情に結びつくものは『心が下がる』」とあり、また、「ウドムさんとしては…」で始まる段落には「『心が下がる』気持ちを、わざわざ他人にもわかるように表に出す必要を感じない」「表に出すのは『心が上がる』こととして、慎んでいるのかもしれない」とある。選択肢から、「良い感情」で、表出や共有をしていないものを選ぶ。問七、問六でも確認したが、ムラブリにとって、感情を「表に出す」のは「心が上がる」行為である。また、本文中盤の【 】部の前には「『心が上がる』、いわば感情が迫り上がってくる事態は、……悪いことと捉える感性」とある。この部分も使うと、「上がる」という言葉のニュアンスも表現できる。問八、最終段落に筆者の意見がまとめられている。筆者は、現代日本人の感性は「ひとつの信仰」であり、「絶対の正解」ではない、「一時的な流行りに過ぎないのかもしれない」と考えている。つまり、現代日本人の感性とは異なるムラブリの感性を知ることで、現代人が普遍的で絶対だと思っている現代人の感性を相対化させることができる、ということである。問九、設問文で「タイのムラブリ」と限定されているのがポイント。「タイのムラブリ」と「ラオスのムラブリ」が比較されている「そもそも、ムラブリは…」で始まる段落に着目。「ラオスのムラブリ」は「森の中で遊動生活」を送っており、「自分の感情を表すことがほとんどない」ムラブリの特徴を色濃く残している。それに対して「タイのムラブリ」は「他の民族との接触」がある。そのため、「なにかを主張したり感情を相手に向ける」ことが生じるのである。問十、「皮肉」とは、わざと反対のことを言ったり、遠まわしに言ったりして非難すること。日本人の「友人」が「ぼく」が「ニコニコしていないと、怒っている」と思う、その「日本人の感性」を、「期待」と表現しているところが、軽い皮肉と言えるだろう。問十一、アは「それらの語彙を用いることは極めてまれである」が、イは「英語の"happy"と同様」「動的な感情について用いられる」が、エは「全く喜ばなかった」が、オは「ムラブリの感性のほうが優れている」が、それぞれ本文にない。

二 **出口智之「森鷗外、自分を探す」**より。問三、1「規範」に結びつく言葉で、大正時代に「現在よりはるかに強く信奉されていた」ことから考える。2空欄前にある「他人の欠点」を罵る、「不思議な反感と侮蔑」という描写と重なるものを考える。3その言葉がそれとなく表している、という意味の語を入れる。4「抑制しない」「吐露」をヒントにする。5直前の「過ぎ去った時代の古くさい(作家)」の対義語が入る。問五、空欄前に「いつものように」とある。また、空欄のあとの、C「置いた」、D「的」も考え合わせていく。三つ前の段落に「時間を置いた」とあり、二つ前の段落に「抑制と理知によって」、直後の段落に「自省と理知によって」とあることから判断する。問六、a「戯画化」は、風刺や滑稽味をこめ、誇張した筆致で社会の出来事などを描くこと。b「通底」は、二つ以上の事柄や考え方が、基礎の部分で互いに共通性をもつこと。問七、点線部は、「事件の背景と当事者たちの心の動きを、『至極ありふれた解釈』で簡単に断定する人々」について述べている。つまり、物事の表面のみを見ていて、深いところまで考えようとしない人々である。問八、「観照的」とは、客観的に物事を観察し、その本質を明らかにすること。選択肢で最も近いものは、じっくりと深く物事を考えるという意味の「沈思黙考」である。問九、傍線部の「重なるもの」は「鷗外のありかた」と「時雨の姿勢」である。まずは、傍線部前の指示語から、「心情をていねいに思いやりつつ」記述していく「時雨の姿勢」を確認する。次に、鷗外については、傍線部3を含む段落に、「他者に向きあい、心情への理解を重ね」るとある。また、「時雨の姿勢が共感と思いやりに支えられていたところ、鷗外は抑制と理知によって心の機微に分け入ろうとしていた」ともある。アプローチは違っていても、他者に向きあい、心情を理解しようとしているという姿勢は共通すると言える。問十、空欄4の前後に「抑制しない感情」の「吐露」が「文学性を生む場合だってありますが、鷗外は」とあるので、このあとが「抑制のきいた鷗外の文筆」と言える。問十一、「鶏」の内容は、「使用人たちの視点で……他者を単純に断罪することの対極にあります」とあるので、「別の物語に結実」しない場合は、「石田少佐の視点で」「使用人たちを単純に断罪する」作品になると考えられる。問十二、鷗外は「具体的な事件に即してとやかく述べる」のではなく、その事件の背後にある人間の「心の動き」に関心があった。傍線部3の前に「目前の題材をすぐに書いてしまうのではなく、……時間をかけて他者に向きあい、心情への理解を重ね、……その人間性と丹念に向きあってゆく」とあり、その三段落あとに「自省と理知によってあるべき自分を探そうとしたその視線が、他者に向けられた」とある。同様の内容が繰り返し述べられていることに着目する。

慶應義塾志木高等学校

問題 P.366

解答

一 問一、a潰　b偏　c促　d魅了　e抽象　問二、まことし　問三、歳を取れば～できてくる(から。)　問四、脅迫　問五、B転嫁　C懸命　問六、悪いことを～身に訪れる(ということ。)　問七、Dコ　Eカ　Fケ　問八、Ⅳ　問九、ア　問十、ア科学　イ自由と他者の尊重　ウ正しい情報　エ人間の幸せ　問十一、(例)(言葉は)気持ちを表現して、人を感動させることが(できる。)(19字)

三 問一、イ　問二、西行の頭を打ち割ってやろう(ということ。)(13字)　問三、早朝　問四、オ　問五、風流を好むだけでなく、剛胆で武勇にも優れた人物(だと思った。)(23字)

四 問一、Bク　Cア　Dウ　問二、Eウ　Gコ　問三、A夏目漱石　F大江健三郎　H竹

解き方

一 **森博嗣「科学的とはどういう意味か」**より。問二、前後の文脈から、いかにも本当らしく思わせる様子を意味する「まことしやか」があてはまる。問三、「眉唾」とはだまされないように用心すること。ここでは真偽のうたがわしいもの、といった意味で使われている。冒頭の段落に、大人は年齢を重ね、「経験」を積んでいるため、「非科学的なもの」に対する「免疫」ができているのだと説明されている。問四、直前にもある「バチが当たるよ」などと子供を脅していることをきかせる行為を、筆者は批判的に見ていることを踏まえて考える。問五、B神様に責任をなすりつける、という意味になるような語句を考える。「責任転嫁」という四字熟語が手がかりになる。「転化」だと、他の状態に移り変わる、という意味になるので誤り。問六、傍線部前で、筆者は「悪いことをすると、バチが当たるよ」などと子供を脅すのではなく、「悪いことをすれば不利益が自分自身に訪れる」と教えるべきだと述べている。問七、D直前直後の「数字をよく認識」することで「見出」されるものとは何かを考える。E直後の「集団の統制を取る」に着目し、これに合う言葉を考える。F直後の「発想力」に近い言葉が入る。問八、脱文の内容を吟味すると、教育のある意義についての内容に対して、より重要な意義をあとで述べようとしている一文だと分かる。これを踏まえると筆者は、「連帯感」や「集団の統制」に必要だという教育の意義を述べた段落のあと、続く段落で独創性や発想力を養うことのより重要な意義について述べている。この二つの段落の間の(Ⅳ)が適切。問九、イは「経済的発展」が本文にはない。ウは「大人の科学教育」が不適。脳の老化を防ぐことは科学教育ではない。エは「印象をしっかり伝える」が不適。子供の質問に回答できないとき、大人は「いい加減なことを言わず、『わからない』『知らない』ということを正直に伝える」べきだとある。オは「宗教の専門家に任せる」が不適。問十、空欄前後の言葉を手がかりにして、本文中の対応する部分を探す。問十一、「言葉」の効用については、「ゲームは…」で始まる段落や、「人間には…」で始まる段落に記述がある。これらの段落に述べられていること以外の言葉の効用を考えて書く。

三 **頓阿「井蛙抄」**より。問一、「かまへて」は禁止の表現をともなって、「決して」の意味。文覚が西行の頭を打ち割ろうとしているのを心配していた弟子たちは、「これ」、つまり、西行が法華会に来ていることを、決して文覚に知らせてはなるまいと思ったのである。問二、「いづくにても見合ひたらば頭を打ちわるべき」に文覚の思いが書かれている。問四、空欄前で、文覚は、西行のことを自分に打たれるような面構えの人物ではないと言っている。ここから文覚が西行を打たなかったのは、相手と親しくなったからなどの理由ではなく、むしろ、とても太刀打ちできない相手だと悟ったからだということが読み取れる。自分のほうが頭を打ち割られてしまいそうな相手に思えたのである。問五、文覚は最初、西行のことを、風流にかまけて歌ばかり詠んで修行を疎かにしている人物だと思い、頭を打ち割ってしまおうと考えていたが、実際に会ってみて認識を変えたのである。

通釈 心源上人が語って言うには、文覚上人は西行を憎まれていた。その理由は、俗世を捨てて仏門に入る身になるならば、一途に仏道の修行をする以外、他の事をすべきではない。風流を重んじてあちこち(和歌を)詠んでまわるとは、憎たらしい僧である。どこかで出会ったら頭を打ち割ってやろうということを、常日ごろの心づもりにしていた。

弟子たちは「西行は天下の(和歌の)名人だ。もしそんなことがあったら大事件になるだろう」と嘆いていたところ、あるとき、高雄法華会に西行が参って、花の陰などを眺め歩いていた。弟子たちはこのことを決して上人に気付かせてはなるまいと思って、法華会も終わって宿坊へ帰ったが、庭に「もしもし」という人がいる。上人が「どなたか」と問われたので、「西行と申す者でございます。法華会結縁のために参りました。今日はもう日が暮れます。一晩この御庵室にお世話になろうと参りました」と言ったので、上人は中で手ぐすねを引いて、思っていたことがかなった様子で、明かり障子を開けて待ち受けていた。しばらく様子を見て「こちらへいらしてください」と招き入れて対面して、かねてから(おうわさを)聞き及んでおりお会いしたく思っていましたので、ご来訪を喜んでおりますなど、親しく話をして、食事などでもてなして、早朝にまた食事などをすすめてお帰しになった。

弟子たちは手に汗を握っていたが、何もせずに帰したことをうれしく思って、「上人はあれほど西行に出会ったら、頭を打ち割ろうなどと、御熱望でしたのに、ことのほか心静かにお話をしていましたのは、日ごろの発言とは違いますね」と申し上げたので、「ああ、言う甲斐のない僧たちだ。あれが文覚に打たれようとする者の面構えか。文覚をこそ打とうとする者だ」と申されたということだ。

四 問一、B永井荷風は耽美主義や江戸趣味で知られる作家だが、慶應義塾の教授も務め、雑誌『三田文学』の創刊に携わった。C「短篇の旗手」という記述や『侏儒の言葉』がヒント。D泉鏡花は妖怪や神霊の世界を美しく描いた作品で知られる作家で、代表作に『高野聖』『天守物語』などがある。問三、F日本人のノーベル文学賞受賞者は川端康成と大江健三郎の二人。川端康成は日本美を描いた作品で評価された一方、大江健三郎は日本社会を批判精神をもって捉えた。「民主主義」「マイノリティ」などの記述からここでは後者だと分かる。H『竹』は萩原朔太郎の代表作の一つだが、「まっすぐなるもの地面に生え」などの詩中の表現からも題名を推測できる。

慶應義塾女子高等学校

問題 P.370

解答

一 問一、1撤廃　2おもむ　3ぞくり　4たび　5感傷　6位格　問二、2　問三、火事　問四、震災により多くの人命が失われ、生活基盤も破壊されている中で、虫の音を楽しむのは不謹慎であるように思えるから。問五、3　問六、利益の追求や物質的な繁栄を目指して生み出される深みを欠いた文化。問七、都市の発展を支え、人々の生活を便利にしてきた科学技術の力が、震災では都市や人々に危害を及ぼしたということ。問八、東京で生活をする際に、金額の高いものや高級百貨店で購入したものでしか優雅さや趣きが評価されないと思われること。問九、さまざまな家庭が互いに協力し危機管理や家事の効率、社交性が向上する生活。問十、〇まくらのそうし　〇つれづれぐさ　問十一、財産を持っていると、その財産を失いたくないという思いが生じるから。問十二、1

二 問一、1深遠　2皆無　3とぼ　4そぶ　問二、4　問三、「外界」に関する心的表象を共有していることを理解し合う(27字)　問四、2　問五、チンパンジーは他者がどう認知し理解するかの認知に乏しく、自分たちの認知や理解を共有し継承しようという行動につながらないため。問六、事物や概念が持つ意味のうち、人々が個人的に感じる思い以外の、他者と共有できる部分。問七、言語から連想される表象が全員に共通していると思い込むことで、目的や理解し合う喜びを共有することができるようになるから。問八、1×　2×　3〇　4×　5×　問九、

見	て	くれ	なけれ	ば
動詞	助詞	動詞	助動詞	助詞
連用形		連用形	仮定形	

解き方

一 **竹久夢二「新方丈記」**(「関東大震災百年──文豪たちの「九月一日」」所収)より。問二、空欄あとの「質素」ではあるが「優雅と趣きを失わない」という内容を手がかりにする。問三、「対岸の火事」は、自分に関係なく痛くもかゆくもないさまを表す慣用句。問四、「音を忍んで」は、あたりをはばかるように音をひそめるさま。空欄Xを含む段落で婦人たちが「世間への遠慮」をするのは、被害地で暮らす人々への配慮である。この様子を虫たちの様子にも重ね合わせている。問五、「それにつけても」はそういうことがあるためにますます、の意。傍線部直前で「森の木」が「猛火と戦った」とあるが、この比喩は森が猛火から都市を守ったさまを表す。問六、傍線部直後の「あやしげな文化建築…」から、筆者の「再び栄える」文化に対する否定的な評価が見られる。この文化には「所謂」という語がつくが、同じ言い回しが同じ段落に「その商業主義、唯物主義が所謂文化の絶頂を示した」とある。利益の追求を重んじる「商業主義」や、物質的な繁栄を目指す「唯物主義」を特徴とする表面的なものである点を踏まえる。問七、「機械文明が力をかした」とは、電気やガスなどの「文明の利器」が「人畜の損傷」をもたらしたということ。問八、傍線部直前で「つまり」と言い換えているので、その前の「金の高い……ような」の内容をまとめる。問九、傍線部直後から言及される具体的な様子をまとめる。同じ段落の末尾でも「得がたい経験」と肯定的な評価をしている。問十一、傍線部の次の段落で方丈記の内容を説明している。そのなかで「持っている物は放すまいとし」という箇所がある。つまり、喪失を恐れるのである。問十二、「しめ」は「占め」、「業」は仕事の意。

二 **長谷川眞理子「進化的人間考」**より。問二、「チンパンジーの認知能力は…」で始まる段落に、同じように「コンピュータ」との比喩を用いて「高機能のコンピュータ……どうしがつながっていない」という説明がある。問三、傍線部の「高度な認知能力」とは「三項表象の理解」のこと。本文中から「三項表象」について指定字数で説明された箇所を探す。問四、「任意」とは、思いのままにするさま。問五、チンパンジーについて、同じ段落で認知能力や理解力は高いが、その理解を互いに共有しようとしないと説明している。直前の「うなずき合おうとはしない」も同様である。他者との共有がないため、次の世代への蓄積や継承が起こらないのである。問六、「最大公約数」とは、ここでは「多くの考えのなかにみられる共通点」といった意味。「リンゴ」のような事物にせよ「自由」「勇気」のような概念にせよ、その「言葉で何を思うかは、人それぞれに異なる」のだが、それで

も人々はその言葉で表される公的表象、つまり共通点でコミュニケーションを取るというのが筆者の主張である。問七、ここでの「共同幻想」とは、各個人で違うはずの表象を全員で共有していると思い込むことである。その思い込みがあるからこそ、目的を共有したり、理解を共有する喜びを得られたりするため、共同作業が進むのである。問八、1子どもが「何かをしているのを見る」ことではなく、同じものを見ていることを了解し合うことが楽しいのである。第二段落の内容を踏まえる。2「三項表象」とは「存在」を理解し合うことではなく、第三段落で述べられているとおり「心的表象を共有していること」を理解し合うことである。3「言語とは、…」で始まる段落とその次の段落の内容と合致する。4チンパンジーの言語習得について「そこで、ヒトの言語…」で始まる段落の「その結果…」以下に「記号を覚えるが、文法規則は習得しない」とあり、チンパンジーも記号の理解ができることに言及している。5「また、三項表象の…」で始まる段落に「言語がなくても共同作業はできる」とある。

國學院高等学校

問題 P.373

解答

一 問一、二番目④・四番目③ 問二、① 問三、④ 問四、⑤ 問五、② 問六、① 問七、③ 問八、①

二 問一、① 問二、⑤ 問三、④ 問四、④ 問五、⑤ 問六、② 問七、③・⑤ 問八、③

三 問一、③ 問二、④ 問三、② 問四、③ 問五、④ 問六、③ 問七、② 問八、⑤ 問九、①

四 (1)④ (2)④ (3)② (4)② (5)④ (6)① (7)② (8)①

解き方

一 **加藤周一「日本人とは何か」**より。問一、空欄の段落の冒頭に「たとえば長い歴史を……いえそうである。」とあることを踏まえれば、それを受けて一番目は②だと分かる。次に残りの三つのうち、つながりがよいのは④である。日本人はすぐれて「美術家」であるが、すぐれて「文学者」や「詩人」だというわけではない、と展開する。そのように述べる理由が、次に来る①であり、さらに①を補足する説明が③である。問二、Xを含む段落では、国の思想には二つの型があることを述べている。そして「日本人はあきらかに第二の型に属する」と述べているのだから、Xには「経験主義的・実際的な思想」に類する語句が入る。問三、空欄部の次の段落に、日本の宗教について「この宗教に超越的な面がないということは」とあることから判断できる。問四、①の「深山幽谷」とは、人里離れ、誰も足を踏み入れないような奥深く静かな山や谷。②の「無為自然」とは、作為がなく、本来のままであること。③の「千山万水」とは、多くの山と多くの川。④の「三寒四温」とは、冬、寒い日が三日ほど続いたのち、暖かい日が四日ほど続く気候がくり返されること。問五、傍線部を含む一文とその直後の一文で述べられているのは、エーレンブルク氏がロシア語の詩が優れていると言っても「私」には評価できないし、同様に「私」が日本語の詩がよいと言ってもエーレンブルク氏には評価できないだろう、ということ。なぜかといえば、傍線部前にあるように、文学はその国の「言葉と生活に直接にむすびつい」ているからである。だから「ロシア語を知らない私」がロシア語の詩を評価するのは困難なのである。問六、③に「自然宗教のような超越的な神道」、⑤に「自然に対する神秘的な思想」とあるが、傍線部あとには、日本の「自然宗教」には「超越的な面がない」とあるので誤り。また②に「自然を敵視しつつ」、④に「自然に対して警戒心を持ちつつ」とあるが、傍線部あとに「自然は本来怖るべき相手でもなく、闘うべき敵でもない、むしろ親しみ易い友だち」とあるので誤りである。問七、傍線部は「秋来ぬと眼にはさやかにみえねども風の音にぞおどろかれぬる」という歌の上の句で、「来ぬ」は「きぬ」と読み、「来た」と訳す。歌全体は「秋が来たと目にははっきり見えないけれど、吹く風の音に秋の訪れを気づかせられたことだ」という意味。傍線部直後にあるように、この歌は、日本人の「季節の感覚が研ぎすまされていた」例として挙げられている。問八、傍線部の「この言葉」とは「日本の自然が美しい」である。筆者によれば、これは「他の国にくらべて美しい」という意味ではない。日本人にとって自然は「親しみ易い友だち」であり、「季節に対する敏感さ」は日本人の特徴である。だからこそ、「この言葉」は日本人による「自然への愛の告白」だと言える。

二 **辻原登「家族写真」**より。問一、「いぶかしい」とは、不審に思われる、疑わしい、の意味。問二、aは「顔を見合わせる」で、互いに相手を見ること。bの「胸をなでおろす」とは、心を占めていた心配事がなくなり、安心すること。「ケチャップのしみ」という心配事が解消し、祐加はほっとしたのである。問三、「じりじりする」とは、思うままにならず、次第に心がいらだってくるさま。空欄の前に「子供たちは、早く町へ、……せがんだ」とある。しかし父親がなかなか連れて行ってくれないので、いらだってきたのである。問四、父親は、「写真を展示したい」と電話がかかってきたとき、「これまでも何かあるとみんなと相談して決めてきたこと」を思い出し、家族に相談している。したがって①・③・⑤は誤り。②の「やはりやめておけばよかったと後悔している」は言い過ぎ。問五、傍線部直後に「もう決してしあわせにはなれない。……口にしてしまったんだもの」とある。これは、父の「あんな言葉は、……ろくなことがない。」「あれをほんとうに口に出したりしたら、……気がする」を踏まえている。父の言う「あんな言葉」とは、写真師に言われた「わたしはしあわせ」である。問六、玉緒は、「あの男」が本当に悪魔だと信じているわけではない。したがって①・③・⑤は誤り。また、④にあるように「家族を捨てて、男との旅行を優先した」わけでもないので、これも不適。中略のあとに、「半年前手にした手札とこの大きな展示写真との間には、玉緒の新しい日々が過ぎていた。」とある。新しい生活を始めた玉緒と家族との間に、物理的な距離だけではない隔たりが生じていたことを感じさせる。また、終盤部では玉緒は「ここからいなくなったのは父親ではなく、自分のほうなのだ」と感じている。自分の心がいつしか家族から離れてしまっていたことをはっきりと自覚するのである。玉緒が、「男」のそばで「そっと、しかしありったけの力をこめて」、「わたしはしあわせ」という言葉を口にしたとき、おそらく、「ほんとうに口に出したりしたら、ふしあわせになる」という父の言葉は思い出さなかっただろう。そのことからも、玉緒の心から家族が遠ざかっていたことがうかがえる。問七、「手札判…」で始まる段落に「何かあるとみんなと相談して決めてきた」とあるように、①「家族の関係性がうまく出来ていない」というわけではない。②に「指先の表現を用いる……表現されている。」とあるが、むしろ指先の表現は家族のつながりを表している。例えば、写真館で家族写真を撮る際に、写真師の指先を六人がいっせいに見つめる。それは家族が一つになる瞬間である。また、写真の中では「玉緒の左手の先が父親の右肩にそっとかかって」おり、父は写真を見ながら、玉緒の指が「自分の肩に触れたように」感じる。玉緒もまた、「左手の先」に「父親の肩」の感触をよみがえらせる。指先でつながる父と娘は、指先を通じて互いの不在もまた感じるのである。③の「雀」はその場にいない家族がいるときに暗示的に登場している。まず玉緒の代わりであるかのように「光を浴びて騒いで」いる「雀」が描かれ、本文の最後には家族が消えたあとに、「五、六羽の雀」がやはり「日ざしを浴びて騒いで」いた。同じ表現がくり返さることによって、読者に強い印象を与えている。④の「一貫して一人の人物の視点から語られる」という記述も誤り。本文は、玉緒、父、語り手といった複数の視点から語られている。⑤の「ある人物に複数の呼称を使う」という特徴は正しい。父には「父親」「谷口」「収入役」という複数の呼称が用いられている。問八、脱文に「五人の胸に」とあるので、玉緒を除く五人で家族写真を見つめている場面を探せばよい。

三 **橘成季「古今著聞集」**より。問一、旧暦では、秋は七月から九月(立秋から立冬の前まで)である。問二、「けしうはあらじ」を現代仮名遣いに改めると「けしゅうはあらじ」となる。問三、Aで「この頸うて」と言ったのは法師である。D直後の「さらんからにけしうはあらじ。」を言ったのが同輩だと考えれば、「げに血なりけり」と思ったのも同輩だと分かる。Fの法師の頭を包んで大和の国へ持って行ったのは、同輩である。Gで「むくろに手ばしおひたりけるか」と尋ねたのは妻子。頸(首)に矢傷の跡がないので、死因は一体何であるのか知りたいという遺族の切実な問いかけである。問四、「いづく」はどこ、どちらの意味。「ぞ」とともに用いて「どこか」問いただす意を表す。傍線部に対する答えが「頭を射られたるぞ」であることからも、傍線部の意味が分かる。問五、柿が法師の頭頂部に落ち、「この柿のひややと……有りける」という状況だったので、頭を射られて血まで出ていると勘違いしたのである。問六、傍線部直前に「さらんからにけしうはあらじ。」とある。たしかに頭に血がついているようだが大したことはなさそうだと、同輩は思ったのである。問七、直前の同輩の「このかしらの事ばかりをぞいひつる」という言葉を聞いて、妻子は、法師が実は頭も体も無傷だったのに重傷で助からないと早合点をして同輩に自分の頸を切るように頼んだ、という事実を悟る。勘違いにより取り返しのつかないことをしたと、嘆き悔しがったのである。問八、傍線部直前の「をくびやうはうたてき物なり。」に着目。勘違いをして命を落とすという愚かなことをしてしまった原因は、臆病な心である。問九、頭に柿の実が落ちただけなのに、重傷を負ってもう助からないとおじけづき、頸を切らせてしまった。情けないほどの臆病さがもたらした不幸な結末である。

通釈 ある所に強盗がよく入ったので、弓を持っての見張り役に法師を立てたところ、秋の末頃のことでありましたが、門の辺りに柿の木があった(その)下にこの法師が弓に一本の矢をつがえて立っていたところそのうえから、熟した柿が落ちて、この弓取りの法師の頭頂に落ち(柿が)つぶれてぐちゃぐちゃに散った。この柿がひんやりとあたったところを手で探ってみると、全てにわたってぬるぬるとしていたので、「もはや射られてしまった」と思っておじけづいた。かたわらの同輩に言うことには「すでに重傷を負ってとても助かりそうもないので、この首を切れ」と言う。(同輩が)「(痛手を負ったのは)どこか」と問うと、「頭を射られたのだ」と言う。手で探ると、全てにわたって一面にぬれている。手に赤いものがついたので、(同輩は)「ほんとうに血だよ」と思って、「だからといって、大したことはなさそうだ。連れて行ってやろう」と、(法師を)肩にかついで行くが、(法師は)「いやいやどうにも生き延びられると思われないぞ。すぐにはやく首を切れ」とひっきりなしに言ったので、その言葉に従って(首を)打ち落とした。

さて(同輩が)その頭を包んで大和の国へ持って行って、この法師の家に投げ入れて、(法師が)こうこうと言いおいたことを伝えて、首を受け取らせると、(法師の)妻子は泣いて悲しんで首を見ると、まったく矢の傷がない。(妻子が)「からだの方に手傷を負ったのですか」と問うと、(同輩が)「そういうことはありません。この頭のことばかり言いました」と言うので、ますます悲しみ悔しく思うけれども無駄である。臆病は情けないものである。そうした(臆病という)心のもちようで、これほどの(命を失うという取り返しのつかない)ふるまいをしたという愚かなことであった。

渋谷教育学園幕張高等学校

問題 P.380

解答

一 問一、(a)衝動　(b)放棄　問二、オ　問三、イ　問四、エ　問五、ウ　問六、イ　問七、明確に他者と区別され、自身による完全な理解が可能とされる近代的な自己に対し、他者と融合し、自分では完全に了解したり制御したりすることが不可能な自己(のこと)　問八、ア

二 問一、イ　問二、ア・オ　問三、ア　問四、同じ「白河」でも、能因法師と津守国夏は奥州の地名を、藤原雅経は京都の地名を詠んでおり、これらの歌は地名が同じでも別の場所が存在する証拠だということ。問五、イ・カ　問六、A諸行無常　B平家物語　C世阿弥　D近松門左衛門

解き方

一 **末木文美士「哲学の現場　日本で考えるということ」**より。問二、「馬耳東風」とは、人の意見や批評などを、心に留めずに聞き流すこと。問三、傍線部の前半「意識は大事ではある」理由は、「そうだとすれば、…」から始まる段落に、「意識は、言ってみれば、……行動を取りやすくなる。」と書かれている。また、傍線部の後半「それが自己の中核というわけではない」のはなぜかについては、二段落めの最後から次の段落にかけての、「自分に関しても、『顕』の領域に収めうる……言えないことになる。」を参照する。選択肢ア・ウ・オは明らかに違う。エは近いが、「自己理解に時間がかかってしまう」が誤り。問四、傍線部に「もっと」とあるので、まず傍線部の直前に述べられていることを踏まえて、それよりも「もっと」ということ。直前に述べられているのは、自己は「身心をはみ出し」、衣服や装身具や車まで含むことがあるということである。そして傍線部以降に書かれているのは、自己は単一ではなく、さまざまな自己があり、会社を代弁するときもあれば、思想を含む場合すらある、ということ。これが「もっと過激に」考えた内容である。複雑な選択肢を読む前に、こうしたことを自分で読み取り、答えを想定することが大切。問五、ア本文の「阪神ファン」と「戦争」の例にあてはまる。「個」が『みんな』の中に解消し」、「個の背負っている責任が軽くなる」のである。イ「平社員」は「会社の決定の責任を取る必要はない」という本文の例にあてはまる。

エ「タクシーを使って」が、「足の機能を機械に委ねる」例である。オ「写真に撮って保存していた」が、「記憶力の一部を」機械に委ねている例である。ウ「主人公とそれを書いた作家自身を同一視しながら」読む「自己」は別に存在しているので、自己が他者と融合する例ではない。問六、「和解」は志賀直哉、「舞姫」は森鷗外、「河童」は芥川龍之介、「雪国」は川端康成の作品。問七、本文では、「近代の自己論」における「自己」と、『他者』としての自己」が対比されている。近代的な自己については、本文の冒頭でまず説明されている。さらに、「他なるものとはっきり境界線をもって区別される」(「それならば、自己の…」で始まる段落)などと述べられている。これに対して、『他者』としての自己」の「他者」とは、傍線部直前にあるような自己のことで、自分では「始末におえない厄介者」であるという意味。二段落めに「自分でも理解しきれない」「制御できない」と書かれている。こうしたことを踏まえ、また問三、問四も参考にしながら、対比的にまとめる。問八、イは全体が誤り。ウは「自らの体験を具体例として紹介し」が誤り。エは「自己の中に……対立している」が誤り。オは「非近代的なものの見方」が誤り。本文に挙げられた例は、いわゆる近代的自己とは異なるものだが、それらが「非近代的」だというわけではない。筆者は本文の最後のほうで、近代的な自己論を「軽視することはできない」と述べつつ、「普遍化できるわけではない」「絶対視するわけにはいかない」と述べている。これを「相対化」とまとめたアが適切である。

三「太平記」より。問一、アは宮は「白河が遠い場所だと知らず……思いこんで」いたわけではないため不適。エ・オは、宣明は「己の立場を辛く感じ」て涙をこらえていたわけではないため不適。また、ウにあるように宮の「幼」さを「あわれに感じ」たのではなく、イにある「けなげ」さに心を打たれたのである。問二、能因法師の歌から読み取れるのは、「霞」と「秋風」という語から、春に都を出ても秋になってしまうほど「白河の関」が遠いということ。「霞」とは春の季語で、春に立つ霞を指す。「白河の関」は、現在の福島県白河市付近にあった関所。また、津守国夏の歌は能因法師の歌を踏まえており、都を出立し、「東路」を経てやがて「白河の関」に至るという道筋が読み取れる。「東路」の先にあり、さらに着くまでに季節をまたぐほど長い時間を要する「白河の関」なのだから、京の都にあるはずがない、と宮は指摘したのである。問三、エ・オにある「東関奥州」の桜は、この歌には全く関係ないので誤り。イは「暴挙には理解しがたいところがある」が不適。ウは後半が誤り。「最勝寺」は京都市左京区にある寺。この雅経の歌の「白河」とは、京都市左京区の鴨川以東の地名。問四、能因法師の歌と津守国夏の歌にある「白河」が、奥州の「白河」であることは、問二で考察した。一方、雅経の歌は、問三でも確認したとおり「最勝寺」の桜の歌なので、この「白河」は京都の地名を指すと分かる。これらの歌に詠まれたように、地名は同じ「白河」でも違う場所があるということ、それを自分は理解していると伝えることで、宣明の嘘に気づいていると言っているのである。問五、ア・イ・ウが本文の前半、エ・オ・カが本文の後半の説明になっている。まず、アは全体が誤り。イ・ウは、宮が宣明の嘘を指摘したかどうかという点が異なるが、宮は根拠を明確に示して指摘している。次に、エは「宣明を信じられなくなった」「屋敷の外に出がちになった」「宣明への思い」が誤り。オは「父への思いを抑制した」とあり、カは「心にこめていた父への思いがあふれて」とあるが、本文に「情中に動き、言外に彰るる御歌」とある。

通釈　この第九宮は、今年は八歳におなりになったが、お気立てが賢く、世間並みの人よりしっかりしていらっしゃったが、宣明卿をお呼びになられて、「本当かしら、主上は人も通わない隠岐国とかへ流されなさると聞く。そのとおりならば、私一人が都へ残り留まっても何になろうか、いや何にもならない。ああ何とかして私をも、君のいらっしゃる国のあたりへ流しなさいよ。せめて離れたところから、(君の)御行く末なりをおうかがいしよう。これにつけても、君がおしこめられて、いまだいらっしゃると聞く白河は、ここから近い所と聞くけれども、いらっしゃる間にどうして宣明は、私を連れて御所へ参上しないのか。昼は人目もあるだろうが、夜にまぎれて行くことは問題なかろう」と、お話し出されたので、宣明卿は涙をおさえて、しばらくは物を申し上げられなかったが、しばらくして、皇居から距離が近いことを申し上げれば、昼も夜も参上なさろうと、せがんでおっしゃるので、(そうなると)おかわいそうだと思ったので、「それでございますが、主上のいらっしゃる白河は、距離が近い所でさえございますならば、朝夕お供し申し上げられますが、あの白河と申します所は、都より数百里を経て下る道のりでございます。その証拠には、能因法師の歌にも、

　都を春霞が立つのとともに出発したのだが、いつのまにか秋風が吹く季節になってしまったことだ、ここ白河の関では

と、詠んでございます。この歌で、道のりの遠いことや、人を通さぬ関所があることは、お考えお分かりください」と申し上げたところ、宮はただじっとお聞きになり、御涙を押しぬぐいなさって、おっしゃったことには、「困った宣明だなあ。私をつれていくまいと思うので、このように申すのか。

あの古曾部能因が、白河関と詠んだのは、都にある白河ではない。これは東国の奥州の名所である。それはどうしてかというと、近頃、津守国夏がこれを本歌にして、

　白河の関まで行かない東路でも、日数が経つと秋風が吹くことよ

と詠んだ。また、最勝寺の蹴鞠の庭の桜が枯れていたのを、植え替えるときに、藤原雅経が、

　慣れ親しんで(長年)見てきたが、(今年がこの桜との)心残りの別れの春だったとはどうして理解できただろうか、いや理解できなかった、白河の花の木陰よ

と詠んだ。これはみな、名前は同じで場所は異なる証拠となる歌である。まあよい、今となっては心の中にしまって、(父君のことを)思っても、口に出すまい」と、宣明を恨んでおっしゃられて、その後はきっぱりと恋しいなあとさえも、口にお出しにならない。いつも御涙を押しぬぐいなさって、しょんぼりとし、玄関にお立ちになっていたちょうどその時、遠くの寺の入相の鐘(日没時に寺でつき鳴らす鐘)がかすかに聞こえたのを、しみじみとお思いになったのだろうか、

　沈んだ気持ちで一日思い暮らして、入相の鐘を聞くにつけても、父君が恋しいことだ

と、思いが心の中で動き、言葉が外に現れる御歌の、子どもらしさが、たいそうかわいそうに聞こえたので、この頃の京中の僧も俗人も、男も女も全て、畳紙(折りたたんでふところに入れておく紙。歌などを書くのにも用いた)の端や、扇の裏に書きつけて、これが八歳の宮の御歌であるといって、興じ楽しまない者もなかった。本当に身分の高い者も低い者も、親子の親しい交わりほどしみじみと切なく悲しいことはあるまいと、皆袖を涙で濡らしたのだった。

十文字高等学校

問題 P.384

解答

【一】 ①反映 ②妨害 ③均衡 ④塞 ⑤抑 ⑥いかく ⑦し ⑧しょうあく ⑨えつらん ⑩きた

【二】 問一、A流す B取ら C立つ 問二、ⓐウ ⓑア ⓒエ 問三、Dイ Eキ Fオ Gカ 問四、(1)欧米では相手が謝っても許さないが、日本ではすぐに許す。(27字) (2)日本の社会には、非を認めて謝っている人物をさらに責め立てるのは無粋だという感受性があり、また、許すことが自分の人間の器の大きさにつながるというようなところがあるから。 問五、うっかり〜ってくる 問六、(1)ア (2)エ 問七、(1)雰囲気 (2)理屈 問八、ウ 問九、イ 問十、事案の評価に〜込んでしまう

【三】 問一、ⓐエ ⓑイ ⓒア 問二、ア 問三、㋐イ ㋑キ ㋒イ ㋓カ 問四、ウ 問五、ア 問六、エ 問七、Aア Bウ

解き方

【二】 **榎本博明「思考停止という病理 もはや『お任せ』の姿勢は通用しない」**より。問一、Aの「水に流す」は過去にあったことを、全てなかったことにする、Bの「逆手に取る」は機転を利かせて不利な状況を活かす、Cの「角が立つ」は物事が荒だつ、という意味の慣用句。問四、(1)傍線部のあとに「欧米では謝罪が『処罰』につながるのに対して、日本では謝罪が『許し』につながる」とある。(2)傍線部②のあとに「謝っている者をさらに責め立てるのは無粋」であり、「許すことが自分の人間としての器の大きさにつながる」とある点をまとめる。問五、傍線部前に「アイムソーリー法」が制定されたのは「うっかり『すみません』といっても、医者が責任を問われないようにするため」とある点に着目。問六、(1)傍線部直前に「組織の不祥事」が「会議で承認を得ている」とある点を踏まえる。(2)傍線部のあとに「日本的組織は理屈で動いてるわけではなく、空気で動いてい」て、「他者の気持ちに気をつかいすぎて、率直に意見の応酬ができない。」とある点を押さえる。アは「効率的に業務をこなすべき」が、イは「各部署で意見の調整が行われている」が、ウは「会議での承認は儀礼的なもの」が、それぞれ不適。問七、(1)「空気」とは、人々の気持ちを支配するようなその場の様子や情況のこと。本文中から同じ意味で用いられている単語を抜き出す。(2)傍線部直後に「理屈」とある。「空気」で決まる物事は、よく考えるとおかしい、ということ。問八、傍線部直後の内容に着目すると、「致命的な欠点」とは、他者の気持ちに気をつかいすぎて率直な意見の応酬ができず、ほんとうの議論ができないためチェック機能も働かず、不祥事を防ぐことができなくなることである。アは「会議自体が無意味なものとなってしまう」が、イは「他者の立場を気遣うことができなくなり、各自が身勝手な考えを述べるばかりで結論が出なくなる」が、エは「組織を動かすエネルギーが失われてしまう」が、それぞれ不適。問九、「風土」とは、人間の文化の形成などに影響を及ぼす精神的な環境のこと。つまり「風土を変える」とは「空気」による支配を脱するために、組織内の構成員で共有されている独自のルールや価値観、考え方を改善することである。問十、傍線部のあとに着目。「たとえば…」で始まる段落で「財務の……左右されてしまう思考」と具体的に説明したあと「事案の評価に……入り込んでしまう」思考のことであるとまとめられている。

【三】 **「十訓抄」**より。問二、イの「白氏文集」は白居易の詩文集、ウの「方丈記」は鴨長明の随筆、エの「三国志」は中国三国時代について書かれた歴史書である。問三、㋐直前に「子を勘当して、晴にて打ちけるに、逃ぐることもなくて」とある。父の武則に逃げることなく叩かれたのは、子の公相である。㋑公相に㋐のような振る舞いをしたのはなぜかと「見る人」が尋ねている。㋒㋑の問いかけに対して答えているのは公相である。㋓父が怒って叩いた時に、逃げずに叩かれたのはここでは曾参である。問四、「晴にて打ちける」とは「公の場で叩いた」という意味。問五、傍線部直前に「賭弓、わろく射たり」とある。傍線部は「(父が倒れたりすると)きっと気の毒なことになりますから」という意味。問六、傍線部直前で、公相が父の身を案じて逃げずに叩かれた時「いみじき孝子なり」と高く評価されていたことを踏まえて、選択肢を選ぶ。問七、「『…父の悪名をたてむこと、ゆゆしき不孝なり』といましめ給ひける」とあり、父に子殺しの悪評を立てることはたいへん親不孝だと孔子は叱っている。

通釈 武則と、公相という役人の父と子がいた。役所の馬場で行われた弓射の儀式で、(公相が)つたなく射たので、(武則が)子の公相を責めとがめて、公の場で叩いたが、(公相は)逃げることもなく、叩かれたので、見物人が、「なぜ逃げないで、このように叩かれるのか」と尋ねたところ、(公相が)「もし逃げて立ち退いたならば、老衰した父が追おうとして、倒れたりしたら、きっと非常に気の毒なことになってしまうので、このように、満足するまで叩かれました」と申し上げたので、世の人びとは、「すばらしい親孝行だ」と言い合い、世間の評判は、格別である。聖徳太子が、用明天皇の振るう杖に逆らいもしないでお打たれになった話を、(公相が)深く心にとどめていたのだろうか。

孔子の、弟子で曾参という者は、父親が怒って叩いたところ、逃げずに叩かれていたので、孔子がお聞きになって、「もし叩き殺されてしまったならば、父親に子殺しの悪名を立てることになるから、たいへん親不孝だ」と非を諭しなさった。これも道理である。親のようすで判断すべきであろうか。

城北埼玉高等学校

問題 P.388

解答

【一】 問1、悲しみとかくやしさに、大きいとか小さいとか、特別とかないよ 問2、屋内作業で密閉状態になるのがダメとか、飛沫が飛ぶ活動が最もよくないとか 問3、後ろめたい気持ち 問4、イ 問5、納得できていないことと、実感が湧かないこととをらしい(26字) 問6、ウ

【二】 問1、①指摘 ②創造 ③発揮 ④にな ⑤いちじる ⑥つちか 問2、①いただく ②動詞 問3、①画 ②給 ③暴 ④縄 問4、Aエ Bイ

【三】 問1、エ 問2、ウ 問3、Ⅰ激論をたたかわせ Ⅱア 問4、エ 問5、専門家自身の視野を広げることの重要性、そのためには異分野間のコミュニケーションが重要である(45字)

解き方

【一】 **辻村深月「この夏の星を見る」**より。問1、傍線部あとに「通話を終えた今も、……ずっと考えている。」とあり、本文の現在の時間が「通話を終えた」直後であることが分かる。亜紗はこのあと「通話」を振り返りながら、美琴に伝えるべき言葉を探し続ける。そして本文の終盤でようやくその言葉を探し当て、「がばっと跳ね起きる」。中盤にもあるように「もともと、すぐに言葉

が出てくるタイプじゃない」亜紗らしく、ゆっくりと時間をかけて見つけた言葉は、このとき美琴の心に確かに届いた。それは、最後に美琴からすぐに返された『亜紗に会いたいな』という一文から分かる。問2、「合唱」は、まさに「屋内」で「密閉状態」で行う「飛沫が飛ぶ活動」であり、そのため感染対策として最も避けた方がよいこと、つまり「今、一番やりにくいこと」になってしまったのである。問3、傍線部で美琴は、バドミントン部に比べたら落ち込むのは「図々しい」と、菜南子に対して気がとがめている。そのあとの方で同じように亜紗は、「コンクールがなくなった美琴」を前に「天文部の合宿」を案ずることに「後ろめたい気持ち」を感じる。どちらも、友達とつい「悲しみとかくやしさ」の大小を比べてしまい、やましさを感じるという構図である。問4、「それまで沈んだ雰囲気だった美琴」が急に「かかっと笑った」のは、直前で亜紗が不安な気持ちを口にしたからである。明るく振る舞おうとする美琴の気持ちは、そのあとの「軽い声で『あー、あー』と呟く」にも表れている。問5、亜紗の「納得できていない」「実感が湧かない」気持ちを表している助動詞を本文中から探す。すると、まず「感染予防のための休校で、…」から始まる段落に「…進級したらしい」とあり、そのあとに「全然実感が湧かないけれど」という亜紗の気持ちが語られている。また後半の「だけど、それくらいしか、…」で始まる段落にも「…できることはないらしい」「…対抗するしかないらしい」とある。「らしい」とは、根拠や確かな伝聞に基づく推定を表す助動詞。「距離を取る」「マスクをする」「こまめな消毒」といった感染対策は、根拠があることだと分かっているが、亜紗にとってあくまで伝聞に基づく推定でしかないということである。腑に落ちない亜紗の気持ちが「らしい」という助動詞で表現されている。また「進級した」という事実ですら、実感を持てないまま、非現実的な感じがするということである。問6、A直前に「世界のあちこちでも」とあり、直後に「さまざまなイベントが……された」とあるので、「大規模なロックダウン」が適切。「ロックダウン」とは、感染拡大防止のため、外出や行動を制限する措置。B「これまで誰も経験したことがない」と直前にあるので、「未曾有の事態」がふさわしい。「未曾有」とは、いまだかつて起こったことがないことの意。C直前に「距離を取るとか、……人と会わないとか」と具体的な対策が挙げられているので、「ナンセンスな対策」が当てはまる。「ナンセンス」とは、意味のないこと、くだらないこと。D「らしい」という助動詞が前後で繰り返され、非現実的な感覚が表現されているので、「シュールな方法」が適切。「シュール」とは、非日常的、超現実的なさま。

■二■ 問2、「いただく」は謙譲語。カ行五段活用の動詞である。文中にある「いただい」は、その連用形でイ音便。音便とは、発音しやすいように音が変化する現象のこと。この場合、変化する前の元の形とは「いただき」である。③のオに「擬声語」とあるが、これは「擬音語」とも言い、実際の音をまねて言葉にした語のこと。「わんわん」などである。文中の「そっと」は、擬声語ではなく擬態語。擬態語とは、「にやにや」「ゆったり」など、事物の状態や身振りを表現した語である。問4、熟語の構成を問う問題。Aア・イ・ウはいずれも「頭が痛い」「日が没する」「地が震える」と、主語・述語の関係になっている。エだけは「職を転ずる」と読め、下の字が上の字の目的語になっている。Bア・ウ・エはいずれも「青い空」「主な食」「新しい居」というように、上の字から下の字へ読み、上の字が下の字を修飾しているパターンである。それに対してイは「郷に帰る」と読め、下の字が上の字の補語になっている。

■三■ **加藤秀俊「人生にとって組織とはなにか」**より。問1、傍線部の段落に、「専門家」と「知識人」との対比が書かれている。ア・ウのような内容は述べられていない。またイの「社会全体がいつか崩壊してしまう」は言い過ぎ。問2、傍線部の「組織のていをなさなくなる」とは、言い換えれば、その直前にあるように「組織がスペシャリストのたんなる集合体に」なることである。ではなぜ「スペシャリストのたんなる集合体」になるのかといえば、その直前にあるように「あまりにもスペシャリストが……うまくゆかなくなる」からである。ちなみに、この段落で「スペシャリスト」と対比されている「ジェネラリスト」とは、多方面の知識を幅広く備えた人のこと。問3、筆者は「スペシャリスト」だけ、あるいは「ジェネラリスト」だけでは組織はうまく発展しないと説く。ではどうすればよいのかということは、傍線部前の「この矛盾を…」から始まる段落以降で示される。「スペシャリスト」を「まぜあわせること」こそが大切だと筆者は言う。「自動車」作りの例で言えば、「技術者」や「デザイナー」や「営業」といった「スペシャリスト」たちが、「議論」するという形で「交流」することが重要なのだと述べている。「激論をたたかわせ」ることによって、新しい、よりよいものが生み出されてゆく。したがってⅡの選択肢ではアが適切。エが不適なのは、「自動車」は一つの例に過ぎず、ここで問われていることはあらゆる組織にあてはまることだからである。問4、アは「受験勉強の激化を招き」が、イは「組織としての風通しがよくなり、……環境になる」が、それぞれ本文には書かれていない。ウは「専門家が増えたこと」によって「産業界」が「発展」したわけではない。問5、最後の三段落で述べられていることを分かりやすくまとめると次のようになる。組織内の「専門家」たちの交流、いわば異分野間の「文化交流」は、組織にとって必要だが、「専門家」個人にとっても意義のあることだ。なぜなら、「間口をひろげてゆく」ことができ、「すぐれたジェネラリスト」になることができるからだ。さらに組織外の「異業種間交流」にまで活動を広げられれば、「時代の変化」に対応する情報交換ができ、「人間関係」を広げることもでき、そうした成果がひいては組織の発展にもつながることとなる。本文のこうした論の流れを踏まえ、より前後のつながりを意識してまとめる。

昭和学院秀英高等学校

問題 P.393

解答

■一■ 1、利他　2、弱冠　3、逐次　4、口伝　5、とうぎょ

■二■ 1、イ・エ　2、エ　3、自分のコン　4、イ　5、自分と他者を尊重してコミュニケーションをとるとともに、自分のことを自分で判断できるようになることによって自らの人生に納得して向き合い長期的な成長を実現する（77字）　6、(1)ア　(2)ウ

■三■ 1、Aオ　Bウ　2、(i)イ　(ii)エ　3、ウ　4、普段仕事に厳しく仕事に無関心な話をしないアニさんの、自分を認めてくれたことを意味する言葉と、辞めて迷惑をかける身なのに心配してくれた気持ちが思いがけないもので嬉しく、感極まっている。（91字）　5、エ　6、ア

■四■ 1、ほうじょう　2、aイ　bウ　3、畜生の類　4、

ウ　5、イ　6、エ　7、エ

解き方　**二**　**内田舞「ソーシャルジャスティス　小児精神科医、社会を診る」・永田和宏「知の体力」**より。1、第一段落の「日常生活の中で……望む変化に向けて誰かに対して働きかける」、第三段落の「対立姿勢を鮮明にしたり……相互にコミュニケーション……日常会話として伝える」、第五段落の「自分と相手へのリスペクト……アドボカシーの本質なのだ」に着目。2、Aを含むひと続きの二文は「もちろん……しかし」の形で、はじめに否定的な具体例があるので、Aには肯定的な選択肢が入る。ただし、カは「相手の意見を受け入れる」だけでは不適。3、最後から二段落めの冒頭部分で、「監督の決断」を「自分のコントロール下にない他人の判断」と言い換え、それに「唯々従う」ことを望ましく思わない理由を「その人への……無力感を抱いてしまう」からと説明している。4、最終段落の「自分のことは少しずつでも……アドボカシーをしていかなければ、と頑張ってみよう」に着目する。これは、今から「少しずつ……頑張ってみよう」という決意表明なので、裏を返せば、自分の意見を主張する経験を、子どもの頃からは積めていなかった、ということになる。5、「本文全体を踏まえて」とあるので、まず「自己肯定感」の同義語を探す。「前に語ったように…」で始まる段落に「自分を尊重する力」を持つことによる。「自分と相手へのリスペクトを持ちながらのコミュニケーション」がアドボカシーの本質とある。つまり、「自己肯定感」で得られるものとは、アドボカシーによって得られるものと考えられるので、「アドボカシー」が身についている人について述べた「こうして『アドボカシー』が…」「親子間、あるいは…」「逆に最終的に…」で始まる段落に着目して、可能になることをまとめる。6、(1)イは「海外と日本の教育を比較して」が、それぞれ不適。ウは「親子の関わり方のあるべき姿を提案」が、それぞれ不適。エは本文中に書かれていない。(2)アは「くつがえすことのできない力関係」が、イは「保護者から子どもへの過度な働きかけ」が、エは「過度な保護者の要求」が、それぞれ不適。

三　**佐藤多佳子「明るい夜に出かけて」**より。1、Aリード文の「一年間限定」や、空欄あとの「復活デフォルト」に着目し、短期間を表す言葉を選ぶ。B直後の「不安はあるけど……根拠がない」から、理詰めで合理的ではなく、抽象的で不確かな言葉を選ぶ。2、(i)傍線部前後の「そういう前提で、すべての会話が進む。」「親父は、俺の考えてると聞こうとしない」に着目する。(ii)傍線部のあとに「前はしんどいって思ったけど、今は…」とあるように、「家族や自分を客観視できるように」なっている。3、傍線部前後に「鹿沢のことに触れると……ほとんど答えられなくて」も、「鹿沢がどんなふうに……佐古田がどんな……知ってるし……四倍くらいいいヤツだ」と知っている、とある。4、傍線部のあとに「アニさんに言ってもらったことに意味があった。……気にかけてくれた。」「アニさんが……ありがたかった。心から。本当に。」とある。5、同じ段落に「一緒に働くこととは違う」とある。よって直前の「同時に」は「反面」「しかし」という逆接になり「知らなくてもいい」という内容が続く。6、最後から四段落めに「でも、本当に孤独を愛する人間なら……心を揺さぶられるものかな。」とあるように、実は「本当に孤独を愛する人間」ではないので、アが合わない。

四　**「今昔物語集」**より。3、尼が「はうじやう(捕らえた生き物を逃してやること)」をしようとしており、「はなたむ」と考えていることから、指示語「これ」の前から生き物に該当する語句を探す。4、尼は箱の中の生き物を買うと言い、箱の主は生き物は入っていないと言う。そのため市人らは箱を開けて生き物が入っているか見るべきだと言ったのである。5、傍線部を含む一文は主語が省略されている。よって、直前の文と主語が変わらないと考える。「率て」とは「連れて」という意味。6、傍線部①の前後に合致するエが正解。アは「欠かさず」が、イは「難波あたりにあるらしいと聞いて」が、ウは「箱の中に盗まれた絵の仏があると知って」が、オは「絵の仏が……教えてくれた」が、それぞれ不適。7、「今昔物語集」とエの「宇治拾遺物語」はいずれも説話集。アの「平家物語」は軍記物語、イの「徒然草」は随筆、ウの「竹取物語」はつくり物語、オの「おくのほそ道」は紀行文。

通釈　そうしている間に、尼はほんの少し自身に所用が生じたことで、しばらくお寺に参詣しない間に、その絵像が泥棒によって盗まれた。尼はこれを悲しみ嘆いて、あてもなくあちこちを探すけれど、見つけることができない。そこで、このことを嘆き悲しんで、また、寄付を募って放生(捕らえた生き物を逃がしてやること)を行おうと思って、摂津の国の難波のほとりに行った。川のほとりを徘徊する間、市場から帰る人が多い。見ると、(誰かが)担いでいた箱を植木の上に置いている。持ち主は見えない。尼が聞くと、この箱の中にさまざまな生き物の声がする。「これは、畜生の類を(箱の中に)入れているのだ。」と思って、「きっとこれを買って放とう。」と思って、しばらく留まって、箱の持ち主が来るのを待つ。少し時間が経って、箱の持ち主が来た。尼が持ち主に会って言うことには、「この箱の中にさまざまな生き物の声がする。私は放生のために来た。これを買おうと思ったのであなたを待っていたのだ。」と。箱の持ち主が答えて言うことには、「これは、生き物を入れているのではない。」と。尼がなおも固くこれを求めると、箱の持ち主は、「生き物ではない。」と争う。

その時、市場の人たちが来て集まって、このことを聞いて言うことには、「早くその箱を開けて、その真偽を見るべきだ。」と。そこで、箱の持ち主はちょっと立ち去るようにして箱を棄て消えた。探すけれど行方を知らない。「とっくに逃げてしまったのだ。」と知って、その後箱を開けて(中を)見ると、中に盗まれた絵仏の像がいらっしゃる。尼はこれを見て涙を流して喜びすばらしく思って、市場の人たちに向かって言うことには、「私は過日この仏の像を失って、昼夜探し慕い申し上げたところ、今思いがけず会い申し上げた。嬉しいことだなあ。」と。市場の人たちはこれを聞いて、尼を褒め尊び、箱の持ち主が逃げたことを、「道理である。」と思って、憎みそしった。尼はこれを喜んで、ますます放生を行って帰った。仏様を元のお寺にお連れ申し上げて安置し申し上げた。

巣鴨高等学校

問題　P.400

解答　**一**　問1、a記憶　b繊細　c慎重　d紛糾　e万策　問2、1ウ　2ウ　問3、他者の苦悩のもととなる具体的な経験がない以上、いかなる場合も他者の苦悩は知りえないのに、同情はそれを自分が経験したかのように捉えるから。(68字)　問4、ウ　問5、イ　問6、友達とともに成長するために乗り越えるべき(もの)(20字)　問7、イ　問8、ア

三 問1、ならい 問2、Aア Bイ Cイ 問3、ウ 問4、Ⅰください Ⅱたくさん 問5、aエ bイ 問6、イ 問7、あれ 問8、エ 問9、愚かにも、文字がわからない状態で経典を暗唱している点。(27字) 問10、ウ

解き方

一 **戸谷洋志「友情を哲学する 七人の哲学者たちの友情観」**より。問1、d「紛」は「粉」と間違えないようにする。問2、1直前に「あなたと恋人の関係は、あなたと恋人の間でしか生じない」とあり、直後に「それを失ったことによる苦悩は、あなたにしかわからない」とあるので、順接の言葉が入る。アの「もしくは」は選択、イの「というのも」は理由、エの「しかしながら」は逆接を表す。2空欄前の「ニーチェはそう(=苦悩が解消されるならいい)は考えない」を受けて、直後に「苦悩には『個人的必要』というものがある」と書かれている。空欄には前者よりも後者を選ぶ、という意味の言葉が入る。アの「なぜなら」は理由、イの「やはり」は予測、エの「言うまでもなく」は当然を表す。問3、直前に「このように」とあるので、その内容をまとめる。他者の苦悩のもととなる具体的な経験がないこと、いかなる場合でも他者の苦悩は知ることができないこと、同情するということは、そのような性質を持つ苦悩を自分が経験したように捉えること、以上の内容を指定字数内でまとめる。問4、「ふさわしくない」ものを選ぶ問題であることに注意。傍線部あとの二つの段落に「苦悩を苦しみ抜くことは、きっとあなたの人間性を今までよりも深くするだろう」「苦悩を経由することで、より強く、より深い人間にもなれる」「苦悩を手放してしまうことになる。そしてその結果、また同じように傷つくかも知れないし、あるいは同じように他者を傷つけるかも知れない」とあるので、ア・イ・エはこの内容と合致する。ウの「それを友達とともに超えることで友情が深まることもある」は本文にない。問5、傍線部以降の段落に「互いにより高い『理想』を目指す」「友達といつまでも関係を継続することが、友情の理想なのではない。」「友達がどんな人間であろうが、……関係ない。」とあり、ア・ウ・エはあてはまるがイはふさわしくない。問6、設問に「苦悩をどういったものとして捉えることで生じる考えだと言えるか」とあるので、「どういったもの」の部分を解答するよう意識する。苦悩を自分と友達と互いに成長するために必要なものだと捉えることで、苦悩を肯定し、乗り越えようとする姿を励ますことができるのである。問7、アは「最も友人を思いやる存在であらねばならない」が不適。思いやる必要はない。ウは「友人との今までの交友関係を否定するような気持ちになってはならない」が不適。エは「最高の友となりえた場合」についても、「迷わず最高の敵として立ちはだかるべきだ」とも述べられていない。問8、アの「愛を成り立たせる要素」とは、互いを高め合い成長しようとする理想の共有なので合致する。イは「より高次の友情へとつなげていく必要がある」が、ウは「他者と友情を交わした後は」が、エは「苦悩に対して単に共感する」「いかなる場合でも、変わらぬ愛を抱いてくれる存在」が、それぞれ不適。

三 **無住「沙石集」**より。問1、語頭と助詞以外のハ行は「わいうえお」に直す。問2、Aイの僧が「何経ぞ」と聞いているので、アの僧が主語。Bウの僧が質問しているので、イの僧が主語。Cウの僧の発言に対してなので、イの僧が主語。問3、直後に「先師が譲り」とあるので、何経か分からないことが読み取れる。問4、Ⅰ「給ぶ」は「くださる」という意味の動詞。命令形なので、「ください」になる。Ⅱ「あまた」は数多と書くように、数が多いという意味。問5、イの僧がアの僧から十巻をもらい受け法華経にしていたところ、ウの僧が「法華経は八巻である。二巻ください。仁王経にしよう」と言ってさらに譲り受けたことから考える。問6、自分が法華経を持っていないと発言しているので、「何経ぞ」と聞いた僧である。問7、「こそ」は係り結びの法則により、文末の活用語を已然形にする。「あり」の已然形は「あれ」。問8、「さ」は「そのように」の意味。ここでは「逆さまに持っていたこと」を指す。「見候ひ」は「気づいています」の意味。　問9、本文一文めに「暗に誦みつけたる中に、文字にも向はで覚えたる愚僧多し」とあるように、文字が分からない状態で暗唱しようとしていることが愚かだと言っている。経典を逆さまに持っている点も、文字が分からないからである。問10、ウの作者は兼好法師で、無住と同じ出家者である。ア『土佐日記』の作者は紀貫之で貴族・歌人。イの『枕草子』の作者は清少納言で女房・歌人。エの『奥の細道』の作者は松尾芭蕉で俳諧師である。

通釈 ある山寺に、その地の習慣として、法華経と仁王経の二つ(の経典)を、僧一人一人が、暗誦していたが、文字を見ずに暗誦している愚かな僧が多かった。その中で、ある若い僧が、師僧が譲り与えた大般若経を、虫干ししようとして、取って広げたところ、隣の寺の若い僧が来て、「何経か」と質問する。「さあ、何経であろうか。先代の師匠が譲ってくださったのです」と答えると、「ください、その経十巻を。私は法華経を持っていないので、法華経にしよう」と言ったので、「早くお持ちください」と答える。ひと包みを手にして帰った。そのまた隣の寺の僧がやって来て、もらった経を(どうしたのかと)尋ねるので、「隣のなにがしの僧のところにたくさん経があるのが見えたので、法華経にしようと思って、もらって来たのです」と答える。「法華経は八巻です。ください、(余りの)二巻を。私は仁王経を持っていないので、仁王経にしよう」と言うと、「早くお持ちください」と答える。そこで、二巻をもらったのだった。

(中略)

ある出家しないで仏教に帰依している人の家で、大般若経を読ませた中に、愚かな僧がいて、経を逆さまに持っていたので、法事を取り仕切っていた俗人が、「あの御坊が、お持ちの経は、逆さまでございますなあ」と言うと、きちんと持っている僧が、持ち直して逆さまにしてしまった。それで、逆さまに持っていた僧は、自分はきちんと持っているといった様子で、側の僧をまぬけだと思い、「あなたが逆さまだと気づいていましたよ」と言ったのだった。

高田高等学校

問題 P.403

解答

一 問一、ウ 問二、エ 問三、イ 問四、オ 問五、ア 問六、エ 問七、オ 問八、ウ 問九、イ 問十、ア

三 問一、イ 問二、イ 問三、オ 問四、ウ

解き方

一 **伊藤亜紗「手の倫理」**より。問一、Ⅰ・Ⅱは、Ⅱ前後の論の展開に着目する。「理解していたつもりです」といったん認めたことに対して、「従うことはできなかった……最善ではないかもしれない」と否定的な見解を示している。「もちろん…」と譲歩したうえで「けれども…」とそれを否定し、主張へとつなげている。Ⅲは、前の「最善ではない」をあとの「絶対的ではない」で言い換えていることに着目。問二、傍線部に続く「道徳の授業で習う……絶対的で普遍的な規則。これに対し倫理は……

今・ここの状況で、どう振る舞うことがよいのか。」に着目する。問三、傍線部の前の部分に「倫理に『一般』などというものはない」とあり、そのあとに「なぜなら…」と理由が書かれている。そこから、その理由が「状況が個別的であるのに加えて……個別の視点からしか、自分の行動を決められない」ことだと分かる。さらに、二段落あとの「なぜなら『一般』が通用しなくなるような事態が確実に存在するから」にも着目して適切な選択肢を選ぶ。アは「倫理を守って生活することは不可能」が誤り。ウは本文に記述がない。エは「建前と本音の二つの側面を持っている」ことを理由としている点が誤り。また、「すべての振る舞いが倫理的判断によるとは限らない」は結果であって、理由ではないという点も誤りである。オは「個人ごとの差異を持たない同質の存在」が誤り。問四、傍線部以降の段落に、傍線部についての説明がある。最後から二段落めに「二者択一(＝できるかどうか)のように見えていた……さまざまな選択肢(＝多角的な解決方法)がありうる」とある。アは倫理ではなく道徳にあてはまること。イは「社会全体の幸福が最優先」が誤り。ウは「道徳による解決を最優先」が誤り。エは「より善いものを創造する」とは書いていない。問五、問三よりAは倫理が合致する。Bは空欄前の「助けるべき」や「話すべき」という記述から「すべき」が適切。Cは直後の「含意している」より、目的語は何かを考える。表中の「道徳」欄も参考にする。問六、本文最終文に「道徳は、定まった答えや価値をなぞること……倫理は『価値について考え抜くこと』をも含む」とある。アは「すべての事例に対応」が、イは「徹底的な反省を求め」が、それぞれ誤り。ウは「自然と答えは定まる」が、最後から二つめの段落の「答えがない状態に耐える」に矛盾している。オは全体的に誤り。問七、アは祝辞、イは持病、ウは自信、エは家路、オは慈愛。問八、「杓子定規」とは、他には通用しない、ただ一つの標準で全てを決めようとする、融通のきかないやり方・態度、という意味。問九、Xには、道徳の項目の「人々の生活の中で……価値観」と対比的な内容が入ると予測できる。これを踏まえて本文を探すと、最後から二つめの段落に「道徳の示す価値を相対化」し、「定まった価値の外部に出る」とあるので、これと合致する内容のイが入る。アは「定まっている答えを否定」が言い過ぎ。ウとエは倫理ではなく道徳。オは表中の「非難と強力に結びつく」と、本文最終文の「定まった答えや価値」に言及していないので不適。問十、道徳的判断の特徴である「杓子定規」に、該当するかしないかで判断する。

三 **根岸鎮衛『耳嚢』**より。問一、空欄直前の「重き御用故……駕籠を離れず」に着目する。現代語訳を参照すると、重要な用務なので連れてはいけないと思っていたところ、犬が雅楽頭の駕籠を離れない、という解釈になる。空欄直後の「入れじ」の「じ」は、打ち消し意志の助動詞「じ」の終止形で、入れまい・入れないつもりだ、と訳すので、犬を何へ入れないつもりだったのかを考える。問二、傍線部の格助詞「より」は、～から、という意味。次に「返し」はサ行四段動詞「返す」の連用形、直後の「な」は連用形に接続する助動詞「ぬ」の未然形、「ん」は未然形に接続する意志の助動詞「む」の終止形撥音便となる。問三、傍線部の助詞「ば」は、未然形に接続する順接仮定条件の接続助詞。次に「人の」の「の」は、動詞「うやまわ」にかかるので、主格の格助詞。さらに「うやまわん」の「ん」は、第三者＝「世の人」が主語なので、推量の助動詞「む」の撥音便。敬う対象は初句の「くらひつく犬」となる。アは「天皇を敬って」が、イは「先に知っていた」が、それぞれ誤り。ウ・エは本文の内容と合わない。問四、和歌の前の「六位を賜りしとかや」を踏まえて鑑賞する。和歌冒頭の「くらひつく」の直訳は「人にかみつく」だが、ここでは「六位」という「位(官位)がつく」という意味も掛かっている。このように同音の一つの言葉で二つ以上の意味を表す技法を「掛詞」と言う。また、最後の「うやまわんわん」は「うやまわん(敬うだろうに)」と犬の鳴き声の「わんわん」を掛けた表現である。

通釈 天明元年に酒井雅楽頭は、幕府の命令を受けて上京することになったが、雅楽頭はまだ若く常に狆を愛していたところ、それらの中で最愛の狆は(雅楽頭の)領地と江戸の行き来にも召し連れなさっていたが、今回は朝廷の重要な用務なので連れてはいけないと思っていたところ、出発の日になって(雅楽頭の)駕籠を離れない。家来の者が駕籠へ入れまいと防いだけれど、一方では吠え一方では喰いついて手に負えなかったので、品川の宿場からきっと(狆を)返そうと思って品川まで召し連れ、その宿場町に着いたのでここからきっと返そうと色々と試みたけれど、とにかく屋敷でのふるまい通りなので、仕方なく上方まで召し連れたところ、利口な狆だったのだろうか、京でもそのことが評判となり、天皇がお知りになったので、「獣のたぐいでありながら自分の主人の跡を追う忠義心は心打たれることだ」とおっしゃって、(雅楽頭の狆に)六位をお与えになったということだ。これを聞いて世間の噂話を好む殿上人が口ずさんだのか、または京の若者たちが申し上げたのか、

　主人に食らいついて京までついてきた(手を焼かせた)犬だが、朝廷から官職を授かるような並一通りでない犬だと前もって知っていたら、世間の人がみな敬うだろうに

拓殖大学第一高等学校

問題 P.406

解答

一 (1)オ (2)イ (3)エ (4)イ (5)かんこう (6)たび (7)うなが (8)辛 (9)常 (10)イ

二 問一、エ 問二、何十万年も 問三、(1)ア (2)B イ C ウ 問四、無邪気 問五、おふくろの味は、実体ではなく幻想だから。(20字) 問六、ア 問七、D五・五 E三(十)四 問八、イ・エ 問九、ウ・エ

三 問一、既に衣服を盗まれた後だと思わせて、盗賊に財産を奪われるのを防ぐため。(34字) 問二、②盗人 ⑤史(または阿蘇のなにがし・阿蘇のなにがしといふ史) 問三、ウ 問四、イ 問五、イ 問六、東の大～召しつ(または君達寄～召しつ) 問七、ア 問八、ウ 問九、こえをあげてうしかいわらわをもよびければ 問十、エ

解き方

一 (10)「即」は「すぐに」の意味と「つく」の意味がある。イ「即位」以外はいずれも「すぐに」の意味。

二 **湯澤規子『「おふくろの味」幻想 誰が郷愁の味を作ったのか』**より。問一、歌詞からも分かるように、調味料メーカーのコマーシャルは、母親の役割を押しつけているもの。アの「そうした現実を描写する」が誤り。現実は母親だけが家事を担ってきたわけではないと説明されている。イ「コマーシャルとして具体的に紹介するもの」、ウ「異なるメッセージ」を「見た人に疑念をもたせる」が、それぞれ不適。問二、(1)男Aには「昔からずっと」の意味の言葉が入る。

性だけが、料理するという役目を負わないで、女性が作る料理を思い出として懐かしむのである。イ「母親を懐かしく思って惹かれてしまうのは男性だけ」、ウ「自分の母の味を継承しなければいけないプレッシャー」、エ「女性はそのような男性に嫌悪感を抱く」が、それぞれ不適。(2) Bは直前の『母』は記憶の中で全き人間として人々を呪縛する。」に着目。「全き」とは「欠けたところのない」の意味なので、これに合うイ「完璧な」があてはまる。Cは前後が、母が存在しないことでより存在が大きくなる、という内容になる言葉が入る。問四、傍線部のあとに「無邪気に『おふくろの味』を求めようとすると軋轢が生まれる」とある。問五、「読売新聞社と…」で始まる段落に「『おふくろの味』が実体ではなく、ある種のイメージ、もしくは幻想であるということが自覚される具体的な出来事」とあり、おふくろの味は実体ではなく、幻想であるという筆者の主張が読み取れる。問六、イ「各国とも……差がない。」、ウ「日本のみ」、エ「日本の女性は……他国より……短い。」が、それぞれ不適。問七、D折れ線グラフの右の目盛りを見ると、五・五倍だと分かる。E日本の男性の家事・育児関連時間が一時間二十三分、そこから育児の時間の四十九分を引けば日本の男性の家事にかける時間が分かる。問八、ここでの「こうした現代社会の状況」とは、働く女性が増えたのに、家事分担率は変わらない、ということと、女性が求められている「おふくろの味」のつくり方や味の加減は新しい家族形態の中では経験知として得ることが難しい、ということである。ア「料理は愛情をこめて手作りするものであり、かつその味は継承されるべきもの」、ウ「女性は社会に出て働くよりも家事育児を主として担い」が、それぞれ不適。オは、男性がおふくろの味を要求することが夫婦喧嘩のもとになる、という内容は、ここでいう現代社会の状況ではないので不適。問九、アの内容は、図や表の結果を無視しているので不適。イ「有償労働時間」が不適。本文で問題とされているのは女性の「無償労働」(=家事)である。オ「男性が料理をする……意識をもつよう促すべき」とあるが、それでは女性が男性に変わっただけなので、何も解決しないため不適。

三 「**今昔物語集**」より。問一、盗人に襲われる前に裸になって、すでに襲われたように見せかけたのである。問二、②盗人が、車の轅に手をかけて、牛飼いの子どもを殴りつけたのである。⑤後日妻にこの様子を語ったのだから、主語は史である。問三、「あさまし」は「驚きあきれる」という意味。史が盗賊に襲われる前に、すでに裸になっていることを奇異に感じて驚きあきれたのである。問四、「君達」は、もともとは「あなたさま」といった丁寧な言葉遣いである。盗人たちに対して、高貴な人と話をしているように接し、巧みにやりこめたのである。問五、盗人である自分たちを高貴な人とみなして話をする様子や、自分たちが襲う前に足袋と笏以外身ぐるみはがされたような状態になっていた様子を見て、大笑いしてしまったのである。問六、盗人に襲われたときに盗人にどう言ったのかを抜き出す。問七、イ盗人に襲われる前に自分から裸になり、盗人に対して敬語を使って話すのは常識的な発言とは言えない。ウ相手を納得させたわけではない。問八、ア比喩表現によって、史が特異な人物であることを強調しているわけではない。イ史が職務に忠実な官吏であることを、具体的な描写だけで判断することはできない。エ筆者が牛飼いたちの行動を批判していることは読み取れない。オ本文が擬態語を多用しているとは言えない。問十、「徒然草」は鎌倉時代の成立。

通釈 今は昔、阿蘇のなにがしという史がいた。身長は低いが、性格はたいそう抜け目なくしたたかな人であった。

家は西の京にあったが、公務があって内裏に参り、夜が更けてから家に帰ったとき、待賢門を出て、牛車に乗って大宮大路を南に進んでいたが、(車の中で)着ていた衣装をみな脱ぎ、片っ端からたたんで、車の敷物の下にきちんと置いて、その上に敷物を敷いて、本人は冠をして足袋を履き、裸になって車の中で座っていた。

さて、二条大路から西の方へ車を進ませていくと、美福門のあたりを過ぎるころ、盗人が、物陰からばらばらと出てきた。車の轅に手をかけ、牛飼いの子どもを殴りつけたので、子どもは牛を捨てて逃げてしまった。車の後ろに従者が二、三人いたが、みな逃げ去ってしまった。盗人が近寄り、車の簾を引き開けてみると、裸で史が座っていたので、盗人は、「あきれたことだ」と思って、「これはいったいどうしたのだ」と聞くと、史は、「東の大宮大路でこんなにされてしまったのです。あなたたちのような人が寄ってきて、私の装束をみんな召し上げなさいました」と笏を取って、高貴な人にものを申し上げるようにかしこまって答えたので、盗人は大笑いしてそのまま去ってしまった。その後、史は、大声で牛飼いの子どもを呼ぶと、みな戻ってきた。そこで、そこから家に帰っていった。

さて、妻にこの話をしたところ、妻が言うことには、「(あなたは)その盗人にも勝っている心を持っていらっしゃるのですね」と言って笑ったのであった。まことに恐るべき了見である。装束をみな脱いで隠しておき、あのように言おうと思った心の用意など、全く普通の人の思いつくはずのことではない。

この史は格別機転の利いた物言いをする男なので、こんなことも言えたのだ、とこう語り伝えているということだ。

多摩大学目黒高等学校

問題 P.411

解答

一 ①いだい　②せいぎょ　③はっくつ　④きんきょう　⑤きがん　⑥菓子　⑦陰影　⑧派遣　⑨優越　⑩配慮

二 問一、2　問二、あ4　い3　う1　え3　問三、3

三 問一、アかみすじにてまとい　イつくりよう　問二、1　問三、(1)鳩が(鶯の)巣の作り方(をわかったと思った。)　(2)3　問四、5　問五、3

四 問一、5　問二、4　問三、3　問四、あ4　い3　う2　え5　お1　問五、D　問六、自分があら～方・考え方　問七、1　問八、2

解き方

二 問一、資料2を見ると、ターゲットの年収が300万円未満から1000万円以上1500万円未満までと偏りがあることが分かる。1「地域を絞って実施された」、3「対象人数が確保出来ていない」、4「短い期間に行われた」、5「共に複数回答が可能」が、それぞれ不適。問二、あ直後の「業務に支障を……と考えている」をヒントにする。い直後の「授業単位で……支払えるように」と同様の内容を探す。う前後の「資料2の」「項目の多さ」に該当する額を探す。え収入に対する判断から類推できる内容を探せばよい。問三、実際に計算すると、資料1の一番多い項目は約119人(284×0．42)、「わからない」「特にない」を除いた一番少ない項目は約9人(284×0．03)で、110人以上の差がある。

三 **浅井了意「浮世物語」**より。問二、「はなはだ」は、事柄が度を越えている様子を表し「たいそう・非常に・ひどく」という意味。問三、(1)傍線部を含む文は、直前の文の冒頭にある「鳩」が主語。「(巣の作りやうを)見る」「(竹・柴をわたしたるばかりを)見て」「(もはや心得たりと)思ひ」のそれぞれの動詞は、鳩の動作を表しているので、「心得た」のも鳩であると分かる。ここで鳩が心得たのは、見習おうとした、鶯による巣の作り方である。(2)「卵、柴の折を渡したるあひだよりもれ落ちて、打ちくだけて生立ちがたし。」に着目。「もれ落ちる」は全体の一部が抜け落ちることなので「一つも残らなかった」とある5は不適。問四、本文の内容を踏まえて、どういうことが「鳩の巣」にたとえられているかを捉える。鳩は、鶯の巣作りを途中まで見て理解した気になり、自ら作ってみたものの失敗したのである。問五、1「おくのほそ道」は、松尾芭蕉による紀行文。2「おらが春」は、小林一茶による俳句俳文集。4「南総里見八犬伝」は、曲亭馬琴が著した長編小説。5「曽根崎心中」は、近松門左衛門による人形浄瑠璃。3「平家物語」は、作者未詳の軍記物語で鎌倉時代に成立したといわれる。

通釈 京でも田舎でも人をだます者はいるもので、万事にわたって適当に調子よくごまかし、正しい根拠もないのに、知ったかぶりをするものだ。あれこれに姿を変えては また姿を変えて嘘をつきながら世を渡る。こういう人を鳩の戒と呼ぶ。鳩は人里の近くに住み、雨が降るのか晴れるのかをよく知っている。雌鳥が雄鳥を追うときは雨が降り、雄鳥が雌鳥を追うときには雨が上がり晴れるとかいうのだ。それにつけて鶯は、巣を作ることが、非常に見事で、笹の葉を人の髪の毛の流れのようにして(巣に)まとわせ、その形は、丸くて底が深く、餌を入れる竹籠の形に似ている。鳩が、これを見習おうとして、鶯に近づいて、巣の作り方を見ると、細い竹の切れ端や細い小枝のちぎれた物を下に渡してから、その上に巣を作っている。それを最後まで見届けずに、竹や小枝を下に渡しているのだけを見て、もう(巣の作り方が)わかったと思い、自分が巣を作るときは、木の枝に小枝の折れたもの四、五本を渡して、その上に木の葉を敷いて卵を産んだ。卵は、小枝の間からもれ落ちて、打ち砕けて育つことはない。大切なことを口頭で教えられたり、師匠から教え伝えられたりせずに、ただ見たり聞いたりしただけで、正しい根拠に触れることもなく、知ったかぶりをしてわかった顔をすることは、鳩が巣を作ることにたとえられる。

四 **島薗進「いのちを〝つくって〟もいいですか？ 生命科学のジレンマを考える哲学講義」**より。問一、Ⅰを含む段落冒頭の「このように」が指しているのは、直前の二段落の内容である。つまり、子どもは授かるもので自分で選べるものではないから思い通りにはならないということ。問二、傍線部の「このような」が指している直前の段落の内容を捉える。期待通りの子どもでなくても、親は希望を超えた次元でその子をありのままに受け入れていくものだということ。問三、傍線部直前の内容から「そんな側面」の指すものを捉える。「授かりもの」という言葉と同様に「恵み」「おかげ」という言葉も無常観や諦観を含むと考えられるということ。問四、あ空欄の前後が原因・理由と結果の関係になる。い空欄を挟んで、前の事柄にあとの事柄がつけ加えられていることを読み取る。う空欄の前の事柄を補足する事柄があとに続いている。え空欄の前後が逆の関係の内容になっている。お空欄のあとに例を挙げている。問五、好ましくない結果の責任が個人に負わされ続けると、個人が苦しめられるばかりだという内容のあとなら、脱文の意味がとおったものになる。問六、恵まれたものに感謝するという生き方を指すので、指定字数に合う、同内容の部分を探す。問七、Ⅱのあとに「この姿勢から遠ざか」るとあるので、逆の意味の人間の「思うようになること」を選ぶ。問八、2の「人間には……目をつぶり」が不適。

中央大学杉並高等学校

問題 P.416

解答

一 (a)ひめん　(b)請願　(c)我慢　(d)慕　(e)かんば　(f)憤　(g)維持　(h)勧告

二 問1、オ　問2、エ

三 問1、蛇含草　問2、Ⅰ石垣　Ⅱ木の卵　問3、イ・オ　問4、エ　問5、ア

四 日本は国民全員を公的医療保険で保障する。しかし医療費などの増大で財政を圧迫するため、政府は健康診断の義務化などで国民の健康管理を行う。つまり政府は、国民を健康にすることで医療費を抑制したいのである。(99字)

五 問1、Ⅰ人は何をするべきか、何をしてはいけないか　Ⅱ複数　Ⅲジレンマ　問2、エ　問3、ア　問4、イ　問5、ウ　問6、エ　問7、エ　問8、オ

解き方

一 (f)心に関わる漢字なので、「忄」である。(h)「勧告」は、ある行動をするように説きすすめること。

二 問1、アは「スーツケース」とあるので、※4より、三十キロ以内であれば★の料金が適当されるので、不適である。イは※2より二千二百円となるので不適。ウは六十サイズの箱を三箱送ると三千円、二百サイズの箱を送ると三千百円なので不適。エは※3より、表にあるサイズを超えるので不適。問2、アとウは(1)に、イは(2)の「呼吸器症状が改善傾向にある」に、それぞれあてはまらないので不適。オは(5)に「同居している家族が……直ちに出席停止の対象とはしない」とあるので不適。

三 **「北遊記」**より。問1、本文最後に「かの草は蛇含草といふよし。」とある。問2、蛇は、石垣の内側に入ろうとしたが、木の卵が消化できずに腹がつかえて入れなかったのである。問3、アは庭の中で「何やら求める体なり」と、ウは「かの卵の所を撫でねぶり」と、エは「終にその草を呑みたりし」と、それぞれ本文にあるので適切。イ・オのようなことは本文中にない。問4、空欄Aのあとに「療治」とある。問5、イは蛇を生け捕りにしていないので不適。ウは本文に「万の病を療治する」とあるので不適。エは本文が、周りの人が七郎右衛門の治療に草が使われていることを語っているという内容なので不適。オは「蛇を使ってその草を探す」が不適。アが本文に「若き時、玉子問屋なりしが」とあるので合致する。

通釈 同じ国の羽咋の七郎右衛門という人は暮らし向きがよく、そうして医術に非常に優れている。その治療法は、まず病気の根本を求めて神秘的な絹に包んでいるものでなければ、どんなに長年かかっていた病気でも一・二度で治せないということがない。(七郎右衛門の)周りの人が言っていることには、七郎右衛門が若い時に、玉子問屋であったが、夏の頃になると夜ごとに卵を盗む者がいた。七郎右衛門がいろいろ気をつけていると、ある夜三尺くらいの蛇が、梁の上から来て卵の箱を押し開き、十四、五個くらい飲み込んで帰った。七郎右衛門は怒って、次の日、木を削って卵のようにして、三、四十個くらい卵の箱の上に入れておき、そうして夜になって、どのようにするかとうかがい

見ていると、案の定、蛇がまたやって来て、(木の卵を)飲むこと前夜のようである。どのようにするかと見ていると、外に出て石垣の内側へ入ろうとして、木の卵が(消化されず)消えないので、体をくねらせたが、それから庭の中を這い回り、何かを求めている様子である。間もなく一本の草に尋ねあたり、これをくわえて、あの(木の)卵が入っている腹をなでてなめて、とうとうその草を呑んだのだが、たちまち木の卵が消えていつもの腹のように細くなり、石垣に入った。七郎右衛門は不思議に思い、その草を取っておいて、食あたりなどをしている人の胃のあたりを撫でると、すぐに効果がある。それからあらゆる病を治療すると、(七郎右衛門の)手にかかると(病気が)癒えないことはなかったという。その草は蛇含草と言うとのことであった。

四　第二文の書き出しが「しかし」、第三文の書き出しが「つまり」なので、まず、何が「つまり」になるかを考える。この文章は、なぜ国家が国民の健康管理をしてくれるのかという問いに対しての答えである。日本は国民全員を公的医療保険で保障しているが、高齢化や医療技術の高度化による医療費の増大、労働人口の減少による保険料収入の減少が、日本の財政を圧迫している。「つまり」、政府は国民を健康にすることで医療費を抑制したいのである。こう考えると、要約の出だしは日本は国民全員を公的医療保険で保障するとし、「しかし」医療費の増大で財政を圧迫するので、国民の健康を維持する必要がある。国民の健康を維持するのに、健康診断の義務化を行うなどして国民の健康管理を行なっている、という流れでまとめればよい。

五　**貫成人「哲学マップ」**より。問1、冒頭に「倫理学とは、人は何をするべきか、何をしてはいけないか」とある。傍線部の次の段落に「複数の倫理規範があるからジレンマは生じる」とあるので、その部分も参考にする。問2、アは「どれだけ多くのひとを幸福にできるか」が、イは「複数の規範のうち……示すことはできない」が、ウは「してはいけないこととは何かを定めるものではない」が、オは「人口が少ない地域……判断することはできない」が、それぞれ不適。問3、同じ段落に「直観主義とは、一般的行為原則のうち推奨するに値するものをリストアップしたもの」とある。よって、「直観主義」について述べられた第二段落中のアが合致する。問4、A・Bには功利主義(=最大多数の最大幸福)に当てはまるものが入る。アは「精神性」が、ウは「直観性」が、エは「関係性」が、オは「主体性」が、それぞれ不適。問5、アは「個人の幸福量を重視する」が、イは「公共の福祉を重視する」「愛情や人情などの感情を重視する」が、エは「社会全体の自由を重視しない」が、オは「幸福の質」が、それぞれ不適。問6、傍線部の二段落あとに、カントの考える共同体について述べられている。ここの「それぞれが各人なりの……共同体の秩序は成立する」に着目する。問7、同じ段落の「自分の判断に基づいて行為を選択し、その結果に対する責を負うことにおいて、各自は責任ある人格は成熟したと言える」のである。そうなってはじめて「人……たりうる。」という部分に着目。問8、最終段落に理性的人格は「自分の判断に基づいて……責を負うことにおいて、各自は責任ある人格(『理性的人格』)たりうる。」とある。

東海高等学校

問題 P.421

解答

一　問1、ⓐ謀略　ⓑ強(いられた)　ⓒ促(す)　ⓓ妥当　ⓔ一糸　問2、A1　F5　問3、孤独感からの解放　問4、5　問5、4　問6、日本の社会では集団の「秩序」を優先する考え方が優先されやすい。教師にとっては、相手が従順な方がラクで仕事がやりやすい。問7、2

解き方

一　**山崎雅弘「この国の同調圧力」**より。問2、A「付和雷同」は「自分にしっかりした意見がなく、他人の判断にすぐ同調する」という意味の四字熟語。F「長い物には巻かれろ」は「勢力・権力のある相手には逆らわないほうがよい」ことを指すことわざである。問3、「フロムの心理分析…」で始まる段落において、「人々が自らの意思で『自由』を捨てて『全体の秩序』を選んだ大きな理由」が記されている。問4、「第一次大戦後…」で始まる段落に『自由』は「孤独感や孤立感を味わわせる」、続く段落に「生活環境が悪化し」「一体感や安心感を……得たいと思う」とある点を押さえる。1は「ナチスは自由と引き換えに経済的に自立する手段を提供した」が、2は「孤独感を必要以上に誇張することによって不安をさらに募らせた」が、3は「自由を奪うことで負担感を取り除いた」が、それぞれ誤り。4と5の選択肢が迷いやすいが、ポイントは人々の「不安」が「経済危機」によって生じている点にある。4は「大きな責任を伴う自由の重荷」が誤りである。5は「孤独感」に加えて「経済危機によって将来の不安が募っていた人々に」対して「ナチスは強大な集団に帰属する安心感を与えた」とあり、4よりも適切だと分かる。問5、傍線部の前後に書かれている内容を押さえる。「自発的に自己を捨てて『力』や権威に服従する道を選び取る」ことは、「数百万のひとびとと結びついているように感じて、安定感をうる」ことである。1は「むしろ自発的に自己を捨てる」が、2は「自己を捨てることよりも他への服従の方を選ぶ」が、3は「より積極的な方法で」が、5は「やむをえず」が、それぞれ誤り。問6、傍線部の二段落前に、『批判的思考(クリティカル・シンキング)』とは、物事を鵜呑みにせず、……自分の頭を使って、さまざまな角度から検証する思考能力を指す」とある点を押さえる。「批判的思考」を育てない理由は、傍線部Fのあとの二段落で記されている。『秩序』優先の考え方が主流」や「統治上のメリット」といったキーワードをもとに文章をまとめる。問7、それぞれのコメントと本文を比較しながら、誤りを見つけるようにする。2は「自発的に『みんな』と同調する国民を増やすような『改革』を積極的に行おうとする」が本文に書かれていないため、誤りである。

同志社高等学校

問題 P.423

解答

一　問一、Aウ　Bエ　Cイ　Dア　問二、オ　問三、ウ　問四、オ　問五、世の中に友達なんてものがあると考えるのは間違っており、友達かもしれないと思っても何時敵になって向って来るか判らないのだから、一人きりで生きて行かなくてはならないということ。問六、ア　問七、イ　問八、1運動場　2図書室　3動　4静　5サッカー部の生徒　6私たち　7夕暮れ　8友情　問九、(順に)笛　性根　珍　神経質　黙

解き方

一　**高井有一「谷間の道」**(『昭和文学全集』所収)より。問一、副詞の空欄補充問題。イ「さして」、ウ「およそ」はともに下に打ち消しの語を伴うことが多い。空欄の下に打ち消しの表現があるのはAとC。A・Cのどちらにイ・ウがあてはまるかは文脈で判断する。残

るのはア「きっと」、エ「ふと」だが、Bに「きっと」は入らない。問二、傍線部直後に「彼と議論をしても、……思ったのである。」とある。たとえ秋葉にそんなつもりはなくても、「私」は「はぐらかされるばかり」だと感じる。話題をずらされて話がかみ合わないと思ったのである。アにあるように「価値観のずれ」が「深刻になる」というほどではない。またイのように「いらだち」を感じている様子はない。ウ・エは秋葉が「私」との会話を拒んでいると捉えているが、秋葉に不愉快そうな様子は見られず、「私」に対して言葉を選びながら穏やかに自分の考えを伝えようとしている。問三、秋葉がこのあとで、友達だと感じても「何時敵になって向って来るか判らない」と口にしているように、傍線部の場面で秋葉の心に大きな衝撃を与えたのは、「仲間だと思っていた」友達が、突然態度を変えたことである。激しい攻撃で秋葉を打ち倒し、さらに尊大な様子で秋葉を見下す笑いを浮かべた「仲間」の変わりようが、秋葉の心に突き刺さった。ここで読み取れるのはア・イのように秋葉自身に対する思いではない。またエのように「教師」への恐れでもない。オの「仲間達が保身のため」に「取り入った」というのも誤り。問四、秋葉は傍線部のあとでも「今になってみれば、本当に滑稽だ」と繰り返している。この二箇所に挟まれた回想部分で、何を「滑稽」だと感じているのかが語られる。大して珍しくもないことなのに、「一人きりで生きて行かなくてはならない」と「深刻」に考えていたことを「感傷」だったと振り返り、「滑稽」だと評しているのである。「感傷」とは、物事に感じやすく、すぐに寂しくなったり悲しくなったりすること。問五、傍線部は、直前にあるように「笑って済ませられるものじゃない」ことであり、それが「染みついてしまった」のではないかと「時々、怖いような気もする」ことでもある。つまり、「仲間から苛められた…」から始まる秋葉の言葉にある「深刻に」思い詰めていた内容と、傍線部のあとに語られている、たとえ友達だと思ってもその相手がいつ敵になってしまうか判らない、という人間不信の考えである。指示に従い、本文中の語句をそのまま用いてまとめる。問六、「揶揄」とはからかうこと。傍線部直後に「私もやがては、……知れなかった。」とあるように、「自然と人生」が秋葉にとっての心の拠り所となる本であることを理解し、「私」自身のことを重ねて共感を示している。これより前の「私はそう呟いて…」で始まる段落に、「新しい学校へ移って既に七箇月が経つのに、…」と、「私」の境遇と心境が語られている。そこからは、ウの「母との間に緊張関係が続いており」というほどの緊迫した状況はうかがえない。また、オの「苦悩を知らぬ同級生に反感を持って」も書かれてはいない。「こだわりなく近付いて来る仲間」と「打解けられず」にいるだけである。また、イ・エの秋葉についての記述で、イ「疎開によりそれまでの人間関係を引き裂かれた悲しみ」とあるが、秋葉の心を苦しめているのはこれではない。エには「小説の世界に逃避することによって現実から目を背ける」とあるが、秋葉は「自然と人生」の世界に逃避するわけではない。また、秋葉の小説に対する姿勢を「弱さ」と捉えているわけでもない。問七、秋葉は「幼い子のようにはにかんだ」笑いを浮かべ「顔を赧らめていた」とあるが、これは何に対するはにかみだったのか。アのように「本音を語ったこと」に対する恥ずかしさではない。直前の「私」の問いへのはにかみである。「さあ、何故だろうな」と「眼を逸らせて」理由を答えなかったのは、答えるとすれば、ぼくは君が敵にはならないことを知っているからだ、君は特別だからだ、などの答えになるからである。それを直接「私」に伝えることが気恥ずかしく、また「私」はその答えを察したうえで「訊ねて」いるのだろうということを感じて、秋葉は「顔を赧らめて」いる。問八、「最初に、『私と秋葉』と三人がいた」と説明されているので、2が最も分かりやすい。そして2が「図書室」だと分かれば、それと対比的な空間は、1「運動場」だと分かる。さらに漢字一字でそれぞれの空間を表すとすれば、4「静」と3「動」になるだろう。また、「図書室」で「静」かに語り合っているのが「私と秋葉」なら、「運動場」で賑やかに入り乱れて「動」いているのは、5「サッカー部の生徒」である。6には「私と秋葉」の二人を示す表現が入る。7直前に「西側の窓際に淡い陽の影が漂う」とあるが、この「影」とはこの場合は光のことを表し、西の窓際に弱い陽の光がゆらめいているのだから、まもなく日没を迎える「夕暮れ」だと分かる。「夕方」「夕刻」「日暮れ」「暮れ方」などでもよい。しだいに微暗さを増してゆく時間帯だからこそ、表情も程よく隠され、心の内を語りやすくなったと考えられる。全てを明るく照らし出す電灯の下では、自分の抱える苦しみを打ち明けるのはなかなか難しい。秋葉は「友達なんてものがあると考えるのが間違ってる」と感じ、人間不信に苦しんできた。一方の「私」も、「お友達は出来たの」と母に心配されながらも「頑なに自分を鎧って」、「仲間」とは「打解けられず」にいた。こうした二人が、たそがれ時の静かな図書室という空間で語り合い、8「友情」を芽生えさせる物語だと、本文の場面を捉えることができる。

桐朋高等学校

問題 P.426

解答

一 問一、①ア ②ウ　問二、エ　問三、困難を抱えている誰かやなにかを自分とは関係のない存在だとして、ずっと見ないふりをして過ごしてきたこと。問四、百聞は一見に如かず　問五、尚美が恵利子を収容センターに連れていったのは、犬たちの置かれた現実を恵利子に見せ、ボランティアを務める覚悟があるかどうか確かめるためのものだったのだということ。問六、近いうちに殺処分される多くの犬を収容する場所と、ふれあい広場という和やかな名称がいかにも不釣り合いであることを際立たせること。問七、総じて清潔　問八、九割を見捨てている　問九、デザートを待たずに席を立った(14字)　問十、ウ　問十一、困難を抱えている誰かやなにかを自分とは無関係な存在だとして主体的に関わっていくことをせず、自らの穏やかな日常が守られた場所から世の中を見下ろすように生きてきた自分を脱し、自分以外の他者の存在をリアルに実感して、それらのために自分から進んで働きかけていくような生き方をしていくため。問十二、a不謹慎　b仰仰(または仰々)　c虚勢　d請(または乞)

解き方

一 **森絵都「犬の散歩」**(「風に舞いあがるビニールシート」所収)より。問二、まず、「胸」の「うず」きの原因である、傍線部前の男の言葉を確認する。「優雅」は、本来は上品でゆったりしているという意味だが、ここでは、犬助けは、お金持ちの趣味のような、優先度の低い行為であり、もっと他に助けるべき人がいるはずだ、という意味の皮肉として用いられている。それに対して恵利子も、傍線部直後には、「自分は正しいことをしているのだと言いきることはできないし、そもそも正しいことをしたいわけでもない。」とあり、「では、なんのために?」という問いが「つねに頭のどこかにあった」。「胸」が「うず」いたのは、男の言葉が、恵利子のなかにある自分自身への疑問と重なるものだったからである。問三、傍線部は比喩的な表現と考える。傍線部直後の「開いたとき」に「現れた」ものは、さまざまな困難を抱える人々ではなく、犬であったという描写も頭に入れながら本文を読み進めると、後半のイタリアンレストランの場面の前に「そうして目をそむけてさえいれば」が見つかる。これは、その前の段落の、世の中にある「難題」に対して「自分になにができるのかと考えること」を「長いこと」「放棄していた」ことの言い換えである。また、イタリアンレストランの場面の最後には「自分には関係ない、と目をそむければすむ誰かやなにかのために、私はこれまでなにをしたことがあるだろう?」とある。つまり、「瞼」を閉ざすということは、多くの「難題」を認識していながら、自分とは無関係だとして、意識的にそれらを考えないようにしていた、見ないふりをしていた、ということである。問四、空欄直後の「あれこれ説明するより、とにかくその目で見てもらおうと思って」から考える。他人から何度も説明を聞くより、一度自分の目で見た方がよく分かる、という意味の故事成語である。問五、傍線部の「あれ」とは、尚美が恵利子を収容センターに連れて行ったことである。また傍線部の「通過儀礼」は、直後に「尚美はテストをしたのだ。気ままな主婦の恵利子にこのボランティアが務まるのか。」と言い換えられている。尚美は、収容センターの現実を恵利子に見せ、ボランティアを務める覚悟があるかどうか確かめようとしたのだ、とあとになってから恵利子は思ったのである。問六、「ふれあい広場」は、公園や動物園にありそうな、和やかな名称と言える。それが多くの犬が殺処分される前に収容される施設であるという違和感、皮肉、不釣り合いな様子、を「　」をつけることで強調している。問七、挿入文の「が、下手に理解の範疇にあったからこそ」という表現に着目して、対応する箇所を探すと、犬たちの収容場所に入る場面に「自分の理解を超えるほどの惨劇がそこにあったなら、……終わりにできたかもしれない。」が見つかる。問八、一つめの空欄直前に「一割を救ってるんだって思いじゃなくて」とあるので、その対になる表現を考えればよい。一割を救うことができている、ということは、残りの九割を救うことができていない、見捨てている、見殺しにしている、ということである。問九、「じっとしてはいられない」恵利子の行動として、帰りの「デザートを待たずに席を立った」が見つかる。問十、「背後の声」は「自分とよく似た誰かの声」であったがゆえに恵利子に「羞恥の念」を抱かせた。そしてそれが「私はこれまでなにをしたことがあるだろう?」という自問につながるのである。問十一、本文全体を通じて、恵利子の変化が描かれている。それまでの恵利子は「目をそむけて」おり、それによって「そこそこ平穏」な日々に「ふんぞり返って」いた。また、イタリアンレストランの場面にも「恵利子自身、その流れに便乗して……ふんぞり返ってながめていた」とある。「ふんぞり返る」は、相手を見下して偉そうな態度をとること。つまり、変化前の恵利子は、困難を抱える存在を意識的に無視し、関係を持たないことで、平穏で安全な場所から偉そうに見下していたということになる。しかし、そんな日々に対して恵利子はこれでいいのか、と疑問に思ってもいた。収容センターに行った恵利子は、そこで「人間以外の命」の生々しさ、リアルさを実感することになる。そして、収容センターの場面の最後で「私はすでに関係してしまったのだ」「生まれて初めて自ら進んで関係することを選んだのだ」と考え、ボランティアに参加することになる。つまり、困難を抱える他者の存在を実感して、自ら進んで関係し、他者のために行動するようになったということである。これが変化であり、ボランティアをする理由ということになる。

灘高等学校

問題 P.429

解答

■一 問一、A警戒　B一概　C微妙　D熟読　E没頭　F妨　G帰結　H葬式　I親戚　問二、モバイル端末の普及により、現代人は、対面での会話を優先せず、複数のタスクと並行して処理することに慣れてしまったから。問三、モバイル端末を使って、身体が存在している場所とは異なる場所で情報を得たり、別のコミュニケーションに参加したりすること。問四、他者を含めたさまざまなものと常につながっているからこそ、マルチタスキングによって注意が分散してしまい、人間関係も集中できず希薄になってしまうこと。問五、ウ　問六、常に他者とつながるさまざまなコミュニケーションや感覚刺激により注意が分散し、他者から切り離されて何かに集中するということができないということ。問七、葬式は本来、自分一人で、死者に思いをはせたり、自分自身と対話をしたりすべき時間であり、刺激を求めたり他者への反応を優先したりすることは望ましくないという思い。

■二 問一、取材相手が語った言葉や表情などのうち、不要な要素だと判断したものを原稿から省くこと。問二、雑然とした取材内容のうち、必要だと考えたものだけ残してそれらをつなぎ合わせ、まとまりのある文章を書くこと。問三、A水俣の住民からの、石牟礼さんに対する反発と排除が今でも続いていること。B石牟礼さんはチッソを擁護する住民と対立関係にある水俣病の患者側に立ったから。問四、「水俣」という地名には今でも公害病のイメージが残っており、忌避や差別をされているということ。問五、水俣病闘争において、患者のために闘う一方で、分断した住民それぞれの立場が抱える事情や苦しみを受け止め、その全てを省かずに書き尽くそうとしたこと。

■三 問一、Aオ　Bウ　Cエ　問二、妻から別れ話をされたのが予想外だったから。問三、骨になってしまうということ。問四、野原で見た気味の悪い髑髏の形と、自分の妻の顔の形。問五、ウ　問六、人の世の無常から仏道に発心した点と、極楽へ導くという方法で妻への愛情を示している点。

解き方

■一 **谷川嘉浩「スマホ時代の哲学　失われた孤独をめぐる冒険」**より。問二、忘れたものは、「対面での会話を保留」して「『ここにいない人間』の対応を優先すること」に対する、驚愕や戸惑いである。次の段落にはその「新しい行動様式」を「モバイル端末」が可能にした、とある。また、その次の段落を見ると「複数のタスク……と並行して……現代人は慣れてしまった」とある。「慣れてしまった」から、驚愕や戸惑いを忘れてしまったのである。「モバイル端末の普及により現代人の行動様式が変化し、対面での会話を並行処理すべきタスクの一つと捉えるようになったから。」とまとめてもよい。問三、傍線部のあとから具体例が続き、「持ち歩ける…」で始まる段落に「ここではないどこかで別の情報を得たり、別のコミュニケーションに参加したりする」という「別のところにいる」の言い換えが見つかる。「物理的」にいる場所とは、身体が存在するところである。問四、傍線部「つながって」いるとは「常時接続」のことであり、他者を含めたさまざまな情報やコミュニケーションとつながっている状態のことである。普通に考えれば、それで「一人ぼっち」にはならないはずだが、なぜ「一人ぼっち」つまり「人間関係の希薄さ」につながるのかを考えると、傍線部のすぐ前の「何一つ集中していない希薄な状態」、つまり「マルチタスキングによる注意の分散」のせいである。問五、傍線部のあとに「これは実状に反しています。実際には…」とある。よって傍線部は「新たなテクノロジーは普及するにつれて、行動様式、感じ方や捉え方、ものの見方を具体的に変えていく」の反対の内容になる。問六、〈孤立〉は、三段落前で「他者から切り離されて何かに集中している状態」と言い換えられている。〈孤立〉が失われている理由については傍線部の段落で、「いろいろなコミュニケーションや感覚刺激」により「注意の分散」が起きていると説明されている。問七、傍線部「そうしない」は、葬式中にスマホを触らないこと。スマホを触ろうとしたことは、あとの部分を読むと、〈孤独〉が「失われ(かけてい)た」場面ということになる。本文中で〈孤独〉は「自分自身と対話している状態」とされている。また、筆者は〈孤独〉のなかで直前の例にある「時間をとってその人に思いをはせること」が大事だと考えたからこそ、「そうしないほうがいいだろう」と思ったのである。

二 **梯久美子「水俣、石牟礼さんへの旅」**(「図書'23年12月号」所載)より。問一、傍線部直前に「文章にするとき」とあり、傍線部のあとに「ふるい落と」されたものが具体的に描かれている。また、二段落あとにも「不要な要素を間引かなくてはならない」とある。取材した内容のなかから、自分が不要だと考えたものを、原稿にする段階で省いているのである。問二、傍線部の「星座をつくる」は、ばらばらにあるものをつなげて、まとまりと意味のある文章にすることの比喩。その際、「すっきりと美しいかたちの星座にするため」「不要な要素」を間引く、ともある。関係の薄い細かな「星」も全てつないでいては、全体像がぼんやりしてしまう。雑然とした取材内容のなかから、必要だと考えたものだけを残して、まとまりのある文章にするのである。問三、A傍線部「それ」とは、住民の反発により石牟礼さんが、水俣で仕事をしたり住んだりすることができなくなったこと。そして、それが「尾を引いている」ということは、その石牟礼さんに対する反発と排除とが今でも続いているということである。B水俣病の患者とそれ以外のチッソを擁護する多くの住民が対立関係となっているなか、石牟礼さんは患者側に立ったから、住民の反発を受けたのである。問四、傍線部「負のイメージ」とは「公害病」のイメージである。傍線部前を見ても分かるように、「水俣」という地名がついただけで嫌がられ、購買行動などにマイナスの影響が出る可能性があるのである。問五、傍線部「引き裂かれつつ」とは、石牟礼さんが患者側に立ちつつも、他の立場の住民の事情や苦しみを理解していたということである。また、本文全体の内容を踏まえて、とあるので、前半の「不要な要素」を省いて「美しいかたち」の文章を書こうとしていた筆者と、「受け止め、背負い、何も捨てずに書き尽くす」覚悟を感じさせる石牟礼さんの文章との対比にも言及する。

三 **慶政「閑居友」**より。問一、A「うとうとし」はよそよそしいという意味。B「え……ず」は不可能を表す。C「かしづく」は大切にするという意味。問二、男が驚いたのは、女から言われた内容が予想外だったからである。女は、男のよそよそしい様子から別れを切り出した。それに対して、男が点線部Bのように言っていることから、男の女への愛情に変わりはなく、予想外だったということが分かる。問三、指示語が指すのは、直前の野原で見た骨である。死んだあとは誰もが骨になってしまう、ということ。問四、男が比べてみたのは、野原で見た髑髏と、家に帰って触って確かめた女の顔である。触った骨の形が同じだったのである。問五、「心ざし」は愛情である。傍線部直前で男は、自分が出家し極楽往生したら、帰って来て、あなた(妻)を導くと言っている。自分が極楽往生したら、妻も極楽に導くというのが男の愛情の示し方なのである。問六、傍線部の「ありがたし」は、めったになくすばらしいという意味。男が「かき消つやうに失せ」たのは、出家をするためである。まず「骨」や「髑髏」から、人の一生の無常を感じ仏道を志したことが「ありがたし」であるといえる。出典である『閑居友』は仏教説話集であり、仏道を志すことをたたえる内容も多い。また、問五で見たように、妻への愛情を仏道にのっとった方法で示そうとしたことも「ありがたし」といえる。本来、妻や恋人、子供などは仏道を妨げるものとされ、それらとの関係を断ち切って仏門に入るものである。

通釈 あまり遠くない昔のことだっただろうか、山城の国に男がいた。お互いに思いあっている女がいました。何がありましただろうか、(男は)よそよそしい様子にばかりなっていった。この女が繰り返して、「これほどまでに(よそよそしく)なっていったので、あなたと私の関係も落ち着かないように思われるので、誰もが年をひどくとって見苦しくならないうちに、それぞれ別々の生活をするならばそれも、ひとつの愛情だろう。」といった。この男は驚いて、「あなたのもとから離れられないと思うことは、昔と少しも違っていない。しかしながらひとつのことがあって、よそよそしいように思われることがある。以前、ある所へ行くといって、野原のあったところで休んだところ、死んだ人の頭の骨があったのを、つくづくと見たときに、人の一生は無常で空しいと思って、「誰もみな死ぬような後はこのようでございましょうよ。この人もどのような人であっただろうか、大切にされ愛されたのだろう。今は、とても恐ろしく気味の悪い髑髏であるようです。今から自分の妻の顔の様子を手で触って確認して、この様子と同じか見てみよう。」と思って、帰って手で触って確かめ合わせると、いうまでもなく、どうして異なるだろうか、いや、異ならない。それから何となくぼんやりと上の空になって、このように不審にお思いになるまでになったということであるようだ。」と言った。

　こうして、数か月過ぎて妻に言うのは、「仏門に入るという善行によって極楽往生したら、必ず帰って来て、あなたを極楽に誘うとしたらそのときに、愛情の程度は見せ申し上げるよ。」と言って、かき消すようにいなくなったということだ。めったにない心でございました。

西大和学園高等学校

問題 P.433

解答

一 問一、a示唆　b弔辞　c創造　d介在　e前景　問二、Aウ　Bエ　Cオ　Dア　Eイ　問三、イ　問四、自分の力で一つのことに十分注意を向けて考える習慣が衰退してしまうから。(35字)　問五、ウ　問六、エ　問七、スマホによって一つのことについてじっくり考えることが少なくなった状況の中で、自分自身と対話することが出来なくなった結果、他者とのつながりを過度に求めること。(78字)　問八、ウ

三 問一、や・い・ゆ・え・よ　問二、已然(形)　問三、aア　bウ　cイ　問四、Aア　Bウ　Cエ　Dイ　問五、加持祈祷をゆるめてほしい(と伝えようとしている。)(12字)　問六、魂　問七、男の子がまもなく生まれなさった　問八、体についた芥子の匂いから、魂が体から抜けて自分が怨霊となって葵の上をおそっていたことを知ったから。(49字)　問九、ア

解き方

一 谷川嘉浩「スマホ時代の哲学　失われた孤独をめぐる冒険」より。問二、A空欄のあとは、空欄の前の話題のより具体性のある内容となっている。B空欄の直前には「対面での会話が作業するようにこなされてしまう」とあり、本文前半には「マルチタスク的に処理しているあらゆることが、同時並行している分だけおろそかに」なる、「気もそぞろで対面のやりとりをしている」とも書かれている。C空欄直前の「フラット」は、本来「平らである」という意味の言葉だが、ここでは善悪に偏らない、という意味で用いている。空欄のあとに「そうはいっても、悪い印象を持ってしまう人も多い」ともある。D空欄の前後が「他者を」「求めてしまう」となっていることから、他に頼っているさまを表す語句が入る。E空欄直後に「共同体が崩壊した都市社会に生きる現代人」とあるので、古い、という意味の語句が入る。問三、空欄の次の段落に「どれくらいの人がそれに注目し、……数量的な『動員』(エンゲージメント)」が問題になる、と書かれている。情報の中身ではなく、注目の数が価値を持つのである。問四、傍線部の〈孤立〉は、本文の後半で「他の人とのつながりが断たれた状態」「何らかのことを成し遂げるために必要な、誰にも邪魔されずにいる状態」と説明されている。また、傍線部の前に「一つのことに十分注意を向けて、それについてあれこれ考える習慣そのものが衰退しているのだとすれば、やはり〈孤立〉が重要になってきます。」とある。これは逆にいえば、〈孤立〉の喪失は「考える習慣」の衰退につながってしまうということである。問五、傍線部のあとに〈孤独〉とは「自分自身と過ごすこと」だとあり、さらに本文の後半で「心静かに自分自身と対話するように『思考』している」などと説明されている。問六、直前の一文を見る。「宿業」とは「現世で報いとしてこうむる、前世に行った善悪の行為」という意味で、ここでは「避けられない運命」というような意味で用いられている。地域的なつながりがなくなり、人と人とのつながりも希薄な都市に生きる現代人は〈寂しさ〉を避けられないのである。問七、〈孤立〉〈孤独〉〈寂しさ〉のそれぞれの説明を確認し、「腐食」「奪われる」「加速してしまう」を分かりやすく説明する。問八、アは「疑問をすぐ解消できる良い環境ができあがった」が、イは「皆で会話をする時間をつくるべきである」が、エは「今の状況を乗り越えなければいけない」が、オは「適切に処理することが可能となった」が、それぞれ不適。

三 紫式部「源氏物語」より。問一、ヤ行は「い」「え」に注意。ワ行の「ゐ」「ゑ」と混同しないこと。問二、「已」の字に気をつける。問三、a前に「大将(光源氏)に申し上げるべきことがある」という葵の上の言葉があり、それに対して「御几帳の帷子」を「ひき上げて」葵の上を見にきたのは光源氏。b二重傍線部は「残念にお思いになるのだろうか」という意味である。直前の省略部分から、二重傍線部の前の「あまりいたう泣き」なさったのは葵の上である。直後に「と思して」とあり、光源氏の言葉が続く。ということは、「思し」たのは光源氏であり、光源氏が心中を察する相手は泣いている葵の上である。c二重傍線部を含む一文は「このように参上しようともまったく思わないのに…」という意味である。話しているのは葵の上であるが、そのあとに物の怪が和歌を詠むのも考えあわせると、御息所(物の怪)の意志で話していると考えられる。御息所が葵の上に憑りつくことを「参上する」と言っているのである。問四、A「さすがに」は「そうは言ってもやはり」、「調ず」はここでは「調伏する」という意味。B「あくがる」は「(心が体から)離れてさまよう」という意味。C「厳し」は「盛大だ」、「ののしる」は「大声で騒ぐ」という意味。D「御泔参り、御衣着替へ」は、全ての選択肢で「髪をお洗いになり、お召物を着替えなさって」となっている。御息所がこのようなことをするのは、直前にある「芥子の香」を気にしているからである。問五、傍線部直後に、「身の上のいと苦しきを、しばしやすめたまへと聞こえむとてなむ。」とある。「やすめたまへ」は「休ませてください」という意味なので、最初の葵の上の言葉の「ゆるべたまへ」と同じように考える。加持祈祷により、物の怪は苦しめられるので、それをゆるめてほしいと言っているのである。問六、リード文にあるように、御息所は「魂が体を離れ物の怪と」なっている。空欄前の傍線部Bでも魂がさまよい出るとある。和歌のなかで、宙に迷っているので、結び留めてほしいのは「魂」である。問七、「生まる」は「生まれる」、「たまふ」は尊敬の補助動詞で「…なさる」と訳す。主語についてはあとに「男にてさへおはすれば」とあるので、男の子が生まれたのだと分かる。問八、設問文の「何を知ったからか」に着目する。御息所は、体から取れない芥子の香りが、自分でもうとましく、人に言うこともできず思いつめている。芥子の香りは加持祈祷の香りなので、御息所は、自分が生霊として葵の上を襲ったということを知ったのである。

通釈 まだそうであるはずの(出産するはずの)ときでもない、と(葵の上の実家である左大臣家では)どの人も油断していらっしゃるときに、(葵の上は)急に産気づかれて苦しみなさるので、さらに強力な御祈祷をことごとくさせなさるが、いつもの執念深い御物の怪一つがいっこうに離れない。霊験あらたかな験者たちは、普通のことではないと困る。そうは言うもののやはり、ひどく祈り伏せられて、つらそうに泣き苦しんで、

「(加持祈祷を)少しゆるめてくださいよ。大将(光源氏)に申し上げるべきことがある」

とおっしゃる。《中略》(光源氏が)御几帳の帷子を引き上げて(葵の上を)見申し上げなさると、(葵の上は)たいそう美しくて、御腹は非常に高くて横になっていらっしゃる様子は、他人でさえも(その様子を)見申し上げたらきっと心が乱れてしまうだろう。まして(よく知っている光源氏は)なおさらもったいなくも悲しくもお思いになるのは、当然のことである。(葵の上は)白い御召し物に、色の対照がとても鮮やかで、御髪でたいそう長くふさふさとしているのを結んで(枕元に)添えてあるのも、このようにいてもかわいらしく優美である感じが加わって美しいなあと思われる。

《中略》

(葵の上が)あまりに激しくお泣きになるので、つらいご両親のことをお思いになり、またこのように自分(光源氏)をご覧になるにつけて(もうこれっきりかと)残念にお思いになるのだろうかと(光源氏は)お思いになって、

「何事もそれほどこのように深くお考えになるな。いくら何でもそんなに悪くはいらっしゃるまい。どのようになっても(夫婦は)必ず逢うところがあるということなので、きっと対面することはあるだろう。父上、母宮なども、深

い縁のある仲は、(来世に)生まれ変わっても途絶えないそうだから、対面する機会がきっとあるだろうとお思いになりなさい」とお慰めになると、

(物の怪が)「いえ、そうではないです。私の身がとても苦しいので、しばらく(加持祈祷を)やめてくださいと申し上げようと思って。このように参上しようともまったく思わないのに、物思いをする人の魂はほんとうに体を離れさまよい出るものであったよ」

と親しげな様子で言って、

嘆き悲しんで(身から抜け出して)空にさまよっている私の魂を結び留めてください、下前の褄を結んで

とおっしゃる声、様子が、(葵の上)その人でもなく変わっていらっしゃる。たいそう不可解だと(光源氏は)いろいろお考えになると、まさにあの御息所であった。《中略》

少し御声も静まりなさったので、絶え間がおありなのであろうかと思って、母宮が御薬湯を持っておそばにお寄りになったので、(葵の上は人々に)抱き起こされなさって、まもなく(御子が)お生まれになった。(一同)うれしいとお思いになることとこの上ないが、人にのり移しなさった御物の怪どもが(無事の出産を)ひどく妬んで大騒ぎする様子が実に騒々しくて、後産のことがまたたいそう気がかりだ。《中略》院をはじめ申し上げて、親王たち、公卿が一人残らず(催される)たびたびの産養いの贈り物が珍しくりっぱなことを、(そのお祝いの)夜ごとに見て騒ぎ立てる。(その上無事出産した御子が)男でまでもいらっしゃるので、産養いの間の儀式はにぎやかですばらしい。

(怨霊になっているとは知らない)あの御息所は、このようなご様子をお聞きになっても、心穏やかでない。前には(葵の上の命が)たいそう危ないとうわさされていたのに、よくもまあ無事にと、ふとお思いになった。不思議なことに、自分ではないような御気持ちを思い続けなさっていると、御衣などもただ芥子の香りで深くしみ込んでいて、疑わしいので、(御息所は)髪をお洗いになり、お召物を着替えなどなさって(匂いが消えるか)試しなさったが、やはり(芥子の匂いは)同じようにばかりあるので、我が身でさえ自然と嫌にお思いになるのに、まして世間の人が言ったり思ったりすること(はどんなだろうか)などと、ほかの人におっしゃってよいことではないので、自分の心のなかだけで嘆き悲しみなさるうちに、いっそう御心が変になっていく。

法政大学国際高等学校

問題 P.437

解答

一 問1、①3　②1　③4　④3　問2、1　問3、3　問4、4　問5、1　問6、4　問7、2　問8、2　問9、3　問10、2　問11、1　問12、4　問13、4　問14、3　問15、2・3

解き方

一 **外山滋比古「省略の文学」より。** 問2、直前の「翻訳そのものがすでにそのような前提に立つ以上」の指示語の中身が理由になる。同じ段落の冒頭の一文がその指示内容である。すなわち、「翻訳しやすいのは……思想内容、論理、事実」が傍線部の理由となる。問3、傍線部の「翻訳文化」とはどのようなものなのかを前の部分から捉える。第一段落の「明治以後……翻訳文化……西欧の文物を摂取して、これを消化するのに懸命の努力が払われてきた」と第三段落の「翻訳しやすいのは……思想内容」に着目する。問4、直前に着目すると「原語の一部分は保たれている」＝「形式がまったく[C]ことはない」という関係が分かる。ここから取り上げない・問題にしない、という意味の「不問に付される」があてはまることが分かる。問5、傍線部直前の「訓点読みが原語の形式……原語の一部分は保たれているから」に着目する。「訓点読み」は「訓読法」のことで、注に「漢文を日本語の文法に従って読む方法。」とあるが、これは具体的には原文(漢字だけの文)に、日本語として読むために返り点、送りがななどの訓点を付けることである。それによって、原語の形を保ったまま日本語として読むことができ、それが「いわゆる翻訳」よりも優れているのだから、日本語読みと原語の表現の関係について述べている1が合致する。3は「音声を忠実に保存」が誤り。問6、傍線部の「小説」「翻訳」「堪える」を手がかりに前の方を見ると、直前の段落に「形式を重んずるはずの文学ではありながら、小説が……翻訳に堪える」とあり、そのあとを見ると「小説の方がかえってすぐれた翻訳が生れている」「同じ文学でも、演劇と詩は小説とはまったく事情が違う。」とある。問7、空欄あとの「生々しい感動を味わうことがすくない」「すこし力を抜くとたちまちおもしろさがわからなくなってしまう」がヒント。「不毛」とは、実りが得られない、という意味。問8、直前の「文学」に関する記述を確認すると、前の段落に「文学……思想が重視され、言葉への配慮が欠ける」「形式についてはまったく学びとることをしなかった」とあり、さらに傍線部の段落に「文章や表現の様式は……まったく翻訳不能」とあるので、これらの記述を踏まえて選択肢を選ぶ。4は「演劇などは第二義的な文芸として取り扱われ」に該当する記述が本文に存在しない。問9、「琴線に触れる」とは、心に共鳴し感動を与えること、という意味。三段落前の「生々しい感動を味わう」に対応する。問10、直後の段落に「日本の言語文化は……以前からすでに無声の性格がはっきりしていた」とある。そのような言語文化をもつゆえに、「書かれた言葉は生きた言葉の影にすぎず、せいぜい記憶の代用でしかない」という西欧の考え方に触れると、自分たちの言語文化の「自明性」(＝おのずから明らかであること)が突き崩されたように感じるのである。4は「大いに遅れている」が誤り。進んだ、遅れた、という対比を読み取ることはできない。問11、二段落前の「読むべきもの」「耳で聴くもの」と、傍線部直後の段落冒頭の「耳のジャンルであった演劇に戯曲の読者が生じて、レーゼ・ドラマの可能性がでてくる」に着目。これらを傍線部の記述と重ねると、耳のジャンル(＝耳で聴くもの)であった演劇が、目のジャンル(＝読むべきもの)に「翻訳」されてレーゼ・ドラマになる、ということになる。こうした点を踏まえる。問12、傍線部の「作者の絶対的優位を不動なものにする」に着目する。4に「そこでの両者は主従の関係に固定化されている」とある。それは作者＝主＝優位、読者＝従＝劣位の関係である。2は「尊敬の対象」が本文で読み取れない。問13、直前の「聴いて楽しい」がヒント。「通俗」とは、誰にでも分かりやすいこと、一般の人に喜ばれるようなこと、という意味。文学の世界ではやや否定的な意味で用いられる。問14、「軌を一にする」とは、同じ方向や立場を取る、という意味。空欄前で「現代詩」と「現代劇」がどちらも楽しくおもしろいものがすくない、という意味で、同じ方向・立場であることが述べられている。問15、1は「文学が海外…」で始まる段落に「思想内容は翻訳が可能なはずであるのに、実際は……満足すべき程度に

は訳されていなかった。」とあるため不適。2は「日本の言語文化…」で始まる段落の内容に合致する。3は最後の四段落の内容に合致する。4は「明治の日本…」で始まる段落に「ヨーロッパでは……まだ文学の主流を占めるまでには至っていなかった小説が、わが国の近代文学でははじめからいち早く文学の中心におかれることになった」とあるため不適。5は最初の方の「ヨーロッパ文化…」で始まる二つの段落を見ると、日本人は優秀なヨーロッパ文化の思想内容だけを重視し、表現形式は問題にしなかったことが述べられている。よって「原形を歪めることがなかった」が誤り。

明治大学付属中野高等学校

問題 P.441

解答

一 問一、(ウ) 問二、油 問三、他者とのか～づきの蓄積 問四、Ⓓ 問五、自分の性格や長所 問六、はじめて自分の個性に気づかされること(18字) 問七、(ウ) 問八、ヘーゲルに 問九、(ウ) 問十、アイデンティティ 問十一、(エ) 問十二、a(ア) b(エ) 問十三、自由な相手が、自分自身の意志で「私」を承認してくれること。(29字) 問十四、「私」が他～認を求める 問十五、「キラキラ～方もできる 問十六、相手の自由～求めること 問十七、承認欲求 問十八、道具 問十九、(イ) 問二十、(エ) 問二十一、たとえばみ

二 ①武 ②吉 ③青 ④漁 ⑤机

三 ①幻想 ②調和 ③対称 ④修辞法 ⑤郷愁

四 ①凍結 ②昇進 ③句碑 ④抽出 ⑤奉仕 ⑥伐採 ⑦漂泊 ⑧そち ⑨じょさい ⑩こっきしん

解き方

一 **戸谷洋志「SNSの哲学　リアルとオンラインのあいだ」より。** 問一、Ⅱの前後に着目する。前には「アイデンティティ……についての自分なりの理解」という抽象的な内容が書かれ、あとには「自分を少しずつ知っていくこと」と具体的な内容で説明されている。そこで「たとえば」という具体例を導く接続詞が入ると分かる。問二、直後に「決して交わることなく対立するもの」とあることを踏まえ、「水」と相容れず調和することのないもののたとえを入れる。問三、傍線部から三つあとの段落で、「他者とのかかわりから……アイデンティティの形成には欠かすことができない」と記されている。問四、助動詞の「ない」は「ぬ」と置き換えることができる。問五、直後に「そうして書かれたものを見て……はじめて自分の個性に気づかされる」とあるので、「個性」や「長所」などのキーワードを含む箇所を抜き出す。問六、「うっすらとした驚き」とは、直後の段落に「自分が他人にどのような人として見られ、受け入れられているかを知ることによって、自分が何者であるかを知る」ことの驚きだとある点に着目。これを言い換えた表現を設問の条件に合わせて抜き出す。問七、傍線部直前の「私たちは自分のことをよくわかっていない」を受けている。問八、「ヘーゲルによれば…」で始まる段落に「承認をめぐる矛盾を乗り越え、承認を実現させるためには、『私』は他者から見えている『私』のイメージを自ら捨てなければなりません」とある。ここに他者からの承認に対して、「私」がどのように向き合う必要があるかが述べられている。問九、「召喚」とは、人を呼び出すことだが、ここでは特に傍線部前の「哲学の世界では大問題」を論じるのに適切な人を呼び出す意味で用いられている。問十、「そうした確信」とは傍線部前にあるように、自分に関して「よし、これが自分なんだ！」と自信を持って断言できること。本文中からこれを言い換えた指定字数の表現を抜き出す。問十一、直後の段落に「『キラキラした人』以外でもありえる自分と、他者から承認されている『キラキラした人』としての自分との間で、引き裂かれることになり」、「いつの間にか自分を偽り、見失うことになってしまう」とある。(ア)は「自信を持って断言できるような自分自身」が、(イ)は「『自分』の漠然としたイメージを認めようとせず」が、(ウ)は「『他者』を、自分自身を確信するための存在としてしか」が、それぞれ誤り。問十二、a直前に「引き裂かれることになります」「いつの間にか自分を偽り、見失うことになってしまう」とあり、aには、必ずそうなると決まっている、というニュアンスの言葉が入るので、「必然的」が適切。b直後の「『私』が他者に承認を求めるとき、その他者もまた『私』に対して承認を求める」という内容に合う「相互的」が当てはまる。問十三、傍線部の段落はじめの「ある人による承認が『私』にとって有効であるためには、その人は自由でなくてはいけません」に着目して、本文の表現を用いながら説明する。問十四、ここでいう矛盾とは、例えばSNSのファボが、お互いの存在をほんとうに承認し合ってつけられるのではなく、ただ相手からファボをもらうためだけにつけ合うものになってしまっているというような事例について述べたものである。そのような矛盾が生まれるのは、「承認欲求」が根本的にどのようなものだからなのかを読み取る。筆者はそのことを「それだけでは…」で始まる段落で、ヘーゲルの考えを借りて端的に述べている。問十五、傍線部を含む一文に「キラキラしている自分……は一つの可能性にすぎない」とある点を踏まえて適切な表現を探す。問十六、「相互承認」について、直後の段落に「『私』は相手(他者)の自由を認め」、「『私』もまた、自分があくまでも自由であることを、はじめて他者から承認される」とある。この点を踏まえ、合致する表現を抜き出す。問十七、直前に「自分をこういう存在として認めてほしい」とあり、段落冒頭に「一方的な承認欲求」と言い換えた表現がある。問十八、「単なる便利な存在」を比喩的に言い換えた二字の熟語を探す。空欄aのあとに「他者による承認によって自分自身を確信しようとすることは、他者を、自分自身を確信するための手段として、いわば道具として扱うことを意味」するとあることが手がかりになる。問十九、「尊重」の「重」は、意味が大きい、重要である、を意味するのに対して、(イ)の「重」は、重ねるを意味する。問二十、アイデンティティの確立に他者の力は必要だが、「他者に頼らなければ……できない存在である」は言い過ぎである。よって、(エ)が誤り。問二十一、形式段落の「大人にとってのそうした他者の代表例が、友達です」に着目する。本文中に「友達」について具体例が挙げられている段落を見つけるとよい。

明治大学付属明治高等学校

問題 P.445

解答

一 問一、英語のスピーチなど流暢にできなくても、日本語による精密な思考や議論を通じて、人類が迫りうる最も深遠な理論や考察はできること。問二、ファンを持っている。問三、1オ 2ウ 3イ 問四、Aウ Bエ Cオ Dア 問五、②「日本人は日本語で科学を展開したがゆえに、これだけ多くの偉大な成果を得ることができた」という命題。③韓国ではハングル優先で漢字を棄てたため、多くの同音異義語が区別できず、重

要な知識や概念を失い、厳密な議論もできなくなったこと。⑤独特の決まり表現が必要な皇族や王族関係の会や、言葉の間違いで国益を損ねる可能性のある外交交渉。⑥英語で意味が理解できても、科学技術の知識として日本語表現することは別だということ。⑪世界共通語としての英語の重みがますます大きくなっているように見えること。問六、4日本人は、なぜ日本語で科学をするのか(18字)　5両者の意味はほとんど同じ(12字)　問七、益川敏英博士が海外でも著名であるにもかかわらず、二一世紀の文明社会において、海外に渡航したことがなかった稀有な存在であり、人々が講演を待ちこがれる対象となったこと。問八、英語ではなく日本語による科学表現を重要視する態度。(25字)　問九、ア　問十、ウ　問十一、Eエ　Fキ　問十二、科学の大展開は異文化の衝突、混合により起こる場合が多いため、世界が平坦化し先鋭化した個性が消えた今、英語ではなく日本語で表現できるユニークな世界こそが創造的な科学を展開できるから。(90字)　問十三、ア×　イ×　ウ×　エ○　オ○　カ×

二　1霊峰　2貫徹　3余韻　4閣僚　5枢軸　6鎮魂　7陪審　8碁盤　9羨　10粘

解き方　**一**　**松尾義之「日本語の科学が世界を変える」**より。問一、日本語で講演したことから、英語を話せなくても科学的思考ができることが分かる。それが書かれた箇所を本文より抜き出す。問二、「科学に関して…」で始まる段落の一文めの「考えさせられたから」に着目。そう筆者が考えるに至った原因にあたる箇所が本文中にないことから、直前の一文が抜けていることが分かる。問四、A空欄直前の「特に」、直後の「必死になって」に着目する。B筆者の主張は科学するのに全く英語が必要ないというものではない。C空欄あとの「新技術・新製品」につながる言葉を選ぶ。D筆者の主張はさまざまな事実によって暗示されてはいるが、筋道立てて証明できないことを押さえる。問五、②命題とは言葉で表現された判断、言い換えれば問いのことである。したがって、該当箇所の前の筆者の問いを探せばよい。③「これ」にあたるのは、日本語で行う独自の科学だからこそ日本の科学は発展したのではないか、という筆者の思いを、別の視点から補強する例である。⑤修羅場とは激しい戦いの行われる場所のこと。ここでは直前に挙げられた同時通訳者の仕事における二つの難しい場面の例のこと。⑥同時通訳者は外国語をわかりやすい日本語にするのではなく、専門用語があればそれを使うべきだという筆者の考えが、端的にまとまっている箇所を抜き出す。⑪筆者が「これ」をよいことと言い切れないのは、傍線部あとで述べられているように「異文化の衝突」がなくなり、その結果「科学の大展開」が起こりづらくなると考えているため。したがって異文化、異言語が消えていく様子を表す箇所が該当する。問六、4空欄に入るのが直後にあるように筆者の「問いかけ」であることを押さえる。続けて「実は」とあることから、すでに本文中で問われている内容だということも分かる。直前にアメリカ、イギリスといった英語圏の権威ある科学雑誌が挙げられていることに着目し、日本人が英語ではなく日本語で科学するのはなぜかという、本文を通しての筆者の問いにたどり着くこと。5直後の文で筆者は「科学」＝「サイエンス」のような翻訳は、「言葉が違うのだから」できないはずだと述べている。直前の段落で、ヨーロッパ言語系と漢字文化圏系で行われている科学はまったく違うと述べていることもヒントになる。問七、「生きている化石」という表現は、飛行機で世界中を飛び回ることのできる社会にもかかわらず、海外渡航をしたことのなかった益川博士を指している。「アイドル的存在」とは多くの人から憧れられ、その講演を待ちこがれられていた博士の様子を指す。著名なのに海外経験がなく、当然海外での講演機会もなかったのだから、皆がより博士を心待ちにしていた様子を表した比喩的文章であることに着目する。問八、大沢博士の態度は、「生き物らしさ」という例をあげて、「英語では表現しきれない概念がある」と述べていることから読み取る。「こういう時代…」で始まる段落に直接的に書かれた表現もある。問九、言葉の意味を知らなくても、傍線部あとと直後の段落にあるように養老博士の日本語表現が非常に「大きな世界を生み出す」こと、「独特で豊かな世界」を表現していることを踏まえる。問十、「なおざりに」という形容動詞はいいかげんなさまを指す。問十一、ウ・シの組み合わせとで迷うが、シの「私用」は個人的に使うことを意味し、直前の「日本語に取り込んで」と合わない。問十二、「こういう時代」とは、傍線部前の二段落にあるように「世界共通語としての英語の重み」が大きくなり、言語をはじめとする文化の多様性が消えた「平坦化」した時代のことを指す。その世界では「異文化の衝突、混合」が起こらず、科学が「大展開」する可能性は低くなる。そうした世界のなかでこそ、英語で科学する必要のない、十分な基盤が整っている日本語の科学が輝くと、筆者は考えている。直後の段落では「日本語による思考」とも書かれ、「そこに、日本の科学の未来がある」と結論付けられている。これらを簡潔にまとめる。問十三、ア「それなら…」で始まる段落に「証明することはできない」とある。イ「英国人…」で始まる段落にヨーロッパ言語系の科学と漢字文化圏系の科学は「まったくの別世界」とある。ウ「日本の生物物理学…」で始まる段落に「生き物らしさ」は「『生物のような』という意味ではなく」とある。エ「一言断って…」で始まる段落に記述がある。オ「日本人は…」で始まる段落に記述がある。カ「長井さんたち…」で始まる段落に、いくらプロデュースという言葉が理解しやすいといっても、生物学においては「『産生する』と日本語にしなければならない」とある。

洛南高等学校

問題 P.449

解答　**一**　問一、⑧代　⑨常連　⑫潤　問二、①ウ　⑪エ　問三、ア　問四、③ア　⑥オ　問五、営業を続けている旅館の子の円華から感染する可能性がある(27字)　問六、ウ　問七、帰ってるとこさえ見られなかったら、学校では喋っても大丈夫だから。今だけ、ほんと、ごめん　問八、エ　問九(リ)モ(ー)トワ(ー)ク　問十、イ　問十一、エ

三　問一、②山守　③木こり　⑤木こり　問二、ウ　問三、X良い　Y斧　問四、返歌を詠む

解き方　**一**　**辻村深月「この夏の星を見る」**より。問二、①「観念」は覚悟しあきらめること。⑪「葛藤」は二つ以上のもののいずれを選ぶか迷う状態。問三、傍線部直前の「目の奥が痛」むのは、うわさにより涙が出そうになっている様子を表す。それを「首を振る」という動作で押さえようとしている。問四、③「とばっちり」は本来受けなくてよい災いの余波が及ぶこと。⑥「ぎこちない」は動作や表現がたどたどしく不自然なさま。問五、傍線部直前のせりふで「話しながら帰ってるから、マスクしてても、距離

が近くて心配」とあり、円華からの感染を心配していることが分かる。円華からの感染を気にする原因は、リード文にあるとおり、円華の家の旅館が緊急事態宣言下で営業を続けていることにある。問六、円華が「冷たくなって」いったのは、ただ自分を見る小春の目を見たためである。円華はうわさや小春の家族の言葉を否定して欲しかったが、小春は家族の言葉をそのまま伝えるだけで、円華の気持ちを考える様子はうかがえなかったのである。問七、小春の言葉は、空欄のあとの方に「――」に続く形で二か所書かれている。問八、「差別」と感じさせたのは、直前で描かれる自分に対する小春や周囲の行動である。「足が竦む」は、恐れや緊張などで体がこわばって動かなくなること。アは「怒り」が、イは「何でもないはずのことを差別と考えてしまう」が、ウは「初めて……傷つけられた」が、オは「家族のことを思うと」が、それぞれ不適。問九、主に感染を避けるため、出社せずに家など別の場所で働くことを「リモートワーク」という。「リモート」は遠隔の意。問十、円華の「悔しさ」とは、自分を避ける小春に言い返せなかったこと。問十一、イの旅館の営業は家族の意志によるものである。問十一、アは「それぞれの場面で短い会話文」が、イは「それぞれに苦しい思い」が、ウは「聞き手役の人物」が、オは「定まらない心」が、それぞれ不適。

三「古本説話集」より。問一、木こりは山守に斧をとられている。②は直前で「とらせむ」と言っており、斧を持っている人物と分かる。③は傍線部①で「申せ」と言われたのに対して和歌で答えた人物である。⑤は斧を返してもらいうれしく思っている人物である。問二、傍線部の言葉を受けて詠まれた和歌が評価され斧を返されており、和歌が「さるべき事」にふさわしかったことが分かる。この和歌では、斧を取られて困っている自身の状況を「我いかにせん」とその場の状況を織り込んでいるだけでなく、「よき」が掛詞となっている点も巧みである。問三、掛詞は同音異義語を意図的に用いた表現。「よき」を「良き」と「斧(よき)」の両方の意味で解釈する。問四、通常、和歌をもらったら和歌を返すのが作法。その返事の和歌を「返歌」という。内容的には「和歌を返す」ことと同じ。

通釈　今となっては昔のことだが、木こりが、山の番人に手斧を取り上げられて、「困った、つらいことだ」と思って、頬杖をついていた。山の番人が(その様子を)見て、「それ相応のことを言え。(取り上げた)斧を与えよう。」と言ったので、(木こりが)

悪い物でさえ無いと困ってしまう世の中で、まして良い物、すなわち斧を取り上げられて、私は今後どうやって生きればよいのでしょうか

と詠んだところ、山の番人は、「返歌をしよう」と思って、「うう、うう。」とうめいたが、(返歌を詠むことが)できなかった。そこで、(山の番人は)手斧を返して受け取らせたので、(木こりは)うれしいと思ったということだ。

人はただ和歌を常日頃心がけて詠むべきである、と思われる。

ラ・サール高等学校

問題 P.453

解答

一 問一、統計学的に〜という営み　問二、治療法の選択は際限なく続き、その治療法が自分には効かない可能性がつきまとうから。(40字)　問三、日本人の平均寿命が世界一位であることは単なる指標に過ぎないのに、全ての日本人が健康に長生きするかのように見なされること。(60字)　問四、エ　問五、人々は統計を客観的な事実と捉えて、数値に基づいたリスクを避ける選択を良しとするが、リスク計算を意識しすぎると、自分の人生や社会が息苦しいものになるということ。(79字)　問六、A森羅万象　B提唱　C占　D慎重　E露骨　F獲得　G蓄積　H維持　I憧　J帰

二 問一、Aエ　Bウ　Cア　問二、菊池さんの「おいでよ。ほら早く」という手招きが、二年前の入学式の朝の記憶と重なったから。問三、オ　問四、生の世界と隔絶され、死を待つだけの世界。問五、死期が近い人も健康な人も、毎日死に近づいていると同時に今を生きているという点では同じだということ。(49字)　問六、不安を抱えた自分に学校で生きぬく勇気をくれた菊池さんが、母親の死の恐怖で弱ってしまい不登校になっている現状は寂しいので、元気になって学校生活に戻ってほしいから。(80字)　問七、aイ　bシ　cス　dク　eオ　fオ　gア　hケ　問八、うまく／いく／の／か／不安で／も／あっ／た

三 問一、i寺　ii修行者　iii鬼(ども)　問二、aウ　bオ　cア　dエ　問三、呪文による加護で不動尊に見えている修行者に、自分の座るべき場所をとられていたから。問四、どうしてそのように質問なさるのか。問五、摂津国で寺から外へと鬼に放り出されたはずなのに、いまの自分が、遙か遠くの肥前国にいると言われたから。問六、百鬼夜(行)

解き方

一 村上靖彦「客観性の落とし穴」より。問一、冒頭の段落に「『エビデンス(根拠)に基づく医療(EBM)』が絶対的な価値を持つ」とあり、その直後に「これは」と指示語がある。問二、直前に「つねに数値をめぐって患者は『効かないかもしれない』と不安な状態に置かれる」とあり、数値によって不安になることが分かる。この数値は治療の仕方によって変化し、より確率の高い治療法を探し続けるため、患者は確率と不安に支配されてしまうのである。治療に際限がない、治療が効かない可能性がある、という二点を入れまとめる。問三、二つ前の段落に「統計は事実に近い近似値ではなく事実そのものの位置を獲得する」とある。統計で示されたものが、さも全てにあてはまる真実だと感じてしまうのである。だから、日本は「平均寿命」が「世界一」位という統計を見ると、個々の日本人を見ずに日本人全員の寿命が長いと錯覚してしまうということである。日本人の平均寿命が世界一というのは単なる指標である、全ての日本人が健康で長生きするかのように思ってしまう、というこの二点を盛り込み、指定字数内でまとめる。問四、直後の「大人が自分の不安ゆえに子どもの行動を制限しようとしている」に着目する。筆者の主張によれば、校則は生徒のためではなく、大人の不安のために設けられているのである。アは「当たり前だと疑わなかったルールが無くなることで、社会が少しずつ良い方向に変化していってる」が、イは「科学的根拠も無しに他者の行動を縛りつけることはあってはならない」が、ウは「妥当性のあるルールを作ることで」「不安を抱えずに日常生活を送れる」が、オは「校則の中にも僕達の利益になるものがあることを忘れてはいけない」が、それぞれ不適である。問五、本文全体の主旨を踏まえると、「統計により客観的に示されたことが世界の全てになると錯覚してしまうこと」「数値によって未来のリスクが見越せるのでリスクを避けようとすること」「リスクが見えるために、自分の先の人生や社会

が息苦しくなること」という流れでまとめられればよい。問六、C「占める」は「締める」と混同するので注意。G「蓄積」は「畜」の字とよく間違う。「畜」は「家畜」の意味となる。

二 **名取佐和子「後ろの席の菊池さん」**(『飛ぶ教室　第73号』所載)より。問一、A「観念する」はあきらめること。B「歓声」は喜びの叫び声のこと。C「神妙に」は普段よりも素直で殊勝であるさま。問二、「既視感」とあるので、どこかで見た景色だと「わたし」は思っている。しかし、傍線部前後を見ても、その内容は書いていない。「既視感」の内容は終盤の「二年前の春…」で始まる段落以降に記述がある。小学校生活をうまく送れなかった「わたし」の足が中学校の校門前で止まっているところを、菊池さんが「おいでよ。ほら早く」と声をかけてくれた。この場面を「既視感」と表現しているのである。問三、なぜ「菊池さんは笑わな」かったのか。菊池さんは病院で喫煙ができる場所があったのに、それがなくなったことに不満がある。なぜなら、病院にも逃げ場があったのに、いろいろなことを禁止することで逃げ場がなくなってしまったと思っているからである。アは『わたし』の嘘を暴こうとしている」が、イは「花や注意書きで埋め尽くされてしまった今の屋上に怒りを抱いている」が、エは「現状に違和感を抱かない『わたし』に不満を抱いている」が、それぞれ不適。ウの「喫煙も許されない厳しさにやりきれなさを感じている」は、喫煙の禁止のことだけに限定しているので、ここでの解答としては不適。問四、直前の菊池さんのせりふに「あっちは生きている人の世界。何の苦労もなく、当たり前に健康な人の世界」とあるので、その反対の内容をまとめる。問五、傍線部のあとの方で菊池さんが「〝二つの世界はつながってる〟」と話す場面があり、続けて「わたし」が「死が向こうからやってきている人も、健康で何不自由なく暮らしてる人も、等しく〝生きている人〟なんだよ。」と菊池さんに話している。二つの世界がつながるとは、この「わたし」が言っていることである。問六、直前の段落に菊池さんがなぜ突然不登校になったか疑問に思っている記述がある。人気者で友達も多く、勉強もできて、部活でも活躍していた子が不登校になったのは、母親の病気のせいだと「わたし」は分かった。中学校に入るときに助けてくれた菊池さんが不登校になっているのは寂しいと感じ、学校に戻ってきてほしいという願いから、傍線部のような気持ちになったのである。問七、a「近づく」は言い切りの形がウ段なので動詞。b「は」は格助詞のように思えるが副助詞なので注意。c「よ」は文の終わりに用いられているので終助詞。d「さっと」は様態を表すので副詞。e「えっと」とf「あの」は会話と会話に挟む感動詞。g「そっち」は方向を示す指示代名詞なので名詞。h「です」は自立語ではなく活用するので助動詞。問八、「うまく」は形容詞「うまい」の連用形。「いく」は動詞「いく」の連体形。「の」は格助詞。「か」は接続助詞。「不安で」は形容動詞「不安だ」の連用形。「も」は副助詞。「あっ」は動詞「ある」の連用形「あり」の促音便化したもの。「た」は助動詞「た」の終止形。

三 **「宇治拾遺物語」**より。問一、i「ありけり」の直前が連体形になっているのは、「寺」が省略されているためである。そこから「あり」の主体は「寺」だと判断できる。ii「見れば」の直前の文が「不動の呪を唱えて座っていたら、多くの人の声がするようだ」という意味なので、文脈から判断すると、修行者が見たと判断できる。iii「いひて」の直前に、『所狭し』『新しき不動尊。しばし雨だりにおはしませ』とあり、この主体が「鬼ども」とある。問二、a「え」は下に打ち消しの語を伴って「…できない」の意味となる。「えもいはず」は、なんともいいようがないほどはなはだしい、の意味。b「ゐぬ」の「ゐ」は、座るの意味。「ぬ」は完了の助動詞なので、座った、の意味となる。c「暁」は、夜明け前のまだ薄暗いころのことを指す。問三、傍線部は「ある一人が座るところがなくて座れなくて」の意味。本来座るところに修行者が不動尊の加護を願う呪文を唱えて座っていたので、座るところがなかったのである。問四、「など」は「どうして」、「かくは」は「そのように」の意味。「給ふ」は尊敬語。問五、「あさましき」は「驚きあきれる」という意味。「わざ」はここでは「こと」くらいの意味。何が驚きあきれたことだったかと言うと、修行者は、摂津国に行く途中の寺で外に放り出されたはずなのに、はるか遠くの肥前国にいると言われたことが「驚きあきれたわざ」なのである。問六、本文中に「津国まで行きたり…」、「夜中ばかり…」、「百人ばかり…」、「鬼ども…」とそれぞれ記述がある。「百鬼夜行」とは、さまざまな妖怪が、夜、列をなして歩くことの意味。

通釈　今となっては昔のことだが、ある修行者がいたのだが、(その修行者が)摂津国まで行ったときに(途中で)日が暮れてしまったのだが、(そのときに)竜泉寺というたいそう大きな寺で古めかしいが人のいない寺があった。この寺は宿泊しない場所だが、周辺に宿泊できる場所がなかったので、どうしようと思って、荷物を入れて背負う箱をおろして中に入った。

不動尊の加護を願う呪文を唱えて座っていたところ、「夜中ごろになったのであろうか」と思うころに、人々の声がたくさんしてやってくるような音がする。(修行者が)見たところ、それぞれ手に火をともして、百人ばかりこの堂の中に来て集まっていた。近くにきたので見たところ、目が一つついている者などさまざまであった。人ではなく、驚きあきれる者たちであった。または角が生えている者があった。頭も言葉にできないほどに恐ろしい者どもであった。恐ろしいとは思うけれども、何もできずに座っていたところ、それぞれみな腰を下ろした。ある一人が座るところがなくて座れなくて、火を振って自分をまじまじと見て言うことには、「私が座るべきところに新しい不動尊がお座りになっておられる。今夜だけは外にお出になってくだされ」と言って、片手で私を引き下げて堂の縁の下にとどめ置いた。そのようなときに、「夜が明ける」と言って、この化け物たちは大騒ぎをして帰って行った。

「本当に驚きあきれたことで恐ろしい場所であるなぁ、早く夜が明けてほしい。立ち去ろう」と思っていたところ、やっと夜が明けた。あたりを見回したところ、あったはずの寺もない。はるばると通ってきた野も見えない。人が踏み分けた道も見えない。行こうとするところも分からなければ、驚きあきれてその場にとどまっていたところ、偶然馬に乗っている人で、大勢の人を引き連れている人が現れた。とてもうれしくて、「ここはどこかと申し上げたい」と問うたところ、「どうしてそのように質問なさるのか。肥前国ではありませんか」と言うので、「これは驚きあきれたことだ」と思って、ことの次第を詳しく話せば、この馬に乗った人も、「とても珍しいことだ。肥前国のなかでもここは奥の場所である。これは国の庁舎に参るのだ」と言ったので、修行者は喜んで、「(私は自分が帰る)道も知らないものですから、道のある所までお供したい」と言ってついてゆくと、これより京に行けそうな道を教えてくれたので、(修行者は)舟を求めて京へ上っていった。

さて(修行者は)人々に、「このような驚きあきれたことがあった。摂津国の竜泉寺という寺に泊まったところ、鬼どもがやって来て『場所が狭い』と言って、『新しい不動尊。

しばらく軒下にいらっしゃってください』と言って、（自分を）抱いて軒下に据え置かれたと思ったところ、肥前国の奥まった場所にいたのだ。このような驚きあきれたことなどあるだろうか」と、京に来て語ったのであった。

立教新座高等学校

問題 P.459

解答

一 問一、イ禍　ロ迎　ハ跳　ニ監視　ホ覆　問二、〔Ⅰ〕A自分の身体を再び自然的なものに近づける　B免疫を高める　C自分の社会的価値〔Ⅱ〕Dリスクや汚染　E科学技術　問三、ほんもの　問四、相性良く自己を位置づけられる（14字）　問五、マークは人

二 問一、Aエ　Bア　Cイ　Dオ　問二、先人たちが～て導入する　問三、エ　問四、ネット（または）インターネット）で調べれば何でもわかる（と考えるようになる。）　問五、高（または）たか）　問六、Ⅰあたりをつける　Ⅱ調べればわかる　問七、ア×　イ○　ウ×　エ×　オ○

解き方

一 **福永真弓「弁当と野いちご――あるいは『ほんもの』という食の倫理」**（『現代思想』'22年2月号」所載）より。問二、傍線部の「対照的」「二人」という語句から、マークとローザは対照的という関係を把握する。そうした二人の関係がはっきり書いてある場所を探すと、傍線部から五つめの段落冒頭の「他方」という語をはさんで、マークとローザの関係が確認できるので、マークの話を「だから、マーク…」で始まる二つの段落で、ローザの話を「他方…」から始まる二つの段落でそれぞれ確認する。〔Ⅰ〕A・B・Cは「マークには十分な…」で始まる段落の記述に着目。「免疫を高めるには自然であることが重要だ。もう一つの理由は、野生が……自分の社会的価値を高めてくれるからだ。」とある。「自然であること」については「だから、マーク…」で始まる段落に「自分の身体を再び自然的なものに近づける」とある。〔Ⅱ〕Dについては空欄直後の「から逃れることができない」を手がかりにして「他方…」から始まる段落を見ると、「リスクや汚染から逃れる術はほぼない」とある。Eについては続く段落に「科学技術が追いついてくれた……安心できる身体になる可能性がある」とあり、この「科学技術」が空欄あとの「軽減してくれる」ものである。問三、まず空欄を含む一文の「マークやローザが求める…であること」という記述から、マークとローザは同じことを求めているのだと把握する。次にこのことを示す記述を前後で探すと、直前の段落に「ほんものの、ちゃんと食べられる。近しい言葉を使いながら、なんと対照的な二人の言葉」とあるので、ここから、マークとローザは「ほんものの」「ちゃんと食べられる」という、似た意味の言葉を使っていることが分かる。また直後の段落を見ると「二人とも……ほんものらしさの診断基準を持っている」とあるので、この「ほんもの」が空欄に入る。問四、「道徳プロジェクト」および直後の「イデオロギー」「サステナビリティ」を手がかりにして前の方を見ると、二段落前に「健康イデオロギー……サステナビリティ、どの道徳プロジェクトとも相性良く自己を位置づけられる。」とあるので、この「位置づけ」が傍線部の「連関させる」に対応していると理解する。問五、傍線部の「二人の選んだ道」を手がかりにすると、二段落前に「マークは人工物化から離れ、ローザは人工物化していくことを選んだ。」とある。

二 **大澤聡「教養主義のリハビリテーション」**より。問一、A空欄あとの「立ち止まったり……大事です」と、「が」を挟んだあとの「それは……機能しない」との関係に着目する。ここでは、いったん他者の意見を肯定的に取り上げたうえで、逆接（ここでは「が」）の語のあとでそれを否定して自身の意見を述べる形になっている。このような文脈を構成する語として「もちろん」が入る。B直前の「キーワードを探す旅に出る」と直後の「ネットからときには離れて外側のリアルの世界に身をさらす」が言い換えであることを表す語句が入る。C直前の「とにかく保存しておき、文脈や価値は後世の人間が……発見すればいい」と直後の「膨大な情報たちは……将来的にも使えない」が対立の関係になっている。D前の方の「情報を解読するためのコードやコンテキストやシステム」の「アップデート」が、直後の「東日本大震災以降、古い文献」で実際に「機能しはじめた」という流れを確認し、空欄あとが空欄前の具体例であると理解する。問二、「課題解決や議論の前進」を手がかりにすると、直前の段落に「先人たちが……補助線として導入する。そうすることで、一歩でも二歩でも前に進めたほうがよっぽど有益」とある。問三、直前の「個々の意見を尊重」と傍線部の「ねじれて浸透」に着目して前の方を見ると「日本は『知識蓄積型』から『意見発信型』へと学習のモデルを転換しないとダメだと……いわれすぎたために、知識を欠いた薄っぺらな意見発信ばかりになってしまった。」とある。この内容を踏まえて選択肢を選ぶ。問四、傍線部の「ネット」「自然環境」「そのことを忘れてしまう」に着目して傍線部前を見ると「ネット上に転がっています」「そうした快適な環境」「ネットではカバーしきれない領域はいくらでもある」とある。ここから、そのこと（＝ネットではカバーしきれない領域はいくらでもある、ということ）を忘れてしまう→ネットで調べれば何でもわかる、ということになると理解する。問五、直前の「安心感」「永遠に先延ばしにする」がヒント。「高（たか）をくくる」とは、程度を甘く見る・たいしたことはないと軽視する、という意味。問六、空欄あとの「といってしまう。滑稽でしょう。」という表現から、Ⅱには筆者が否定的に見ている発言が、一方、Ⅰには人が最低限できるべきだと考えている内容が入る。これを踏まえて前の内容を見ると、筆者は『ある程度知っている』状態」で「あたりをつける」ことができてほしいこと、またそれすらできないのに「調べればわかる」と言ってしまうことを「滑稽」だと考えていることが分かる。問七、ア第二段落に「『歴史』のリソースを素どおり……端的に非効率」とある。イ第三・第四段落の内容に合致する。ウ「書籍とネット…」で始まる段落に「デジタルアーカイブを使いこなす能力は不可欠だけれど……教養のあり方の一つは……複数のレイヤーに同時対応しうるリテラシーにある。」とある。エ「もっというと…」から始まる段落に「無限の懸隔があります」という記述はあるが『そこにある』と『知っている』とのあいだにあるのであって、エのように「勘違いさせ」「錯覚させる」が入ると逆に「無限の懸隔」はないことになる。オ「これは数百年…」で始まる段落の内容に合致する。

早稲田大学系属早稲田実業学校高等部

問題 P.463

解答

一 問1、オ　問2、ウ　問3、ア・エ　問4、イ　問5、ア　問6、エ　問7、イ　問8、ア

三 問1、エ　問2、ア　問3、(1)ウ　(2)ウ　問4、

イ　問5、徒歩　問6、オ　問7、エ　問8、エ　問9、エ

解き方

一 **大江健三郎「数十尾のウグイ」**（『新しい人』の方へ』所収）より。問1、傍線部の「決心」を手がかりにすると、一段落あとに「私はどうしても……決心していた」とある。またオの「話に聞いていた水の逆流している場所」については、傍線部の四段落前に記述がある。問2、空欄1の前後を確認すると「臆病なほど注意深くふるまう」と「ある決心をすると、……あきれられることをする」が対立・逆接の関係になっている。また空欄2の前後も、決心したもののそれを表明できないという対照的な内容になっている。問3、傍線部の「続いてこちらは」がここからあとは、という意味である。アは傍線部の前に書いてある内容なので「当てはまらない」ものである。また、傍線部の三段落あとに「岩の裂け目から引きずり出してくれたのが、誰だったかわからない」とあるので、エのように「母」であると特定することはできない。問4、アは「問いただしている」が誤り。「あのことについて質問する勇気がありませんでした」とある。ウは「お互いがわかっている」が誤り。五段落前に「私にはいまも……誰だったかわからない」とある。エは「話している」が誤り。空欄2の直後に「この決心には……正しいところがあるのだと、はっきり言葉に……いえなかった」という話である。空欄の前後は「父親」の態度の話である。オは最終段落に該当する記述があるが、これは傍線部3にあるように「母親に正直にすることができない」とある。イは、空欄直後の「それに対しては、黙っている」がヒント。これは、子どもが反省していることについて、それ以上口を出さないということ。問5、直後の「自分の考えたこと」「苦しくてもこのままにしていれば」を手がかりにすると、傍線部2の前に「このままでは溺れ死んでしまうと、私は驚き、恐れています」「苦しくても、このままじっとしていればいい。」とあるので、これらの記述を踏まえて選択肢を選ぶ。ウは「本望だ」が、オは「生来の無気力な側面」が、それぞれ誤り。問6、一段落あとの「溺死した子供として、村の新しい伝説になっていたはず」という記述を踏まえて選択肢を選ぶ。問7、傍線部の「夢のような」を「非現実的な・実際にはあり得ない」と読み換えると、傍線部3の直後に「自分も一尾のウグイになって水のなかで生きて行くことができる」とある。エは、傍線部2の前に「ウグイの一尾になった自分の目に、男の子が岩の裂け目に引っかかっているのが見える」とあるが「目にしたい」わけではない。問8、アは傍線部1の段落の内容に合致する。イは、この文章は「武勇伝」ではなく、自分の無謀な行動とそこで得た「夢のような」体験を、父母とのやりとりを交えて幻想的に書いているため不適。ウ「頭の傷痕にまつわる記憶から」とあるが、頭の傷痕は話のきっかけにはなっていない。エ「同化したいという幼少期からの願望」に対応する記述が本文に存在しない。オについて、空欄3の二段落前にある「それでも、父か母が私を救ってくれていたのであれば」という表現は、どちらが自分を救ったのか、というこだわりを感じさせない。また「自己の煮え切らなさ」「自嘲的」に対応する記述が本文に存在しない。カ「村に言い伝えられている禁忌」に対応する記述が本文に存在しない。また「ウグイの群れに近づいたことで……よそよそしくなっていく」という因果関係も本文にはない。

三 **「今昔物語集」**より。問1、直前の内容に着目。「失す」は「いなくなる」と理解する。問2、直前の「海に落ち入りて……いかで来たるにかあらむ」までの内容を踏まえる。問3、(1)北を起点として東西南北を十二支で区分する。北が「子」、南が「午」となる。ウ「丑寅」が北東。イ「辰巳」は南東、オ「戌亥」は北西。(2)午前0時を中心とした前後二時間を「子」として、二十四時間を十二支で区分する。午前九時〜十一時は「巳」である。問4、直前の「己が罪の……重くはべれば」を踏まえる。問5、乗り物に乗れなかったときの移動である。問6、直前の「黄斑の御車牛の……堪へたれば」を踏まえる。「乗り」の主語が佐大夫、「堪へ」の主語が牛である。問7、「求め騒ぐ」は、河内禅師が牛を探して騒ぐこと。「な〜そ」は禁止を表す。問8、エの「結局話さなかった」が誤り。傍線部6のあとに「人に語りて」とある。問9、「和漢混交文」は、「平家物語」などの軍記物語に多く見られる。

通釈　その牛を手厚く扱い飼っていたところ、どうやっていなくなったという理由もなく、その牛はいなくなった。河内禅師は、「これはどういうことだ」といって(牛を)探して騒いだけれども、(牛が)いないので、(禅師は)「(遠くに)離れて出ていったのか」と(考えて)近くから遠くまで探させたけれども、結局(牛は)いなかったので、探しあぐねていたときに、河内禅師の夢に、あの死んでしまった佐大夫が(出て)来たので、河内禅師は、「海に落ちて入って死んだと聞く者が、どうして来たのだろうか」と夢を見ているようなぼんやりした気持ちでも、「恐ろしい」と思いつつ面会したところ、佐大夫が言うには、「私は死んだあと、この丑寅の方角にいますが、その場所から一日に一度樋集の橋のあたりに行って苦しみを受けています。それに、自分の罪が重くて体が重くございますので、乗り物が(私の重さに)耐えられなくて、徒歩で出向いていくのがとてもつらくございますので、この黄斑の牛車を引く牛の力が強くて(私が)乗りますのに耐えるので、(この牛を)しばらく借り申して(牛に)乗って出向いておりますが、(河内禅師が牛を)ひどくお探しなので、あと五日後の六日と申す(日の)巳の時頃に返して差し上げようと思います。どうか過度に(牛を)探してお騒ぎにならないでください」と(佐大夫が)言う、と見るうちに、(河内禅師の)夢が覚めた。河内禅師は、「このような奇妙な夢を見たんだ」と人に語って(牛探しを)やめたのだった。

その後、その夢に(佐大夫が)現れて六日目の午前十時頃に、この牛が突然どこから来たということもなくて、歩いて(家の敷地に)入ってきた。この牛は、非常に大仕事をした(ような)様子で入ってきたのだった。

――〔国語　解答〕　終わり――

MEMO